石油天然气安全生产法律法规汇编

（2013）

国家安全生产监督管理总局安全监督管理一司
（海洋石油作业安全办公室） 编

石油工业出版社

图书在版编目(CIP)数据

石油天然气安全生产法律法规汇编.2013/国家安全生产监督管理总局安全监督管理一司(海洋石油作业安全办公室)编.
北京:石油工业出版社,2013.12
ISBN 978-7-5021-9977-7

Ⅰ.石…
Ⅱ.国…
Ⅲ.①石油工业-安全生产-法规-汇编-中国
②天然气工业-安全生产-法规-汇编-中国
Ⅳ.D922.549

中国版本图书馆CIP数据核字(2013)第320466号

出版发行:石油工业出版社
(北京安定门外安华里2区1号 100011)
网 址:www.petropub.com.cn
编辑部:(010)64523627 发行部:(010)64523620
经 销:全国新华书店
印 刷:北京晨旭印刷厂

2014年1月第1版 2014年1月第1次印刷
880×1230毫米 开本:1/16 印张:59.25
字数:1872千字

定价:300.00元
(如出现印装质量问题,我社发行部负责调换)

前　言

安全生产关系到人民群众的生命财产安全和社会稳定大局，是实现国民经济又好又快发展的重要基础。社会主义法制建设要求安全生产工作的监督和管理工作必须有法可依。

为方便各级政府安全监管部门、石油企业安全管理部门及相关科研院所、技术服务机构等单位和人员查阅、使用常用的石油天然气勘探开发安全生产方面的法律法规，国家安全生产监督管理总局安全监督管理一司（海洋石油作业安全办公室）组织编写了这套《石油天然气安全生产法律法规汇编》（2013）。

《石油天然气安全生产法律法规汇编》（2013）收录了截至 2013 年 9 月底有关石油天然气安全生产方面的法律、行政法规、部门规章及规范性文件，是一本实用性和时效性兼具的专业工具书。

《石油天然气安全生产法律法规汇编》（2013）内容包括四个部分。第一部分是全国人民代表大会及其常务委员会制定颁布的有关法律；第二部分是国务院制定颁布的有关行政法规；第三部分是国务院安全生产监督管理部门（国家安全生产监督管理总局）及其他部委制定发布的有关部门规章；第四部分是国务院、国务院办公厅发布的重要文件，国家安全生产监督管理总局会同有关部门联合制定发布的重要文件，以及国家安全生产监督管理总局制定发布的关于陆上和海洋石油天然气安全生产综合监管、安全中介机构、安全评价、安全培训、检测检验、生产事故、行政许可、安全标准化等方面的规范性文件。

编　者

2013 年 12 月

目　　录

第一部分　法　律

中华人民共和国安全生产法

中华人民共和国主席令

第七十号

《中华人民共和国安全生产法》已由中华人民共和国第九届全国人民代表大会常务委员会第二十八次会议于2002年6月29日通过，现予公布，自2002年11月1日起施行。

中华人民共和国主席　江泽民

2002年6月29日

目　　录

第一章　总　　则

第一条　为了加强安全生产监督管理，防止和减少生产安全事故，保障人民群众生命和财产安全，促进经济发展，制定本法。

第二条　在中华人民共和国领域内从事生产经营活动的单位（以下统称生产经营单位）的安全生产，适用本法；有关法律、行政法规对消防安全和道路交通安全、铁路交通安全、水上交通安全、民用航空安全另有规定的，适用其规定。

第三条　安全生产管理，坚持安全第一、预防为主的方针。

第四条　生产经营单位必须遵守本法和其他有关安全生产的法律、法规，加强安全生产管理，建立、健全安全生产责任制度，完善安全生产条件，确保安全生产。

第五条　生产经营单位的主要负责人对本单位的安全生产工作全面负责。

第六条　生产经营单位的从业人员有依法获得安全生产保障的权利，并应当依法履行安全生产方面的义务。

第七条　工会依法组织职工参加本单位安全生产工作的民主管理和民主监督，维护职工在安全生产方面的合法权益。

第八条　国务院和地方各级人民政府应当加强对安全生产工作的领导，支持、督促各有关部门依法履行安全生产监督管理职责。

县级以上人民政府对安全生产监督管理中存在的重大问题应当及时予以协调、解决。

第九条　国务院负责安全生产监督管理的部门依照本法，对全国安全生产工作实施综合监督管理；县级以上地方各级人民政府负责安全生产监督管理的部门依照本法，对本行政区域内安全生产工作实施综合监督管理。

国务院有关部门依照本法和其他有关法律、行政法规的规定，在各自的职责范围内对有关的安全生产工作实施监督管理；县级以上地方各级人民政府有关部门依照本法和其他有关法律、法规的规定，在各自的职责范围内对有关的安全生产工作实施监督管理。

第十条 国务院有关部门应当按照保障安全生产的要求，依法及时制定有关的国家标准或者行业标准，并根据科技进步和经济发展适时修订。

生产经营单位必须执行依法制定的保障安全生产的国家标准或者行业标准。

第十一条 各级人民政府及其有关部门应当采取多种形式，加强对有关安全生产的法律、法规和安全生产知识的宣传，提高职工的安全生产意识。

第十二条 依法设立的为安全生产提供技术服务的中介机构，依照法律、行政法规和执业准则，接受生产经营单位的委托为其安全生产工作提供技术服务。

第十三条 国家实行生产安全事故责任追究制度，依照本法和有关法律、法规的规定，追究生产安全事故责任人员的法律责任。

第十四条 国家鼓励和支持安全生产科学技术研究和安全生产先进技术的推广应用，提高安全生产水平。

第十五条 国家对在改善安全生产条件、防止生产安全事故、参加抢险救护等方面取得显著成绩的单位和个人，给予奖励。

第二章 生产经营单位的安全生产保障

第十六条 生产经营单位应当具备本法和有关法律、行政法规和国家标准或者行业标准规定的安全生产条件；不具备安全生产条件的，不得从事生产经营活动。

第十七条 生产经营单位的主要负责人对本单位安全生产工作负有下列职责：

（一）建立、健全本单位安全生产责任制；

（二）组织制定本单位安全生产规章制度和操作规程；

（三）保证本单位安全生产投入的有效实施；

（四）督促、检查本单位的安全生产工作，及时消除生产安全事故隐患；

（五）组织制定并实施本单位的生产安全事故应急救援预案；

（六）及时、如实报告生产安全事故。

第十八条 生产经营单位应当具备的安全生产条件所必需的资金投入，由生产经营单位的决策机构、主要负责人或者个人经营的投资人予以保证，并对由于安全生产所必需的资金投入不足导致的后果承担责任。

第十九条 矿山、建筑施工单位和危险物品的生产、经营、储存单位，应当设置安全生产管理机构或者配备专职安全生产管理人员。

前款规定以外的其他生产经营单位，从业人员超过三百人的，应当设置安全生产管理机构或者配备专职安全生产管理人员；从业人员在三百人以下的，应当配备专职或者兼职的安全生产管理人员，或者委托具有国家规定的相关专业技术资格的工程技术人员提供安全生产管理服务。

生产经营单位依照前款规定委托工程技术人员提供安全生产管理服务的，保证安全生产的责任仍由本单位负责。

第二十条 生产经营单位的主要负责人和安全生产管理人员必须具备与本单位所从事的生产经营活动相应的安全生产知识和管理能力。

危险物品的生产、经营、储存单位以及矿山、建筑施工单位的主要负责人和安全生产管理人员，应当由有关主管部门对其安全生产知识和管理能力考核合格后方可任职。考核不得收费。

第二十一条 生产经营单位应当对从业人员进行安全生产教育和培训，保证从业人员具备必要的安全生产知识，熟悉有关的安全生产规章制度和安全操作规程，掌握本岗位的安全操作技能。未经安全生产教育和培训合格的从业人员，不得上岗作业。

第二十二条　生产经营单位采用新工艺、新技术、新材料或者使用新设备，必须了解、掌握其安全技术特性，采取有效的安全防护措施，并对从业人员进行专门的安全生产教育和培训。

第二十三条　生产经营单位的特种作业人员必须按照国家有关规定经专门的安全作业培训，取得特种作业操作资格证书，方可上岗作业。

特种作业人员的范围由国务院负责安全生产监督管理的部门会同国务院有关部门确定。

第二十四条　生产经营单位新建、改建、扩建工程项目（以下统称建设项目）的安全设施，必须与主体工程同时设计、同时施工、同时投入生产和使用。安全设施投资应当纳入建设项目概算。

第二十五条　矿山建设项目和用于生产、储存危险物品的建设项目，应当分别按照国家有关规定进行安全条件论证和安全评价。

第二十六条　建设项目安全设施的设计人、设计单位应当对安全设施设计负责。

矿山建设项目和用于生产、储存危险物品的建设项目的安全设施设计应当按照国家有关规定报经有关部门审查，审查部门及其负责审查的人员对审查结果负责。

第二十七条　矿山建设项目和用于生产、储存危险物品的建设项目的施工单位必须按照批准的安全设施设计施工，并对安全设施的工程质量负责。

矿山建设项目和用于生产、储存危险物品的建设项目竣工投入生产或者使用前，必须依照有关法律、行政法规的规定对安全设施进行验收；验收合格后，方可投入生产和使用。验收部门及其验收人员对验收结果负责。

第二十八条　生产经营单位应当在有较大危险因素的生产经营场所和有关设施、设备上，设置明显的安全警示标志。

第二十九条　安全设备的设计、制造、安装、使用、检测、维修、改造和报废，应当符合国家标准或者行业标准。

生产经营单位必须对安全设备进行经常性维护、保养，并定期检测，保证正常运转。维护、保养、检测应当作好记录，并由有关人员签字。

第三十条　生产经营单位使用的涉及生命安全、危险性较大的特种设备，以及危险物品的容器、运输工具，必须按照国家有关规定，由专业生产单位生产，并经取得专业资质的检测、检验机构检测、检验合格，取得安全使用证或者安全标志，方可投入使用。检测、检验机构对检测、检验结果负责。

涉及生命安全、危险性较大的特种设备的目录由国务院负责特种设备安全监督管理的部门制定，报国务院批准后执行。

第三十一条　国家对严重危及生产安全的工艺、设备实行淘汰制度。

生产经营单位不得使用国家明令淘汰、禁止使用的危及生产安全的工艺、设备。

第三十二条　生产、经营、运输、储存、使用危险物品或者处置废弃危险物品的，由有关主管部门依照有关法律、法规的规定和国家标准或者行业标准审批并实施监督管理。

生产经营单位生产、经营、运输、储存、使用危险物品或者处置废弃危险物品，必须执行有关法律、法规和国家标准或者行业标准，建立专门的安全管理制度，采取可靠的安全措施，接受有关主管部门依法实施的监督管理。

第三十三条　生产经营单位对重大危险源应当登记建档，进行定期检测、评估、监控，并制定应急预案，告知从业人员和相关人员在紧急情况下应当采取的应急措施。

生产经营单位应当按照国家有关规定将本单位重大危险源及有关安全措施、应急措施报有关地方人民政府负责安全生产监督管理的部门和有关部门备案。

第三十四条　生产、经营、储存、使用危险物品的车间、商店、仓库不得与员工宿舍在同一座建筑物内，并应当与员工宿舍保持安全距离。

生产经营场所和员工宿舍应当设有符合紧急疏散要求、标志明显、保持畅通的出口。禁止封闭、堵塞生产经营场所或者员工宿舍的出口。

第三十五条　生产经营单位进行爆破、吊装等危险作业，应当安排专门人员进行现场安全管理，确保操作规程的遵守和安全措施的落实。

第三十六条　生产经营单位应当教育和督促从业人员严格执行本单位的安全生产规章制度和安全操作规程，并向从业人员如实告知作业场所和工作岗位存在的危险因素、防范措施以及事故应急措施。

第三十七条　生产经营单位必须为从业人员提供符合国家标准或者行业标准的劳动防护用品，并监督、教育从业人员按照使用规则佩戴、使用。

第三十八条　生产经营单位的安全生产管理人员应当根据本单位的生产经营特点，对安全生产状况进行经常性检查；对检查中发现的安全问题，应当立即处理；不能处理的，应当及时报告本单位有关负责人。检查及处理情况应当记录在案。

第三十九条　生产经营单位应当安排用于配备劳动防护用品、进行安全生产培训的经费。

第四十条　两个以上生产经营单位在同一作业区域内进行生产经营活动，可能危及对方生产安全的，应当签订安全生产管理协议，明确各自的安全生产管理职责和应当采取的安全措施，并指定专职安全生产管理人员进行安全检查与协调。

第四十一条　生产经营单位不得将生产经营项目、场所、设备发包或者出租给不具备安全生产条件或者相应资质的单位或者个人。

生产经营项目、场所有多个承包单位、承租单位的，生产经营单位应当与承包单位、承租单位签订专门的安全生产管理协议，或者在承包合同、租赁合同中约定各自的安全生产管理职责；生产经营单位对承包单位、承租单位的安全生产工作统一协调、管理。

第四十二条　生产经营单位发生重大生产安全事故时，单位的主要负责人应当立即组织抢救，并不得在事故调查处理期间擅离职守。

第四十三条　生产经营单位必须依法参加工伤社会保险，为从业人员缴纳保险费。

第三章　从业人员的权利和义务

第四十四条　生产经营单位与从业人员订立的劳动合同，应当载明有关保障从业人员劳动安全、防止职业危害的事项，以及依法为从业人员办理工伤社会保险的事项。

生产经营单位不得以任何形式与从业人员订立协议，免除或者减轻其对从业人员因生产安全事故伤亡依法应承担的责任。

第四十五条　生产经营单位的从业人员有权了解其作业场所和工作岗位存在的危险因素、防范措施及事故应急措施，有权对本单位的安全生产工作提出建议。

第四十六条　从业人员有权对本单位安全生产工作中存在的问题提出批评、检举、控告；有权拒绝违章指挥和强令冒险作业。

生产经营单位不得因从业人员对本单位安全生产工作提出批评、检举、控告或者拒绝违章指挥、强令冒险作业而降低其工资、福利等待遇或者解除与其订立的劳动合同。

第四十七条　从业人员发现直接危及人身安全的紧急情况时，有权停止作业或者在采取可能的应急措施后撤离作业场所。

生产经营单位不得因从业人员在前款紧急情况下停止作业或者采取紧急撤离措施而降低其工资、福利等待遇或者解除与其订立的劳动合同。

第四十八条　因生产安全事故受到损害的从业人员，除依法享有工伤社会保险外，依照有关民事法律尚有获得赔偿的权利的，有权向本单位提出赔偿要求。

第四十九条　从业人员在作业过程中，应当严格遵守本单位的安全生产规章制度和操作规程，服从管理，正确佩戴和使用劳动防护用品。

第五十条　从业人员应当接受安全生产教育和培训，掌握本职工作所需的安全生产知识，提高安全生产技能，增强事故预防和应急处理能力。

第五十一条　从业人员发现事故隐患或者其他不安全因素，应当立即向现场安全生产管理人员或者本单位负责人报告；接到报告的人员应当及时予以处理。

第五十二条 工会有权对建设项目的安全设施与主体工程同时设计、同时施工、同时投入生产和使用进行监督,提出意见。

工会对生产经营单位违反安全生产法律、法规,侵犯从业人员合法权益的行为,有权要求纠正;发现生产经营单位违章指挥、强令冒险作业或者发现事故隐患时,有权提出解决的建议,生产经营单位应当及时研究答复;发现危及从业人员生命安全的情况时,有权向生产经营单位建议组织从业人员撤离危险场所,生产经营单位必须立即作出处理。

工会有权依法参加事故调查,向有关部门提出处理意见,并要求追究有关人员的责任。

第四章 安全生产的监督管理

第五十三条 县级以上地方各级人民政府应当根据本行政区域内的安全生产状况,组织有关部门按照职责分工,对本行政区域内容易发生重大生产安全事故的生产经营单位进行严格检查;发现事故隐患,应当及时处理。

第五十四条 依照本法第九条规定对安全生产负有监督管理职责的部门(以下统称负有安全生产监督管理职责的部门)依照有关法律、法规的规定,对涉及安全生产的事项需要审查批准(包括批准、核准、许可、注册、认证、颁发证照等,下同)或者验收的,必须严格依照有关法律、法规和国家标准或者行业标准规定的安全生产条件和程序进行审查;不符合有关法律、法规和国家标准或者行业标准规定的安全生产条件的,不得批准或者验收通过。对未依法取得批准或者验收合格的单位擅自从事有关活动的,负责行政审批的部门发现或者接到举报后应当立即予以取缔,并依法予以处理。对已经依法取得批准的单位,负责行政审批的部门发现其不再具备安全生产条件的,应当撤销原批准。

第五十五条 负有安全生产监督管理职责的部门对涉及安全生产的事项进行审查、验收,不得收取费用;不得要求接受审查、验收的单位购买其指定品牌或者指定生产、销售单位的安全设备、器材或者其他产品。

第五十六条 负有安全生产监督管理职责的部门依法对生产经营单位执行有关安全生产的法律、法规和国家标准或者行业标准的情况进行监督检查,行使以下职权:

(一)进入生产经营单位进行检查,调阅有关资料,向有关单位和人员了解情况。

(二)对检查中发现的安全生产违法行为,当场予以纠正或者要求限期改正;对依法应当给予行政处罚的行为,依照本法和其他有关法律、行政法规的规定作出行政处罚决定。

(三)对检查中发现的事故隐患,应当责令立即排除;重大事故隐患排除前或者排除过程中无法保证安全的,应当责令从危险区域内撤出作业人员,责令暂时停产停业或者停止使用;重大事故隐患排除后,经审查同意,方可恢复生产经营和使用。

(四)对有根据认为不符合保障安全生产的国家标准或者行业标准的设施、设备、器材予以查封或者扣押,并应当在十五日内依法作出处理决定。

监督检查不得影响被检查单位的正常生产经营活动。

第五十七条 生产经营单位对负有安全生产监督管理职责的部门的监督检查人员(以下统称安全生产监督检查人员)依法履行监督检查职责,应当予以配合,不得拒绝、阻挠。

第五十八条 安全生产监督检查人员应当忠于职守,坚持原则,秉公执法。

安全生产监督检查人员执行监督检查任务时,必须出示有效的监督执法证件;对涉及被检查单位的技术秘密和业务秘密,应当为其保密。

第五十九条 安全生产监督检查人员应当将检查的时间、地点、内容、发现的问题及其处理情况,作出书面记录,并由检查人员和被检查单位的负责人签字;被检查单位的负责人拒绝签字的,检查人员应当将情况记录在案,并向负有安全生产监督管理职责的部门报告。

第六十条 负有安全生产监督管理职责的部门在监督检查中,应当互相配合,实行联合检查;确需分别进行检查的,应当互通情况,发现存在的安全问题应当由其他有关部门进行处理的,应当及时移送其他有关部门并形成记录备查,接受移送的部门应当及时进行处理。

第六十一条 监察机关依照行政监察法的规定,对负有安全生产监督管理职责的部门及其工作人员履行安全生产监督管理职责实施监察。

第六十二条 承担安全评价、认证、检测、检验的机构应当具备国家规定的资质条件,并对其作出的安全评价、认证、检测、检验的结果负责。

第六十三条 负有安全生产监督管理职责的部门应当建立举报制度,公开举报电话、信箱或者电子邮件地址,受理有关安全生产的举报;受理的举报事项经调查核实后,应当形成书面材料;需要落实整改措施的,报经有关负责人签字并督促落实。

第六十四条 任何单位或者个人对事故隐患或者安全生产违法行为,均有权向负有安全生产监督管理职责的部门报告或者举报。

第六十五条 居民委员会、村民委员会发现其所在区域内的生产经营单位存在事故隐患或者安全生产违法行为时,应当向当地人民政府或者有关部门报告。

第六十六条 县级以上各级人民政府及其有关部门对报告重大事故隐患或者举报安全生产违法行为的有功人员,给予奖励。具体奖励办法由国务院负责安全生产监督管理的部门会同国务院财政部门制定。

第六十七条 新闻、出版、广播、电影、电视等单位有进行安全生产宣传教育的义务,有对违反安全生产法律、法规的行为进行舆论监督的权利。

第五章 生产安全事故的应急救援与调查处理

第六十八条 县级以上地方各级人民政府应当组织有关部门制定本行政区域内特大生产安全事故应急救援预案,建立应急救援体系。

第六十九条 危险物品的生产、经营、储存单位以及矿山、建筑施工单位应当建立应急救援组织;生产经营规模较小,可以不建立应急救援组织的,应当指定兼职的应急救援人员。

危险物品的生产、经营、储存单位以及矿山、建筑施工单位应当配备必要的应急救援器材、设备,并进行经常性维护、保养,保证正常运转。

第七十条 生产经营单位发生生产安全事故后,事故现场有关人员应当立即报告本单位负责人。

单位负责人接到事故报告后,应当迅速采取有效措施,组织抢救,防止事故扩大,减少人员伤亡和财产损失,并按照国家有关规定立即如实报告当地负有安全生产监督管理职责的部门,不得隐瞒不报、谎报或者拖延不报,不得故意破坏事故现场、毁灭有关证据。

第七十一条 负有安全生产监督管理职责的部门接到事故报告后,应当立即按照国家有关规定上报事故情况。负有安全生产监督管理职责的部门和有关地方人民政府对事故情况不得隐瞒不报、谎报或者拖延不报。

第七十二条 有关地方人民政府和负有安全生产监督管理职责的部门的负责人接到重大生产安全事故报告后,应当立即赶到事故现场,组织事故抢救。

任何单位和个人都应当支持、配合事故抢救,并提供一切便利条件。

第七十三条 事故调查处理应当按照实事求是、尊重科学的原则,及时、准确地查清事故原因,查明事故性质和责任,总结事故教训,提出整改措施,并对事故责任者提出处理意见。事故调查和处理的具体办法由国务院制定。

第七十四条 生产经营单位发生生产安全事故,经调查确定为责任事故的,除了应当查明事故单位的责任并依法予以追究外,还应当查明对安全生产的有关事项负有审查批准和监督职责的行政部门的责任,对有失职、渎职行为的,依照本法第七十七条的规定追究法律责任。

第七十五条 任何单位和个人不得阻挠和干涉对事故的依法调查处理。

第七十六条 县级以上地方各级人民政府负责安全生产监督管理的部门应当定期统计分析本行政区域内发生生产安全事故的情况,并定期向社会公布。

第六章 法律责任

第七十七条 负有安全生产监督管理职责的部门的工作人员，有下列行为之一的，给予降级或者撤职的行政处分；构成犯罪的，依照刑法有关规定追究刑事责任：

（一）对不符合法定安全生产条件的涉及安全生产的事项予以批准或者验收通过的；

（二）发现未依法取得批准、验收的单位擅自从事有关活动或者接到举报后不予取缔或者不依法予以处理的；

（三）对已经依法取得批准的单位不履行监督管理职责，发现其不再具备安全生产条件而不撤销原批准或者发现安全生产违法行为不予查处的。

第七十八条 负有安全生产监督管理职责的部门，要求被审查、验收的单位购买其指定的安全设备、器材或者其他产品的，在对安全生产事项的审查、验收中收取费用的，由其上级机关或者监察机关责令改正，责令退还收取的费用；情节严重的，对直接负责的主管人员和其他直接责任人员依法给予行政处分。

第七十九条 承担安全评价、认证、检测、检验工作的机构，出具虚假证明，构成犯罪的，依照刑法有关规定追究刑事责任；尚不够刑事处罚的，没收违法所得，违法所得在五千元以上的，并处违法所得二倍以上五倍以下的罚款，没有违法所得或者违法所得不足五千元的，单处或者并处五千元以上二万元以下的罚款，对其直接负责的主管人员和其他直接责任人员处五千元以上五万元以下的罚款；给他人造成损害的，与生产经营单位承担连带赔偿责任。

对有前款违法行为的机构，撤销其相应资格。

第八十条 生产经营单位的决策机构、主要负责人、个人经营的投资人不依照本法规定保证安全生产所必需的资金投入，致使生产经营单位不具备安全生产条件的，责令限期改正，提供必需的资金；逾期未改正的，责令生产经营单位停产停业整顿。

有前款违法行为，导致发生生产安全事故，构成犯罪的，依照刑法有关规定追究刑事责任；尚不够刑事处罚的，对生产经营单位的主要负责人给予撤职处分，对个人经营的投资人处二万元以上二十万元以下的罚款。

第八十一条 生产经营单位的主要负责人未履行本法规定的安全生产管理职责的，责令限期改正；逾期未改正的，责令生产经营单位停产停业整顿。

生产经营单位的主要负责人有前款违法行为，导致发生生产安全事故，构成犯罪的，依照刑法有关规定追究刑事责任；尚不够刑事处罚的，给予撤职处分或者处二万元以上二十万元以下的罚款。

生产经营单位的主要负责人依照前款规定受刑事处罚或者撤职处分的，自刑罚执行完毕或者受处分之日起，五年内不得担任任何生产经营单位的主要负责人。

第八十二条 生产经营单位有下列行为之一的，责令限期改正；逾期未改正的，责令停产停业整顿，可以并处二万元以下的罚款：

（一）未按照规定设立安全生产管理机构或者配备安全生产管理人员的；

（二）危险物品的生产、经营、储存单位以及矿山、建筑施工单位的主要负责人和安全生产管理人员未按照规定经考核合格的；

（三）未按照本法第二十一条、第二十二条的规定对从业人员进行安全生产教育和培训，或者未按照本法第三十六条的规定如实告知从业人员有关的安全生产事项的；

（四）特种作业人员未按照规定经专门的安全作业培训并取得特种作业操作资格证书，上岗作业的。

第八十三条 生产经营单位有下列行为之一的，责令限期改正；逾期未改正的，责令停止建设或者停产停业整顿，可以并处五万元以下的罚款；造成严重后果，构成犯罪的，依照刑法有关规定追究刑事责任：

（一）矿山建设项目或者用于生产、储存危险物品的建设项目没有安全设施设计或者安全设施设计未按照规定报经有关部门审查同意的；

（二）矿山建设项目或者用于生产、储存危险物品的建设项目的施工单位未按照批准的安全设施设计施工的；

（三）矿山建设项目或者用于生产、储存危险物品的建设项目竣工投入生产或者使用前，安全设施未经验收合格的；

（四）未在有较大危险因素的生产经营场所和有关设施、设备上设置明显的安全警示标志的；

（五）安全设备的安装、使用、检测、改造和报废不符合国家标准或者行业标准的；

（六）未对安全设备进行经常性维护、保养和定期检测的；

（七）未为从业人员提供符合国家标准或者行业标准的劳动防护用品的；

（八）特种设备以及危险物品的容器、运输工具未经取得专业资质的机构检测、检验合格，取得安全使用证或者安全标志，投入使用的；

（九）使用国家明令淘汰、禁止使用的危及生产安全的工艺、设备的。

第八十四条 未经依法批准，擅自生产、经营、储存危险物品的，责令停止违法行为或者予以关闭，没收违法所得，违法所得十万元以上的，并处违法所得一倍以上五倍以下的罚款，没有违法所得或者违法所得不足十万元的，单处或者并处二万元以上十万元以下的罚款；造成严重后果，构成犯罪的，依照刑法有关规定追究刑事责任。

第八十五条 生产经营单位有下列行为之一的，责令限期改正；逾期未改正的，责令停产停业整顿，可以并处二万元以上十万元以下的罚款；造成严重后果，构成犯罪的，依照刑法有关规定追究刑事责任：

（一）生产、经营、储存、使用危险物品，未建立专门安全管理制度、未采取可靠的安全措施或者不接受有关主管部门依法实施的监督管理的；

（二）对重大危险源未登记建档，或者未进行评估、监控，或者未制定应急预案的；

（三）进行爆破、吊装等危险作业，未安排专门管理人员进行现场安全管理的。

第八十六条 生产经营单位将生产经营项目、场所、设备发包或者出租给不具备安全生产条件或者相应资质的单位或者个人的，责令限期改正，没收违法所得；违法所得五万元以上的，并处违法所得一倍以上五倍以下的罚款；没有违法所得或者违法所得不足五万元的，单处或者并处一万元以上五万元以下的罚款；导致发生生产安全事故给他人造成损害的，与承包方、承租方承担连带赔偿责任。

生产经营单位未与承包单位、承租单位签订专门的安全生产管理协议或者未在承包合同、租赁合同中明确各自的安全生产管理职责，或者未对承包单位、承租单位的安全生产统一协调、管理的，责令限期改正；逾期未改正的，责令停产停业整顿。

第八十七条 两个以上生产经营单位在同一作业区域内进行可能危及对方安全生产的生产经营活动，未签订安全生产管理协议或者未指定专职安全生产管理人员进行安全检查与协调的，责令限期改正；逾期未改正的，责令停产停业。

第八十八条 生产经营单位有下列行为之一的，责令限期改正；逾期未改正的，责令停产停业整顿；造成严重后果，构成犯罪的，依照刑法有关规定追究刑事责任：

（一）生产、经营、储存、使用危险物品的车间、商店、仓库与员工宿舍在同一座建筑内，或者与员工宿舍的距离不符合安全要求的；

（二）生产经营场所和员工宿舍未设有符合紧急疏散需要、标志明显、保持畅通的出口，或者封闭、堵塞生产经营场所或者员工宿舍出口的。

第八十九条 生产经营单位与从业人员订立协议，免除或者减轻其对从业人员因生产安全事故伤亡依法应承担的责任的，该协议无效；对生产经营单位的主要负责人、个人经营的投资人处二万元以上十万元以下的罚款。

第九十条 生产经营单位的从业人员不服从管理，违反安全生产规章制度或者操作规程的，由生产经营单位给予批评教育，依照有关规章制度给予处分；造成重大事故，构成犯罪的，依照刑法有关规定追究刑事责任。

第九十一条 生产经营单位主要负责人在本单位发生重大生产安全事故时，不立即组织抢救或者在事故调查处理期间擅离职守或者逃匿的，给予降职、撤职的处分，对逃匿的处十五日以下拘留；构成犯罪的，依照刑法有关规定追究刑事责任。

生产经营单位主要负责人对生产安全事故隐瞒不报、谎报或者拖延不报的，依照前款规定处罚。

第九十二条 有关地方人民政府、负有安全生产监督管理职责的部门，对生产安全事故隐瞒不报、谎报或者拖延不报的，对直接负责的主管人员和其他直接责任人员依法给予行政处分；构成犯罪的，依照刑法有关规定追究刑事责任。

第九十三条 生产经营单位不具备本法和其他有关法律、行政法规和国家标准或者行业标准规定的安全生产条件，经停产停业整顿仍不具备安全生产条件的，予以关闭；有关部门应当依法吊销其有关证照。

第九十四条 本法规定的行政处罚，由负责安全生产监督管理的部门决定；予以关闭的行政处罚由负责安全生产监督管理的部门报请县级以上人民政府按照国务院规定的权限决定；给予拘留的行政处罚由公安机关依照治安管理处罚条例的规定决定。有关法律、行政法规对行政处罚的决定机关另有规定的，依照其规定。

第九十五条 生产经营单位发生生产安全事故造成人员伤亡、他人财产损失的，应当依法承担赔偿责任；拒不承担或者其负责人逃匿的，由人民法院依法强制执行。

生产安全事故的责任人未依法承担赔偿责任，经人民法院依法采取执行措施后，仍不能对受害人给予足额赔偿的，应当继续履行赔偿义务；受害人发现责任人有其他财产的，可以随时请求人民法院执行。

第七章　附　　则

第九十六条 本法下列用语的含义：

危险物品，是指易燃易爆物品、危险化学品、放射性物品等能够危及人身安全和财产安全的物品。

重大危险源，是指长期地或者临时地生产、搬运、使用或者储存危险物品，且危险物品的数量等于或者超过临界量的单元(包括场所和设施)。

第九十七条 本法自2002年11月1日起施行。

中华人民共和国突发事件应对法

中华人民共和国主席令

第六十九号

《中华人民共和国突发事件应对法》已由中华人民共和国第十届全国人民代表大会常务委员会第二十九次会议于2007年8月30日通过,现予公布,自2007年11月1日起施行。

中华人民共和国主席　胡锦涛

2007年8月30日

目　录

第一章　总　　则

第一条　为了预防和减少突发事件的发生,控制、减轻和消除突发事件引起的严重社会危害,规范突发事件应对活动,保护人民生命财产安全,维护国家安全、公共安全、环境安全和社会秩序,制定本法。

第二条　突发事件的预防与应急准备、监测与预警、应急处置与救援、事后恢复与重建等应对活动,适用本法。

第三条　本法所称突发事件,是指突然发生,造成或者可能造成严重社会危害,需要采取应急处置措施予以应对的自然灾害、事故灾难、公共卫生事件和社会安全事件。

按照社会危害程度、影响范围等因素,自然灾害、事故灾难、公共卫生事件分为特别重大、重大、较大和一般四级。法律、行政法规或者国务院另有规定的,从其规定。

突发事件的分级标准由国务院或者国务院确定的部门制定。

第四条　国家建立统一领导、综合协调、分类管理、分级负责、属地管理为主的应急管理体制。

第五条　突发事件应对工作实行预防为主、预防与应急相结合的原则。国家建立重大突发事件风险评估体系,对可能发生的突发事件进行综合性评估,减少重大突发事件的发生,最大限度地减轻重大突发事件的影响。

第六条　国家建立有效的社会动员机制,增强全民的公共安全和防范风险的意识,提高全社会的避险救助能力。

第七条　县级人民政府对本行政区域内突发事件的应对工作负责;涉及两个以上行政区域的,由有关行政区域共同的上一级人民政府负责,或者由各有关行政区域的上一级人民政府共同负责。

突发事件发生后,发生地县级人民政府应当立即采取措施控制事态发展,组织开展应急救援和处置工作,并立即向上一级人民政府报告,必要时可以越级上报。

突发事件发生地县级人民政府不能消除或者不能有效控制突发事件引起的严重社会危害的,应当及时向上级人民政府报告。上级人民政府应当及时采取措施,统一领导应急处置工作。

法律、行政法规规定由国务院有关部门对突发事件的应对工作负责的,从其规定;地方人民政府应当积极配合并提供必要的支持。

第八条 国务院在总理领导下研究、决定和部署特别重大突发事件的应对工作;根据实际需要,设立国家突发事件应急指挥机构,负责突发事件应对工作;必要时,国务院可以派出工作组指导有关工作。

县级以上地方各级人民政府设立由本级人民政府主要负责人、相关部门负责人、驻当地中国人民解放军和中国人民武装警察部队有关负责人组成的突发事件应急指挥机构,统一领导、协调本级人民政府各有关部门和下级人民政府开展突发事件应对工作;根据实际需要,设立相关类别突发事件应急指挥机构,组织、协调、指挥突发事件应对工作。

上级人民政府主管部门应当在各自职责范围内,指导、协助下级人民政府及其相应部门做好有关突发事件的应对工作。

第九条 国务院和县级以上地方各级人民政府是突发事件应对工作的行政领导机关,其办事机构及具体职责由国务院规定。

第十条 有关人民政府及其部门作出的应对突发事件的决定、命令,应当及时公布。

第十一条 有关人民政府及其部门采取的应对突发事件的措施,应当与突发事件可能造成的社会危害的性质、程度和范围相适应;有多种措施可供选择的,应当选择有利于最大程度地保护公民、法人和其他组织权益的措施。

公民、法人和其他组织有义务参与突发事件应对工作。

第十二条 有关人民政府及其部门为应对突发事件,可以征用单位和个人的财产。被征用的财产在使用完毕或者突发事件应急处置工作结束后,应当及时返还。财产被征用或者征用后毁损、灭失的,应当给予补偿。

第十三条 因采取突发事件应对措施,诉讼、行政复议、仲裁活动不能正常进行的,适用有关时效中止和程序中止的规定,但法律另有规定的除外。

第十四条 中国人民解放军、中国人民武装警察部队和民兵组织依照本法和其他有关法律、行政法规、军事法规的规定以及国务院、中央军事委员会的命令,参加突发事件的应急救援和处置工作。

第十五条 中华人民共和国政府在突发事件的预防、监测与预警、应急处置与救援、事后恢复与重建等方面,同外国政府和有关国际组织开展合作与交流。

第十六条 县级以上人民政府作出应对突发事件的决定、命令,应当报本级人民代表大会常务委员会备案;突发事件应急处置工作结束后,应当向本级人民代表大会常务委员会作出专项工作报告。

第二章　预防与应急准备

第十七条 国家建立健全突发事件应急预案体系。

国务院制定国家突发事件总体应急预案,组织制定国家突发事件专项应急预案;国务院有关部门根据各自的职责和国务院相关应急预案,制定国家突发事件部门应急预案。

地方各级人民政府和县级以上地方各级人民政府有关部门根据有关法律、法规、规章、上级人民政府及其有关部门的应急预案以及本地区的实际情况,制定相应的突发事件应急预案。

应急预案制定机关应当根据实际需要和情势变化,适时修订应急预案。应急预案的制定、修订程序由国务院规定。

第十八条 应急预案应当根据本法和其他有关法律、法规的规定,针对突发事件的性质、特点和可能造成的社会危害,具体规定突发事件应急管理工作的组织指挥体系与职责和突发事件的预防与预警机制、处置程序、应急保障措施以及事后恢复与重建措施等内容。

第十九条 城乡规划应当符合预防、处置突发事件的需要，统筹安排应对突发事件所必需的设备和基础设施建设，合理确定应急避难场所。

第二十条 县级人民政府应当对本行政区域内容易引发自然灾害、事故灾难和公共卫生事件的危险源、危险区域进行调查、登记、风险评估，定期进行检查、监控，并责令有关单位采取安全防范措施。

省级和设区的市级人民政府应当对本行政区域内容易引发特别重大、重大突发事件的危险源、危险区域进行调查、登记、风险评估，组织进行检查、监控，并责令有关单位采取安全防范措施。

县级以上地方各级人民政府按照本法规定登记的危险源、危险区域，应当按照国家规定及时向社会公布。

第二十一条 县级人民政府及其有关部门、乡级人民政府、街道办事处、居民委员会、村民委员会应当及时调解处理可能引发社会安全事件的矛盾纠纷。

第二十二条 所有单位应当建立健全安全管理制度，定期检查本单位各项安全防范措施的落实情况，及时消除事故隐患；掌握并及时处理本单位存在的可能引发社会安全事件的问题，防止矛盾激化和事态扩大；对本单位可能发生的突发事件和采取安全防范措施的情况，应当按照规定及时向所在地人民政府或者人民政府有关部门报告。

第二十三条 矿山、建筑施工单位和易燃易爆物品、危险化学品、放射性物品等危险物品的生产、经营、储运、使用单位，应当制定具体应急预案，并对生产经营场所、有危险物品的建筑物、构筑物及周边环境开展隐患排查，及时采取措施消除隐患，防止发生突发事件。

第二十四条 公共交通工具、公共场所和其他人员密集场所的经营单位或者管理单位应当制定具体应急预案，为交通工具和有关场所配备报警装置和必要的应急救援设备、设施，注明其使用方法，并显著标明安全撤离的通道、路线，保证安全通道、出口的畅通。

有关单位应当定期检测、维护其报警装置和应急救援设备、设施，使其处于良好状态，确保正常使用。

第二十五条 县级以上人民政府应当建立健全突发事件应急管理培训制度，对人民政府及其有关部门负有处置突发事件职责的工作人员定期进行培训。

第二十六条 县级以上人民政府应当整合应急资源，建立或者确定综合性应急救援队伍。人民政府有关部门可以根据实际需要设立专业应急救援队伍。

县级以上人民政府及其有关部门可以建立由成年志愿者组成的应急救援队伍。单位应当建立由本单位职工组成的专职或者兼职应急救援队伍。

县级以上人民政府应当加强专业应急救援队伍与非专业应急救援队伍的合作，联合培训、联合演练，提高合成应急、协同应急的能力。

第二十七条 国务院有关部门、县级以上地方各级人民政府及其有关部门、有关单位应当为专业应急救援人员购买人身意外伤害保险，配备必要的防护装备和器材，减少应急救援人员的人身风险。

第二十八条 中国人民解放军、中国人民武装警察部队和民兵组织应当有计划地组织开展应急救援的专门训练。

第二十九条 县级人民政府及其有关部门、乡级人民政府、街道办事处应当组织开展应急知识的宣传普及活动和必要的应急演练。

居民委员会、村民委员会、企业事业单位应当根据所在地人民政府的要求，结合各自的实际情况，开展有关突发事件应急知识的宣传普及活动和必要的应急演练。

新闻媒体应当无偿开展突发事件预防与应急、自救与互救知识的公益宣传。

第三十条 各级各类学校应当把应急知识教育纳入教学内容，对学生进行应急知识教育，培养学生的安全意识和自救与互救能力。

教育主管部门应当对学校开展应急知识教育进行指导和监督。

第三十一条 国务院和县级以上地方各级人民政府应当采取财政措施，保障突发事件应对工作所需经费。

第三十二条 国家建立健全应急物资储备保障制度，完善重要应急物资的监管、生产、储备、调拨和紧急配送体系。

设区的市级以上人民政府和突发事件易发、多发地区的县级人民政府应当建立应急救援物资、生活必需品和应急处置装备的储备制度。

县级以上地方各级人民政府应当根据本地区的实际情况，与有关企业签订协议，保障应急救援物资、生活必需品和应急处置装备的生产、供给。

第三十三条 国家建立健全应急通信保障体系，完善公用通信网，建立有线与无线相结合、基础电信网络与机动通信系统相配套的应急通信系统，确保突发事件应对工作的通信畅通。

第三十四条 国家鼓励公民、法人和其他组织为人民政府应对突发事件工作提供物资、资金、技术支持和捐赠。

第三十五条 国家发展保险事业，建立国家财政支持的巨灾风险保险体系，并鼓励单位和公民参加保险。

第三十六条 国家鼓励、扶持具备相应条件的教学科研机构培养应急管理专门人才，鼓励、扶持教学科研机构和有关企业研究开发用于突发事件预防、监测、预警、应急处置与救援的新技术、新设备和新工具。

第三章　监测与预警

第三十七条 国务院建立全国统一的突发事件信息系统。

县级以上地方各级人民政府应当建立或者确定本地区统一的突发事件信息系统，汇集、储存、分析、传输有关突发事件的信息，并与上级人民政府及其有关部门、下级人民政府及其有关部门、专业机构和监测网点的突发事件信息系统实现互联互通，加强跨部门、跨地区的信息交流与情报合作。

第三十八条 县级以上人民政府及其有关部门、专业机构应当通过多种途径收集突发事件信息。

县级人民政府应当在居民委员会、村民委员会和有关单位建立专职或者兼职信息报告员制度。

获悉突发事件信息的公民、法人或者其他组织，应当立即向所在地人民政府、有关主管部门或者指定的专业机构报告。

第三十九条 地方各级人民政府应当按照国家有关规定向上级人民政府报送突发事件信息。县级以上人民政府有关主管部门应当向本级人民政府相关部门通报突发事件信息。专业机构、监测网点和信息报告员应当及时向所在地人民政府及其有关主管部门报告突发事件信息。

有关单位和人员报送、报告突发事件信息，应当做到及时、客观、真实，不得迟报、谎报、瞒报、漏报。

第四十条 县级以上地方各级人民政府应当及时汇总分析突发事件隐患和预警信息，必要时组织相关部门、专业技术人员、专家学者进行会商，对发生突发事件的可能性及其可能造成的影响进行评估；认为可能发生重大或者特别重大突发事件的，应当立即向上级人民政府报告，并向上级人民政府有关部门、当地驻军和可能受到危害的毗邻或者相关地区的人民政府通报。

第四十一条 国家建立健全突发事件监测制度。

县级以上人民政府及其有关部门应当根据自然灾害、事故灾难和公共卫生事件的种类和特点，建立健全基础信息数据库，完善监测网络，划分监测区域，确定监测点，明确监测项目，提供必要的设备、设施，配备专职或者兼职人员，对可能发生的突发事件进行监测。

第四十二条 国家建立健全突发事件预警制度。

可以预警的自然灾害、事故灾难和公共卫生事件的预警级别，按照突发事件发生的紧急程度、发展势态和可能造成的危害程度分为一级、二级、三级和四级，分别用红色、橙色、黄色和蓝色标示，一级为最高级别。

预警级别的划分标准由国务院或者国务院确定的部门制定。

第四十三条 可以预警的自然灾害、事故灾难或者公共卫生事件即将发生或者发生的可能性增大时,县级以上地方各级人民政府应当根据有关法律、行政法规和国务院规定的权限和程序,发布相应级别的警报,决定并宣布有关地区进入预警期,同时向上一级人民政府报告,必要时可以越级上报,并向当地驻军和可能受到危害的毗邻或者相关地区的人民政府通报。

第四十四条 发布三级、四级警报,宣布进入预警期后,县级以上地方各级人民政府应当根据即将发生的突发事件的特点和可能造成的危害,采取下列措施:

(一)启动应急预案;

(二)责令有关部门、专业机构、监测网点和负有特定职责的人员及时收集、报告有关信息,向社会公布反映突发事件信息的渠道,加强对突发事件发生、发展情况的监测、预报和预警工作;

(三)组织有关部门和机构、专业技术人员、有关专家学者,随时对突发事件信息进行分析评估,预测发生突发事件可能性的大小、影响范围和强度以及可能发生的突发事件的级别;

(四)定时向社会发布与公众有关的突发事件预测信息和分析评估结果,并对相关信息的报道工作进行管理;

(五)及时按照有关规定向社会发布可能受到突发事件危害的警告,宣传避免、减轻危害的常识,公布咨询电话。

第四十五条 发布一级、二级警报,宣布进入预警期后,县级以上地方各级人民政府除采取本法第四十四条规定的措施外,还应当针对即将发生的突发事件的特点和可能造成的危害,采取下列一项或者多项措施:

(一)责令应急救援队伍、负有特定职责的人员进入待命状态,并动员后备人员做好参加应急救援和处置工作的准备;

(二)调集应急救援所需物资、设备、工具,准备应急设施和避难场所,并确保其处于良好状态、随时可以投入正常使用;

(三)加强对重点单位、重要部位和重要基础设施的安全保卫,维护社会治安秩序;

(四)采取必要措施,确保交通、通信、供水、排水、供电、供气、供热等公共设施的安全和正常运行;

(五)及时向社会发布有关采取特定措施避免或者减轻危害的建议、劝告;

(六)转移、疏散或者撤离易受突发事件危害的人员并予以妥善安置,转移重要财产;

(七)关闭或者限制使用易受突发事件危害的场所,控制或者限制容易导致危害扩大的公共场所的活动;

(八)法律、法规、规章规定的其他必要的防范性、保护性措施。

第四十六条 对即将发生或者已经发生的社会安全事件,县级以上地方各级人民政府及其有关主管部门应当按照规定向上一级人民政府及其有关主管部门报告,必要时可以越级上报。

第四十七条 发布突发事件警报的人民政府应当根据事态的发展,按照有关规定适时调整预警级别并重新发布。

有事实证明不可能发生突发事件或者危险已经解除的,发布警报的人民政府应当立即宣布解除警报,终止预警期,并解除已经采取的有关措施。

第四章 应急处置与救援

第四十八条 突发事件发生后,履行统一领导职责或者组织处置突发事件的人民政府应当针对其性质、特点和危害程度,立即组织有关部门,调动应急救援队伍和社会力量,依照本章的规定和有关法律、法规、规章的规定采取应急处置措施。

第四十九条 自然灾害、事故灾难或者公共卫生事件发生后,履行统一领导职责的人民政府可以采取下列一项或者多项应急处置措施:

(一)组织营救和救治受害人员,疏散、撤离并妥善安置受到威胁的人员以及采取其他救助措施;

(二)迅速控制危险源,标明危险区域,封锁危险场所,划定警戒区,实行交通管制以及其他控制措施;

（三）立即抢修被损坏的交通、通信、供水、排水、供电、供气、供热等公共设施，向受到危害的人员提供避难场所和生活必需品，实施医疗救护和卫生防疫以及其他保障措施；

（四）禁止或者限制使用有关设备、设施，关闭或者限制使用有关场所，中止人员密集的活动或者可能导致危害扩大的生产经营活动以及采取其他保护措施；

（五）启用本级人民政府设置的财政预备费和储备的应急救援物资，必要时调用其他急需物资、设备、设施、工具；

（六）组织公民参加应急救援和处置工作，要求具有特定专长的人员提供服务；

（七）保障食品、饮用水、燃料等基本生活必需品的供应；

（八）依法从严惩处囤积居奇、哄抬物价、制假售假等扰乱市场秩序的行为，稳定市场价格，维护市场秩序；

（九）依法从严惩处哄抢财物、干扰破坏应急处置工作等扰乱社会秩序的行为，维护社会治安；

（十）采取防止发生次生、衍生事件的必要措施。

第五十条 社会安全事件发生后，组织处置工作的人民政府应当立即组织有关部门并由公安机关针对事件的性质和特点，依照有关法律、行政法规和国家其他有关规定，采取下列一项或者多项应急处置措施：

（一）强制隔离使用器械相互对抗或者以暴力行为参与冲突的当事人，妥善解决现场纠纷和争端，控制事态发展；

（二）对特定区域内的建筑物、交通工具、设备、设施以及燃料、燃气、电力、水的供应进行控制；

（三）封锁有关场所、道路，查验现场人员的身份证件，限制有关公共场所内的活动；

（四）加强对易受冲击的核心机关和单位的警卫，在国家机关、军事机关、国家通讯社、广播电台、电视台、外国驻华使领馆等单位附近设置临时警戒线；

（五）法律、行政法规和国务院规定的其他必要措施。

严重危害社会治安秩序的事件发生时，公安机关应当立即依法出动警力，根据现场情况依法采取相应的强制性措施，尽快使社会秩序恢复正常。

第五十一条 发生突发事件，严重影响国民经济正常运行时，国务院或者国务院授权的有关主管部门可以采取保障、控制等必要的应急措施，保障人民群众的基本生活需要，最大限度地减轻突发事件的影响。

第五十二条 履行统一领导职责或者组织处置突发事件的人民政府，必要时可以向单位和个人征用应急救援所需设备、设施、场地、交通工具和其他物资，请求其他地方人民政府提供人力、物力、财力或者技术支援，要求生产、供应生活必需品和应急救援物资的企业组织生产、保证供给，要求提供医疗、交通等公共服务的组织提供相应的服务。

履行统一领导职责或者组织处置突发事件的人民政府，应当组织协调运输经营单位，优先运送处置突发事件所需物资、设备、工具、应急救援人员和受到突发事件危害的人员。

第五十三条 履行统一领导职责或者组织处置突发事件的人民政府，应当按照有关规定统一、准确、及时发布有关突发事件事态发展和应急处置工作的信息。

第五十四条 任何单位和个人不得编造、传播有关突发事件事态发展或者应急处置工作的虚假信息。

第五十五条 突发事件发生地的居民委员会、村民委员会和其他组织应当按照当地人民政府的决定、命令，进行宣传动员，组织群众开展自救和互救，协助维护社会秩序。

第五十六条 受到自然灾害危害或者发生事故灾难、公共卫生事件的单位，应当立即组织本单位应急救援队伍和工作人员营救受害人员，疏散、撤离、安置受到威胁的人员，控制危险源，标明危险区域，封锁危险场所，并采取其他防止危害扩大的必要措施，同时向所在地县级人民政府报告；对因本单位的问题引发的或者主体是本单位人员的社会安全事件，有关单位应当按照规定上报情况，并迅速派出负责人赶赴现场开展劝解、疏导工作。

突发事件发生地的其他单位应当服从人民政府发布的决定、命令，配合人民政府采取的应急处置措施，做好本单位的应急救援工作，并积极组织人员参加所在地的应急救援和处置工作。

第五十七条 突发事件发生地的公民应当服从人民政府、居民委员会、村民委员会或者所属单位的指挥和安排，配合人民政府采取的应急处置措施，积极参加应急救援工作，协助维护社会秩序。

第五章 事后恢复与重建

第五十八条 突发事件的威胁和危害得到控制或者消除后，履行统一领导职责或者组织处置突发事件的人民政府应当停止执行依照本法规定采取的应急处置措施，同时采取或者继续实施必要措施，防止发生自然灾害、事故灾难、公共卫生事件的次生、衍生事件或者重新引发社会安全事件。

第五十九条 突发事件应急处置工作结束后，履行统一领导职责的人民政府应当立即组织对突发事件造成的损失进行评估，组织受影响地区尽快恢复生产、生活、工作和社会秩序，制定恢复重建计划，并向上一级人民政府报告。

受突发事件影响地区的人民政府应当及时组织和协调公安、交通、铁路、民航、邮电、建设等有关部门恢复社会治安秩序，尽快修复被损坏的交通、通信、供水、排水、供电、供气、供热等公共设施。

第六十条 受突发事件影响地区的人民政府开展恢复重建工作需要上一级人民政府支持的，可以向上一级人民政府提出请求。上一级人民政府应当根据受影响地区遭受的损失和实际情况，提供资金、物资支持和技术指导，组织其他地区提供资金、物资和人力支援。

第六十一条 国务院根据受突发事件影响地区遭受损失的情况，制定扶持该地区有关行业发展的优惠政策。

受突发事件影响地区的人民政府应当根据本地区遭受损失的情况，制定救助、补偿、抚慰、抚恤、安置等善后工作计划并组织实施，妥善解决因处置突发事件引发的矛盾和纠纷。

公民参加应急救援工作或者协助维护社会秩序期间，其在本单位的工资待遇和福利不变；表现突出、成绩显著的，由县级以上人民政府给予表彰或者奖励。

县级以上人民政府对在应急救援工作中伤亡的人员依法给予抚恤。

第六十二条 履行统一领导职责的人民政府应当及时查明突发事件的发生经过和原因，总结突发事件应急处置工作的经验教训，制定改进措施，并向上一级人民政府提出报告。

第六章 法律责任

第六十三条 地方各级人民政府和县级以上各级人民政府有关部门违反本法规定，不履行法定职责的，由其上级行政机关或者监察机关责令改正；有下列情形之一的，根据情节对直接负责的主管人员和其他直接责任人员依法给予处分：

（一）未按规定采取预防措施，导致发生突发事件，或者未采取必要的防范措施，导致发生次生、衍生事件的；

（二）迟报、谎报、瞒报、漏报有关突发事件的信息，或者通报、报送、公布虚假信息，造成后果的；

（三）未按规定及时发布突发事件警报、采取预警期的措施，导致损害发生的；

（四）未按规定及时采取措施处置突发事件或者处置不当，造成后果的；

（五）不服从上级人民政府对突发事件应急处置工作的统一领导、指挥和协调的；

（六）未及时组织开展生产自救、恢复重建等善后工作的；

（七）截留、挪用、私分或者变相私分应急救援资金、物资的；

（八）不及时归还征用的单位和个人的财产，或者对被征用财产的单位和个人不按规定给予补偿的。

第六十四条 有关单位有下列情形之一的，由所在地履行统一领导职责的人民政府责令停产停业，暂扣或者吊销许可证或者营业执照，并处五万元以上二十万元以下的罚款；构成违反治安管理行为的，由公安机关依法给予处罚：

（一）未按规定采取预防措施，导致发生严重突发事件的；

（二）未及时消除已发现的可能引发突发事件的隐患，导致发生严重突发事件的；

（三）未做好应急设备、设施日常维护、检测工作，导致发生严重突发事件或者突发事件危害扩大的；

（四）突发事件发生后，不及时组织开展应急救援工作，造成严重后果的。

前款规定的行为，其他法律、行政法规规定由人民政府有关部门依法决定处罚的，从其规定。

第六十五条 违反本法规定，编造并传播有关突发事件事态发展或者应急处置工作的虚假信息，或者明知是有关突发事件事态发展或者应急处置工作的虚假信息而进行传播的，责令改正，给予警告；造成严重后果的，依法暂停其业务活动或者吊销其执业许可证；负有直接责任的人员是国家工作人员的，还应当对其依法给予处分；构成违反治安管理行为的，由公安机关依法给予处罚。

第六十六条 单位或者个人违反本法规定，不服从所在地人民政府及其有关部门发布的决定、命令或者不配合其依法采取的措施，构成违反治安管理行为的，由公安机关依法给予处罚。

第六十七条 单位或者个人违反本法规定，导致突发事件发生或者危害扩大，给他人人身、财产造成损害的，应当依法承担民事责任。

第六十八条 违反本法规定，构成犯罪的，依法追究刑事责任。

第七章 附 则

第六十九条 发生特别重大突发事件，对人民生命财产安全、国家安全、公共安全、环境安全或者社会秩序构成重大威胁，采取本法和其他有关法律、法规、规章规定的应急处置措施不能消除或者有效控制、减轻其严重社会危害，需要进入紧急状态的，由全国人民代表大会常务委员会或者国务院依照宪法和其他有关法律规定的权限和程序决定。

紧急状态期间采取的非常措施，依照有关法律规定执行或者由全国人民代表大会常务委员会另行规定。

第七十条 本法自2007年11月1日起施行。

中华人民共和国矿山安全法

中华人民共和国主席令

第六十五号

《中华人民共和国矿山安全法》已由中华人民共和国第七届全国人民代表大会常务委员会第二十八次会议于1992年11月7日通过，现予公布，自1993年5月1日起施行。

中华人民共和国主席　杨尚昆
1992年11月7日

目　　录

第一章　总　　则

第一条　为了保障矿山生产安全，防止矿山事故，保护矿山职工人身安全，促进采矿业的发展，制定本法。

第二条　在中华人民共和国领域和中华人民共和国管辖的其他海域从事矿产资源开采活动，必须遵守本法。

第三条　矿山企业必须具有保障安全生产的设施，建立、健全安全管理制度，采取有效措施改善职工劳动条件，加强矿山安全管理工作，保证安全生产。

第四条　国务院劳动行政主管部门对全国矿山安全工作实施统一监督。

县级以上地方各级人民政府劳动行政主管部门对本行政区域内的矿山安全工作实施统一监督。

县级以上人民政府管理矿山企业的主管部门对矿山安全工作进行管理。

第五条　国家鼓励矿山安全科学技术研究，推广先进技术，改进安全设施，提高矿山安全生产水平。

第六条　对坚持矿山安全生产，防止矿山事故，参加矿山抢险救护，进行矿山安全科学技术研究等方面取得显著成绩的单位和个人，给予奖励。

第二章　矿山建设的安全保障

第七条　矿山建设工程的安全设施必须和主体工程同时设计、同时施工、同时投入生产和使用。

第八条　矿山建设工程的设计文件，必须符合矿山安全规程和行业技术规范，并按照国家规定经管理矿山企业的主管部门批准;不符合矿山安全规程和行业技术规范的,不得批准。

矿山建设工程安全设施的设计必须有劳动行政主管部门参加审查。

矿山安全规程和行业技术规范,由国务院管理矿山企业的主管部门制定。

第九条　矿山设计下列项目必须符合矿山安全规程和行业技术规范:

(一)矿井的通风系统和供风量、风质、风速;

(二)露天矿的边坡角和台阶的宽度、高度;

(三)供电系统;

(四)提升、运输系统;

(五)防水、排水系统和防火、灭火系统;

(六)防瓦斯系统和防尘系统;

(七)有关矿山安全的其他项目。

第十条　每个矿井必须有两个以上能行人的安全出口,出口之间的直线水平距离必须符合矿山安全规程和行业技术规范。

第十一条　矿山必须有与外界相通的、符合安全要求的运输和通讯设施。

第十二条　矿山建设工程必须按照管理矿山企业的主管部门批准的设计文件施工。

矿山建设工程安全设施竣工后,由管理矿山企业的主管部门验收,并须有劳动行政主管部门参加;不符合矿山安全规程和行业技术规范的,不得验收,不得投入生产。

第三章　矿山开采的安全保障

第十三条　矿山开采必须具备保障安全生产的条件,执行开采不同矿种的矿山安全规程和行业技术规范。

第十四条　矿山设计规定保留的矿柱、岩柱,在规定的期限内,应当予以保护,不得开采或者毁坏。

第十五条　矿山使用的有特殊安全要求的设备、器材、防护用品和安全检测仪器,必须符合国家安全标准或者行业安全标准;不符合国家安全标准或者行业安全标准的,不得使用。

第十六条　矿山企业必须对机电设备及其防护装置、安全检测仪器,定期检查、维修,保证使用安全。

第十七条　矿山企业必须对作业场所中的有毒有害物质和井下空气含氧量进行检测,保证符合安全要求。

第十八条　矿山企业必须对下列危害安全的事故隐患采取预防措施:

(一)冒顶、片帮、边坡滑落和地表塌陷;

(二)瓦斯爆炸、煤尘爆炸;

(三)冲击地压、瓦斯突出、井喷;

(四)地面和井下的火灾、水害;

(五)爆破器材和爆破作业发生的危害;

(六)粉尘、有毒有害气体、放射性物质和其他有害物质引起的危害;

(七)其他危害。

第十九条　矿山企业对使用机械、电气设备,排土场、矸石山、尾矿库和矿山闭坑后可能引起的危害,应当采取预防措施。

第四章　矿山企业的安全管理

第二十条　矿山企业必须建立、健全安全生产责任制。

矿长对本企业的安全生产工作负责。

第二十一条 矿长应当定期向职工代表大会或者职工大会报告安全生产工作，发挥职工代表大会的监督作用。

第二十二条 矿山企业职工必须遵守有关矿山安全的法律、法规和企业规章制度。

矿山企业职工有权对危害安全的行为，提出批评、检举和控告。

第二十三条 矿山企业工会依法维护职工生产安全的合法权益，组织职工对矿山安全工作进行监督。

第二十四条 矿山企业违反有关安全的法律、法规，工会有权要求企业行政方面或者有关部门认真处理。

矿山企业召开讨论有关安全生产的会议，应当有工会代表参加，工会有权提出意见和建议。

第二十五条 矿山企业工会发现企业行政方面违章指挥、强令工人冒险作业或者生产过程中发现明显重大事故隐患和职业危害，有权提出解决的建议；发现危及职工生命安全的情况时，有权向矿山企业行政方面建议组织职工撤离危险现场，矿山企业行政方面必须及时作出处理决定。

第二十六条 矿山企业必须对职工进行安全教育、培训；未经安全教育、培训的，不得上岗作业。

矿山企业安全生产的特种作业人员必须接受专门培训，经考核合格取得操作资格证书的，方可上岗作业。

第二十七条 矿长必须经过考核，具备安全专业知识，具有领导安全生产和处理矿山事故的能力。

矿山企业安全工作人员必须具备必要的安全专业知识和矿山安全工作经验。

第二十八条 矿山企业必须向职工发放保障安全生产所需的劳动防护用品。

第二十九条 矿山企业不得录用未成年人从事矿山井下劳动。

矿山企业对女职工按照国家规定实行特殊劳动保护，不得分配女职工从事矿山井下劳动。

第三十条 矿山企业必须制定矿山事故防范措施，并组织落实。

第三十一条 矿山企业应当建立由专职或者兼职人员组成的救护和医疗急救组织，配备必要的装备、器材和药物。

第三十二条 矿山企业必须从矿产品销售额中按照国家规定提取安全技术措施专项费用。安全技术措施专项费用必须全部用于改善矿山安全生产条件，不得挪作他用。

第五章 矿山安全的监督和管理

第三十三条 县级以上各级人民政府劳动行政主管部门对矿山安全工作行使下列监督职责：

（一）检查矿山企业和管理矿山企业的主管部门贯彻执行矿山安全法律、法规的情况；

（二）参加矿山建设工程安全设施的设计审查和竣工验收；

（三）检查矿山劳动条件和安全状况；

（四）检查矿山企业职工安全教育、培训工作；

（五）监督矿山企业提取和使用安全技术措施专项费用的情况；

（六）参加并监督矿山事故的调查和处理；

（七）法律、行政法规规定的其他监督职责。

第三十四条 县级以上人民政府管理矿山企业的主管部门对矿山安全工作行使下列管理职责：

（一）检查矿山企业贯彻执行矿山安全法律、法规的情况；

（二）审查批准矿山建设工程安全设施的设计；

（三）负责矿山建设工程安全设施的竣工验收；

（四）组织矿长和矿山企业安全工作人员的培训工作；

（五）调查和处理重大矿山事故；

（六）法律、行政法规规定的其他管理职责。

第三十五条　劳动行政主管部门的矿山安全监督人员有权进入矿山企业，在现场检查安全状况；发现有危及职工安全的紧急险情时，应当要求矿山企业立即处理。

第六章　矿山事故处理

第三十六条　发生矿山事故，矿山企业必须立即组织抢救，防止事故扩大，减少人员伤亡和财产损失，对伤亡事故必须立即如实报告劳动行政主管部门和管理矿山企业的主管部门。

第三十七条　发生一般矿山事故，由矿山企业负责调查和处理。

发生重大矿山事故，由政府及其有关部门、工会和矿山企业按照行政法规的规定进行调查和处理。

第三十八条　矿山企业对矿山事故中伤亡的职工按照国家规定给予抚恤或者补偿。

第三十九条　矿山事故发生后，应当尽快消除现场危险，查明事故原因，提出防范措施。现场危险消除后，方可恢复生产。

第七章　法 律 责 任

第四十条　违反本法规定，有下列行为之一的，由劳动行政主管部门责令改正，可以并处罚款；情节严重的，提请县级以上人民政府决定责令停产整顿；对主管人员和直接责任人员由其所在单位或者上级主管机关给予行政处分：

（一）未对职工进行安全教育、培训，分配职工上岗作业的；

（二）使用不符合国家安全标准或者行业安全标准的设备、器材、防护用品、安全检测仪器的；

（三）未按照规定提取或者使用安全技术措施专项费用的；

（四）拒绝矿山安全监督人员现场检查或者在被检查时隐瞒事故隐患、不如实反映情况的；

（五）未按照规定及时、如实报告矿山事故的。

第四十一条　矿长不具备安全专业知识的，安全生产的特种作业人员未取得操作资格证书上岗作业的，由劳动行政主管部门责令限期改正；逾期不改正的，提请县级以上人民政府决定责令停产，调整配备合格人员后，方可恢复生产。

第四十二条　矿山建设工程安全设施的设计未经批准擅自施工的，由管理矿山企业的主管部门责令停止施工；拒不执行的，由管理矿山企业的主管部门提请县级以上人民政府决定由有关主管部门吊销其采矿许可证和营业执照。

第四十三条　矿山建设工程的安全设施未经验收或者验收不合格擅自投入生产的，由劳动行政主管部门会同管理矿山企业的主管部门责令停止生产，并由劳动行政主管部门处以罚款；拒不停止生产的，由劳动行政主管部门提请县级以上人民政府决定由有关主管部门吊销其采矿许可证和营业执照。

第四十四条　已经投入生产的矿山企业，不具备安全生产条件而强行开采的，由劳动行政主管部门会同管理矿山企业的主管部门责令限期改进；逾期仍不具备安全生产条件的，由劳动行政主管部门提请县级以上人民政府决定责令停产整顿或者由有关主管部门吊销其采矿许可证和营业执照。

第四十五条　当事人对行政处罚决定不服的，可以在接到处罚决定通知之日起十五日内向作出处罚决定的机关的上一级机关申请复议；当事人也可以在接到处罚决定通知之日起十五日内直接向人民法院起诉。

复议机关应当在接到复议申请之日起六十日内作出复议决定。当事人对复议决定不服的，可以在接到复议决定之日起十五日内向人民法院起诉。复议机关逾期不作出复议决定的，当事人可以在复议期满之日起十五日内向人民法院起诉。

当事人逾期不申请复议也不向人民法院起诉、又不履行处罚决定的，作出处罚决定的机关可以申请人民法院强制执行。

第四十六条 矿山企业主管人员违章指挥、强令工人冒险作业,因而发生重大伤亡事故的,依照刑法第一百一十四条的规定追究刑事责任。

第四十七条 矿山企业主管人员对矿山事故隐患不采取措施,因而发生重大伤亡事故的,比照刑法第一百八十七条的规定追究刑事责任。

第四十八条 矿山安全监督人员和安全管理人员滥用职权、玩忽职守、徇私舞弊,构成犯罪的,依法追究刑事责任;不构成犯罪的,给予行政处分。

第八章 附 则

第四十九条 国务院劳动行政主管部门根据本法制定实施条例,报国务院批准施行。

省、自治区、直辖市人民代表大会常务委员会可以根据本法和本地区的实际情况,制定实施办法。

第五十条 本法自1993年5月1日起施行。

中华人民共和国消防法

中华人民共和国主席令

第六号

《中华人民共和国消防法》已由中华人民共和国第十一届全国人民代表大会常务委员会第五次会议于2008年10月28日修订通过，现将修订后的《中华人民共和国消防法》公布，自2009年5月1日起施行。

中华人民共和国主席　胡锦涛

2008年10月28日

目　录

第一章　总　　则

第一条　为了预防火灾和减少火灾危害，加强应急救援工作，保护人身、财产安全，维护公共安全，制定本法。

第二条　消防工作贯彻预防为主、防消结合的方针，按照政府统一领导、部门依法监管、单位全面负责、公民积极参与的原则，实行消防安全责任制，建立健全社会化的消防工作网络。

第三条　国务院领导全国的消防工作。地方各级人民政府负责本行政区域内的消防工作。

各级人民政府应当将消防工作纳入国民经济和社会发展计划，保障消防工作与经济社会发展相适应。

第四条　国务院公安部门对全国的消防工作实施监督管理。县级以上地方人民政府公安机关对本行政区域内的消防工作实施监督管理，并由本级人民政府公安机关消防机构负责实施。军事设施的消防工作，由其主管单位监督管理，公安机关消防机构协助；矿井地下部分、核电厂、海上石油天然气设施的消防工作，由其主管单位监督管理。

县级以上人民政府其他有关部门在各自的职责范围内，依照本法和其他相关法律、法规的规定做好消防工作。

法律、行政法规对森林、草原的消防工作另有规定的，从其规定。

第五条　任何单位和个人都有维护消防安全、保护消防设施、预防火灾、报告火警的义务。任何单位和成年人都有参加有组织的灭火工作的义务。

第六条　各级人民政府应当组织开展经常性的消防宣传教育，提高公民的消防安全意识。

机关、团体、企业、事业等单位，应当加强对本单位人员的消防宣传教育。

公安机关及其消防机构应当加强消防法律、法规的宣传,并督促、指导、协助有关单位做好消防宣传教育工作。

教育、人力资源行政主管部门和学校、有关职业培训机构应当将消防知识纳入教育、教学、培训的内容。

新闻、广播、电视等有关单位,应当有针对性地面向社会进行消防宣传教育。

工会、共产主义青年团、妇女联合会等团体应当结合各自工作对象的特点,组织开展消防宣传教育。

村民委员会、居民委员会应当协助人民政府以及公安机关等部门,加强消防宣传教育。

第七条 国家鼓励、支持消防科学研究和技术创新,推广使用先进的消防和应急救援技术、设备;鼓励、支持社会力量开展消防公益活动。

对在消防工作中有突出贡献的单位和个人,应当按照国家有关规定给予表彰和奖励。

第二章 火灾预防

第八条 地方各级人民政府应当将包括消防安全布局、消防站、消防供水、消防通信、消防车通道、消防装备等内容的消防规划纳入城乡规划,并负责组织实施。

城乡消防安全布局不符合消防安全要求的,应当调整、完善;公共消防设施、消防装备不足或者不适应实际需要的,应当增建、改建、配置或者进行技术改造。

第九条 建设工程的消防设计、施工必须符合国家工程建设消防技术标准。建设、设计、施工、工程监理等单位依法对建设工程的消防设计、施工质量负责。

第十条 按照国家工程建设消防技术标准需要进行消防设计的建设工程,除本法第十一条另有规定的外,建设单位应当自依法取得施工许可之日起七个工作日内,将消防设计文件报公安机关消防机构备案,公安机关消防机构应当进行抽查。

第十一条 国务院公安部门规定的大型的人员密集场所和其他特殊建设工程,建设单位应当将消防设计文件报送公安机关消防机构审核。公安机关消防机构依法对审核的结果负责。

第十二条 依法应当经公安机关消防机构进行消防设计审核的建设工程,未经依法审核或者审核不合格的,负责审批该工程施工许可的部门不得给予施工许可,建设单位、施工单位不得施工;其他建设工程取得施工许可后经依法抽查不合格的,应当停止施工。

第十三条 按照国家工程建设消防技术标准需要进行消防设计的建设工程竣工,依照下列规定进行消防验收、备案:

(一)本法第十一条规定的建设工程,建设单位应当向公安机关消防机构申请消防验收;

(二)其他建设工程,建设单位在验收后应当报公安机关消防机构备案,公安机关消防机构应当进行抽查。

依法应当进行消防验收的建设工程,未经消防验收或者消防验收不合格的,禁止投入使用;其他建设工程经依法抽查不合格的,应当停止使用。

第十四条 建设工程消防设计审核、消防验收、备案和抽查的具体办法,由国务院公安部门规定。

第十五条 公众聚集场所在投入使用、营业前,建设单位或者使用单位应当向场所所在地的县级以上地方人民政府公安机关消防机构申请消防安全检查。

公安机关消防机构应当自受理申请之日起十个工作日内,根据消防技术标准和管理规定,对该场所进行消防安全检查。未经消防安全检查或者经检查不符合消防安全要求的,不得投入使用、营业。

第十六条 机关、团体、企业、事业等单位应当履行下列消防安全职责:

(一)落实消防安全责任制,制定本单位的消防安全制度、消防安全操作规程,制定灭火和应急疏散预案;

(二)按照国家标准、行业标准配置消防设施、器材,设置消防安全标志,并定期组织检验、维修,确保完好有效;

（三）对建筑消防设施每年至少进行一次全面检测，确保完好有效，检测记录应当完整准确，存档备查；

（四）保障疏散通道、安全出口、消防车通道畅通，保证防火防烟分区、防火间距符合消防技术标准；

（五）组织防火检查，及时消除火灾隐患；

（六）组织进行有针对性的消防演练；

（七）法律、法规规定的其他消防安全职责。

单位的主要负责人是本单位的消防安全责任人。

第十七条 县级以上地方人民政府公安机关消防机构应当将发生火灾可能性较大以及发生火灾可能造成重大的人身伤亡或者财产损失的单位，确定为本行政区域内的消防安全重点单位，并由公安机关报本级人民政府备案。

消防安全重点单位除应当履行本法第十六条规定的职责外，还应当履行下列消防安全职责：

（一）确定消防安全管理人，组织实施本单位的消防安全管理工作；

（二）建立消防档案，确定消防安全重点部位，设置防火标志，实行严格管理；

（三）实行每日防火巡查，并建立巡查记录；

（四）对职工进行岗前消防安全培训，定期组织消防安全培训和消防演练。

第十八条 同一建筑物由两个以上单位管理或者使用的，应当明确各方的消防安全责任，并确定责任人对共用的疏散通道、安全出口、建筑消防设施和消防车通道进行统一管理。

住宅区的物业服务企业应当对管理区域内的共用消防设施进行维护管理，提供消防安全防范服务。

第十九条 生产、储存、经营易燃易爆危险品的场所不得与居住场所设置在同一建筑物内，并应当与居住场所保持安全距离。

生产、储存、经营其他物品的场所与居住场所设置在同一建筑物内的，应当符合国家工程建设消防技术标准。

第二十条 举办大型群众性活动，承办人应当依法向公安机关申请安全许可，制定灭火和应急疏散预案并组织演练，明确消防安全责任分工，确定消防安全管理人员，保持消防设施和消防器材配置齐全、完好有效，保证疏散通道、安全出口、疏散指示标志、应急照明和消防车通道符合消防技术标准和管理规定。

第二十一条 禁止在具有火灾、爆炸危险的场所吸烟、使用明火。因施工等特殊情况需要使用明火作业的，应当按照规定事先办理审批手续，采取相应的消防安全措施；作业人员应当遵守消防安全规定。

进行电焊、气焊等具有火灾危险作业的人员和自动消防系统的操作人员，必须持证上岗，并遵守消防安全操作规程。

第二十二条 生产、储存、装卸易燃易爆危险品的工厂、仓库和专用车站、码头的设置，应当符合消防技术标准。易燃易爆气体和液体的充装站、供应站、调压站，应当设置在符合消防安全要求的位置，并符合防火防爆要求。

已经设置的生产、储存、装卸易燃易爆危险品的工厂、仓库和专用车站、码头，易燃易爆气体和液体的充装站、供应站、调压站，不再符合前款规定的，地方人民政府应当组织、协调有关部门、单位限期解决，消除安全隐患。

第二十三条 生产、储存、运输、销售、使用、销毁易燃易爆危险品，必须执行消防技术标准和管理规定。

进入生产、储存易燃易爆危险品的场所，必须执行消防安全规定。禁止非法携带易燃易爆危险品进入公共场所或者乘坐公共交通工具。

储存可燃物资仓库的管理，必须执行消防技术标准和管理规定。

第二十四条 消防产品必须符合国家标准；没有国家标准的，必须符合行业标准。禁止生产、销售或者使用不合格的消防产品以及国家明令淘汰的消防产品。

依法实行强制性产品认证的消防产品，由具有法定资质的认证机构按照国家标准、行业标准的强制性要求认证合格后，方可生产、销售、使用。实行强制性产品认证的消防产品目录，由国务院产品质量监督部门会同国务院公安部门制定并公布。

新研制的尚未制定国家标准、行业标准的消防产品，应当按照国务院产品质量监督部门会同国务院公安部门规定的办法，经技术鉴定符合消防安全要求的，方可生产、销售、使用。

依照本条规定经强制性产品认证合格或者技术鉴定合格的消防产品，国务院公安部门消防机构应当予以公布。

第二十五条 产品质量监督部门、工商行政管理部门、公安机关消防机构应当按照各自职责加强对消防产品质量的监督检查。

第二十六条 建筑构件、建筑材料和室内装修、装饰材料的防火性能必须符合国家标准；没有国家标准的，必须符合行业标准。

人员密集场所室内装修、装饰，应当按照消防技术标准的要求，使用不燃、难燃材料。

第二十七条 电器产品、燃气用具的产品标准，应当符合消防安全的要求。

电器产品、燃气用具的安装、使用及其线路、管路的设计、敷设、维护保养、检测，必须符合消防技术标准和管理规定。

第二十八条 任何单位、个人不得损坏、挪用或者擅自拆除、停用消防设施、器材，不得埋压、圈占、遮挡消火栓或者占用防火间距，不得占用、堵塞、封闭疏散通道、安全出口、消防车通道。人员密集场所的门窗不得设置影响逃生和灭火救援的障碍物。

第二十九条 负责公共消防设施维护管理的单位，应当保持消防供水、消防通信、消防车通道等公共消防设施的完好有效。在修建道路以及停电、停水、截断通信线路时有可能影响消防队灭火救援的，有关单位必须事先通知当地公安机关消防机构。

第三十条 地方各级人民政府应当加强对农村消防工作的领导，采取措施加强公共消防设施建设，组织建立和督促落实消防安全责任制。

第三十一条 在农业收获季节、森林和草原防火期间、重大节假日期间以及火灾多发季节，地方各级人民政府应当组织开展有针对性的消防宣传教育，采取防火措施，进行消防安全检查。

第三十二条 乡镇人民政府、城市街道办事处应当指导、支持和帮助村民委员会、居民委员会开展群众性的消防工作。村民委员会、居民委员会应当确定消防安全管理人，组织制定防火安全公约，进行防火安全检查。

第三十三条 国家鼓励、引导公众聚集场所和生产、储存、运输、销售易燃易爆危险品的企业投保火灾公众责任保险；鼓励保险公司承保火灾公众责任保险。

第三十四条 消防产品质量认证、消防设施检测、消防安全监测等消防技术服务机构和执业人员，应当依法获得相应的资质、资格；依照法律、行政法规、国家标准、行业标准和执业准则，接受委托提供消防技术服务，并对服务质量负责。

第三章 消防组织

第三十五条 各级人民政府应当加强消防组织建设，根据经济社会发展的需要，建立多种形式的消防组织，加强消防技术人才培养，增强火灾预防、扑救和应急救援的能力。

第三十六条 县级以上地方人民政府应当按照国家规定建立公安消防队、专职消防队，并按照国家标准配备消防装备，承担火灾扑救工作。

乡镇人民政府应当根据当地经济发展和消防工作的需要，建立专职消防队、志愿消防队，承担火灾扑救工作。

第三十七条 公安消防队、专职消防队按照国家规定承担重大灾害事故和其他以抢救人员生命为主的应急救援工作。

第三十八条　公安消防队、专职消防队应当充分发挥火灾扑救和应急救援专业力量的骨干作用；按照国家规定，组织实施专业技能训练，配备并维护保养装备器材，提高火灾扑救和应急救援的能力。

第三十九条　下列单位应当建立单位专职消防队，承担本单位的火灾扑救工作：

（一）大型核设施单位、大型发电厂、民用机场、主要港口；

（二）生产、储存易燃易爆危险品的大型企业；

（三）储备可燃的重要物资的大型仓库、基地；

（四）第一项、第二项、第三项规定以外的火灾危险性较大、距离公安消防队较远的其他大型企业；

（五）距离公安消防队较远、被列为全国重点文物保护单位的古建筑群的管理单位。

第四十条　专职消防队的建立，应当符合国家有关规定，并报当地公安机关消防机构验收。

专职消防队的队员依法享受社会保险和福利待遇。

第四十一条　机关、团体、企业、事业等单位以及村民委员会、居民委员会根据需要，建立志愿消防队等多种形式的消防组织，开展群众性自防自救工作。

第四十二条　公安机关消防机构应当对专职消防队、志愿消防队等消防组织进行业务指导；根据扑救火灾的需要，可以调动指挥专职消防队参加火灾扑救工作。

第四章　灭火救援

第四十三条　县级以上地方人民政府应当组织有关部门针对本行政区域内的火灾特点制定应急预案，建立应急反应和处置机制，为火灾扑救和应急救援工作提供人员、装备等保障。

第四十四条　任何人发现火灾都应当立即报警。任何单位、个人都应当无偿为报警提供便利，不得阻拦报警。严禁谎报火警。

人员密集场所发生火灾，该场所的现场工作人员应当立即组织、引导在场人员疏散。

任何单位发生火灾，必须立即组织力量扑救。邻近单位应当给予支援。

消防队接到火警，必须立即赶赴火灾现场，救助遇险人员，排除险情，扑灭火灾。

第四十五条　公安机关消防机构统一组织和指挥火灾现场扑救，应当优先保障遇险人员的生命安全。

火灾现场总指挥根据扑救火灾的需要，有权决定下列事项：

（一）使用各种水源；

（二）截断电力、可燃气体和可燃液体的输送，限制用火用电；

（三）划定警戒区，实行局部交通管制；

（四）利用临近建筑物和有关设施；

（五）为了抢救人员和重要物资，防止火势蔓延，拆除或者破损毗邻火灾现场的建筑物、构筑物或者设施等；

（六）调动供水、供电、供气、通信、医疗救护、交通运输、环境保护等有关单位协助灭火救援。

根据扑救火灾的紧急需要，有关地方人民政府应当组织人员、调集所需物资支援灭火。

第四十六条　公安消防队、专职消防队参加火灾以外的其他重大灾害事故的应急救援工作，由县级以上人民政府统一领导。

第四十七条　消防车、消防艇前往执行火灾扑救或者应急救援任务，在确保安全的前提下，不受行驶速度、行驶路线、行驶方向和指挥信号的限制，其他车辆、船舶以及行人应当让行，不得穿插超越；收费公路、桥梁免收车辆通行费。交通管理指挥人员应当保证消防车、消防艇迅速通行。

赶赴火灾现场或者应急救援现场的消防人员和调集的消防装备、物资，需要铁路、水路或者航空运输的，有关单位应当优先运输。

第四十八条　消防车、消防艇以及消防器材、装备和设施，不得用于与消防和应急救援工作无关的事项。

第四十九条　公安消防队、专职消防队扑救火灾、应急救援，不得收取任何费用。

单位专职消防队、志愿消防队参加扑救外单位火灾所损耗的燃料、灭火剂和器材、装备等，由火灾发生地的人民政府给予补偿。

第五十条 对因参加扑救火灾或者应急救援受伤、致残或者死亡的人员，按照国家有关规定给予医疗、抚恤。

第五十一条 公安机关消防机构有权根据需要封闭火灾现场，负责调查火灾原因，统计火灾损失。

火灾扑灭后，发生火灾的单位和相关人员应当按照公安机关消防机构的要求保护现场，接受事故调查，如实提供与火灾有关的情况。

公安机关消防机构根据火灾现场勘验、调查情况和有关的检验、鉴定意见，及时制作火灾事故认定书，作为处理火灾事故的证据。

第五章 监督检查

第五十二条 地方各级人民政府应当落实消防工作责任制，对本级人民政府有关部门履行消防安全职责的情况进行监督检查。

县级以上地方人民政府有关部门应当根据本系统的特点，有针对性地开展消防安全检查，及时督促整改火灾隐患。

第五十三条 公安机关消防机构应当对机关、团体、企业、事业等单位遵守消防法律、法规的情况依法进行监督检查。公安派出所可以负责日常消防监督检查、开展消防宣传教育，具体办法由国务院公安部门规定。

公安机关消防机构、公安派出所的工作人员进行消防监督检查，应当出示证件。

第五十四条 公安机关消防机构在消防监督检查中发现火灾隐患的，应当通知有关单位或者个人立即采取措施消除隐患；不及时消除隐患可能严重威胁公共安全的，公安机关消防机构应当依照规定对危险部位或者场所采取临时查封措施。

第五十五条 公安机关消防机构在消防监督检查中发现城乡消防安全布局、公共消防设施不符合消防安全要求，或者发现本地区存在影响公共安全的重大火灾隐患的，应当由公安机关书面报告本级人民政府。

接到报告的人民政府应当及时核实情况，组织或者责成有关部门、单位采取措施，予以整改。

第五十六条 公安机关消防机构及其工作人员应当按照法定的职权和程序进行消防设计审核、消防验收和消防安全检查，做到公正、严格、文明、高效。

公安机关消防机构及其工作人员进行消防设计审核、消防验收和消防安全检查等，不得收取费用，不得利用消防设计审核、消防验收和消防安全检查谋取利益。公安机关消防机构及其工作人员不得利用职务为用户、建设单位指定或者变相指定消防产品的品牌、销售单位或者消防技术服务机构、消防设施施工单位。

第五十七条 公安机关消防机构及其工作人员执行职务，应当自觉接受社会和公民的监督。

任何单位和个人都有权对公安机关消防机构及其工作人员在执法中的违法行为进行检举、控告。收到检举、控告的机关，应当按照职责及时查处。

第六章 法律责任

第五十八条 违反本法规定，有下列行为之一的，责令停止施工、停止使用或者停产停业，并处三万元以上三十万元以下罚款：

（一）依法应当经公安机关消防机构进行消防设计审核的建设工程，未经依法审核或者审核不合格，擅自施工的；

（二）消防设计经公安机关消防机构依法抽查不合格，不停止施工的；

（三）依法应当进行消防验收的建设工程，未经消防验收或者消防验收不合格，擅自投入使用的；

（四）建设工程投入使用后经公安机关消防机构依法抽查不合格，不停止使用的；

（五）公众聚集场所未经消防安全检查或者经检查不符合消防安全要求，擅自投入使用、营业的。

建设单位未依照本法规定将消防设计文件报公安机关消防机构备案，或者在竣工后未依照本法规定报公安机关消防机构备案的，责令限期改正，处五千元以下罚款。

第五十九条 违反本法规定，有下列行为之一的，责令改正或者停止施工，并处一万元以上十万元以下罚款：

（一）建设单位要求建筑设计单位或者建筑施工企业降低消防技术标准设计、施工的；

（二）建筑设计单位不按照消防技术标准强制性要求进行消防设计的；

（三）建筑施工企业不按照消防设计文件和消防技术标准施工，降低消防施工质量的；

（四）工程监理单位与建设单位或者建筑施工企业串通，弄虚作假，降低消防施工质量的。

第六十条 单位违反本法规定，有下列行为之一的，责令改正，处五千元以上五万元以下罚款：

（一）消防设施、器材或者消防安全标志的配置、设置不符合国家标准、行业标准，或者未保持完好有效的；

（二）损坏、挪用或者擅自拆除、停用消防设施、器材的；

（三）占用、堵塞、封闭疏散通道、安全出口或者有其他妨碍安全疏散行为的；

（四）埋压、圈占、遮挡消火栓或者占用防火间距的；

（五）占用、堵塞、封闭消防车通道，妨碍消防车通行的；

（六）人员密集场所在门窗上设置影响逃生和灭火救援的障碍物的；

（七）对火灾隐患经公安机关消防机构通知后不及时采取措施消除的。

个人有前款第二项、第三项、第四项、第五项行为之一的，处警告或者五百元以下罚款。

有本条第一款第三项、第四项、第五项、第六项行为，经责令改正拒不改正的，强制执行，所需费用由违法行为人承担。

第六十一条 生产、储存、经营易燃易爆危险品的场所与居住场所设置在同一建筑物内，或者未与居住场所保持安全距离的，责令停产停业，并处五千元以上五万元以下罚款。

生产、储存、经营其他物品的场所与居住场所设置在同一建筑物内，不符合消防技术标准的，依照前款规定处罚。

第六十二条 有下列行为之一的，依照《中华人民共和国治安管理处罚法》的规定处罚：

（一）违反有关消防技术标准和管理规定生产、储存、运输、销售、使用、销毁易燃易爆危险品的；

（二）非法携带易燃易爆危险品进入公共场所或者乘坐公共交通工具的；

（三）谎报火警的；

（四）阻碍消防车、消防艇执行任务的；

（五）阻碍公安机关消防机构的工作人员依法执行职务的。

第六十三条 违反本法规定，有下列行为之一的，处警告或者五百元以下罚款；情节严重的，处五日以下拘留：

（一）违反消防安全规定进入生产、储存易燃易爆危险品场所的；

（二）违反规定使用明火作业或者在具有火灾、爆炸危险的场所吸烟、使用明火的。

第六十四条 违反本法规定，有下列行为之一，尚不构成犯罪的，处十日以上十五日以下拘留，可以并处五百元以下罚款；情节较轻的，处警告或者五百元以下罚款：

（一）指使或者强令他人违反消防安全规定，冒险作业的；

（二）过失引起火灾的；

（三）在火灾发生后阻拦报警，或者负有报告职责的人员不及时报警的；

（四）扰乱火灾现场秩序，或者拒不执行火灾现场指挥员指挥，影响灭火救援的；

（五）故意破坏或者伪造火灾现场的；

（六）擅自拆封或者使用被公安机关消防机构查封的场所、部位的。

第六十五条 违反本法规定，生产、销售不合格的消防产品或者国家明令淘汰的消防产品的，由产品质量监督部门或者工商行政管理部门依照《中华人民共和国产品质量法》的规定从重处罚。

人员密集场所使用不合格的消防产品或者国家明令淘汰的消防产品的，责令限期改正；逾期不改正的，处五千元以上五万元以下罚款，并对其直接负责的主管人员和其他直接责任人员处五百元以上二千元以下罚款；情节严重的，责令停产停业。

公安机关消防机构对于本条第二款规定的情形，除依法对使用者予以处罚外，应当将发现不合格的消防产品和国家明令淘汰的消防产品的情况通报产品质量监督部门、工商行政管理部门。产品质量监督部门、工商行政管理部门应当对生产者、销售者依法及时查处。

第六十六条 电器产品、燃气用具的安装、使用及其线路、管路的设计、敷设、维护保养、检测不符合消防技术标准和管理规定的，责令限期改正；逾期不改正的，责令停止使用，可以并处一千元以上五千元以下罚款。

第六十七条 机关、团体、企业、事业等单位违反本法第十六条、第十七条、第十八条、第二十一条第二款规定的，责令限期改正；逾期不改正的，对其直接负责的主管人员和其他直接责任人员依法给予处分或者给予警告处罚。

第六十八条 人员密集场所发生火灾，该场所的现场工作人员不履行组织、引导在场人员疏散的义务，情节严重，尚不构成犯罪的，处五日以上十日以下拘留。

第六十九条 消防产品质量认证、消防设施检测等消防技术服务机构出具虚假文件的，责令改正，处五万元以上十万元以下罚款，并对直接负责的主管人员和其他直接责任人员处一万元以上五万元以下罚款；有违法所得的，并处没收违法所得；给他人造成损失的，依法承担赔偿责任；情节严重的，由原许可机关依法责令停止执业或者吊销相应资质、资格。

前款规定的机构出具失实文件，给他人造成损失的，依法承担赔偿责任；造成重大损失的，由原许可机关依法责令停止执业或者吊销相应资质、资格。

第七十条 本法规定的行政处罚，除本法另有规定的外，由公安机关消防机构决定；其中拘留处罚由县级以上公安机关依照《中华人民共和国治安管理处罚法》的有关规定决定。

公安机关消防机构需要传唤消防安全违法行为人的，依照《中华人民共和国治安管理处罚法》的有关规定执行。

被责令停止施工、停止使用、停产停业的，应当在整改后向公安机关消防机构报告，经公安机关消防机构检查合格，方可恢复施工、使用、生产、经营。

当事人逾期不执行停产停业、停止使用、停止施工决定的，由作出决定的公安机关消防机构强制执行。

责令停产停业，对经济和社会生活影响较大的，由公安机关消防机构提出意见，并由公安机关报请本级人民政府依法决定。本级人民政府组织公安机关等部门实施。

第七十一条 公安机关消防机构的工作人员滥用职权、玩忽职守、徇私舞弊，有下列行为之一，尚不构成犯罪的，依法给予处分：

（一）对不符合消防安全要求的消防设计文件、建设工程、场所准予审核合格、消防验收合格、消防安全检查合格的；

（二）无故拖延消防设计审核、消防验收、消防安全检查，不在法定期限内履行职责的；

（三）发现火灾隐患不及时通知有关单位或者个人整改的；

（四）利用职务为用户、建设单位指定或者变相指定消防产品的品牌、销售单位或者消防技术服务机构、消防设施施工单位的；

（五）将消防车、消防艇以及消防器材、装备和设施用于与消防和应急救援无关的事项的；

（六）其他滥用职权、玩忽职守、徇私舞弊的行为。

建设、产品质量监督、工商行政管理等其他有关行政主管部门的工作人员在消防工作中滥用职权、玩忽职守、徇私舞弊，尚不构成犯罪的，依法给予处分。

第七十二条 违反本法规定，构成犯罪的，依法追究刑事责任。

第七章　附　　则

第七十三条　本法下列用语的含义：

（一）消防设施，是指火灾自动报警系统、自动灭火系统、消火栓系统、防烟排烟系统以及应急广播和应急照明、安全疏散设施等。

（二）消防产品，是指专门用于火灾预防、灭火救援和火灾防护、避难、逃生的产品。

（三）公众聚集场所，是指宾馆、饭店、商场、集贸市场、客运车站候车室、客运码头候船厅、民用机场航站楼、体育场馆、会堂以及公共娱乐场所等。

（四）人员密集场所，是指公众聚集场所，医院的门诊楼、病房楼，学校的教学楼、图书馆、食堂和集体宿舍，养老院，福利院，托儿所，幼儿园，公共图书馆的阅览室，公共展览馆、博物馆的展示厅，劳动密集型企业的生产加工车间和员工集体宿舍，旅游、宗教活动场所等。

第七十四条　本法自2009年5月1日起施行。

中华人民共和国电力法

中华人民共和国主席令

第六十号

《中华人民共和国电力法》已由中华人民共和国第八届全国人民代表大会常务委员会第十七次会议于1995年12月28日通过，现予公布，自1996年4月1日起施行。

中华人民共和国主席　江泽民

1995年12月28日

目　　录

第一章　总　　则

第一条　为了保障和促进电力事业的发展，维护电力投资者、经营者和使用者的合法权益，保障电力安全运行，制定本法。

第二条　本法适用于中华人民共和国境内的电力建设、生产、供应和使用活动。

第三条　电力事业应当适应国民经济和社会发展的需要，适当超前发展。国家鼓励、引导国内外的经济组织和个人依法投资开发电源，兴办电力生产企业。

电力事业投资，实行谁投资、谁收益的原则。

第四条　电力设施受国家保护。

禁止任何单位和个人危害电力设施安全或者非法侵占、使用电能。

第五条　电力建设、生产、供应和使用应当依法保护环境，采用新技术，减少有害物质排放，防治污染和其他公害。

国家鼓励和支持利用可再生能源和清洁能源发电。

第六条　国务院电力管理部门负责全国电力事业的监督管理。国务院有关部门在各自的职责范围内负责电力事业的监督管理。

县级以上地方人民政府经济综合主管部门是本行政区域内的电力管理部门，负责电力事业的监督管理。县级以上地方人民政府有关部门在各自的职责范围内负责电力事业的监督管理。

第七条　电力建设企业、电力生产企业、电网经营企业依法实行自主经营、自负盈亏，并接受电力管理部门的监督。

第八条 国家帮助和扶持少数民族地区、边远地区和贫困地区发展电力事业。

第九条 国家鼓励在电力建设、生产、供应和使用过程中,采用先进的科学技术和管理方法,对在研究、开发、采用先进的科学技术和管理方法等方面作出显著成绩的单位和个人给予奖励。

第二章 电力建设

第十条 电力发展规划应当根据国民经济和社会发展的需要制定,并纳入国民经济和社会发展计划。

电力发展规划,应当体现合理利用能源、电源与电网配套发展、提高经济效益和有利于环境保护的原则。

第十一条 城市电网的建设与改造规划,应当纳入城市总体规划。城市人民政府应当按照规划,安排变电设施用地、输电线路走廊和电缆通道。

任何单位和个人不得非法占用变电设施用地、输电线路走廊和电缆通道。

第十二条 国家通过制定有关政策,支持、促进电力建设。

地方人民政府应当根据电力发展规划,因地制宜,采取多种措施开发电源,发展电力建设。

第十三条 电力投资者对其投资形成的电力,享有法定权益。并网运行的,电力投资者有优先使用权;未并网的自备电厂,电力投资者自行支配使用。

第十四条 电力建设项目应当符合电力发展规划,符合国家电力产业政策。

电力建设项目不得使用国家明令淘汰的电力设备和技术。

第十五条 输变电工程、调度通信自动化工程等电网配套工程和环境保护工程,应当与发电工程项目同时设计、同时建设、同时验收、同时投入使用。

第十六条 电力建设项目使用土地,应当依照有关法律、行政法规的规定办理;依法征用土地的,应当依法支付土地补偿费和安置补偿费,做好迁移居民的安置工作。

电力建设应当贯彻切实保护耕地、节约利用土地的原则。

地方人民政府对电力事业依法使用土地和迁移居民,应当予以支持和协助。

第十七条 地方人民政府应当支持电力企业为发电工程建设勘探水源和依法取水、用水。电力企业应当节约用水。

第三章 电力生产与电网管理

第十八条 电力生产与电网运行应当遵循安全、优质、经济的原则。

电网运行应当连续、稳定,保证供电可靠性。

第十九条 电力企业应当加强安全生产管理,坚持安全第一、预防为主的方针,建立、健全安全生产责任制度。

电力企业应当对电力设施定期进行检修和维护,保证其正常运行。

第二十条 发电燃料供应企业、运输企业和电力生产企业应当依照国务院有关规定或者合同约定供应、运输和接卸燃料。

第二十一条 电网运行实行统一调度、分级管理。任何单位和个人不得非法干预电网调度。

第二十二条 国家提倡电力生产企业与电网、电网与电网并网运行。具有独立法人资格的电力生产企业要求将生产的电力并网运行的,电网经营企业应当接受。

并网运行必须符合国家标准或者电力行业标准。

并网双方应当按照统一调度、分级管理和平等互利、协商一致的原则,签订并网协议,确定双方的权利和义务;并网双方达不成协议的,由省级以上电力管理部门协调决定。

第二十三条 电网调度管理办法,由国务院依照本法的规定制定。

第四章　电力供应与使用

第二十四条　国家对电力供应和使用，实行安全用电、节约用电、计划用电的管理原则。

电力供应与使用办法由国务院依照本法的规定制定。

第二十五条　供电企业在批准的供电营业区内向用户供电。

供电营业区的划分，应当考虑电网的结构和供电合理性等因素。一个供电营业区内只设立一个供电营业机构。

省、自治区、直辖市范围内的供电营业区的设立、变更，由供电企业提出申请，经省、自治区、直辖市人民政府电力管理部门会同同级有关部门审查批准后，由省、自治区、直辖市人民政府电力管理部门发给《供电营业许可证》。跨省、自治区、直辖市的供电营业区的设立、变更，由国务院电力管理部门审查批准并发给《供电营业许可证》。供电营业机构持《供电营业许可证》向工商行政管理部门申请领取营业执照，方可营业。

第二十六条　供电营业区内的供电营业机构，对本营业区内的用户有按照国家规定供电的义务；不得违反国家规定对其营业区内申请用电的单位和个人拒绝供电。

申请新装用电、临时用电、增加用电容量、变更用电和终止用电，应当依照规定的程序办理手续。

供电企业应当在其营业场所公告用电的程序、制度和收费标准，并提供用户须知资料。

第二十七条　电力供应与使用双方应当根据平等自愿、协商一致的原则，按照国务院制定的电力供应与使用办法签订供用电合同，确定双方的权利和义务。

第二十八条　供电企业应当保证供给用户的供电质量符合国家标准。对公用供电设施引起的供电质量问题，应当及时处理。

用户对供电质量有特殊要求的，供电企业应当根据其必要性和电网的可能，提供相应的电力。

第二十九条　供电企业在发电、供电系统正常的情况下，应当连续向用户供电，不得中断。因供电设施检修、依法限电或者用户违法用电等原因，需要中断供电时，供电企业应当按照国家有关规定事先通知用户。

用户对供电企业中断供电有异议的，可以向电力管理部门投诉；受理投诉的电力管理部门应当依法处理。

第三十条　因抢险救灾需要紧急供电时，供电企业必须尽速安排供电，所需供电工程费用和应付电费依照国家有关规定执行。

第三十一条　用户应当安装用电计量装置。用户使用的电力电量，以计量检定机构依法认可的用电计量装置的记录为准。

用户受电装置的设计、施工安装和运行管理，应当符合国家标准或者电力行业标准。

第三十二条　用户用电不得危害供电、用电安全和扰乱供电、用电秩序。

对危害供电、用电安全和扰乱供电、用电秩序的，供电企业有权制止。

第三十三条　供电企业应当按照国家核准的电价和用电计量装置的记录，向用户计收电费。

供电企业查电人员和抄表收费人员进入用户，进行用电安全检查或者抄表收费时，应当出示有关证件。

用户应当按照国家核准的电价和用电计量装置的记录，按时交纳电费；对供电企业查电人员和抄表收费人员依法履行职责，应当提供方便。

第三十四条　供电企业和用户应当遵守国家有关规定，采取有效措施，做好安全用电、节约用电和计划用电工作。

第五章　电价与电费

第三十五条　本法所称电价，是指电力生产企业的上网电价、电网间的互供电价、电网销售电价。

电价实行统一政策，统一定价原则，分级管理。

第三十六条 制定电价,应当合理补偿成本,合理确定收益,依法计入税金,坚持公平负担,促进电力建设。

第三十七条 上网电价实行同网同质同价。具体办法和实施步骤由国务院规定。

电力生产企业有特殊情况需另行制定上网电价的,具体办法由国务院规定。

第三十八条 跨省、自治区、直辖市电网和省级电网内的上网电价,由电力生产企业和电网经营企业协商提出方案,报国务院物价行政主管部门核准。

独立电网内的上网电价,由电力生产企业和电网经营企业协商提出方案,报有管理权的物价行政主管部门核准。

地方投资的电力生产企业所生产的电力,属于在省内各地区形成独立电网的或者自发自用的,其电价可以由省、自治区、直辖市人民政府管理。

第三十九条 跨省、自治区、直辖市电网和独立电网之间、省级电网和独立电网之间的互供电价,由双方协商提出方案,报国务院物价行政主管部门或者其授权的部门核准。

独立电网与独立电网之间的互供电价,由双方协商提出方案,报有管理权的物价行政主管部门核准。

第四十条 跨省、自治区、直辖市电网和省级电网的销售电价,由电网经营企业提出方案,报国务院物价行政主管部门或者其授权的部门核准。

独立电网的销售电价,由电网经营企业提出方案,报有管理权的物价行政主管部门核准。

第四十一条 国家实行分类电价和分时电价。分类标准和分时办法由国务院确定。

对同一电网内的同一电压等级、同一用电类别的用户,执行相同的电价标准。

第四十二条 用户用电增容收费标准,由国务院物价行政主管部门会同国务院电力管理部门制定。

第四十三条 任何单位不得超越电价管理权限制定电价。供电企业不得擅自变更电价。

第四十四条 禁止任何单位和个人在电费中加收其他费用;但是,法律、行政法规另有规定的,按照规定执行。

地方集资办电在电费中加收费用的,由省、自治区、直辖市人民政府依照国务院有关规定制定办法。

禁止供电企业在收取电费时,代收其他费用。

第四十五条 电价的管理办法,由国务院依照本法的规定制定。

第六章 农村电力建设和农业用电

第四十六条 省、自治区、直辖市人民政府应当制定农村电气化发展规划,并将其纳入当地电力发展规划及国民经济和社会发展计划。

第四十七条 国家对农村电气化实行优惠政策,对少数民族地区、边远地区和贫困地区的农村电力建设给予重点扶持。

第四十八条 国家提倡农村开发水能资源,建设中、小型水电站,促进农村电气化。

国家鼓励和支持农村利用太阳能、风能、地热能、生物质能和其他能源进行农村电源建设,增加农村电力供应。

第四十九条 县级以上地方人民政府及其经济综合主管部门在安排用电指标时,应当保证农业和农村用电的适当比例,优先保证农村排涝、抗旱和农业季节性生产用电。

电力企业应当执行前款的用电安排,不得减少农业和农村用电指标。

第五十条 农业用电价格按照保本、微利的原则确定。

农民生活用电与当地城镇居民生活用电应当逐步实行相同的电价。

第五十一条 农业和农村用电管理办法,由国务院依照本法的规定制定。

第七章　电力设施保护

第五十二条　任何单位和个人不得危害发电设施、变电设施和电力线路设施及其有关辅助设施。

在电力设施周围进行爆破及其他可能危及电力设施安全的作业的，应当按照国务院有关电力设施保护的规定，经批准并采取确保电力设施安全的措施后，方可进行作业。

第五十三条　电力管理部门应当按照国务院有关电力设施保护的规定，对电力设施保护区设立标志。

任何单位和个人不得在依法划定的电力设施保护区内修建可能危及电力设施安全的建筑物、构筑物，不得种植可能危及电力设施安全的植物，不得堆放可能危及电力设施安全的物品。

在依法划定电力设施保护区前已经种植的植物妨碍电力设施安全的，应当修剪或者砍伐。

第五十四条　任何单位和个人需要在依法划定的电力设施保护区内进行可能危及电力设施安全的作业时，应当经电力管理部门批准并采取安全措施后，方可进行作业。

第五十五条　电力设施与公用工程、绿化工程和其他工程在新建、改建或者扩建中相互妨碍时，有关单位应当按照国家有关规定协商，达成协议后方可施工。

第八章　监 督 检 查

第五十六条　电力管理部门依法对电力企业和用户执行电力法律、行政法规的情况进行监督检查。

第五十七条　电力管理部门根据工作需要，可以配备电力监督检查人员。

电力监督检查人员应当公正廉洁，秉公执法，熟悉电力法律、法规，掌握有关电力专业技术。

第五十八条　电力监督检查人员进行监督检查时，有权向电力企业或者用户了解有关执行电力法律、行政法规的情况，查阅有关资料，并有权进入现场进行检查。

电力企业和用户对执行监督检查任务的电力监督检查人员应当提供方便。

电力监督检查人员进行监督检查时，应当出示证件。

第九章　法 律 责 任

第五十九条　电力企业或者用户违反供用电合同，给对方造成损失的，应当依法承担赔偿责任。

电力企业违反本法第二十八条、第二十九条第一款的规定，未保证供电质量或者未事先通知用户中断供电，给用户造成损失的，应当依法承担赔偿责任。

第六十条　因电力运行事故给用户或者第三人造成损害的，电力企业应当依法承担赔偿责任。

电力运行事故由下列原因之一造成的，电力企业不承担赔偿责任：

（一）不可抗力；

（二）用户自身的过错。

因用户或者第三人的过错给电力企业或者其他用户造成损害的，该用户或者第三人应当依法承担赔偿责任。

第六十一条　违反本法第十一条第二款的规定，非法占用变电设施用地、输电线路走廊或者电缆通道的，由县级以上地方人民政府责令限期改正；逾期不改正的，强制清除障碍。

第六十二条　违反本法第十四条规定，电力建设项目不符合电力发展规划、产业政策的，由电力管理部门责令停止建设。

违反本法第十四条规定，电力建设项目使用国家明令淘汰的电力设备和技术的，由电力管理部门责令停止使用，没收国家明令淘汰的电力设备，并处五万元以下的罚款。

第六十三条　违反本法第二十五条规定，未经许可，从事供电或者变更供电营业区的，由电力管理部门责令改正,没收违法所得,可以并处违法所得五倍以下的罚款。

第六十四条 违反本法第二十六条、第二十九条规定,拒绝供电或者中断供电的,由电力管理部门责令改正,给予警告;情节严重的,对有关主管人员和直接责任人员给予行政处分。

第六十五条 违反本法第三十二条规定,危害供电、用电安全或者扰乱供电、用电秩序的,由电力管理部门责令改正,给予警告;情节严重或者拒绝改正的,可以中止供电,可以并处五万元以下的罚款。

第六十六条 违反本法第三十三条、第四十三条、第四十四条规定,未按照国家核准的电价和用电计量装置的记录向用户计收电费、超越权限制定电价或者在电费中加收其他费用的,由物价行政主管部门给予警告,责令返还违法收取的费用,可以并处违法收取费用五倍以下的罚款;情节严重的,对有关主管人员和直接责任人员给予行政处分。

第六十七条 违反本法第四十九条第二款规定,减少农业和农村用电指标的,由电力管理部门责令改正;情节严重的,对有关主管人员和直接责任人员给予行政处分;造成损失的,责令赔偿损失。

第六十八条 违反本法第五十二条第二款和第五十四条规定,未经批准或者未采取安全措施在电力设施周围或者在依法划定的电力设施保护区内进行作业,危及电力设施安全的,由电力管理部门责令停止作业、恢复原状并赔偿损失。

第六十九条 违反本法第五十三条规定,在依法划定的电力设施保护区内修建建筑物、构筑物或者种植植物、堆放物品,危及电力设施安全的,由当地人民政府责令强制拆除、砍伐或者清除。

第七十条 有下列行为之一,应当给予治安管理处罚的,由公安机关依照治安管理处罚条例的有关规定予以处罚;构成犯罪的,依法追究刑事责任:

(一)阻碍电力建设或者电力设施抢修,致使电力建设或者电力设施抢修不能正常进行的;

(二)扰乱电力生产企业、变电所、电力调度机构和供电企业的秩序,致使生产、工作和营业不能正常进行的;

(三)殴打、公然侮辱履行职务的查电人员或者抄表收费人员的;

(四)拒绝、阻碍电力监督检查人员依法执行职务的。

第七十一条 盗窃电能的,由电力管理部门责令停止违法行为,追缴电费并处应交电费五倍以下的罚款;构成犯罪的,依照刑法第一百五十一条或者第一百五十二条的规定追究刑事责任。

第七十二条 盗窃电力设施或者以其他方法破坏电力设施,危害公共安全的,依照刑法第一百零九条或者第一百一十条的规定追究刑事责任。

第七十三条 电力管理部门的工作人员滥用职权、玩忽职守、徇私舞弊,构成犯罪的,依法追究刑事责任;尚不构成犯罪的,依法给予行政处分。

第七十四条 电力企业职工违反规章制度、违章调度或者不服从调度指令,造成重大事故的,比照刑法第一百一十四条的规定追究刑事责任。

电力企业职工故意延误电力设施抢修或者抢险救灾供电,造成严重后果的,比照刑法第一百一十四条的规定追究刑事责任。

电力企业的管理人员和查电人员、抄表收费人员勒索用户、以电谋私,构成犯罪的,依法追究刑事责任;尚不构成犯罪的,依法给予行政处分。

第十章 附 则

第七十五条 本法自1996年4月1日起施行。

中华人民共和国铁路法

中华人民共和国主席令

第三十二号

《中华人民共和国铁路法》已由中华人民共和国第七届全国人民代表大会常务委员会第十五次会议于 1990 年 9 月 7 日通过,现予公布,自 1991 年 5 月 1 日起施行。

中华人民共和国主席　杨尚昆

1990 年 9 月 7 日

目　　录

第一章　总　　则

第一条　为了保障铁路运输和铁路建设的顺利进行,适应社会主义现代化建设和人民生活的需要,制定本法。

第二条　本法所称铁路,包括国家铁路、地方铁路、专用铁路和铁路专用线。

国家铁路是指由国务院铁路主管部门管理的铁路。

地方铁路是指由地方人民政府管理的铁路。

专用铁路是指由企业或者其他单位管理,专为本企业或者本单位内部提供运输服务的铁路。

铁路专用线是指由企业或者其他单位管理的与国家铁路或者其他铁路线路接轨的岔线。

第三条　国务院铁路主管部门主管全国铁路工作,对国家铁路实行高度集中、统一指挥的运输管理体制,对地方铁路、专用铁路和铁路专用线进行指导、协调、监督和帮助。

国家铁路运输企业行使法律、行政法规授予的行政管理职能。

第四条　国家重点发展国家铁路,大力扶持地方铁路的发展。

第五条　铁路运输企业必须坚持社会主义经营方向和为人民服务的宗旨,改善经营管理,切实改进路风,提高运输服务质量。

第六条　公民有爱护铁路设施的义务。禁止任何人破坏铁路设施,扰乱铁路运输的正常秩序。

第七条　铁路沿线各级地方人民政府应当协助铁路运输企业保证铁路运输安全畅通,车站、列车秩序良好,铁路设施完好和铁路建设顺利进行。

第八条　国家铁路的技术管理规程,由国务院铁路主管部门制定,地方铁路、专用铁路的技术管理办法,参照国家铁路的技术管理规程制定。

第九条　国家鼓励铁路科学技术研究,提高铁路科学技术水平。对在铁路科学技术研究中有显著成绩的单位和个人给予奖励。

第二章　铁路运输营业

第十条　铁路运输企业应当保证旅客和货物运输的安全，做到列车正点到达。

第十一条　铁路运输合同是明确铁路运输企业与旅客、托运人之间权利义务关系的协议。

旅客车票、行李票、包裹票和货物运单是合同或者合同的组成部分。

第十二条　铁路运输企业应当保证旅客按车票载明的日期、车次乘车，并到达目的站。因铁路运输企业的责任造成旅客不能按车票载明的日期、车次乘车的，铁路运输企业应当按照旅客的要求，退还全部票款或者安排改乘到达相同目的站的其他列车。

第十三条　铁路运输企业应当采取有效措施做好旅客运输服务工作，做到文明礼貌、热情周到，保持车站和车厢内的清洁卫生，提供饮用开水，做好列车上的饮食供应工作。

铁路运输企业应当采取措施，防止对铁路沿线环境的污染。

第十四条　旅客乘车应当持有效车票。对无票乘车或者持失效车票乘车的，应当补收票款，并按照规定加收票款；拒不交付的，铁路运输企业可以责令下车。

第十五条　国家铁路和地方铁路根据发展生产、搞活流通的原则，安排货物运输计划。

对抢险救灾物资和国家规定需要优先运输的其他物资，应予优先运输。

地方铁路运输的物资需要经由国家铁路运输的，其运输计划应当纳入国家铁路的运输计划。

第十六条　铁路运输企业应当按照合同约定的期限或者国务院铁路主管部门规定的期限，将货物、包裹、行李运到目的站；逾期运到的，铁路运输企业应当支付违约金。

铁路运输企业逾期三十日仍未将货物、包裹、行李交付收货人或者旅客的，托运人、收货人或者旅客有权按货物、包裹、行李灭失向铁路运输企业要求赔偿。

第十七条　铁路运输企业应当对承运的货物、包裹、行李自接受承运时起到交付时止发生的灭失、短少、变质、污染或者损坏，承担赔偿责任：

（一）托运人或者旅客根据自愿申请办理保价运输的，按照实际损失赔偿，但最高不超过保价额。

（二）未按保价运输承运的，按照实际损失赔偿，但最高不超过国务院铁路主管部门规定的赔偿限额；如果损失是由于铁路运输企业的故意或者重大过失造成的，不适用赔偿限额的规定，按照实际损失赔偿。

托运人或者旅客根据自愿可以向保险公司办理货物运输保险，保险公司按照保险合同的约定承担赔偿责任。

托运人或者旅客根据自愿，可以办理保价运输，也可以办理货物运输保险；还可以既不办理保价运输，也不办理货物运输保险。不得以任何方式强迫办理保价运输或者货物运输保险。

第十八条　由于下列原因造成的货物、包裹、行李损失的，铁路运输企业不承担赔偿责任：

（一）不可抗力。

（二）货物或者包裹、行李中的物品本身的自然属性，或者合理损耗。

（三）托运人、收货人或者旅客的过错。

第十九条　托运人应当如实填报托运单，铁路运输企业有权对填报的货物和包裹的品名、重量、数量进行检查。经检查，申报与实际不符的，检查费用由托运人承担；申报与实际相符的，检查费用由铁路运输企业承担，因检查对货物和包裹中的物品造成的损坏由铁路运输企业赔偿。

托运人因申报不实而少交的运费和其他费用应当补交，铁路运输企业按照国务院铁路主管部门的规定加收运费和其他费用。

第二十条　托运货物需要包装的，托运人应当按照国家包装标准或者行业包装标准包装；没有国家包装标准或者行业包装标准的，应当妥善包装，使货物在运输途中不因包装原因而受损坏。

铁路运输企业对承运的容易腐烂变质的货物和活动物，应当按照国务院铁路主管部门的规定和合同的约定，采取有效的保护措施。

第二十一条 货物、包裹、行李到站后，收货人或者旅客应当按照国务院铁路主管部门规定的期限及时领取，并支付托运人未付或者少付的运费和其他费用；逾期领取的，收货人或者旅客应当按照规定交付保管费。

第二十二条 自铁路运输企业发出领取货物通知之日起满三十日仍无人领取的货物，或者收货人书面通知铁路运输企业拒绝领取的货物，铁路运输企业应当通知托运人，托运人自接到通知之日起满三十日未作答复的，由铁路运输企业变卖；所得价款在扣除保管等费用后尚有余款的，应当退还托运人，无法退还、自变卖之日起一百八十日内托运人又未领回的，上缴国库。

自铁路运输企业发出领取通知之日起满九十日仍无人领取的包裹或者到站后满九十日仍无人领取的行李，铁路运输企业应当公告，公告满九十日仍无人领取的，可以变卖；所得价款在扣除保管等费用后尚有余款的，托运人、收货人或者旅客可以自变卖之日起一百八十日内领回，逾期不领回的，上缴国库。

对危险物品和规定限制运输的物品，应当移交公安机关或者有关部门处理，不得自行变卖。

对不宜长期保存的物品，可以按照国务院铁路主管部门的规定缩短处理期限。

第二十三条 因旅客、托运人或者收货人的责任给铁路运输企业造成财产损失的，由旅客、托运人或者收货人承担赔偿责任。

第二十四条 国家鼓励专用铁路兼办公共旅客、货物运输营业；提倡铁路专用线与有关单位按照协议共用。

专用铁路兼办公共旅客、货物运输营业的，应当报经省、自治区、直辖市人民政府批准。

专用铁路兼办公共旅客、货物运输营业的，适用本法关于铁路运输企业的规定。

第二十五条 国家铁路的旅客票价率和货物、包裹、行李的运价率由国务院铁路主管部门拟订，报国务院批准。国家铁路的旅客、货物运输杂费的收费项目和收费标准由国务院铁路主管部门规定。国家铁路的特定运营线的运价率、特定货物的运价率和临时运营线的运价率，由国务院铁路主管部门商得国务院物价主管部门同意后规定。

地方铁路的旅客票价率、货物运价率和旅客、货物运输杂费的收费项目和收费标准，由省、自治区、直辖市人民政府物价主管部门会同国务院铁路主管部门授权的机构规定。

兼办公共旅客、货物运输营业的专用铁路的旅客票价率、货物运价率和旅客、货物运输杂费的收费项目和收费标准，以及铁路专用线共用的收费标准，由省、自治区、直辖市人民政府物价主管部门规定。

第二十六条 铁路的旅客票价，货物、包裹、行李的运价，旅客和货物运输杂费的收费项目和收费标准，必须公告；未公告的不得实施。

第二十七条 国家铁路、地方铁路和专用铁路印制使用的旅客、货物运输票证，禁止伪造和变造。

禁止倒卖旅客车票和其他铁路运输票证。

第二十八条 托运、承运货物、包裹、行李，必须遵守国家关于禁止或者限制运输物品的规定。

第二十九条 铁路运输企业与公路、航空或者水上运输企业相互间实行国内旅客、货物联运，依照国家有关规定办理；国家没有规定的，依照有关各方的协议办理。

第三十条 国家铁路、地方铁路参加国际联运，必须经国务院批准。

第三十一条 铁路军事运输依照国家有关规定办理。

第三十二条 发生铁路运输合同争议的，铁路运输企业和托运人、收货人或者旅客可以通过调解解决；不愿意调解解决或者调解不成的，可以依据合同中的仲裁条款或者事后达成的书面仲裁协议，向国家规定的仲裁机构申请仲裁。

当事人一方在规定的期限内不履行仲裁机构的仲裁决定的，另一方可以申请人民法院强制执行。

当事人没有在合同中订立仲裁条款，事后又没有达成书面仲裁协议的，可以向人民法院起诉。

第三章　铁路建设

第三十三条　铁路发展规划应当依据国民经济和社会发展以及国防建设的需要制定，并与其他方式的交通运输发展规划相协调。

第三十四条　地方铁路、专用铁路、铁路专用线的建设计划必须符合全国铁路发展规划，并征得国务院铁路主管部门或者国务院铁路主管部门授权的机构的同意。

第三十五条　在城市规划区范围内，铁路的线路、车站、枢纽以及其他有关设施的规划，应当纳入所在城市的总体规划。

铁路建设用地规划，应当纳入土地利用总体规划。为远期扩建、新建铁路需要的土地，由县级以上人民政府在土地利用总体规划中安排。

第三十六条　铁路建设用地，依照有关法律、行政法规的规定办理。

有关地方人民政府应当支持铁路建设，协助铁路运输企业做好铁路建设征用土地工作和拆迁安置工作。

第三十七条　已经取得使用权的铁路建设用地，应当依照批准的用途使用，不得擅自改作他用；其他单位或者个人不得侵占。

侵占铁路建设用地的，由县级以上地方人民政府土地管理部门责令停止侵占、赔偿损失。

第三十八条　铁路的标准轨距为1435毫米。新建国家铁路必须采用标准轨距。

窄轨铁路的轨距为762毫米或者1000毫米。

新建和改建铁路的其他技术要求应当符合国家标准或者行业标准。

第三十九条　铁路建成后，必须依照国家基本建设程序的规定，经验收合格，方能交付正式运行。

第四十条　铁路与道路交叉处，应当优先考虑设置立体交叉；未设立体交叉的，可以根据国家有关规定设置平交道口或者人行过道。在城市规划区内设置平交道口或者人行过道，由铁路运输企业或者建有专用铁路、铁路专用线的企业或者其他单位和城市规划主管部门共同决定。

拆除已经设置的平交道口或者人行过道，由铁路运输企业或者建有专用铁路、铁路专用线的企业或者其他单位和当地人民政府商定。

第四十一条　修建跨越河流的铁路桥梁，应当符合国家规定的防洪、通航和水流的要求。

第四章　铁路安全与保护

第四十二条　铁路运输企业必须加强对铁路的管理和保护，定期检查、维修铁路运输设施，保证铁路运输设施完好，保障旅客和货物运输安全。

第四十三条　铁路公安机关和地方公安机关分工负责共同维护铁路治安秩序。车站和列车内的治安秩序，由铁路公安机关负责维护；铁路沿线的治安秩序，由地方公安机关和铁路公安机关共同负责维护，以地方公安机关为主。

第四十四条　电力主管部门应当保证铁路牵引用电以及铁路运营用电中重要负荷的电力供应。铁路运营用电中重要负荷的供应范围由国务院铁路主管部门和国务院电力主管部门商定。

第四十五条　铁路线路两侧地界以外的山坡地由当地人民政府作为水土保持的重点进行整治。铁路隧道顶上的山坡地由铁路运输企业协助当地人民政府进行整治。铁路地界以内的山坡地由铁路运输企业进行整治。

第四十六条　在铁路线路和铁路桥梁、涵洞两侧一定距离内，修建山塘、水库、堤坝，开挖河道、干渠，采石挖砂，打井取水，影响铁路路基稳定或者危害铁路桥梁、涵洞安全的，由县级以上地方人民政府责令停止建设或者采挖、打井等活动，限期恢复原状或者责令采取必要的安全防护措施。

在铁路线路上架设电力、通讯线路，埋置电缆、管道设施，穿凿通过铁路路基的地下坑道，必须经铁路运输企业同意，并采取安全防护措施。

在铁路弯道内侧、平交道口和人行过道附近，不得修建妨碍行车瞭望的建筑物和种植妨碍行车瞭望的树木。修建妨碍行车瞭望的建筑物的，由县级以上地方人民政府责令限期拆除。种植妨碍行车瞭望的树木的，由县级以上地方人民政府责令有关单位或者个人限期迁移或者修剪、砍伐。

违反前三款的规定，给铁路运输企业造成损失的单位或者个人，应当赔偿损失。

第四十七条 禁止擅自在铁路线路上铺设平交道口和人行过道。

平交道口和人行过道必须按照规定设置必要的标志和防护设施。

行人和车辆通过铁路平交道口和人行过道时，必须遵守有关通行的规定。

第四十八条 运输危险品必须按照国务院铁路主管部门的规定办理，禁止以非危险品品名托运危险品。

禁止旅客携带危险品进站上车。铁路公安人员和国务院铁路主管部门规定的铁路职工，有权对旅客携带的物品进行运输安全检查。实施运输安全检查的铁路职工应当佩戴执勤标志。

危险品的品名由国务院铁路主管部门规定并公布。

第四十九条 对损毁、移动铁路信号装置及其他行车设施或者在铁路线路上放置障碍物的，铁路职工有权制止，可以扭送公安机关处理。

第五十条 禁止偷乘货车、攀附行进中的列车或者击打列车。对偷乘货车、攀附行进中的列车或者击打列车的，铁路职工有权制止。

第五十一条 禁止在铁路线路上行走、坐卧。对在铁路线路上行走、坐卧的，铁路职工有权制止。

第五十二条 禁止在铁路线路两侧二十米以内或者铁路防护林地内放牧。对在铁路线路两侧二十米以内或者铁路防护林地内放牧的，铁路职工有权制止。

第五十三条 对聚众拦截列车或者聚众冲击铁路行车调度机构的，铁路职工有权制止；不听制止的，公安人员现场负责人有权命令解散；拒不解散的，公安人员现场负责人有权依照国家有关规定决定采取必要手段强行驱散，并对拒不服从的人员强行带离现场或者予以拘留。

第五十四条 对哄抢铁路运输物资的，铁路职工有权制止，可以扭送公安机关处理；现场公安人员可以予以拘留。

第五十五条 在列车内，寻衅滋事，扰乱公共秩序，危害旅客人身、财产安全的，铁路职工有权制止，铁路公安人员可以予以拘留。

第五十六条 在车站和旅客列车内，发生法律规定需要检疫的传染病时，由铁路卫生检疫机构进行检疫；根据铁路卫生检疫机构的请求，地方卫生检疫机构应予协助。

货物运输的检疫，依照国家规定办理。

第五十七条 发生铁路交通事故，铁路运输企业应当依照国务院和国务院有关主管部门关于事故调查处理的规定办理，并及时恢复正常行车，任何单位和个人不得阻碍铁路线路开通和列车运行。

第五十八条 因铁路行车事故及其他铁路运营事故造成人身伤亡的，铁路运输企业应当承担赔偿责任；如果人身伤亡是因不可抗力或者由于受害人自身的原因造成的，铁路运输企业不承担赔偿责任。

违章通过平交道口或者人行过道，或者在铁路线路上行走、坐卧造成的人身伤亡，属于受害人自身的原因造成的人身伤亡。

第五十九条 国家铁路的重要桥梁和隧道，由中国人民武装警察部队负责守卫。

第五章 法律责任

第六十条 违反本法规定，携带危险品进站上车或者以非危险品品名托运危险品，导致发生重大事故的，依照刑法第一百一十五条的规定追究刑事责任。企业事业单位、国家机关、社会团体犯本款罪的，处以罚金，对其主管人员和直接责任人员依法追究刑事责任。

携带炸药、雷管或者非法携带枪支子弹、管制刀具进站上车的，比照刑法第一百六十三条的规定追究刑事责任。

第六十一条 故意损毁、移动铁路行车信号装置或者在铁路线路上放置足以使列车倾覆的障碍物，尚未造成严重后果的，依照刑法第一百零八条的规定追究刑事责任；造成严重后果的，依照刑法第一百一十条的规定追究刑事责任。

第六十二条 盗窃铁路线路上行车设施的零件、部件或者铁路线路上的器材，危及行车安全，尚未造成严重后果的，依照刑法第一百零八条破坏交通设施罪的规定追究刑事责任；造成严重后果的，依照刑法第一百一十条破坏交通设施罪的规定追究刑事责任。

第六十三条 聚众拦截列车不听制止的，对首要分子和骨干分子依照刑法第一百五十九条的规定追究刑事责任。

聚众冲击铁路行车调度机构不听制止的，对首要分子和骨干分子依照刑法第一百五十八条的规定追究刑事责任。

第六十四条 聚众哄抢铁路运输物资的，对首要分子和骨干分子依照刑法第一百五十一条或者第一百五十二条的规定追究刑事责任。

铁路职工与其他人员勾结犯前款罪的，从重处罚。

第六十五条 在列车内，抢劫旅客财物，伤害旅客的，依照刑法有关规定从重处罚。

在列车内，寻衅滋事，侮辱妇女，情节恶劣的，依照刑法第一百六十条的规定追究刑事责任；敲诈勒索旅客财物的，依照刑法第一百五十四条的规定追究刑事责任。

第六十六条 倒卖旅客车票数额较大的，依照刑法第一百一十七条的规定追究刑事责任。以倒卖旅客车票为常业的，倒卖数额巨大的或者倒卖集团的首要分子，依照刑法第一百一十八条的规定追究刑事责任。铁路职工倒卖旅客车票或者与其他人员勾结倒卖旅客车票的，依照刑法第一百一十九条的规定追究刑事责任。

第六十七条 违反本法规定，尚不够刑事处罚，应当给予治安管理处罚的，依照治安管理处罚条例的规定处罚。

第六十八条 擅自在铁路线路上铺设平交道口、人行过道的，由铁路公安机关或者地方公安机关责令限期拆除，可以并处罚款。

第六十九条 铁路运输企业违反本法规定，多收运费、票款或者旅客、货物运输杂费的，必须将多收的费用退还付款人，无法退还的上缴国库。将多收的费用据为己有或者侵吞私分的，依照关于惩治贪污罪贿赂罪的补充规定第一条、第二条的规定追究刑事责任。

第七十条 铁路职工利用职务之便走私、投机倒把的，或者与其他人员勾结走私、投机倒把的，依照刑法第一百一十九条的规定追究刑事责任。

第七十一条 铁路职工玩忽职守、违反规章制度造成铁路运营事故的，滥用职权、利用办理运输业务之便谋取私利的，给予行政处分；情节严重、构成犯罪的，依照刑法有关规定追究刑事责任。

第六章 附　　则

第七十二条 本法所称国家铁路运输企业是指铁路局和铁路分局。

第七十三条 国务院根据本法制定实施条例。

第七十四条 本法自1991年5月1日起施行。

中华人民共和国公路法

中华人民共和国主席令

第十九号

《全国人民代表大会常务委员会关于修改〈中华人民共和国公路法〉的决定》已由中华人民共和国第十届全国人民代表大会常务委员会第十一次会议于2004年8月28日通过，现予公布，自公布之日起施行。

中华人民共和国主席　胡锦涛

2004年8月28日

目　　录

第一章　总　　则

第一条　为了加强公路的建设和管理，促进公路事业的发展，适应社会主义现代化建设和人民生活的需要，制定本法。

第二条　在中华人民共和国境内从事公路的规划、建设、养护、经营、使用和管理，适用本法。

本法所称公路，包括公路桥梁、公路隧道和公路渡口。

第三条　公路的发展应当遵循全面规划、合理布局、确保质量、保障畅通、保护环境、建设改造与养护并重的原则。

第四条　各级人民政府应当采取有力措施，扶持、促进公路建设？公路建设应当纳入国民经济和社会发展计划。

国家鼓励、引导国内外经济组织依法投资建设、经营公路。

第五条　国家帮助和扶持少数民族地区、边远地区和贫困地区发展公路建设。

第六条　公路按其在公路路网中的地位分为国道、省道、县道和乡道，并按技术等级分为高速公路、一级公路、二级公路、三级公路和四级公路。具体划分标准由国务院交通主管部门规定。

新建公路应当符合技术等级的要求。原有不符合最低技术等级要求的等外公路，应当采取措施，逐步改造为符合技术等级要求的公路。

第七条　公路受国家保护，任何单位和个人不得破坏、损坏或者非法占用公路、公路用地及公路附属设施。

任何单位和个人都有爱护公路、公路用地及公路附属设施的义务，有权检举和控告破坏、损坏公路、公路用地、公路附属设施和影响公路安全的行为。

第八条 国务院交通主管部门主管全国公路工作。

县级以上地方人民政府交通主管部门主管本行政区域内的公路工作；但是，县级以上地方人民政府交通主管部门对国道、省道的管理、监督职责，由省、自治区、直辖市人民政府确定。

乡、民族乡、镇人民政府负责本行政区域内的乡道的建设和养护工作。

县级以上地方人民政府交通主管部门可以决定由公路管理机构依照本法规定行使公路行政管理职责。

第九条 禁止任何单位和个人在公路上非法设卡、收费、罚款和拦截车辆。

第十条 国家鼓励公路工作方面的科学技术研究，对在公路科学技术研究和应用方面作出显著成绩的单位和个人给予奖励。

第十一条 本法对专用公路有规定的，适用于专用公路。

专用公路是指由企业或者其他单位建设、养护、管理，专为或者主要为本企业或者本单位提供运输服务的道路。

第二章 公路规划

第十二条 公路规划应当根据国民经济和社会发展以及国防建设的需要编制，与城市建设发展规划和其他方式的交通运输发展规划相协调。

第十三条 公路建设用地规划应当符合土地利用总体规划，当年建设用地应当纳入年度建设用地计划。

第十四条 国道规划由国务院交通主管部门会同国务院有关部门并商国道沿线省、自治区、直辖市人民政府编制，报国务院批准。

省道规划由省、自治区、直辖市人民政府交通主管部门会同同级有关部门并商省道沿线下一级人民政府编制，报省、自治区、直辖市人民政府批准，并报国务院交通主管部门备案。

县道规划由县级人民政府交通主管部门会同同级有关部门编制，经本级人民政府审定后，报上一级人民政府批准。

乡道规划由县级人民政府交通主管部门协助乡、民族乡、镇人民政府编制，报县级人民政府批准。

依照第三款、第四款规定批准的县道、乡道规划，应当报批准机关的上一级人民政府交通主管部门备案。

省道规划应当与国道规划相协调。县道规划应当与省道规划相协调。乡道规划应当与县道规划相协调。

第十五条 专用公路规划由专用公路的主管单位编制，经其上级主管部门审定后，报县级以上人民政府交通主管部门审核。

专用公路规划应当与公路规划相协调。县级以上人民政府交通主管部门发现专用公路规划与国道、省道、县道、乡道规划有不协调的地方，应当提出修改意见，专用公路主管部门和单位应当作出相应的修改。

第十六条 国道规划的局部调整由原编制机关决定。国道规划需要作重大修改的，由原编制机关提出修改方案，报国务院批准。

经批准的省道、县道、乡道公路规划需要修改的，由原编制机关提出修改方案，报原批准机关批准。

第十七条 国道的命名和编号，由国务院交通主管部门确定；省道、县道、乡道的命名和编号，由省、自治区、直辖市人民政府交通主管部门按照国务院交通主管部门的有关规定确定。

第十八条 规划和新建村镇、开发区，应当与公路保持规定的距离并避免在公路两侧对应进行，防止造成公路街道化，影响公路的运行安全与畅通。

第十九条 国家鼓励专用公路用于社会公共运输。专用公路主要用于社会公共运输时，由专用公路的主管单位申请，或者由有关方面申请，专用公路的主管单位同意，并经省、自治区、直辖市人民政府交通主管部门批准，可以改划为省道、县道或者乡道。

第三章 公路建设

第二十条 县级以上人民政府交通主管部门应当依据职责维护公路建设秩序，加强对公路建设的监督管理。

第二十一条 筹集公路建设资金，除各级人民政府的财政拨款，包括依法征税筹集的公路建设专项资金转为的财政拨款外，可以依法向国内外金融机构或者外国政府贷款。

国家鼓励国内外经济组织对公路建设进行投资。开发、经营公路的公司可以依照法律、行政法规的规定发行股票、公司债券筹集资金。

依照本法规定出让公路收费权的收入必须用于公路建设。

向企业和个人集资建设公路，必须根据需要与可能，坚持自愿原则，不得强行摊派，并符合国务院的有关规定。

公路建设资金还可以采取符合法律或者国务院规定的其他方式筹集。

第二十二条 公路建设应当按照国家规定的基本建设程序和有关规定进行。

第二十三条 公路建设项目应当按照国家有关规定实行法人负责制度、招标投标制度和工程监理制度。

第二十四条 公路建设单位应当根据公路建设工程的特点和技术要求，选择具有相应资格的勘查设计单位、施工单位和工程监理单位，并依照有关法律、法规、规章的规定和公路工程技术标准的要求，分别签订合同，明确双方的权利义务。

承担公路建设项目的可行性研究单位、勘查设计单位、施工单位和工程监理单位，必须持有国家规定的资质证书。

第二十五条 公路建设项目的施工，须按国务院交通主管部门的规定报请县级以上地方人民政府交通主管部门批准。

第二十六条 公路建设必须符合公路工程技术标准。

承担公路建设项目的设计单位、施工单位和工程监理单位，应当按照国家有关规定建立健全质量保证体系，落实岗位责任制，并依照有关法律、法规、规章以及公路工程技术标准的要求和合同约定进行设计、施工和监理，保证公路工程质量。

第二十七条 公路建设使用土地依照有关法律、行政法规的规定办理。

公路建设应当贯彻切实保护耕地、节约用地的原则。

第二十八条 公路建设需要使用国有荒山、荒地或者需要在国有荒山、荒地、河滩、滩涂上挖砂、采石、取土的，依照有关法律、行政法规的规定办理后，任何单位和个人不得阻挠或者非法收取费用。

第二十九条 地方各级人民政府对公路建设依法使用土地和搬迁居民，应当给予支持和协助。

第三十条 公路建设项目的设计和施工，应当符合依法保护环境、保护文物古迹和防止水土流失的要求。

公路规划中贯彻国防要求的公路建设项目，应当严格按照规划进行建设，以保证国防交通的需要。

第三十一条 因建设公路影响铁路、水利、电力、邮电设施和其他设施正常使用时，公路建设单位应当事先征得有关部门的同意；因公路建设对有关设施造成损坏的，公路建设单位应当按照不低于该设施原有的技术标准予以修复，或者给予相应的经济补偿。

第三十二条 改建公路时，施工单位应当在施工路段两端设置明显的施工标志、安全标志。需要车辆绕行的，应当在绕行路口设置标志；不能绕行的，必须修建临时道路，保证车辆和行人通行。

第三十三条 公路建设项目和公路修复项目竣工后，应当按照国家有关规定进行验收；未经验收或者验收不合格的，不得交付使用。

建成的公路，应当按照国务院交通主管部门的规定设置明显的标志、标线。

第三十四条 县级以上地方人民政府应当确定公路两侧边沟（截水沟、坡脚护坡道，下同）外缘起不少于一米的公路用地。

第四章 公路养护

第三十五条 公路管理机构应当按照国务院交通主管部门规定的技术规范和操作规程对公路进行养护，保证公路经常处于良好的技术状态。

第三十六条 国家采用依法征税的办法筹集公路养护资金，具体实施办法和步骤由国务院规定。

依法征税筹集的公路养护资金，必须专项用于公路的养护和改建。

第三十七条 县、乡级人民政府对公路养护需要的挖砂、采石、取土以及取水，应当给予支持和协助。

第三十八条 县、乡级人民政府应当在农村义务工的范围内，按照国家有关规定组织公路两侧的农村居民履行为公路建设和养护提供劳务的义务。

第三十九条 为保障公路养护人员的人身安全，公路养护人员进行养护作业时，应当穿着统一的安全标志服；利用车辆进行养护作业时，应当在公路作业车辆上设置明显的作业标志。

公路养护车辆进行作业时，在不影响过往车辆通行的前提下，其行驶路线和方向不受公路标志、标线限制；过往车辆对公路养护车辆和人员应当注意避让。

公路养护工程施工影响车辆、行人通行时，施工单位应当依照本法第三十二条的规定办理。

第四十条 因严重自然灾害致使国道、省道交通中断，公路管理机构应当及时修复；公路管理机构难以及时修复时，县级以上地方人民政府应当及时组织当地机关、团体、企业事业单位、城乡居民进行抢修，并可以请求当地驻军支援，尽快恢复交通。

第四十一条 公路用地范围内的山坡、荒地，由公路管理机构负责水土保持。

第四十二条 公路绿化工作，由公路管理机构按照公路工程技术标准组织实施。

公路用地上的树木，不得任意砍伐；需要更新砍伐的，应当经县级以上地方人民政府交通主管部门同意后，依照《中华人民共和国森林法》的规定办理审批手续，并完成更新补种任务。

第五章 路政管理

第四十三条 各级地方人民政府应当采取措施，加强对公路的保护。

县级以上地方人民政府交通主管部门应当认真履行职责，依法做好公路保护工作，并努力采用科学的管理方法和先进的技术手段，提高公路管理水平，逐步完善公路服务设施，保障公路的完好、安全和畅通。

第四十四条 任何单位和个人不得擅自占用、挖掘公路。

因修建铁路、机场、电站、通信设施、水利工程和进行其他建设工程需要占用、挖掘公路或者使公路改线的，建设单位应当事先征得有关交通主管部门的同意；影响交通安全的，还须征得有关公安机关的同意。占用、挖掘公路或者使公路改线的，建设单位应当按照不低于该段公路原有的技术标准予以修复、改建或者给予相应的经济补偿。

第四十五条 跨越、穿越公路修建桥梁、渡槽或者架设、埋设管线等设施的，以及在公路用地范围内架设、埋设管线、电缆等设施的，应当事先经有关交通主管部门同意，影响交通安全的，还须征得有关公安机关的同意；所修建、架设或者埋设的设施应当符合公路工程技术标准的要求。对公路造成损坏的，应当按照损坏程度给予补偿。

第四十六条 任何单位和个人不得在公路上及公路用地范围内摆摊设点、堆放物品、倾倒垃圾、设置障碍、挖沟引水、利用公路边沟排放污物或者进行其他损坏、污染公路和影响公路畅通的活动。

第四十七条 在大中型公路桥梁和渡口周围二百米、公路隧道上方和洞口外一百米范围内，以及在公路两侧一定距离内，不得挖砂、采石、取土、倾倒废弃物，不得进行爆破作业及其他危及公路、公路桥梁、公路隧道、公路渡口安全的活动。

在前款范围内因抢险、防汛需要修筑堤坝、压缩或者拓宽河床的，应当事先报经省、自治区、直辖市人民政府交通主管部门会同水行政主管部门批准，并采取有效的保护有关的公路、公路桥梁、公路隧道、公路渡口安全的措施。

第四十八条 除农业机械因当地田间作业需要在公路上短距离行驶外，铁轮车、履带车和其他可能损害公路路面的机具，不得在公路上行驶。确需行驶的，必须经县级以上地方人民政府交通主管部门同意，采取有效的防护措施，并按照公安机关指定的时间、路线行驶。对公路造成损坏的，应当按照损坏程度给予补偿。

第四十九条 在公路上行驶的车辆的轴载质量应当符合公路工程技术标准要求。

第五十条 超过公路、公路桥梁、公路隧道或者汽车渡船的限载、限高、限宽、限长标准的车辆，不得在有限定标准的公路、公路桥梁上或者公路隧道内行驶，不得使用汽车渡船。超过公路或者公路桥梁限载标准确需行驶的，必须经县级以上地方人民政府交通主管部门批准，并按要求采取有效的防护措施；运载不可解体的超限物品的，应当按照指定的时间、路线、时速行驶，并悬挂明显标志。

运输单位不能按照前款规定采取防护措施的，由交通主管部门帮助其采取防护措施，所需费用由运输单位承担。

第五十一条 机动车制造厂和其他单位不得将公路作为检验机动车制动性能的试车场地。

第五十二条 任何单位和个人不得损坏、擅自移动、涂改公路附属设施。

前款公路附属设施，是指为保护、养护公路和保障公路安全畅通所设置的公路防护、排水、养护、管理、服务、交通安全、渡运、监控、通信、收费等设施、设备以及专用建筑物、构筑物等。

第五十三条 造成公路损坏的，责任者应当及时报告公路管理机构，并接受公路管理机构的现场调查。

第五十四条 任何单位和个人未经县级以上地方人民政府交通主管部门批准，不得在公路用地范围内设置公路标志以外的其他标志。

第五十五条 在公路上增设平面交叉道口，必须按照国家有关规定经过批准，并按照国家规定的技术标准建设。

第五十六条 除公路防护、养护需要的以外，禁止在公路两侧的建筑控制区内修建建筑物和地面构筑物；需要在建筑控制区内埋设管线、电缆等设施的，应当事先经县级以上地方人民政府交通主管部门批准。

前款规定的建筑控制区的范围，由县级以上地方人民政府按照保障公路运行安全和节约用地的原则，依照国务院的规定划定。

建筑控制区范围经县级以上地方人民政府依照前款规定划定后，由县级以上地方人民政府交通主管部门设置标桩、界桩。任何单位和个人不得损坏、擅自挪动该标桩、界桩。

第五十七条 除本法第四十七条第二款的规定外，本章规定由交通主管部门行使的路政管理职责，可以依照本法第八条第四款的规定，由公路管理机构行使。

第六章 收费公路

第五十八条 国家允许依法设立收费公路，同时对收费公路的数量进行控制。

除本法第五十九条规定可以收取车辆通行费的公路外，禁止任何公路收取车辆通行费。

第五十九条 符合国务院交通主管部门规定的技术等级和规模的下列公路，可以依法收取车辆通行费：

（一）由县级以上地方人民政府交通主管部门利用贷款或者向企业、个人集资建成的公路；

（二）由国内外经济组织依法受让前项收费公路收费权的公路；

（三）由国内外经济组织依法投资建成的公路。

第六十条 县级以上地方人民政府交通主管部门利用贷款或者集资建成的收费公路的收费期限，按照收费偿还贷款、集资款的原则，由省、自治区、直辖市人民政府依照国务院交通主管部门的规定确定。

有偿转让公路收费权的公路，收费权转让后，由受让方收费经营。收费权的转让期限由出让、受让双方约定并报转让收费权的审批机关审查批准，但最长不得超过国务院规定的年限。

国内外经济组织投资建设公路，必须按照国家有关规定办理审批手续；公路建成后，由投资者收费经营。收费经营期限按照收回投资并有合理回报的原则，由有关交通主管部门与投资者约定并按照国家有关规定办理审批手续，但最长不得超过国务院规定的年限。

第六十一条 本法第五十九条第一款第一项规定的公路中的国道收费权的转让，必须经国务院交通主管部门批准；国道以外的其他公路收费权的转让，必须经省、自治区、直辖市人民政府批准，并报国务院交通主管部门备案。

前款规定的公路收费权出让的最低成交价，以国有资产评估机构评估的价值为依据确定。

第六十二条 受让公路收费权和投资建设公路的国内外经济组织应当依法成立开发、经营公路的企业（以下简称公路经营企业）。

第六十三条 收费公路车辆通行费的收费标准，由公路收费单位提出方案，报省、自治区、直辖市人民政府交通主管部门会同同级物价行政主管部门审查批准。

第六十四条 收费公路设置车辆通行费的收费站，应当报经省、自治区、直辖市人民政府审查批准。跨省、自治区、直辖市的收费公路设置车辆通行费的收费站，由有关省、自治区、直辖市人民政府协商确定；协商不成的，由国务院交通主管部门决定。同一收费公路由不同的交通主管部门组织建设或者由不同的公路经营企业经营的，应当按照“统一收费、按比例分成”的原则，统筹规划，合理设置收费站。

两个收费站之间的距离，不得小于国务院交通主管部门规定的标准。

第六十五条 有偿转让公路收费权的公路，转让收费权合同约定的期限届满，收费权由出让方收回。

由国内外经济组织依照本法规定投资建成并经营的收费公路，约定的经营期限届满，该公路由国家无偿收回，由有关交通主管部门管理。

第六十六条 依照本法第五十九条规定受让收费权或者由国内外经济组织投资建成经营的公路的养护工作，由各该公路经营企业负责。各该公路经营企业在经营期间应当按照国务院交通主管部门规定的技术规范和操作规程做好对公路的养护工作。在受让收费权的期限届满，或者经营期限届满时，公路应当处于良好的技术状态。

前款规定的公路的绿化和公路用地范围内的水土保持工作，由各该公路经营企业负责。

第一款规定的公路的路政管理，适用本法第五章的规定。该公路路政管理的职责由县级以上地方人民政府交通主管部门或者公路管理机构的派出机构、人员行使。

第六十七条 在收费公路上从事本法第四十四条第二款、第四十五条、第四十八条、第五十条所列活动的，除依照各该条的规定办理外，给公路经营企业造成损失的，应当给予相应的补偿。

第六十八条 收费公路的具体管理办法，由国务院依照本法制定。

第七章 监督检查

第六十九条 交通主管部门、公路管理机构依法对有关公路的法律、法规执行情况进行监督检查。

第七十条 交通主管部门、公路管理机构负有管理和保护公路的责任，有权检查、制止各种侵占、损坏公路、公路用地、公路附属设施及其他违反本法规定的行为。

第七十一条 公路监督检查人员依法在公路、建筑控制区、车辆停放场所、车辆所属单位等进行监督检查时,任何单位和个人不得阻挠。

公路经营者、使用者和其他有关单位、个人,应当接受公路监督检查人员依法实施的监督检查,并为其提供方便。

公路监督检查人员执行公务,应当佩戴标志,持证上岗。

第七十二条 交通主管部门、公路管理机构应当加强对所属公路监督检查人员的管理和教育,要求公路监督检查人员熟悉国家有关法律和规定,公正廉洁,热情服务,秉公执法,对公路监督检查人员的执法行为应当加强监督检查,对其违法行为应当及时纠正,依法处理。

第七十三条 用于公路监督检查的专用车辆,应当设置统一的标志和示警灯。

第八章 法律责任

第七十四条 违反法律或者国务院有关规定,擅自在公路上设卡、收费的,由交通主管部门责令停止违法行为,没收违法所得,可以处违法所得三倍以下的罚款,没有违法所得的,可以处二万元以下的罚款;对负有直接责任的主管人员和其他直接责任人员,依法给予行政处分。

第七十五条 违反本法第二十五条规定,未经有关交通主管部门批准擅自施工的,交通主管部门可以责令停止施工,并可以处五万元以下的罚款。

第七十六条 有下列违法行为之一的,由交通主管部门责令停止违法行为,可以处三万元以下的罚款:

(一)违反本法第四十四条第一款规定,擅自占用、挖掘公路的;

(二)违反本法第四十五条规定,未经同意或者未按照公路工程技术标准的要求修建桥梁、渡槽或者架设、埋设管线、电缆等设施的;

(三)违反本法第四十七条规定,从事危及公路安全的作业的;

(四)违反本法第四十八条规定,铁轮车、履带车和其他可能损害路面的机具擅自在公路上行驶的;

(五)违反本法第五十条规定,车辆超限使用汽车渡船或者在公路上擅自超限行驶的;

(六)违反本法第五十二条、第五十六条规定,损坏、移动、涂改公路附属设施或者损坏、挪动建筑控制区的标桩、界桩,可能危及公路安全的。

第七十七条 违反本法第四十六条的规定,造成公路路面损坏、污染或者影响公路畅通的,或者违反本法第五十一条规定,将公路作为试车场地的,由交通主管部门责令停止违法行为,可以处五千元以下的罚款。

第七十八条 违反本法第五十三条规定,造成公路损坏,未报告的,由交通主管部门处一千元以下的罚款。

第七十九条 违反本法第五十四条规定,在公路用地范围内设置公路标志以外的其他标志的,由交通主管部门责令限期拆除,可以处二万元以下的罚款;逾期不拆除的,由交通主管部门拆除,有关费用由设置者负担。

第八十条 违反本法第五十五条规定,未经批准在公路上增设平面交叉道口的,由交通主管部门责令恢复原状,处五万元以下的罚款。

第八十一条 违反本法第五十六条规定,在公路建筑控制区内修建建筑物、地面构筑物或者擅自埋设管线、电缆等设施的,由交通主管部门责令限期拆除,并可以处五万元以下的罚款。逾期不拆除的,由交通主管部门拆除,有关费用由建筑者、构筑者承担。

第八十二条 除本法第七十四条、第七十五条的规定外,本章规定由交通主管部门行使的行政处罚权和行政措施,可以依照本法第八条第四款的规定由公路管理机构行使。

第八十三条 阻碍公路建设或者公路抢修,致使公路建设或者抢修不能正常进行,尚未造成严重损失的,依照治安管理处罚条例第十九条的规定处罚。

损毁公路或者擅自移动公路标志,可能影响交通安全,尚不够刑事处罚的,依照治安管理处罚条例第二十条的规定处罚。

拒绝、阻碍公路监督检查人员依法执行职务未使用暴力、威胁方法的,依照治安管理处罚条例第十九条的规定处罚。

第八十四条 违反本法有关规定,构成犯罪的,依法追究刑事责任。

第八十五条 违反本法有关规定,对公路造成损害的,应当依法承担民事责任。

对公路造成较大损害的车辆,必须立即停车,保护现场,报告公路管理机构,接受公路管理机构的调查、处理后方得驶离。

第八十六条 交通主管部门、公路管理机构的工作人员玩忽职守、徇私舞弊、滥用职权,构成犯罪的,依法追究刑事责任;尚不构成犯罪的,依法给予行政处分。

第九章 附 则

第八十七条 本法自1998年1月1日起施行。

中华人民共和国港口法

中华人民共和国主席令

第五号

《中华人民共和国港口法》已由中华人民共和国第十届全国人民代表大会常务委员会第三次会议于2003年6月28日通过，现予公布，自2004年1月1日起施行。

中华人民共和国主席　胡锦涛

2003年6月28日

目　　录

第一章　总　　则

第一条　为了加强港口管理，维护港口的安全与经营秩序，保护当事人的合法权益，促进港口的建设与发展，制定本法。

第二条　从事港口规划、建设、维护、经营、管理及其相关活动，适用本法。

第三条　本法所称港口，是指具有船舶进出、停泊、靠泊，旅客上下，货物装卸、驳运、储存等功能，具有相应的码头设施，由一定范围的水域和陆域组成的区域。

港口可以由一个或者多个港区组成。

第四条　国务院和有关县级以上地方人民政府应当在国民经济和社会发展计划中体现港口的发展和规划要求，并依法保护和合理利用港口资源。

第五条　国家鼓励国内外经济组织和个人依法投资建设、经营港口，保护投资者的合法权益。

第六条　国务院交通主管部门主管全国的港口工作。

地方人民政府对本行政区域内港口的管理，按照国务院关于港口管理体制的规定确定。

依照前款确定的港口管理体制，由港口所在地的市、县人民政府管理的港口，由市、县人民政府确定一个部门具体实施对港口的行政管理；由省、自治区、直辖市人民政府管理的港口，由省、自治区、直辖市人民政府确定一个部门具体实施对港口的行政管理。

依照前款确定的对港口具体实施行政管理的部门，以下统称港口行政管理部门。

第二章　港口规划与建设

第七条　港口规划应当根据国民经济和社会发展的要求以及国防建设的需要编制，体现合理利用岸线资源的原则，符合城镇体系规划，并与土地利用总体规划、城市总体规划、江河流域规划、防洪规划、海洋功能区划、水路运输发展规划和其他运输方式发展规划以及法律、行政法规规定的其他有关规划相衔接、协调。

编制港口规划应当组织专家论证,并依法进行环境影响评价。

第八条 港口规划包括港口布局规划和港口总体规划。

港口布局规划,是指港口的分布规划,包括全国港口布局规划和省、自治区、直辖市港口布局规划。

港口总体规划,是指一个港口在一定时期的具体规划,包括港口的水域和陆域范围、港区划分、吞吐量和到港船型、港口的性质和功能、水域和陆域使用、港口设施建设岸线使用、建设用地配置以及分期建设序列等内容。

港口总体规划应当符合港口布局规划。

第九条 全国港口布局规划,由国务院交通主管部门征求国务院有关部门和有关军事机关的意见编制,报国务院批准后公布实施。

省、自治区、直辖市港口布局规划,由省、自治区、直辖市人民政府根据全国港口布局规划组织编制,并送国务院交通主管部门征求意见。国务院交通主管部门自收到征求意见的材料之日起满三十日未提出修改意见的,该港口布局规划由有关省、自治区、直辖市人民政府公布实施;国务院交通主管部门认为不符合全国港口布局规划的,应当自收到征求意见的材料之日起三十日内提出修改意见;有关省、自治区、直辖市人民政府对修改意见有异议的,报国务院决定。

第十条 港口总体规划由港口行政管理部门征求有关部门和有关军事机关的意见编制。

第十一条 地理位置重要、吞吐量较大、对经济发展影响较广的主要港口的总体规划,由国务院交通主管部门征求国务院有关部门和有关军事机关的意见后,会同有关省、自治区、直辖市人民政府批准,并公布实施。主要港口名录由国务院交通主管部门征求国务院有关部门意见后确定并公布。

省、自治区、直辖市人民政府征求国务院交通主管部门的意见后确定本地区的重要港口。重要港口的总体规划由省、自治区、直辖市人民政府征求国务院交通主管部门意见后批准,公布实施。

前两款规定以外的港口的总体规划,由港口所在地的市、县人民政府批准后公布实施,并报省、自治区、直辖市人民政府备案。

市、县人民政府港口行政管理部门编制的属于本条第一款、第二款规定范围的港口的总体规划,在报送审批前应当经本级人民政府审核同意。

第十二条 港口规划的修改,按照港口规划制定程序办理。

第十三条 在港口总体规划区内建设港口设施,使用港口深水岸线的,由国务院交通主管部门会同国务院经济综合宏观调控部门批准;建设港口设施,使用非深水岸线的,由港口行政管理部门批准。但是,由国务院或者国务院经济综合宏观调控部门批准建设的项目使用港口岸线,不再另行办理使用港口岸线的审批手续。

港口深水岸线的标准由国务院交通主管部门制定。

第十四条 港口建设应当符合港口规划。不得违反港口规划建设任何港口设施。

第十五条 按照国家规定须经有关机关批准的港口建设项目,应当按照国家有关规定办理审批手续,并符合国家有关标准和技术规范。

建设港口工程项目,应当依法进行环境影响评价。

港口建设项目的安全设施和环境保护设施,必须与主体工程同时设计、同时施工、同时投入使用。

第十六条 港口建设使用土地和水域,应当依照有关土地管理、海域使用管理、河道管理、航道管理、军事设施保护管理的法律、行政法规以及其他有关法律、行政法规的规定办理。

第十七条 港口的危险货物作业场所、实施卫生除害处理的专用场所,应当符合港口总体规划和国家有关安全生产、消防、检验检疫和环境保护的要求,其与人口密集区和港口客运设施的距离应当符合国务院有关部门的规定;经依法办理有关手续,并经港口行政管理部门批准后,方可建设。

第十八条 航标设施以及其他辅助性设施,应当与港口同步建设,并保证按期投入使用。

港口内有关行政管理机构办公设施的建设应当符合港口总体规划,建设费用不得向港口经营人摊派。

第十九条 港口设施建设项目竣工后，应当按照国家有关规定经验收合格，方可投入使用。

港口设施的所有权，依照有关法律规定确定。

第二十条 县级以上有关人民政府应当保证必要的资金投入，用于港口公用的航道、防波堤、锚地等基础设施的建设和维护。具体办法由国务院规定。

第二十一条 县级以上有关人民政府应当采取措施，组织建设与港口相配套的航道、铁路、公路、给排水、供电、通信等设施。

第三章 港口经营

第二十二条 从事港口经营，应当向港口行政管理部门书面申请取得港口经营许可，并依法办理工商登记。

港口行政管理部门实施港口经营许可，应当遵循公开、公正、公平的原则。

港口经营包括码头和其他港口设施的经营，港口旅客运输服务经营，在港区内从事货物的装卸、驳运、仓储的经营和港口拖轮经营等。

第二十三条 取得港口经营许可，应当有固定的经营场所，有与经营业务相适应的设施、设备、专业技术人员和管理人员，并应当具备法律、法规规定的其他条件。

第二十四条 港口行政管理部门应当自收到本法第二十二条第一款规定的书面申请之日起三十日内依法作出许可或者不予许可的决定。予以许可的，颁发港口经营许可证；不予许可的，应当书面通知申请人并告知理由。

第二十五条 经营港口理货业务，应当按照规定取得许可。实施港口理货业务经营许可，应当遵循公开、公正、公平的原则。具体办法由国务院交通主管部门规定。

港口理货业务经营人应当公正、准确地办理理货业务；不得兼营本法第二十二条第三款规定的货物装卸经营业务和仓储经营业务。

第二十六条 港口经营人从事经营活动，必须遵守有关法律、法规，遵守国务院交通主管部门有关港口作业规则的规定，依法履行合同约定的义务，为客户提供公平、良好的服务。

从事港口旅客运输服务的经营人，应当采取保证旅客安全的有效措施，向旅客提供快捷、便利的服务，保持良好的候船环境。

港口经营人应当依照有关环境保护的法律、法规的规定，采取有效措施，防治对环境的污染和危害。

第二十七条 港口经营人应当优先安排抢险物资、救灾物资和国防建设急需物资的作业。

第二十八条 港口经营人应当在其经营场所公布经营服务的收费项目和收费标准；未公布的，不得实施。

港口经营性收费依法实行政府指导价或者政府定价的，港口经营人应当按照规定执行。

第二十九条 国家鼓励和保护港口经营活动的公平竞争。

港口经营人不得实施垄断行为和不正当竞争行为，不得以任何手段强迫他人接受其提供的港口服务。

第三十条 港口行政管理部门依照《中华人民共和国统计法》和有关行政法规的规定要求港口经营人提供的统计资料，港口经营人应当如实提供。

港口行政管理部门应当按照国家有关规定将港口经营人报送的统计资料及时上报，并为港口经营人保守商业秘密。

第三十一条 港口经营人的合法权益受法律保护。任何单位和个人不得向港口经营人摊派或者违法收取费用，不得违法干预港口经营人的经营自主权。

第四章 港口安全与监督管理

第三十二条 港口经营人必须依照《中华人民共和国安全生产法》等有关法律、法规和国务院交通主管部门有关港口安全作业规则的规定，加强安全生产管理，建立健全安全生产责任制等规章制度，完善安全生产条件，采取保障安全生产的有效措施，确保安全生产。

港口经营人应当依法制定本单位的危险货物事故应急预案、重大生产安全事故的旅客紧急疏散和救援预案以及预防自然灾害预案，保障组织实施。

第三十三条 港口行政管理部门应当依法制定可能危及社会公共利益的港口危险货物事故应急预案、重大生产安全事故的旅客紧急疏散和救援预案以及预防自然灾害预案，建立健全港口重大生产安全事故的应急救援体系。

第三十四条 船舶进出港口，应当依照有关水上交通安全的法律、行政法规的规定向海事管理机构报告。海事管理机构接到报告后，应当及时通报港口行政管理部门。

船舶载运危险货物进出港口，应当按照国务院交通主管部门的规定将危险货物的名称、特性、包装和进出港口的时间报告海事管理机构。海事管理机构接到报告后，应当在国务院交通主管部门规定的时间内作出是否同意的决定，通知报告人，并通报港口行政管理部门。但是，定船舶、定航线、定货种的船舶可以定期报告。

第三十五条 在港口内进行危险货物的装卸、过驳作业，应当按照国务院交通主管部门的规定将危险货物的名称、特性、包装和作业的时间、地点报告港口行政管理部门。港口行政管理部门接到报告后，应当在国务院交通主管部门规定的时间内作出是否同意的决定，通知报告人，并通报海事管理机构。

第三十六条 港口行政管理部门应当依法对港口安全生产情况实施监督检查，对旅客上下集中、货物装卸量较大或者有特殊用途的码头进行重点巡查；检查中发现安全隐患的，应当责令被检查人立即排除或者限期排除。

负责安全生产监督管理的部门和其他有关部门依照法律、法规的规定，在各自职责范围内对港口安全生产实施监督检查。

第三十七条 禁止在港口水域内从事养殖、种植活动。

不得在港口进行可能危及港口安全的采掘、爆破等活动；因工程建设等确需进行的，必须采取相应的安全保护措施，并报经港口行政管理部门批准；依照有关水上交通安全的法律、行政法规的规定须经海事管理机构批准的，还应当报经海事管理机构批准。

禁止向港口水域倾倒泥土、砂石以及违反有关环境保护的法律、法规的规定排放超过规定标准的有毒、有害物质。

第三十八条 建设桥梁、水底隧道、水电站等可能影响港口水文条件变化的工程项目，负责审批该项目的部门在审批前应当征求港口行政管理部门的意见。

第三十九条 依照有关水上交通安全的法律、行政法规的规定，进出港口须经引航的船舶，应当向引航机构申请引航。引航的具体办法由国务院交通主管部门规定。

第四十条 遇有旅客滞留、货物积压阻塞港口的情况，港口行政管理部门应当及时采取有效措施，进行疏港；港口所在地的市、县人民政府认为必要时，可以直接采取措施，进行疏港。

第四十一条 港口行政管理部门应当组织制定所管理的港口的章程，并向社会公布。

港口章程的内容应当包括对港口的地理位置、航道条件、港池水深、机械设施和装卸能力等情况的说明，以及本港口贯彻执行有关港口管理的法律、法规和国务院交通主管部门有关规定的具体措施。

第四十二条 港口行政管理部门依据职责对本法执行情况实施监督检查。

港口行政管理部门的监督检查人员依法实施监督检查时，有权向被检查单位和有关人员了解有关情况，并可查阅、复制有关资料。

监督检查人员对检查中知悉的商业秘密，应当保密。

监督检查人员实施监督检查时，应当出示执法证件。

第四十三条 监督检查人员应当将监督检查的时间、地点、内容、发现的问题及处理情况作出书面记录，并由监督检查人员和被检查单位的负责人签字；被检查单位的负责人拒绝签字的，监督检查人员应当将情况记录在案，并向港口行政管理部门报告。

第四十四条 被检查单位和有关人员应当接受港口行政管理部门依法实施的监督检查，如实提供有关情况和资料，不得拒绝检查或者隐匿、谎报有关情况和资料。

第五章 法律责任

第四十五条 有下列行为之一的，由县级以上地方人民政府或者港口行政管理部门责令限期改正；逾期不改正的，由作出限期改正决定的机关申请人民法院强制拆除违法建设的设施；可以处五万元以下罚款：

（一）违反港口规划建设港口、码头或者其他港口设施的；

（二）未经依法批准，建设港口设施使用港口岸线的。

建设项目的审批部门对违反港口规划的建设项目予以批准的，对其直接负责的主管人员和其他直接责任人员，依法给予行政处分。

第四十六条 未经依法批准，在港口建设危险货物作业场所、实施卫生除害处理的专用场所的，或者建设的危险货物作业场所、实施卫生除害处理的专用场所与人口密集区或者港口客运设施的距离不符合国务院有关部门的规定的，由港口行政管理部门责令停止建设或者使用，限期改正，可以处五万元以下罚款。

第四十七条 码头或者港口装卸设施、客运设施未经验收合格，擅自投入使用的，由港口行政管理部门责令停止使用，限期改正，可以处五万元以下罚款。

第四十八条 有下列行为之一的，由港口行政管理部门责令停止违法经营，没收违法所得；违法所得十万元以上的，并处违法所得二倍以上五倍以下罚款；违法所得不足十万元的，处五万元以上二十万元以下罚款：

（一）未依法取得港口经营许可证，从事港口经营的；

（二）未经依法许可，经营港口理货业务的；

（三）港口理货业务经营人兼营货物装卸经营业务、仓储经营业务的。

有前款第（三）项行为，情节严重的，由有关主管部门吊销港口理货业务经营许可证。

第四十九条 港口经营人不优先安排抢险物资、救灾物资、国防建设急需物资的作业的，由港口行政管理部门责令改正；造成严重后果的，吊销港口经营许可证。

第五十条 港口经营人违反有关法律、行政法规的规定，在经营活动中实施垄断行为或者不正当竞争行为的，依照有关法律、行政法规的规定承担法律责任。

第五十一条 港口经营人违反本法第三十二条关于安全生产的规定的，由港口行政管理部门或者其他依法负有安全生产监督管理职责的部门依法给予处罚；情节严重的，由港口行政管理部门吊销港口经营许可证，并对其主要负责人依法给予处分；构成犯罪的，依法追究刑事责任。

第五十二条 船舶进出港口，未依照本法第三十四条的规定向海事管理机构报告的，由海事管理机构依照有关水上交通安全的法律、行政法规的规定处罚。

第五十三条 未依法向港口行政管理部门报告并经其同意，在港口内进行危险货物的装卸、过驳作业的，由港口行政管理部门责令停止作业，处五千元以上五万元以下罚款。

第五十四条 在港口水域内从事养殖、种植活动的，由海事管理机构责令限期改正；逾期不改正的，强制拆除养殖、种植设施，拆除费用由违法行为人承担；可以处一万元以下罚款。

第五十五条 未经依法批准在港口进行可能危及港口安全的采掘、爆破等活动的，向港口水域倾倒泥土、砂石的，由港口行政管理部门责令停止违法行为，限期消除因此造成的安全隐患；逾期不消除的，强制消除，因此发生的费用由违法行为人承担；处五千元以上五万元以下罚款；依照有关水上交通安全的法律、行政法规的规定由海事管理机构处罚的，依照其规定；构成犯罪的，依法追究刑事责任。

第五十六条 交通主管部门、港口行政管理部门、海事管理机构等不依法履行职责，有下列行为之一的，对直接负责的主管人员和其他直接责任人员依法给予行政处分；构成犯罪的，依法追究刑事责任：

（一）违法批准建设港口设施使用港口岸线、违法批准建设港口危险货物作业场所或者实施卫生除害处理的专用场所，或者违法批准船舶载运危险货物进出港口、违法批准在港口内进行危险货物的装卸、过驳作业的；

（二）对不符合法定条件的申请人给予港口经营许可或者港口理货业务经营许可的；

（三）发现取得经营许可的港口经营人、港口理货业务经营人不再具备法定许可条件而不及时吊销许可证的；

（四）不依法履行监督检查职责，对违反港口规划建设港口、码头或者其他港口设施的行为，未经依法许可从事港口经营、港口理货业务的行为，不遵守安全生产管理规定的行为，危及港口作业安全的行为，以及其他违反本法规定的行为，不依法予以查处的。

第五十七条 行政机关违法干预港口经营人的经营自主权的，由其上级行政机关或者监察机关责令改正；向港口经营人摊派财物或者违法收取费用的，责令退回；情节严重的，对直接负责的主管人员和其他直接责任人员依法给予行政处分。

第六章　附　　则

第五十八条 对航行国际航线的船舶开放的港口，由有关省、自治区、直辖市人民政府按照国家有关规定商国务院有关部门和有关军事机关同意后，报国务院批准。

第五十九条 渔业港口的管理工作由县级以上人民政府渔业行政主管部门负责。具体管理办法由国务院规定。

前款所称渔业港口，是指专门为渔业生产服务、供渔业船舶停泊、避风、装卸渔获物、补充渔需物资的人工港口或者自然港湾，包括综合性港口中渔业专用的码头、渔业专用的水域和渔船专用的锚地。

第六十条 军事港口的建设和管理办法由国务院、中央军事委员会规定。

第六十一条 本法自2004年1月1日起施行。

中华人民共和国特种设备安全法

中华人民共和国主席令

第四号

《中华人民共和国特种设备安全法》已由中华人民共和国第十二届全国人民代表大会常务委员会第三次会议于2013年6月29日通过，现予公布，自2014年1月1日起施行。

中华人民共和国主席　习近平

2013年6月29日

目　录

第一章　总　　则

第一条　为了加强特种设备安全工作，预防特种设备事故，保障人身和财产安全，促进经济社会发展，制定本法。

第二条　特种设备的生产（包括设计、制造、安装、改造、修理）、经营、使用、检验、检测和特种设备安全的监督管理，适用本法。

本法所称特种设备，是指对人身和财产安全有较大危险性的锅炉、压力容器（含气瓶）、压力管道、电梯、起重机械、客运索道、大型游乐设施、场（厂）内专用机动车辆，以及法律、行政法规规定适用本法的其他特种设备。

国家对特种设备实行目录管理。特种设备目录由国务院负责特种设备安全监督管理的部门制定，报国务院批准后执行。

第三条　特种设备安全工作应当坚持安全第一、预防为主、节能环保、综合治理的原则。

第四条　国家对特种设备的生产、经营、使用，实施分类的、全过程的安全监督管理。

第五条　国务院负责特种设备安全监督管理的部门对全国特种设备安全实施监督管理。县级以上地方各级人民政府负责特种设备安全监督管理的部门对本行政区域内特种设备安全实施监督管理。

第六条　国务院和地方各级人民政府应当加强对特种设备安全工作的领导，督促各有关部门依法履行监督管理职责。

县级以上地方各级人民政府应当建立协调机制，及时协调、解决特种设备安全监督管理中存在的问题。

第七条 特种设备生产、经营、使用单位应当遵守本法和其他有关法律、法规，建立、健全特种设备安全和节能责任制度，加强特种设备安全和节能管理，确保特种设备生产、经营、使用安全，符合节能要求。

第八条 特种设备生产、经营、使用、检验、检测应当遵守有关特种设备安全技术规范及相关标准。

特种设备安全技术规范由国务院负责特种设备安全监督管理的部门制定。

第九条 特种设备行业协会应当加强行业自律，推进行业诚信体系建设，提高特种设备安全管理水平。

第十条 国家支持有关特种设备安全的科学技术研究，鼓励先进技术和先进管理方法的推广应用，对做出突出贡献的单位和个人给予奖励。

第十一条 负责特种设备安全监督管理的部门应当加强特种设备安全宣传教育，普及特种设备安全知识，增强社会公众的特种设备安全意识。

第十二条 任何单位和个人有权向负责特种设备安全监督管理的部门和有关部门举报涉及特种设备安全的违法行为，接到举报的部门应当及时处理。

第二章 生产、经营、使用

第一节 一般规定

第十三条 特种设备生产、经营、使用单位及其主要负责人对其生产、经营、使用的特种设备安全负责。

特种设备生产、经营、使用单位应当按照国家有关规定配备特种设备安全管理人员、检测人员和作业人员，并对其进行必要的安全教育和技能培训。

第十四条 特种设备安全管理人员、检测人员和作业人员应当按照国家有关规定取得相应资格，方可从事相关工作。特种设备安全管理人员、检测人员和作业人员应当严格执行安全技术规范和管理制度，保证特种设备安全。

第十五条 特种设备生产、经营、使用单位对其生产、经营、使用的特种设备应当进行自行检测和维护保养，对国家规定实行检验的特种设备应当及时申报并接受检验。

第十六条 特种设备采用新材料、新技术、新工艺，与安全技术规范的要求不一致，或者安全技术规范未作要求、可能对安全性能有重大影响的，应当向国务院负责特种设备安全监督管理的部门申报，由国务院负责特种设备安全监督管理的部门及时委托安全技术咨询机构或者相关专业机构进行技术评审，评审结果经国务院负责特种设备安全监督管理的部门批准，方可投入生产、使用。

国务院负责特种设备安全监督管理的部门应当将允许使用的新材料、新技术、新工艺的有关技术要求，及时纳入安全技术规范。

第十七条 国家鼓励投保特种设备安全责任保险。

第二节 生 产

第十八条 国家按照分类监督管理的原则对特种设备生产实行许可制度。特种设备生产单位应当具备下列条件，并经负责特种设备安全监督管理的部门许可，方可从事生产活动：

（一）有与生产相适应的专业技术人员；

（二）有与生产相适应的设备、设施和工作场所；

（三）有健全的质量保证、安全管理和岗位责任等制度。

第十九条 特种设备生产单位应当保证特种设备生产符合安全技术规范及相关标准的要求，对其生产的特种设备的安全性能负责。不得生产不符合安全性能要求和能效指标以及国家明令淘汰的特种设备。

第二十条 锅炉、气瓶、氧舱、客运索道、大型游乐设施的设计文件，应当经负责特种设备安全监督管理的部门核准的检验机构鉴定，方可用于制造。

特种设备产品、部件或者试制的特种设备新产品、新部件以及特种设备采用的新材料，按照安全技术规范的要求需要通过型式试验进行安全性验证的，应当经负责特种设备安全监督管理的部门核准的检验机构进行型式试验。

第二十一条 特种设备出厂时，应当随附安全技术规范要求的设计文件、产品质量合格证明、安装及使用维护保养说明、监督检验证明等相关技术资料和文件，并在特种设备显著位置设置产品铭牌、安全警示标志及其说明。

第二十二条 电梯的安装、改造、修理，必须由电梯制造单位或者其委托的依照本法取得相应许可的单位进行。电梯制造单位委托其他单位进行电梯安装、改造、修理的，应当对其安装、改造、修理进行安全指导和监控，并按照安全技术规范的要求进行校验和调试。电梯制造单位对电梯安全性能负责。

第二十三条 特种设备安装、改造、修理的施工单位应当在施工前将拟进行的特种设备安装、改造、修理情况书面告知直辖市或者设区的市级人民政府负责特种设备安全监督管理的部门。

第二十四条 特种设备安装、改造、修理竣工后，安装、改造、修理的施工单位应当在验收后三十日内将相关技术资料和文件移交特种设备使用单位。特种设备使用单位应当将其存入该特种设备的安全技术档案。

第二十五条 锅炉、压力容器、压力管道元件等特种设备的制造过程和锅炉、压力容器、压力管道、电梯、起重机械、客运索道、大型游乐设施的安装、改造、重大修理过程，应当经特种设备检验机构按照安全技术规范的要求进行监督检验；未经监督检验或者监督检验不合格的，不得出厂或者交付使用。

第二十六条 国家建立缺陷特种设备召回制度。因生产原因造成特种设备存在危及安全的同一性缺陷的，特种设备生产单位应当立即停止生产，主动召回。

国务院负责特种设备安全监督管理的部门发现特种设备存在应当召回而未召回的情形时，应当责令特种设备生产单位召回。

第三节　经　　营

第二十七条 特种设备销售单位销售的特种设备，应当符合安全技术规范及相关标准的要求，其设计文件、产品质量合格证明、安装及使用维护保养说明、监督检验证明等相关技术资料和文件应当齐全。

特种设备销售单位应当建立特种设备检查验收和销售记录制度。

禁止销售未取得许可生产的特种设备，未经检验和检验不合格的特种设备，或者国家明令淘汰和已经报废的特种设备。

第二十八条 特种设备出租单位不得出租未取得许可生产的特种设备或者国家明令淘汰和已经报废的特种设备，以及未按照安全技术规范的要求进行维护保养和未经检验或者检验不合格的特种设备。

第二十九条 特种设备在出租期间的使用管理和维护保养义务由特种设备出租单位承担，法律另有规定或者当事人另有约定的除外。

第三十条 进口的特种设备应当符合我国安全技术规范的要求，并经检验合格；需要取得我国特种设备生产许可的，应当取得许可。

进口特种设备随附的技术资料和文件应当符合本法第二十一条的规定，其安装及使用维护保养说明、产品铭牌、安全警示标志及其说明应当采用中文。

特种设备的进出口检验,应当遵守有关进出口商品检验的法律、行政法规。

第三十一条 进口特种设备,应当向进口地负责特种设备安全监督管理的部门履行提前告知义务。

第四节 使 用

第三十二条 特种设备使用单位应当使用取得许可生产并经检验合格的特种设备。

禁止使用国家明令淘汰和已经报废的特种设备。

第三十三条 特种设备使用单位应当在特种设备投入使用前或者投入使用后三十日内,向负责特种设备安全监督管理的部门办理使用登记,取得使用登记证书。登记标志应当置于该特种设备的显著位置。

第三十四条 特种设备使用单位应当建立岗位责任、隐患治理、应急救援等安全管理制度,制定操作规程,保证特种设备安全运行。

第三十五条 特种设备使用单位应当建立特种设备安全技术档案。安全技术档案应当包括以下内容:

(一)特种设备的设计文件、产品质量合格证明、安装及使用维护保养说明、监督检验证明等相关技术资料和文件;

(二)特种设备的定期检验和定期自行检查记录;

(三)特种设备的日常使用状况记录;

(四)特种设备及其附属仪器仪表的维护保养记录;

(五)特种设备的运行故障和事故记录。

第三十六条 电梯、客运索道、大型游乐设施等为公众提供服务的特种设备的运营使用单位,应当对特种设备的使用安全负责,设置特种设备安全管理机构或者配备专职的特种设备安全管理人员;其他特种设备使用单位,应当根据情况设置特种设备安全管理机构或者配备专职、兼职的特种设备安全管理人员。

第三十七条 特种设备的使用应当具有规定的安全距离、安全防护措施。

与特种设备安全相关的建筑物、附属设施,应当符合有关法律、行政法规的规定。

第三十八条 特种设备属于共有的,共有人可以委托物业服务单位或者其他管理人管理特种设备,受托人履行本法规定的特种设备使用单位的义务,承担相应责任。共有人未委托的,由共有人或者实际管理人履行管理义务,承担相应责任。

第三十九条 特种设备使用单位应当对其使用的特种设备进行经常性维护保养和定期自行检查,并作出记录。

特种设备使用单位应当对其使用的特种设备的安全附件、安全保护装置进行定期校验、检修,并作出记录。

第四十条 特种设备使用单位应当按照安全技术规范的要求,在检验合格有效期届满前一个月向特种设备检验机构提出定期检验要求。

特种设备检验机构接到定期检验要求后,应当按照安全技术规范的要求及时进行安全性能检验。特种设备使用单位应当将定期检验标志置于该特种设备的显著位置。

未经定期检验或者检验不合格的特种设备,不得继续使用。

第四十一条 特种设备安全管理人员应当对特种设备使用状况进行经常性检查,发现问题应当立即处理;情况紧急时,可以决定停止使用特种设备并及时报告本单位有关负责人。

特种设备作业人员在作业过程中发现事故隐患或者其他不安全因素,应当立即向特种设备安全管理人员和单位有关负责人报告;特种设备运行不正常时,特种设备作业人员应当按照操作规程采取有效措施保证安全。

第四十二条 特种设备出现故障或者发生异常情况,特种设备使用单位应当对其进行全面检查,消除事故隐患,方可继续使用。

第四十三条 客运索道、大型游乐设施在每日投入使用前,其运营使用单位应当进行试运行和例行安全检查,并对安全附件和安全保护装置进行检查确认。

电梯、客运索道、大型游乐设施的运营使用单位应当将电梯、客运索道、大型游乐设施的安全使用说明、安全注意事项和警示标志置于易于为乘客注意的显著位置。

公众乘坐或者操作电梯、客运索道、大型游乐设施,应当遵守安全使用说明和安全注意事项的要求,服从有关工作人员的管理和指挥;遇有运行不正常时,应当按照安全指引,有序撤离。

第四十四条 锅炉使用单位应当按照安全技术规范的要求进行锅炉水(介)质处理,并接受特种设备检验机构的定期检验。

从事锅炉清洗,应当按照安全技术规范的要求进行,并接受特种设备检验机构的监督检验。

第四十五条 电梯的维护保养应当由电梯制造单位或者依照本法取得许可的安装、改造、修理单位进行。

电梯的维护保养单位应当在维护保养中严格执行安全技术规范的要求,保证其维护保养的电梯的安全性能,并负责落实现场安全防护措施,保证施工安全。

电梯的维护保养单位应当对其维护保养的电梯的安全性能负责;接到故障通知后,应当立即赶赴现场,并采取必要的应急救援措施。

第四十六条 电梯投入使用后,电梯制造单位应当对其制造的电梯的安全运行情况进行跟踪调查和了解,对电梯的维护保养单位或者使用单位在维护保养和安全运行方面存在的问题,提出改进建议,并提供必要的技术帮助;发现电梯存在严重事故隐患时,应当及时告知电梯使用单位,并向负责特种设备安全监督管理的部门报告。电梯制造单位对调查和了解的情况,应当作出记录。

第四十七条 特种设备进行改造、修理,按照规定需要变更使用登记的,应当办理变更登记,方可继续使用。

第四十八条 特种设备存在严重事故隐患,无改造、修理价值,或者达到安全技术规范规定的其他报废条件的,特种设备使用单位应当依法履行报废义务,采取必要措施消除该特种设备的使用功能,并向原登记的负责特种设备安全监督管理的部门办理使用登记证书注销手续。

前款规定报废条件以外的特种设备,达到设计使用年限可以继续使用的,应当按照安全技术规范的要求通过检验或者安全评估,并办理使用登记证书变更,方可继续使用。允许继续使用的,应当采取加强检验、检测和维护保养等措施,确保使用安全。

第四十九条 移动式压力容器、气瓶充装单位,应当具备下列条件,并经负责特种设备安全监督管理的部门许可,方可从事充装活动:

(一)有与充装和管理相适应的管理人员和技术人员;

(二)有与充装和管理相适应的充装设备、检测手段、场地厂房、器具、安全设施;

(三)有健全的充装管理制度、责任制度、处理措施。

充装单位应当建立充装前后的检查、记录制度,禁止对不符合安全技术规范要求的移动式压力容器和气瓶进行充装。

气瓶充装单位应当向气体使用者提供符合安全技术规范要求的气瓶,对气体使用者进行气瓶安全使用指导,并按照安全技术规范的要求办理气瓶使用登记,及时申报定期检验。

第三章 检验、检测

第五十条 从事本法规定的监督检验、定期检验的特种设备检验机构,以及为特种设备生产、经营、使用提供检测服务的特种设备检测机构,应当具备下列条件,并经负责特种设备安全监督管理的部门核准,方可从事检验、检测工作:

(一)有与检验、检测工作相适应的检验、检测人员;

(二)有与检验、检测工作相适应的检验、检测仪器和设备;

(三)有健全的检验、检测管理制度和责任制度。

第五十一条　特种设备检验、检测机构的检验、检测人员应当经考核，取得检验、检测人员资格，方可从事检验、检测工作。

特种设备检验、检测机构的检验、检测人员不得同时在两个以上检验、检测机构中执业；变更执业机构的，应当依法办理变更手续。

第五十二条　特种设备检验、检测工作应当遵守法律、行政法规的规定，并按照安全技术规范的要求进行。

特种设备检验、检测机构及其检验、检测人员应当依法为特种设备生产、经营、使用单位提供安全、可靠、便捷、诚信的检验、检测服务。

第五十三条　特种设备检验、检测机构及其检验、检测人员应当客观、公正、及时地出具检验、检测报告，并对检验、检测结果和鉴定结论负责。

特种设备检验、检测机构及其检验、检测人员在检验、检测中发现特种设备存在严重事故隐患时，应当及时告知相关单位，并立即向负责特种设备安全监督管理的部门报告。

负责特种设备安全监督管理的部门应当组织对特种设备检验、检测机构的检验、检测结果和鉴定结论进行监督抽查，但应当防止重复抽查。监督抽查结果应当向社会公布。

第五十四条　特种设备生产、经营、使用单位应当按照安全技术规范的要求向特种设备检验、检测机构及其检验、检测人员提供特种设备相关资料和必要的检验、检测条件，并对资料的真实性负责。

第五十五条　特种设备检验、检测机构及其检验、检测人员对检验、检测过程中知悉的商业秘密，负有保密义务。

特种设备检验、检测机构及其检验、检测人员不得从事有关特种设备的生产、经营活动，不得推荐或者监制、监销特种设备。

第五十六条　特种设备检验机构及其检验人员利用检验工作故意刁难特种设备生产、经营、使用单位的，特种设备生产、经营、使用单位有权向负责特种设备安全监督管理的部门投诉，接到投诉的部门应当及时进行调查处理。

第四章　监督管理

第五十七条　负责特种设备安全监督管理的部门依照本法规定，对特种设备生产、经营、使用单位和检验、检测机构实施监督检查。

负责特种设备安全监督管理的部门应当对学校、幼儿园以及医院、车站、客运码头、商场、体育场馆、展览馆、公园等公众聚集场所的特种设备，实施重点安全监督检查。

第五十八条　负责特种设备安全监督管理的部门实施本法规定的许可工作，应当依照本法和其他有关法律、行政法规规定的条件和程序以及安全技术规范的要求进行审查；不符合规定的，不得许可。

第五十九条　负责特种设备安全监督管理的部门在办理本法规定的许可时，其受理、审查、许可的程序必须公开，并应当自受理申请之日起三十日内，作出许可或者不予许可的决定；不予许可的，应当书面向申请人说明理由。

第六十条　负责特种设备安全监督管理的部门对依法办理使用登记的特种设备应当建立完整的监督管理档案和信息查询系统；对达到报废条件的特种设备，应当及时督促特种设备使用单位依法履行报废义务。

第六十一条　负责特种设备安全监督管理的部门在依法履行监督检查职责时，可以行使下列职权：

（一）进入现场进行检查，向特种设备生产、经营、使用单位和检验、检测机构的主要负责人和其他有关人员调查、了解有关情况；

（二）根据举报或者取得的涉嫌违法证据，查阅、复制特种设备生产、经营、使用单位和检验、检测机构的有关合同、发票、账簿以及其他有关资料；

（三）对有证据表明不符合安全技术规范要求或者存在严重事故隐患的特种设备实施查封、扣押；

（四）对流入市场的达到报废条件或者已经报废的特种设备实施查封、扣押；

（五）对违反本法规定的行为作出行政处罚决定。

第六十二条 负责特种设备安全监督管理的部门在依法履行职责过程中，发现违反本法规定和安全技术规范要求的行为或者特种设备存在事故隐患时，应当以书面形式发出特种设备安全监察指令，责令有关单位及时采取措施予以改正或者消除事故隐患。紧急情况下要求有关单位采取紧急处置措施的，应当随后补发特种设备安全监察指令。

第六十三条 负责特种设备安全监督管理的部门在依法履行职责过程中，发现重大违法行为或者特种设备存在严重事故隐患时，应当责令有关单位立即停止违法行为、采取措施消除事故隐患，并及时向上级负责特种设备安全监督管理的部门报告。接到报告的负责特种设备安全监督管理的部门应当采取必要措施，及时予以处理。

对违法行为、严重事故隐患的处理需要当地人民政府和有关部门的支持、配合时，负责特种设备安全监督管理的部门应当报告当地人民政府，并通知其他有关部门。当地人民政府和其他有关部门应当采取必要措施，及时予以处理。

第六十四条 地方各级人民政府负责特种设备安全监督管理的部门不得要求已经依照本法规定在其他地方取得许可的特种设备生产单位重复取得许可，不得要求对已经依照本法规定在其他地方检验合格的特种设备重复进行检验。

第六十五条 负责特种设备安全监督管理的部门的安全监察人员应当熟悉相关法律、法规，具有相应的专业知识和工作经验，取得特种设备安全行政执法证件。

特种设备安全监察人员应当忠于职守、坚持原则、秉公执法。

负责特种设备安全监督管理的部门实施安全监督检查时，应当有二名以上特种设备安全监察人员参加，并出示有效的特种设备安全行政执法证件。

第六十六条 负责特种设备安全监督管理的部门对特种设备生产、经营、使用单位和检验、检测机构实施监督检查，应当对每次监督检查的内容、发现的问题及处理情况作出记录，并由参加监督检查的特种设备安全监察人员和被检查单位的有关负责人签字后归档。被检查单位的有关负责人拒绝签字的，特种设备安全监察人员应当将情况记录在案。

第六十七条 负责特种设备安全监督管理的部门及其工作人员不得推荐或者监制、监销特种设备；对履行职责过程中知悉的商业秘密负有保密义务。

第六十八条 国务院负责特种设备安全监督管理的部门和省、自治区、直辖市人民政府负责特种设备安全监督管理的部门应当定期向社会公布特种设备安全总体状况。

第五章 事故应急救援与调查处理

第六十九条 国务院负责特种设备安全监督管理的部门应当依法组织制定特种设备重特大事故应急预案，报国务院批准后纳入国家突发事件应急预案体系。

县级以上地方各级人民政府及其负责特种设备安全监督管理的部门应当依法组织制定本行政区域内特种设备事故应急预案，建立或者纳入相应的应急处置与救援体系。

特种设备使用单位应当制定特种设备事故应急专项预案，并定期进行应急演练。

第七十条 特种设备发生事故后，事故发生单位应当按照应急预案采取措施，组织抢救，防止事故扩大，减少人员伤亡和财产损失，保护事故现场和有关证据，并及时向事故发生地县级以上人民政府负责特种设备安全监督管理的部门和有关部门报告。

县级以上人民政府负责特种设备安全监督管理的部门接到事故报告，应当尽快核实情况，立即向本级人民政府报告，并按照规定逐级上报。必要时，负责特种设备安全监督管理的部门可以越级上报事故情况。对特别重大事故、重大事故，国务院负责特种设备安全监督管理的部门应当立即报告国务院并通报国务院安全生产监督管理部门等有关部门。

与事故相关的单位和人员不得迟报、谎报或者瞒报事故情况，不得隐匿、毁灭有关证据或者故意破坏事故现场。

第七十一条 事故发生地人民政府接到事故报告，应当依法启动应急预案，采取应急处置措施，组织应急救援。

第七十二条 特种设备发生特别重大事故，由国务院或者国务院授权有关部门组织事故调查组进行调查。

发生重大事故，由国务院负责特种设备安全监督管理的部门会同有关部门组织事故调查组进行调查。

发生较大事故，由省、自治区、直辖市人民政府负责特种设备安全监督管理的部门会同有关部门组织事故调查组进行调查。

发生一般事故，由设区的市级人民政府负责特种设备安全监督管理的部门会同有关部门组织事故调查组进行调查。

事故调查组应当依法、独立、公正开展调查，提出事故调查报告。

第七十三条 组织事故调查的部门应当将事故调查报告报本级人民政府，并报上一级人民政府负责特种设备安全监督管理的部门备案。有关部门和单位应当依照法律、行政法规的规定，追究事故责任单位和人员的责任。

事故责任单位应当依法落实整改措施，预防同类事故发生。事故造成损害的，事故责任单位应当依法承担赔偿责任。

第六章 法律责任

第七十四条 违反本法规定，未经许可从事特种设备生产活动的，责令停止生产，没收违法制造的特种设备，处十万元以上五十万元以下罚款；有违法所得的，没收违法所得；已经实施安装、改造、修理的，责令恢复原状或者责令限期由取得许可的单位重新安装、改造、修理。

第七十五条 违反本法规定，特种设备的设计文件未经鉴定，擅自用于制造的，责令改正，没收违法制造的特种设备，处五万元以上五十万元以下罚款。

第七十六条 违反本法规定，未进行型式试验的，责令限期改正；逾期未改正的，处三万元以上三十万元以下罚款。

第七十七条 违反本法规定，特种设备出厂时，未按照安全技术规范的要求随附相关技术资料和文件的，责令限期改正；逾期未改正的，责令停止制造、销售，处二万元以上二十万元以下罚款；有违法所得的，没收违法所得。

第七十八条 违反本法规定，特种设备安装、改造、修理的施工单位在施工前未书面告知负责特种设备安全监督管理的部门即行施工的，或者在验收后三十日内未将相关技术资料和文件移交特种设备使用单位的，责令限期改正；逾期未改正的，处一万元以上十万元以下罚款。

第七十九条 违反本法规定，特种设备的制造、安装、改造、重大修理以及锅炉清洗过程，未经监督检验的，责令限期改正；逾期未改正的，处五万元以上二十万元以下罚款；有违法所得的，没收违法所得；情节严重的，吊销生产许可证。

第八十条 违反本法规定，电梯制造单位有下列情形之一的，责令限期改正；逾期未改正的，处一万元以上十万元以下罚款：

（一）未按照安全技术规范的要求对电梯进行校验、调试的；

（二）对电梯的安全运行情况进行跟踪调查和了解时，发现存在严重事故隐患，未及时告知电梯使用单位并向负责特种设备安全监督管理的部门报告的。

第八十一条 违反本法规定，特种设备生产单位有下列行为之一的，责令限期改正；逾期未改正的，责令停止生产，处五万元以上五十万元以下罚款；情节严重的，吊销生产许可证：

（一）不再具备生产条件、生产许可证已经过期或者超出许可范围生产的；

（二）明知特种设备存在同一性缺陷，未立即停止生产并召回的。

违反本法规定，特种设备生产单位生产、销售、交付国家明令淘汰的特种设备的，责令停止生产、销售，没收违法生产、销售、交付的特种设备，处三万元以上三十万元以下罚款；有违法所得的，没收违法所得。

特种设备生产单位涂改、倒卖、出租、出借生产许可证的，责令停止生产，处五万元以上五十万元以下罚款；情节严重的，吊销生产许可证。

第八十二条　违反本法规定，特种设备经营单位有下列行为之一的，责令停止经营，没收违法经营的特种设备，处三万元以上三十万元以下罚款；有违法所得的，没收违法所得：

（一）销售、出租未取得许可生产，未经检验或者检验不合格的特种设备的；

（二）销售、出租国家明令淘汰、已经报废的特种设备，或者未按照安全技术规范的要求进行维护保养的特种设备的。

违反本法规定，特种设备销售单位未建立检查验收和销售记录制度，或者进口特种设备未履行提前告知义务的，责令改正，处一万元以上十万元以下罚款。

特种设备生产单位销售、交付未经检验或者检验不合格的特种设备的，依照本条第一款规定处罚；情节严重的，吊销生产许可证。

第八十三条　违反本法规定，特种设备使用单位有下列行为之一的，责令限期改正；逾期未改正的，责令停止使用有关特种设备，处一万元以上十万元以下罚款：

（一）使用特种设备未按照规定办理使用登记的；

（二）未建立特种设备安全技术档案或者安全技术档案不符合规定要求，或者未依法设置使用登记标志、定期检验标志的；

（三）未对其使用的特种设备进行经常性维护保养和定期自行检查，或者未对其使用的特种设备的安全附件、安全保护装置进行定期校验、检修，并作出记录的；

（四）未按照安全技术规范的要求及时申报并接受检验的；

（五）未按照安全技术规范的要求进行锅炉水（介）质处理的；

（六）未制定特种设备事故应急专项预案的。

第八十四条　违反本法规定，特种设备使用单位有下列行为之一的，责令停止使用有关特种设备，处三万元以上三十万元以下罚款：

（一）使用未取得许可生产，未经检验或者检验不合格的特种设备，或者国家明令淘汰、已经报废的特种设备的；

（二）特种设备出现故障或者发生异常情况，未对其进行全面检查、消除事故隐患，继续使用的；

（三）特种设备存在严重事故隐患，无改造、修理价值，或者达到安全技术规范规定的其他报废条件，未依法履行报废义务，并办理使用登记证书注销手续的。

第八十五条　违反本法规定，移动式压力容器、气瓶充装单位有下列行为之一的，责令改正，处二万元以上二十万元以下罚款；情节严重的，吊销充装许可证：

（一）未按照规定实施充装前后的检查、记录制度的；

（二）对不符合安全技术规范要求的移动式压力容器和气瓶进行充装的。

违反本法规定，未经许可，擅自从事移动式压力容器或者气瓶充装活动的，予以取缔，没收违法充装的气瓶，处十万元以上五十万元以下罚款；有违法所得的，没收违法所得。

第八十六条　违反本法规定，特种设备生产、经营、使用单位有下列情形之一的，责令限期改正；逾期未改正的，责令停止使用有关特种设备或者停产停业整顿，处一万元以上五万元以下罚款：

（一）未配备具有相应资格的特种设备安全管理人员、检测人员和作业人员的；

（二）使用未取得相应资格的人员从事特种设备安全管理、检测和作业的；

（三）未对特种设备安全管理人员、检测人员和作业人员进行安全教育和技能培训的。

第八十七条　违反本法规定，电梯、客运索道、大型游乐设施的运营使用单位有下列情形之一的，责令限期改正；逾期未改正的，责令停止使用有关特种设备或者停产停业整顿，处二万元以上十万元以下罚款：

（一）未设置特种设备安全管理机构或者配备专职的特种设备安全管理人员的；

（二）客运索道、大型游乐设施每日投入使用前，未进行试运行和例行安全检查，未对安全附件和安全保护装置进行检查确认的；

（三）未将电梯、客运索道、大型游乐设施的安全使用说明、安全注意事项和警示标志置于易于为乘客注意的显著位置的。

第八十八条 违反本法规定，未经许可，擅自从事电梯维护保养的，责令停止违法行为，处一万元以上十万元以下罚款；有违法所得的，没收违法所得。

电梯的维护保养单位未按照本法规定以及安全技术规范的要求，进行电梯维护保养的，依照前款规定处罚。

第八十九条 发生特种设备事故，有下列情形之一的，对单位处五万元以上二十万元以下罚款；对主要负责人处一万元以上五万元以下罚款；主要负责人属于国家工作人员的，并依法给予处分：

（一）发生特种设备事故时，不立即组织抢救或者在事故调查处理期间擅离职守或者逃匿的；

（二）对特种设备事故迟报、谎报或者瞒报的。

第九十条 发生事故，对负有责任的单位除要求其依法承担相应的赔偿等责任外，依照下列规定处以罚款：

（一）发生一般事故，处十万元以上二十万元以下罚款；

（二）发生较大事故，处二十万元以上五十万元以下罚款；

（三）发生重大事故，处五十万元以上二百万元以下罚款。

第九十一条 对事故发生负有责任的单位的主要负责人未依法履行职责或者负有领导责任的，依照下列规定处以罚款；属于国家工作人员的，并依法给予处分：

（一）发生一般事故，处上一年年收入百分之三十的罚款；

（二）发生较大事故，处上一年年收入百分之四十的罚款；

（三）发生重大事故，处上一年年收入百分之六十的罚款。

第九十二条 违反本法规定，特种设备安全管理人员、检测人员和作业人员不履行岗位职责，违反操作规程和有关安全规章制度，造成事故的，吊销相关人员的资格。

第九十三条 违反本法规定，特种设备检验、检测机构及其检验、检测人员有下列行为之一的，责令改正，对机构处五万元以上二十万元以下罚款，对直接负责的主管人员和其他直接责任人员处五千元以上五万元以下罚款；情节严重的，吊销机构资质和有关人员的资格：

（一）未经核准或者超出核准范围、使用未取得相应资格的人员从事检验、检测的；

（二）未按照安全技术规范的要求进行检验、检测的；

（三）出具虚假的检验、检测结果和鉴定结论或者检验、检测结果和鉴定结论严重失实的；

（四）发现特种设备存在严重事故隐患，未及时告知相关单位，并立即向负责特种设备安全监督管理的部门报告的；

（五）泄露检验、检测过程中知悉的商业秘密的；

（六）从事有关特种设备的生产、经营活动的；

（七）推荐或者监制、监销特种设备的；

（八）利用检验工作故意刁难相关单位的。

违反本法规定，特种设备检验、检测机构的检验、检测人员同时在两个以上检验、检测机构中执业的，处五千元以上五万元以下罚款；情节严重的，吊销其资格。

第九十四条 违反本法规定，负责特种设备安全监督管理的部门及其工作人员有下列行为之一的，由上级机关责令改正；对直接负责的主管人员和其他直接责任人员，依法给予处分：

（一）未依照法律、行政法规规定的条件、程序实施许可的；

（二）发现未经许可擅自从事特种设备的生产、使用或者检验、检测活动不予取缔或者不依法予以处理的；

（三）发现特种设备生产单位不再具备本法规定的条件而不吊销其许可证，或者发现特种设备生产、经营、使用违法行为不予查处的；

（四）发现特种设备检验、检测机构不再具备本法规定的条件而不撤销其核准，或者对其出具虚假的检验、检测结果和鉴定结论或者检验、检测结果和鉴定结论严重失实的行为不予查处的；

（五）发现违反本法规定和安全技术规范要求的行为或者特种设备存在事故隐患，不立即处理的；

（六）发现重大违法行为或者特种设备存在严重事故隐患，未及时向上级负责特种设备安全监督管理的部门报告，或者接到报告的负责特种设备安全监督管理的部门不立即处理的；

（七）要求已经依照本法规定在其他地方取得许可的特种设备生产单位重复取得许可，或者要求对已经依照本法规定在其他地方检验合格的特种设备重复进行检验的；

（八）推荐或者监制、监销特种设备的；

（九）泄露履行职责过程中知悉的商业秘密的；

（十）接到特种设备事故报告未立即向本级人民政府报告，并按照规定上报的；

（十一）迟报、漏报、谎报或者瞒报事故的；

（十二）妨碍事故救援或者事故调查处理的；

（十三）其他滥用职权、玩忽职守、徇私舞弊的行为。

第九十五条 违反本法规定，特种设备生产、经营、使用单位或者检验、检测机构拒不接受负责特种设备安全监督管理的部门依法实施的监督检查的，责令限期改正；逾期未改正的，责令停产停业整顿，处二万元以上二十万元以下罚款。

特种设备生产、经营、使用单位擅自动用、调换、转移、损毁被查封、扣押的特种设备或者其主要部件的，责令改正，处五万元以上二十万元以下罚款；情节严重的，吊销生产许可证，注销特种设备使用登记证书。

第九十六条 违反本法规定，被依法吊销许可证的，自吊销许可证之日起三年内，负责特种设备安全监督管理的部门不予受理其新的许可申请。

第九十七条 违反本法规定，造成人身、财产损害的，依法承担民事责任。

违反本法规定，应当承担民事赔偿责任和缴纳罚款、罚金，其财产不足以同时支付时，先承担民事赔偿责任。

第九十八条 违反本法规定，构成违反治安管理行为的，依法给予治安管理处罚；构成犯罪的，依法追究刑事责任。

第七章 附 则

第九十九条 特种设备行政许可、检验的收费，依照法律、行政法规的规定执行。

第一百条 军事装备、核设施、航空航天器使用的特种设备安全的监督管理不适用本法。

铁路机车、海上设施和船舶、矿山井下使用的特种设备以及民用机场专用设备安全的监督管理，房屋建筑工地、市政工程工地用起重机械和场（厂）内专用机动车辆的安装、使用的监督管理，由有关部门依照本法和其他有关法律的规定实施。

第一百零一条 本法自 2014 年 1 月 1 日起施行。

中华人民共和国工会法

中华人民共和国主席令

第六十二号

《全国人民代表大会常务委员会关于修改<中华人民共和国工会法>的决定》已由中华人民共和国第九届全国人民代表大会常务委员会第二十四次会议于2001年10月27日通过，现予公布，自公布之日起施行。

中华人民共和国主席　江泽民

2001年10月27日

目　　录

第一章　总　　则

第一条　为保障工会在国家政治、经济和社会生活中的地位，确定工会的权利与义务，发挥工会在社会主义现代化建设事业中的作用，根据宪法，制定本法。

第二条　工会是职工自愿结合的工人阶级的群众组织。

中华全国总工会及其各工会组织代表职工的利益，依法维护职工的合法权益。

第三条　在中国境内的企业、事业单位、机关中以工资收入为主要生活来源的体力劳动者和脑力劳动者，不分民族、种族、性别、职业、宗教信仰、教育程度，都有依法参加和组织工会的权利。任何组织和个人不得阻挠和限制。

第四条　工会必须遵守和维护宪法，以宪法为根本的活动准则，以经济建设为中心，坚持社会主义道路、坚持人民民主专政、坚持中国共产党的领导、坚持马克思列宁主义毛泽东思想邓小平理论，坚持改革开放，依照工会章程独立自主地开展工作。

工会会员全国代表大会制定或者修改《中国工会章程》，章程不得与宪法和法律相抵触。

国家保护工会的合法权益不受侵犯。

第五条　工会组织和教育职工依照宪法和法律的规定行使民主权利，发挥国家主人翁的作用，通过各种途径和形式，参与管理国家事务、管理经济和文化事业、管理社会事务；协助人民政府开展工作，维护工人阶级领导的、以工农联盟为基础的人民民主专政的社会主义国家政权。

第六条　维护职工合法权益是工会的基本职责。工会在维护全国人民总体利益的同时，代表和维护职工的合法权益。

工会通过平等协商和集体合同制度，协调劳动关系，维护企业职工劳动权益。

工会依照法律规定通过职工代表大会或者其他形式，组织职工参与本单位的民主决策、民主管理和民主监督。

工会必须密切联系职工，听取和反映职工的意见和要求，关心职工的生活，帮助职工解决困难，全心全意为职工服务。

第七条 工会动员和组织职工积极参加经济建设，努力完成生产任务和工作任务。教育职工不断提高思想道德、技术业务和科学文化素质，建设有理想、有道德、有文化、有纪律的职工队伍。

第八条 中华全国总工会根据独立、平等、互相尊重、互不干涉内部事务的原则，加强同各国工会组织的友好合作关系。

第二章 工会组织

第九条 工会各级组织按照民主集中制原则建立。

各级工会委员会由会员大会或者会员代表大会民主选举产生。企业主要负责人的近亲属不得作为本企业基层工会委员会成员的人选。

各级工会委员会向同级会员大会或者会员代表大会负责并报告工作，接受其监督。

工会会员大会或者会员代表大会有权撤换或者罢免其所选举的代表或者工会委员会组成人员。

上级工会组织领导下级工会组织。

第十条 企业、事业单位、机关有会员二十五人以上的，应当建立基层工会委员会；不足二十五人的，可以单独建立基层工会委员会，也可以由两个以上单位的会员联合建立基层工会委员会，也可以选举组织员一人，组织会员开展活动。女职工人数较多的，可以建立工会女职工委员会，在同级工会领导下开展工作；女职工人数较少的，可以在工会委员会中设女职工委员。

企业职工较多的乡镇、城市街道，可以建立基层工会的联合会。

县级以上地方建立地方各级总工会。

同一行业或者性质相近的几个行业，可以根据需要建立全国的或者地方的产业工会。

全国建立统一的中华全国总工会。

第十一条 基层工会、地方各级总工会、全国或者地方产业工会组织的建立，必须报上一级工会批准。

上级工会可以派员帮助和指导企业职工组建工会，任何单位和个人不得阻挠。

第十二条 任何组织和个人不得随意撤销、合并工会组织。

基层工会所在的企业终止或者所在的事业单位、机关被撤销，该工会组织相应撤销，并报告上一级工会。

依前款规定被撤销的工会，其会员的会籍可以继续保留，具体管理办法由中华全国总工会制定。

第十三条 职工二百人以上的企业、事业单位的工会，可以设专职工会主席。工会专职工作人员的人数由工会与企业、事业单位协商确定。

第十四条 中华全国总工会、地方总工会、产业工会具有社会团体法人资格。

基层工会组织具备民法通则规定的法人条件的，依法取得社会团体法人资格。

第十五条 基层工会委员会每届任期三年或者五年。各级地方总工会委员会和产业工会委员会每届任期五年。

第十六条 基层工会委员会定期召开会员大会或者会员代表大会，讨论决定工会工作的重大问题。经基层工会委员会或者三分之一以上的工会会员提议，可以临时召开会员大会或者会员代表大会。

第十七条 工会主席、副主席任期未满时，不得随意调动其工作。因工作需要调动时，应当征得本级工会委员会和上一级工会的同意。

罢免工会主席、副主席必须召开会员大会或者会员代表大会讨论，非经会员大会全体会员或者会员代表大会全体代表过半数通过，不得罢免。

第十八条 基层工会专职主席、副主席或者委员自任职之日起，其劳动合同期限自动延长，延长期限相当于其任职期间；非专职主席、副主席或者委员自任职之日起，其尚未履行的劳动合同期限短于任期的，劳动合同期限自动延长至任期期满。但是，任职期间个人严重过失或者达到法定退休年龄的除外。

第三章 工会的权利和义务

第十九条 企业、事业单位违反职工代表大会制度和其他民主管理制度，工会有权要求纠正，保障职工依法行使民主管理的权利。

法律、法规规定应当提交职工大会或者职工代表大会审议、通过、决定的事项，企业、事业单位应当依法办理。

第二十条 工会帮助、指导职工与企业以及实行企业化管理的事业单位签订劳动合同。

工会代表职工与企业以及实行企业化管理的事业单位进行平等协商，签订集体合同。集体合同草案应当提交职工代表大会或者全体职工讨论通过。

工会签订集体合同，上级工会应当给予支持和帮助。

企业违反集体合同，侵犯职工劳动权益的，工会可以依法要求企业承担责任；因履行集体合同发生争议，经协商解决不成的，工会可以向劳动争议仲裁机构提请仲裁，仲裁机构不予受理或者对仲裁裁决不服的，可以向人民法院提起诉讼。

第二十一条 企业、事业单位处分职工，工会认为不适当的，有权提出意见。

企业单方面解除职工劳动合同时，应当事先将理由通知工会，工会认为企业违反法律、法规和有关合同，要求重新研究处理时，企业应当研究工会的意见，并将处理结果书面通知工会。

职工认为企业侵犯其劳动权益而申请劳动争议仲裁或者向人民法院提起诉讼的，工会应当给予支持和帮助。

第二十二条 企业、事业单位违反劳动法律、法规规定，有下列侵犯职工劳动权益情形，工会应当代表职工与企业、事业单位交涉，要求企业、事业单位采取措施予以改正；企业、事业单位应当予以研究处理，并向工会作出答复；企业、事业单位拒不改正的，工会可以请求当地人民政府依法作出处理：

（一）克扣职工工资的；

（二）不提供劳动安全卫生条件的；

（三）随意延长劳动时间的；

（四）侵犯女职工和未成年工特殊权益的；

（五）其他严重侵犯职工劳动权益的。

第二十三条 工会依照国家规定对新建、扩建企业和技术改造工程中的劳动条件和安全卫生设施与主体工程同时设计、同时施工、同时投产使用进行监督。对工会提出的意见，企业或者主管部门应当认真处理，并将处理结果书面通知工会。

第二十四条 工会发现企业违章指挥、强令工人冒险作业，或者生产过程中发现明显重大事故隐患和职业危害，有权提出解决的建议，企业应当及时研究答复；发现危及职工生命安全的情况时，工会有权向企业建议组织职工撤离危险现场，企业必须及时作出处理决定。

第二十五条 工会有权对企业、事业单位侵犯职工合法权益的问题进行调查，有关单位应当予以协助。

第二十六条 职工因工伤亡事故和其他严重危害职工健康问题的调查处理，必须有工会参加。工会应当向有关部门提出处理意见，并有权要求追究直接负责的主管人员和有关责任人员的责任。对工会提出的意见，应当及时研究，给予答复。

第二十七条　企业、事业单位发生停工、怠工事件，工会应当代表职工同企业、事业单位或者有关方面协商，反映职工的意见和要求并提出解决意见。对于职工的合理要求，企业、事业单位应当予以解决。工会协助企业、事业单位做好工作，尽快恢复生产、工作秩序。

第二十八条　工会参加企业的劳动争议调解工作。

地方劳动争议仲裁组织应当有同级工会代表参加。

第二十九条　县级以上各级总工会可以为所属工会和职工提供法律服务。

第三十条　工会协助企业、事业单位、机关办好职工集体福利事业，做好工资、劳动安全卫生和社会保险工作。

第三十一条　工会会同企业、事业单位教育职工以国家主人翁态度对待劳动，爱护国家和企业的财产，组织职工开展群众性的合理化建议、技术革新活动，进行业余文化技术学习和职工培训，组织职工开展文娱、体育活动。

第三十二条　根据政府委托，工会与有关部门共同做好劳动模范和先进生产(工作)者的评选、表彰、培养和管理工作。

第三十三条　国家机关在组织起草或者修改直接涉及职工切身利益的法律、法规、规章时，应当听取工会意见。

县级以上各级人民政府制定国民经济和社会发展计划，对涉及职工利益的重大问题，应当听取同级工会的意见。

县级以上各级人民政府及其有关部门研究制定劳动就业、工资、劳动安全卫生、社会保险等涉及职工切身利益的政策、措施时，应当吸收同级工会参加研究，听取工会意见。

第三十四条　县级以上地方各级人民政府可以召开会议或者采取适当方式，向同级工会通报政府的重要的工作部署和与工会工作有关的行政措施，研究解决工会反映的职工群众的意见和要求。

各级人民政府劳动行政部门应当会同同级工会和企业方面代表，建立劳动关系三方协商机制，共同研究解决劳动关系方面的重大问题。

第四章　基层工会组织

第三十五条　国有企业职工代表大会是企业实行民主管理的基本形式，是职工行使民主管理权力的机构，依照法律规定行使职权。

国有企业的工会委员会是职工代表大会的工作机构，负责职工代表大会的日常工作，检查、督促职工代表大会决议的执行。

第三十六条　集体企业的工会委员会，应当支持和组织职工参加民主管理和民主监督，维护职工选举和罢免管理人员、决定经营管理的重大问题的权力。

第三十七条　本法第三十五条、第三十六条规定以外的其他企业、事业单位的工会委员会，依照法律规定组织职工采取与企业、事业单位相适应的形式，参与企业、事业单位民主管理。

第三十八条　企业、事业单位研究经营管理和发展的重大问题应当听取工会的意见；召开讨论有关工资、福利、劳动安全卫生、社会保险等涉及职工切身利益的会议，必须有工会代表参加。

企业、事业单位应当支持工会依法开展工作，工会应当支持企业、事业单位依法行使经营管理权。

第三十九条　公司的董事会、监事会中职工代表的产生，依照公司法有关规定执行。

第四十条　基层工会委员会召开会议或者组织职工活动，应当在生产或者工作时间以外进行，需要占用生产或者工作时间的，应当事先征得企业、事业单位的同意。

基层工会的非专职委员占用生产或者工作时间参加会议或者从事工会工作，每月不超过三个工作日，其工资照发，其他待遇不受影响。

第四十一条　企业、事业单位、机关工会委员会的专职工作人员的工资、奖励、补贴，由所在单位支付。社会保险和其他福利待遇等，享受本单位职工同等待遇。

第五章　工会的经费和财产

第四十二条　工会经费的来源：

（一）工会会员缴纳的会费；

（二）建立工会组织的企业、事业单位、机关按每月全部职工工资总额的百分之二向工会拨缴的经费；

（三）工会所属的企业、事业单位上缴的收入；

（四）人民政府的补助；

（五）其他收入。

前款第二项规定的企业、事业单位拨缴的经费在税前列支。

工会经费主要用于为职工服务和工会活动。经费使用的具体办法由中华全国总工会制定。

第四十三条　企业、事业单位无正当理由拖延或者拒不拨缴工会经费，基层工会或者上级工会可以向当地人民法院申请支付令；拒不执行支付令的，工会可以依法申请人民法院强制执行。

第四十四条　工会应当根据经费独立原则，建立预算、决算和经费审查监督制度。

各级工会建立经费审查委员会。

各级工会经费收支情况应当由同级工会经费审查委员会审查，并且定期向会员大会或者会员代表大会报告，接受监督。工会会员大会或者会员代表大会有权对经费使用情况提出意见。

工会经费的使用应当依法接受国家的监督。

第四十五条　各级人民政府和企业、事业单位、机关应当为工会办公和开展活动，提供必要的设施和活动场所等物质条件。

第四十六条　工会的财产、经费和国家拨给工会使用的不动产，任何组织和个人不得侵占、挪用和任意调拨。

第四十七条　工会所属的为职工服务的企业、事业单位，其隶属关系不得随意改变。

第四十八条　县级以上各级工会的离休、退休人员的待遇，与国家机关工作人员同等对待。

第六章　法律责任

第四十九条　工会对违反本法规定侵犯其合法权益的，有权提请人民政府或者有关部门予以处理，或者向人民法院提起诉讼。

第五十条　违反本法第三条、第十一条规定，阻挠职工依法参加和组织工会或者阻挠上级工会帮助、指导职工筹建工会的，由劳动行政部门责令其改正；拒不改正的，由劳动行政部门提请县级以上人民政府处理；以暴力、威胁等手段阻挠造成严重后果，构成犯罪的，依法追究刑事责任。

第五十一条　违反本法规定，对依法履行职责的工会工作人员无正当理由调动工作岗位，进行打击报复的，由劳动行政部门责令改正、恢复原工作；造成损失的，给予赔偿。

对依法履行职责的工会工作人员进行侮辱、诽谤或者进行人身伤害，构成犯罪的，依法追究刑事责任；尚未构成犯罪的，由公安机关依照治安管理处罚条例的规定处罚。

第五十二条　违反本法规定，有下列情形之一的，由劳动行政部门责令恢复其工作，并补发被解除劳动合同期间应得的报酬，或者责令给予本人年收入二倍的赔偿：

（一）职工因参加工会活动而被解除劳动合同的；

（二）工会工作人员因履行本法规定的职责而被解除劳动合同的。

第五十三条　违反本法规定，有下列情形之一的，由县级以上人民政府责令改正，依法处理：

（一）妨碍工会组织职工通过职工代表大会和其他形式依法行使民主权利的；

（二）非法撤销、合并工会组织的；

（三）妨碍工会参加职工因工伤亡事故以及其他侵犯职工合法权益问题的调查处理的；

(四)无正当理由拒绝进行平等协商的。

第五十四条 违反本法第四十六条规定,侵占工会经费和财产拒不返还的,工会可以向人民法院提起诉讼,要求返还,并赔偿损失。

第五十五条 工会工作人员违反本法规定,损害职工或者工会权益的,由同级工会或者上级工会责令改正,或者予以处分;情节严重的,依照《中国工会章程》予以罢免;造成损失的,应当承担赔偿责任;构成犯罪的,依法追究刑事责任。

第七章 附 则

第五十六条 中华全国总工会会同有关国家机关制定机关工会实施本法的具体办法。

第五十七条 本法自公布之日起施行。1950 年 6 月 29 日中央人民政府颁布的《中华人民共和国工会法》同时废止。

中华人民共和国石油天然气管道保护法

中华人民共和国主席令

第三十号

《中华人民共和国石油天然气管道保护法》已由中华人民共和国第十一届全国人民代表大会常务委员会第十五次会议于2010年6月25日通过，现予公布，自2010年10月1日起施行。

中华人民共和国主席　胡锦涛

2010年6月25日

目　录

第一章　总　则

第一条　为了保护石油、天然气管道，保障石油、天然气输送安全，维护国家能源安全和公共安全，制定本法。

第二条　中华人民共和国境内输送石油、天然气的管道的保护，适用本法。

城镇燃气管道和炼油、化工等企业厂区内管道的保护，不适用本法。

第三条　本法所称石油包括原油和成品油，所称天然气包括天然气、煤层气和煤制气。

本法所称管道包括管道及管道附属设施。

第四条　国务院能源主管部门依照本法规定主管全国管道保护工作，负责组织编制并实施全国管道发展规划，统筹协调全国管道发展规划与其他专项规划的衔接，协调跨省、自治区、直辖市管道保护的重大问题。国务院其他有关部门依照有关法律、行政法规的规定，在各自职责范围内负责管道保护的相关工作。

第五条　省、自治区、直辖市人民政府能源主管部门和设区的市级、县级人民政府指定的部门，依照本法规定主管本行政区域的管道保护工作，协调处理本行政区域管道保护的重大问题，指导、监督有关单位履行管道保护义务，依法查处危害管道安全的违法行为。县级以上地方人民政府其他有关部门依照有关法律、行政法规的规定，在各自职责范围内负责管道保护的相关工作。

省、自治区、直辖市人民政府能源主管部门和设区的市级、县级人民政府指定的部门，统称县级以上地方人民政府主管管道保护工作的部门。

第六条　县级以上地方人民政府应当加强对本行政区域管道保护工作的领导，督促、检查有关部门依法履行管道保护职责，组织排除管道的重大外部安全隐患。

第七条　管道企业应当遵守本法和有关规划、建设、安全生产、质量监督、环境保护等法律、行政法规，执行国家技术规范的强制性要求，建立、健全本企业有关管道保护的规章制度和操作规程并组织实施，宣传管道安全与保护知识，履行管道保护义务，接受人民政府及其有关部门依法实施的监督，保障管道安全运行。

第八条 任何单位和个人不得实施危害管道安全的行为。

对危害管道安全的行为，任何单位和个人有权向县级以上地方人民政府主管管道保护工作的部门或者其他有关部门举报。接到举报的部门应当在职责范围内及时处理。

第九条 国家鼓励和促进管道保护新技术的研究开发和推广应用。

第二章 管道规划与建设

第十条 管道的规划、建设应当符合管道保护的要求，遵循安全、环保、节约用地和经济合理的原则。

第十一条 国务院能源主管部门根据国民经济和社会发展的需要组织编制全国管道发展规划。组织编制全国管道发展规划应当征求国务院有关部门以及有关省、自治区、直辖市人民政府的意见。

全国管道发展规划应当符合国家能源规划，并与土地利用总体规划、城乡规划以及矿产资源、环境保护、水利、铁路、公路、航道、港口、电信等规划相协调。

第十二条 管道企业应当根据全国管道发展规划编制管道建设规划，并将管道建设规划确定的管道建设选线方案报送拟建管道所在地县级以上地方人民政府城乡规划主管部门审核；经审核符合城乡规划的，应当依法纳入当地城乡规划。

纳入城乡规划的管道建设用地，不得擅自改变用途。

第十三条 管道建设的选线应当避开地震活动断层和容易发生洪灾、地质灾害的区域，与建筑物、构筑物、铁路、公路、航道、港口、市政设施、军事设施、电缆、光缆等保持本法和有关法律、行政法规以及国家技术规范的强制性要求规定的保护距离。

新建管道通过的区域受地理条件限制，不能满足前款规定的管道保护要求的，管道企业应当提出防护方案，经管道保护方面的专家评审论证，并经管道所在地县级以上地方人民政府主管管道保护工作的部门批准后，方可建设。

管道建设项目应当依法进行环境影响评价。

第十四条 管道建设使用土地，依照《中华人民共和国土地管理法》等法律、行政法规的规定执行。

依法建设的管道通过集体所有的土地或者他人取得使用权的国有土地，影响土地使用的，管道企业应当按照管道建设时土地的用途给予补偿。

第十五条 依照法律和国务院的规定，取得行政许可或者已报送备案并符合开工条件的管道项目的建设，任何单位和个人不得阻碍。

第十六条 管道建设应当遵守法律、行政法规有关建设工程质量管理的规定。

管道企业应当依照有关法律、行政法规的规定，选择具备相应资质的勘察、设计、施工、工程监理单位进行管道建设。

管道的安全保护设施应当与管道主体工程同时设计、同时施工、同时投入使用。

管道建设使用的管道产品及其附件的质量，应当符合国家技术规范的强制性要求。

第十七条 穿跨越水利工程、防洪设施、河道、航道、铁路、公路、港口、电力设施、通信设施、市政设施的管道的建设，应当遵守本法和有关法律、行政法规，执行国家技术规范的强制性要求。

第十八条 管道企业应当按照国家技术规范的强制性要求在管道沿线设置管道标志。管道标志毁损或者安全警示不清的，管道企业应当及时修复或者更新。

第十九条 管道建成后应当按照国家有关规定进行竣工验收。竣工验收应当审查管道是否符合本法规定的管道保护要求，经验收合格方可正式交付使用。

第二十条 管道企业应当自管道竣工验收合格之日起60日内，将竣工测量图报管道所在地县级以上地方人民政府主管管道保护工作的部门备案；县级以上地方人民政府主管管道保护工作的部门应当将管道企业报送的管道竣工测量图分送本级人民政府规划、建设、国土资源、铁路、交通、水利、公安、安全生产监督管理等部门和有关军事机关。

第二十一条 地方各级人民政府编制、调整土地利用总体规划和城乡规划，需要管道改建、搬迁或者增加防护设施的，应当与管道企业协商确定补偿方案。

第三章 管道运行中的保护

第二十二条 管道企业应当建立、健全管道巡护制度，配备专门人员对管道线路进行日常巡护。管道巡护人员发现危害管道安全的情形或者隐患，应当按照规定及时处理和报告。

第二十三条 管道企业应当定期对管道进行检测、维修，确保其处于良好状态；对管道安全风险较大的区段和场所应当进行重点监测，采取有效措施防止管道事故的发生。

对不符合安全使用条件的管道，管道企业应当及时更新、改造或者停止使用。

第二十四条 管道企业应当配备管道保护所必需的人员和技术装备，研究开发和使用先进适用的管道保护技术，保证管道保护所必需的经费投入，并对在管道保护中做出突出贡献的单位和个人给予奖励。

第二十五条 管道企业发现管道存在安全隐患，应当及时排除。对管道存在的外部安全隐患，管道企业自身排除确有困难的，应当向县级以上地方人民政府主管管道保护工作的部门报告。接到报告的主管管道保护工作的部门应当及时协调排除或者报请人民政府及时组织排除安全隐患。

第二十六条 管道企业依法取得使用权的土地，任何单位和个人不得侵占。

为合理利用土地，在保障管道安全的条件下，管道企业可以与有关单位、个人约定，同意有关单位、个人种植浅根农作物。但是，因管道巡护、检测、维修造成的农作物损失，除另有约定外，管道企业不予赔偿。

第二十七条 管道企业对管道进行巡护、检测、维修等作业，管道沿线的有关单位、个人应当给予必要的便利。

因管道巡护、检测、维修等作业给土地使用权人或者其他单位、个人造成损失的，管道企业应当依法给予赔偿。

第二十八条 禁止下列危害管道安全的行为：

（一）擅自开启、关闭管道阀门；

（二）采用移动、切割、打孔、砸撬、拆卸等手段损坏管道；

（三）移动、毁损、涂改管道标志；

（四）在埋地管道上方巡查便道上行驶重型车辆；

（五）在地面管道线路、架空管道线路和管桥上行走或者放置重物。

第二十九条 禁止在本法第五十八条第一项所列管道附属设施的上方架设电力线路、通信线路或者在储气库构造区域范围内进行工程挖掘、工程钻探、采矿。

第三十条 在管道线路中心线两侧各五米地域范围内，禁止下列危害管道安全的行为：

（一）种植乔木、灌木、藤类、芦苇、竹子或者其他根系深达管道埋设部位可能损坏管道防腐层的深根植物；

（二）取土、采石、用火、堆放重物、排放腐蚀性物质、使用机械工具进行挖掘施工；

（三）挖塘、修渠、修晒场、修建水产养殖场、建温室、建家畜棚圈、建房以及修建其他建筑物、构筑物。

第三十一条 在管道线路中心线两侧和本法第五十八条第一项所列管道附属设施周边修建下列建筑物、构筑物的，建筑物、构筑物与管道线路和管道附属设施的距离应当符合国家技术规范的强制性要求：

（一）居民小区、学校、医院、娱乐场所、车站、商场等人口密集的建筑物；

（二）变电站、加油站、加气站、储油罐、储气罐等易燃易爆物品的生产、经营、存储场所。

前款规定的国家技术规范的强制性要求,应当按照保障管道及建筑物、构筑物安全和节约用地的原则确定。

第三十二条 在穿越河流的管道线路中心线两侧各500米地域范围内,禁止抛锚、拖锚、挖砂、挖泥、采石、水下爆破。但是,在保障管道安全的条件下,为防洪和航道通畅而进行的养护疏浚作业除外。

第三十三条 在管道专用隧道中心线两侧各1000米地域范围内,除本条第二款规定的情形外,禁止采石、采矿、爆破。

在前款规定的地域范围内,因修建铁路、公路、水利工程等公共工程,确需实施采石、爆破作业的,应当经管道所在地县级人民政府主管管道保护工作的部门批准,并采取必要的安全防护措施,方可实施。

第三十四条 未经管道企业同意,其他单位不得使用管道专用伴行道路、管道水工防护设施、管道专用隧道等管道附属设施。

第三十五条 进行下列施工作业,施工单位应当向管道所在地县级人民政府主管管道保护工作的部门提出申请:

(一)穿跨越管道的施工作业;

(二)在管道线路中心线两侧各5米至50米和本法第五十八条第一项所列管道附属设施周边100米地域范围内,新建、改建、扩建铁路、公路、河渠,架设电力线路,埋设地下电缆、光缆,设置安全接地体、避雷接地体;

(三)在管道线路中心线两侧各200米和本法第五十八条第一项所列管道附属设施周边500米地域范围内,进行爆破、地震法勘探或者工程挖掘、工程钻探、采矿。

县级人民政府主管管道保护工作的部门接到申请后,应当组织施工单位与管道企业协商确定施工作业方案,并签订安全防护协议;协商不成的,主管管道保护工作的部门应当组织进行安全评审,作出是否批准作业的决定。

第三十六条 申请进行本法第三十三条第二款、第三十五条规定的施工作业,应当符合下列条件:

(一)具有符合管道安全和公共安全要求的施工作业方案;

(二)已制定事故应急预案;

(三)施工作业人员具备管道保护知识;

(四)具有保障安全施工作业的设备、设施。

第三十七条 进行本法第三十三条第二款、第三十五条规定的施工作业,应当在开工7日前书面通知管道企业。管道企业应当指派专门人员到现场进行管道保护安全指导。

第三十八条 管道企业在紧急情况下进行管道抢修作业,可以先行使用他人土地或者设施,但应当及时告知土地或者设施的所有权人或者使用权人。给土地或者设施的所有权人或者使用权人造成损失的,管道企业应当依法给予赔偿。

第三十九条 管道企业应当制定本企业管道事故应急预案,并报管道所在地县级人民政府主管管道保护工作的部门备案;配备抢险救援人员和设备,并定期进行管道事故应急救援演练。

发生管道事故,管道企业应当立即启动本企业管道事故应急预案,按照规定及时通报可能受到事故危害的单位和居民,采取有效措施消除或者减轻事故危害,并依照有关事故调查处理的法律、行政法规的规定,向事故发生地县级人民政府主管管道保护工作的部门、安全生产监督管理部门和其他有关部门报告。

接到报告的主管管道保护工作的部门应当按照规定及时上报事故情况,并根据管道事故的实际情况组织采取事故处置措施或者报请人民政府及时启动本行政区域管道事故应急预案,组织进行事故应急处置与救援。

第四十条 管道泄漏的石油和因管道抢修排放的石油造成环境污染的,管道企业应当及时治理。因第三人的行为致使管道泄漏造成环境污染的,管道企业有权向第三人追偿治理费用。

环境污染损害的赔偿责任，适用《中华人民共和国侵权责任法》和防治环境污染的法律的有关规定。

第四十一条 管道泄漏的石油和因管道抢修排放的石油，由管道企业回收、处理，任何单位和个人不得侵占、盗窃、哄抢。

第四十二条 管道停止运行、封存、报废的，管道企业应当采取必要的安全防护措施，并报县级以上地方人民政府主管管道保护工作的部门备案。

第四十三条 管道重点保护部位，需要由中国人民武装警察部队负责守卫的，依照《中华人民共和国人民武装警察法》和国务院、中央军事委员会的有关规定执行。

第四章 管道建设工程与其他建设工程相遇关系的处理

第四十四条 管道建设工程与其他建设工程的相遇关系，依照法律的规定处理；法律没有规定的，由建设工程双方按照下列原则协商处理，并为对方提供必要的便利：

（一）后开工的建设工程服从先开工或者已建成的建设工程；

（二）同时开工的建设工程，后批准的建设工程服从先批准的建设工程。

依照前款规定，后开工或者后批准的建设工程，应当符合先开工、已建成或者先批准的建设工程的安全防护要求；需要先开工、已建成或者先批准的建设工程改建、搬迁或者增加防护设施的，后开工或者后批准的建设工程一方应当承担由此增加的费用。

管道建设工程与其他建设工程相遇的，建设工程双方应当协商确定施工作业方案并签订安全防护协议，指派专门人员现场监督、指导对方施工。

第四十五条 经依法批准的管道建设工程，需要通过正在建设的其他建设工程的，其他工程建设单位应当按照管道建设工程的需要，预留管道通道或者预建管道通过设施，管道企业应当承担由此增加的费用。

经依法批准的其他建设工程，需要通过正在建设的管道建设工程的，管道建设单位应当按照其他建设工程的需要，预留通道或者预建相关设施，其他工程建设单位应当承担由此增加的费用。

第四十六条 管道建设工程通过矿产资源开采区域的，管道企业应当与矿产资源开采企业协商确定管道的安全防护方案，需要矿产资源开采企业按照管道安全防护要求预建防护设施或者采取其他防护措施的，管道企业应当承担由此增加的费用。

矿产资源开采企业未按照约定预建防护设施或者采取其他防护措施，造成地面塌陷、裂缝、沉降等地质灾害，致使管道需要改建、搬迁或者采取其他防护措施的，矿产资源开采企业应当承担由此增加的费用。

第四十七条 铁路、公路等建设工程修建防洪、分流等水工防护设施，可能影响管道保护的，应当事先通知管道企业并注意保护下游已建成的管道水工防护设施。

建设工程修建防洪、分流等水工防护设施，使下游已建成的管道水工防护设施的功能受到影响，需要新建、改建、扩建管道水工防护设施的，工程建设单位应当承担由此增加的费用。

第四十八条 县级以上地方人民政府水行政主管部门制定防洪、泄洪方案应当兼顾管道的保护。

需要在管道通过的区域泄洪的，县级以上地方人民政府水行政主管部门应当在泄洪方案确定后，及时将泄洪量和泄洪时间通知本级人民政府主管管道保护工作的部门和管道企业或者向社会公告。主管管道保护工作的部门和管道企业应当对管道采取防洪保护措施。

第四十九条 管道与航道相遇，确需在航道中修建管道防护设施的，应当进行通航标准技术论证，并经航道主管部门批准。管道防护设施完工后，应经航道主管部门验收。

进行前款规定的施工作业，应当在批准的施工区域内设置航标，航标的设置和维护费用由管道企业承担。

第五章　法律责任

第五十条　管道企业有下列行为之一的，由县级以上地方人民政府主管管道保护工作的部门责令限期改正；逾期不改正的，处 2 万元以上 10 万元以下的罚款；对直接负责的主管人员和其他直接责任人员给予处分：

（一）未依照本法规定对管道进行巡护、检测和维修的；

（二）对不符合安全使用条件的管道未及时更新、改造或者停止使用的；

（三）未依照本法规定设置、修复或者更新有关管道标志的；

（四）未依照本法规定将管道竣工测量图报人民政府主管管道保护工作的部门备案的；

（五）未制定本企业管道事故应急预案，或者未将本企业管道事故应急预案报人民政府主管管道保护工作的部门备案的；

（六）发生管道事故，未采取有效措施消除或者减轻事故危害的；

（七）未对停止运行、封存、报废的管道采取必要的安全防护措施的。

管道企业违反本法规定的行为同时违反建设工程质量管理、安全生产、消防等其他法律的，依照其他法律的规定处罚。

管道企业给他人合法权益造成损害的，依法承担民事责任。

第五十一条　采用移动、切割、打孔、砸撬、拆卸等手段损坏管道或者盗窃、哄抢管道输送、泄漏、排放的石油、天然气，尚不构成犯罪的，依法给予治安管理处罚。

第五丨二条　违反本法第二十九条、第三十条、第三十二条或者第三十三条第一款的规定，实施危害管道安全行为的，由县级以上地方人民政府主管管道保护工作的部门责令停止违法行为；情节较重的，对单位处 1 万元以上 10 万元以下的罚款，对个人处 200 元以上 2000 元以下的罚款；对违法修建的建筑物、构筑物或者其他设施限期拆除；逾期未拆除的，由县级以上地方人民政府主管管道保护工作的部门组织拆除，所需费用由违法行为人承担。

第五十三条　未经依法批准，进行本法第三十三条第二款或者第三十五条规定的施工作业的，由县级以上地方人民政府主管管道保护工作的部门责令停止违法行为；情节较重的，处 1 万元以上 5 万元以下的罚款；对违法修建的危害管道安全的建筑物、构筑物或者其他设施限期拆除；逾期未拆除的，由县级以上地方人民政府主管管道保护工作的部门组织拆除，所需费用由违法行为人承担。

第五十四条　违反本法规定，有下列行为之一的，由县级以上地方人民政府主管管道保护工作的部门责令改正；情节严重的，处 200 元以上 1000 元以下的罚款：

（一）擅自开启、关闭管道阀门的；

（二）移动、毁损、涂改管道标志的；

（三）在埋地管道上方巡查便道上行驶重型车辆的；

（四）在地面管道线路、架空管道线路和管桥上行走或者放置重物的；

（五）阻碍依法进行的管道建设的。

第五十五条　违反本法规定，实施危害管道安全的行为，给管道企业造成损害的，依法承担民事责任。

第五十六条　县级以上地方人民政府及其主管管道保护工作的部门或者其他有关部门，违反本法规定，对应当组织排除的管道外部安全隐患不及时组织排除，发现危害管道安全的行为或者接到对危害管道安全行为的举报后不依法予以查处，或者有其他不依照本法规定履行职责的行为的，由其上级机关责令改正，对直接负责的主管人员和其他直接责任人员依法给予处分。

第五十七条　违反本法规定，构成犯罪的，依法追究刑事责任。

第六章　附　　则

第五十八条　本法所称管道附属设施包括：

（一）管道的加压站、加热站、计量站、集油站、集气站、输油站、输气站、配气站、处理场、清管站、阀室、阀井、放空设施、油库、储气库、装卸栈桥、装卸场；

（二）管道的水工防护设施、防风设施、防雷设施、抗震设施、通信设施、安全监控设施、电力设施、管堤、管桥以及管道专用涵洞、隧道等穿跨越设施；

（三）管道的阴极保护站、阴极保护测试桩、阳极地床、杂散电流排流站等防腐设施；

（四）管道穿越铁路、公路的检漏装置；

（五）管道的其他附属设施。

第五十九条　本法施行前在管道保护距离内已建成的人口密集场所和易燃易爆物品的生产、经营、存储场所，应当由所在地人民政府根据当地的实际情况，有计划、分步骤地进行搬迁、清理或者采取必要的防护措施。需要已建成的管道改建、搬迁或者采取必要的防护措施的，应当与管道企业协商确定补偿方案。

第六十条　国务院可以根据海上石油、天然气管道的具体情况，制定海上石油、天然气管道保护的特别规定。

第六十一条　本法自2010年10月1日起施行。

中华人民共和国行政许可法

中华人民共和国主席令

第七号

《中华人民共和国行政许可法》已由中华人民共和国第十届全国人民代表大会常务委员会第四次会议于 2003 年 8 月 27 日通过,现予公布,自 2004 年 7 月 1 日起施行。

中华人民共和国主席　胡锦涛

2003 年 8 月 27 日

目　　录

第一章　总　　则

第一条　为了规范行政许可的设定和实施,保护公民、法人和其他组织的合法权益,维护公共利益和社会秩序,保障和监督行政机关有效实施行政管理,根据宪法,制定本法。

第二条　本法所称行政许可,是指行政机关根据公民、法人或者其他组织的申请,经依法审查,准予其从事特定活动的行为。

第三条　行政许可的设定和实施,适用本法。

有关行政机关对其他机关或者对其直接管理的事业单位的人事、财务、外事等事项的审批,不适用本法。

第四条　设定和实施行政许可,应当依照法定的权限、范围、条件和程序。

第五条　设定和实施行政许可,应当遵循公开、公平、公正的原则。

有关行政许可的规定应当公布;未经公布的,不得作为实施行政许可的依据。行政许可的实施和结果,除涉及国家秘密、商业秘密或者个人隐私的外,应当公开。

符合法定条件、标准的,申请人有依法取得行政许可的平等权利,行政机关不得歧视。

第六条 实施行政许可，应当遵循便民的原则，提高办事效率，提供优质服务。

第七条 公民、法人或者其他组织对行政机关实施行政许可，享有陈述权、申辩权；有权依法申请行政复议或者提起行政诉讼；其合法权益因行政机关违法实施行政许可受到损害的，有权依法要求赔偿。

第八条 公民、法人或者其他组织依法取得的行政许可受法律保护，行政机关不得擅自改变已经生效的行政许可。

行政许可所依据的法律、法规、规章修改或者废止，或者准予行政许可所依据的客观情况发生重大变化的，为了公共利益的需要，行政机关可以依法变更或者撤回已经生效的行政许可。由此给公民、法人或者其他组织造成财产损失的，行政机关应当依法给予补偿。

第九条 依法取得的行政许可，除法律、法规规定依照法定条件和程序可以转让的外，不得转让。

第十条 县级以上人民政府应当建立健全对行政机关实施行政许可的监督制度，加强对行政机关实施行政许可的监督检查。

行政机关应当对公民、法人或者其他组织从事行政许可事项的活动实施有效监督。

第二章　行政许可的设定

第十一条 设定行政许可，应当遵循经济和社会发展规律，有利于发挥公民、法人或者其他组织的积极性、主动性，维护公共利益和社会秩序，促进经济、社会和生态环境协调发展。

第十二条 下列事项可以设定行政许可：

（一）直接涉及国家安全、公共安全、经济宏观调控、生态环境保护以及直接关系人身健康、生命财产安全等特定活动，需要按照法定条件予以批准的事项；

（二）有限自然资源开发利用、公共资源配置以及直接关系公共利益的特定行业的市场准入等，需要赋予特定权利的事项；

（三）提供公众服务并且直接关系公共利益的职业、行业，需要确定具备特殊信誉、特殊条件或者特殊技能等资格、资质的事项；

（四）直接关系公共安全、人身健康、生命财产安全的重要设备、设施、产品、物品，需要按照技术标准、技术规范，通过检验、检测、检疫等方式进行审定的事项；

（五）企业或者其他组织的设立等，需要确定主体资格的事项；

（六）法律、行政法规规定可以设定行政许可的其他事项。

第十三条 本法第十二条所列事项，通过下列方式能够予以规范的，可以不设行政许可：

（一）公民、法人或者其他组织能够自主决定的；

（二）市场竞争机制能够有效调节的；

（三）行业组织或者中介机构能够自律管理的；

（四）行政机关采用事后监督等其他行政管理方式能够解决的。

第十四条 本法第十二条所列事项，法律可以设定行政许可。尚未制定法律的，行政法规可以设定行政许可。

必要时，国务院可以采用发布决定的方式设定行政许可。实施后，除临时性行政许可事项外，国务院应当及时提请全国人民代表大会及其常务委员会制定法律，或者自行制定行政法规。

第十五条 本法第十二条所列事项，尚未制定法律、行政法规的，地方性法规可以设定行政许可；尚未制定法律、行政法规和地方性法规的，因行政管理的需要，确需立即实施行政许可的，省、自治区、直辖市人民政府规章可以设定临时性的行政许可。临时性的行政许可实施满一年需要继续实施的，应当提请本级人民代表大会及其常务委员会制定地方性法规。

地方性法规和省、自治区、直辖市人民政府规章，不得设定应当由国家统一确定的公民、法人或者其他组织的资格、资质的行政许可；不得设定企业或者其他组织的设立登记及其前置性行政许可。其设定的行政许可，不得限制其他地区的个人或者企业到本地区从事生产经营和提供服务，不得限制其他地区的商品进入本地区市场。

第十六条 行政法规可以在法律设定的行政许可事项范围内，对实施该行政许可作出具体规定。

地方性法规可以在法律、行政法规设定的行政许可事项范围内，对实施该行政许可作出具体规定。

规章可以在上位法设定的行政许可事项范围内，对实施该行政许可作出具体规定。

法规、规章对实施上位法设定的行政许可作出的具体规定，不得增设行政许可；对行政许可条件作出的具体规定，不得增设违反上位法的其他条件。

第十七条 除本法第十四条、第十五条规定的外，其他规范性文件一律不得设定行政许可。

第十八条 设定行政许可，应当规定行政许可的实施机关、条件、程序、期限。

第十九条 起草法律草案、法规草案和省、自治区、直辖市人民政府规章草案，拟设定行政许可的，起草单位应当采取听证会、论证会等形式听取意见，并向制定机关说明设定该行政许可的必要性、对经济和社会可能产生的影响以及听取和采纳意见的情况。

第二十条 行政许可的设定机关应当定期对其设定的行政许可进行评价；对已设定的行政许可，认为通过本法第十三条所列方式能够解决的，应当对设定该行政许可的规定及时予以修改或者废止。

行政许可的实施机关可以对已设定的行政许可的实施情况及存在的必要性适时进行评价，并将意见报告该行政许可的设定机关。

公民、法人或者其他组织可以向行政许可的设定机关和实施机关就行政许可的设定和实施提出意见和建议。

第二十一条 省、自治区、直辖市人民政府对行政法规设定的有关经济事务的行政许可，根据本行政区域经济和社会发展情况，认为通过本法第十三条所列方式能够解决的，报国务院批准后，可以在本行政区域内停止实施该行政许可。

第三章 行政许可的实施机关

第二十二条 行政许可由具有行政许可权的行政机关在其法定职权范围内实施。

第二十三条 法律、法规授权的具有管理公共事务职能的组织，在法定授权范围内，以自己的名义实施行政许可。被授权的组织适用本法有关行政机关的规定。

第二十四条 行政机关在其法定职权范围内，依照法律、法规、规章的规定，可以委托其他行政机关实施行政许可。委托机关应当将受委托行政机关和受委托实施行政许可的内容予以公告。

委托行政机关对受委托行政机关实施行政许可的行为应当负责监督，并对该行为的后果承担法律责任。

受委托行政机关在委托范围内，以委托行政机关名义实施行政许可；不得再委托其他组织或者个人实施行政许可。

第二十五条 经国务院批准，省、自治区、直辖市人民政府根据精简、统一、效能的原则，可以决定一个行政机关行使有关行政机关的行政许可权。

第二十六条 行政许可需要行政机关内设的多个机构办理的，该行政机关应当确定一个机构统一受理行政许可申请，统一送达行政许可决定。

行政许可依法由地方人民政府两个以上部门分别实施的，本级人民政府可以确定一个部门受理行政许可申请并转告有关部门分别提出意见后统一办理，或者组织有关部门联合办理、集中办理。

第二十七条 行政机关实施行政许可，不得向申请人提出购买指定商品、接受有偿服务等不正当要求。

行政机关工作人员办理行政许可，不得索取或者收受申请人的财物，不得谋取其他利益。

第二十八条 对直接关系公共安全、人身健康、生命财产安全的设备、设施、产品、物品的检验、检测、检疫，除法律、行政法规规定由行政机关实施的外，应当逐步由符合法定条件的专业技术组织实施。专业技术组织及其有关人员对所实施的检验、检测、检疫结论承担法律责任。

第四章　行政许可的实施程序

第一节　申请与受理

第二十九条　公民、法人或者其他组织从事特定活动,依法需要取得行政许可的,应当向行政机关提出申请。申请书需要采用格式文本的,行政机关应当向申请人提供行政许可申请书格式文本。申请书格式文本中不得包含与申请行政许可事项没有直接关系的内容。

申请人可以委托代理人提出行政许可申请。但是,依法应当由申请人到行政机关办公场所提出行政许可申请的除外。

行政许可申请可以通过信函、电报、电传、传真、电子数据交换和电子邮件等方式提出。

第三十条　行政机关应当将法律、法规、规章规定的有关行政许可的事项、依据、条件、数量、程序、期限以及需要提交的全部材料的目录和申请书示范文本等在办公场所公示。

申请人要求行政机关对公示内容予以说明、解释的,行政机关应当说明、解释,提供准确、可靠的信息。

第三十一条　申请人申请行政许可,应当如实向行政机关提交有关材料和反映真实情况,并对其申请材料实质内容的真实性负责。行政机关不得要求申请人提交与其申请的行政许可事项无关的技术资料和其他材料。

第三十二条　行政机关对申请人提出的行政许可申请,应当根据下列情况分别作出处理:

(一)申请事项依法不需要取得行政许可的,应当即时告知申请人不受理;

(二)申请事项依法不属于本行政机关职权范围的,应当即时作出不予受理的决定,并告知申请人向有关行政机关申请;

(三)申请材料存在可以当场更正的错误的,应当允许申请人当场更正;

(四)申请材料不齐全或者不符合法定形式的,应当当场或者在五日内一次告知申请人需要补正的全部内容,逾期不告知的,自收到申请材料之日起即为受理;

(五)申请事项属于本行政机关职权范围,申请材料齐全、符合法定形式,或者申请人按照本行政机关的要求提交全部补正申请材料的,应当受理行政许可申请。

行政机关受理或者不予受理行政许可申请,应当出具加盖本行政机关专用印章和注明日期的书面凭证。

第三十三条　行政机关应当建立和完善有关制度,推行电子政务,在行政机关的网站上公布行政许可事项,方便申请人采取数据电文等方式提出行政许可申请;应当与其他行政机关共享有关行政许可信息,提高办事效率。

第二节　审查与决定

第三十四条　行政机关应当对申请人提交的申请材料进行审查。

申请人提交的申请材料齐全、符合法定形式,行政机关能够当场作出决定的,应当当场作出书面的行政许可决定。

根据法定条件和程序,需要对申请材料的实质内容进行核实的,行政机关应当指派两名以上工作人员进行核查。

第三十五条　依法应当先经下级行政机关审查后报上级行政机关决定的行政许可,下级行政机关应当在法定期限内将初步审查意见和全部申请材料直接报送上级行政机关。上级行政机关不得要求申请人重复提供申请材料。

第三十六条　行政机关对行政许可申请进行审查时,发现行政许可事项直接关系他人重大利益的,应当告知该利害关系人。申请人、利害关系人有权进行陈述和申辩。行政机关应当听取申请人、利害关系人的意见。

第三十七条 行政机关对行政许可申请进行审查后,除当场作出行政许可决定的外,应当在法定期限内按照规定程序作出行政许可决定。

第三十八条 申请人的申请符合法定条件、标准的,行政机关应当依法作出准予行政许可的书面决定。

行政机关依法作出不予行政许可的书面决定的,应当说明理由,并告知申请人享有依法申请行政复议或者提起行政诉讼的权利。

第三十九条 行政机关作出准予行政许可的决定,需要颁发行政许可证件的,应当向申请人颁发加盖本行政机关印章的下列行政许可证件:

(一)许可证、执照或者其他许可证书;

(二)资格证、资质证或者其他合格证书;

(三)行政机关的批准文件或者证明文件;

(四)法律、法规规定的其他行政许可证件。

行政机关实施检验、检测、检疫的,可以在检验、检测、检疫合格的设备、设施、产品、物品上加贴标签或者加盖检验、检测、检疫印章。

第四十条 行政机关作出的准予行政许可决定,应当予以公开,公众有权查阅。

第四十一条 法律、行政法规设定的行政许可,其适用范围没有地域限制的,申请人取得的行政许可在全国范围内有效。

第三节 期 限

第四十二条 除可以当场作出行政许可决定的外,行政机关应当自受理行政许可申请之日起二十日内作出行政许可决定。二十日内不能作出决定的,经本行政机关负责人批准,可以延长十日,并应当将延长期限的理由告知申请人。但是,法律、法规另有规定的,依照其规定。

依照本法第二十六条的规定,行政许可采取统一办理或者联合办理、集中办理的,办理的时间不得超过四十五日;四十五日内不能办结的,经本级人民政府负责人批准,可以延长十五日,并应当将延长期限的理由告知申请人。

第四十三条 依法应当先经下级行政机关审查后报上级行政机关决定的行政许可,下级行政机关应当自其受理行政许可申请之日起二十日内审查完毕。但是,法律、法规另有规定的,依照其规定。

第四十四条 行政机关作出准予行政许可的决定,应当自作出决定之日起十日内向申请人颁发、送达行政许可证件,或者加贴标签、加盖检验、检测、检疫印章。

第四十五条 行政机关作出行政许可决定,依法需要听证、招标、拍卖、检验、检测、检疫、鉴定和专家评审的,所需时间不计算在本节规定的期限内。行政机关应当将所需时间书面告知申请人。

第四节 听 证

第四十六条 法律、法规、规章规定实施行政许可应当听证的事项,或者行政机关认为需要听证的其他涉及公共利益的重大行政许可事项,行政机关应当向社会公告,并举行听证。

第四十七条 行政许可直接涉及申请人与他人之间重大利益关系的,行政机关在作出行政许可决定前,应当告知申请人、利害关系人享有要求听证的权利;申请人、利害关系人在被告知听证权利之日起五日内提出听证申请的,行政机关应当在二十日内组织听证。

申请人、利害关系人不承担行政机关组织听证的费用。

第四十八条 听证按照下列程序进行:

(一)行政机关应当于举行听证的七日前将举行听证的时间、地点通知申请人、利害关系人,必要时予以公告;

(二)听证应当公开举行;

(三)行政机关应当指定审查该行政许可申请的工作人员以外的人员为听证主持人,申请人、利害关系人认为主持人与该行政许可事项有直接利害关系的,有权申请回避;

（四）举行听证时，审查该行政许可申请的工作人员应当提供审查意见的证据、理由，申请人、利害关系人可以提出证据，并进行申辩和质证；

（五）听证应当制作笔录，听证笔录应当交听证参加人确认无误后签字或者盖章。

行政机关应当根据听证笔录，作出行政许可决定。

第五节 变更与延续

第四十九条 被许可人要求变更行政许可事项的，应当向作出行政许可决定的行政机关提出申请；符合法定条件、标准的，行政机关应当依法办理变更手续。

第五十条 被许可人需要延续依法取得的行政许可的有效期的，应当在该行政许可有效期届满三十日前向作出行政许可决定的行政机关提出申请。但是，法律、法规、规章另有规定的，依照其规定。

行政机关应当根据被许可人的申请，在该行政许可有效期届满前作出是否准予延续的决定；逾期未作决定的，视为准予延续。

第六节 特别规定

第五十一条 实施行政许可的程序，本节有规定的，适用本节规定；本节没有规定的，适用本章其他有关规定。

第五十二条 国务院实施行政许可的程序，适用有关法律、行政法规的规定。

第五十三条 实施本法第十二条第二项所列事项的行政许可的，行政机关应当通过招标、拍卖等公平竞争的方式作出决定。但是，法律、行政法规另有规定的，依照其规定。

行政机关通过招标、拍卖等方式作出行政许可决定的具体程序，依照有关法律、行政法规的规定。

行政机关按照招标、拍卖程序确定中标人、买受人后，应当作出准予行政许可的决定，并依法向中标人、买受人颁发行政许可证件。

行政机关违反本条规定，不采用招标、拍卖方式，或者违反招标、拍卖程序，损害申请人合法权益的，申请人可以依法申请行政复议或者提起行政诉讼。

第五十四条 实施本法第十二条第三项所列事项的行政许可，赋予公民特定资格，依法应当举行国家考试的，行政机关根据考试成绩和其他法定条件作出行政许可决定；赋予法人或者其他组织特定的资格、资质的，行政机关根据申请人的专业人员构成、技术条件、经营业绩和管理水平等的考核结果作出行政许可决定。但是，法律、行政法规另有规定的，依照其规定。

公民特定资格的考试依法由行政机关或者行业组织实施，公开举行。行政机关或者行业组织应当事先公布资格考试的报名条件、报考办法、考试科目以及考试大纲。但是，不得组织强制性的资格考试的考前培训，不得指定教材或者其他助考材料。

第五十五条 实施本法第十二条第四项所列事项的行政许可的，应当按照技术标准、技术规范依法进行检验、检测、检疫，行政机关根据检验、检测、检疫的结果作出行政许可决定。

行政机关实施检验、检测、检疫，应当自受理申请之日起五日内指派两名以上工作人员按照技术标准、技术规范进行检验、检测、检疫。不需要对检验、检测、检疫结果作进一步技术分析即可认定设备、设施、产品、物品是否符合技术标准、技术规范的，行政机关应当当场作出行政许可决定。

行政机关根据检验、检测、检疫结果，作出不予行政许可决定的，应当书面说明不予行政许可所依据的技术标准、技术规范。

第五十六条 实施本法第十二条第五项所列事项的行政许可，申请人提交的申请材料齐全、符合法定形式的，行政机关应当当场予以登记。需要对申请材料的实质内容进行核实的，行政机关依照本法第三十四条第三款的规定办理。

第五十七条 有数量限制的行政许可，两个或者两个以上申请人的申请均符合法定条件、标准的，行政机关应当根据受理行政许可申请的先后顺序作出准予行政许可的决定。但是，法律、行政法规另有规定的，依照其规定。

第五章　行政许可的费用

第五十八条　行政机关实施行政许可和对行政许可事项进行监督检查，不得收取任何费用。但是，法律、行政法规另有规定的，依照其规定。

行政机关提供行政许可申请书格式文本，不得收费。

行政机关实施行政许可所需经费应当列入本行政机关的预算，由本级财政予以保障，按照批准的预算予以核拨。

第五十九条　行政机关实施行政许可，依照法律、行政法规收取费用的，应当按照公布的法定项目和标准收费；所收取的费用必须全部上缴国库，任何机关或者个人不得以任何形式截留、挪用、私分或者变相私分。财政部门不得以任何形式向行政机关返还或者变相返还实施行政许可所收取的费用。

第六章　监督检查

第六十条　上级行政机关应当加强对下级行政机关实施行政许可的监督检查，及时纠正行政许可实施中的违法行为。

第六十一条　行政机关应当建立健全监督制度，通过核查反映被许可人从事行政许可事项活动情况的有关材料，履行监督责任。

行政机关依法对被许可人从事行政许可事项的活动进行监督检查时，应当将监督检查的情况和处理结果予以记录，由监督检查人员签字后归档。公众有权查阅行政机关监督检查记录。

行政机关应当创造条件，实现与被许可人、其他有关行政机关的计算机档案系统互联，核查被许可人从事行政许可事项活动情况。

第六十二条　行政机关可以对被许可人生产经营的产品依法进行抽样检查、检验、检测，对其生产经营场所依法进行实地检查。检查时，行政机关可以依法查阅或者要求被许可人报送有关材料；被许可人应当如实提供有关情况和材料。

行政机关根据法律、行政法规的规定，对直接关系公共安全、人身健康、生命财产安全的重要设备、设施进行定期检验。对检验合格的，行政机关应当发给相应的证明文件。

第六十三条　行政机关实施监督检查，不得妨碍被许可人正常的生产经营活动，不得索取或者收受被许可人的财物，不得谋取其他利益。

第六十四条　被许可人在作出行政许可决定的行政机关管辖区域外违法从事行政许可事项活动的，违法行为发生地的行政机关应当依法将被许可人的违法事实、处理结果抄告作出行政许可决定的行政机关。

第六十五条　个人和组织发现违法从事行政许可事项的活动，有权向行政机关举报，行政机关应当及时核实、处理。

第六十六条　被许可人未依法履行开发利用自然资源义务或者未依法履行利用公共资源义务的，行政机关应当责令限期改正；被许可人在规定期限内不改正的，行政机关应当依照有关法律、行政法规的规定予以处理。

第六十七条　取得直接关系公共利益的特定行业的市场准入行政许可的被许可人，应当按照国家规定的服务标准、资费标准和行政机关依法规定的条件，向用户提供安全、方便、稳定和价格合理的服务，并履行普遍服务的义务；未经作出行政许可决定的行政机关批准，不得擅自停业、歇业。

被许可人不履行前款规定的义务的，行政机关应当责令限期改正，或者依法采取有效措施督促其履行义务。

第六十八条　对直接关系公共安全、人身健康、生命财产安全的重要设备、设施，行政机关应当督促设计、建造、安装和使用单位建立相应的自检制度。

行政机关在监督检查时,发现直接关系公共安全、人身健康、生命财产安全的重要设备、设施存在安全隐患的,应当责令停止建造、安装和使用,并责令设计、建造、安装和使用单位立即改正。

第六十九条 有下列情形之一的,作出行政许可决定的行政机关或者其上级行政机关,根据利害关系人的请求或者依据职权,可以撤销行政许可:

(一)行政机关工作人员滥用职权、玩忽职守作出准予行政许可决定的;

(二)超越法定职权作出准予行政许可决定的;

(三)违反法定程序作出准予行政许可决定的;

(四)对不具备申请资格或者不符合法定条件的申请人准予行政许可的;

(五)依法可以撤销行政许可的其他情形。

被许可人以欺骗、贿赂等不正当手段取得行政许可的,应当予以撤销。

依照前两款的规定撤销行政许可,可能对公共利益造成重大损害的,不予撤销。

依照本条第一款的规定撤销行政许可,被许可人的合法权益受到损害的,行政机关应当依法给予赔偿。依照本条第二款的规定撤销行政许可的,被许可人基于行政许可取得的利益不受保护。

第七十条 有下列情形之一的,行政机关应当依法办理有关行政许可的注销手续:

(一)行政许可有效期届满未延续的;

(二)赋予公民特定资格的行政许可,该公民死亡或者丧失行为能力的;

(三)法人或者其他组织依法终止的;

(四)行政许可依法被撤销、撤回,或者行政许可证件依法被吊销的;

(五)因不可抗力导致行政许可事项无法实施的;

(六)法律、法规规定的应当注销行政许可的其他情形。

第七章 法律责任

第七十一条 违反本法第十七条规定设定的行政许可,有关机关应当责令设定该行政许可的机关改正,或者依法予以撤销。

第七十二条 行政机关及其工作人员违反本法的规定,有下列情形之一的,由其上级行政机关或者监察机关责令改正;情节严重的,对直接负责的主管人员和其他直接责任人员依法给予行政处分:

(一)对符合法定条件的行政许可申请不予受理的;

(二)不在办公场所公示依法应当公示的材料的;

(三)在受理、审查、决定行政许可过程中,未向申请人、利害关系人履行法定告知义务的;

(四)申请人提交的申请材料不齐全、不符合法定形式,不一次告知申请人必须补正的全部内容的;

(五)未依法说明不受理行政许可申请或者不予行政许可的理由的;

(六)依法应当举行听证而不举行听证的。

第七十三条 行政机关工作人员办理行政许可、实施监督检查,索取或者收受他人财物或者谋取其他利益,构成犯罪的,依法追究刑事责任;尚不构成犯罪的,依法给予行政处分。

第七十四条 行政机关实施行政许可,有下列情形之一的,由其上级行政机关或者监察机关责令改正,对直接负责的主管人员和其他直接责任人员依法给予行政处分;构成犯罪的,依法追究刑事责任:

(一)对不符合法定条件的申请人准予行政许可或者超越法定职权作出准予行政许可决定的;

(二)对符合法定条件的申请人不予行政许可或者不在法定期限内作出准予行政许可决定的;

(三)依法应当根据招标、拍卖结果或者考试成绩择优作出准予行政许可决定,未经招标、拍卖或者考试,或者不根据招标、拍卖结果或者考试成绩择优作出准予行政许可决定的。

第七十五条 行政机关实施行政许可,擅自收费或者不按照法定项目和标准收费的,由其上级行政机关或者监察机关责令退还非法收取的费用;对直接负责的主管人员和其他直接责任人员依法给予行政处分。

截留、挪用、私分或者变相私分实施行政许可依法收取的费用的，予以追缴；对直接负责的主管人员和其他直接责任人员依法给予行政处分；构成犯罪的，依法追究刑事责任。

第七十六条 行政机关违法实施行政许可，给当事人的合法权益造成损害的，应当依照国家赔偿法的规定给予赔偿。

第七十七条 行政机关不依法履行监督职责或者监督不力，造成严重后果的，由其上级行政机关或者监察机关责令改正，对直接负责的主管人员和其他直接责任人员依法给予行政处分；构成犯罪的，依法追究刑事责任。

第七十八条 行政许可申请人隐瞒有关情况或者提供虚假材料申请行政许可的，行政机关不予受理或者不予行政许可，并给予警告；行政许可申请属于直接关系公共安全、人身健康、生命财产安全事项的，申请人在一年内不得再次申请该行政许可。

第七十九条 被许可人以欺骗、贿赂等不正当手段取得行政许可的，行政机关应当依法给予行政处罚；取得的行政许可属于直接关系公共安全、人身健康、生命财产安全事项的，申请人在三年内不得再次申请该行政许可；构成犯罪的，依法追究刑事责任。

第八十条 被许可人有下列行为之一的，行政机关应当依法给予行政处罚；构成犯罪的，依法追究刑事责任：

（一）涂改、倒卖、出租、出借行政许可证件，或者以其他形式非法转让行政许可的；

（二）超越行政许可范围进行活动的；

（三）向负责监督检查的行政机关隐瞒有关情况、提供虚假材料或者拒绝提供反映其活动情况的真实材料的；

（四）法律、法规、规章规定的其他违法行为。

第八十一条 公民、法人或者其他组织未经行政许可，擅自从事依法应当取得行政许可的活动的，行政机关应当依法采取措施予以制止，并依法给予行政处罚；构成犯罪的，依法追究刑事责任。

第八章　附　　则

第八十二条 本法规定的行政机关实施行政许可的期限以工作日计算，不含法定节假日。

第八十三条 本法自2004年7月1日起施行。

本法施行前有关行政许可的规定，制定机关应当依照本法规定予以清理；不符合本法规定的，自本法施行之日起停止执行。

中华人民共和国道路交通安全法

（2003年10月28日第十届全国人民代表大会常务委员会第五次会议通过　根据2007年12月29日第十届全国人民代表大会常务委员会第三十一次会议《关于修改〈中华人民共和国道路交通安全法〉的决定》第一次修正　根据2011年4月22日第十一届全国人民代表大会常务委员会第二十次会议《关于修改〈中华人民共和国道路交通安全法〉的决定》第二次修正）

中华人民共和国主席令

第四十七号

《全国人民代表大会常务委员会关于修改〈中华人民共和国道路交通安全法〉的决定》已由中华人民共和国第十一届全国人民代表大会常务委员会第二十次会议于2011年4月22日通过，现予公布，自2011年5月1日起施行。

中华人民共和国主席　胡锦涛

2011年4月22日

目　录

第一章　总　　则

第一条　为了维护道路交通秩序，预防和减少交通事故，保护人身安全，保护公民、法人和其他组织的财产安全及其他合法权益，提高通行效率，制定本法。

第二条　中华人民共和国境内的车辆驾驶人、行人、乘车人以及与道路交通活动有关的单位和个人，都应当遵守本法。

第三条　道路交通安全工作，应当遵循依法管理、方便群众的原则，保障道路交通有序、安全、畅通。

第四条 各级人民政府应当保障道路交通安全管理工作与经济建设和社会发展相适应。

县级以上地方各级人民政府应当适应道路交通发展的需要，依据道路交通安全法律、法规和国家有关政策，制定道路交通安全管理规划，并组织实施。

第五条 国务院公安部门负责全国道路交通安全管理工作。县级以上地方各级人民政府公安机关交通管理部门负责本行政区域内的道路交通安全管理工作。

县级以上各级人民政府交通、建设管理部门依据各自职责，负责有关的道路交通工作。

第六条 各级人民政府应当经常进行道路交通安全教育，提高公民的道路交通安全意识。

公安机关交通管理部门及其交通警察执行职务时，应当加强道路交通安全法律、法规的宣传，并模范遵守道路交通安全法律、法规。

机关、部队、企业事业单位、社会团体以及其他组织，应当对本单位的人员进行道路交通安全教育。

教育行政部门、学校应当将道路交通安全教育纳入法制教育的内容。

新闻、出版、广播、电视等有关单位，有进行道路交通安全教育的义务。

第七条 对道路交通安全管理工作，应当加强科学研究，推广、使用先进的管理方法、技术、设备。

第二章　车辆和驾驶人

第一节　机动车、非机动车

第八条 国家对机动车实行登记制度。机动车经公安机关交通管理部门登记后，方可上道路行驶。尚未登记的机动车，需要临时上道路行驶的，应当取得临时通行牌证。

第九条 申请机动车登记，应当提交以下证明、凭证：

（一）机动车所有人的身份证明；

（二）机动车来历证明；

（三）机动车整车出厂合格证明或者进口机动车进口凭证；

（四）车辆购置税的完税证明或者免税凭证；

（五）法律、行政法规规定应当在机动车登记时提交的其他证明、凭证。

公安机关交通管理部门应当自受理申请之日起五个工作日内完成机动车登记审查工作，对符合前款规定条件的，应当发放机动车登记证书、号牌和行驶证；对不符合前款规定条件的，应当向申请人说明不予登记的理由。

公安机关交通管理部门以外的任何单位或者个人不得发放机动车号牌或者要求机动车悬挂其他号牌，本法另有规定的除外。

机动车登记证书、号牌、行驶证的式样由国务院公安部门规定并监制。

第十条 准予登记的机动车应当符合机动车国家安全技术标准。申请机动车登记时，应当接受对该机动车的安全技术检验。但是，经国家机动车产品主管部门依据机动车国家安全技术标准认定的企业生产的机动车型，该车型的新车在出厂时经检验符合机动车国家安全技术标准，获得检验合格证的，免予安全技术检验。

第十一条 驾驶机动车上道路行驶，应当悬挂机动车号牌，放置检验合格标志、保险标志，并随车携带机动车行驶证。

机动车号牌应当按照规定悬挂并保持清晰、完整，不得故意遮挡、污损。

任何单位和个人不得收缴、扣留机动车号牌。

第十二条 有下列情形之一的，应当办理相应的登记：

（一）机动车所有权发生转移的；

（二）机动车登记内容变更的；

（三）机动车用作抵押的；

（四）机动车报废的。

第十三条 对登记后上道路行驶的机动车，应当依照法律、行政法规的规定，根据车辆用途、载客载货数量、使用年限等不同情况，定期进行安全技术检验。对提供机动车行驶证和机动车第三者责任强制保险单的，机动车安全技术检验机构应当予以检验，任何单位不得附加其他条件。对符合机动车国家安全技术标准的，公安机关交通管理部门应当发给检验合格标志。

对机动车的安全技术检验实行社会化。具体办法由国务院规定。

机动车安全技术检验实行社会化的地方，任何单位不得要求机动车到指定的场所进行检验。

公安机关交通管理部门、机动车安全技术检验机构不得要求机动车到指定的场所进行维修、保养。

机动车安全技术检验机构对机动车检验收取费用，应当严格执行国务院价格主管部门核定的收费标准。

第十四条 国家实行机动车强制报废制度，根据机动车的安全技术状况和不同用途，规定不同的报废标准。

应当报废的机动车必须及时办理注销登记。

达到报废标准的机动车不得上道路行驶。报废的大型客、货车及其他营运车辆应当在公安机关交通管理部门的监督下解体。

第十五条 警车、消防车、救护车、工程救险车应当按照规定喷涂标志图案，安装警报器、标志灯具。其他机动车不得喷涂、安装、使用上述车辆专用的或者与其相类似的标志图案、警报器或者标志灯具。

警车、消防车、救护车、工程救险车应当严格按照规定的用途和条件使用。

公路监督检查的专用车辆，应当依照公路法的规定，设置统一的标志和示警灯。

第十六条 任何单位或者个人不得有下列行为：

（一）拼装机动车或者擅自改变机动车已登记的结构、构造或者特征；

（二）改变机动车型号、发动机号、车架号或者车辆识别代号；

（三）伪造、变造或者使用伪造、变造的机动车登记证书、号牌、行驶证、检验合格标志、保险标志；

（四）使用其他机动车的登记证书、号牌、行驶证、检验合格标志、保险标志。

第十七条 国家实行机动车第三者责任强制保险制度，设立道路交通事故社会救助基金。具体办法由国务院规定。

第十八条 依法应当登记的非机动车，经公安机关交通管理部门登记后，方可上道路行驶。

依法应当登记的非机动车的种类，由省、自治区、直辖市人民政府根据当地实际情况规定。

非机动车的外形尺寸、质量、制动器、车铃和夜间反光装置，应当符合非机动车安全技术标准。

第二节 机动车驾驶人

第十九条 驾驶机动车，应当依法取得机动车驾驶证。

申请机动车驾驶证，应当符合国务院公安部门规定的驾驶许可条件；经考试合格后，由公安机关交通管理部门发给相应类别的机动车驾驶证。

持有境外机动车驾驶证的人，符合国务院公安部门规定的驾驶许可条件，经公安机关交通管理部门考核合格的，可以发给中国的机动车驾驶证。

驾驶人应当按照驾驶证载明的准驾车型驾驶机动车；驾驶机动车时，应当随身携带机动车驾驶证。

公安机关交通管理部门以外的任何单位或者个人，不得收缴、扣留机动车驾驶证。

第二十条 机动车的驾驶培训实行社会化，由交通主管部门对驾驶培训学校、驾驶培训班实行资格管理，其中专门的拖拉机驾驶培训学校、驾驶培训班由农业（农业机械）主管部门实行资格管理。

驾驶培训学校、驾驶培训班应当严格按照国家有关规定，对学员进行道路交通安全法律、法规、驾驶技能的培训，确保培训质量。

任何国家机关以及驾驶培训和考试主管部门不得举办或者参与举办驾驶培训学校、驾驶培训班。

第二十一条　驾驶人驾驶机动车上道路行驶前，应当对机动车的安全技术性能进行认真检查；不得驾驶安全设施不全或者机件不符合技术标准等具有安全隐患的机动车。

第二十二条　机动车驾驶人应当遵守道路交通安全法律、法规的规定，按照操作规范安全驾驶、文明驾驶。

饮酒、服用国家管制的精神药品或者麻醉药品，或者患有妨碍安全驾驶机动车的疾病，或者过度疲劳影响安全驾驶的，不得驾驶机动车。

任何人不得强迫、指使、纵容驾驶人违反道路交通安全法律、法规和机动车安全驾驶要求驾驶机动车。

第二十三条　公安机关交通管理部门依照法律、行政法规的规定，定期对机动车驾驶证实施审验。

第二十四条　公安机关交通管理部门对机动车驾驶人违反道路交通安全法律、法规的行为，除依法给予行政处罚外，实行累积记分制度。公安机关交通管理部门对累积记分达到规定分值的机动车驾驶人，扣留机动车驾驶证，对其进行道路交通安全法律、法规教育，重新考试；考试合格的，发还其机动车驾驶证。

对遵守道路交通安全法律、法规，在一年内无累积记分的机动车驾驶人，可以延长机动车驾驶证的审验期。具体办法由国务院公安部门规定。

第三章　道路通行条件

第二十五条　全国实行统一的道路交通信号。

交通信号包括交通信号灯、交通标志、交通标线和交通警察的指挥。

交通信号灯、交通标志、交通标线的设置应当符合道路交通安全、畅通的要求和国家标准，并保持清晰、醒目、准确、完好。

根据通行需要，应当及时增设、调换、更新道路交通信号。增设、调换、更新限制性的道路交通信号，应当提前向社会公告，广泛进行宣传。

第二十六条　交通信号灯由红灯、绿灯、黄灯组成。红灯表示禁止通行，绿灯表示准许通行，黄灯表示警示。

第二十七条　铁路与道路平面交叉的道口，应当设置警示灯、警示标志或者安全防护设施。无人看守的铁路道口，应当在距道口一定距离处设置警示标志。

第二十八条　任何单位和个人不得擅自设置、移动、占用、损毁交通信号灯、交通标志、交通标线。

道路两侧及隔离带上种植的树木或者其他植物，设置的广告牌、管线等，应当与交通设施保持必要的距离，不得遮挡路灯、交通信号灯、交通标志，不得妨碍安全视距，不得影响通行。

第二十九条　道路、停车场和道路配套设施的规划、设计、建设，应当符合道路交通安全、畅通的要求，并根据交通需求及时调整。

公安机关交通管理部门发现已经投入使用的道路存在交通事故频发路段，或者停车场、道路配套设施存在交通安全严重隐患的，应当及时向当地人民政府报告，并提出防范交通事故、消除隐患的建议，当地人民政府应当及时作出处理决定。

第三十条　道路出现坍塌、坑漕、水毁、隆起等损毁或者交通信号灯、交通标志、交通标线等交通设施损毁、灭失的，道路、交通设施的养护部门或者管理部门应当设置警示标志并及时修复。

公安机关交通管理部门发现前款情形，危及交通安全，尚未设置警示标志的，应当及时采取安全措施，疏导交通，并通知道路、交通设施的养护部门或者管理部门。

第三十一条　未经许可，任何单位和个人不得占用道路从事非交通活动。

第三十二条　因工程建设需要占用、挖掘道路，或者跨越、穿越道路架设、增设管线设施，应当事先征得道路主管部门的同意；影响交通安全的，还应当征得公安机关交通管理部门的同意。

施工作业单位应当在经批准的路段和时间内施工作业，并在距离施工作业地点来车方向安全距离处设置明显的安全警示标志，采取防护措施；施工作业完毕，应当迅速清除道路上的障碍物，消除安全隐患，经道路主管部门和公安机关交通管理部门验收合格，符合通行要求后，方可恢复通行。

对未中断交通的施工作业道路，公安机关交通管理部门应当加强交通安全监督检查，维护道路交通秩序。

第三十三条 新建、改建、扩建的公共建筑、商业街区、居住区、大(中)型建筑等，应当配建、增建停车场；停车泊位不足的，应当及时改建或者扩建；投入使用的停车场不得擅自停止使用或者改作他用。

在城市道路范围内，在不影响行人、车辆通行的情况下，政府有关部门可以施划停车泊位。

第三十四条 学校、幼儿园、医院、养老院门前的道路没有行人过街设施的，应当施划人行横道线，设置提示标志。

城市主要道路的人行道，应当按照规划设置盲道。盲道的设置应当符合国家标准。

第四章 道路通行规定

第一节 一般规定

第三十五条 机动车、非机动车实行右侧通行。

第三十六条 根据道路条件和通行需要，道路划分为机动车道、非机动车道和人行道的，机动车、非机动车、行人实行分道通行。没有划分机动车道、非机动车道和人行道的，机动车在道路中间通行，非机动车和行人在道路两侧通行。

第三十七条 道路划设专用车道的，在专用车道内，只准许规定的车辆通行，其他车辆不得进入专用车道内行驶。

第三十八条 车辆、行人应当按照交通信号通行；遇有交通警察现场指挥时，应当按照交通警察的指挥通行；在没有交通信号的道路上，应当在确保安全、畅通的原则下通行。

第三十九条 公安机关交通管理部门根据道路和交通流量的具体情况，可以对机动车、非机动车、行人采取疏导、限制通行、禁止通行等措施。遇有大型群众性活动、大范围施工等情况，需要采取限制交通的措施，或者作出与公众的道路交通活动直接有关的决定，应当提前向社会公告。

第四十条 遇有自然灾害、恶劣气象条件或者重大交通事故等严重影响交通安全的情形，采取其他措施难以保证交通安全时，公安机关交通管理部门可以实行交通管制。

第四十一条 有关道路通行的其他具体规定，由国务院规定。

第二节 机动车通行规定

第四十二条 机动车上道路行驶，不得超过限速标志标明的最高时速。在没有限速标志的路段，应当保持安全车速。

夜间行驶或者在容易发生危险的路段行驶，以及遇有沙尘、冰雹、雨、雪、雾、结冰等气象条件时，应当降低行驶速度。

第四十三条 同车道行驶的机动车，后车应当与前车保持足以采取紧急制动措施的安全距离。有下列情形之一的，不得超车：

(一)前车正在左转弯、掉头、超车的；

(二)与对面来车有会车可能的；

(三)前车为执行紧急任务的警车、消防车、救护车、工程救险车的；

(四)行经铁路道口、交叉路口、窄桥、弯道、陡坡、隧道、人行横道、市区交通流量大的路段等没有超车条件的。

第四十四条 机动车通过交叉路口，应当按照交通信号灯、交通标志、交通标线或者交通警察的指挥通过；通过没有交通信号灯、交通标志、交通标线或者交通警察指挥的交叉路口时，应当减速慢行，并让行人和优先通行的车辆先行。

第四十五条 机动车遇有前方车辆停车排队等候或者缓慢行驶时，不得借道超车或者占用对面车道，不得穿插等候的车辆。

在车道减少的路段、路口，或者在没有交通信号灯、交通标志、交通标线或者交通警察指挥的交叉路口遇到停车排队等候或者缓慢行驶时，机动车应当依次交替通行。

第四十六条 机动车通过铁路道口时，应当按照交通信号或者管理人员的指挥通行；没有交通信号或者管理人员的，应当减速或者停车，在确认安全后通过。

第四十七条 机动车行经人行横道时，应当减速行驶；遇行人正在通过人行横道，应当停车让行。

机动车行经没有交通信号的道路时，遇行人横过道路，应当避让。

第四十八条 机动车载物应当符合核定的载质量，严禁超载；载物的长、宽、高不得违反装载要求，不得遗洒、飘散载运物。

机动车运载超限的不可解体的物品，影响交通安全的，应当按照公安机关交通管理部门指定的时间、路线、速度行驶，悬挂明显标志。在公路上运载超限的不可解体的物品，并应当依照公路法的规定执行。

机动车载运爆炸物品、易燃易爆化学物品以及剧毒、放射性等危险物品，应当经公安机关批准后，按指定的时间、路线、速度行驶，悬挂警示标志并采取必要的安全措施。

第四十九条 机动车载人不得超过核定的人数，客运机动车不得违反规定载货。

第五十条 禁止货运机动车载客。

货运机动车需要附载作业人员的，应当设置保护作业人员的安全措施。

第五十一条 机动车行驶时，驾驶人、乘坐人员应当按规定使用安全带，摩托车驾驶人及乘坐人员应当按规定戴安全头盔。

第五十二条 机动车在道路上发生故障，需要停车排除故障时，驾驶人应当立即开启危险报警闪光灯，将机动车移至不妨碍交通的地方停放；难以移动的，应当持续开启危险报警闪光灯，并在来车方向设置警告标志等措施扩大示警距离，必要时迅速报警。

第五十三条 警车、消防车、救护车、工程救险车执行紧急任务时，可以使用警报器、标志灯具；在确保安全的前提下，不受行驶路线、行驶方向、行驶速度和信号灯的限制，其他车辆和行人应当让行。

警车、消防车、救护车、工程救险车非执行紧急任务时，不得使用警报器、标志灯具，不享有前款规定的道路优先通行权。

第五十四条 道路养护车辆、工程作业车进行作业时，在不影响过往车辆通行的前提下，其行驶路线和方向不受交通标志、标线限制，过往车辆和人员应当注意避让。

洒水车、清扫车等机动车应当按照安全作业标准作业；在不影响其他车辆通行的情况下，可以不受车辆分道行驶的限制，但是不得逆向行驶。

第五十五条 高速公路、大中城市中心城区内的道路，禁止拖拉机通行。其他禁止拖拉机通行的道路，由省、自治区、直辖市人民政府根据当地实际情况规定。

在允许拖拉机通行的道路上，拖拉机可以从事货运，但是不得用于载人。

第五十六条 机动车应当在规定地点停放。禁止在人行道上停放机动车；但是，依照本法第三十三条规定施划的停车泊位除外。

在道路上临时停车的，不得妨碍其他车辆和行人通行。

第三节 非机动车通行规定

第五十七条 驾驶非机动车在道路上行驶应当遵守有关交通安全的规定。非机动车应当在非机动车道内行驶；在没有非机动车道的道路上，应当靠车行道的右侧行驶。

第五十八条 残疾人机动轮椅车、电动自行车在非机动车道内行驶时，最高时速不得超过十五公里。

第五十九条 非机动车应当在规定地点停放。未设停放地点的，非机动车停放不得妨碍其他车辆和行人通行。

第六十条 驾驭畜力车，应当使用驯服的牲畜；驾驭畜力车横过道路时，驾驭人应当下车牵引牲畜；驾驭人离开车辆时，应当拴系牲畜。

第四节 行人和乘车人通行规定

第六十一条 行人应当在人行道内行走，没有人行道的靠路边行走。

第六十二条 行人通过路口或者横过道路，应当走人行横道或者过街设施；通过有交通信号灯的人行横道，应当按照交通信号灯指示通行；通过没有交通信号灯、人行横道的路口，或者在没有过街设施的路段横过道路，应当在确认安全后通过。

第六十三条 行人不得跨越、倚坐道路隔离设施，不得扒车、强行拦车或者实施妨碍道路交通安全的其他行为。

第六十四条 学龄前儿童以及不能辨认或者不能控制自己行为的精神疾病患者、智力障碍者在道路上通行，应当由其监护人、监护人委托的人或者对其负有管理、保护职责的人带领。

盲人在道路上通行，应当使用盲杖或者采取其他导盲手段，车辆应当避让盲人。

第六十五条 行人通过铁路道口时，应当按照交通信号或者管理人员的指挥通行；没有交通信号和管理人员的，应当在确认无火车驶临后，迅速通过。

第六十六条 乘车人不得携带易燃易爆等危险物品，不得向车外抛洒物品，不得有影响驾驶人安全驾驶的行为。

第五节 高速公路的特别规定

第六十七条 行人、非机动车、拖拉机、轮式专用机械车、铰接式客车、全挂拖斗车以及其他设计最高时速低于七十公里的机动车，不得进入高速公路。高速公路限速标志标明的最高时速不得超过一百二十公里。

第六十八条 机动车在高速公路上发生故障时，应当依照本法第五十二条的有关规定办理；但是，警告标志应当设置在故障车来车方向一百五十米以外，车上人员应当迅速转移到右侧路肩上或者应急车道内，并且迅速报警。

机动车在高速公路上发生故障或者交通事故，无法正常行驶的，应当由救援车、清障车拖曳、牵引。

第六十九条 任何单位、个人不得在高速公路上拦截检查行驶的车辆，公安机关的人民警察依法执行紧急公务除外。

第五章 交通事故处理

第七十条 在道路上发生交通事故，车辆驾驶人应当立即停车，保护现场；造成人身伤亡的，车辆驾驶人应当立即抢救受伤人员，并迅速报告执勤的交通警察或者公安机关交通管理部门。因抢救受伤人员变动现场的，应当标明位置。乘车人、过往车辆驾驶人、过往行人应当予以协助。

在道路上发生交通事故，未造成人身伤亡，当事人对事实及成因无争议的，可以即行撤离现场，恢复交通，自行协商处理损害赔偿事宜；不即行撤离现场的，应当迅速报告执勤的交通警察或者公安机关交通管理部门。

在道路上发生交通事故，仅造成轻微财产损失，并且基本事实清楚的，当事人应当先撤离现场再进行协商处理。

第七十一条 车辆发生交通事故后逃逸的，事故现场目击人员和其他知情人员应当向公安机关交通管理部门或者交通警察举报。举报属实的，公安机关交通管理部门应当给予奖励。

第七十二条 公安机关交通管理部门接到交通事故报警后，应当立即派交通警察赶赴现场，先组织抢救受伤人员，并采取措施，尽快恢复交通。

交通警察应当对交通事故现场进行勘验、检查，收集证据；因收集证据的需要，可以扣留事故车辆，但是应当妥善保管，以备核查。

对当事人的生理、精神状况等专业性较强的检验，公安机关交通管理部门应当委托专门机构进行鉴定。鉴定结论应当由鉴定人签名。

第七十三条 公安机关交通管理部门应当根据交通事故现场勘验、检查、调查情况和有关的检验、鉴定结论，及时制作交通事故认定书，作为处理交通事故的证据。交通事故认定书应当载明交通事故的基本事实、成因和当事人的责任，并送达当事人。

第七十四条 对交通事故损害赔偿的争议，当事人可以请求公安机关交通管理部门调解，也可以直接向人民法院提起民事诉讼。

经公安机关交通管理部门调解，当事人未达成协议或者调解书生效后不履行的，当事人可以向人民法院提起民事诉讼。

第七十五条 医疗机构对交通事故中的受伤人员应当及时抢救，不得因抢救费用未及时支付而拖延救治。肇事车辆参加机动车第三者责任强制保险的，由保险公司在责任限额范围内支付抢救费用；抢救费用超过责任限额的，未参加机动车第三者责任强制保险或者肇事后逃逸的，由道路交通事故社会救助基金先行垫付部分或者全部抢救费用，道路交通事故社会救助基金管理机构有权向交通事故责任人追偿。

第七十六条 机动车发生交通事故造成人身伤亡、财产损失的，由保险公司在机动车第三者责任强制保险责任限额范围内予以赔偿；不足的部分，按照下列规定承担赔偿责任：

（一）机动车之间发生交通事故的，由有过错的一方承担赔偿责任；双方都有过错的，按照各自过错的比例分担责任。

（二）机动车与非机动车驾驶人、行人之间发生交通事故，非机动车驾驶人、行人没有过错的，由机动车一方承担赔偿责任；有证据证明非机动车驾驶人、行人有过错的，根据过错程度适当减轻机动车一方的赔偿责任；机动车一方没有过错的，承担不超过百分之十的赔偿责任。

交通事故的损失是由非机动车驾驶人、行人故意碰撞机动车造成的，机动车一方不承担赔偿责任。

第七十七条 车辆在道路以外通行时发生的事故，公安机关交通管理部门接到报案的，参照本法有关规定办理。

第六章 执法监督

第七十八条 公安机关交通管理部门应当加强对交通警察的管理，提高交通警察的素质和管理道路交通的水平。

公安机关交通管理部门应当对交通警察进行法制和交通安全管理业务培训、考核。交通警察经考核不合格的，不得上岗执行职务。

第七十九条 公安机关交通管理部门及其交通警察实施道路交通安全管理，应当依据法定的职权和程序，简化办事手续，做到公正、严格、文明、高效。

第八十条 交通警察执行职务时，应当按照规定着装，佩戴人民警察标志，持有人民警察证件，保持警容严整，举止端庄，指挥规范。

第八十一条 依照本法发放牌证等收取工本费，应当严格执行国务院价格主管部门核定的收费标准，并全部上缴国库。

第八十二条 公安机关交通管理部门依法实施罚款的行政处罚，应当依照有关法律、行政法规的规定，实施罚款决定与罚款收缴分离；收缴的罚款以及依法没收的违法所得，应当全部上缴国库。

第八十三条 交通警察调查处理道路交通安全违法行为和交通事故，有下列情形之一的，应当回避：

（一）是本案的当事人或者当事人的近亲属；

（二）本人或者其近亲属与本案有利害关系；

（三）与本案当事人有其他关系，可能影响案件的公正处理。

第八十四条 公安机关交通管理部门及其交通警察的行政执法活动，应当接受行政监察机关依法实施的监督。

公安机关督察部门应当对公安机关交通管理部门及其交通警察执行法律、法规和遵守纪律的情况依法进行监督。

上级公安机关交通管理部门应当对下级公安机关交通管理部门的执法活动进行监督。

第八十五条 公安机关交通管理部门及其交通警察执行职务，应当自觉接受社会和公民的监督。

任何单位和个人都有权对公安机关交通管理部门及其交通警察不严格执法以及违法违纪行为进行检举、控告。收到检举、控告的机关，应当依据职责及时查处。

第八十六条 任何单位不得给公安机关交通管理部门下达或者变相下达罚款指标；公安机关交通管理部门不得以罚款数额作为考核交通警察的标准。

公安机关交通管理部门及其交通警察对超越法律、法规规定的指令，有权拒绝执行，并同时向上级机关报告。

第七章　法律责任

第八十七条 公安机关交通管理部门及其交通警察对道路交通安全违法行为，应当及时纠正。

公安机关交通管理部门及其交通警察应当依据事实和本法的有关规定对道路交通安全违法行为予以处罚。对于情节轻微，未影响道路通行的，指出违法行为，给予口头警告后放行。

第八十八条 对道路交通安全违法行为的处罚种类包括：警告、罚款、暂扣或者吊销机动车驾驶证、拘留。

第八十九条 行人、乘车人、非机动车驾驶人违反道路交通安全法律、法规关于道路通行规定的，处警告或者五元以上五十元以下罚款；非机动车驾驶人拒绝接受罚款处罚的，可以扣留其非机动车。

第九十条 机动车驾驶人违反道路交通安全法律、法规关于道路通行规定的，处警告或者二十元以上二百元以下罚款。本法另有规定的，依照规定处罚。

第九十一条 饮酒后驾驶机动车的，处暂扣六个月机动车驾驶证，并处一千元以上二千元以下罚款。因饮酒后驾驶机动车被处罚，再次饮酒后驾驶机动车的，处十日以下拘留，并处一千元以上二千元以下罚款，吊销机动车驾驶证。

醉酒驾驶机动车的，由公安机关交通管理部门约束至酒醒，吊销机动车驾驶证，依法追究刑事责任；五年内不得重新取得机动车驾驶证。

饮酒后驾驶营运机动车的，处十五日拘留，并处五千元罚款，吊销机动车驾驶证，五年内不得重新取得机动车驾驶证。

醉酒驾驶营运机动车的，由公安机关交通管理部门约束至酒醒，吊销机动车驾驶证，依法追究刑事责任；十年内不得重新取得机动车驾驶证，重新取得机动车驾驶证后，不得驾驶营运机动车。

饮酒后或者醉酒驾驶机动车发生重大交通事故，构成犯罪的，依法追究刑事责任，并由公安机关交通管理部门吊销机动车驾驶证，终生不得重新取得机动车驾驶证。

第九十二条 公路客运车辆载客超过额定乘员的，处二百元以上五百元以下罚款；超过额定乘员百分之二十或者违反规定载货的，处五百元以上二千元以下罚款。

货运机动车超过核定载质量的，处二百元以上五百元以下罚款；超过核定载质量百分之三十或者违反规定载客的，处五百元以上二千元以下罚款。

有前两款行为的，由公安机关交通管理部门扣留机动车至违法状态消除。

运输单位的车辆有本条第一款、第二款规定的情形，经处罚不改的，对直接负责的主管人员处二千元以上五千元以下罚款。

第九十三条 对违反道路交通安全法律、法规关于机动车停放、临时停车规定的，可以指出违法行为，并予以口头警告，令其立即驶离。

机动车驾驶人不在现场或者虽在现场但拒绝立即驶离，妨碍其他车辆、行人通行的，处二十元以上二百元以下罚款，并可以将该机动车拖移至不妨碍交通的地点或者公安机关交通管理部门指定的地点停放。公安机关交通管理部门拖车不得向当事人收取费用，并应当及时告知当事人停放地点。

因采取不正确的方法拖车造成机动车损坏的，应当依法承担补偿责任。

第九十四条 机动车安全技术检验机构实施机动车安全技术检验超过国务院价格主管部门核定的收费标准收取费用的，退还多收取的费用，并由价格主管部门依照《中华人民共和国价格法》的有关规定给予处罚。

机动车安全技术检验机构不按照机动车国家安全技术标准进行检验，出具虚假检验结果的，由公安机关交通管理部门处所收检验费用五倍以上十倍以下罚款，并依法撤销其检验资格；构成犯罪的，依法追究刑事责任。

第九十五条 上道路行驶的机动车未悬挂机动车号牌，未放置检验合格标志、保险标志，或者未随车携带行驶证、驾驶证的，公安机关交通管理部门应当扣留机动车，通知当事人提供相应的牌证、标志或者补办相应手续，并可以依照本法第九十条的规定予以处罚。当事人提供相应的牌证、标志或者补办相应手续的，应当及时退还机动车。

故意遮挡、污损或者不按规定安装机动车号牌的，依照本法第九十条的规定予以处罚。

第九十六条 伪造、变造或者使用伪造、变造的机动车登记证书、号牌、行驶证、驾驶证的，由公安机关交通管理部门予以收缴，扣留该机动车，处十五日以下拘留，并处二千元以上五千元以下罚款；构成犯罪的，依法追究刑事责任。

伪造、变造或者使用伪造、变造的检验合格标志、保险标志的，由公安机关交通管理部门予以收缴，扣留该机动车，处十日以下拘留，并处一千元以上三千元以下罚款；构成犯罪的，依法追究刑事责任。

使用其他车辆的机动车登记证书、号牌、行驶证、检验合格标志、保险标志的，由公安机关交通管理部门予以收缴，扣留该机动车，处二千元以上五千元以下罚款。

当事人提供相应的合法证明或者补办相应手续的，应当及时退还机动车。

第九十七条 非法安装警报器、标志灯具的，由公安机关交通管理部门强制拆除，予以收缴，并处二百元以上二千元以下罚款。

第九十八条 机动车所有人、管理人未按照国家规定投保机动车第三者责任强制保险的，由公安机关交通管理部门扣留车辆至依照规定投保后，并处依照规定投保最低责任限额应缴纳的保险费的二倍罚款。

依照前款缴纳的罚款全部纳入道路交通事故社会救助基金。具体办法由国务院规定。

第九十九条 有下列行为之一的，由公安机关交通管理部门处二百元以上二千元以下罚款：

（一）未取得机动车驾驶证、机动车驾驶证被吊销或者机动车驾驶证被暂扣期间驾驶机动车的；

（二）将机动车交由未取得机动车驾驶证或者机动车驾驶证被吊销、暂扣的人驾驶的；

（三）造成交通事故后逃逸，尚不构成犯罪的；

（四）机动车行驶超过规定时速百分之五十的；

（五）强迫机动车驾驶人违反道路交通安全法律、法规和机动车安全驾驶要求驾驶机动车，造成交通事故，尚不构成犯罪的；

（六）违反交通管制的规定强行通行，不听劝阻的；

（七）故意损毁、移动、涂改交通设施，造成危害后果，尚不构成犯罪的；

（八）非法拦截、扣留机动车辆，不听劝阻，造成交通严重阻塞或者较大财产损失的。

行为人有前款第二项、第四项情形之一的，可以并处吊销机动车驾驶证；有第一项、第三项、第五项至第八项情形之一的，可以并处十五日以下拘留。

第一百条 驾驶拼装的机动车或者已达到报废标准的机动车上道路行驶的，公安机关交通管理部门应当予以收缴，强制报废。

对驾驶前款所列机动车上道路行驶的驾驶人，处二百元以上二千元以下罚款，并吊销机动车驾驶证。

出售已达到报废标准的机动车的，没收违法所得，处销售金额等额的罚款，对该机动车依照本条第一款的规定处理。

第一百零一条 违反道路交通安全法律、法规的规定，发生重大交通事故，构成犯罪的，依法追究刑事责任，并由公安机关交通管理部门吊销机动车驾驶证。

造成交通事故后逃逸的，由公安机关交通管理部门吊销机动车驾驶证，且终生不得重新取得机动车驾驶证。

第一百零二条 对六个月内发生二次以上特大交通事故负有主要责任或者全部责任的专业运输单位，由公安机关交通管理部门责令消除安全隐患，未消除安全隐患的机动车，禁止上道路行驶。

第一百零三条 国家机动车产品主管部门未按照机动车国家安全技术标准严格审查，许可不合格机动车型投入生产的，对负有责任的主管人员和其他直接责任人员给予降级或者撤职的行政处分。

机动车生产企业经国家机动车产品主管部门许可生产的机动车型，不执行机动车国家安全技术标准或者不严格进行机动车成品质量检验，致使质量不合格的机动车出厂销售的，由质量技术监督部门依照《中华人民共和国产品质量法》的有关规定给予处罚。

擅自生产、销售未经国家机动车产品主管部门许可生产的机动车型的，没收非法生产、销售的机动车成品及配件，可以并处非法产品价值三倍以上五倍以下罚款；有营业执照的，由工商行政管理部门吊销营业执照，没有营业执照的，予以查封。

生产、销售拼装的机动车或者生产、销售擅自改装的机动车的，依照本条第三款的规定处罚。

有本条第二款、第三款、第四款所列违法行为，生产或者销售不符合机动车国家安全技术标准的机动车，构成犯罪的，依法追究刑事责任。

第一百零四条 未经批准，擅自挖掘道路、占用道路施工或者从事其他影响道路交通安全活动的，由道路主管部门责令停止违法行为，并恢复原状，可以依法给予罚款；致使通行的人员、车辆及其他财产遭受损失的，依法承担赔偿责任。

有前款行为，影响道路交通安全活动的，公安机关交通管理部门可以责令停止违法行为，迅速恢复交通。

第一百零五条 道路施工作业或者道路出现损毁，未及时设置警示标志、未采取防护措施，或者应当设置交通信号灯、交通标志、交通标线而没有设置或者应当及时变更交通信号灯、交通标志、交通标线而没有及时变更，致使通行的人员、车辆及其他财产遭受损失的，负有相关职责的单位应当依法承担赔偿责任。

第一百零六条 在道路两侧及隔离带上种植树木、其他植物或者设置广告牌、管线等，遮挡路灯、交通信号灯、交通标志，妨碍安全视距的，由公安机关交通管理部门责令行为人排除妨碍；拒不执行的，处二百元以上二千元以下罚款，并强制排除妨碍，所需费用由行为人负担。

第一百零七条 对道路交通违法行为人予以警告、二百元以下罚款，交通警察可以当场作出行政处罚决定，并出具行政处罚决定书。

行政处罚决定书应当载明当事人的违法事实、行政处罚的依据、处罚内容、时间、地点以及处罚机关名称，并由执法人员签名或者盖章。

第一百零八条 当事人应当自收到罚款的行政处罚决定书之日起十五日内，到指定的银行缴纳罚款。

对行人、乘车人和非机动车驾驶人的罚款，当事人无异议的，可以当场予以收缴罚款。

罚款应当开具省、自治区、直辖市财政部门统一制发的罚款收据；不出具财政部门统一制发的罚款收据的，当事人有权拒绝缴纳罚款。

第一百零九条 当事人逾期不履行行政处罚决定的,作出行政处罚决定的行政机关可以采取下列措施:

(一)到期不缴纳罚款的,每日按罚款数额的百分之三加处罚款;

(二)申请人民法院强制执行。

第一百一十条 执行职务的交通警察认为应当对道路交通违法行为人给予暂扣或者吊销机动车驾驶证处罚的,可以先予扣留机动车驾驶证,并在二十四小时内将案件移交公安机关交通管理部门处理。

道路交通违法行为人应当在十五日内到公安机关交通管理部门接受处理。无正当理由逾期未接受处理的,吊销机动车驾驶证。

公安机关交通管理部门暂扣或者吊销机动车驾驶证的,应当出具行政处罚决定书。

第一百一十一条 对违反本法规定予以拘留的行政处罚,由县、市公安局、公安分局或者相当于县一级的公安机关裁决。

第一百一十二条 公安机关交通管理部门扣留机动车、非机动车,应当当场出具凭证,并告知当事人在规定期限内到公安机关交通管理部门接受处理。

公安机关交通管理部门对被扣留的车辆应当妥善保管,不得使用。

逾期不来接受处理,并且经公告三个月仍不来接受处理的,对扣留的车辆依法处理。

第一百一十三条 暂扣机动车驾驶证的期限从处罚决定生效之日起计算;处罚决定生效前先予扣留机动车驾驶证的,扣留一日折抵暂扣期限一日。

吊销机动车驾驶证后重新申请领取机动车驾驶证的期限,按照机动车驾驶证管理规定办理。

第一百一十四条 公安机关交通管理部门根据交通技术监控记录资料,可以对违法的机动车所有人或者管理人依法予以处罚。对能够确定驾驶人的,可以依照本法的规定依法予以处罚。

第一百一十五条 交通警察有下列行为之一的,依法给予行政处分:

(一)为不符合法定条件的机动车发放机动车登记证书、号牌、行驶证、检验合格标志的;

(二)批准不符合法定条件的机动车安装、使用警车、消防车、救护车、工程救险车的警报器、标志灯具,喷涂标志图案的;

(三)为不符合驾驶许可条件、未经考试或者考试不合格人员发放机动车驾驶证的;

(四)不执行罚款决定与罚款收缴分离制度或者不按规定将依法收取的费用、收缴的罚款及没收的违法所得全部上缴国库的;

(五)举办或者参与举办驾驶学校或者驾驶培训班、机动车修理厂或者收费停车场等经营活动的;

(六)利用职务上的便利收受他人财物或者谋取其他利益的;

(七)违法扣留车辆、机动车行驶证、驾驶证、车辆号牌的;

(八)使用依法扣留的车辆的;

(九)当场收取罚款不开具罚款收据或者不如实填写罚款额的;

(十)徇私舞弊,不公正处理交通事故的;

(十一)故意刁难,拖延办理机动车牌证的;

(十二)非执行紧急任务时使用警报器、标志灯具的;

(十三)违反规定拦截、检查正常行驶的车辆的;

(十四)非执行紧急公务时拦截搭乘机动车的;

(十五)不履行法定职责的。

公安机关交通管理部门有前款所列行为之一的,对直接负责的主管人员和其他直接责任人员给予相应的行政处分。

第一百一十六条 依照本法第一百一十五条的规定,给予交通警察行政处分的,在作出行政处分决定前,可以停止其执行职务;必要时,可以予以禁闭。

依照本法第一百一十五条的规定,交通警察受到降级或者撤职行政处分的,可以予以辞退。

交通警察受到开除处分或者被辞退的,应当取消警衔;受到撤职以下行政处分的交通警察,应当降低警衔。

第一百一十七条 交通警察利用职权非法占有公共财物，索取、收受贿赂，或者滥用职权、玩忽职守，构成犯罪的，依法追究刑事责任。

第一百一十八条 公安机关交通管理部门及其交通警察有本法第一百一十五条所列行为之一，给当事人造成损失的，应当依法承担赔偿责任。

第八章 附 则

第一百一十九条 本法中下列用语的含义：

（一）“道路”，是指公路、城市道路和虽在单位管辖范围但允许社会机动车通行的地方，包括广场、公共停车场等用于公众通行的场所。

（二）“车辆”，是指机动车和非机动车。

（三）“机动车”，是指以动力装置驱动或者牵引，上道路行驶的供人员乘用或者用于运送物品以及进行工程专项作业的轮式车辆。

（四）“非机动车”，是指以人力或者畜力驱动，上道路行驶的交通工具，以及虽有动力装置驱动但设计最高时速、空车质量、外形尺寸符合有关国家标准的残疾人机动轮椅车、电动自行车等交通工具。

（五）“交通事故”，是指车辆在道路上因过错或者意外造成的人身伤亡或者财产损失的事件。

第一百二十条 中国人民解放军和中国人民武装警察部队在编机动车牌证、在编机动车检验以及机动车驾驶人考核工作，由中国人民解放军、中国人民武装警察部队有关部门负责。

第一百二十一条 对上道路行驶的拖拉机，由农业（农业机械）主管部门行使本法第八条、第九条、第十三条、第十九条、第二十三条规定的公安机关交通管理部门的管理职权。

农业（农业机械）主管部门依照前款规定行使职权，应当遵守本法有关规定，并接受公安机关交通管理部门的监督；对违反规定的，依照本法有关规定追究法律责任。

本法施行前由农业（农业机械）主管部门发放的机动车牌证，在本法施行后继续有效。

第一百二十二条 国家对入境的境外机动车的道路交通安全实施统一管理。

第一百二十三条 省、自治区、直辖市人民代表大会常务委员会可以根据本地区的实际情况，在本法规定的罚款幅度内，规定具体的执行标准。

第一百二十四条 本法自2004年5月1日起施行。

中华人民共和国海上交通安全法

中华人民共和国主席令

第七号

《中华人民共和国海上交通安全法》已由中华人民共和国第六届全国人民代表大会常务委员会第二次会议于1983年9月2日通过,现予公布。自1984年1月1日起施行。

中华人民共和国主席　李先念

1983年9月2日

目　录

第一章　总　　则

第一条　为加强海上交通管理,保障船舶、设施和人命财产的安全,维护国家权益,特制定本法。

第二条　本法适用于在中华人民共和国沿海水域航行、停泊和作业的一切船舶、设施和人员以及船舶、设施的所有人、经营人。

第三条　中华人民共和国港务监督机构,是对沿海水域的交通安全实施统一监督管理的主管机关。

第二章　船舶检验和登记

第四条　船舶和船上有关航行安全的重要设备必须具有船舶检验部门签发的有效技术证书。

第五条　船舶必须持有船舶国籍证书,或船舶登记证书,或船舶执照。

第三章　船舶、设施上的人员

第六条　船舶应当按照标准定额配备足以保证船舶安全的合格船员。

第七条 船长、轮机长、驾驶员、轮机员、无线电报务员话务员以及水上飞机、潜水器的相应人员，必须持有合格的职务证书。

其他船员必须经过相应的专业技术训练。

第八条 设施应当按照国家规定，配备掌握避碰、信号、通信、消防、救生等专业技能的人员。

第九条 船舶、设施上的人员必须遵守有关海上交通安全的规章制度和操作规程，保障船舶、设施航行、停泊和作业的安全。

第四章 航行、停泊和作业

第十条 船舶、设施航行、停泊和作业，必须遵守中华人民共和国的有关法律、行政法规和规章。

第十一条 外国籍非军用船舶，未经主管机关批准，不得进入中华人民共和国的内水和港口。但是，因人员病急、机件故障、遇难、避风等意外情况，未及获得批准，可以在进入的同时向主管机关紧急报告，并听从指挥。

外国籍军用船舶，未经中华人民共和国政府批准，不得进入中华人民共和国领海。

第十二条 国际航行船舶进出中华人民共和国港口，必须接受主管机关的检查。本国籍国内航行船舶进出港口，必须办理进出港签证。

第十三条 外国籍船舶进出中华人民共和国港口或者在港内航行、移泊以及靠离港外系泊点、装卸站等，必须由主管机关指派引航员引航。

第十四条 船舶进出港口或者通过交通管制区、通航密集区和航行条件受到限制的区域时，必须遵守中华人民共和国政府或主管机关公布的特别规定。

第十五条 除经主管机关特别许可外，禁止船舶进入或穿越禁航区。

第十六条 大型设施和移动式平台的海上拖带，必须经船舶检验部门进行拖航检验，并报主管机关核准。

第十七条 主管机关发现船舶的实际状况同证书所载不相符合时，有权责成其申请重新检验或者通知其所有人、经营人采取有效的安全措施。

第十八条 主管机关认为船舶对港口安全具有威胁时，有权禁止其进港或令其离港。

第十九条 船舶、设施有下列情况之一的，主管机关有权禁止其离港，或令其停航、改航、停止作业：

一、违反中华人民共和国有关的法律、行政法规或规章；

二、处于不适航或不适拖状态；

三、发生交通事故，手续未清；

四、未向主管机关或有关部门交付应承担的费用，也未提供适当的担保；

五、主管机关认为有其他妨害或者可能妨害海上交通安全的情况。

第五章 安全保障

第二十条 在沿海水域进行水上水下施工以及划定相应的安全作业区，必须报经主管机关核准公告。无关的船舶不得进入安全作业区。施工单位不得擅自扩大安全作业区的范围。

在港区内使用岸线或者进行水上水下施工包括架空施工，还必须附图报经主管机关审核同意。

第二十一条 在沿海水域划定禁航区，必须经国务院或主管机关批准。但是，为军事需要划定禁航区，可以由国家军事主管部门批准。

禁航区由主管机关公布。

第二十二条 未经主管机关批准，不得在港区、锚地、航 道、通航密集区以及主管机关公布的航路内设置、构筑设施或者进行其他有碍航行安全的活动。

对在上述区域内擅自设置、构筑的设施，主管机关有权责令其所有人限期搬迁或拆除。

第二十三条 禁止损坏助航标志和导航设施。损坏助航标志或导航设施的,应当立即向主管机关报告,并承担赔偿责任。

第二十四条 船舶、设施发现下列情况,应当迅速报告主管机关:

一、助航标志或导航设施变异、失常;

二、有妨碍航行安全的障碍物、漂流物;

三、其他有碍航行安全的异常情况。

第二十五条 航标周围不得建造或设置影响其工作效能的障碍物。航标和航道附近有碍航行安全的灯光,应当妥善遮蔽。

第二十六条 设施的搬迁、拆除,沉船沉物的打捞清除,水下工程的善后处理,都不得遗留有碍航行和作业安全的隐患。在未妥善处理前,其所有人或经营人必须负责设置规定的标志,并将碍航物的名称、形状、尺寸、位置和深度准确地报告主管机关。

第二十七条 港口码头、港外系泊点、装卸站和船闸,应当加强安全管理,保持良好状态。

第二十八条 主管机关根据海上交通安全的需要,确定、调整交通管制区和港口锚地。港外锚地的划定,由主管机关报上级机关批准后公告。

第二十九条 主管机关按照国家规定,负责统一发布航行警告和航行通告。

第三十条 为保障航行、停泊和作业的安全,有关部门应当保持通信联络畅通,保持助航标志、导航设施明显有效,及时提供海洋气象预报和必要的航海图书资料。

第三十一条 船舶、设施发生事故,对交通安全造成或者可能造成危害时,主管机关有权采取必要的强制性处置措施。

第六章 危险货物运输

第三十二条 船舶、设施储存、装卸、运输危险货物,必须具备安全可靠的设备和条件,遵守国家关于危险货物管理和运输的规定。

第三十三条 船舶装运危险货物,必须向主管机关办理申报手续,经批准后,方可进出港口或装卸。

第七章 海难救助

第三十四条 船舶、设施或飞机遇难时,除发出呼救信号外,还应当以最迅速的方式将出事时间、地点、受损情况、救助要求以及发生事故的原因,向主管机关报告。

第三十五条 遇难船舶、设施或飞机及其所有人、经营人应当采取一切有效措施组织自救。

第三十六条 事故现场附近的船舶、设施,收到求救信号或发现有人遭遇生命危险时,在不严重危及自身安全的情况下,应当尽力救助遇难人员,并迅速向主管机关报告现场情况和本船舶、设施的名称、呼号和位置。

第三十七条 发生碰撞事故的船舶、设施,应当互通名称、国籍和登记港,并尽一切可能救助遇难人员。在不严重危及自身安全的情况下,当事船舶不得擅自离开事故现场。

第三十八条 主管机关接到求救报告后,应当立即组织救助。有关单位和在事故现场附近的船舶、设施,必须听从主管机关的统一指挥。

第三十九条 外国派遣船舶或飞机进入中华人民共和国领海或领海上空搜寻救助遇难的船舶或人员,必须经主管机关批准。

第八章 打捞清除

第四十条 对影响安全航行、航道整治以及有潜在爆炸危险的沉没物、漂浮物,其所有人、经营人应当在主管机关限定的时间内打捞清除。否则,主管机关有权采取措施强制打捞清除,其全部费用由沉没物、漂浮物的所有人、经营人承担。

本条规定不影响沉没物、漂浮物的所有人、经营人向第三方索赔的权利。

第四十一条 未经主管机关批准,不得擅自打捞或拆除沿海水域内的沉船沉物。

第九章 交通事故的调查处理

第四十二条 船舶、设施发生交通事故,应当向主管机关递交事故报告书和有关资料,并接受调查处理。

事故的当事人和有关人员,在接受主管机关调查时,必须如实提供现场情况和与事故有关的情节。

第四十三条 船舶、设施发生的交通事故,由主管机关查明原因,判明责任。

第十章 法律责任

第四十四条 对违反本法的,主管机关可视情节,给予下列一种或几种处罚:

一、警告;

二、扣留或吊销职务证书;

三、罚款。

第四十五条 当事人对主管机关给予的罚款、吊销职务证书处罚不服的,可以在接到处罚通知之日起十五天内,向人民法院起诉;期满不起诉又不履行的,由主管机关申请人民法院强制执行。

第四十六条 因海上交通事故引起的民事纠纷,可以由主管机关调解处理,不愿意调解或调解不成的,当事人可以向人民法院起诉;涉外案件的当事人,还可以根据书面协议提交仲裁机构仲裁。

第四十七条 对违反本法构成犯罪的人员,由司法机关依法追究刑事责任。

第十一章 特别规定

第四十八条 国家渔政渔港监督管理机构,在以渔业为主的渔港水域内,行使本法规定的主管机关的职权,负责交通安全的监督管理,并负责沿海水域渔业船舶之间的交通事故的调查处理。具体实施办法由国务院另行规定。

第四十九条 海上军事管辖区和军用船舶、设施的内部管理,为军事目的进行水上水下作业的管理,以及公安船舶的检验登记、人员配备、进出港签证,由国家有关主管部门依据本法另行规定。

第十二章 附则

第五十条 本法下列用语的含义是:

"沿海水域"是指中华人民共和国沿海的港口、内水和领海以及国家管辖的一切其他海域。

"船舶"是指各类排水或非排水船、筏、水上飞机、潜水器和移动式平台。

"设施"是指水上水下各种固定或浮动建筑、装置和固定平台。

"作业"是指在沿海水域调查、勘探、开采、测量、建筑、疏浚、爆破、救助、打捞、拖带、捕捞、养殖、装卸、科学试验和其他水上水下施工。

第五十一条 国务院主管部门依据本法,制定实施细则,报国务院批准施行。

第五十二条 过去颁布的海上交通安全法规与本法相抵触的,以本法为准。

第五十三条 本法自 1984 年 1 月 1 日起施行。

中华人民共和国防洪法

中华人民共和国主席令

第八十八号

《中华人民共和国防洪法》已由中华人民共和国第八届全国人民代表大会常务委员会第二十七次会议于1997年8月29日通过，现予公布，自1998年1月1日起施行。

中华人民共和国主席　江泽民

1997年8月29日

目　录

第一章　总　　则

第一条　为了防治洪水，防御、减轻洪涝灾害，维护人民的生命财产安全，保障社会主义现代化建设顺利进行，制定本法。

第二条　防洪工程实行全面规划、统筹兼顾、预防为主、综合治理、局部利益服从全局利益原则。

第三条　防洪工程设施建设，应当纳入国民经济和社会发展计划。

防洪费用按照政府投入同受益者合理承担相结合的原则筹集。

第四条　开发利用和保护水资源，应当服从防洪总体安排，实行兴利与除害相结合的原则。

江河、湖泊治理以及防洪工程设施建设，应当符合流域综合规划，与流域水资源的综合开发相结合。

本法所称综合规划是指开发利用水资源和防治水害的综合规划。

第五条　防洪工作按照流域或者区域实行统一规划、分级实施和流域管理与行政区域管理相结合的制度。

第六条　任何单位和个人都有保护防洪工程设施和依法参加防汛的义务。

第七条　各级人民政府应当加强对防洪工作的统一领导，组织有关部门、单位，动员社会力量，依靠科技进步，有计划地进行江河、湖泊治理，采取措施加强防洪工程设施建设，巩固、提高防洪能力。

各级人民政府应当组织有关部门、单位，动员社会力量，做好防汛抗洪和洪涝灾害后的恢复与救济工作。

各级人民政府应当对蓄滞洪区予以扶持；蓄滞洪后，应当依照国家规定予以补偿或者救助。

第八条　国务院水行政主管部门在国务院的领导下，负责全国防洪的组织、协调、监督、指导等日常工作。国务院水行政主管部门在国家确定的重要江河、湖泊设立的流域管理机构,在所管辖的范围内行使法律、行政法规规定和国务院水行政主管部门授权的防洪协调和监督管理职责。

国务院建设行政主管部门和其他有关部门在国务院的领导下,按照各自的职责,负责有关的防洪工作。

县级以上地方人民政府水行政主管部门在本级人民政府的领导下,负责本行政区域内防洪的组织、协调、监督、指导等日常工作。县级以上地方人民政府建设行政主管部门和其他有关部门在本级人民政府的领导下,按照各自的职责,负责有关的防洪工作。

第二章 防洪规划

第九条 防洪规划是指为防治某一流域、河段或者区域的洪涝灾害而制定的总体部署,包括国家确定的重要江河、湖泊的流域防洪规划,其他江河、河段、湖泊的防洪规划以及区域防洪规划。

防洪规划应当服从所在流域、区域的综合规划;区域防洪规划应当服从所在流域的流域防洪规划。

防洪规划是江河、湖泊治理和防洪工程设施建设的基本依据。

第十条 国家确定的重要江河、湖泊的防洪规划,由国务院水行政主管部门依据该江河、湖泊的流域综合规划,会同有关部门和有关省、自治区、直辖市人民政府编制,报国务院批准。

其他江河、河段、湖泊的防洪规划或者区域防洪规划,由县级以上地方人民政府水行政主管部门分别依据流域综合规划、区域综合规划,会同有关部门和有关地区编制,报本级人民政府批准,并报上一级人民政府水行政主管部门备案;跨省、自治区、直辖市的江河、河段、湖泊的防洪规划由有关流域管理机构会同江河、河段、湖泊所在地的省、自治区、直辖市人民政府水行政主管部门、有关主管部门拟定,分别经有关省、自治区、直辖市人民政府审查提出意见后,报国务院水行政主管部门批准。

城市防洪规划,由城市人民政府组织水行政主管部门、建设行政主管部门和其他有关部门依据流域防洪规划、上一级人民政府区域防洪规划编制,按照国务院规定的审批程序批准后纳入城市总体规划。

修改防洪规划,应当报经原批准机关批准。

第十一条 编制防洪规划,应当遵循确保重点、兼顾一般,以及防汛和抗旱相结合、工程措施和非工程措施相结合的原则,充分考虑洪涝规律和上下游、左右岸的关系以及国民经济对防洪的要求,并与国土规划和土地利用总体规划相协调。

防洪规划应当确定防护对象、治理目标和任务、防洪措施和实施方案,划定洪泛区、蓄滞洪区和防洪保护区的范围,规定蓄滞洪区的使用原则。

第十二条 受风暴潮威胁的沿海地区的县级以上地方人民政府,应当把防御风暴潮纳入本地区的防洪规划,加强海堤(海塘)、挡潮闸和沿海防护林等防御风暴潮工程体系建设,监督建筑物、构筑物的设计和施工符合防御风暴潮的需要。

第十三条 山洪可能诱发山体滑坡、崩塌和泥石流的地区以及其他山洪多发地区的县级以上地方人民政府,应当组织负责地质矿产管理工作的部门、水行政主管部门和其他有关部门对山体滑坡、崩塌和泥石流隐患进行全面调查,划定重点防治区,采取防洪措施。

城市、村镇和其他居民点以及工厂、矿山、铁路和公路干线的布局,应当避开山洪威胁;已经建在受山洪威胁的地方的,应当采取防御措施。

第十四条 平原、洼地、水网圩区、山谷、盆地等易涝地区的有关地方人民政府,应当制定除涝治涝规划,组织有关部门、单位采取相应的治理措施,完善排水系统,发展耐涝农作物种类和品种,开展洪涝、干旱、盐碱综合治理。

城市人民政府应当加强对城区排涝管网、泵站的建设和管理。

第十五条 国务院水行政主管部门应当会同有关部门和省、自治区、直辖市人民政府制定长江、黄河、珠江、辽河、淮河、海河入海河口的整治规划。

在前款入海河口围海造地，应当符合河口整治规划。

第十六条 防洪规划确定的河道整治计划用地和规划建设的堤防用地范围内的土地，经土地管理部门和水行政主管部门会同有关地区核定，报经县级以上人民政府按照国务院规定的权限批准后，可以划定为规划保留区；该规划保留区范围内的土地涉及其他项目用地的，有关土地管理部门和水行政主管部门核定时，应当征求有关部门的意见。

规划保留区依照前款规定划定后，应当公告。

前款规划保留区内不得建设与防洪无关的工矿工程设施；在特殊情况下，国家工矿建设项目确需占用前款规划保留区内的土地的，应当按照国家规定的基本建设程序报请批准，并征求有关水行政主管部门的意见。

防洪规划确定的扩大或者开辟的人工排洪道用地范围内的土地，经省级以上人民政府土地管理部门和水行政主管部门会同有关部门、有关地区核定，报省级以上人民政府按照国务院规定的权限批准后，可以划定为规划保留区，适用前款规定。

第十七条 在江河、湖泊上建设防洪工程和其他水工程、水电站等，应当符合防洪规划的要求；水库应当按照防洪规划的要求留足防洪库容。

前款规定的防洪工程和其他水工程、水电站的可行性研究报告按照国家规定的基本建设程序报请批准时，应当附具有关水行政主管部门签署的符合防洪规划要求的规划同意书。

第三章　治理与防护

第十八条 防治江河洪水，应当蓄泄兼施，充分发挥河道行洪能力和水库、洼淀、湖泊调蓄洪水的功能，加强河道防护，因地制宜地采取定期清淤疏浚等措施，保持行洪畅通。

防治江河洪水，应当保护、扩大流域林草植被，涵养水源，加强流域水土保持综合治理。

第十九条 整治河道和修建控制引导河水流向、保护堤岸等工程，应当兼顾上下游、左右岸的关系，按照规划治导线实施，不得任意改变河水流向。

国家确定的重要江河的规划治导线由流域管理机构拟定，报国务院水行政主管部门批准。

其他江河、河段的规划治导线由县级以上地方人民政府水行政主管部门拟定，报本级人民政府批准；跨省、自治区、直辖市的江河、河段和省、自治区、直辖市之间的省界河道的规划治导线由有关流域管理机构组织江河、河段所在地的省、自治区、直辖市人民政府水行政主管部门拟定，经有关省、自治区、直辖市人民政府水行政主管部门拟定，经有关省、自治区、直辖市人民政府审查提出意见后，报国务院水行政主管部门批准。

第二十条 整治河道、湖泊，涉及航道的，应当兼顾航运需要，并事先征求交通主管部门的意见。整治航道，应当符合江河、湖泊防洪安全要求，并事先征求水行政主管部门的意见。

在竹木流放的河流和渔业水域整治河道的，应当兼顾竹木水运和渔业发展的需要，并事先征求林业、渔业行下主管部门的意见。在河道中流放竹木，不得影响行洪和防洪工程设施的安全。

第二十一条 河道、湖泊管理实行按水系统一管理和分级管理相结合的原则，加强防护，确保畅通。

国家确定的重要江河、湖泊的主要河段，跨省、自治区、直辖市的重要河段、湖泊，省、自治区、直辖市之间的省界河道、湖泊以及国(边)界河道、湖泊，由流域管理机构和江河、湖泊所在地的省、自治区、直辖市人民政府水行政主管部门按照国务院水行政主管部门的划定依法实施管理。其他河道、湖泊，由县级以上地方人民政府水行政主管部门按照国务院水行政主管部门或者国务院水行政主管部门授权的机构的划定依法实施管理。

有堤防的河道、湖泊，其管理范围为两岸堤防之间的水域、沙洲、滩地、行洪区和堤防及护堤地；无堤防的河道、湖泊，其管理范围为历史最高洪水位或者设计洪水位之间的水域、沙洲、滩地和行洪区。

流域管理机构直接管理的河道、湖泊管理范围，由流域管理机构会同有关县级以上地方人民政府依照前款规定界定；其他河道、湖泊管理范围，由有关县级以上地方人民政府依照前款规定界定。

第二十二条 河道、湖泊管理范围内的土地和岸线的利用,应当符合行洪、输水的要求。

禁止在河道、湖泊管理范围内建设妨碍行洪的建筑物、构筑物,倾倒垃圾、渣土,从事影响河势稳定、危害河岸堤防安全和其他妨碍河道行洪的活动。

禁止在行洪河道内种植阻碍行洪的林木和高秆作物。

在船舶航行可能危及堤岸安全的河段,应当限定航速。限定航速的标志,由交通主管部门与水行政主管部门商定后设置。

第二十三条 禁止围湖造地。已经围垦的,应当按照国家规定的防洪标准进行治理,有计划地退地还湖。

禁止围垦河道。确需围垦的,应当进行科学论证,经水行政主管部门确认不妨碍行洪、输水后,报省级以上人民政府批准。

第二十四条 对居住在行洪河道内的居民,当地人民政府应当有计划地组织外迁。

第二十五条 护堤护岸的林木,由河道、湖泊管理机构组织营造和管理。护堤护岸林木,不得任意砍伐。采伐护堤护岸林木的,须经河道、湖泊管理机构同意后,依法办理采伐许可手续,并完成规定的更新补种任务。

第二十六条 对壅水、阻水严重的桥梁、引道、码头和其他跨河工程设施,根据防洪标准,有关水行政主管部门可以报请县级以上人民政府按照国务院规定的权限责令建设单位限期改建或者拆除。

第二十七条 建设跨河、穿河、穿堤、临河的桥梁、码头、道路、渡口、管道、缆线、取水、排水等工程设施,应当符合防洪标准、岸线规划、航运要求和其他技术要求,不得危害堤防安全,影响河势稳定、妨碍行洪畅通;其可行性研究报告按照国家规定的基本建设程序报请批准前,其中的工程建设方案应当经有关水行政主管部门根据前述防洪要求审查同意。

前款工程设施需要占用河道、湖泊管理范围内土地,跨越河道、湖泊空间或者穿越河床的,建设单位应当经有关水行政主管部门对该工程设施建设的位置和界限审查批准后,方可依法办理开工手续;安排施工时,应当按照水行政主管部门审查批准的位置和界限进行。

第二十八条 对于河道、湖泊管理范围内依照本法规定建设的工程设施,水行政主管部门有权依法检查;水行政主管部门检查时,被检查者应当如实提供有关的情况和资料。

前款规定的工程设施竣工验收时,应当有水行政主管部门参加。

第四章 防洪区和防洪工程设施的管理

第二十九条 防洪区是指洪水泛滥可能淹及的地区,分为洪泛区、蓄滞洪区和防洪保护区。

洪泛区是指尚无工程设施保护的洪水泛滥所及的地区。

蓄滞洪区是指包括分洪口在内的河堤背水面以外临时贮存洪水的低洼地区及湖泊等。

防洪保护区是指在防洪标准内受防洪工程设施保护的地区。

洪泛区、蓄滞洪区和防洪保护区的范围,在防洪规划或者防御洪水方案中划定,并报请省级以上人民政府按照国务院规定的权限批准后予以公告。

第三十条 各级人民政府应当按照防洪规划对防洪区内的土地利用实行分区管理。

第三十一条 地方各级人民政府应当加强对防洪区安全建设工作的领导,组织有关部门、单位对防洪区内的单位和居民进行防洪教育,普及防洪知识,提高水患意识;按照防洪规划和防御洪水方案建立并完善防洪体系和水文、气象、通信、预警以及洪涝灾害监测系统,提高防御洪水能力;组织防洪区内的单位和居民积极参加防洪工作,因地制宜地采取防洪避洪措施。

第三十二条 洪泛区、蓄滞洪区所在地的省、自治区、直辖市人民政府应当组织有关地区和部门,按照防洪规划的要求,制定洪泛区、蓄滞洪区安全建设计划,控制蓄滞洪区人口增长,对居住在经常使用的蓄滞洪区的居民,有计划地组织外迁,并采取其他必要的安全保护措施。

因蓄滞洪区而直接受益的地区和单位,应当对蓄滞洪区承担国家规定的补偿、救助义务。国务院和有关的省、自治区、直辖市人民政府应当建立对蓄滞洪区的扶持和补偿、救助制度。

国务院和有关的省、自治区、直辖市人民政府可以制定洪泛区、蓄滞洪区安全建设管理办法以及对蓄滞洪区的扶持和补偿、救助办法。

第三十三条 在洪泛区、蓄滞洪区内建设非防洪建设项目，应当就洪水对建设项目可能产生的影响和建设项目对防洪可能产生的影响作出评价，编制洪水影响评价报告，提出防御措施。建设项目可行性研究报告按照国家规定的基本建设程序报请批准时，应当附具有关水行政主管部门审查批准的洪水影响评价报告。

在蓄滞洪区内建设的油田、铁路、公路、矿山、电厂、电信设施和管道，其洪水影响评价报告应当包括建设单位自行安排的防洪避洪方案。建设项目投入生产或者使用时，其防洪工程设施应当经水行政主管部门验收。

在蓄滞洪区内建造房屋应当采用平顶式结构。

第三十四条 大中城市，重要的铁路、公路干线，大型骨干企业，应当列为防洪重点，确保安全。

受洪水威胁的城市、经济开发区、工矿区和国家重要的农业生产基地等，应当重点保护，建设必要的防洪工程设施。

城市建设不得擅自填堵原有河道沟汊、贮水湖塘洼淀和废除原有防洪围堤；确需填堵或者废除的，应当经水行政主管部门审查同意，并报城市人民政府批准。

第三十五条 属于国家所有的防洪工程设施，应当按照经批准的设计，在竣工验收前由县级以上人民政府按照国家规定，划定管理和保护范围。

属于集体所有的防洪工程设施，应当按照省、自治区、直辖市人民政府的规定，划定保护范围。

在防洪工程设施保护范围内，禁止进行爆破、打井、采石、取土等危害防洪工程设施安全的活动。

第三十六条 各级人民政府应当组织有关部门加强对水库大坝的定期检查和监督管理。对未达到设计洪水标准、抗震设防要求或者有严重质量缺陷的险坝，大坝主管部门应当组织有关单位采取除险加固措施，限期消除危险或者重建，有关人民政府应当优先安排所需资金。对可能出现垮坝的水库，应当事先制定应急抢险和居民临时撤离方案。

各级人民政府和有关主管部门应当加强对尾矿坝的监督管理，采取措施，避免因洪水导致垮坝。

第三十七条 任何单位和个人不得破坏、侵占、毁损水库大坝、堤防、水闸、护岸、抽水站、排水渠系等防洪工程和水文、通信设施以及防汛备用的器材、物料等。

第五章 防汛抗洪

第三十八条 防汛抗洪工作实行各级人民政府行政首长负责制，统一指挥、分级分部门负责。

第三十九条 国务院设立国家防汛指挥机构，负责领导、组织全国的防汛抗洪工作，其办事机构设在国务院水行政主管部门。

在国家确定的重要江河、湖泊可以设立由有关省、自治区、直辖市人民政府和该江河、湖泊的流域管理机构负责人等组成的防汛指挥机构，指挥所管辖范围内的防汛抗洪工作，其办事机构设在流域管理机构。

有防汛抗洪任务的县级以上地方人民政府设立由有关部门、当地驻军、人民武装部负责人等组成的防汛指挥机构，在上级防汛指挥机构和本级人民政府的领导下，指挥本地区的防汛抗洪工作，其办事机构设在同级水行政主管部门；必要时，经城市人民政府决定，防汛指挥机构也可以在建设行政主管部门设城市市区办事机构，在防汛指挥机构的统一领导下，负责城市市区的防汛抗洪日常工作。

第四十条 有防汛抗洪任务的县级以上地方人民政府根据流域综合规划、防洪工程实际状况和国家规定的防洪标准，制定防御洪水方案（包括对特大洪水的处置措施）。

长江、黄河、淮河、海河的防御洪水方案，由国家防汛指挥机构制定，报国务院批准；跨省、自治区、直辖市的其他江河的防御洪水方案，由有关流域管理机构会同有关省、自治区、直辖市人民政府制定，报国务院或者国务院授权的有关部门批准。防御洪水方案经批准后，有关地方人民政府必须执行。

各级防汛指挥机构和承担防汛抗洪任务的部门和单位，必须根据防御洪水方案做好防汛抗洪准备工作。

第四十一条 省、自治区、直辖市人民政府防汛指挥机构根据当地的洪水规律，规定汛期起止日期。

当江河、湖泊的水情接近保证水位或者安全流量，水库水位接近设计洪水位，或者防洪工程设施发生重大险情时，有关县级以上人民政府防汛指挥机构可以宣布进入紧急防汛期。

第四十二条 对河道、湖泊范围内阻碍行洪的障碍物，按照谁设障、谁清除的原则，由防汛指挥机构责令限期清除；逾期不清除的，由防汛指挥机构组织强行清除，所需费用由设障者承担。

在紧急防汛期，国家防汛指挥机构或者其授权的流域、省、自治区、直辖市防汛指挥机构有权对壅水、阻水严重的桥梁、引道、码头和其它跨河工程设施作出紧急处置。

第四十三条 在汛期，气象、水文、海洋等有关部门应当按照各自的职责，及时向有关防汛指挥机构提供天气、水文等实时信息和风暴潮预报；电信部门应当优先提供防汛抗洪通信的服务；运输、电力、物资材料供应等有关部门应当优先为防汛抗洪服务。

中国人民解放军、中国人民武装警察部队和民兵应当执行国家赋予的抗洪抢险任务。

第四十四条 在汛期，水库、闸坝和其他水工工程设施的运用，必须服从有关的防汛指挥机构的调度指挥和监督。

在汛期，水库不得擅自在汛期限制水位以上蓄水，其汛期限制水位以上的防洪库容的运用，必须服从防汛指挥机构的调度指挥和监督。

在凌汛期，有防凌汛任务的江河的上游水库的下泄水量必须征得有关的防汛指挥机构的同意，并接受其监督。

第四十五条 在紧急防汛期，防汛指挥机构根据防汛抗洪的需要，有权在其管辖范围内调用物资、设备、交通运输工具和人力，决定采取取土占地、砍伐林木、清除阻水障碍物和其他必要的紧急措施；必要时，公安、交通等有关部门按照防汛指挥机构的决定，依法实施陆地和水面交通管制。

依照前款规定调用的物资、设备、交通运输工具等，在汛期结束后应当及时归还；造成损坏或者无法归还的，按照国务院有关规定给予适当补偿或者作其他处理。取土占地、砍伐林木的，在汛期结束后依法向有关部门补办手续；有关地方人民政府对取土后的土地组织复垦，对砍伐的林木组织补种。

第四十六条 江河、湖泊水位或者流量达到国家规定的分洪标准，需要启用蓄滞洪区时，国务院、国家防汛指挥机构，流域防汛指挥机构，省、自治区、直辖市人民政府。省、自治区、直辖市防汛指挥机构，按照依法经批准的防御洪水方案中规定的启用条件和批准程序，决定启用蓄滞洪区。依法启用蓄滞洪区，任何单位和个人不得阻拦、拖延；遇到阻拦、拖延时，由有关县级以上地方人民政府强制实施。

第四十七条 发生洪涝灾害后，有关人民政府应当组织有关部门、单位做好灾区的生活供给、卫生防疫、救灾物资供应、治安管理、学校复课、恢复生产和重建家园等救灾工作以及所管辖地区的各项水毁工程设施修复工作。水毁防洪工程设施的修复，应当优先列入有关部门的年度建设计划。

国家鼓励、扶持开展洪水保险。

第六章 保障措施

第四十八条 各级人民政府应当采取措施，提高防洪投入的总体水平。

第四十九条 江河、湖泊的治理和防洪工程设施的建设和维护所需投资，按照事权和财权相统一的原则，分级负责，由中央和地方财政承担。城市防洪工程设施的建设和维护所需投资，由城市人民政府承担。

受洪水威胁地区的油田、管道、铁路、公路、矿山、电力、电信等企业、事业单位应当自筹资金，兴建必要的防洪自保工程。

第五十条 中央财政应当安排资金，用于国家确定的重要江河、湖泊的堤坝遭受特大洪涝灾害时的抗洪抢险和水毁防洪工程修复。省、自治区、直辖市人民政府应当在本级财政预算中安排资金，用于本行政区域内遭受特大洪涝灾害地区的抗洪抢险和水毁防洪工程修复。

第五十一条 国家设立水利建设基金,用于防洪工程和水利工程的维护和建设。具体办法由国务院规定。受洪水威胁的省、自治区、直辖市为加强本行政区域内防洪工程设施建设,提高防御洪水能力,按照国务院的有关规定,可以规定在防洪保护区范围内征收河道工程修建维护管理费。

第五十二条 有防洪任务的地方各级人民政府应当根据国务院的有关规定,安排一定比例的农村义务工和劳动积累工,用于防洪工程设施的建设、维护。

第五十三条 任何单位和个人不得截留、挪用防洪、救灾资金和物资。各级人民政府审计关应当加强对防洪、救灾资金使用情况的审计监督。

第七章 法律责任

第五十四条 违反本法第十七条规定,未经水行政主管部门签署规划同意书,擅自在江河、湖泊上建设防洪工程和其他水工程、水电站的,责令停止违法行为,补办规划同意书手续;违反规划同意书的要求,严重影响防洪的,责令限期拆除;违反规划同意书的要求,影响防洪但尚可采取补偿措施的,责令限期采取补救措施,可以处一万元以上十万元以下的罚款。

第五十五条 违反本法第十九条规定,未按照规划治导线整治河道和修建控制引导河水流向、保护堤岸等工程,影响防洪的,责令停止违法行为,恢复原状或者采取其他补救措施,可以处一万元以上十万元以下的罚款。

第五十六条 违反本法第二十二条第二款、第三款规定,有下列行为之一的,责令停止违法行为,排除阻碍或者采取其他补救措施,可以处五万元以下的罚款:

(一)在河道、湖泊管理范围内建设妨碍行洪的建筑物、构筑物的;

(二)在河道、湖泊管理范围内倾倒垃圾、渣土、从事影响河势稳定、危害河岸堤防安全的其他妨碍河道行洪的活动的;

(三)在行洪河道内种植阻碍行洪的林木和高秆作物的。

第五十七条 违反本法第十五条第二款、第二十三条规定,围海造地、围湖造地、围垦河道的,责令停止违法行为,恢复原状或者采取其他补救措施,可以处五万元以下的罚款;既不恢复原状也不采取其他补救措施的,代为恢复原状或者采取采取其他补救措施,所需费用由违法者承担。

第五十八条 违反本法第二十七条规定,未经水行政主管部门对其工程建设方案审查同意或者未按照有关水行政主管部门审查批准的位置、界限,在河道、湖泊管理范围内从事工程设施建设活动的,责令停止违法行为,补办审查同意或者审查批准手续;工程设施建设严重影响防洪的,责令限期拆除,逾期不拆除的,强行拆除,所需费用由建设单位承担;影响行洪但尚可采取补救措施的,责令限期采取补救措施,可以处一万元以上十万元以下的罚款。

第五十九条 违反本法第三十三条第一款规定,在洪泛区、蓄滞洪区内建设非防洪建设项目,未编制洪水影响评价报告的,责令限期改正;逾期不改正的,处五万元以下的罚款。

违反本法第三十三条第二款规定,防洪工程设施未经验收,即将建设项目投资生产或者使用,责令停止生产或者使用,限期验收防洪工程设施,可以处五万元以下的罚款。

第六十条 违反本法第三十四条规定,因城市建设擅自填堵原有河道沟汊、贮水湖塘洼淀和废除原有防洪围堤的,城市人民政府应当责令停止违法行为,限期恢复原状或者采取其他补救措施。

第六十一条 违反本法规定,破坏、侵占、毁损堤防、水闸、护岸、抽水站、排水渠系等防洪工程和水文、通信设施以及防汛备用的器材、物料的,责令停止违法行为,采取补救措施,可以处五万元以下的罚款;造成损坏的,依法承担民事责任;应当给予治安管理处罚的,依照治安管理处罚条例的规定处罚;构成犯罪的,依法追究刑事责任。

第六十二条 阻碍、威胁防汛指挥机构、水行政主管部门或者流域管理机构的工作人员依法执行职务,构成犯罪的,依法追究刑事责任;尚不构成犯罪,应当给予治安管理处罚的,依照治安管理处罚条例的规定处罚。

第六十三条 截留、挪用防洪、救灾资金和物资,构成犯罪的,依法追究刑事责任;尚不构成犯罪的，给予行政处分。

第六十四条 除本法第六十条的规定外，本章规定的行政处罚和行政措施，由县级以上人民政府水行政主管部门决定，或者由流域管理机构按照国务院水行政主管部门规定的权限决定。但是，本法第六十一条、第六十二条规定的治安管理处罚的决定机关，按照治安管理罚条例的规定执行。

第六十五条 国家工作人员，有下列行为之一，构成犯罪的，依法追究刑事责任；尚不构成犯罪的，给予行政处分：

（一）违反本法第十七条、第十九条、第二十二条第二款、第二十二条第三款、第二十七条或者第三十四条规定，严重规定，严重影响防洪的；

（二）滥用职权，玩忽职守，徇私舞弊，致使防汛抗洪工作遭受重大损失；

（三）拒不执行防御洪水方案、防汛抢险指令或者蓄滞洪方案、措施、汛期调度运用计划等防汛调度方案的；

（四）违反本法规定，导致或者加重毗邻地区或者其他单位洪灾损失的。

第八章 附 则

第六十六条 本法自1998年1月1日起施行。

中华人民共和国刑法修正案(六)

中华人民共和国主席令

第五十一号

《中华人民共和国刑法修正案(六)》已由中华人民共和国第十届全国人民代表大会常务委员会第二十二次会议于2006年6月29日通过,现予公布,自公布之日起施行。

中华人民共和国主席　胡锦涛

2006年6月29日

一、将刑法第一百三十四条修改为:"在生产、作业中违反有关安全管理的规定,因而发生重大伤亡事故或者造成其他严重后果的,处三年以下有期徒刑或者拘役;情节特别恶劣的,处三年以上七年以下有期徒刑。

强令他人违章冒险作业,因而发生重大伤亡事故或者造成其他严重后果的,处五年以下有期徒刑或者拘役;情节特别恶劣的,处五年以上有期徒刑。"

二、将刑法第一百三十五条修改为:"安全生产设施或者安全生产条件不符合国家规定,因而发生重大伤亡事故或者造成其他严重后果的,对直接负责的主管人员和其他直接责任人员,处三年以下有期徒刑或者拘役;情节特别恶劣的,处三年以上七年以下有期徒刑。"

三、在刑法第一百三十五条后增加一条,作为第一百三十五条之一:"举办大型群众性活动违反安全管理规定,因而发生重大伤亡事故或者造成其他严重后果的,对直接负责的主管人员和其他直接责任人员,处三年以下有期徒刑或者拘役;情节特别恶劣的,处三年以上七年以下有期徒刑。"

四、在刑法第一百三十九条后增加一条,作为第一百三十九条之一:"在安全事故发生后,负有报告职责的人员不报或者谎报事故情况,贻误事故抢救,情节严重的,处三年以下有期徒刑或者拘役;情节特别严重的,处三年以上七年以下有期徒刑。"

五、将刑法第一百六十一条修改为:"依法负有信息披露义务的公司、企业向股东和社会公众提供虚假的或者隐瞒重要事实的财务会计报告,或者对依法应当披露的其他重要信息不按照规定披露,严重损害股东或者其他人利益,或者有其他严重情节的,对其直接负责的主管人员和其他直接责任人员,处三年以下有期徒刑或者拘役,并处或者单处二万元以上二十万元以下罚金。"

六、在刑法第一百六十二条之一后增加一条,作为第一百六十二条之二:"公司、企业通过隐匿财产、承担虚构的债务或者以其他方法转移、处分财产,实施虚假破产,严重损害债权人或者其他人利益的,对其直接负责的主管人员和其他直接责任人员,处五年以下有期徒刑或者拘役,并处或者单处二万元以上二十万元以下罚金。"

七、将刑法第一百六十三条修改为:"公司、企业或者其他单位的工作人员利用职务上的便利,索取他人财物或者非法收受他人财物,为他人谋取利益,数额较大的,处五年以下有期徒刑或者拘役;数额巨大的,处五年以上有期徒刑,可以并处没收财产。

公司、企业或者其他单位的工作人员在经济往来中,利用职务上的便利,违反国家规定,收受各种名义的回扣、手续费,归个人所有的,依照前款的规定处罚。

国有公司、企业或者其他国有单位中从事公务的人员和国有公司、企业或者其他国有单位委派到非国有公司、企业以及其他单位从事公务的人员有前两款行为的,依照本法第三百八十五条、第三百八十六条的规定定罪处罚。"

八、将刑法第一百六十四条第一款修改为:“为谋取不正当利益,给予公司、企业或者其他单位的工作人员以财物,数额较大的,处三年以下有期徒刑或者拘役;数额巨大的,处三年以上十年以下有期徒刑,并处罚金。”

九、在刑法第一百六十九条后增加一条,作为第一百六十九条之一:“上市公司的董事、监事、高级管理人员违背对公司的忠实义务,利用职务便利,操纵上市公司从事下列行为之一,致使上市公司利益遭受重大损失的,处三年以下有期徒刑或者拘役,并处或者单处罚金;致使上市公司利益遭受特别重大损失的,处三年以上七年以下有期徒刑,并处罚金:

(一)无偿向其他单位或者个人提供资金、商品、服务或者其他资产的;

(二)以明显不公平的条件,提供或者接受资金、商品、服务或者其他资产的;

(三)向明显不具有清偿能力的单位或者个人提供资金、商品、服务或者其他资产的;

(四)为明显不具有清偿能力的单位或者个人提供担保,或者无正当理由为其他单位或者个人提供担保的;

(五)无正当理由放弃债权、承担债务的;

(六)采用其他方式损害上市公司利益的。

上市公司的控股股东或者实际控制人,指使上市公司董事、监事、高级管理人员实施前款行为的,依照前款的规定处罚。

犯前款罪的上市公司的控股股东或者实际控制人是单位的,对单位判处罚金,并对其直接负责的主管人员和其他直接责任人员,依照第一款的规定处罚。”

十、在刑法第一百七十五条后增加一条,作为第一百七十五条之一:“以欺骗手段取得银行或者其他金融机构贷款、票据承兑、信用证、保函等,给银行或者其他金融机构造成重大损失或者有其他严重情节的,处三年以下有期徒刑或者拘役,并处或者单处罚金;给银行或者其他金融机构造成特别重大损失或者有其他特别严重情节的,处三年以上七年以下有期徒刑,并处罚金。

单位犯前款罪的,对单位判处罚金,并对其直接负责的主管人员和其他直接责任人员,依照前款的规定处罚。”

十一、将刑法第一百八十二条修改为:“有下列情形之一,操纵证券、期货市场,情节严重的,处五年以下有期徒刑或者拘役,并处或者单处罚金;情节特别严重的,处五年以上十年以下有期徒刑,并处罚金:

(一)单独或者合谋,集中资金优势、持股或者持仓优势或者利用信息优势联合或者连续买卖,操纵证券、期货交易价格或者证券、期货交易量的;

(二)与他人串通,以事先约定的时间、价格和方式相互进行证券、期货交易,影响证券、期货交易价格或者证券、期货交易量的;

(三)在自己实际控制的账户之间进行证券交易,或者以自己为交易对象,自买自卖期货合约,影响证券、期货交易价格或者证券、期货交易量的;

(四)以其他方法操纵证券、期货市场的。

单位犯前款罪的,对单位判处罚金,并对其直接负责的主管人员和其他直接责任人员,依照前款的规定处罚。”

十二、在刑法第一百八十五条后增加一条,作为第一百八十五条之一:“商业银行、证券交易所、期货交易所、证券公司、期货经纪公司、保险公司或者其他金融机构,违背受托义务,擅自运用客户资金或者其他委托、信托的财产,情节严重的,对单位判处罚金,并对其直接负责的主管人员和其他直接责任人员,处三年以下有期徒刑或者拘役,并处三万元以上三十万元以下罚金;情节特别严重的,处三年以上十年以下有期徒刑,并处五万元以上五十万元以下罚金。

社会保障基金管理机构、住房公积金管理机构等公众资金管理机构,以及保险公司、保险资产管理公司、证券投资基金管理公司,违反国家规定运用资金的,对其直接负责的主管人员和其他直接责任人员,依照前款的规定处罚。”

十三、将刑法第一百八十六条第一款、第二款修改为:“银行或者其他金融机构的工作人员违反国家规定发放贷款,数额巨大或者造成重大损失的,处五年以下有期徒刑或者拘役,并处一万元以上十万元以下罚金;数额特别巨大或者造成特别重大损失的,处五年以上有期徒刑,并处二万元以上二十万元以下罚金。

银行或者其他金融机构的工作人员违反国家规定,向关系人发放贷款的,依照前款的规定从重处罚。”

十四、将刑法第一百八十七条第一款修改为:“银行或者其他金融机构的工作人员吸收客户资金不入账,数额巨大或者造成重大损失的,处五年以下有期徒刑或者拘役,并处二万元以上二十万元以下罚金;数额特别巨大或者造成特别重大损失的,处五年以上有期徒刑,并处五万元以上五十万元以下罚金。”

十五、将刑法第一百八十八条第一款修改为:“银行或者其他金融机构的工作人员违反规定,为他人出具信用证或者其他保函、票据、存单、资信证明,情节严重的,处五年以下有期徒刑或者拘役;情节特别严重的,处五年以上有期徒刑。”

十六、将刑法第一百九十一条第一款修改为:“明知是毒品犯罪、黑社会性质的组织犯罪、恐怖活动犯罪、走私犯罪、贪污贿赂犯罪、破坏金融管理秩序犯罪、金融诈骗犯罪的所得及其产生的收益,为掩饰、隐瞒其来源和性质,有下列行为之一的,没收实施以上犯罪的所得及其产生的收益,处五年以下有期徒刑或者拘役,并处或者单处洗钱数额百分之五以上百分之二十以下罚金;情节严重的,处五年以上十年以下有期徒刑,并处洗钱数额百分之五以上百分之二十以下罚金:

(一)提供资金账户的;

(二)协助将财产转换为现金、金融票据、有价证券的;

(三)通过转账或者其他结算方式协助资金转移的;

(四)协助将资金汇往境外的;

(五)以其他方法掩饰、隐瞒犯罪所得及其收益的来源和性质的。”

十七、在刑法第二百六十二条后增加一条,作为第二百六十二条之一:“以暴力、胁迫手段组织残疾人或者不满十四周岁的未成年人乞讨的,处三年以下有期徒刑或者拘役,并处罚金;情节严重的,处三年以上七年以下有期徒刑,并处罚金。”

十八、将刑法第三百零三条修改为:“以营利为目的,聚众赌博或者以赌博为业的,处三年以下有期徒刑、拘役或者管制,并处罚金。

开设赌场的,处三年以下有期徒刑、拘役或者管制,并处罚金;情节严重的,处三年以上十年以下有期徒刑,并处罚金。”

十九、将刑法第三百一十二条修改为:“明知是犯罪所得及其产生的收益而予以窝藏、转移、收购、代为销售或者以其他方法掩饰、隐瞒的,处三年以下有期徒刑、拘役或者管制,并处或者单处罚金;情节严重的,处三年以上七年以下有期徒刑,并处罚金。”

二十、在刑法第三百九十九条后增加一条,作为第三百九十九条之一:“依法承担仲裁职责的人员,在仲裁活动中故意违背事实和法律作枉法裁决,情节严重的,处三年以下有期徒刑或者拘役;情节特别严重的,处三年以上七年以下有期徒刑。”

二十一、本修正案自公布之日起施行。

最高人民法院　最高人民检察院关于办理盗窃油气、破坏油气设备等刑事案件具体应用法律若干问题的解释

法释〔2007〕3号

《最高人民法院、最高人民检察院关于办理盗窃油气、破坏油气设备等刑事案件具体应用法律若干问题的解释》已于2006年11月20日由最高人民法院审判委员会第1406次会议、2006年12月11日由最高人民检察院第十届检察委员会第66次会议通过,现予公布,自2007年1月19日起施行。

二〇〇七年一月十五日

为维护油气的生产、运输安全,依法惩治盗窃油气、破坏油气设备等犯罪,根据刑法有关规定,现就办理这类刑事案件具体应用法律的若干问题解释如下:

第一条　在实施盗窃油气等行为过程中,采用切割、打孔、撬砸、拆卸、开关等手段破坏正在使用的油气设备的,属于刑法第一百一十八条规定的"破坏燃气或者其他易燃易爆设备"的行为;危害公共安全,尚未造成严重后果的,依照刑法第一百一十八条的规定定罪处罚。

第二条　实施本解释第一条规定的行为,具有下列情形之一的,属于刑法第一百一十九条第一款规定的"造成严重后果",依照刑法第一百一十九条第一款的规定定罪处罚:

(一)造成一人以上死亡、三人以上重伤或者十人以上轻伤的;

(二)造成井喷或者重大环境污染事故的;

(三)造成直接经济损失数额在五十万元以上的;

(四)造成其他严重后果的。

第三条　盗窃油气或者正在使用的油气设备,构成犯罪,但未危害公共安全的,依照刑法第二百六十四条的规定,以盗窃罪定罪处罚。

盗窃油气,数额巨大但尚未运离现场的,以盗窃未遂定罪处罚。

为他人盗窃油气而偷开油气井、油气管道等油气设备阀门排放油气或者提供其他帮助的,以盗窃罪的共犯定罪处罚。

第四条　盗窃油气同时构成盗窃罪和破坏易燃易爆设备罪的,依照刑法处罚较重的规定定罪处罚。

第五条　明知是盗窃犯罪所得的油气或者油气设备,而予以窝藏、转移、收购、加工、代为销售或者以其他方法掩饰、隐瞒的,依照刑法第三百一十二条的规定定罪处罚。

实施前款规定的犯罪行为,事前通谋的,以盗窃犯罪的共犯定罪处罚。

第六条　违反矿产资源法的规定,非法开采或者破坏性开采石油、天然气资源的,依照刑法第三百四十三条以及《最高人民法院关于审理非法采矿、破坏性采矿刑事案件具体应用法律若干问题的解释》的规定追究刑事责任。

第七条　国家机关工作人员滥用职权或者玩忽职守,实施下列行为之一,致使公共财产、国家和人民利益遭受重大损失的,依照刑法第三百九十七条的规定,以滥用职权罪或者玩忽职守罪定罪处罚:

(一)超越职权范围,批准发放石油、天然气勘查、开采、加工、经营等许可证的;

(二)违反国家规定,给不符合法定条件的单位、个人发放石油、天然气勘查、开采、加工、经营等许可证的;

（三）违反《石油天然气管道保护条例》等国家规定，在油气设备安全保护范围内批准建设项目的；

（四）对发现或者经举报查实的未经依法批准、许可擅自从事石油、天然气勘查、开采、加工、经营等违法活动不予查封、取缔的。

第八条 本解释所称的“油气”，是指石油、天然气。其中，石油包括原油、成品油；天然气包括煤层气。

本解释所称“油气设备”，是指用于石油、天然气生产、储存、运输等易燃易爆设备。

第二部分　行政法规

国务院关于特大安全事故行政责任追究的规定

中华人民共和国国务院令

第302号

现公布《国务院关于特大安全事故行政责任追究的规定》，自公布之日起施行。

总理　朱镕基

二〇〇一年四月二十一日

第一条　为了有效地防范特大安全事故的发生，严肃追究特大安全事故的行政责任，保障人民群众生命、财产安全，制定本规定。

第二条　地方人民政府主要领导人和政府有关部门正职负责人对下列特大安全事故的防范、发生，依照法律、行政法规和本规定的规定有失职、渎职情形或者负有领导责任的，依照本规定给予行政处分；构成玩忽职守罪或者其他罪的，依法追究刑事责任：

（一）特大火灾事故；

（二）特大交通安全事故；

（三）特大建筑质量安全事故；

（四）民用爆炸物品和化学危险品特大安全事故；

（五）煤矿和其他矿山特大安全事故；

（六）锅炉、压力容器、压力管道和特种设备特大安全事故；

（七）其他特大安全事故。

地方人民政府和政府有关部门对特大安全事故的防范、发生直接负责的主管人员和其他直接责任人员，比照本规定给予行政处分；构成玩忽职守罪或者其他罪的，依法追究刑事责任。

特大安全事故肇事单位和个人的刑事处罚、行政处罚和民事责任，依照有关法律、法规和规章的规定执行。

第三条　特大安全事故的具体标准，按照国家有关规定执行。

第四条　地方各级人民政府及政府有关部门应当依照有关法律、法规和规章的规定，采取行政措施，对本地区实施安全监督管理，保障本地区人民群众生命、财产安全，对本地区或者职责范围内防范特大安全事故的发生、特大安全事故发生后的迅速和妥善处理负责。

第五条　地方各级人民政府应当每个季度至少召开一次防范特大安全事故工作会议，由政府主要领导人或者政府主要领导人委托政府分管领导人召集有关部门正职负责人参加，分析、布置、督促、检查本地区防范特大安全事故的工作。会议应当作出决定并形成纪要，会议确定的各项防范措施必须严格实施。

第六条　市（地、州）、县（市、区）人民政府应当组织有关部门按照职责分工对本地区容易发生特大安全事故的单位、设施和场所安全事故的防范明确责任、采取措施，并组织有关部门对上述单位、设施和场所进行严格检查。

第七条　市（地、州）、县（市、区）人民政府必须制定本地区特大安全事故应急处理预案。本地区特大安全事故应急处理预案经政府主要领导人签署后，报上一级人民政府备案。

第八条　市（地、州）、县（市、区）人民政府应当组织有关部门对本规定第二条所列各类特大安全事故的隐患进行查处；发现特大安全事故隐患的，责令立即排除；特大安全事故隐患排除前或者排除过程中，无法保证安全的，责令暂时停产、停业或者停止使用。法律、行政法规对查处机关另有规定的，依照其规定。

第九条 市（地、州）、县（市、区）人民政府及其有关部门对本地区存在的特大安全事故隐患，超出其管辖或者职责范围的，应当立即向有管辖权或者负有职责的上级人民政府或者政府有关部门报告；情况紧急的，可以立即采取包括责令暂时停产、停业在内的紧急措施，同时报告；有关上级人民政府或者政府有关部门接到报告后，应当立即组织查处。

第十条 中小学校对学生进行劳动技能教育以及组织学生参加公益劳动等社会实践活动，必须确保学生安全。严禁以任何形式、名义组织学生从事接触易燃、易爆、有毒、有害等危险品的劳动或者其他危险性劳动。严禁将学校场地出租作为从事易燃、易爆、有毒、有害等危险品的生产、经营场所。

中小学校违反前款规定的，按照学校隶属关系，对县（市、区）、乡（镇）人民政府主要领导人和县（市、区）人民政府教育行政部门正职负责人，根据情节轻重，给予记过、降级直至撤职的行政处分；构成玩忽职守罪或者其他罪的，依法追究刑事责任。

中小学校违反本条第一款规定的，对校长给予撤职的行政处分，对直接组织者给予开除公职的行政处分；构成非法制造爆炸物罪或者其他罪的，依法追究刑事责任。

第十一条 依法对涉及安全生产事项负责行政审批（包括批准、核准、许可、注册、认证、颁发证照、竣工验收等，下同）的政府部门或者机构，必须严格依照法律、法规和规章规定的安全条件和程序进行审查；不符合法律、法规和规章规定的安全条件的，不得批准；不符合法律、法规和规章规定的安全条件，弄虚作假，骗取批准或者勾结串通行政审批工作人员取得批准的，负责行政审批的政府部门或者机构除必须立即撤销原批准外，应当对弄虚作假骗取批准或者勾结串通行政审批工作人员的当事人依法给予行政处罚；构成行贿罪或者其他罪的，依法追究刑事责任。

负责行政审批的政府部门或者机构违反前款规定，对不符合法律、法规和规章规定的安全条件予以批准的，对部门或者机构的正职负责人，根据情节轻重，给予降级、撤职直至开除公职的行政处分；与当事人勾结串通的，应当开除公职；构成受贿罪、玩忽职守罪或者其他罪的，依法追究刑事责任。

第十二条 对依照本规定第十一条第一款的规定取得批准的单位和个人，负责行政审批的政府部门或者机构必须对其实施严格监督检查；发现其不再具备安全条件的，必须立即撤销原批准。

负责行政审批的政府部门或者机构违反前款规定，不对取得批准的单位和个人实施严格监督检查，或者发现其不再具备安全条件而不立即撤销原批准的，对部门或者机构的正职负责人，根据情节轻重，给予降级或者撤职的行政处分；构成受贿罪、玩忽职守罪或者其他罪的，依法追究刑事责任。

第十三条 对未依法取得批准，擅自从事有关活动的，负责行政审批的政府部门或者机构发现或者接到举报后，应当立即予以查封、取缔，并依法给予行政处罚；属于经营单位的，由工商行政管理部门依法相应吊销营业执照。

负责行政审批的政府部门或者机构违反前款规定，对发现或者举报的未依法取得批准而擅自从事有关活动的，不予查封、取缔、不依法给予行政处罚，工商行政管理部门不予吊销营业执照的，对部门或者机构的正职负责人，根据情节轻重，给予降级或者撤职的行政处分；构成受贿罪、玩忽职守罪或者其他罪的，依法追究刑事责任。

第十四条 市（地、州）、县（市、区）人民政府依照本规定应当履行职责而未履行，或者未按照规定的职责和程序履行，本地区发生特大安全事故的，对政府主要领导人，根据情节轻重，给予降级或者撤职的行政处分；构成玩忽职守罪的，依法追究刑事责任。

负责行政审批的政府部门或者机构、负责安全监督管理的政府有关部门，未依照本规定履行职责，发生特大安全事故的，对部门或者机构的正职负责人，根据情节轻重，给予撤职或者开除公职的行政处分；构成玩忽职守罪或者其他罪的，依法追究刑事责任。

第十五条 发生特大安全事故，社会影响特别恶劣或者性质特别严重的，由国务院对负有领导责任的省长、自治区主席、直辖市市长和国务院有关部门正职负责人给予行政处分。

第十六条 特大安全事故发生后，有关县（市、区）、市（地、州）和省、自治区、直辖市人民政府及政府有关部门应当按照国家规定的程序和时限立即上报，不得隐瞒不报、谎报或者拖延报告，并应当配合、协助事故调查，不得以任何方式阻碍、干涉事故调查。

特大安全事故发生后，有关地方人民政府及政府有关部门违反前款规定的，对政府主要领导人和政府部门正职负责人给予降级的行政处分。

第十七条 特大安全事故发生后，有关地方人民政府应当迅速组织救助，有关部门应当服从指挥、调度，参加或者配合救助，将事故损失降到最低限度。

第十八条 特大安全事故发生后，省、自治区、直辖市人民政府应当按照国家有关规定迅速、如实发布事故消息。

第十九条 特大安全事故发生后，按照国家有关规定组织调查组对事故进行调查。事故调查工作应当自事故发生之日起60日内完成，并由调查组提出调查报告；遇有特殊情况的，经调查组提出并报国家安全生产监督管理机构批准后，可以适当延长时间。调查报告应当包括依照本规定对有关责任人员追究行政责任或者其他法律责任的意见。

省、自治区、直辖市人民政府应当自调查报告提交之日起30日内，对有关责任人员作出处理决定；必要时，国务院可以对特大安全事故的有关责任人员作出处理决定。

第二十条 地方人民政府或者政府部门阻挠、干涉对特大安全事故有关责任人员追究行政责任的，对该地方人民政府主要领导人或者政府部门正职负责人，根据情节轻重，给予降级或者撤职的行政处分。

第二十一条 任何单位和个人均有权向有关地方人民政府或者政府部门报告特大安全事故隐患，有权向上级人民政府或者政府部门举报地方人民政府或者政府部门不履行安全监督管理职责或者不按照规定履行职责的情况。接到报告或者举报的有关人民政府或者政府部门，应当立即组织对事故隐患进行查处，或者对举报的不履行、不按照规定履行安全监督管理职责的情况进行调查处理。

第二十二条 监察机关依照行政监察法的规定，对地方各级人民政府和政府部门及其工作人员履行安全监督管理职责实施监察。

第二十三条 对特大安全事故以外的其他安全事故的防范、发生追究行政责任的办法，由省、自治区、直辖市人民政府参照本规定制定。

第二十四条 本规定自公布之日起施行。

生产安全事故报告和调查处理条例

中华人民共和国国务院令

第493号

《生产安全事故报告和调查处理条例》已经2007年3月28日国务院第172次常务会议通过，现予公布，自2007年6月1日起施行。

总理　温家宝

二〇〇七年四月九日

目　　录

第一章　总　　则

第一条　为了规范生产安全事故的报告和调查处理，落实生产安全事故责任追究制度，防止和减少生产安全事故，根据《中华人民共和国安全生产法》和有关法律，制定本条例。

第二条　生产经营活动中发生的造成人身伤亡或者直接经济损失的生产安全事故的报告和调查处理，适用本条例；环境污染事故、核设施事故、国防科研生产事故的报告和调查处理不适用本条例。

第三条　根据生产安全事故（以下简称事故）造成的人员伤亡或者直接经济损失，事故一般分为以下等级：

（一）特别重大事故，是指造成30人以上死亡，或者100人以上重伤（包括急性工业中毒，下同），或者1亿元以上直接经济损失的事故；

（二）重大事故，是指造成10人以上30人以下死亡，或者50人以上100人以下重伤，或者5000万元以上1亿元以下直接经济损失的事故；

（三）较大事故，是指造成3人以上10人以下死亡，或者10人以上50人以下重伤，或者1000万元以上5000万元以下直接经济损失的事故；

（四）一般事故，是指造成3人以下死亡，或者10人以下重伤，或者1000万元以下直接经济损失的事故。

国务院安全生产监督管理部门可以会同国务院有关部门，制定事故等级划分的补充性规定。

本条第一款所称的“以上”包括本数，所称的“以下”不包括本数。

第四条　事故报告应当及时、准确、完整，任何单位和个人对事故不得迟报、漏报、谎报或者瞒报。

事故调查处理应当坚持实事求是、尊重科学的原则，及时、准确地查清事故经过、事故原因和事故损失，查明事故性质，认定事故责任，总结事故教训，提出整改措施，并对事故责任者依法追究责任。

第五条 县级以上人民政府应当依照本条例的规定，严格履行职责，及时、准确地完成事故调查处理工作。

事故发生地有关地方人民政府应当支持、配合上级人民政府或者有关部门的事故调查处理工作，并提供必要的便利条件。

参加事故调查处理的部门和单位应当互相配合，提高事故调查处理工作的效率。

第六条 工会依法参加事故调查处理，有权向有关部门提出处理意见。

第七条 任何单位和个人不得阻挠和干涉对事故的报告和依法调查处理。

第八条 对事故报告和调查处理中的违法行为，任何单位和个人有权向安全生产监督管理部门、监察机关或者其他有关部门举报，接到举报的部门应当依法及时处理。

第二章 事故报告

第九条 事故发生后，事故现场有关人员应当立即向本单位负责人报告；单位负责人接到报告后，应当于1小时内向事故发生地县级以上人民政府安全生产监督管理部门和负有安全生产监督管理职责的有关部门报告。

情况紧急时，事故现场有关人员可以直接向事故发生地县级以上人民政府安全生产监督管理部门和负有安全生产监督管理职责的有关部门报告。

第十条 安全生产监督管理部门和负有安全生产监督管理职责的有关部门接到事故报告后，应当依照下列规定上报事故情况，并通知公安机关、劳动保障行政部门、工会和人民检察院：

（一）特别重大事故、重大事故逐级上报至国务院安全生产监督管理部门和负有安全生产监督管理职责的有关部门；

（二）较大事故逐级上报至省、自治区、直辖市人民政府安全生产监督管理部门和负有安全生产监督管理职责的有关部门；

（三）一般事故上报至设区的市级人民政府安全生产监督管理部门和负有安全生产监督管理职责的有关部门。

安全生产监督管理部门和负有安全生产监督管理职责的有关部门依照前款规定上报事故情况，应当同时报告本级人民政府。国务院安全生产监督管理部门和负有安全生产监督管理职责的有关部门以及省级人民政府接到发生特别重大事故、重大事故的报告后，应当立即报告国务院。

必要时，安全生产监督管理部门和负有安全生产监督管理职责的有关部门可以越级上报事故情况。

第十一条 安全生产监督管理部门和负有安全生产监督管理职责的有关部门逐级上报事故情况，每级上报的时间不得超过2小时。

第十二条 报告事故应当包括下列内容：

（一）事故发生单位概况；

（二）事故发生的时间、地点以及事故现场情况；

（三）事故的简要经过；

（四）事故已经造成或者可能造成的伤亡人数（包括下落不明的人数）和初步估计的直接经济损失；

（五）已经采取的措施；

（六）其他应当报告的情况。

第十三条 事故报告后出现新情况的，应当及时补报。

自事故发生之日起30日内，事故造成的伤亡人数发生变化的，应当及时补报。道路交通事故、火灾事故自发生之日起7日内，事故造成的伤亡人数发生变化的，应当及时补报。

第十四条 事故发生单位负责人接到事故报告后，应当立即启动事故相应应急预案，或者采取有效措施，组织抢救，防止事故扩大，减少人员伤亡和财产损失。

第十五条 事故发生地有关地方人民政府、安全生产监督管理部门和负有安全生产监督管理职责的有关部门接到事故报告后,其负责人应当立即赶赴事故现场,组织事故救援。

第十六条 事故发生后,有关单位和人员应当妥善保护事故现场以及相关证据,任何单位和个人不得破坏事故现场、毁灭相关证据。

因抢救人员、防止事故扩大以及疏通交通等原因,需要移动事故现场物件的,应当做出标志,绘制现场简图并做出书面记录,妥善保存现场重要痕迹、物证。

第十七条 事故发生地公安机关根据事故的情况,对涉嫌犯罪的,应当依法立案侦查,采取强制措施和侦查措施。犯罪嫌疑人逃匿的,公安机关应当迅速追捕归案。

第十八条 安全生产监督管理部门和负有安全生产监督管理职责的有关部门应当建立值班制度,并向社会公布值班电话,受理事故报告和举报。

第三章 事故调查

第十九条 特别重大事故由国务院或者国务院授权有关部门组织事故调查组进行调查。

重大事故、较大事故、一般事故分别由事故发生地省级人民政府、设区的市级人民政府、县级人民政府负责调查。省级人民政府、设区的市级人民政府、县级人民政府可以直接组织事故调查组进行调查,也可以授权或者委托有关部门组织事故调查组进行调查。

未造成人员伤亡的一般事故,县级人民政府也可以委托事故发生单位组织事故调查组进行调查。

第二十条 上级人民政府认为必要时,可以调查由下级人民政府负责调查的事故。

自事故发生之日起30日内(道路交通事故、火灾事故自发生之日起7日内),因事故伤亡人数变化导致事故等级发生变化,依照本条例规定应当由上级人民政府负责调查的,上级人民政府可以另行组织事故调查组进行调查。

第二十一条 特别重大事故以下等级事故,事故发生地与事故发生单位不在同一个县级以上行政区域的,由事故发生地人民政府负责调查,事故发生单位所在地人民政府应当派人参加。

第二十二条 事故调查组的组成应当遵循精简、效能的原则。

根据事故的具体情况,事故调查组由有关人民政府、安全生产监督管理部门、负有安全生产监督管理职责的有关部门、监察机关、公安机关以及工会派人组成,并应当邀请人民检察院派人参加。

事故调查组可以聘请有关专家参与调查。

第二十三条 事故调查组成员应当具有事故调查所需要的知识和专长,并与所调查的事故没有直接利害关系。

第二十四条 事故调查组组长由负责事故调查的人民政府指定。事故调查组组长主持事故调查组的工作。

第二十五条 事故调查组履行下列职责:

(一)查明事故发生的经过、原因、人员伤亡情况及直接经济损失;

(二)认定事故的性质和事故责任;

(三)提出对事故责任者的处理建议;

(四)总结事故教训,提出防范和整改措施;

(五)提交事故调查报告。

第二十六条 事故调查组有权向有关单位和个人了解与事故有关的情况,并要求其提供相关文件、资料,有关单位和个人不得拒绝。

事故发生单位的负责人和有关人员在事故调查期间不得擅离职守,并应当随时接受事故调查组的询问,如实提供有关情况。

事故调查中发现涉嫌犯罪的,事故调查组应当及时将有关材料或者其复印件移交司法机关处理。

第二十七条 事故调查中需要进行技术鉴定的,事故调查组应当委托具有国家规定资质的单位进行技术鉴定。必要时,事故调查组可以直接组织专家进行技术鉴定。技术鉴定所需时间不计入事故调查期限。

第二十八条 事故调查组成员在事故调查工作中应当诚信公正、恪尽职守,遵守事故调查组的纪律,保守事故调查的秘密。

未经事故调查组组长允许,事故调查组成员不得擅自发布有关事故的信息。

第二十九条 事故调查组应当自事故发生之日起60日内提交事故调查报告;特殊情况下,经负责事故调查的人民政府批准,提交事故调查报告的期限可以适当延长,但延长的期限最长不超过60日。

第三十条 事故调查报告应当包括下列内容:

(一)事故发生单位概况;

(二)事故发生经过和事故救援情况;

(三)事故造成的人员伤亡和直接经济损失;

(四)事故发生的原因和事故性质;

(五)事故责任的认定以及对事故责任者的处理建议;

(六)事故防范和整改措施。

事故调查报告应当附具有关证据材料。事故调查组成员应当在事故调查报告上签名。

第三十一条 事故调查报告报送负责事故调查的人民政府后,事故调查工作即告结束。事故调查的有关资料应当归档保存。

第四章 事故处理

第三十二条 重大事故、较大事故、一般事故,负责事故调查的人民政府应当自收到事故调查报告之日起15日内做出批复;特别重大事故,30日内做出批复,特殊情况下,批复时间可以适当延长,但延长的时间最长不超过30日。

有关机关应当按照人民政府的批复,依照法律、行政法规规定的权限和程序,对事故发生单位和有关人员进行行政处罚,对负有事故责任的国家工作人员进行处分。

事故发生单位应当按照负责事故调查的人民政府的批复,对本单位负有事故责任的人员进行处理。

负有事故责任的人员涉嫌犯罪的,依法追究刑事责任。

第三十三条 事故发生单位应当认真吸取事故教训,落实防范和整改措施,防止事故再次发生。防范和整改措施的落实情况应当接受工会和职工的监督。

安全生产监督管理部门和负有安全生产监督管理职责的有关部门应当对事故发生单位落实防范和整改措施的情况进行监督检查。

第三十四条 事故处理的情况由负责事故调查的人民政府或者其授权的有关部门、机构向社会公布,依法应当保密的除外。

第五章 法律责任

第三十五条 事故发生单位主要负责人有下列行为之一的,处上一年年收入40%至80%的罚款;属于国家工作人员的,并依法给予处分;构成犯罪的,依法追究刑事责任:

(一)不立即组织事故抢救的;

(二)迟报或者漏报事故的;

(三)在事故调查处理期间擅离职守的。

第三十六条 事故发生单位及其有关人员有下列行为之一的,对事故发生单位处100万元以上500万元以下的罚款;对主要负责人、直接负责的主管人员和其他直接责任人员处上一年年收入60%至100%的罚款;属于国家工作人员的,并依法给予处分;构成违反治安管理行为的,由公安机关依法给予治安管理处罚；构成犯罪的，依法追究刑事责任：

（一）谎报或者瞒报事故的；

（二）伪造或者故意破坏事故现场的；

（三）转移、隐匿资金、财产，或者销毁有关证据、资料的；

（四）拒绝接受调查或者拒绝提供有关情况和资料的；

（五）在事故调查中作伪证或者指使他人作伪证的；

（六）事故发生后逃匿的。

第三十七条 事故发生单位对事故发生负有责任的，依照下列规定处以罚款：

（一）发生一般事故的，处10万元以上20万元以下的罚款；

（二）发生较大事故的，处20万元以上50万元以下的罚款；

（三）发生重大事故的，处50万元以上200万元以下的罚款；

（四）发生特别重大事故的，处200万元以上500万元以下的罚款。

第三十八条 事故发生单位主要负责人未依法履行安全生产管理职责，导致事故发生的，依照下列规定处以罚款；属于国家工作人员的，并依法给予处分；构成犯罪的，依法追究刑事责任：

（一）发生一般事故的，处上一年年收入30%的罚款；

（二）发生较大事故的，处上一年年收入40%的罚款；

（三）发生重大事故的，处上一年年收入60%的罚款；

（四）发生特别重大事故的，处上一年年收入80%的罚款。

第三十九条 有关地方人民政府、安全生产监督管理部门和负有安全生产监督管理职责的有关部门有下列行为之一的，对直接负责的主管人员和其他直接责任人员依法给予处分；构成犯罪的，依法追究刑事责任：

（一）不立即组织事故抢救的；

（二）迟报、漏报、谎报或者瞒报事故的；

（三）阻碍、干涉事故调查工作的；

（四）在事故调查中作伪证或者指使他人作伪证的。

第四十条 事故发生单位对事故发生负有责任的，由有关部门依法暂扣或者吊销其有关证照；对事故发生单位负有事故责任的有关人员，依法暂停或者撤销其与安全生产有关的执业资格、岗位证书；事故发生单位主要负责人受到刑事处罚或者撤职处分的，自刑罚执行完毕或者受处分之日起，5年内不得担任任何生产经营单位的主要负责人。

为发生事故的单位提供虚假证明的中介机构，由有关部门依法暂扣或者吊销其有关证照及其相关人员的执业资格；构成犯罪的，依法追究刑事责任。

第四十一条 参与事故调查的人员在事故调查中有下列行为之一的，依法给予处分；构成犯罪的，依法追究刑事责任：

（一）对事故调查工作不负责任，致使事故调查工作有重大疏漏的；

（二）包庇、袒护负有事故责任的人员或者借机打击报复的。

第四十二条 违反本条例规定，有关地方人民政府或者有关部门故意拖延或者拒绝落实经批复的对事故责任人的处理意见的，由监察机关对有关责任人员依法给予处分。

第四十三条 本条例规定的罚款的行政处罚，由安全生产监督管理部门决定。

法律、行政法规对行政处罚的种类、幅度和决定机关另有规定的，依照其规定。

第六章 附 则

第四十四条 没有造成人员伤亡，但是社会影响恶劣的事故，国务院或者有关地方人民政府认为需要调查处理的，依照本条例的有关规定执行。

国家机关、事业单位、人民团体发生的事故的报告和调查处理，参照本条例的规定执行。

第四十五条 特别重大事故以下等级事故的报告和调查处理，有关法律、行政法规或者国务院另有规定的，依照其规定。

第四十六条 本条例自2007年6月1日起施行。国务院1989年3月29日公布的《特别重大事故调查程序暂行规定》和1991年2月22日公布的《企业职工伤亡事故报告和处理规定》同时废止。

安全生产许可证条例

中华人民共和国国务院令

第397号

《安全生产许可证条例》已经2004年1月7日国务院第34次常务会议通过，现予公布，自公布之日起施行。

总理　温家宝

二〇〇四年一月十三日

安全生产许可证条例

第一条　为了严格规范安全生产条件，进一步加强安全生产监督管理，防止和减少生产安全事故，根据《中华人民共和国安全生产法》的有关规定，制定本条例。

第二条　国家对矿山企业、建筑施工企业和危险化学品、烟花爆竹、民用爆破器材生产企业（以下统称企业）实行安全生产许可制度。

企业未取得安全生产许可证的，不得从事生产活动。

第三条　国务院安全生产监督管理部门负责中央管理的非煤矿矿山企业和危险化学品、烟花爆竹生产企业安全生产许可证的颁发和管理。

省、自治区、直辖市人民政府安全生产监督管理部门负责前款规定以外的非煤矿矿山企业和危险化学品、烟花爆竹生产企业安全生产许可证的颁发和管理，并接受国务院安全生产监督管理部门的指导和监督。

国家煤矿安全监察机构负责中央管理的煤矿企业安全生产许可证的颁发和管理。

在省、自治区、直辖市设立的煤矿安全监察机构负责前款规定以外的其他煤矿企业安全生产许可证的颁发和管理，并接受国家煤矿安全监察机构的指导和监督。

第四条　国务院建设主管部门负责中央管理的建筑施工企业安全生产许可证的颁发和管理。

省、自治区、直辖市人民政府建设主管部门负责前款规定以外的建筑施工企业安全生产许可证的颁发和管理，并接受国务院建设主管部门的指导和监督。

第五条　国务院国防科技工业主管部门负责民用爆破器材生产企业安全生产许可证的颁发和管理。

第六条　企业取得安全生产许可证，应当具备下列安全生产条件：

（一）建立、健全安全生产责任制，制定完备的安全生产规章制度和操作规程；

（二）安全投入符合安全生产要求；

（三）设置安全生产管理机构，配备专职安全生产管理人员；

（四）主要负责人和安全生产管理人员经考核合格；

（五）特种作业人员经有关业务主管部门考核合格，取得特种作业操作资格证书；

（六）从业人员经安全生产教育和培训合格；

（七）依法参加工伤保险，为从业人员缴纳保险费；

（八）厂房、作业场所和安全设施、设备、工艺符合有关安全生产法律、法规、标准和规程的要求；

（九）有职业危害防治措施，并为从业人员配备符合国家标准或者行业标准的劳动防护用品；

（十）依法进行安全评价；

（十一）有重大危险源检测、评估、监控措施和应急预案；

（十二）有生产安全事故应急救援预案、应急救援组织或者应急救援人员，配备必要的应急救援器材、设备；

（十三）法律、法规规定的其他条件。

第七条 企业进行生产前，应当依照本条例的规定向安全生产许可证颁发管理机关申请领取安全生产许可证，并提供本条例第六条规定的相关文件、资料。安全生产许可证颁发管理机关应当自收到申请之日起45日内审查完毕，经审查符合本条例规定的安全生产条件的，颁发安全生产许可证；不符合本条例规定的安全生产条件的，不予颁发安全生产许可证，书面通知企业并说明理由。

煤矿企业应当以矿（井）为单位，在申请领取煤炭生产许可证前，依照本条例的规定取得安全生产许可证。

第八条 安全生产许可证由国务院安全生产监督管理部门规定统一的式样。

第九条 安全生产许可证的有效期为3年。安全生产许可证有效期满需要延期的，企业应当于期满前3个月向原安全生产许可证颁发管理机关办理延期手续。

企业在安全生产许可证有效期内，严格遵守有关安全生产的法律法规，未发生死亡事故的，安全生产许可证有效期届满时，经原安全生产许可证颁发管理机关同意，不再审查，安全生产许可证有效期延期3年。

第十条 安全生产许可证颁发管理机关应当建立、健全安全生产许可证档案管理制度，并定期向社会公布企业取得安全生产许可证的情况。

第十一条 煤矿企业安全生产许可证颁发管理机关、建筑施工企业安全生产许可证颁发管理机关、民用爆破器材生产企业安全生产许可证颁发管理机关，应当每年向同级安全生产监督管理部门通报其安全生产许可证颁发和管理情况。

第十二条 国务院安全生产监督管理部门和省、自治区、直辖市人民政府安全生产监督管理部门对建筑施工企业、民用爆破器材生产企业、煤矿企业取得安全生产许可证的情况进行监督。

第十三条 企业不得转让、冒用安全生产许可证或者使用伪造的安全生产许可证。

第十四条 企业取得安全生产许可证后，不得降低安全生产条件，并应当加强日常安全生产管理，接受安全生产许可证颁发管理机关的监督检查。

安全生产许可证颁发管理机关应当加强对取得安全生产许可证的企业的监督检查，发现其不再具备本条例规定的安全生产条件的，应当暂扣或者吊销安全生产许可证。

第十五条 安全生产许可证颁发管理机关工作人员在安全生产许可证颁发、管理和监督检查工作中，不得索取或者接受企业的财物，不得谋取其他利益。

第十六条 监察机关依照《中华人民共和国行政监察法》的规定，对安全生产许可证颁发管理机关及其工作人员履行本条例规定的职责实施监察。

第十七条 任何单位或者个人对违反本条例规定的行为，有权向安全生产许可证颁发管理机关或者监察机关等有关部门举报。

第十八条 安全生产许可证颁发管理机关工作人员有下列行为之一的，给予降级或者撤职的行政处分；构成犯罪的，依法追究刑事责任：

（一）向不符合本条例规定的安全生产条件的企业颁发安全生产许可证的；

（二）发现企业未依法取得安全生产许可证擅自从事生产活动，不依法处理的；

（三）发现取得安全生产许可证的企业不再具备本条例规定的安全生产条件，不依法处理的；

（四）接到对违反本条例规定行为的举报后，不及时处理的；

（五）在安全生产许可证颁发、管理和监督检查工作中，索取或者接受企业的财物，或者谋取其他利益的。

第十九条 违反本条例规定，未取得安全生产许可证擅自进行生产的，责令停止生产，没收违法所得，并处10万元以上50万元以下的罚款；造成重大事故或者其他严重后果，构成犯罪的，依法追究刑事责任。

第二十条 违反本条例规定,安全生产许可证有效期满未办理延期手续,继续进行生产的,责令停止生产,限期补办延期手续,没收违法所得,并处5万元以上10万元以下的罚款;逾期仍不办理延期手续,继续进行生产的,依照本条例第十九条的规定处罚。

第二十一条 违反本条例规定,转让安全生产许可证的,没收违法所得,处10万元以上50万元以下的罚款,并吊销其安全生产许可证;构成犯罪的,依法追究刑事责任;接受转让的,依照本条例第十九条的规定处罚。

冒用安全生产许可证或者使用伪造的安全生产许可证的,依照本条例第十九条的规定处罚。

第二十二条 本条例施行前已经进行生产的企业,应当自本条例施行之日起1年内,依照本条例的规定向安全生产许可证颁发管理机关申请办理安全生产许可证;逾期不办理安全生产许可证,或者经审查不符合本条例规定的安全生产条件,未取得安全生产许可证,继续进行生产的,依照本条例第十九条的规定处罚。

第二十三条 本条例规定的行政处罚,由安全生产许可证颁发管理机关决定。

第二十四条 本条例自公布之日起施行。

电力设施保护条例

（1987年9月15日国务院发布　根据1998年1月7日《国务院关于修改〈电力设施保护条例〉的决定》第一次修正　根据2011年1月8日《国务院关于废止和修改部分行政法规的决定》第二次修正）

中华人民共和国国务院令

第239号

现发布《国务院关于修改〈电力设施保护条例〉的决定》，自发布之日起施行。

总理　李鹏

一九九八年一月七日

第一章　总　　则

第一条　为保障电力生产和建设的顺利进行，维护公共安全，特制定本条例。

第二条　本条例适用于中华人民共和国境内已建或在建的电力设施（包括发电设施、变电设施和电力线路设施及其有关辅助设施，下同）。

第三条　电力设施的保护，实行电力管理部门、公安部门、电力企业和人民群众相结合的原则。

第四条　电力设施受国家法律保护，禁止任何单位或个人从事危害电力设施的行为。任何单位和个人都有保护电力设施的义务，对危害电力设施的行为，有权制止并向电力管理部门、公安部门报告。

电力企业应加强对电力设施的保护工作，对危害电力设施安全的行为，应采取适当措施，予以制止。

第五条　国务院电力管理部门对电力设施的保护负责监督、检查、指导和协调。

第六条　县以上地方各级电力管理部门保护电力设施的职责是：

（一）监督、检查本条例及根据本条例制定的规章的贯彻执行；

（二）开展保护电力设施的宣传教育工作；

（三）会同有关部门及沿电力线路各单位，建立群众护线组织并健全责任制；

（四）会同当地公安部门，负责所辖地区电力设施的安全保卫工作。

第七条　各级公安部门负责依法查处破坏电力设施或哄抢、盗窃电力设施器材的案件。

第二章　电力设施的保护范围和保护区

第八条　发电设施、变电设施的保护范围：

（一）发电厂、变电站、换流站、开关站等厂、站内的设施；

（二）发电厂、变电站外各种专用的管道（沟）、储灰场、水井、泵站、冷却水塔、油库、堤坝、铁路、道路、桥梁、码头、燃料装卸设施、避雷装置、消防设施及其有关辅助设施；

（三）水力发电厂使用的水库、大坝、取水口、引水隧洞（含支洞口）、引水渠道、调压井（塔）、露天高压管道、厂房、尾水渠、厂房与大坝间的通信设施及其有关辅助设施。

第九条　电力线路设施的保护范围：

（一）架空电力线路：杆塔、基础、拉线、接地装置、导线、避雷线、金具、绝缘子、登杆塔的爬梯和脚钉，导线跨越航道的保护设施，巡（保）线站，巡视检修专用道路、船舶和桥梁，标志牌及其有关辅助设施；

（二）电力电缆线路：架空、地下、水底电力电缆和电缆联结装置，电缆管道、电缆隧道、电缆沟、电缆桥，电缆井、盖板、人孔、标石、水线标志牌及其有关辅助设施；

（三）电力线路上的变压器、电容器、电抗器、断路器、隔离开关、避雷器、互感器、熔断器、计量仪表装置、配电室、箱式变电站及其有关辅助设施；

（四）电力调度设施：电力调度场所、电力调度通信设施、电网调度自动化设施、电网运行控制设施。

第十条 电力线路保护区：

（一）架空电力线路保护区：导线边线向外侧水平延伸并垂直于地面所形成的两平行面内的区域，在一般地区各级电压导线的边线延伸距离如下：

1-10 千伏	5 米
35-110 千伏	10 米
154-330 千伏	15 米
500 千伏	20 米

在厂矿、城镇等人口密集地区，架空电力线路保护区的区域可略小于上述规定。但各级电压导线边线延伸的距离，不应小于导线边线在最大计算弧垂及最大计算风偏后的水平距离和风偏后距建筑物的安全距离之和。

（二）电力电缆线路保护区：地下电缆为电缆线路地面标桩两侧各 0.75 米所形成的两平行线内的区域；海底电缆一般为线路两侧各 2 海里（港内为两侧各 100 米），江河电缆一般不小于线路两侧各 100 米（中、小河流一般不小于各 50 米）所形成的两平行线内的水域。

第三章 电力设施的保护

第十一条 县以上地方各级电力管理部门应采取以下措施，保护电力设施：

（一）在必要的架空电力线路保护区的区界上，应设立标志，并标明保护区的宽度和保护规定；

（二）在架空电力线路导线跨越重要公路和航道的区段，应设立标志，并标明导线距穿越物体之间的安全距离；

（三）地下电缆铺设后，应设立永久性标志，并将地下电缆所在位置书面通知有关部门；

（四）水底电缆敷设后，应设立永久性标志，并将水底电缆所在位置书面通知有关部门。

第十二条 任何单位或个人在电力设施周围进行爆破作业，必须按照国家有关规定，确保电力设施的安全。

第十三条 任何单位或个人不得从事下列危害发电设施、变电设施的行为：

（一）闯入发电厂、变电站内扰乱生产和工作秩序，移动、损害标志物；

（二）危及输水、输油、供热、排灰等管道（沟）的安全运行；

（三）影响专用铁路、公路、桥梁、码头的使用；

（四）在用于水力发电的水库内，进入距水工建筑物 300 米区域内炸鱼、捕鱼、游泳、划船及其他可能危及水工建筑物安全的行为；

（五）其他危害发电、变电设施的行为。

第十四条 任何单位或个人，不得从事下列危害电力线路设施的行为：

（一）向电力线路设施射击；

（二）向导线抛掷物体；

（三）在架空电力线路导线两侧各 300 米的区域内放风筝；

（四）擅自在导线上接用电器设备；

（五）擅自攀登杆塔或在杆塔上架设电力线、通信线、广播线，安装广播喇叭；

（六）利用杆塔、拉线作起重牵引地锚；

（七）在杆塔、拉线上拴牲畜、悬挂物体、攀附农作物；

（八）在杆塔、拉线基础的规定范围内取土、打桩、钻探、开挖或倾倒酸、碱、盐及其他有害化学物品；

（九）在杆塔内（不含杆塔与杆塔之间）或杆塔与拉线之间修筑道路；

（十）拆卸杆塔或拉线上的器材，移动、损坏永久性标志或标志牌；

（十一）其他危害电力线路设施的行为。

第十五条 任何单位或个人在架空电力线路保护区内，必须遵守下列规定：

（一）不得堆放谷物、草料、垃圾、矿渣、易燃物、易爆物及其他影响安全供电的物品；

（二）不得烧窑、烧荒；

（三）不得兴建建筑物、构筑物；

（四）不得种植可能危及电力设施安全的植物。

第十六条 任何单位或个人在电力电缆线路保护区内，必须遵守下列规定：

（一）不得在地下电缆保护区内堆放垃圾、矿渣、易燃物、易爆物，倾倒酸、碱、盐及其他有害化学物品，兴建建筑物、构筑物或种植树木、竹子；

（二）不得在海底电缆保护区内抛锚、拖锚；

（三）不得在江河电缆保护区内抛锚、拖锚、炸鱼、挖沙。

第十七条 任何单位或个人必须经县级以上地方电力管理部门批准，并采取安全措施后，方可进行下列作业或活动：

（一）在架空电力线路保护区内进行农田水利基本建设工程及打桩、钻探、开挖等作业；

（二）起重机械的任何部位进入架空电力线路保护区进行施工；

（三）小于导线距穿越物体之间的安全距离，通过架空电力线路保护区；

（四）在电力电缆线路保护区内进行作业。

第十八条 任何单位或个人不得从事下列危害电力设施建设的行为：

（一）非法侵占电力设施建设项目依法征收的土地；

（二）涂改、移动、损害、拔除电力设施建设的测量标桩和标记；

（三）破坏、封堵施工道路，截断施工水源或电源。

第十九条 未经有关部门依照国家有关规定批准，任何单位和个人不得收购电力设施器材。

第四章 对电力设施与其他设施互相妨碍的处理

第二十条 电力设施的建设和保护应尽量避免或减少给国家、集体和个人造成的损失。

第二十一条 新建架空电力线路不得跨越储存易燃、易爆物品仓库的区域；一般不得跨越房屋，特殊情况需要跨越房屋时，电力建设企业应采取安全措施，并与有关单位达成协议。

第二十二条 公用工程、城市绿化和其他工程在新建、改建或扩建中妨碍电力设施时，或电力设施在新建、改建或扩建中妨碍公用工程、城市绿化和其他工程时，双方有关单位必须按照本条例和国家有关规定协商，就迁移、采取必要的防护措施和补偿等问题达成协议后方可施工。

第二十三条 电力管理部门应将经批准的电力设施新建、改建或扩建的规划和计划通知城乡建设规划主管部门，并划定保护区域。

城乡建设规划主管部门应将电力设施的新建、改建或扩建的规划和计划纳入城乡建设规划。

第二十四条 新建、改建或扩建电力设施，需要损害农作物，砍伐树木、竹子，或拆迁建筑物及其他设施的，电力建设企业应按照国家有关规定给予一次性补偿。

在依法划定的电力设施保护区内种植的或自然生长的可能危及电力设施安全的树木、竹子，电力企业应依法予以修剪或砍伐。

第五章　奖励与惩罚

第二十五条　任何单位或个人有下列行为之一，电力管理部门应给予表彰或一次性物质奖励：

（一）对破坏电力设施或哄抢、盗窃电力设施器材的行为检举、揭发有功；

（二）对破坏电力设施或哄抢、盗窃电力设施器材的行为进行斗争，有效地防止事故发生；

（三）为保护电力设施而同自然灾害作斗争，成绩突出；

（四）为维护电力设施安全，做出显著成绩。

第二十六条　违反本条例规定，未经批准或未采取安全措施，在电力设施周围或在依法划定的电力设施保护区内进行爆破或其他作业，危及电力设施安全的，由电力管理部门责令停止作业、恢复原状并赔偿损失。

第二十七条　违反本条例规定，危害发电设施、变电设施和电力线路设施的，由电力管理部门责令改正；拒不改正的，处1万元以下的罚款。

第二十八条　违反本条例规定，在依法划定的电力设施保护区内进行烧窑、烧荒、抛锚、拖锚、炸鱼、挖沙作业，危及电力设施安全的，由电力管理部门责令停止作业、恢复原状并赔偿损失。

第二十九条　违反本条例规定，危害电力设施建设的，由电力管理部门责令改正、恢复原状并赔偿损失。

第三十条　凡违反本条例规定而构成违反治安管理行为的单位或个人，由公安部门根据《中华人民共和国治安管理处罚法》予以处罚；构成犯罪的，由司法机关依法追究刑事责任。

第六章　附　则

第三十一条　国务院电力管理部门可以会同国务院有关部门制定本条例的实施细则。

第三十二条　本条例自发布之日起施行。

公路安全保护条例

中华人民共和国国务院令

第 593 号

《公路安全保护条例》已经 2011 年 2 月 16 日国务院第 144 次常务会议通过，现予公布，自 2011 年 7 月 1 日起施行。

总理　温家宝

二〇一一年三月七日

目　　录

第一章　总　　则

第一条　为了加强公路保护，保障公路完好、安全和畅通，根据《中华人民共和国公路法》，制定本条例。

第二条　各级人民政府应当加强对公路保护工作的领导，依法履行公路保护职责。

第三条　国务院交通运输主管部门主管全国公路保护工作。

县级以上地方人民政府交通运输主管部门主管本行政区域的公路保护工作；但是，县级以上地方人民政府交通运输主管部门对国道、省道的保护职责，由省、自治区、直辖市人民政府确定。

公路管理机构依照本条例的规定具体负责公路保护的监督管理工作。

第四条　县级以上各级人民政府发展改革、工业和信息化、公安、工商、质检等部门按照职责分工，依法开展公路保护的相关工作。

第五条　县级以上各级人民政府应当将政府及其有关部门从事公路管理、养护所需经费以及公路管理机构行使公路行政管理职能所需经费纳入本级人民政府财政预算。但是，专用公路的公路保护经费除外。

第六条　县级以上各级人民政府交通运输主管部门应当综合考虑国家有关车辆技术标准、公路使用状况等因素，逐步提高公路建设、管理和养护水平，努力满足国民经济和社会发展以及人民群众生产、生活需要。

第七条　县级以上各级人民政府交通运输主管部门应当依照《中华人民共和国突发事件应对法》的规定，制定地震、泥石流、雨雪冰冻灾害等损毁公路的突发事件（以下简称公路突发事件）应急预案，报本级人民政府批准后实施。

公路管理机构、公路经营企业应当根据交通运输主管部门制定的公路突发事件应急预案，组建应急队伍，并定期组织应急演练。

第八条 国家建立健全公路突发事件应急物资储备保障制度，完善应急物资储备、调配体系，确保发生公路突发事件时能够满足应急处置工作的需要。

第九条 任何单位和个人不得破坏、损坏、非法占用或者非法利用公路、公路用地和公路附属设施。

第二章 公路线路

第十条 公路管理机构应当建立健全公路管理档案，对公路、公路用地和公路附属设施调查核实、登记造册。

第十一条 县级以上地方人民政府应当根据保障公路运行安全和节约用地的原则以及公路发展的需要，组织交通运输、国土资源等部门划定公路建筑控制区的范围。

公路建筑控制区的范围，从公路用地外缘起向外的距离标准为：

（一）国道不少于20米；

（二）省道不少于15米；

（三）县道不少于10米；

（四）乡道不少于5米。

属于高速公路的，公路建筑控制区的范围从公路用地外缘起向外的距离标准不少于30米。

公路弯道内侧、互通立交以及平面交叉道口的建筑控制区范围根据安全视距等要求确定。

第十二条 新建、改建公路的建筑控制区的范围，应当自公路初步设计批准之日起30日内，由公路沿线县级以上地方人民政府依照本条例划定并公告。

公路建筑控制区与铁路线路安全保护区、航道保护范围、河道管理范围或者水工程管理和保护范围重叠的，经公路管理机构和铁路管理机构、航道管理机构、水行政主管部门或者流域管理机构协商后划定。

第十三条 在公路建筑控制区内，除公路保护需要外，禁止修建建筑物和地面构筑物；公路建筑控制区划定前已经合法修建的不得扩建，因公路建设或者保障公路运行安全等原因需要拆除的应当依法给予补偿。

在公路建筑控制区外修建的建筑物、地面构筑物以及其他设施不得遮挡公路标志，不得妨碍安全视距。

第十四条 新建村镇、开发区、学校和货物集散地、大型商业网点、农贸市场等公共场所，与公路建筑控制区边界外缘的距离应当符合下列标准，并尽可能在公路一侧建设：

（一）国道、省道不少于50米；

（二）县道、乡道不少于20米。

第十五条 新建、改建公路与既有城市道路、铁路、通信等线路交叉或者新建、改建城市道路、铁路、通信等线路与既有公路交叉的，建设费用由新建、改建单位承担；城市道路、铁路、通信等线路的管理部门、单位或者公路管理机构要求提高既有建设标准而增加的费用，由提出要求的部门或者单位承担。

需要改变既有公路与城市道路、铁路、通信等线路交叉方式的，按照公平合理的原则分担建设费用。

第十六条 禁止将公路作为检验车辆制动性能的试车场地。

禁止在公路、公路用地范围内摆摊设点、堆放物品、倾倒垃圾、设置障碍、挖沟引水、打场晒粮、种植作物、放养牲畜、采石、取土、采空作业、焚烧物品、利用公路边沟排放污物或者进行其他损坏、污染公路和影响公路畅通的行为。

第十七条 禁止在下列范围内从事采矿、采石、取土、爆破作业等危及公路、公路桥梁、公路隧道、公路渡口安全的活动：

（一）国道、省道、县道的公路用地外缘起向外100米，乡道的公路用地外缘起向外50米；

（二）公路渡口和中型以上公路桥梁周围200米；

（三）公路隧道上方和洞口外100米。

在前款规定的范围内，因抢险、防汛需要修筑堤坝、压缩或者拓宽河床的，应当经省、自治区、直辖市人民政府交通运输主管部门会同水行政主管部门或者流域管理机构批准，并采取安全防护措施方可进行。

第十八条 除按照国家有关规定设立的为车辆补充燃料的场所、设施外，禁止在下列范围内设立生产、储存、销售易燃、易爆、剧毒、放射性等危险物品的场所、设施：

（一）公路用地外缘起向外100米；

（二）公路渡口和中型以上公路桥梁周围200米；

（三）公路隧道上方和洞口外100米。

第十九条 禁止擅自在中型以上公路桥梁跨越的河道上下游各1000米范围内抽取地下水、架设浮桥以及修建其他危及公路桥梁安全的设施。

在前款规定的范围内，确需进行抽取地下水、架设浮桥等活动的，应当经水行政主管部门、流域管理机构等有关单位会同公路管理机构批准，并采取安全防护措施方可进行。

第二十条 禁止在公路桥梁跨越的河道上下游的下列范围内采砂：

（一）特大型公路桥梁跨越的河道上游500米，下游3000米；

（二）大型公路桥梁跨越的河道上游500米，下游2000米；

（三）中小型公路桥梁跨越的河道上游500米，下游1000米。

第二十一条 在公路桥梁跨越的河道上下游各500米范围内依法进行疏浚作业的，应当符合公路桥梁安全要求，经公路管理机构确认安全方可作业。

第二十二条 禁止利用公路桥梁进行牵拉、吊装等危及公路桥梁安全的施工作业。

禁止利用公路桥梁（含桥下空间）、公路隧道、涵洞堆放物品，搭建设施以及铺设高压电线和输送易燃、易爆或者其他有毒有害气体、液体的管道。

第二十三条 公路桥梁跨越航道的，建设单位应当按照国家有关规定设置桥梁航标、桥柱标、桥梁水尺标，并按照国家标准、行业标准设置桥区水上航标和桥墩防撞装置。桥区水上航标由航标管理机构负责维护。

通过公路桥梁的船舶应当符合公路桥梁通航净空要求，严格遵守航行规则，不得在公路桥梁下停泊或者系缆。

第二十四条 重要的公路桥梁和公路隧道按照《中华人民共和国人民武装警察法》和国务院、中央军委的有关规定由中国人民武装警察部队守护。

第二十五条 禁止损坏、擅自移动、涂改、遮挡公路附属设施或者利用公路附属设施架设管道、悬挂物品。

第二十六条 禁止破坏公路、公路用地范围内的绿化物。需要更新采伐护路林的，应当向公路管理机构提出申请，经批准方可更新采伐，并及时补种；不能及时补种的，应当交纳补种所需费用，由公路管理机构代为补种。

第二十七条 进行下列涉路施工活动，建设单位应当向公路管理机构提出申请：

（一）因修建铁路、机场、供电、水利、通信等建设工程需要占用、挖掘公路、公路用地或者使公路改线；

（二）跨越、穿越公路修建桥梁、渡槽或者架设、埋设管道、电缆等设施；

（三）在公路用地范围内架设、埋设管道、电缆等设施；

（四）利用公路桥梁、公路隧道、涵洞铺设电缆等设施；

（五）利用跨越公路的设施悬挂非公路标志；

（六）在公路上增设或者改造平面交叉道口；

（七）在公路建筑控制区内埋设管道、电缆等设施。

第二十八条 申请进行涉路施工活动的建设单位应当向公路管理机构提交下列材料：

（一）符合有关技术标准、规范要求的设计和施工方案；

（二）保障公路、公路附属设施质量和安全的技术评价报告；

（三）处置施工险情和意外事故的应急方案。

公路管理机构应当自受理申请之日起20日内作出许可或者不予许可的决定；影响交通安全的，应当征得公安机关交通管理部门的同意；涉及经营性公路的，应当征求公路经营企业的意见；不予许可的，公路管理机构应当书面通知申请人并说明理由。

第二十九条 建设单位应当按照许可的设计和施工方案进行施工作业，并落实保障公路、公路附属设施质量和安全的防护措施。

涉路施工完毕，公路管理机构应当对公路、公路附属设施是否达到规定的技术标准以及施工是否符合保障公路、公路附属设施质量和安全的要求进行验收；影响交通安全的，还应当经公安机关交通管理部门验收。

涉路工程设施的所有人、管理人应当加强维护和管理，确保工程设施不影响公路的完好、安全和畅通。

第三章 公路通行

第三十条 车辆的外廓尺寸、轴荷和总质量应当符合国家有关车辆外廓尺寸、轴荷、质量限值等机动车安全技术标准，不符合标准的不得生产、销售。

第三十一条 公安机关交通管理部门办理车辆登记，应当当场查验，对不符合机动车国家安全技术标准的车辆不予登记。

第三十二条 运输不可解体物品需要改装车辆的，应当由具有相应资质的车辆生产企业按照规定的车型和技术参数进行改装。

第三十三条 超过公路、公路桥梁、公路隧道限载、限高、限宽、限长标准的车辆，不得在公路、公路桥梁或者公路隧道行驶；超过汽车渡船限载、限高、限宽、限长标准的车辆，不得使用汽车渡船。

公路、公路桥梁、公路隧道限载、限高、限宽、限长标准调整的，公路管理机构、公路经营企业应当及时变更限载、限高、限宽、限长标志；需要绕行的，还应当标明绕行路线。

第三十四条 县级人民政府交通运输主管部门或者乡级人民政府可以根据保护乡道、村道的需要，在乡道、村道的出入口设置必要的限高、限宽设施，但是不得影响消防和卫生急救等应急通行需要，不得向通行车辆收费。

第三十五条 车辆载运不可解体物品，车货总体的外廓尺寸或者总质量超过公路、公路桥梁、公路隧道的限载、限高、限宽、限长标准，确需在公路、公路桥梁、公路隧道行驶的，从事运输的单位和个人应当向公路管理机构申请公路超限运输许可。

第三十六条 申请公路超限运输许可按照下列规定办理：

（一）跨省、自治区、直辖市进行超限运输的，向公路沿线各省、自治区、直辖市公路管理机构提出申请，由起运地省、自治区、直辖市公路管理机构统一受理，并协调公路沿线各省、自治区、直辖市公路管理机构对超限运输申请进行审批，必要时可以由国务院交通运输主管部门统一协调处理；

（二）在省、自治区范围内跨设区的市进行超限运输，或者在直辖市范围内跨区、县进行超限运输的，向省、自治区、直辖市公路管理机构提出申请，由省、自治区、直辖市公路管理机构受理并审批；

（三）在设区的市范围内跨区、县进行超限运输的，向设区的市公路管理机构提出申请，由设区的市公路管理机构受理并审批；

（四）在区、县范围内进行超限运输的，向区、县公路管理机构提出申请，由区、县公路管理机构受理并审批。

公路超限运输影响交通安全的，公路管理机构在审批超限运输申请时，应当征求公安机关交通管理部门意见。

第三十七条　公路管理机构审批超限运输申请，应当根据实际情况勘测通行路线，需要采取加固、改造措施的，可以与申请人签订有关协议，制定相应的加固、改造方案。

公路管理机构应当根据其制定的加固、改造方案，对通行的公路桥梁、涵洞等设施进行加固、改造；必要时应当对超限运输车辆进行监管。

第三十八条　公路管理机构批准超限运输申请的，应当为超限运输车辆配发国务院交通运输主管部门规定式样的超限运输车辆通行证。

经批准进行超限运输的车辆，应当随车携带超限运输车辆通行证，按照指定的时间、路线和速度行驶，并悬挂明显标志。

禁止租借、转让超限运输车辆通行证。禁止使用伪造、变造的超限运输车辆通行证。

第三十九条　经省、自治区、直辖市人民政府批准，有关交通运输主管部门可以设立固定超限检测站点，配备必要的设备和人员。

固定超限检测站点应当规范执法，并公布监督电话。公路管理机构应当加强对固定超限检测站点的管理。

第四十条　公路管理机构在监督检查中发现车辆超过公路、公路桥梁、公路隧道或者汽车渡船的限载、限高、限宽、限长标准的，应当就近引导至固定超限检测站点进行处理。

车辆应当按照超限检测指示标志或者公路管理机构监督检查人员的指挥接受超限检测，不得故意堵塞固定超限检测站点通行车道、强行通过固定超限检测站点或者以其他方式扰乱超限检测秩序，不得采取短途驳载等方式逃避超限检测。

禁止通过引路绕行等方式为不符合国家有关载运标准的车辆逃避超限检测提供便利。

第四十一条　煤炭、水泥等货物集散地以及货运站等场所的经营人、管理人应当采取有效措施，防止不符合国家有关载运标准的车辆出场(站)。

道路运输管理机构应当加强对煤炭、水泥等货物集散地以及货运站等场所的监督检查，制止不符合国家有关载运标准的车辆出场(站)。

任何单位和个人不得指使、强令车辆驾驶人超限运输货物，不得阻碍道路运输管理机构依法进行监督检查。

第四十二条　载运易燃、易爆、剧毒、放射性等危险物品的车辆，应当符合国家有关安全管理规定，并避免通过特大型公路桥梁或者特长公路隧道；确需通过特大型公路桥梁或者特长公路隧道的，负责审批易燃、易爆、剧毒、放射性等危险物品运输许可的机关应当提前将行驶时间、路线通知特大型公路桥梁或者特长公路隧道的管理单位，并对在特大型公路桥梁或者特长公路隧道行驶的车辆进行现场监管。

第四十三条　车辆应当规范装载，装载物不得触地拖行。车辆装载物易掉落、遗洒或者飘散的，应当采取厢式密闭等有效防护措施方可在公路上行驶。

公路上行驶车辆的装载物掉落、遗洒或者飘散的，车辆驾驶人、押运人员应当及时采取措施处理；无法处理的，应当在掉落、遗洒或者飘散物来车方向适当距离外设置警示标志，并迅速报告公路管理机构或者公安机关交通管理部门。其他人员发现公路上有影响交通安全的障碍物的，也应当及时报告公路管理机构或者公安机关交通管理部门。公安机关交通管理部门应当责令改正车辆装载物掉落、遗洒、飘散等违法行为；公路管理机构、公路经营企业应当及时清除掉落、遗洒、飘散在公路上的障碍物。

车辆装载物掉落、遗洒、飘散后，车辆驾驶人、押运人员未及时采取措施处理，造成他人人身、财产损害的，道路运输企业、车辆驾驶人应当依法承担赔偿责任。

第四章　公路养护

第四十四条　公路管理机构、公路经营企业应当加强公路养护，保证公路经常处于良好技术状态。

前款所称良好技术状态，是指公路自身的物理状态符合有关技术标准的要求，包括路面平整，路肩、边坡平顺，有关设施完好。

第四十五条 公路养护应当按照国务院交通运输主管部门规定的技术规范和操作规程实施作业。

第四十六条 从事公路养护作业的单位应当具备下列资质条件：

（一）有一定数量的符合要求的技术人员；

（二）有与公路养护作业相适应的技术设备；

（三）有与公路养护作业相适应的作业经历；

（四）国务院交通运输主管部门规定的其他条件。

公路养护作业单位资质管理办法由国务院交通运输主管部门另行制定。

第四十七条 公路管理机构、公路经营企业应当按照国务院交通运输主管部门的规定对公路进行巡查，并制作巡查记录；发现公路坍塌、坑槽、隆起等损毁的，应当及时设置警示标志，并采取措施修复。

公安机关交通管理部门发现公路坍塌、坑槽、隆起等损毁，危及交通安全的，应当及时采取措施，疏导交通，并通知公路管理机构或者公路经营企业。

其他人员发现公路坍塌、坑槽、隆起等损毁的，应当及时向公路管理机构、公安机关交通管理部门报告。

第四十八条 公路管理机构、公路经营企业应当定期对公路、公路桥梁、公路隧道进行检测和评定，保证其技术状态符合有关技术标准；对经检测发现不符合车辆通行安全要求的，应当进行维修，及时向社会公告，并通知公安机关交通管理部门。

第四十九条 公路管理机构、公路经营企业应当定期检查公路隧道的排水、通风、照明、监控、报警、消防、救助等设施，保持设施处于完好状态。

第五十条 公路管理机构应当统筹安排公路养护作业计划，避免集中进行公路养护作业造成交通堵塞。

在省、自治区、直辖市交界区域进行公路养护作业，可能造成交通堵塞的，有关公路管理机构、公安机关交通管理部门应当事先书面通报相邻的省、自治区、直辖市公路管理机构、公安机关交通管理部门，共同制定疏导预案，确定分流路线。

第五十一条 公路养护作业需要封闭公路的，或者占用半幅公路进行作业，作业路段长度在2公里以上，并且作业期限超过30日的，除紧急情况外，公路养护作业单位应当在作业开始之日前5日向社会公告，明确绕行路线，并在绕行处设置标志；不能绕行的，应当修建临时道路。

第五十二条 公路养护作业人员作业时，应当穿着统一的安全标志服。公路养护车辆、机械设备作业时，应当设置明显的作业标志，开启危险报警闪光灯。

第五十三条 发生公路突发事件影响通行的，公路管理机构、公路经营企业应当及时修复公路、恢复通行。设区的市级以上人民政府交通运输主管部门应当根据修复公路、恢复通行的需要，及时调集抢修力量，统筹安排有关作业计划，下达路网调度指令，配合有关部门组织绕行、分流。

设区的市级以上公路管理机构应当按照国务院交通运输主管部门的规定收集、汇总公路损毁、公路交通流量等信息，开展公路突发事件的监测、预报和预警工作，并利用多种方式及时向社会发布有关公路运行信息。

第五十四条 中国人民武装警察交通部队按照国家有关规定承担公路、公路桥梁、公路隧道等设施的抢修任务。

第五十五条 公路永久性停止使用的，应当按照国务院交通运输主管部门规定的程序核准后作报废处理，并向社会公告。

公路报废后的土地使用管理依照有关土地管理的法律、行政法规执行。

第五章 法律责任

第五十六条 违反本条例的规定,有下列情形之一的,由公路管理机构责令限期拆除,可以处5万元以下的罚款。逾期不拆除的,由公路管理机构拆除,有关费用由违法行为人承担:

(一)在公路建筑控制区内修建、扩建建筑物、地面构筑物或者未经许可埋设管道、电缆等设施的;

(二)在公路建筑控制区外修建的建筑物、地面构筑物以及其他设施遮挡公路标志或者妨碍安全视距的。

第五十七条 违反本条例第十八条、第十九条、第二十三条规定的,由安全生产监督管理部门、水行政主管部门、流域管理机构、海事管理机构等有关单位依法处理。

第五十八条 违反本条例第二十条规定的,由水行政主管部门或者流域管理机构责令改正,可以处3万元以下的罚款。

第五十九条 违反本条例第二十二条规定的,由公路管理机构责令改正,处2万元以上10万元以下的罚款。

第六十条 违反本条例的规定,有下列行为之一的,由公路管理机构责令改正,可以处3万元以下的罚款:

(一)损坏、擅自移动、涂改、遮挡公路附属设施或者利用公路附属设施架设管道、悬挂物品,可能危及公路安全的;

(二)涉路工程设施影响公路完好、安全和畅通的。

第六十一条 违反本条例的规定,未经批准更新采伐护路林的,由公路管理机构责令补种,没收违法所得,并处采伐林木价值3倍以上5倍以下的罚款。

第六十二条 违反本条例的规定,未经许可进行本条例第二十七条第一项至第五项规定的涉路施工活动的,由公路管理机构责令改正,可以处3万元以下的罚款;未经许可进行本条例第二十七条第六项规定的涉路施工活动的,由公路管理机构责令改正,处5万元以下的罚款。

第六十三条 违反本条例的规定,非法生产、销售外廓尺寸、轴荷、总质量不符合国家有关车辆外廓尺寸、轴荷、质量限值等机动车安全技术标准的车辆的,依照《中华人民共和国道路交通安全法》的有关规定处罚。

具有国家规定资质的车辆生产企业未按照规定车型和技术参数改装车辆的,由原发证机关责令改正,处4万元以上20万元以下的罚款;拒不改正的,吊销其资质证书。

第六十四条 违反本条例的规定,在公路上行驶的车辆,车货总体的外廓尺寸、轴荷或者总质量超过公路、公路桥梁、公路隧道、汽车渡船限定标准的,由公路管理机构责令改正,可以处3万元以下的罚款。

第六十五条 违反本条例的规定,经批准进行超限运输的车辆,未按照指定时间、路线和速度行驶的,由公路管理机构或者公安机关交通管理部门责令改正;拒不改正的,公路管理机构或者公安机关交通管理部门可以扣留车辆。

未随车携带超限运输车辆通行证的,由公路管理机构扣留车辆,责令车辆驾驶人提供超限运输车辆通行证或者相应的证明。

租借、转让超限运输车辆通行证的,由公路管理机构没收超限运输车辆通行证,处1000元以上5000元以下的罚款。使用伪造、变造的超限运输车辆通行证的,由公路管理机构没收伪造、变造的超限运输车辆通行证,处3万元以下的罚款。

第六十六条 对1年内违法超限运输超过3次的货运车辆,由道路运输管理机构吊销其车辆营运证;对1年内违法超限运输超过3次的货运车辆驾驶人,由道路运输管理机构责令其停止从事营业性运输;道路运输企业1年内违法超限运输的货运车辆超过本单位货运车辆总数10%的,由道路运输管理机构责令道路运输企业停业整顿;情节严重的,吊销其道路运输经营许可证,并向社会公告。

第六十七条 违反本条例的规定,有下列行为之一的,由公路管理机构强制拖离或者扣留车辆,处3万元以下的罚款：

（一）采取故意堵塞固定超限检测站点通行车道、强行通过固定超限检测站点等方式扰乱超限检测秩序的；

（二）采取短途驳载等方式逃避超限检测的。

第六十八条 违反本条例的规定，指使、强令车辆驾驶人超限运输货物的，由道路运输管理机构责令改正，处3万元以下的罚款。

第六十九条 车辆装载物触地拖行、掉落、遗洒或者飘散，造成公路路面损坏、污染的，由公路管理机构责令改正，处5000元以下的罚款。

第七十条 违反本条例的规定，公路养护作业单位未按照国务院交通运输主管部门规定的技术规范和操作规程进行公路养护作业的，由公路管理机构责令改正，处1万元以上5万元以下的罚款；拒不改正的，吊销其资质证书。

第七十一条 造成公路、公路附属设施损坏的单位和个人应当立即报告公路管理机构，接受公路管理机构的现场调查处理；危及交通安全的，还应当设置警示标志或者采取其他安全防护措施，并迅速报告公安机关交通管理部门。

发生交通事故造成公路、公路附属设施损坏的，公安机关交通管理部门在处理交通事故时应当及时通知有关公路管理机构到场调查处理。

第七十二条 造成公路、公路附属设施损坏，拒不接受公路管理机构现场调查处理的，公路管理机构可以扣留车辆、工具。

公路管理机构扣留车辆、工具的，应当当场出具凭证，并告知当事人在规定期限内到公路管理机构接受处理。逾期不接受处理，并且经公告3个月仍不来接受处理的，对扣留的车辆、工具，由公路管埋机构依法处埋。

公路管理机构对被扣留的车辆、工具应当妥善保管，不得使用。

第七十三条 违反本条例的规定，公路管理机构工作人员有下列行为之一的，依法给予处分：

（一）违法实施行政许可的；

（二）违反规定拦截、检查正常行驶的车辆的；

（三）未及时采取措施处理公路坍塌、坑槽、隆起等损毁的；

（四）违法扣留车辆、工具或者使用依法扣留的车辆、工具的；

（五）有其他玩忽职守、徇私舞弊、滥用职权行为的。

公路管理机构有前款所列行为之一的，对负有直接责任的主管人员和其他直接责任人员依法给予处分。

第七十四条 违反本条例的规定，构成违反治安管理行为的，由公安机关依法给予治安管理处罚；构成犯罪的，依法追究刑事责任。

第六章　附　　则

第七十五条 村道的管理和养护工作，由乡级人民政府参照本条例的规定执行。

专用公路的保护不适用本条例。

第七十六条 军事运输使用公路按照国务院、中央军事委员会的有关规定执行。

第七十七条 本条例自2011年7月1日起施行。1987年10月13日国务院发布的《中华人民共和国公路管理条例》同时废止。

铁路安全管理条例

中华人民共和国国务院令

第 639 号

《铁路安全管理条例》已经 2013 年 7 月 24 日国务院第 18 次常务会议通过,现予公布,自 2014 年 1 月 1 日起施行。

总理　李克强

2013 年 8 月 17 日

第一章　总　　则

第一条　为了加强铁路安全管理,保障铁路运输安全和畅通,保护人身安全和财产安全,制定本条例。

第二条　铁路安全管理坚持安全第一、预防为主、综合治理的方针。

第三条　国务院铁路行业监督管理部门负责全国铁路安全监督管理工作,国务院铁路行业监督管理部门设立的铁路监督管理机构负责辖区内的铁路安全监督管理工作。国务院铁路行业监督管理部门和铁路监督管理机构统称铁路监管部门。

国务院有关部门依照法律和国务院规定的职责,负责铁路安全管理的有关工作。

第四条　铁路沿线地方各级人民政府和县级以上地方人民政府有关部门应当按照各自职责,加强保障铁路安全的教育,落实护路联防责任制,防范和制止危害铁路安全的行为,协调和处理保障铁路安全的有关事项,做好保障铁路安全的有关工作。

第五条　从事铁路建设、运输、设备制造维修的单位应当加强安全管理,建立健全安全生产管理制度,落实企业安全生产主体责任,设置安全管理机构或者配备安全管理人员,执行保障生产安全和产品质量安全的国家标准、行业标准,加强对从业人员的安全教育培训,保证安全生产所必需的资金投入。

铁路建设、运输、设备制造维修单位的工作人员应当严格执行规章制度,实行标准化作业,保证铁路安全。

第六条　铁路监管部门、铁路运输企业等单位应当按照国家有关规定制定突发事件应急预案,并组织应急演练。

第七条　禁止扰乱铁路建设、运输秩序。禁止损坏或者非法占用铁路设施设备、铁路标志和铁路用地。

任何单位或者个人发现损坏或者非法占用铁路设施设备、铁路标志、铁路用地以及其他影响铁路安全的行为,有权报告铁路运输企业,或者向铁路监管部门、公安机关或者其他有关部门举报。接到报告的铁路运输企业、接到举报的部门应当根据各自职责及时处理。

对维护铁路安全作出突出贡献的单位或者个人,按照国家有关规定给予表彰奖励。

第二章　铁路建设质量安全

第八条　铁路建设工程的勘察、设计、施工、监理以及建设物资、设备的采购,应当依法进行招标。

第九条　从事铁路建设工程勘察、设计、施工、监理活动的单位应当依法取得相应资质，并在其资质等级许可的范围内从事铁路工程建设活动。

第十条　铁路建设单位应当选择具备相应资质等级的勘察、设计、施工、监理单位进行工程建设，并对建设工程的质量安全进行监督检查，制作检查记录留存备查。

第十一条　铁路建设工程的勘察、设计、施工、监理应当遵守法律、行政法规关于建设工程质量和安全管理的规定，执行国家标准、行业标准和技术规范。

铁路建设工程的勘察、设计、施工单位依法对勘察、设计、施工的质量负责，监理单位依法对施工质量承担监理责任。

高速铁路和地质构造复杂的铁路建设工程实行工程地质勘察监理制度。

第十二条　铁路建设工程的安全设施应当与主体工程同时设计、同时施工、同时投入使用。安全设施投资应当纳入建设项目概算。

第十三条　铁路建设工程使用的材料、构件、设备等产品，应当符合有关产品质量的强制性国家标准、行业标准。

第十四条　铁路建设工程的建设工期，应当根据工程地质条件、技术复杂程度等因素，按照国家标准、行业标准和技术规范合理确定、调整。

任何单位和个人不得违反前款规定要求铁路建设、设计、施工单位压缩建设工期。

第十五条　铁路建设工程竣工，应当按照国家有关规定组织验收，并由铁路运输企业进行运营安全评估。经验收、评估合格，符合运营安全要求的，方可投入运营。

第十六条　在铁路线路及其邻近区域进行铁路建设工程施工，应当执行铁路营业线施工安全管理规定。铁路建设单位应当会同相关铁路运输企业和工程设计、施工单位制定安全施工方案，按照方案进行施工。施工完毕应当及时清理现场，不得影响铁路运营安全。

第十七条　新建、改建设计开行时速120公里以上列车的铁路或者设计运输量达到国务院铁路行业监督管理部门规定的较大运输量标准的铁路，需要与道路交叉的，应当设置立体交叉设施。

新建、改建高速公路、一级公路或者城市道路中的快速路，需要与铁路交叉的，应当设置立体交叉设施，并优先选择下穿铁路的方案。

已建成的属于前两款规定情形的铁路、道路为平面交叉的，应当逐步改造为立体交叉。

新建、改建高速铁路需要与普通铁路、道路、渡槽、管线等设施交叉的，应当优先选择高速铁路上跨方案。

第十八条　设置铁路与道路立体交叉设施及其附属安全设施所需费用的承担，按照下列原则确定：

（一）新建、改建铁路与既有道路交叉的，由铁路方承担建设费用；道路方要求超过既有道路建设标准建设所增加的费用，由道路方承担；

（二）新建、改建道路与既有铁路交叉的，由道路方承担建设费用；铁路方要求超过既有铁路线路建设标准建设所增加的费用，由铁路方承担；

（三）同步建设的铁路和道路需要设置立体交叉设施以及既有铁路道口改造为立体交叉的，由铁路方和道路方按照公平合理的原则分担建设费用。

第十九条　铁路与道路立体交叉设施及其附属安全设施竣工验收合格后，应当按照国家有关规定移交有关单位管理、维护。

第二十条　专用铁路、铁路专用线需要与公用铁路网接轨的，应当符合国家有关铁路建设、运输的安全管理规定。

第三章　铁路专用设备质量安全

第二十一条　设计、制造、维修或者进口新型铁路机车车辆，应当符合国家标准、行业标准，并分别向国务院铁路行业监督管理部门申请领取型号合格证、制造许可证、维修许可证或者进口许可证，具体办法由国务院铁路行业监督管理部门制定。

铁路机车车辆的制造、维修、使用单位应当遵守有关产品质量的法律、行政法规以及国家其他有关规定，确保投入使用的机车车辆符合安全运营要求。

第二十二条 生产铁路道岔及其转辙设备、铁路信号控制软件和控制设备、铁路通信设备、铁路牵引供电设备的企业，应当符合下列条件并经国务院铁路行业监督管理部门依法审查批准：

（一）有按照国家标准、行业标准检测、检验合格的专业生产设备；

（二）有相应的专业技术人员；

（三）有完善的产品质量保证体系和安全管理制度；

（四）法律、行政法规规定的其他条件。

第二十三条 铁路机车车辆以外的直接影响铁路运输安全的铁路专用设备，依法应当进行产品认证的，经认证合格方可出厂、销售、进口、使用。

第二十四条 用于危险化学品和放射性物品运输的铁路罐车、专用车辆以及其他容器的生产和检测、检验，依照有关法律、行政法规的规定执行。

第二十五条 用于铁路运输的安全检测、监控、防护设施设备，集装箱和集装化用具等运输器具，专用装卸机械、索具、篷布、装载加固材料或者装置，以及运输包装、货物装载加固等，应当符合国家标准、行业标准和技术规范。

第二十六条 铁路机车车辆以及其他铁路专用设备存在缺陷，即由于设计、制造、标识等原因导致同一批次、型号或者类别的铁路专用设备普遍存在不符合保障人身、财产安全的国家标准、行业标准的情形或者其他危及人身、财产安全的不合理危险的，应当立即停止生产、销售、进口、使用；设备制造者应当召回缺陷产品，采取措施消除缺陷。具体办法由国务院铁路行业监督管理部门制定。

第四章　铁路线路安全

第二十七条 铁路线路两侧应当设立铁路线路安全保护区。铁路线路安全保护区的范围，从铁路线路路堤坡脚、路堑坡顶或者铁路桥梁（含铁路、道路两用桥，下同）外侧起向外的距离分别为：

（一）城市市区高速铁路为10米，其他铁路为8米；

（二）城市郊区居民居住区高速铁路为12米，其他铁路为10米；

（三）村镇居民居住区高速铁路为15米，其他铁路为12米；

（四）其他地区高速铁路为20米，其他铁路为15米。

前款规定距离不能满足铁路运输安全保护需要的，由铁路建设单位或者铁路运输企业提出方案，铁路监督管理机构或者县级以上地方人民政府依照本条第三款规定程序划定。

在铁路用地范围内划定铁路线路安全保护区的，由铁路监督管理机构组织铁路建设单位或者铁路运输企业划定并公告。在铁路用地范围外划定铁路线路安全保护区的，由县级以上地方人民政府根据保障铁路运输安全和节约用地的原则，组织有关铁路监督管理机构、县级以上地方人民政府国土资源等部门划定并公告。

铁路线路安全保护区与公路建筑控制区、河道管理范围、水利工程管理和保护范围、航道保护范围或者石油、电力以及其他重要设施保护区重叠的，由县级以上地方人民政府组织有关部门依照法律、行政法规的规定协商划定并公告。

新建、改建铁路的铁路线路安全保护区范围，应当自铁路建设工程初步设计批准之日起30日内，由县级以上地方人民政府依照本条例的规定划定并公告。铁路建设单位或者铁路运输企业应当根据工程竣工资料进行勘界，绘制铁路线路安全保护区平面图，并根据平面图设立标桩。

第二十八条 设计开行时速120公里以上列车的铁路应当实行全封闭管理。铁路建设单位或者铁路运输企业应当按照国务院铁路行业监督管理部门的规定在铁路用地范围内设置封闭设施和警示标志。

第二十九条 禁止在铁路线路安全保护区内烧荒、放养牲畜、种植影响铁路线路安全和行车瞭望的树木等植物。

禁止向铁路线路安全保护区排污、倾倒垃圾以及其他危害铁路安全的物质。

第三十条 在铁路线路安全保护区内建造建筑物、构筑物等设施，取土、挖砂、挖沟、采空作业或者堆放、悬挂物品，应当征得铁路运输企业同意并签订安全协议，遵守保证铁路安全的国家标准、行业标准和施工安全规范，采取措施防止影响铁路运输安全。铁路运输企业应当派员对施工现场实行安全监督。

第三十一条 铁路线路安全保护区内既有的建筑物、构筑物危及铁路运输安全的，应当采取必要的安全防护措施；采取安全防护措施后仍不能保证安全的，依照有关法律的规定拆除。

拆除铁路线路安全保护区内的建筑物、构筑物，清理铁路线路安全保护区内的植物，或者对他人在铁路线路安全保护区内已依法取得的采矿权等合法权利予以限制，给他人造成损失的，应当依法给予补偿或者采取必要的补救措施。但是，拆除非法建设的建筑物、构筑物的除外。

第三十二条 在铁路线路安全保护区及其邻近区域建造或者设置的建筑物、构筑物、设备等，不得进入国家规定的铁路建筑限界。

第三十三条 在铁路线路两侧建造、设立生产、加工、储存或者销售易燃、易爆或者放射性物品等危险物品的场所、仓库，应当符合国家标准、行业标准规定的安全防护距离。

第三十四条 在铁路线路两侧从事采矿、采石或者爆破作业，应当遵守有关采矿和民用爆破的法律法规，符合国家标准、行业标准和铁路安全保护要求。

在铁路线路路堤坡脚、路堑坡顶、铁路桥梁外侧起向外各1000米范围内，以及在铁路隧道上方中心线两侧各1000米范围内，确需从事露天采矿、采石或者爆破作业的，应当与铁路运输企业协商一致，依照有关法律法规的规定报县级以上地方人民政府有关部门批准，采取安全防护措施后方可进行。

第三十五条 高速铁路线路路堤坡脚、路堑坡顶或者铁路桥梁外侧起向外各200米范围内禁止抽取地下水。

在前款规定范围外，高速铁路线路经过的区域属于地面沉降区域，抽取地下水危及高速铁路安全的，应当设置地下水禁止开采区或者限制开采区，具体范围由铁路监督管理机构会同县级以上地方人民政府水行政主管部门提出方案，报省、自治区、直辖市人民政府批准并公告。

第三十六条 在电气化铁路附近从事排放粉尘、烟尘及腐蚀性气体的生产活动，超过国家规定的排放标准，危及铁路运输安全的，由县级以上地方人民政府有关部门依法责令整改，消除安全隐患。

第三十七条 任何单位和个人不得擅自在铁路桥梁跨越处河道上下游各1000米范围内围垦造田、拦河筑坝、架设浮桥或者修建其他影响铁路桥梁安全的设施。

因特殊原因确需在前款规定的范围内进行围垦造田、拦河筑坝、架设浮桥等活动的，应当进行安全论证，负责审批的机关在批准前应当征求有关铁路运输企业的意见。

第三十八条 禁止在铁路桥梁跨越处河道上下游的下列范围内采砂、淘金：

（一）跨河桥长500米以上的铁路桥梁，河道上游500米，下游3000米；

（二）跨河桥长100米以上不足500米的铁路桥梁，河道上游500米，下游2000米；

（三）跨河桥长不足100米的铁路桥梁，河道上游500米，下游1000米。

有关部门依法在铁路桥梁跨越处河道上下游划定的禁采范围大于前款规定的禁采范围的，按照划定的禁采范围执行。

县级以上地方人民政府水行政主管部门、国土资源主管部门应当按照各自职责划定禁采区域、设置禁采标志，制止非法采砂、淘金行为。

第三十九条 在铁路桥梁跨越处河道上下游各500米范围内进行疏浚作业，应当进行安全技术评价，有关河道、航道管理部门应当征求铁路运输企业的意见，确认安全或者采取安全技术措施后，方可批准进行疏浚作业。但是，依法进行河道、航道日常养护、疏浚作业的除外。

第四十条 铁路、道路两用桥由所在地铁路运输企业和道路管理部门或者道路经营企业定期检查、共同维护，保证桥梁处于安全的技术状态。

铁路、道路两用桥的墩、梁等共用部分的检测、维修由铁路运输企业和道路管理部门或者道路经营企业共同负责,所需费用按照公平合理的原则分担。

第四十一条 铁路的重要桥梁和隧道按照国家有关规定由中国人民武装警察部队负责守卫。

第四十二条 船舶通过铁路桥梁应当符合桥梁的通航净空高度并遵守航行规则。

桥区航标中的桥梁航标、桥柱标、桥梁水尺标由铁路运输企业负责设置、维护,水面航标由铁路运输企业负责设置,航道管理部门负责维护。

第四十三条 下穿铁路桥梁、涵洞的道路应当按照国家标准设置车辆通过限高、限宽标志和限高防护架。城市道路的限高、限宽标志由当地人民政府指定的部门设置并维护,公路的限高、限宽标志由公路管理部门设置并维护。限高防护架在铁路桥梁、涵洞、道路建设时设置,由铁路运输企业负责维护。

机动车通过下穿铁路桥梁、涵洞的道路,应当遵守限高、限宽规定。

下穿铁路涵洞的管理单位负责涵洞的日常管理、维护,防止淤塞、积水。

第四十四条 铁路线路安全保护区内的道路和铁路线路路堑上的道路、跨越铁路线路的道路桥梁,应当按照国家有关规定设置防止车辆以及其他物体进入、坠入铁路线路的安全防护设施和警示标志,并由道路管理部门或者道路经营企业维护、管理。

第四十五条 架设、铺设铁路信号和通信线路、杆塔应当符合国家标准、行业标准和铁路安全防护要求。铁路运输企业、为铁路运输提供服务的电信企业应当加强对铁路信号和通信线路、杆塔的维护和管理。

第四十六条 设置或者拓宽铁路道口、铁路人行过道,应当征得铁路运输企业的同意。

第四十七条 铁路与道路交叉的无人看守道口应当按照国家标准设置警示标志;有人看守道口应当设置移动栏杆、列车接近报警装置、警示灯、警示标志、铁路道口路段标线等安全防护设施。

道口移动栏杆、列车接近报警装置、警示灯等安全防护设施由铁路运输企业设置、维护;警示标志、铁路道口路段标线由铁路道口所在地的道路管理部门设置、维护。

第四十八条 机动车或者非机动车在铁路道口内发生故障或者装载物掉落的,应当立即将故障车辆或者掉落的装载物移至铁路道口停止线以外或者铁路线路最外侧钢轨 5 米以外的安全地点。无法立即移至安全地点的,应当立即报告铁路道口看守人员;在无人看守道口,应当立即在道口两端采取措施拦停列车,并就近通知铁路车站或者公安机关。

第四十九条 履带车辆等可能损坏铁路设施设备的车辆、物体通过铁路道口,应当提前通知铁路道口管理单位,在其协助、指导下通过,并采取相应的安全防护措施。

第五十条 在下列地点,铁路运输企业应当按照国家标准、行业标准设置易于识别的警示、保护标志:

(一)铁路桥梁、隧道的两端;

(二)铁路信号、通信光(电)缆的埋设、铺设地点;

(三)电气化铁路接触网、自动闭塞供电线路和电力贯通线路等电力设施附近易发生危险的地点。

第五十一条 禁止毁坏铁路线路、站台等设施设备和铁路路基、护坡、排水沟、防护林木、护坡草坪、铁路线路封闭网及其他铁路防护设施。

第五十二条 禁止实施下列危及铁路通信、信号设施安全的行为:

(一)在埋有地下光(电)缆设施的地面上方进行钻探,堆放重物、垃圾,焚烧物品,倾倒腐蚀性物质;

(二)在地下光(电)缆两侧各 1 米的范围内建造、搭建建筑物、构筑物等设施;

(三)在地下光(电)缆两侧各 1 米的范围内挖砂、取土;

(四)在过河光(电)缆两侧各 100 米的范围内挖砂、抛锚或者进行其他危及光(电)缆安全的作业。

第五十三条 禁止实施下列危害电气化铁路设施的行为:

(一)向电气化铁路接触网抛掷物品;

（二）在铁路电力线路导线两侧各500米的范围内升放风筝、气球等低空飘浮物体；

（三）攀登铁路电力线路杆塔或者在杆塔上架设、安装其他设施设备；

（四）在铁路电力线路杆塔、拉线周围20米范围内取土、打桩、钻探或者倾倒有害化学物品；

（五）触碰电气化铁路接触网。

第五十四条 县级以上各级人民政府及其有关部门、铁路运输企业应当依照地质灾害防治法律法规的规定，加强铁路沿线地质灾害的预防、治理和应急处理等工作。

第五十五条 铁路运输企业应当对铁路线路、铁路防护设施和警示标志进行经常性巡查和维护；对巡查中发现的安全问题应当立即处理，不能立即处理的应当及时报告铁路监督管理机构。巡查和处理情况应当记录留存。

第五章 铁路运营安全

第五十六条 铁路运输企业应当依照法律、行政法规和国务院铁路行业监督管理部门的规定，制定铁路运输安全管理制度，完善相关作业程序，保障铁路旅客和货物运输安全。

第五十七条 铁路机车车辆的驾驶人员应当参加国务院铁路行业监督管理部门组织的考试，考试合格方可上岗。具体办法由国务院铁路行业监督管理部门制定。

第五十八条 铁路运输企业应当加强铁路专业技术岗位和主要行车工种岗位从业人员的业务培训和安全培训，提高从业人员的业务技能和安全意识。

第五十九条 铁路运输企业应当加强运输过程中的安全防护，使用的运输工具、装载加固设备以及其他专用设施设备应当符合国家标准、行业标准和安全要求。

第六十条 铁路运输企业应当建立健全铁路设施设备的检查防护制度，加强对铁路设施设备的日常维护检修，确保铁路设施设备性能完好和安全运行。

铁路运输企业的从业人员应当按照操作规程使用、管理铁路设施设备。

第六十一条 在法定假日和传统节日等铁路运输高峰期或者恶劣气象条件下，铁路运输企业应当采取必要的安全应急管理措施，加强铁路运输安全检查，确保运输安全。

第六十二条 铁路运输企业应当在列车、车站等场所公告旅客、列车工作人员以及其他进站人员遵守的安全管理规定。

第六十三条 公安机关应当按照职责分工，维护车站、列车等铁路场所和铁路沿线的治安秩序。

第六十四条 铁路运输企业应当按照国务院铁路行业监督管理部门的规定实施火车票实名购买、查验制度。

实施火车票实名购买、查验制度的，旅客应当凭有效身份证件购票乘车；对车票所记载身份信息与所持身份证件或者真实身份不符的持票人，铁路运输企业有权拒绝其进站乘车。

铁路运输企业应当采取有效措施为旅客实名购票、乘车提供便利，并加强对旅客身份信息的保护。铁路运输企业工作人员不得窃取、泄露旅客身份信息。

第六十五条 铁路运输企业应当依照法律、行政法规和国务院铁路行业监督管理部门的规定，对旅客及其随身携带、托运的行李物品进行安全检查。

从事安全检查的工作人员应当佩戴安全检查标志，依法履行安全检查职责，并有权拒绝不接受安全检查的旅客进站乘车和托运行李物品。

第六十六条 旅客应当接受并配合铁路运输企业在车站、列车实施的安全检查，不得违法携带、夹带管制器具，不得违法携带、托运烟花爆竹、枪支弹药等危险物品或者其他违禁物品。

禁止或者限制携带的物品种类及其数量由国务院铁路行业监督管理部门会同公安机关规定，并在车站、列车等场所公布。

第六十七条 铁路运输托运人托运货物、行李、包裹，不得有下列行为：

（一）匿报、谎报货物品名、性质、重量；

（二）在普通货物中夹带危险货物，或者在危险货物中夹带禁止配装的货物；

（三）装车、装箱超过规定重量。

第六十八条 铁路运输企业应当对承运的货物进行安全检查，并不得有下列行为：

（一）在非危险货物办理站办理危险货物承运手续；

（二）承运未接受安全检查的货物；

（三）承运不符合安全规定、可能危害铁路运输安全的货物。

第六十九条 运输危险货物应当依照法律法规和国家其他有关规定使用专用的设施设备，托运人应当配备必要的押运人员和应急处理器材、设备以及防护用品，并使危险货物始终处于押运人员的监管之下；危险货物发生被盗、丢失、泄漏等情况，应当按照国家有关规定及时报告。

第七十条 办理危险货物运输业务的工作人员和装卸人员、押运人员，应当掌握危险货物的性质、危害特性、包装容器的使用特性和发生意外的应急措施。

第七十一条 铁路运输企业和托运人应当按照操作规程包装、装卸、运输危险货物，防止危险货物泄漏、爆炸。

第七十二条 铁路运输企业和托运人应当依照法律法规和国家其他有关规定包装、装载、押运特殊药品，防止特殊药品在运输过程中被盗、被劫或者发生丢失。

第七十三条 铁路管理信息系统及其设施的建设和使用，应当符合法律法规和国家其他有关规定的安全技术要求。

铁路运输企业应当建立网络与信息安全应急保障体系，并配备相应的专业技术人员负责网络和信息系统的安全管理工作。

第七十四条 禁止使用无线电台（站）以及其他仪器、装置干扰铁路运营指挥调度无线电频率的正常使用。

铁路运营指挥调度无线电频率受到干扰的，铁路运输企业应当立即采取排查措施并报告无线电管理机构、铁路监管部门；无线电管理机构、铁路监管部门应当依法排除干扰。

第七十五条 电力企业应当依法保障铁路运输所需电力的持续供应，并保证供电质量。

铁路运输企业应当加强用电安全管理，合理配置供电电源和应急自备电源。

遇有特殊情况影响铁路电力供应的，电力企业和铁路运输企业应当按照各自职责及时组织抢修，尽快恢复正常供电。

第七十六条 铁路运输企业应当加强铁路运营食品安全管理，遵守有关食品安全管理的法律法规和国家其他有关规定，保证食品安全。

第七十七条 禁止实施下列危害铁路安全的行为：

（一）非法拦截列车、阻断铁路运输；

（二）扰乱铁路运输指挥调度机构以及车站、列车的正常秩序；

（三）在铁路线路上放置、遗弃障碍物；

（四）击打列车；

（五）擅自移动铁路线路上的机车车辆，或者擅自开启列车车门、违规操纵列车紧急制动设备；

（六）拆盗、损毁或者擅自移动铁路设施设备、机车车辆配件、标桩、防护设施和安全标志；

（七）在铁路线路上行走、坐卧或者在未设道口、人行过道的铁路线路上通过；

（八）擅自进入铁路线路封闭区域或者在未设置行人通道的铁路桥梁、隧道通行；

（九）擅自开启、关闭列车的货车阀、盖或者破坏施封状态；

（十）擅自开启列车中的集装箱箱门，破坏箱体、阀、盖或者施封状态；

（十一）擅自松动、拆解、移动列车中的货物装载加固材料、装置和设备；

（十二）钻车、扒车、跳车；

（十三）从列车上抛扔杂物；

（十四）在动车组列车上吸烟或者在其他列车的禁烟区域吸烟；

（十五）强行登乘或者以拒绝下车等方式强占列车；

（十六）冲击、堵塞、占用进出站通道或者候车区、站台。

第六章 监督检查

第七十八条 铁路监管部门应当对从事铁路建设、运输、设备制造维修的企业执行本条例的情况实施监督检查,依法查处违反本条例规定的行为,依法组织或者参与铁路安全事故的调查处理。

铁路监管部门应当建立企业违法行为记录和公告制度,对违反本条例被依法追究法律责任的从事铁路建设、运输、设备制造维修的企业予以公布。

第七十九条 铁路监管部门应当加强对铁路运输高峰期和恶劣气象条件下运输安全的监督管理,加强对铁路运输的关键环节、重要设施设备的安全状况以及铁路运输突发事件应急预案的建立和落实情况的监督检查。

第八十条 铁路监管部门和县级以上人民政府安全生产监督管理部门应当建立信息通报制度和运输安全生产协调机制。发现重大安全隐患,铁路运输企业难以自行排除的,应当及时向铁路监管部门和有关地方人民政府报告。地方人民政府获悉铁路沿线有危及铁路运输安全的重要情况,应当及时通报有关的铁路运输企业和铁路监管部门。

第八十一条 铁路监管部门发现安全隐患,应当责令有关单位立即排除。重大安全隐患排除前或者排除过程中无法保证安全的,应当责令从危险区域内撤出人员、设备,停止作业;重大安全隐患排除后方可恢复作业。

第八十二条 实施铁路安全监督检查的人员执行监督检查任务时,应当佩戴标志或者出示证件。任何单位和个人不得阻碍、干扰安全监督检查人员依法履行安全检查职责。

第七章 法律责任

第八十三条 铁路建设单位和铁路建设的勘察、设计、施工、监理单位违反本条例关于铁路建设质量安全管理的规定的,由铁路监管部门依照有关工程建设、招标投标管理的法律、行政法规的规定处罚。

第八十四条 铁路建设单位未对高速铁路和地质构造复杂的铁路建设工程实行工程地质勘察监理,或者在铁路线路及其邻近区域进行铁路建设工程施工不执行铁路营业线施工安全管理规定,影响铁路运营安全的,由铁路监管部门责令改正,处10万元以上50万元以下的罚款。

第八十五条 依法应当进行产品认证的铁路专用设备未经认证合格,擅自出厂、销售、进口、使用的,依照《中华人民共和国认证认可条例》的规定处罚。

第八十六条 铁路机车车辆以及其他专用设备制造者未按规定召回缺陷产品,采取措施消除缺陷的,由国务院铁路行业监督管理部门责令改正;拒不改正的,处缺陷产品货值金额1%以上10%以下的罚款;情节严重的,由国务院铁路行业监督管理部门吊销相应的许可证件。

第八十七条 有下列情形之一的,由铁路监督管理机构责令改正,处2万元以上10万元以下的罚款:

(一)用于铁路运输的安全检测、监控、防护设施设备,集装箱和集装化用具等运输器具、专用装卸机械、索具、篷布、装载加固材料或者装置、运输包装、货物装载加固等,不符合国家标准、行业标准和技术规范;

(二)不按照国家有关规定和标准设置、维护铁路封闭设施、安全防护设施;

(三)架设、铺设铁路信号和通信线路、杆塔不符合国家标准、行业标准和铁路安全防护要求,或者未对铁路信号和通信线路、杆塔进行维护和管理;

(四)运输危险货物不依照法律法规和国家其他有关规定使用专用的设施设备。

第八十八条 在铁路线路安全保护区内烧荒、放养牲畜、种植影响铁路线路安全和行车瞭望的树木等植物,或者向铁路线路安全保护区排污、倾倒垃圾以及其他危害铁路安全的物质的,由铁路监督管理机构责令改正,对单位可以处5万元以下的罚款,对个人可以处2000元以下的罚款。

第八十九条 未经铁路运输企业同意或者未签订安全协议，在铁路线路安全保护区内建造建筑物、构筑物等设施，取土、挖砂、挖沟、采空作业或者堆放、悬挂物品，或者违反保证铁路安全的国家标准、行业标准和施工安全规范，影响铁路运输安全的，由铁路监督管理机构责令改正，可以处10万元以下的罚款。

铁路运输企业未派员对铁路线路安全保护区内施工现场进行安全监督的，由铁路监督管理机构责令改正，可以处3万元以下的罚款。

第九十条 在铁路线路安全保护区及其邻近区域建造或者设置的建筑物、构筑物、设备等进入国家规定的铁路建筑限界，或者在铁路线路两侧建造、设立生产、加工、储存或者销售易燃、易爆或者放射性物品等危险物品的场所、仓库不符合国家标准、行业标准规定的安全防护距离的，由铁路监督管理机构责令改正，对单位处5万元以上20万元以下的罚款，对个人处1万元以上5万元以下的罚款。

第九十一条 有下列行为之一的，分别由铁路沿线所在地县级以上地方人民政府水行政主管部门、国土资源主管部门或者无线电管理机构等依照有关水资源管理、矿产资源管理、无线电管理等法律、行政法规的规定处罚：

（一）未经批准在铁路线路两侧各1000米范围内从事露天采矿、采石或者爆破作业；

（二）在地下水禁止开采区或者限制开采区抽取地下水；

（三）在铁路桥梁跨越处河道上下游各1000米范围内围垦造田、拦河筑坝、架设浮桥或者修建其他影响铁路桥梁安全的设施；

（四）在铁路桥梁跨越处河道上下游禁止采砂、淘金的范围内采砂、淘金；

（五）干扰铁路运营指挥调度无线电频率正常使用。

第九十二条 铁路运输企业、道路管理部门或者道路经营企业未履行铁路、道路两用桥检查、维护职责的，由铁路监督管理机构或者上级道路管理部门责令改正；拒不改正的，由铁路监督管理机构或者上级道路管理部门指定其他单位进行养护和维修，养护和维修费用由拒不履行义务的铁路运输企业、道路管理部门或者道路经营企业承担。

第九十三条 机动车通过下穿铁路桥梁、涵洞的道路未遵守限高、限宽规定的，由公安机关依照道路交通安全管理法律、行政法规的规定处罚。

第九十四条 违反本条例第四十八条、第四十九条关于铁路道口安全管理的规定的，由铁路监督管理机构责令改正，处1000元以上5000元以下的罚款。

第九十五条 违反本条例第五十一条、第五十二条、第五十三条、第七十七条规定的，由公安机关责令改正，对单位处1万元以上5万元以下的罚款，对个人处500元以上2000元以下的罚款。

第九十六条 铁路运输托运人托运货物、行李、包裹时匿报、谎报货物品名、性质、重量，或者装车、装箱超过规定重量的，由铁路监督管理机构责令改正，可以处2000元以下的罚款；情节较重的，处2000元以上2万元以下的罚款；将危险化学品谎报或者匿报为普通货物托运的，处10万元以上20万元以下的罚款。

铁路运输托运人在普通货物中夹带危险货物，或者在危险货物中夹带禁止配装的货物的，由铁路监督管理机构责令改正，处3万元以上20万元以下的罚款。

第九十七条 铁路运输托运人运输危险货物未配备必要的应急处理器材、设备、防护用品，或者未按照操作规程包装、装卸、运输危险货物的，由铁路监督管理机构责令改正，处1万元以上5万元以下的罚款。

第九十八条 铁路运输托运人运输危险货物不按照规定配备必要的押运人员，或者发生危险货物被盗、丢失、泄漏等情况不按照规定及时报告的，由公安机关责令改正，处1万元以上5万元以下的罚款。

第九十九条 旅客违法携带、夹带管制器具或者违法携带、托运烟花爆竹、枪支弹药等危险物品或者其他违禁物品的，由公安机关依法给予治安管理处罚。

第一百条 铁路运输企业有下列情形之一的，由铁路监管部门责令改正，处2万元以上10万元以下的罚款：

(一)在非危险货物办理站办理危险货物承运手续;

(二)承运未接受安全检查的货物;

(三)承运不符合安全规定、可能危害铁路运输安全的货物;

(四)未按照操作规程包装、装卸、运输危险货物。

第一百零一条 铁路监管部门及其工作人员应当严格按照本条例规定的处罚种类和幅度,根据违法行为的性质和具体情节行使行政处罚权,具体办法由国务院铁路行业监督管理部门制定。

第一百零二条 铁路运输企业工作人员窃取、泄露旅客身份信息的,由公安机关依法处罚。

第一百零三条 从事铁路建设、运输、设备制造维修的单位违反本条例规定,对直接负责的主管人员和其他直接责任人员依法给予处分。

第一百零四条 铁路监管部门及其工作人员不依照本条例规定履行职责的,对负有责任的领导人员和直接责任人员依法给予处分。

第一百零五条 违反本条例规定,给铁路运输企业或者其他单位、个人财产造成损失的,依法承担民事责任。

违反本条例规定,构成违反治安管理行为的,由公安机关依法给予治安管理处罚;构成犯罪的,依法追究刑事责任。

第八章 附　　则

第一百零六条 专用铁路、铁路专用线的安全管理参照本条例的规定执行。

第一百零七条 本条例所称高速铁路,是指设计开行时速250公里以上(含预留),并且初期运营时速200公里以上的客运列车专线铁路。

第一百零八条 本条例自2014年1月1日起施行。2004年12月27日国务院公布的《铁路运输安全保护条例》同时废止。

民用爆炸物品安全管理条例

中华人民共和国国务院令

第 466 号

《民用爆炸物品安全管理条例》已经 2006 年 4 月 26 日国务院第 134 次常务会议通过，现予公布，自 2006 年 9 月 1 日起施行。

总理　温家宝

二〇〇六年五月十日

目　录

第一章　总　　则

第一条　为了加强对民用爆炸物品的安全管理，预防爆炸事故发生，保障公民生命、财产安全和公共安全，制定本条例。

第二条　民用爆炸物品的生产、销售、购买、进出口、运输、爆破作业和储存以及硝酸铵的销售、购买，适用本条例。

本条例所称民用爆炸物品，是指用于非军事目的、列入民用爆炸物品品名表的各类火药、炸药及其制品和雷管、导火索等点火、起爆器材。

民用爆炸物品品名表，由国务院国防科技工业主管部门会同国务院公安部门制订、公布。

第三条　国家对民用爆炸物品的生产、销售、购买、运输和爆破作业实行许可证制度。

未经许可，任何单位或者个人不得生产、销售、购买、运输民用爆炸物品，不得从事爆破作业。

严禁转让、出借、转借、抵押、赠送、私藏或者非法持有民用爆炸物品。

第四条　国防科技工业主管部门负责民用爆炸物品生产、销售的安全监督管理。

公安机关负责民用爆炸物品公共安全管理和民用爆炸物品购买、运输、爆破作业的安全监督管理，监控民用爆炸物品流向。

安全生产监督、铁路、交通、民用航空主管部门依照法律、行政法规的规定，负责做好民用爆炸物品的有关安全监督管理工作。

国防科技工业主管部门、公安机关、工商行政管理部门按照职责分工，负责组织查处非法生产、销售、购买、储存、运输、邮寄、使用民用爆炸物品的行为。

第五条　民用爆炸物品生产、销售、购买、运输和爆破作业单位（以下称民用爆炸物品从业单位）

的主要负责人是本单位民用爆炸物品安全管理责任人，对本单位的民用爆炸物品安全管理工作全面负责。

民用爆炸物品从业单位是治安保卫工作的重点单位，应当依法设置治安保卫机构或者配备治安保卫人员，设置技术防范设施，防止民用爆炸物品丢失、被盗、被抢。

民用爆炸物品从业单位应当建立安全管理制度、岗位安全责任制度，制订安全防范措施和事故应急预案，设置安全管理机构或者配备专职安全管理人员。

第六条 无民事行为能力人、限制民事行为能力人或者曾因犯罪受过刑事处罚的人，不得从事民用爆炸物品的生产、销售、购买、运输和爆破作业。

民用爆炸物品从业单位应当加强对本单位从业人员的安全教育、法制教育和岗位技术培训，从业人员经考核合格的，方可上岗作业；对有资格要求的岗位，应当配备具有相应资格的人员。

第七条 国家建立民用爆炸物品信息管理系统，对民用爆炸物品实行标识管理，监控民用爆炸物品流向。

民用爆炸物品生产企业、销售企业和爆破作业单位应当建立民用爆炸物品登记制度，如实将本单位生产、销售、购买、运输、储存、使用民用爆炸物品的品种、数量和流向信息输入计算机系统。

第八条 任何单位或者个人都有权举报违反民用爆炸物品安全管理规定的行为；接到举报的主管部门、公安机关应当立即查处，并为举报人员保密，对举报有功人员给予奖励。

第九条 国家鼓励民用爆炸物品从业单位采用提高民用爆炸物品安全性能的新技术，鼓励发展民用爆炸物品生产、配送、爆破作业一体化的经营模式。

第二章　生　　产

第十条 设立民用爆炸物品生产企业，应当遵循统筹规划、合理布局的原则。

第十一条 申请从事民用爆炸物品生产的企业，应当具备下列条件：

（一）符合国家产业结构规划和产业技术标准；

（二）厂房和专用仓库的设计、结构、建筑材料、安全距离以及防火、防爆、防雷、防静电等安全设备、设施符合国家有关标准和规范；

（三）生产设备、工艺符合有关安全生产的技术标准和规程；

（四）有具备相应资格的专业技术人员、安全生产管理人员和生产岗位人员；

（五）有健全的安全管理制度、岗位安全责任制度；

（六）法律、行政法规规定的其他条件。

第十二条 申请从事民用爆炸物品生产的企业，应当向国务院国防科技工业主管部门提交申请书、可行性研究报告以及能够证明其符合本条例第十一条规定条件的有关材料。国务院国防科技工业主管部门应当自受理申请之日起45日内进行审查，对符合条件的，核发《民用爆炸物品生产许可证》；对不符合条件的，不予核发《民用爆炸物品生产许可证》，书面向申请人说明理由。

民用爆炸物品生产企业为调整生产能力及品种进行改建、扩建的，应当依照前款规定申请办理《民用爆炸物品生产许可证》。

第十三条 取得《民用爆炸物品生产许可证》的企业应当在基本建设完成后，向国务院国防科技工业主管部门申请安全生产许可。国务院国防科技工业主管部门应当依照《安全生产许可证条例》的规定对其进行查验，对符合条件的，在《民用爆炸物品生产许可证》上标注安全生产许可。民用爆炸物品生产企业持经标注安全生产许可的《民用爆炸物品生产许可证》到工商行政管理部门办理工商登记后，方可生产民用爆炸物品。

民用爆炸物品生产企业应当在办理工商登记后3日内，向所在地县级人民政府公安机关备案。

第十四条 民用爆炸物品生产企业应当严格按照《民用爆炸物品生产许可证》核定的品种和产量进行生产，生产作业应当严格执行安全技术规程的规定。

第十五条 民用爆炸物品生产企业应当对民用爆炸物品做出警示标识、登记标识,对雷管编码打号。民用爆炸物品警示标识、登记标识和雷管编码规则,由国务院公安部门会同国务院国防科技工业主管部门规定。

第十六条 民用爆炸物品生产企业应当建立健全产品检验制度,保证民用爆炸物品的质量符合相关标准。民用爆炸物品的包装,应当符合法律、行政法规的规定以及相关标准。

第十七条 试验或者试制民用爆炸物品,必须在专门场地或者专门的试验室进行。严禁在生产车间或者仓库内试验或者试制民用爆炸物品。

第三章 销售和购买

第十八条 申请从事民用爆炸物品销售的企业,应当具备下列条件:

(一)符合对民用爆炸物品销售企业规划的要求;

(二)销售场所和专用仓库符合国家有关标准和规范;

(三)有具备相应资格的安全管理人员、仓库管理人员;

(四)有健全的安全管理制度、岗位安全责任制度;

(五)法律、行政法规规定的其他条件。

第十九条 申请从事民用爆炸物品销售的企业,应当向所在地省、自治区、直辖市人民政府国防科技工业主管部门提交申请书、可行性研究报告以及能够证明其符合本条例第十八条规定条件的有关材料。省、自治区、直辖市人民政府国防科技工业主管部门应当自受理申请之日起 30 日内进行审查,并对申请单位的销售场所和专用仓库等经营设施进行查验,对符合条件的,核发《民用爆炸物品销售许可证》;对不符合条件的,不予核发《民用爆炸物品销售许可证》,书面向申请人说明理由。

民用爆炸物品销售企业持《民用爆炸物品销售许可证》到工商行政管理部门办理工商登记后,方可销售民用爆炸物品。

民用爆炸物品销售企业应当在办理工商登记后 3 日内,向所在地县级人民政府公安机关备案。

第二十条 民用爆炸物品生产企业凭《民用爆炸物品生产许可证》,可以销售本企业生产的民用爆炸物品。

民用爆炸物品生产企业销售本企业生产的民用爆炸物品,不得超出核定的品种、产量。

第二十一条 民用爆炸物品使用单位申请购买民用爆炸物品的,应当向所在地县级人民政府公安机关提出购买申请,并提交下列有关材料:

(一)工商营业执照或者事业单位法人证书;

(二)《爆破作业单位许可证》或者其他合法使用的证明;

(三)购买单位的名称、地址、银行账户;

(四)购买的品种、数量和用途说明。

受理申请的公安机关应当自受理申请之日起 5 日内对提交的有关材料进行审查,对符合条件的,核发《民用爆炸物品购买许可证》;对不符合条件的,不予核发《民用爆炸物品购买许可证》,书面向申请人说明理由。

《民用爆炸物品购买许可证》应当载明许可购买的品种、数量、购买单位以及许可的有效期限。

第二十二条 民用爆炸物品生产企业凭《民用爆炸物品生产许可证》购买属于民用爆炸物品的原料,民用爆炸物品销售企业凭《民用爆炸物品销售许可证》向民用爆炸物品生产企业购买民用爆炸物品,民用爆炸物品使用单位凭《民用爆炸物品购买许可证》购买民用爆炸物品,还应当提供经办人的身份证明。

销售民用爆炸物品的企业,应当查验前款规定的许可证和经办人的身份证明;对持《民用爆炸物品购买许可证》购买的,应当按照许可的品种、数量销售。

第二十三条 销售、购买民用爆炸物品,应当通过银行账户进行交易,不得使用现金或者实物进行交易。

销售民用爆炸物品的企业,应当将购买单位的许可证、银行账户转账凭证、经办人的身份证明复印件保存 2 年备查。

第二十四条 销售民用爆炸物品的企业,应当自民用爆炸物品买卖成交之日起 3 日内,将销售的品种、数量和购买单位向所在地省、自治区、直辖市人民政府国防科技工业主管部门和所在地县级人民政府公安机关备案。

购买民用爆炸物品的单位,应当自民用爆炸物品买卖成交之日起 3 日内,将购买的品种、数量向所在地县级人民政府公安机关备案。

第二十五条 进出口民用爆炸物品,应当经国务院国防科技工业主管部门审批。进出口民用爆炸物品审批办法,由国务院国防科技工业主管部门会同国务院公安部门、海关总署规定。

进出口单位应当将进出口的民用爆炸物品的品种、数量向收货地或者出境口岸所在地县级人民政府公安机关备案。

第四章 运　　输

第二十六条 运输民用爆炸物品,收货单位应当向运达地县级人民政府公安机关提出申请,并提交包括下列内容的材料:

(一)民用爆炸物品生产企业、销售企业、使用单位以及进出口单位分别提供的《民用爆炸物品生产许可证》、《民用爆炸物品销售许可证》、《民用爆炸物品购买许可证》或者进出口批准证明;

(二)运输民用爆炸物品的品种、数量、包装材料和包装方式;

(三)运输民用爆炸物品的特性、出现险情的应急处置方法;

(四)运输时间、起始地点、运输路线、经停地点。

受理申请的公安机关应当自受理申请之日起 3 日内对提交的有关材料进行审查,对符合条件的,核发《民用爆炸物品运输许可证》;对不符合条件的,不予核发《民用爆炸物品运输许可证》,书面向申请人说明理由。

《民用爆炸物品运输许可证》应当载明收货单位、销售企业、承运人,一次性运输有效期限、起始地点、运输路线、经停地点,民用爆炸物品的品种、数量。

第二十七条 运输民用爆炸物品的,应当凭《民用爆炸物品运输许可证》,按照许可的品种、数量运输。

第二十八条 经由道路运输民用爆炸物品的,应当遵守下列规定:

(一)携带《民用爆炸物品运输许可证》;

(二)民用爆炸物品的装载符合国家有关标准和规范,车厢内不得载人;

(三)运输车辆安全技术状况应当符合国家有关安全技术标准的要求,并按照规定悬挂或者安装符合国家标准的易燃易爆危险物品警示标志;

(四)运输民用爆炸物品的车辆应当保持安全车速;

(五)按照规定的路线行驶,途中经停应当有专人看守,并远离建筑设施和人口稠密的地方,不得在许可以外的地点经停;

(六)按照安全操作规程装卸民用爆炸物品,并在装卸现场设置警戒,禁止无关人员进入;

(七)出现危险情况立即采取必要的应急处置措施,并报告当地公安机关。

第二十九条 民用爆炸物品运达目的地,收货单位应当进行验收后在《民用爆炸物品运输许可证》上签注,并在 3 日内将《民用爆炸物品运输许可证》交回发证机关核销。

第三十条 禁止携带民用爆炸物品搭乘公共交通工具或者进入公共场所。

禁止邮寄民用爆炸物品,禁止在托运的货物、行李、包裹、邮件中夹带民用爆炸物品。

第五章　爆破作业

第三十一条　申请从事爆破作业的单位,应当具备下列条件:

(一)爆破作业属于合法的生产活动;

(二)有符合国家有关标准和规范的民用爆炸物品专用仓库;

(三)有具备相应资格的安全管理人员、仓库管理人员和具备国家规定执业资格的爆破作业人员;

(四)有健全的安全管理制度、岗位安全责任制度;

(五)有符合国家标准、行业标准的爆破作业专用设备;

(六)法律、行政法规规定的其他条件。

第三十二条　申请从事爆破作业的单位,应当按照国务院公安部门的规定,向有关人民政府公安机关提出申请,并提供能够证明其符合本条例第三十一条规定条件的有关材料。受理申请的公安机关应当自受理申请之日起20日内进行审查,对符合条件的,核发《爆破作业单位许可证》;对不符合条件的,不予核发《爆破作业单位许可证》,书面向申请人说明理由。

营业性爆破作业单位持《爆破作业单位许可证》到工商行政管理部门办理工商登记后,方可从事营业性爆破作业活动。

爆破作业单位应当在办理工商登记后3日内,向所在地县级人民政府公安机关备案。

第三十三条　爆破作业单位应当对本单位的爆破作业人员、安全管理人员、仓库管理人员进行专业技术培训。爆破作业人员应当经设区的市级人民政府公安机关考核合格,取得《爆破作业人员许可证》后,方可从事爆破作业。

第三十四条　爆破作业单位应当按照其资质等级承接爆破作业项目,爆破作业人员应当按照其资格等级从事爆破作业。爆破作业的分级管理办法由国务院公安部门规定。

第三十五条　在城市、风景名胜区和重要工程设施附近实施爆破作业的,应当向爆破作业所在地设区的市级人民政府公安机关提出申请,提交《爆破作业单位许可证》和具有相应资质的安全评估企业出具的爆破设计、施工方案评估报告。受理申请的公安机关应当自受理申请之日起20日内对提交的有关材料进行审查,对符合条件的,作出批准的决定;对不符合条件的,作出不予批准的决定,并书面向申请人说明理由。

实施前款规定的爆破作业,应当由具有相应资质的安全监理企业进行监理,由爆破作业所在地县级人民政府公安机关负责组织实施安全警戒。

第三十六条　爆破作业单位跨省、自治区、直辖市行政区域从事爆破作业的,应当事先将爆破作业项目的有关情况向爆破作业所在地县级人民政府公安机关报告。

第三十七条　爆破作业单位应当如实记载领取、发放民用爆炸物品的品种、数量、编号以及领取、发放人员姓名。领取民用爆炸物品的数量不得超过当班用量,作业后剩余的民用爆炸物品必须当班清退回库。

爆破作业单位应当将领取、发放民用爆炸物品的原始记录保存2年备查。

第三十八条　实施爆破作业,应当遵守国家有关标准和规范,在安全距离以外设置警示标志并安排警戒人员,防止无关人员进入;爆破作业结束后应当及时检查、排除未引爆的民用爆炸物品。

第三十九条　爆破作业单位不再使用民用爆炸物品时,应当将剩余的民用爆炸物品登记造册,报所在地县级人民政府公安机关组织监督销毁。

发现、拣拾无主民用爆炸物品的,应当立即报告当地公安机关。

第六章　储　　存

第四十条　民用爆炸物品应当储存在专用仓库内,并按照国家规定设置技术防范设施。

第四十一条　储存民用爆炸物品应当遵守下列规定:

（一）建立出入库检查、登记制度，收存和发放民用爆炸物品必须进行登记，做到账目清楚，账物相符；

（二）储存的民用爆炸物品数量不得超过储存设计容量，对性质相抵触的民用爆炸物品必须分库储存，严禁在库房内存放其他物品；

（三）专用仓库应当指定专人管理、看护，严禁无关人员进入仓库区内，严禁在仓库区内吸烟和用火，严禁把其他容易引起燃烧、爆炸的物品带入仓库区内，严禁在库房内住宿和进行其他活动；

（四）民用爆炸物品丢失、被盗、被抢，应当立即报告当地公安机关。

第四十二条 在爆破作业现场临时存放民用爆炸物品的，应当具备临时存放民用爆炸物品的条件，并设专人管理、看护，不得在不具备安全存放条件的场所存放民用爆炸物品。

第四十三条 民用爆炸物品变质和过期失效的，应当及时清理出库，并予以销毁。销毁前应当登记造册，提出销毁实施方案，报省、自治区、直辖市人民政府国防科技工业主管部门、所在地县级人民政府公安机关组织监督销毁。

第七章 法律责任

第四十四条 非法制造、买卖、运输、储存民用爆炸物品，构成犯罪的，依法追究刑事责任；尚不构成犯罪，有违反治安管理行为的，依法给予治安管理处罚。

违反本条例规定，在生产、储存、运输、使用民用爆炸物品中发生重大事故，造成严重后果或者后果特别严重，构成犯罪的，依法追究刑事责任。

违反本条例规定，未经许可生产、销售民用爆炸物品的，由国防科技工业主管部门责令停止非法生产、销售活动，处10万元以上50万元以下的罚款，并没收非法生产、销售的民用爆炸物品及其违法所得。

违反本条例规定，未经许可购买、运输民用爆炸物品或者从事爆破作业的，由公安机关责令停止非法购买、运输、爆破作业活动，处5万元以上20万元以下的罚款，并没收非法购买、运输以及从事爆破作业使用的民用爆炸物品及其违法所得。

国防科技工业主管部门、公安机关对没收的非法民用爆炸物品，应当组织销毁。

第四十五条 违反本条例规定，生产、销售民用爆炸物品的企业有下列行为之一的，由国防科技工业主管部门责令限期改正，处10万元以上50万元以下的罚款；逾期不改正的，责令停产停业整顿；情节严重的，吊销《民用爆炸物品生产许可证》或者《民用爆炸物品销售许可证》：

（一）超出生产许可的品种、产量进行生产、销售的；

（二）违反安全技术规程生产作业的；

（三）民用爆炸物品的质量不符合相关标准的；

（四）民用爆炸物品的包装不符合法律、行政法规的规定以及相关标准的；

（五）超出购买许可的品种、数量销售民用爆炸物品的；

（六）向没有《民用爆炸物品生产许可证》、《民用爆炸物品销售许可证》、《民用爆炸物品购买许可证》的单位销售民用爆炸物品的；

（七）民用爆炸物品生产企业销售本企业生产的民用爆炸物品未按照规定向国防科技工业主管部门备案的；

（八）未经审批进出口民用爆炸物品的。

第四十六条 违反本条例规定，有下列情形之一的，由公安机关责令限期改正，处5万元以上20万元以下的罚款；逾期不改正的，责令停产停业整顿：

（一）未按照规定对民用爆炸物品做出警示标识、登记标识或者未对雷管编码打号的；

（二）超出购买许可的品种、数量购买民用爆炸物品的；

（三）使用现金或者实物进行民用爆炸物品交易的；

（四）未按照规定保存购买单位的许可证、银行账户转账凭证、经办人的身份证明复印件的；

（五）销售、购买、进出口民用爆炸物品，未按照规定向公安机关备案的；

（六）未按照规定建立民用爆炸物品登记制度，如实将本单位生产、销售、购买、运输、储存、使用民用爆炸物品的品种、数量和流向信息输入计算机系统的；

（七）未按照规定将《民用爆炸物品运输许可证》交回发证机关核销的。

第四十七条 违反本条例规定，经由道路运输民用爆炸物品，有下列情形之一的，由公安机关责令改正，处5万元以上20万元以下的罚款：

（一）违反运输许可事项的；

（二）未携带《民用爆炸物品运输许可证》的；

（三）违反有关标准和规范混装民用爆炸物品的；

（四）运输车辆未按照规定悬挂或者安装符合国家标准的易燃易爆危险物品警示标志的；

（五）未按照规定的路线行驶，途中经停没有专人看守或者在许可以外的地点经停的；

（六）装载民用爆炸物品的车厢载人的；

（七）出现危险情况未立即采取必要的应急处置措施、报告当地公安机关的。

第四十八条 违反本条例规定，从事爆破作业的单位有下列情形之一的，由公安机关责令停止违法行为或者限期改正，处10万元以上50万元以下的罚款；逾期不改正的，责令停产停业整顿；情节严重的，吊销《爆破作业单位许可证》：

（一）爆破作业单位未按照其资质等级从事爆破作业的；

（二）营业性爆破作业单位跨省、自治区、直辖市行政区域实施爆破作业，未按照规定事先向爆破作业所在地的县级人民政府公安机关报告的；

（三）爆破作业单位未按照规定建立民用爆炸物品领取登记制度、保存领取登记记录的；

（四）违反国家有关标准和规范实施爆破作业的。

爆破作业人员违反国家有关标准和规范的规定实施爆破作业的，由公安机关责令限期改正，情节严重的，吊销《爆破作业人员许可证》。

第四十九条 违反本条例规定，有下列情形之一的，由国防科技工业主管部门、公安机关按照职责责令限期改正，可以并处5万元以上20万元以下的罚款；逾期不改正的，责令停产停业整顿；情节严重的，吊销许可证：

（一）未按照规定在专用仓库设置技术防范设施的；

（二）未按照规定建立出入库检查、登记制度或者收存和发放民用爆炸物品，致使账物不符的；

（三）超量储存、在非专用仓库储存或者违反储存标准和规范储存民用爆炸物品的；

（四）有本条例规定的其他违反民用爆炸物品储存管理规定行为的。

第五十条 违反本条例规定，民用爆炸物品从业单位有下列情形之一的，由公安机关处2万元以上10万元以下的罚款；情节严重的，吊销其许可证；有违反治安管理行为的，依法给予治安管理处罚：

（一）违反安全管理制度，致使民用爆炸物品丢失、被盗、被抢的；

（二）民用爆炸物品丢失、被盗、被抢，未按照规定向当地公安机关报告或者故意隐瞒不报的；

（三）转让、出借、转借、抵押、赠送民用爆炸物品的。

第五十一条 违反本条例规定，携带民用爆炸物品搭乘公共交通工具或者进入公共场所，邮寄或者在托运的货物、行李、包裹、邮件中夹带民用爆炸物品，构成犯罪的，依法追究刑事责任；尚不构成犯罪的，由公安机关依法给予治安管理处罚，没收非法的民用爆炸物品，处1000元以上1万元以下的罚款。

第五十二条 民用爆炸物品从业单位的主要负责人未履行本条例规定的安全管理责任，导致发生重大伤亡事故或者造成其他严重后果，构成犯罪的，依法追究刑事责任；尚不构成犯罪的，对主要负责人给予撤职处分，对个人经营的投资人处2万元以上20万元以下的罚款。

第五十三条 国防科技工业主管部门、公安机关、工商行政管理部门的工作人员，在民用爆炸物品安全监督管理工作中滥用职权、玩忽职守或者徇私舞弊，构成犯罪的，依法追究刑事责任；尚不构成犯罪的，依法给予行政处分。

第八章　附　　则

第五十四条　《民用爆炸物品生产许可证》、《民用爆炸物品销售许可证》，由国务院国防科技工业主管部门规定式样；《民用爆炸物品购买许可证》、《民用爆炸物品运输许可证》、《爆破作业单位许可证》、《爆破作业人员许可证》，由国务院公安部门规定式样。

第五十五条　本条例自2006年9月1日起施行。1984年1月6日国务院发布的《中华人民共和国民用爆炸物品管理条例》同时废止。

水库大坝安全管理条例

中华人民共和国国务院令

第78号

现发布《水库大坝安全管理条例》,自发布之日起施行。

总理　李鹏

一九九一年三月二十二日

目　录

第一章　总　则

第一条　为加强水库大坝安全管理,保障人民生命财产和社会主义建设的安全,根据《中华人民共和国水法》,制定本条例。

第二条　本条例适用于中华人民共和国境内坝高十五米以上或者库容一百万立方米以上的水库大坝(以下简称大坝)。大坝包括永久性挡水建筑物以及与其配合运用的泄洪、输水和过船建筑物等。

坝高十五米以下、十米以上或者库容一百万立方米以下、十万立方米以上,对重要城镇、交通干线、重要军事设施、工矿区安全有潜在危险的大坝,其安全管理参照本条例执行。

第三条　国务院水行政主管部门会同国务院有关主管部门对全国的大坝安全实施监督。县级以上地方人民政府水行政主管部门会同有关主管部门对本行政区域内的大坝安全实施监督。

各级水利、能源、建设、交通、农业等有关部门,是其所管辖的大坝的主管部门。

第四条　各级人民政府及其大坝主管部门对其所管辖的大坝的安全实行行政领导负责制。

第五条　大坝的建设和管理应当贯彻安全第一的方针。

第六条　任何单位和个人都有保护大坝安全的义务。

第二章　大坝建设

第七条　兴建大坝必须符合由国务院水行政主管部门会同有关大坝主管部门制定的大坝安全技术标准。

第八条　兴建大坝必须进行工程设计。大坝的工程设计必须由具有相应资格证书的单位承担。

大坝的工程设计应当包括工程观测、通信、动力、照明、交通、消防等管理设施的设计。

第九条　大坝施工必须由具有相应资格证书的单位承担。大坝施工单位必须按照施工承包合同规定的设计文件、图纸要求和有关技术标准进行施工。

建设单位和设计单位应当派驻代表，对施工质量进行监督检查。质量不符合设计要求的，必须返工或者采取补救措施。

第十条 兴建大坝时，建设单位应当按照批准的设计，提请县级以上人民政府依照国家规定划定管理和保护范围，树立标志。

已建大坝尚未划定管理和保护范围的，大坝主管部门应当根据安全管理的需要，提请县级以上人民政府划定。

第十一条 大坝开工后，大坝主管部门应当组建大坝管理单位，由其按照工程基本建设验收规程参与质量检查以及大坝分部、分项验收和蓄水验收工作。

大坝竣工后，建设单位应当申请大坝主管部门组织验收。

第三章 大坝管理

第十二条 大坝及其设施受国家保护，任何单位和个人不得侵占、毁坏。大坝管理单位应当加强大坝的安全保卫工作。

第十三条 禁止在大坝管理和保护范围内进行爆破、打井、采石、采矿、挖沙、取土、修坟等危害大坝安全的活动。

第十四条 非大坝管理人员不得操作大坝的泄洪闸门、输水闸门以及其他设施，大坝管理人员操作时应当遵守有关的规章制度。禁止任何单位和个人干扰大坝的正常管理工作。

第十五条 禁止在大坝的集水区域内乱伐林木、陡坡开荒等导致水库淤积的活动。禁止在库区内围垦和进行采石、取土等危及山体的活动。

第十六条 大坝坝顶确需兼做公路的，须经科学论证和大坝主管部门批准，并采取相应的安全维护措施。

第十七条 禁止在坝体修建码头、渠道、堆放杂物、晾晒粮草。在大坝管理和保护范围内修建码头、鱼塘的，须经大坝主管部门批准，并与坝脚和泄水、输水建筑物保持一定距离，不得影响大坝安全、工程管理和抢险工作。

第十八条 大坝主管部门应当配备具有相应业务水平的大坝安全管理人员。

大坝管理单位应当建立、健全安全管理规章制度。

第十九条 大坝管理单位必须按照有关技术标准，对大坝进行安全监测和检查；对监测资料应当及时整理分析，随时掌握大坝运行状况。发现异常现象和不安全因素时，大坝管理单位应当立即报告大坝主管部门，及时采取措施。

第二十条 大坝管理单位必须做好大坝的养护修理工作，保证大坝和闸门启闭设备完好。

第二十一条 大坝的运行，必须在保证安全的前提下，发挥综合效益。大坝管理单位应当根据批准的计划和大坝主管部门的指令进行水库的调度运用。

在汛期，综合利用的水库，其调度运用必须服从防汛指挥机构的统一指挥；以发电为主的水库，其汛限水位以上的防洪库容及其洪水调度运用，必须服从防汛指挥机构的统一指挥。

任何单位和个人不得非法干预水库的调度运用。

第二十二条 大坝主管部门应当建立大坝定期安全检查、鉴定制度。

汛前、汛后，以及暴风、暴雨、特大洪水或者强烈地震发生后，大坝主管部门应当组织对其所管辖的大坝的安全进行检查。

第二十三条 大坝主管部门对其所管辖的大坝应当按期注册登记，建立技术档案。大坝注册登记办法由国务院水行政主管部门会同有关主管部门制定。

第二十四条 大坝管理单位和有关部门应当做好防汛抢险物料的准备和气象水情预报，并保证水情传递、报警以及大坝管理单位与大坝主管部门、上级防汛指挥机构之间联系通畅。

第二十五条 大坝出现险情征兆时，大坝管理单位应当立即报告大坝主管部门和上级防汛指挥机构，并采取抢救措施；有垮坝危险时，应当采取一切措施向预计的垮坝淹没地区发出警报，做好转移工作。

第四章　险坝处理

第二十六条　对尚未达到设计洪水标准、抗震设防标准或者有严重质量缺陷的险坝,大坝主管部门应当组织有关单位进行分类,采取除险加固等措施,或者废弃重建。

在险坝加固前,大坝管理单位应当制定保坝应急措施;经论证必须改变原设计运行方式的,应当报请大坝主管部门审批。

第二十七条　大坝主管部门应当对其所管辖的需要加固的险坝制定加固计划,限期消除危险;有关人民政府应当优先安排所需资金和物料。

险坝加固必须由具有相应设计资格证书的单位作出加固设计,经审批后组织实施。险坝加固竣工后,由大坝主管部门组织验收。

第二十八条　大坝主管部门应当组织有关单位,对险坝可能出现的垮坝方式、淹没范围作出预估,并制定应急方案,报防汛指挥机构批准。

第五章　罚　　则

第二十九条　违反本条例规定,有下列行为之一的,由大坝主管部门责令其停止违法行为,赔偿损失,采取补救措施,可以并处罚款;应当给予治安管理处罚的,由公安机关依照《中华人民共和国治安管理处罚法》的规定处罚;构成犯罪的,依法追究刑事责任:

(一)毁坏大坝或者其观测、通信、动力、照明、交通、消防等管理设施的;

(二)在大坝管理和保护范围内进行爆破、打井、采石、采矿、取土、挖沙、修坟等危害大坝安全活动的;

(三)擅自操作大坝的泄洪闸门、输水闸门以及其他设施,破坏大坝正常运行的;

(四)在库区内围垦的;

(五)在坝体修建码头、渠道或者堆放杂物、晾晒粮草的;

(六)擅自在大坝管理和保护范围内修建码头、鱼塘的。

第三十条　盗窃或者抢夺大坝工程设施、器材的,依照刑法规定追究刑事责任。

第三十一条　由于勘测设计失误、施工质量低劣、调度运用不当以及滥用职权,玩忽职守,导致大坝事故的,由其所在单位或者上级主管机关对责任人员给予行政处分;构成犯罪的,依法追究刑事责任。

第三十二条　当事人对行政处罚决定不服的,可以在接到处罚通知之日起十五日内,向作出处罚决定机关的上一级机关申请复议;对复议决定不服的,可以在接到复议决定之日起十五日内,向人民法院起诉。当事人也可以在接到处罚通知之日起十五日内,直接向人民法院起诉。当事人逾期不申请复议或者不向人民法院起诉又不履行处罚决定的,由作出处罚决定的机关申请人民法院强制执行。

对治安管理处罚不服的,依照《中华人民共和国治安管理处罚法》的规定办理。

第六章　附　　则

第三十三条　国务院有关部门和各省、自治区、直辖市人民政府可以根据本条例制定实施细则。

第三十四条　本条例自发布之日起施行。

特种设备安全监察条例

（2003 年 3 月 11 日中华人民共和国国务院令第 373 号公布根据 2009 年 1 月 24 日《国务院关于修改〈特种设备安全监察条例〉的决定》修订）

中华人民共和国国务院令

第 549 号

《国务院关于修改〈特种设备安全监察条例〉的决定》已经 2009 年 1 月 14 日国务院第 46 次常务会议通过，现予公布，自 2009 年 5 月 1 日起施行。

总理　温家宝

二〇〇九年一月二十四日

目　录

第一章　总　　则

第一条　为了加强特种设备的安全监察，防止和减少事故，保障人民群众生命和财产安全，促进经济发展，制定本条例。

第二条　本条例所称特种设备是指涉及生命安全、危险性较大的锅炉、压力容器（含气瓶，下同）、压力管道、电梯、起重机械、客运索道、大型游乐设施和场（厂）内专用机动车辆。

前款特种设备的目录由国务院负责特种设备安全监督管理的部门（以下简称国务院特种设备安全监督管理部门）制订，报国务院批准后执行。

第三条　特种设备的生产（含设计、制造、安装、改造、维修，下同）、使用、检验检测及其监督检查，应当遵守本条例，但本条例另有规定的除外。

军事装备、核设施、航空航天器、铁路机车、海上设施和船舶以及矿山井下使用的特种设备、民用机场专用设备的安全监察不适用本条例。

房屋建筑工地和市政工程工地用起重机械、场（厂）内专用机动车辆的安装、使用的监督管理，由建设行政主管部门依照有关法律、法规的规定执行。

第四条　国务院特种设备安全监督管理部门负责全国特种设备的安全监察工作，县以上地方负责特种设备安全监督管理的部门对本行政区域内特种设备实施安全监察（以下统称特种设备安全监督管理部门）。

第五条　特种设备生产、使用单位应当建立健全特种设备安全、节能管理制度和岗位安全、节能责任制度。

特种设备生产、使用单位的主要负责人应当对本单位特种设备的安全和节能全面负责。

特种设备生产、使用单位和特种设备检验检测机构,应当接受特种设备安全监督管理部门依法进行的特种设备安全监察。

第六条　特种设备检验检测机构,应当依照本条例规定,进行检验检测工作,对其检验检测结果、鉴定结论承担法律责任。

第七条　县级以上地方人民政府应当督促、支持特种设备安全监督管理部门依法履行安全监察职责,对特种设备安全监察中存在的重大问题及时予以协调、解决。

第八条　国家鼓励推行科学的管理方法,采用先进技术,提高特种设备安全性能和管理水平,增强特种设备生产、使用单位防范事故的能力,对取得显著成绩的单位和个人,给予奖励。

国家鼓励特种设备节能技术的研究、开发、示范和推广,促进特种设备节能技术创新和应用。

特种设备生产、使用单位和特种设备检验检测机构,应当保证必要的安全和节能投入。

国家鼓励实行特种设备责任保险制度,提高事故赔付能力。

第九条　任何单位和个人对违反本条例规定的行为,有权向特种设备安全监督管理部门和行政监察等有关部门举报。

特种设备安全监督管理部门应当建立特种设备安全监察举报制度,公布举报电话、信箱或者电子邮件地址,受理对特种设备生产、使用和检验检测违法行为的举报,并及时予以处理。

特种设备安全监督管理部门和行政监察等有关部门应当为举报人保密,并按照国家有关规定给予奖励。

第二章　特种设备的生产

第十条　特种设备生产单位,应当依照本条例规定以及国务院特种设备安全监督管理部门制订并公布的安全技术规范(以下简称安全技术规范)的要求,进行生产活动。

特种设备生产单位对其生产的特种设备的安全性能和能效指标负责,不得生产不符合安全性能要求和能效指标的特种设备,不得生产国家产业政策明令淘汰的特种设备。

第十一条　压力容器的设计单位应当经国务院特种设备安全监督管理部门许可,方可从事压力容器的设计活动。

压力容器的设计单位应当具备下列条件:

(一)有与压力容器设计相适应的设计人员、设计审核人员;

(二)有与压力容器设计相适应的场所和设备;

(三)有与压力容器设计相适应的健全的管理制度和责任制度。

第十二条　锅炉、压力容器中的气瓶(以下简称气瓶)、氧舱和客运索道、大型游乐设施以及高耗能特种设备的设计文件,应当经国务院特种设备安全监督管理部门核准的检验检测机构鉴定,方可用于制造。

第十三条　按照安全技术规范的要求,应当进行型式试验的特种设备产品、部件或者试制特种设备新产品、新部件、新材料,必须进行型式试验和能效测试。

第十四条　锅炉、压力容器、电梯、起重机械、客运索道、大型游乐设施及其安全附件、安全保护装置的制造、安装、改造单位,以及压力管道用管子、管件、阀门、法兰、补偿器、安全保护装置等(以下简称压力管道元件)的制造单位和场(厂)内专用机动车辆的制造、改造单位,应当经国务院特种设备安全监督管理部门许可,方可从事相应的活动。

前款特种设备的制造、安装、改造单位应当具备下列条件:

(一)有与特种设备制造、安装、改造相适应的专业技术人员和技术工人;

(二)有与特种设备制造、安装、改造相适应的生产条件和检测手段;

(三)有健全的质量管理制度和责任制度。

第十五条 特种设备出厂时，应当附有安全技术规范要求的设计文件、产品质量合格证明、安装及使用维修说明、监督检验证明等文件。

第十六条 锅炉、压力容器、电梯、起重机械、客运索道、大型游乐设施、场（厂）内专用机动车辆的维修单位，应当有与特种设备维修相适应的专业技术人员和技术工人以及必要的检测手段，并经省、自治区、直辖市特种设备安全监督管理部门许可，方可从事相应的维修活动。

第十七条 锅炉、压力容器、起重机械、客运索道、大型游乐设施的安装、改造、维修以及场（厂）内专用机动车辆的改造、维修，必须由依照本条例取得许可的单位进行。

电梯的安装、改造、维修，必须由电梯制造单位或者其通过合同委托、同意的依照本条例取得许可的单位进行。电梯制造单位对电梯质量以及安全运行涉及的质量问题负责。

特种设备安装、改造、维修的施工单位应当在施工前将拟进行的特种设备安装、改造、维修情况书面告知直辖市或者设区的市的特种设备安全监督管理部门，告知后即可施工。

第十八条 电梯井道的土建工程必须符合建筑工程质量要求。电梯安装施工过程中，电梯安装单位应当遵守施工现场的安全生产要求，落实现场安全防护措施。电梯安装施工过程中，施工现场的安全生产监督，由有关部门依照有关法律、行政法规的规定执行。

电梯安装施工过程中，电梯安装单位应当服从建筑施工总承包单位对施工现场的安全生产管理，并订立合同，明确各自的安全责任。

第十九条 电梯的制造、安装、改造和维修活动，必须严格遵守安全技术规范的要求。电梯制造单位委托或者同意其他单位进行电梯安装、改造、维修活动的，应当对其安装、改造、维修活动进行安全指导和监控。电梯的安装、改造、维修活动结束后，电梯制造单位应当按照安全技术规范的要求对电梯进行校验和调试，并对校验和调试的结果负责。

第二十条 锅炉、压力容器、电梯、起重机械、客运索道、大型游乐设施的安装、改造、维修以及场（厂）内专用机动车辆的改造、维修竣工后，安装、改造、维修的施工单位应当在验收后30日内将有关技术资料移交使用单位，高耗能特种设备还应当按照安全技术规范的要求提交能效测试报告。使用单位应当将其存入该特种设备的安全技术档案。

第二十一条 锅炉、压力容器、压力管道元件、起重机械、大型游乐设施的制造过程和锅炉、压力容器、电梯、起重机械、客运索道、大型游乐设施的安装、改造、重大维修过程，必须经国务院特种设备安全监督管理部门核准的检验检测机构按照安全技术规范的要求进行监督检验；未经监督检验合格的不得出厂或者交付使用。

第二十二条 移动式压力容器、气瓶充装单位应当经省、自治区、直辖市的特种设备安全监督管理部门许可，方可从事充装活动。

充装单位应当具备下列条件：

（一）有与充装和管理相适应的管理人员和技术人员；

（二）有与充装和管理相适应的充装设备、检测手段、场地厂房、器具、安全设施；

（三）有健全的充装管理制度、责任制度、紧急处理措施。

气瓶充装单位应当向气体使用者提供符合安全技术规范要求的气瓶，对使用者进行气瓶安全使用指导，并按照安全技术规范的要求办理气瓶使用登记，提出气瓶的定期检验要求。

第三章 特种设备的使用

第二十三条 特种设备使用单位，应当严格执行本条例和有关安全生产的法律、行政法规的规定，保证特种设备的安全使用。

第二十四条 特种设备使用单位应当使用符合安全技术规范要求的特种设备。特种设备投入使用前，使用单位应当核对其是否附有本条例第十五条规定的相关文件。

第二十五条 特种设备在投入使用前或者投入使用后30日内，特种设备使用单位应当向直辖市或者设区的市的特种设备安全监督管理部门登记。登记标志应当置于或者附着于该特种设备的显著位置。

第二十六条 特种设备使用单位应当建立特种设备安全技术档案。安全技术档案应当包括以下内容：

（一）特种设备的设计文件、制造单位、产品质量合格证明、使用维护说明等文件以及安装技术文件和资料；

（二）特种设备的定期检验和定期自行检查的记录；

（三）特种设备的日常使用状况记录；

（四）特种设备及其安全附件、安全保护装置、测量调控装置及有关附属仪器仪表的日常维护保养记录；

（五）特种设备运行故障和事故记录；

（六）高耗能特种设备的能效测试报告、能耗状况记录以及节能改造技术资料。

第二十七条 特种设备使用单位应当对在用特种设备进行经常性日常维护保养，并定期自行检查。

特种设备使用单位对在用特种设备应当至少每月进行一次自行检查，并作出记录。特种设备使用单位在对在用特种设备进行自行检查和日常维护保养时发现异常情况的，应当及时处理。

特种设备使用单位应当对在用特种设备的安全附件、安全保护装置、测量调控装置及有关附属仪器仪表进行定期校验、检修，并作出记录。

锅炉使用单位应当按照安全技术规范的要求进行锅炉水（介）质处理，并接受特种设备检验检测机构实施的水（介）质处理定期检验。

从事锅炉清洗的单位，应当按照安全技术规范的要求进行锅炉清洗，并接受特种设备检验检测机构实施的锅炉清洗过程监督检验。

第二十八条 特种设备使用单位应当按照安全技术规范的定期检验要求，在安全检验合格有效期届满前1个月向特种设备检验检测机构提出定期检验要求。

检验检测机构接到定期检验要求后，应当按照安全技术规范的要求及时进行安全性能检验和能效测试。

未经定期检验或者检验不合格的特种设备，不得继续使用。

第二十九条 特种设备出现故障或者发生异常情况，使用单位应当对其进行全面检查，消除事故隐患后，方可重新投入使用。

特种设备不符合能效指标的，特种设备使用单位应当采取相应措施进行整改。

第三十条 特种设备存在严重事故隐患，无改造、维修价值，或者超过安全技术规范规定使用年限，特种设备使用单位应当及时予以报废，并应当向原登记的特种设备安全监督管理部门办理注销。

第三十一条 电梯的日常维护保养必须由依照本条例取得许可的安装、改造、维修单位或者电梯制造单位进行。

电梯应当至少每15日进行一次清洁、润滑、调整和检查。

第三十二条 电梯的日常维护保养单位应当在维护保养中严格执行国家安全技术规范的要求，保证其维护保养的电梯的安全技术性能，并负责落实现场安全防护措施，保证施工安全。

电梯的日常维护保养单位，应当对其维护保养的电梯的安全性能负责。接到故障通知后，应当立即赶赴现场，并采取必要的应急救援措施。

第三十三条 电梯、客运索道、大型游乐设施等为公众提供服务的特种设备运营使用单位，应当设置特种设备安全管理机构或者配备专职的安全管理人员；其他特种设备使用单位，应当根据情况设置特种设备安全管理机构或者配备专职、兼职的安全管理人员。

特种设备的安全管理人员应当对特种设备使用状况进行经常性检查，发现问题的应当立即处理；情况紧急时，可以决定停止使用特种设备并及时报告本单位有关负责人。

第三十四条 客运索道、大型游乐设施的运营使用单位在客运索道、大型游乐设施每日投入使用前，应当进行试运行和例行安全检查，并对安全装置进行检查确认。

电梯、客运索道、大型游乐设施的运营使用单位应当将电梯、客运索道、大型游乐设施的安全注意事项和警示标志置于易于为乘客注意的显著位置。

第三十五条 客运索道、大型游乐设施的运营使用单位的主要负责人应当熟悉客运索道、大型游乐设施的相关安全知识,并全面负责客运索道、大型游乐设施的安全使用。

客运索道、大型游乐设施的运营使用单位的主要负责人至少应当每月召开一次会议,督促、检查客运索道、大型游乐设施的安全使用工作。

客运索道、大型游乐设施的运营使用单位,应当结合本单位的实际情况,配备相应数量的营救装备和急救物品。

第三十六条 电梯、客运索道、大型游乐设施的乘客应当遵守使用安全注意事项的要求,服从有关工作人员的指挥。

第三十七条 电梯投入使用后,电梯制造单位应当对其制造的电梯的安全运行情况进行跟踪调查和了解,对电梯的日常维护保养单位或者电梯的使用单位在安全运行方面存在的问题,提出改进建议,并提供必要的技术帮助。发现电梯存在严重事故隐患的,应当及时向特种设备安全监督管理部门报告。电梯制造单位对调查和了解的情况,应当作出记录。

第三十八条 锅炉、压力容器、电梯、起重机械、客运索道、大型游乐设施、场(厂)内专用机动车辆的作业人员及其相关管理人员(以下统称特种设备作业人员),应当按照国家有关规定经特种设备安全监督管理部门考核合格,取得国家统一格式的特种作业人员证书,方可从事相应的作业或者管理工作。

第三十九条 特种设备使用单位应当对特种设备作业人员进行特种设备安全、节能教育和培训,保证特种设备作业人员具备必要的特种设备安全、节能知识。

特种设备作业人员在作业中应当严格执行特种设备的操作规程和有关的安全规章制度。

第四十条 特种设备作业人员在作业过程中发现事故隐患或者其他不安全因素,应当立即向现场安全管理人员和单位有关负责人报告。

第四章 检验检测

第四十一条 从事本条例规定的监督检验、定期检验、型式试验以及专门为特种设备生产、使用、检验检测提供无损检测服务的特种设备检验检测机构,应当经国务院特种设备安全监督管理部门核准。

特种设备使用单位设立的特种设备检验检测机构,经国务院特种设备安全监督管理部门核准,负责本单位核准范围内的特种设备定期检验工作。

第四十二条 特种设备检验检测机构,应当具备下列条件:

(一)有与所从事的检验检测工作相适应的检验检测人员;

(二)有与所从事的检验检测工作相适应的检验检测仪器和设备;

(三)有健全的检验检测管理制度、检验检测责任制度。

第四十三条 特种设备的监督检验、定期检验、型式试验和无损检测应当由依照本条例经核准的特种设备检验检测机构进行。

特种设备检验检测工作应当符合安全技术规范的要求。

第四十四条 从事本条例规定的监督检验、定期检验、型式试验和无损检测的特种设备检验检测人员应当经国务院特种设备安全监督管理部门组织考核合格,取得检验检测人员证书,方可从事检验检测工作。

检验检测人员从事检验检测工作,必须在特种设备检验检测机构执业,但不得同时在两个以上检验检测机构中执业。

第四十五条 特种设备检验检测机构和检验检测人员进行特种设备检验检测,应当遵循诚信原则和方便企业的原则,为特种设备生产、使用单位提供可靠、便捷的检验检测服务。

特种设备检验检测机构和检验检测人员对涉及的被检验检测单位的商业秘密,负有保密义务。

第四十六条 特种设备检验检测机构和检验检测人员应当客观、公正、及时地出具检验检测结果、鉴定结论。检验检测结果、鉴定结论经检验检测人员签字后,由检验检测机构负责人签署。

特种设备检验检测机构和检验检测人员对检验检测结果、鉴定结论负责。

国务院特种设备安全监督管理部门应当组织对特种设备检验检测机构的检验检测结果、鉴定结论进行监督抽查。县以上地方负责特种设备安全监督管理的部门在本行政区域内也可以组织监督抽查,但是要防止重复抽查。监督抽查结果应当向社会公布。

第四十七条 特种设备检验检测机构和检验检测人员不得从事特种设备的生产、销售,不得以其名义推荐或者监制、监销特种设备。

第四十八条 特种设备检验检测机构进行特种设备检验检测,发现严重事故隐患或者能耗严重超标的,应当及时告知特种设备使用单位,并立即向特种设备安全监督管理部门报告。

第四十九条 特种设备检验检测机构和检验检测人员利用检验检测工作故意刁难特种设备生产、使用单位,特种设备生产、使用单位有权向特种设备安全监督管理部门投诉,接到投诉的特种设备安全监督管理部门应当及时进行调查处理。

第五章 监督检查

第五十条 特种设备安全监督管理部门依照本条例规定,对特种设备生产、使用单位和检验检测机构实施安全监察。

对学校、幼儿园以及车站、客运码头、商场、体育场馆、展览馆、公园等公众聚集场所的特种设备,特种设备安全监督管理部门应当实施重点安全监察。

第五十一条 特种设备安全监督管理部门根据举报或者取得的涉嫌违法证据,对涉嫌违反本条例规定的行为进行查处时,可以行使下列职权:

(一)向特种设备生产、使用单位和检验检测机构的法定代表人、主要负责人和其他有关人员调查、了解与涉嫌从事违反本条例的生产、使用、检验检测有关的情况;

(二)查阅、复制特种设备生产、使用单位和检验检测机构的有关合同、发票、账簿以及其他有关资料;

(三)对有证据表明不符合安全技术规范要求的或者有其他严重事故隐患、能耗严重超标的特种设备,予以查封或者扣押。

第五十二条 依照本条例规定实施许可、核准、登记的特种设备安全监督管理部门,应当严格依照本条例规定条件和安全技术规范要求对有关事项进行审查;不符合本条例规定条件和安全技术规范要求的,不得许可、核准、登记;在申请办理许可、核准期间,特种设备安全监督管理部门发现申请人未经许可从事特种设备相应活动或者伪造许可、核准证书的,不予受理或者不予许可、核准,并在1年内不再受理其新的许可、核准申请。

未依法取得许可、核准、登记的单位擅自从事特种设备的生产、使用或者检验检测活动的,特种设备安全监督管理部门应当依法予以处理。

违反本条例规定,被依法撤销许可的,自撤销许可之日起3年内,特种设备安全监督管理部门不予受理其新的许可申请。

第五十三条 特种设备安全监督管理部门在办理本条例规定的有关行政审批事项时,其受理、审查、许可、核准的程序必须公开,并应当自受理申请之日起30日内,作出许可、核准或者不予许可、核准的决定;不予许可、核准的,应当书面向申请人说明理由。

第五十四条 地方各级特种设备安全监督管理部门不得以任何形式进行地方保护和地区封锁,不得对已经依照本条例规定在其他地方取得许可的特种设备生产单位重复进行许可,也不得要求对依照本条例规定在其他地方检验检测合格的特种设备,重复进行检验检测。

第五十五条 特种设备安全监督管理部门的安全监察人员(以下简称特种设备安全监察人员)应

当熟悉相关法律、法规、规章和安全技术规范，具有相应的专业知识和工作经验，并经国务院特种设备安全监督管理部门考核，取得特种设备安全监察人员证书。

特种设备安全监察人员应当忠于职守、坚持原则、秉公执法。

第五十六条 特种设备安全监督管理部门对特种设备生产、使用单位和检验检测机构实施安全监察时，应当有两名以上特种设备安全监察人员参加，并出示有效的特种设备安全监察人员证件。

第五十七条 特种设备安全监督管理部门对特种设备生产、使用单位和检验检测机构实施安全监察，应当对每次安全监察的内容、发现的问题及处理情况，作出记录，并由参加安全监察的特种设备安全监察人员和被检查单位的有关负责人签字后归档。被检查单位的有关负责人拒绝签字的，特种设备安全监察人员应当将情况记录在案。

第五十八条 特种设备安全监督管理部门对特种设备生产、使用单位和检验检测机构进行安全监察时，发现有违反本条例规定和安全技术规范要求的行为或者在用的特种设备存在事故隐患、不符合能效指标的，应当以书面形式发出特种设备安全监察指令，责令有关单位及时采取措施，予以改正或者消除事故隐患。紧急情况下需要采取紧急处置措施的，应当随后补发书面通知。

第五十九条 特种设备安全监督管理部门对特种设备生产、使用单位和检验检测机构进行安全监察，发现重大违法行为或者严重事故隐患时，应当在采取必要措施的同时，及时向上级特种设备安全监督管理部门报告。接到报告的特种设备安全监督管理部门应当采取必要措施，及时予以处理。

对违法行为、严重事故隐患或者不符合能效指标的处理需要当地人民政府和有关部门的支持、配合时，特种设备安全监督管理部门应当报告当地人民政府，并通知其他有关部门。当地人民政府和其他有关部门应当采取必要措施，及时予以处理。

第六十条 国务院特种设备安全监督管理部门和省、自治区、直辖市特种设备安全监督管理部门应当定期向社会公布特种设备安全以及能效状况。

公布特种设备安全以及能效状况，应当包括下列内容：

（一）特种设备质量安全状况；

（二）特种设备事故的情况、特点、原因分析、防范对策；

（三）特种设备能效状况；

（四）其他需要公布的情况。

第六章　事故预防和调查处理

第六十一条 有下列情形之一的，为特别重大事故：

（一）特种设备事故造成30人以上死亡，或者100人以上重伤（包括急性工业中毒，下同），或者1亿元以上直接经济损失的；

（二）600兆瓦以上锅炉爆炸的；

（三）压力容器、压力管道有毒介质泄漏，造成15万人以上转移的；

（四）客运索道、大型游乐设施高空滞留100人以上并且时间在48小时以上的。

第六十二条 有下列情形之一的，为重大事故：

（一）特种设备事故造成10人以上30人以下死亡，或者50人以上100人以下重伤，或者5000万元以上1亿元以下直接经济损失的；

（二）600兆瓦以上锅炉因安全故障中断运行240小时以上的；

（三）压力容器、压力管道有毒介质泄漏，造成5万人以上15万人以下转移的；

（四）客运索道、大型游乐设施高空滞留100人以上并且时间在24小时以上48小时以下的。

第六十三条 有下列情形之一的，为较大事故：

（一）特种设备事故造成3人以上10人以下死亡，或者10人以上50人以下重伤，或者1000万元以上5000万元以下直接经济损失的；

（二）锅炉、压力容器、压力管道爆炸的；

（三）压力容器、压力管道有毒介质泄漏，造成1万人以上5万人以下转移的；

（四）起重机械整体倾覆的；

（五）客运索道、大型游乐设施高空滞留人员12小时以上的。

第六十四条 有下列情形之一的，为一般事故：

（一）特种设备事故造成3人以下死亡，或者10人以下重伤，或者1万元以上1000万元以下直接经济损失的；

（二）压力容器、压力管道有毒介质泄漏，造成500人以上1万人以下转移的；

（三）电梯轿厢滞留人员2小时以上的；

（四）起重机械主要受力结构件折断或者起升机构坠落的；

（五）客运索道高空滞留人员3.5小时以上12小时以下的；

（六）大型游乐设施高空滞留人员1小时以上12小时以下的。

除前款规定外，国务院特种设备安全监督管理部门可以对一般事故的其他情形做出补充规定。

第六十五条 特种设备安全监督管理部门应当制定特种设备应急预案。特种设备使用单位应当制定事故应急专项预案，并定期进行事故应急演练。

压力容器、压力管道发生爆炸或者泄漏，在抢险救援时应当区分介质特性，严格按照相关预案规定程序处理，防止二次爆炸。

第六十六条 特种设备事故发生后，事故发生单位应当立即启动事故应急预案，组织抢救，防止事故扩大，减少人员伤亡和财产损失，并及时向事故发生地县以上特种设备安全监督管理部门和有关部门报告。

县以上特种设备安全监督管理部门接到事故报告，应当尽快核实有关情况，立即向所在地人民政府报告，并逐级上报事故情况。必要时，特种设备安全监督管理部门可以越级上报事故情况。对特别重大事故、重大事故，国务院特种设备安全监督管理部门应当立即报告国务院并通报国务院安全生产监督管理部门等有关部门。

第六十七条 特别重大事故由国务院或者国务院授权有关部门组织事故调查组进行调查。

重大事故由国务院特种设备安全监督管理部门会同有关部门组织事故调查组进行调查。

较大事故由省、自治区、直辖市特种设备安全监督管理部门会同有关部门组织事故调查组进行调查。

一般事故由设区的市的特种设备安全监督管理部门会同有关部门组织事故调查组进行调查。

第六十八条 事故调查报告应当由负责组织事故调查的特种设备安全监督管理部门的所在地人民政府批复，并报上一级特种设备安全监督管理部门备案。

有关机关应当按照批复，依照法律、行政法规规定的权限和程序，对事故责任单位和有关人员进行行政处罚，对负有事故责任的国家工作人员进行处分。

第六十九条 特种设备安全监督管理部门应当在有关地方人民政府的领导下，组织开展特种设备事故调查处理工作。

有关地方人民政府应当支持、配合上级人民政府或者特种设备安全监督管理部门的事故调查处理工作，并提供必要的便利条件。

第七十条 特种设备安全监督管理部门应当对发生事故的原因进行分析，并根据特种设备的管理和技术特点、事故情况对相关安全技术规范进行评估；需要制定或者修订相关安全技术规范的，应当及时制定或者修订。

第七十一条 本章所称的“以上”包括本数，所称的“以下”不包括本数。

第七章 法律责任

第七十二条 未经许可，擅自从事压力容器设计活动的，由特种设备安全监督管理部门予以取缔，处5万元以上20万元以下罚款；有违法所得的，没收违法所得；触犯刑律的，对负有责任的主管人员和其他直接责任人员依照刑法关于非法经营罪或者其他罪的规定，依法追究刑事责任。

第七十三条 锅炉、气瓶、氧舱和客运索道、大型游乐设施以及高耗能特种设备的设计文件，未经国务院特种设备安全监督管理部门核准的检验检测机构鉴定，擅自用于制造的，由特种设备安全监督管理部门责令改正，没收非法制造的产品，处5万元以上20万元以下罚款；触犯刑律的，对负有责任的主管人员和其他直接责任人员依照刑法关于生产、销售伪劣产品罪、非法经营罪或者其他罪的规定，依法追究刑事责任。

第七十四条 按照安全技术规范的要求应当进行型式试验的特种设备产品、部件或者试制特种设备新产品、新部件，未进行整机或者部件型式试验的，由特种设备安全监督管理部门责令限期改正；逾期未改正的，处2万元以上10万元以下罚款。

第七十五条 未经许可，擅自从事锅炉、压力容器、电梯、起重机械、客运索道、大型游乐设施、场(厂)内专用机动车辆及其安全附件、安全保护装置的制造、安装、改造以及压力管道元件的制造活动的，由特种设备安全监督管理部门予以取缔，没收非法制造的产品，已经实施安装、改造的，责令恢复原状或者责令限期由取得许可的单位重新安装、改造，处10万元以上50万元以下罚款；触犯刑律的，对负有责任的主管人员和其他直接责任人员依照刑法关于生产、销售伪劣产品罪、非法经营罪、重大责任事故罪或者其他罪的规定，依法追究刑事责任。

第七十六条 特种设备出厂时，未按照安全技术规范的要求附有设计文件、产品质量合格证明、安装及使用维修说明、监督检验证明等文件的，由特种设备安全监督管理部门责令改正；情节严重的，责令停止生产、销售，处违法生产、销售货值金额30%以下罚款；有违法所得的，没收违法所得。

第七十七条 未经许可，擅自从事锅炉、压力容器、电梯、起重机械、客运索道、大型游乐设施、场(厂)内专用机动车辆的维修或者日常维护保养的，由特种设备安全监督管理部门予以取缔，处1万元以上5万元以下罚款；有违法所得的，没收违法所得；触犯刑律的，对负有责任的主管人员和其他直接责任人员依照刑法关于非法经营罪、重大责任事故罪或者其他罪的规定，依法追究刑事责任。

第七十八条 锅炉、压力容器、电梯、起重机械、客运索道、大型游乐设施的安装、改造、维修的施工单位以及场(厂)内专用机动车辆的改造、维修单位，在施工前未将拟进行的特种设备安装、改造、维修情况书面告知直辖市或者设区的市的特种设备安全监督管理部门即行施工的，或者在验收后30日内未将有关技术资料移交锅炉、压力容器、电梯、起重机械、客运索道、大型游乐设施的使用单位的，由特种设备安全监督管理部门责令限期改正；逾期未改正的，处2000元以上1万元以下罚款。

第七十九条 锅炉、压力容器、压力管道元件、起重机械、大型游乐设施的制造过程和锅炉、压力容器、电梯、起重机械、客运索道、大型游乐设施的安装、改造、重大维修过程，以及锅炉清洗过程，未经国务院特种设备安全监督管理部门核准的检验检测机构按照安全技术规范的要求进行监督检验的，由特种设备安全监督管理部门责令改正，已经出厂的，没收违法生产、销售的产品，已经实施安装、改造、重大维修或者清洗的，责令限期进行监督检验，处5万元以上20万元以下罚款；有违法所得的，没收违法所得；情节严重的，撤销制造、安装、改造或者维修单位已经取得的许可，并由工商行政管理部门吊销其营业执照；触犯刑律的，对负有责任的主管人员和其他直接责任人员依照刑法关于生产、销售伪劣产品罪或者其他罪的规定，依法追究刑事责任。

第八十条 未经许可，擅自从事移动式压力容器或者气瓶充装活动的，由特种设备安全监督管理部门予以取缔，没收违法充装的气瓶，处10万元以上50万元以下罚款；有违法所得的，没收违法所得；触犯刑律的，对负有责任的主管人员和其他直接责任人员依照刑法关于非法经营罪或者其他罪的规定，依法追究刑事责任。

移动式压力容器、气瓶充装单位未按照安全技术规范的要求进行充装活动的，由特种设备安全监督管理部门责令改正，处2万元以上10万元以下罚款；情节严重的，撤销其充装资格。

第八十一条 电梯制造单位有下列情形之一的，由特种设备安全监督管理部门责令限期改正；逾期未改正的，予以通报批评：

(一)未依照本条例第十九条的规定对电梯进行校验、调试的；

(二)对电梯的安全运行情况进行跟踪调查和了解时，发现存在严重事故隐患，未及时向特种设备安全监督管理部门报告的。

第八十二条 已经取得许可、核准的特种设备生产单位、检验检测机构有下列行为之一的，由特种设备安全监督管理部门责令改正，处2万元以上10万元以下罚款；情节严重的，撤销其相应资格：

（一）未按照安全技术规范的要求办理许可证变更手续的；

（二）不再符合本条例规定或者安全技术规范要求的条件，继续从事特种设备生产、检验检测的；

（三）未依照本条例规定或者安全技术规范要求进行特种设备生产、检验检测的；

（四）伪造、变造、出租、出借、转让许可证书或者监督检验报告的。

第八十三条 特种设备使用单位有下列情形之一的，由特种设备安全监督管理部门责令限期改正；逾期未改正的，处2000元以上2万元以下罚款；情节严重的，责令停止使用或者停产停业整顿：

（一）特种设备投入使用前或者投入使用后30日内，未向特种设备安全监督管理部门登记，擅自将其投入使用的；

（二）未依照本条例第二十六条的规定，建立特种设备安全技术档案的；

（三）未依照本条例第二十七条的规定，对在用特种设备进行经常性日常维护保养和定期自行检查的，或者对在用特种设备的安全附件、安全保护装置、测量调控装置及有关附属仪器仪表进行定期校验、检修，并作出记录的；

（四）未按照安全技术规范的定期检验要求，在安全检验合格有效期届满前1个月向特种设备检验检测机构提出定期检验要求的；

（五）使用未经定期检验或者检验不合格的特种设备的；

（六）特种设备出现故障或者发生异常情况，未对其进行全面检查、消除事故隐患，继续投入使用的；

（七）未制定特种设备事故应急专项预案的；

（八）未依照本条例第三十一条第二款的规定，对电梯进行清洁、润滑、调整和检查的；

（九）未按照安全技术规范要求进行锅炉水（介）质处理的；

（十）特种设备不符合能效指标，未及时采取相应措施进行整改的。

特种设备使用单位使用未取得生产许可的单位生产的特种设备或者将非承压锅炉、非压力容器作为承压锅炉、压力容器使用的，由特种设备安全监督管理部门责令停止使用，予以没收，处2万元以上10万元以下罚款。

第八十四条 特种设备存在严重事故隐患，无改造、维修价值，或者超过安全技术规范规定的使用年限，特种设备使用单位未予以报废，并向原登记的特种设备安全监督管理部门办理注销的，由特种设备安全监督管理部门责令限期改正；逾期未改正的，处5万元以上20万元以下罚款。

第八十五条 电梯、客运索道、大型游乐设施的运营使用单位有下列情形之一的，由特种设备安全监督管理部门责令限期改正；逾期未改正的，责令停止使用或者停产停业整顿，处1万元以上5万元以下罚款：

（一）客运索道、大型游乐设施每日投入使用前，未进行试运行和例行安全检查，并对安全装置进行检查确认的；

（二）未将电梯、客运索道、大型游乐设施的安全注意事项和警示标志置于易于为乘客注意的显著位置的。

第八十六条 特种设备使用单位有下列情形之一的，由特种设备安全监督管理部门责令限期改正；逾期未改正的，责令停止使用或者停产停业整顿，处2000元以上2万元以下罚款：

（一）未依照本条例规定设置特种设备安全管理机构或者配备专职、兼职的安全管理人员的；

（二）从事特种设备作业的人员，未取得相应特种作业人员证书，上岗作业的；

（三）未对特种设备作业人员进行特种设备安全教育和培训的。

第八十七条 发生特种设备事故，有下列情形之一的，对单位，由特种设备安全监督管理部门处5万元以上20万元以下罚款；对主要负责人，由特种设备安全监督管理部门处4000元以上2万元以下罚款；属于国家工作人员的，依法给予处分；触犯刑律的，依照刑法关于重大责任事故罪或者其他罪的规定，依法追究刑事责任：

（一）特种设备使用单位的主要负责人在本单位发生特种设备事故时，不立即组织抢救或者在事故调查处理期间擅离职守或者逃匿的；

（二）特种设备使用单位的主要负责人对特种设备事故隐瞒不报、谎报或者拖延不报的。

第八十八条 对事故发生负有责任的单位，由特种设备安全监督管理部门依照下列规定处以罚款：

（一）发生一般事故的，处10万元以上20万元以下罚款；

（二）发生较大事故的，处20万元以上50万元以下罚款；

（三）发生重大事故的，处50万元以上200万元以下罚款。

第八十九条 对事故发生负有责任的单位的主要负责人未依法履行职责，导致事故发生的，由特种设备安全监督管理部门依照下列规定处以罚款；属于国家工作人员的，并依法给予处分；触犯刑律的，依照刑法关于重大责任事故罪或者其他罪的规定，依法追究刑事责任：

（一）发生一般事故的，处上一年年收入30%的罚款；

（二）发生较大事故的，处上一年年收入40%的罚款；

（三）发生重大事故的，处上一年年收入60%的罚款。

第九十条 特种设备作业人员违反特种设备的操作规程和有关的安全规章制度操作，或者在作业过程中发现事故隐患或者其他不安全因素，未立即向现场安全管理人员和单位有关负责人报告的，由特种设备使用单位给予批评教育、处分；情节严重的，撤销特种设备作业人员资格；触犯刑律的，依照刑法关于重大责任事故罪或者其他罪的规定，依法追究刑事责任。

第九十一条 未经核准，擅自从事本条例所规定的监督检验、定期检验、型式试验以及无损检测等检验检测活动的，由特种设备安全监督管理部门予以取缔，处5万元以上20万元以下罚款；有违法所得的，没收违法所得；触犯刑律的，对负有责任的主管人员和其他直接责任人员依照刑法关于非法经营罪或者其他罪的规定，依法追究刑事责任。

第九十二条 特种设备检验检测机构，有下列情形之一的，由特种设备安全监督管理部门处2万元以上10万元以下罚款；情节严重的，撤销其检验检测资格：

（一）聘用未经特种设备安全监督管理部门组织考核合格并取得检验检测人员证书的人员，从事相关检验检测工作的；

（二）在进行特种设备检验检测中，发现严重事故隐患或者能耗严重超标，未及时告知特种设备使用单位，并立即向特种设备安全监督管理部门报告的。

第九十三条 特种设备检验检测机构和检验检测人员，出具虚假的检验检测结果、鉴定结论或者检验检测结果、鉴定结论严重失实的，由特种设备安全监督管理部门对检验检测机构没收违法所得，处5万元以上20万元以下罚款，情节严重的，撤销其检验检测资格；对检验检测人员处5000元以上5万元以下罚款，情节严重的，撤销其检验检测资格，触犯刑律的，依照刑法关于中介组织人员提供虚假证明文件罪、中介组织人员出具证明文件重大失实罪或者其他罪的规定，依法追究刑事责任。

特种设备检验检测机构和检验检测人员，出具虚假的检验检测结果、鉴定结论或者检验检测结果、鉴定结论严重失实，造成损害的，应当承担赔偿责任。

第九十四条 特种设备检验检测机构或者检验检测人员从事特种设备的生产、销售，或者以其名义推荐或者监制、监销特种设备的，由特种设备安全监督管理部门撤销特种设备检验检测机构和检验检测人员的资格，处5万元以上20万元以下罚款；有违法所得的，没收违法所得。

第九十五条 特种设备检验检测机构和检验检测人员利用检验检测工作故意刁难特种设备生产、使用单位，由特种设备安全监督管理部门责令改正；拒不改正的，撤销其检验检测资格。

第九十六条 检验检测人员，从事检验检测工作，不在特种设备检验检测机构执业或者同时在两个以上检验检测机构中执业的，由特种设备安全监督管理部门责令改正，情节严重的，给予停止执业6个月以上2年以下的处罚；有违法所得的，没收违法所得。

第九十七条 特种设备安全监督管理部门及其特种设备安全监察人员，有下列违法行为之一的，对直接负责的主管人员和其他直接责任人员，依法给予降级或者撤职的处分；触犯刑律的，依照刑法关于受贿罪、滥用职权罪、玩忽职守罪或者其他罪的规定，依法追究刑事责任：

（一）不按照本条例规定的条件和安全技术规范要求，实施许可、核准、登记的；

（二）发现未经许可、核准、登记擅自从事特种设备的生产、使用或者检验检测活动不予取缔或者不依法予以处理的；

（三）发现特种设备生产、使用单位不再具备本条例规定的条件而不撤销其原许可，或者发现特种设备生产、使用违法行为不予查处的；

（四）发现特种设备检验检测机构不再具备本条例规定的条件而不撤销其原核准，或者对其出具虚假的检验检测结果、鉴定结论或者检验检测结果、鉴定结论严重失实的行为不予查处的；

（五）对依照本条例规定在其他地方取得许可的特种设备生产单位重复进行许可，或者对依照本条例规定在其他地方检验检测合格的特种设备，重复进行检验检测的；

（六）发现有违反本条例和安全技术规范的行为或者在用的特种设备存在严重事故隐患，不立即处理的；

（七）发现重大的违法行为或者严重事故隐患，未及时向上级特种设备安全监督管理部门报告，或者接到报告的特种设备安全监督管理部门不立即处理的；

（八）迟报、漏报、瞒报或者谎报事故的；

（九）妨碍事故救援或者事故调查处理的。

第九十八条 特种设备的生产、使用单位或者检验检测机构，拒不接受特种设备安全监督管理部门依法实施的安全监察的，由特种设备安全监督管理部门责令限期改正；逾期未改正的，责令停产停业整顿，处 2 万元以上 10 万元以下罚款；触犯刑律的，依照刑法关于妨害公务罪或者其他罪的规定，依法追究刑事责任。

特种设备生产、使用单位擅自动用、调换、转移、损毁被查封、扣押的特种设备或者其主要部件的，由特种设备安全监督管理部门责令改正，处 5 万元以上 20 万元以下罚款；情节严重的，撤销其相应资格。

第八章　附　　则

第九十九条 本条例下列用语的含义是：

（一）锅炉，是指利用各种燃料、电或者其他能源，将所盛装的液体加热到一定的参数，并对外输出热能的设备，其范围规定为容积大于或者等于 30L 的承压蒸汽锅炉；出口水压大于或者等于 0.1MPa（表压），且额定功率大于或者等于 0.1MW 的承压热水锅炉；有机热载体锅炉。

（二）压力容器，是指盛装气体或者液体，承载一定压力的密闭设备，其范围规定为最高工作压力大于或者等于 0.1MPa（表压），且压力与容积的乘积大于或者等于 2.5MPa·L 的气体、液化气体和最高工作温度高于或者等于标准沸点的液体的固定式容器和移动式容器；盛装公称工作压力大于或者等于 0.2MPa（表压），且压力与容积的乘积大于或者等于 1.0MPa·L 的气体、液化气体和标准沸点等于或者低于 60℃液体的气瓶；氧舱等。

（三）压力管道，是指利用一定的压力，用于输送气体或者液体的管状设备，其范围规定为最高工作压力大于或者等于 0.1MPa（表压）的气体、液化气体、蒸汽介质或者可燃、易爆、有毒、有腐蚀性、最高工作温度高于或者等于标准沸点的液体介质，且公称直径大于 25mm 的管道。

（四）电梯，是指动力驱动，利用沿刚性导轨运行的箱体或者沿固定线路运行的梯级（踏步），进行升降或者平行运送人、货物的机电设备，包括载人（货）电梯、自动扶梯、自动人行道等。

（五）起重机械，是指用于垂直升降或者垂直升降并水平移动重物的机电设备，其范围规定为额定起重量大于或者等于 0.5t 的升降机；额定起重量大于或者等于 1t，且提升高度大于或者等于 2m 的起重机和承重形式固定的电动葫芦等。

（六）客运索道，是指动力驱动，利用柔性绳索牵引箱体等运载工具运送人员的机电设备，包括客运架空索道、客运缆车、客运拖牵索道等。

（七）大型游乐设施，是指用于经营目的，承载乘客游乐的设施，其范围规定为设计最大运行线速度大于或者等于2m/s，或者运行高度距地面高于或者等于2m的载人大型游乐设施。

（八）场（厂）内专用机动车辆，是指除道路交通、农用车辆以外仅在工厂厂区、旅游景区、游乐场所等特定区域使用的专用机动车辆。

特种设备包括其所用的材料、附属的安全附件、安全保护装置和与安全保护装置相关的设施。

第一百条 压力管道设计、安装、使用的安全监督管理办法由国务院另行制定。

第一百零一条 国务院特种设备安全监督管理部门可以授权省、自治区、直辖市特种设备安全监督管理部门负责本条例规定的特种设备行政许可工作，具体办法由国务院特种设备安全监督管理部门制定。

第一百零二条 特种设备行政许可、检验检测，应当按照国家有关规定收取费用。

第一百零三条 本条例自2003年6月1日起施行。1982年2月6日国务院发布的《锅炉压力容器安全监察暂行条例》同时废止。

建设工程安全生产管理条例

中华人民共和国国务院令

第393号

《建设工程安全生产管理条例》已经2003年11月12日国务院第28次常务会议通过，现予公布，自2004年2月1日起施行。

总理　温家宝

二〇〇三年十一月二十四日

目　录

第一章　总　　则

第一条　为了加强建设工程安全生产监督管理，保障人民群众生命和财产安全，根据《中华人民共和国建筑法》、《中华人民共和国安全生产法》，制定本条例。

第二条　在中华人民共和国境内从事建设工程的新建、扩建、改建和拆除等有关活动及实施对建设工程安全生产的监督管理，必须遵守本条例。

本条例所称建设工程，是指土木工程、建筑工程、线路管道和设备安装工程及装修工程。

第三条　建设工程安全生产管理，坚持安全第一、预防为主的方针。

第四条　建设单位、勘察单位、设计单位、施工单位、工程监理单位及其他与建设工程安全生产有关的单位，必须遵守安全生产法律、法规的规定，保证建设工程安全生产，依法承担建设工程安全生产责任。

第五条　国家鼓励建设工程安全生产的科学技术研究和先进技术的推广应用，推进建设工程安全生产的科学管理。

第二章　建设单位的安全责任

第六条　建设单位应当向施工单位提供施工现场及毗邻区域内供水、排水、供电、供气、供热、通信、广播电视等地下管线资料，气象和水文观测资料，相邻建筑物和构筑物、地下工程的有关资料，并保证资料的真实、准确、完整。

建设单位因建设工程需要，向有关部门或者单位查询前款规定的资料时，有关部门或者单位应当及时提供。

第七条 建设单位不得对勘察、设计、施工、工程监理等单位提出不符合建设工程安全生产法律、法规和强制性标准规定的要求,不得压缩合同约定的工期。

第八条 建设单位在编制工程概算时,应当确定建设工程安全作业环境及安全施工措施所需费用。

第九条 建设单位不得明示或者暗示施工单位购买、租赁、使用不符合安全施工要求的安全防护用具、机械设备、施工机具及配件、消防设施和器材。

第十条 建设单位在申请领取施工许可证时,应当提供建设工程有关安全施工措施的资料。

依法批准开工报告的建设工程,建设单位应当自开工报告批准之日起15日内,将保证安全施工的措施报送建设工程所在地的县级以上地方人民政府建设行政主管部门或者其他有关部门备案。

第十一条 建设单位应当将拆除工程发包给具有相应资质等级的施工单位。

建设单位应当在拆除工程施工15日前,将下列资料报送建设工程所在地的县级以上地方人民政府建设行政主管部门或者其他有关部门备案:

(一)施工单位资质等级证明;

(二)拟拆除建筑物、构筑物及可能危及毗邻建筑的说明;

(三)拆除施工组织方案;

(四)堆放、清除废弃物的措施。

实施爆破作业的,应当遵守国家有关民用爆炸物品管理的规定。

第三章 勘察、设计、工程监理及其他有关单位的安全责任

第十二条 勘察单位应当按照法律、法规和工程建设强制性标准进行勘察,提供的勘察文件应当真实、准确,满足建设工程安全生产的需要。

勘察单位在勘察作业时,应当严格执行操作规程,采取措施保证各类管线、设施和周边建筑物、构筑物的安全。

第十三条 设计单位应当按照法律、法规和工程建设强制性标准进行设计,防止因设计不合理导致生产安全事故的发生。

设计单位应当考虑施工安全操作和防护的需要,对涉及施工安全的重点部位和环节在设计文件中注明,并对防范生产安全事故提出指导意见。

采用新结构、新材料、新工艺的建设工程和特殊结构的建设工程,设计单位应当在设计中提出保障施工作业人员安全和预防生产安全事故的措施建议。

设计单位和注册建筑师等注册执业人员应当对其设计负责。

第十四条 工程监理单位应当审查施工组织设计中的安全技术措施或者专项施工方案是否符合工程建设强制性标准。

工程监理单位在实施监理过程中,发现存在安全事故隐患的,应当要求施工单位整改;情况严重的,应当要求施工单位暂时停止施工,并及时报告建设单位。施工单位拒不整改或者不停止施工的,工程监理单位应当及时向有关主管部门报告。

工程监理单位和监理工程师应当按照法律、法规和工程建设强制性标准实施监理,并对建设工程安全生产承担监理责任。

第十五条 为建设工程提供机械设备和配件的单位,应当按照安全施工的要求配备齐全有效的保险、限位等安全设施和装置。

第十六条 出租的机械设备和施工机具及配件,应当具有生产(制造)许可证、产品合格证。

出租单位应当对出租的机械设备和施工机具及配件的安全性能进行检测,在签订租赁协议时,应当出具检测合格证明。

禁止出租检测不合格的机械设备和施工机具及配件。

第十七条 在施工现场安装、拆卸施工起重机械和整体提升脚手架、模板等自升式架设设施,必须由具有相应资质的单位承担。

安装、拆卸施工起重机械和整体提升脚手架、模板等自升式架设设施,应当编制拆装方案、制定安全施工措施,并由专业技术人员现场监督。

施工起重机械和整体提升脚手架、模板等自升式架设设施安装完毕后,安装单位应当自检,出具自检合格证明,并向施工单位进行安全使用说明,办理验收手续并签字。

第十八条 施工起重机械和整体提升脚手架、模板等自升式架设设施的使用达到国家规定的检验检测期限的,必须经具有专业资质的检验检测机构检测。经检测不合格的,不得继续使用。

第十九条 检验检测机构对检测合格的施工起重机械和整体提升脚手架、模板等自升式架设设施,应当出具安全合格证明文件,并对检测结果负责。

第四章 施工单位的安全责任

第二十条 施工单位从事建设工程的新建、扩建、改建和拆除等活动,应当具备国家规定的注册资本、专业技术人员、技术装备和安全生产等条件,依法取得相应等级的资质证书,并在其资质等级许可的范围内承揽工程。

第二十一条 施工单位主要负责人依法对本单位的安全生产工作全面负责。施工单位应当建立健全安全生产责任制度和安全生产教育培训制度,制定安全生产规章制度和操作规程,保证本单位安全生产条件所需资金的投入,对所承担的建设工程进行定期和专项安全检查,并做好安全检查记录。

施工单位的项目负责人应当由取得相应执业资格的人员担任,对建设工程项目的安全施工负责,落实安全生产责任制度、安全生产规章制度和操作规程,确保安全生产费用的有效使用,并根据工程的特点组织制定安全施工措施,消除安全事故隐患,及时、如实报告生产安全事故。

第二十二条 施工单位对列入建设工程概算的安全作业环境及安全施工措施所需费用,应当用于施工安全防护用具及设施的采购和更新、安全施工措施的落实、安全生产条件的改善,不得挪作他用。

第二十三条 施工单位应当设立安全生产管理机构,配备专职安全生产管理人员。

专职安全生产管理人员负责对安全生产进行现场监督检查。发现安全事故隐患,应当及时向项目负责人和安全生产管理机构报告;对违章指挥、违章操作的,应当立即制止。

专职安全生产管理人员的配备办法由国务院建设行政主管部门会同国务院其他有关部门制定。

第二十四条 建设工程实行施工总承包的,由总承包单位对施工现场的安全生产负总责。

总承包单位应当自行完成建设工程主体结构的施工。

总承包单位依法将建设工程分包给其他单位的,分包合同中应当明确各自的安全生产方面的权利、义务。总承包单位和分包单位对分包工程的安全生产承担连带责任。

分包单位应当服从总承包单位的安全生产管理,分包单位不服从管理导致生产安全事故的,由分包单位承担主要责任。

第二十五条 垂直运输机械作业人员、安装拆卸工、爆破作业人员、起重信号工、登高架设作业人员等特种作业人员,必须按照国家有关规定经过专门的安全作业培训,并取得特种作业操作资格证书后,方可上岗作业。

第二十六条 施工单位应当在施工组织设计中编制安全技术措施和施工现场临时用电方案,对下列达到一定规模的危险性较大的分部分项工程编制专项施工方案,并附具安全验算结果,经施工单位技术负责人、总监理工程师签字后实施,由专职安全生产管理人员进行现场监督:

(一)基坑支护与降水工程;

(二)土方开挖工程;

(三)模板工程;

(四)起重吊装工程;

(五)脚手架工程;

(六)拆除、爆破工程;

(七)国务院建设行政主管部门或者其他有关部门规定的其他危险性较大的工程。

对前款所列工程中涉及深基坑、地下暗挖工程、高大模板工程的专项施工方案,施工单位还应当组织专家进行论证、审查。

本条第一款规定的达到一定规模的危险性较大工程的标准,由国务院建设行政主管部门会同国务院其他有关部门制定。

第二十七条 建设工程施工前,施工单位负责项目管理的技术人员应当对有关安全施工的技术要求向施工作业班组、作业人员作出详细说明,并由双方签字确认。

第二十八条 施工单位应当在施工现场入口处、施工起重机械、临时用电设施、脚手架、出入通道口、楼梯口、电梯井口、孔洞口、桥梁口、隧道口、基坑边沿、爆破物及有害危险气体和液体存放处等危险部位,设置明显的安全警示标志。安全警示标志必须符合国家标准。

施工单位应当根据不同施工阶段和周围环境及季节、气候的变化,在施工现场采取相应的安全施工措施。施工现场暂时停止施工的,施工单位应当做好现场防护,所需费用由责任方承担,或者按照合同约定执行。

第二十九条 施工单位应当将施工现场的办公、生活区与作业区分开设置,并保持安全距离;办公、生活区的选址应当符合安全性要求。职工的膳食、饮水、休息场所等应当符合卫生标准。施工单位不得在尚未竣工的建筑物内设置员工集体宿舍。

施工现场临时搭建的建筑物应当符合安全使用要求。施工现场使用的装配式活动房屋应当具有产品合格证。

第三十条 施工单位对因建设工程施工可能造成损害的毗邻建筑物、构筑物和地下管线等,应当采取专项防护措施。

施工单位应当遵守有关环境保护法律、法规的规定,在施工现场采取措施,防止或者减少粉尘、废气、废水、固体废物、噪声、振动和施工照明对人和环境的危害和污染。

在城市市区内的建设工程,施工单位应当对施工现场实行封闭围挡。

第三十一条 施工单位应当在施工现场建立消防安全责任制度,确定消防安全责任人,制定用火、用电、使用易燃易爆材料等各项消防安全管理制度和操作规程,设置消防通道、消防水源,配备消防设施和灭火器材,并在施工现场入口处设置明显标志。

第三十二条 施工单位应当向作业人员提供安全防护用具和安全防护服装,并书面告知危险岗位的操作规程和违章操作的危害。

作业人员有权对施工现场的作业条件、作业程序和作业方式中存在的安全问题提出批评、检举和控告,有权拒绝违章指挥和强令冒险作业。

在施工中发生危及人身安全的紧急情况时,作业人员有权立即停止作业或者在采取必要的应急措施后撤离危险区域。

第三十三条 作业人员应当遵守安全施工的强制性标准、规章制度和操作规程,正确使用安全防护用具、机械设备等。

第三十四条 施工单位采购、租赁的安全防护用具、机械设备、施工机具及配件,应当具有生产(制造)许可证、产品合格证,并在进入施工现场前进行查验。

施工现场的安全防护用具、机械设备、施工机具及配件必须由专人管理,定期进行检查、维修和保养,建立相应的资料档案,并按照国家有关规定及时报废。

第三十五条 施工单位在使用施工起重机械和整体提升脚手架、模板等自升式架设设施前,应当组织有关单位进行验收,也可以委托具有相应资质的检验检测机构进行验收;使用承租的机械设备和施工机具及配件的,由施工总承包单位、分包单位、出租单位和安装单位共同进行验收。验收合格的方可使用。

《特种设备安全监察条例》规定的施工起重机械,在验收前应当经有相应资质的检验检测机构监督检验合格。

施工单位应当自施工起重机械和整体提升脚手架、模板等自升式架设设施验收合格之日起30日内，向建设行政主管部门或者其他有关部门登记。登记标志应当置于或者附着于该设备的显著位置。

第三十六条 施工单位的主要负责人、项目负责人、专职安全生产管理人员应当经建设行政主管部门或者其他有关部门考核合格后方可任职。

施工单位应当对管理人员和作业人员每年至少进行一次安全生产教育培训，其教育培训情况记入个人工作档案。安全生产教育培训考核不合格的人员，不得上岗。

第三十七条 作业人员进入新的岗位或者新的施工现场前，应当接受安全生产教育培训。未经教育培训或者教育培训考核不合格的人员，不得上岗作业。

施工单位在采用新技术、新工艺、新设备、新材料时，应当对作业人员进行相应的安全生产教育培训。

第三十八条 施工单位应当为施工现场从事危险作业的人员办理意外伤害保险。

意外伤害保险费由施工单位支付。实行施工总承包的，由总承包单位支付意外伤害保险费。意外伤害保险期限自建设工程开工之日起至竣工验收合格止。

第五章 监督管理

第三十九条 国务院负责安全生产监督管理的部门依照《中华人民共和国安全生产法》的规定，对全国建设工程安全生产工作实施综合监督管理。

县级以上地方人民政府负责安全生产监督管理的部门依照《中华人民共和国安全生产法》的规定，对本行政区域内建设工程安全生产工作实施综合监督管理。

第四十条 国务院建设行政主管部门对全国的建设工程安全生产实施监督管理。国务院铁路、交通、水利等有关部门按照国务院规定的职责分工，负责有关专业建设工程安全生产的监督管理。

县级以上地方人民政府建设行政主管部门对本行政区域内的建设工程安全生产实施监督管理。县级以上地方人民政府交通、水利等有关部门在各自的职责范围内，负责本行政区域内的专业建设工程安全生产的监督管理。

第四十一条 建设行政主管部门和其他有关部门应当将本条例第十条、第十一条规定的有关资料的主要内容抄送同级负责安全生产监督管理的部门。

第四十二条 建设行政主管部门在审核发放施工许可证时，应当对建设工程是否有安全施工措施进行审查，对没有安全施工措施的，不得颁发施工许可证。

建设行政主管部门或者其他有关部门对建设工程是否有安全施工措施进行审查时，不得收取费用。

第四十三条 县级以上人民政府负有建设工程安全生产监督管理职责的部门在各自的职责范围内履行安全监督检查职责时，有权采取下列措施：

(一)要求被检查单位提供有关建设工程安全生产的文件和资料；

(二)进入被检查单位施工现场进行检查；

(三)纠正施工中违反安全生产要求的行为；

(四)对检查中发现的安全事故隐患，责令立即排除；重大安全事故隐患排除前或者排除过程中无法保证安全的，责令从危险区域内撤出作业人员或者暂时停止施工。

第四十四条 建设行政主管部门或者其他有关部门可以将施工现场的监督检查委托给建设工程安全监督机构具体实施。

第四十五条 国家对严重危及施工安全的工艺、设备、材料实行淘汰制度。具体目录由国务院建设行政主管部门会同国务院其他有关部门制定并公布。

第四十六条 县级以上人民政府建设行政主管部门和其他有关部门应当及时受理对建设工程生产安全事故及安全事故隐患的检举、控告和投诉。

第六章　生产安全事故的应急救援和调查处理

第四十七条　县级以上地方人民政府建设行政主管部门应当根据本级人民政府的要求，制定本行政区域内建设工程特大生产安全事故应急救援预案。

第四十八条　施工单位应当制定本单位生产安全事故应急救援预案，建立应急救援组织或者配备应急救援人员，配备必要的应急救援器材、设备，并定期组织演练。

第四十九条　施工单位应当根据建设工程施工的特点、范围，对施工现场易发生重大事故的部位、环节进行监控，制定施工现场生产安全事故应急救援预案。实行施工总承包的，由总承包单位统一组织编制建设工程生产安全事故应急救援预案，工程总承包单位和分包单位按照应急救援预案，各自建立应急救援组织或者配备应急救援人员，配备救援器材、设备，并定期组织演练。

第五十条　施工单位发生生产安全事故，应当按照国家有关伤亡事故报告和调查处理的规定，及时、如实地向负责安全生产监督管理的部门、建设行政主管部门或者其他有关部门报告；特种设备发生事故的，还应当同时向特种设备安全监督管理部门报告。接到报告的部门应当按照国家有关规定，如实上报。

实行施工总承包的建设工程，由总承包单位负责上报事故。

第五十一条　发生生产安全事故后，施工单位应当采取措施防止事故扩大，保护事故现场。需要移动现场物品时，应当做出标记和书面记录，妥善保管有关证物。

第五十二条　建设工程生产安全事故的调查、对事故责任单位和责任人的处罚与处理，按照有关法律、法规的规定执行。

第七章　法律责任

第五十三条　违反本条例的规定，县级以上人民政府建设行政主管部门或者其他有关行政管理部门的工作人员，有下列行为之一的，给予降级或者撤职的行政处分；构成犯罪的，依照刑法有关规定追究刑事责任：

（一）对不具备安全生产条件的施工单位颁发资质证书的；

（二）对没有安全施工措施的建设工程颁发施工许可证的；

（三）发现违法行为不予查处的；

（四）不依法履行监督管理职责的其他行为。

第五十四条　违反本条例的规定，建设单位未提供建设工程安全生产作业环境及安全施工措施所需费用的，责令限期改正；逾期未改正的，责令该建设工程停止施工。

建设单位未将保证安全施工的措施或者拆除工程的有关资料报送有关部门备案的，责令限期改正，给予警告。

第五十五条　违反本条例的规定，建设单位有下列行为之一的，责令限期改正，处20万元以上50万元以下的罚款；造成重大安全事故，构成犯罪的，对直接责任人员，依照刑法有关规定追究刑事责任；造成损失的，依法承担赔偿责任：

（一）对勘察、设计、施工、工程监理等单位提出不符合安全生产法律、法规和强制性标准规定的要求的；

（二）要求施工单位压缩合同约定的工期的；

（三）将拆除工程发包给不具有相应资质等级的施工单位的。

第五十六条　违反本条例的规定，勘察单位、设计单位有下列行为之一的，责令限期改正，处10万元以上30万元以下的罚款；情节严重的，责令停业整顿，降低资质等级，直至吊销资质证书；造成重大安全事故，构成犯罪的，对直接责任人员，依照刑法有关规定追究刑事责任；造成损失的，依法承担赔偿责任：

（一）未按照法律、法规和工程建设强制性标准进行勘察、设计的；

（二）采用新结构、新材料、新工艺的建设工程和特殊结构的建设工程，设计单位未在设计中提出保障施工作业人员安全和预防生产安全事故的措施建议的。

第五十七条 违反本条例的规定，工程监理单位有下列行为之一的，责令限期改正；逾期未改正的，责令停业整顿，并处10万元以上30万元以下的罚款；情节严重的，降低资质等级，直至吊销资质证书；造成重大安全事故，构成犯罪的，对直接责任人员，依照刑法有关规定追究刑事责任；造成损失的，依法承担赔偿责任：

（一）未对施工组织设计中的安全技术措施或者专项施工方案进行审查的；

（二）发现安全事故隐患未及时要求施工单位整改或者暂时停止施工的；

（三）施工单位拒不整改或者不停止施工，未及时向有关主管部门报告的；

（四）未依照法律、法规和工程建设强制性标准实施监理的。

第五十八条 注册执业人员未执行法律、法规和工程建设强制性标准的，责令停止执业3个月以上1年以下；情节严重的，吊销执业资格证书，5年内不予注册；造成重大安全事故的，终身不予注册；构成犯罪的，依照刑法有关规定追究刑事责任。

第五十九条 违反本条例的规定，为建设工程提供机械设备和配件的单位，未按照安全施工的要求配备齐全有效的保险、限位等安全设施和装置的，责令限期改正，处合同价款1倍以上3倍以下的罚款；造成损失的，依法承担赔偿责任。

第六十条 违反本条例的规定，出租单位出租未经安全性能检测或者经检测不合格的机械设备和施工机具及配件的，责令停业整顿，并处5万元以上10万元以下的罚款；造成损失的，依法承担赔偿责任。

第六十一条 违反本条例的规定，施工起重机械和整体提升脚手架、模板等自升式架设设施安装、拆卸单位有下列行为之一的，责令限期改正，处5万元以上10万元以下的罚款；情节严重的，责令停业整顿，降低资质等级，直至吊销资质证书；造成损失的，依法承担赔偿责任：

（一）未编制拆装方案、制定安全施工措施的；

（二）未由专业技术人员现场监督的；

（三）未出具自检合格证明或者出具虚假证明的；

（四）未向施工单位进行安全使用说明，办理移交手续的。

施工起重机械和整体提升脚手架、模板等自升式架设设施安装、拆卸单位有前款规定的第（一）项、第（三）项行为，经有关部门或者单位职工提出后，对事故隐患仍不采取措施，因而发生重大伤亡事故或者造成其他严重后果，构成犯罪的，对直接责任人员，依照刑法有关规定追究刑事责任。

第六十二条 违反本条例的规定，施工单位有下列行为之一的，责令限期改正；逾期未改正的，责令停业整顿，依照《中华人民共和国安全生产法》的有关规定处以罚款；造成重大安全事故，构成犯罪的，对直接责任人员，依照刑法有关规定追究刑事责任：

（一）未设立安全生产管理机构、配备专职安全生产管理人员或者分部分项工程施工时无专职安全生产管理人员现场监督的；

（二）施工单位的主要负责人、项目负责人、专职安全生产管理人员、作业人员或者特种作业人员，未经安全教育培训或者经考核不合格即从事相关工作的；

（三）未在施工现场的危险部位设置明显的安全警示标志，或者未按照国家有关规定在施工现场设置消防通道、消防水源、配备消防设施和灭火器材的；

（四）未向作业人员提供安全防护用具和安全防护服装的；

（五）未按照规定在施工起重机械和整体提升脚手架、模板等自升式架设设施验收合格后登记的；

（六）使用国家明令淘汰、禁止使用的危及施工安全的工艺、设备、材料的。

第六十三条 违反本条例的规定，施工单位挪用列入建设工程概算的安全生产作业环境及安全施工措施所需费用的，责令限期改正，处挪用费用20%以上50%以下的罚款；造成损失的，依法承担赔偿责任。

第六十四条 违反本条例的规定，施工单位有下列行为之一的，责令限期改正；逾期未改正的，责令停业整顿，并处5万元以上10万元以下的罚款；造成重大安全事故，构成犯罪的，对直接责任人员，依照刑法有关规定追究刑事责任：

（一）施工前未对有关安全施工的技术要求作出详细说明的；

（二）未根据不同施工阶段和周围环境及季节、气候的变化，在施工现场采取相应的安全施工措施，或者在城市市区内的建设工程的施工现场未实行封闭围挡的；

（三）在尚未竣工的建筑物内设置员工集体宿舍的；

（四）施工现场临时搭建的建筑物不符合安全使用要求的；

（五）未对因建设工程施工可能造成损害的毗邻建筑物、构筑物和地下管线等采取专项防护措施的。

施工单位有前款规定第（四）项、第（五）项行为，造成损失的，依法承担赔偿责任。

第六十五条 违反本条例的规定，施工单位有下列行为之一的，责令限期改正；逾期未改正的，责令停业整顿，并处10万元以上30万元以下的罚款；情节严重的，降低资质等级，直至吊销资质证书；造成重大安全事故，构成犯罪的，对直接责任人员，依照刑法有关规定追究刑事责任；造成损失的，依法承担赔偿责任：

（一）安全防护用具、机械设备、施工机具及配件在进入施工现场前未经查验或者查验不合格即投入使用的；

（二）使用未经验收或者验收不合格的施工起重机械和整体提升脚手架、模板等自升式架设设施的；

（三）委托不具有相应资质的单位承担施工现场安装、拆卸施工起重机械和整体提升脚手架、模板等自升式架设设施的；

（四）在施工组织设计中未编制安全技术措施、施工现场临时用电方案或者专项施工方案的。

第六十六条 违反本条例的规定，施工单位的主要负责人、项目负责人未履行安全生产管理职责的，责令限期改正；逾期未改正的，责令施工单位停业整顿；造成重大安全事故、重大伤亡事故或者其他严重后果，构成犯罪的，依照刑法有关规定追究刑事责任。

作业人员不服管理、违反规章制度和操作规程冒险作业造成重大伤亡事故或者其他严重后果，构成犯罪的，依照刑法有关规定追究刑事责任。

施工单位的主要负责人、项目负责人有前款违法行为，尚不够刑事处罚的，处2万元以上20万元以下的罚款或者按照管理权限给予撤职处分；自刑罚执行完毕或者受处分之日起，5年内不得担任任何施工单位的主要负责人、项目负责人。

第六十七条 施工单位取得资质证书后，降低安全生产条件的，责令限期改正；经整改仍未达到与其资质等级相适应的安全生产条件的，责令停业整顿，降低其资质等级直至吊销资质证书。

第六十八条 本条例规定的行政处罚，由建设行政主管部门或者其他有关部门依照法定职权决定。

违反消防安全管理规定的行为，由公安消防机构依法处罚。

有关法律、行政法规对建设工程安全生产违法行为的行政处罚决定机关另有规定的，从其规定。

第八章　附　　则

第六十九条 抢险救灾和农民自建低层住宅的安全生产管理，不适用本条例。

第七十条 军事建设工程的安全生产管理，按照中央军事委员会的有关规定执行。

第七十一条 本条例自2004年2月1日起施行。

行政执法机关移送涉嫌犯罪案件的规定

中华人民共和国国务院令

第310号

《行政执法机关移送涉嫌犯罪案件的规定》已经2001年7月4日国务院第42次常务会议通过，现予公布，自公布之日起施行。

总理　朱镕基

二〇〇一年七月九日

第一条　为了保证行政执法机关向公安机关及时移送涉嫌犯罪案件，依法惩罚破坏社会主义市场经济秩序罪、妨害社会管理秩序罪以及其他罪，保障社会主义建设事业顺利进行，制定本规定。

第二条　本规定所称行政执法机关，是指依照法律、法规或者规章的规定，对破坏社会主义市场经济秩序、妨害社会管理秩序以及其他违法行为具有行政处罚权的行政机关，以及法律、法规授权的具有管理公共事务职能、在法定授权范围内实施行政处罚的组织。

第三条　行政执法机关在依法查处违法行为过程中，发现违法事实涉及的金额、违法事实的情节、违法事实造成的后果等，根据刑法关于破坏社会主义市场经济秩序罪、妨害社会管理秩序罪等罪的规定和最高人民法院、最高人民检察院关于破坏社会主义市场经济秩序罪、妨害社会管理秩序罪等罪的司法解释以及最高人民检察院、公安部关于经济犯罪案件的追诉标准等规定，涉嫌构成犯罪，依法需要追究刑事责任的，必须依照本规定向公安机关移送。

第四条　行政执法机关在查处违法行为过程中，必须妥善保存所收集的与违法行为有关的证据。

行政执法机关对查获的涉案物品，应当如实填写涉案物品清单，并按照国家有关规定予以处理。对易腐烂、变质等不宜或者不易保管的涉案物品，应当采取必要措施，留取证据；对需要进行检验、鉴定的涉案物品，应当由法定检验、鉴定机构进行检验、鉴定，并出具检验报告或者鉴定结论。

第五条　行政执法机关对应当向公安机关移送的涉嫌犯罪案件，应当立即指定2名或者2名以上行政执法人员组成专案组专门负责，核实情况后提出移送涉嫌犯罪案件的书面报告，报经本机关正职负责人或者主持工作的负责人审批。

行政执法机关正职负责人或者主持工作的负责人应当自接到报告之日起3日内作出批准移送或者不批准移送的决定。决定批准的，应当在24小时内向同级公安机关移送；决定不批准的，应当将不予批准的理由记录在案。

第六条　行政执法机关向公安机关移送涉嫌犯罪案件，应当附有下列材料：

（一）涉嫌犯罪案件移送书；

（二）涉嫌犯罪案件情况的调查报告；

（三）涉案物品清单；

（四）有关检验报告或者鉴定结论；

（五）其他有关涉嫌犯罪的材料。

第七条　公安机关对行政执法机关移送的涉嫌犯罪案件，应当在涉嫌犯罪案件移送书的回执上签字；其中，不属于本机关管辖的，应当在24小时内转送有管辖权的机关，并书面告知移送案件的行政执法机关。

第八条 公安机关应当自接受行政执法机关移送的涉嫌犯罪案件之日起3日内,依照刑法、刑事诉讼法以及最高人民法院、最高人民检察院关于立案标准和公安部关于公安机关办理刑事案件程序的规定,对所移送的案件进行审查。认为有犯罪事实,需要追究刑事责任,依法决定立案的,应当书面通知移送案件的行政执法机关;认为没有犯罪事实,或者犯罪事实显著轻微,不需要追究刑事责任,依法不予立案的,应当说明理由,并书面通知移送案件的行政执法机关,相应退回案卷材料。

第九条 行政执法机关接到公安机关不予立案的通知书后,认为依法应当由公安机关决定立案的,可以自接到不予立案通知书之日起3日内,提请作出不予立案决定的公安机关复议,也可以建议人民检察院依法进行立案监督。

作出不予立案决定的公安机关应当自收到行政执法机关提请复议的文件之日起3日内作出立案或者不予立案的决定,并书面通知移送案件的行政执法机关。移送案件的行政执法机关对公安机关不予立案的复议决定仍有异议的,应当自收到复议决定通知书之日起3日内建议人民检察院依法进行立案监督。

公安机关应当接受人民检察院依法进行的立案监督。

第十条 行政执法机关对公安机关决定不予立案的案件,应当依法作出处理;其中,依照有关法律、法规或者规章的规定应当给予行政处罚的,应当依法实施行政处罚。

第十一条 行政执法机关对应当向公安机关移送的涉嫌犯罪案件,不得以行政处罚代替移送。

行政执法机关向公安机关移送涉嫌犯罪案件前已经作出的警告,责令停产停业,暂扣或者吊销许可证、暂扣或者吊销执照的行政处罚决定,不停止执行。

依照行政处罚法的规定,行政执法机关向公安机关移送涉嫌犯罪案件前,已经依法给予当事人罚款的,人民法院判处罚金时,依法折抵相应罚金。

第十二条 行政执法机关对公安机关决定立案的案件,应当自接到立案通知书之日起3日内将涉案物品以及与案件有关的其他材料移交公安机关,并办结交接手续;法律、行政法规另有规定的,依照其规定。

第十三条 公安机关对发现的违法行为,经审查,没有犯罪事实,或者立案侦查后认为犯罪事实显著轻微,不需要追究刑事责任,但依法应当追究行政责任的,应当及时将案件移送同级行政执法机关,有关行政执法机关应当依法作出处理。

第十四条 行政执法机关移送涉嫌犯罪案件,应当接受人民检察院和监察机关依法实施的监督。

任何单位和个人对行政执法机关违反本规定,应当向公安机关移送涉嫌犯罪案件而不移送的,有权向人民检察院、监察机关或者上级行政执法机关举报。

第十五条 行政执法机关违反本规定,隐匿、私分、销毁涉案物品的,由本级或者上级人民政府,或者实行垂直管理的上级行政执法机关,对其正职负责人根据情节轻重,给予降级以上的行政处分;构成犯罪的,依法追究刑事责任。

对前款所列行为直接负责的主管人员和其他直接责任人员,比照前款的规定给予行政处分;构成犯罪的,依法追究刑事责任。

第十六条 行政执法机关违反本规定,逾期不将案件移送公安机关的,由本级或者上级人民政府,或者实行垂直管理的上级行政执法机关,责令限期移送,并对其正职负责人或者主持工作的负责人根据情节轻重,给予记过以上的行政处分;构成犯罪的,依法追究刑事责任。

行政执法机关违反本规定,对应当向公安机关移送的案件不移送,或者以行政处罚代替移送的,由本级或者上级人民政府,或者实行垂直管理的上级行政执法机关,责令改正,给予通报;拒不改正的,对其正职负责人或者主持工作的负责人给予记过以上的行政处分;构成犯罪的,依法追究刑事责任。

对本条第一款、第二款所列行为直接负责的主管人员和其他直接责任人员,分别比照前两款的规定给予行政处分;构成犯罪的,依法追究刑事责任。

第十七条 公安机关违反本规定,不接受行政执法机关移送的涉嫌犯罪案件,或者逾期不作出立案或者不予立案的决定的,除由人民检察院依法实施立案监督外,由本级或者上级人民政府责令改正，对其正职负责人根据情节轻重，给予记过以上的行政处分；构成犯罪的，依法追究刑事责任。

对前款所列行为直接负责的主管人员和其他直接责任人员，比照前款的规定给予行政处分；构成犯罪的，依法追究刑事责任。

第十八条 行政执法机关在依法查处违法行为过程中，发现贪污贿赂、国家工作人员渎职或者国家机关工作人员利用职权侵犯公民人身权利和民主权利等违法行为，涉嫌构成犯罪的，应当比照本规定及时将案件移送人民检察院。

第十九条 本规定自公布之日起施行。

中华人民共和国对外合作开采陆上石油资源条例

（1993年10月7日中华人民共和国国务院令第131号发布　根据2001年9月23日《国务院关于修改〈中华人民共和国对外合作开采陆上石油资源条例〉的决定》第一次修订　根据2007年9月18日《国务院关于修改〈中华人民共和国对外合作开采陆上石油资源条例〉的决定》第二次修订　根据2011年9月30日《国务院关于修改〈中华人民共和国对外合作开采陆上石油资源条例〉的决定》第三次修订）

中华人民共和国国务院令

第606号

《国务院关于修改〈中华人民共和国对外合作开采陆上石油资源条例〉的决定》已经2011年9月21日国务院第173次常务会议通过，现予公布，自2011年11月1日起施行。

总理　温家宝

二〇一一年九月三十日

目　　录

第一章　总　　则

第一条　为保障石油工业的发展，促进国际经济合作和技术交流，制定本条例。

第二条　在中华人民共和国境内从事中外合作开采陆上石油资源活动，必须遵守本条例。

第三条　中华人民共和国境内的石油资源属于中华人民共和国国家所有。

第四条　中国政府依法保护参加合作开采陆上石油资源的外国企业的合作开采活动及其投资、利润和其他合法权益。

在中华人民共和国境内从事中外合作开采陆上石油资源活动，必须遵守中华人民共和国的有关法律、法规和规章，并接受中国政府有关机关的监督管理。

第五条　国家对参加合作开采陆上石油资源的外国企业的投资和收益不实行征收。在特殊情况下，根据社会公共利益的需要，可以对外国企业在合作开采中应得石油的一部分或者全部，依照法律程序实行征收，并给予相应的补偿。

第六条　国务院指定的部门负责在国务院批准的合作区域内，划分合作区块，确定合作方式，组织制定有关规划和政策，审批对外合作油（气）田总体开发方案。

第七条　中国石油天然气集团公司、中国石油化工集团公司（以下简称中方石油公司）负责对外合作开采陆上石油资源的经营业务；负责与外国企业谈判、签订、执行合作开采陆上石油资源的合同；

在国务院批准的对外合作开采陆上石油资源的区域内享有与外国企业合作进行石油勘探、开发、生产的专营权。

第八条 中方石油公司在国务院批准的对外合作开采陆上石油资源的区域内,按划分的合作区块,通过招标或者谈判,与外国企业签订合作开采陆上石油资源合同。该合同经中华人民共和国商务部批准后,方为成立。

中方石油公司也可以在国务院批准的合作开采陆上石油资源的区域内,与外国企业签订除前款规定以外的其他合作合同。该合同必须向中华人民共和国商务部备案。

第九条 对外合作区块公布后,除中方石油公司与外国企业进行合作开采陆上石油资源活动外,其他企业不得进入该区块内进行石油勘查活动,也不得与外国企业签订在该区块内进行石油开采的经济技术合作协议。

对外合作区块公布前,已进入该区块进行石油勘查(尚处于区域评价勘查阶段)的企业,在中方石油公司与外国企业签订合同后,应当撤出。该企业所取得的勘查资料,由中方石油公司负责销售,以适当补偿其投资。该区块发现有商业开采价值的油(气)田后,从该区块撤出的企业可以通过投资方式参与开发。

国务院指定的部门应当根据合同的签订和执行情况,定期对所确定的对外合作区块进行调整。

第十条 对外合作开采陆上石油资源,应当遵循兼顾中央与地方利益的原则,通过吸收油(气)田所在地的资金对有商业开采价值的油(气)田的开发进行投资等方式,适当照顾地方利益。

有关地方人民政府应当依法保护合作区域内正常的生产经营活动,并在土地使用、道路通行、生活服务等方面给予有效协助。

第十一条 对外合作开采陆上石油资源,应当依法纳税。

第十二条 为执行合同所进口的设备和材料,按照国家有关规定给予减税、免税或者给予税收方面的其他优惠。具体办法由财政部会同海关总署制定。

第二章 外国合同者的权利和义务

第十三条 中方石油公司与外国企业合作开采陆上石油资源必须订立合同,除法律、法规另有规定或者合同另有约定外,应当由签订合同的外国企业(以下简称外国合同者)单独投资进行勘探,负责勘探作业,并承担勘探风险;发现有商业开采价值的油(气)田后,由外国合同者与中方石油公司共同投资合作开发;外国合同者并应承担开发作业和生产作业,直至中方石油公司按照合同约定接替生产作业为止。

第十四条 外国合同者可以按照合同约定,从生产的石油中回收其投资和费用,并取得报酬。

第十五条 外国合同者根据国家有关规定和合同约定,可以将其应得的石油和购买的石油运往国外,也可以依法将其回收的投资、利润和其他合法收益汇往国外。

外国合同者在中华人民共和国境内销售其应得的石油,一般由中方石油公司收购,也可以采取合同双方约定的其他方式销售,但是不得违反国家有关在中华人民共和国境内销售石油产品的规定。

第十六条 外国合同者开立外汇账户和办理其他外汇事宜,应当遵守《中华人民共和国外汇管理条例》和国家有关外汇管理的其他规定。

外国合同者的投资,应当采用美元或者其他可自由兑换货币。

第十七条 外国合同者应当依法在中华人民共和国境内设立分公司、子公司或者代表机构。

前款机构的设立地点由外国合同者与中方石油公司协商确定。

第十八条 外国合同者在执行合同的过程中,应当及时地、准确地向中方石油公司报告石油作业情况,完整地、准确地取得各项石油作业的数据、记录、样品、凭证和其他原始资料,并按规定向中方石油公司提交资料和样品以及技术、经济、财会、行政方面的各种报告。

第十九条 外国合同者执行合同,除租用第三方的设备外,按照计划和预算所购置和建造的全部资产,在其投资按照合同约定得到补偿或者该油(气)田生产期期满后,所有权属于中方石油公司。在合同期内,外国合同者可以按照合同约定使用这些资产。

第三章　石油作业

第二十条　作业者必须根据国家有关开采石油资源的规定，制订油(气)田总体开发方案，并经国务院指定的部门批准后，实施开发作业和生产作业。

第二十一条　石油合同可以约定石油作业所需的人员，作业者可以优先录用中国公民。

第二十二条　作业者和承包者在实施石油作业中，应当遵守国家有关环境保护和安全作业方面的法律、法规和标准，并按照国际惯例进行作业，保护农田、水产、森林资源和其他自然资源，防止对大气、海洋、河流、湖泊、地下水和陆地其他环境的污染和损害。

第二十三条　在实施石油作业中使用土地的，应当依照《中华人民共和国土地管理法》和国家其他有关规定办理。

第二十四条　本条例第十八条规定的各项石油作业的数据、记录、样品、凭证和其他原始资料，所有权属于中方石油公司。

前款所列数据、记录、样品、凭证和其他原始资料的使用、转让、赠与、交换、出售、发表以及运出、传送到中华人民共和国境外，必须按照国家有关规定执行。

第四章　争议的解决

第二十五条　合作开采陆上石油资源合同的当事人因执行合同发生争议时，应当通过协商或者调解解决；不愿协商、调解，或者协商、调解不成的，可以根据合同中的仲裁条款或者事后达成的书面仲裁协议，提交中国仲裁机构或者其他仲裁机构仲裁。

当事人未在合同中订立仲裁条款，事后又没有达成书面仲裁协议的，可以向中国人民法院起诉。

第五章　法律责任

第二十六条　违反本条例规定，有下列行为之一的，由国务院指定的部门依据职权责令限期改正，给予警告；在限期内不改正的，可以责令其停止实施石油作业；构成犯罪的，依法追究刑事责任。

(一)违反本条例第九条第一款规定，擅自进入对外合作区块进行石油勘查活动或者与外国企业签订在对外合作区块内进行石油开采合作协议的；

(二)违反本条例第十八条规定，在执行合同的过程中，未向中方石油公司及时、准确地报告石油作业情况的，未按规定向中方石油公司提交资料和样品以及技术、经济、财会、行政方面的各种报告的；

(三)违反本条例第二十条规定，油(气)田总体开发方案未经批准，擅自实施开发作业和生产作业的；

(四)违反本条例第二十四条第二款规定，擅自使用石油作业的数据、记录、样品、凭证和其他原始资料或者将其转让、赠与、交换、出售、发表以及运出、传送到中华人民共和国境外的。

第二十七条　违反本条例第十一条、第十六条、第二十二条、第二十三条规定的，由国家有关主管部门依照有关法律、法规的规定予以处罚；构成犯罪的，依法追究刑事责任。

第六章　附　　则

第二十八条　本条例下列用语的含义：

(一)“石油”，是指蕴藏在地下的、正在采出的和已经采出的原油和天然气。

(二)“陆上石油资源”，是指蕴藏在陆地全境(包括海滩、岛屿及向外延伸至5米水深处的海域)的范围内的地下石油资源。

（三）“开采”，是指石油的勘探、开发、生产和销售及其有关的活动。

（四）“石油作业”，是指为执行合同而进行的勘探、开发和生产作业及其有关的活动。

（五）“勘探作业”，是指用地质、地球物理、地球化学和包括钻探井等各种方法寻找储藏石油圈闭所做的全部工作，以及在已发现石油的圈闭上为确定它有无商业价值所做的钻评价井、可行性研究和编制油（气）田的总体开发方案等全部工作。

（六）“开发作业”，是指自油（气）田总体开发方案被批准之日起，为实现石油生产所进行的设计、建造、安装、钻井工程等及其相应的研究工作，包括商业性生产开始之前的生产活动。

（七）“生产作业”，是指一个油（气）田从开始商业性生产之日起，为生产石油所进行的全部作业以及与其有关的活动。

第二十九条 本条例第四条、第十一条、第十二条、第十五条、第十六条、第十七条、第二十一条的规定，适用于外国承包者。

第三十条 对外合作开采煤层气资源由中联煤层气有限责任公司、国务院指定的其他公司实施专营，并参照本条例执行。

第三十一条 本条例自公布之日起施行。

中华人民共和国对外合作开采海洋石油资源条例

（1982 年 1 月 30 日国务院发布　根据 2001 年 9 月 23 日《国务院关于修改〈中华人民共和国对外合作开采海洋石油资源条例〉的决定》第一次修订　根据 2011 年 1 月 8 日《国务院关于废止和修改部分行政法规的决定》第二次修订　根据 2011 年 9 月 30 日《国务院关于修改〈中华人民共和国对外合作开采海洋石油资源条例〉的决定》第三次修订）

中华人民共和国国务院令

第 607 号

《国务院关于修改〈中华人民共和国对外合作开采海洋石油资源条例〉的决定》已经 2011 年 9 月 21 日国务院第 173 次常务会议通过，现予公布，自 2011 年 11 月 1 日起施行。

总理　温家宝

二〇一一年九月三十日

目　　录

第一章　总　　则

第一条　为促进国民经济的发展，扩大国际经济技术合作，在维护国家主权和经济利益的前提下允许外国企业参与合作开采中华人民共和国海洋石油资源，特制定本条例。

第二条　中华人民共和国的内海、领海、大陆架以及其他属于中华人民共和国海洋资源管辖海域的石油资源，都属于中华人民共和国国家所有。

在前款海域内，为开采石油而设置的建筑物、构筑物、作业船舶，以及相应的陆岸油（气）集输终端和基地，都受中华人民共和国管辖。

第三条　中国政府依法保护参与合作开采海洋石油资源的外国企业的投资、应得利润和其他合法权益，依法保护外国企业的合作开采活动。

在本条例范围内，合作开采海洋石油资源的一切活动，都应当遵守中华人民共和国的法律、法令和国家的有关规定；参与实施石油作业的企业和个人，都应当受中国法律的约束，接受中国政府有关主管部门的检查、监督。

第四条　国家对参加合作开采海洋石油资源的外国企业的投资和收益不实行征收。在特殊情况下，根据社会公共利益的需要，可以对外国企业在合作开采中应得石油的一部分或者全部，依照法律程序实行征收，并给予相应的补偿。

第五条　国务院指定的部门依据国家确定的合作海区、面积，决定合作方式，划分合作区块；依据国家规定制定同外国企业合作开采海洋石油资源的规划；制定对外合作开采海洋石油资源的业务政策和审批海上油（气）田的总体开发方案。

第六条 中华人民共和国对外合作开采海洋石油资源的业务，由中国海洋石油总公司全面负责。

中国海洋石油总公司是具有法人资格的国家公司，享有在对外合作海区内进行石油勘探、开发、生产和销售的专营权。

中国海洋石油总公司根据工作需要，可以设立地区公司、专业公司、驻外代表机构，执行总公司交付的任务。

第七条 中国海洋石油总公司就对外合作开采石油的海区、面积、区块，通过组织招标，采取签订石油合同方式，同外国企业合作开采石油资源。

前款石油合同，经中华人民共和国商务部批准，即为有效。

中国海洋石油总公司采取其他方式运用外国企业的技术和资金合作开采石油资源所签订的文件，也应当经中华人民共和国商务部批准。

第二章　石油合同各方的权利和义务

第八条 中国海洋石油总公司通过订立石油合同同外国企业合作开采海洋石油资源，除法律、行政法规另有规定或者石油合同另有约定外，应当由石油合同中的外国企业一方（以下称外国合同者）投资进行勘探，负责勘探作业，并承担全部勘探风险；发现商业性油（气）田后，由外国合同者同中国海洋石油总公司双方投资合作开发，外国合同者并应负责开发作业和生产作业，直至中国海洋石油总公司按照石油合同规定在条件具备的情况下接替生产作业。外国合同者可以按照石油合同规定，从生产的石油中回收其投资和费用，并取得报酬。

第九条 外国合同者可以将其应得的石油和购买的石油运往国外，也可以依法将其回收的投资、利润和其他正当收益汇往国外。

第十条 参与合作开采海洋石油资源的中国企业、外国企业，都应当依法纳税。

第十一条 为执行石油合同所进口的设备和材料，按照国家规定给予减税、免税，或者给予税收方面的其他优惠。

第十二条 外国合同者开立外汇账户和办理其他外汇事宜，应当遵守《中华人民共和国外汇管理条例》和国家有关外汇管理的其他规定。

第十三条 石油合同可以约定石油作业所需的人员，作业者可以优先录用中国公民。

第十四条 外国合同者在执行石油合同从事开发、生产作业过程中，必须及时地、准确地向中国海洋石油总公司报告石油作业情况；完整地、准确地取得各项石油作业的数据、记录、样品、凭证和其他原始资料，并定期向中国海洋石油总公司提交必要的资料和样品以及技术、经济、财会、行政方面的各种报告。

第十五条 外国合同者为执行石油合同从事开发、生产作业，应当在中华人民共和国境内设立分支机构或者代表机构，并依法履行登记手续。

前款机构的住所地应当同中国海洋石油总公司共同商量确定。

第十六条 本条例第三条、第九条、第十条、第十一条、第十五条的规定，对向石油作业提供服务的外国承包者，类推适用。

第三章　石油作业

第十七条 作业者必须根据本条例和国家有关开采石油资源的规定，参照国际惯例，制定油（气）田总体开发方案和实施生产作业，以达到尽可能高的石油采收率。

第十八条 外国合同者为执行石油合同从事开发、生产作业，应当使用中华人民共和国境内现有的基地；如需设立新基地，必须位于中华人民共和国境内。

前款新基地的具体地点，以及在特殊情况下需要采取的其他措施，都必须经中国海洋石油总公司书面同意。

第十九条 中国海洋石油总公司有权派人参加外国作业者为执行石油合同而进行的总体设计和工程设计。

第二十条 外国合同者为执行石油合同,除租用第三方的设备外,按计划和预算所购置和建造的全部资产,当外国合同者的投资按照规定得到补偿后,其所有权属于中国海洋石油总公司,在合同期内,外国合同者仍然可以依据合同的规定使用这些资产。

第二十一条 为执行石油合同所取得的各项石油作业的数据、记录、样品、凭证和其他原始资料,其所有权属于中国海洋石油总公司。

前款数据、记录、样品、凭证和其他原始资料的使用和转让、赠与、交换、出售、公开发表以及运出、传送出中华人民共和国,都必须按照国家有关规定执行。

第二十二条 作业者和承包者在实施石油作业中,应当遵守中华人民共和国有关环境保护和安全方面的法律规定,并参照国际惯例进行作业,保护渔业资源和其他自然资源,防止对大气、海洋、河流、湖泊和陆地等环境的污染和损害。

第二十三条 石油合同区产出的石油,应当在中华人民共和国登陆,也可以在海上油(气)外输计量点运出。如需在中华人民共和国以外的地点登陆,必须经国务院指定的部门批准。

第四章 附 则

第二十四条 在合作开采海洋石油资源活动中,外国企业和中国企业间发生的争执,应当通过友好协商解决。通过协商不能解决的,由中华人民共和国仲裁机构进行调解、仲裁,也可以由合同双方协议在其他仲裁机构仲裁。

第二十五条 作业者、承包者违反本条例规定实施石油作业的,由国务院指定的部门依据职权责令限期改正,给予警告;在限期内不改正的,可以责令其停止实施石油作业。由此造成的一切经济损失,由责任方承担。

第二十六条 本条例所用的术语,其定义如下:

(一)“石油”是指蕴藏在地下的、正在采出的和已经采出的原油和天然气。

(二)“开采”是泛指石油的勘探、开发、生产和销售及其有关的活动。

(三)“石油合同”是指中国海洋石油总公司同外国企业为合作开采中华人民共和国海洋石油资源,依法订立的包括石油勘探、开发和生产的合同。

(四)“合同区”是指在石油合同中为合作开采石油资源以地理坐标圈定的海域面积。

(五)“石油作业”是指为执行石油合同而进行的勘探、开发和生产作业及其有关的活动。

(六)“勘探作业”是指用地质、地球物理、地球化学和包括钻勘探井等各种方法寻找储藏石油的圈闭所做的全部工作,以及在已发现石油的圈闭上为确定它有无商业价值所做的钻评价井、可行性研究和编制油(气)田的总体开发方案等全部工作。

(七)“开发作业”是指从国务院指定的部门批准油(气)田的总体开发方案之日起,为实现石油生产所进行的设计、建造、安装、钻井工程等及其相应的研究工作,并包括商业性生产开始之前的生产活动。

(八)“生产作业”是指一个油(气)田从开始商业性生产之日起,为生产石油所进行的全部作业以及与其有关的活动,诸如采出、注入、增产、处理、储运和提取等作业。

(九)“外国合同者”是指同中国海洋石油总公司签订石油合同的外国企业。外国企业可以是公司,也可以是公司集团。

(十)“作业者”是指按照石油合同的规定负责实施作业的实体。

(十一)“承包者”是指向作业者提供服务的实体。

第二十七条 本条例自公布之日起施行。

中华人民共和国船舶和海上设施检验条例

（1993年2月14日中华人民共和国国务院令第109号　自发布之日起施行）

目　　录

第一章　总　　则

第一条　为了保证船舶、海上设施和船运货物集装箱具备安全航行、安全作业的技术条件，保障人民生命财产的安全和防止水域环境污染，制定本条例。

第二条　本条例适用于：

（一）在中华人民共和国登记或者将在中华人民共和国登记的船舶（以下简称中国籍船舶）；

（二）根据本条例或者国家有关规定申请检验的外国籍船舶；

（三）在中华人民共和国沿海水域内设置或者将在中华人民共和国沿海水域内设置的海上设施（以下简称海上设施）；

（四）在中华人民共和国登记的企业法人所拥有的船运货物集装箱（以下简称集装箱）。

第三条　中华人民共和国船舶检验局（以下简称船检局）是依照本条例规定实施各项检验工作的主管机构。

经国务院交通主管部门批准，船检局可以在主要港口和工业区设置船舶检验机构。

经国务院交通主管部门和省、自治区、直辖市人民政府批准，省、自治区、直辖市人民政府交通主管部门可以在所辖港口设置地方船舶检验机构。

第四条　中国船级社是社会团体性质的船舶检验机构，承办国内外船舶、海上设施和集装箱的入级检验、鉴证检验和公证检验业务；经船检局授权，可以代行法定检验。

第五条　实施本条例规定的各项检验，应当贯彻安全第一、质量第一的原则，鼓励新技术的开发和应用。

第二章　船 舶 检 验

第六条　船舶检验分别由下列机构实施：

（一）船检局设置的船舶检验机构；

（二）省、自治区、直辖市人民政府交通主管部门设置的地方船舶检验机构；

（三）船检局委托、指定或者认可的检验机构。

前款所列机构，以下统称船舶检验机构。

第七条　中国籍船舶的所有人或者经营人，必须向船舶检验机构申请下列检验：

（一）建造或者改建船舶时，申请建造检验；

（二）营运中的船舶，申请定期检验；

（三）由外国籍船舶改为中国籍船舶的，申请初次检验。

第八条 中国籍船舶所使用的有关海上交通安全的和防止水域环境污染的重要设备、部件和材料，须经船舶检验机构按照有关规定检验。

第九条 中国籍船舶须由船舶检验机构测定总吨位和净吨位，核定载重线和乘客定额。

第十条 在中国沿海水域从事钻探、开发作业的外国籍钻井船、移动式平台的所有人或者经营人，必须向船检局设置或者指定的船舶检验机构申请下列检验：

（一）作业前检验；

（二）作业期间的定期检验。

第十一条 中国沿海水域内的移动式平台、浮船坞和其他大型设施进行拖带航行，起拖前必须向船检局设置的或者指定的船舶检验机构申请拖航检验。

第十二条 中国籍船舶有下列情形之一的，船舶所有人或者经营人必须向船舶检验机构申请临时检验：

（一）因发生事故，影响船舶适航性能的；

（二）改变船舶证书所限定的用途或者航区的；

（三）船舶检验机构签发的证书失效的；

（四）海上交通安全或者环境保护主管机关责成检验的。

在中国港口内的外国籍船舶，有前款（一）、（四）项所列情形之一的，必须向船检局设置或者指定的船舶检验机构申请临时检验。

第十三条 下列中国籍船舶，必须向中国船级社申请入级检验：

（一）从事国际航行的船舶；

（二）在海上航行的乘客定额 100 人以上的客船；

（三）载重量 1000 吨以上的油船；

（四）滚装船、液化气体运输船和散装化学品运输船；

（五）船舶所有人或者经营人要求入级的其他船舶。

第十四条 船舶经检验合格后，船舶检验机构应当按照规定签发相应的检验证书。

第三章　海上设施检验

第十五条 海上设施的所有人或者经营人，必须向船检局设置或者指定的船舶检验机构申请下列检验，但是本条例第三十一条规定的除外：

（一）建造或者改建海上设施时，申请建造检验；

（二）使用中的海上设施，申请定期检验；

（三）因发生事故影响海上设施安全性能的，申请临时检验；

（四）海上交通安全或者环境保护主管机关责成检验的，申请临时检验。

第十六条 海上设施经检验合格后，船舶检验机构应当按照规定签发相应的检验证书。

第四章　集装箱检验

第十七条 集装箱的所有人或者经营人，必须向船检局设置或者指定的船舶检验机构申请下列检验：

（一）制造集装箱时，申请制造检验；

（二）使用中的集装箱，申请定期检验。

第十八条 集装箱经检验合格后，船舶检验机构应当按照规定签发相应的检验证书。

第五章 检验管理

第十九条 船舶、海上设施、集装箱的检验制度和技术规范，除本条例第三十一条规定的外，由船检局制订，经国务院交通主管部门批准后公布施行。

第二十条 船舶检验机构的检验人员，必须具备相应的专业知识和检验技能，并经考核合格。

第二十一条 检验人员执行检验任务或者对事故进行技术分析调查时，有关单位应当提供必要的条件。

第二十二条 船舶检验机构实施检验，按照规定收取费用。收费办法由国务院交通主管部门会同国务院物价主管部门、国务院财政主管部门制定。

第二十三条 当事人对船舶检验机构的检验结论有异议的，可以向上一级检验机构申请复验；对复验结论仍有异议的，可以向船检局提出再复验，由船检局组织技术专家组进行检验、评议，作出最终结论。

第二十四条 任何单位和个人不得涂改、伪造检验证书，不得擅自更改船舶检验机构勘划的船舶载重线。

第二十五条 关于外国船舶检验机构在中国境内设置常驻代表机构或者派驻检验人员的管理办法，由国务院交通主管部门制定。

第六章 罚　　则

第二十六条 涂改检验证书、擅自更改船舶载重线或者以欺骗行为获取检验证书的，船检局或者其委托的检验机构有权撤销已签发的相应证书，并可以责令改正或者补办有关手续。

第二十七条 伪造船舶检验证书或者擅自更改船舶载重线的，由有关行政主管机关给予通报批评，并可以处以相当于相应的检验费一倍至五倍的罚款；构成犯罪的，由司法机关依法追究刑事责任。

第二十八条 船舶检验机构的检验人员滥用职权、徇私舞弊、玩忽职守、严重失职的，由所在单位或者上级机关给予行政处分或者撤销其检验资格；情节严重，构成犯罪的，由司法机关依法追究刑事责任。

第七章 附　　则

第二十九条 本条例下列用语的定义：

（一）船舶，是指各类排水或者非排水船、艇、水上飞机、潜水器和移动式平台。

（二）海上设施，是指水上水下各种固定或者浮动建筑、装置和固定平台。

（三）沿海水域，是指中华人民共和国沿海的港口、内水和领海以及国家管辖的一切其他海域。

第三十条 除从事国际航行的渔业辅助船舶依照本条例进行检验外，其他渔业船舶的检验，由国务院渔业主管部门另行规定。

第三十一条 海上设施中的海上石油天然气生产设施的检验，由国务院石油主管部门会同国务院交通主管部门另行规定。

第三十二条 下列船舶不适用本条例：

（一）军用舰艇、公安船艇和体育运动船艇；

（二）按照船舶登记规定，不需要登记的船舶。

第三十三条 本条例由交通部负责解释。

第三十四条 本条例自发布之日起施行。

第三部分　部 门 规 章

(一)国务院安全生产监督管理部门发布的规章

生产经营单位安全培训规定

国家安全生产监督管理总局令

第3号

《生产经营单位安全培训规定》已经2005年12月28日国家安全生产监督管理总局局长办公会议审议通过,现予公布,自2006年3月1日起施行。

局长　李毅中

二○○六年一月十七日

目　　录

第一章　总　　则

第一条　为加强和规范生产经营单位安全培训工作,提高从业人员安全素质,防范伤亡事故,减轻职业危害,根据安全生产法和有关法律、行政法规,制定本规定。

第二条　工矿商贸生产经营单位(以下简称生产经营单位)从业人员的安全培训,适用本规定。

第三条　生产经营单位负责本单位从业人员安全培训工作。

生产经营单位应当按照安全生产法和有关法律、行政法规和本规定,建立健全安全培训工作制度。

第四条　生产经营单位应当进行安全培训的从业人员包括主要负责人、安全生产管理人员、特种作业人员和其他从业人员。

生产经营单位从业人员应当接受安全培训,熟悉有关安全生产规章制度和安全操作规程,具备必要的安全生产知识,掌握本岗位的安全操作技能,增强预防事故、控制职业危害和应急处理的能力。

未经安全生产培训合格的从业人员,不得上岗作业。

第五条　国家安全生产监督管理总局指导全国安全培训工作,依法对全国的安全培训工作实施监督管理。

国务院有关主管部门按照各自职责指导监督本行业安全培训工作,并按照本规定制定实施办法。

国家煤矿安全监察局指导监督检查全国煤矿安全培训工作。

各级安全生产监督管理部门和煤矿安全监察机构(以下简称安全生产监管监察部门)按照各自的职责,依法对生产经营单位的安全培训工作实施监督管理。

第二章　主要负责人、安全生产管理人员的安全培训

第六条　生产经营单位主要负责人和安全生产管理人员应当接受安全培训，具备与所从事的生产经营活动相适应的安全生产知识和管理能力。

煤矿、非煤矿山、危险化学品、烟花爆竹等生产经营单位主要负责人和安全生产管理人员，必须接受专门的安全培训，经安全生产监管监察部门对其安全生产知识和管理能力考核合格，取得安全资格证书后，方可任职。

第七条　生产经营单位主要负责人安全培训应当包括下列内容：

（一）国家安全生产方针、政策和有关安全生产的法律、法规、规章及标准；

（二）安全生产管理基本知识、安全生产技术、安全生产专业知识；

（三）重大危险源管理、重大事故防范、应急管理和救援组织以及事故调查处理的有关规定；

（四）职业危害及其预防措施；

（五）国内外先进的安全生产管理经验；

（六）典型事故和应急救援案例分析；

（七）其他需要培训的内容。

第八条　生产经营单位安全生产管理人员安全培训应当包括下列内容：

（一）国家安全生产方针、政策和有关安全生产的法律、法规、规章及标准；

（二）安全生产管理、安全生产技术、职业卫生等知识；

（三）伤亡事故统计、报告及职业危害的调查处理方法；

（四）应急管理、应急预案编制以及应急处置的内容和要求；

（五）国内外先进的安全生产管理经验；

（六）典型事故和应急救援案例分析；

（七）其他需要培训的内容。

第九条　生产经营单位主要负责人和安全生产管理人员初次安全培训时间不得少于32学时。每年再培训时间不得少于12学时。

煤矿、非煤矿山、危险化学品、烟花爆竹等生产经营单位主要负责人和安全生产管理人员安全资格培训时间不得少于48学时；每年再培训时间不得少于16学时。

第十条　生产经营单位主要负责人和安全生产管理人员的安全培训必须依照安全生产监管监察部门制定的安全培训大纲实施。

非煤矿山、危险化学品、烟花爆竹等生产经营单位主要负责人和安全生产管理人员的安全培训大纲及考核标准由国家安全生产监督管理总局统一制定。

煤矿主要负责人和安全生产管理人员的安全培训大纲及考核标准由国家煤矿安全监察局制定。

煤矿、非煤矿山、危险化学品、烟花爆竹以外的其他生产经营单位主要负责人和安全管理人员的安全培训大纲及考核标准，由省、自治区、直辖市安全生产监督管理部门制定。

第十一条　煤矿、非煤矿山、危险化学品、烟花爆竹等生产经营单位主要负责人和安全生产管理人员安全资格培训，必须由安全生产监管监察部门认定的具备相应资质的安全培训机构实施。

第十二条　煤矿、非煤矿山、危险化学品、烟花爆竹等生产经营单位主要负责人和安全生产管理人员，经安全资格培训考核合格，由安全生产监管监察部门发给安全资格证书。

其他生产经营单位主要负责人和安全生产管理人员经安全生产监管监察部门认定的具备相应资质的培训机构培训合格后，由培训机构发给相应的培训合格证书。

第三章　其他从业人员的安全培训

第十三条　煤矿、非煤矿山、危险化学品、烟花爆竹等生产经营单位必须对新上岗的临时工、合同工、劳务工、轮换工、协议工等进行强制性安全培训，保证其具备本岗位安全操作、自救互救以及应急处置所需的知识和技能后，方能安排上岗作业。

第十四条 加工、制造业等生产单位的其他从业人员，在上岗前必须经过厂(矿)、车间(工段、区、队)、班组三级安全培训教育。

生产经营单位可以根据工作性质对其他从业人员进行安全培训，保证其具备本岗位安全操作、应急处置等知识和技能。

第十五条 生产经营单位新上岗的从业人员，岗前培训时间不得少于24学时。

煤矿、非煤矿山、危险化学品、烟花爆竹等生产经营单位新上岗的从业人员安全培训时间不得少于72学时，每年接受再培训的时间不得少于20学时。

第十六条 厂(矿)级岗前安全培训内容应当包括：

(一)本单位安全生产情况及安全生产基本知识；

(二)本单位安全生产规章制度和劳动纪律；

(三)从业人员安全生产权利和义务；

(四)有关事故案例等。

煤矿、非煤矿山、危险化学品、烟花爆竹等生产经营单位厂(矿)级安全培训除包括上述内容外，应当增加事故应急救援、事故应急预案演练及防范措施等内容。

第十七条 车间(工段、区、队)级岗前安全培训内容应当包括：

(一)工作环境及危险因素；

(二)所从事工种可能遭受的职业伤害和伤亡事故；

(三)所从事工种的安全职责、操作技能及强制性标准；

(四)自救互救、急救方法、疏散和现场紧急情况的处理；

(五)安全设备设施、个人防护用品的使用和维护；

(六)本车间(工段、区、队)安全生产状况及规章制度；

(七)预防事故和职业危害的措施及应注意的安全事项；

(八)有关事故案例；

(九)其他需要培训的内容。

第十八条 班组级岗前安全培训内容应当包括：

(一)岗位安全操作规程；

(二)岗位之间工作衔接配合的安全与职业卫生事项；

(三)有关事故案例；

(四)其他需要培训的内容。

第十九条 从业人员在本生产经营单位内调整工作岗位或离岗一年以上重新上岗时，应当重新接受车间(工段、区、队)和班组级的安全培训。

生产经营单位实施新工艺、新技术或者使用新设备、新材料时，应当对有关从业人员重新进行有针对性的安全培训。

第二十条 生产经营单位的特种作业人员，必须按照国家有关法律、法规的规定接受专门的安全培训，经考核合格，取得特种作业操作资格证书后，方可上岗作业。

特种作业人员的范围和培训考核管理办法，另行规定。

第四章 安全培训的组织实施

第二十一条 国家安全生产监督管理总局组织、指导和监督中央管理的生产经营单位的总公司(集团公司、总厂)的主要负责人和安全生产管理人员的安全培训工作。

国家煤矿安全监察局组织、指导和监督中央管理的煤矿企业集团公司(总公司)的主要负责人和安全生产管理人员的安全培训工作。

省级安全生产监督管理部门组织、指导和监督省属生产经营单位及所辖区域内中央管理的工矿商贸生产经营单位的分公司、子公司主要负责人和安全生产管理人员的培训工作；组织、指导和监督特种作业人员的培训工作。

省级煤矿安全监察机构组织、指导和监督所辖区域内煤矿企业的主要负责人、安全生产管理人员和特种作业人员(含煤矿矿井使用的特种设备作业人员)的安全培训工作。

市级、县级安全生产监督管理部门组织、指导和监督本行政区域内除中央企业、省属生产经营单位以外的其他生产经营单位的主要负责人和安全生产管理人员的安全培训工作。

生产经营单位除主要负责人、安全生产管理人员、特种作业人员以外的从业人员的安全培训工作,由生产经营单位组织实施。

第二十二条 具备安全培训条件的生产经营单位,应当以自主培训为主;可以委托具有相应资质的安全培训机构,对从业人员进行安全培训。

不具备安全培训条件的生产经营单位,应当委托具有相应资质的安全培训机构,对从业人员进行安全培训。

第二十三条 生产经营单位应当将安全培训工作纳入本单位年度工作计划。保证本单位安全培训工作所需资金。

第二十四条 生产经营单位应建立健全从业人员安全培训档案,详细、准确记录培训考核情况。

第二十五条 生产经营单位安排从业人员进行安全培训期间,应当支付工资和必要的费用。

第五章 监督管理

第二十六条 安全生产监管监察部门依法对生产经营单位安全培训情况进行监督检查,督促生产经营单位按照国家有关法律法规和本规定开展安全培训工作。

县级以上地方人民政府负责煤矿安全生产监督管理的部门对煤矿井下作业人员的安全培训情况进行监督检查。煤矿安全监察机构对煤矿特种作业人员安全培训及其持证上岗的情况进行监督检查。

第二十七条 各级安全生产监管监察部门对生产经营单位安全培训及其持证上岗的情况进行监督检查,主要包括以下内容:

(一)安全培训制度、计划的制定及其实施的情况;

(二)煤矿、非煤矿山、危险化学品、烟花爆竹等生产经营单位主要负责人和安全生产管理人员安全资格证持证上岗的情况;其他生产经营单位主要负责人和安全生产管理人员培训的情况;

(三)特种作业人员操作资格证持证上岗的情况;

(四)建立安全培训档案的情况;

(五)其他需要检查的内容。

第二十八条 安全生产监管监察部门对煤矿、非煤矿山、危险化学品、烟花爆竹等生产经营单位的主要负责人、安全管理人员应当按照本规定严格考核和颁发安全资格证书。考核不得收费。

安全生产监管监察部门负责考核、发证的有关人员不得玩忽职守和滥用职权。

第六章 罚 则

第二十九条 生产经营单位有下列行为之一的,由安全生产监管监察部门责令其限期改正,并处2万元以下的罚款:

(一)未将安全培训工作纳入本单位工作计划并保证安全培训工作所需资金的;

(二)未建立健全从业人员安全培训档案的;

(三)从业人员进行安全培训期间未支付工资并承担安全培训费用的。

第三十条 生产经营单位有下列行为之一的,由安全生产监管监察部门责令其限期改正;逾期未改正的,责令停产停业整顿,并处2万元以下的罚款:

(一)煤矿、非煤矿山、危险化学品、烟花爆竹等生产经营单位主要负责人和安全管理人员未按本规定经考核合格的；

（二）非煤矿山、危险化学品、烟花爆竹等生产经营单位未按照本规定对其他从业人员进行安全培训的；

（三）非煤矿山、危险化学品、烟花爆竹等生产经营单位未如实告知从业人员有关安全生产事项的；

（四）生产经营单位特种作业人员未按照规定经专门的安全培训机构培训并取得特种作业人员操作资格证书，上岗作业的。

县级以上地方人民政府负责煤矿安全生产监督管理的部门发现煤矿未按照本规定对井下作业人员进行安全培训的，责令限期改正，处10万元以上50万元以下的罚款；逾期未改正的，责令停产停业整顿。

煤矿安全监察机构发现煤矿特种作业人员无证上岗作业的，责令限期改正，处10万元以上50万元以下的罚款；逾期未改正的，责令停产停业整顿。

第三十一条 生产经营单位有下列行为之一的，由安全生产监管监察部门给予警告，吊销安全资格证书，并处3万元以下的罚款：

（一）编造安全培训记录、档案的；

（二）骗取安全资格证书的。

第三十二条 安全生产监管监察部门有关人员在考核、发证工作中玩忽职守、滥用职权的，由上级安全生产监管监察部门或者行政监察部门给予记过、记大过的行政处分。

第七章　附　　则

第三十三条 生产经营单位主要负责人是指有限责任公司或者股份有限公司的董事长、总经理，其他生产经营单位的厂长、经理、（矿务局）局长、矿长（含实际控制人）等。

生产经营单位安全生产管理人员是指生产经营单位分管安全生产的负责人、安全生产管理机构负责人及其管理人员，以及未设安全生产管理机构的生产经营单位专、兼职安全生产管理人员等。

生产经营单位其他从业人员是指除主要负责人、安全生产管理人员和特种作业人员以外，该单位从事生产经营活动的所有人员，包括其他负责人、其他管理人员、技术人员和各岗位的工人以及临时聘用的人员。

第三十四条 省、自治区、直辖市安全生产监督管理部门和省级煤矿安全监察机构可以根据本规定制定实施细则，报国家安全生产监督管理总局和国家煤矿安全监察局备案。

第三十五条 本规定自2006年3月1日起施行。

海洋石油安全生产规定

国家安全生产监督管理总局令

第4号

《海洋石油安全生产规定》已经2006年1月6日国家安全生产监督管理总局局长办公会议审议通过,现予公布,自2006年5月1日起施行,原石油工业部1986年颁布的《海洋石油作业安全管理规定》同时废止。

局长　李毅中

二〇〇六年二月七日

目　　录

第一章　总　　则

第一条　为了加强海洋石油安全生产工作,防止和减少海洋石油生产安全事故和职业危害,保障从业人员生命和财产安全,根据《安全生产法》及有关法律、行政法规,制定本规定。

第二条　在中华人民共和国的内水、领海、毗连区、专属经济区、大陆架以及中华人民共和国管辖的其他海域内的海洋石油开采活动的安全生产,适用本规定。

第三条　海洋石油作业者和承包者是海洋石油安全生产的责任主体。

本规定所称作业者是指负责实施海洋石油开采活动的企业,或者按照石油合同的约定负责实施海洋石油开采活动的实体。

本规定所称承包者是指向作业者提供服务的企业或者实体。

第四条　国家安全生产监督管理总局(以下简称安全监管总局)对海洋石油安全生产实施综合监督管理。

安全监管总局设立海洋石油作业安全办公室(以下简称海油安办)作为实施海洋石油安全生产综合监督管理的执行机构。海油安办根据需要设立分部,各分部依照有关规定实施具体的安全监督管理。

第二章　安全生产保障

第五条　作业者和承包者应当遵守有关安全生产的法律、行政法规、部门规章、国家标准和行业标准,具备安全生产条件。

第六条　作业者应当加强对承包者的安全监督和管理,并在承包合同中约定各自的安全生产管理职责。

第七条 作业者和承包者的主要负责人对本单位的安全生产工作全面负责。

作业者和从事物探、钻井、测井、录井、试油、井下作业等活动的承包者及海洋石油生产设施的主要负责人、安全管理人员应当按照安全监管总局的规定,经过安全资格培训,具备相应的安全生产知识和管理能力,经考核合格取得证书后方可任职。

第八条 作业者和承包者应当对从业人员进行安全生产教育和培训,保证从业人员具备必要的安全生产知识,熟悉有关的安全生产规章制度和安全操作规程,掌握本岗位的安全操作技能。

第九条 出海作业人员应当接受海洋石油作业安全救生培训,经考核合格后方可出海作业。

临时出海人员应接受必要的安全教育。

第十条 特种作业人员应当按照安全监管总局有关规定经专门的安全技术培训,考核合格取得特种作业操作资格证书后方可上岗作业。

第十一条 海洋石油建设项目在可行性研究阶段或者总体开发方案编制阶段应当进行安全预评价。安全预评价报告经评审后报海油安办备案。

在设计阶段,海洋石油生产设施的重要设计文件及安全专篇,应当经海洋石油生产设施发证检验机构(以下简称发证检验机构)审查同意。发证检验机构应当在审查同意的设计文件、图纸上加盖印章。

第十二条 海洋石油生产设施应当由具有相应资质或者能力的专业单位施工,施工单位应当按照审查同意的设计方案或者图纸施工。

第十三条 海洋石油生产设施试生产前,应当经发证检验机构检验合格,取得最终检验证书或者临时检验证书,并制订试生产的安全措施,于试生产前45日报海油安办有关分部备案。

海油安办有关分部应对海洋石油生产设施的状况及安全措施的落实情况进行检查。

第十四条 海洋石油生产设施试生产正常后,应当向海油安办申请安全竣工验收。

经验收合格并办理安全生产许可证后,方可正式投入生产使用。

第十五条 作业者和承包者应当向作业人员如实告知作业现场和工作岗位存在的危险因素和职业危害因素,以及相应的防范措施和应急措施。

第十六条 作业者和承包者应当为作业人员提供符合国家标准或者行业标准的劳动防护用品,并监督、教育作业人员按照使用规则佩戴、使用。

第十七条 作业者和承包者应当制定海洋石油作业设施、生产设施及其专业设备的安全检查、维护保养制度,建立安全检查、维护保养档案,并指定专人负责。

第十八条 作业者和承包者应当加强防火防爆管理,按照有关规定划分和标明安全区与危险区;在危险区作业时,应当对作业程序和安全措施进行审查。

第十九条 作业者和承包者应当加强对易燃、易爆、有毒、腐蚀性等危险物品的管理,按国家有关规定进行装卸、运输、储存、使用和处置。

第二十条 海洋石油的专业设备应当由专业设备检验机构检验合格,方可投入使用。专业设备检验机构对检验结果负责。

第二十一条 海洋石油作业设施首次投入使用前或者变更作业区块前,应当制订作业计划和安全措施。

作业计划和安全措施应当在开始作业前15日报海油安办有关分部备案。

外国海洋石油作业设施进入中华人民共和国管辖海域前按照上述要求执行。

第二十二条 作业者和承包者应当建立守护船值班制度,在海洋石油生产设施和移动式钻井船(平台)周围应备有守护船值班。无人值守的生产设施和陆岸结构物除外。

第二十三条 作业者或者承包者在编制钻井、采油和井下作业等作业计划时,应当根据地质条件与海域环境确定安全可靠的井控程序和防硫化氢措施。

打开油(气)层前,作业者或者承包者应当确认井控和防硫化氢措施的落实情况。

第二十四条 作业者和承包者应当保存安全生产的相关资料，主要包括作业人员名册、工作日志、培训记录、事故和险情记录、安全设备维修记录、海况和气象情况等。

第二十五条 在海洋石油生产设施的设计、建造、安装以及生产的全过程中，实施发证检验制度。

海洋石油生产设施的发证检验包括建造检验、生产过程中的定期检验和临时检验。

第二十六条 发证检验工作由作业者委托具有资质的发证检验机构进行。

第二十七条 发证检验机构应当依照有关法律、行政法规、部门规章和国家标准、行业标准或者作业者选定的技术标准实施审查、检验，并对审查、检验结果负责。

作业者选定的技术标准不得低于国家标准和行业标准。

海油安办对发证检验机构实施的设计审查程序、检验程序进行监督。

第三章　安全生产监督管理

第二十八条 海油安办及其各分部对海洋石油安全生产履行以下监督管理职责：

(一)组织起草海洋石油安全生产法规、规章、标准；

(二)监督检查作业者和承包者安全生产条件、设备设施安全和劳动防护用品使用情况；

(三)监督检查作业者和承包者安全生产教育培训情况；负责作业者，从事物探、钻井、测井、录井、试油、井下作业等的承包者和海洋石油生产设施的主要负责人、安全管理人员和特种作业人员的安全培训考核工作；

(四)监督检查海洋石油建设项目生产设施“三同时”情况，负责建设项目安全预评价报告的备案管理，组织建设项目生产设施安全竣工验收工作，负责安全生产许可证的发放工作；

(五)负责海洋石油生产设施发证检验、专业设备检测检验、安全评价、安全培训和安全咨询等社会中介服务机构的资质审查；

(六)组织生产安全事故的调查处理；协调事故和险情的应急救援工作。

第二十九条 监督检查人员必须熟悉海洋石油安全法律法规和安全技术知识，能胜任海洋石油安全检查工作，经考核合格，取得相应的执法资格。

第三十条 海油安办及其各分部依法对作业者和承包者执行有关安全生产的法律、行政法规和国家标准或者行业标准的情况进行监督检查，行使以下职权：

(一)对作业者和承包者进行安全检查，调阅有关资料，向有关单位和人员了解情况；

(二)对检查中发现的安全生产违法行为，当场予以纠正或者要求限期改正；

(三)对检查中发现的事故隐患，应当责令立即排除；重大事故隐患排除前或者排除过程中无法保证安全的，应当责令从危险区域内撤出作业人员，责令暂时停产停业或者停止使用；重大事故隐患排除后，经审查同意，方可恢复生产和使用；

(四)对有根据认为不符合保障安全生产的国家标准或者行业标准的设施、设备、器材予以查封或者扣押，并应当在15日内依法作出处理决定。

第三十一条 监督检查人员进行监督检查时，应履行以下义务：

(一)忠于职守，坚持原则，秉公执法；

(二)执行监督检查任务时，必须出示有效的监督执法证件，使用统一的行政执法文书；

(三)遵守作业者和承包者的有关现场管理规定；不得影响正常生产活动；

(四)保守作业者和承包者的有关技术秘密和商业秘密。

第三十二条 监督检查人员在进行安全监督检查期间，作业者或者承包者应当免费提供必要的交通工具、防护用品等工作条件。

第三十三条 承担海洋石油生产设施发证检验、专业设备检测检验、安全评价、安全培训和安全咨询的中介机构应当具备国家规定的资质。

第四章　应急预案与事故处理

第三十四条　作业者应当建立应急救援组织，配备专职或者兼职救援人员，或者与专业救援组织签订救援协议，并在实施作业前编制应急预案。

承包者在实施作业前应编制应急预案。

应急预案应当报海油安办有关分部和其他有关政府部门备案。

第三十五条　应急预案应当包括以下主要内容：作业者和承包者的基本情况、危险特性、可利用的应急救援设备；应急组织机构、职责划分、通讯联络；应急预案启动、应急响应、信息处理、应急状态中止、后续恢复等处置程序；应急演习与训练。

第三十六条　应急预案应充分考虑作业内容、作业海区的环境条件、作业设施的类型、自救能力和可以获得的外部支援等因素，应能够预防和处置各类突发性事故和可能引发事故的险情，并随实际情况的变化及时修改或者补充。

事故和险情包括以下情况：井喷失控、火灾与爆炸、平台遇险、飞机或者直升机失事、船舶海损、油（气）生产设施与管线破损/泄漏、有毒有害物质泄漏、放射性物质遗散、潜水作业事故；人员重伤、死亡、失踪及暴发性传染病、中毒；溢油事故、自然灾害以及其他紧急情况等。

第三十七条　当发生事故或者出现可能引发事故的险情时，作业者和承包者应当按应急预案的规定实施应急措施，防止事态扩大，减少人员伤亡和财产损失。

当发生应急预案中未规定的事件时，现场工作人员应当及时向主要负责人报告。主要负责人应当及时采取相应的措施。

第三十八条　事故和险情发生后，当事人、现场人员、作业者和承包者负责人、各分部和海油安办根据有关规定逐级上报。

第三十九条　海油安办及其有关分部、有关部门接到重大事故报告后，应当立即赶到事故现场，组织事故抢救、事故调查。

第四十条　无人员伤亡事故、轻伤、重伤事故由作业者和承包者负责人或其指定的人员组织生产、技术、安全等有关人员及工会代表参加的事故调查组进行调查。

其他事故的调查处理，按有关规定执行。

第四十一条　作业者应当建立事故统计和分析制度，定期对事故进行统计和分析。事故统计年报应当报海油安办有关分部、政府有关部门。

承包者在提供服务期间发生的事故由作业者负责统计。

第五章　罚　　则

第四十二条　监督检查人员在海洋石油安全生产监督检查中滥用职权、玩忽职守、徇私舞弊的，依照有关规定给予行政处分；构成犯罪的，依法追究刑事责任。

第四十三条　作业者和承包者有下列行为之一的，给予警告，并处3万元以下的罚款：

（一）未按规定执行发证检验或者用非法手段获取检验证书的；

（二）未按规定配备守护船，或者使用不满足有关规定要求的船舶做守护船，或者守护船未按规定履行登记手续的；

（三）未按照本规定第十一条、第十三条、第二十一条和第三十四条的规定履行备案手续的；

（四）未按有关规定制订井控措施和防硫化氢措施，或者井控措施和防硫化氢措施不落实的；

（五）出海作业人员未按照规定经过海洋石油作业安全救生培训并考核合格上岗作业的。

第四十四条　本规定所列行政处罚，由海油安办及其各分部实施。

《安全生产法》等法律、行政法规对安全生产违法行为的行政处罚另有规定的，依照其规定。

第六章　附　则

第四十五条　本规定下列用语的定义：

（一）石油，是指蕴藏在地下的、正在采出的和已经采出的原油和天然气。

（二）石油合同，是指中国石油企业与外国企业为合作开采中华人民共和国海洋石油资源，依法订立的石油勘探、开发和生产的合同。

（三）海洋石油开采活动，是指在本规定第二条所述海域内从事的石油勘探、开发、生产、储运、油田废弃及其有关的活动。

（四）海洋石油作业设施，是指用于海洋石油作业的海上移动式钻井船（平台）、物探船、铺管船、起重船、固井船、酸化压裂船等设施。

（五）海洋石油生产设施，是指以开采海洋石油为目的的海上固定平台、单点系泊、浮式生产储油装置、海底管线、海上输油码头、滩海陆岸、人工岛和陆岸终端等海上和陆岸结构物。

（六）专业设备，是指海洋石油开采过程中使用的危险性较大或者对安全生产有较大影响的设备，包括海上结构、采油设备、海上锅炉和压力容器、钻井和修井设备、起重和升降设备、火灾和可燃气体探测、报警及控制系统、安全阀、救生设备、消防器材、钢丝绳等系物及被系物、电气仪表等。

第四十六条　内陆湖泊的石油开采的安全生产监督管理，参照本规定相应条款执行。

第四十七条　本规定自2006年5月1日起施行，原石油工业部1986年颁布的《海洋石油作业安全管理规定》同时废止。

安全生产检测检验机构管理规定

国家安全生产监督管理总局令

第12号

《安全生产检测检验机构管理规定》已经2006年12月22日国家安全生产监督管理总局局长办公会议审议通过，现予公布，自2007年4月1日起施行，原国家经济贸易委员会2002年公布的《煤矿矿用安全产品检验管理办法》同时废止。

局长　李毅中

二〇〇七年一月三十一日

目　　录

第一章　总　　则

第一条　为了加强对安全生产检测检验机构的管理，规范检测检验行为，根据《安全生产法》等有关法律、行政法规，制定本规定。

第二条　安全生产检测检验机构（以下简称检测检验机构）及其检测检验人员从事安全生产检测检验活动，以及安全生产监督管理部门、煤矿安全监察机构对检测检验机构的监督管理，适用本规定。

第三条　检测检验机构应当取得安全生产检测检验资质（以下简称检测检验资质），并在资质有效期和批准的检测检验业务范围内独立开展检测检验活动。

检测检验机构的设置应当充分利用社会现有资源，统筹规划，合理布局，优化结构，数量适当，避免无序竞争。

第四条　检测检验资质分为甲级和乙级。

取得甲级资质的检测检验机构可以在全国工矿商贸生产经营单位从事涉及生产安全的设施设备（特种设备除外）及产品的型式检验、安全标志检验、在用检验、监督监察检验、作业场所安全检测和事故物证分析检验等业务。

取得乙级资质的检测检验机构可以在所在省、自治区、直辖市内工矿商贸生产经营单位从事涉及生产安全的设施设备（特种设备除外）在用检验、监督监察检验、作业场所安全检测和重大事故以下的事故物证分析检验等业务。

安全生产检测检验目录由国家安全生产监督管理总局（以下简称安全监管总局）规定并公布。

第五条　安全监管总局指导、协调、监督全国安全生产检测检验工作和检测检验机构资质管理工作；负责甲级检测检验机构的资质认定和监督检查。

省、自治区、直辖市安全生产监督管理部门指导、协调、监督本行政区域内安全生产检测检验工作；负责本行政区域内乙级非煤矿检测检验机构的资质认定和监督检查。

省级煤矿安全监察机构指导、协调、监督所辖区域内煤矿安全生产检测检验工作;负责所辖区域内乙级煤矿检测检验机构资质的认定和监督检查。

第二章　取得资质的条件和程序

第六条　申请检测检验资质的机构应当具备下列基本条件:

(一)具有法人资格,能够独立、客观、公正地开展检测检验工作;

(二)有与申请业务相适应的固定工作场所、检测检验仪器、设备、设施和环境条件,其中检测检验仪器、设备、设施原值甲级不低于300万元,乙级不低于150万元;

(三)有与申请业务相适应的专业技术人员。甲级机构专业技术人员不低于在编人员总数的70%,其中中级以上技术职称、注册安全工程师和高级技术职称人员分别不低于在编人员总数的40%、15%和15%;乙级机构专业技术人员不低于在编人员总数的60%,其中中级以上技术职称人员和注册安全工程师分别不低于在编人员总数的30%和10%;

(四)甲级机构主持工作的负责人、技术负责人、质量负责人具有与申请业务相适应的高级技术职称,技术负责人有5年以上与安全生产相关的检测检验工作经历;乙级机构主持工作的负责人、技术负责人、质量负责人具有与申请业务相适应的中级以上技术职称或者注册安全工程师资格,技术负责人有3年以上与安全生产相关的检测检验工作经历;

(五)有满足资质认定准则要求的管理体系,并已有效运行3个月以上;

(六)甲级机构要求已取得国家重点实验室或者同等级其他检测检验机构资质,或者已取得乙级检测检验资质3年以上;乙级机构要求以检测检验为主营业务,且从事与安全生产相关的检测检验工作3年以上;

(七)有正常开展业务所需的资金或者经费保障,注册资金甲级不低于300万元,乙级不低于150万元;

(八)法律、行政法规规定的其他条件。

第七条　申请取得检测检验资质,按照下列程序办理:

(一)申请甲级资质的机构向安全监管总局提交申请书及相关资料;申请乙级资质的机构向所在地省级安全生产监督管理部门或者省级煤矿安全监察机构提交申请书及相关资料;

(二)资质受理机关在收到申请资料后5个工作日内完成对申请资料的符合性审查工作,并将审查结果一次性告知申请机构;

(三)资质受理机关自申请资料审查合格之日起20个工作日内安排评审专家对申请机构进行现场评审,评审专家按照资质认定评审准则进行技术评审并提交资质评审报告;

(四)资质受理机关在接到资质评审报告之日起20个工作日内,依据资质评审报告完成对申请机构的资质认定工作。予以认定的,颁发资质证书;不予认定的,书面通知申请机构,并说明理由。资质受理机关作出资质认定决定前,先进行不少于10日的公示。

检测检验资质认定评审准则由安全监管总局制定。

第八条　安全监管总局建立评审专家库,并指定技术服务机构承担专业技术评审工作。

评审专家对评审结果负责。

第九条　检测检验资质有效期为3年。资质有效期届满需要延续的,检测检验机构应当于资质有效期届满6个月前提出换证申请。换证审批程序按照本规定第七条和安全监管总局的相关规定执行。换证工作应当在机构资质有效期满前完成。

在资质有效期内,需要增加检测检验项目的,检测检验机构应当提出增项申请。增项审批程序按照本规定第七条和安全监管总局的相关规定执行。增项评审可与定期监督评审合并进行。

在资质有效期内,依据标准、主要负责人、授权签字人及授权签字事项、机构名称、地址、法定代表人、隶属关系等有关情况发生变更以及减少检测检验项目的,检测检验机构应当在变更后及时报资质证书颁发机关办理变更确认或者备案手续。

第十条 资质证书颁发机关向社会公告取得资质的检测检验机构及其检测检验业务范围、授权签字人及授权签字事项。乙级机构的批准文件应当抄报安全监管总局备案。

检测检验资质证书由安全监管总局制作,资质证书由证书及附件组成。

第三章 检 测 检 验

第十一条 检测检验机构应当依照法律、行政法规、规章、执业准则和相关技术规范、标准,科学、公正、诚信地开展检测检验工作,提供及时、优质、安全的服务,保证检测检验结果真实、准确、客观,并对检测检验结果负责。

检测检验人员应当熟悉安全生产法律、法规、规章、标准和有关规定,具备检测检验工作所需要的专业知识和能力,经过专业培训和考核,并应当只在一个检测检验机构中从事检测检验工作。检测检验人员未经培训或者考核不合格的,不得从事安全生产检测检验工作。

第十二条 检测检验机构及其检测检验人员在从事检测检验活动时,应当恪守职业道德,诚实守信,不得泄露被检测检验单位的技术、商业秘密,不得接受可能影响检测检验公正性的资助,不得从事与检测检验业务范围相关的产品开发、营销等活动,不得利用检测检验机构的名义参与企业的商业性活动。

检测检验收费应当符合法律、行政法规的规定。

第十三条 检测检验机构不得转让或者出借资质证书,不得将所承担的检测检验工作转包给其他检测检验机构,不得设立分支机构。

检测检验机构需要分包个别检测检验项目时,必须选择有资质的检测机构,并对检测检验的最终结果负责。

第十四条 检测检验机构及其检测检验人员应当接受安全生产监督管理部门或者煤矿安全监察机构的监督检查。

检测检验机构在工商注册地外的其他省、自治区、直辖市从事检测检验活动,当地安全生产监督管理部门或者煤矿安全监察机构有权对其活动进行监督管理。

第十五条 发现被检设施设备、产品、作业场所等存在重大事故隐患,检测检验机构必须立即告知检测检验委托方,并及时向安全生产监督管理部门或者煤矿安全监察机构报告,不得隐瞒不报、谎报或者拖延不报。

第四章 监 督 管 理

第十六条 在检测检验资质有效期内,检测检验机构应当接受资质证书颁发机关组织进行的定期和不定期的监督评审或者检查。省级资质证书颁发机关监督评审的结果应当抄报安全监管总局。

安全监管总局可以对乙级机构进行不定期的监督评审或者检查。经委托各省级安全生产监督管理部门或者煤矿安全监察机构可以对本行政区域内甲级机构进行监督检查。

第十七条 检测检验机构应当在每年一月份向资质证书颁发机关报送上一年度的工作总结和本年度的工作计划;乙级机构工作总结和工作计划由所在地省级安全生产监督管理部门或者煤矿安全监察机构汇总后抄报安全监管总局。

第十八条 检测检验机构有下列情形之一的,由资质证书颁发机关注销其检测检验资质:

(一)资质有效期届满未申请换证或者未批准换证的;

(二)机构依法终止的;

(三)资质依法被撤销的;

(四)不宜继续认定资质的其他情形。

被注销资质的机构应当自决定注销其资质之日起 7 日内将资质证书和相关印章交还资质证书颁发机关,并不得继续以检测检验机构名义从事相关业务活动。

第十九条 安全生产监督管理部门、煤矿安全监察机构工作人员不得干扰检测检验机构的正常活动,不得以任何理由或者方式向检测检验机构收取费用或者变相收取费用。除另有规定外,不得强行要求生产经营单位接受指定的检测检验机构开展检测检验工作。在检测检验资质管理工作中滥用职权、玩忽职守、徇私舞弊的,依照有关规定给予行政处分;构成犯罪的,依法追究刑事责任。

任何单位和个人对违反本规定的行为,有权向安全生产监督管理部门、煤矿安全监察机构举报,安全生产监督管理部门、煤矿安全监察机构应当认真核实、处理,并为举报人保密。

检测检验机构对有关安全生产监督管理部门、煤矿安全监察机构所作出的处理决定有权提出申诉。

第五章　罚　　则

第二十条 检测检验机构未取得资质或者伪造资质证书从事安全生产检测检验活动的,或者资质有效期届满未批准换证继续从事安全生产检测检验活动的,处一万元以上三万元以下的罚款。

第二十一条 检测检验机构或者检测检验人员伪造检测检验结果,出具虚假证明,构成犯罪的,依法追究刑事责任;尚不够刑事处罚的,没收违法所得,违法所得在五千元以上的,并处违法所得二倍以上五倍以下的罚款,没有违法所得或者违法所得不足五千元的,单处或者并处五千元以上二万元以下的罚款,对其直接负责的主管人员和其他直接责任人员处五千元以上五万元以下的罚款;给他人造成损害的,与生产经营单位承担连带赔偿责任。

对有前款违法行为的机构,撤销其检测检验资质。

第二十二条 检测检验机构在监督评审或者监督检查中不合格的,责令限期改正;情节严重的,责令暂停三至六个月检测检验工作,并进行整改;整改后仍不合格的或者连续两次监督评审不合格的,撤销其检测检验资质。

第二十三条 检测检验机构在资质有效期内超出批准的检测检验业务范围从事安全生产检测检验活动的,责令其停止超范围检测检验,处五千元以上二万元以下的罚款;不补办增项手续,继续超范围检测检验的,撤销其检测检验资质。

第二十四条 检测检验机构在资质有效期内应当办理变更确认而未办理的,责令改正;仍不改正,继续从事检测检验活动的,责令暂停三至六个月检测检验工作;逾期仍不改正的,撤销其检测检验资质。

第二十五条 检测检验机构有下列情形之一的,视情节轻重,分别予以责令改正、警告、暂停三至六个月检测检验工作、撤销资质的处罚;情节严重的,并处五千元以上二万元以下的罚款:

(一)检测检验不严格执行相关技术规范、标准的;

(二)出具的检测检验结果错误,造成重大以上事故或者重大损失的;

(三)检测检验人员未经培训、考核的;

(四)泄露被检测检验单位技术、商业秘密的;

(五)利用检测检验机构的名义参与企业的商业性活动等影响诚信和公正的;

(六)弄虚作假骗取资质证书的;

(七)转让或者出借资质证书的;

(八)转包检测检验工作的,分包给没有资质的机构的,设立分支机构的;

(九)阻扰安全生产监督管理部门或者煤矿安全监察机构依法进行监督管理的;

(十)不及时报告重大事故隐患的。

第二十六条 依照本规定第二十条被处罚的,以及被撤销资质的检测检验机构,三年内不得申请或者再次申请检测检验资质。

第二十七条 本规定所规定的行政处罚,由资质证书颁发机关决定。对乙级机构的处罚,报安全监管总局备案;对甲级机构的处罚,可以委托省级安全生产监督管理部门或者煤矿安全监察机构实施。

第六章　附　　则

第二十八条　本规定下列用语的含义：

安全生产检测检验，是指根据《安全生产法》等相关法律法规、规章等规定，依据国家有关标准、规程等技术规范，对工矿商贸生产经营单位影响从业人员安全和健康的设施设备、产品的安全性能和作业场所存在的危险性等进行检测检验，并出具具有证明作用的数据和结果的活动。

安全生产检测检验机构，是指经安全监管总局或者省级安全生产监督管理部门、煤矿安全监察机构认定，为安全生产监督管理部门、煤矿安全监察机构和工矿商贸生产经营单位提供安全生产检测检验技术服务的中介组织。

安全生产检测检验人员，是指在安全生产检测检验机构内从事检测检验工作的专职人员。

第二十九条　有特殊专业技能的境外机构以及在境内的外资机构申请安全生产检测检验资质，参照本规定和其他有关规定由安全监管总局办理。

第三十条　本规定自2007年4月1日起施行。原国家经济贸易委员会2002年公布的《煤矿矿用安全产品检验管理办法》同时废止。

安全生产违法行为行政处罚办法

国家安全生产监督管理总局令

第15号

新修订的《安全生产违法行为行政处罚办法》已经2007年11月9日国家安全生产监督管理总局局长办公会议审议通过，现予公布，自2008年1月1日起施行。原国家安全生产监督管理局（国家煤矿安全监察局）2003年5月19日公布的《安全生产违法行为行政处罚办法》、2001年4月27日公布的《煤矿安全监察程序暂行规定》同时废止。

局长　李毅中

二○○七年十一月三十日

目　　录

第一章　总　　则

第一条　为了制裁安全生产违法行为，规范安全生产行政处罚工作，依照行政处罚法、安全生产法及其他有关法律、行政法规的规定，制定本办法。

第二条　县级以上人民政府安全生产监督管理部门对生产经营单位及其有关人员在生产经营活动中违反有关安全生产的法律、行政法规、部门规章、国家标准、行业标准和规程的违法行为（以下统称安全生产违法行为）实施行政处罚，适用本办法。

煤矿安全监察机构依照本办法和煤矿安全监察行政处罚办法，对煤矿、煤矿安全生产中介机构等生产经营单位及其有关人员的安全生产违法行为实施行政处罚。

有关法律、行政法规对安全生产违法行为行政处罚的种类、幅度或者决定机关另有规定的，依照其规定。

第三条　对安全生产违法行为实施行政处罚，应当遵循公平、公正、公开的原则。

安全生产监督管理部门或者煤矿安全监察机构（以下统称安全监管监察部门）及其行政执法人员实施行政处罚，必须以事实为依据。行政处罚应当与安全生产违法行为的事实、性质、情节以及社会危害程度相当。

第四条　生产经营单位及其有关人员对安全监管监察部门给予的行政处罚，依法享有陈述权、申辩权和听证权；对行政处罚不服的，有权依法申请行政复议或者提起行政诉讼；因违法给予行政处罚受到损害的，有权依法申请国家赔偿。

第二章　行政处罚的种类、管辖

第五条　安全生产违法行为行政处罚的种类：

（一）警告；

（二）罚款；

（三）责令改正、责令限期改正、责令停止违法行为；

（四）没收违法所得、没收非法开采的煤炭产品、采掘设备；

（五）责令停产停业整顿、责令停产停业、责令停止建设、责令停止施工；

（六）暂扣或者吊销有关许可证，暂停或者撤销有关执业资格、岗位证书；

（七）关闭；

（八）拘留；

（九）安全生产法律、行政法规规定的其他行政处罚。

法律、行政法规将前款的责令改正、责令限期改正、责令停止违法行为规定为现场处理措施的除外。

第六条　县级以上安全监管监察部门应当按照本章的规定，在各自的职责范围内对安全生产违法行为行政处罚行使管辖权。

安全生产违法行为的行政处罚，由安全生产违法行为发生地的县级以上安全监管监察部门管辖。中央企业及其所属企业、有关人员的安全生产违法行为的行政处罚，由安全生产违法行为发生地的设区的市级以上安全监管监察部门管辖。

暂扣、吊销有关许可证和暂停、撤销有关执业资格、岗位证书的行政处罚，由发证机关决定。其中，暂扣有关许可证和暂停有关执业资格、岗位证书的期限一般不得超过6个月；法律、行政法规另有规定的，依照其规定。

给予关闭的行政处罚，由县级以上安全监管监察部门报请县级以上人民政府按照国务院规定的权限决定。

给予拘留的行政处罚，由县级以上安全监管监察部门建议公安机关依照治安管理处罚法的规定决定。

第七条　两个以上安全监管监察部门因行政处罚管辖权发生争议的，由其共同的上一级安全监管监察部门指定管辖。

第八条　对报告或者举报的安全生产违法行为，安全监管监察部门应当受理；发现不属于自己管辖的，应当及时移送有管辖权的部门。

受移送的安全监管监察部门对管辖权有异议的，应当报请共同的上一级安全监管监察部门指定管辖。

第九条　安全生产违法行为构成犯罪的，安全监管监察部门应当将案件移送司法机关，依法追究刑事责任；尚不够刑事处罚但依法应当给予行政处罚的，由安全监管监察部门管辖。

第十条　上级安全监管监察部门可以直接查处下级安全监管监察部门管辖的案件，也可以将自己管辖的案件交由下级安全监管监察部门管辖。

下级安全监管监察部门可以将重大、疑难案件报请上级安全监管监察部门管辖。

第十一条　上级安全监管监察部门有权对下级安全监管监察部门违法或者不适当的行政处罚予以纠正或者撤销。

第十二条　安全监管监察部门根据需要，可以在其法定职权范围内委托符合行政处罚法第十九条规定条件的组织或者乡镇人民政府、城市街道办事处设立的安全生产监督管理机构实施行政处罚。受委托的单位在委托范围内，以委托的安全监管监察部门名义实施行政处罚。

委托的安全监管监察部门应当监督检查受委托的单位实施行政处罚，并对其实施行政处罚的后果承担法律责任。

第三章　行政处罚的程序

第十三条　安全生产行政执法人员在执行公务时，必须出示省级以上安全生产监督管理部门或者县级以上地方人民政府统一制作的有效行政执法证件。其中对煤矿进行安全监察，必须出示国家安全生产监督管理总局统一制作的煤矿安全监察员证。

第十四条　安全监管监察部门及其行政执法人员在监督检查时发现生产经营单位存在事故隐患的，应当按照下列规定采取现场处理措施：

（一）能够立即排除的，应当责令立即排除；

（二）重大事故隐患排除前或者排除过程中无法保证安全的，应当责令从危险区域撤出作业人员，并责令暂时停产停业、停止建设、停止施工或者停止使用，限期排除隐患。

隐患排除后，经安全监管监察部门审查同意，方可恢复生产经营和使用。

本条第一款第（二）项规定的责令暂时停产停业、停止建设、停止施工或者停止使用的期限一般不超过6个月；法律、行政法规另有规定的，依照其规定。

第十五条　对有根据认为不符合安全生产的国家标准或者行业标准的在用设施、设备、器材，安全监管监察部门应当依法予以查封或者扣押，并在15日内按照下列规定作出处理决定：

（一）能够修理、更换的，责令予以修理、更换；不能修理、更换的，不准使用；

（二）依法采取其他行政强制措施或者现场处理措施；

（三）依法给予行政处罚；

（四）经核查予以查封或者扣押的设备、设施、器材符合国家标准或者行业标准的，解除查封或者扣押。

实施查封、扣押，应当当场下达查封、扣押决定书和被查封、扣押的财物清单。在交通不便地区，或者不及时查封、扣押可能影响案件查处，或者存在事故隐患可能导致生产安全事故的，可以先行实施查封、扣押，并在48小时内补办查封、扣押决定书，送达当事人。

第十六条　生产经营单位被责令限期改正或者限期进行隐患排除治理的，应当在规定限期内完成。因不可抗力无法在规定限期内完成的，应当在进行整改或者治理的同时，于限期届满前10日内提出书面延期申请，安全监管监察部门应当在收到申请之日起5日内书面答复是否准予延期。

生产经营单位提出复查申请或者整改、治理限期届满的，安全监管监察部门应当自申请或者限期届满之日起10日内进行复查，填写复查意见书，由被复查单位和安全监管监察部门复查人员签名后存档。逾期未整改、未治理或者整改、治理不合格的，安全监管监察部门应当依法给予行政处罚。

第十七条　安全监管监察部门在作出行政处罚决定前，应当填写行政处罚告知书，告知当事人作出行政处罚决定的事实、理由、依据，以及当事人依法享有的权利，并送达当事人。当事人应当在收到行政处罚告知书之日起3日内进行陈述、申辩，或者依法提出听证要求，逾期视为放弃上述权利。

第十八条　安全监管监察部门应当充分听取当事人的陈述和申辩，对当事人提出的事实、理由和证据，应当进行复核；当事人提出的事实、理由和证据成立的，安全监管监察部门应当采纳。

安全监管监察部门不得因当事人陈述或者申辩而加重处罚。

第十九条　安全监管监察部门对安全生产违法行为实施行政处罚，应当符合法定程序，制作行政执法文书。

第一节　简易程序

第二十条　违法事实确凿并有法定依据，对个人处以50元以下罚款、对生产经营单位处以1千元以下罚款或者警告的行政处罚的，安全生产行政执法人员可以当场作出行政处罚决定。

第二十一条　安全生产行政执法人员当场作出行政处罚决定，应当填写预定格式、编有号码的行政处罚决定书并当场交付当事人。

安全生产行政执法人员当场作出行政处罚决定后应当及时报告，并在5日内报所属安全监管监察部门备案。

第二节　一般程序

第二十二条　除依照简易程序当场作出的行政处罚外，安全监管监察部门发现生产经营单位及其有关人员有应当给予行政处罚的行为的，应当予以立案，填写立案审批表，并全面、客观、公正地进行调查，收集有关证据。对确需立即查处的安全生产违法行为，可以先行调查取证，并在5日内补办立案手续。

第二十三条　对已经立案的案件，由立案审批人指定两名或者两名以上安全生产行政执法人员进行调查。

有下列情形之一的，承办案件的安全生产行政执法人员应当回避：

（一）本人是本案的当事人或者当事人的近亲属的；

（二）本人或者其近亲属与本案有利害关系的；

（三）与本人有其他利害关系，可能影响案件的公正处理的。

安全生产行政执法人员的回避，由派出其进行调查的安全监管监察部门的负责人决定。进行调查的安全监管监察部门负责人的回避，由该部门负责人集体讨论决定。回避决定作出之前，承办案件的安全生产行政执法人员不得擅自停止对案件的调查。

第二十四条　进行案件调查时，安全生产行政执法人员不得少于两名。当事人或者有关人员应当如实回答安全生产行政执法人员的询问，并协助调查或者检查，不得拒绝、阻挠或者提供虚假情况。

询问或者检查应当制作笔录。笔录应当记载时间、地点、询问和检查情况，并由被询问人、被检查单位和安全生产行政执法人员签名或者盖章；被询问人、被检查单位要求补正的，应当允许。被询问人或者被检查单位拒绝签名或者盖章的，安全生产行政执法人员应当在笔录上注明原因并签名。

第二十五条　安全生产行政执法人员应当收集、调取与案件有关的原始凭证作为证据。调取原始凭证确有困难的，可以复制，复制件应当注明“经核对与原件无异”的字样和原始凭证存放的单位及其处所，并由出具证据的人员签名或者单位盖章。

第二十六条　安全生产行政执法人员在收集证据时，可以采取抽样取证的方法；在证据可能灭失或者以后难以取得的情况下，经本单位负责人批准，可以先行登记保存，并应当在7日内作出处理决定：

（一）违法事实成立依法应当没收的，作出行政处罚决定，予以没收；依法应当扣留或者封存的，予以扣留或者封存；

（二）违法事实不成立，或者依法不应当予以没收、扣留、封存的，解除登记保存。

第二十七条　安全生产行政执法人员对与案件有关的物品、场所进行勘验检查时，应当通知当事人到场，制作勘验笔录，并由当事人核对无误后签名或者盖章。当事人拒绝到场的，可以邀请在场的其他人员作证，并在勘验笔录中注明；也可以采用录音、录像等方式记录有关物品、场所的情况后，再进行勘验检查。

第二十八条　案件调查终结后，负责承办案件的安全生产行政执法人员应当填写案件处理呈批表，连同有关证据材料一并报本部门负责人审批。

安全监管监察部门负责人应当及时对案件调查结果进行审查，根据不同情况，分别作出以下决定：

（一）确有应受行政处罚的违法行为的，根据情节轻重及具体情况，作出行政处罚决定；

（二）违法行为轻微，依法可以不予行政处罚的，不予行政处罚；

（三）违法事实不能成立，不得给予行政处罚；

（四）违法行为涉嫌犯罪的，移送司法机关处理。

对严重安全生产违法行为给予责令停产停业整顿、责令停产停业、责令停止建设、责令停止施工、吊销有关许可证、撤销有关执业资格或者岗位证书、3万元以上罚款、没收违法所得、没收非法开采的煤炭产品或者采掘设备价值3万元以上的行政处罚的，应当由安全监管监察部门的负责人集体讨论决定。

第二十九条 安全监管监察部门依照本办法第二十八条的规定给予行政处罚,应当制作行政处罚决定书。行政处罚决定书应当载明下列事项:

(一)当事人的姓名或者名称、地址或者住址;

(二)违法事实和证据;

(三)行政处罚的种类和依据;

(四)行政处罚的履行方式和期限;

(五)不服行政处罚决定,申请行政复议或者提起行政诉讼的途径和期限;

(六)作出行政处罚决定的安全监管监察部门的名称和作出决定的日期。

行政处罚决定书必须盖有作出行政处罚决定的安全监管监察部门的印章。

第三十条 行政处罚决定书应当在宣告后当场交付当事人;当事人不在场的,安全监管监察部门应当在 7 日内依照民事诉讼法的有关规定,将行政处罚决定书送达当事人或者其他的法定受送达人:

(一)送达必须有送达回执,由受送达人在送达回执上注明收到日期,签名或者盖章;

(二)送达应当直接送交受送达人。受送达人是个人的,本人不在交他的同住成年家属签收,并在行政处罚决定书送达回执的备注栏内注明与受送达人的关系;

(三)受送达人是法人或者其他组织的,应当由法人的法定代表人、其他组织的主要负责人或者该法人、组织负责收件的人签收;

(四)受送达人指定代收人的,交代收人签收并注明受当事人委托的情况;

(五)直接送达确有困难的,可以挂号邮寄送达,也可以委托当地安全监管监察部门代为送达,代为送达的安全监管监察部门收到文书后,必须立即交受送达人签收;

(六)当事人或者他的同住成年家属拒绝接收的,送达人应当邀请有关基层组织的代表或者有关人员到场,注明情况,在行政处罚决定书送达回执上注明拒收的事由和日期,由送达人、见证人签名或者盖章,将文书留在当事人的收发部门或者住所,即视为送达;

(七)受送达人下落不明,或者用以上方式无法送达的,可以公告送达,自公告发布之日起经过 60 日,即视为送达。公告送达,应当在案卷中注明原因和经过。

安全监管监察部门送达其他行政处罚执法文书,按照前款规定办理。

第三十一条 行政处罚案件应当自立案之日起 30 日内办理完毕;由于客观原因不能完成的,经安全监管监察部门负责人同意,可以延长,但不得超过 90 日;特殊情况需进一步延长的,应当经上一级安全监管监察部门批准,可延长至 180 日。

第三节 听证程序

第三十二条 安全监管监察部门作出责令停产停业整顿、责令停产停业、吊销有关许可证、撤销有关执业资格、岗位证书或者较大数额罚款的行政处罚决定之前,应当告知当事人有要求举行听证的权利;当事人要求听证的,安全监管监察部门应当组织听证,不得向当事人收取听证费用。

前款所称较大数额罚款,为省、自治区、直辖市人大常委会或者人民政府规定的数额;没有规定数额的,其数额对个人罚款为 1 万元以上,对生产经营单位罚款为 3 万元以上。

第三十三条 当事人要求听证的,应当在安全监管监察部门依照本办法第十七条规定告知后 3 日内以书面方式提出。

第三十四条 当事人提出听证要求后,安全监管监察部门应当在举行听证会的 7 日前,通知当事人举行听证的时间、地点。

当事人应当按期参加听证。当事人有正当理由要求延期的,经组织听证的安全监管监察部门负责人批准可以延期 1 次;当事人未按期参加听证,并且未事先说明理由的,视为放弃听证权利。

第三十五条 听证参加人由听证主持人、听证员、案件调查人员、当事人及其委托代理人、书记员组成。

听证主持人、听证员、书记员应当由组织听证的安全监管监察部门负责人指定的非本案调查人员担任。

当事人可以委托 1 至 2 名代理人参加听证,并提交委托书。

第三十六条 除涉及国家秘密、商业秘密或者个人隐私外,听证应当公开举行。

第三十七条 当事人在听证中的权利和义务:

(一)有权对案件涉及的事实、适用法律及有关情况进行陈述和申辩;

(二)有权对案件调查人员提出的证据质证并提出新的证据;

(三)如实回答主持人的提问;

(四)遵守听证会场纪律,服从听证主持人指挥。

第三十八条 听证按照下列程序进行:

(一)书记员宣布听证会场纪律、当事人的权利和义务。听证主持人宣布案由,核实听证参加人名单,宣布听证开始;

(二)案件调查人员提出当事人的违法事实、出示证据,说明拟作出的行政处罚的内容及法律依据;

(三)当事人或者其委托代理人对案件的事实、证据、适用的法律等进行陈述和申辩,提交新的证据材料;

(四)听证主持人就案件的有关问题向当事人、案件调查人员、证人询问;

(五)案件调查人员、当事人或者其委托代理人相互辩论;

(六)当事人或者其委托代理人作最后陈述;

(七)听证主持人宣布听证结束。

听证笔录应当当场交当事人核对无误后签名或者盖章。

第三十九条 有下列情形之一的,应当中止听证:

(一)需要重新调查取证的;

(二)需要通知新证人到场作证的;

(三)因不可抗力无法继续进行听证的。

第四十条 有下列情形之一的,应当终止听证:

(一)当事人撤回听证要求的;

(二)当事人无正当理由不按时参加听证的;

(三)拟作出的行政处罚决定已经变更,不适用听证程序的。

第四十一条 听证结束后,听证主持人应当依据听证情况,填写听证会报告书,提出处理意见并附听证笔录报安全监管监察部门负责人审查。安全监管监察部门依照本办法第二十八条的规定作出决定。

第四章 行政处罚的适用

第四十二条 生产经营单位的决策机构、主要负责人、个人经营的投资人(包括实际控制人,下同)未依法保证下列安全生产所必需的资金投入,致使生产经营单位不具备安全生产条件的,责令限期改正,提供必需的资金,并可以对生产经营单位处 1 万元以上 3 万元以下罚款,对生产经营单位的主要负责人、个人经营的投资人处 5 千元以上 1 万元以下罚款;逾期未改正的,责令生产经营单位停产停业整顿:

(一)未按规定缴存和使用安全生产风险抵押金的;

(二)未按规定足额提取和使用安全生产费用的;

(三)国家规定的其他安全生产所必须的资金投入。

生产经营单位主要负责人、个人经营的投资人有前款违法行为,导致发生生产安全事故的,依照《生产安全事故报告和调查处理条例》的规定给予处罚。

第四十三条 生产经营单位的主要负责人未依法履行安全生产管理职责,导致生产安全事故发生的,依照《生产安全事故报告和调查处理条例》的规定给予处罚。

第四十四条 生产经营单位及其主要负责人或者其他人员有下列行为之一的，给予警告，并可以对生产经营单位处1万元以上3万元以下罚款，对其主要负责人、其他有关人员处1千元以上1万元以下的罚款：

（一）违反操作规程或者安全管理规定作业的；

（二）违章指挥从业人员或者强令从业人员违章、冒险作业的；

（三）发现从业人员违章作业不加制止的；

（四）超过核定的生产能力、强度或者定员进行生产的；

（五）对被查封或者扣押的设施、设备、器材，擅自启封或者使用的；

（六）故意提供虚假情况或者隐瞒存在的事故隐患以及其他安全问题的；

（七）对事故预兆或者已发现的事故隐患不及时采取措施的；

（八）拒绝、阻碍安全生产行政执法人员监督检查的；

（九）拒绝、阻碍安全监管监察部门聘请的专家进行现场检查的；

（十）拒不执行安全监管监察部门及其行政执法人员的安全监管监察指令的。

第四十五条 危险物品的生产、经营、储存单位以及矿山企业、建筑施工单位有下列行为之一的，责令改正，并可以处1万元以上3万元以下的罚款：

（一）未建立应急救援组织或者未按规定签订救护协议的；

（二）未配备必要的应急救援器材、设备，并进行经常性维护、保养，保证正常运转的。

第四十六条 生产经营单位与从业人员订立协议，免除或者减轻其对从业人员因生产安全事故伤亡依法应承担的责任的，该协议无效；对生产经营单位的主要负责人、个人经营的投资人按照下列规定处以罚款：

（一）在协议中减轻因生产安全事故伤亡对从业人员依法应承担的责任的，处2万元以上5万元以下的罚款；

（二）在协议中免除因生产安全事故伤亡对从业人员依法应承担的责任的，处5万元以上10万元以下的罚款。

第四十七条 生产经营单位不具备法律、行政法规和国家标准、行业标准规定的安全生产条件，经责令停产停业整顿仍不具备安全生产条件的，安全监管监察部门应当提请有管辖权的人民政府予以关闭；人民政府决定关闭的，安全监管监察部门应当依法吊销其有关许可证。

第四十八条 生产经营单位转让安全生产许可证的，没收违法所得，吊销安全生产许可证，并按照下列规定处以罚款：

（一）接受转让的单位和个人未发生生产安全事故的，处10万元以上30万元以下的罚款；

（二）接受转让的单位和个人发生生产安全事故但没有造成人员死亡的，处30万元以上40万元以下的罚款；

（三）接受转让的单位和个人发生人员死亡生产安全事故的，处40万元以上50万元以下的罚款。

第四十九条 知道或者应当知道生产经营单位未取得安全生产许可证或者其他批准文件擅自从事生产经营活动，仍为其提供生产经营场所、运输、保管、仓储等条件的，责令立即停止违法行为，有违法所得的，没收违法所得，并处违法所得1倍以上3倍以下的罚款，但是最高不得超过3万元；没有违法所得的，并处5千元以上1万元以下的罚款。

第五十条 生产经营单位及其有关人员弄虚作假，骗取或者勾结、串通行政审批工作人员取得安全生产许可证书及其他批准文件的，撤销许可及批准文件，并按照下列规定处以罚款：

（一）生产经营单位有违法所得的，没收违法所得，并处违法所得1倍以上3倍以下的罚款，但是最高不得超过3万元；没有违法所得的，并处5千元以上1万元以下的罚款；

（二）对有关人员处1千元以上1万元以下的罚款。

有前款规定违法行为的生产经营单位及其有关人员在3年内不得再次申请该行政许可。

生产经营单位及其有关人员未依法办理安全生产许可证书变更手续的，责令限期改正，并对生产经营单位处1万元以上3万元以下的罚款，对有关人员处1千元以上5千元以下的罚款。

第五十一条　未取得相应资格、资质证书的机构及其有关人员从事安全评价、认证、检测、检验工作,责令停止违法行为,并按照下列规定处以罚款:

(一)机构有违法所得的,没收违法所得,并处违法所得1倍以上3倍以下的罚款,但是最高不得超过3万元;没有违法所得的,并处5千元以上1万元以下的罚款;

(二)有关人员处5千元以上1万元以下的罚款。

第五十二条　生产经营单位及其有关人员触犯不同的法律规定,有两个以上应当给予行政处罚的安全生产违法行为的,安全监管监察部门应当适用不同的法律规定,分别裁量,合并处罚。

第五十三条　对同一生产经营单位及其有关人员的同一安全生产违法行为,不得给予两次以上罚款的行政处罚。

第五十四条　生产经营单位及其有关人员有下列情形之一的,应当从重处罚:

(一)危及公共安全或者其他生产经营单位安全的,经责令限期改正,逾期未改正的;

(二)一年内因同一违法行为受到两次以上行政处罚的;

(三)拒不整改或者整改不力,其违法行为呈持续状态的;

(四)拒绝、阻碍或者以暴力威胁行政执法人员的。

第五十五条　生产经营单位及其有关人员有下列情形之一的,应当从轻或者减轻行政处罚:

(一)主动消除或者减轻安全生产违法行为危害后果的;

(二)受他人胁迫实施安全生产违法行为的;

(三)配合安全监管监察部门查处安全生产违法行为有立功表现的;

(四)其他依法应予从轻或者减轻行政处罚的。

安全生产违法行为轻微并及时纠正,没有造成危害后果的,不予行政处罚。

第五章　行政处罚的执行和备案

第五十六条　安全监管监察部门实施行政处罚时,应当同时责令生产经营单位及其有关人员停止、改正或者限期改正违法行为。

第五十七条　本办法所称的违法所得,按照下列规定计算:

(一)生产、加工产品的,以生产、加工产品的销售收入作为违法所得;

(二)销售商品的,以销售收入作为违法所得;

(三)提供安全生产中介、租赁等服务的,以服务收入或者报酬作为违法所得;

(四)销售收入无法计算的,按当地同类同等规模的生产经营单位的平均销售收入计算;

(五)服务收入、报酬无法计算的,按照当地同行业同种服务的平均收入或者报酬计算。

第五十八条　行政处罚决定依法作出后,当事人应当在行政处罚决定的期限内,予以履行;当事人逾期不履行的,作出行政处罚决定的安全监管监察部门可以采取下列措施:

(一)到期不缴纳罚款的,每日按罚款数额的3%加处罚款;

(二)根据法律规定,将查封、扣押的设施、设备、器材拍卖所得价款抵缴罚款;

(三)申请人民法院强制执行。

当事人对行政处罚决定不服申请行政复议或者提起行政诉讼的,行政处罚不停止执行,法律另有规定的除外。

第五十九条　安全生产行政执法人员当场收缴罚款的,应当出具省、自治区、直辖市财政部门统一制发的罚款收据;当场收缴的罚款,应当自收缴罚款之日起2日内,交至所属安全监管监察部门;安全监管监察部门应当在2日内将罚款缴付指定的银行。

第六十条　除依法应当予以销毁的物品外,需要将查封、扣押的设施、设备、器材拍卖抵缴罚款的,依照法律或者国家有关规定处理。销毁物品,依照国家有关规定处理;没有规定的,经县级以上安全监管监察部门负责人批准,由两名以上安全生产行政执法人员监督销毁,并制作销毁记录。处理物品,应当制作清单。

第六十一条 罚款、没收违法所得的款项和没收非法开采的煤炭产品、采掘设备,必须按照有关规定上缴,任何单位和个人不得截留、私分或者变相私分。

第六十二条 县级安全生产监督管理部门处以2万元以上罚款、没收违法所得、没收非法生产的煤炭产品或者采掘设备价值2万元以上、责令停产停业、停止建设、停止施工、停产停业整顿、撤销有关资格、岗位证书或者吊销有关许可证的行政处罚的,应当自作出行政处罚决定之日起10日内报设区的市级安全生产监督管理部门备案。

第六十三条 设区的市级安全生产监督管理部门、煤矿安全监察分局处以5万元以上罚款、没收违法所得、没收非法生产的煤炭产品或者采掘设备价值5万元以上、责令停产停业、停止建设、停止施工、停产停业整顿、撤销有关资格、岗位证书或者吊销有关许可证的行政处罚的,应当自作出行政处罚决定之日起10日内报省级安全监管监察部门备案。

第六十四条 省级安全监管监察部门处以10万元以上罚款、没收违法所得、没收非法生产的煤炭产品或者采掘设备价值10万元以上、责令停产停业、停止建设、停止施工、停产停业整顿、撤销有关资格、岗位证书或者吊销有关许可证的行政处罚的,应当自作出行政处罚决定之日起10日内报国家安全生产监督管理总局或者国家煤矿安全监察局备案。

对上级安全监管监察部门交办案件给予行政处罚的,由决定行政处罚的安全监管监察部门自作出行政处罚决定之日起10日内报上级安全监管监察部门备案。

第六十五条 行政处罚执行完毕后,案件材料应当按照有关规定立卷归档。

案卷立案归档后,任何单位和个人不得擅自增加、抽取、涂改和销毁案卷材料。未经安全监管监察部门负责人批准,任何单位和个人不得借阅案卷。

第六章 附 则

第六十六条 安全生产监督管理部门所用的行政处罚文书式样,由国家安全生产监督管理总局统一制定。

煤矿安全监察机构所用的行政处罚文书式样,由国家煤矿安全监察局统一制定。

第六十七条 本办法所称的生产经营单位,是指合法和非法从事生产或者经营活动的基本单元,包括企业法人、不具备企业法人资格的合伙组织、个体工商户和自然人等生产经营主体。

本办法所称的"以上"包括本数,所称的"以下"不包括本数。

第六十八条 本办法自2008年1月1日起施行。原国家安全生产监督管理局(国家煤矿安全监察局)2003年5月19日公布的《安全生产违法行为行政处罚办法》、2001年4月27日公布的《煤矿安全监察程序暂行规定》同时废止。

安全生产事故隐患排查治理暂行规定

国家安全生产监督管理总局令

第16号

《安全生产事故隐患排查治理暂行规定》已经2007年12月22日国家安全生产监督管理总局局长办公会议审议通过,现予公布,自2008年2月1日起施行。

局长　李毅中

二〇〇七年十二月二十八日

目　录

第一章　总　　则

第一条　为了建立安全生产事故隐患排查治理长效机制,强化安全生产主体责任,加强事故隐患监督管理,防止和减少事故,保障人民群众生命财产安全,根据安全生产法等法律、行政法规,制定本规定。

第二条　生产经营单位安全生产事故隐患排查治理和安全生产监督管理部门、煤矿安全监察机构(以下统称安全监管监察部门)实施监管监察,适用本规定。

有关法律、行政法规对安全生产事故隐患排查治理另有规定的,依照其规定。

第三条　本规定所称安全生产事故隐患(以下简称事故隐患),是指生产经营单位违反安全生产法律、法规、规章、标准、规程和安全生产管理制度的规定,或者因其他因素在生产经营活动中存在可能导致事故发生的物的危险状态、人的不安全行为和管理上的缺陷。

事故隐患分为一般事故隐患和重大事故隐患。一般事故隐患,是指危害和整改难度较小,发现后能够立即整改排除的隐患。重大事故隐患,是指危害和整改难度较大,应当全部或者局部停产停业,并经过一定时间整改治理方能排除的隐患,或者因外部因素影响致使生产经营单位自身难以排除的隐患。

第四条　生产经营单位应当建立健全事故隐患排查治理制度。

生产经营单位主要负责人对本单位事故隐患排查治理工作全面负责。

第五条　各级安全监管监察部门按照职责对所辖区域内生产经营单位排查治理事故隐患工作依法实施综合监督管理;各级人民政府有关部门在各自职责范围内对生产经营单位排查治理事故隐患工作依法实施监督管理。

第六条　任何单位和个人发现事故隐患,均有权向安全监管监察部门和有关部门报告。

安全监管监察部门接到事故隐患报告后,应当按照职责分工立即组织核实并予以查处;发现所报告事故隐患应当由其他有关部门处理的,应当立即移送有关部门并记录备查。

第二章　生产经营单位的职责

第七条　生产经营单位应当依照法律、法规、规章、标准和规程的要求从事生产经营活动。严禁非法从事生产经营活动。

第八条　生产经营单位是事故隐患排查、治理和防控的责任主体。

生产经营单位应当建立健全事故隐患排查治理和建档监控等制度，逐级建立并落实从主要负责人到每个从业人员的隐患排查治理和监控责任制。

第九条　生产经营单位应当保证事故隐患排查治理所需的资金，建立资金使用专项制度。

第十条　生产经营单位应当定期组织安全生产管理人员、工程技术人员和其他相关人员排查本单位的事故隐患。对排查出的事故隐患，应当按照事故隐患的等级进行登记，建立事故隐患信息档案，并按照职责分工实施监控治理。

第十一条　生产经营单位应当建立事故隐患报告和举报奖励制度，鼓励、发动职工发现和排除事故隐患，鼓励社会公众举报。对发现、排除和举报事故隐患的有功人员，应当给予物质奖励和表彰。

第十二条　生产经营单位将生产经营项目、场所、设备发包、出租的，应当与承包、承租单位签订安全生产管理协议，并在协议中明确各方对事故隐患排查、治理和防控的管理职责。生产经营单位对承包、承租单位的事故隐患排查治理负有统一协调和监督管理的职责。

第十三条　安全监管监察部门和有关部门的监督检查人员依法履行事故隐患监督检查职责时，生产经营单位应当积极配合，不得拒绝和阻挠。

第十四条　生产经营单位应当每季、每年对本单位事故隐患排查治理情况进行统计分析，并分别于下一季度15日前和下一年1月31日前向安全监管监察部门和有关部门报送书面统计分析表。统计分析表应当由生产经营单位主要负责人签字。

对于重大事故隐患，生产经营单位除依照前款规定报送外，应当及时向安全监管监察部门和有关部门报告。重大事故隐患报告内容应当包括：

（一）隐患的现状及其产生原因；

（二）隐患的危害程度和整改难易程度分析；

（三）隐患的治理方案。

第十五条　对于一般事故隐患，由生产经营单位（车间、分厂、区队等）负责人或者有关人员立即组织整改。

对于重大事故隐患，由生产经营单位主要负责人组织制定并实施事故隐患治理方案。重大事故隐患治理方案应当包括以下内容：

（一）治理的目标和任务；

（二）采取的方法和措施；

（三）经费和物资的落实；

（四）负责治理的机构和人员；

（五）治理的时限和要求；

（六）安全措施和应急预案。

第十六条　生产经营单位在事故隐患治理过程中，应当采取相应的安全防范措施，防止事故发生。事故隐患排除前或者排除过程中无法保证安全的，应当从危险区域内撤出作业人员，并疏散可能危及的其他人员，设置警戒标志，暂时停产停业或者停止使用；对暂时难以停产或者停止使用的相关生产储存装置、设施、设备，应当加强维护和保养，防止事故发生。

第十七条　生产经营单位应当加强对自然灾害的预防。对于因自然灾害可能导致事故灾难的隐患，应当按照有关法律、法规、标准和本规定的要求排查治理，采取可靠的预防措施，制定应急预案。在接到有关自然灾害预报时，应当及时向下属单位发出预警通知；发生自然灾害可能危及生产经营单位和人员安全的情况时，应当采取撤离人员、停止作业、加强监测等安全措施，并及时向当地人民政府及其有关部门报告。

第十八条 地方人民政府或者安全监管监察部门及有关部门挂牌督办并责令全部或者局部停产停业治理的重大事故隐患，治理工作结束后，有条件的生产经营单位应当组织本单位的技术人员和专家对重大事故隐患的治理情况进行评估；其他生产经营单位应当委托具备相应资质的安全评价机构对重大事故隐患的治理情况进行评估。

经治理后符合安全生产条件的，生产经营单位应当向安全监管监察部门和有关部门提出恢复生产的书面申请，经安全监管监察部门和有关部门审查同意后，方可恢复生产经营。申请报告应当包括治理方案的内容、项目和安全评价机构出具的评价报告等。

第三章 监督管理

第十九条 安全监管监察部门应当指导、监督生产经营单位按照有关法律、法规、规章、标准和规程的要求，建立健全事故隐患排查治理等各项制度。

第二十条 安全监管监察部门应当建立事故隐患排查治理监督检查制度，定期组织对生产经营单位事故隐患排查治理情况开展监督检查；应当加强对重点单位的事故隐患排查治理情况的监督检查。对检查过程中发现的重大事故隐患，应当下达整改指令书，并建立信息管理台账。必要时，报告同级人民政府并对重大事故隐患实行挂牌督办。

安全监管监察部门应当配合有关部门做好对生产经营单位事故隐患排查治理情况开展的监督检查，依法查处事故隐患排查治理的非法和违法行为及其责任者。

安全监管监察部门发现属于其他有关部门职责范围内的重大事故隐患的，应该及时将有关资料移送有管辖权的有关部门，并记录备查。

第二十一条 已经取得安全生产许可证的生产经营单位，在其被挂牌督办的重大事故隐患治理结束前，安全监管监察部门应当加强监督检查。必要时，可以提请原许可证颁发机关依法暂扣其安全生产许可证。

第二十二条 安全监管监察部门应当会同有关部门把重大事故隐患整改纳入重点行业领域的安全专项整治中加以治理，落实相应责任。

第二十三条 对挂牌督办并采取全部或者局部停产停业治理的重大事故隐患，安全监管监察部门收到生产经营单位恢复生产的申请报告后，应当在10日内进行现场审查。审查合格的，对事故隐患进行核销，同意恢复生产经营；审查不合格的，依法责令改正或者下达停产整改指令。对整改无望或者生产经营单位拒不执行整改指令的，依法实施行政处罚；不具备安全生产条件的，依法提请县级以上人民政府按照国务院规定的权限予以关闭。

第二十四条 安全监管监察部门应当每季将本行政区域重大事故隐患的排查治理情况和统计分析表逐级报至省级安全监管监察部门备案。

省级安全监管监察部门应当每半年将本行政区域重大事故隐患的排查治理情况和统计分析表报国家安全生产监督管理总局备案。

第四章 罚　　则

第二十五条 生产经营单位及其主要负责人未履行事故隐患排查治理职责，导致发生生产安全事故的，依法给予行政处罚。

第二十六条 生产经营单位违反本规定，有下列行为之一的，由安全监管监察部门给予警告，并处三万元以下的罚款：

（一）未建立安全生产事故隐患排查治理等各项制度的；

（二）未按规定上报事故隐患排查治理统计分析表的；

（三）未制定事故隐患治理方案的；

（四）重大事故隐患不报或者未及时报告的；

（五）未对事故隐患进行排查治理擅自生产经营的；

（六）整改不合格或者未经安全监管监察部门审查同意擅自恢复生产经营的。

第二十七条 承担检测检验、安全评价的中介机构，出具虚假评价证明，尚不够刑事处罚的，没收违法所得，违法所得在五千元以上的，并处违法所得二倍以上五倍以下的罚款，没有违法所得或者违法所得不足五千元的，单处或者并处五千元以上二万元以下的罚款，同时可对其直接负责的主管人员和其他直接责任人员处五千元以上五万元以下的罚款；给他人造成损害的，与生产经营单位承担连带赔偿责任。

对有前款违法行为的机构，撤销其相应的资质。

第二十八条 生产经营单位事故隐患排查治理过程中违反有关安全生产法律、法规、规章、标准和规程规定的，依法给予行政处罚。

第二十九条 安全监管监察部门的工作人员未依法履行职责的，按照有关规定处理。

第五章 附 则

第三十条 省级安全监管监察部门可以根据本规定，制定事故隐患排查治理和监督管理实施细则。

第三十一条 事业单位、人民团体以及其他经济组织的事故隐患排查治理，参照本规定执行。

第三十二条 本规定自2008年2月1日起施行。

生产安全事故应急预案管理办法

国家安全生产监督管理总局令

第17号

《生产安全事故应急预案管理办法》已经2009年3月20日国家安全生产监督管理总局局长办公会议审议通过,现予公布,自2009年5月1日起施行。

局长　骆琳

二〇〇九年四月一日

目　　录

第一章　总　　则

第一条　为了规范生产安全事故应急预案的管理,完善应急预案体系,增强应急预案的科学性、针对性、实效性,依据《中华人民共和国突发事件应对法》、《中华人民共和国安全生产法》和国务院有关规定,制定本办法。

第二条　生产安全事故应急预案(以下简称应急预案)的编制、评审、发布、备案、培训、演练和修订等工作,适用本办法。

法律、行政法规和国务院另有规定的,依照其规定。

第三条　应急预案的管理遵循综合协调、分类管理、分级负责、属地为主的原则。

第四条　国家安全生产监督管理总局负责应急预案的综合协调管理工作。国务院其他负有安全生产监督管理职责的部门按照各自的职责负责本行业、本领域内应急预案的管理工作。

县级以上地方各级人民政府安全生产监督管理部门负责本行政区域内应急预案的综合协调管理工作。县级以上地方各级人民政府其他负有安全生产监督管理职责的部门按照各自的职责负责辖区内本行业、本领域应急预案的管理工作。

第二章　应急预案的编制

第五条　应急预案的编制应当符合下列基本要求:

(一)符合有关法律、法规、规章和标准的规定;

(二)结合本地区、本部门、本单位的安全生产实际情况;

(三)结合本地区、本部门、本单位的危险性分析情况;

（四）应急组织和人员的职责分工明确，并有具体的落实措施；

（五）有明确、具体的事故预防措施和应急程序，并与其应急能力相适应；

（六）有明确的应急保障措施，并能满足本地区、本部门、本单位的应急工作要求；

（七）预案基本要素齐全、完整，预案附件提供的信息准确；

（八）预案内容与相关应急预案相互衔接。

第六条 地方各级安全生产监督管理部门应当根据法律、法规、规章和同级人民政府以及上一级安全生产监督管理部门的应急预案，结合工作实际，组织制定相应的部门应急预案。

第七条 生产经营单位应当根据有关法律、法规和《生产经营单位安全生产事故应急预案编制导则》（AQ/T9002－2006），结合本单位的危险源状况、危险性分析情况和可能发生的事故特点，制定相应的应急预案。

生产经营单位的应急预案按照针对情况的不同，分为综合应急预案、专项应急预案和现场处置方案。

第八条 生产经营单位风险种类多、可能发生多种事故类型的，应当组织编制本单位的综合应急预案。

综合应急预案应当包括本单位的应急组织机构及其职责、预案体系及响应程序、事故预防及应急保障、应急培训及预案演练等主要内容。

第九条 对于某一种类的风险，生产经营单位应当根据存在的重大危险源和可能发生的事故类型，制定相应的专项应急预案。

专项应急预案应当包括危险性分析、可能发生的事故特征、应急组织机构与职责、预防措施、应急处置程序和应急保障等内容。

第十条 对于危险性较大的重点岗位，生产经营单位应当制定重点工作岗位的现场处置方案。

现场处置方案应当包括危险性分析、可能发生的事故特征、应急处置程序、应急处置要点和注意事项等内容。

第十一条 生产经营单位编制的综合应急预案、专项应急预案和现场处置方案之间应当相互衔接，并与所涉及的其他单位的应急预案相互衔接。

第十二条 应急预案应当包括应急组织机构和人员的联系方式、应急物资储备清单等附件信息。附件信息应当经常更新，确保信息准确有效。

第三章 应急预案的评审

第十三条 地方各级安全生产监督管理部门应当组织有关专家对本部门编制的应急预案进行审定；必要时，可以召开听证会，听取社会有关方面的意见。涉及相关部门职能或者需要有关部门配合的，应当征得有关部门同意。

第十四条 矿山、建筑施工单位和易燃易爆物品、危险化学品、放射性物品等危险物品的生产、经营、储存、使用单位和中型规模以上的其他生产经营单位，应当组织专家对本单位编制的应急预案进行评审。评审应当形成书面纪要并附有专家名单。

前款规定以外的其他生产经营单位应当对本单位编制的应急预案进行论证。

第十五条 参加应急预案评审的人员应当包括应急预案涉及的政府部门工作人员和有关安全生产及应急管理方面的专家。

评审人员与所评审预案的生产经营单位有利害关系的，应当回避。

第十六条 应急预案的评审或者论证应当注重应急预案的实用性、基本要素的完整性、预防措施的针对性、组织体系的科学性、响应程序的操作性、应急保障措施的可行性、应急预案的衔接性等内容。

第十七条 生产经营单位的应急预案经评审或者论证后，由生产经营单位主要负责人签署公布。

第四章　应急预案的备案

第十八条　地方各级安全生产监督管理部门的应急预案，应当报同级人民政府和上一级安全生产监督管理部门备案。

其他负有安全生产监督管理职责的部门的应急预案，应当抄送同级安全生产监督管理部门。

第十九条　中央管理的总公司（总厂、集团公司、上市公司）的综合应急预案和专项应急预案，报国务院国有资产监督管理部门、国务院安全生产监督管理部门和国务院有关主管部门备案；其所属单位的应急预案分别抄送所在地的省、自治区、直辖市或者设区的市人民政府安全生产监督管理部门和有关主管部门备案。

前款规定以外的其他生产经营单位中涉及实行安全生产许可的，其综合应急预案和专项应急预案，按照隶属关系报所在地县级以上地方人民政府安全生产监督管理部门和有关主管部门备案；未实行安全生产许可的，其综合应急预案和专项应急预案的备案，由省、自治区、直辖市人民政府安全生产监督管理部门确定。

煤矿企业的综合应急预案和专项应急预案除按照本条第一款、第二款的规定报安全生产监督管理部门和有关主管部门备案外，还应当抄报所在地的煤矿安全监察机构。

第二十条　生产经营单位申请应急预案备案，应当提交以下材料：

（一）应急预案备案申请表；

（二）应急预案评审或者论证意见；

（三）应急预案文本及电子文档。

第二十一条　受理备案登记的安全生产监督管理部门应当对应急预案进行形式审查，经审查符合要求的，予以备案并出具应急预案备案登记表；不符合要求的，不予备案并说明理由。

对于实行安全生产许可的生产经营单位，已经进行应急预案备案登记的，在申请安全生产许可证时，可以不提供相应的应急预案，仅提供应急预案备案登记表。

第二十二条　各级安全生产监督管理部门应当指导、督促检查生产经营单位做好应急预案的备案登记工作，建立应急预案备案登记建档制度。

第五章　应急预案的实施

第二十三条　各级安全生产监督管理部门、生产经营单位应当采取多种形式开展应急预案的宣传教育，普及生产安全事故预防、避险、自救和互救知识，提高从业人员安全意识和应急处置技能。

第二十四条　各级安全生产监督管理部门应当将应急预案的培训纳入安全生产培训工作计划，并组织实施本行政区域内重点生产经营单位的应急预案培训工作。

生产经营单位应当组织开展本单位的应急预案培训活动，使有关人员了解应急预案内容，熟悉应急职责、应急程序和岗位应急处置方案。

应急预案的要点和程序应当张贴在应急地点和应急指挥场所，并设有明显的标志。

第二十五条　各级安全生产监督管理部门应当定期组织应急预案演练，提高本部门、本地区生产安全事故应急处置能力。

第二十六条　生产经营单位应当制定本单位的应急预案演练计划，根据本单位的事故预防重点，每年至少组织一次综合应急预案演练或者专项应急预案演练，每半年至少组织一次现场处置方案演练。

第二十七条　应急预案演练结束后，应急预案演练组织单位应当对应急预案演练效果进行评估，撰写应急预案演练评估报告，分析存在的问题，并对应急预案提出修订意见。

第二十八条　各级安全生产监督管理部门应当每年对应急预案的管理情况进行总结。应急预案管理工作总结应当报上一级安全生产监督管理部门。

其他负有安全生产监督管理职责的部门的应急预案管理工作总结应当抄送同级安全生产监督管理部门。

第二十九条 地方各级安全生产监督管理部门制定的应急预案,应当根据预案演练、机构变化等情况适时修订。

生产经营单位制定的应急预案应当至少每三年修订一次,预案修订情况应有记录并归档。

第三十条 有下列情形之一的,应急预案应当及时修订:

(一)生产经营单位因兼并、重组、转制等导致隶属关系、经营方式、法定代表人发生变化的;

(二)生产经营单位生产工艺和技术发生变化的;

(三)周围环境发生变化,形成新的重大危险源的;

(四)应急组织指挥体系或者职责已经调整的;

(五)依据的法律、法规、规章和标准发生变化的;

(六)应急预案演练评估报告要求修订的;

(七)应急预案管理部门要求修订的。

第三十一条 生产经营单位应当及时向有关部门或者单位报告应急预案的修订情况,并按照有关应急预案报备程序重新备案。

第三十二条 生产经营单位应当按照应急预案的要求配备相应的应急物资及装备,建立使用状况档案,定期检测和维护,使其处于良好状态。

第三十三条 生产经营单位发生事故后,应当及时启动应急预案,组织有关力量进行救援,并按照规定将事故信息及应急预案启动情况报告安全生产监督管理部门和其他负有安全生产监督管理职责的部门。

第六章 奖励与处罚

第三十四条 对于在应急预案编制和管理工作中做出显著成绩的单位和人员,安全生产监督管理部门、生产经营单位可以给予表彰和奖励。

第三十五条 生产经营单位应急预案未按照本办法规定备案的,由县级以上安全生产监督管理部门给予警告,并处三万元以下罚款。

第三十六条 生产经营单位未制定应急预案或者未按照应急预案采取预防措施,导致事故救援不力或者造成严重后果的,由县级以上安全生产监督管理部门依照有关法律、法规和规章的规定,责令停产停业整顿,并依法给予行政处罚。

第七章 附 则

第三十七条 《生产经营单位生产安全事故应急预案备案申请表》、《生产经营单位生产安全事故应急预案备案登记表》由国家安全生产应急救援指挥中心统一制定。

第三十八条 各省、自治区、直辖市安全生产监督管理部门可以依据本办法的规定,结合本地区实际制定实施细则。

第三十九条 本办法自 2009 年 5 月 1 日起施行。

非煤矿矿山企业安全生产许可证实施办法

国家安全生产监督管理总局令

第20号

新修订的《非煤矿矿山企业安全生产许可证实施办法》已经2009年4月30日国家安全生产监督管理总局局长办公会议审议通过,现予公布,自公布之日起施行。原国家安全生产监督管理局(国家煤矿安全监察局)2004年5月17日公布的《非煤矿矿山企业安全生产许可证实施办法》同时废止。

局长　骆琳

二〇〇九年六月八日

目　录

第一章　总　则

第一条　为了严格规范非煤矿矿山企业安全生产条件,做好非煤矿矿山企业安全生产许可证的颁发管理工作,根据《安全生产许可证条例》等法律、行政法规,制定本实施办法。

第二条　非煤矿矿山企业必须依照本实施办法的规定取得安全生产许可证。

未取得安全生产许可证的,不得从事生产活动。

第三条　非煤矿矿山企业安全生产许可证的颁发管理工作实行企业申请、两级发证、属地监管的原则。

第四条　国家安全生产监督管理总局指导、监督全国非煤矿矿山企业安全生产许可证的颁发管理工作,负责中央管理的非煤矿矿山企业总部(包括集团公司、总公司和上市公司,下同)及其下属的跨省(自治区、直辖市)运营的石油天然气管道储运分(子)公司和海洋石油天然气企业安全生产许可证的颁发和管理。

省、自治区、直辖市人民政府安全生产监督管理部门(以下简称省级安全生产许可证颁发管理机关)负责本行政区域内除本条第一款规定以外的非煤矿矿山企业安全生产许可证的颁发和管理。

省级安全生产许可证颁发管理机关可以委托设区的市级安全生产监督管理部门实施非煤矿矿山企业安全生产许可证的颁发管理工作;但中央管理企业所属非煤矿矿山的安全生产许可证颁发管理工作不得委托实施。

第五条　本实施办法所称的非煤矿矿山企业包括金属非金属矿山企业及其尾矿库、地质勘探单位、采掘施工企业、石油天然气企业。

金属非金属矿山企业,是指从事金属和非金属矿产资源开采活动的下列单位:

1. 专门从事矿产资源开采的生产单位；

2. 从事矿产资源开采、加工的联合生产企业及其矿山生产单位；

3. 其他非矿山企业中从事矿山生产的单位。

尾矿库，是指筑坝拦截谷口或者围地构成的，用以贮存金属非金属矿石选别后排出尾矿的场所，包括氧化铝厂赤泥库，不包括核工业矿山尾矿库及电厂灰渣库。

地质勘探单位，是指采用钻探工程、坑探工程对金属非金属矿产资源进行勘探作业的单位。

采掘施工企业，是指承担金属非金属矿山采掘工程施工的单位。

石油天然气企业，是指从事石油和天然气勘探、开发生产、储运的单位。

第二章　安全生产条件和申请

第六条　非煤矿矿山企业取得安全生产许可证，应当具备下列安全生产条件：

(一)建立健全主要负责人、分管负责人、安全生产管理人员、职能部门、岗位安全生产责任制；制定安全检查制度、职业危害预防制度、安全教育培训制度、生产安全事故管理制度、重大危险源监控和重大隐患整改制度、设备安全管理制度、安全生产档案管理制度、安全生产奖惩制度等规章制度；制定作业安全规程和各工种操作规程；

(二)安全投入符合安全生产要求，依照国家有关规定足额提取安全生产费用、缴纳并专户存储安全生产风险抵押金；

(三)设置安全生产管理机构，或者配备专职安全生产管理人员；

(四)主要负责人和安全生产管理人员经安全生产监督管理部门考核合格，取得安全资格证书；

(五)特种作业人员经有关业务主管部门考核合格，取得特种作业操作资格证书；

(六)其他从业人员依照规定接受安全生产教育和培训，并经考试合格；

(七)依法参加工伤保险，为从业人员缴纳保险费；

(八)制定防治职业危害的具体措施，并为从业人员配备符合国家标准或者行业标准的劳动防护用品；

(九)新建、改建、扩建工程项目依法进行安全评价，其安全设施经安全生产监督管理部门验收合格；

(十)危险性较大的设备、设施按照国家有关规定进行定期检测检验；

(十一)制定事故应急救援预案，建立事故应急救援组织，配备必要的应急救援器材、设备；生产规模较小可以不建立事故应急救援组织的，应当指定兼职的应急救援人员，并与邻近的矿山救护队或者其他应急救援组织签订救护协议；

(十二)符合有关国家标准、行业标准规定的其他条件。

第七条　中央管理的非煤矿矿山企业总部及其下属的跨省(自治区、直辖市)运营的石油天然气管道储运分(子)公司和海洋石油天然气企业申请领取安全生产许可证，向国家安全生产监督管理总局提出申请。

本条第一款规定以外的其他非煤矿矿山企业申请领取安全生产许可证，向企业所在地省级安全生产许可证颁发管理机关或其委托的设区的市级安全生产监督管理部门提出申请。

第八条　非煤矿矿山企业申请领取安全生产许可证，应当提交下列文件、资料：

(一)安全生产许可证申请书；

(二)工商营业执照复印件；

(三)采矿许可证复印件；

(四)各种安全生产责任制复印件；

(五)安全生产规章制度和操作规程目录清单；

(六)设置安全生产管理机构或者配备专职安全生产管理人员的文件复印件；

(七)主要负责人和安全生产管理人员安全资格证书复印件；

（八）特种作业人员操作资格证书复印件；

（九）足额提取安全生产费用、缴纳并存储安全生产风险抵押金的证明材料；

（十）为从业人员缴纳工伤保险费的证明材料；因特殊情况不能办理工伤保险的，可以出具办理安全生产责任保险或者雇主责任保险的证明材料；

（十一）危险性较大的设备、设施由具备相应资质的检测检验机构出具合格的检测检验报告；

（十二）事故应急救援预案，设立事故应急救援组织的文件或者与矿山救护队、其他应急救援组织签订的救护协议；

（十三）矿山建设项目安全设施经安全生产监督管理部门验收合格的证明材料。

第九条 非煤矿矿山企业总部申请领取安全生产许可证，不需要提交本实施办法第八条第（三）、（八）、（九）、（十）、（十一）、（十二）、（十三）项规定的文件、资料。

第十条 金属非金属矿山企业从事爆破作业的，除应当依照本实施办法第八条的规定提交相应文件、资料外，还应当提交《爆破作业单位许可证》。

第十一条 尾矿库申请领取安全生产许可证，不需要提交本实施办法第八条第（三）项规定的文件、资料。

第十二条 地质勘探单位申请领取安全生产许可证，不需要提交本实施办法第八条第（三）、（九）、（十三）项规定的文件、资料，但应当提交地质勘查资质证书复印件；从事爆破作业的，还应当提交《爆破作业单位许可证》。

第十三条 采掘施工企业申请领取安全生产许可证，不需要提交本实施办法第八条第（三）、（九）、（十三）项规定的文件、资料，但应当提交矿山工程施工相关资质证书复印件；从事爆破作业的，还应当提交《爆破作业单位许可证》。

第十四条 石油天然气勘探单位申请领取安全生产许可证，不需要提交本实施办法第八条第（三）、（十三）项规定的文件、资料；石油天然气管道储运单位申请领取安全生产许可证不需要提交本实施办法第八条第（三）项规定的文件、资料。

第十五条 非煤矿矿山企业应当对其向安全生产许可证颁发管理机关提交的文件、资料实质内容的真实性负责。

从事安全评价、检测检验的中介机构应当对其出具的安全评价报告、检测检验结果负责。

第三章 受理、审核和颁发

第十六条 安全生产许可证颁发管理机关对非煤矿矿山企业提交的申请书及文件、资料，应当依照下列规定分别处理：

（一）申请事项不属于本机关职权范围的，应当即时作出不予受理的决定，并告知申请人向有关机关申请；

（二）申请材料存在可以当场更正的错误的，应当允许或者要求申请人当场更正，并即时出具受理的书面凭证；

（三）申请材料不齐全或者不符合要求的，应当当场或者在 5 个工作日内一次性书面告知申请人需要补正的全部内容，逾期不告知的，自收到申请材料之日起即为受理；

（四）申请材料齐全、符合要求或者依照要求全部补正的，自收到申请材料或者全部补正材料之日起为受理。

第十七条 安全生产许可证颁发管理机关应当依照本实施办法规定的法定条件组织，对非煤矿矿山企业提交的申请材料进行审查，并在受理申请之日起 45 日内作出颁发或者不予颁发安全生产许可证的决定。安全生产许可证颁发管理机关认为有必要到现场对非煤矿矿山企业提交的申请材料进行复核的，应当到现场进行复核。复核时间不计算在本款规定的期限内。

对决定颁发的，安全生产许可证颁发管理机关应当自决定之日起 10 个工作日内送达或者通知申请人领取安全生产许可证；对决定不予颁发的，应当在 10 个工作日内书面通知申请人并说明理由。

第十八条 安全生产许可证颁发管理机关应当依照下列规定颁发非煤矿矿山企业安全生产许可证：

（一）对中央管理的金属非金属矿山企业总部，向企业总部颁发安全生产许可证；

（二）对金属非金属矿山企业，向企业及其所属各独立生产系统分别颁发安全生产许可证；对于只有一个独立生产系统的企业，只向企业颁发安全生产许可证；

（三）对中央管理的陆上石油天然气企业，向企业总部及其直接管理的分公司、子公司以及下一级与油气勘探、开发生产、储运直接相关的生产作业单位分别颁发安全生产许可证；对设有分公司、子公司的地方石油天然气企业，向企业总部及其分公司、子公司颁发安全生产许可证；对其他陆上石油天然气企业，向具有法人资格的企业颁发安全生产许可证；

（四）对海洋石油天然气企业，向企业及其直接管理的分公司、子公司以及下一级与油气开发生产直接相关的生产作业单位、独立生产系统分别颁发安全生产许可证；对其他海洋石油天然气企业，向具有法人资格的企业颁发安全生产许可证；

（五）对地质勘探单位，向最下级具有企事业法人资格的单位颁发安全生产许可证。对采掘施工企业，向企业颁发安全生产许可证；

（六）对尾矿库单独颁发安全生产许可证。

第四章　安全生产许可证延期和变更

第十九条 安全生产许可证的有效期为3年。安全生产许可证有效期满后需要延期的，非煤矿矿山企业应当在安全生产许可证有效期届满前3个月向原安全生产许可证颁发管理机关申请办理延期手续，并提交下列文件、资料：

（一）延期申请书；

（二）安全生产许可证正本和副本；

（三）本实施办法第二章规定的相应文件、资料。

金属非金属矿山独立生产系统和尾矿库，以及石油天然气独立生产系统和作业单位还应当提交由具备相应资质的中介服务机构出具的合格的安全现状评价报告。

金属非金属矿山独立生产系统和尾矿库在提出延期申请之前6个月内经考评合格达到安全标准化等级的，可以不提交安全现状评价报告，但需要提交安全标准化等级的证明材料。

安全生产许可证颁发管理机关应当依照本实施办法第十六条、第十七条的规定，对非煤矿矿山企业提交的材料进行审查，并作出是否准予延期的决定。决定准予延期的，应当收回原安全生产许可证，换发新的安全生产许可证；决定不准予延期的，应当书面告知申请人并说明理由。

第二十条 非煤矿矿山企业符合下列条件的，当安全生产许可证有效期届满申请延期时，经原安全生产许可证颁发管理机关同意，不再审查，直接办理延期手续：

（一）严格遵守有关安全生产的法律法规的；

（二）取得安全生产许可证后，加强日常安全生产管理，未降低安全生产条件，并达到安全标准化等级二级以上的；

（三）接受安全生产许可证颁发管理机关及所在地人民政府安全生产监督管理部门的监督检查的；

（四）未发生死亡事故的。

第二十一条 非煤矿矿山企业在安全生产许可证有效期内有下列情形之一的，应当自工商营业执照变更之日起30个工作日内向原安全生产许可证颁发管理机关申请变更安全生产许可证：

（一）变更单位名称的；

（二）变更主要负责人的；

（三）变更单位地址的；

（四）变更经济类型的；

（五）变更许可范围的。

第二十二条 非煤矿矿山企业申请变更安全生产许可证时，应当提交下列文件、资料：

（一）变更申请书；

（二）安全生产许可证正本和副本；

（三）变更后的工商营业执照、采矿许可证复印件及变更说明材料。

变更本实施办法第二十一条第（二）项的，还应当提交变更后的主要负责人的安全资格证书复印件。

对已经受理的变更申请，安全生产许可证颁发管理机关对申请人提交的文件、资料审查无误后，应当在10个工作日内办理变更手续。

第二十三条 安全生产许可证申请书、审查书、延期申请书和变更申请书由国家安全生产监督管理总局统一格式。

第二十四条 非煤矿矿山企业安全生产许可证分为正本和副本，正本和副本具有同等法律效力，正本为悬挂式，副本为折页式。

非煤矿矿山企业安全生产许可证由国家安全生产监督管理总局统一印制和编号。

第五章 安全生产许可证的监督管理

第二十五条 非煤矿矿山企业取得安全生产许可证后，应当加强日常安全生产管理，不得降低安全生产条件，并接受所在地县级以上安全生产监督管理部门的监督检查。

第二十六条 地质勘探单位、采掘施工单位在登记注册的省、自治区、直辖市以外从事作业的，应当向作业所在地县级以上安全生产监督管理部门备案。具体登记备案办法由省、自治区、直辖市人民政府安全生产监督管理部门制定。

跨省（自治区、直辖市）运营的石油天然气管道管理的单位，在其所在地安全生产许可证颁发管理机关申请领取安全生产许可证后，还应当到其所管辖管道途经的其他省（自治区、直辖市）安全生产监督管理部门登记备案。

第二十七条 非煤矿矿山企业不得转让、冒用、买卖、出租、出借或者使用伪造的安全生产许可证。

第二十八条 非煤矿矿山企业发现在安全生产许可证有效期内采矿许可证到期失效的，应当在采矿许可证到期前15日内向原安全生产许可证颁发管理机关报告，并交回安全生产许可证正本和副本。

采矿许可证被暂扣、撤销、吊销和注销的，非煤矿矿山企业应当在暂扣、撤销、吊销和注销后5日内向原安全生产许可证颁发管理机关报告，并交回安全生产许可证正本和副本。

第二十九条 安全生产许可证颁发管理机关应当坚持公开、公平、公正的原则，严格依照本实施办法的规定审查、颁发安全生产许可证。

安全生产许可证颁发管理机关工作人员在安全生产许可证颁发、管理和监督检查工作中，不得索取或者接受非煤矿矿山企业的财物，不得谋取其他利益。

第三十条 安全生产许可证颁发管理机关发现有下列情形之一的，应当撤销已经颁发的安全生产许可证：

（一）超越职权颁发安全生产许可证的；

（二）违反本实施办法规定的程序颁发安全生产许可证的；

（三）不具备本实施办法规定的安全生产条件颁发安全生产许可证的；

（四）以欺骗、贿赂等不正当手段取得安全生产许可证的。

第三十一条 取得安全生产许可证的非煤矿矿山企业有下列情形之一的，安全生产许可证颁发管理机关应当注销其安全生产许可证：

（一）终止生产活动的；

（二）安全生产许可证被依法撤销的；

（三）安全生产许可证被依法吊销的。

第三十二条 非煤矿矿山企业隐瞒有关情况或者提供虚假材料申请安全生产许可证的，安全生产许可证颁发管理机关不予受理，该企业在1年内不得再次申请安全生产许可证。

非煤矿矿山企业以欺骗、贿赂等不正当手段取得安全生产许可证后被依法予以撤销的，该企业3年内不得再次申请安全生产许可证。

第三十三条 县级以上地方人民政府安全生产监督管理部门负责本行政区域内取得安全生产许可证的非煤矿矿山企业的日常监督检查，并将监督检查中发现的问题及时报告安全生产许可证颁发管理机关。中央管理的非煤矿矿山企业由设区的市级以上地方人民政府安全生产监督管理部门负责日常监督检查。

国家安全生产监督管理总局负责取得安全生产许可证的中央管理的非煤矿矿山企业总部和海洋石油天然气企业的日常监督检查。

第三十四条 安全生产许可证颁发管理机关每6个月向社会公布取得安全生产许可证的非煤矿矿山企业名单。

第三十五条 安全生产许可证颁发管理机关应当将非煤矿矿山企业安全生产许可证颁发管理情况通报非煤矿矿山企业所在地县级以上地方人民政府及其安全生产监督管理部门。

第三十六条 安全生产许可证颁发管理机关应当加强对非煤矿矿山企业安全生产许可证的监督管理，建立、健全非煤矿矿山企业安全生产许可证信息管理制度。

省级安全生产许可证颁发管理机关应当在安全生产许可证颁发之日起1个月内将颁发和管理情况录入到全国统一的非煤矿矿山企业安全生产许可证管理系统。

第三十七条 任何单位或者个人对违反《安全生产许可证条例》和本实施办法规定的行为，有权向安全生产许可证颁发管理机关或者监察机关等有关部门举报。

第六章 罚 则

第三十八条 安全生产许可证颁发管理机关工作人员有下列行为之一的，给予降级或者撤职的行政处分；构成犯罪的，依法追究刑事责任：

（一）向不符合本实施办法规定的安全生产条件的非煤矿矿山企业颁发安全生产许可证的；

（二）发现非煤矿矿山企业未依法取得安全生产许可证擅自从事生产活动，不依法处理的；

（三）发现取得安全生产许可证的非煤矿矿山企业不再具备本实施办法规定的安全生产条件，不依法处理的；

（四）接到对违反本实施办法规定行为的举报后，不及时处理的；

（五）在安全生产许可证颁发、管理和监督检查工作中，索取或者接受非煤矿矿山企业的财物，或者谋取其他利益的。

第三十九条 承担安全评价、认证、检测、检验工作的机构，出具虚假证明，尚不够刑事处罚的，没收违法所得，违法所得在5000元以上的，并处违法所得2倍以上5倍以下的罚款；没有违法所得或者违法所得不足5000元的，单处或者并处5000元以上2万元以下的罚款，对其直接负责的主管人员和其他直接责任人员处5000元以上5万元以下的罚款；给他人造成损害的，与非煤矿矿山企业承担连带赔偿责任。

对有前款违法行为的机构，撤销其相应资格。

第四十条 取得安全生产许可证的非煤矿矿山企业不再具备本实施办法第六条规定的安全生产条件之一的，应当暂扣或者吊销其安全生产许可证。

第四十一条 取得安全生产许可证的非煤矿矿山企业有下列行为之一的，吊销其安全生产许可证：

（一）倒卖、出租、出借或者以其他形式非法转让安全生产许可证的；

(二)暂扣安全生产许可证后未按期整改或者整改后仍不具备安全生产条件的。

第四十二条 非煤矿矿山企业有下列行为之一的,责令停止生产,没收违法所得,并处 10 万元以上 50 万元以下的罚款:

(一)未取得安全生产许可证,擅自进行生产的;

(二)接受转让的安全生产许可证的;

(三)冒用安全生产许可证的;

(四)使用伪造的安全生产许可证的。

第四十三条 非煤矿矿山企业在安全生产许可证有效期内出现采矿许可证有效期届满和采矿许可证被暂扣、撤销、吊销、注销的情况,未依照本实施办法第二十八条的规定向安全生产许可证颁发管理机关报告并交回安全生产许可证的,处 1 万元以上 3 万元以下罚款。

第四十四条 非煤矿矿山企业在安全生产许可证有效期内,出现需要变更安全生产许可证的情形,未按本实施办法第二十一条的规定申请、办理变更手续的,责令限期办理变更手续,并处 1 万元以上 3 万元以下罚款。

地质勘探单位、采掘施工单位在登记注册地以外进行跨省作业,以及跨省(自治区、直辖市)运营的石油天然气管道管理的单位,未按照本实施办法第二十六条的规定登记备案的,责令限期办理登记备案手续,并处 1 万元以上 3 万元以下的罚款。

第四十五条 非煤矿矿山企业在安全生产许可证有效期满未办理延期手续,继续进行生产的,责令停止生产,限期补办延期手续,没收违法所得,并处 5 万元以上 10 万元以下的罚款;逾期仍不办理延期手续,继续进行生产的,依照本实施办法第四十二条的规定处罚。

第四十六条 非煤矿矿山企业转让安全生产许可证的,没收违法所得,并处 10 万元以上 50 万元以下的罚款。

第四十七条 本实施办法规定的行政处罚,由安全生产许可证颁发管理机关决定。安全生产许可证颁发管理机关可以委托县级以上安全生产监督管理部门实施行政处罚。但撤销、吊销安全生产许可证和撤销有关资格的行政处罚除外。

第七章 附 则

第四十八条 本实施办法所称非煤矿矿山企业独立生产系统,是指具有相对独立的采掘生产系统及通风、运输(提升)、供配电、防排水等辅助系统的作业单位。

第四十九条 危险性较小的地热、温泉、矿泉水、卤水、砖瓦用粘土等资源开采活动的安全生产许可,由省级安全生产许可证颁发管理机关决定。

第五十条 同时开采煤炭与金属非金属矿产资源且以煤炭、煤层气为主采矿种的煤系矿山企业应当申请领取煤矿企业安全生产许可证,不再申请领取非煤矿矿山企业安全生产许可证。

第五十一条 本实施办法自公布之日起施行。2004 年 5 月 17 日原国家安全生产监督管理局(国家煤矿安全监察局)公布的《非煤矿山企业安全生产许可证实施办法》同时废止。

生产安全事故信息报告和处置办法

国家安全生产监督管理总局令

第 21 号

《生产安全事故信息报告和处置办法》已经 2009 年 5 月 27 日国家安全生产监督管理总局局长办公会议审议通过，现予公布，自 2009 年 7 月 1 日起施行。

局长　骆琳

二〇〇九年六月十六日

目　　录

第一章　总　　则

第一条　为了规范生产安全事故信息的报告和处置工作，根据《安全生产法》、《生产安全事故报告和调查处理条例》等有关法律、行政法规，制定本办法。

第二条　生产经营单位报告生产安全事故信息和安全生产监督管理部门、煤矿安全监察机构对生产安全事故信息的报告和处置工作，适用本办法。

第三条　本办法规定的应当报告和处置的生产安全事故信息（以下简称事故信息），是指已经发生的生产安全事故和较大涉险事故的信息。

第四条　事故信息的报告应当及时、准确和完整，信息的处置应当遵循快速高效、协同配合、分级负责的原则。

安全生产监督管理部门负责各类生产经营单位的事故信息报告和处置工作。煤矿安全监察机构负责煤矿的事故信息报告和处置工作。

第五条　安全生产监督管理部门、煤矿安全监察机构应当建立事故信息报告和处置制度，设立事故信息调度机构，实行 24 小时不间断调度值班，并向社会公布值班电话，受理事故信息报告和举报。

第二章　事故信息的报告

第六条　生产经营单位发生生产安全事故或者较大涉险事故，其单位负责人接到事故信息报告后应当于 1 小时内报告事故发生地县级安全生产监督管理部门、煤矿安全监察分局。

发生较大以上生产安全事故的，事故发生单位在依照第一款规定报告的同时，应当在 1 小时内报告省级安全生产监督管理部门、省级煤矿安全监察机构。

发生重大、特别重大生产安全事故的，事故发生单位在依照本条第一款、第二款规定报告的同时，可以立即报告国家安全生产监督管理总局、国家煤矿安全监察局。

第七条 安全生产监督管理部门、煤矿安全监察机构接到事故发生单位的事故信息报告后,应当按照下列规定上报事故情况,同时书面通知同级公安机关、劳动保障部门、工会、人民检察院和有关部门:

(一)一般事故和较大涉险事故逐级上报至设区的市级安全生产监督管理部门、省级煤矿安全监察机构;

(二)较大事故逐级上报至省级安全生产监督管理部门、省级煤矿安全监察机构;

(三)重大事故、特别重大事故逐级上报至国家安全生产监督管理总局、国家煤矿安全监察局。

前款规定的逐级上报,每一级上报时间不得超过2小时。安全生产监督管理部门依照前款规定上报事故情况时,应当同时报告本级人民政府。

第八条 发生较大生产安全事故或者社会影响重大的事故的,县级、市级安全生产监督管理部门或者煤矿安全监察分局接到事故报告后,在依照本办法第七条规定逐级上报的同时,应当在1小时内先用电话快报省级安全生产监督管理部门、省级煤矿安全监察机构,随后补报文字报告;乡镇安监站(办)可以根据事故情况越级直接报告省级安全生产监督管理部门、省级煤矿安全监察机构。

第九条 发生重大、特别重大生产安全事故或者社会影响恶劣的事故的,县级、市级安全生产监督管理部门或者煤矿安全监察分局接到事故报告后,在依照本办法第七条规定逐级上报的同时,应当在1小时内先用电话快报省级安全生产监督管理部门、省级煤矿安全监察机构,随后补报文字报告;必要时,可以直接用电话报告国家安全生产监督管理总局、国家煤矿安全监察局。

省级安全生产监督管理部门、省级煤矿安全监察机构接到事故报告后,应当在1小时内先用电话快报国家安全生产监督管理总局、国家煤矿安全监察局,随后补报文字报告。

国家安全生产监督管理总局、国家煤矿安全监察局接到事故报告后,应当在1小时内先用电话快报国务院总值班室,随后补报文字报告。

第十条 报告事故信息,应当包括下列内容:

(一)事故发生单位的名称、地址、性质、产能等基本情况;

(二)事故发生的时间、地点以及事故现场情况;

(三)事故的简要经过(包括应急救援情况);

(四)事故已经造成或者可能造成的伤亡人数(包括下落不明、涉险的人数)和初步估计的直接经济损失;

(五)已经采取的措施;

(六)其他应当报告的情况。

使用电话快报,应当包括下列内容:

(一)事故发生单位的名称、地址、性质;

(二)事故发生的时间、地点;

(三)事故已经造成或者可能造成的伤亡人数(包括下落不明、涉险的人数)。

第十一条 事故具体情况暂时不清楚的,负责事故报告的单位可以先报事故概况,随后补报事故全面情况。

事故信息报告后出现新情况的,负责事故报告的单位应当依照本办法第六条、第七条、第八条、第九条的规定及时续报。较大涉险事故、一般事故、较大事故每日至少续报1次;重大事故、特别重大事故每日至少续报2次。

自事故发生之日起30日内(道路交通、火灾事故自发生之日起7日内),事故造成的伤亡人数发生变化的,应于当日续报。

第十二条 安全生产监督管理部门、煤矿安全监察机构接到任何单位或者个人的事故信息举报后,应当立即与事故单位或者下一级安全生产监督管理部门、煤矿安全监察机构联系,并进行调查核实。

下一级安全生产监督管理部门、煤矿安全监察机构接到上级安全生产监督管理部门、煤矿安全监察机构的事故信息举报核查通知后,应当立即组织查证核实,并在2个月内向上一级安全生产监督管理部门、煤矿安全监察机构报告核实结果。

对发生较大涉险事故的，安全生产监督管理部门、煤矿安全监察机构依照本条第二款规定向上一级安全生产监督管理部门、煤矿安全监察机构报告核实结果；对发生生产安全事故的，安全生产监督管理部门、煤矿安全监察机构应当在5日内对事故情况进行初步查证，并将事故初步查证的简要情况报告上一级安全生产监督管理部门、煤矿安全监察机构，详细核实结果在2个月内报告。

第十三条 事故信息经初步查证后，负责查证的安全生产监督管理部门、煤矿安全监察机构应当立即报告本级人民政府和上一级安全生产监督管理部门、煤矿安全监察机构，并书面通知公安机关、劳动保障部门、工会、人民检察院和有关部门。

第十四条 安全生产监督管理部门与煤矿安全监察机构之间，安全生产监督管理部门、煤矿安全监察机构与其他负有安全生产监督管理职责的部门之间，应当建立有关事故信息的通报制度，及时沟通事故信息。

第十五条 对于事故信息的每周、每月、每年的统计报告，按照有关规定执行。

第三章 事故信息的处置

第十六条 安全生产监督管理部门、煤矿安全监察机构应当建立事故信息处置责任制，做好事故信息的核实、跟踪、分析、统计工作。

第十七条 发生生产安全事故或者较大涉险事故后，安全生产监督管理部门、煤矿安全监察机构应当立即研究、确定并组织实施相关处置措施。安全生产监督管理部门、煤矿安全监察机构负责人按照职责分工负责相关工作。

第十八条 安全生产监督管理部门、煤矿安全监察机构接到生产安全事故报告后，应当按照下列规定派员立即赶赴事故现场：

（一）发生一般事故的，县级安全生产监督管理部门、煤矿安全监察分局负责人立即赶赴事故现场；

（二）发生较大事故的，设区的市级安全生产监督管理部门、省级煤矿安全监察局负责人应当立即赶赴事故现场；

（三）发生重大事故的，省级安全监督管理部门、省级煤矿安全监察局负责人立即赶赴事故现场；

（四）发生特别重大事故的，国家安全生产监督管理总局、国家煤矿安全监察局负责人立即赶赴事故现场。

上级安全生产监督管理部门、煤矿安全监察机构认为必要的，可以派员赶赴事故现场。

第十九条 安全生产监督管理部门、煤矿安全监察机构负责人及其有关人员赶赴事故现场后，应当随时保持与本单位的联系。有关事故信息发生重大变化的，应当依照本办法有关规定及时向本单位或者上级安全生产监督管理部门、煤矿安全监察机构报告。

第二十条 安全生产监督管理部门、煤矿安全监察机构应当依照有关规定定期向社会公布事故信息。

任何单位和个人不得擅自发布事故信息。

第二十一条 安全生产监督管理部门、煤矿安全监察机构应当根据事故信息报告的情况，启动相应的应急救援预案，或者组织有关应急救援队伍协助地方人民政府开展应急救援工作。

第二十二条 安全生产监督管理部门、煤矿安全监察机构按照有关规定组织或者参加事故调查处理工作。

第四章 罚 则

第二十三条 安全生产监督管理部门、煤矿安全监察机构及其工作人员未依法履行事故信息报告和处置职责的，依照有关规定予以处理。

第二十四条 生产经营单位及其有关人员对生产安全事故迟报、漏报、谎报或者瞒报的，依照有关规定予以处罚。

第二十五条 生产经营单位对较大涉险事故迟报、漏报、谎报或者瞒报的，给予警告，并处3万元以下的罚款。

第五章 附 则

第二十六条 本办法所称的较大涉险事故是指：

（一）涉险10人以上的事故；

（二）造成3人以上被困或者下落不明的事故；

（三）紧急疏散人员500人以上的事故；

（四）因生产安全事故对环境造成严重污染（人员密集场所、生活水源、农田、河流、水库、湖泊等）的事故；

（五）危及重要场所和设施安全（电站、重要水利设施、危化品库、油气站和车站、码头、港口、机场及其他人员密集场所等）的事故；

（六）其他较大涉险事故。

第二十七条 省级安全生产监督管理部门、省级煤矿安全监察机构可以根据本办法的规定，制定具体的实施办法。

第二十八条 本办法自2009年7月1日起施行。

安全评价机构管理规定

国家安全生产监督管理总局令

第22号

新修订的《安全评价机构管理规定》已经2009年6月15日国家安全生产监督管理总局局长办公会议审议通过，现予公布，自2009年10月1日起施行。原国家安全生产监督管理局（国家煤矿安全监察局）2004年10月20日公布的《安全评价机构管理规定》同时废止。

局长　骆琳

二〇〇九年七月一日

目　　录

第一章　总　　则

第一条　为加强安全评价机构的管理，规范安全评价行为，建立公正、公平、竞争、有序的安全评价技术服务体系，根据《安全生产法》、《行政许可法》和有关规定，制定本规定。

第二条　在中华人民共和国境内申请安全评价资质、从事法定安全评价活动以及安全生产监督管理部门、煤矿安全监察机构实施安全评价机构资质监督管理，适用本规定。

第三条　国家对安全评价机构实行资质许可制度。安全评价机构应当取得相应的安全评价资质证书（以下简称资质证书），并在资质证书确定的业务范围内从事安全评价活动。

未取得资质证书的安全评价机构，不得从事法定安全评价活动。

本规定所称的安全评价机构，是指依法从事安全评价活动的社会中介组织。

第四条　安全评价机构的资质分为甲级、乙级两种，根据其专业人员构成、技术条件确定各自的业务范围。安全评价机构业务范围划分标准见附件1。

甲级资质由省、自治区、直辖市安全生产监督管理部门（以下简称省级安全生产监督管理部门）、省级煤矿安全监察机构审核，国家安全生产监督管理总局审批、颁发证书；乙级资质由设区的市级安全生产监督管理部门、煤矿安全监察分局审核，省级安全生产监督管理部门、省级煤矿安全监察机构审批、颁发证书。

省级安全生产监督管理部门、设区的市级安全生产监督管理部门负责除煤矿以外的安全评价机构资质的审批、审核工作，省级煤矿安全监察机构、煤矿安全监察分局负责煤矿的安全评价机构资质的审批、审核工作。

未设立煤矿安全监察机构的省、自治区、直辖市，由省级安全生产监督管理部门、设区的市级安全生产监督管理部门负责煤矿的安全评价机构资质的审批、审核工作。

第五条 根据社会经济发展水平、区域经济结构和安全评价工作的需要,国家对安全评价机构的设置实行统筹规划、合理布局和总量控制。

第六条 取得甲级资质的安全评价机构,可以根据确定的业务范围在全国范围内从事安全评价活动;取得乙级资质的安全评价机构,可以根据确定的业务范围在其所在的省、自治区、直辖市内从事安全评价活动。

下列建设项目或者企业的安全评价,必须由取得甲级资质的安全评价机构承担:

(一)国务院及其投资主管部门审批(核准、备案)的建设项目;

(二)跨省、自治区、直辖市的建设项目;

(三)生产剧毒化学品的建设项目;

(四)生产剧毒化学品的企业和其他大型生产企业。

法律、法规和国务院或其有关部门对安全评价有特殊规定的,依照其规定。

第七条 国家安全生产监督管理总局、省级安全生产监督管理部门、省级煤矿安全监察机构定期向社会公布取得甲级、乙级资质的安全评价机构的名称、业务范围、从业人员、技术装备等相关信息,并接受社会监督。

第二章 取得资质的条件和程序

第八条 安全评价机构申请甲级资质,应当具备下列条件:

(一)具有法人资格,注册资金500万元以上,固定资产400万元以上。

(二)有与其开展工作相适应的固定工作场所和设施、设备,具有必要的技术支撑条件。

(三)取得安全评价机构乙级资质3年以上,且没有违法行为记录。

(四)有健全的内部管理制度和安全评价过程控制体系。

(五)有25名以上专职安全评价师,其中一级安全评价师20%以上、二级安全评价师30%以上。按照不少于专职安全评价师30%的比例配备注册安全工程师。安全评价师、注册安全工程师有与其申报业务相适应的专业能力。

(六)法定代表人通过一级资质培训机构组织的相关安全生产和安全评价知识培训,并考试合格。

(七)设有专职技术负责人和过程控制负责人。专职技术负责人有二级以上安全评价师和注册安全工程师资格,并具有与所申报业务相适应的高级专业技术职称。

(八)法律、行政法规、规章规定的其他条件。

第九条 安全评价机构申请乙级资质,应当具备下列条件:

(一)具有法人资格,注册资金300万元以上,固定资产200万元以上。

(二)有与其开展工作相适应的固定工作场所和设施设备,具有必要的技术支撑条件。

(三)有健全的内部管理制度和安全评价过程控制体系。

(四)有16名以上专职安全评价师,其中一级安全评价师20%以上、二级安全评价师30%以上。按照不少于专职安全评价师30%的比例配备注册安全工程师。安全评价师、注册安全工程师有与其申报业务相适应的专业能力。

(五)法定代表人通过二级资质以上培训机构组织的相关安全生产和安全评价知识培训,并考试合格。

(六)设有专职技术负责人和过程控制负责人。专职技术负责人有二级以上安全评价师和注册安全工程师资格,并具有与所申报业务相适应的高级专业技术职称。

(七)法律、行政法规、规章规定的其他条件。

第十条 申请甲级、乙级资质的机构,应当按照本规定第四条的规定,于每年6月向国家安全生产监督管理总局、省级安全生产监督管理部门、省级煤矿安全监察机构(以下简称资质审批机关)提出申请。

第十一条 申请甲级资质,按照下列程序办理:

(一)申请人将安全评价机构资质申请表和本规定第八条规定的证明材料,报所在地省级安全生产监督管理部门、省级煤矿安全监察机构审核。

(二)省级安全生产监督管理部门、省级煤矿安全监察机构应当在5日内对申请人提供的证明材料进行预审以决定是否受理。予以受理的,自受理申请之日起20日内完成审核工作,并将审核报告和证明材料报国家安全生产监督管理总局;不予受理的,向申请人书面说明理由。

(三)国家安全生产监督管理总局接到审核报告和证明材料后,应当按照本规定的要求进行审批,并在20日内完成审批工作。经审批合格的,颁发资质证书;不合格的,不予颁发资质证书,并书面说明理由。

第十二条 申请乙级资质,按照下列程序办理:

(一)申请人将安全评价机构资质申请表和本规定第九条规定的证明材料,报所在地设区的市级安全生产监督管理部门、煤矿安全监察分局审核。

(二)设区的市级安全生产监督管理部门、煤矿安全监察分局应当在5日内对申请人提供的证明材料进行预审并决定是否受理。予以受理的,自受理申请之日起20日内完成审核工作,并将审核报告和证明材料报省级安全生产监督管理部门、省级煤矿安全监察机构;不予受理的,向申请人书面说明理由。

(三)省级安全生产监督管理部门、省级煤矿安全监察机构接到审核报告和证明材料后,应当按照本规定的要求进行审批,并在20日内完成审批工作。经审批合格的,颁发资质证书,并填写乙级资质安全评价机构审批备案表(式样见附件2),自颁发资质证书之日起30日内报国家安全生产监督管理总局备案;不合格的,不予颁发资质证书,并书面说明理由。

第十三条 安全生产监督管理部门、煤矿安全监察机构进行资质审核、审批时,可以采用形式审查、现场审查、综合审查相结合的方式。

形式审查,是指对申请人提供的文件、材料是否符合规定要求所进行的审查。

现场审查,是指对申请人提供的文件、材料的实质内容进行的现场核查。

综合审查,是指对申请人提供的文件、材料及其真实性的综合评定。

安全生产监督管理部门、煤矿安全监察机构需要对申请材料的实质内容进行核实的,应当指派两名以上工作人员进行现场审查。现场审查所需时间不计入资质审核、审批期限。

第十四条 安全评价机构取得资质1年以上,需要增加业务范围的,应当按照本规定第四条的规定于每年9月向资质审批机关提出申请。

申请增加业务范围的程序按照本规定第十一条、第十二条、第十三条的规定办理。

第十五条 安全评价机构的资质证书遗失的,应当及时在有关电视、报刊等媒体上予以声明,并向原资质审批机关申请补发。

第十六条 甲级、乙级资质证书的有效期均为3年。资质证书有效期满需要延期的,安全评价机构应当于期满前3个月向原资质审批机关提出申请,经复审合格后予以办理延期手续;不合格的,不予办理延期手续。

第十七条 安全评价机构有下列情形之一的,应当在发生变化之日起30日内向原资质审批机关申请办理资质证书变更手续:

(一)机构分立或者合并的;

(二)机构名称或者地址发生变化的;

(三)法定代表人、技术负责人发生变化的。

第十八条 安全评价机构有下列情形之一的,资质审批机关应当注销其资质:

(一)资质证书有效期届满未申请延期或者申请延期但不予批准的;

(二)被依法终止的;

(三)自行申请注销的。

第十九条 安全评价机构甲级、乙级资质证书由国家安全生产监督管理总局统一印制。

第三章　安全评价活动

第二十条　安全评价机构应当依照法律、法规、规章、国家标准或者行业标准的规定，遵循客观公正、诚实守信、公平竞争的原则，遵守执业准则，恪守职业道德，依法独立开展安全评价活动，客观、如实地反映所评价的安全事项，并对作出的安全评价结果承担法律责任。

被评价对象的安全生产条件发生重大变化的，被评价对象应当及时委托有资质的安全评价机构重新进行安全评价；未委托重新进行安全评价的，由被评价对象对其产生的后果负责。

第二十一条　安全评价机构开展安全评价业务活动时，应当依法与委托方签订安全评价技术服务合同，明确评价对象、评价范围以及双方的权利、义务和责任。

安全评价机构与被评价对象有利害关系的，应当回避。

建设项目的安全预评价和安全验收评价不得委托同一个安全评价机构。

第二十二条　安全评价机构从事安全评价活动的收费，必须符合法律、法规和有关财政收费的规定。法律、法规和有关财政收费没有规定的，应当按照行业自律标准或者指导性标准收费；没有行业自律和指导性收费标准的，双方可以通过合同协商确定。

省级安全生产监督管理部门、省级煤矿安全监察机构可以根据本行政区域经济发展水平、产业结构以及周边区域收费情况，出台本行政区域的收费指导意见，报国家安全生产监督管理总局备案。

第二十三条　安全评价机构及其从业人员在从事安全评价活动中，不得有下列行为：

（一）泄露被评价对象的技术秘密和商业秘密；

（二）伪造、转让或者租借资质、资格证书；

（三）超出资质证书业务范围从事安全评价活动；

（四）出具虚假或者严重失实的安全评价报告；

（五）转包安全评价项目；

（六）擅自更改、简化评价程序和相关内容；

（七）同时在两个以上安全评价机构从业；

（八）故意贬低、诋毁其他安全评价机构；

（九）从业人员不到现场开展安全评价活动；

（十）法律、法规和规章规定的其他违法、违规行为。

第二十四条　安全评价机构应当建立健全内部管理制度和安全评价过程控制体系。安全评价过程控制记录、被评价对象现场勘查记录、影像资料及相关证明材料，应当及时归档，妥善保管。技术负责人和过程控制负责人应当按照法律、法规、规章和国家标准、行业标准的规定，加强安全评价活动全过程管理。

安全评价机构应当依法与从业人员签订劳动合同，并为其提供必要的劳动防护用品。

第二十五条　取得甲级资质的安全评价机构跨省、自治区、直辖市开展安全评价活动，应当填写甲级资质安全评价机构跨省（自治区、直辖市）开展评价工作报告表（式样见附件3），报送评价项目所在地的省级安全生产监督管理部门、省级煤矿安全监察机构备案，并接受其监督检查。

第二十六条　从事安全评价活动的安全评价师、注册安全工程师应当每年参加必要的继续教育，不断提高安全评价水平。

第二十七条　安全评价行业组织应当加强自律管理，维护安全评价市场秩序，推进安全评价诚信体系建设，建立并完善从业人员管理制度，强化对从业人员的监督。

第四章　监 督 管 理

第二十八条　安全生产监督管理部门、煤矿安全监察机构及其工作人员应当坚持公开、公平、公正的原则，严格按照法律、法规和本规定，审核、审批和颁发资质证书。

第二十九条 对已经取得资质证书的安全评价机构，安全生产监督管理部门、煤矿安全监察机构应当加强监督检查；发现安全评价机构不具备资质条件的，依照规定予以处理。监督检查记录应当经检查人员和安全评价机构负责人签字后归档。

安全评价机构及其从业人员应当接受安全生产监督管理部门、煤矿安全监察机构及其工作人员的监督检查。

对违法违规的安全评价机构和从业人员，安全生产监督管理部门、煤矿安全监察机构应当建立“黑名单”制度，及时向社会公告。

第三十条 安全生产监督管理部门、煤矿安全监察机构应当建立健全安全评价的申诉、投诉和举报制度，受理社会和个人的申诉、投诉和举报，并依法处理。

第三十一条 国家对安全评价机构实行定期考核。

安全评价机构应当每年填写安全评价工作业绩表，经被评价对象确认后，分别报国家安全生产监督管理总局、省级安全生产监督管理部门、省级煤矿安全监察机构备案。安全评价工作业绩表列入安全评价机构考核的重要内容。

对安全评价机构在资质证书有效期内没有开展相应活动的，核减相应的业务范围；定期考核不合格的，依照本规定予以处理。

第三十二条 安全生产监督管理部门、煤矿安全监察机构及其工作人员不得有下列行为：

（一）要求被评价对象接受指定的安全评价机构进行安全评价；

（二）以备案为由，变相设立法律、法规规定以外的行政许可；

（三）采取任何形式的地区保护，限制外地评价机构到本地区开展评价活动；

（四）干预安全评价机构开展正常活动；

（五）以任何理由或者任何方式向安全评价机构收取费用或者变相收取费用；

（六）向安全评价机构摊派财物；

（七）在安全评价机构报销任何费用。

第三十三条 监察机关依照《行政监察法》的规定，对安全生产监督管理部门、煤矿安全监察机构及其工作人员履行安全评价资质监督管理职责实施监察。

第五章 罚 则

第三十四条 安全生产监督管理部门、煤矿安全监察机构工作人员在对安全评价机构实施行政许可和监督检查工作中滥用职权、玩忽职守、徇私舞弊的，依照有关规定给予处理。

第三十五条 安全评价机构未取得相应资质证书，或者冒用资质证书、使用伪造的资质证书从事安全评价活动的，给予警告，并处 2 万元以上 3 万元以下的罚款。

转让、租借资质证书或者转包安全评价项目的，给予警告，并处 1 万元以上 2 万元以下的罚款。

安全评价机构的资质证书有效期届满未办理延期或者未经批准延期擅自从事安全评价活动的，依照本条第一款的规定处罚。

第三十六条 安全评价机构有下列情形之一的，给予警告，并处 1 万元以下的罚款；情节严重的，暂停资质半年，并处 3 万元以下的罚款；对相关责任人依法给予处理：

（一）从业人员不到现场开展评价活动的；

（二）安全评价报告与实际情况不符，或者评价报告存在重大疏漏，但尚未造成重大损失的；

（三）未按照有关法律、法规、规章和国家标准、行业标准的规定从事安全评价活动的；

（四）泄露被评价对象的技术秘密和商业秘密的；

（五）采取不正当竞争手段，故意贬低、诋毁其他安全评价机构，并造成严重影响的；

（六）未按规定办理资质证书变更手续的；

（七）定期考核不合格，经整改后仍达不到规定要求的；

（八）内部管理混乱，安全评价过程控制未有效实施的；

（九）未依法与委托方签订安全评价技术服务合同的；

（十）拒绝、阻碍安全生产监督管理部门、煤矿安全监察机构依法监督检查的。

第三十七条 安全评价机构出具虚假证明或者虚假评价报告，尚不构成刑事处罚的，没收违法所得，违法所得在5000元以上的，并处违法所得二倍以上五倍以下的罚款；没有违法所得或者违法所得不足5000元的，单处或者并处5000元以上2万元以下的罚款，对其直接负责的主管人员和其他责任人员处5000元以上5万元以下的罚款；给他人造成损害的，与被评价对象承担连带赔偿责任。

对有前款违法行为的，撤销其相应的资质。

第三十八条 安全评价机构有下列情形之一的，撤销其相应资质：

（一）不符合本规定第八条、第九条规定的资质条件的；

（二）弄虚作假骗取资质证书的；

（三）有其他依法应当撤销资质的情形的。

第三十九条 本规定所规定的行政处罚，由省级以上安全生产监督管理部门、煤矿安全监察机构决定。对甲级资质评价机构的处罚，国家安全生产监督管理总局可以委托省级安全生产监督管理部门、省级煤矿安全监察机构实施。

撤销资质证书的行政处罚由原资质审批机关决定。

第六章 附 则

第四十条 本规定所称安全评价师，是指取得国家职业资格，专门从事安全评价活动的人员。

第四十一条 本规定施行前已经取得相应资质的安全评价机构，应于其资质证书有效期满前3个月，按照本规定的条件和程序，重新申请取得相应的安全评价资质；逾期不申请或者经复审不符合规定的相应资质条件，继续从事安全评价活动的，依照本规定第三十五条第一款的规定处罚。

申请海洋石油天然气开采安全评价机构资质的，由国家安全生产监督管理总局直接受理，其资质条件参照本规定执行。

第四十二条 本规定所称的“以上”、“以下”，均包括本数。

第四十三条 本规定自2009年10月1日起施行。原国家安全生产监督管理局（国家煤矿安全监察局）2004年10月20日公布的《安全评价机构管理规定》同时废止。

附件：1. 安全评价机构业务范围划分标准

2. 乙级资质安全评价机构审批备案表

3. 甲级资质安全评价机构跨省（自治区、直辖市）开展评价工作报告表

附件1

安全评价机构业务范围划分标准

第一类

业务范围	专业人员要求	装备名称
煤炭开采和洗选业	安全、机械、电气、采矿、通风、矿建、地质、选矿	岩土工程分析软件，矿井测风表(高、中、微速)或三合一电子风表，光学瓦检仪，多功能气体测定仪，便携式有毒有害、可燃气体检测报警仪，具有测量露天矿台阶坡面角功能的智能测距仪，地质罗盘，防爆数码照相机
金属、非金属矿及其他矿采选业	安全、机械、电气、采矿、地质	岩土工程分析软件，坡度规，地质罗盘，风表，风压表
石油和天然气开采业	安全、机械、电气、采油、储运	火灾、爆炸、扩散定量风险计算分析软件，测温仪，测厚仪，便携式有毒有害、可燃气体检测报警仪
石油加工业，化学原料、化学品及医药制造业，燃气生产及供应业，炼焦业	安全、机械、电气、化工工艺、土木工程，仪表自动化	火灾、爆炸、扩散定量风险计算分析软件，测温仪，测厚仪，便携式有毒有害、可燃气体检测报警仪
烟花爆竹、民用爆破器材制造业	安全、机械、电气、火工、爆炸	火灾、爆炸、扩散定量风险计算分析软件，高精度温湿度仪，手持式静电测试仪

第二类

业务范围	专业人员要求	装备名称
尾矿库	安全、机械、电气、土木工程、地质、给排水	坝体稳定性计算软件，调洪计算软件，渗流计算软件，坡度规，地质罗盘，求积仪
房屋和土木工程建筑业	安全、机械、电气、土木工程、给排水	定量分析计算软件，漏电保护器测试仪，风表，经纬仪
管道运输业	安全、机械、电气、储运、地质	火灾、爆炸、扩散定量风险计算分析软件，便携式有毒有害、可燃气体检测报警仪，测温仪，测厚仪
仓储业	安全、机械、电气、土木工程、给排水	风表，湿度计，红外测温仪，测高仪，便携式有毒有害、可燃气体检测报警仪
水利、水电工程业	安全、机械、电气、动力、水利水电工程、地质、给排水	地下洞室火灾模拟软件，溃坝风险分析软件，地质罗盘，求积仪，经纬仪，万能试验机，位移计，激振锤，温湿度计，照度计，LN 弦式便携读数仪，LN 光电式坐标仪标定器
火力发电业，热力生产和供应业	安全、机械、电气、热能与动力、给排水	火灾、爆炸、扩散定量风险计算分析软件，红外测温仪，照度计，便携式氢气报警仪，风表
风力发电、太阳能发电、再生能源发电业	安全、机械、电气、土木工程、地质	地下洞室火灾模拟软件，地质罗盘，求积仪，经纬仪，万能试验机，位移计，激振锤，温湿度计，照度计，LN 弦式便携读数仪，LN 光电式坐标仪标定器
核工业设施	安全、机械、电气、核工程与核技术、工程物理、土木工程，热能与动力工程	X、γ 射线测量仪，环境 X、γ 剂量率仪，α、β 表面污染监测仪，热释光剂量元件，热释光测读装置，中子测量用径迹片，β 射线个人剂量计，β 射线个人剂量测读装置，灰化装置，固体径迹探测元件，元件测读装置，氡测量仪，X、γ 剂量率仪，γ 能谱仪，低本底 α、β 测量仪，低本底 α 能谱仪，中子测量仪

续表

业务范围	专业人员要求	装备名称
黑色、有色金属冶炼及压延加工业,金属制品业,非金属矿物制品业	安全、机械、电气、给排水、冶金	多功能可燃气体检测报警仪,有毒气体检测报警仪,温度/湿度仪,热辐射监测仪,经纬仪
铁路运输、城市轨道交通及辅助设施	安全、机械、电气、土木工程、通风	灾害后果计算软件,风险分析软件,经纬仪
公路	安全、机械、电气、土木工程、地质	驾驶模拟器,线形检测车,生物反馈仪,多功能坡度尺,摆式仪,水准仪,全站仪,交调仪,照度计,无损探伤检测仪,岩体三维压力检测仪
港口码头	安全、机械、电气、建筑	火灾、爆炸、扩散定量风险计算分析软件,温湿度仪,照度计,接地电阻仪,便携式有毒、有害可燃气体检测报警仪
机械设备电器制造业	安全、机械、电气、铸造	除通用设备外,可根据评价工作实际需要配备相关装备
轻工、纺织、烟草加工制造业	安全、机械、电气、化工	除通用设备外,可根据评价工作实际需要配备相关装备

其他类:可根据安全生产实际工作需要,双方协商确定,开展安全评价活动。

备注:

1. 通用设备:计算机、打印机、传真机、复印机、扫描仪、照相机、摄像机、投影仪、碎纸机、录音设备、对讲机、GPS 定位仪、激光测距仪、个体防护用品、交通工具等。

2. 办公条件:甲级资质机构不少于400 平方米,其中:档案室面积不少于50 平方米;乙级资质机构不少于250 平方米,其中:档案室面积不少于30 平方米。

3. 专业能力可通过专职安全评价师学历证书、职称证书、学术专著、科研论文、科技发明、科技进步奖等从业经历证明材料。

附件 2

乙级资质安全评价机构审批备案表

机构名称					
资质证书编号				资质有效期	年 月 日
批准机关				批准文号	
批准日期					
安全评价业务范围(文字表述)					
技术负责人		过程控制负责人			
安全评价师人数	一级： 人；	二级： 人；	三级： 人		
从业人员职称	高级： 人； 中级： 人； 初级： 人；			注册安全工程师人数	
企业法人营业执照编号		颁发日期		注册资金	
颁发机关				有效期	
注册地址					
办公地址				邮政编码	
电话		传真		电子邮箱	
法定代表人		电话		移动电话	
机构负责人		电话		移动电话	
机构联系人		电话		移动电话	
备注：					

审批机关(盖章)

年 月 日

附件3

甲级资质安全评价机构
跨省（自治区、直辖市）开展评价工作报告表

机构名称					
资质编号					
资质证书有效期					
业务范围 （填写内容）					
拟在本地区开展 评价业务内容					
企业法人营业执照编号					
颁发机关		颁发日期			
注册地址					
办公地址					
联系电话		传真			
电子邮件		邮政编码			
法定代表人		性别		移动电话	
联系电话		电子邮箱			
机构联系人		性别		移动电话	
联系电话		电子邮箱			
颁发机关		颁发日期			
注册地址		营业执照编号			
办公地址		邮编			
联系电话		传真			
报告表送达人		移动电话			

备注：甲级机构除应向项目所在地省级安全生产监管部门、煤矿安全监察机构提供工作报告表外，还应提供如下材料：

1. 安全评价机构资质证书正、副本影印件。
2. 企业法人营业执照正、副本影印件。
3. 已设立分公司的还需提供分公司营业执照正副本影印件。

评价机构（盖章）

报送日期：　　年　　月　　日

作业场所职业健康监督管理暂行规定

国家安全生产监督管理总局令

第 23 号

《作业场所职业健康监督管理暂行规定》已经 2009 年 6 月 15 日国家安全生产监督管理总局局长办公会议审议通过,现予公布,自 2009 年 9 月 1 日起施行。

局长　骆琳

二○○九年七月一日

目　录

第一章　总　　则

第一条　为了加强工矿商贸生产经营单位作业场所职业健康的监督管理,强化生产经营单位职业危害防治的主体责任,预防、控制和消除职业危害,保障从业人员生命安全和健康,根据《职业病防治法》、《安全生产法》等法律、行政法规和国务院有关职业健康监督检查职责调整的规定,制定本规定。

第二条　除煤矿企业以外的工矿商贸生产经营单位(以下简称生产经营单位)作业场所的职业危害防治和安全生产监督管理部门对其实施监督管理工作,适用本规定。

煤矿企业作业场所的职业危害防治和煤矿安全监察机构对其实施监察工作,另行规定。

第三条　生产经营单位应当加强作业场所的职业危害防治工作,为从业人员提供符合法律、法规、规章和国家标准、行业标准的工作环境和条件,采取有效措施,保障从业人员的职业健康。

第四条　生产经营单位是职业危害防治的责任主体。

生产经营单位的主要负责人对本单位作业场所的职业危害防治工作全面负责。

第五条　国家安全生产监督管理总局负责全国生产经营单位作业场所职业健康的监督管理工作。

县级以上地方人民政府安全生产监督管理部门负责本行政区域内生产经营单位作业场所职业健康的监督管理工作。

第六条　为作业场所职业危害防治提供技术服务的职业健康技术服务机构,应当依照法律、法规、规章和执业准则,为生产经营单位提供技术服务。

第七条　任何单位和个人均有权向安全生产监督管理部门举报生产经营单位违反本规定的行为和职业危害事故。

第二章　生产经营单位的职责

第八条　存在职业危害的生产经营单位应当设置或者指定职业健康管理机构，配备专职或者兼职的职业健康管理人员，负责本单位的职业危害防治工作。

第九条　生产经营单位的主要负责人和职业健康管理人员应当具备与本单位所从事的生产经营活动相适应的职业健康知识和管理能力，并接受安全生产监督管理部门组织的职业健康培训。

第十条　生产经营单位应当对从业人员进行上岗前的职业健康培训和在岗期间的定期职业健康培训，普及职业健康知识，督促从业人员遵守职业危害防治的法律、法规、规章、国家标准、行业标准和操作规程。

第十一条　存在职业危害的生产经营单位应当建立、健全下列职业危害防治制度和操作规程：

（一）职业危害防治责任制度；

（二）职业危害告知制度；

（三）职业危害申报制度；

（四）职业健康宣传教育培训制度；

（五）职业危害防护设施维护检修制度；

（六）从业人员防护用品管理制度；

（七）职业危害日常监测管理制度；

（八）从业人员职业健康监护档案管理制度；

（九）岗位职业健康操作规程；

（十）法律、法规、规章规定的其他职业危害防治制度。

第十二条　存在职业危害的生产经营单位的作业场所应当符合下列要求：

（一）生产布局合理，有害作业与无害作业分开；

（二）作业场所与生活场所分开，作业场所不得住人；

（三）有与职业危害防治工作相适应的有效防护设施；

（四）职业危害因素的强度或者浓度符合国家标准、行业标准；

（五）法律、法规、规章和国家标准、行业标准的其他规定。

第十三条　存在职业危害的生产经营单位，应当按照有关规定及时、如实将本单位的职业危害因素向安全生产监督管理部门申报，并接受安全生产监督管理部门的监督检查。

第十四条　新建、改建、扩建的工程建设项目和技术改造、技术引进项目（以下统称建设项目）可能产生职业危害的，建设单位应当按照有关规定，在可行性论证阶段委托具有相应资质的职业健康技术服务机构进行预评价。职业危害预评价报告应当报送建设项目所在地安全生产监督管理部门备案。

第十五条　产生职业危害的建设项目应当在初步设计阶段编制职业危害防治专篇。职业危害防治专篇应当报送建设项目所在地安全生产监督管理部门备案。

第十六条　建设项目的职业危害防护设施应当与主体工程同时设计、同时施工、同时投入生产和使用（以下简称“三同时”）。职业危害防护设施所需费用应当纳入建设项目工程预算。

第十七条　建设项目在竣工验收前，建设单位应当按照有关规定委托具有相应资质的职业健康技术服务机构进行职业危害控制效果评价。建设项目竣工验收时，其职业危害防护设施依法经验收合格，取得职业危害防护设施验收批复文件后，方可投入生产和使用。

职业危害控制效果评价报告、职业危害防护设施验收批复文件应当报送建设项目所在地安全生产监督管理部门备案。

第十八条　存在职业危害的生产经营单位，应当在醒目位置设置公告栏，公布有关职业危害防治的规章制度、操作规程和作业场所职业危害因素监测结果。

对产生严重职业危害的作业岗位，应当在醒目位置设置警示标识和中文警示说明。警示说明应当载明产生职业危害的种类、后果、预防和应急处置措施等内容。

第十九条 生产经营单位必须为从业人员提供符合国家标准、行业标准的职业危害防护用品,并督促、教育、指导从业人员按照使用规则正确佩戴、使用,不得发放钱物替代发放职业危害防护用品。

生产经营单位应当对职业危害防护用品进行经常性的维护、保养,确保防护用品有效。不得使用不符合国家标准、行业标准或者已经失效的职业危害防护用品。

第二十条 生产经营单位对职业危害防护设施应当进行经常性的维护、检修和保养,定期检测其性能和效果,确保其处于正常状态。不得擅自拆除或者停止使用职业危害防护设施。

第二十一条 存在职业危害的生产经营单位应当设有专人负责作业场所职业危害因素日常监测,保证监测系统处于正常工作状态。监测的结果应当及时向从业人员公布。

第二十二条 存在职业危害的生产经营单位应当委托具有相应资质的中介技术服务机构,每年至少进行一次职业危害因素检测,每三年至少进行一次职业危害现状评价。定期检测、评价结果应当存入本单位的职业危害防治档案,向从业人员公布,并向所在地安全生产监督管理部门报告。

第二十三条 生产经营单位在日常的职业危害监测或者定期检测、评价过程中,发现作业场所职业危害因素的强度或者浓度不符合国家标准、行业标准的,应当立即采取措施进行整改和治理,确保其符合职业健康环境和条件的要求。

第二十四条 向生产经营单位提供可能产生职业危害的设备的,应当提供中文说明书,并在设备的醒目位置设置警示标识和中文警示说明。警示说明应当载明设备性能、可能产生的职业危害、安全操作和维护注意事项、职业危害防护措施等内容。

第二十五条 向生产经营单位提供可能产生职业危害的化学品等材料的,应当提供中文说明书。说明书应当载明产品特性、主要成分、存在的有害因素、可能产生的危害后果、安全使用注意事项、职业危害防护和应急处置措施等内容。产品包装应当有醒目的警示标识和中文警示说明。贮存场所应当设置危险物品标识。

第二十六条 任何生产经营单位不得使用国家明令禁止使用的可能产生职业危害的设备或者材料。

第二十七条 任何单位和个人不得将产生职业危害的作业转移给不具备职业危害防护条件的单位和个人。不具备职业危害防护条件的单位和个人不得接受产生职业危害的作业。

第二十八条 生产经营单位应当优先采用有利于防治职业危害和保护从业人员健康的新技术、新工艺、新材料、新设备,逐步替代产生职业危害的技术、工艺、材料、设备。

第二十九条 生产经营单位对采用的技术、工艺、材料、设备,应当知悉其可能产生的职业危害,并采取相应的防护措施。对可能产生职业危害的技术、工艺、材料、设备故意隐瞒其危害而采用的,生产经营单位主要负责人对其所造成的职业危害后果承担责任。

第三十条 生产经营单位与从业人员订立劳动合同(含聘用合同,下同)时,应当将工作过程中可能产生的职业危害及其后果、职业危害防护措施和待遇等如实告知从业人员,并在劳动合同中写明,不得隐瞒或者欺骗。生产经营单位应当依法为从业人员办理工伤保险,缴纳保险费。

从业人员在履行劳动合同期间因工作岗位或者工作内容变更,从事与所订立劳动合同中未告知的存在职业危害的作业的,生产经营单位应当依照前款规定,向从业人员履行如实告知的义务,并协商变更原劳动合同相关条款。

生产经营单位违反本条第一款、第二款规定的,从业人员有权拒绝作业。生产经营单位不得因从业人员拒绝作业而解除或者终止与从业人员所订立的劳动合同。

第三十一条 对接触职业危害的从业人员,生产经营单位应当按照国家有关规定组织上岗前、在岗期间和离岗时的职业健康检查,并将检查结果如实告知从业人员。职业健康检查费用由生产经营单位承担。

生产经营单位不得安排未经上岗前职业健康检查的从业人员从事接触职业危害的作业;不得安排有职业禁忌的从业人员从事其所禁忌的作业;对在职业健康检查中发现有与所从事职业相关的健康损害的从业人员,应当调离原工作岗位,并妥善安置;对未进行离岗前职业健康检查的从业人员,不得解除或者终止与其订立的劳动合同。

第三十二条 生产经营单位应当为从业人员建立职业健康监护档案，并按照规定的期限妥善保存。

从业人员离开生产经营单位时，有权索取本人职业健康监护档案复印件，生产经营单位应当如实、无偿提供，并在所提供的复印件上签章。

第三十三条 生产经营单位不得安排未成年工从事接触职业危害的作业；不得安排孕期、哺乳期的女职工从事对本人和胎儿、婴儿有危害的作业。

第三十四条 生产经营单位发生职业危害事故，应当及时向所在地安全生产监督管理部门和有关部门报告，并采取有效措施，减少或者消除职业危害因素，防止事故扩大。对遭受职业危害的从业人员，及时组织救治，并承担所需费用。

生产经营单位及其从业人员不得迟报、漏报、谎报或者瞒报职业危害事故。

第三十五条 作业场所使用有毒物品的生产经营单位，应当按照有关规定向安全生产监督管理部门申请办理职业卫生安全许可证。

第三十六条 生产经营单位在安全生产监督管理部门行政执法人员依法履行监督检查职责时，应当予以配合，不得拒绝、阻挠。

第三章 监 督 管 理

第三十七条 安全生产监督管理部门依法对生产经营单位执行有关职业危害防治的法律、法规、规章和国家标准、行业标准的下列情况进行监督检查：

（一）职业健康管理机构设置、人员配备情况；

（二）职业危害防治制度和规程的建立、落实及公布情况；

（三）主要负责人、职业健康管理人员、从业人员的职业健康教育培训情况；

（四）作业场所职业危害因素申报情况；

（五）作业场所职业危害因素监测、检测及结果公布情况；

（六）职业危害防护设施的设置、维护、保养情况，以及个体防护用品的发放、管理及从业人员佩戴使用情况；

（七）职业危害因素及危害后果告知情况；

（八）职业危害事故报告情况；

（九）依法应当监督检查的其他情况。

第三十八条 安全生产监督管理部门应当建立健全职业危害的监督检查制度，加强行政执法人员职业健康知识的培训，提高行政执法人员的业务素质。

第三十九条 安全生产监督管理部门应当建立健全职业危害防护设施“三同时”的备案管理制度，加强职业危害相关资料的档案管理。

第四十条 安全生产监督管理部门对从事职业危害防治工作的职业健康技术服务机构实行登记备案管理制度。依法取得相应资质的职业健康技术服务机构，应当向安全生产监督管理部门登记备案。

从事作业场所职业危害检测、评价等工作的中介技术服务机构应当客观、真实、准确地开展检测、评价工作，并对其检测、评价的结果负责。

第四十一条 安全生产监督管理部门应当加强对职业健康技术服务机构的监督检查，发现存在违法违规行为的，及时向有关部门通报。

第四十二条 安全生产监督管理部门行政执法人员依法履行监督检查职责时，应当出示有效的执法证件。

行政执法人员应当忠于职守，秉公执法，严格遵守执法规范；对涉及被检查单位的技术秘密和业务秘密的，应当为其保密。

第四十三条　安全生产监督管理部门履行监督检查职责时，有权采取下列措施：

（一）进入被检查单位及作业场所，进行职业危害检测，了解有关情况，调查取证；

（二）查阅、复制被检查单位有关职业危害防治的文件、资料，采集有关样品；

（三）对有根据认为不符合职业危害防治的国家标准、行业标准的设施、设备、器材予以查封或者扣押，并应当在15日内依法作出处理决定。

第四十四条　发生职业危害事故的，安全生产监督管理部门应当并依照国家有关规定报告事故和组织事故的调查处理。

第四章　罚　则

第四十五条　生产经营单位有下列情形之一的，给予警告，责令限期改正；逾期未改正的，处2万元以下的罚款：

（一）未按照规定设置或者指定职业健康管理机构，或者未配备专职或者兼职的职业健康管理人员的；

（二）未按照规定建立职业危害防治制度和操作规程的；

（三）未按照规定公布有关职业危害防治的规章制度和操作规程的；

（四）生产经营单位主要负责人、职业健康管理人员未按照规定接受职业健康培训的；

（五）生产经营单位未按照规定组织从业人员进行职业健康培训的；

（六）作业场所职业危害因素监测、检测和评价结果未按照规定存档、报告和公布的。

第四十六条　生产经营单位有下列情形之一的，责令限期改正，给予警告，可以并处2万元以上5万元以下的罚款：

（一）未按照规定及时、如实申报职业危害因素的；

（二）未按照规定设有专人负责作业场所职业危害因素日常监测，或者监测系统不能正常监测的；

（三）订立或者变更劳动合同时，未告知从业人员职业危害真实情况的；

（四）未按照规定组织从业人员进行职业健康检查、建立职业健康监护档案，或者未将检查结果如实告知从业人员的。

第四十七条　生产经营单位有下列情形之一的，给予警告，责令限期改正；逾期未改正的，处5万元以上20万元以下的罚款；情节严重的，责令停止产生职业危害的作业，或者提请有关人民政府按照国务院规定的权限责令关闭：

（一）作业场所职业危害因素的强度或者浓度超过国家标准、行业标准的；

（二）未提供职业危害防护设施和从业人员使用的职业危害防护用品，或者提供的职业危害防护设施和从业人员使用的职业危害防护用品不符合国家标准、行业标准的；

（三）未按照规定对职业危害防护设施和从业人员职业危害防护用品进行维护、检修、检测，并保持正常运行、使用状态的；

（四）未按照规定对作业场所职业危害因素进行检测、评价的；

（五）作业场所职业危害因素经治理仍然达不到国家标准、行业标准的；

（六）发生职业危害事故，未采取有效措施，或者未按照规定及时报告的；

（七）未按照规定在产生职业危害的作业岗位醒目位置公布操作规程、设置警示标识和中文警示说明的；

（八）拒绝安全生产监督管理部门依法履行监督检查职责的。

第四十八条　生产经营单位有下列情形之一的，责令限期改正，并处5万元以上30万元以下的罚款；情节严重的，责令停止产生职业危害的作业，或者提请有关人民政府按照国务院规定的权限责令关闭：

（一）隐瞒技术、工艺、材料所产生的职业危害而采用的；

（二）使用国家明令禁止使用的可能产生职业危害的设备或者材料的；

（三）将产生职业危害的作业转移给没有职业危害防护条件的单位和个人，或者没有职业危害防护条件的单位和个人接受产生职业危害作业的；

（四）擅自拆除、停止使用职业危害防护设施的；

（五）安排未经职业健康检查的从业人员、有职业禁忌的从业人员、未成年工或者孕期、哺乳期女职工从事接触产生职业危害作业或者禁忌作业的。

第四十九条 生产经营单位违反有关职业危害防治法律、法规、规章和国家标准、行业标准的规定，已经对从业人员生命健康造成严重损害的，责令停止产生职业危害的作业，或者提请有关人民政府按照国务院规定的权限责令关闭，并处10万元以上30万元以下的罚款。

第五十条 建设项目职业危害预评价报告、职业危害防治专篇、职业危害控制效果评价报告和职业危害防护设施验收批复文件未按照本规定要求备案的，给予警告、并处3万元以下的罚款。

第五十一条 向生产经营单位提供可能产生职业危害的设备或者材料，未按照规定提供中文说明书或者设置警示标识和中文警示说明的，责令限期改正，给予警告，并处5万元以上20万元以下的罚款。

第五十二条 安全生产监督管理部门及其行政执法人员未按照规定报告职业危害事故的，依照有关规定给予处理；构成犯罪的，依法追究刑事责任。

第五十三条 本规定所规定的对作业场所职业健康违法行为的处罚，由县级以上安全生产监督管理部门决定。法律、行政法规和国务院有关规定对行政处罚决定机关另有规定的，依照其规定。

第五章　附　　则

第五十四条 本规定下列用语的含义：

作业场所，是指从业人员进行职业活动的所有地点，包括建设单位施工场所。

职业危害，是指从业人员在从事职业活动中，由于接触粉尘、毒物等有害因素而对身体健康所造成的各种损害。

职业禁忌，是指从业人员从事特定职业或者接触特定职业危害因素时，比一般职业人群更易于遭受职业危害损伤和罹患职业病，或者可能导致原有自身疾病病情加重，或者在从事作业过程中诱发可能导致对他人生命健康构成危险的疾病的个人特殊生理或者病理状态。

第五十五条 本规定未规定的职业危害防治的其他有关事项，依照《职业病防治法》和其他有关法律、行政法规的规定执行。

第五十六条 本规定自2009年9月1日起施行。

安全生产监管监察职责和行政执法责任追究的暂行规定

国家安全生产监督管理总局令

第24号

《安全生产监管监察职责和行政执法责任追究的暂行规定》已经2009年5月27日国家安全生产监督管理总局局长办公会议审议通过，现予公布，自2009年10月1日起施行。

局长　骆琳

二〇〇九年七月三十五日

目　　录

第一章　总　则

第一条　为促进安全生产监督管理部门、煤矿安全监察机构及其行政执法人员依法履行职责，落实行政执法责任，保障公民、法人和其他组织合法权益，根据《公务员法》、《安全生产法》、《安全生产许可证条例》等法律法规和国务院有关规定，制定本规定。

第二条　县级以上人民政府安全生产监督管理部门、煤矿安全监察机构（以下统称安全监管监察部门）及其内设机构、行政执法人员履行安全生产监管监察职责和实施行政执法责任追究，适用本规定；法律、法规对行政执法责任追究或者党政领导干部问责另有规定的，依照其规定。

本规定所称行政执法责任追究，是指对作出违法、不当的安全监管监察行政执法行为（以下简称行政执法行为），或者未履行法定职责的安全监管监察部门及其内设机构、行政执法人员，实施行政责任追究（以下简称责任追究）。

第三条　责任追究应当遵循公正公平、有错必纠、责罚相当、惩教结合的原则，做到事实清楚、证据确凿、定性准确、处理适当、程序合法、手续完备。

第四条　责任追究实行回避制度。与违法、不当行政执法行为或者责任人有利害关系，或者有其他特殊关系，可能影响公正处理的人员，实施责任追究时应当回避。

安全监管监察部门负责人的回避由该部门负责人集体讨论决定，其他人员的回避由该部门负责人决定。

第二章　安全生产监管监察和行政执法职责

第五条　县级以上人民政府安全生产监督管理部门依法对本行政区域内安全生产工作实施综合监督管理，指导协调和监督检查本级人民政府有关部门依法履行安全生产监督管理职责；对本行政区域内没有其他行政主管部门负责安全生产监督管理的生产经营单位实施安全生产监督管理；对下级人民政府安全生产工作进行监督检查。

煤矿安全监察机构依法履行国家煤矿安全监察职责，实施煤矿安全监察行政执法，对煤矿安全进行重点监察、专项监察和定期监察，对地方人民政府依法履行煤矿安全生产监督管理职责的情况进行监督检查。

第六条　安全监管监察部门应当依照法律、法规、规章和本级人民政府、上级安全监管监察部门规定的安全监管监察职责，根据各自的监管监察权限、行政执法人员数量、监管监察的生产经营单位状况、技术装备和经费保障等实际情况，制定本部门年度安全监管或者煤矿安全监察执法工作计划。

安全监管执法工作计划应当报本级人民政府批准后实施，并报上一级安全监管部门备案；煤矿安全监察执法工作计划应当报上一级煤矿安全监察机构批准后实施。安全监管和煤矿安全监察执法工作计划因特殊情况需要作出重大调整或者变更的，应当及时报原批准单位批准，并按照批准后的计划执行。

安全监管和煤矿安全监察执法工作计划应当包括监管监察的对象、时间、次数、主要事项、方式和职责分工等内容。根据安全监管监察工作需要，安全监管监察部门可以按照安全监管和煤矿安全监察执法工作计划编制现场检查方案，对作业现场的安全生产实施监督检查。

第七条　安全监管监察部门应当按照各自权限，依照法律、法规、规章和国家标准或者行业标准规定的安全生产条件和程序，履行下列行政许可职责：

（一）矿山建设项目和用于生产、储存危险物品的建设项目安全设施的设计审查、竣工验收；

（二）矿山企业、危险化学品和烟花爆竹生产企业的安全生产许可；

（三）危险化学品经营许可；

（四）非药品类易制毒化学品生产、经营许可；

（五）烟花爆竹经营（批发、零售）许可；

（六）矿山、危险化学品、烟花爆竹生产经营单位主要负责人、安全生产管理人员的安全资格认定和特种作业人员（特种设备作业人员除外）操作资格认定；

（七）煤矿矿用产品安全标志认证机构资质的认可；

（八）矿山救护队资质认定；

（九）安全生产检测检验、安全评价机构资质的认可；

（十）安全培训机构资质的认可；

（十一）使用有毒物品作业场所职业卫生安全许可；

（十二）注册助理安全工程师资格、注册安全工程师执业资格的考试和注册；

（十三）法律、行政法规和国务院设定的其他行政许可。

行政许可申请人对其申请材料实质内容的真实性负责。安全监管监察部门对符合法定条件的申请，应当依法予以受理，并作出准予或者不予行政许可的决定。根据法定条件和程序，需要对申请材料的实质内容进行核实的，应当指派两名以上行政执法人员进行核查。

对未依法取得行政许可或者验收合格擅自从事有关活动的生产经营单位，安全监管监察部门发现或者接到举报后，属于本部门行政许可职责范围的，应当及时依法查处；属于其他部门行政许可职责范围的，应当及时移送相关部门。对已经依法取得本部门行政许可的生产经营单位，发现其不再具备安全生产条件的，安全监管监察部门应当依法暂扣或者吊销原行政许可证件。

第八条　安全监管监察部门应当按照年度安全监管和煤矿安全监察执法工作计划、现场检查方案，对生产经营单位是否具备有关法律、法规、规章和国家标准或者行业标准规定的安全生产条件进

行监督检查,重点监督检查下列事项:

(一)依法取得有关安全生产行政许可的情况;

(二)作业场所职业危害防治的情况;

(三)建立和落实安全生产责任制、安全生产规章制度和操作规程、作业规程的情况;

(四)按照国家规定提取和使用安全生产费用、安全生产风险抵押金,以及其他安全生产投入的情况;

(五)依法设置安全生产管理机构和配备安全生产管理人员的情况;

(六)从业人员受到安全生产教育、培训,取得有关安全资格证书的情况;

(七)新建、改建、扩建工程项目的安全设施与主体工程同时设计、同时施工、同时投入生产和使用,以及按规定办理设计审查和竣工验收的情况;

(八)在有较大危险因素的生产经营场所和有关设施、设备上,设置安全警示标志的情况;

(九)对安全设备设施的维护、保养、定期检测的情况;

(十)重大危险源登记建档、定期检测、评估、监控和制定应急预案的情况;

(十一)教育和督促从业人员严格执行本单位的安全生产规章制度和安全操作规程,并向从业人员如实告知作业场所和工作岗位存在的危险因素、防范措施以及事故应急措施的情况;

(十二)为从业人员提供符合国家标准或者行业标准的劳动防护用品,并监督、教育从业人员按照使用规则正确佩戴和使用的情况;

(十三)在同一作业区域内进行生产经营活动,可能危及对方生产安全的,与对方签订安全生产管理协议,明确各自的安全生产管理职责和应当采取的安全措施,并指定专职安全生产管理人员进行安全检查与协调的情况;

(十四)对承包单位、承租单位的安全生产工作实行统一协调、管理的情况;

(十五)组织安全生产检查,及时排查治理生产安全事故隐患的情况;

(十六)制定、实施生产安全事故应急预案,以及有关应急预案备案的情况;

(十七)危险物品的生产、经营、储存单位以及矿山企业建立应急救援组织或者兼职救援队伍、签订应急救援协议,以及应急救援器材、设备的配备、维护、保养的情况;

(十八)按照规定报告生产安全事故的情况;

(十九)依法应当监督检查的其他情况。

第九条 安全监管监察部门在监督检查中,发现生产经营单位存在安全生产违法行为或者事故隐患的,应当依法采取下列现场处理措施:

(一)当场予以纠正;

(二)责令限期改正、责令限期达到要求;

(三)责令立即停止作业(施工)、责令立即停止使用、责令立即排除事故隐患;

(四)责令从危险区域撤出作业人员;

(五)责令暂时停产停业、停止建设、停止施工或者停止使用;

(六)依法应当采取的其他现场处理措施。

第十条 被责令限期改正、限期达到要求、暂时停产停业、停止建设、停止施工或者停止使用的生产经营单位提出复查申请或者整改、治理限期届满的,安全监管监察部门应当自收到申请或者限期届满之日起10日内进行复查,并填写复查意见书,由被复查单位和安全监管监察部门复查人员签名后存档。

煤矿安全监察机构依照有关规定将复查工作移交给县级以上地方人民政府负责煤矿安全生产监督管理的部门的,应当及时将相应的执法文书抄送该部门并备案。县级以上地方人民政府负责煤矿安全生产监督管理的部门应当自收到煤矿申请或者限期届满之日起10日内进行复查,并填写复查意见书,由被复查煤矿和复查人员签名后存档,并将复查意见书及时抄送移交复查的煤矿安全监察机构。

对逾期未整改、治理或者整改、治理不合格的生产经营单位,安全监管监察部门应当依法给予行政处罚，并依法提请县级以上地方人民政府按照规定的权限决定关闭。

第十一条 安全监管监察部门在监督检查中，发现生产经营单位存在安全生产非法、违法行为的，有权依法采取下列行政强制措施：

（一）对有根据认为不符合安全生产的国家标准或者行业标准的在用设施、设备、器材，予以查封或者扣押，并应当在作出查封、扣押决定之日起15日内依法作出处理决定；

（二）扣押相关的证据材料和违法物品，临时查封有关场所；

（三）法律、法规规定的其他行政强制措施。

实施查封、扣押的，应当当场下达查封、扣押决定书和被查封、扣押的财物清单。在交通不便地区，或者不及时查封、扣押可能影响案件查处，或者存在事故隐患可能造成生产安全事故的，可以先行实施查封、扣押，并在48小时内补办查封、扣押决定书，送达当事人。

第十二条 安全监管监察部门在监督检查中，发现生产经营单位存在的安全问题涉及有关地方人民政府或其有关部门的，应当及时向有关地方人民政府报告或其有关部门通报。

第十三条 安全监管监察部门应当严格依照法律、法规和规章规定的行政处罚的行为、种类、幅度和程序，按照各自的管辖权限，对监督检查中发现的生产经营单位及有关人员的安全生产非法、违法行为实施行政处罚。

对到期不缴纳罚款的，安全监管监察部门可以每日按罚款数额的百分之三加处罚款。

生产经营单位拒不执行安全监管监察部门行政处罚决定的，作出行政处罚决定的安全监管监察部门可以依法申请人民法院强制执行；拒不执行处罚决定可能导致生产安全事故的，应当及时向有关地方人民政府报告或其有关部门通报。

第十四条 安全监管监察部门对生产经营单位及其从业人员作出现场处理措施、行政强制措施和行政处罚决定等行政执法行为前，应当充分听取当事人的陈述、申辩，对其提出的事实、理由和证据，应当进行复核。当事人提出的事实、理由和证据成立的，应当予以采纳。

安全监管监察部门对生产经营单位及其从业人员作出现场处理措施、行政强制措施和行政处罚决定等行政执法行为时，应当依法制作有关法律文书，并按照规定送达当事人。

第十五条 安全监管监察部门应当依法履行下列生产安全事故报告和调查处理职责：

（一）建立值班制度，并向社会公布值班电话，受理事故报告和举报；

（二）按照法定的时限、内容和程序逐级上报和补报事故；

（三）接到事故报告后，按照规定派人立即赶赴事故现场，组织或者指导协调事故救援；

（四）按照规定组织或者参加事故调查处理；

（五）对事故发生单位落实事故防范和整改措施的情况进行监督检查；

（六）依法对事故责任单位和有关责任人员实施行政处罚；

（七）依法应当履行的其他职责。

第十六条 安全监管监察部门应当依法受理、调查和处理本部门法定职责范围内的举报事项，并形成书面材料。调查处理情况应当答复举报人，但举报人的姓名、名称、住址不清的除外。对不属于本部门职责范围的举报事项，应当依法予以登记，并告知举报人向有权机关提出。

第十七条 安全监管监察部门应当依法受理行政复议申请，审理行政复议案件，并作出处理或者决定。

第三章　责任追究的范围与承担责任的主体

第十八条 安全监管监察部门及其内设机构、行政执法人员履行本规定第二章规定的行政执法职责，有下列违法或者不当的情形之一，致使行政执法行为被撤销、变更、确认违法，或者被责令履行法定职责、承担行政赔偿责任的，应当实施责任追究：

（一）超越、滥用法定职权的；

（二）主要事实不清、证据不足的；

（三）适用依据错误的；

（四）行政裁量明显不当的；

（五）违反法定程序的；

（六）未按照年度安全监管或者煤矿安全监察执法工作计划、现场检查方案履行法定职责的；

（七）其他违法或者不当的情形。

前款所称的行政执法行为被撤销、变更、确认违法，或者被责令履行法定职责、承担行政赔偿责任，是指行政执法行为被人民法院生效的判决、裁定，或者行政复议机关等有权机关的决定予以撤销、变更、确认违法或者被责令履行法定职责、承担行政赔偿责任的情形。

第十九条 有下列情形之一的，安全监管监察部门及其内设机构、行政执法人员不承担责任：

（一）因生产经营单位、中介机构等行政管理相对人的行为，致使安全监管监察部门及其内设机构、行政执法人员无法作出正确行政执法行为的；

（二）因有关行政执法依据规定不一致，致使行政执法行为适用法律、法规和规章依据不当的；

（三）因不能预见、不能避免并不能克服的不可抗力致使行政执法行为违法、不当或者未履行法定职责的；

（四）违法、不当的行政执法行为情节轻微并及时纠正，没有造成不良后果或者不良后果被及时消除的；

（五）按照批准、备案的安全监管或者煤矿安全监察执法工作计划、现场检查方案和法律、法规、规章规定的方式、程序已经履行安全生产监管监察职责的；

（六）对发现的安全生产非法、违法行为和事故隐患已经依法查处，因生产经营单位及其从业人员拒不执行安全生产监管监察指令导致生产安全事故的；

（七）生产经营单位非法生产或者经责令停产停业整顿后仍不具备安全生产条件，安全监管监察部门已经依法提请县级以上地方人民政府决定取缔或者关闭的；

（八）对拒不执行行政处罚决定的生产经营单位，安全监管监察部门已经依法申请人民法院强制执行的；

（九）安全监管监察部门已经依法向县级以上地方人民政府提出加强和改善安全生产监督管理建议的；

（十）依法不承担责任的其他情形。

第二十条 承办人直接作出违法或者不当行政执法行为的，由承办人承担责任。

第二十一条 对安全监管监察部门应当经审核、批准作出的行政执法行为，分别按照下列情形区分并承担责任：

（一）承办人未经审核人、批准人审批擅自作出行政执法行为，或者不按审核、批准的内容实施，致使行政执法行为违法或者不当的，由承办人承担责任；

（二）承办人弄虚作假、徇私舞弊，或者承办人提出的意见错误，审核人、批准人没有发现或者发现后未予以纠正，致使行政执法行为违法或者不当的，由承办人承担主要责任，审核人、批准人承担次要责任；

（三）审核人改变或者不采纳承办人的正确意见，批准人批准该审核意见，致使行政执法行为违法或者不当的，由审核人承担主要责任，批准人承担次要责任；

（四）审核人未报请批准人批准而擅自作出决定，致使行政执法行为违法或者不当的，由审核人承担责任；

（五）审核人弄虚作假、徇私舞弊，致使批准人作出错误决定的，由审核人承担责任；

（六）批准人改变或者不采纳承办人、审核人的正确意见，致使行政执法行为违法或者不当的，由批准人承担责任；

（七）未经承办人拟办、审核人审核，批准人直接作出违法或者不当的行政执法行为的，由批准人承担责任。

第二十二条 因安全监管监察部门指派不具有行政执法资格的单位或者人员执法，致使行政执法行为违法或者不当的,由指派部门及其负责人承担责任。

第二十三条 因安全监管监察部门负责人集体研究决定,致使行政执法行为违法或者不当的,主要负责人应当承担主要责任,参与作出决定的其他负责人应当分别承担相应的责任。

安全监管监察部门负责人擅自改变集体决定,致使行政执法行为违法或者不当的,由该负责人承担全部责任。

第二十四条 两名以上行政执法人员共同作出违法或者不当行政执法行为的,由主办人员承担主要责任,其他人员承担次要责任;不能区分主要、次要责任人的,共同承担责任。

因安全监管监察部门内设机构单独决定,致使行政执法行为违法或者不当的,由该机构承担全部责任;因两个以上内设机构共同决定,致使行政执法行为违法或者不当的,由有关内设机构共同承担责任。

第二十五条 经安全监管监察部门内设机构会签作出的行政执法行为,分别按照下列情形区分并承担责任:

(一)主办机构提供的有关事实、证据不真实、不准确或者不完整,会签机构通过审查能够提出正确意见但没有提出,致使行政执法行为违法或者不当的,由主办机构承担主要责任,会签机构承担次要责任;

(二)主办机构没有采纳会签机构提出的正确意见,致使行政执法行为违法或者不当的,由主办机构承担责任。

第二十六条 因执行上级安全监管监察部门的指示、批复,致使行政执法行为违法或者不当的,由作出指示、批复的上级安全监管监察部门承担责任。

因请示、报告单位隐瞒事实或者未完整提供真实情况等原因,致使上级安全监管监察部门作出错误指示、批复的,由请示、报告单位承担责任。

第二十七条 下级安全监管监察部门认为上级的决定或者命令有错误的,可以向上级提出改正、撤销该决定或者命令的意见;上级不改变该决定或者命令,或者要求立即执行的,下级安全监管监察部门应当执行该决定或者命令,其不当或者违法责任由上级安全监管监察部门承担。

第二十八条 上级安全监管监察部门改变、撤销下级安全监管监察部门作出的行政执法行为,致使行政执法行为违法或者不当的,由上级安全监管监察部门及其有关内设机构、行政执法人员依照本章规定分别承担相应责任。

第二十九条 安全监管监察部门及其内设机构、行政执法人员不履行法定职责的,应当根据各自的职责分工,依照本章规定区分并承担责任。

第四章 责任追究的方式与适用

第三十条 对安全监管监察部门及其内设机构的责任追究包括下列方式:

(一)责令限期改正;

(二)通报批评;

(三)取消当年评优评先资格;

(四)法律、法规和规章规定的其他方式。

对行政执法人员的责任追究包括下列方式:

(一)批评教育;

(二)离岗培训;

(三)取消当年评优评先资格;

(四)暂扣行政执法证件;

(五)调离执法岗位;

(六)法律、法规和规章规定的其他方式。

本条第一款和第二款规定的责任追究方式,可以单独或者合并适用。

第三十一条 对安全监管监察部门及其内设机构、行政执法人员实施责任追究的时候，应当根据违法、不当行政执法行为的事实、性质、情节和对于社会的危害程度，依照本规定的有关条款决定。

第三十二条 违法或者不当行政执法行为的情节较轻、危害较小的，对安全监管监察部门责令限期改正，对行政执法人员予以批评教育或者离岗培训，并取消当年评优评先资格。

违法或者不当行政执法行为的情节较重、危害较大的，对安全监管监察部门责令限期改正，予以通报批评，并取消当年评优评先资格；对行政执法人员予以调离执法岗位或者暂扣行政执法证件，并取消当年评优评先资格。

第三十三条 安全监管监察部门及其内设机构在年度行政执法评议考核中被确定为不合格的，责令限期改正，并予以通报批评、取消当年评优评先资格。

行政执法人员在年度行政执法评议考核中被确定为不称职的，予以离岗培训、暂扣行政执法证件，并取消当年评优评先资格。

第三十四条 一年内被申请行政复议或者被提起行政诉讼的行政执法行为中，被撤销、变更、确认违法的比例占20%以上（含本数，下同）的，应当责令有关安全监管监察部门限期改正，并取消当年评优评先资格。

第三十五条 安全监管监察部门承担行政赔偿责任的，应当依照《国家赔偿法》第十四条的规定，责令有故意或者重大过失的行政执法人员承担全部或者部分行政赔偿费用。

第三十六条 对实施违法或者不当的行政执法行为，或者未履行法定职责的行政执法人员，依照《公务员法》、《行政机关公务员处分条例》等的规定应当给予行政处分或者辞退处理的，依照其规定。

第三十七条 行政执法人员的行政执法行为涉嫌犯罪的，移交司法机关处理。

第三十八条 有下列情形之一的，可以从轻或者减轻追究责任：

（一）违反本规定第十一条至第十四条所规定的职责，未造成严重后果的；

（二）主动采取措施，有效避免损失或者挽回影响的；

（三）积极配合责任追究，并且主动承担责任的；

（四）依法可以从轻的其他情形。

第三十九条 有下列情形之一的，应当从重追究责任：

（一）因违法、不当行政执法行为或者不履行法定职责，严重损害国家声誉，或者造成恶劣社会影响，或者致使公共财产、国家和人民利益遭受重大损失的；

（二）滥用职权、玩忽职守、徇私舞弊，致使行政执法行为违法、不当的；

（三）弄虚作假、隐瞒真相，干扰、阻碍责任追究的；

（四）对检举人、控告人、申诉人和实施责任追究的人员打击、报复、陷害的；

（五）一年内出现两次以上应当追究责任的情形的；

（六）依法应当从重追究责任的其他情形。

第五章　责任追究的机关与程序

第四十条 安全生产监督管理部门及其负责人的责任，按照干部管理权限，由其上级安全生产监督管理部门或者本级人民政府行政监察机关追究；所属内设机构和其他行政执法人员的责任，由所在安全生产监督管理部门追究。

煤矿安全监察机构及其负责人的责任，按照干部管理权限，由其上级煤矿安全监察机构追究；所属内设机构及其行政执法人员的责任，由所在煤矿安全监察机构追究。

第四十一条 安全监管监察部门进行责任追究，按照下列程序办理：

（一）负责法制工作的机构自行政执法行为被确认违法、不当之日起15日内，将有关当事人的情况书面通报本部门负责行政监察工作的机构；

（二）负责行政监察工作的机构自收到法制工作机构通报或者直接收到有关行政执法行为违法、

不当的举报之日起60日内调查核实有关情况，提出责任追究的建议，报本部门领导班子集体讨论决定；

（三）负责人事工作的机构自责任追究决定作出之日起15日内落实决定事项。

法律、法规对责任追究的程序另有规定的，依照其规定。

第四十二条 安全监管监察部门实施责任追究应当制作《行政执法责任追究决定书》。《行政执法责任追究决定书》由负责行政监察工作的机构草拟，安全监管监察部门作出决定。

《行政执法责任追究决定书》应当写明责任追究的事实、依据、方式、批准机关、生效时间、当事人的申诉期限及受理机关等。离岗培训和暂扣行政执法证件的，还应当写明培训和暂扣的期限等。

第四十三条 安全监管监察部门作出责任追究决定前，负责行政监察工作的机构应当将追究责任的有关事实、理由和依据告知当事人，并听取其陈述和申辩。对其合理意见，应当予以采纳。

《行政执法责任追究决定书》应当送到当事人，以及当事人所在的单位和内设机构。责任追究决定作出后，作出决定的安全监管监察部门应当派人与当事人谈话，做好思想工作，督促其做好工作交接等后续工作。

当事人对责任追究决定不服的，可以依照《公务员法》等规定申请复核和提出申诉。申诉期间，不停止责任追究决定的执行。

第四十四条 对当事人的责任追究情况应当作为其考核、奖惩、任免的重要依据。安全监管监察部门负责人事工作的机构应当将责任追究的有关材料记入当事人个人档案。

第六章　附　　则

第四十五条 本规定所称的安全生产非法行为，是指公民、法人或者其他组织未依法取得安全监管监察部门的行政许可，擅自从事生产经营活动的行为，或者该行政许可已经失效，继续从事生产经营活动的行为。

本规定所称的安全生产违法行为，是指公民、法人或者其他组织违反有关安全生产的法律、法规、规章、国家标准、行业标准的规定，从事生产经营活动的行为。

本规定所称的违法的行政执法行为，是指违反法律、法规、规章规定的职责、程序所作出的具体行政行为。

本规定所称的不当的行政执法行为，是指违反客观、适度、公平、公正、合理等适用法律的一般原则所作出的具体行政行为。

第四十六条 依法授权或者委托行使安全生产行政执法职责的单位及其行政执法人员的责任追究，参照本规定执行。

第四十七条 本规定自2009年10月1日起施行。省、自治区、直辖市人民代表大会及其常务委员会或者省、自治区、直辖市人民政府对地方安全生产监督管理部门及其内设机构、行政执法人员的责任追究另有规定的，依照其规定。

海洋石油安全管理细则

国家安全生产监督管理总局令

第25号

《海洋石油安全管理细则》已经2009年8月24日国家安全生产监督管理总局局长办公会议审议通过，现予公布，自2009年12月1日起施行。

局长　骆琳

二〇〇九年九月七日

目　录

第一章　总　　则

第一条　为了加强海洋石油安全管理工作，保障从业人员生命和财产安全，防止和减少海洋石油生产安全事故，根据安全生产法等法律、法规和标准，制定本细则。

第二条　在中华人民共和国的内水、领海、毗连区、专属经济区、大陆架，以及中华人民共和国管辖的其他海域内从事海洋石油（含天然气，下同）开采活动的安全生产及其监督管理，适用本细则。

第三条　海洋石油作业者和承包者是海洋石油安全生产的责任主体，对其安全生产工作负责。

第四条 国家安全生产监督管理总局海洋石油作业安全办公室(以下简称海油安办)对全国海洋石油安全生产工作实施监督管理;海油安办驻中国海洋石油总公司、中国石油化工集团公司、中国石油天然气集团公司分部(以下统称海油安办有关分部)分别负责中国海洋石油总公司、中国石油化工集团公司、中国石油天然气集团公司的海洋石油安全生产的监督管理。

第二章 设施的备案管理

第一节 生产设施的备案管理

第五条 海洋石油生产设施应当进行试生产。作业者或者承包者应当在试生产前45日报生产设施所在地的海油安办有关分部备案,并提交生产设施试生产备案申请书、海底长输油(气)管线投用备案申请书和下列资料:

(一)发证检验机构对生产设施的最终检验证书(或者临时检验证书)和检验报告;

(二)试生产安全保障措施;

(三)建设阶段资料登记表;

(四)安全设施设计审查合格、设计修改及审查合格的有关文件;

(五)施工单位资质证明;

(六)施工期间发生的生产安全事故及其他重大工程质量事故情况;

(七)生产设施有关证书和文件登记表;

(八)生产设施主要技术说明、总体布置图和工艺流程图;

(九)生产设施运营的主要负责人和安全生产管理人员安全资格证书;

(十)生产设施所属设备的取证分类表及有关证书、证件;

(十一)生产设施运营安全手册;

(十二)生产设施运营安全应急预案。

生产设施是浮式生产储油装置的,除提交第一款规定的资料外,还应当提交快速解脱装置、系缆张力和距离测量装置的检验证书、出厂合格证书、安装后的试验报告。

生产设施是海底长输油(气)管线的,除提交第一款规定的资料外,还应当提交海底长输油(气)管线投用备案有关证书和文件登记表及有关证书、文件。

第六条 海油安办有关分部对作业者或者承包者提交的生产设施资料,应当进行严格审查。必要时,应当进行现场检查。

需要进行现场检查的,海油安办有关分部应当提前10日与作业者或承包者商定现场检查的具体事宜。作业者或承包者应当配合海油安办有关分部进行现场检查,并提供以下资料:

(一)人员安全培训证书登记表;

(二)消防和救生设备实际布置图和应变部署表;

(三)安全管理文件,主要包括:安全生产责任制、安全操作规程、工作许可制度、安全检查制度、船舶系泊装卸制度、直升机管理制度、危险物品管理制度、无人驻守平台遥控检测程序和油(气)外输管理制度等;

(四)对于滩海陆岸,还应准备通海路及沿通海路安装的设施设备合格文件、发证检验机构检验证书和安装后的试验报告。

经审查和现场检查符合规定的,海油安办有关分部向作业者或者承包者颁发生产设施试生产备案通知书;备案资料、设施现场安全状况等不符合规定的,及时书面通知作业者或者承包者进行整改。

第七条 作业者或者承包者应当严格按照备案文件中所列试生产安全保障措施组织试生产,生产设施试生产期限不得超过12个月。试生产正常后,作业者或者承包者应当向海油安办申请安全竣工验收。

经竣工验收合格并办理安全生产许可证后,方可正式投入生产使用。

第八条 生产设施有下列情形之一的,作业者或者承包者应当及时向海油安办有关分部报告:

(一)更换或者拆卸井上和井下安全阀、火灾及可燃和有毒有害气体探测与报警系统、消防和救生设备等主要安全设施的;

(二)变动应急预案有关内容的;

(三)中断采油(气)作业10日以上或者终止采油(气)作业的;

(四)改变海底长输油(气)管线原设计用途的;

(五)超过海底长输油(气)管线设计允许最大输送量或者输送压力的;

(六)海底长输油(气)管线发生严重的损伤、断裂、爆破等事故的;

(七)海底长输油(气)管线输送的油(气)发生泄漏导致重大污染事故的;

(八)位置失稳、水平或者垂直移动、悬空、沉陷、漂浮等超出海底长输油(气)管线设计允许偏差值的;

(九)介质堵塞造成海底长输油(气)管线停产的;

(十)海底长输油(气)管线需进行大修和改造的;

(十一)海底长输油(气)管线安全保护系统(如紧急放空装置、定点截断装置等)长时间失效的;

(十二)其他对安全生产有重大影响的。

第二节 作业设施的备案管理

第九条 海洋石油作业设施从事物探、钻(修)井、铺管、起重和生活支持等活动应当向海油安办有关分部备案。作业者或者承包者应当在作业前15日向海油安办有关分部提交作业设施备案申请书和下列资料:

(一)作业设施备案申请有关证书登记表;

(二)作业设施所属设备的取证分类表及有关证书;

(三)操船手册;

(四)作业合同;

(五)作业设施运营安全手册;

(六)作业设施安全应急预案。

用作钻(修)井的作业设施,除提交第一款规定的资料外,还应当提交下列资料:

(一)钻(修)井专用设备、防喷器组、防喷器控制系统、阻流管汇及其控制盘、压井管汇、固井设备、测试设备的发证检验机构证书、出厂及修理后的合格证和安装后的试验报告;

(二)设施主要负责人和安全管理人员的安全资格证书;

(三)有自航能力的作业设施的船长、轮机长的适任证书。

对于自升式移动平台,除提交第一款规定的资料外,还应当提交稳性计算书、升降设备的发证检验机构的检验证书、出厂及修理后的合格证和安装后的试验报告等资料。

对于物探船,除提交第一款规定的资料外,还应当提交下列资料:

(一)震源系统、震源系统的主要压力容器和装置、震源的拖曳钢缆和绞车、电缆绞车等设备的出厂合格证、发证检验机构的检验证书和安装后的试验报告;

(二)震源危险品(包括炸药、雷管、易燃易爆气体等)的实际储存数量、储存条件、进出库管理办法和看管、使用制度等资料。

对于铺管船,除提交第一款规定的资料外,还应当提交下列资料:

(一)张紧器及其控制系统、管线收放绞车的出厂合格证、发证检验机构检验证书和安装后的试验报告;

(二)船长(或者船舶负责人)、起重机械司机、起重指挥人员及起重工的资格证书。

对于起重船和生活支持船,除提交第一款规定的资料外,还应当提交船长(或者船舶负责人)、起重机械司机、起重指挥人员及起重工的资格证书等资料。

第十条 海油安办有关分部对作业者或者承包者提交的作业设施资料,应当进行严格审查。必要时,进行现场检查。

需要进行现场检查的,海油安办有关分部应当提前10日与作业者或承包者商定现场检查的具体事宜。作业者或承包者应当配合海油安办有关分部进行现场检查,并提供以下资料:

(一)人员安全培训证书登记表;

(二)防火控制图、消防、救生设备实际布置图和应变部署表;

(三)安全管理文件,主要包括:安全管理机构的设置、安全生产责任制、安全操作规程、安全检查制度、工作许可制度等;

(四)安全活动、应急演习记录。

经审查和现场检查符合规定的,海油安办有关分部向作业者或者承包者颁发海洋石油作业设施备案通知书;备案资料、设施现场安全状况等不符合规定的,及时书面通知作业者或者承包者进行整改。

第十一条 通常情况下,海洋石油作业设施从事物探、钻(修)井、铺管、起重和生活支持等活动期限不超过1年。确需延期时,作业者或者承包者应当于期满前15日向海油安办有关分部提出延期申请,延期时间不得超过3个月。

第十二条 作业设施有下列情形之一的,作业者或者承包者应当及时向海油安办有关分部报告:

(一)改动井控系统的;

(二)更换或者拆卸火灾及可燃和有毒有害气体探测与报警系统、消防和救生设备等主要安全设施的;

(三)变更作业合同、作业者或者作业海区的;

(四)改变应急预案有关内容的;

(五)中断作业10日以上或者终止作业的;

(六)其他对作业安全生产有重大影响的。

第三节 延长测试设施的备案管理

第十三条 海上油田(井)进行延长测试前,作业者或者承包者应当提前15日向海油安办有关分部提交延长测试设施备案申请书和下列资料:

(一)延长测试设施备案有关证书和文件登记表;

(二)延长测试的工艺流程图、总体布置图及技术说明;

(三)增加的作业设施、生产设施主要负责人和安全管理人员安全资格证书;

(四)延长测试作业应急预案;

(五)油轮或者浮式生产储油装置的系泊点、锚、锚链、快速解脱装置、系缆张力和距离测量装置的证书和资料;

(六)延长测试专用设备或者系统的出厂合格证、发证检验机构的检验证书、安装后的试验报告。

前款所称延长测试专用设备或者系统,包括油气加热器、油气分离器、原油外输泵、天然气火炬分液包及凝析油泵、蒸汽锅炉、换热器、废油回收设备、井口装置、污油处理装置、机械采油装置、井上和井下防喷装置、防硫化氢的井口装置、检测设施及防护器具、惰气系统、柴油置换系统、火灾及可燃和有毒有害气体探测与报警系统等。

第十四条 海油安办有关分部对作业者或者承包者提交的延长测试设施资料,应当进行严格审查。必要时,可进行现场检查。

需要进行现场检查的,海油安办有关分部应当提前10日与作业者或承包者商定现场检查的具体事宜。作业者或承包者应当配合海油安办有关分部进行现场检查,并提供以下资料:

(一)原钻井装置增加的延长测试作业人员、油轮或浮式储油装置人员的安全培训证书登记表;

(二)原钻井装置新加装设备后,其消防和救生设备、火灾及可燃和有毒有害气体探测报警系统布置图、危险区域划分图和应变部署表;

(三)安全管理文件,主要包括:安全管理机构的设置、安全生产责任制、安全操作规程、安全检查制度、工作许可制度、船舶系泊装卸和油(气)外输管理制度等。

经审查和现场检查符合规定的,向作业者或者承包者颁发海上油田(井)延长测试设施备案通知书;备案资料、设施现场安全状况等不符合规定的,及时书面通知作业者或者承包者进行整改。

第十五条 通常情况下,海上油田(井)延长测试作业期限不超过1年。确需延期时,作业者或者承包者应当提前15日向海油安办有关分部提出延期申请,延期时间不得超过6个月。

第十六条 海上油田(井)延长测试设施有下列情形之一的,作业者或者承包者应当及时向海油安办有关分部报告:

(一)改动组成延长测试设施的主要结构、设备和井控系统的;

(二)更换火灾及可燃和有毒有害气体探测与报警系统、消防和救生设备等主要安全设施的;

(三)改变应急预案有关内容的;

(四)其他对生产作业安全有重大影响的。

第三章 生产作业的安全管理

第一节 基本要求

第十七条 在海洋石油生产作业中,作业者和承包者应当确保海洋石油生产、作业设施(以下简称设施)安全条件符合法律、法规、规章和相关国家标准、行业标准的要求,并建立完善的安全管理体系。设施主要负责人对设施的安全管理全面负责。

第十八条 按照设施不同区域的危险性,划分三个等级的危险区:

(一)0类危险区,是指在正常操作条件下,连续出现达到引燃或者爆炸浓度的可燃性气体或者蒸气的区域;

(二)1类危险区,是指在正常操作条件下,断续地或者周期性地出现达到引燃或者爆炸浓度的可燃性气体或者蒸气的区域;

(三)2类危险区,是指在正常操作条件下,不可能出现达到引燃或者爆炸浓度的可燃性气体或者蒸气;但在不正常操作条件下,有可能出现达到引燃或者爆炸浓度的可燃性气体或者蒸气的区域。

设施的作业者或者承包者应当将危险区等级准确地标注在设施操作手册的附图上。对于通往危险区的通道口、门或者舱口,应当在其外部标注清晰可见的中英文“危险区域”、“禁止烟火”和“禁带火种”等标志。

第十九条 设施的作业者或者承包者应当建立动火、电工作业、受限空间作业、高空作业和舷(岛)外作业等审批制度。

从事前款规定的作业前,作业单位应当提出书面申请,说明作业的性质、地点、期限及采取的安全措施等,经设施负责人批准签发作业通知单后,方可进行作业。作业通知单应当包含作业内容、有关检测报告、作业要求、安全程序、个体防护用品、安全设备和作业通知单有效期限等内容。

作业单位接到作业通知单后,应当按通知单的要求采取有关措施,并制定详细的检查和作业程序。

作业期间,如果施工条件发生重大变化的,应当暂停施工并立即报告设施负责人,得到准予施工的指令后方可继续施工。

作业完成后,作业负责人应当在作业通知单上填写完成时间、工作质量和安全情况,并交付设施负责人保存。作业通知单的保存期限至少1年。

第二十条 设施上所有通往救生艇(筏)、直升机平台的应急撤离通道和通往消防设备的通道应当设置明显标志,并保持畅通。

第二十一条 设施上的各种设备应当符合下列规定:

(一)符合国家有关法律、法规、规章、标准的安全要求,有出厂合格证书或者检验合格证书;

(二)对裸露且危及人身安全的运转部分要安装防护罩或者其他安全保护装置;

（三）建立设备运转记录、设备缺陷和故障记录报告制度；

（四）制定设备安全操作规程和定期维护、保养、检验制度，制定设备的定人定岗管理制度；

（五）增加、拆除重要设备设施，或者改变其性能前，进行风险分析。属于改建、扩建项目的，按照有关规定向政府有关部门办理审批手续。

第二十二条 设施配备的救生艇、救助艇、救生筏、救生圈、救生衣、保温救生服及属具等救生设备，应当符合《国际海上人命安全公约》的规定，并经海油安办认可的发证检验机构检验合格。

海上石油设施配备救生设备的数量应当满足下列要求：

（一）配备的刚性全封闭机动耐火救生艇能够容纳自升式和固定式设施上的总人数，或者浮式设施上总人数的200%。无人驻守设施可以不配备刚性全封闭机动耐火救生艇。在设施建造、安装或者停产检修期间，通过风险分析，可以用救生筏代替救生艇；

（二）气胀式救生筏能够容纳设施上的总人数，其放置点应满足距水面高度的要求。无人驻守设施可以按定员12人考虑；

（三）至少配备并合理分布8个救生圈，其中2个带自亮浮灯，4个带自亮浮灯和自发烟雾信号。每个带自亮浮灯和自发烟雾信号的救生圈配备1根可浮救生索，可浮救生索的长度为从救生圈的存放位置至最低天文潮位水面高度的1.5倍，并至少长30米。

（四）救生衣按总人数的210%配备，其中：住室内配备100%，救生艇站配备100%，平台甲板工作区内配备10%，并可以配备一定数量的救生背心。在寒冷海区，每位工作人员配备一套保温救生服。对于无人驻守平台，在工作人员登平台时，根据作业海域水温情况，每人携带1件救生衣或者保温救生服。

滩海陆岸石油设施配备救生设备的数量应当满足下列要求：

（一）至少配备4个救生圈，每只救生圈上都拴有至少30米长的可浮救生索，其中2个带自亮浮灯，2个带自发烟雾信号和自亮浮灯；

（二）每人至少配备1件救生衣，在工作场所配备一定数量的工作救生衣或者救生背心。在寒冷海区，每位人员配备1件保温救生服。

所有救生设备都应当标注该设施的名称，按规定合理存放，并在设施的总布置图上标明存放位置。特殊施工作业情况下，配备的救生设备达不到要求时，应当制定相应的安全措施并报海油安办有关分部审查同意。

第二十三条 设施上的消防设备应当符合下列规定：

（一）根据国家有关规定，针对设施可能发生的火灾性质和危险程度，分别装设水消防系统、泡沫灭火系统、气体灭火系统和干粉灭火系统等固定灭火设备和装置，并经发证检验机构认可。无人驻守的简易平台，可以不设置水消防等灭火设备和装置；

（二）设置自动和手动火灾、可燃和有毒有害气体探测报警系统，总控制室内设总的报警和控制系统；

（三）配备4套消防员装备，包括隔热防护服、消防靴和手套、头盔、正压式空气呼吸器、消防斧以及可以连续使用3个小时的手提式安全灯。根据平台性质和工作人数，经发证检验机构同意，可以适当减少配备数量；

（四）滩海陆岸石油设施现场管理单位至少配备2套消防员装备，包括消防头盔、防护服、消防靴、安全灯、消防斧等，至少配备3套带气瓶的正压式空气呼吸器和可移动式消防泵1台；

（五）所有的消防设备都存放在易于取用的位置，并定期检查，始终保持完好状态。检查应当有检查记录标签。

第二十四条 在设施的危险区内进行测试、测井、修井等作业的设备应当采用防爆型，室内有非防爆电气的活动房应当采用正压防爆型。

第二十五条 起重作业应当符合下列规定：

（一）操作人员持有特种作业人员资格证书，熟悉起重设备的操作规程，并按规程操作；

（二）起重设备明确标识安全起重负荷；若为活动吊臂，标识吊臂在不同角度时的安全起重负荷；

（三）按规定对起重设备进行维护保养，保证刹车、限位、起重负荷指示、报警等装置齐全、准确、灵活、可靠；

（四）起重机及吊物附件按规定定期检验，并记录在起重设备检验簿上。

设施的载人吊篮作业，除符合第一款规定的要求外，还应当符合下列规定：

（一）限定乘员人数；

（二）乘员按规定穿救生背心或者救生衣；

（三）只允许用于起吊人员及随身物品；

（四）指定专人维护和检查，定期组织检验机构对其进行检验；

（五）当风速超过 15 米/秒或者影响吊篮安全起放时，立即停止使用；

（六）起吊人员时，尽量将载人吊篮移至水面上方再升降，并尽可能减少回转角度。

第二十六条 高处及舷（岛）外作业应当符合下列规定：

（一）高处及舷（岛）外作业人员佩戴安全帽和安全带，舷（岛）外作业人员穿救生衣，并采取其他必要的安全措施；

（二）风速超过 15 米/秒等恶劣天气时，立即停止作业。

第二十七条 危险物品管理应当符合下列规定：

（一）设施上任何危险物品（包括爆炸品、压缩气体和液化气体、易燃液体、易燃固体、自燃物品和遇湿易燃物品、氧化剂和有机过氧化物、有毒品和腐蚀品等）必须存放在远离危险区和生活区的指定地点和容器内，并将存放地点标注在设施操作手册的附图上；个人不得私自存放危险物品；

（二）设有专人负责危险物品的管理，并建立和保存危险物品入库、消耗和使用的记录；

（三）在通往危险物品存放地点的通道口、舱口处，设有醒目的中英文“危险物品”标识。

第二十八条 直升机起降管理应当符合下列规定：

（一）指定直升机起降联络负责人，负责指挥和配合直升机起降工作；

（二）配备与直升机起降有关的应急设备和工具，并注明中英文“直升机应急工具”字样；

（三）设施与机场的往返距离所需油量超过直升机自身储存油量的，按有关规定配备安全有效的直升机加油用储油罐、燃油质量检验设备和加油设备；

（四）直升机与设施建立联络后，经设施主要负责人准许，方可起飞或者降落（紧急情况除外）；

（五）直升机机长或者机组人员提出降落要求的，起降联络负责人立即向直升机提供风速、风向、能见度、海况等数据和资料；

（六）无线电报务员一直保持监听来自直升机的无线电信号，直至其降落为止；

（七）机组人员开启舱门后，起降联络负责人方可指挥乘机人员上下直升机、装卸物品或者进行加油作业。

直升机起飞或者降落前，起降联络负责人应当组织做好下列准备工作：

（一）清除直升机甲板的障碍物和易燃物；

（二）检查直升机甲板安全设施是否处于完好状态，包括灯光、防滑网、消防设备和应急工具等；

（三）停止靠近直升机甲板的吊装作业和甲板 15 米范围内的明火作业；

（四）禁止无关人员靠近直升机甲板；

（五）守护船在设施附近起锚待命，消防人员做好准备；

（六）排放天然气、射孔或者试油作业时，若未采取可靠的安全措施，禁止直升机靠近设施。

第二十九条 劳动防护应当符合下列规定：

（一）设施上所有工作人员配备符合相关安全标准的劳动防护用品；

（二）设施上的工作场所按照国家有关规定和设计要求配备劳动防护设备，并定期进行检测；

（三）按照国家有关职业病防治的规定，定期对从事有毒有害作业的人员进行职业健康体检，对职业病患者进行康复治疗。

第三十条 医务室应当符合下列规定：

（一）在有人驻守的设施上，配备具有基础医疗抢救条件的医务室。作业人员超过 15 人的，配备

专职医务人员;低于15人的,可以配备兼职医务人员;

(二)按照国家有关规定配备常用药品、急救药品和氧气、医疗器械、病床等;

(三)按照国家有关规定,制定有关疫情病情的报告、处理和卫生检验制度;

(四)按照国家有关规定,制定应急抢救程序。

第三十一条 滩海陆岸应急避难房应当符合下列规定:

(一)能够容纳全部生产作业人员;

(二)结构强度比滩海陆岸井台高一个安全等级;

(三)地面高出挡浪墙1米;

(四)采用基础稳定、结构可靠的固定式钢筋混凝土结构,或者采用可移动式钢结构;

(五)配备可以供避难人员5日所需的救生食品和饮用水;

(六)配备急救箱,至少装有2套救生衣、防水手电及配套电池、简单的医疗包扎用品和常用药品;

(七)配备应急通讯装置。

第三十二条 滩海陆岸值班车应当符合下列规定:

(一)接受滩海陆岸石油设施作业负责人的指挥,不得擅自进入或者离开;

(二)配备的通讯工具保证随时与滩海陆岸石油设施和陆岸基地通话;

(三)能够容纳所服务的滩海陆岸石油设施的全部人员,并配备100%的救生衣;

(四)具有在应急救助和人员撤离等复杂情况下作业的能力;

(五)参加滩海陆岸石油设施上的营救演习。

第二节 守护船管理

第三十三条 承担设施守护任务的船舶(以下简称守护船)在开始承担守护作业前,其所属单位应当向海油安办有关分部提交守护船登记表和守护船有关证书登记表,办理守护船登记手续。经海油安办有关分部审查合格后,予以登记,并签发守护船登记证明。未办理登记手续的船舶,不得用做守护船。守护船登记后,其原申报条件发生变化或者终止承担守护任务的,应当向原负责守护船登记的海油安办有关分部报告。

第三十四条 守护船应当在距离所守护设施5海里之内的海区执行守护任务,不得擅自离开。在守护船的守护能力范围内,多座被守护设施可以共用一条守护船。

第三十五条 守护船应当服从被守护设施负责人的指挥,能够接纳所守护设施全部人员,并配备可以供守护设施全部人员1日所需的救生食品和饮用水。

第三十六条 守护船应当符合下列规定:

(一)船舶证书齐全、有效;

(二)具备守护海区的适航能力;

(三)在船舶的两舷设有营救区,并尽可能远离推进器,营救区应当有醒目标志。营救区长度不小于载货甲板长度的1/3,宽度不小于3米;

(四)甲板上设有露天空间,便于直升机绞车提升、平台吊篮下放等营救操作;

(五)营救区及甲板露天空间处于守护船船长视野之内,便于指挥操作和营救。

第三十七条 守护船应当配备能够满足应急救助和撤离人员需要的下列设备和器具:

(一)1副吊装担架和1副铲式担架;

(二)2副救助用长柄钩;

(三)至少1套抛绳器;

(四)4只带自亮浮灯、逆向反光带和绳子的救生圈,绳子长度不少于30米;

(五)用于简易包扎和急救的医疗用品;

(六)营救区舷侧的落水人员攀登用网;

(七)1艘符合《国际海上人命安全公约》要求的救助艇;

(八)至少2只探照灯,可以提供营救作业区及周围海区照明;

（九）至少配备两种通讯工具，保证守护船与被守护设施和陆岸基地随时通话。

第三十八条 守护船船员应当符合下列条件：

（一）具有船员服务簿和适任证书等有效证件；

（二）至少有3名船员从事落水人员营救工作；

（三）至少有2名船员可以操纵救助艇；

（四）至少有2名船员经过医疗急救培训，能够承担急救处置、包扎和人工呼吸等工作；

（五）定期参加营救演习。

第三十九条 守护船的登记证明有效期为3年，有效期满前15日内应当重新办理登记手续。

第三节 租用直升机管理

第四十条 作业者或者承包者应当对提供直升机的公司进行安全条件审查和监督。

第四十一条 直升机公司应当符合下列条件：

（一）直升机持有中国民用航空局颁发的飞机适航证，并具备有效的飞机登记证和无线电台执照；

（二）具有符合安全飞行条件的直升机，并达到该机型最低设备放行清单的标准；

（三）具有符合安全飞行条件的驾驶员、机务维护人员和技术检查人员；

（四）对直升机驾驶员进行夜航和救生训练，保证完成规定的训练小时数；

（五）需要应急救援时，备有可以调用的直升机；

（六）完善和落实飞行安全的各种规章制度，杜绝超气象条件和不按规定的航线和高度飞行。

第四十二条 直升机应当配备下列应急救助设备：

（一）直升机应急浮筒；

（二）携带可以供机上所有人员使用的海上救生衣（在水温低于10℃的海域应当配备保温救生服）、救生筏及救生包，并备有可以供直升机使用的救生绞车；

（三）直升机两侧有能够投弃的舱门或者具备足够的紧急逃生舱口。

第四十三条 在额定载荷条件下，直升机应当具有航行于飞行基地与海上石油设施之间的适航能力和夜航能力。

第四十四条 飞行作业前，直升机所属公司应当制定安全应急程序，并与作业者或者承包者编制的应急预案相协调。

第四十五条 直升机在飞行作业中必须配有2名驾驶员，并指定其中1人为责任机长；由中外籍驾驶员合作驾驶的直升机，2名驾驶员应当有相应的语言技能水平，能够直接交流对话。

第四十六条 作业者或者承包者及直升机所属公司必须确保飞行基地（或者备用机场）和海上石油设施上的直升机起降设备处于安全和适用状态。

第四十七条 作业者或者承包者及直升机所属公司，应当通过协商制订飞行条件与应急飞行、乘机安全、载物安全和飞行故障、飞行事故报告等制度。

第四节 电气管理

第四十八条 设施应当制定电气设备检修前后的安全检查、日常运行检查、安全技术检查、定期安全检查等制度，建立健全电气设备的维修操作、电焊操作和手持电动工具操作等安全规程，并严格执行。

第四十九条 电气管理应当符合下列规定：

（一）按照国家规定配备和使用电工安全用具，并按规定定期检查和校验；

（二）遇停电、送电、倒闸、带电作业和临时用电等情况，按照有关作业许可制度进行审批。临时用电作业结束后，立即拆除增加的电气设备和线路；

（三）按照国家标准规定的颜色和图形，对电气设备和线路作出明显、准确的标识；

（四）电气设备作业期间，至少有1名电气作业经验丰富的监护人进行实时监护；

（五）电气设备按照铭牌上规定的额定参数（电压、电流、功率、频率等）运行，安装必要的过载、短

路和漏电保护装置并定期校验。金属外壳(安全电压除外)有可靠的接地装置;

(六)在触电危险性较大的场所,手提灯、便携式电气设备、电动工具等设备工具按照国家标准的规定使用安全电压。确实无法使用安全电压的,经设施负责人批准,并采用有效的防触电措施;

(七)安装在不同等级危险区域的电气设备符合该等级的防爆类型。防爆电气设备上的部件不得任意拆除,必须保持电气设备的防爆性能;

(八)定期对电气设备和线路的绝缘电阻、耐压强度、泄漏电流等绝缘性能进行测定。长期停用的电气设备,在重新使用前应当进行检查,确认具备安全运行条件后方可使用;

(九)在带电体与人体、带电体与地面、带电体与带电体、带电体与其他设备之间,按照有关规范和标准的要求保持良好的绝缘性能和足够的安全距离;

(十)对生产和作业设施采取有效的防静电和防雷措施。

第五十条 设施必须配备必要的应急电源。应急电源应当符合下列规定:

(一)能够满足通讯、信号、照明、基本生存条件(包括生活区、救生艇、撤离通道、直升机甲板等)和其他动力(包括消防系统、井控系统、火灾及可燃和有毒有害气体检测报警系统、应急关断系统等)的电源要求;

(二)在主电源失电后,应急电源能够在45秒内自动安全启动供电;

(三)应急电源远离危险区和主电源。

第五节 井控管理

第五十一条 作业者或者承包者应当制定油(气)井井控安全措施和防井喷应急预案。

第五十二条 钻井作业应当符合下列规定:

(一)钻井装置在新井位就位前,作业者和承包者应收集和分析相应的地质资料。如有浅层气存在,安装分流系统等;

(二)钻井作业期间,在钻台上备有与钻杆相匹配的内防喷装置;

(三)下套管时,防喷器尺寸与所下套管尺寸相匹配,并备有与所下套管丝扣相匹配的循环接头;

(四)防喷器所用的橡胶密封件应当按厂商的技术要求进行维护和储存,不得将失效和技术条件不符的密封件安装到防喷器中;

(五)水龙头下部安装方钻杆上旋塞,方钻杆下部安装下旋塞,并配备开关旋塞的扳手。顶部驱动装置下部安装手动和自动内防喷器(考克)并配备开关防喷器的扳手;

(六)防喷器组由环形防喷器和闸板防喷器组成,闸板防喷器的闸板关闭尺寸与所使用钻杆或者管柱的尺寸相符。防喷器的额定工作压力,不得低于钻井设计压力,用于探井的不得低于70MPa;

(七)防喷器及相应设备的安装、维护和试验,满足井控要求;

(八)经常对防喷系统进行安全检查。检查时,优先使用防喷系统安全检查表。

第五十三条 防喷器组控制系统的安装应当符合下列规定:

(一)1套液压控制系统的储能器液体压力保持21MPa,储能器压力液体积为关闭全部防喷器并打开液动闸阀所需液体体积的1.5倍以上;

(二)除钻台安装1台控制盘(台)外,另1台辅助控制盘(台)安装在远离钻台、便于操作的位置;

(三)防喷器组配备与其额定工作压力相一致的防喷管汇、节流管汇和压井管汇;

(四)压井管汇和节流管汇的防喷管线上,分别安装2个控制阀。其中一个为手动,处于常开位置;另一个必须是远程控制;

(五)安装自动灌井液系统。

第五十四条 水下防喷器组应当符合下列规定:

(一)若有浅层气或者地质情况不清时,导管上安装分流系统;

(二)在表层套管和中间(技术)套管上安装1个或者2个环形防喷器、2个双闸板防喷器,其中1副闸板为全封剪切闸板防喷器;

(三)安装1组水下储能器,便于就近迅速提供液压能,以尽快开关各防喷器及其闸门。同时,采用互为备用的双控制盒系统，当一个控制盒系统正在使用时，另一个控制盒系统保持良好的工作状态作为备用；

（四）如需修理或者更换防喷器组，必须保证井眼安全，尽量在下完套管固井后或者未钻穿水泥塞前进行。必要时，打 1 个水泥塞或者下桥塞后再进行修理或者更换；

（五）使用复合式钻柱的，装有可变闸板，以适应不同的钻具尺寸。

第五十五条 水上防喷器组应当符合下列基本规定：

（一）若有浅层气或者地质情况不清时，隔水（导）管上安装分流系统；

（二）表层套管上安装 1 个环形防喷器，1 个双闸板防喷器；大于 13⅜″表层套管上可以只安装 1 个环形防喷器；

（三）中间（技术）套管上安装 1 个环形、1 个双闸板（或者 2 个单闸板）和 1 个剪切全封闭闸板防喷器；

（四）使用复合式钻柱的，装有可变闸板，以适应不同的钻具尺寸。

第五十六条 水上防喷器组的开关活动，应当符合下列规定：

（一）闸板防喷器定期进行开关活动；

（二）全封闸板防喷器每次起钻后进行开关活动。若每日多次起钻，只开关活动一次即可；

（三）每起下钻一次，2 个防喷器控制盘（台）交换动作一次。如果控制盘（台）失去动作功能，在恢复功能后，才能进行钻井作业；

（四）节流管汇的阀门、方钻杆旋塞和钻杆内防喷装置，每周开关活动一次。

水下防喷器的开关活动，除了闸板防喷器 1 日进行开关活动一次外，其他开关活动次数与水上防喷器组开关活动次数相同。

第五十七条 防喷器系统的试压，应当符合下列规定：

（一）所有的防喷器及管汇在进行高压试验之前，进行 2.1MPa 的低压试验；

（二）防喷器安装前或者更换主要配件后，进行整体压力试验；

（三）按照井控车间（基地）组装、现场安装、钻开油气层前及更换井控装置部件的次序进行防喷器试压。试压的间隔不超过 14 日；

（四）对于水上防喷器组，防喷器组在井控车间（基地）组装后，按额定工作压力进行试验。现场安装后，试验压力在不超过套管抗内压强度 80% 的前提下，环形防喷器的试验压力为额定工作压力的 70%，闸板防喷器和相应控制设备的试验压力为额定工作压力；

（五）对于水下防喷器组，水下防喷器和所有有关井控设备的试验压力为其额定工作压力的 70%。防喷器组在现场安装完成后，控制设备和防喷器闸板按照水上防喷器组试压的规定进行。

第五十八条 防喷器系统的检查与维护，应当符合下列规定：

（一）整套防喷器系统、隔水（导）管和配套设备，按照制造厂商推荐的程序进行检查和维护；

（二）在海况及气候条件允许的情况下，防喷器系统和隔水（导）管至少每日外观检查一次，水下设备的检查可以通过水下电视等工具完成。

第五十九条 井液池液面和气体检测装置应当具备声光报警功能，其报警仪安装在钻台和综合录井室内；应当配备井液性能试验仪器。井液量应当符合下列规定：

（一）开钻前，计算井液材料最小需要量，落实紧急情况补充井液的储备计划；

（二）记录并保存井液材料（包括加重材料）的每日储存量。若储存量达不到所规定的最小数量时，停止钻井作业；

（三）作业时，当返出井液密度比进口井液密度小 0.02g/cm^3 时，将环形空间井液循环到地面，并对井液性能进行气体或者液体侵入的检查和处理；

（四）起钻时，向井内灌注井液。当井内静止液面下降或者每起出 3 至 5 柱钻具之后应当灌满井液；

（五）从井内起出钻杆测试工具前，井液应当进行循环或者反循环。

第六十条 完井、试油和修井作业应当符合下列规定：

（一）配备与作业相适应的防喷器及其控制系统；

（二）按计划储备井液材料，其性能符合作业要求；

（三）井控要求参照钻井作业有关规定执行；

（四）滩海陆岸井控装置至少配备1套控制系统。

第六十一条 气井、自喷井、自溢井应当安装井下封隔器；在海床面30米以下，应当安装井下安全阀，并符合下列规定：

（一）定期进行水上控制的井下安全阀现场试验，试验间隔不得超过6个月。新安装或者重新安装的也应当进行试验；

（二）海床完井的单井、卫星井或者多井基盘上，每口井安装水下控制的井下安全阀；

（三）地面安全阀保持良好的工作状态；

（四）配备适用的井口测压防喷盒。

紧急关闭系统应当保持良好的工作状态。作业者应当妥善保存各种水下安全装置的安装和调试记录等资料。

第六十二条 进行电缆射孔、生产测井、钢丝作业时，在工具下井前，应当对防喷管汇进行压力试验。

第六十三条 钻开油气层前100米时，应当通过钻井循环通道和节流管汇做一次低泵冲泵压试验。

第六十四条 放喷管线应当使用专用管线。

在寒冷季节，应当对井控装备、防喷管汇、节流管汇、压力管汇和仪表等进行防冻保温。

第六节 硫化氢防护管理

第六十五条 钻遇未知含硫化氢地层时，应当提前采取防范措施；钻遇已知含硫化氢地层时，应当实施检测和控制。

硫化氢探测、报警系统应当符合下列规定：

（一）钻井装置上安装硫化氢报警系统。当空气中硫化氢的浓度超过15mg/m^3（10ppm）时，系统即能以声光报警方式工作；固定式探头至少应当安装在喇叭口、钻台、振动筛、井液池、生活区、发电及配电房进风口等位置；

（二）至少配备探测范围0～30mg/m^3（0～20ppm）和0～150mg/m^3（0～100ppm）的便携式硫化氢探测器各1套；

（三）探测器件的灵敏度达到7.5mg/m^3（5ppm）；

（四）储备足够数量的硫化氢检测样品，以便随时检测探头。

人员保护器具应当符合下列规定：

（一）通常情况下，钻井装置上配备15～20套正压式空气呼吸器。其中，生活区6～9套，钻台上5～6套，井液池附近（泥浆舱）2套，录井房2～3套。钻进已知含硫化氢地层前，或者临时钻遇含硫化氢地层时，钻井装置上配备供全员使用的正压式空气呼吸器，并配备足够的备用气瓶；

（二）钻井装置上配备1台呼吸器空气压缩机；

（三）医务室配备处理硫化氢中毒的医疗用品、心肺复苏器和氧气瓶。

标志信号应当符合下列规定：

（一）在人员易于看见的位置，安装风向标、风速仪；

（二）当空气中含硫化氢浓度小于15mg/m^3（10ppm）时，挂标有硫化氢字样的绿牌；

（三）当空气中含硫化氢浓度处于15～30mg/m^3（10～20ppm）时，挂标有硫化氢字样的黄牌；

（四）当空气中含硫化氢浓度大于30mg/m^3（20ppm）时，挂标有硫化氢字样的红牌。

第六十六条 在可能含有硫化氢地层进行钻井作业时，应当采取下列硫化氢防护措施：

（一）在可能含有硫化氢地区的钻井设计中，标明含硫化氢地层及其深度，估算硫化氢的可能含量，以提醒有关作业人员注意，并制定必要的安全和应急措施；

（二）当空气中硫化氢浓度达到15mg/m^3（10ppm）时，及时通知所有平台人员注意，加密观察和测量硫化氢浓度的次数，检查并准备好正压式空气呼吸器；

（三）当空气中硫化氢浓度达到30mg/m^3（20ppm）时，在岗人员迅速取用正压式空气呼吸器，其他人员到达安全区。通知守护船在平台上风向海域起锚待命；

（四）当空气中含硫化氢浓度达到150mg/m^3（100ppm）时，组织所有人员撤离平台；

（五）使用适合于钻遇含硫化氢地层的井液，钻井液的pH值保持在10以上。净化剂、添加剂和防腐剂等有适当的储备。钻井液中脱出的硫化氢气体集中排放，有条件情况下，可以点火燃烧；

（六）钻遇含硫化氢地层，起钻时使用钻杆刮泥器。若将湿钻杆放在甲板上，必要时，作业人员佩戴正压式空气呼吸器。钻进中发现空气中含硫化氢浓度达到30mg/m^3（20ppm）时，立即暂时停止钻进，并循环井液；

（七）在含硫化氢地层取芯，当取芯筒起出地面之前10～20个立柱，以及从岩芯筒取出岩芯时，操作人员戴好正压式空气呼吸器。运送含硫化氢岩芯时，采取相应包装措施密封岩芯，并标明岩芯含硫化氢字样。在井液录井中若发现有硫化氢显示时，及时向钻井监督报告；

（八）在预计含硫化氢地层进行中途测试时，测试时间尽量安排在白天，测试器具附近尽量减少操作人员。严禁采用常规的中途测试工具对深部含硫化氢的地层进行测试；

（九）钻穿含硫化氢地层后，增加工作区的监测频率，加强硫化氢监测；

（十）对于在含硫化氢地层进行试油，试油前召开安全会议，落实人员防护器具和人员急救程序及应急措施。在试油设备附近，人员减少到最低限度。

第六十七条 在可能含有硫化氢地层进行钻进作业时，其钻井设备、器具应当符合下列规定：

（一）钻井设备具备抗硫应力开裂的性能；

（二）管材具有在硫化氢环境中使用的性能，并按照国家有关标准的要求使用；

（三）对所使用作业设备、管材、生产流程及附件等，定期进行安全检查和检测检验。

第六十八条 完井和修井作业的硫化氢防护，参照钻井作业的有关要求执行。

第六十九条 在可能含有硫化氢地层进行生产作业时，应当采取下列硫化氢防护措施：

（一）生产设施上配备6套正压式空气呼吸器。在已知存在含硫油气生产设施上，全员配备正压式空气呼吸器，并配备一定数量的备用气瓶及1台呼吸器空气压缩机；

（二）生产设施上配备2至3套便携式硫化氢探测仪、1套便携式比色指示管探测仪和1套便携式二氧化硫探测仪。在已知存在硫化氢的生产装置上，安装硫化氢报警装置；

（三）当空气中硫化氢达到15mg/m^3（10ppm）或者二氧化硫达到5.4mg/m^3（2ppm）时，作业人员佩戴正压式空气呼吸器；

（四）装置上配有用于处理硫化氢中毒的医疗用品、心肺复苏器和氧气瓶；

（五）在油气井投产前，采取有效措施，加强对硫化氢、二氧化硫和二氧化碳的防护；

（六）用于油气生产的设备、设施和管道等具有抗硫化氢腐蚀的性能。

第七节 系物管理

第七十条 作业者和承包者应当加强系泊和起重作业过程中系物器具和被系器具的安全管理。

第七十一条 作业者和承包者应当制定系物器具和被系器具的安全管理责任制，明确各岗位和各工种责任制；应当制定系物器具和被系器具的使用管理规定，对系物器具和被系器具进行经常性维护、保养，保证正常使用。维护、保养应当作好记录，并由有关人员签字。

第七十二条 系物器具应当按照有关规定由海油安办认可的检验机构对其定期进行检验，并作出标记。作业者和承包者为满足特殊需要，自行加工制造系物器具和被系器具的，系物器具和被系器具必须经海油安办认可的检验机构检验合格后，方可投入使用。

第七十三条 箱件的使用，除了符合本细则第七十一条和第七十二条规定要求外，还应当满足下列要求：

（一）箱外有明显的尺寸、自重和额定安全载重标记；

（二）定期对其主要受力部位进行检验。

第七十四条　吊网的使用，除了符合第七十一条和第七十二条规定外，还应当符合下列要求：

（一）标有安全工作负荷标记；

（二）非金属网不得超过其使用范围和环境。

第七十五条　乘人吊篮必须专用，并标有额定载重和限乘人数的标记；应当按产品说明书的规定定期进行技术检验。

第七十六条　系物器具和被系器具有下列情形之一的，应当停止使用：

（一）已达到报废标准而未报废，或者已经报废的；

（二）未标明检验日期的；

（三）超过规定检验期限的。

第八节　危险物品管理

第七十七条　作业者、承包者应当建立放射性、爆炸性物品（以下简称危险物品）的领取和归还制度。危险物品的领取和归还应当遵守下列规定：

（一）领取人持有领取单领取相应的危险物品。领取单详细记载危险物品的种类和数量；

（二）领取和归还危险物品时，使用专用的工具。放射性源盛装在罐内，爆炸性物品存放在箱内；

（三）出入库的放射性源罐，配有浮标或者其他示位器具；

（四）危险物品出入库有记录，领取人和库管员在出入库单上签字；

（五）未用完的危险物品，及时归还。

第七十八条　危险物品的运输，应当符合下列规定：

（一）符合国家有关法律、法规、规章、标准的要求，并有专人押运；

（二）有可靠的安全措施和应急措施；

（三）符合有关运输手续，有明显的危险物品运输标识。

第七十九条　危险物品的使用，应当符合下列规定：

（一）作业前，按照有关规定申请使用许可证。取得使用许可证后，方可使用危险物品。使用有详细记录。使用后，及时将未使用完的危险物品回收入库；

（二）作业时，制定安全可靠的作业规程。有关作业人员熟悉并遵守作业规程；

（三）现场设有明显、清晰的危险标识，以防止非作业人员进入作业区；

（四）现场至少配备1台便携式放射性强度测量仪；

（五）按照国家有关标准的要求，对放射源与载源设备的性能进行检验。

第八十条　危险物品的存放，应当符合下列规定：

（一）存放场所远离生活区、人员密集区及危险区，并标有明显的“危险品”标识；

（二）采取有效的防火安全措施；

（三）不得将爆炸性物品中的炸药与雷管或者放射性物品存放在同一储存室内。

第八十一条　对失效的或者外壳泄漏试验不合格（超过185Bq）的放射源，应当采取安全的方式妥善处置。

第八十二条　作业人员使用放射性物品的，应当采取下列防护措施：

（一）配有个人辐照剂量检测用具，并建立辐照剂量档案；

（二）每年至少进行一次体检，体检结果存档；

（三）发现作业人员受到放射性伤害的，立即调离其工作岗位，并按照有关规定进行治疗和康复；

（四）作业人员调动工作的，其辐照剂量档案和体检档案随工作岗位一起调动。

第九节　弃井管理

第八十三条　国家对弃井实施备案管理。作业者或者承包者在进行弃井作业或者清除井口遗留物30日前，应当向海油安办有关分部报送下列材料：

（一）弃井作业或者清除井口遗留物安全风险评价报告；

（二）弃井或者清除井口遗留物施工方案、作业程序、时间安排、井液性能等。

海油安办有关分部应当对作业者或者承包者报送的材料进行审核；材料内容不符合技术要求的，通知作业者或者承包者进行完善。

第八十四条 弃井作业或者清除井口遗留物施工作业期间，海油安办有关分部认为必要时，进行现场监督。

施工作业完成后15日内，作业者或者承包者应当向海油安办有关分部提交下列资料：

（一）弃井或者清除井口遗留物作业完工图；

（二）弃井作业最终报告表。

第八十五条 对于永久性弃井的，应当符合下列要求：

（一）在裸露井眼井段，对油、气、水等渗透层进行全封，在其上部打至少50米水泥塞，以封隔油、气、水等渗透层，防止互窜或者流出海底。裸眼井段无油、气、水时，在最后一层套管的套管鞋以下和以上各打至少30米水泥塞；

（二）已下尾管的，在尾管顶部上下30米的井段各打至少30米水泥塞；

（三）已在套管或者尾管内进行了射孔试油作业的，对射孔层进行全封，在其上部打至少50米的水泥塞；

（四）已切割的每层套管内，保证切割处上下各有至少20米的水泥塞；

（五）表层套管内水泥塞长度至少有45米，且水泥塞顶面位于海底泥面下4米至30米之间。

对于临时弃井的，应当符合下列要求：

（一）在最深层套管柱的底部至少打50米水泥塞；

（二）在海底泥面以下4米的套管柱内至少打30米水泥塞。

第八十六条 永久弃井时，所有套管、井口装置或者桩应当按照国家有关规定实施清除作业。对保留在海底的水下井口装置或者井口帽，应当按照国家有关规定向海油安办有关分部进行报告。

第四章 安全培训

第八十七条 承担海上石油作业人员安全培训的机构，应当依法取得国家安全生产监督管理总局颁发的安全培训机构资质证书。

第八十八条 作业者和承包者的主要负责人和安全生产管理人员应当接受安全资格培训，经海油安办对其安全生产知识和管理能力考核合格，取得安全资格证书后，方可任职。

第八十九条 作业者和承包者应当组织对海上石油作业人员进行安全生产培训。未经具有资质的安全培训机构培训合格的作业人员，不得上岗作业。

作业者和承包者应当建立海上石油作业人员的培训档案，加强对出海作业人员（包括在境外培训的人员）的培训证书的审查。未取得培训合格证书的，一律不得出海作业。

第九十条 出海人员必须接受“海上石油作业安全救生”的专门培训，并取得具有资质的培训机构颁发的培训合格证书。

安全培训的内容和时间应当符合下列要求：

（一）长期出海人员接受“海上石油作业安全救生”全部内容的培训，培训时间不少于40课时。每5年进行一次再培训；

（二）短期出海人员接受“海上石油作业安全救生”综合内容的培训，培训时间不少于24课时。每3年进行一次再培训；

（三）临时出海人员接受“海上石油作业安全救生”电化教学的培训，培训时间不少于4课时。每1年进行一次再培训；

（四）不在设施上留宿的临时出海人员可以只接受作业者或者承包者现场安全教育；

（五）没有直升机平台或者已明确不使用直升机倒班的海上设施人员，可以免除“直升机遇险水下逃生"内容的培训；

（六）没有配备救生艇筏的海上设施作业人员，可以免除"救生艇筏操纵"的培训。

第九十一条 海上油气生产设施兼职消防队员应当接受"油气消防"的培训，培训时间不少于24课时。每4年应当进行一次再培训。

第九十二条 从事钻井、完井、修井、测试作业的监督、经理、高级队长、领班，以及司钻、副司钻和井架工、安全监督等人员应当接受"井控技术"的培训，培训时间不少于56课时，并取得具有资质的培训机构颁发的培训合格证书。每4年应当进行一次再培训。

第九十三条 稳性压载人员（含钻井平台、浮式生产储油装置的稳性压载、平台升降的技术人员）应当接受"稳性与压载技术"的培训，培训时间不少于36课时，并取得具有资质的培训机构颁发的培训合格证书。每4年应当进行一次再培训。

第九十四条 在作业过程中已经出现或者可能出现硫化氢的场所从事钻井、完井、修井、测试、采油及储运作业的人员，应当进行"防硫化氢技术"的专门培训，培训时间不少于16课时，并取得具有资质的培训机构颁发的培训合格证书。每4年应当进行一次再培训。

第九十五条 无线电技术操作人员应当按政府有关主管部门的要求进行培训，取得相应的资格证书。

第九十六条 属于特种作业人员范围的特种作业人员应当按照有关法律法规的要求进行专门培训，取得特种作业操作资格证书。

第九十七条 外方人员在国外合法注册和政府认可的培训机构取得的证书和证件，经中方作业者或者承包者确认后在中国继续有效。

第五章 应急管理

第九十八条 作业者和承包者应当按照有关法律、法规、规章和标准的要求，结合生产实际编制应急预案，并报海油安办有关分部备案。

作业者和承包者应当根据海洋石油作业的变化，及时对应急预案进行修改、补充和完善。

第九十九条 根据海洋石油作业的特点，作业者和承包者编制的应急预案应当包括下列内容：

（一）作业者和承包者的基本情况、危险特性、可以利用的应急救援设备；

（二）应急组织机构、职责划分、通讯联络；

（三）应急预案启动、应急响应、信息处理、应急状态中止、后续恢复等处置程序；

（四）应急演习与训练。

第一百条 应急预案的应急范围包括井喷失控、火灾与爆炸、平台遇险、直升机失事、船舶海损、油（气）生产设施与管线破损和泄漏、有毒有害物品泄漏、放射性物品遗散、潜水作业事故；人员重伤、死亡、失踪及暴发性传染病、中毒；溢油事故、自然灾害以及其他紧急情况。

第一百零一条 除作业者和承包者编制的公司一级应急预案外，针对每个生产和作业设施应当结合工作实际，编制应急预案。应急预案包括主件和附件两个部分内容。

主件部分应当包括下列主要内容：

（一）生产或者作业设施名称、作业海区、编写者和编写日期；

（二）生产或者作业设施的应急组织机构、指挥系统、医疗机构及各级应急岗位人员职责；

（三）处置各类突发性事故或者险情的措施和联络报告程序；

（四）生产或者作业设施上所具有的通讯设备类型、能力以及应急通讯频率；

（五）应急组织、上级主管部门和有关部门的负责人通讯录，包括通讯地址、电话和传真等；

（六）与有关部门联络的应急工作联系程序图或者网络图；

（七）应急训练内容、频次和要求；

（八）其他需要明确的内容。

附件部分应当包括下列主要内容：

(一)生产或者作业设施的主要基础数据;

(二)生产或者作业设施所处自然环境的描述,包括:作业海区的气象资料,可能出现的灾害性天气(如台风等);作业海区的海洋水文资料,水深、水温、海流的速度和方向、浪高等;生产或者作业设施与陆岸基地、附近港口码头及海区其他设施的位置简图;

(三)各种应急搜救设备及材料,包括应急设备及应急材料的名称、类型、数量、性能和存放地点等情况;

(四)生产或者作业设施配备的气象海况测定装置的规格和型号;

(五)其他有关资料。

第一百零二条 作业者和承包者应当组织生产和作业设施的相关人员定期开展应急预案的演练,演练期限不超过下列时间间隔的要求:

(一)消防演习:每倒班期一次。

(二)弃平台演习:每倒班期一次。

(三)井控演习:每倒班期一次。

(四)人员落水救助演习:每季度一次。

(五)硫化氢演习:钻遇含硫化氢地层前和对含硫化氢油气井进行试油或者修井作业前,必须组织一次防硫化氢演习;对含硫化氢油气井进行正常钻井、试油或者修井作业,每隔7日组织一次演习;含硫化氢油气井正常生产时,每倒班期组织一次演习。不含硫化氢的,每半年组织一次。

各类应急演练的记录文件应当至少保存1年。

第一百零三条 事故发生后,作业现场有关人员应当及时向所属作业者和承包者报告;接到报告后,应当立即启动相应的应急预案,组织开展救援活动,防止事故扩大,减少人员伤亡和财产损失。

第一百零四条 针对海洋石油作业过程中发生事故的特点,在实施应急救援过程中,作业者和承包者应当做好下列工作:

(一)立即组织现场疏散,保护作业人员安全;

(二)立即调集作业现场的应急力量进行救援,同时向有关方面发出求助信息,动员有关力量,保证应急队伍、设备、器材、物资及必要的后勤支持;

(三)制订现场救援方案并组织实施;

(四)确定警戒及防控区域,实行区域管制;

(五)采取相应的保护措施,防止事故扩大和引发次生灾害;

(六)迅速组织医疗救援力量,抢救受伤人员;

(七)尽力防止出现石油大面积泄漏和扩散。

第六章 事故报告和调查处理

第一百零五条 在海上石油天然气勘探、开发、生产、储运及油田废弃等作业中,发生下列生产安全事故,作业现场有关人员应当立即向所属作业者和承包者报告;作业者和承包者接到报告后,应当立即按规定向海油安办有关分部的地区监督处、当地政府和海事部门报告:

(一)井喷失控;

(二)火灾与爆炸;

(三)平台遇险(包括平台失控漂移、拖航遇险、被碰撞或者翻沉);

(四)飞机事故;

(五)船舶海损(包括碰撞、搁浅、触礁、翻沉、断损);

(六)油(气)生产设施与管线破损(包括单点系泊、电气管线、海底油气管线等的破损、泄漏、断裂);

(七)有毒有害物品和气体泄漏或者遗散;

(八)急性中毒;

(九)潜水作业事故;

（十）大型溢油事故（溢油量大于100吨）；

（十一）其他造成人员伤亡或者直接经济损失的事故。

第一百零六条 海油安办有关分部的地区监督处接到事故报告后，应当立即上报海油安办有关分部。海油安办有关分部接到较大事故及以上的事故报告后，应当在1小时内上报国家安全生产监督管理总局。

飞机事故、船舶海损、大型溢油除报告海油安办外，还应当按规定报告有关政府主管部门。

第一百零七条 海洋石油的生产安全事故按照下列规定进行调查：

（一）没有人员伤亡的一般事故，海油安办有关分部可以委托作业者和承包者组织生产、技术、安全等有关人员及工会成员组成事故调查组进行调查；

（二）造成人员伤亡的一般事故，由海油安办有关分部牵头组织有关部门及工会成立事故调查组进行调查，并邀请人民检察院派人参加；

（三）造成较大事故，由海油安办牵头组织有关部门成立事故调查组进行调查，并邀请人民检察院派人参加；

（四）重大事故，由国家安全生产监督管理总局牵头组织有关部门成立事故调查组进行调查，并邀请人民检察院派人参加；

（五）特别重大事故，按照国务院有关规定执行。

飞机失事、船舶海损、放射性物品遗散和大型溢油等海洋石油生产安全事故依法由民航、海事、环保等有关部门组织调查处理。

第一百零八条 海洋石油的生产安全事故调查报告按照下列规定批复：

（一）一般事故的调查报告，在征得海油安办同意后，由海油安办有关分部批复；

（二）较大、重大事故的调查报告由国家安全生产监督管理总局批复；

（三）特别重大事故调查报告的批复按照国务院有关规定执行。

第一百零九条 作业者和承包者应当按照事故调查报告的批复，对负有责任的人员进行处理。

事故发生单位应当认真吸取事故教训，落实防范和整改措施，防止事故再次发生。

第七章 监督管理

第一百一十条 海油安办及其有关分部应当按照法律、行政法规、规章和标准的规定，依法对海洋石油生产经营单位的安全生产实施监督检查。

第一百一十一条 海油安办有关分部应当建立生产设施、作业设施、延长测试设施和弃井的备案档案管理制度，并于每年1月31日前将上一年度的备案情况报海油安办。备案档案应当至少保存3年。

第一百一十二条 海油安办有关分部应当对安全培训机构、作业者和承包者安全教育培训情况进行监督检查。

第一百一十三条 海油安办及其有关分部应当按照生产安全事故的批复，依照有关法律、行政法规和规章的规定，对事故发生单位和有关人员进行行政处罚；对负有事故责任的国家工作人员，按照干部管理权限交由有关单位和行政监察机关追究。

第八章 罚则

第一百一十四条 作业者和承包者有下列行为之一的，给予警告，可以并处3万元以下的罚款：

（一）生产设施、作业设施、延长测试设施和弃井未按规定备案的；

（二）未配备守护船，或者未按规定登记的；

（三）海洋石油专业设备未按期进行检验的；

（四）拒绝、阻碍海油安办及有关分部依法监督检查的。

第一百一十五条 作业者和承包者有下列行为之一的,依法责令停产整顿,给予相应的行政处罚:

(一)未履行新建、改建、扩建项目"三同时"程序的;

(二)对存在的重大事故隐患,不按期进行整改的。

第一百一十六条 海油安办及有关分部监督检查人员在海洋石油监督检查中滥用职权、玩忽职守、徇私舞弊的,依照有关规定给予行政处分。

第九章 附 则

第一百一十七条 本细则中下列用语的含义:

(一)海洋石油作业设施,是指用于海洋石油作业的海上移动式钻井船(平台)、物探船、铺管船、起重船、固井船、酸化压裂船等设施;

(二)海洋石油生产设施,是指以开采海洋石油为目的的海上固定平台、单点系泊、浮式生产储油装置(FPSO)、海底管线、海上输油码头、滩海陆岸、人工岛和陆岸终端等海上和陆岸结构物;

(三)滩海陆岸石油设施,是指最高天文潮位以下滩海区域内,采用筑路或者栈桥等方式与陆岸相连接,从事石油作业活动中修筑的滩海通井路、滩海井台及有关石油设施;

(四)专业设备,是指海洋石油开采过程中使用的危险性较大或者对安全生产有较大影响的设备,包括海上结构、采油设备、海上锅炉和压力容器、钻井和修井设备、起重和升降设备、火灾和可燃气体探测、报警及控制系统、安全阀、救生设备、消防器材、钢丝绳等系物及被系物、电气仪表等;

(五)海底长输油(气)管线,是指从一个海上油(气)田外输油(气)的计量点至陆岸终端计量点或者至海上输油(气)终端计量点的长输管线,包括管段、立管、附件、控制系统、仪表及支撑件等互相连接的系统和中间泵站等;

(六)延长测试作业,是指在油层参数或者早期地质油藏资料不能满足工程需要的情况下,为获取这些数据资料,在原钻井装置或者井口平台上实施,并有油轮或者浮式生产装置作为储油装置的测试作业;

(七)延长测试设施,是指延长测试作业时,在原钻井装置或井口平台上临时安装的配套工艺设备油轮或浮式生产储油装置(FPSO)等设施的总称。

(八)长期出海人员,是指每次在海上作业 15 日以上(含 15 日),或者年累计在海上作业 30 日以上(含 30 日),负责海上石油设施管理、操作、维修等作业的人员;

(九)短期出海人员,是指每次在海上作业 5~15 日以下(含 5 日),或者年累计出海时间在 10~30 日(含 10 日)的海上石油作业人员;

(十)临时出海人员,是指每次出海在 5 日以下的人员,或者年累计 10 日以下;

(十一)海上油气生产设施兼职消防队员,是指海上油(气)生产设施上,直接从事消防设备操作、现场灭火指挥的关键人员;

(十二)"海上石油作业安全救生"培训,是指"海上求生"、"海上平台消防"、"救生艇筏操纵"、"海上急救"、"直升机遇险水下逃生"5 项内容的培训;

(十三)弃井作业,是指为了防止海洋污染、保证油井和海上运输安全而对油井采取的防止溢油和碰撞的一系列措施,包括永久性弃井作业和临时弃井作业。永久性弃井,是指对废弃的井进行封堵井眼及回收井口装置的作业;临时弃井,是指对正在钻井,因故中止作业或者对已完成作业的井需保留井口而进行的封堵井眼,戴井口帽及设置井口信号标志的作业。

第一百一十八条 本细则所规定的有关文书格式,由海油安办统一式样。

第一百一十九条 从事内陆湖泊的石油开采活动,参照本细则有关规定执行。

第一百二十条 本细则自 2009 年 12 月 1 日起施行。

特种作业人员安全技术培训考核管理规定

国家安全生产监督管理总局令

第30号

《特种作业人员安全技术培训考核管理规定》已经2010年4月26日国家安全生产监督管理总局局长办公会议审议通过,现予以公布,自2010年7月1日起施行。1999年7月12日原国家经济贸易委员会发布的《特种作业人员安全技术培训考核管理办法》同时废止。

局长　骆琳

二〇一〇年五月二十四日

目　录

第一章　总　则

第一条　为了规范特种作业人员的安全技术培训考核工作,提高特种作业人员的安全技术水平,防止和减少伤亡事故,根据《安全生产法》、《行政许可法》等有关法律、行政法规,制定本规定。

第二条　生产经营单位特种作业人员的安全技术培训、考核、发证、复审及其监督管理工作,适用本规定。

有关法律、行政法规和国务院对有关特种作业人员管理另有规定的,从其规定。

第三条　本规定所称特种作业,是指容易发生事故,对操作者本人、他人的安全健康及设备、设施的安全可能造成重大危害的作业。特种作业的范围由特种作业目录规定。

本规定所称特种作业人员,是指直接从事特种作业的从业人员。

第四条　特种作业人员应当符合下列条件:

(一)年满18周岁,且不超过国家法定退休年龄;

(二)经社区或者县级以上医疗机构体检健康合格,并无妨碍从事相应特种作业的器质性心脏病、癫痫病、美尼尔氏症、眩晕症、癔病、震颤麻痹症、精神病、痴呆症以及其他疾病和生理缺陷;

(三)具有初中及以上文化程度;

(四)具备必要的安全技术知识与技能;

(五)相应特种作业规定的其他条件。

危险化学品特种作业人员除符合前款第(一)项、第(二)项、第(四)项和第(五)项规定的条件外,应当具备高中或者相当于高中及以上文化程度。

第五条 特种作业人员必须经专门的安全技术培训并考核合格,取得《中华人民共和国特种作业操作证》(以下简称特种作业操作证)后,方可上岗作业。

第六条 特种作业人员的安全技术培训、考核、发证、复审工作实行统一监管、分级实施、教考分离的原则。

第七条 国家安全生产监督管理总局(以下简称安全监管总局)指导、监督全国特种作业人员的安全技术培训、考核、发证、复审工作;省、自治区、直辖市人民政府安全生产监督管理部门负责本行政区域特种作业人员的安全技术培训、考核、发证、复审工作。

国家煤矿安全监察局(以下简称煤矿安监局)指导、监督全国煤矿特种作业人员(含煤矿矿井使用的特种设备作业人员)的安全技术培训、考核、发证、复审工作;省、自治区、直辖市人民政府负责煤矿特种作业人员考核发证工作的部门或者指定的机构负责本行政区域煤矿特种作业人员的安全技术培训、考核、发证、复审工作。

省、自治区、直辖市人民政府安全生产监督管理部门和负责煤矿特种作业人员考核发证工作的部门或者指定的机构(以下统称考核发证机关)可以委托设区的市人民政府安全生产监督管理部门和负责煤矿特种作业人员考核发证工作的部门或者指定的机构实施特种作业人员的安全技术培训、考核、发证、复审工作。

第八条 对特种作业人员安全技术培训、考核、发证、复审工作中的违法行为,任何单位和个人均有权向安全监管总局、煤矿安监局和省、自治区、直辖市及设区的市人民政府安全生产监督管理部门、负责煤矿特种作业人员考核发证工作的部门或者指定的机构举报。

第二章 培　　训

第九条 特种作业人员应当接受与其所从事的特种作业相应的安全技术理论培训和实际操作培训。

已经取得职业高中、技工学校及中专以上学历的毕业生从事与其所学专业相应的特种作业,持学历证明经考核发证机关同意,可以免予相关专业的培训。

跨省、自治区、直辖市从业的特种作业人员,可以在户籍所在地或者从业所在地参加培训。

第十条 从事特种作业人员安全技术培训的机构(以下统称培训机构),必须按照有关规定取得安全生产培训资质证书后,方可从事特种作业人员的安全技术培训。

培训机构开展特种作业人员的安全技术培训,应当制定相应的培训计划、教学安排,并报有关考核发证机关审查、备案。

第十一条 培训机构应当按照安全监管总局、煤矿安监局制定的特种作业人员培训大纲和煤矿特种作业人员培训大纲进行特种作业人员的安全技术培训。

第三章 考核发证

第十二条 特种作业人员的考核包括考试和审核两部分。考试由考核发证机关或其委托的单位负责;审核由考核发证机关负责。

安全监管总局、煤矿安监局分别制定特种作业人员、煤矿特种作业人员的考核标准,并建立相应的考试题库。

考核发证机关或其委托的单位应当按照安全监管总局、煤矿安监局统一制定的考核标准进行考核。

第十三条 参加特种作业操作资格考试的人员,应当填写考试申请表,由申请人或者申请人的用人单位持学历证明或者培训机构出具的培训证明向申请人户籍所在地或者从业所在地的考核发证机关或其委托的单位提出申请。

考核发证机关或其委托的单位收到申请后,应当在60日内组织考试。

特种作业操作资格考试包括安全技术理论考试和实际操作考试两部分。考试不及格的，允许补考1次。经补考仍不及格的，重新参加相应的安全技术培训。

第十四条 考核发证机关委托承担特种作业操作资格考试的单位应当具备相应的场所、设施、设备等条件，建立相应的管理制度，并公布收费标准等信息。

第十五条 考核发证机关或其委托承担特种作业操作资格考试的单位，应当在考试结束后10个工作日内公布考试成绩。

第十六条 符合本规定第四条规定并经考试合格的特种作业人员，应当向其户籍所在地或者从业所在地的考核发证机关申请办理特种作业操作证，并提交身份证复印件、学历证书复印件、体检证明、考试合格证明等材料。

第十七条 收到申请的考核发证机关应当在5个工作日内完成对特种作业人员所提交申请材料的审查，作出受理或者不予受理的决定。能够当场作出受理决定的，应当当场作出受理决定；申请材料不齐全或者不符合要求的，应当当场或者在5个工作日内一次告知申请人需要补正的全部内容，逾期不告知的，视为自收到申请材料之日起即已被受理。

第十八条 对已经受理的申请，考核发证机关应当在20个工作日内完成审核工作。符合条件的，颁发特种作业操作证；不符合条件的，应当说明理由。

第十九条 特种作业操作证有效期为6年，在全国范围内有效。

特种作业操作证由安全监管总局统一式样、标准及编号。

第二十条 特种作业操作证遗失的，应当向原考核发证机关提出书面申请，经原考核发证机关审查同意后，予以补发。

特种作业操作证所记载的信息发生变化或者损毁的，应当向原考核发证机关提出书面申请，经原考核发证机关审查确认后，予以更换或者更新。

第四章 复　　审

第二十一条 特种作业操作证每3年复审1次。

特种作业人员在特种作业操作证有效期内，连续从事本工种10年以上，严格遵守有关安全生产法律法规的，经原考核发证机关或者从业所在地考核发证机关同意，特种作业操作证的复审时间可以延长至每6年1次。

第二十二条 特种作业操作证需要复审的，应当在期满前60日内，由申请人或者申请人的用人单位向原考核发证机关或者从业所在地考核发证机关提出申请，并提交下列材料：

（一）社区或者县级以上医疗机构出具的健康证明；

（二）从事特种作业的情况；

（三）安全培训考试合格记录。

特种作业操作证有效期届满需要延期换证的，应当按照前款的规定申请延期复审。

第二十三条 特种作业操作证申请复审或者延期复审前，特种作业人员应当参加必要的安全培训并考试合格。

安全培训时间不少于8个学时，主要培训法律、法规、标准、事故案例和有关新工艺、新技术、新装备等知识。

第二十四条 申请复审的，考核发证机关应当在收到申请之日起20个工作日内完成复审工作。复审合格的，由考核发证机关签章、登记，予以确认；不合格的，说明理由。

申请延期复审的，经复审合格后，由考核发证机关重新颁发特种作业操作证。

第二十五条 特种作业人员有下列情形之一的，复审或者延期复审不予通过：

（一）健康体检不合格的；

（二）违章操作造成严重后果或者有2次以上违章行为，并经查证确实的；

（三）有安全生产违法行为，并给予行政处罚的；

（四）拒绝、阻碍安全生产监管监察部门监督检查的；

（五）未按规定参加安全培训，或者考试不合格的；

（六）具有本规定第三十条、第三十一条规定情形的。

第二十六条 特种作业操作证复审或者延期复审符合本规定第二十五条第（二）项、第（三）项、第（四）项、第（五）项情形的，按照本规定经重新安全培训考试合格后，再办理复审或者延期复审手续。

再复审、延期复审仍不合格，或者未按期复审的，特种作业操作证失效。

第二十七条 申请人对复审或者延期复审有异议的，可以依法申请行政复议或者提起行政诉讼。

第五章 监督管理

第二十八条 考核发证机关或其委托的单位及其工作人员应当忠于职守、坚持原则、廉洁自律，按照法律、法规、规章的规定进行特种作业人员的考核、发证、复审工作，接受社会的监督。

第二十九条 考核发证机关应当加强对特种作业人员的监督检查，发现其具有本规定第三十条规定情形的，及时撤销特种作业操作证；对依法应当给予行政处罚的安全生产违法行为，按照有关规定依法对生产经营单位及其特种作业人员实施行政处罚。

考核发证机关应当建立特种作业人员管理信息系统，方便用人单位和社会公众查询；对于注销特种作业操作证的特种作业人员，应当及时向社会公告。

第三十条 有下列情形之一的，考核发证机关应当撤销特种作业操作证：

（一）超过特种作业操作证有效期未延期复审的；

（二）特种作业人员的身体条件已不适合继续从事特种作业的；

（三）对发生生产安全事故负有责任的；

（四）特种作业操作证记载虚假信息的；

（五）以欺骗、贿赂等不正当手段取得特种作业操作证的。

特种作业人员违反前款第（四）项、第（五）项规定的，3 年内不得再次申请特种作业操作证。

第三十一条 有下列情形之一的，考核发证机关应当注销特种作业操作证：

（一）特种作业人员死亡的；

（二）特种作业人员提出注销申请的；

（三）特种作业操作证被依法撤销的。

第三十二条 离开特种作业岗位 6 个月以上的特种作业人员，应当重新进行实际操作考试，经确认合格后方可上岗作业。

第三十三条 省、自治区、直辖市人民政府安全生产监督管理部门和负责煤矿特种作业人员考核发证工作的部门或者指定的机构应当每年分别向安全监管总局、煤矿安监局报告特种作业人员的考核发证情况。

第三十四条 培训机构应当按照有关规定组织实施特种作业人员的安全技术培训，不得向任何机构或者个人转借、出租安全生产培训资质证书。

第三十五条 生产经营单位应当加强对本单位特种作业人员的管理，建立健全特种作业人员培训、复审档案，做好申报、培训、考核、复审的组织工作和日常的检查工作。

第三十六条 特种作业人员在劳动合同期满后变动工作单位的，原工作单位不得以任何理由扣押其特种作业操作证。

跨省、自治区、直辖市从业的特种作业人员应当接受从业所在地考核发证机关的监督管理。

第三十七条 生产经营单位不得印制、伪造、倒卖特种作业操作证，或者使用非法印制、伪造、倒卖的特种作业操作证。

特种作业人员不得伪造、涂改、转借、转让、冒用特种作业操作证或者使用伪造的特种作业操作证。

第六章　罚　　则

第三十八条　考核发证机关或其委托的单位及其工作人员在特种作业人员考核、发证和复审工作中滥用职权、玩忽职守、徇私舞弊的，依法给予行政处分；构成犯罪的，依法追究刑事责任。

第三十九条　生产经营单位未建立健全特种作业人员档案的，给予警告，并处 1 万元以下的罚款。

第四十条　生产经营单位使用未取得特种作业操作证的特种作业人员上岗作业的，责令限期改正；逾期未改正的，责令停产停业整顿，可以并处 2 万元以下的罚款。

煤矿企业使用未取得特种作业操作证的特种作业人员上岗作业的，依照《国务院关于预防煤矿生产安全事故的特别规定》的规定处罚。

第四十一条　生产经营单位非法印制、伪造、倒卖特种作业操作证，或者使用非法印制、伪造、倒卖的特种作业操作证的，给予警告，并处 1 万元以上 3 万元以下的罚款；构成犯罪的，依法追究刑事责任。

第四十二条　特种作业人员伪造、涂改特种作业操作证或者使用伪造的特种作业操作证的，给予警告，并处 1000 元以上 5000 元以下的罚款。

特种作业人员转借、转让、冒用特种作业操作证的，给予警告，并处 2000 元以上 10000 元以下的罚款。

第四十三条　培训机构违反有关规定从事特种作业人员安全技术培训的，按照有关规定依法给予行政处罚。

第七章　附　　则

第四十四条　特种作业人员培训、考试的收费标准，由省、自治区、直辖市人民政府安全生产监督管理部门会同负责煤矿特种作业人员考核发证工作的部门或者指定的机构统一制定，报同级人民政府物价、财政部门批准后执行，证书工本费由考核发证机关列入同级财政预算。

第四十五条　省、自治区、直辖市人民政府安全生产监督管理部门和负责煤矿特种作业人员考核发证工作的部门或者指定的机构可以结合本地区实际，制定实施细则，报安全监管总局、煤矿安监局备案。

第四十六条　本规定自 2010 年 7 月 1 日起施行。1999 年 7 月 12 日原国家经贸委发布的《特种作业人员安全技术培训考核管理办法》（原国家经贸委令第 13 号）同时废止。

附件

特种作业目录

1 电工作业

指对电气设备进行运行、维护、安装、检修、改造、施工、调试等作业(不含电力系统进网作业)。

1.1 高压电工作业

指对1千伏(kV)及以上的高压电气设备进行运行、维护、安装、检修、改造、施工、调试、试验及绝缘工、器具进行试验的作业。

1.2 低压电工作业

指对1千伏(kV)以下的低压电器设备进行安装、调试、运行操作、维护、检修、改造施工和试验的作业。

1.3 防爆电气作业

指对各种防爆电气设备进行安装、检修、维护的作业。

适用于除煤矿井下以外的防爆电气作业。

2 焊接与热切割作业

指运用焊接或者热切割方法对材料进行加工的作业(不含《特种设备安全监察条例》规定的有关作业)。

2.1 熔化焊接与热切割作业

指使用局部加热的方法将连接处的金属或其他材料加热至熔化状态而完成焊接与切割的作业。

适用于气焊与气割、焊条电弧焊与碳弧气刨、埋弧焊、气体保护焊、等离子弧焊、电渣焊、电子束焊、激光焊、氧熔剂切割、激光切割、等离子切割等作业。

2.2 压力焊作业

指利用焊接时施加一定压力而完成的焊接作业。

适用于电阻焊、气压焊、爆炸焊、摩擦焊、冷压焊、超声波焊、锻焊等作业。

2.3 钎焊作业

指使用比母材熔点低的材料作钎料,将焊件和钎料加热到高于钎料熔点,但低于母材熔点的温度,利用液态钎料润湿母材,填充接头间隙并与母材相互扩散而实现连接焊件的作业。

适用于火焰钎焊作业、电阻钎焊作业、感应钎焊作业、浸渍钎焊作业、炉中钎焊作业,不包括烙铁钎焊作业。

3 高处作业

指专门或经常在坠落高度基准面2米及以上有可能坠落的高处进行的作业。

3.1 登高架设作业

指在高处从事脚手架、跨越架架设或拆除的作业。

3.2 高处安装、维护、拆除作业

指在高处从事安装、维护、拆除的作业。

适用于利用专用设备进行建筑物内外装饰、清洁、装修,电力、电信等线路架设,高处管道架设,小型空调高处安装、维修,各种设备设施与户外广告设施的安装、检修、维护以及在高处从事建筑物、设备设施拆除作业。

4　制冷与空调作业

指对大中型制冷与空调设备运行操作、安装与修理的作业。

4.1　制冷与空调设备运行操作作业

指对各类生产经营企业和事业等单位的大中型制冷与空调设备运行操作的作业。

适用于化工类（石化、化工、天然气液化、工艺性空调）生产企业，机械类（冷加工、冷处理、工艺性空调）生产企业，食品类（酿造、饮料、速冻或冷冻调理食品、工艺性空调）生产企业，农副产品加工类（屠宰及肉食品加工、水产加工、果蔬加工）生产企业，仓储类（冷库、速冻加工、制冰）生产经营企业，运输类（冷藏运输）经营企业，服务类（电信机房、体育场馆、建筑的集中空调）经营企业和事业等单位的大中型制冷与空调设备运行操作作业。

4.2　制冷与空调设备安装修理作业

指对4.1所指制冷与空调设备整机、部件及相关系统进行安装、调试与维修的作业。

5　煤矿安全作业

5.1　煤矿井下电气作业

指从事煤矿井下机电设备的安装、调试、巡检、维修和故障处理，保证本班机电设备安全运行的作业。

适用于与煤共生、伴生的坑探、矿井建设、开采过程中的井下电钳等作业。

5.2　煤矿井下爆破作业

指在煤矿井下进行爆破的作业。

5.3　煤矿安全监测监控作业

指从事煤矿井下安全监测监控系统的安装、调试、巡检、维修，保证其安全运行的作业。

适用于与煤共生、伴生的坑探、矿井建设、开采过程中的安全监测监控作业。

5.4　煤矿瓦斯检查作业

指从事煤矿井下瓦斯巡检工作，负责管辖范围内通风设施的完好及通风、瓦斯情况检查，按规定填写各种记录，及时处理或汇报发现的问题的作业。

适用于与煤共生、伴生的矿井建设、开采过程中的煤矿井下瓦斯检查作业。

5.5　煤矿安全检查作业

指从事煤矿安全监督检查，巡检生产作业场所的安全设施和安全生产状况，检查并督促处理相应事故隐患的作业。

5.6　煤矿提升机操作作业

指操作煤矿的提升设备运送人员、矿石、矸石和物料，并负责巡检和运行记录的作业。

适用于操作煤矿提升机，包括立井、暗立井提升机，斜井、暗斜井提升机以及露天矿山斜坡卷扬提升的提升机作业。

5.7　煤矿采煤机（掘进机）操作作业

指在采煤工作面、掘进工作面操作采煤机、掘进机，从事落煤、装煤、掘进工作，负责采煤机、掘进机巡检和运行记录，保证采煤机、掘进机安全运行的作业。

适用于煤矿开采、掘进过程中的采煤机、掘进机作业。

5.8　煤矿瓦斯抽采作业

指从事煤矿井下瓦斯抽采钻孔施工、封孔、瓦斯流量测定及瓦斯抽采设备操作等，保证瓦斯抽采工作安全进行的作业。

适用于煤矿、与煤共生和伴生的矿井建设、开采过程中的煤矿地面和井下瓦斯抽采作业。

5.9　煤矿防突作业

指从事煤与瓦斯突出的预测预报、相关参数的收集与分析、防治突出措施的实施与检查、防突效果检验等,保证防突工作安全进行的作业。

适用于煤矿、与煤共生和伴生的矿井建设、开采过程中的煤矿井下煤与瓦斯防突作业。

5.10 煤矿探放水作业

指从事煤矿探放水的预测预报、相关参数的收集与分析、探放水措施的实施与检查、效果检验等,保证探放水工作安全进行的作业。

适用于煤矿、与煤共生和伴生的矿井建设、开采过程中的煤矿井下探放水作业。

6 金属非金属矿山安全作业

6.1 金属非金属矿井通风作业

指安装井下局部通风机,操作地面主要扇风机、井下局部通风机和辅助通风机,操作、维护矿井通风构筑物,进行井下防尘,使矿井通风系统正常运行,保证局部通风,以预防中毒窒息和除尘等的作业。

6.2 尾矿作业

指从事尾矿库放矿、筑坝、巡坝、抽洪和排渗设施的作业。

适用于金属非金属矿山的尾矿作业。

6.3 金属非金属矿山安全检查作业

指从事金属非金属矿山安全监督检查,巡检生产作业场所的安全设施和安全生产状况,检查并督促处理相应事故隐患的作业。

6.4 金属非金属矿山提升机操作作业

指操作金属非金属矿山的提升设备运送人员、矿石、矸石和物料,及负责巡检和运行记录的作业。

适用于金属非金属矿山的提升机,包括竖井、盲竖井提升机,斜井、盲斜井提升机以及露天矿山斜坡卷扬提升的提升机作业。

6.5 金属非金属矿山支柱作业

指在井下检查井巷和采场顶、帮的稳定性,撬浮石,进行支护的作业。

6.6 金属非金属矿山井下电气作业

指从事金属非金属矿山井下机电设备的安装、调试、巡检、维修和故障处理,保证机电设备安全运行的作业。

6.7 金属非金属矿山排水作业

指从事金属非金属矿山排水设备日常使用、维护、巡检的作业。

6.8 金属非金属矿山爆破作业

指在露天和井下进行爆破的作业。

7 石油天然气安全作业

7.1 司钻作业

指石油、天然气开采过程中操作钻机起升钻具的作业。

适用于陆上石油、天然气司钻(含钻井司钻、作业司钻及勘探司钻)作业。

8 冶金(有色)生产安全作业

8.1 煤气作业

指冶金、有色企业内从事煤气生产、储存、输送、使用、维护检修的作业。

9 危险化学品安全作业

指从事危险化工工艺过程操作及化工自动化控制仪表安装、维修、维护的作业。

9.1 光气及光气化工艺作业

指光气合成以及厂内光气储存、输送和使用岗位的作业。

适用于一氧化碳与氯气反应得到光气，光气合成双光气、三光气，采用光气作单体合成聚碳酸酯，甲苯二异氰酸酯(TDI)制备，4，4′－二苯基甲烷二异氰酸酯(MDI)制备等工艺过程的操作作业。

9.2 氯碱电解工艺作业

指氯化钠和氯化钾电解、液氯储存和充装岗位的作业。

适用于氯化钠(食盐)水溶液电解生产氯气、氢氧化钠、氢气，氯化钾水溶液电解生产氯气、氢氧化钾、氢气等工艺过程的操作作业。

9.3 氯化工艺作业

指液氯储存、气化和氯化反应岗位的作业。

适用于取代氯化，加成氯化，氧氯化等工艺过程的操作作业。

9.4 硝化工艺作业

指硝化反应、精馏分离岗位的作业。

适用于直接硝化法，间接硝化法，亚硝化法等工艺过程的操作作业。

9.5 合成氨工艺作业

指压缩、氨合成反应、液氨储存岗位的作业。

适用于节能氨五工艺法(AMV)，德士古水煤浆加压气化法、凯洛格法，甲醇与合成氨联合生产的联醇法，纯碱与合成氨联合生产的联碱法，采用变换催化剂、氧化锌脱硫剂和甲烷催化剂的“三催化”气体净化法工艺过程的操作作业。

9.6 裂解(裂化)工艺作业

指石油系的烃类原料裂解(裂化)岗位的作业。

适用于热裂解制烯烃工艺，重油催化裂化制汽油、柴油、丙烯、丁烯，乙苯裂解制苯乙烯，二氟一氯甲烷(HCFC－22)热裂解制得四氟乙烯(TFE)，二氟一氯乙烷(HCFC－142b)热裂解制得偏氟乙烯(VDF)，四氟乙烯和八氟环丁烷热裂解制得六氟乙烯(HFP)工艺过程的操作作业。

9.7 氟化工艺作业

指氟化反应岗位的作业。

适用于直接氟化，金属氟化物或氟化氢气体氟化，置换氟化以及其他氟化物的制备等工艺过程的操作作业。

9.8 加氢工艺作业

指加氢反应岗位的作业。

适用于不饱和炔烃、烯烃的三键和双键加氢，芳烃加氢，含氧化合物加氢，含氮化合物加氢以及油品加氢等工艺过程的操作作业。

9.9 重氮化工艺作业

指重氮化反应、重氮盐后处理岗位的作业。

适用于顺法、反加法、亚硝酰硫酸法、硫酸铜触媒法以及盐析法等工艺过程的操作作业。

9.10 氧化工艺作业

指氧化反应岗位的作业。

适用于乙烯氧化制环氧乙烷，甲醇氧化制备甲醛，对二甲苯氧化制备对苯二甲酸，异丙苯经氧化－酸解联产苯酚和丙酮，环己烷氧化制环己酮，天然气氧化制乙炔，丁烯、丁烷、C4 馏分或苯的氧化制顺丁烯二酸酐，邻二甲苯或萘的氧化制备邻苯二甲酸酐，均四甲苯的氧化制备均苯四甲酸二酐，苊的氧化制1，8－萘二甲酸酐，3－甲基吡啶氧化制3－吡啶甲酸(烟酸)，4－甲基吡啶氧化制4－吡啶甲酸(异烟酸)，2－乙基已醇(异辛醇)氧化制备2－乙基已酸(异辛酸)，对氯甲苯氧化制备对氯苯甲醛和对氯苯甲酸，甲苯氧化制备苯甲醛、苯甲酸，对硝基甲苯氧化制备对硝基苯甲酸，环十二醇/酮混合物的开环氧化制备十二碳二酸，环己酮/醇混合物的氧化制己二酸，乙二醛硝酸氧化法合成乙醛酸，以及丁醛氧化制丁酸以及氨氧化制硝酸等工艺过程的操作作业。

9.11 过氧化工艺作业

指过氧化反应、过氧化物储存岗位的作业。

适用于双氧水的生产，乙酸在硫酸存在下与双氧水作用制备过氧乙酸水溶液，酸酐与双氧水作用直接制备过氧二酸，苯甲酰氯与双氧水的碱性溶液作用制备过氧化苯甲酰，以及异丙苯经空气氧化生产过氧化氢异丙苯等工艺过程的操作作业。

9.12 胺基化工艺作业

指胺基化反应岗位的作业。

适用于邻硝基氯苯与氨水反应制备邻硝基苯胺，对硝基氯苯与氨水反应制备对硝基苯胺，间甲酚与氯化铵的混合物在催化剂和氨水作用下生成间甲苯胺，甲醇在催化剂和氨气作用下制备甲胺，1-硝基蒽醌与过量的氨水在氯苯中制备1-氨基蒽醌，2,6-蒽醌二磺酸氨解制备2,6-二氨基蒽醌，苯乙烯与胺反应制备N-取代苯乙胺，环氧乙烷或亚乙基亚胺与胺或氨发生开环加成反应制备氨基乙醇或二胺，甲苯经氨氧化制备苯甲腈，以及丙烯氨氧化制备丙烯腈等工艺过程的操作作业。

9.13 磺化工艺作业

指磺化反应岗位的作业。

适用于三氧化硫磺化法，共沸去水磺化法，氯磺酸磺化法，烘焙磺化法，以及亚硫酸盐磺化法等工艺过程的操作作业。

9.14 聚合工艺作业

指聚合反应岗位的作业。

适用于聚烯烃、聚氯乙烯、合成纤维、橡胶、乳液、涂料粘合剂生产以及氟化物聚合等工艺过程的操作作业。

9.15 烷基化工艺作业

指烷基化反应岗位的作业。

适用于C-烷基化反应，N-烷基化反应，O-烷基化反应等工艺过程的操作作业。

9.16 化工自动化控制仪表作业

指化工自动化控制仪表系统安装、维修、维护的作业。

10 烟花爆竹安全作业

指从事烟花爆竹生产、储存中的药物混合、造粒、筛选、装药、筑药、压药、搬运等危险工序的作业。

10.1 烟火药制造作业

指从事烟火药的粉碎、配药、混合、造粒、筛选、干燥、包装等作业。

10.2 黑火药制造作业

指从事黑火药的潮药、浆硝、包片、碎片、油压、抛光和包浆等作业。

10.3 引火线制造作业

指从事引火线的制引、浆引、漆引、切引等作业。

10.4 烟花爆竹产品涉药作业

指从事烟花爆竹产品加工中的压药、装药、筑药、褙药剂、已装药的钻孔等作业。

10.5 烟花爆竹储存作业

指从事烟花爆竹仓库保管、守护、搬运等作业。

11 安全监管总局认定的其他作业

安全生产行政处罚自由裁量适用规则(试行)

国家安全生产监督管理总局令

第31号

《安全生产行政处罚自由裁量适用规则(试行)》已经2010年6月17日国家安全生产监督管理总局局长办公会议审议通过,现予以公布,自2010年10月1日起施行。

局长　骆琳

二〇一〇年七月十五日

目　　录

第一章　总　　则

第一条　为了正确适用安全生产法律、行政法规和部门规章,规范安全生产监督管理部门合法、适当地行使行政处罚自由裁量权,根据《行政处罚法》、《安全生产法》、《职业病防治法》等法律、行政法规和部门规章的规定,制定本规则。

第二条　县级以上安全生产监督管理部门或其委托实施行政处罚的组织或者机构(以下统称安全监管执法机关)依照安全生产法律、行政法规和部门规章作出行政处罚行使自由裁量权的,适用本规则;具体实施行政处罚需要自由裁量的,参照《安全生产行政处罚自由裁量标准》(以下简称《标准》)执行。

煤矿安全监察机构对煤矿安全生产违法行为作出行政处罚行使自由裁量权的,适用《煤矿安全监察行政处罚自由裁量实施标准(试行)》。

法律、行政法规和地方性法规对行政处罚自由裁量另有规定的,适用其规定;原国家安全监管局、国家安全监管总局公布的部门规章与本规则不一致的,适用本规则。

第三条　本规则所称的行政处罚自由裁量权,是指安全监管执法机关在对安全生产违法行为实施行政处罚时,根据立法目的和行政处罚的原则,在法律、行政法规和部门规章规定的行政处罚的种类和幅度内,综合考量违法的事实、性质、手段、后果、情节和改正措施等因素,正确、适当地确定行政处罚的种类、幅度或者作出不予行政处罚决定的选择适用权限。

第四条　各级安全监管执法机关应当加强对各自管辖范围内安全生产行政处罚自由裁量行为的监督检查。

上级安全监管执法机关有权对下级安全监管执法机关违法或者不当的行政处罚予以纠正或者撤销。

第二章　行政处罚自由裁量的考量原则

第五条　行使行政处罚自由裁量权,应当遵循程序法定原则,严格遵守法律、行政法规和部门规章规定的程序。

第六条　行使行政处罚自由裁量权,应当遵循合法、公平、公正、公开的原则,过罚相当的原则和处罚与教育相结合的原则,依法维护公民、法人和其他组织的合法权益,确保行政处罚自由裁量权行使的合法性和合理性。

第七条　行使行政处罚自由裁量权,应当以事实为依据、以法律为准绳,全面分析违法行为的主体、客体、主观方面、客观方面等因素,综合裁量,合理确定应否给予行政处罚或者应当给予行政处罚的种类、幅度。给予行政处罚的种类、幅度应当与违法行为的事实、性质、情节、认知态度以及社会危害程度相当。

对同一类违法主体实施的性质相同、情节相近或者相似、危害后果基本相当的违法行为,在行使行政处罚自由裁量权时,适用的法律依据、处罚种类应当基本一致,处罚幅度应当基本相当。

第八条　同一个违法行为违反不同法律、行政法规或者部门规章规定的,在适用具体法律条文时应当遵循下列原则:

(一)优先适用法律效力高的规定;

(二)法律效力相同,属于特别规定的优先适用;

(三)法律效力相同,生效时间在后的优先适用。

第九条　法律对同一个违法行为设定了行政处罚的,按照下列原则行使自由裁量权:

(一)同一法律规定实施某个违法行为应当(可以)处以罚款的行政处罚确定的,参照《标准》对其罚款幅度予以细化;

(二)同一法律规定实施某个违法行为应当(可以)处以不同种类(包括警告、没收违法所得、暂扣或者吊销许可证等)的行政处罚的,参照《标准》给予相应种类的行政处罚;

(三)同一法律规定实施某个违法行为根据情节轻重不同处以不同种类的行政处罚的,参照《标准》确定的情节给予相应种类的行政处罚。

第十条　生产经营单位及其有关人员违反不同的法律规定,或者违反同一条款的不同违法情形,有两个以上应当给予行政处罚的违法行为的,应当适用不同的法律规定或者同一法律条款规定的不同违法情形,分别裁量,合并处罚。

第三章　行政处罚自由裁量的适用规则

第十一条　法律、行政法规或者部门规章规定应当先予责令改正或者责令限期改正的,应当先予书面责令当事人在规定期限内予以改正;当事人逾期不改正的,再依法决定行政处罚。

第十二条　法律、行政法规或者部门规章规定的多种处罚应当并处的,不得选择适用;规定可以并处的,可以选择适用。

法律、行政法规或者部门规章明确规定的处罚种类可以单处也可以并处的,可以选择适用,但应分清主罚项和次罚项。

法律、行政法规规定应当先予没收物品、没收违法所得,再作其他处罚的,不得直接选择适用其他处罚。

第十三条　法律、行政法规或者部门规章已经规定处罚种类的,实施自由裁量权时,不得改变行政处罚种类;对当事人实施罚款的,其罚款额不得高于法律、行政法规或者部门规章规定数额的上限,也不得低于其规定数额的下限。

第十四条　当事人有下列情形之一的,应当依法从轻处罚:

(一)已满 14 周岁不满 18 周岁的公民实施安全生产违法行为的;

(二)主动消除或者减轻安全生产违法行为危害后果的;

(三)受他人胁迫实施安全生产违法行为的;

（四）配合安全监管执法机关查处安全生产违法行为，有立功表现的；

（五）主动投案，向安全监管执法机关如实交待自己的违法行为的；

（六）具有法律、行政法规规定的其他从轻处罚情形的。

有从轻处罚情节的，应当在法定处罚幅度的中档以下确定行政处罚标准，但不得低于法定处罚幅度的下限。

本条第一款第（四）项所称的立功表现，是指当事人有揭发他人安全生产违法行为，并经查证属实；或者提供查处其他安全生产违法行为的重要线索，并经查证属实；或者阻止他人实施安全生产违法行为；或者协助司法机关抓捕其他违法犯罪嫌疑人的行为。

第十五条 当事人有下列情形之一的，应当依法从重处罚：

（一）危及公共安全或者其他生产经营单位及其人员安全，经责令限期改正，逾期未改正的；

（二）一年内因同一种安全生产违法行为受到两次以上行政处罚的；

（三）拒不整改或者整改不力，其违法行为处于持续状态的；

（四）拒绝、阻碍或者以暴力威胁行政执法人员的；

（五）在处置突发事件期间实施安全生产违法行为的；

（六）隐匿、销毁违法行为证据的；

（七）违法行为情节恶劣，造成人身死亡（重伤、急性工业中毒）或者严重社会影响的；

（八）故意实施违法行为的；

（九）对举报人、证人打击报复的；

（十）未依法排查治理事故隐患的；

（十一）发生生产安全事故后逃匿或者瞒报、谎报的；

（十二）具有法律、行政法规规定的其他从重处罚情形的。

有从重处罚情节的，应当在法定处罚幅度内选择较高或者最高幅度确定处罚标准，但不得高于法定处罚幅度上限。

第十六条 当事人有下列情形之一的，不予处罚：

（一）证据不足，安全生产违法事实不能成立的；

（二）安全生产违法行为轻微并及时纠正，没有造成危害后果的；

（三）不满14周岁的公民实施安全生产违法行为的；

（四）精神病人在不能辨认或者不能控制自己行为时实施安全生产违法行为的；

（五）安全生产违法行为在两年内未被发现的，法律另有规定的除外；

（六）具有法律、行政法规、部门规章规定的其他情形的。

前款第五项规定的期限，从违法行为发生之日起计算，违法行为有连续或者继续状态的，从行为终了之日起计算。

第十七条 《标准》所称的违法所得，按照下列规定计算：

（一）生产、加工产品的，以生产、加工的产品及其销售收入作为违法所得；

（二）销售商品的，以销售收入作为违法所得；

（三）提供安全生产中介、租赁等服务的，以服务收入或者报酬作为违法所得；

（四）销售收入无法计算的，按照当地同类同等规模的生产经营单位的平均销售收入计算；

（五）服务收入、报酬无法计算的，按照当地同行业同种服务的平均收入或者报酬计算。

第四章 行政处罚自由裁量的审核与监督

第十八条 除当场行政处罚外，行政处罚自由裁量结果实行审核制度。

案件调查终结后，案件承办人员应当对拟作出行政处罚的种类和幅度提出建议，并说明行使自由裁量权的事实、理由和依据；案件审核人员应当对处罚依据、额度等提出审核意见，并将审核意见报送安全监管执法机关负责人审查决定；安全监管执法机关已经成立行政处罚案件审核委员会的，审核意见报案件审核委员会审查决定。

对安全生产违法行为给予从轻或者从重处罚的自由裁量结果,应当由安全监管执法机关的负责人集体讨论决定。

第十九条 行政处罚案件实行备案审查制度。

各级安全监管执法机关负责法制工作的机构负责本机关行政处罚案件的备案审查工作,对各类安全生产行政处罚案件的实体内容、执法程序、自由裁量的合法性、适当性以及相关证据进行事后审查,并定期对行政执法案卷进行复查和监督。

第二十条 行使安全生产行政处罚自由裁量权的裁量结果应当公开,允许社会公众查阅,但涉及国家秘密、商业秘密或者个人隐私的除外。

第二十一条 行政监察机关对安全监管执法机关及其工作人员行使行政处罚自由裁量权实施监察。

安全监管执法机关及其工作人员行使行政处罚自由裁量权明显不当的,必须及时予以纠正;对有关责任人员依照《安全生产监管监察职责和行政执法责任追究的暂行规定》处理。

第五章 附 则

第二十二条 违反《安全生产法》有关规定发生生产安全事故,应当给予生产经营单位的主要负责人、个人经营的投资人和其他责任人员罚款的,依照《安全生产法》第八十条、第八十一条的规定处罚。

违反《安全生产法》以外的有关法律、行政法规、部门规章的规定发生生产安全事故,应当给予生产经营单位的主要负责人、个人经营的投资人和其他责任人员罚款的,依照《生产安全事故报告和调查处理条例》的规定处罚。

第二十三条 行政处罚自由裁量审查和备案审查的具体办法,由地方各级安全监管执法机关根据本机关实际制定,并报上一级安全监管执法机关备案。

第二十四条 安全生产违法行为涉嫌构成刑事犯罪的,应当依据规定程序移交司法机关,不得以罚代刑。

第二十五条 本规则自 2010 年 10 月 1 日起施行。

建设项目安全设施“三同时”监督管理暂行办法

国家安全生产监督管理总局令

第 36 号

《建设项目安全设施“三同时”监督管理暂行办法》已经2010年11月3日国家安全生产监督管理总局局长办公会议审议通过，现予公布，自2011年2月1日起施行。

局长 骆琳

二〇一〇年十二月十四日

目 录

第一章 总 则

第一条 为加强建设项目安全管理，预防和减少生产安全事故，保障从业人员生命和财产安全，根据《中华人民共和国安全生产法》和《国务院关于进一步加强企业安全生产工作的通知》等法律、行政法规和规定，制定本办法。

第二条 经县级以上人民政府及其有关主管部门依法审批、核准或者备案的生产经营单位新建、改建、扩建工程项目（以下统称建设项目）安全设施的建设及其监督管理，适用本办法。

法律、行政法规及国务院对建设项目安全设施建设及其监督管理另有规定的，依照其规定。

第三条 本办法所称的建设项目安全设施，是指生产经营单位在生产经营活动中用于预防生产安全事故的设备、设施、装置、构（建）筑物和其他技术措施的总称。

第四条 生产经营单位是建设项目安全设施建设的责任主体。建设项目安全设施必须与主体工程同时设计、同时施工、同时投入生产和使用（以下简称“三同时”）。安全设施投资应当纳入建设项目概算。

第五条 国家安全生产监督管理总局对全国建设项目安全设施“三同时”实施综合监督管理，并在国务院规定的职责范围内承担国务院及其有关主管部门审批、核准或者备案的建设项目安全设施“三同时”的监督管理。

县级以上地方各级安全生产监督管理部门对本行政区域内的建设项目安全设施“三同时”实施综合监督管理，并在本级人民政府规定的职责范围内承担本级人民政府及其有关主管部门审批、核准或者备案的建设项目安全设施“三同时”的监督管理。

跨两个及两个以上行政区域的建设项目安全设施“三同时”由其共同的上一级人民政府安全生产监督管理部门实施监督管理。

上一级人民政府安全生产监督管理部门根据工作需要，可以将其负责监督管理的建设项目安全设施“三同时”工作委托下一级人民政府安全生产监督管理部门实施监督管理。

第六条 安全生产监督管理部门应当加强建设项目安全设施建设的日常安全监管，落实有关行政许可及其监管责任，督促生产经营单位落实安全设施建设责任。

第二章 建设项目安全条件论证与安全预评价

第七条 下列建设项目在进行可行性研究时，生产经营单位应当分别对其安全生产条件进行论证和安全预评价：

（一）非煤矿矿山建设项目；

（二）生产、储存危险化学品（包括使用长输管道输送危险化学品，下同）的建设项目；

（三）生产、储存烟花爆竹的建设项目；

（四）化工、冶金、有色、建材、机械、轻工、纺织、烟草、商贸、军工、公路、水运、轨道交通、电力等行业的国家和省级重点建设项目；

（五）法律、行政法规和国务院规定的其他建设项目。

第八条 生产经营单位对本办法第七条规定的建设项目进行安全条件论证时，应当编制安全条件论证报告。安全条件论证报告应当包括下列内容：

（一）建设项目内在的危险和有害因素及对安全生产的影响；

（二）建设项目与周边设施（单位）生产、经营活动和居民生活在安全方面的相互影响；

（三）当地自然条件对建设项目安全生产的影响；

（四）其他需要论证的内容。

第九条 生产经营单位应当委托具有相应资质的安全评价机构，对其建设项目进行安全预评价，并编制安全预评价报告。

建设项目安全预评价报告应当符合国家标准或者行业标准的规定。

生产、储存危险化学品的建设项目安全预评价报告除符合本条第二款的规定外，还应当符合有关危险化学品建设项目的规定。

第十条 本办法第七条规定以外的其他建设项目，生产经营单位应当对其安全生产条件和设施进行综合分析，形成书面报告，并按照本办法第五条的规定报安全生产监督管理部门备案。

第三章 建设项目安全设施设计审查

第十一条 生产经营单位在建设项目初步设计时，应当委托有相应资质的设计单位对建设项目安全设施进行设计，编制安全专篇。

安全设施设计必须符合有关法律、法规、规章和国家标准或者行业标准、技术规范的规定，并尽可能采用先进适用的工艺、技术和可靠的设备、设施。本办法第七条规定的建设项目安全设施设计还应当充分考虑建设项目安全预评价报告提出的安全对策措施。

安全设施设计单位、设计人应当对其编制的设计文件负责。

第十二条 建设项目安全专篇应当包括下列内容：

（一）设计依据；

（二）建设项目概述；

（三）建设项目涉及的危险、有害因素和危险、有害程度及周边环境安全分析；

（四）建筑及场地布置；

（五）重大危险源分析及检测监控；

（六）安全设施设计采取的防范措施；

（七）安全生产管理机构设置或者安全生产管理人员配备情况；

（八）从业人员教育培训情况；

（九）工艺、技术和设备、设施的先进性和可靠性分析；

（十）安全设施专项投资概算；

（十一）安全预评价报告中的安全对策及建议采纳情况；

（十二）预期效果以及存在的问题与建议；

（十三）可能出现的事故预防及应急救援措施；

（十四）法律、法规、规章、标准规定需要说明的其他事项。

第十三条 本办法第七条第（一）项、第（二）项、第（三）项规定的建设项目安全设施设计完成后，生产经营单位应当按照本办法第五条的规定向安全生产监督管理部门提出审查申请，并提交下列文件资料：

（一）建设项目审批、核准或者备案的文件；

（二）建设项目安全设施设计审查申请；

（三）设计单位的设计资质证明文件；

（四）建设项目初步设计报告及安全专篇；

（五）建设项目安全预评价报告及相关文件资料；

（六）法律、行政法规、规章规定的其他文件资料。

安全生产监督管理部门收到申请后，对属于本部门职责范围内的，应当及时进行审查，并在收到申请后5个工作日内作出受理或者不予受理的决定，书面告知申请人；对不属于本部门职责范围内的，应当将有关文件资料转送有审查权的安全生产监督管理部门，并书面告知申请人。

本办法第七条第（四）项规定的建设项目安全设施设计完成后，生产经营单位应当按照本办法第五条的规定向安全生产监督管理部门备案，并提交下列文件资料：

（一）建设项目审批、核准或者备案的文件；

（二）建设项目初步设计报告及安全专篇；

（三）建设项目安全预评价报告及相关文件资料。

第十四条 对已经受理的建设项目安全设施设计审查申请，安全生产监督管理部门应当自受理之日起20个工作日内作出是否批准的决定，并书面告知申请人。20个工作日内不能作出决定的，经本部门负责人批准，可以延长10个工作日，并应当将延长期限的理由书面告知申请人。

第十五条 建设项目安全设施设计有下列情形之一的，不予批准，并不得开工建设：

（一）无建设项目审批、核准或者备案文件的；

（二）未委托具有相应资质的设计单位进行设计的；

（三）安全预评价报告由未取得相应资质的安全评价机构编制的；

（四）未按照有关安全生产的法律、法规、规章和国家标准或者行业标准、技术规范的规定进行设计的；

（五）未采纳安全预评价报告中的安全对策和建议，且未作充分论证说明的；

（六）不符合法律、行政法规规定的其他条件的。

建设项目安全设施设计审查未予批准的，生产经营单位经过整改后可以向原审查部门申请再审。

第十六条 已经批准的建设项目及其安全设施设计有下列情形之一的，生产经营单位应当报原批准部门审查同意；未经审查同意的，不得开工建设：

（一）建设项目的规模、生产工艺、原料、设备发生重大变更的；

（二）改变安全设施设计且可能降低安全性能的；

（三）在施工期间重新设计的。

第十七条 本办法第七条规定以外的建设项目安全设施设计，由生产经营单位组织审查，形成书面报告，并按照本办法第五条的规定报安全生产监督管理部门备案。

第四章 建设项目安全设施施工和竣工验收

第十八条 建设项目安全设施的施工应当由取得相应资质的施工单位进行，并与建设项目主体工程同时施工。

施工单位应当在施工组织设计中编制安全技术措施和施工现场临时用电方案，同时对危险性较大的分部分项工程依法编制专项施工方案，并附具安全验算结果，经施工单位技术负责人、总监理工程师签字后实施。

施工单位应当严格按照安全设施设计和相关施工技术标准、规范施工，并对安全设施的工程质量负责。

第十九条 施工单位发现安全设施设计文件有错漏的，应当及时向生产经营单位、设计单位提出。生产经营单位、设计单位应当及时处理。

施工单位发现安全设施存在重大事故隐患时，应当立即停止施工并报告生产经营单位进行整改。整改合格后，方可恢复施工。

第二十条 工程监理单位应当审查施工组织设计中的安全技术措施或者专项施工方案是否符合工程建设强制性标准。

工程监理单位在实施监理过程中，发现存在事故隐患的，应当要求施工单位整改；情况严重的，应当要求施工单位暂时停止施工，并及时报告生产经营单位。施工单位拒不整改或者不停止施工的，工程监理单位应当及时向有关主管部门报告。

工程监理单位、监理人员应当按照法律、法规和工程建设强制性标准实施监理，并对安全设施工程的工程质量承担监理责任。

第二十一条 建设项目安全设施建成后，生产经营单位应当对安全设施进行检查，对发现的问题及时整改。

第二十二条 本办法第七条规定的建设项目竣工后，根据规定建设项目需要试运行（包括生产、使用，下同）的，应当在正式投入生产或者使用前进行试运行。

试运行时间应当不少于30日，最长不得超过180日，国家有关部门有规定或者特殊要求的行业除外。

生产、储存危险化学品的建设项目，应当在建设项目试运行前将试运行方案报负责建设项目安全许可的安全生产监督管理部门备案。

第二十三条 建设项目安全设施竣工或者试运行完成后，生产经营单位应当委托具有相应资质的安全评价机构对安全设施进行验收评价，并编制建设项目安全验收评价报告。

建设项目安全验收评价报告应当符合国家标准或者行业标准的规定。

生产、储存危险化学品的建设项目安全验收评价报告除符合本条第二款的规定外，还应当符合有关危险化学品建设项目的规定。

第二十四条 本办法第七条第（一）项、第（二）项、第（三）项规定的建设项目竣工投入生产或者使用前，生产经营单位应当按照本办法第五条的规定向安全生产监督管理部门申请安全设施竣工验收，并提交下列文件资料：

（一）安全设施竣工验收申请；

（二）安全设施设计审查意见书（复印件）；

（三）施工单位的资质证明文件（复印件）；

（四）建设项目安全验收评价报告及其存在问题的整改确认材料；

（五）安全生产管理机构设置或者安全生产管理人员配备情况；

（六）从业人员安全培训教育及资格情况；

（七）法律、行政法规、规章规定的其他文件资料。

安全设施需要试运行（生产、使用）的，还应当提供自查报告。

安全生产监督管理部门收到申请后，对属于本部门职责范围内的，应当及时审查，并在收到申请后5个工作日内作出受理或者不予受理的决定，并书面告知申请人；对不属于本部门职责范围内的，应当将有关文件资料转送有审查权的安全生产监督管理部门，并书面告知申请人。

本办法第七条第（四）项规定的建设项目竣工投入生产或者使用前，生产经营单位应当按照本办法第五条的规定向安全生产监督管理部门备案，并提交下列文件资料：

（一）安全设施设计备案意见书（复印件）；

（二）施工单位的施工资质证明文件（复印件）；

（三）建设项目安全验收评价报告及其存在问题的整改确认材料；

（四）安全生产管理机构设置或者安全生产管理人员配备情况；

（五）从业人员安全教育培训及资格情况。

安全设施需要试运行（生产、使用）的，还应当提供自查报告。

第二十五条 对已经受理的建设项目安全设施竣工验收申请，安全生产监督管理部门应当自受理之日起20个工作日内作出是否合格的决定，并书面告知申请人。20个工作日内不能作出决定的，经本部门负责人批准，可以延长10个工作日，并应当将延长期限的理由书面告知申请人。

第二十六条 建设项目的安全设施有下列情形之一的，竣工验收不合格，并不得投入生产或者使用：

（一）未选择具有相应资质的施工单位施工的；

（二）未按照建设项目安全设施设计文件施工或者施工质量未达到建设项目安全设施设计文件要求的；

（三）建设项目安全设施的施工不符合国家有关施工技术标准的；

（四）未选择具有相应资质的安全评价机构进行安全验收评价或者安全验收评价不合格的；

（五）安全设施和安全生产条件不符合有关安全生产法律、法规、规章和国家标准或者行业标准、技术规范规定的；

（六）发现建设项目试运行期间存在事故隐患未整改的；

（七）未依法设置安全生产管理机构或者配备安全生产管理人员的；

（八）从业人员未经过安全教育培训或者不具备相应资格的；

（九）不符合法律、行政法规规定的其他条件的。

建设项目安全设施竣工验收未通过的，生产经营单位经过整改后可以向原验收部门再次申请验收。

第二十七条 本办法第七条规定以外的建设项目安全设施竣工验收，由生产经营单位组织实施，形成书面报告，并按照本办法第五条的规定报安全生产监督管理部门备案。

第二十八条 生产经营单位应当按照档案管理的规定，建立建设项目安全设施“三同时”文件资料档案，并妥善保存。

第二十九条 建设项目安全设施未与主体工程同时设计、同时施工或者同时投入使用的，安全生产监督管理部门对与此有关的行政许可一律不予审批，同时责令生产经营单位立即停止施工、限期改正违法行为，对有关生产经营单位和人员依法给予行政处罚。

第五章　法律责任

第三十条 建设项目安全设施“三同时”违反本办法的规定，安全生产监督管理部门及其工作人员给予审批通过或者颁发有关许可证的，依法给予行政处分。

第三十一条 生产经营单位违反本办法的规定，对本办法第七条规定的建设项目未进行安全生产条件论证和安全预评价的，给予警告，可以并处1万元以上3万元以下的罚款。

生产经营单位违反本办法的规定，对本办法第七条规定以外的建设项目未进行安全生产条件和设施综合分析，形成书面报告，并报安全生产监督管理部门备案的，给予警告，可以并处5000元以上2万元以下的罚款。

第三十二条 本办法第七条第（一）项、第（二）项、第（三）项规定的建设项目有下列情形之一的，责令限期改正；逾期未改正的，责令停止建设或者停产停业整顿，可以并处5万元以下的罚款：

（一）没有安全设施设计或者安全设施设计未按照规定报经安全生产监督管理部门审查同意，擅自开工的；

(二)施工单位未按照批准的安全设施设计施工的;

(三)投入生产或者使用前,安全设施未经验收合格的。

第三十三条 本办法第七条第(四)项规定的建设项目有下列情形之一的,给予警告,并处1万元以上3万元以下的罚款:

(一)没有安全设施设计或者安全设施设计未按照规定向安全生产监督管理部门备案的;

(二)施工单位未按照安全设施设计施工的;

(三)投入生产或者使用前,安全设施竣工验收情况未按照规定向安全生产监督管理部门备案的。

第三十四条 已经批准的建设项目安全设施设计发生重大变更,生产经营单位未报原批准部门审查同意擅自开工建设的,责令限期改正,可以并处1万元以上3万元以下的罚款。

第三十五条 本办法第七条规定以外的建设项目有下列情形之一的,对生产经营单位责令限期改正,可以并处5000元以上3万元以下的罚款:

(一)没有安全设施设计的;

(二)安全设施设计未组织审查,形成书面审查报告,并报安全生产监督管理部门备案的;

(三)施工单位未按照安全设施设计施工的;

(四)未组织安全设施竣工验收,形成书面报告,并报安全生产监督管理部门备案的。

第三十六条 承担建设项目安全评价的机构弄虚作假、出具虚假报告,尚未构成犯罪的,没收违法所得,违法所得在5000元以上的,并处违法所得二倍以上五倍以下的罚款;没有违法所得或者违法所得不足5000元的,单处或者并处5000元以上2万元以下的罚款,对其直接负责的主管人员和其他直接责任人员处5000元以上5万元以下的罚款;给他人造成损害的,与生产经营单位承担连带赔偿责任。

对有前款违法行为的机构,撤销其相应资格。

第三十七条 本办法规定的行政处罚由安全生产监督管理部门决定。法律、行政法规对行政处罚的种类、幅度和决定机关另有规定的,依照其规定。

安全生产监督管理部门对应当由其他有关部门进行处理的"三同时"问题,应当及时移送有关部门并形成记录备查。

第六章 附 则

第三十八条 本办法自2011年2月1日起施行。

《生产安全事故报告和调查处理条例》罚款处罚暂行规定

(2007年7月12日国家安全生产监督管理总局令第13号公布　根据2011年9月1日国家安全监管总局令第42号《关于修改〈〈生产安全事故报告和调查处理条例〉罚款处罚暂行规定〉部分条款的决定》修订)

第一条　为防止和减少生产安全事故,严格追究生产安全事故发生单位及其有关责任人员的法律责任,正确适用事故罚款的行政处罚,依照《生产安全事故报告和调查处理条例》(以下简称《条例》)的规定,制定本规定。

第二条　安全生产监督管理部门和煤矿安全监察机构对生产安全事故发生单位(以下简称事故发生单位)及其主要负责人、直接负责的主管人员和其他责任人员等有关责任人员实施罚款的行政处罚,适用本规定。

法律、行政法规对行政处罚的种类、幅度和决定机关另有规定的,依照其规定。

第三条　本规定所称事故发生单位是指对事故发生负有责任的生产经营单位。

本规定所称主要负责人是指有限责任公司、股份有限公司的董事长或者总经理或者个人经营的投资人,其他生产经营单位的厂长、经理、局长、矿长(含实际控制人、投资人)等人员。

第四条　本规定所称事故发生单位主要负责人、直接负责的主管人员和其他直接责任人员的上一年年收入,属于国有生产经营单位的,是指该单位上级主管部门所确定的上一年年收入总额;属于非国有生产经营单位的,是指经财务、税务部门核定的上一年年收入总额。

第五条　《条例》所称的迟报、漏报、谎报和瞒报,依照下列情形认定:

(一)报告事故的时间超过规定时限的,属于迟报;

(二)因过失对应当上报的事故或者事故发生的时间、地点、类别、伤亡人数、直接经济损失等内容遗漏未报的,属于漏报;

(三)故意不如实报告事故发生的时间、地点、初步原因、性质、伤亡人数和涉险人数、直接经济损失等有关内容的,属于谎报;

(四)隐瞒已经发生的事故,超过规定时限未向安全监管监察部门和有关部门报告,经查证属实的,属于瞒报。

第六条　对事故发生单位及其有关责任人员处以罚款的行政处罚,依照下列规定决定:

(一)对发生特别重大事故的单位及其有关责任人员罚款的行政处罚,由国家安全生产监督管理总局决定;

(二)对发生重大事故的单位及其有关责任人员罚款的行政处罚,由省级人民政府安全生产监督管理部门决定;

(三)对发生较大事故的单位及其有关责任人员罚款的行政处罚,由设区的市级人民政府安全生产监督管理部门决定;

(四)对发生一般事故的单位及其有关责任人员罚款的行政处罚,由县级人民政府安全生产监督管理部门决定。

上级安全生产监督管理部门可以指定下一级安全生产监督管理部门对事故发生单位及其有关责任人员实施行政处罚。

第七条　对煤矿事故发生单位及其有关责任人员处以罚款的行政处罚,依照下列规定执行:

(一)对发生特别重大事故的煤矿及其有关责任人员罚款的行政处罚,由国家煤矿安全监察局决定;

（二）对发生重大事故和较大事故的煤矿及其有关责任人员罚款的行政处罚，由省级煤矿安全监察机构决定；

（三）对发生一般事故的煤矿及其有关责任人员罚款的行政处罚，由省级煤矿安全监察机构所属分局决定。

上级煤矿安全监察机构可以指定下一级煤矿安全监察机构对事故发生单位及其有关责任人员实施行政处罚。

第八条 特别重大事故以下等级事故，事故发生地与事故发生单位所在地不在同一个县级以上行政区域的，由事故发生地的安全生产监督管理部门或者煤矿安全监察机构依照本规定第六条或者第七条规定的权限实施行政处罚。

第九条 安全生产监督管理部门和煤矿安全监察机构对事故发生单位及其有关责任人员实施罚款的行政处罚，依照《安全生产违法行为行政处罚办法》规定的程序执行。

第十条 事故发生单位及其有关责任人员对安全生产监督管理部门和煤矿安全监察机构给予的行政处罚，享有陈述、申辩的权利；对行政处罚不服的，有权依法申请行政复议或者提起行政诉讼。

第十一条 事故发生单位主要负责人有《条例》第三十五条规定的行为之一的，依照下列规定处以罚款：

（一）事故发生单位主要负责人在事故发生后不立即组织事故抢救的，处上一年年收入80%的罚款；

（二）事故发生单位主要负责人迟报或者漏报事故的，处上一年年收入40%至60%的罚款；

（三）事故发生单位主要负责人在事故调查处理期间擅离职守的，处上一年年收入60%至80%的罚款。

第十二条 事故发生单位有《条例》第三十六条第一项规定行为之一的，处200万元的罚款；同时贻误事故抢救或者造成事故扩大或者影响事故调查的，处300万元的罚款；同时贻误事故抢救或者造成事故扩大或者影响事故调查，手段恶劣，情节严重的，处500万元的罚款。

事故发生单位有《条例》第三十六条第二至六项规定行为之一的，处100万元以上200万元以下的罚款；同时贻误事故抢救或者造成事故扩大或者影响事故调查的，处200万元以上300万元以下的罚款；同时贻误事故抢救或者造成事故扩大或者影响事故调查，手段恶劣，情节严重的，处300万元以上500万元以下的罚款。

第十三条 事故发生单位的主要负责人、直接负责的主管人员和其他直接责任人员有《条例》第三十六条规定的行为之一的，依照下列规定处以罚款：

（一）伪造、故意破坏事故现场，或者转移、隐匿资金、财产、销毁有关证据、资料，或者拒绝接受调查，或者拒绝提供有关情况和资料，或者在事故调查中作伪证，或者指使他人作伪证的，处上一年年收入80%至90%的罚款；

（二）谎报、瞒报事故或者事故发生后逃匿的，处上一年年收入100%的罚款。

第十四条 事故发生单位对造成3人以下死亡，或者3人以上10人以下重伤（包括急性工业中毒），或者300万元以上1000万元以下直接经济损失的事故负有责任的，处10万元以上20万元以下的罚款。

事故发生单位有本条第一款规定的行为且谎报或者瞒报事故的，处20万元的罚款。

第十五条 事故发生单位对较大事故发生负有责任的，依照下列规定处以罚款：

（一）造成3人以上6人以下死亡，或者10人以上30人以下重伤（包括急性工业中毒），或者1000万元以上3000万元以下直接经济损失的，处20万元以上30万元以下的罚款；

（二）造成6人以上10人以下死亡，或者30人以上50人以下重伤（包括急性工业中毒），或者3000万元以上5000万元以下直接经济损失的，处30万元以上50万元以下的罚款。

事故发生单位对较大事故发生负有责任且有谎报或者瞒报行为的，处50万元的罚款。

第十六条 事故发生单位对重大事故发生负有责任的，依照下列规定处以罚款：

（一）造成10人以上15人以下死亡，或者50人以上70人以下重伤（包括急性工业中毒），或者

5000 万元以上 7000 万元以下直接经济损失的,处 50 万元以上 100 万元以下的罚款;

(二)造成 15 人以上 30 人以下死亡,或者 70 人以上 100 人以下重伤(包括急性工业中毒),或者 7000 万元以上 1 亿元以下直接经济损失的,处 100 万元以上 200 万元以下的罚款。

事故发生单位对重大事故发生负有责任且有谎报或者瞒报行为的,处 200 万元的罚款。

第十七条 事故发生单位对特别重大事故发生负有责任的,处 200 万元以上 500 万元以下的罚款。

事故发生单位有本条第一款规定的行为且谎报或者瞒报事故的,处 500 万元的罚款。

第十八条 事故发生单位主要负责人未依法履行安全生产管理职责,导致事故发生的,依照下列规定处以罚款:

(一)发生一般事故的,处上一年年收入 30% 的罚款;

(二)发生较大事故的,处上一年年收入 40% 的罚款;

(三)发生重大事故的,处上一年年收入 60% 的罚款;

(四)发生特别重大事故的,处上一年年收入 80% 的罚款。

第十九条 法律、行政法规对发生事故的单位及其有关责任人员规定的罚款幅度与本规定不同的,按照较高的幅度处以罚款,但对同一违法行为不得重复罚款。

第二十条 违反《条例》和本规定,事故发生单位及其有关责任人员有两种以上应当处以罚款的行为的,安全生产监督管理部门或者煤矿安全监察机构应当分别裁量,合并作出处罚决定。

第二十一条 对事故发生负有责任的其他单位及其有关责任人员处以罚款的行政处罚,依照相关法律、法规和规章的规定实施。

第二十二条 本规定自公布之日起施行。

安全生产培训管理办法

国家安全生产监督管理总局令

第 44 号

新修订的《安全生产培训管理办法》已经 2011 年 12 月 31 日国家安全生产监督管理总局局长办公会议审议通过，现予公布，自 2012 年 3 月 1 日起施行。原国家安全生产监督管理局（国家煤矿安全监察局）2004 年 12 月 28 日公布的《安全生产培训管理办法》同时废止。

国家安全生产监督管理总局　骆琳

二○一二年一月十九日

目　录

第一章　总　则

第一条　为了加强安全生产培训管理，规范安全生产培训秩序，保证安全生产培训质量，促进安全生产培训工作健康发展，根据《中华人民共和国安全生产法》和有关法律、行政法规的规定，制定本办法。

第二条　安全培训机构、生产经营单位从事安全生产培训（以下简称安全培训）活动以及安全生产监督管理部门、煤矿安全监察机构、地方人民政府负责煤矿安全培训的部门对安全培训工作实施监督管理，适用本办法。

第三条　本办法所称安全培训是指以提高安全监管监察人员、生产经营单位从业人员和从事安全生产工作的相关人员的安全素质为目的的教育培训活动。

前款所称安全监管监察人员是指县级以上各级人民政府安全生产监督管理部门、各级煤矿安全监察机构从事安全监管监察、行政执法的安全生产监管人员和煤矿安全监察人员；生产经营单位从业人员是指生产经营单位主要负责人、安全生产管理人员、特种作业人员及其他从业人员；从事安全生产工作的相关人员是指从事安全教育培训工作的教师、危险化学品登记机构的登记人员和承担安全评价、咨询、检测、检验的人员及注册安全工程师、安全生产应急救援人员等。

第四条　安全培训工作实行统一规划、归口管理、分级实施、分类指导、教考分离的原则。

国家安全生产监督管理总局（以下简称国家安全监管总局）指导全国安全培训工作，依法对全国的安全培训工作实施监督管理。

国家煤矿安全监察局（以下简称国家煤矿安监局）指导全国煤矿安全培训工作，依法对全国煤矿安全培训工作实施监督管理。

国家安全生产应急救援指挥中心指导全国安全生产应急救援培训工作。

县级以上地方各级人民政府安全生产监督管理部门依法对本行政区域内的安全培训工作实施监督管理。

省、自治区、直辖市人民政府负责煤矿安全培训的部门、省级煤矿安全监察机构(以下统称省级煤矿安全培训监管机构)按照各自工作职责,依法对所辖区域煤矿安全培训工作实施监督管理。

第二章 安全培训机构

第五条 安全培训机构从事安全培训活动,必须取得相应的资质证书。资质证书分三个等级。

一级资质证书,由国家安全监管总局审批、颁发;二级、三级资质证书,由省、自治区、直辖市人民政府安全生产监督管理部门(以下简称省级安全生产监督管理部门)审批、颁发。设立煤矿安全监察机构的省、自治区、直辖市,由省级煤矿安全监察机构负责所辖区域内从事煤矿安全培训活动的培训机构二级、三级资质证书的审批、颁发。

第六条 取得一级资质证书的安全培训机构,可以承担省级以上安全生产监督管理部门、煤矿安全监察机构的安全生产监管人员、煤矿安全监察人员,中央企业的总公司、总厂或者集团公司的主要负责人和安全生产管理人员,以及安全培训机构教师的培训工作。

取得二级资质证书的安全培训机构,可以承担设区的市、县级人民政府安全生产监督管理部门(以下简称市级、县级安全生产监督管理部门)的安全生产监管人员,省属生产经营单位和中央企业的分公司、子公司及其所属单位主要负责人和安全生产管理人员,危险物品的生产、经营、储存单位和矿山企业的主要负责人,危险化学品登记机构的登记人员,承担安全评价、咨询、检测、检验工作的人员,以及注册安全工程师和三级安全培训机构教师的培训工作。

取得三级资质证书的安全培训机构,可以承担除中央企业、省属生产经营单位的主要负责人、安全生产管理人员以及危险物品的生产、经营、储存单位和矿山企业的主要负责人以外的生产经营单位从业人员的培训工作。

上一级安全培训机构可以承担下一级安全培训机构的培训工作。

安全培训机构具备本办法第十条规定条件的,可以承担相应作业类别特种作业人员的培训工作。

第七条 安全培训机构申请一级资质证书,应当具备下列条件:

(一)能够独立或者经授权承担法律责任,注册资金或者开办费500万元以上;

(二)有专职的管理人员;

(三)有健全的机构章程、管理制度、工作规则;

(四)有15名以上具有本科以上学历的专职或者兼职教师,其中至少有10名具有高级以上职称并且经国家安全监管总局考核合格的专职教师,专职教师中至少有5名取得注册安全工程师执业资格;

(五)有固定、独立和相对集中并且能够满足同期100人以上规模培训需要的教学及生活设施,其中专用教室使用面积150平方米以上;

(六)安全培训需要的其他条件。

第八条 安全培训机构申请二级资质证书,应当具备下列条件:

(一)能够独立或者经授权承担法律责任,注册资金或者开办费300万元以上;

(二)有专职的管理人员;

(三)有健全的机构章程、管理制度、工作规则;

(四)有10名以上具有本科以上学历的专职或者兼职教师,其中至少有6名具有中级以上职称并且经省级安全生产监督管理部门或者省级煤矿安全监察机构考核合格的专职教师,专职教师中至少有3名取得注册安全工程师执业资格;

(五)有固定、独立和相对集中并且能够满足同期80人以上规模培训需要的教学及生活设施,其中专用教室使用面积 120 平方米以上；

（六）安全培训需要的其他条件。

第九条 安全培训机构申请三级资质证书，应当具备下列条件：

（一）能够独立或者经授权承担法律责任，注册资金或者开办费 100 万元以上；

（二）有专职的管理人员；

（三）有健全的机构章程、管理制度、工作规则；

（四）有 8 名以上具有本科以上学历的专职或者兼职教师，其中至少有 5 名具有中级以上职称并且经省级安全生产监督管理部门或者省级煤矿安全监察机构考核合格的专职教师，专职教师中至少有 2 名取得注册安全工程师执业资格；

（五）有能够满足同期 60 人以上规模培训需要的教学及生活设施，其中专用教室使用面积 100 平方米以上；

（六）安全培训需要的其他条件。

第十条 安全培训机构申请承担特种作业人员安全技术培训的，除符合本办法第七、八、九条规定的条件外，还应当具备下列条件：

（一）每个作业类别不得少于 2 名专科以上学历、相应专业的专职教师，从事实际操作教学的教师应当有相应专业技师以上等级证书；

（二）具备相应作业类别的实际操作条件。

第十一条 申请一级资质证书，按照下列程序办理：

（一）具备资质条件的申请人将安全培训机构资质申请书、安全培训机构设置批准文件或者企事业单位法人登记证和本办法第七条规定的材料，报省级安全生产监督管理部门或者省级煤矿安全监察机构进行初审；

（二）省级安全生产监督管理部门或者省级煤矿安全监察机构自受理之日起 20 个工作日内完成初审工作，并将符合条件的申请材料报国家安全监管总局；

（三）国家安全监管总局自受理申请之日起 20 个工作日内完成审查工作。符合条件的，颁发相应的资质证书；不符合条件的，书面通知申请人并说明理由。

第十二条 申请二、三级资质证书，按照下列程序办理：

（一）具备资质条件的申请人将安全培训机构资质申请书、安全培训机构设置批准文件或者企事业单位法人登记证和本办法第八、九条规定的材料，报省级安全生产监督管理部门或者省级煤矿安全监察机构；

（二）省级安全生产监督管理部门或者省级煤矿安全监察机构应当自受理申请之日起 20 个工作日内完成审查工作。符合条件的，颁发相应的资质证书，并报国家安全监管总局备案；不符合条件的，书面通知申请人并说明理由。

第十三条 申请承担特种作业人员安全技术培训的，除按照本办法第十一、十二条的规定提交相关材料外，还应当提交符合第十条规定的材料。

申请人整改问题所需的时间，不计算在本办法第十一、十二条规定的时间内。

第十四条 安全培训机构的专职教师应当接受专门的培训，经考核合格后，方可上岗执教。专职教师应当每年接受不少于 40 学时的继续教育。

第十五条 安全培训机构资质证书不得出借、出租给其他机构或者个人。

安全培训机构资质证书的有效期为 3 年。安全培训机构资质证书有效期届满需要延期的，应当于安全培训机构资质证书有效期届满 30 日前向原颁发证书的机构办理延期手续。

第十六条 对安全培训机构的考核发证，不得收取费用。

第三章 安全培训

第十七条 安全培训应当按照规定的安全培训大纲进行。

安全监管监察人员，危险物品的生产、经营、储存单位与非煤矿山企业的主要负责人、安全生产管理人员和特种作业人员及从事安全生产工作的相关人员的安全培训大纲，由国家安全监管总局组织制定。

煤矿企业的主要负责人、安全生产管理人员和特种作业人员的培训大纲由国家煤矿安监局组织制定。

除危险物品的生产、经营、储存单位和矿山企业以外其他生产经营单位的主要负责人、安全生产管理人员及其他从业人员的安全培训大纲，由省级安全生产监督管理部门、省级煤矿安全培训监管机构组织制定。

第十八条 国家安全监管总局、省级安全生产监督管理部门定期组织优秀安全培训教材的评选。

安全培训机构应当优先使用优秀安全培训教材。

第十九条 国家安全监管总局负责省级以上安全生产监督管理部门的安全生产监管人员、各级煤矿安全监察机构的煤矿安全监察人员的培训工作；组织、指导和监督中央企业总公司、总厂或者集团公司的主要负责人和安全生产管理人员的培训工作。

省级安全生产监督管理部门负责市级、县级安全生产监督管理部门的安全生产监管人员的培训工作；组织、指导和监督省属生产经营单位、所辖区域内中央企业的分公司、子公司及其所属单位的主要负责人和安全生产管理人员的培训工作；组织、指导和监督特种作业人员的培训工作。

市级、县级安全生产监督管理部门组织、指导和监督本行政区域内除中央企业、省属生产经营单位以外的其他生产经营单位的主要负责人和安全生产管理人员的安全培训工作。

省级煤矿安全培训监管机构组织、指导和监督所辖区域内煤矿企业的主要负责人、安全生产管理人员和特种作业人员的培训工作。

危险化学品登记机构的登记人员和承担安全评价、咨询、检测、检验的人员及注册安全工程师、安全生产应急救援人员的安全培训按照有关法律、法规、规章的规定进行。

除主要负责人、安全生产管理人员、特种作业人员以外的生产经营单位的从业人员的安全培训，由生产经营单位负责。

第二十条 生产经营单位应当建立安全培训管理制度，保障从业人员安全培训所需经费，对从业人员进行与其所从事岗位相应的安全教育培训；从业人员调整工作岗位或者采用新工艺、新技术、新设备、新材料的，应当对其进行专门的安全教育和培训。未经安全教育和培训合格的从业人员，不得上岗作业。

从业人员安全培训情况，生产经营单位应当建档备查。

第二十一条 下列从业人员应当由取得相应资质的安全培训机构进行培训：

（一）依照有关法律、法规应当取得安全资格证的生产经营单位主要负责人；

（二）安全生产管理人员；

（三）特种作业人员；

（四）井工矿山企业的生产、技术、通风、机电、运输、地测、调度等职能部门的负责人。

前款规定以外的从业人员的安全培训，由生产经营单位组织培训，或者委托安全培训机构进行培训。

生产经营单位从业人员的培训内容和培训时间，应当符合《生产经营单位安全培训规定》和有关标准的规定。

第二十二条 中央企业的分公司、子公司及其所属单位和其他生产经营单位，发生造成人员死亡的生产安全事故的，其主要负责人和安全生产管理人员应当重新参加安全培训。

特种作业人员对造成人员死亡的生产安全事故负有直接责任的，应当按照《特种作业人员安全技术培训考核管理规定》重新参加安全培训。

第二十三条 国家鼓励生产经营单位实行师傅带徒弟制度。

矿山新招的井下作业人员和危险物品生产经营单位新招的危险工艺操作岗位人员，除按照规定进行安全培训外，还应当在有经验的职工带领下实习满2个月后，方可独立上岗作业。

第二十四条 国家鼓励生产经营单位招录职业院校毕业生。

职业院校毕业生从事与所学专业相关的作业，可以免予参加初次培训，实际操作培训除外。

第二十五条 安全培训机构应当建立安全培训工作制度和人员培训档案，落实安全培训计划。

安全培训相关情况，应当记录备查。

第二十六条 安全培训机构从事安全培训工作的收费，应当符合法律、法规的规定。法律、法规没有规定的，应当按照行业自律标准或者指导性标准收费。

第二十七条 国家鼓励安全培训机构和生产经营单位利用现代信息技术开展安全培训，包括远程培训。

第四章 安全培训的考核

第二十八条 安全监管监察人员、从事安全生产工作的相关人员、依照有关法律法规应当取得安全资格证的生产经营单位主要负责人和安全生产管理人员、特种作业人员的安全培训的考核，应当坚持教考分离、统一标准、统一题库、分级负责的原则，分步推行有远程视频监视的计算机考试。

第二十九条 安全监管监察人员，危险物品的生产、经营、储存单位及非煤矿山企业主要负责人、安全生产管理人员和特种作业人员，以及从事安全生产工作的相关人员的考核标准，由国家安全监管总局统一制定。

煤矿企业的主要负责人、安全生产管理人员和特种作业人员的考核标准，由国家煤矿安监局制定。

除危险物品的生产、经营、储存单位和矿山企业以外其他生产经营单位主要负责人、安全生产管理人员及其他从业人员的考核标准，由省级安全生产监督管理部门制定。

第三十条 国家安全监管总局负责省级以上安全生产监督管理部门的安全生产监管人员、各级煤矿安全监察机构的煤矿安全监察人员的考核；负责中央企业的总公司、总厂或者集团公司的主要负责人和安全生产管理人员的考核。

省级安全生产监督管理部门负责市级、县级安全生产监督管理部门的安全生产监管人员的考核；负责省属生产经营单位和中央企业分公司、子公司及其所属单位的主要负责人和安全生产管理人员的考核；负责特种作业人员的考核。

市级安全生产监督管理部门负责本行政区域内除中央企业、省属生产经营单位以外的其他生产经营单位的主要负责人和安全生产管理人员的考核。

省级煤矿安全培训监管机构负责所辖区域内煤矿企业的主要负责人、安全生产管理人员和特种作业人员的考核。

除主要负责人、安全生产管理人员、特种作业人员以外的生产经营单位的其他从业人员的考核，由生产经营单位按照省级安全生产监督管理部门公布的考核标准，自行组织考核。

第三十一条 安全生产监督管理部门、煤矿安全培训监管机构和生产经营单位应当制定安全培训的考核制度，建立考核管理档案备查。

第五章 安全培训的发证

第三十二条 接受安全培训人员经考核合格的，由考核部门在考核结束后10个工作日内颁发相应的证书。

第三十三条 安全生产监管人员经考核合格后，颁发安全生产监管执法证；煤矿安全监察人员经考核合格后，颁发煤矿安全监察执法证；危险物品的生产、经营、储存单位和矿山企业主要负责人、安全生产管理人员经考核合格后，颁发安全资格证；特种作业人员经考核合格后，颁发《中华人民共和国特种作业操作证》（以下简称特种作业操作证）；危险化学品登记机构的登记人员经考核合格后，颁发上岗证；其他人员经培训合格后，颁发培训合格证。

第三十四条 安全生产监管执法证、煤矿安全监察执法证、安全资格证、特种作业操作证和上岗证的式样，由国家安全监管总局统一规定。培训合格证的式样，由负责培训考核的部门规定。

第三十五条 安全生产监管执法证、煤矿安全监察执法证、安全资格证的有效期为3年。有效期届满需要延期的，应当于有效期届满30日前向原发证部门申请办理延期手续。

特种作业人员的考核发证按照《特种作业人员安全技术培训考核管理规定》执行。

第三十六条 特种作业操作证和省级安全生产监督管理部门、省级煤矿安全培训监管机构颁发的主要负责人、安全生产管理人员的安全资格证，在全国范围内有效。

第三十七条 承担安全评价、咨询、检测、检验的人员和安全生产应急救援人员的考核、发证，按照有关法律、法规、规章的规定执行。

第六章 监督管理

第三十八条 安全生产监督管理部门、煤矿安全培训监管机构应当依照法律、法规和本办法的规定，加强对安全培训工作的监督管理，对生产经营单位、安全培训机构违反有关法律、法规和本办法的行为，依法作出处理。

省级安全生产监督管理部门、省级煤矿安全培训监管机构应当定期统计分析本行政区域内安全培训、考核、发证情况，并报国家安全监管总局。

第三十九条 安全生产监督管理部门、煤矿安全监察机构及其工作人员应当坚持公开、公平、公正的原则，严格按照法律、法规和本办法的规定审查、颁发安全培训机构的资质证书。对已经取得资质证书的安全培训机构，安全生产监督管理部门、煤矿安全监察机构应当每年进行一次评估检查。安全生产监督管理部门、煤矿安全监察机构应当定期向社会公布已经取得资质证书的安全培训机构名单，接受社会监督。

对安全培训机构的年度评估检查，应当征求生产经营单位和参加培训人员对培训质量的意见。

第四十条 安全生产监督管理部门和煤矿安全培训监管机构应当对安全培训机构开展安全培训活动的情况进行监督检查，检查内容包括：

（一）按照资质许可范围开展培训的情况；

（二）建立培训管理制度和专兼职教师配备的情况；

（三）执行培训大纲、建立培训档案和培训保障的情况；

（四）培训收费的情况；

（五）法律法规规定的其他内容。

第四十一条 安全生产监督管理部门、煤矿安全培训监管机构应当对生产经营单位的安全培训情况进行监督检查，检查内容包括：

（一）安全培训制度、年度培训计划、安全培训管理档案的制定和实施的情况；

（二）安全培训经费投入和使用的情况；

（三）主要负责人、安全生产管理人员和特种作业人员安全培训和持证上岗的情况；

（四）应用新工艺、新技术、新材料、新设备以及转岗前对从业人员安全培训的情况；

（五）其他从业人员安全培训的情况；

（六）法律法规规定的其他内容。

第四十二条 任何单位或者个人对生产经营单位、安全培训机构违反有关法律、法规和本办法的行为，均有权向安全生产监督管理部门、煤矿安全监察机构、煤矿安全培训监管机构报告或者举报。

接到举报的部门或者机构应当为举报人保密，并按照有关规定对举报进行核查和处理。

第四十三条 监察机关依照《中华人民共和国行政监察法》等法律、行政法规的规定，对安全生产监督管理部门、煤矿安全监察机构、煤矿安全培训监管机构及其工作人员履行安全培训工作监督管理职责情况实施监察。

第七章 法律责任

第四十四条 安全生产监督管理部门、煤矿安全监察机构、煤矿安全培训监管机构的工作人员在安全培训监督管理工作中滥用职权、玩忽职守、徇私舞弊的，依照有关规定给予处分；构成犯罪的，依法追究刑事责任。

第四十五条 安全培训机构有下列情形之一的，责令限期改正，处1万元以下的罚款；逾期未改正的，给予警告，处1万元以上3万元以下的罚款；情节严重的，撤销其资质证书，并处3万元以下的罚款：

（一）未按照资质许可的范围开展培训的；

（二）未按照统一的培训大纲组织教学培训的；

（三）专职教师未经考核，或者考核不合格而从事安全培训工作的；

（四）未建立培训档案或者培训档案管理不规范的；

（五）将安全培训资质证书出借、出租给其他机构或者个人的。

安全培训机构采取不正当竞争手段，故意贬低、诋毁其他安全培训机构的，依照前款规定处罚。

第四十六条 安全培训机构评估检查不合格继续从事安全培训活动的，责令改正，处1万元以下的罚款；逾期不改正的，处1万元以上3万元以下的罚款；情节严重的，撤销其资质证书。

安全培训机构未按照有关规定进行安全培训，生产经营单位和参加安全培训的人员对其培训质量意见较大的，给予警告，处3万元以下的罚款；情节严重的，撤销其资质证书。

第四十七条 安全培训机构隐瞒有关情况或者提供虚假材料申请安全培训机构资质的，不予受理或者不予颁发安全培训机构资质证书，并自发现之日起1年内不得再次申请安全培训机构资质。

第四十八条 安全培训机构以欺骗、贿赂等不正当手段取得安全培训机构资质证书的，除撤销安全培训机构资质证书外，处1万元以上3万元以下的罚款，并自撤销其安全培训机构资质证书之日起3年内不得再次申请安全培训机构资质。

第四十九条 生产经营单位主要负责人、安全生产管理人员、特种作业人员以欺骗、贿赂等不正当手段取得安全资格证或者特种作业操作证的，除撤销其相关资格证外，处3千元以下的罚款，并自撤销其相关资格证之日起3年内不得再次申请该资格证。

第五十条 生产经营单位有下列情形之一的，责令改正，处3万元以下的罚款：

（一）相关人员未按照本办法第二十一条第一款规定由相应资质安全培训机构培训的；

（二）从业人员安全培训的时间少于《生产经营单位安全培训规定》或者有关标准规定的；

（三）矿山新招的井下作业人员和危险物品生产经营单位新招的危险工艺操作岗位人员，未经实习期满独立上岗作业的；

（四）相关人员未按照本办法第二十二条规定重新参加安全培训的。

第五十一条 生产经营单位存在违反有关法律、法规中安全生产教育培训的其他行为的，依照相关法律、法规的规定予以处罚。

第八章　附　　则

第五十二条 本办法自2012年3月1日起施行。2004年12月28日公布的《安全生产培训管理办法》（原国家安全生产监督管理局〈国家煤矿安全监察局〉令第20号）同时废止。

非煤矿矿山建设项目安全设施设计审查与竣工验收办法

国家安全生产监督管理局、国家煤矿安全监察局令

第18号

《非煤矿矿山建设项目安全设施设计审查与竣工验收办法》已经国家安全生产监督管理局(国家煤矿安全监察局)局务会议审议通过,现予公布,自2005年2月1日起施行。

局长　王显政

二〇〇四年十二月二十八日

目　　录

第一章　总　　则

第一条　为了规范非煤矿矿山建设项目安全设施监督管理工作,保障非煤矿矿山安全生产,根据《安全生产法》、《矿山安全法》和有关法律、行政法规的规定,制定本办法。

第二条　非煤矿矿山建设项目(以下简称建设项目)安全设施的设计审查和竣工验收及其监督管理工作,适用本办法。建设项目是指非煤矿矿山新建、改建和扩建的工程项目。

第三条　建设项目应当进行安全评价,其初步设计应当按照规定编制安全专篇。

第四条　建设项目安全设施的设计应当符合工程建设强制性标准和行业技术规范。

第五条　建设项目施工前,其安全设施设计应当经安全生产监督管理部门审查同意;竣工投入生产或者使用前,其安全设施和安全条件应当经安全生产监督管理部门验收合格。

第六条　建设项目安全设施的设计审查和竣工验收,实行分级、属地监管的原则。国务院安全生产监督管理部门指导、监督全国建设项目安全设施设计审查和竣工验收工作,负责下列建设项目安全设施的设计审查和竣工验收:

(一)国务院或者国务院有关部门审批的建设项目;

(二)国务院或者国务院有关部门核准的建设项目;

(三)国务院有关部门备案的建设项目;

(四)跨省、自治区、直辖市行政区域的建设项目;

(五)海洋石油天然气企业的建设项目;

(六)核工业矿山或者其他有特殊要求的建设项目。

其他建设项目安全设施的设计审查和竣工验收工作,由省、自治区、直辖市安全生产监督管理部

门按照分级管理的原则作出规定。

第七条 经地方各级安全生产监督管理部门审查同意和验收合格的建设项目,应当报上一级安全生产监督管理部门备案。

第二章 安全评价

第八条 建设项目的安全评价包括安全预评价和安全验收评价。

建设项目在可行性研究阶段,应当进行安全预评价;建设项目在投入生产或者使用前,应当进行安全验收评价。

第九条 建设项目的安全评价应当由具有相应资质的安全评价机构承担。

安全评价机构应当按照规定的标准和程序进行安全评价工作,提出评价报告。安全评价机构对安全评价结果负责。

第十条 非煤矿矿山建设单位(以下简称建设单位)应当与承担建设项目安全评价的安全评价机构签订书面委托合同,明确各自的权利和义务。

第十一条 建设项目安全预评价报告应当包括下列内容:

(一)主要危险、有害因素和危害程度以及对公共安全影响的定性、定量评价;

(二)预防和控制主要危险、有害因素的可能性评价;

(三)可能造成职业危害的评价;

(四)安全对策措施、安全设施设计原则;

(五)预评价结论;

(六)其他需要说明的事项。

第十二条 建设项目安全验收评价报告应当包括下列内容:

(一)安全设施符合法律、法规、标准和规程规定以及设计文件的评价;

(二)安全设施在生产或者使用中的有效性评价;

(三)职业危害防治措施的有效性评价;

(四)建设项目的整体安全性评价;

(五)存在的安全问题和解决问题的建议;

(六)安全验收评价结论;

(七)其他需要说明的事项。

第十三条 建设单位应当在评价工作完成后 30 日内,按照本办法第六条的规定,将安全评价报告报相应的安全生产监督管理部门备案。

第三章 设计审查

第十四条 建设项目安全设施设计,应当由具有相应资质的设计单位承担。设计单位对其安全设施设计负责。

第十五条 建设项目的安全设施设计应当经安全生产监督管理部门审查同意。未经审查同意的,不得施工。

第十六条 建设项目的安全设施设计应当包括主要灾害的防治措施,所确定的设施、设备、器材等应当符合国家标准和行业标准。

第十七条 建设项目初步设计完成后,建设单位应当按照本办法第六条的规定,向相应的安全生产监督管理部门提出建设项目安全设施设计审查申请。

第十八条 建设单位提出建设项目安全设施设计审查申请时,应当提交下列资料:

(一)安全设施设计审查申请报告及申请表;

(二)立项和可行性研究报告批准文件;

（三）安全预评价报告书；

（四）初步设计及安全专篇；

（五）其他需要提交的材料。

第十九条 安全生产监督管理部门接到审查申请后，应当对申请资料进行审查。有下列情形之一的，为设计审查不合格：

（一）安全预评价报告由不具备相应资质的评价机构承担的；

（二）安全设施设计由不具备相应资质的设计单位承担的；

（三）主要灾害防治措施不符合规定的；

（四）安全设施设计不符合工程建设强制性标准和行业技术规范的；

（五）所确定的设施、设备、器材不符合国家标准和行业标准的；

（六）不符合国务院安全生产监督管理部门规定的其他条件的。

第二十条 安全生产监督管理部门审查建设项目的安全设施设计，应当自收到审查申请之日起30日内审查完毕。经审查同意的，应当以书面形式批复；不同意的，应当说明理由，并以书面形式答复。

第二十一条 建设单位对已批准的建设项目安全设施设计作重大变更的，应当经原设计单位同意，并报原审查部门审查同意。

第四章 施工和竣工验收

第二十二条 建设项目的安全设施应当由具有相应资质的施工单位施工。施工单位应当按照批准的安全设施设计施工，并对安全设施的工程质量负责。建设单位不得将建设项目发包给不具备相应资质的施工单位施工。

第二十三条 施工单位在施工期间，发现建设项目的安全设施设计不合理或者存在重大事故隐患时，应当立即停止施工，并报告建设单位。

第二十四条 地方各级安全生产监督管理部门对本行政区域内建设项目安全设施的施工情况进行监督检查。

第二十五条 建设项目的安全设施和安全条件应当经安全生产监督管理部门验收。未经验收合格的，不得投入生产和使用。

第二十六条 建设单位应当在建设项目竣工验收前，按照本办法第六条的规定，向相应的安全生产监督管理部门提出建设项目安全设施竣工验收申请。

第二十七条 建设单位申请验收建设项目的安全设施和安全条件时，应当提交下列资料：

（一）验收申请报告及申请表；

（二）安全设施设计经审查合格及设计修改的有关文件、资料；

（三）主要安全设施、特种设备检测检验报告；

（四）施工单位资质证明材料；

（五）施工期间生产安全事故及其他重大工程质量事故的有关资料；

（六）矿长、安全生产管理人员及特种作业人员安全资格的有关资料；

（七）安全验收评价报告书；

（八）其他需要提交的材料。

第二十八条 安全生产监督管理部门接到验收申请后，应当对申请资料进行审查并组织现场验收。有下列情形之一的，为验收不合格：

（一）安全设施和安全条件不符合设计要求的；

（二）安全设施和安全条件不能满足正常生产和使用的；

（三）未按规定建立安全生产管理部门和配备安全生产管理人员的；

（四）矿长、安全生产管理人员和特种作业人员不具备相应资格的；

（五）不符合国务院安全生产监督管理部门规定的其他条件的。

第二十九条 安全生产监督管理部门对建设项目的安全设施和安全条件进行验收，应当自收到验收申请之日起30日内验收完毕，签署合格或者不合格的意见，并以书面形式答复。

第五章 罚 则

第三十条 安全评价机构在安全评价工作中出具虚假证明，构成犯罪的，依法追究刑事责任；尚不够刑事处罚的，没收违法所得，违法所得在5000元以上的，并处违法所得2倍以上5倍以下的罚款，没有违法所得或者违法所得不足5000元的，单处或者并处5000元以上20000元以下的罚款，对其直接负责的主管人员和其他直接责任人员处5000元以上50000元以下的罚款；给他人造成损害的，与建设单位承担连带赔偿责任。对有前款违法行为的机构，撤销其相应资格。

第三十一条 建设单位有下列行为之一的，责令限期改正；逾期未改正的，责令停止建设或者停产停业整顿，可以并处50000元以下的罚款；造成严重后果，构成犯罪的，依法追究刑事责任：

（一）建设项目没有安全设施设计的；

（二）建设项目安全设施设计未按照规定报经有关部门审查同意的；

（三）建设项目安全设施未按照批准的设计施工的；

（四）建设项目竣工投入生产或者使用前，安全设施未经验收合格的。

第三十二条 建设单位将建设项目发包给不具备相应资质的施工单位施工的，责令限期改正，并处30000元以下的罚款。

第三十三条 本办法所规定的行政处罚，由安全生产监督管理部门决定。

第三十四条 当事人收到罚款通知书后，应当在15日内到指定的金融机构缴纳罚款；逾期不缴纳的，自逾期之日起每日加收3%的滞纳金。

第六章 附 则

第三十五条 建设项目的安全设施设计审查申请表和竣工验收申请表等样式，由国务院安全生产监督管理部门另行制定。

第三十六条 本办法自2005年2月1日起施行。

非煤矿山外包工程安全管理暂行办法

国家安全生产监督管理总局令

第 62 号

《非煤矿山外包工程安全管理暂行办法》已经 2013 年 7 月 29 日国家安全生产监督管理总局局长办公会议审议通过，现予公布，自 2013 年 10 月 1 日起施行。

国家安全监管总局局长　杨栋梁
2013 年 8 月 23 日

非煤矿山外包工程安全管理暂行办法

第一章　总　　则

第一条　为了加强非煤矿山外包工程的安全管理和监督，明确安全生产责任，防止和减少生产安全事故(以下简称事故)，依据《中华人民共和国安全生产法》、《中华人民共和国矿山安全法》和其他有关法律、行政法规，制定本办法。

第二条　在依法批准的矿区范围内，以外包工程的方式从事金属非金属矿山的勘探、建设、生产、闭坑等工程施工作业活动，以及石油天然气的勘探、开发、储运等工程与技术服务活动的安全管理和监督，适用本办法。

从事非煤矿山各类房屋建筑及其附属设施的建造和安装，以及露天采矿场矿区范围以外地面交通建设的外包工程的安全管理和监督，不适用本办法。

第三条　非煤矿山外包工程(以下简称外包工程)的安全生产，由发包单位负主体责任，承包单位对其施工现场的安全生产负责。

外包工程有多个承包单位的，发包单位应当对多个承包单位的安全生产工作实施统一协调、管理。

第四条　承担外包工程的勘察单位、设计单位、监理单位、技术服务机构及其他有关单位应当依照法律、法规、规章和国家标准、行业标准的规定，履行各自的安全生产职责，承担相应的安全生产责任。

第五条　非煤矿山企业应当建立外包工程安全生产的激励和约束机制，提升非煤矿山外包工程安全生产管理水平。

第二章　发包单位的安全生产职责

第六条　发包单位应当依法设置安全生产管理机构或者配备专职安全生产管理人员，对外包工程的安全生产实施管理和监督。

发包单位不得擅自压缩外包工程合同约定的工期，不得违章指挥或者强令承包单位及其从业人员冒险作业。

发包单位应当依法取得非煤矿山安全生产许可证。

第七条 发包单位应当审查承包单位的非煤矿山安全生产许可证和相应资质，不得将外包工程发包给不具备安全生产许可证和相应资质的承包单位。

承包单位的项目部承担施工作业的，发包单位除审查承包单位的安全生产许可证和相应资质外，还应当审查项目部的安全生产管理机构、规章制度和操作规程、工程技术人员、主要设备设施、安全教育培训和负责人、安全生产管理人员、特种作业人员持证上岗等情况。

承担施工作业的项目部不符合本办法第二十一条规定的安全生产条件的，发包单位不得向该承包单位发包工程。

第八条 发包单位应当与承包单位签订安全生产管理协议，明确各自的安全生产管理职责。安全生产管理协议应当包括下列内容：

(一)安全投入保障；

(二)安全设施和施工条件；

(三)隐患排查与治理；

(四)安全教育与培训；

(五)事故应急救援；

(六)安全检查与考评；

(七)违约责任。

安全生产管理协议的文本格式由国家安全生产监督管理总局另行制定。

第九条 发包单位是外包工程安全投入的责任主体，应当按照国家有关规定和合同约定及时、足额向承包单位提供保障施工作业安全所需的资金，明确安全投入项目和金额，并监督承包单位落实到位。

对合同约定以外发生的隐患排查治理和地下矿山通风、支护、防治水等所需的费用，发包单位应当提供合同价款以外的资金，保障安全生产需要。

第十条 石油天然气总发包单位、分项发包单位以及金属非金属矿山总发包单位，应当每半年对其承包单位的施工资质、安全生产管理机构、规章制度和操作规程、施工现场安全管理和履行本办法第二十七条规定的信息报告义务等情况进行一次检查；发现承包单位存在安全生产问题的，应当督促其立即整改。

第十一条 金属非金属矿山分项发包单位，应当将承包单位及其项目部纳入本单位的安全管理体系，实行统一管理，重点加强对地下矿山领导带班下井、地下矿山从业人员出入井统计、特种作业人员、民用爆炸物品、隐患排查与治理、职业病防护等管理，并对外包工程的作业现场实施全过程监督检查。

第十二条 金属非金属矿山总发包单位对地下矿山一个生产系统进行分项发包的，承包单位原则上不得超过3家，避免相互影响生产、作业安全。

前款规定的发包单位在地下矿山正常生产期间，不得将主通风、主提升、供排水、供配电、主供风系统及其设备设施的运行管理进行分项发包。

第十三条 发包单位应当向承包单位进行外包工程的技术交底，按照合同约定向承包单位提供与外包工程安全生产相关的勘察、设计、风险评价、检测检验和应急救援等资料，并保证资料的真实性、完整性和有效性。

第十四条 发包单位应当建立健全外包工程安全生产考核机制，对承包单位每年至少进行一次安全生产考核。

第十五条 发包单位应当按照国家有关规定建立应急救援组织，编制本单位事故应急预案，并定期组织演练。

外包工程实行总发包的，发包单位应当督促总承包单位统一组织编制外包工程事故应急预案；实行分项发包的，发包单位应当将承包单位编制的外包工程现场应急处置方案纳入本单位应急预案体系，并定期组织演练。

第十六条 发包单位在接到外包工程事故报告后,应当立即启动相关事故应急预案,或者采取有效措施,组织抢救,防止事故扩大,并依照《生产安全事故报告和调查处理条例》的规定,立即如实地向事故发生地县级以上人民政府安全生产监督管理部门和负有安全生产监督管理职责的有关部门报告。

外包工程发生事故的,其事故数据纳入发包单位的统计范围。

发包单位和承包单位应当根据事故调查报告及其批复承担相应的事故责任。

第三章 承包单位的安全生产职责

第十七条 承包单位应当依照有关法律、法规、规章和国家标准、行业标准的规定,以及承包合同和安全生产管理协议的约定,组织施工作业,确保安全生产。

承包单位有权拒绝发包单位的违章指挥和强令冒险作业。

第十八条 外包工程实行总承包的,总承包单位对施工现场的安全生产负总责;分项承包单位按照分包合同的约定对总承包单位负责。总承包单位和分项承包单位对分包工程的安全生产承担连带责任。

总承包单位依法将外包工程分包给其他单位的,其外包工程的主体部分应当由总承包单位自行完成。

禁止承包单位转包其承揽的外包工程。禁止分项承包单位将其承揽的外包工程再次分包。

第十九条 承包单位应当依法取得非煤矿山安全生产许可证和相应等级的施工资质,并在其资质范围内承包工程。

承包金属非金属矿山建设和闭坑工程的资质等级,应当符合《建筑业企业资质等级标准》的规定。

承包金属非金属矿山生产、作业工程的资质等级,应当符合下列要求:

(一)总承包大型地下矿山工程和深凹露天、高陡边坡及地质条件复杂的大型露天矿山工程的,具备矿山工程施工总承包二级以上(含本级,下同)施工资质;

(二)总承包中型、小型地下矿山工程的,具备矿山工程施工总承包三级以上施工资质;

(三)总承包其他露天矿山工程和分项承包金属非金属矿山工程的,具备矿山工程施工总承包或者相关的专业承包资质,具体规定由省级人民政府安全生产监督管理部门制定。

承包尾矿库外包工程的资质,应当符合《尾矿库安全监督管理规定》。

承包金属非金属矿山地质勘探工程的资质等级,应当符合《金属与非金属矿产资源地质勘探安全生产监督管理暂行规定》。

承包石油天然气勘探、开发工程的资质等级,由国家安全生产监督管理总局或者国务院有关部门按照各自的管理权限确定。

第二十条 承包单位应当加强对所属项目部的安全管理,每半年至少进行一次安全生产检查,对项目部人员每年至少进行一次安全生产教育培训与考核。

禁止承包单位以转让、出租、出借资质证书等方式允许他人以本单位的名义承揽工程。

第二十一条 承包单位及其项目部应当根据承揽工程的规模和特点,依法健全安全生产责任体系,完善安全生产管理基本制度,设置安全生产管理机构,配备专职安全生产管理人员和有关工程技术人员。

承包地下矿山工程的项目部应当配备与工程施工作业相适应的专职工程技术人员,其中至少有1名注册安全工程师或者具有5年以上井下工作经验的安全生产管理人员。项目部具备初中以上文化程度的从业人员比例应当不低于50%。

项目部负责人应当取得安全生产管理人员安全资格证后方可上岗。承包地下矿山工程的项目部负责人不得同时兼任其他工程的项目部负责人。

第二十二条 承包单位应当依照法律、法规、规章的规定以及承包合同和安全生产管理协议的约定,及时将发包单位投入的安全资金落实到位,不得挪作他用。

第二十三条 承包单位应当依照有关规定制定施工方案,加强现场作业安全管理,定期排查并及时治理事故隐患,落实各项规章制度和安全操作规程。

承包单位发现事故隐患后应当立即治理;不能立即治理的应当采取必要的防范措施,并及时书面报告发包单位协商解决,消除事故隐患。

地下矿山工程承包单位及其项目部的主要负责人和领导班子其他成员应当严格依照《金属非金属地下矿山企业领导带班下井及监督检查暂行规定》执行带班下井制度。

第二十四条 承包单位应当接受发包单位组织的安全生产培训与指导,加强对本单位从业人员的安全生产教育和培训,保证从业人员掌握必需的安全生产知识和操作技能。

第二十五条 外包工程实行总承包的,总承包单位应当统一组织编制外包工程应急预案。总承包单位和分项承包单位应当按照国家有关规定和应急预案的要求,分别建立应急救援组织或者指定应急救援人员,配备救援设备设施和器材,并定期组织演练。

外包工程实行分项承包的,分项承包单位应当根据建设工程施工的特点、范围以及施工现场容易发生事故的部位和环节,编制现场应急处置方案,并配合发包单位定期进行演练。

第二十六条 外包工程发生事故后,事故现场有关人员应当立即向承包单位及项目部负责人报告。

承包单位及项目部负责人接到事故报告后,应当立即如实地向发包单位报告,并启动相应的应急预案,采取有效措施,组织抢救,防止事故扩大。

第二十七条 承包单位在登记注册地以外的省、自治区、直辖市从事施工作业的,应当向作业所在地的县级人民政府安全生产监督管理部门书面报告外包工程概况和本单位资质等级、主要负责人、安全生产管理人员、特种作业人员、主要安全设施设备等情况,并接受其监督检查。

第四章　监督管理

第二十八条 承包单位发生较大以上责任事故或者一年内发生三起以上一般事故的,事故发生地的省级人民政府安全生产监督管理部门应当向承包单位登记注册地的省级人民政府安全生产监督管理部门通报。

发生重大以上事故的,事故发生地省级人民政府安全生产监督管理部门应当邀请承包单位的安全生产许可证颁发机关参加事故调查处理工作。

第二十九条 安全生产监督管理部门应当加强对外包工程的安全生产监督检查,重点检查下列事项:

(一)发包单位非煤矿山安全生产许可证、安全生产管理协议、安全投入等情况;

(二)承包单位的施工资质、应当依法取得的非煤矿山安全生产许可证、安全投入落实、承包单位及其项目部的安全生产管理机构、技术力量配备、相关人员的安全资格和持证等情况;

(三)违法发包、转包、分项发包等行为。

第三十条 安全生产监督管理部门应当建立外包工程安全生产信息平台,将承包单位取得有关许可、施工资质和承揽工程、发生事故等情况载入承包单位安全生产业绩档案,实施安全生产信誉评定和公告制度。

第三十一条 外包工程发生事故的,事故数据应当纳入事故发生地的统计范围。

第五章　法律责任

第三十二条 发包单位违反本办法第六条的规定,违章指挥或者强令承包单位及其从业人员冒险作业的,责令改正,处二万元以上三万元以下的罚款;造成损失的,依法承担赔偿责任。

第三十三条 发包单位与承包单位、总承包单位与分项承包单位未依照本办法第八条规定签订安全生产管理协议的,责令限期改正,处一万元以上二万元以下的罚款。

第三十四条 有关发包单位有下列行为之一的，责令限期改正，给予警告，并处一万元以上三万元以下的罚款：

（一）违反本办法第十条、第十四条的规定，未对承包单位实施安全生产监督检查或者考核的；

（二）违反本办法第十一条的规定，未将承包单位及其项目部纳入本单位的安全管理体系，实行统一管理的；

（三）违反本办法第十三条的规定，未向承包单位进行外包工程技术交底，或者未按照合同约定向承包单位提供有关资料的。

第三十五条 对地下矿山实行分项发包的发包单位违反本办法第十二条的规定，在地下矿山正常生产期间，将主通风、主提升、供排水、供配电、主供风系统及其设备设施的运行管理进行分项发包的，责令限期改正，处二万元以上三万元以下罚款。

第三十六条 承包地下矿山工程的项目部负责人违反本办法第二十一条的规定，同时兼任其他工程的项目部负责人的，责令限期改正，处五千元以上一万元以下罚款。

第三十七条 承包单位有下列行为之一的，责令限期改正，给予警告，并处一万元以上三万元以下罚款：

（一）违反本办法第二十二条的规定，将发包单位投入的安全资金挪作他用的；

（二）未按照本办法第二十三条的规定排查治理事故隐患的。

第三十八条 承包单位违反本办法第二十条规定对项目部疏于管理，未定期对项目部人员进行安全生产教育培训与考核或者未对项目部进行安全生产检查的，责令限期改正，处一万元以上三万元以下罚款。

承包单位允许他人以本单位的名义承揽工程的，移送有关部门依法处理。

第三十九条 承包单位违反本办法第二十七条的规定，在登记注册的省、自治区、直辖市以外从事施工作业，未向作业所在地县级人民政府安全生产监督管理部门书面报告本单位取得有关许可和施工资质，以及所承包工程情况的，责令限期改正，处一万元以上三万元以下的罚款。

第四十条 安全生产监督管理部门的行政执法人员在外包工程安全监督管理过程中滥用职权、玩忽职守、徇私舞弊的，依照有关规定给予处分；构成犯罪的，依法追究刑事责任。

第四十一条 本办法规定的行政处罚，由县级人民政府以上安全生产监督管理部门实施。

有关法律、行政法规、规章对非煤矿山外包工程安全生产违法行为的行政处罚另有规定的，依照其规定。

第六章　附　　则

第四十二条 本办法下列用语的含义：

（一）非煤矿山，是指金属矿、非金属矿、水气矿和除煤矿以外的能源矿，以及石油天然气管道储运（不含成品油管道）及其附属设施的总称；

（二）金属非金属矿山，是指金属矿、非金属矿、水气矿和除煤矿、石油天然气以外的能源矿，以及选矿厂、尾矿库、排土场等矿山附属设施的总称；

（三）外包工程，是指发包单位与本单位以外的承包单位签订合同，由承包单位承揽与矿产资源开采活动有关的工程、作业活动或者技术服务项目；

（四）发包单位，是指将矿产资源开采活动有关的工程、作业活动或者技术服务项目，发包给外单位施工的非煤矿山企业；

（五）分项发包，是指发包单位将矿产资源开采活动有关的工程、作业活动或者技术服务项目，分为若干部分发包给若干承包单位进行施工的行为；

（六）总承包单位，是指整体承揽矿产资源开采活动或者独立生产系统的所有工程、作业活动或者技术服务项目的承包单位；

（七）承包单位，是指承揽矿产资源开采活动有关的工程、作业活动或者技术服务项目的单位；

（八）项目部，是指承包单位在承揽工程所在地设立的，负责其所承揽工程施工的管理机构；

（九）生产期间，是指新建矿山正式投入生产后或者矿山改建、扩建时仍然进行生产，并规模出产矿产品的时期。

第四十三条 省、自治区、直辖市人民政府安全生产监督管理部门可以根据本办法制定实施细则，并报国家安全生产监督管理总局备案。

第四十四条 本办法自2013年10月1日起施行。

国家安全监管总局关于修改《生产经营单位安全培训规定》等11件规章的决定

国家安全生产监督管理总局令

第63号

《国家安全监管总局关于修改〈生产经营单位安全培训规定〉等11件规章的决定》已经2013年8月19日国家安全生产监督管理总局局长办公会议审议通过，现予公布，自公布之日起施行。

国家安全监管总局局长　杨栋梁

2013年8月29日

国家安全监管总局关于修改《生产经营单位安全培训规定》等11件规章的决定

为了贯彻落实《国务院关于取消和下放一批行政审批项目等事项的决定》（国发〔2013〕19号）中取消安全培训机构资质认可的规定，加强对安全培训活动的事中和事后监管，国家安全生产监督管理总局决定对《生产经营单位安全培训规定》等11件规章作出如下修改：

一、删去《生产经营单位安全培训规定》第十一条、第十二条。

第二十二条修改为："具备安全培训条件的生产经营单位，应当以自主培训为主；可以委托具备安全培训条件的机构，对从业人员进行安全培训。

"不具备安全培训条件的生产经营单位，应当委托具备安全培训条件的机构，对从业人员进行安全培训。"

第三十条第一款第四项修改为："生产经营单位特种作业人员未按照规定经专门的安全技术培训并取得特种作业人员操作资格证书，上岗作业的。"

二、将《海洋石油安全生产规定》第二十八条第五项修改为："负责海洋石油生产设施发证检验、专业设备检测检验、安全评价和安全咨询等社会中介服务机构的资质审查"。

第三十三条修改为："承担海洋石油生产设施发证检验、专业设备检测检验、安全评价和安全咨询的中介机构应当具备国家规定的资质。"

三、将《注册安全工程师管理规定》第二十四条第二款修改为："继续教育应当由具备安全培训条件的机构承担。"

四、删去《防治煤与瓦斯突出规定》第三十二条第二款第三项中的"煤矿三级及以上安全培训机构组织的"，删去第四项中的"煤矿二级以上安全培训机构组织的"。

五、将《安全评价机构管理规定》第八条第六项修改为："法定代表人通过具备安全培训条件的机构组织的相关安全生产和安全评价知识培训，并考试合格"。

第九条第五项修改为："法定代表人通过具备安全培训条件的机构组织的相关安全生产和安全评价知识培训，并考试合格"。

六、删去《安全生产监管监察职责和行政执法责任追究的暂行规定》第七条第一款第十项。

七、删去《海洋石油安全管理细则》第八十七条。

第八十九条修改为:“作业者和承包者应当组织对海上石油作业人员进行安全生产培训。未经培训并取得培训合格证书的作业人员,不得上岗作业。”

删去第九十条第一款、第九十二条、第九十三条、第九十四条中的“具有资质的培训机构颁发的”。

八、《特种作业人员安全技术培训考核管理规定》增加一条,作为第十条:“对特种作业人员的安全技术培训,具备安全培训条件的生产经营单位应当以自主培训为主,也可以委托具备安全培训条件的机构进行培训。

“不具备安全培训条件的生产经营单位,应当委托具备安全培训条件的机构进行培训。”

原第十条、第十一条合并为一条,作为第十一条:“从事特种作业人员安全技术培训的机构(以下统称培训机构),应当制定相应的培训计划、教学安排,并按照安全监管总局、煤矿安监局制定的特种作业人员培训大纲和煤矿特种作业人员培训大纲进行特种作业人员的安全技术培训。”

删去第三十四条、第四十三条。

九、《安全生产培训管理办法》增加一条,作为第五条:“安全培训的机构应当具备从事安全培训工作所需要的条件。从事危险物品的生产、经营、储存单位和矿山企业主要负责人、安全生产管理人员、特种作业人员以及注册安全工程师等相关人员培训的安全培训机构,应当将教师、教学和实习实训设施等情况书面报告所在地安全生产监督管理部门、煤矿安全培训监管机构。

“国家鼓励安全生产相关社会组织对安全培训机构实行自律管理。”

删去第五条、第六条、第七条、第八条、第九条、第十条、第十一条、第十二条、第十三条、第十四条、第十五条、第十六条。

增加一条,作为第九条:“对从业人员的安全培训,具备安全培训条件的生产经营单位应当以自主培训为主,也可以委托具备安全培训条件的机构进行安全培训。

“不具备安全培训条件的生产经营单位,应当委托具有安全培训条件的机构对从业人员进行安全培训。”

删去第二十一条第一款和第二款、第三十九条。

第四十条第一项修改为:“具备从事安全培训工作所需要的条件的情况”,第二项修改为:“建立培训管理制度和教师配备的情况”。

删去第四十五条第一款中的“情节严重的,撤销其资质证书,并处3万元以下的罚款”。

第四十五条第一款第一项修改为:“不具备安全培训条件的”,删去第三项、第五项。

删去第四十六条、第四十七条、第四十八条、第五十条第一项。

十、删去《煤层气地面开采安全规程(试行)》第二十二条第一款中的“培训应当由具有资质的培训机构承担”。

十一、将《煤矿安全培训规定》第九条修改为:“负责煤矿安全培训的机构(以下简称安全培训机构)应当建立健全安全培训工作制度和培训档案,落实安全培训计划,依照国家统一的煤矿安全培训大纲进行培训。”

第十五条修改为:“对从业人员的安全技术培训,具备安全培训条件的生产经营单位应当以自主培训为主,也可以委托具备安全培训条件的机构进行培训。

“不具备安全培训条件的生产经营单位,应当委托具备安全培训条件的机构进行培训。”

第三十二条第一项修改为:“具备从事安全培训工作所需要的条件的情况”,第三项修改为:“教师的配备情况”。

第三十九条第一项修改为:“不具备安全培训条件的”,删去第四项。

以上11件规章的条文顺序根据本决定作相应调整,重新公布。

本决定自公布之日起施行。

(二)其他部委规章

海上石油天然气生产设施检验规定

(1990年10月5日　中华人民共和国能源部令第4号)

第一章　总　　则

第一条　根据《中华人民共和国对外合作开采海洋石油资源条例》,为保障海上石油天然气生产设施(简称油(气)生产设施)安全作业的技术条件和人员生命、财产的安全以防止造成海域环境污染,特制定本规定。

第二条　本规定适用于中华人民共和国的内海、领海、大陆架以及其他属于中华人民共和国海洋资源管辖海域内建设或使用的油(气)生产设施及设施所有者、作业者以及油(气)生产设施检验机构。

第三条　在《海上油(气)田总体开发方案》编制和油(气)生产设施的设计、建设、安装以及海上油(气)田生产作业的全过程中,必须进行油(气)生产设施检验和安全监督检查。

第四条　中华人民共和国能源部主管油(气)生产设施检验和海上油(气)田安全监督检查工作。

能源部海洋石油作业安全办公室(简称安全办公室)是能源部实施油(气)生产设施检验监督和安全监督检查的执行机构。

根据需要,安全办公室可设置地区监督机构。

第五条　油(气)生产设施检验实行发证检验制度。发证检验依照本规定由作业者委托经能源部认可的发证检验机构进行。安全办公室对发证检验实施监督。

海上油(气)田的安全监督检查依照国务院石油天然气主管机关颁发的《海洋石油作业安全管理规定》执行。

第二章　检 验 机 构

第六条　凡具备本规定第七条要求的检验机构均可向安全办公室申请《海上油(气)生产设施发证检验资格证》。经审查批准后,该机构即为能源部认可的油(气)生产设施发证检验机构(简称发证检验机构)。

第七条　发证检验机构应具备以下条件:

1. 持有本检验机构注册证书;

2. 具有本检验机构制订的有关油(气)生产设施设计、建造、安装和检验的规范和标准;

3. 拥有与承担检验项目的相适应的技术人员;

4. 拥有与承担检验业务相适应的实验、测试、分析和计算手段;

5. 有良好的服务信誉。

第三章　油(气)生产设施发证检验

第八条　油(气)生产设施发证检验包括:

1. 建造检验;

2. 作业中定期检验;

3. 临时检验，即当发生事故或遇自然灾害对油(气)生产设施原有技术条件造成损害和影响安全需进行恢复和修理时，或为改变原有技术条件进行改造时，以及安全办公室认为必要时所进行的检验。

第九条 油(气)生产设施的发证检验应在能源部批准《油(气)田总体开发方案》和《油(气)生产设施安全分析报告》后进行。

第十条 作业者应通过招标的方式选择发证检验机构。在同等条件下，优先选择中国的发证检验机构。但第十一条中第4、6、7项由中国的发证检验机构检验。

第十一条 油(气)生产设施发证检验的主要内容：

1. 结构；
2. 石油、天然气专业设备；
3. 消防设备；
4. 救生设备；
5. 起货设备；
6. 无线电通讯设备；
7. 航行信号；
8. 监测和报警系统；
9. 机械、动力、电气设备；
10. 锚泊装置和系泊系统；
11. 直升机甲板及其设备；
12. 居住舱室。

第十二条 发证检验机构应依照国家、能源部及有关部门颁布的法规和认可的技术规范和标准实施检验。

第十三条 油(气)生产设施按本规定检验合格后，由发证检验机构向作业者签发最终检验报告和证书。

第四章 检验管理

第十四条 作业者应向安全办公室提供与发证检验有关的下列资料：

1. 油(气)生产设施建造工程开始时，应提交工程建造进度表及作业者与发证检验机构签定的检验协议书复印件；
2. 油(气)生产设施全部工程最后验收阶段检验发证情况的报告；
3. 临时检验情况的报告；
4. 安全办公室要求提供的其他资料。

第十五条 发证检验机构应向安全办公室提供下列资料：

1. 中标后拟定的发证检验工作计划；
2. 油(气)生产设施的设计审查结论；
3. 油(气)生产设施建造期间每工程阶段结束时的检验报告；
4. 安全办公室要求提供的其他资料。

第十六条 安全办公室对发证检验机构保留有不定期抽查的权力。安全办公室应作业者请求或为发证检验所必需时，可派员到现场进行监督检查。作业者应为监督检查人员免费提供为检查直接发生的食宿、交通和工作方便。

第十七条 作业者对油(气)生产设施发证检验结论有异议时，可申请安全办公室进行协调，经协调达不成协议的，由能源部裁决，为此所发生的直接费用，由败诉方承担。

第十八条 作业者如不按本规定要求实施作业以及用非法手段获取检验证书时，安全办公室有权责令其限期改正或按有关规定给予处罚。

第十九条 发证检验机构未按本规定进行发证检验或擅自扩大检验范围,以及未按能源部认可或颁布的技术规范和标准实施检验的,安全办公室可中止或取消其发证检验资格。

第二十条 《海上油(气)生产设施发证检验资格证》有效期为5年。发证检验机构需要继续保留检验资格时,应在其资格证期满前不迟于1个月提出申请,否则,其资格证自有效期满之日起即自行失效。

第五章 附 则

第二十一条 本规定下列用语的含义是:

1. 海上石油天然气生产设施是指以开发海上石油天然气田为目的的海上固定平台、单点系泊系统、海底管线、浮式生产储油装置、海上输油(气)码头和人工岛等海上结构物。

2.《海上油(气)生产设施安全分析报告》是作业者在制定海上油(气)田地总体开发方案时,对作业环境和条件进行安全分析和评价,就拟设计或拟选用的生产设施的安全可靠性作概要说明的专篇报告,该报告连同海上油(气)田总体开发案一并报能源部审批。

第二十二条 在本规定发布前已公布执行的与海上石油天然气生产设施检验有关的文件内容如与本规定有抵触,均以本规定为准。

第二十三条 海上固定式平台防污设备的检验按《海洋石油勘探开发环境保护管理条例》第七条规定执行。

第二十四条 本规定自公布之日起实施。

中央企业安全生产监督管理暂行办法

国务院国有资产监督管理委员会令

第21号

《中央企业安全生产监督管理暂行办法》已经国务院国有资产监督管理委员会第67次主任办公会议审议通过,现予公布,自2008年9月1日起施行。

主任　李荣融

二〇〇八年八月十八日

第一章　总　　则

第一条　为履行国有资产出资人安全生产监管职责,督促中央企业全面落实安全生产主体责任,建立安全生产长效机制,防止和减少生产安全事故,保障中央企业职工和人民群众生命财产安全,维护国有资产的保值增值,根据《中华人民共和国安全生产法》、《企业国有资产监督管理暂行条例》、《国务院办公厅关于加强中央企业安全生产工作的通知》(国办发〔2004〕52号)等有关法律法规和规定,制定本办法。

第二条　本办法所称中央企业,是指国务院国有资产监督管理委员会(以下简称国资委)根据国务院授权履行出资人职责的国有及国有控股企业。

第三条　中央企业应当依法接受国家安全生产监督管理部门和所在地省(区、市)、市(地)安全生产监督管理部门以及行业安全生产监督管理部门的监督管理。国资委按照国有资产出资人的职责,对中央企业的安全生产工作履行以下职责:

(一)负责指导督促中央企业贯彻落实国家安全生产方针政策及有关法律法规、标准等;

(二)督促中央企业主要负责人落实安全生产第一责任人的责任和企业安全生产责任制,做好对企业负责人履行安全生产职责的业绩考核;

(三)依照有关规定,参与或者组织开展中央企业安全生产检查、督查,督促企业落实各项安全防范和隐患治理措施;

(四)参与企业特别重大事故的调查,负责落实事故责任追究的有关规定;

(五)督促企业做好统筹规划,把安全生产纳入中长期发展规划,保障职工健康与安全,切实履行社会责任。

第四条　国资委对中央企业安全生产实行分类监督管理。中央企业依据国资委核定的主营业务和安全生产的风险程度分为三类(见附件1):

第一类:主业从事煤炭及非煤矿山开采、建筑施工、危险物品的生产经营储运使用、交通运输的企业;

第二类:主业从事冶金、机械、电子、电力、建材、医药、纺织、仓储、旅游、通信的企业;

第三类:除上述第一、二类企业以外的企业。

企业分类实行动态管理,可以根据主营业务内容的变化进行调整。

第二章　安全生产工作责任

第五条　中央企业是安全生产的责任主体，必须贯彻落实国家安全生产方针政策及有关法律法规、标准，按照“统一领导、落实责任、分级管理、分类指导、全员参与”的原则，逐级建立健全安全生产责任制。安全生产责任制应当覆盖本企业全体职工和岗位、全部生产经营和管理过程。

第六条　中央企业应当按照以下规定建立以企业主要负责人为核心的安全生产领导负责制。

（一）中央企业主要负责人是本企业安全生产的第一责任人，对本企业安全生产工作负总责，应当全面履行《中华人民共和国安全生产法》规定的以下职责：

1. 建立健全本企业安全生产责任制；
2. 组织制定本企业安全生产规章制度和操作规程；
3. 保证本企业安全生产投入的有效实施；
4. 督促、检查本企业的安全生产工作，及时消除生产安全事故隐患；
5. 组织制定并实施本企业的生产安全事故应急救援预案；
6. 及时、如实报告生产安全事故。

（二）中央企业主管生产的负责人统筹组织生产过程中各项安全生产制度和措施的落实，完善安全生产条件，对企业安全生产工作负重要领导责任。

（三）中央企业主管安全生产工作的负责人协助主要负责人落实各项安全生产法律法规、标准，统筹协调和综合管理企业的安全生产工作，对企业安全生产工作负综合管理领导责任。

（四）中央企业其他负责人应当按照分工抓好主管范围内的安全生产工作，对主管范围内的安全生产工作负领导责任。

第七条　中央企业必须建立健全安全生产的组织机构，包括：

（一）安全生产工作的领导机构——安全生产委员会（以下简称安委会），负责统一领导本企业的安全生产工作，研究决策企业安全生产的重大问题。安委会主任应当由企业安全生产第一责任人担任。安委会应当建立工作制度和例会制度。

（二）与企业生产经营相适应的安全生产监督管理机构。

第一类企业应当设置负责安全生产监督管理工作的独立职能部门。

第二类企业应当在有关职能部门中设置负责安全生产监督管理工作的内部专业机构；安全生产任务较重的企业应当设置负责安全生产监督管理工作的独立职能部门。

第三类企业应当明确有关职能部门负责安全生产监督管理工作，配备专职安全生产监督管理人员；安全生产任务较重的企业应当在有关职能部门中设置负责安全生产监督管理工作的内部专业机构。

安全生产监督管理职能部门或者负责安全生产监督管理工作的职能部门是企业安全生产工作的综合管理部门，对其他职能部门的安全生产管理工作进行综合协调和监督。

第八条　中央企业应当明确各职能部门的具体安全生产管理职责；各职能部门应当将安全生产管理职责具体分解到相应岗位。

第九条　中央企业专职安全生产监督管理人员的任职资格和配备数量，应当符合国家和行业的有关规定；国家和行业没有明确规定的，中央企业应当根据本企业的生产经营内容和性质、管理范围、管理跨度等配备专职安全生产监督管理人员。

中央企业应当加强安全队伍建设，提高人员素质，鼓励和支持安全生产监督管理人员取得注册安全工程师资质。安全生产监督管理机构工作人员应当逐步达到以注册安全工程师为主体。

第十条　中央企业工会依法对本企业安全生产与劳动防护进行民主监督，依法维护职工合法权益，有权对建设项目的安全设施与主体工程同时设计、同时施工、同时投入和使用情况进行监督，提出意见。

第十一条　中央企业应当对其独资及控股子企业（包括境外子企业）的安全生产认真履行以下监

督管理责任：

（一）监督管理独资及控股子企业安全生产条件具备情况；安全生产监督管理组织机构设置情况；安全生产责任制、安全生产各项规章制度建立情况；安全生产投入和隐患排查治理情况；安全生产应急管理情况；及时、如实报告生产安全事故。

第一类中央企业可以向其列为安全生产重点的独资及控股子企业委派专职安全生产总监，加强对子企业安全生产的监督。

（二）将独资及控股子企业纳入中央企业安全生产管理体系，对其项目建设、收购、并购、转让、运行、停产等影响安全生产的重大事项实行报批制度，严格安全生产的检查、考核、奖惩和责任追究。

对控股但不负责管理的子企业，中央企业应当与管理方商定管理模式，按照《中华人民共和国安全生产法》的要求，通过经营合同、公司章程、协议书等明确安全生产管理责任、目标和要求等。

对参股并负有管理职责的企业，中央企业应当按照有关法律法规的规定与参股企业签订安全生产管理协议书，明确安全生产管理责任。

中央企业各级子企业应当按照以上规定逐级建立健全安全生产责任制，逐级加强安全生产工作的监督管理。

第三章　安全生产工作基本要求

第十二条　中央企业应当制定中长期安全生产发展规划，并将其纳入企业总体发展战略规划，实现安全生产与企业发展的同步规划、同步实施、同步发展。

第十三条　中央企业应当建立健全安全生产管理体系，积极推行和应用国内外先进的安全生产管理方法、体系等，实现安全生产管理的规范化、标准化、科学化、现代化。

中央企业安全生产管理体系应当包括组织体系、制度体系、责任体系、风险控制体系、教育体系、监督保证体系等。

中央企业应当加强安全生产管理体系的运行控制，强化岗位培训、过程督查、总结反馈、持续改进等管理过程，确保体系的有效运行。

第十四条　中央企业应当结合行业特点和企业实际，建立职业健康安全管理体系，消除或者减少职工的职业健康安全风险，保障职工职业健康。

第十五条　中央企业应当建立健全企业安全生产应急管理体系，包括预案体系、组织体系、运行机制、支持保障体系等。加强应急预案的编制、评审、培训、演练和应急救援队伍的建设工作，落实应急物资与装备，提高企业有效应对各类生产安全事故灾难的应急管理能力。

第十六条　中央企业应当加强安全生产风险辨识和评估工作，制定重大危险源的监控措施和管理方案，确保重大危险源始终处于受控状态。

第十七条　中央企业应当建立健全生产安全事故隐患排查和治理工作制度，规范各级生产安全事故隐患排查的频次、控制管理原则、分级管理模式、分级管理内容等。对排查出的隐患要落实专项治理经费和专职负责人，按时完成整改。

第十八条　中央企业应当严格遵守新建、改建、扩建工程项目安全设施与主体工程同时设计、同时施工、同时投入生产和使用的有关规定。

第十九条　中央企业应当严格按照国家和行业的有关规定，足额提取安全生产费用。国家和行业没有明确规定安全生产费用提取比例的中央企业，应当根据企业实际和可持续发展的需要，提取足够的安全生产费用。安全生产费用应当专户核算并编制使用计划，明确费用投入的项目内容、额度、完成期限、责任部门和责任人等，确保安全生产费用投入的落实，并将落实情况随年度业绩考核总结分析报告同时报送国资委。

第二十条　中央企业应当建立健全安全生产的教育和培训制度，严格落实企业负责人、安全生产监督管理人员、特种作业人员的持证上岗制度和培训考核制度；严格落实从业人员的安全生产教育培训制度。

第二十一条 中央企业应当建立安全生产考核和奖惩机制。严格安全生产业绩考核,加大安全生产奖励力度,严肃查处每起责任事故,严格追究事故责任人的责任。

第二十二条 中央企业应当建立健全生产安全事故新闻发布制度和媒体应对工作机制,及时、主动、准确、客观地向新闻媒体公布事故的有关情况。

第二十三条 企业制定和执行的安全生产管理规章制度、标准等应当不低于国家和行业要求。

第四章 安全生产工作报告制度

第二十四条 中央企业应当于每年1月底前将上一年度的安全生产工作总结和本年度的工作安排报送国资委。

第二十五条 中央企业应当按季度、年度对本企业(包括独资及控股并负责管理的企业)所发生的生产安全事故进行统计分析并填制报表(见附件2、附件3),于次季度首月15日前和次年度1月底前报国资委。中央企业生产安全事故统计报表实行零报告制度。

第二十六条 中央企业发生生产安全事故或者因生产安全事故引发突发事件后,应当按以下要求报告国资委:

(一)境内发生较大及以上生产安全事故,中央企业应当编制生产安全事故快报(见附件4),按本办法规定的报告流程(见附件5)迅速报告。事故现场负责人应当立即向本单位负责人报告,单位负责人接到报告后,应当于1小时内向上一级单位负责人报告;以后逐级报告至国资委,且每级时间间隔不得超过2小时。

(二)境内由于生产安全事故引发的特别重大、重大突发公共事件,中央企业接到报告后应当立即向国资委报告。

(三)境外发生生产安全死亡事故,中央企业接到报告后应当立即向国资委报告。

(四)在中央企业管理的区域内发生生产安全事故,中央企业作为业主、总承包商或者分包商应当按本条第(一)款规定报告。

第二十七条 中央企业应当将政府有关部门对较大事故、重大事故的事故调查报告及批复及时报国资委备案,并将责任追究落实情况报告国资委。

第二十八条 中央企业应当将安全生产工作领导机构及安全生产监督管理机构的名称、组成人员、职责、工作制度及联系方式报国资委备案,并及时报送变动情况。

第二十九条 中央企业应当将安全生产应急预案报国资委备案,并及时报送修订情况。

第三十条 中央企业应当将安全生产方面的重要活动、重要会议、重大举措和成果、重大问题等重要信息和重要事项,及时报告国资委。

第五章 安全生产监督管理与奖惩

第三十一条 国资委参与中央企业特别重大生产安全事故的调查,并根据事故调查报告及国务院批复负责落实或者监督对事故有关责任单位和责任人的处理。

第三十二条 国资委组织开展中央企业安全生产督查,督促中央企业落实安全生产有关规定和改进安全生产工作。中央企业违反本办法有关安全生产监督管理规定的,国资委根据情节轻重要求其改正或者予以通报批评。

中央企业半年内连续发生重大以上生产安全事故,国资委除依据有关规定落实对有关责任单位和责任人的处理外,对中央企业予以通报批评,对其主要负责人进行诫勉谈话。

第三十三条 国资委配合有关部门对中央企业安全生产违法行为的举报进行调查,或者责成有关单位进行调查,依照干部管理权限对有关责任人予以处理。

第三十四条 国资委根据中央企业考核期内发生的生产安全责任事故认定情况,对中央企业负责人经营业绩考核结果进行下列降级或者降分处理(见附件6):

（一）中央企业负责人年度经营业绩考核期内发生特别重大责任事故并负主要责任或者发生瞒报事故的，对该中央企业负责人的年度经营业绩考核结果予以降级处理。

（二）中央企业负责人年度经营业绩考核期内发生较大责任事故或者重大责任事故起数达到降级起数的，对该中央企业负责人的年度经营业绩考核结果予以降级处理。

（三）中央企业负责人年度经营业绩考核期内发生较大责任事故和重大责任事故但不够降级标准的，对该中央企业负责人的年度经营业绩考核结果予以降分处理。

（四）中央企业负责人任期经营业绩考核期内连续发生瞒报事故或者发生两起以上特别重大责任事故，对该中央企业负责人的任期经营业绩考核结果予以降级处理。

本办法所称责任事故，是指依据事故调查报告及批复对事故性质的认定，中央企业或者中央企业独资及控股子企业对事故发生负有责任的生产安全事故。

第三十五条 对未严格按照国家和行业有关规定足额提取安全生产费用的中央企业，国资委从企业负责人业绩考核的业绩利润中予以扣减，并予以降分处理。

第三十六条 授权董事会对经理层人员进行经营业绩考核的中央企业，董事会应当将安全生产工作纳入经理层人员年度经营业绩考核，与绩效薪金挂钩，并比照本办法的安全生产业绩考核规定执行。

董事会对经理层的安全生产业绩考核情况纳入国资委对董事会的考核评价内容。对董事会未有效履行监督、考核安全生产职能，企业发生特别重大责任事故并造成严重社会影响的，国资委对董事会予以调整，对有关董事予以解聘。

第三十七条 中央企业负责人年度经营业绩考核中因安全生产问题受到降级处理的，取消其参加该考核年度国资委组织或者参与组织的评优、评先活动资格。

第三十八条 国资委对年度安全生产相对指标达到国内同行业最好水平或者达到国际先进水平的中央企业予以表彰。

第三十九条 国资委对认真贯彻执行本办法，安全生产工作成绩突出的个人和集体予以表彰奖励。

第六章 附 则

第四十条 生产安全事故等级划分按《生产安全事故报告和调查处理条例》（国务院令第493号）第三条的规定执行。国务院对特殊行业另有规定的，从其规定。

突发公共事件等级划分按《国务院关于实施国家突发公共事件总体应急预案的决定》（国发〔2005〕11号）附件《特别重大、重大突发公共事件分级标准（试行）》中安全事故类的有关规定执行。

第四十一条 境外中央企业除执行本办法外，还应严格遵守所在地的安全生产法律法规。

第四十二条 本办法由国资委负责解释。

第四十三条 本办法自2008年9月1日起施行。

附件：

1. 中央企业安全生产监管分类表
2. 中央企业生产安全事故季报表（略）
3. 中央企业生产安全事故年度报表（略）
4. 中央企业生产安全事故快报（略）
5. 中央企业生产安全事故报告流程图（略）
6. 中央企业生产安全责任事故降分降级处理细则

附件 1

中央企业安全生产监管分类表

第一类企业(33 户)

中国核工业集团公司
中国核工业建设集团公司
中国航天科技集团公司
中国航天科工集团公司
中国兵器工业集团公司
中国石油天然气集团公司
中国石油化工集团公司
中国海洋石油总公司
国家电网公司
神华集团有限责任公司
中国远洋运输(集团)总公司
中国海运(集团)总公司
中国航空集团公司
中国东方航空集团公司
中国南方航空集团公司
中国中化集团公司
中国五矿集团公司
中国建筑工程总公司
国家开发投资公司
中国中煤能源集团公司
中国冶金科工集团公司
中国化工集团公司
中国化学工程集团公司
中国有色矿业集团有限公司
中国铁路工程总公司
中国铁道建筑总公司
中国交通建设集团有限公司
中国对外贸易运输(集团)总公司
中国水利水电建设集团公司
中国黄金集团公司
鲁中冶金矿业集团公司
中国长江航运(集团)总公司
中国葛洲坝集团公司

第二类企业(78 户)

中国航空工业第一集团公司
中国航空工业第二集团公司
中国船舶工业集团公司
中国船舶重工集团公司

中国钢研科技集团公司
中国盐业总公司
中国恒天集团公司
中国中材集团公司
中国兵器装备集团公司
中国电子科技集团公司
中国南方电网有限责任公司
中国华能集团公司
中国大唐集团公司
中国华电集团公司
中国国电集团公司
中国电力投资集团公司
中国长江三峡工程开发总公司
中国电信集团公司
中国网络通信集团公司
中国联合通信有限公司
中国移动通信集团公司
中国电子信息产业集团公司
中国第一汽车集团公司
东风汽车公司
中国第一重型机械集团公司
中国第二重型机械集团公司
哈尔滨电站设备集团公司
中国东方电气集团公司
鞍山钢铁集团公司
宝钢集团有限公司
武汉钢铁(集团)公司
中国铝业公司
中粮集团有限公司
中国储备粮管理总公司
招商局集团有限公司
华润(集团)有限公司
中国港中旅集团公司
中国中钢集团公司
中国建筑材料集团公司
北京有色金属研究总院
北京矿冶研究总院
中国建筑科学研究院
中国北方机车车辆工业集团公司
中国南方机车车辆工业集团公司
中国铁路通信信号集团公司
中国普天信息产业集团公司
中国卫星通信集团公司
中国水利投资集团公司
中国农业发展集团总公司

中国成套设备进出口(集团)总公司
中国生物技术集团公司
中国医药集团总公司
中国国旅集团公司
中国新兴(集团)总公司
中国新时代控股(集团)公司
中国冶金地质总局
中国煤炭地质总局
新兴铸管集团有限公司
中国航空油料集团公司
中国储备棉管理总公司
中国印刷集团公司
攀枝花钢铁(集团)公司
长沙矿冶研究院
中国乐凯胶片集团公司
中国广东核电集团有限公司
中国华录集团有限公司
国家核电技术有限公司
中国商用飞机有限责任公司
中国节能投资公司
中国诚通控股集团有限公司
煤炭科学研究总院
中国机械工业集团公司
上海贝尔阿尔卡特股份有限公司
彩虹集团公司
武汉邮电科学研究院
华侨城集团公司
西安电力机械制造公司
中国铁路物资总公司

第三类企业(36户)

中国通用技术(集团)控股有限责任公司
中国高新投资集团公司
中国国际工程咨询公司
中商企业集团公司
中国华孚贸易发展集团公司
中国华星集团公司
机械科学研究总院
中国农业机械化科学研究院
中国轻工集团公司
中国轻工业对外经济技术合作公司
中国工艺(集团)公司
华诚投资管理有限公司
中国纺织科学研究院
中国国际技术智力合作公司
中国远东国际贸易总公司

中国房地产开发集团公司
中国邮电器材集团公司
电信科学技术研究院
中国中纺集团公司
中国丝绸进出口总公司
中国轻工业品进出口总公司
中国出国人员服务总公司
中国林业集团公司
中国保利集团公司
珠海振戎公司
中国建筑设计研究院
中国电子工程设计院
中煤国际工程设计研究总院
中国海诚国际工程投资总院
中国民航信息集团公司
中国航空器材集团公司
中国电力工程顾问集团公司
中国水电工程顾问集团公司
上海船舶运输科学研究所
上海医药工业研究院
南光(集团)有限公司

注:中国包装总公司、中国农垦(集团)总公司由托管企业负责安全生产监督管理。中国汽车技术研究中心比照第三类企业执行。

附件 6

中央企业生产安全责任事故降分降级处理细则

中央企业的生产安全责任事故纳入中央企业负责人经营业绩考核之中，主要根据企业经营规模、安全生产监管分类及事故的起数、性质、级别和责任情况，对中央企业负责人经营业绩考核结果进行降级或降分处理。

一、降级

（一）中央企业年度内发生下列情况之一的，对中央企业负责人年度经营业绩考核结果予以降低一级处理：

1. 发生生产安全事故，存在瞒报行为的中央企业。

2. 发生特别重大生产安全责任事故，承担主要责任的中央企业。

3. 发生特别重大生产安全责任事故，承担一定责任的第二类中央企业；发生重大以上生产安全责任事故，承担一定责任的第三类中央企业。

4. 较大生产安全责任事故或重大生产安全责任事故达到规定降级起数，且承担主要责任的中央企业（详见表 1）。

5. 发生重大环境污染、公共安全等事件，并造成重大社会影响的中央企业。

（二）中央企业任期内连续发生瞒报事故或发生两起以上特别重大生产安全责任事故，对中央企业负责人任期经营业绩考核结果予以降低一级处理。

表 1

类型	规模（亿元）	较大责任事故（起数≥）	重大责任事故（起数≥）
第一类企业	销售收入≥3000	6	2
	1500≤销售收入<3000	5	2
	销售收入<1500	4	2
第二类企业	销售收入≥3000	4	1
	1500≤销售收入<3000	3	1
	销售收入<1500	2	1
第三类企业	所有规模	1	1

二、降分

（一）中央企业年度内发生较大生产安全责任事故或重大生产安全责任事故，承担主要责任，事故起数未达到降级标准的，按以下标准对中央企业负责人年度经营业绩考核降分：

1. 第一类企业，较大生产安全责任事故 1 起扣 0.2 分—0.4 分，重大生产安全责任事故 1 起扣 0.6 分—1.2 分。

2. 第二类企业，较大生产安全责任事故 1 起扣 0.4 分—0.8 分。

（二）中央企业年度内发生较大以上生产安全责任事故，多方共同承担责任，按以下标准对中央企业负责人年度经营业绩考核降分：

1. 第一类企业，较大生产安全责任事故 1 起扣 0.1 分—0.2 分；重大生产安全责任事故 1 起扣 0.3 分—0.6 分；特大生产安全责任事故 1 起扣 0.8 分—2 分。

2. 第二类企业，较大生产安全责任事故 1 起扣 0.2 分—0.4 分；重大生产安全责任事故 1 起扣 0.6 分—1.2 分。

3. 第三类企业，较大生产安全责任事故 1 起扣 0.4 分—0.8 分。

（三）中央企业年度内发生较大以上生产安全责任事故，承担管理责任、次要责任、一定责任等非主要责任的，按以下标准对中央企业负责人年度经营业绩考核降分：

1. 第一类企业，较大生产安全责任事故 1 起扣 0.05 分—0.1 分；重大生产安全责任事故 1 起扣 0.15 分—0.3 分；特大生产安全责任事故 1 起扣 0.4 分—1 分。

2. 第二类企业，较大生产安全责任事故 1 起扣 0.1 分—0.2 分；重大生产安全责任事故 1 起扣 0.3 分—0.6 分。

3. 第三类企业，较大生产安全责任事故 1 起扣 0.2 分—0.4 分。

三、其他

1. 中央企业因安全生产受到业绩考核降级处理后，不再另外降分。

2. 煤炭企业按第一类企业中第二档（1500 亿元≤销售收入 <3000 亿元）进行考核。

公安部关于修改《建设工程消防监督管理规定》的决定

中华人民共和国公安部令

第119号

《公安部关于修改 <建设工程消防监督管理规定> 的决定》已经2012年7月6日公安部部长办公会议通过，现予发布，自2012年11月1日起施行。

公安部部长　孟建柱

二〇一二年七月十七日

公安部关于修改《建设工程消防监督管理规定》的决定

为进一步加强对建设工程的消防监督管理，公安部决定对《建设工程消防监督管理规定》作如下修改：

一、将第二条第一款中的“含室内装修、用途变更”修改为“含室内外装修、建筑保温、用途变更”。

将第二款中的“其他临时性建筑”修改为“其他非人员密集场所的临时性建筑”。

二、将第三条修改为：“建设、设计、施工、工程监理等单位应当遵守消防法规、建设工程质量管理法规和国家消防技术标准，对建设工程消防设计、施工质量和安全负责。

“公安机关消防机构依法实施建设工程消防设计审核、消防验收和备案、抽查，对建设工程进行消防监督。”

三、将第七条中的“二名”修改为“两名”。

四、将第八条中的“竣工验收备案”修改为“竣工验收消防备案”。

五、将第十二条修改为：“社会消防技术服务机构应当依法设立，社会消防技术服务工作应当依法开展。为建设工程消防设计、竣工验收提供图纸审查、安全评估、检测等消防技术服务的机构和人员，应当依法取得相应的资质、资格，按照法律、行政法规、国家标准、行业标准和执业准则提供消防技术服务，并对出具的审查、评估、检验、检测意见负责。”

六、将第十四条第三项修改为：“本条第一项、第二项规定以外的单体建筑面积大于四万平方米或者建筑高度超过五十米的公共建筑”。

增加一项，作为第四项：“国家标准规定的一类高层住宅建筑”。

七、删去第十五条第三项，并增加一项，作为第五项：“法律、行政法规规定的其他材料。”

增加一款，作为第二款：“依法需要办理建设工程规划许可的，应当提供建设工程规划许可证明文件；依法需要城乡规划主管部门批准的临时性建筑，属于人员密集场所的，应当提供城乡规划主管部门批准的证明文件。”

八、将第十六条中的“特殊消防设计的技术方案及说明”修改为“特殊消防设计文件”。

九、将第十八条修改为：“公安机关消防机构应当依照消防法规和国家工程建设消防技术标准对申报的消防设计文件进行审核。对符合下列条件的，公安机关消防机构应当出具消防设计审核合格意见；对不符合条件的，应当出具消防设计审核不合格意见，并说明理由：

“（一）设计单位具备相应的资质；

“（二）消防设计文件的编制符合公安部规定的消防设计文件申报要求；

“（三）建筑的总平面布局和平面布置、耐火等级、建筑构造、安全疏散、消防给水、消防电源及配电、消防设施等的消防设计符合国家工程建设消防技术标准；

“（四）选用的消防产品和具有防火性能要求的建筑材料符合国家工程建设消防技术标准和有关管理规定。”

十、将第十九条第二款中的“消防技术方案”修改为“特殊消防设计文件”。

将第四款修改为：“对三分之二以上评审专家同意的特殊消防设计文件，可以作为消防设计审核的依据。”

十一、将第二十一条修改为：“建设单位申请消防验收应当提供下列材料：

“（一）建设工程消防验收申报表；

“（二）工程竣工验收报告和有关消防设施的工程竣工图纸；

“（三）消防产品质量合格证明文件；

“（四）具有防火性能要求的建筑构件、建筑材料、装修材料符合国家标准或者行业标准的证明文件、出厂合格证；

“（五）消防设施检测合格证明文件；

“（六）施工、工程监理、检测单位的合法身份证明和资质等级证明文件；

“（七）建设单位的工商营业执照等合法身份证明文件；

“（八）法律、行政法规规定的其他材料。”

十二、删去第二十四条。

十三、将第二十五条改为第二十四条，修改为：“对本规定第十三条、第十四条规定以外的建设工程，建设单位应当在取得施工许可、工程竣工验收合格之日起七日内，通过省级公安机关消防机构网站进行消防设计、竣工验收消防备案，或者到公安机关消防机构业务受理场所进行消防设计、竣工验收消防备案。”

增加两款，作为第二款、第三款：

“建设单位在进行建设工程消防设计或者竣工验收消防备案时，应当分别向公安机关消防机构提供备案申报表、本规定第十五条规定的相关材料及施工许可文件复印件或者本规定第二十一条规定的相关材料。按照住房和城乡建设行政主管部门的有关规定进行施工图审查的，还应当提供施工图审查机构出具的审查合格文件复印件。

“依法不需要取得施工许可的建设工程，可以不进行消防设计、竣工验收消防备案。”

十四、将第二十六条、第二十七条、第二十八条合并，作为第二十五条，修改为：“公安机关消防机构收到消防设计、竣工验收消防备案申报后，对备案材料齐全的，应当出具备案凭证；备案材料不齐全或者不符合法定形式的，应当当场或者在五日内一次告知需要补正的全部内容。

“公安机关消防机构应当在已经备案的消防设计、竣工验收工程中，随机确定检查对象并向社会公告。对确定为检查对象的，公安机关消防机构应当在二十日内按照消防法规和国家工程建设消防技术标准完成图纸检查，或者按照建设工程消防验收评定标准完成工程检查，制作检查记录。检查结果应当向社会公告，检查不合格的，还应当书面通知建设单位。

“建设单位收到通知后，应当停止施工或者停止使用，组织整改后向公安机关消防机构申请复查。公安机关消防机构应当在收到书面申请之日起二十日内进行复查并出具书面复查意见。

“建设、设计、施工单位不得擅自修改已经依法备案的建设工程消防设计。确需修改的，建设单位应当重新申报消防设计备案。”

十五、将第二十九条改为第二十六条，修改为：“建设工程的消防设计、竣工验收未依法报公安机关消防机构备案的，公安机关消防机构应当依法处罚，责令建设单位在五日内备案，并确定为检查对象;对逾期不备案的,公安机关消防机构应当在备案期限届满之日起五日内通知建设单位停止施工或者停止使用。”

十六、将第三十二条改为第二十九条,修改为:“建设工程消防设计与竣工验收消防备案的抽查比例由省级公安机关消防机构结合辖区内施工图审查机构的审查质量、消防设计和施工质量情况确定并向社会公告。对设有人员密集场所的建设工程的抽查比例不应低于百分之五十。

“公安机关消防机构及其工作人员应当依照本规定对建设工程消防设计和竣工验收实施备案抽查,不得擅自确定检查对象。”

十七、将第四十七条改为第四十四条,第一项修改为:“对不符合法定条件的建设工程出具消防设计审核合格意见、消防验收合格意见或者通过消防设计、竣工验收消防备案抽查的”。

将第二项修改为:“对符合法定条件的建设工程消防设计、消防验收的申请或者消防设计、竣工验收的备案、抽查,不予受理、审核、验收或者拖延办理的”。

十八、增加一条,作为第四十五条:“本规定中的建筑材料包含建筑保温材料。”

十九、将第四十八条改为第四十六条,修改为:“国家工程建设消防技术标准强制性要求,是指国家工程建设消防技术标准强制性条文。”

二十、将第四十九条改为第四十七条,修改为:“本规定中的‘日’是指工作日,不含法定节假日。”

二十一、将第五十条改为第四十八条,修改为:“执行本规定所需要的法律文书式样,由公安部制定。”

二十二、将第八条、第九条、第十条、第十一条中的“室内装修装饰材料”修改为“装修材料”。

二十三、将第九条、第十条、第十一条中的“有防火性能要求的”修改为“具有防火性能要求的”。

二十四、《建设工程消防监督管理规定》的有关条文序号根据本决定作相应调整。

本决定自2012年11月1日起施行。

《建设工程消防监督管理规定》根据本决定作相应修改,重新公布。

建设工程消防监督管理规定

（2009 年 4 月 30 日中华人民共和国公安部令第 106 号发布，根据 2012 年 7 月 17 日《公安部关于修改 <建设工程消防监督管理规定> 的决定》修订）

目　录

第一章　总　　则

第一条　为了加强建设工程消防监督管理，落实建设工程消防设计、施工质量和安全责任，规范消防监督管理行为，依据《中华人民共和国消防法》、《建设工程质量管理条例》，制定本规定。

第二条　本规定适用于新建、扩建、改建（含室内外装修、建筑保温、用途变更）等建设工程的消防监督管理。

本规定不适用住宅室内装修、村民自建住宅、救灾和其他非人员密集场所的临时性建筑的建设活动。

第三条　建设、设计、施工、工程监理等单位应当遵守消防法规、建设工程质量管理法规和国家消防技术标准，对建设工程消防设计、施工质量和安全负责。

公安机关消防机构依法实施建设工程消防设计审核、消防验收和备案、抽查，对建设工程进行消防监督。

第四条　除省、自治区人民政府公安机关消防机构外，县级以上地方人民政府公安机关消防机构承担辖区建设工程的消防设计审核、消防验收和备案抽查工作。具体分工由省级公安机关消防机构确定，并报公安部消防局备案。

跨行政区域的建设工程消防设计审核、消防验收和备案抽查工作，由其共同的上一级公安机关消防机构指定管辖。

第五条　公安机关消防机构实施建设工程消防监督管理，应当遵循公正、严格、文明、高效的原则。

第六条　建设工程的消防设计、施工必须符合国家工程建设消防技术标准。

新颁布的国家工程建设消防技术标准实施之前，建设工程的消防设计已经公安机关消防机构审核合格或者备案的，分别按原审核意见或者备案时的标准执行。

第七条　公安机关消防机构对建设工程进行消防设计审核、消防验收和备案抽查，应当由两名以上执法人员实施。

第二章　消防设计、施工的质量责任

第八条　建设单位不得要求设计、施工、工程监理等有关单位和人员违反消防法规和国家工程建设消防技术标准，降低建设工程消防设计、施工质量，并承担下列消防设计、施工的质量责任：

（一）依法申请建设工程消防设计审核、消防验收，依法办理消防设计和竣工验收消防备案手续并接受抽查；建设工程内设置的公众聚集场所未经消防安全检查或者经检查不符合消防安全要求的，不得投入使用、营业；

（二）实行工程监理的建设工程，应当将消防施工质量一并委托监理；

（三）选用具有国家规定资质等级的消防设计、施工单位；

（四）选用合格的消防产品和满足防火性能要求的建筑构件、建筑材料及装修材料；

（五）依法应当经消防设计审核、消防验收的建设工程，未经审核或者审核不合格的，不得组织施工；未经验收或者验收不合格的，不得交付使用。

第九条 设计单位应当承担下列消防设计的质量责任：

（一）根据消防法规和国家工程建设消防技术标准进行消防设计，编制符合要求的消防设计文件，不得违反国家工程建设消防技术标准强制性要求进行设计；

（二）在设计中选用的消防产品和具有防火性能要求的建筑构件、建筑材料、装修材料，应当注明规格、性能等技术指标，其质量要求必须符合国家标准或者行业标准；

（三）参加建设单位组织的建设工程竣工验收，对建设工程消防设计实施情况签字确认。

第十条 施工单位应当承担下列消防施工的质量和安全责任：

（一）按照国家工程建设消防技术标准和经消防设计审核合格或者备案的消防设计文件组织施工，不得擅自改变消防设计进行施工，降低消防施工质量；

（二）查验消防产品和具有防火性能要求的建筑构件、建筑材料及装修材料的质量，使用合格产品，保证消防施工质量；

（三）建立施工现场消防安全责任制度，确定消防安全负责人。加强对施工人员的消防教育培训，落实动火、用电、易燃可燃材料等消防管理制度和操作规程。保证在建工程竣工验收前消防通道、消防水源、消防设施和器材、消防安全标志等完好有效。

第十一条 工程监理单位应当承担下列消防施工的质量监理责任：

（一）按照国家工程建设消防技术标准和经消防设计审核合格或者备案的消防设计文件实施工程监理；

（二）在消防产品和具有防火性能要求的建筑构件、建筑材料、装修材料施工、安装前，核查产品质量证明文件，不得同意使用或者安装不合格的消防产品和防火性能不符合要求的建筑构件、建筑材料、装修材料；

（三）参加建设单位组织的建设工程竣工验收，对建设工程消防施工质量签字确认。

第十二条 社会消防技术服务机构应当依法设立，社会消防技术服务工作应当依法开展。为建设工程消防设计、竣工验收提供图纸审查、安全评估、检测等消防技术服务的机构和人员，应当依法取得相应的资质、资格，按照法律、行政法规、国家标准、行业标准和执业准则提供消防技术服务，并对出具的审查、评估、检验、检测意见负责。

第三章 消防设计审核和消防验收

第十三条 对具有下列情形之一的人员密集场所，建设单位应当向公安机关消防机构申请消防设计审核，并在建设工程竣工后向出具消防设计审核意见的公安机关消防机构申请消防验收：

（一）建筑总面积大于二万平方米的体育场馆、会堂，公共展览馆、博物馆的展示厅；

（二）建筑总面积大于一万五千平方米的民用机场航站楼、客运车站候车室、客运码头候船厅；

（三）建筑总面积大于一万平方米的宾馆、饭店、商场、市场；

（四）建筑总面积大于二千五百平方米的影剧院，公共图书馆的阅览室，营业性室内健身、休闲场馆，医院的门诊楼，大学的教学楼、图书馆、食堂，劳动密集型企业的生产加工车间，寺庙、教堂；

（五）建筑总面积大于一千平方米的托儿所、幼儿园的儿童用房，儿童游乐厅等室内儿童活动场所，养老院、福利院，医院、疗养院的病房楼，中小学校的教学楼、图书馆、食堂，学校的集体宿舍，劳动密集型企业的员工集体宿舍；

（六）建筑总面积大于五百平方米的歌舞厅、录像厅、放映厅、卡拉OK厅、夜总会、游艺厅、桑拿浴室、网吧、酒吧，具有娱乐功能的餐馆、茶馆、咖啡厅。

第十四条 对具有下列情形之一的特殊建设工程，建设单位应当向公安机关消防机构申请消防设计审核，并在建设工程竣工后向出具消防设计审核意见的公安机关消防机构申请消防验收：

（一）设有本规定第十三条所列的人员密集场所的建设工程；

（二）国家机关办公楼、电力调度楼、电信楼、邮政楼、防灾指挥调度楼、广播电视楼、档案楼；

（三）本条第一项、第二项规定以外的单体建筑面积大于四万平方米或者建筑高度超过五十米的公共建筑；

（四）国家标准规定的一类高层住宅建筑；

（五）城市轨道交通、隧道工程，大型发电、变配电工程；

（六）生产、储存、装卸易燃易爆危险物品的工厂、仓库和专用车站、码头，易燃易爆气体和液体的充装站、供应站、调压站。

第十五条 建设单位申请消防设计审核应当提供下列材料：

（一）建设工程消防设计审核申报表；

（二）建设单位的工商营业执照等合法身份证明文件；

（三）设计单位资质证明文件；

（四）消防设计文件；

（五）法律、行政法规规定的其他材料。

依法需要办理建设工程规划许可的，应当提供建设工程规划许可证明文件；依法需要城乡规划主管部门批准的临时性建筑，属于人员密集场所的，应当提供城乡规划主管部门批准的证明文件。

第十六条 具有下列情形之一的，建设单位除提供本规定第十五条所列材料外，应当同时提供特殊消防设计文件，或者设计采用的国际标准、境外消防技术标准的中文文本，以及其他有关消防设计的应用实例、产品说明等技术资料：

（一）国家工程建设消防技术标准没有规定的；

（二）消防设计文件拟采用的新技术、新工艺、新材料可能影响建设工程消防安全，不符合国家标准规定的；

（三）拟采用国际标准或者境外消防技术标准的。

第十七条 公安机关消防机构应当自受理消防设计审核申请之日起二十日内出具书面审核意见。但是依照本规定需要组织专家评审的，专家评审时间不计算在审核时间内。

第十八条 公安机关消防机构应当依照消防法规和国家工程建设消防技术标准对申报的消防设计文件进行审核。对符合下列条件的，公安机关消防机构应当出具消防设计审核合格意见；对不符合条件的，应当出具消防设计审核不合格意见，并说明理由：

（一）设计单位具备相应的资质；

（二）消防设计文件的编制符合公安部规定的消防设计文件申报要求；

（三）建筑的总平面布局和平面布置、耐火等级、建筑构造、安全疏散、消防给水、消防电源及配电、消防设施等的消防设计符合国家工程建设消防技术标准；

（四）选用的消防产品和具有防火性能要求的建筑材料符合国家工程建设消防技术标准和有关管理规定。

第十九条 对具有本规定第十六条情形之一的建设工程，公安机关消防机构应当在受理消防设计审核申请之日起五日内将申请材料报送省级人民政府公安机关消防机构组织专家评审。

省级人民政府公安机关消防机构应当在收到申请材料之日起三十日内会同同级住房和城乡建设行政主管部门召开专家评审会，对建设单位提交的特殊消防设计文件进行评审。参加评审的专家应当具有相关专业高级技术职称，总数不应少于七人，并应当出具专家评审意见。评审专家有不同意见的，应当注明。

省级人民政府公安机关消防机构应当在专家评审会后五日内将专家评审意见书面通知报送申请材料的公安机关消防机构，同时报公安部消防局备案。

对三分之二以上评审专家同意的特殊消防设计文件，可以作为消防设计审核的依据。

第二十条 建设、设计、施工单位不得擅自修改经公安机关消防机构审核合格的建设工程消防设计。确需修改的，建设单位应当向出具消防设计审核意见的公安机关消防机构重新申请消防设计审核。

第二十一条 建设单位申请消防验收应当提供下列材料：

(一)建设工程消防验收申报表；

(二)工程竣工验收报告和有关消防设施的工程竣工图纸；

(三)消防产品质量合格证明文件；

(四)具有防火性能要求的建筑构件、建筑材料、装修材料符合国家标准或者行业标准的证明文件、出厂合格证；

(五)消防设施检测合格证明文件；

(六)施工、工程监理、检测单位的合法身份证明和资质等级证明文件；

(七)建设单位的工商营业执照等合法身份证明文件；

(八)法律、行政法规规定的其他材料。

第二十二条 公安机关消防机构应当自受理消防验收申请之日起二十日内组织消防验收，并出具消防验收意见。

第二十三条 公安机关消防机构对申报消防验收的建设工程，应当依照建设工程消防验收评定标准对已经消防设计审核合格的内容组织消防验收。

对综合评定结论为合格的建设工程，公安机关消防机构应当出具消防验收合格意见；对综合评定结论为不合格的，应当出具消防验收不合格意见，并说明理由。

第四章 消防设计和竣工验收的备案抽查

第二十四条 对本规定第十三条、第十四条规定以外的建设工程，建设单位应当在取得施工许可、工程竣工验收合格之日起七日内，通过省级公安机关消防机构网站进行消防设计、竣工验收消防备案，或者到公安机关消防机构业务受理场所进行消防设计、竣工验收消防备案。

建设单位在进行建设工程消防设计或者竣工验收消防备案时，应当分别向公安机关消防机构提供备案申报表、本规定第十五条规定的相关材料及施工许可文件复印件或者本规定第二十一条规定的相关材料。按照住房和城乡建设行政主管部门的有关规定进行施工图审查的，还应当提供施工图审查机构出具的审查合格文件复印件。

依法不需要取得施工许可的建设工程，可以不进行消防设计、竣工验收消防备案。

第二十五条 公安机关消防机构收到消防设计、竣工验收消防备案申报后，对备案材料齐全的，应当出具备案凭证；备案材料不齐全或者不符合法定形式的，应当当场或者在五日内一次告知需要补正的全部内容。

公安机关消防机构应当在已经备案的消防设计、竣工验收工程中，随机确定检查对象并向社会公告。对确定为检查对象的，公安机关消防机构应当在二十日内按照消防法规和国家工程建设消防技术标准完成图纸检查，或者按照建设工程消防验收评定标准完成工程检查，制作检查记录。检查结果应当向社会公告，检查不合格的，还应当书面通知建设单位。

建设单位收到通知后，应当停止施工或者停止使用，组织整改后向公安机关消防机构申请复查。公安机关消防机构应当在收到书面申请之日起二十日内进行复查并出具书面复查意见。

建设、设计、施工单位不得擅自修改已经依法备案的建设工程消防设计。确需修改的，建设单位应当重新申报消防设计备案。

第二十六条 建设工程的消防设计、竣工验收未依法报公安机关消防机构备案的，公安机关消防机构应当依法处罚，责令建设单位在五日内备案，并确定为检查对象；对逾期不备案的，公安机关消防机构应当在备案期限届满之日起五日内通知建设单位停止施工或者停止使用。

第五章 执法监督

第二十七条 上级公安机关消防机构对下级公安机关消防机构建设工程消防监督管理情况进行监督、检查和指导。

第二十八条 公安机关消防机构办理建设工程消防设计审核、消防验收，实行主责承办、技术复核、审验分离和集体会审等制度。

公安机关消防机构实施消防设计审核、消防验收的主责承办人、技术复核人和行政审批人应当依照职责对消防执法质量负责。

第二十九条 建设工程消防设计与竣工验收消防备案的抽查比例由省级公安机关消防机构结合辖区内施工图审查机构的审查质量、消防设计和施工质量情况确定并向社会公告。对设有人员密集场所的建设工程的抽查比例不应低于百分之五十。

公安机关消防机构及其工作人员应当依照本规定对建设工程消防设计和竣工验收实施备案抽查，不得擅自确定检查对象。

第三十条 办理消防设计审核、消防验收、备案抽查的公安机关消防机构工作人员是申请人、利害关系人的近亲属，或者与申请人、利害关系人有其他关系可能影响办理公正的，应当回避。

第三十一条 公安机关消防机构接到公民、法人和其他组织有关建设工程违反消防法律法规和国家工程建设消防技术标准的举报，应当在三日内组织人员核查，核查处理情况应当及时告知举报人。

第三十二条 公安机关消防机构实施建设工程消防监督管理时，不得对消防技术服务机构、消防产品设定法律法规规定以外的地区性准入条件。

第三十三条 公安机关消防机构及其工作人员不得指定或者变相指定建设工程的消防设计、施工、工程监理单位和消防技术服务机构。不得指定消防产品和建筑材料的品牌、销售单位。不得参与或者干预建设工程消防设施施工、消防产品和建筑材料采购的招投标活动。

第三十四条 公安机关消防机构实施消防设计审核、消防验收和备案、抽查，不得收取任何费用。

第三十五条 公安机关消防机构实施建设工程消防监督管理的依据、范围、条件、程序、期限及其需要提交的全部材料的目录和申请书示范文本应当在互联网网站、受理场所、办公场所公示。

消防设计审核、消防验收、备案抽查的结果，除涉及国家秘密、商业秘密和个人隐私的以外，应当予以公开，公众有权查阅。

第三十六条 消防设计审核合格意见、消防验收合格意见具有下列情形之一的，出具许可意见的公安机关消防机构或者其上级公安机关消防机构，根据利害关系人的请求或者依据职权，可以依法撤销许可意见：

（一）对不具备申请资格或者不符合法定条件的申请人作出的；

（二）建设单位以欺骗、贿赂等不正当手段取得的；

（三）公安机关消防机构超出法定职责和权限作出的；

（四）公安机关消防机构违反法定程序作出的；

（五）公安机关消防机构工作人员滥用职权、玩忽职守作出的。

依照前款规定撤销消防设计审核合格意见、消防验收合格意见，可能对公共利益造成重大损害的，不予撤销。

第三十七条 公民、法人和其他组织对公安机关消防机构建设工程消防监督管理中作出的具体行政行为不服的，可以向本级人民政府公安机关申请行政复议。

第六章 法律责任

第三十八条 违反本规定的，依照《中华人民共和国消防法》第五十八条、第五十九条、第六十五条第二款、第六十六条、第六十九条规定给予处罚；构成犯罪的，依法追究刑事责任。

建设、设计、施工、工程监理单位、消防技术服务机构及其从业人员违反有关消防法规、国家工程建设消防技术标准，造成危害后果的，除依法给予行政处罚或者追究刑事责任外，还应当依法承担民事赔偿责任。

第三十九条 建设单位在申请消防设计审核、消防验收时，提供虚假材料的，公安机关消防机构不予受理或者不予许可并处警告。

第四十条 违反本规定并及时纠正，未造成危害后果的，可以从轻、减轻或者免予处罚。

第四十一条 依法应当经公安机关消防机构进行消防设计审核的建设工程未经消防设计审核和消防验收，擅自投入使用的，分别处罚，合并执行。

第四十二条 有下列情形之一的，应当依法从重处罚：

（一）已经通过消防设计审核，擅自改变消防设计，降低消防安全标准的；

（二）建设工程未依法进行备案，且不符合国家工程建设消防技术标准强制性要求的；

（三）经责令限期备案逾期不备案的；

（四）工程监理单位与建设单位或者施工单位串通，弄虚作假，降低消防施工质量的。

第四十三条 有下列情形之一的，公安机关消防机构应当函告同级住房和城乡建设行政主管部门：

（一）建设工程被公安机关消防机构责令停止施工、停止使用的；

（二）建设工程经消防设计、竣工验收抽查不合格的；

（三）其他需要函告的。

第四十四条 公安机关消防机构的人员玩忽职守、滥用职权、徇私舞弊，构成犯罪的，依法追究刑事责任。有下列行为之一，尚未构成犯罪的，依照有关规定给予处分：

（一）对不符合法定条件的建设工程出具消防设计审核合格意见、消防验收合格意见或者通过消防设计、竣工验收消防备案抽查的；

（二）对符合法定条件的建设工程消防设计、消防验收的申请或者消防设计、竣工验收的备案、抽查，不予受理、审核、验收或者拖延办理的；

（三）指定或者变相指定设计单位、施工单位、工程监理单位的；

（四）指定或者变相指定消防产品品牌、销售单位或者技术服务机构、消防设施施工单位的；

（五）利用职务接受有关单位或者个人财物的。

第七章 附　　则

第四十五条 本规定中的建筑材料包含建筑保温材料。

第四十六条 国家工程建设消防技术标准强制性要求，是指国家工程建设消防技术标准强制性条文。

第四十七条 本规定中的“日”是指工作日，不含法定节假日。

第四十八条 执行本规定所需要的法律文书式样，由公安部制定。

第四十九条 本规定自 2009 年 5 月 1 日起施行。1996 年 10 月 16 日发布的《建筑工程消防监督审核管理规定》（公安部令第 30 号）同时废止。

第六章 法律责任

第七章 附 则

第四部分　重要文件

（一）国务院、国务院办公厅文件

国务院关于进一步加强安全生产工作的决定

国发〔2004〕2号

各省、自治区、直辖市人民政府，国务院各部委、各直属机构：

安全生产关系人民群众的生命财产安全，关系改革发展和社会稳定大局。党中央、国务院高度重视安全生产工作，建国以来特别是改革开放以来，采取了一系列重大举措加强安全生产工作。颁布实施了《中华人民共和国安全生产法》（以下简称《安全生产法》）等法律法规，明确了安全生产责任；初步建立了安全生产监管体系，安全生产监督管理得到加强；对重点行业和领域集中开展了安全生产专项整治，生产经营秩序和安全生产条件有所改善，安全生产状况总体上趋于稳定好转。但是，目前全国的安全生产形势依然严峻，煤矿、道路交通运输、建筑等领域伤亡事故多发的状况尚未根本扭转；安全生产基础比较薄弱，保障体系和机制不健全；部分地方和生产经营单位安全意识不强，责任不落实，投入不足；安全生产监督管理机构、队伍建设以及监管工作亟待加强。为了进一步加强安全生产工作，尽快实现我国安全生产局面的根本好转，特作如下决定。

一、提高认识，明确指导思想和奋斗目标

1. 充分认识安全生产工作的重要性。搞好安全生产工作，切实保障人民群众的生命财产安全，体现了最广大人民群众的根本利益，反映了先进生产力的发展要求和先进文化的前进方向。做好安全生产工作是全面建设小康社会、统筹经济社会全面发展的重要内容，是实施可持续发展战略的组成部分，是政府履行社会管理和市场监管职能的基本任务，是企业生存发展的基本要求。我国目前尚处于社会主义初级阶段，要实现安全生产状况的根本好转，必须付出持续不懈的努力。各地区、各部门要把安全生产作为一项长期艰巨的任务，警钟长鸣，常抓不懈，从全面贯彻落实"三个代表"重要思想，维护人民群众生命财产安全的高度，充分认识加强安全生产工作的重要意义和现实紧迫性，动员全社会力量，齐抓共管，全力推进。

2. 指导思想。认真贯彻"三个代表"重要思想，适应全面建设小康社会的要求和完善社会主义市场经济体制的新形势，坚持"安全第一、预防为主"的基本方针，进一步强化政府对安全生产工作的领导，大力推进安全生产各项工作，落实生产经营单位安全生产主体责任，加强安全生产监督管理；大力推进安全生产监管体制、安全生产法制和执法队伍"三项建设"，建立安全生产长效机制，实施科技兴安战略，积极采用先进的安全管理方法和安全生产技术，努力实现全国安全生产状况的根本好转。

3. 奋斗目标。到2007年，建立起较为完善的安全生产监管体系，全国安全生产状况稳定好转，矿山、危险化学品、建筑等重点行业和领域事故多发状况得到扭转，工矿企业事故死亡人数、煤矿百万吨死亡率、道路交通运输万车死亡率等指标均有一定幅度的下降。到2010年，初步形成规范完善的安全生产法治秩序，全国安全生产状况明显好转，重特大事故得到有效遏制，各类生产安全事故和死亡人数有较大幅度的下降。力争到2020年，我国安全生产状况实现根本性好转，亿元国内生产总值死亡率、十万人死亡率等指标达到或者接近世界中等发达国家水平。

二、完善政策，大力推进安全生产各项工作

4. 加强产业政策的引导。制定和完善产业政策，调整和优化产业结构。逐步淘汰技术落后、浪费资源和环境污染严重的工艺技术、装备及不具备安全生产条件的企业。通过兼并、联合、重组等措施，积极发展跨区域、跨行业经营的大公司、大集团和大型生产供应基地，提高有安全生产保障企业的生产能力。

5. 加大政府对安全生产的投入。加强安全生产基础设施建设和支撑体系建设，加大对企业安全生产技术改造的支持力度。运用长期建设国债和预算内基本建设投资，支持大中型国有煤炭企业的安全生产技术改造。各级地方人民政府要重视安全生产基础设施建设资金的投入，并积极支持企业安全技术改造，对国家安排的安全生产专项资金，地方政府要加强监督管理，确保专款专用，并安排配套资金予以保障。

6. 深化安全生产专项整治。坚持把矿山、道路和水上交通运输、危险化学品、民用爆破器材和烟花爆竹、人员密集场所消防安全等方面的安全生产专项整治，作为整顿和规范社会主义市场经济秩序的一项重要任务，持续不懈地抓下去。继续关闭取缔非法和不具备安全生产条件的小矿小厂、经营网点，遏制低水平重复建设。开展公路货车超限超载治理，保障道路交通运输安全。把安全生产专项整治与依法落实生产经营单位安全生产保障制度、加强日常监督管理以及建立安全生产长效机制结合起来，确保整治工作取得实效。

7. 健全完善安全生产法制。对《安全生产法》确立的各项法律制度，要抓紧制定配套法规规章。认真做好各项安全生产技术规范、标准的制定修订工作。各地区要结合本地实际，制定和完善《安全生产法》配套实施办法和措施。加大安全生产法律法规的学习宣传和贯彻力度，普及安全生产法律知识，增强全民安全生产法制观念。

8. 建立生产安全应急救援体系。加快全国生产安全应急救援体系建设，尽快建立国家生产安全应急救援指挥中心，充分利用现有的应急救援资源，建设具有快速反应能力的专业化救援队伍，提高救援装备水平，增强生产安全事故的抢险救援能力。加强区域性生产安全应急救援基地建设。搞好重大危险源的普查登记，加强国家、省（区、市）、市（地）、县（市）四级重大危险源监控工作，建立应急救援预案和生产安全预警机制。

9. 加强安全生产科研和技术开发。加强安全生产科学学科建设，积极发展安全生产普通高等教育，培养和造就更多的安全生产科技和管理人才。加大科技投入力度，充分利用高等院校、科研机构、社会团体等安全生产科研资源，加强安全生产基础研究和应用研究。建立国家安全生产信息管理系统，提高安全生产信息统计的准确性、科学性和权威性。积极开展安全生产领域的国际交流与合作，加快先进的生产安全技术引进、消化、吸收和自主创新步伐。

三、强化管理，落实生产经营单位安全生产主体责任

10. 依法加强和改进生产经营单位安全管理。强化生产经营单位安全生产主体地位，进一步明确安全生产责任，全面落实安全保障的各项法律法规。生产经营单位要根据《安全生产法》等有关法律规定，设置安全生产管理机构或者配备专职（或兼职）安全生产管理人员。保证安全生产的必要投入，积极采用安全性能可靠的新技术、新工艺、新设备和新材料，不断改善安全生产条件。改进生产经营单位安全管理，积极采用职业安全健康管理体系认证、风险评估、安全评价等方法，落实各项安全防范措施，提高安全生产管理水平。

11. 开展安全质量标准化活动。制定和颁布重点行业、领域安全生产技术规范和安全生产质量工作标准，在全国所有工矿、商贸、交通运输、建筑施工等企业普遍开展安全质量标准化活动。企业生产流程的各环节、各岗位要建立严格的安全生产质量责任制。生产经营活动和行为，必须符合安全生产有关法律法规和安全生产技术规范的要求，做到规范化和标准化。

12. 搞好安全生产技术培训。加强安全生产培训工作，整合培训资源，完善培训网络，加大培训力度，提高培训质量。生产经营单位必须对所有从业人员进行必要的安全生产技术培训，其主要负责人及有关经营管理人员、重要工种人员必须按照有关法律、法规的规定，接受规范的安全生产培训，经考试合格，持证上岗。完善注册安全工程师考试、任职、考核制度。

13. 建立企业提取安全费用制度。为保证安全生产所需资金投入，形成企业安全生产投入的长效机制，借鉴煤矿提取安全费用的经验，在条件成熟后，逐步建立对高危行业生产企业提取安全费用制度。企业安全费用的提取，要根据地区和行业的特点，分别确定提取标准，由企业自行提取，专户储存，专项用于安全生产。

14. 依法加大生产经营单位对伤亡事故的经济赔偿。生产经营单位必须认真执行工伤保险制度，依法参加工伤保险，及时为从业人员缴纳保险费。同时，依据《安全生产法》等有关法律法规，向受到生产安全事故伤害的员工或家属支付赔偿金。进一步提高企业生产安全事故伤亡赔偿标准，建立企业负责人自觉保障安全投入，努力减少事故的机制。

四、完善制度，加强安全生产监督管理

15. 加强地方各级安全生产监管机构和执法队伍建设。县级以上各级地方人民政府要依照《安全生产法》的规定，建立健全安全生产监管机构，充实必要的人员，加强安全生产监管队伍建设，提高安全生产监管工作的权威，切实履行安全生产监管职能。完善煤矿安全生产监察体制，进一步加强煤矿安全生产监察队伍建设和监察执法工作。

16. 建立安全生产控制指标体系。要制订全国安全生产中长期发展规划，明确年度安全生产控制指标，建立全国和分省（区、市）的控制指标体系，对安全生产情况实行定量控制和考核。从2004年起，国家向各省（区、市）人民政府下达年度安全生产各项控制指标，并进行跟踪检查和监督考核。对各省（区、市）安全生产控制指标完成情况，国家安全生产监督管理部门将通过新闻发布会、政府公告、简报等形式，每季度公布一次。

17. 建立安全生产行政许可制度。把安全生产纳入国家行政许可的范围，在各行业的行政许可制度中，把安全生产作为一项重要内容，从源头上制止不具备安全生产条件的企业进入市场。开办企业必须具备法律规定的安全生产条件，依法向政府有关部门申请、办理安全生产许可证，持证生产经营。新建、改建、扩建项目的安全设施必须与主体工程同时设计、同时施工、同时投入生产和使用（简称“三同时”），对未通过“三同时”审查的建设项目，有关部门不予办理行政许可手续，企业不准开工投产。

18. 建立企业安全生产风险抵押金制度。为强化生产经营单位的安全生产责任，各地区可结合实际，依法对矿山、道路交通运输、建筑施工、危险化学品、烟花爆竹等领域从事生产经营活动的企业，收取一定数额的安全生产风险抵押金，企业生产经营期间发生生产安全事故的，转作事故抢险救灾和善后处理所需资金。具体办法由国家安全生产监督管理部门会同财政部研究制定。

19. 强化安全生产监管监察行政执法。各级安全生产监管监察机构要增强执法意识，做到严格、公正、文明执法。依法对生产经营单位安全生产情况进行监督检查，指导督促生产经营单位建立健全安全生产责任制，落实各项防范措施。组织开展好企业安全评估，搞好分类指导和重点监管。对严重忽视安全生产的企业及其负责人或业主，要依法加大行政执法和经济处罚的力度。认真查处各类事故，坚持事故原因未查清不放过、责任人员未处理不放过、整改措施未落实不放过、有关人员未受到教育不放过的“四不放过”原则，不仅要追究事故直接责任人的责任，同时要追究有关负责人的领导责任。

20. 加强对小企业的安全生产监管。小企业是安全生产管理的薄弱环节，各地要高度重视小企业的安全生产工作，切实加强监督管理。从组织领导、工作机制和安全投入等方面入手，逐步探索出一套行之有效的监管办法。坚持寓监督管理于服务之中，积极为小企业提供安全技术、人才、政策咨询等方面的服务，加强检查指导，督促帮助小企业搞好安全生产。要重视解决小煤矿安全生产投入问题，对乡镇及个体煤矿，要严格监督其按照有关规定提取安全费用。

五、加强领导，形成齐抓共管的合力

21. 认真落实各级领导安全生产责任。地方各级人民政府要建立健全领导干部安全生产责任制，把安全生产作为干部政绩考核的重要内容，逐级抓好落实。特别要加强县乡两级领导干部安全生产责任制的落实。加强对地方领导干部的安全知识培训和安全生产监管人员的执法业务培训。国家组织对市（地）、县（市）两级政府分管安全生产工作的领导干部进行培训；各省（区、市）要对县级以上安全生产监管部门负责人，分期分批进行执法能力培训。依法严肃查处事故责任，对存在失职、渎职行为，或对事故发生负有领导责任的地方政府、企业领导人，要依照有关法律法规严格追究责任。严厉惩治安全生产领域的腐败现象和黑恶势力。

22. 构建全社会齐抓共管的安全生产工作格局。地方各级人民政府每季度至少召开一次安全生产例会，分析、部署、督促和检查本地区的安全生产工作；大力支持并帮助解决安全生产监管部门在行政执法中遇到的困难和问题。各级安全生产委员会及其办公室要积极发挥综合协调作用。安全生产综合监管及其他负有安全生产监督管理职责的部门要在政府的统一领导下，依照有关法律法规的规定，各负其责，密切配合，切实履行安全监管职能。各级工会、共青团组织要围绕安全生产，发挥各自优势，开展群众性安全生产活动。充分发挥各类协会、学会、中心等中介机构和社团组织的作用，构建信息、法律、技术装备、宣传教育、培训和应急救援等安全生产支撑体系。强化社会监督、群众监督和新闻媒体监督，丰富全国“安全生产月”、“安全生产万里行”等活动内容，努力构建“政府统一领导、部门依法监管、企业全面负责、群众参与监督、全社会广泛支持”的安全生产工作格局。

23. 做好宣传教育和舆论引导工作。把安全生产宣传教育纳入宣传思想工作的总体布局，坚持正确的舆论导向，大力宣传党和国家安全生产方针政策、法律法规和加强安全生产工作的重大举措，宣传安全生产工作的先进典型和经验；对严重忽视安全生产、导致重特大事故发生的典型事例要予以曝光。在大中专院校和中小学开设安全知识课程，提高青少年在道路交通、消防、城市燃气等方面的识灾和防灾能力。通过广泛深入的宣传教育，不断增强群众依法自我安全保护的意识。

各地区、各部门和各单位要加强调查研究，注意发现安全生产工作中出现的新情况，研究新问题，推进安全生产理论、监管体制和机制、监管方式和手段、安全科技、安全文化等方面的创新，不断增强安全生产工作的针对性和实效性，努力开创我国安全生产工作的新局面，为完善社会主义市场经济体制，实现党的十六大提出的全面建设小康社会的宏伟目标创造安全稳定的环境。

二〇〇四年一月九日

国务院关于进一步加强消防工作的意见

国发〔2006〕15 号

各省、自治区、直辖市人民政府,国务院各部委、各直属机构:

"十五"以来,在党中央、国务院和地方各级党委、政府的领导下,全国消防工作取得明显进步。消防安全责任制进一步落实,全社会防控火灾的能力明显提高,重特大火灾事故多发势头得到初步遏制。但是,当前消防工作形势依然严峻。一些地区、部门和单位对消防工作重视不够,公民消防安全素质仍然不高,全社会消防安全基础仍然薄弱,重特大火灾事故时有发生。为有效预防火灾事故,减轻火灾危害,保障公共安全,现就进一步加强消防工作提出以下意见:

一、指导思想、工作原则和工作目标

(一)指导思想。以邓小平理论和"三个代表"重要思想为指导,全面贯彻落实科学发展观,按照构建社会主义和谐社会的要求,深入贯彻《中华人民共和国消防法》等法律法规,全面落实预防为主、防消结合的方针,努力构建"政府统一领导、部门依法监管、单位全面负责、群众积极参与"的消防工作格局,着力整治各种火灾隐患,全面加强城乡消防工作,建立健全灭火应急救援工作机制,切实提高全社会防控火灾的意识和能力,有效预防和减少火灾事故发生,为我国经济发展、社会稳定和人民群众安居乐业创造良好的消防安全环境。

(二)工作原则。坚持协调发展,有效统筹消防工作与经济社会发展的关系;坚持城乡统筹,大力加强农村消防工作;坚持依法治火,严格落实消防法律法规、技术规范和消防工作责任制;坚持预防为主,不断改善城乡防火安全条件;坚持科技先行,依靠科技进步不断提升防火、灭火和救援能力;坚持以人为本,全面提高公民消防安全素质,切实保障人民群众生命财产安全。

(三)工作目标。到 2010 年,基本建立适应社会主义市场经济体制要求的消防法律法规和技术规范体系,基本实现消防工作与经济社会同步协调发展,基本形成覆盖城乡的专业灭火应急救援力量体系,消防工作社会化水平显著提升,全社会消防安全环境明显改善,抗御火灾的整体能力明显提高,重特大火灾尤其是群死群伤火灾事故得到有效遏制。

二、构建"政府统一领导、部门依法监管、单位全面负责、群众积极参与"的消防工作格局

(四)切实加强领导,认真履行消防工作职责。消防工作是政府履行社会管理和公共服务职能的重要内容。地方各级人民政府要将消防工作纳入"十一五"国民经济和社会发展总体规划,增加财政投入,认真组织实施。要切实落实地方各级人民政府消防工作负责制,建立政府分管领导牵头、有关部门领导参加的消防工作联席会议制度,定期研究并协调解决消防工作重大问题,适时组织开展消防安全专项治理。

(五)切实加大联合执法力度,依法加强监管。要建立健全部门信息沟通和联合执法机制,有关部门各负其责,齐抓共管。公安消防部门要认真履行消防监督执法职责,并加强与有关部门的信息沟通,及时将消防安全专项治理以及认定的重大火灾隐患等情况报告当地政府并通报相关部门;安全监管、建设、工商、质检等部门要结合各自职责,对发现的火灾隐患,依法查处或者移送、通报公安消防等部门处理;教育、民政、铁路、交通、农业、文化、卫生、民航、广电、体育、旅游、文物、人防等部门和单位要建立健全消防安全工作领导机制和责任制,制订消防安全管理办法,定期组织消防安全专项检查,及时排查和整改火灾隐患。

(六)依法落实单位消防安全责任。各单位负责人对本单位消防安全负责。要严格落实消防安全责任制和岗位责任制,健全消防安全管理制度,定期组织防火检查和巡查,制订灭火和应急疏散预案并实施演练,加强对本单位员工尤其是流动务工人员的消防安全教育和培训,定期维护保养消防设施，建立并落实消防安全自我管理、自我检查、自我整改机制，确保本单位消防安全。

（七）充分发挥社会组织和市场机制的作用。要将单位消防安全信息纳入社会信用体系，推动建立行业、系统消防安全自律机制。鼓励发展提供消防安全技术服务的中介组织。居委会、村委会要制订防火安全公约，定期检查本区域公共消防安全，督促整改火灾隐患。

三、加强公共消防安全基础建设，提高全社会防控火灾能力

（八）切实加强公共消防设施建设。地方各级人民政府要结合实际编制城乡消防规划，确保公共消防设施建设与城镇和乡村建设同步实施；对缺少消防规划或消防规划不合理的城市总体规划、乡村和集镇建设规划，不得批准。对公共消防设施不能满足灭火应急救援需要的，要及时增建、改建、配置或者进行技术改造；要按照消防规划改造供水管网、修建消火栓、消防水池和天然水源取水设施，确保消防用水。

（九）大力发展多种形式的消防队伍。地方各级人民政府要根据经济社会发展需要，大力发展以公安消防队为主体的多种形式消防队伍。未设立公安消防队的城市人民政府应当按照国家规定的消防站建设标准，抓紧建立公安消防队、专职消防队；乡（镇）人民政府可以根据当地经济发展和消防工作的需要，建立专职消防队、义务消防队。

（十）充分发挥公安消防队作为应急抢险救援专业力量的骨干作用。公安消防队在地方各级人民政府统一领导下，除完成火灾扑救任务外，要积极参加以抢救人员生命为主的危险化学品泄漏、道路交通事故、地震及其次生灾害、建筑坍塌、重大安全生产事故、空难、爆炸及恐怖事件和群众遇险事件的救援工作，并参与配合处置水旱灾害、气象灾害、地质灾害、森林、草原火灾等自然灾害，矿山、水上事故，重大环境污染、核与辐射事故和突发公共卫生事件。

各级人民政府要按照现行事权、财权划分原则，进一步加强公安消防队力量特别是应急抢险救援能力建设，专项解决公安消防队应急抢险救援装备和队站、设施建设经费。

（十一）广泛开展消防安全宣传教育。地方各级人民政府每年要制订并组织实施消防宣传教育计划，公安消防等部门、单位和新闻媒体要改进消防宣传教育形式，普及消防法律法规，教育广大人民群众切实增强防范意识，掌握防火、灭火和逃生自救常识。教育部门、学校及其他教育机构要将消防知识纳入教学内容；科技、司法、劳动保障等部门和单位要将消防法律法规和消防知识列入科普、普法、就业教育工作内容；乡（镇）人民政府、街道办事处和单位要在乡村、社区、办公区等场所设立消防宣传教育专栏和消防安全标识；广播、电视、报刊、互联网站等新闻媒体应当定期刊播消防公益广告，义务宣传消防知识。

（十二）认真组织消防安全培训。地方各级人民政府要加强对各级领导干部消防法律法规等知识的培训。有关行业、单位要大力加强对消防管理人员和消防设计、施工、检查维护、操作人员，以及电工、电气焊等特种作业人员、易燃易爆岗位作业人员、人员密集的营业性场所工作人员和导游、保安人员的消防安全培训，严格执行消防安全培训合格上岗制度。地方各级人民政府和有关部门要责成用人单位对农民工开展消防安全培训。

（十三）切实维护公民的消防安全权益。地方各级人民政府要切实采取措施保障公民对火灾危险的知情、监督、投诉、举报等权利，并定期向社会公布本地区的重大火灾隐患及整改情况。公安消防部门要公布举报电话、信箱或者电子邮件地址，认真受理并及时依法处理公民对火灾隐患和消防违法行为的投诉、举报；工会、共青团、妇联、残联、消费者权益保护组织等要切实承担起依法维护相关人员消防安全权益的责任。存在重大火灾隐患的生产经营场所和为公众服务的场所，要采取公告、广播、设置警示牌等方式告知公民火灾危险和保护生命财产安全的方法。

四、整治重点环节，预防和消除火灾隐患

（十四）坚决整治严重威胁公共安全的重大消防安全问题。地方各级人民政府对不符合城市消防安全布局的易燃易爆危险物品生产、储存场所等重大火灾危险源，要限期搬迁；对无法保证消防安全的，要责令停止使用。在制订近期建设规划和城镇房屋拆迁计划时，要依据城市总体规划和土地利用总体规划，优先安排“城中村”、易燃建筑密集区的拆迁、改造。要严格落实重点场所和部位的消防安全管理措施。对存在重大火灾隐患的人员密集场所，要责令限期整改；对不能保证人员生命财产安全的，要责令停止使用。

（十五）切实加强火灾隐患的源头控制。对涉及消防安全的审批项目，行政审批部门要严格依法审批。对不符合城镇消防安全布局要求的建设项目，城市规划部门不得核发建设用地规划许可证和建设工程规划许可证；对建筑工程消防设计未经审核合格的，建设部门不得核发施工许可证，房地产管理部门不得核发商品房预售许可证；对按照国家标准需要进行消防设计的建筑工程竣工验收资料中没有消防验收合格文件的，房地产管理部门不得颁发房屋权属证书。对消防安全条件未获得公安消防部门审查通过，拟开办的学校、幼儿园、托儿所、养老院、福利院、医疗机构以及文化、体育等公共场所，教育、民政、卫生、文化、体育等部门不得批准。对不具备安全生产条件的危险物品生产储存运输和建筑施工等企业，安全监管、建设等部门不得颁发安全生产许可证。对未经消防安全检查合格而擅自经营的歌舞厅、影剧院、宾馆、饭店、商场、集贸市场等公众聚集的场所，或者未依法获得批准而擅自从事大型集会、焰火晚会、灯会等具有火灾危险的大型活动的，公安消防等有关部门要及时依法采取相应的行政强制措施并依法给予行政处罚；对原已取得批准文件但不再具备法律法规、技术规范规定的消防安全条件的，必须撤销批准文件。对容易引发火灾事故的电气、燃气等设备，质检部门应制订标准对其防火性能提出要求，生产单位应标明火灾危险性和防火注意事项。

（十六）严格加强消防产品质量监督管理。各级公安消防部门要切实履行法定职责，各有关部门要按照国务院确定的职责分工，依法采取有力措施，加大对消防产品市场整顿和规范的力度。严禁生产、销售、进口、使用未取得市场准入证书的消防产品。严厉打击制售假冒伪劣消防产品的违法行为。要建立全国消防产品信息库，定期发布消防产品市场准入信息和质量信息。消防产品生产企业要实行不合格消防产品主动召回制度。

（十七）进一步建立健全重大火灾隐患立案销案和挂牌督办制度。地方各级人民政府及公安消防等部门要建立健全监督检查机制，依法督促有关单位及时整改和消除重大火灾隐患。公安消防部门对检查发现和群众举报、投诉并经认定的重大火灾隐患，要立案并抄报有关主管部门，及时提请当地人民政府挂牌督促整改。当地人民政府要明确整改责任，责令限期整改。下级人民政府要及时向上级人民政府报告重大火灾隐患整改情况，对未按期整改完毕的，上级人民政府要明确整改责任并备案督办。对严重威胁公共安全的重大火灾隐患，上级人民政府要直接挂牌督办，公安消防部门要依法报请当地人民政府决定责令停产停业，当地人民政府要在接报后7日内作出决定。对自身确无能力整改的严重威胁公共安全的重大火灾隐患，有关单位要及时报请本行业或本系统管理部门和当地人民政府确定整改措施，并认真落实。

五、建立健全考评机制，严格责任追究制度

（十八）地方各级人民政府要把消防工作作为政府目标责任考核和领导干部政绩考评的重要内容，纳入社会治安综合治理、创建文明城市（乡镇、村、社区）和平安地区等考评范围，建立科学的考核评价机制，定期检查考评。各省、自治区、直辖市人民政府每年要将本地区消防工作情况向国务院作出专题报告。公安消防部门要会同有关方面，对各地区消防工作进行督促检查。

（十九）地方各级人民政府和公安消防部门、其他有关部门不履行或不认真履行消防工作职责，对涉及消防安全的事项未依照法律法规和规章制度实施审批、监督检查的，或者对重大火灾隐患整改不力的，要依法依纪追究有关责任人员和负责人的责任；地方各级人民政府和公安消防部门、其他有关部门及其工作人员因工作不力、失职、渎职，导致重特大火灾事故发生的，或者造成重大人员伤亡和经济损失，社会影响恶劣的，要依法追究主要负责人的法律责任。

（二十）对不依法履行预防和消除火灾隐患职责的单位及其负责人和其他工作人员，公安等行政执法部门应当依法给予行政处罚。对拒不执行行政处罚的，要坚决依法追究有关人员的法律责任。对发生火灾造成人员伤亡和他人财产损失的，制售假冒伪劣消防产品造成严重后果的，明知是假冒伪劣消防产品仍购买和使用的，要依法追究有关单位和人员的法律责任。

二〇〇六年五月十日

国务院关于进一步加强企业安全生产工作的通知

国发〔2010〕23号

各省、自治区、直辖市人民政府，国务院各部委、各直属机构：

近年来，全国生产安全事故逐年下降，安全生产状况总体稳定、趋于好转，但形势依然十分严峻，事故总量仍然很大，非法违法生产现象严重，重特大事故多发频发，给人民群众生命财产安全造成重大损失，暴露出一些企业重生产轻安全、安全管理薄弱、主体责任不落实，一些地方和部门安全监管不到位等突出问题。为进一步加强安全生产工作，全面提高企业安全生产水平，现就有关事项通知如下：

一、总体要求

1. 工作要求。深入贯彻落实科学发展观，坚持以人为本，牢固树立安全发展的理念，切实转变经济发展方式，调整产业结构，提高经济发展的质量和效益，把经济发展建立在安全生产有可靠保障的基础上；坚持"安全第一、预防为主、综合治理"的方针，全面加强企业安全管理，健全规章制度，完善安全标准，提高企业技术水平，夯实安全生产基础；坚持依法依规生产经营，切实加强安全监管，强化企业安全生产主体责任落实和责任追究，促进我国安全生产形势实现根本好转。

2. 主要任务。以煤矿、非煤矿山、交通运输、建筑施工、危险化学品、烟花爆竹、民用爆炸物品、冶金等行业（领域）为重点，全面加强企业安全生产工作。要通过更加严格的目标考核和责任追究，采取更加有效的管理手段和政策措施，集中整治非法违法生产行为，坚决遏制重特大事故发生；要尽快建成完善的国家安全生产应急救援体系，在高危行业强制推行一批安全适用的技术装备和防护设施，最大程度减少事故造成的损失；要建立更加完善的技术标准体系，促进企业安全生产技术装备全面达到国家和行业标准，实现我国安全生产技术水平的提高；要进一步调整产业结构，积极推进重点行业的企业重组和矿产资源开发整合，彻底淘汰安全性能低下、危及安全生产的落后产能；以更加有力的政策引导，形成安全生产长效机制。

二、严格企业安全管理

3. 进一步规范企业生产经营行为。企业要健全完善严格的安全生产规章制度，坚持不安全不生产。加强对生产现场监督检查，严格查处违章指挥、违规作业、违反劳动纪律的"三违"行为。凡超能力、超强度、超定员组织生产的，要责令停产停工整顿，并对企业和企业主要负责人依法给予规定上限的经济处罚。对以整合、技改名义违规组织生产，以及规定期限内未实施改造或故意拖延工期的矿井，由地方政府依法予以关闭。要加强对境外中资企业安全生产工作的指导和管理，严格落实境内投资主体和派出企业的安全生产监督责任。

4. 及时排查治理安全隐患。企业要经常性开展安全隐患排查，并切实做到整改措施、责任、资金、时限和预案"五到位"。建立以安全生产专业人员为主导的隐患整改效果评价制度，确保整改到位。对隐患整改不力造成事故的，要依法追究企业和企业相关负责人的责任。对停产整改逾期未完成的不得复产。

5. 强化生产过程管理的领导责任。企业主要负责人和领导班子成员要轮流现场带班。煤矿、非煤矿山要有矿领导带班并与工人同时下井、同时升井，对无企业负责人带班下井或该带班而未带班的，对有关责任人按擅离职守处理，同时给予规定上限的经济处罚。发生事故而没有领导现场带班的，对企业给予规定上限的经济处罚，并依法从重追究企业主要负责人的责任。

6. 强化职工安全培训。企业主要负责人和安全生产管理人员、特殊工种人员一律严格考核，按国家有关规定持职业资格证书上岗;职工必须全部经过培训合格后上岗。企业用工要严格依照劳动合同法与职工签订劳动合同。凡存在不经培训上岗、无证上岗的企业,依法停产整顿。没有对井下作业人员进行安全培训教育,或存在特种作业人员无证上岗的企业,情节严重的要依法予以关闭。

7. 全面开展安全达标。深入开展以岗位达标、专业达标和企业达标为内容的安全生产标准化建设,凡在规定时间内未实现达标的企业要依法暂扣其生产许可证、安全生产许可证,责令停产整顿;对整改逾期未达标的,地方政府要依法予以关闭。

三、建设坚实的技术保障体系

8. 加强企业生产技术管理。强化企业技术管理机构的安全职能,按规定配备安全技术人员,切实落实企业负责人安全生产技术管理负责制,强化企业主要技术负责人技术决策和指挥权。因安全生产技术问题不解决产生重大隐患的,要对企业主要负责人、主要技术负责人和有关人员给予处罚;发生事故的,依法追究责任。

9. 强制推行先进适用的技术装备。煤矿、非煤矿山要制定和实施生产技术装备标准,安装监测监控系统、井下人员定位系统、紧急避险系统、压风自救系统、供水施救系统和通信联络系统等技术装备,并于3年之内完成。逾期未安装的,依法暂扣安全生产许可证、生产许可证。运输危险化学品、烟花爆竹、民用爆炸物品的道路专用车辆,旅游包车和三类以上的班线客车要安装使用具有行驶记录功能的卫星定位装置,于2年之内全部完成;鼓励有条件的渔船安装防撞自动识别系统,在大型尾矿库安装全过程在线监控系统,大型起重机械要安装安全监控管理系统;积极推进信息化建设,努力提高企业安全防护水平。

10. 加快安全生产技术研发。企业在年度财务预算中必须确定必要的安全投入。国家鼓励企业开展安全科技研发,加快安全生产关键技术装备的换代升级。进一步落实《国家中长期科学和技术发展规划纲要(2006－2020年)》等,加大对高危行业安全技术、装备、工艺和产品研发的支持力度,引导高危行业提高机械化、自动化生产水平,合理确定生产一线用工。“十二五”期间要继续组织研发一批提升我国重点行业领域安全生产保障能力的关键技术和装备项目。

四、实施更加有力的监督管理

11. 进一步加大安全监管力度。强化安全生产监管部门对安全生产的综合监管,全面落实公安、交通、国土资源、建设、工商、质检等部门的安全生产监督管理及工业主管部门的安全生产指导职责,形成安全生产综合监管与行业监管指导相结合的工作机制,加强协作,形成合力。在各级政府统一领导下,严厉打击非法违法生产、经营、建设等影响安全生产的行为,安全生产综合监管和行业管理部门要会同司法机关联合执法,以强有力措施查处、取缔非法企业。对重大安全隐患治理实行逐级挂牌督办、公告制度,重大隐患治理由省级安全生产监管部门或行业主管部门挂牌督办,国家相关部门加强督促检查。对拒不执行监管监察指令的企业,要依法依规从重处罚。进一步加强监管力量建设,提高监管人员专业素质和技术装备水平,强化基层站点监管能力,加强对企业安全生产的现场监管和技术指导。

12. 强化企业安全生产属地管理。安全生产监管监察部门、负有安全生产监管职责的有关部门和行业管理部门要按职责分工,对当地企业包括中央、省属企业实行严格的安全生产监督检查和管理,组织对企业安全生产状况进行安全标准化分级考核评价,评价结果向社会公开,并向银行业、证券业、保险业、担保业等主管部门通报,作为企业信用评级的重要参考依据。

13. 加强建设项目安全管理。强化项目安全设施核准审批,加强建设项目的日常安全监管,严格落实审批、监管的责任。企业新建、改建、扩建工程项目的安全设施,要包括安全监控设施和防瓦斯等有害气体、防尘、排水、防火、防爆等设施,并与主体工程同时设计、同时施工、同时投入生产和使用。安全设施与建设项目主体工程未做到同时设计的一律不予审批,未做到同时施工的责令立即停止施工,未同时投入使用的不得颁发安全生产许可证,并视情节追究有关单位负责人的责任。严格落实建设、设计、施工、监理、监管等各方安全责任。对项目建设生产经营单位存在违法分包、转包等行为的,立即依法停工停产整顿,并追究项目业主、承包方等各方责任。

14. 加强社会监督和舆论监督。要充分发挥工会、共青团、妇联组织的作用,依法维护和落实企业职工对安全生产的参与权与监督权,鼓励职工监督举报各类安全隐患,对举报者予以奖励。有关部门和地方要进一步畅通安全生产的社会监督渠道,设立举报箱,公布举报电话,接受人民群众的公开监督。要发挥新闻媒体的舆论监督,对舆论反映的客观问题要深查原因,切实整改。

五、建设更加高效的应急救援体系

15. 加快国家安全生产应急救援基地建设。按行业类型和区域分布,依托大型企业,在中央预算内基建投资支持下,先期抓紧建设7个国家矿山应急救援队,配备性能可靠、机动性强的装备和设备,保障必要的运行维护费用。推进公路交通、铁路运输、水上搜救、船舶溢油、油气田、危险化学品等行业(领域)国家救援基地和队伍建设。鼓励和支持各地区、各部门、各行业依托大型企业和专业救援力量,加强服务周边的区域性应急救援能力建设。

16. 建立完善企业安全生产预警机制。企业要建立完善安全生产动态监控及预警预报体系,每月进行一次安全生产风险分析。发现事故征兆要立即发布预警信息,落实防范和应急处置措施。对重大危险源和重大隐患要报当地安全生产监管监察部门、负有安全生产监管职责的有关部门和行业管理部门备案。涉及国家秘密的,按有关规定执行。

17. 完善企业应急预案。企业应急预案要与当地政府应急预案保持衔接,并定期进行演练。赋予企业生产现场带班人员、班组长和调度人员在遇到险情时第一时间下达停产撤人命令的直接决策权和指挥权。因撤离不及时导致人身伤亡事故的,要从重追究相关人员的法律责任。

六、严格行业安全准入

18. 加快完善安全生产技术标准。各行业管理部门和负有安全生产监管职责的有关部门要根据行业技术进步和产业升级的要求,加快制定修订生产、安全技术标准,制定和实施高危行业从业人员资格标准。对实施许可证管理制度的危险性作业要制定落实专项安全技术作业规程和岗位安全操作规程。

19. 严格安全生产准入前置条件。把符合安全生产标准作为高危行业企业准入的前置条件,实行严格的安全标准核准制度。矿山建设项目和用于生产、储存危险物品的建设项目,应当分别按照国家有关规定进行安全条件论证和安全评价,严把安全生产准入关。凡不符合安全生产条件违规建设的,要立即停止建设,情节严重的由本级人民政府或主管部门实施关闭取缔。降低标准造成隐患的,要追究相关人员和负责人的责任。

20. 发挥安全生产专业服务机构的作用。依托科研院所,结合事业单位改制,推动安全生产评价、技术支持、安全培训、技术改造等服务性机构的规范发展。制定完善安全生产专业服务机构管理办法,保证专业服务机构从业行为的专业性、独立性和客观性。专业服务机构对相关评价、鉴定结论承担法律责任,对违法违规、弄虚作假的,要依法依规从严追究相关人员和机构的法律责任,并降低或取消相关资质。

七、加强政策引导

21. 制定促进安全技术装备发展的产业政策。要鼓励和引导企业研发、采用先进适用的安全技术和产品,鼓励安全生产适用技术和新装备、新工艺、新标准的推广应用。把安全检测监控、安全避险、安全保护、个人防护、灾害监控、特种安全设施及应急救援等安全生产专用设备的研发制造,作为安全产业加以培育,纳入国家振兴装备制造业的政策支持范畴。大力发展安全装备融资租赁业务,促进高危行业企业加快提升安全装备水平。

22. 加大安全专项投入。切实做好尾矿库治理、扶持煤矿安全技改建设、瓦斯防治和小煤矿整顿关闭等各类中央资金的安排使用,落实地方和企业配套资金。加强对高危行业企业安全生产费用提取和使用管理的监督检查,进一步完善高危行业企业安全生产费用财务管理制度,研究提高安全生产费用提取下限标准,适当扩大适用范围。依法加强道路交通事故社会救助基金制度建设,加快建立完善水上搜救奖励与补偿机制。高危行业企业探索实行全员安全风险抵押金制度。完善落实工伤保险制度,积极稳妥推行安全生产责任保险制度。

23. 提高工伤事故死亡职工一次性赔偿标准。从 2011 年 1 月 1 日起,依照《工伤保险条例》的规定,对因生产安全事故造成的职工死亡,其一次性工亡补助金标准调整为按全国上一年度城镇居民人均可支配收入的 20 倍计算,发放给工亡职工近亲属。同时,依法确保工亡职工一次性丧葬补助金、供养亲属抚恤金的发放。

24. 鼓励扩大专业技术和技能人才培养。进一步落实完善校企合作办学、对口单招、订单式培养等政策,鼓励高等院校、职业学校逐年扩大采矿、机电、地质、通风、安全等相关专业人才的招生培养规模,加快培养高危行业专业人才和生产一线急需技能型人才。

八、更加注重经济发展方式转变

25. 制定落实安全生产规划。各地区、各有关部门要把安全生产纳入经济社会发展的总体布局,在制定国家、地区发展规划时,要同步明确安全生产目标和专项规划。企业要把安全生产工作的各项要求落实在企业发展和日常工作之中,在制定企业发展规划和年度生产经营计划中要突出安全生产,确保安全投入和各项安全措施到位。

26. 强制淘汰落后技术产品。不符合有关安全标准、安全性能低下、职业危害严重、危及安全生产的落后技术、工艺和装备要列入国家产业结构调整指导目录,予以强制性淘汰。各省级人民政府也要制订本地区相应的目录和措施,支持有效消除重大安全隐患的技术改造和搬迁项目,遏制安全水平低、保障能力差的项目建设和延续。对存在落后技术装备、构成重大安全隐患的企业,要予以公布,责令限期整改,逾期未整改的依法予以关闭。

27. 加快产业重组步伐。要充分发挥产业政策导向和市场机制的作用,加大对相关高危行业企业重组力度,进一步整合或淘汰浪费资源、安全保障低的落后产能,提高安全基础保障能力。

九、实行更加严格的考核和责任追究

28. 严格落实安全目标考核。对各地区、各有关部门和企业完成年度生产安全事故控制指标情况进行严格考核,并建立激励约束机制。加大重特大事故的考核权重,发生特别重大生产安全事故的,要根据情节轻重,追究地市级分管领导或主要领导的责任;后果特别严重、影响特别恶劣的,要按规定追究省部级相关领导的责任。加强安全生产基础工作考核,加快推进安全生产长效机制建设,坚决遏制重特大事故的发生。

29. 加大对事故企业负责人的责任追究力度。企业发生重大生产安全责任事故,追究事故企业主要负责人责任;触犯法律的,依法追究事故企业主要负责人或企业实际控制人的法律责任。发生特别重大事故,除追究企业主要负责人和实际控制人责任外,还要追究上级企业主要负责人的责任;触犯法律的,依法追究企业主要负责人、企业实际控制人和上级企业负责人的法律责任。对重大、特别重大生产安全责任事故负有主要责任的企业,其主要负责人终身不得担任本行业企业的矿长(厂长、经理)。对非法违法生产造成人员伤亡的,以及瞒报事故、事故后逃逸等情节特别恶劣的,要依法从重处罚。

30. 加大对事故企业的处罚力度。对于发生重大、特别重大生产安全责任事故或一年内发生 2 次以上较大生产安全责任事故并负主要责任的企业,以及存在重大隐患整改不力的企业,由省级及以上安全监管监察部门会同有关行业主管部门向社会公告,并向投资、国土资源、建设、银行、证券等主管部门通报,一年内严格限制新增的项目核准、用地审批、证券融资等,并作为银行贷款等的重要参考依据。

31. 对打击非法生产不力的地方实行严格的责任追究。在所辖区域对群众举报、上级督办、日常检查发现的非法生产企业(单位)没有采取有效措施予以查处,致使非法生产企业(单位)存在的,对县(市、区)、乡(镇)人民政府主要领导以及相关责任人,根据情节轻重,给予降级、撤职或者开除的行政处分,涉嫌犯罪的,依法追究刑事责任。国家另有规定的,从其规定。

32. 建立事故查处督办制度。依法严格事故查处,对事故查处实行地方各级安全生产委员会层层挂牌督办,重大事故查处实行国务院安全生产委员会挂牌督办。事故查处结案后,要及时予以公告,接受社会监督。

各地区、各部门和各有关单位要做好对加强企业安全生产工作的组织实施，制订部署本地区本行业贯彻落实本通知要求的具体措施，加强监督检查和指导，及时研究、协调解决贯彻实施中出现的突出问题。国务院安全生产委员会办公室和国务院有关部门要加强工作督查，及时掌握各地区、各部门和本行业（领域）工作进展情况，确保各项规定、措施执行落实到位。省级人民政府和国务院有关部门要将加强企业安全生产工作情况及时报送国务院安全生产委员会办公室。

二〇一〇年七月十九日

国务院关于坚持科学发展安全发展促进安全生产形势持续稳定好转的意见

国发〔2011〕40号

各省、自治区、直辖市人民政府，国务院各部委、各直属机构：

安全生产事关人民群众生命财产安全，事关改革开放、经济发展和社会稳定大局，事关党和政府形象和声誉。为深入贯彻落实科学发展观，实现安全发展，促进全国安全生产形势持续稳定好转，提出以下意见：

一、充分认识坚持科学发展安全发展的重大意义

（一）坚持科学发展安全发展是对安全生产实践经验的科学总结。多年来，各地区、各部门、各单位深入贯彻落实科学发展观，按照党中央、国务院的决策部署，大力推进安全发展，全国安全生产工作取得了积极进展和明显成效。"十一五"期间，事故总量和重特大事故大幅度下降，全国各类事故死亡人数年均减少约1万人，反映安全生产状况的各项指标显著改善，安全生产形势持续稳定好转。实践表明，坚持科学发展安全发展，是对新时期安全生产客观规律的科学认识和准确把握，是保障人民群众生命财产安全的必然选择。

（二）坚持科学发展安全发展是解决安全生产问题的根本途径。我国正处于工业化、城镇化快速发展进程中，处于生产安全事故易发多发的高峰期，安全基础仍然比较薄弱，重特大事故尚未得到有效遏制，非法违法生产经营建设行为屡禁不止，安全责任不落实、防范和监督管理不到位等问题在一些地方和企业还比较突出。安全生产工作既要解决长期积累的深层次、结构性和区域性问题，又要应对不断出现的新情况、新问题，根本出路在于坚持科学发展安全发展。要把这一重要思想和理念落实到生产经营建设的每一个环节，使之成为衡量各行业领域、各生产经营单位安全生产工作的基本标准，自觉做到不安全不生产，实现安全与发展的有机统一。

（三）坚持科学发展安全发展是经济发展社会进步的必然要求。随着经济发展和社会进步，全社会对安全生产的期待不断提高，广大从业人员"体面劳动"意识不断增强，对加强安全监管监察、改善作业环境、保障职业安全健康权益等方面的要求越来越高。这就要求各地区、各部门、各单位必须始终把安全生产摆在经济社会发展重中之重的位置，自觉坚持科学发展安全发展，把安全真正作为发展的前提和基础，使经济社会发展切实建立在安全保障能力不断增强、劳动者生命安全和身体健康得到切实保障的基础之上，确保人民群众平安幸福地享有经济发展和社会进步的成果。

二、指导思想和基本原则

（四）指导思想。坚持以邓小平理论和"三个代表"重要思想为指导，深入贯彻落实科学发展观，牢固树立以人为本、安全发展的理念，始终把保障人民群众生命财产安全放在首位，大力实施安全发展战略，紧紧围绕科学发展主题和加快转变经济发展方式主线，自觉坚持"安全第一、预防为主、综合治理"方针，坚持速度、质量、效益与安全的有机统一，以强化和落实企业主体责任为重点，以事故预防为主攻方向，以规范生产为保障，以科技进步为支撑，认真落实安全生产各项措施，标本兼治、综合治理，有效防范和坚决遏制重特大事故，促进安全生产与经济社会同步协调发展。

（五）基本原则。——统筹兼顾，协调发展。正确处理安全生产与经济社会发展、与速度质量效益的关系，坚持把安全生产放在首要位置，促进区域、行业领域的科学、安全、可持续发展。——依法治安，综合治理。健全完善安全生产法律法规、制度标准体系，严格安全生产执法，严厉打击非法违法行为，综合运用法律、行政、经济等手段，推动安全生产工作规范、有序、高效开展。——突出预防，落实责任。加大安全投入，严格安全准入，深化隐患排查治理，筑牢安全生产基础，全面落实企业安全生产

主体责任、政府及部门监管责任和属地管理责任。——依靠科技，创新管理。加快安全科技研发应用，加强专业技术人才队伍和高素质的职工队伍培养，创新安全管理体制机制和方式方法，不断提升安全保障能力和安全管理水平。

三、进一步加强安全生产法制建设

（六）健全完善安全生产法律制度体系。加快推进安全生产法等相关法律法规的修订制定工作。适应经济社会快速发展的新要求，制定高速铁路、高速公路、大型桥梁隧道、超高层建筑、城市轨道交通和地下管网等建设、运行、管理方面的安全法规规章。根据技术进步和产业升级需要，抓紧修订完善国家和行业安全技术标准，尽快健全覆盖各行业领域的安全生产标准体系。进一步建立完善安全生产激励约束、督促检查、行政问责、区域联动等制度，形成规范有力的制度保障体系。

（七）加大安全生产普法执法力度。加强安全生产法制教育，普及安全生产法律知识，提高全民安全法制意识，增强依法生产经营建设的自觉性。加强安全生产日常执法、重点执法和跟踪执法，强化相关部门及与司法机关的联合执法，确保执法实效。继续依法严厉打击各类非法违法生产经营建设行为，切实落实停产整顿、关闭取缔、严格问责的惩治措施。强化地方人民政府特别是县乡级人民政府责任，对打击非法生产不力的，要严肃追究责任。

（八）依法严肃查处各类事故。严格按照“科学严谨、依法依规、实事求是、注重实效”的原则，认真调查处理每一起事故，查明原因，依法严肃追究事故单位和有关责任人的责任，严厉查处事故背后的腐败行为，及时向社会公布调查进展和处理结果。认真落实事故查处分级挂牌督办、跟踪督办、警示通报、诫勉约谈和现场分析制度，深刻吸取事故教训，查找安全漏洞，完善相关管理措施，切实改进安全生产工作。

四、全面落实安全生产责任

（九）认真落实企业安全生产主体责任。企业必须严格遵守和执行安全生产法律法规、规章制度与技术标准，依法依规加强安全生产，加大安全投入，健全安全管理机构，加强班组安全建设，保持安全设备设施完好有效。企业主要负责人、实际控制人要切实承担安全生产第一责任人的责任，带头执行现场带班制度，加强现场安全管理。强化企业技术负责人技术决策和指挥权，注重发挥注册安全工程师对企业安全状况诊断、评估、整改方面的作用。企业主要负责人、安全管理人员、特种作业人员一律经严格考核、持证上岗。企业用工要严格依照劳动合同法与职工签订劳动合同，职工必须全部经培训合格后上岗。

（十）强化地方人民政府安全监管责任。地方各级人民政府要健全完善安全生产责任制，把安全生产作为衡量地方经济发展、社会管理、文明建设成效的重要指标，切实履行属地管理职责，对辖区内各类企业包括中央、省属企业实施严格的安全生产监督检查和管理。严格落实地方行政首长安全生产第一责任人的责任，建立健全政府领导班子成员安全生产“一岗双责”制度。省、市、县级政府主要负责人要定期研究部署安全生产工作，组织解决安全生产重点难点问题。

（十一）切实履行部门安全生产管理和监督职责。健全完善安全生产综合监管与行业监管相结合的工作机制，强化安全生产监管部门对安全生产的综合监管，全面落实行业主管部门的专业监管、行业管理和指导职责。相关部门、境内投资主体和派出企业要切实加强对境外中资企业安全生产工作的指导和管理。要不断探索创新与经济运行、社会管理相适应的安全监管模式，建立健全与企业信誉、项目核准、用地审批、证券融资、银行贷款等方面相挂钩的安全生产约束机制。

五、着力强化安全生产基础

（十二）严格安全生产准入条件。要认真执行安全生产许可制度和产业政策，严格技术和安全质量标准，严把行业安全准入关。强化建设项目安全核准，把安全生产条件作为高危行业建设项目审批的前置条件，未通过安全评估的不准立项；未经批准擅自开工建设的，要依法取缔。严格执行建设项目安全设施“三同时”（同时设计、同时施工、同时投产和使用）制度。制定和实施高危行业从业人员资格标准。加强对安全生产专业服务机构管理，实行严格的资格认证制度，确保其评价、检测结果的专业性和客观性。

（十三）加强安全生产风险监控管理。充分运用科技和信息手段，建立健全安全生产隐患排查治理体系，强化监测监控、预报预警，及时发现和消除安全隐患。企业要定期进行安全风险评估分析，重大隐患要及时报安全监管监察和行业主管部门备案。各级政府要对重大隐患实行挂牌督办，确保监控、整改、防范等措施落实到位。各地区要建立重大危险源管理档案，实施动态全程监控。

（十四）推进安全生产标准化建设。在工矿商贸和交通运输行业领域普遍开展岗位达标、专业达标和企业达标建设，对在规定期限内未实现达标的企业，要依据有关规定暂扣其生产许可证、安全生产许可证，责令停产整顿；对整改逾期仍未达标的，要依法予以关闭。加强安全标准化分级考核评价，将评价结果向银行、证券、保险、担保等主管部门通报，作为企业信用评级的重要参考依据。

（十五）加强职业病危害防治工作。要严格执行职业病防治法，认真实施国家职业病防治规划，深入落实职业危害防护设施“三同时”制度，切实抓好煤（矽）尘、热害、高毒物质等职业危害防范治理。对可能产生职业病危害的建设项目，必须进行严格的职业病危害预评价，未提交预评价报告或预评价报告未经审核同意的，一律不得批准建设；对职业病危害防控措施不到位的企业，要依法责令其整改，情节严重的要依法予以关闭。切实做好职业病诊断、鉴定和治疗，保障职工安全健康权益。

六、深化重点行业领域安全专项整治

（十六）深入推进煤矿瓦斯防治和整合技改。加快建设“通风可靠、抽采达标、监控有效、管理到位”的瓦斯综合治理工作体系，完善落实瓦斯抽采利用扶持政策，推进瓦斯防治技术创新。严格控制高瓦斯和煤与瓦斯突出矿井建设项目审批。建立完善煤矿瓦斯防治能力评估制度，对不具备防治能力的高瓦斯和煤与瓦斯突出矿井，要严格按规定停产整改、重组或依法关闭。继续运用中央预算内投资扶持煤矿安全技术改造，支持煤矿整顿关闭和兼并重组。加强对整合技改煤矿的安全管理，加快推进煤矿井下安全避险系统建设和小煤矿机械化改造。

（十七）加大交通运输安全综合治理力度。加强道路长途客运安全管理，修订完善长途客运车辆安全技术标准，逐步淘汰安全性能差的运营车型。强化交通运输企业安全主体责任，禁止客运车辆挂靠运营，禁止非法改装车辆从事旅客运输。严格长途客运、危险品车辆驾驶人资格准入，研究建立长途客车驾驶人强制休息制度，持续严厉整治超载、超限、超速、酒后驾驶、高速公路违规停车等违法行为。加强道路运输车辆动态监管，严格按规定强制安装具有行驶记录功能的卫星定位装置并实行联网联控。提高道路建设质量，完善安全防护设施，加强桥梁、隧道、码头安全隐患排查治理。加强高速铁路和城市轨道交通建设运营安全管理。继续强化民航、农村和山区交通、水上交通的安全监管，特别要抓紧完善校车安全法规和标准，依法强化校车安全监管。

（十八）严格危险化学品安全管理。全面开展危险化学品安全管理现状普查评估，建立危险化学品安全管理信息系统。科学规划化工园区，优化化工企业布局，严格控制城镇涉及危险化学品的建设项目。各地区要积极研究制定鼓励支持政策，加快城区高风险危险化学品生产、储存企业搬迁。地方各级人民政府要组织开展地下危险化学品输送管道设施安全整治，加强和规范城镇地面开挖作业管理。继续推进化工装置自动控制系统改造。切实加强烟花爆竹和民用爆炸物品的安全监管，深入开展“三超一改”（超范围、超定员、超药量和擅自改变工房用途）和礼花弹等高危产品专项治理。

（十九）深化非煤矿山安全整治。进一步完善矿产资源开发整合常态化管理机制，制定实施非煤矿山主要矿种最小开采规模和最低服务年限标准。研究制定充填开采标准和规定。积极推行尾矿库一次性筑坝、在线监测技术，搞好尾矿综合利用。全面加强矿井安全避险系统建设，组织实施非煤矿山采空区监测监控等科技示范工程。加强陆地和海洋石油天然气勘探开采的安全管理，重点防范井喷失控、硫化氢中毒、海上溢油等事故。

（二十）加强建筑施工安全生产管理。按照“谁发证、谁审批、谁负责”的原则，进一步落实建筑工程招投标、资质审批、施工许可、现场作业等各环节安全监管责任。强化建筑工程参建各方企业安全生产主体责任。严密排查治理起重机、吊罐、脚手架等设施设备安全隐患。建立建筑工程安全生产信息系统，健全施工企业和从业人员安全信用体系，完善失信惩戒制度。建立完善铁路、公路、水利、核电等重点工程项目安全风险评估制度。严厉打击超越资质范围承揽工程、违法分包转包工程等不法行为。

（二十一）加强消防、冶金等其他行业领域的安全监管。地方各级人民政府要把消防规划纳入当地城乡规划，切实加强公共消防设施建设。大力实施社会消防安全“防火墙”工程，落实建设项目消防安全设计审核、验收和备案抽查制度，严禁使用不符合消防安全要求的装修装饰材料和建筑外保温材料。严格落实人员密集场所、大型集会活动等安全责任制，严防拥挤踩踏事故。加强冶金、有色等其他工贸行业企业安全专项治理，严格执行压力容器、电梯、游乐设施等特种设备安全管理制度，加强电力、农机和渔船安全管理。

七、大力加强安全保障能力建设

（二十二）持续加大安全生产投入。探索建立中央、地方、企业和社会共同承担的安全生产长效投入机制，加大对贫困地区和高危行业领域倾斜。完善有利于安全生产的财政、税收、信贷政策，强化政府投资对安全生产投入的引导和带动作用。企业在年度财务预算中必须确定必要的安全投入，提足用好安全生产费用。完善落实工伤保险制度，积极稳妥推行安全生产责任保险制度，发挥保险机制的预防和促进作用。

（二十三）充分发挥科技支撑作用。整合安全科技优势资源，建立完善以企业为主体、以市场为导向、产学研用相结合的安全技术创新体系。加快推进安全生产关键技术及装备的研发，在事故预防预警、防治控制、抢险处置等方面尽快推出一批具有自主知识产权的科技成果。积极推广应用安全性能可靠、先进适用的新技术、新工艺、新设备和新材料。企业必须加快国家规定的各项安全系统和装备建设，提高生产安全防护水平。加强安全生产信息化建设，建立健全信息科技支撑服务体系。

（二十四）加强产业政策引导。加大高危行业企业重组力度，进一步整合浪费资源、安全保障低的落后产能，加快淘汰不符合安全标准、职业危害严重、危及安全生产的落后技术、工艺和装备。地方各级人民政府要制定相关政策，遏制安全水平低、保障能力差的项目的建设和延续。对存在落后技术设备、构成重大安全隐患的企业，要予以公布，责令其限期整改，逾期未整改的依法予以关闭。把安全产业纳入国家重点支持的战略产业，积极发展安全装备融资租赁业务，促进企业加快提升安全装备水平。

（二十五）加强安全人才和监管监察队伍建设。加强安全科学与工程学科建设，办好安全工程类高等教育和职业教育，重点培养中高级安全工程与管理人才。鼓励高等院校、职业学校进一步落实完善校企合作办学、对口单招、订单式培养等政策，加快培养高危行业专业人才和生产一线急需技能型人才。加快建设专业化的安全监管监察队伍，建立以岗位职责为基础的能力评价体系，加强在岗人员业务培训。进一步充实基层监管力量，改善监管监察装备和条件，创新安全监管监察机制，切实做到严格、公正、廉洁、文明执法。

八、建设更加高效的应急救援体系

（二十六）加强应急救援队伍和基地建设。抓紧7个国家级、14个区域性矿山应急救援基地建设，加快推进重点行业领域的专业应急救援队伍建设。县级以上地方人民政府要结合实际，整合应急资源，依托大型企业、公安消防等救援力量，加强本地区应急救援队伍建设。建立紧急医学救援体系，提升事故医疗救治能力。建立救援队伍社会化服务补偿机制，鼓励和引导社会力量参与应急救援。

（二十七）完善应急救援机制和基础条件。健全省、市、县及中央企业安全生产应急管理体系，加快建设应急平台，完善应急救援协调联动机制。建立健全自然灾害预报预警联合处置机制，加强安监、气象、地震、海洋等部门的协调配合，严防自然灾害引发事故灾难。建立完善企业安全生产动态监控及预警预报体系。加强应急救援装备建设，强化应急物资和紧急运输能力储备，提高应急处置效率。

（二十八）加强预案管理和应急演练。建立健全安全生产应急预案体系，加强动态修订完善。落实省、市、县三级安全生产预案报备制度，加强企业预案与政府相关应急预案的衔接。定期开展应急预案演练，切实提高事故救援实战能力。企业生产现场带班人员、班组长和调度人员在遇到险情时，要按照预案规定，立即组织停产撤人。

九、积极推进安全文化建设

(二十九)加强安全知识普及和技能培训。加强安全教育基地建设,充分利用电视、互联网、报纸、广播等多种形式和手段普及安全常识,增强全社会科学发展、安全发展的思想意识。在中小学广泛普及安全基础教育,加强防灾避险演练。全面开展安全生产、应急避险和职业健康知识进企业、进学校、进乡村、进社区、进家庭活动,努力提升全民安全素质。大力开展企业全员安全培训,重点强化高危行业和中小企业一线员工安全培训。完善农民工向产业工人转化过程中的安全教育培训机制。建立完善安全技术人员继续教育制度。大型企业要建立健全职业教育和培训机构。加强地方政府安全生产分管领导干部的安全培训,提高安全管理水平。

(三十)推动安全文化发展繁荣。充分利用社会资源和市场机制,培育发展安全文化产业,打造安全文化精品,促进安全文化市场繁荣。加强安全公益宣传,大力倡导"关注安全、关爱生命"的安全文化。建设安全文化主题公园、主题街道和安全社区,创建若干安全文化示范企业和安全发展示范城市。推进安全文化理论和建设手段创新,构建自我约束、持续改进的长效机制,不断提高安全文化建设水平,切实发挥其对安全生产工作的引领和推动作用。

十、切实加强组织领导和监督

(三十一)健全完善安全生产工作格局。各地区要进一步健全完善政府统一领导、部门依法监管、企业全面负责、群众参与监督、全社会广泛支持的安全生产工作格局,形成各方面齐抓共管的合力。要切实加强安全生产工作的组织领导,充分发挥各级政府安全生产委员会及其办公室的指导协调作用,落实各成员单位工作责任。县级以上人民政府要依法健全完善安全生产、职业健康监管体系,安全生产任务较重的乡镇要加强安全监管力量建设,确保事有人做、责有人负。

(三十二)加强安全生产绩效考核。把安全生产考核控制指标纳入经济社会发展考核评价指标体系,加大各级领导干部政绩业绩考核中安全生产的权重和考核力度。把安全生产工作纳入社会主义精神文明和党风廉政建设、社会管理综合治理体系之中。制定完善安全生产奖惩制度,对成效显著的单位和个人要以适当形式予以表扬和奖励,对违法违规、失职渎职的,依法严格追究责任。

(三十三)发挥社会公众的参与监督作用。推进安全生产政务公开,健全行政许可网上申请、受理、审批制度。落实安全生产新闻发布制度和救援工作报道机制,完善隐患、事故举报奖励制度,加强社会监督、舆论监督和群众监督。支持各级工会、共青团、妇联等群众组织动员广大职工开展群众性安全生产监督和隐患排查,落实职工岗位安全责任,推进群防群治。

二〇一一年十一月二十六日

国务院办公厅关于加强中央企业安全生产工作的通知

国办发〔2004〕52 号

各省、自治区、直辖市人民政府，国务院各部委、各直属机构：

中央企业（国资委代表国务院履行出资人职责的企业，下同）是国有经济的重要组成部分。搞好中央企业的安全生产工作，对保障国民经济平稳较快发展，促进全国安全生产形势的稳定好转具有重要意义。当前，中央企业的安全生产状况总体稳定，但重特大事故仍然时有发生。为进一步加强中央企业的安全生产工作，保护人民群众的生命和财产安全，经国务院同意，现就有关事项通知如下：

一、落实中央企业安全生产主体责任，进一步加强安全管理

（一）中央企业是安全生产的责任主体，必须认真贯彻执行"安全第一、预防为主"的方针和国家有关安全生产的法律法规、标准等，把安全生产作为一项长期的任务，做到警钟长鸣，常抓不懈。

（二）中央企业的主要负责人是企业安全生产的第一责任人。要全面负起责任，认真履行职责，加强对安全生产工作的领导，经常检查本单位的安全生产情况，研究解决安全生产中的重大问题，组织建立并落实各级安全生产责任制。企业党委、工会、共青团组织要充分发挥各自优势，形成齐抓共管的合力。

（三）中央企业要按照《中华人民共和国安全生产法》等法律法规的要求不断完善安全生产的各项规章制度、作业标准和岗位技术操作规程，积极采用先进的安全管理方法和安全生产技术，加强和改进安全管理，确保各项安全措施的落实。要积极探索建立安全生产的长效机制，制订安全生产发展规划，把安全生产工作纳入企业发展战略和规划的整体布局之中，同步规划、同步实施、同步发展。

（四）中央企业要把安全生产作为日常生产经营管理的重要内容，定期分析安全生产形势，定期进行安全检查，采取有效措施，加强对企业内部危险源和安全生产薄弱环节的监控与治理。广泛开展安全质量标准化活动，规范企业生产流程各环节、各岗位的行为。切实加强企业基层基础工作，搞好对全体职工的安全生产教育和培训，使之具备与所从事的生产经营活动相适应的安全生产知识和管理能力。企业有关经营管理人员、特种作业人员必须依法接受安全生产培训，经考试合格后，持证上岗。

（五）中央企业要认真贯彻落实《国务院办公厅关于深化安全生产专项整治工作的通知》（国办发〔2003〕60 号）精神，结合实际，深入开展安全生产专项整治，整顿和规范安全生产秩序，确保整治工作取得实效。要重点加强矿山、道路及水上交通运输、危险化学品、特种设备、民用爆破器材和烟花爆竹、人员密集场所消防安全等方面的安全工作，对存在的安全隐患和突出问题进行彻底整治。矿山、建筑施工和危险化学品、烟花爆竹、民用爆破器材生产企业，要严格依照《安全生产许可证条例》的规定取得安全生产许可证。未取得安全生产许可证的，不得从事相关生产经营活动。

（六）中央企业要依法保证和加大安全投入，搞好安全生产的技术改造，积极推进技术创新与进步，采用安全性能可靠的新技术、新工艺、新设备和新材料，不断改善安全生产条件。新建、改建、扩建工程项目的安全设施，必须与主体工程同时设计、同时施工、同时投入生产和使用，并依法申请、通过设计审查和竣工验收。

（七）中央企业要按照有关规定，逐级建立安全生产责任制，加强企业内部安全生产监管工作，建立健全各级安全生产监管机构，配备必要的安全生产专职监管人员。狠抓安全生产的超前防范工作，及时发现和分析安全生产问题，消除事故隐患。按照"四不放过"（事故原因未查清不放过、责任人员未处理不放过、整改措施未落实不放过、有关人员未受到教育不放过)的原则,严肃查处每起事故,依法追究事故责任人的责任和有关负责人的领导责任。

(八)中央企业要按照有关法律法规的规定,参加工伤社会保险和人身意外伤害保险,为从业人员缴纳保险费。有条件的企业可在法律许可的范围内,开展多种形式的互助互保活动。

(九)中央企业有关安全生产方面的重要活动、信息或事项,要及时向安全生产监督管理部门和有关主管部门报告,中央煤炭企业要同时向煤矿安全监察机构报告;有关安全生产的年度计划、年中或年终总结,要报安全生产监督管理部门和有关主管部门备案。

二、明确对中央企业安全生产监督管理的职责

(一)国防科技、公安、建设、铁道、交通、信息产业、水利、质检、环保、民航、旅游、邮政等国务院有关部门及其设在各省(区、市)、市(地)的有关机构,各省(区、市)、市(地)人民政府有关部门,负责相关行业或领域中央企业安全生产监督管理工作。电监会及其设在各区域、各省(区、市)的监管机构负责电力系统中央企业的安全生产监督管理工作。上述各有关部门要按照职责分工,对中央企业贯彻执行安全生产法律法规、规章制度等情况进行监督检查。主要内容包括企业安全生产条件、安全标准、设备设施、劳动防护用品及作业场所职业危害情况,重大危险源监控情况,安全生产专项整治情况等。

(二)国家安全监管局及省(区、市)、市(地)安全监管部门具体负责工矿商贸中央企业的安全生产监督管理工作,除按照前款规定的监督检查内容对工矿商贸企业安全生产进行监督检查外,从综合监管的角度,负责指导、协调有关部门的安全生产监督管理工作。

(三)中央煤炭企业的安全监察工作,依据《中华人民共和国安全生产法》、《煤矿安全监察条例》等规定,由煤矿安全监察机构负责。

(四)国资委按照国有资产出资人的职责,负责检查督促中央企业贯彻落实党和国家的安全生产方针政策及有关法律法规、标准等;督促中央企业主要负责人落实安全生产第一责任人的责任和企业安全生产责任制,搞好对企业负责人的安全业绩考核;依照有关规定,参与或组织开展中央企业安全生产检查、督查,督促企业落实各项安全防范和隐患治理措施;参与企业重特大事故的调查,负责落实事故责任追究的有关规定;督促企业搞好统筹规划,把安全生产纳入中长期发展规划,保障职工健康与安全。

三、按照分级、属地管理的原则加强对中央企业安全生产的监督管理

(一)对中央企业安全生产的监督管理工作,按照分级、属地管理的原则,由国家、省(区、市)、市(地)三级安全生产监督管理部门,国务院有关部门及其设在各省(区、市)、市(地)的有关机构,以及各省(区、市)、市(地)人民政府有关部门按照职责分工负责。

(二)中央企业的总公司(总厂、集团公司)安全生产监督管理工作由国家安全监管局及国务院有关部门按照职责分工负责。

(三)省(区、市)、市(地)安全生产监督管理部门在同级人民政府统一领导下,分别负责本行政区域内工矿商贸中央企业的分公司、子公司及其所属单位的安全生产监督管理工作;对其他中央企业的分公司、子公司及其所属单位的安全生产进行综合监督管理。其他中央企业在各省(区、市)、市(地)、县(市)的分公司、子公司及其所属单位安全生产监督管理工作,分别由省(区、市)、市(地)人民政府有关部门及国务院有关部门设在各省(区、市)、市(地)的有关机构负责。

(四)国家安全监管局会同国资委及国务院有关部门,按照职责分工对中央企业的总公司(总厂、集团公司)的主要负责人和安全生产管理人员进行安全培训;省级安全生产监督管理部门会同同级政府有关部门及国务院有关部门设在各省(区、市)、市(地)的有关机构,按照职责分工对中央企业的分公司、子公司及其所属单位的主要负责人、安全生产管理人员进行安全培训。

四、做好中央企业生产安全事故的应急救援和调查处理工作

（一）中央企业要结合本企业实际，制订生产安全事故应急救援预案并进行演练，建立应急救援组织，配备必要的应急救援器材、设备。发生生产安全事故后，要迅速采取有效措施组织抢救，防止事故扩大，努力减少人员伤亡和财产损失，并按规定立即报告当地政府、安全生产监督管理部门和有关主管部门。

（二）有关地方人民政府和负有安全生产监督管理职责的部门的负责人接到中央企业重大生产安全事故报告后，应当立即赶到事故现场，组织事故抢救并依照有关规定及时报告上级部门。

（三）中央企业的事故调查处理依照国务院有关规定执行。

二〇〇四年六月二十四日

国务院办公厅转发安全监管总局等部门关于加强企业应急管理工作意见的通知

国办发〔2007〕13号

各省、自治区、直辖市人民政府，国务院各部委、各直属机构：

安全监管总局、国资委、财政部、公安部、民政部、卫生部、环保总局《关于加强企业应急管理工作的意见》已经国务院同意，现转发给你们，请认真贯彻执行。

二〇〇七年二月二十八日

关于加强企业应急管理工作的意见

安全监管总局　国资委　财政部　公安部
民政部　卫生部　环保总局

企业应急管理是指对企业生产经营中的各种安全生产事故和可能给企业带来人员伤亡、财产损失的各种外部突发公共事件，以及企业可能给社会带来损害的各类突发公共事件的预防、处置和恢复重建等工作，是企业管理的重要组成部分。加强企业应急管理，是企业自身发展的内在要求和必须履行的社会责任。近年来，我国企业应急管理工作取得较大进展，但总体上看仍存在诸多薄弱环节，安全生产事故频发，自然灾害、公共卫生事件、社会安全事件等也给企业安全造成多方面影响。为深入贯彻落实《国家突发公共事件总体应急预案》和《国务院关于全面加强应急管理工作的意见》（国发〔2006〕24号），进一步加强企业应急管理工作，现提出如下意见：

一、明确企业应急管理的工作目标

（一）各级各类生产经营企业在2007年底前全面完成应急预案编制工作；建立健全企业应急管理组织体系，把应急管理纳入企业管理的各个环节；形成上下贯通、多方联动、协调有序、运转高效的企业应急管理机制；建立起训练有素、反应快速、装备齐全、保障有力的企业应急队伍；加强企业危险源监控，实现企业突发公共事件预防与处置的有机结合；政府有关部门完善相关法规和政策措施；企业应对事故灾难、自然灾害、公共卫生事件和社会安全事件的能力得到全面提高。

二、健全组织体系和工作机制

（二）建立健全企业应急管理组织体系。大型企业要设置或明确应急管理领导机构和办事机构，配备专职或兼职人员开展应急管理工作，形成企业主要领导全面负责、分管领导具体负责、有关部门分工负责、群团组织协助配合、相关人员全部参与的应急管理组织体系；矿山、建筑施工企业和易燃易爆物品、危险化学品、放射性物品等危险物品的生产、经营、储运企业（以下简称高危行业企业）要设置或指定应急管理办事机构，配备应急管理人员。其他各类企业也要在企业负责人的领导下组织开展自身应急管理工作。

（三）完善企业应急联动机制。县级人民政府要全面掌握本行政区域内的高危行业企业分布、企业重点危险源、应急队伍、救援基地、应急物资、道路交通等基本情况，加强与企业联系，组织建立政府与企业、企业与企业、企业与关联单位之间的应急联动机制，形成统一指挥、相互支持、密切配合、协同应对各类突发公共事件的合力，协调有序地开展应急管理工作。中央企业要加强与其所在地县级人民政府有关部门的沟通衔接，主动接受安全生产监管，发生突发公共事件后要及时报告有关情况，发布预警信息。

三、推进预案体系建设和管理

（四）编制完善企业预案。应急预案是企业应急管理工作的主线。各企业要针对本企业的风险隐患特点，以编制事故灾难应急预案为重点，并根据实际需要编制其他方面的应急预案。预案内容要简明、管用、注重实效，有针对性和可操作性。生产企业要在预案中明确可能发生事故的具体应对措施。地方政府和有关部门要重点加强对非公有制企业、中小企业、高危行业企业、安全生产状况较差企业、产生或经营危险废弃物的企业和改革重组改制企业的指导，明确预案编制要求，制订编制指南或预案范本，提高预案质量。

（五）加强企业预案管理。建立企业预案的评估管理、动态管理和备案管理制度。各企业要根据有关法律、法规、标准的变动情况，应急预案演练情况，以及企业作业条件、设备状况、产品品种、人员、技术、外部环境等不断变化的实际情况，及时评估和补充修订完善预案。企业应急预案按照"分类管理、分级负责"的原则报当地政府主管部门和上级单位备案，并告知相关单位。备案管理单位要加强对预案内容的审查，实现预案之间的有机衔接。

（六）开展多种形式的预案演练。各企业要从实际出发，有计划地组织开展预案演练工作。高危行业企业要针对生产事故易发环节，每年至少组织开展一次预案演练。要加强对演练情况的总结分析，及时发现问题，不断改进应急管理工作。有关部门要加强对企业预案演练的指导，并组织高危行业企业开展联合演练，促进各单位的协调配合和职责落实。

四、加强企业应急队伍和基地建设

（七）加强企业专兼职队伍和职工队伍建设。按照专业救援和职工参与相结合、险时救援和平时防范相结合的原则，建设专业队伍为骨干、兼职队伍为辅助、职工队伍为基础的企业应急队伍体系。大中型高危行业企业要根据有关法律法规建立专业的应急救援队伍；小型高危行业企业要建立兼职的应急救援队伍，并与有关专业应急队伍建立合作、联动机制；其他企业应根据需要指定专职或兼职应急救援人员。对已经建有专兼职消防队的企业，其应急救援队伍应当依托已有的专兼职消防队组建。涉及高危行业的中央企业都要建立起现代化、专业化、高技术水准的救援队伍。各企业要切实抓好应急队伍的训练和管理，加强对职工应急知识、技能的培训。特别是安全生产关键责任岗位的职工，不仅要熟练掌握生产操作技术，更要掌握安全操作规范和安全生产事件的处置方法，增强自救互救和第一时间处置突发事件的能力。签订救援协议的专业应急救援队伍要定期协助协议企业排查事故隐患，熟悉救援环境，开展技术咨询和服务，协议企业应予以积极配合和支持。充分发挥专家对企业应急预案编制、应急演练、应急处置等工作的指导作用，提高企业应急管理水平。

（八）加强企业应急救援基地建设。大型矿山、石化、民航、铁路、水上运输、核工业企业要充分发挥组织优势、技术优势、人才优势，建设专业特色突出、布局配置合理的应急救援基地，并在做好本企业应急救援工作的同时，参与社会应急救援工作。具备条件的中央企业要率先建立一批管理规范、装备先进适用、信息畅通、处置能力强的区域应急救援基地，承担起一定区域内的重大抢险救灾任务。有关部门要加强与相关地方的沟通，做好救援基地规划布局和组织建设工作，建立有效的全国救援基地信息沟通渠道。地方政府要加强对应急救援基地建设的支持，充分发挥救援基地在区域救援方面的重要作用。

五、做好隐患排查监管和应急处置工作

（九）开展企业隐患排查监管。各企业要组织力量，重点针对企业生产场所、危险建（构）筑物以及企业周边环境等认真开展隐患排查，全面分析可能造成的灾害及衍生灾害。对查出的隐患及时治理整改，制订切实可行的整改方案，并采取可靠的安全保障措施。对隐患较大的要采取停产、停业整顿或停止使用等措施，防止发生突发事件。对重大危险源应当登记建档，进行定期检测、评估，实时监控，并告知从业人员和相关人员在紧急情况下应当采取的应急措施。改革重组改制企业要特别重视矛盾纠纷和其他影响社会安全的隐患的排查化解工作，防范发生群体性事件。有关部门要加强隐患标准的制订、完善工作，加强督促检查。

（十）做好突发公共事件的处置工作。突发公共事件发生后，企业应立即启动相关应急预案，组织开展先期处置，并按照分级标准迅速向地方政府及有关部门报告。对溢流、井喷、危险化学品泄漏、放射源失控等可能对周边群众和环境产生危害的突发公共事件，企业要在第一时间向地方政府报告有关情况，并及时向可能受到影响的单位、职工、群众发出预警信息。要控制事故发展态势，标明危险区域，组织、协助应急救援队伍和工作人员救助受害人员，疏散、撤离、安置受到威胁的人员，并采取必要措施防止发生次生、衍生事件。地方政府要按照相关预案要求，加强对应急处置的指挥领导，组织开展救援和群众疏散工作。有关单位要按照地方政府的统一要求，做好各项救援措施的衔接和配合。应急处置工作结束后，各企业应尽快组织恢复生产、生活秩序，消除环境污染，并加强事后评估，完善各项措施。

六、强化企业应急管理职责分工和相关政策措施

（十一）明确和落实企业应急管理责任。企业对自身应急管理工作负责，按照条块结合、属地为主的原则，在政府的领导下和有关部门的监督指导下开展应急管理工作。安全生产是企业应急管理工作的重点，安全生产监管部门和其他负有安全生产监管职责的部门按照现有职责分工，进一步加强监管工作。其他有关部门各司其职，监督指导有关企业预防和应对其他各类突发公共事件。国有资产监督管理机构按照出资人职责，负责督促监管企业落实应急管理方针政策，把监管企业安全生产工作纳入考核内容，对监管企业应急预案的制订和落实情况开展检查。各级政府应急管理办事机构负责综合指导、协调企业应急管理工作。各有关部门要按照职责分工，针对不同行业的企业、大型企业与中小型企业、国有企业与民营企业、内资企业与外资企业等不同类型企业在应急管理工作中的不同特点，加强对企业应急管理的分类指导。建立激励约束机制，对应急管理工作中表现突出的企业和个人给予表彰或奖励，对不履行职责引起事态扩大、造成严重后果的责任人要依法追究责任。

（十二）企业要加大投入力度。企业应急能力建设是企业安全生产和企业长远发展的保障。各企业要加大对应急能力建设的投入力度，着力解决制约企业应急管理的关键问题，使人力、物力、财力等生产要素适应应急管理工作的要求，做到应急管理与企业发展同步规划、同步实施、同步推进。要切实加大对应急物资的投入，制订应急物资保障方案，重点加强防护用品、救援装备、救援器材的物资储备，做到数量充足、品种齐全、质量可靠。加快新技术、新工艺和新设备的应用，改善企业安全生产条件，提高防灾减灾能力。针对企业应急管理的重点和难点问题，加强与有关科研院所的联合攻关。有条件的企业要加强应急管理的信息化建设，配备必要的设备，逐步实现与有关部门数据信息的互联互通。高危行业企业要安排应急专项资金，用于隐患排查整改、危险源监控、应急队伍建设、物资设备购置、应急预案演练、应急知识培训和宣传教育等工作。

（十三）制定完善相关政策。建立和完善政府应急准备金制度，对处置企业突发公共事件等给予必要支持。进一步落实企业强制性提取安全费用、交纳安全生产风险抵押金、提高事故伤亡赔偿标准的政策措施。研究制定征用补偿政策，完善对企业物资合理征用的补偿办法。研究制定相关政策措施，加强先进适用技术、装备的研发和应用，加快形成具有自主知识产权的应急技术和产品，扶持应急产业发展。建立完善企业应急队伍有偿服务机制，对企业应急救援队伍参与社会救援的经费支出予以相应补偿，鼓励和支持企业参与社会救援。充分发挥保险在突发公共事件预防、处置和恢复重建等方面的作用，大力推进高危行业企业的意外伤害保险和责任保险制度建设，完善对专职和兼职救护队员的工伤保险制度。

国务院关于同意建立重特大生产安全事故责任追究沟通协调工作部际联席会议制度的批复

国函〔2007〕86 号

监察部：

你部《关于建立重特大生产安全事故责任追究沟通协调工作部际联席会议制度的请示》（监呈字〔2007〕36 号）收悉。现批复如下：

同意建立由监察部牵头的重特大生产安全事故责任追究沟通协调工作部际联席会议制度。联席会议不刻制印章，也不正式行文，请按照国务院有关文件精神认真组织开展工作。

附件：重特大生产安全事故责任追究沟通协调工作部际联席会议制度

国务院

二〇〇七年九月十四日

附件

重特大生产安全事故责任追究沟通协调工作部际联席会议制度

为加强重特大生产安全事故责任追究工作的沟通协调,严厉打击生产安全事故涉及的刑事犯罪和瞒报、逃匿等违法行为,依法依纪严肃处理事故责任人,经国务院同意,建立重特大生产安全事故责任追究沟通协调工作部际联席会议(以下简称联席会议)制度。

一、主要职责

掌握全国重特大生产安全事故责任追究情况,协调解决责任追究工作中遇到的重大问题;研究制订贯彻落实安全生产法律法规和党中央、国务院关于生产安全事故调查处理方面决策部署的措施,向国务院提出相关工作建议;组织对各地重特大生产安全事故责任追究的落实情况进行检查,督促落实对事故责任人的责任追究决定和建议;承办国务院交办的重特大生产安全事故责任追究工作的其他事项。

二、成员单位

联席会议由监察部、公安部、司法部、安全监管总局和高法院、高检院组成,监察部为牵头单位。由监察部一位负责同志担任联席会议召集人,各成员单位有关负责同志为联席会议成员。

召集人:陈昌智　监察部副部长

成　员:刘金国　公安部副部长

郝赤勇　司法部副部长

王德学　安全监管总局副局长

张　军　高法院副院长

王振川　高检院副检察长

联席会议成员因工作变动需要调整的,由所在单位提出,联席会议确定。联席会议办公室设在监察部,主要承担联席会议的日常工作,协调、督促、落实联席会议议定的事项。联席会议设联络员,由成员单位有关司局一位负责人担任。

三、工作规则和要求

(一)联席会议原则上每年召开一次例会,因工作需要也可以临时召开。会议由监察部召集,联席会议成员因故不能参加会议时,应委派相关人员参加。

(二)联席会议研究议定的事项,经与会单位同意后以会议纪要的形式印发,同时抄报国务院。联席会议难以解决的重特大生产安全事故责任追究中的重大问题,经有关成员单位研究后报国务院。

(三)联席会议办公室每半年召开一次联络员会议,因工作需要也可以临时召开,通报重特大生产安全事故情况,研究分析责任追究工作中的有关问题,协调具体事项。重要事项提请联席会议研究处理。

(四)各成员单位要按照职责分工,认真落实涉及本部门(单位)的工作任务和议定事项;要相互支持、密切配合,及时处理责任追究中需要跨部门协调解决的问题,加强信息交流,形成工作合力,共同做好重特大生产安全事故责任追究工作。

(二)部门合发重要文件

财政部　安全监管总局关于印发《企业安全生产费用提取和使用管理办法》的通知

财企〔2012〕16 号

各省、自治区、直辖市、计划单列市财政厅(局)、安全生产监督管理局,新疆生产建设兵团财务局、安全生产监督管理局,有关中央管理企业:

为了建立企业安全生产投入长效机制,加强安全生产费用管理,保障企业安全生产资金投入,维护企业、职工以及社会公共利益,根据《中华人民共和国安全生产法》等有关法律法规和国务院有关决定,财政部、国家安全生产监督管理总局联合制定了《企业安全生产费用提取和使用管理办法》。现印发给你们,请遵照执行。

二〇一二年二月十四日

企业安全生产费用提取和使用管理办法

第一章　总　　则

第一条　为了建立企业安全生产投入长效机制,加强安全生产费用管理,保障企业安全生产资金投入,维护企业、职工以及社会公共利益,依据《中华人民共和国安全生产法》等有关法律法规和《国务院关于加强安全生产工作的决定》(国发〔2004〕2 号)和《国务院关于进一步加强企业安全生产工作的通知》(国发〔2010〕23 号),制定本办法。

第二条　在中华人民共和国境内直接从事煤炭生产、非煤矿山开采、建设工程施工、危险品生产与储存、交通运输、烟花爆竹生产、冶金、机械制造、武器装备研制生产与试验(含民用航空及核燃料)的企业以及其他经济组织(以下简称企业)适用本办法。

第三条　本办法所称安全生产费用(以下简称安全费用)是指企业按照规定标准提取在成本中列支,专门用于完善和改进企业或者项目安全生产条件的资金。

安全费用按照“企业提取、政府监管、确保需要、规范使用”的原则进行管理。

第四条　本办法下列用语的含义是:

煤炭生产是指煤炭资源开采作业有关活动。

非煤矿山开采是指石油和天然气、煤层气(地面开采)、金属矿、非金属矿及其他矿产资源的勘探作业和生产、选矿、闭坑及尾矿库运行、闭库等有关活动。

建设工程是指土木工程、建筑工程、井巷工程、线路管道和设备安装及装修工程的新建、扩建、改建以及矿山建设。

危险品是指列入国家标准《危险货物品名表》(GB 12268)和《危险化学品目录》的物品。

烟花爆竹是指烟花爆竹制品和用于生产烟花爆竹的民用黑火药、烟火药、引火线等物品。

交通运输包括道路运输、水路运输、铁路运输、管道运输。道路运输是指以机动车为交通工具的旅客和货物运输；水路运输是指以运输船舶为工具的旅客和货物运输及港口装卸、堆存；铁路运输是指以火车为工具的旅客和货物运输（包括高铁和城际铁路）；管道运输是指以管道为工具的液体和气体物资运输。

冶金是指金属矿物的冶炼以及压延加工有关活动，包括：黑色金属、有色金属、黄金等的冶炼生产和加工处理活动，以及碳素、耐火材料等与主工艺流程配套的辅助工艺环节的生产。

机械制造是指各种动力机械、冶金矿山机械、运输机械、农业机械、工具、仪器、仪表、特种设备、大中型船舶、石油炼化装备及其他机械设备的制造活动。

武器装备研制生产与试验，包括武器装备和弹药的科研、生产、试验、储运、销毁、维修保障等。

第二章　安全费用的提取标准

第五条　煤炭生产企业依据开采的原煤产量按月提取。各类煤矿原煤单位产量安全费用提取标准如下：

（一）煤（岩）与瓦斯（二氧化碳）突出矿井、高瓦斯矿井吨煤30元；

（二）其他井工矿吨煤15元；

（三）露天矿吨煤5元。

矿井瓦斯等级划分按现行《煤矿安全规程》和《矿井瓦斯等级鉴定规范》的规定执行。

第六条　非煤矿山开采企业依据开采的原矿产量按月提取。各类矿山原矿单位产量安全费用提取标准如下：

（一）石油，每吨原油17元；

（二）天然气、煤层气（地面开采），每千立方米原气5元；

（三）金属矿山，其中露天矿山每吨5元，地下矿山每吨10元；

（四）核工业矿山，每吨25元；

（五）非金属矿山，其中露天矿山每吨2元，地下矿山每吨4元；

（六）小型露天采石场，即年采剥总量50万吨以下，且最大开采高度不超过50米，产品用于建筑、铺路的山坡型露天采石场，每吨1元；

（七）尾矿库按入库尾矿量计算，三等及三等以上尾矿库每吨1元，四等及五等尾矿库每吨1.5元。

本办法下发之日以前已经实施闭库的尾矿库，按照已堆存尾砂的有效库容大小提取，库容100万立方米以下的，每年提取5万元；超过100万立方米的，每增加100万立方米增加3万元，但每年提取额最高不超过30万元。

原矿产量不含金属、非金属矿山尾矿库和废石场中用于综合利用的尾砂和低品位矿石。

地质勘探单位安全费用按地质勘查项目或者工程总费用的2%提取。

第七条　建设工程施工企业以建筑安装工程造价为计提依据。各建设工程类别安全费用提取标准如下：

（一）矿山工程为2.5%；

（二）房屋建筑工程、水利水电工程、电力工程、铁路工程、城市轨道交通工程为2.0%；

（三）市政公用工程、冶炼工程、机电安装工程、化工石油工程、港口与航道工程、公路工程、通信工程为1.5%。

建设工程施工企业提取的安全费用列入工程造价，在竞标时，不得删减，列入标外管理。国家对基本建设投资概算另有规定的，从其规定。

总包单位应当将安全费用按比例直接支付分包单位并监督使用，分包单位不再重复提取。

第八条　危险品生产与储存企业以上年度实际营业收入为计提依据，采取超额累退方式按照以下标准平均逐月提取：

（一）营业收入不超过1000万元的，按照4%提取；

（二）营业收入超过1000万元至1亿元的部分，按照2%提取；

（三）营业收入超过1亿元至10亿元的部分，按照0.5%提取；

（四）营业收入超过10亿元的部分，按照0.2%提取。

第九条 交通运输企业以上年度实际营业收入为计提依据，按照以下标准平均逐月提取：

（一）普通货运业务按照1%提取；

（二）客运业务、管道运输、危险品等特殊货运业务按照1.5%提取。

第十条 冶金企业以上年度实际营业收入为计提依据，采取超额累退方式按照以下标准平均逐月提取：

（一）营业收入不超过1000万元的，按照3%提取；

（二）营业收入超过1000万元至1亿元的部分，按照1.5%提取；

（三）营业收入超过1亿元至10亿元的部分，按照0.5%提取；

（四）营业收入超过10亿元至50亿元的部分，按照0.2%提取；

（五）营业收入超过50亿元至100亿元的部分，按照0.1%提取；

（六）营业收入超过100亿元的部分，按照0.05%提取。

第十一条 机械制造企业以上年度实际营业收入为计提依据，采取超额累退方式按照以下标准平均逐月提取：

（一）营业收入不超过1000万元的，按照2%提取；

（二）营业收入超过1000万元至1亿元的部分，按照1%提取；

（三）营业收入超过1亿元至10亿元的部分，按照0.2%提取；

（四）营业收入超过10亿元至50亿元的部分，按照0.1%提取；

（五）营业收入超过50亿元的部分，按照0.05%提取。

第十二条 烟花爆竹生产企业以上年度实际营业收入为计提依据，采取超额累退方式按照以下标准平均逐月提取：

（一）营业收入不超过200万元的，按照3.5%提取；

（二）营业收入超过200万元至500万元的部分，按照3%提取；

（三）营业收入超过500万元至1000万元的部分，按照2.5%提取；

（四）营业收入超过1000万元的部分，按照2%提取。

第十三条 武器装备研制生产与试验企业以上年度军品实际营业收入为计提依据，采取超额累退方式按照以下标准平均逐月提取：

（一）火炸药及其制品研制、生产与试验企业（包括：含能材料，炸药、火药、推进剂，发动机，弹箭，引信、火工品等）：

1. 营业收入不超过1000万元的，按照5%提取；
2. 营业收入超过1000万元至1亿元的部分，按照3%提取；
3. 营业收入超过1亿元至10亿元的部分，按照1%提取；
4. 营业收入超过10亿元的部分，按照0.5%提取。

（二）核装备及核燃料研制、生产与试验企业：

1. 营业收入不超过1000万元的，按照3%提取；
2. 营业收入超过1000万元至1亿元的部分，按照2%提取；
3. 营业收入超过1亿元至10亿元的部分，按照0.5%提取；
4. 营业收入超过10亿元的部分，按照0.2%提取；
5. 核工程按照3%提取（以工程造价为计提依据，在竞标时，列为标外管理）。

（三）军用舰船（含修理）研制、生产与试验企业：

1. 营业收入不超过1000万元的，按照2.5%提取；
2. 营业收入超过1000万元至1亿元的部分，按照1.75%提取；
3. 营业收入超过1亿元至10亿元的部分，按照0.8%提取；

4. 营业收入超过10亿元的部分,按照0.4%提取。

(四)飞船、卫星、军用飞机、坦克车辆、火炮、轻武器、大型天线等产品的总体、部分和元器件研制、生产与试验企业:

1. 营业收入不超过1000万元的,按照2%提取;

2. 营业收入超过1000万元至1亿元的部分,按照1.5%提取;

3. 营业收入超过1亿元至10亿元的部分,按照0.5%提取;

4. 营业收入超过10亿元至100亿元的部分,按照0.2%提取;

5. 营业收入超过100亿元的部分,按照0.1%提取。

(五)其他军用危险品研制、生产与试验企业:

1. 营业收入不超过1000万元的,按照4%提取;

2. 营业收入超过1000万元至1亿元的部分,按照2%提取;

3. 营业收入超过1亿元至10亿元的部分,按照0.5%提取;

4. 营业收入超过10亿元的部分,按照0.2%提取。

第十四条 中小微型企业和大型企业上年末安全费用结余分别达到本企业上年度营业收入的5%和1.5%时,经当地县级以上安全生产监督管理部门、煤矿安全监察机构商财政部门同意,企业本年度可以缓提或者少提安全费用。

企业规模划分标准按照工业和信息化部、国家统计局、国家发展和改革委员会、财政部《关于印发中小企业划型标准规定的通知》(工信部联企业〔2011〕300号)规定执行。

第十五条 企业在上述标准的基础上,根据安全生产实际需要,可适当提高安全费用提取标准。

本办法公布前,各省级政府已制定下发企业安全费用提取使用办法的,其提取标准如果低于本办法规定的标准,应当按照本办法进行调整;如果高于本办法规定的标准,按照原标准执行。

第十六条 新建企业和投产不足一年的企业以当年实际营业收入为提取依据,按月计提安全费用。

混业经营企业,如能按业务类别分别核算的,则以各业务营业收入为计提依据,按上述标准分别提取安全费用;如不能分别核算的,则以全部业务收入为计提依据,按主营业务计提标准提取安全费用。

第三章 安全费用的使用

第十七条 煤炭生产企业安全费用应当按照以下范围使用:

(一)煤与瓦斯突出及高瓦斯矿井落实"两个四位一体"综合防突措施支出,包括瓦斯区域预抽、保护层开采区域防突措施、开展突出区域和局部预测、实施局部补充防突措施、更新改造防突设备和设施、建立突出防治实验室等支出;

(二)煤矿安全生产改造和重大隐患治理支出,包括"一通三防"(通风,防瓦斯、防煤尘、防灭火)、防治水、供电、运输等系统设备改造和灾害治理工程,实施煤矿机械化改造,实施矿压(冲击地压)、热害、露天矿边坡治理、采空区治理等支出;

(三)完善煤矿井下监测监控、人员定位、紧急避险、压风自救、供水施救和通信联络安全避险"六大系统"支出,应急救援技术装备、设施配置和维护保养支出,事故逃生和紧急避难设施设备的配置和应急演练支出;

(四)开展重大危险源和事故隐患评估、监控和整改支出;

(五)安全生产检查、评价(不包括新建、改建、扩建项目安全评价)、咨询、标准化建设支出;

(六)配备和更新现场作业人员安全防护用品支出;

(七)安全生产宣传、教育、培训支出;

(八)安全生产适用新技术、新标准、新工艺、新装备的推广应用支出;

(九)安全设施及特种设备检测检验支出;

（十）其他与安全生产直接相关的支出。

第十八条 非煤矿山开采企业安全费用应当按照以下范围使用：

（一）完善、改造和维护安全防护设施设备（不含“三同时”要求初期投入的安全设施）和重大安全隐患治理支出，包括矿山综合防尘、防灭火、防治水、危险气体监测、通风系统、支护及防治边帮滑坡设备、机电设备、供配电系统、运输（提升）系统和尾矿库等完善、改造和维护支出以及实施地压监测监控、露天矿边坡治理、采空区治理等支出；

（二）完善非煤矿山监测监控、人员定位、紧急避险、压风自救、供水施救和通信联络等安全避险“六大系统”支出，完善尾矿库全过程在线监控系统和海上石油开采出海人员动态跟踪系统支出，应急救援技术装备、设施配置及维护保养支出，事故逃生和紧急避难设施设备的配置和应急演练支出；

（三）开展重大危险源和事故隐患评估、监控和整改支出；

（四）安全生产检查、评价（不包括新建、改建、扩建项目安全评价）、咨询、标准化建设支出；

（五）配备和更新现场作业人员安全防护用品支出；

（六）安全生产宣传、教育、培训支出；

（七）安全生产适用的新技术、新标准、新工艺、新装备的推广应用支出；

（八）安全设施及特种设备检测检验支出；

（九）尾矿库闭库及闭库后维护费用支出；

（十）地质勘探单位野外应急食品、应急器械、应急药品支出；

（十一）其他与安全生产直接相关的支出。

第十九条 建设工程施工企业安全费用应当按照以下范围使用：

（一）完善、改造和维护安全防护设施设备支出（不含“三同时”要求初期投入的安全设施），包括施工现场临时用电系统、洞口、临边、机械设备、高处作业防护、交叉作业防护、防火、防爆、防尘、防毒、防雷、防台风、防地质灾害、地下工程有害气体监测、通风、临时安全防护等设施设备支出；

（二）配备、维护、保养应急救援器材、设备支出和应急演练支出；

（三）开展重大危险源和事故隐患评估、监控和整改支出；

（四）安全生产检查、评价（不包括新建、改建、扩建项目安全评价）、咨询和标准化建设支出；

（五）配备和更新现场作业人员安全防护用品支出；

（六）安全生产宣传、教育、培训支出；

（七）安全生产适用的新技术、新标准、新工艺、新装备的推广应用支出；

（八）安全设施及特种设备检测检验支出；

（九）其他与安全生产直接相关的支出。

第二十条 危险品生产与储存企业安全费用应当按照以下范围使用：

（一）完善、改造和维护安全防护设施设备支出（不含“三同时”要求初期投入的安全设施），包括车间、库房、罐区等作业场所的监控、监测、通风、防晒、调温、防火、灭火、防爆、泄压、防毒、消毒、中和、防潮、防雷、防静电、防腐、防渗漏、防护围堤或者隔离操作等设施设备支出；

（二）配备、维护、保养应急救援器材、设备支出和应急演练支出；

（三）开展重大危险源和事故隐患评估、监控和整改支出；

（四）安全生产检查、评价（不包括新建、改建、扩建项目安全评价）、咨询和标准化建设支出；

（五）配备和更新现场作业人员安全防护用品支出；

（六）安全生产宣传、教育、培训支出；

（七）安全生产适用的新技术、新标准、新工艺、新装备的推广应用支出；

（八）安全设施及特种设备检测检验支出；

（九）其他与安全生产直接相关的支出。

第二十一条 交通运输企业安全费用应当按照以下范围使用：

（一）完善、改造和维护安全防护设施设备支出（不含“三同时”要求初期投入的安全设施），包括道路、水路、铁路、管道运输设施设备和装卸工具安全状况检测及维护系统、运输设施设备和装卸工具附属安全设备等支出；

（二）购置、安装和使用具有行驶记录功能的车辆卫星定位装置、船舶通信导航定位和自动识别系统、电子海图等支出；

（三）配备、维护、保养应急救援器材、设备支出和应急演练支出；

（四）开展重大危险源和事故隐患评估、监控和整改支出；

（五）安全生产检查、评价（不包括新建、改建、扩建项目安全评价）、咨询和标准化建设支出；

（六）配备和更新现场作业人员安全防护用品支出；

（七）安全生产宣传、教育、培训支出；

（八）安全生产适用的新技术、新标准、新工艺、新装备的推广应用支出；

（九）安全设施及特种设备检测检验支出；

（十）其他与安全生产直接相关的支出。

第二十二条 冶金企业安全费用应当按照以下范围使用：

（一）完善、改造和维护安全防护设施设备支出（不含“三同时”要求初期投入的安全设施），包括车间、站、库房等作业场所的监控、监测、防火、防爆、防坠落、防尘、防毒、防噪声与振动、防辐射和隔离操作等设施设备支出；

（二）配备、维护、保养应急救援器材、设备支出和应急演练支出；

（三）开展重大危险源和事故隐患评估、监控和整改支出；

（四）安全生产检查、评价（不包括新建、改建、扩建项目安全评价）和咨询及标准化建设支出；

（五）安全生产宣传、教育、培训支出；

（六）配备和更新现场作业人员安全防护用品支出；

（七）安全生产适用的新技术、新标准、新工艺、新装备的推广应用支出；

（八）安全设施及特种设备检测检验支出；

（九）其他与安全生产直接相关的支出。

第二十三条 机械制造企业安全费用应当按照以下范围使用：

（一）完善、改造和维护安全防护设施设备支出（不含“三同时”要求初期投入的安全设施），包括生产作业场所的防火、防爆、防坠落、防毒、防静电、防腐、防尘、防噪声与振动、防辐射或者隔离操作等设施设备支出，大型起重机械安装安全监控管理系统支出；

（二）配备、维护、保养应急救援器材、设备支出和应急演练支出；

（三）开展重大危险源和事故隐患评估、监控和整改支出；

（四）安全生产检查、评价（不包括新建、改建、扩建项目安全评价）、咨询和标准化建设支出；

（五）安全生产宣传、教育、培训支出；

（六）配备和更新现场作业人员安全防护用品支出；

（七）安全生产适用的新技术、新标准、新工艺、新装备的推广应用；

（八）安全设施及特种设备检测检验支出；

（九）其他与安全生产直接相关的支出。

第二十四条 烟花爆竹生产企业安全费用应当按照以下范围使用：

（一）完善、改造和维护安全设备设施支出（不含“三同时”要求初期投入的安全设施）；

（二）配备、维护、保养防爆机械电器设备支出；

（三）配备、维护、保养应急救援器材、设备支出和应急演练支出；

（四）开展重大危险源和事故隐患评估、监控和整改支出；

（五）安全生产检查、评价（不包括新建、改建、扩建项目安全评价）、咨询和标准化建设支出；

（六）安全生产宣传、教育、培训支出；

（七）配备和更新现场作业人员安全防护用品支出；

（八）安全生产适用新技术、新标准、新工艺、新装备的推广应用支出；

（九）安全设施及特种设备检测检验支出；

（十）其他与安全生产直接相关的支出。

第二十五条 武器装备研制生产与试验企业安全费用应当按照以下范围使用：

（一）完善、改造和维护安全防护设施设备支出（不含"三同时"要求初期投入的安全设施），包括研究室、车间、库房、储罐区、外场试验区等作业场所的监控、监测、防触电、防坠落、防爆、泄压、防火、灭火、通风、防晒、调温、防毒、防雷、防静电、防腐、防尘、防噪声与振动、防辐射、防护围堤或者隔离操作等设施设备支出；

（二）配备、维护、保养应急救援、应急处置、特种个人防护器材、设备、设施支出和应急演练支出；

（三）开展重大危险源和事故隐患评估、监控和整改支出；

（四）高新技术和特种专用设备安全鉴定评估、安全性能检验检测及操作人员上岗培训支出；

（五）安全生产检查、评价（不包括新建、改建、扩建项目安全评价）、咨询和标准化建设支出；

（六）安全生产宣传、教育、培训支出；

（七）军工核设施（含核废物）防泄漏、防辐射的设施设备支出；

（八）军工危险化学品、放射性物品及武器装备科研、试验、生产、储运、销毁、维修保障过程中的安全技术措施改造费和安全防护（不包括工作服）费用支出；

（九）大型复杂武器装备制造、安装、调试的特殊工种和特种作业人员培训支出；

（十）武器装备大型试验安全专项论证与安全防护费用支出；

（十一）特殊军工电子元器件制造过程中有毒有害物质监测及特种防护支出；

（十二）安全生产适用新技术、新标准、新工艺、新装备的推广应用支出；

（十三）其他与武器装备安全生产事项直接相关的支出。

第二十六条 在本办法规定的使用范围内，企业应当将安全费用优先用于满足安全生产监督管理部门、煤矿安全监察机构以及行业主管部门对企业安全生产提出的整改措施或者达到安全生产标准所需的支出。

第二十七条 企业提取的安全费用应当专户核算，按规定范围安排使用，不得挤占、挪用。年度结余资金结转下年度使用，当年计提安全费用不足的，超出部分按正常成本费用渠道列支。

主要承担安全管理责任的集团公司经过履行内部决策程序，可以对所属企业提取的安全费用按照一定比例集中管理，统筹使用。

第二十八条 煤炭生产企业和非煤矿山企业已提取维持简单再生产费用的，应当继续提取维持简单再生产费用，但其使用范围不再包含安全生产方面的用途。

第二十九条 矿山企业转产、停产、停业或者解散的，应当将安全费用结余转入矿山闭坑安全保障基金，用于矿山闭坑、尾矿库闭库后可能的危害治理和损失赔偿。

危险品生产与储存企业转产、停产、停业或者解散的，应当将安全费用结余用于处理转产、停产、停业或者解散前的危险品生产或储存设备、库存产品及生产原料支出。

企业由于产权转让、公司制改建等变更股权结构或者组织形式的，其结余的安全费用应当继续按照本办法管理使用。

企业调整业务、终止经营或者依法清算，其结余的安全费用应当结转本期收益或者清算收益。

第三十条 本办法第二条规定范围以外的企业为达到应当具备的安全生产条件所需的资金投入，按原渠道列支。

第四章 监督管理

第三十一条 企业应当建立健全内部安全费用管理制度，明确安全费用提取和使用的程序、职责及权限，按规定提取和使用安全费用。

第三十二条 企业应当加强安全费用管理，编制年度安全费用提取和使用计划，纳入企业财务预算。企业年度安全费用使用计划和上一年安全费用的提取、使用情况按照管理权限报同级财政部门、安全生产监督管理部门、煤矿安全监察机构和行业主管部门备案。

第三十三条 企业安全费用的会计处理，应当符合国家统一的会计制度的规定。

第三十四条 企业提取的安全费用属于企业自提自用资金，其他单位和部门不得采取收取、代管等形式对其进行集中管理和使用，国家法律、法规另有规定的除外。

第三十五条 各级财政部门、安全生产监督管理部门、煤矿安全监察机构和有关行业主管部门依法对企业安全费用提取、使用和管理进行监督检查。

第三十六条 企业未按本办法提取和使用安全费用的，安全生产监督管理部门、煤矿安全监察机构和行业主管部门会同财政部门责令其限期改正，并依照相关法律法规进行处理、处罚。

建设工程施工总承包单位未向分包单位支付必要的安全费用以及承包单位挪用安全费用的，由建设、交通运输、铁路、水利、安全生产监督管理、煤矿安全监察等主管部门依照相关法规、规章进行处理、处罚。

第三十七条 各省级财政部门、安全生产监督管理部门、煤矿安全监察机构可以结合本地区实际情况，制定具体实施办法，并报财政部、国家安全生产监督管理总局备案。

第五章 附 则

第三十八条 本办法由财政部、国家安全生产监督管理总局负责解释。

第三十九条 实行企业化管理的事业单位参照本办法执行。

第四十条 本办法自公布之日起施行。《关于调整煤炭生产安全费用提取标准加强煤炭生产安全费用使用管理与监督的通知》（财建〔2005〕168 号）、《关于印发〈烟花爆竹生产企业安全费用提取与使用管理办法〉的通知》（财建〔2006〕180 号）和《关于印发〈高危行业企业安全生产费用财务管理暂行办法〉的通知》（财企〔2006〕478 号）同时废止。《关于印发〈煤炭生产安全费用提取和使用管理办法〉和〈关于规范煤矿维简费管理问题的若干规定〉的通知》（财建〔2004〕119 号）等其他有关规定与本办法不一致的，以本办法为准。

国家安全生产监督管理总局 中国保险监督管理委员会关于大力推进安全生产领域责任保险健全安全生产保障体系的意见

安监总政法〔2006〕207号

各省、自治区、直辖市及新疆生产建设兵团安全生产监督管理局、保监局，各财产保险公司：

党中央、国务院高度重视安全生产工作，党的十六届五中全会提出了安全发展的理念，强调在经济发展的过程中要高度重视和切实抓好安全生产工作，实现安全发展。2006年5月31日，国务院第138次常务会议专题研究保险业改革发展问题，制定和发布了《国务院关于保险业改革发展的若干意见》（国发〔2006〕23号），其中提出要"大力发展责任保险，健全安全生产保障和突发事件应急保险机制"。为落实十六届五中全会精神和国务院第138次常务会议要求，进一步发挥商业保险促进安全生产的积极作用，健全和完善我国安全生产保障体系，现提出以下意见：

一、充分认识发展责任保险对于社会安全发展的重要意义

实现安全发展是全面落实科学发展观的必然要求，也是构建社会主义和谐社会的迫切需要。在经济持续快速增长的同时，我国安全生产保持了总体稳定、趋于好转的发展态势，但目前安全生产形势依然严峻，事故总量还很大，煤矿等重点行业领域重特大事故多发的势头还未得到有效遏制。我国正处于工业化进程中的安全事故"易发期"。

保险是运用市场机制进行社会管理的重要方式。责任保险是指以被保险人对第三者依法应负的赔偿责任为保险标的的保险，它具有较强的经济补偿与社会管理功能。通过建立责任保险制度，有利于预防和化解社会矛盾，减轻政府在事故发生后的救助负担，促进政府职能转变。对于维护人民群众的利益、促进经济健康运行、保障社会安定，都具有十分重要意义。国内外的经验和国内现实情况均表明，运用商业责任保险与安全生产工作相结合的手段，是解决事故预防、灾害处置、利益保障等安全生产问题的有效机制。

发挥商业保险的积极作用，既是实现社会安全发展的需要，也是保险业改革发展的必然趋势。但是，在我国安全生产保障体系中，责任保险缺位的现象还比较突出。因此，大力推动责任保险与安全发展的有效结合，充分运用责任保险经济手段加强和改善安全生产状况，是当前安全生产监督管理部门和保险监管部门、保险企业面临的一项重要而紧迫的工作。

二、准确把握发展安全生产领域责任保险的指导原则和工作目标

（一）指导原则。以邓小平理论和"三个代表"重要思想为指导，落实以人为本、全面、协调、可持续的科学发展观，坚持"安全第一，预防为主，综合治理"的方针，探索推进将商业责任保险机制引入安全生产领域的方式和途径，为安全生产领域责任保险的健康发展营造良好环境，逐步建立起商业责任保险与安全生产工作结合的良性互动机制，促进责任保险机制对于安全生产风险的有效管理，进一步健全完善社会安全发展保障制度。

（二）工作目标。逐步建立起符合各行业安全发展需要的责任保险制度，初步形成"政府推动、市场运作"的安全生产领域责任保险发展机制。按照《国务院关于保险业改革发展的若干意见》的要求，首先在采掘业、建筑业等高危行业推行雇主责任险、商业补充工伤责任保险试点，取得经验后逐步在其它高危行业、公众聚集场所等领域推广。探索保险与高危行业安全生产风险抵押金相结合的风险管理制度。到2010年，力争实现安全生产领域责任保险产品体系相对完备、保险服务覆盖全面、突出事故预防机制的风险管理水平显著提高的发展目标，促进多方合作共赢。

三、认真履行各部门各机构职责，切实保障和促进安全生产领域责任保险持续快速健康发展

（一）安全生产监督管理部门

各级安全生产监督管理部门要认清商业责任保险的积极作用和重要意义，充分认识到引入商业责任保险机制是抓好安全生产工作、实现安全发展的有效途径。要为安全生产与责任保险的结合营造良好的社会氛围，高度重视加强与当地保险监管部门、保险企业的协调合作，积极研究解决工作中的问题，切实做好安全生产领域责任保险的组织协调工作。

一是要把发展责任保险纳入安全生产工作规划中，积极探索安全生产监督与责任保险结合的新途径、新方法，引导、鼓励有关生产经营单位，首先是采掘业、建筑业等高危行业和公众聚集场所等领域投保责任保险。条件具备的，可推动制定相关的地方立法和政策。

二是要与保险监管部门、保险企业加强沟通和协调，在总结经验的基础上，创新服务模式，帮助保险公司运用费率杠杆调节手段，促进生产经营主体加强和改善安全生产工作。要积极探索加强事故预防的有效途径，可借鉴国内外的做法和经验，积极与保险监管部门及保险企业一起，探索按照保费一定比例提取费用用于安全预防的做法，加大事故预防的手段和力度。

三是要切实做好相关试点的组织、宣传、指导和检查工作。指导重点行业的企业参加责任保险的试点并做好相关的监督检查工作，确保试点的稳步开展，通过试点工作不断总结经验。

（二）保险监管部门

各级保险监管部门要牢固树立政治意识、大局意识、责任意识，充分认识到开展安全生产责任保险工作是保险业服务经济社会发展全局的重要体现，也是加快保险业自身发展的必然趋势。要与当地安全生产监督管理部门加强信息沟通，加强工作联系，认真研究制定相关政策，鼓励和引导保险企业积极进行产品创新和服务创新，制定指导性的行业服务标准，引导和督促保险企业规范经营，确保各项工作有序开展。

（三）各财产保险公司

各财产保险公司要在政府相关部门的指导下，认真贯彻落实有关政策方针，与生产企业积极探索合作内容，自觉投入到安全发展保障机制建设中，实现与其他社会主体的共同发展。

一是要进一步加大对市场的调查与分析力度，结合实际，开发出适销对路的责任保险产品，不断建立起以市场需求为导向的责任保险产品体系。

二是要不断改善服务质量，提高服务效率，增强专业化经营水平。强化事前预防机制，通过开展培训、咨询、宣传等活动，促进企业改进生产管理水平，及时消除事故隐患；加强防灾防损检查，在检查中发现的重大安全隐患，在要求被保险人整改的同时，将有关情况抄送当地安全生产监督管理部门，达到预防、控制和管理风险的目的；在发生保险事故时积极参与抢险救灾，主动、迅速、准确地核定赔款；事后要及时、合理地履行保险赔偿责任。

三是要充分发挥保险费率的价格杠杆作用，督促企业自觉做好安全生产工作。实行与被保险企业的安全生产基础设施条件、技术管理水平及以往事故记录等相结合的费率浮动机制。有条件的要建立事故统计数据库，实现业务的精细化管理。

四是要诚信经营，做好理赔服务工作。事故发生后，要积极配合相关部门参与对事故的调查、救援和处置工作，及时核定损失和支付赔款，更好地发挥保险业保障经济、造福于民的作用。

各省级安全生产监督管理局、保监局要认真贯彻落实本意见精神，及时转发辖区内生产企业和保险企业，研究制定具体实施方案。在落实过程中如遇到问题，请及时向安全监管总局和中国保监会报告。

二〇〇六年九月二十七日

财政部　安全监管总局　人民银行关于印发《企业安全生产风险抵押金管理暂行办法》的通知

财建〔2006〕369 号

各省、自治区、直辖市、计划单列市财政厅（局）、安全生产监督管理局，新疆生产建设兵团财务局、安全生产监督管理局，中国人民银行上海总部，各分行、营业管理部、各省会（首府）城市中心支行：

为了强化企业安全生产意识，落实安全生产责任，保证生产安全事故抢险、救灾工作的顺利进行，根据《国务院关于进一步加强安全生产工作的决定》（国发[2004]2 号），财政部、安全监管总局、人民银行联合制定了《企业安全生产风险抵押金管理暂行办法》，现予印发，请遵照执行。

二〇〇六年七月二十六日

企业安全生产风险抵押金管理暂行办法

第一章　总　　则

第一条　为了强化企业安全生产意识，落实安全生产责任，规范安全生产风险抵押金的管理，保证生产安全事故抢险、救灾工作的顺利进行，根据《国务院关于进一步加强安全生产工作的决定》（国发[2004]2 号），制定本办法。

第二条　本办法所称企业，是指矿山（煤矿除外）、交通运输、建筑施工、危险化学品、烟花爆竹等行业或领域从事生产经营活动的企业。

本办法所称安全生产风险抵押金（以下简称风险抵押金），是指企业以其法人或合伙人名义将本企业资金专户存储，用于本企业生产安全事故抢险、救灾和善后处理的专项资金。

第二章　风险抵押金的存储

第三条　各省、自治区、直辖市、计划单列市安全生产监督管理部门（以下简称省级安全生产监督管理部门）及同级财政部门按照以下标准，结合企业正常生产经营期间的规模大小和行业特点，综合考虑产量、从业人数、销售收入等因素，确定具体存储金额：

（一）小型企业存储金额不低于人民币 30 万元（不含 30 万元）；

（二）中型企业存储金额不低于人民币 100 万元（不含 100 万元）；

（三）大型企业存储金额不低于人民币 150 万元（不含 150 万元）；

（四）特大型企业存储金额不低于人民币 200 万元（不含 200 万元）。

风险抵押金存储原则上不超过 500 万元。

企业规模划分标准按照国家统一规定执行。

第四条　本办法施行前，省级人民政府有关部门制定的风险抵押金存储标准高于本办法规定标准的，仍然按照原标准执行，并按照规定程序报有关部门备案。

第五条　风险抵押金按照以下规定存储：

（一）风险抵押金由企业按时足额存储。企业不得因变更企业法定代表人或合伙人、停产整顿等情况迟(缓)存、少存或不存风险抵押金,也不得以任何形式向职工摊派风险抵押金。

(二)风险抵押金存储数额由省、市、县级安全生产监督管理部门及同级财政部门核定下达。

(三)风险抵押金实行专户管理。企业到经省级安全生产监督管理部门及同级财政部门指定的风险抵押金代理银行(以下简称代理银行)开设风险抵押金专户,并于核定通知送达后1个月内,将风险抵押金一次性存入代理银行风险抵押金专户;企业可以在本办法规定的风险抵押金使用范围内,按国家关于现金管理的规定通过该账户支取现金。

(四)风险抵押金专户资金的具体监管办法,由省级安全监管部门及同级财政部门共同制定。

第六条 跨省(自治区、直辖市、计划单列市)、市、县(区)经营的建筑施工企业和交通运输企业,在企业注册地已缴纳风险抵押金并能出示有效证明的,不再另外存储风险抵押金。

第三章 风险抵押金的使用

第七条 企业风险抵押金的使用范围为:

(一)为处理本企业生产安全事故而直接发生的抢险、救灾费用支出;

(二)为处理本企业生产安全事故善后事宜而直接发生的费用支出。

第八条 企业发生生产安全事故后产生的抢险、救灾及善后处理费用,全部由企业负担,原则上应当由企业先行支付,确实需要动用风险抵押金专户资金的,经安全生产监督管理部门及同级财政部门批准,由代理银行具体办理有关手续。

第九条 发生下列情形之一的,省、市、县级安全生产监督管理部门及同级财政部门可以根据企业生产安全事故抢险、救灾及善后处理工作需要,将风险抵押金部分或者全部转作事故抢险、救灾和善后处理所需资金:

(一)企业负责人在生产安全事故发生后逃逸的;

(二)企业在生产安全事故发生后,未在规定时间内主动承担责任,支付抢险、救灾及善后处理费用的。

第四章 风险抵押金的管理

第十条 风险抵押金实行分级管理,由省、市、县级安全生产监督管理部门及同级财政部门按照属地原则共同负责。

中央管理企业的风险抵押金,由所在地省级安全生产监督管理部门及同级财政部门确定后报国家安全生产监督管理总局及财政部备案。

第十一条 企业持续生产经营期间,当年未发生生产安全事故、没有动用风险抵押金的,风险抵押金自然结转,下年不再增加存储。当年发生生产安全事故、动用风险抵押金的,省、市、县级安全生产监督管理部门及同级财政部门应当重新核定企业应存储的风险抵押金数额,并及时告知企业;企业在核定通知送达后1个月内按规定标准将风险抵押金补齐。

第十二条 企业生产经营规模如发生较大变化,省、市、县级安全生产监督管理部门及同级财政部门应当于下年度第一季度结束前调整其风险抵押金存储数额,并按照调整后的差额通知企业补存(退还)风险抵押金。

第十三条 企业依法关闭、破产或者转入其他行业的,在企业提出申请,并经过省、市、县级安全生产监督管理部门及同级财政部门核准后,企业可以按照国家有关规定自主支配其风险抵押金专户结存资金。

企业实施产权转让或者公司制改建的,其存储的风险抵押金仍按照本办法管理和使用。

第十四条 风险抵押金实际支出时适用的税务处理办法由财政部、国家税务总局另行制定。具体会计核算问题,按照国家会计制度处理。

第十五条 每年年度终了后3个月内,省级安全生产监督管理部门及同级财政部门应当将上年度本地区风险抵押金存储、使用、管理有关情况报国家安全生产监督管理总局及财政部备案。

第十六条 风险抵押金应当专款专用,不得挪用。安全生产监督管理部门、同级财政部门及其工作人员有挪用风险抵押金等违反本办法及国家有关法律、法规行为的,依照国家有关规定进行处理。

第五章 附 则

第十七条 省级安全生产监督管理部门及同级财政部门可以根据本办法制定具体实施办法。

第十八条 不属于本办法第二条第一款规定范围的企业集团,其内部分公司、车间属于规定范围的,参照本办法执行。

第十九条 本办法由财政部、国家安全生产监督管理总局、中国人民银行负责解释。

第二十条 煤矿企业按照《财政部、国家安全生产监督管理总局关于印发〈煤矿企业安全生产风险抵押金管理暂行办法〉的通知》(财建[2005]918 号)相关规定执行。

第二十一条 本办法自 2006 年 8 月 1 日起施行。

国家安全监管总局 国务院国资委关于进一步加强中央企业安全生产分级属地监管的指导意见

安监总办〔2011〕75号

各省、自治区、直辖市及新疆生产建设兵团安全生产监督管理局、国资委，各省级煤矿安全监察机构，各中央企业：

中央企业是国有经济的重要组成部分。搞好中央企业的安全生产工作，对保障国民经济又好又快发展，促进全国安全生产形势的持续稳定好转具有重要意义。为贯彻落实《国务院关于进一步加强企业安全生产工作的通知》（国发〔2010〕23号）精神，进一步加强中央企业及其所属各级企业安全生产工作，落实中央企业安全生产主体责任，有效防范和坚决遏制重特大事故发生，现提出如下意见：

一、明确中央企业安全生产分级属地监管职责

依照《中华人民共和国安全生产法》等法律法规和国务院有关文件规定，进一步明确和加强国务院有关部门和地方人民政府有关部门对中央企业安全生产分级属地监管的职责分工：

（一）国家安全监管总局承担国家安全生产综合监督管理责任，依法行使综合监督管理职权，指导协调、监督检查国务院有关部门和各省（区、市）人民政府对中央企业总部（集团公司、总公司等，下同）及其所属各级企业的安全生产监督管理工作，监督事故查处和责任追究落实情况。

（二）国务院有关部门主要负责相关行业或领域中央企业总部安全生产监督管理工作。国家安全监管总局主要负责工矿商贸以及没有安全生产主管部门的行业和领域的中央企业总部安全生产监督管理工作。

（三）国务院国资委按照国有资产出资人的职责，负责指导督促中央企业贯彻落实党和国家安全生产方针政策及有关法律法规、标准等；督促中央企业主要负责人落实安全生产第一责任人的责任和企业安全生产责任制，做好对企业负责人履行安全生产职责的业绩考核；依照有关规定，参与或组织开展中央企业安全生产检查、督查，督促企业落实各项安全防范和隐患治理措施；参与企业特别重大事故的调查，负责落实事故责任追究的有关规定；督促企业做好统筹规划，把安全生产与职业健康工作纳入中长期发展规划，保障职工安全与健康，切实履行社会责任。

（四）商务部、外交部、国家发展改革委、公安部、国务院国资委、国家安全监管总局、全国工商联等有关部门按照《境外中资企业机构和人员安全管理规定》（商合发〔2010〕313号）的职责分工，加强对中央企业总部境外安全生产的监督管理工作。

（五）国家煤矿安全监察局依法监督检查中央管理的煤炭企业和为煤矿服务的（煤矿矿井建设施工、煤炭洗选等）企业的安全生产工作。

（六）国家安全监管总局海洋石油作业安全办公室（以下简称海油安办）对全国海洋石油安全生产工作实施监督管理。海油安办驻中国石油天然气集团公司、中国石油化工集团公司、中国海洋石油总公司的分部，分别负责所驻中央企业的海洋石油安全生产监督管理工作。

（七）省（区、市）、市（地）安全生产监督管理部门分别负责本行政区域内工矿商贸中央企业的分公司、子公司及其所属单位的安全生产监督管理工作；对其他中央企业的分公司、子公司及其所属单位的安全生产进行综合监督管理。其他中央企业在各省（区、市）、市（地）、县（市）的分公司、子公司及其所属单位安全生产监督管理工作，分别由省（区、市）、市（地）人民政府有关部门及国务院有关部门设在各省（区、市）、市（地）的有关机构负责。

（八）国家安全监管局会同国务院国资委及国务院有关部门，按照职责分工对中央企业的总公司（总厂、集团公司）的主要负责人和安全生产管理人员进行安全培训，其中高危行业相关人员安全资格考核由国家安全监管总局负责。省级安全生产监督管理部门会同同级政府有关部门及国务院有关部门设在各省(区、市)、市(地)的有关机构,按照职责分工对中央企业的分公司、子公司及其所属单位的主要负责人、安全生产管理人员进行安全培训。

二、加强对中央企业安全生产工作的监督检查

(一)国家安全监管总局和国务院有关部门按照职责分工,重点加强对相关行业或领域的中央企业总部安全生产工作的监督检查。监督检查的重点是:

1. 贯彻落实安全生产与职业卫生方针政策、决策部署和法律法规情况;

2. 企业主要负责人和企业安全生产责任制的建立和落实情况;

3. 企业安全规划制定实施、安全投入、安全生产费用提取和使用等经济政策执行情况;

4. 企业安全生产与职业健康管理制度的建立和落实情况;

5. 企业安全生产管理机构、安全管理人员任职资格和配备及相关人员安全培训考核和依法持证上岗情况;

6. 建设项目安全设施与职业卫生设施"三同时"执行情况;

7. 企业安全生产标准化建设工作情况;

8. 安全生产应急预案体系和应急救援队伍、装备配备等应急能力建设情况;

9. 开展各类安全生产检查、重大危险源监控管理和安全隐患排查及其整治情况;

10. 生产安全事故预防、预警、报告、处置和事故责任追究情况;

11. 安全生产奖惩制度建立和执行情况;

12. 国务院有关部门明确的其他重点监督检查情况。

(二)国务院有关部门要根据职责分工,加强对中央企业安全生产工作的监督检查。必要时,可由国家安全监管总局、国务院国资委会同国务院其他有关部门对中央企业安全生产工作进行联合检查。

(三)各省(区、市)、市(地、州、盟)人民政府要按照分级负责、属地监管的原则,明确相关行业或领域主管部门对本行政区域内中央企业所属各级企业安全生产的监管权限和责任。

(四)各省(区、市)、市(地、州、盟)人民政府安全监管部门和相关行业或领域主管部门以及国务院有关部门设在本行政区域内的有关机构,按照职责分工,对本行政区域内中央企业所属各级企业履行安全生产监督管理职责,加强对本行政区域内中央企业所属各级企业的安全生产监督检查。监督检查的重点是:

1. 贯彻执行党和国家安全生产与职业卫生方针政策、决策部署、法律法规、规章制度以及国家标准和行业标准情况;

2. 企业安全生产与职业健康管理制度执行情况;

3. 企业安全生产条件、安全设备设施和职业防护设施、个体职业防护情况;

4. 依法取得安全生产行政许可情况;

5. 建设项目安全设施与职业卫生设施"三同时"执行情况;

6. 企业安全生产标准化建设工作情况;

7. 建设项目工程承发包以及工程施工安全管理、工程监理情况;

8. 重大危险源监控和安全隐患排查治理情况;

9. 安全生产费用提取、使用和安全投入落实情况;

10. 企业安全生产与职业健康现场管理情况;

11. 企业员工安全责任意识、安全健康和自救互救知识、技能以及企业全员安全与健康培训和相关人员持证上岗情况;

12. 企业安全生产应急预案体系和应急救援队伍、装备配备等应急能力建设情况;

13. 企业生产安全和职业危害事故报告、处置及责任追究落实情况;

14. 生产经营单位主要负责人和领导班子成员带班、值班制度执行情况。

(五)各省(区、市)、市(地、州、盟)人民政府安全监管部门要对本行政区域内中央企业所属各级企业进行逐一登记并建立安全监管台账,纳入安全生产日常监管的重要内容。

（六）中央企业在地方新设立或组建的分公司、子公司以及其他生产经营建设单位，应及时向所在地人民政府及有关部门备案。中央企业所属各级企业要主动接受地方人民政府及有关部门的监管和指导，依法及时向所在地人民政府及有关部门按季度定期报告安全生产管理、隐患治理和事故等情况。交通运输、建筑施工等流动性和跨行政区划异地从事生产经营建设活动的中央企业所属各级企业，应当接受生产经营建设活动所在地市（地、州、盟）以上人民政府有关部门的安全生产监督检查。

三、切实落实中央企业安全生产监管职责

（一）国务院有关部门和各省（区、市）、市（地、州、盟）人民政府有关部门，要按照"谁主管谁负责、谁分管谁负责"要求，加强对中央企业及所属各级企业安全生产监督管理工作的领导，积极为中央企业安全发展、改善安全生产条件、加强安全生产基础建设、提高应急能力、建立安全生产长效机制提供必要的支持和帮助。

（二）国务院有关部门和各省（区、市）、市（地、州、盟）人民政府有关部门，要将中央企业及所属各级企业安全生产监督管理工作纳入本部门、本地区年度安全生产目标责任考核体系之中。

（三）依法做好中央企业生产安全事故报告和调查处理工作。中央企业发生生产安全事故后，要迅速采取有效措施组织抢救，防止事故扩大，努力减少人员伤亡和财产损失，并按规定报告国务院有关部门和事故发生地人民政府、安全监管部门及有关主管部门。地方人民政府和负有安全生产监督管理职责的部门接到驻地中央企业生产安全事故报告后，应当立即派人赶到事故现场，组织事故抢救并依照有关规定及时报告上级人民政府和部门。中央企业发生生产安全事故，依照《生产安全事故报告和调查处理条例》（国务院令第 493 号）的有关规定进行事故调查处理。

（四）中央企业有关安全生产与职业健康方面的重要活动、信息或事项，要及时向安全监管部门和有关主管部门报告，有关安全生产与职业健康的年度计划、总结以及隐患排查、事故整改措施落实情况，要报安全监管部门和有关主管部门备案。

（五）国务院有关部门及各省（区、市）、市（地、州、盟）人民政府有关部门要按照职责分工，加强对中央企业及所属各级企业安全生产监管工作的协作联动。

本行政区域内中央企业所属各级企业安全生产监督管理实施意见，由各省（自治区、直辖市）结合本地区实际研究制定。

二〇一一年五月十七日

最高人民法院 最高人民检察院 公安部 监察部 国家安全生产监督管理总局关于严格依法及时办理危害生产安全刑事案件的通知

高检会〔2008〕5号

各省、自治区、直辖市高级人民法院、人民检察院、公安厅(局)、监察厅(局)、安全生产监督管理局,新疆维吾尔自治区高级人民法院生产建设兵团分院、新疆生产建设兵团人民检察院、公安局、监察局、安全生产监督管理局,各省级煤矿安全监察机构:

为充分发挥刑事诉讼活动对预防重大生产安全责任事故的重要作用,维护法律权威,保障人民群众生命财产安全,促进社会和谐稳定,推动经济社会又好又快发展,根据中华人民共和国《刑法》、《刑事诉讼法》、《安全生产法》、《关于办理危害矿山生产安全刑事案件具体应用法律若干问题的解释》和国务院《生产安全事故报告和调查处理条例》等法律法规的规定,现就严格依法及时办理危害生产安全刑事案件的有关事项通知如下:

一、进一步提高对办理危害生产安全刑事案件重要性的认识。各级人民法院、人民检察院、公安机关、监察机关、安全生产监督管理部门和煤矿安全监察机构要从维护法律权威,促进在全社会实现公平正义的高度,充分认识及时、严肃、认真办理危害生产安全刑事案件的重要性和紧迫性,采取更加有效的措施,加大工作力度,提高办案质量和效率,促进生产安全形势持续稳定好转,实现办案的法律效果与社会效果的有机统一。

二、安全生产监督管理部门、煤矿安全监察机构和负有安全生产监督管理职责的有关部门接到事故报告后,应当按规定及时通知公安机关、监察机关、工会和人民检察院。

有关单位和人员要严格履行保护现场和重要痕迹、物证的义务。因抢救人员、防止事故扩大以及疏通交通等原因,需要移动事故现场物件的,应当做出标志,绘制现场简图并做出书面记录,妥善保存现场重要痕迹、物证。任何单位和个人不得破坏事故现场、毁灭相关证据。

相关单位、部门要在事故调查组的统一组织协调下开展调查取证、现场勘验、技术鉴定等工作,查明事故发生的经过、原因、人员伤亡情况及直接经济损失,认定事故的性质和事故责任,在法定期限内完成事故调查处理工作,并将处理意见抄送有关单位、部门。

事故调查过程中,发现涉嫌犯罪的,事故调查组应当及时将有关材料或者复印件移交公安机关、检察机关。

三、公安机关、人民检察院根据事故的性质和造成的危害后果,对涉嫌构成犯罪的,应当按照案件管辖规定,及时立案侦查,采取强制措施和侦查措施。犯罪嫌疑人逃匿的,公安机关应当迅速开展追捕工作。要全面收集证明犯罪嫌疑人有罪无罪以及犯罪情节轻重的证据材料。对容易灭失的痕迹、物证应当首先采取措施提取、固定。

需要有关部门进行鉴定的,公安机关、检察机关应当及时建议事故调查组组织鉴定,也可以自行组织鉴定. 事故调查组组织鉴定、或者委托有关部门鉴定、或者公安机关、检察机关自行组织鉴定的,鉴定报告原则上应当自委托或者决定之日起20日内作出。不涉及机械、电气、瓦斯、化学、有毒有害物(气)体、锅炉压力容器、起重机械、地质勘察、工程设计与施工质量、火灾以及非法开采、破坏矿产资源量认定等专业技术问题的,不需要进行鉴定,相关事实和证据符合法定条件的,可以逮捕、公诉和审判。

四、人民法院、人民检察院、公安机关在办理危害生产安全刑事案件中应当分工负责,互相配合、互相制约。公安机关对已经被刑事拘留的犯罪嫌疑人,在提请批准逮捕前可以先行通知检察机关,听取检察机关对收集、固定证据和开展技术鉴定工作的意见、建议。检察机关应当加强与公安机关的联系配合，认真做好审查批准逮捕工作。公安机关办理的危害生产安全案件中被采取强制措施的犯罪嫌疑人，如系人民检察院办理的渎职等职务犯罪案件的证人或者同案犯，人民检察院需要对其进行询问或者讯问的，可商公安机关予以配合，公安机关应当予以配合。公安机关办理危害生产安全刑事案件涉及渎职等职务犯罪案件的，如果涉嫌主罪属于公安机关管辖的，由公安机关为主侦查，人民检察院予以配合；如果涉嫌主罪属于人民检察院管辖的，由人民检察院为主侦查，公安机关予以配合。

人民法院、人民检察院和公安机关要坚持以事实为根据，以法律为准绳，贯彻宽严相济的刑事政策，依法从快侦查、审查批准逮捕、审查起诉和审判，尽可能提高办案效率。证明案件事实、性质、危害后果以及犯罪嫌疑人刑事责任的证据具备的，应当提起公诉和审判。不能以变更监视居住、取保候审为名压案不办。

五、加强业务指导和案件督办。上级公安机关、人民检察院对危害生产安全的重特大刑事案件可以直接组织办理，获取主要证据后，指定下级公安机关、人民检察院侦查终结，也可以采取挂牌督办、派员参办等方法，专人负责，全程跟踪。上级公安机关、人民检察院要支持下级机关依法办案，帮助他们排除干扰和阻力，研究解决办案过程中遇到的重大疑难问题。对发案地人民法院、人民检察院、公安机关办理确有困难的案件，上级人民法院、人民检察院、公安机关可以指定管辖、异地交办。

六、人民法院、人民检察院、公安机关、监察机关、安全生产监督管理部门、煤矿安全监察机构，对生产安全责任事故刑事案件的事实、性质认定、证据采信、法律适用以及责任追究有意见分歧的，应当加强协调沟通。协调后意见仍然不一致的，各自向上级机关（部门）报告，由上级机关（部门）协调解决。

公安机关、人民检察院对危害生产安全刑事案件的犯罪嫌疑人采取拘留、逮捕等强制措施的，人民法院作出判决的，应当及时通报事故调查组或者相关职能部门。在案件办理过程中，由于事实、证据或者案件性质发生变化，需要改变原处理决定的，也应当及时通报事故调查组或者相关职能部门。

七、严肃查办谎报瞒报事故行为。对有关单位和个人故意干扰、阻碍办案，或者毁灭、伪造证据、转移藏匿物证书证，或者拒不提供证据资料等违纪违法行为，监察机关要追究直接责任人和有关领导的责任；违反治安管理的，由公安机关进行治安管理处罚；构成犯罪的，依法追究刑事责任．对国家机关工作人员徇私枉法、帮助犯罪分子逃避处罚以及滥用职权、玩忽职守的，检察机关、监察机关要严肃查处；构成犯罪的，依法追究刑事责任。

八、提高工作透明度，主动接受社会监督。生产安全领域刑事案件的调查、判决情况要及时向社会公布，以取信于民。

九、本通知所提出的各项要求适用于《生产安全事故报告和调查处理条例》规定的生产经营活动中发生的造成人身伤亡或者直接经济损失的生产安全事故的报告、调查处理和侦查、公诉、审判工作。环境污染事故、核设施事故、国防科研生产事故的报告、调查处理以及侦查、公诉、审判工作不适用本通知。

最高人民法院　最高人民检察院

公安部　监察部　国家安全监管总局

二〇〇八年六月六日

监察部 公安部 司法部 安全监管总局 最高人民法院 最高人民检察院关于严肃查处瞒报生产安全事故行为的通知

监发〔2007〕9号

各省、自治区、直辖市监察厅(局)、公安厅(局)、司法厅(局)、安全监管局、高级人民法院、人民检察院、各省级煤矿安全监察机构:

今年以来,一些省份连续发生多起恶意瞒报生产安全事故的事件,在社会上造成了恶劣影响,国务院领导同志高度重视,要求迅速查明事实真相,依法严惩瞒报事故责任人,重申有关制度,坚决做到执法必严、违法必究,坚决维护人民群众的利益和法律的尊严。国务院办公厅专门印发《国务院办公厅关于严肃查处瞒报事故行为坚决遏制重特大事故发生的通报》(国办发明电〔2007〕9号),要求严厉查处瞒报事故和事故后逃匿的违法行为,坚决遏制重特大事故的发生。为落实国务院领导同志指示和国务院办公厅通报精神,现就严肃查处瞒报事故行为的有关事项通知如下:

一、充分认识瞒报事故行为的严重性和危害性

今年1月至10月,国家安全监管总局共接到各类瞒报事故举报287件,经调查核实的生产安全事故75起,死亡317人,同比增加38起,245人,分别上升102.7%和340.3%。其中,较大事故33起,死亡162人,同比增加26起、135人;重特大事故8起,死亡122人,同比增加5起,43人。瞒报事故数较去年同期大幅上升,一方面说明社会监督、群众举报的加强,另一方面也反映出瞒报事故愈演愈烈的严重态势。

瞒报事故行为不仅严重违反有关法律法规,而且延误事故抢救时机,给人民群众的生命财产造成更大损失,有的企业主在事故发生后,不仅不按规定上报,而且无视职工生命,不及时组织救援,甚至封井破坏事故现场,转移遇难者尸体;有的责任人逃匿,性质极其恶劣;还有个别国家工作人员与事故责任串通一气,参与瞒报,造成了极坏的社会影响。各地区,各有关部门必须按照国务院的要求,充分认识瞒报事故的严惩性和危害性,采取更加有效的措施,依法严厉打击瞒报事故行为,贯彻执行《生产安全事故报告和调查处理条例》,规范生产安全事故的报告和调查处理程序,严肃追究有关责任人的责任,坚决遏制瞒报事故行为的发生。

二、加大对瞒报事故行为的查处力度,依法严惩瞒报事故责任人

要建立健全瞒报事故案件的受理和核查机制,鼓励和支持社会力量监督和举报瞒报事故行为,各有关部门对社会媒体曝光和人民群众举报的瞒报事故线索,应及时组织核查,凡是举报属实的,要按规定及时给予奖励,并将查处情况反馈举报人,受理部门要严格为举报人保密,落实责任,切实保护好举报人的人身安全。

要加大对事故发生后瞒报、逃匿等行为的查处力度,依法严惩相关责任人。安全监管部门要加大对瞒报事故行为的调查力度,认真核实举报线索并公布查处结果;公安机关要加大对瞒报事故案件的查办力度,组织力量将逃匿人员缉拿归案;监察机关要加大对瞒报事故行为的责任追究力度,严肃查处相关部门违纪违法和失职渎职行为。对移送司法机关处理的瞒报事故案件,相关部门要依法加快审查批捕、提起公诉、及时审理;要依法从严适用取保候审、缓刑,从严掌握责任人服刑期间的减刑、假释和暂予监外执行。各有关部门要加强协调配合,从严查处瞒报事故行为,确保责任追究落实到位。

三、加强协调配合,认真开展对瞒报事故行为查处和责任追究情况的监督检查

要按照职责分工,加强对瞒报事故行为查处及责任追究情况的沟通协调。2007年9月14日,国务院已批复同意建立由监察部、公安部、司法部、安全监管总局和最高人民法院、最高人民检察院为成员单位的重特大生产安全事故责任追究沟通直辖市工作部际联席会议制度，部际联席会议将在明年适当时候，对有关地区开展一次打击瞒报事故、逃匿等违法行为的专项检查。各相关部门可根据本地区实际情况，建立相应沟通协调工作机制，进一步为规范事故责任追究工作和提高办案效率创造必要的条件。

要认真组织开展地本地区、本系统瞒报事故行为查处和责任追究情况的监督检查，要及时研究工作中遇到的困难和问题，加强督促和指导。对于不认真受理举报线索或受理后不及时组织核查的，对于查处工作敷衍塞责、流于形式的，对于在责任追究过程中弄虚作假、拖延处理或者明显不到位的，要严肃批评教育，并要求限期整改；造成恶劣社会影响的，要严肃追究有关人员的责任。

四、进一步加强舆论宣传和法制教育

要充分发挥新闻媒体的舆论监督和导向作用，加大对有关法律法规的宣传力度，让各级领导干部和企业管理人员充分知晓瞒报事故的严重后果和相关处罚规定，要大力宣传党和国家关于安全生产的方针政策和加强安全生产工作的重大举措，及时召开各类新闻发布会，公布各级政府部门和司法机关严肃查处瞒报事故、追究事故责任的有关情况，以震慑和警示瞒报、逃匿等违法行为。

2007 年 12 月 19 日

(三)其他重要文件

1. 综合

关于开展重大危险源监督管理工作的指导意见

安监管协调字〔2004〕56号

各省、自治区、直辖市及新疆生产建设兵团安全生产监督管理部门,各煤矿安全监察局及北京、新疆生产建设兵团煤矿安全监察办事处,中央管理有关企业:

根据《安全生产法》的有关规定,为全面掌握重大危险源的数量、状况及其分布,加强对重大危险源的监督管理,有效防范重、特大事故的发生,2003年11月以来,国家安全生产监督管理局(国家煤矿安全监察局)(以下简称国家局)在河北、辽宁、江苏、浙江、福建、重庆、广西、甘肃开展了重大危险源申报登记试点工作。《国务院关于进一步加强安全生产工作的决定》下发后,各地认真贯彻落实,陆续开展了重大危险源普查登记和监控工作。为加强管理,统一标准,规范运行,现对开展重大危险源监督管理工作提出如下指导意见。

一、意义和依据

以"三个代表"重要思想为指导,全面贯彻《安全生产法》,坚持"安全第一,预防为主"的方针,坚持以人为本,树立全面、协调、可持续的科学发展观,促进经济社会和人的全面发展,坚持"关口前移"、"重心下移",坚持"科技兴安",努力实现安全生产工作从被动防范向源头管理转变,遏制和减少重、特大事故的发生。

《安全生产法》第三十三条规定:"生产经营单位对重大危险源应当登记建档,进行定期检测、评估、监控,并制定应急预案,告知从业人员和相关人员在紧急情况下应当采取的应急措施。生产经营单位应当按照国家有关规定将本单位重大危险源及有关安全措施、应急措施报有关地方人民政府负责安全生产监督管理的部门和有关部门备案"。《国务院关于进一步加强安全生产工作的决定》(国发[2004]2号)要求"搞好重大危险源的普查登记,加强国家、省(区、市)、市(地)、县(市)四级重大危险源监控工作"。

二、目标和任务

重大危险源的监督管理是一项系统工程,需要合理设计,统筹规划。首先是要开展重大危险源的普查登记;其次是开展重大危险源的检测评估;第三是对重大危险源实施监控防范;第四是对有缺陷和存在事故隐患的危险源实施治理;第五是通过对重大危险源的监控管理,既要促使企业强化内部管理,落实措施,自主保安,又要针对各地实际,有的放矢,便于政府统一领导,科学决策,依法实施监控和安全生产行政执法,以实现重大危险源监督管理工作的科学化、制度化和规范化。

主要任务:

1. 开展重大危险源普查登记,摸清底数,掌握重大危险源的数量、状况和分布情况,建立重大危险源数据库和定期报告制度;

2. 开展重大危险源安全评估,对重要的设备、设施以及生产过程中的工艺参数、危险物质进行定期检测,建立重大危险源评估监控的日常管理体系;

3. 建立国家、省(区、市)、市(地)、县(市)四级重大危险源监控信息管理网络系统,实现对重大危险源的动态监控、有效监控;

4. 对存在缺陷和事故隐患的重大危险源进行治理整顿,督促生产经营单位加大投入,采取有效措施，消除事故隐患，确保安全生产。

5. 建立和完善有关重大危险源监控和存在事故隐患的危险源治理的法规和政策，探索建立长效机制。

三、重大危险源申报登记的范围

重大危险源是指长期地或者临时地生产、搬运、使用或储存危险物品，且危险物品的数量等于或超过临界量的单元（包括场所和设施）。根据国家标准《重大危险源辨识》（GB 18218—2000）和《安全生产法》的规定，以及实际工作的需要，重大危险源申报登记的范围如下：

1. 贮罐区（贮罐）；
2. 库区（库）；
3. 生产场所；
4. 压力管道；
5. 锅炉；
6. 压力容器；
7. 煤矿（井工开采）；
8. 金属非金属地下矿山；
9. 尾矿库。

具体申报登记范围详见附件 1。

四、重大危险源的登记与评估

1. 生产经营单位应当按照《安全生产法》、《重大危险源辨识》（GB 18218—2000）和申报登记范围的要求对本单位的重大危险源进行登记建档，并填写《重大危险源申报表》（见附件 2）报当地安全监管部门（或煤矿安全监察机构）。

2. 生产经营单位应当每两年至少对本单位的重大危险源进行一次安全评估，并出具安全评估报告。安全评估工作应由注册安全评价人员或注册安全工程师主持进行，或者委托具备安全评价资格的评价机构进行。安全评估报告应包括重大危险源的基本情况，危险、有害因素辨识与分析，可能发生的事故类型、严重程度，重大危险源等级，安全对策措施，应急救援措施和评估结论等。安全评估报告应报当地安全监管部门（或煤矿安全监察机构）备案。

3. 重大危险源的生产过程以及材料、工艺、设备、防护措施和环境等因素发生重大变化，或者国家有关法规、标准发生变化时，生产经营单位应当对重大危险源重新进行安全评估，并将有关情况报当地安全监管部门（或煤矿安全监察机构）。

五、重大危险源监督管理的要求

1. 各级安全监管部门、煤矿安全监察机构要进一步提高对重大危险源监督管理工作重要性的认识，自觉从践行“三个代表”和执政为民的高度，加强对重大危险源普查、评估、监控、治理工作的组织领导和监督检查，切实防范重、特大事故，保障人民群众生命财产安全和社会经济的全面、协调、可持续发展；要把强化重大危险源监督管理工作作为安全生产监督检查和考核的一项重要内容，布置好，落实好。

2. 各级安全监管部门、煤矿安全监察机构应当成立重大危险源监督管理工作领导小组和技术指导小组，统一领导、协调和指导辖区内重大危险源的监督管理工作。

3. 各级安全监管部门、煤矿安全监察机构应当进一步加大监督检查和行政执法的力度，督促辖区内存在重大危险源的生产经营单位认真落实国家有关重大危险源监督管理的规定和要求，全面开展重大危险源普查登记和监控管理工作。检查中发现生产经营单位对重大危险源未登记建档，或者未进行评估、监控及未制订应急预案的，要依据《安全生产法》第 85 条的规定严肃查处。对因重大危险源管理监控不到位、整改不及时而导致重、特大事故的，要依法严肃追究生产经营单位主要负责人和相关人员的责任。

4. 各级安全监管部门、煤矿安全监察机构监督检查中发现重大危险源存在事故隐患的，应当责令生产经营单位立即整改；在整改前或者整改中无法保证安全的，应当责令生产经营单位从危险区域内撤出作业人员，暂时停产、停业或者停止使用；难以立即整改的，要限期完成，并采取切实有效的防范、监控措施。

5. 各级安全监管部门、煤矿安全监察机构要加强重大危险源申报登记的宣传和培训工作，按照国家局组织编写的《重大危险源申报登记与管理》（试行）教材做好培训工作，指导生产经营单位做好重大危险源的申报登记和管理工作。

6. 为规范重大危险源的监督管理，各地区应统一按照国家局组织开发的重大危险源信息管理系统软件，建立本地区重大危险源数据库，并根据重大危险源的分布和危险等级，有针对性地做好日常监督工作，采取措施，切实防范重、特大事故的发生，确保安全生产形势的稳定好转。

附件：

1. 重大危险源申报范围
2. 重大危险源申报表

二○○四年四月二十七日

附件1

重大危险源申报范围

本次申报的重大危险源，是指长期地或者临时地生产、搬运、使用或储存危险物品，且危险物品的数量等于或超过临界量的场所和设施，以及其他存在危险能量等于或超过临界量的场所和设施。

重大危险源申报的类别如下：

1)贮罐区（贮罐）；

2)库区（库）；

3)生产场所；

4)压力管道；

5)锅炉；

6)压力容器；

7)煤矿（井工开采）；

8)金属非金属地下矿山；

9)尾矿库。

具体申报范围如下所述。

1. 贮罐区（贮罐）

贮罐区（贮罐）重大危险源是指储存表1中所列类别的危险物品，且储存量达到或超过其临界量的贮罐区或单个贮罐。

储存量超过其临界量包括以下两种情况：

① 贮罐区（贮罐）内有一种危险物品的储存量达到或超过其对应的临界量；

② 贮罐区内储存多种危险物品且每一种物品的储存量均未达到或超过其对应临界量，但满足下面的公式：

$$\frac{q_1}{Q_1}+\frac{q_2}{Q_2}+\cdots+\frac{q_n}{Q_n}\geqslant 1$$

式中 $q_1,q_2,\cdots,q_n$——每一种危险物品的实际储存量。

$Q_1,Q_2,\cdots,Q_n$——对应危险物品的临界量。

表1 贮罐区（贮罐）临界量表

类别	物质特性	临界量	典型物质举例
易燃液体	闪点＜28℃	20t	汽油、丙烯、石脑油等
	28℃≤闪点＜60℃	100t	煤油、松节油、丁醚等
可燃气体	爆炸下限＜10%	10t	乙炔、氢、液化石油气等
	爆炸下限≥10%	20t	氨气等
毒性物质*	剧毒品	1kg	氰化钠(溶液)、碳酰氯等
	有毒品	100kg	三氟化砷、丙烯醛等
	有害品	20t	苯酚、苯肼等

*注：毒性物质分级见表2。

表2　毒性物质分级

(GB 15258—1999《化学品安全标签编写规定》)

分　级	经口半数致死量 LD_{50}(mg/kg)	经皮接触24h半数致死量 LD_{50}(mg/kg)	吸入1h半数致死浓度 LC_{50}(mg/l)
剧毒品	$LD_{50} \leqslant 5$	$LD_{50} \leqslant 40$	$LC_{50} \leqslant 0.5$
有毒品	$5 < LD_{50} \leqslant 50$	$40 < LD_{50} \leqslant 200$	$0.5 < LC_{50} \leqslant 2$
有害品	(固体)$50 < LD_{50} \leqslant 500$ (液体)$50 < LD_{50} \leqslant 2000$	$200 < LD_{50} \leqslant 1000$	$2 < LC_{50} \leqslant 10$

2. 库区(库)

库区(库)重大危险源是指储存表3中所列类别的危险物品,且储存量达到或超过其临界量的库区或单个库房。

储存量超过其临界量包括以下两种情况:

① 库区(库)内有一种危险物品的储存量达到或超过其对应的临界量;

② 库区(库)内储存多种危险物品且每一种物品的储存量均未达到或超过其对应临界量,但满足下面的公式:

$$\frac{q_1}{Q_1} + \frac{q_2}{Q_2} + \cdots + \frac{q_n}{Q_n} \geqslant 1$$

式中　$q_1, q_2, \cdots, q_n$——每一种危险物品的实际储存量。

$Q_1, Q_2, \cdots, Q_n$——对应危险物品的临界量。

表3　库区(库)临界量表

类　别	物质特性	临　界　量	典型物质举例
民用爆破器材	起爆器材*	1t	雷管、导爆管等
	工业炸药	50t	铵梯炸药、乳化炸药等
	爆炸危险原材料	250t	硝酸铵等
烟火剂、烟花爆竹		5t	黑火药、烟火药、爆竹、烟花等
易燃液体	闪点<28℃	20t	汽油、丙烯、石脑油等
	28℃≤闪点<60℃	100t	煤油、松节油、丁醚等
可燃气体	爆炸下限<10%	10t	乙炔、氢、液化石油气等
	爆炸下限≥10%	20t	氨气等
毒性物质	剧毒品	1kg	氰化钾、乙撑亚胺、碳酰氯等
	有毒品	100kg	三氟化砷、丙烯醛等
	有害品	20t	苯酚、苯肼等

*注:起爆器材的药量,应按其产品中各类装填药的总量计算。

3. 生产场所

生产场所重大危险源是指生产、使用表4中所列类别的危险物质量达到或超过临界量的设施或场所。

包括以下两种情况:

① 单元内现有的任一种危险物品的量达到或超过其对应的临界量;

② 单元内有多种危险物品且每一种物品的储存量均未达到或超过其对应临界量,但满足下面的公式:

$$\frac{q_1}{Q_1} + \frac{q_2}{Q_2} + \cdots + \frac{q_n}{Q_n} \geqslant 1$$

式中 $q_1, q_2, \cdots, q_n$——每一种危险物品的现存量；

$Q_1, Q_2, \cdots, Q_n$——对应危险物品的临界量。

表 4 生产场所临界量表

类　别	物质特性	临界量	典型物质举例
民用爆破器材	起爆器材*	0.1t	雷管、导爆管等
	工业炸药	5t	铵梯炸药、乳化炸药等
	爆炸危险原材料	25t	硝酸铵等
烟火剂、烟花爆竹		0.5t	黑火药、烟火药、爆竹、烟花等
易燃液体	闪点＜28℃	2t	汽油、丙烯、石脑油等
	28℃≤闪点＜60℃	10t	煤油、松节油、丁醚等
可燃气体	爆炸下限＜10%	1t	乙炔、氢、液化石油气等
	爆炸下限≥10%	2t	氨气等
毒性物质	剧毒品	100g	氰化钾、乙撑亚胺、碳酰氯等
	有毒品	10kg	三氟化砷、丙烯醛等
	有害品	2t	苯酚、苯肼等

*注：起爆器材的药量，应按其产品中各类装填药的总量计算。

4. 压力管道

符合下列条件之一的压力管道：

(1)长输管道

① 输送有毒、可燃、易爆气体，且设计压力大于 1.6MPa 的管道；

② 输送有毒、可燃、易爆液体介质，输送距离大于等于 200km 且管道公称直径≥300mm 的管道。

(2)公用管道

中压和高压燃气管道，且公称直径≥200mm。

(3)工业管道

① 输送 GB5044 中，毒性程度为极度、高度危害气体、液化气体介质，且公称直径≥100mm 的管道；

② 输送 GB5044 中极度、高度危害液体介质、GB50160 及 GBJ16 中规定的火灾危险性为甲、乙类可燃气体，或甲类可燃液体介质，且公称直径≥100mm，设计压力≥4MPa 的管道；

③ 输送其他可燃、有毒流体介质，且公称直径≥100mm，设计压力≥4MPa，设计温度≥400℃ 的管道。

5. 锅炉

符合下列条件之一的锅炉：

(1)蒸汽锅炉

额定蒸汽压力大于 2.5MPa，且额定蒸发量大于等于 10t/h。

(2)热水锅炉

额定出水温度大于等于 120℃，且额定功率大于等于 14MW。

6. 压力容器

属下列条件之一的压力容器：

(1)介质毒性程度为极度、高度或中度危害的三类压力容器；

(2)易燃介质，最高工作压力≥0.1MPa，且 PV≥100MPa/m^3 的压力容器(群)。

7. 煤矿(井工开采)

符合下列条件之一的矿井：

(1)高瓦斯矿井；
(2)煤与瓦斯突出矿井；
(3)有煤尘爆炸危险的矿井；
(4)水文地质条件复杂的矿井；
(5)煤层自然发火期≤6 个月的矿井；
(6)煤层冲击倾向为中等及以上的矿井。

8. 金属非金属地下矿山

符合下列条件之一的矿井：
(1)瓦斯矿井；
(2)水文地质条件复杂的矿井；
(3)有自燃发火危险的矿井；
(4)有冲击地压危险的矿井。

9. 尾矿库

全库容≥100 万 m^3 或者坝高≥30m 的尾矿库。

附件 2

重大危险源申报表

一、填表说明

1. 重大危险源申报的目的是掌握重大危险源的状况及其分布，为重大危险源评价、分级、监控和管理提供基础数据。

2. 重大危险源申报表分为三类，第一类为生产经营单位基本情况表（表 1），第二类为各类重大危险源基本特征表（表 2－1～表 2－9），第三类为重大危险源周边环境基本情况表（表 3）。

填表时，应根据生产经营单位的实际情况填写生产经营单位基本情况表以及所有符合申报范围的重大危险源基本特征表。生产经营单位存在哪一类别的重大危险源就填报相应的重大危险源基本特征表，每个重大危险源填表一份，如存在多个重大危险源，请自行复印表格填报。贮罐区（贮罐）、库区（库）、生产场所及其他可能给周围环境造成严重后果的重大危险源应填写重大危险源周边环境基本情况表。

3. 重大危险源申报表的填报、图文资料，必须坚持实事求是的原则，严格按照规范填写，如实地反映实际情况。

4. 填表应用钢笔，表格内容要认真逐项填写，无某项内容时则填写无，因故无法填写的内容应注明原因。

5. 当重大危险源申报涉及保密数据时，应遵守有关保密规定。

二、重大危险源申报表

表 1　生产经营单位基本情况表

<table>
<tr><td>法人单位名称</td><td colspan="3"></td><td rowspan="2">单位代码</td><td rowspan="2"></td></tr>
<tr><td>填报单位名称（盖章）</td><td colspan="3"></td></tr>
<tr><td>通讯地址</td><td colspan="3"></td><td>邮政编码</td><td></td></tr>
<tr><td>填报单位负责人姓名</td><td colspan="3"></td><td>电话</td><td></td></tr>
<tr><td>经济类型</td><td colspan="5">1 国有经济　2 集体经济　3 私营经济　4 有限责任公司　5 联营经济　6 股份合作
7 外商投资　8 港澳台投资　9 其它经济</td></tr>
<tr><td>所在行业</td><td colspan="5">A 农、林、牧、渔业　G 交通运输仓储业及邮电通信业　M 教育文化艺术及广电业
B 采掘业　H 批发和零售贸易、餐饮业　N 科学研究和综合技术服务业
C 制造业　I 金融保险业　O 国家机关政党机关和社会团体
D 电力、煤气及水的生成和供应业　J 房地产业　P 其它行业
E 建筑业　K 社会服务业
F 地质勘查业、水利管理业　L 卫生、体育和社会福利业</td></tr>
<tr><td>成立时间</td><td colspan="3"></td><td>占地面积</td><td>m^2</td></tr>
<tr><td>行业管理部门</td><td colspan="3"></td><td>职工总数</td><td>人</td></tr>
<tr><td>固定资产总值</td><td>万元</td><td>年总收入</td><td>万元</td><td>年利润</td><td>万元</td></tr>
<tr><td>主要产品</td><td colspan="5"></td></tr>
</table>

填表人：________　联系电话：________　填表日期：________

表 2-1　贮罐区(贮罐)基本特征表

编　号			贮罐区名称			
具体位置						
所处环境功能区	1 工业区　2 农业区　3 商业区　4 居民区　5 行政办公区 6 交通枢纽区　7 科技文化区　8 水源保护区　9 文物保护区					
贮罐区面积	m^2	有无防护堤	1 有　2 无	防护堤所围面积		m^2
贮罐个数				罐间最小距离		m
贮罐序号		贮罐名称				
贮罐	贮罐形状	1 立式圆筒罐　2 卧式圆筒罐　3 球形罐				
	贮罐形式	1 固定顶罐　2 浮顶罐				
	安装形式	1 地上　2 地下　3 半地下				
	贮罐材质		公称直径	m	容积	m^3
	贮存物质名称		物质状态	1 液态　2 气态　3 液、气共存		
	日常最大贮存量					m^3
	设计压力		MPa	实际工作压力		MPa
	设计温度		℃	实际工作温度		℃
	设计使用年限		年	投产时间		
	进料方式	1 管道　2 铁路槽车　3 槽车				
	出料方式	1 管道　2 铁路槽车　3 槽车				
进料管道	直径	mm	设计压力	MPa	实际工作压力	MPa
出料管道	直径	mm	设计压力	MPa	实际工作压力	MPa

填表人:＿＿＿＿＿＿＿＿联系电话:＿＿＿＿＿＿＿＿＿＿＿＿填表日期:＿＿＿＿＿＿＿＿

表 2-2　库区(库)基本特征表

编号		库区名称			
具体位置					
所处环境功能区	1 工业区　2 农业区　3 商业区　4 居民区　5 行政办公区 6 交通枢纽区　7 科技文化区　8 水源保护区　9 文物保护区				
库区占地面积		m^2	库房个数		
库房序号		库房名称			
库房形式	1 单层　2 多层　层数:				
库房结构	1 混凝土结构　2 砖木结构　3 木质简易库房　4 其他				
设计使用年限		年	竣工时间		
占地面积		m^2	有无防火墙	1 有　2 无	
库房储存物品种类			数量		
民用爆破器材	起爆器材				t
	工业炸药				t
	爆炸危险原材料				t
烟火剂、烟花爆竹					t
易燃液体	闪点 <28℃				t
	28℃≤闪点 <60℃				t
可燃气体	爆炸下限 <10%				t
	爆炸下限≥10%				t
毒性物质	剧毒品				kg
	有毒品				kg
	有害品				t

填表人:＿＿＿＿＿＿＿＿联系电话:＿＿＿＿＿＿＿＿＿＿＿＿填表日期:＿＿＿＿＿＿＿＿

表 2－3　生产场所基本特征表

单元名称				固定资产总值	万元
具体位置					
所处环境功能区	1 工业区　2 农业区　3 商业区　4 居民区　5 行政办公区 6 交通枢纽区　7 科技文化区　8 水源保护区　9 文物保护区				
占地面积	m^2			正常当班人数	人
物质名称		单元内危险物质量			
		现存物质总量（t）	工艺过程中的物质量（t）	存储的物质量（t）	废弃物质量（t）
1					
2					
3					
4					
5					
6					
7					
8					

填表人:________________联系电话:________________________填表日期:________________

表 2－4　压力管道基本特征表

管道名称				管道编号	
管道类别		公称直径	mm	材　质	
壁　　厚	mm	管道长度	m	工作压力	MPa
强度试验压力	MPa	严密性试验压力	MPa		
输送介质		工作温度	℃		
投用日期		敷设方式	1 架空　2 埋地		
防腐方式	1 阴极保护　2 无阴极保护	绝热方式	1 绝热措施　2 无绝热措施		
设计规范		设计单位			
安装规范		安装单位			
管道图号					
管道经过地区（厂区）					
与管道相联的调压站（箱）数量					

填表人:________________联系电话:________________________填表日期:________________

表 2－5　锅炉基本特征表

锅炉型号		锅炉名称		编　号	
具体位置					
制造厂名		制造日期			
安装完工日期		投入使用日期			
设计工作压力	MPa	许可使用压力	MPa		
额定供热量或额定出力	kCal/h t/h	介质出口温度	℃		
水处理方法		锅炉用途			
备注（移装、检修、改造、事故记录）					

填表人:________________联系电话:________________________填表日期:________________

表 2-6　压力容器基本特征表

<table>
<tr><td>名　称</td><td></td><td>编　号</td><td colspan="2"></td><td>注册编号</td><td></td><td>使用证编号</td><td></td></tr>
<tr><td>类　别</td><td></td><td>设计单位</td><td colspan="2"></td><td>投用年月</td><td></td><td>使用单位</td><td></td></tr>
<tr><td>制造单位</td><td></td><td>制造年月</td><td colspan="2"></td><td>出厂编号</td><td colspan="3"></td></tr>
<tr><td>材料</td><td>筒体</td><td colspan="4">封头</td><td colspan="3">内衬</td></tr>
<tr><td>内径</td><td>mm</td><td rowspan="4">操作条件</td><td>设计压力</td><td>/　MPa</td><td rowspan="5">安全件</td><td>是否有安全阀</td><td colspan="2"></td></tr>
<tr><td>壁厚</td><td>mm</td><td>最高工作压力</td><td>/　MPa</td><td>是否有爆破片</td><td colspan="2"></td></tr>
<tr><td>高(长)</td><td>mm</td><td>设计温度</td><td>/　℃</td><td>是否有紧急切断阀</td><td colspan="2"></td></tr>
<tr><td>容积</td><td>m^3</td><td>介质</td><td>/</td><td>是否有压力表</td><td colspan="2"></td></tr>
<tr><td colspan="2">有、无保温、绝热</td><td colspan="3"></td><td>是否有液面计</td><td colspan="2"></td></tr>
<tr><td>安全状况等级</td><td></td><td>定期检验情况</td><td colspan="2"></td><td>备注</td><td colspan="3"></td></tr>
</table>

注:1. 换热器的换热面积填写在压力容器规格的容积一栏内。

2. 两个压力腔的压力容器的操作条件分别填写在斜线前后并加以说明。

填表人:________________联系电话:________________________填表日期:________________

表 2-7 煤矿(井工开采)基本特征表

矿井名称					
详细地址					
邮政编码		主要负责人		联系电话	
上级法人单位					
建矿日期		设计能力	万 t/年	实际产量	万 t/年
煤的牌号				矿井可采储量	万 t
从业人数		固定资产	万元	年利润	万元
开拓方式	1 立井　2 斜井　3 平峒				
通风方式	1 中央并列　2 中央分列　3 两翼对角　4 分区对角　5 其它				
反风方式	1 反风道反风　2 主要通风机反转反风　3 备用主要通风机的无反风道反风				
提升方式	1 罐笼　2 箕斗井　3 串车　4 带式输送机　5 其它				
供电方式	1 双回路　2 双电源　3 其它				
主采煤层倾角			主采煤层厚度	m	
矿井开采深度	m		生产采区个数		
回采工作面个数			掘进工作面个数		
工作面回采方式	1 前进式　2 后退式		采高	m	
主要落煤方式	1 机采　2 炮采　3 水采　4 风镐落煤　5 其它				
主要支护型式	1 液压支架　2 单体液压支柱　3 摩擦式金属支柱				
顶板处理方法	1 全部垮落法　2 充填法　3 煤柱支撑法　4 缓慢下沉法				
矿井瓦斯等级	1 突出矿井　2 高瓦斯矿井　3 低瓦斯矿井				
煤层的自燃倾向性	1 容易自燃　2 自燃　3 不易自燃				
煤层的煤尘爆炸性	1 基本无爆炸性　2 弱爆炸性　3 爆炸性较强　4 爆炸性很强				
煤层顶底板含水层情况	1 无　2 孔隙含水层　3 裂隙含水层　4 岩溶含水层				
水文地质条件复杂程度	1 简单　2 一般　3 复杂				
矿井开采是否受地表水体或洪水的威胁	1 是　2 否				
煤层冲击地压危害程度	1 无冲击地压　2 一般(弱)冲击地压　3 严重(强)冲击地压				
煤层赋存状况(根据煤层厚度和倾角变化、裂隙发育情况、断层、冲刷带、陷落柱、岩浆岩侵入破坏等判断)	1 煤层赋存状况好　2 一般　3 煤层赋存状况差				
开拓巷道的围岩稳定性	1 围岩为比较稳定的坚硬砂岩或石灰岩等　2 围岩为中等稳定的砂岩、砂页岩或较坚硬页岩等　3 围岩为不稳定的煤、泥质页岩、炭质页岩等				
矿井相对瓦斯涌出量	m^3/t		矿井绝对瓦斯涌出量	m^3/min	
煤层自燃发火期			全矿近三个月瓦斯超限次数		
近三年内瓦斯突出次数			近三年内煤层自燃地点	处	
近三年内主扇故障检修次数			近三年内供电系统故障检修次数		
采面粉尘浓度	总粉尘：　mg/m^3		呼吸性粉尘：　mg/m^3		
矿井总进风量	m^3/min		矿井有效风量率		
矿井最大涌水量	m^3/h		矿井最大综合排水量	m^3/h	
地面消防水池容量	m^3		井下消防水管长度	m	
地面爆破材料储存情况	库房数：	炸药(t)：　t	雷管：　万发		
井下爆破材料储存情况	峒室数：	炸药(t)：　t	雷管：　万发		
有无瓦斯异常涌出区域	1 有　2 无		有无未熄灭的火区	1 有　2 无	
全矿通风系统复杂程度	1 简单可靠，易于管理控制，井下风流稳定　2 复杂程度一般 3 通风系统复杂，管理困难，或有些巷道风流不稳				

续表

总进风道和总回风道之间的联络巷道数量						
总进风道和总回风道之间的联络巷道的挡风墙坚固程度	1 非常坚固　2 一般　3 差					
有无在水淹区积水面以下的采掘工作	1 有　2 无					
是否是在建筑物下、水体下或铁路下开采	1 是　2 否					
矿井安全是否受其它小矿乱采乱掘的影响	1 是　2 否					
近5年内伤亡事故	起数：　轻伤人数：　重伤人数：　死亡人数：					
建矿以来曾发生重大事故（指造成3人以上死亡或全矿或部分区域停产）	瓦斯（煤尘）爆炸		火灾			
	水灾		瓦斯突出			
	其他（注明事故类型）：					
主风机型号，台数						
局扇型号，台数						
主排水泵型号，台数						
探放水设备型号，台数						
绞车提升设备型号，台数						
带式输送机型号，部数						
瓦斯抽放系统型号，数量						
安全监测系统型号，数量			传感器使用数量			
闭锁断电装置型号，数量						
瓦检仪型号，数量						
自救器型号，数量						
井下固定敷设高压电缆型号，数量						
瓦检员人数		放炮员人数		绞车司机人数		
电工人数		安技管理人员数		安全员人数		
全矿技术人员数	高级：	中级：	初级：			
下井同时作业人数		下井人员中农民工、协议工、外包工所占比例				
影响矿井安全生产的主要问题说明：（不少于三条内容）						
备注：						

填表人：＿＿＿＿＿＿＿＿联系电话：＿＿＿＿＿＿＿＿填表日期：＿＿＿＿＿＿＿＿

表2-8 金属非金属地下矿山基本特征表

<table>
<tr><td>矿井名称</td><td colspan="5"></td></tr>
<tr><td>详细地址</td><td colspan="5"></td></tr>
<tr><td>邮政编码</td><td></td><td>主要负责人</td><td></td><td>联系电话</td><td></td></tr>
<tr><td>上级法人单位</td><td colspan="5"></td></tr>
<tr><td>建矿日期</td><td></td><td>设计能力</td><td>万t/年</td><td>实际能力</td><td>万t/年</td></tr>
<tr><td>开采矿种</td><td colspan="2"></td><td>可采储量</td><td colspan="2">万t</td></tr>
<tr><td>固定资产</td><td colspan="2">万元</td><td>年利润</td><td colspan="2">万元</td></tr>
<tr><td>经济类型</td><td colspan="3">1 国有　2 集体　3 私营　4 其它</td><td>从业人数</td><td></td></tr>
<tr><td>开拓方式</td><td colspan="5">1 立井　2 斜井　3 平峒　4 混合　5 斜坡道</td></tr>
<tr><td>通风方式</td><td colspan="5">1 中央并列　2 分区式　3 对角式　4 其它</td></tr>
<tr><td>提升方式</td><td colspan="5">1 罐笼　2 箕斗井　3 串车　4 皮带　5 其它</td></tr>
<tr><td>供电方式</td><td colspan="5">1 两回路　2 双电源　3 其它</td></tr>
<tr><td>同时生产的中段数</td><td colspan="2"></td><td>准备生产的中段数</td><td colspan="2"></td></tr>
<tr><td>同时生产的采场数</td><td colspan="2"></td><td>井下同时作业人数</td><td colspan="2"></td></tr>
<tr><td>矿井总进风量</td><td colspan="2">m^3/min</td><td>矿井有效风量率</td><td colspan="2"></td></tr>
<tr><td>矿井最大涌水量</td><td colspan="2">m^3/h</td><td>矿井最大综合排水量</td><td colspan="2">m^3/h</td></tr>
<tr><td>是否是以下类型的矿井（可多选）</td><td colspan="5">1 瓦斯矿井　2 煤系硫铁矿井　3 其它与煤共生的矿藏开采　4 放射性的矿山
5 有自燃发火危险的矿井　6 高硫矿　7 矿尘有爆炸性</td></tr>
<tr><td rowspan="2">井下固定敷设的高压电缆型号</td><td colspan="2">竖井或倾角在45度及其以上的井巷</td><td colspan="3"></td></tr>
<tr><td colspan="2">水平巷道或倾角在45度以下的井巷内</td><td colspan="3"></td></tr>
<tr><td>地面爆炸材料储存情况</td><td colspan="5">库房数：　炸药：　t　雷管：　万发</td></tr>
<tr><td>井下爆炸材料储存情况</td><td colspan="5">峒室数：　炸药：　t　雷管：　万发</td></tr>
<tr><td rowspan="6">矿井有无下列水文地质资料</td><td colspan="4">1 矿区及其附近地表水流系统和汇水面积、疏水能力、水利工程等情况；</td><td>1 有　2 无</td></tr>
<tr><td colspan="4">2 历年最高洪水位，洪水量地面水体、各含水层及井下水的动态；</td><td>1 有　2 无</td></tr>
<tr><td colspan="4">3 矿区内小矿井、老井、老采空区；</td><td>1 有　2 无</td></tr>
<tr><td colspan="4">4 矿区内的钻孔和封孔质量；</td><td>1 有　2 无</td></tr>
<tr><td colspan="4">5 现有生产井中的积水区、含水层、岩溶带、地质构造等详细情况；</td><td>1 有　2 无</td></tr>
<tr><td colspan="4">6 矿井水与地下水、地表水和大气降雨的水力联系。</td><td>1 有　2 无</td></tr>
<tr><td>是否是水文地质条件复杂的矿井</td><td colspan="5">1 是　2 否</td></tr>
<tr><td>矿体顶底板含水层情况</td><td colspan="5">1 无　2 孔隙含水层　3 裂隙含水层　4 岩溶含水层</td></tr>
<tr><td>矿体顶底板有无承压含水层</td><td colspan="5">1 有承压含水层　2 无承压含水层</td></tr>
<tr><td>矿井开采是否受地表水体或洪水的威胁</td><td colspan="5">1 是　2 否</td></tr>
<tr><td>冲击地压（岩爆）危害</td><td colspan="5">1 无冲击地压　2 弱冲击地压　3 强冲击地压</td></tr>
<tr><td>矿区内影响生产与安全的断层数目</td><td colspan="5"></td></tr>
<tr><td>巷道围岩的稳定性</td><td colspan="5">1 围岩为比较稳定的坚硬砂岩或石灰岩等
2 围岩为中等稳定的砂岩、砂页岩或较坚硬页岩等
3 围岩为不稳定的煤、泥质页岩、炭质页岩等</td></tr>
<tr><td>井下柴油设备数量</td><td colspan="2"></td><td>井下油压设备数量</td><td colspan="2"></td></tr>
<tr><td>井下各种油类的存放地点及最大存放量</td><td colspan="4">油类名称和存放地点</td><td>数量(kg)</td></tr>
<tr><td colspan="6">带式输送机数量（部）：
有哪些防火措施（选择打√）：1 滚筒驱动带式输送机使用阻燃输送带　2 液力偶合器使用不燃性传动介质　3 输送机的机头前后两端20m范围内使用不燃性材料支护　4 配备灭火器材　5 设驱动滚筒防滑保护、堆煤保护、防跑偏装置　6 设温度保护、烟雾保护　7 其它措施（写出措施名称）</td></tr>
</table>

续表

<table>
<tr><td>地面消防水池容量</td><td>m³</td><td>井下消防水管长度</td><td>m</td></tr>
<tr><td colspan="4">井下有何种有害气体大量涌出</td></tr>
<tr><td colspan="2">矿井有无未熄灭的火区</td><td colspan="2">1 有　　2 无</td></tr>
<tr><td colspan="2">矿区内有无威胁矿井安全生产的塌陷区或有塌陷危险的区域</td><td colspan="2">1 有　　2 无</td></tr>
<tr><td colspan="2">是否是在建筑物下、水体下或铁路下开采</td><td colspan="2">1 是　　2 否</td></tr>
<tr><td colspan="2">矿井安全是否受其它小矿乱采乱掘的影响</td><td colspan="2">1 是　　2 否</td></tr>
<tr><td>近5年内伤亡事故</td><td colspan="3">起数：　　轻伤人数：　　重伤人数：　　死亡人数：</td></tr>
<tr><td rowspan="3">建矿以来曾发生重大事故（指造成3人以上死亡或全矿或部分区域停产）</td><td>水灾</td><td></td><td>火灾</td></tr>
<tr><td>大面积冒顶</td><td></td><td>坠罐或跑车</td></tr>
<tr><td colspan="3">其它（注明事故类型）：</td></tr>
<tr><td>主扇型号</td><td></td><td>数量</td><td></td></tr>
<tr><td>局扇型号</td><td></td><td>数量</td><td></td></tr>
<tr><td>主排水泵型号</td><td></td><td>数量</td><td></td></tr>
<tr><td>探放水设备型号</td><td></td><td>数量</td><td></td></tr>
<tr><td>绞车提升设备型号</td><td></td><td>数量</td><td></td></tr>
<tr><td>技术人员数</td><td colspan="3">高级：　　中级：　　初级：</td></tr>
<tr><td>电工人数</td><td></td><td>绞车司机人数</td><td></td><td>放炮员人数</td><td></td></tr>
<tr><td>采矿方法</td><td colspan="5"></td></tr>
<tr><td colspan="6">影响矿井安全生产的主要问题说明：（不少于三条内容）</td></tr>
<tr><td colspan="6">备注：</td></tr>
</table>

填表人：＿＿＿＿＿＿联系电话：＿＿＿＿＿＿填表日期：＿＿＿＿＿＿

表 2－9　尾矿库基本特征表

企业名称				主要负责人	
详细地址				联系电话	
上级主管				邮政编码	
建厂日期		从业人数		经济类型	
矿　种		固定资产	万元	年利润	万元
尾矿库名称					
地理位置					
尾矿库名称	1 山谷型　2 傍山型　3 河谷型　4 平底型　5 其它（写出名称）				
尾矿库等别	1 一等　2 二等　3 三等　4 四等　5 五等			全库容	万 m^3
坝高	m	设计总库容	万 m^3	设计总坝高	m
坝长	m	最小干滩长度	m^3	沉积干滩平均坡度	
尾矿库危害程度分类	1. 一类尾矿设施：一旦发生最大程度的溃坝事故，殃及居民区或重要建（构）筑物等，可能造成死亡 50 人以上或经济损失 1000 万元以上的； 2. 二类尾矿设施：一旦发生最大程度的溃坝事故，殃及居民区或重要建（构）筑物等，可能造成死亡 10 人以上至 50 人以下或经济损失 100 万元以上至 1000 万元以下的； 3. 三类尾矿设施：一旦发生最大程度的溃坝事故，殃及居民区或重要建（构）筑物等，可能造成死亡 10 人以下或经济损失 100 万元以下的。				
尾矿库安全分类	1 危库　2 险库　3 病库　4 正常库				
如果尾矿库失事是否会使下游重要城镇、工矿企业、重要铁路干线遭受严重灾害				坝址区地震基本烈度	
库区有无滑坡体			库区有无产生泥石流的条件		
库区是否处于岩溶或裂隙发育地区					
库区有无滥伐、滥垦、滥牧现象					
初期坝	坝型	1 透水坝　2 不透水坝			
		1 土坝　2 堆石坝　3 卵石坝　4 混合料坝　5 砌石坝　6 混凝土坝			
	坝高	m	坝长		m
堆坝方法	1 上游式　2 下游式　3 中线式　4 其他			堆高	m
尾矿分级设备型号				数量	
汇水面积	km^2	尾矿库防洪标准（洪水重现期）		初期	年
				中、后期	年
尾矿坝安全超高			尾矿库调洪库容		万 m^3
排洪系统的型式	1 井—管式　2 井—洞式　3 槽—管式　4 槽—洞式　5 溢洪道				
尾矿粒度 d_{cp}		mm	尾矿比重		t/m^3

续表

尾矿坝的观测项目	1 坝体水平位移　2 坝体沉降　3 坝体固结　4 坝体孔隙水压力　5 坝体浸润线　6 坝基扬压力　7 绕坝渗流　8 渗流量　9 渗流水水质　10 其它（写出具体项目名称）
尾矿库的尾矿浓缩分级、放矿筑坝、回水排水、防汛渡汛、抗震等工作概述	
如果是危库、险库或病库，对危险情况作出概述	
尾矿库曾出现的问题及采取的解决办法	
备注	

填表人：＿＿＿＿＿＿＿＿联系电话：＿＿＿＿＿＿＿＿＿＿＿＿填表日期：＿＿＿＿＿＿＿＿

表3　重大危险源周边环境基本情况表

<table>
<tr><td rowspan="7">危险源周边环境情况</td><td rowspan="7">周边地区情况</td><td>单位类型</td><td>数量(个)</td><td>单位名称</td><td>人数</td><td>与危险源最近距离</td></tr>
<tr><td>住宅区</td><td></td><td></td><td></td><td></td></tr>
<tr><td>生产单位</td><td></td><td></td><td></td><td></td></tr>
<tr><td>机关团体</td><td></td><td></td><td></td><td></td></tr>
<tr><td>公共场所</td><td></td><td></td><td></td><td></td></tr>
<tr><td>交通要道</td><td></td><td></td><td></td><td></td></tr>
<tr><td>其它</td><td></td><td></td><td></td><td></td></tr>
<tr><td rowspan="4">周边环境对危险源的影响</td><td colspan="2">类型</td><td>数量(个)</td><td colspan="3">简 要 说 明</td></tr>
<tr><td colspan="2">火源</td><td></td><td colspan="3"></td></tr>
<tr><td colspan="2">输配电装置</td><td></td><td colspan="3"></td></tr>
<tr><td colspan="2">其它</td><td></td><td colspan="3"></td></tr>
</table>

填表人:__________________ 联系电话:______________________________ 填表日期:______________

关于加强各级安全生产监督管理机构装备配置工作的通知

安监总规划字〔2005〕194 号

各省、自治区、直辖市及新疆生产建设兵团安全生产监督管理局：

为规范安全生产监管机构装备配置，加强各级安全生产监管机构能力建设，现就有关问题通知如下：

一、高度重视安全生产监管装备配置工作

1. 安全生产监督管理既是一项政策性很强的行政工作，又是一项技术性很强的执法工作。各级安全生产监管机构要切实加强领导，高度重视监管装备配置工作，结合各地区第十一个五年规划的编制，争取将安全生产监管专项设备配置项目纳入同级政府“十一五”规划当中，确保各级政府对安全生产监管装备的投入，切实加强安全生产监管能力建设。

2. 各省级安全生产监管部门要按照分级、属地原则，组织所属市、县安全生产监管机构，主动与当地政府发展改革部门和财政部门沟通与衔接，制定和落实省、市、县三级安全生产监管机构装备配置方案。

3. 各级安全生产监管机构要积极争取当地政府在每年财政预算中安排一定数量的专项资金，用于安全监管装备的配置、补充与更新；并在装备配置过程中，紧密结合本地区重点监管的行业和领域，有所侧重，提高监管装备配置的综合效益，为实现安全生产进一步好转创造条件。

二、装备配置的范围和原则

安全生产监管机构装备配置的范围，包括各省（区、市，新疆生产建设兵团）、市（地）、县（市）安全生产监管机构，装备配置重点为承担非煤矿山、危险化学品和烟花爆竹、职业危害等现场日常监督管理的业务处（科、股）室。

安全监管装备配备要遵循以下原则：

1. 根据安全生产监督管理职责，结合本地安全生产监管工作实际需要，突出重点监察领域，优先配置重点、急需装备。

2. 以现场监管监测装备为主，充分考虑多功能、便携（直读）、操作方便，满足现场在线监管与监测的需要。

3. 围绕省、市、县各级安全生产监管机构的职责与工作任务，针对各地安全生产监管工作的重点与特殊性，在统一配备标准的基础上，适当考虑差别配置。

4. 监管装备的功能和技术性能，要坚持适用与先进相结合，在满足监管机构执法工作需求的前提下，适当考虑功能与技术上的先进性。

三、装备配置的主要内容

依据上述原则，各级安全生产监管机构必须根据辖区内产业结构和主要事故灾害的特点及监管工作需求，配置监管装备。配置的主要内容，按照功能和用途分为：执法专用交通工具、现场监管监测专用设备、事故调查取证与分析演示设备、办公设备和个体防护装备与必备工具五大类。

各级安全生产监管机构专项设备基本配备标准详见附件。

四、加强安全监管装备的管理

各级安全生产监督管理机构对监管装备要逐步实现规范配置，统一标识，归口管理。具体包括：

1. 制定监管专项设备管理实施细则和各项管理制度。

2. 指定专人负责本单位监管专项装备的日常维修、保养、校验，保证专项设备的完好率和出动率。

3. 按照程序提出监管专项装备的配备、补充和更新申请，并根据国家有关规定和设备配置计划组织政府集中采购。

4. 按照国家固定资产管理的有关规定，建立监管专项设备台账，严格专项设备的报废报批制度，防止国有资产丢失和损坏。

五、其他

1. 本通知提出的《安全生产监管机构专项设备基本配置标准（试行）》系各级安全生产监管机构装备配置的基本标准，各地区、各级安全生产监管机构可根据当地实际情况，增配其他相关监察设备。

2. 各专用设备在具体选型时，要根据实际监管领域特点和工作需要，确定关键参数和性能。

3. 设有独立机构的乡（镇）级安全生产监督管理部门和已设立的各级安全生产监察执法队伍，可参照相应配置标准配备监管监测装备。

二〇〇五年十二月十三日

关于印发
《安全生产行政执法文书(式样)》的通知

安监总政法〔2006〕274 号

各省、自治区、直辖市及新疆生产建设兵团安全生产监督管理局：

为进一步规范安全生产行政执法行为，根据《安全生产法》和《行政处罚法》等有关法律、行政法规的规定，安全监管总局重新研究制定了《安全生产行政执法文书(式样)》，现印发给你们，请遵照执行，并就有关事项通知如下：

一、《安全生产行政执法文书(式样)》适用于除煤矿安全监察和海洋石油天然气安全监管以外的各类安全生产行政执法活动。

二、本执法文书由各省级安全监管局根据执法需要按式样自行印制。

三、请各单位加强执法培训工作，保证执法文书的正确使用。

四、本执法文书自 2007 年 1 月 1 日起使用，原国家安全生产监督管理局《关于印发〈安全生产监督检查行政执法文书〉(式样)的通知》(安监管政法字〔2002〕114 号)同时废止。

在使用执法文书中如遇到问题，请及时向安全监管总局报告。

附件：安全生产行政执法文书(式样)

二〇〇六年十二月二十六日

附件

安全生产行政执法文书(式样)

目　　录

立案审批表

(　　)安监管立字〔　　〕第(　　)号

案由＿＿＿＿＿＿＿＿＿＿＿＿＿＿＿＿＿＿＿＿＿＿

案件来源＿＿＿＿＿＿＿＿＿＿＿＿时间＿＿＿＿＿＿＿

案件名称＿＿＿＿＿＿＿＿＿＿＿＿＿＿＿＿＿＿＿＿

当事人＿＿＿＿＿＿＿＿＿＿＿＿＿电话＿＿＿＿＿＿＿

当事人基本情况＿＿＿＿＿＿＿＿＿＿＿＿＿＿＿＿＿＿

当事人地址＿＿＿＿＿＿＿＿＿＿＿邮政编码＿＿＿＿＿

<table>
<tr><td colspan="2">案件基本情况：</td></tr>
<tr><td colspan="2">承办人意见：
承办人(签名)：＿＿＿＿＿＿证号：＿＿＿＿＿＿
＿＿＿＿＿＿证号：＿＿＿＿＿＿
年　月　日</td></tr>
<tr><td>审核意见：

审核人(签名)：
年　月　日</td><td>审批意见：

审批人(签名)：
年　月　日</td></tr>
</table>

询问通知书

(　　)安监管询字〔　　〕第(　　)号

______________________________:

因____,请你于______年______月______日______时到______________________________接受询问调查,来时请携带下列证件材料(见打√处):

☐ 身份证

☐ 营业执照

☐ 法定代表人身份证明或者委托书

☐ ____

____

____

____

如无法按时前来,请及时联系。

安全生产监督管理部门地址:______________________________

联系人:____________________联系电话:______________________________

安全生产监督管理部门(公章)

年　　月　　日

本文书一式两份:一份由安全生产监督管理部门备案,一份交被询问人。

询问笔录

询问时间＿＿＿年＿＿月＿＿日＿＿时＿＿分至＿＿月＿＿日＿＿时＿＿分　第＿＿＿次询问

询问地点＿＿＿＿＿＿＿＿＿＿＿＿＿＿＿＿＿＿＿＿＿＿＿＿＿＿＿＿＿

被询问人姓名＿＿＿＿＿性别＿＿＿＿年龄＿＿＿＿身份证号＿＿＿＿＿＿＿＿＿＿

工作单位＿＿＿＿＿＿＿＿＿＿＿＿＿＿＿＿＿＿＿＿＿＿＿职务＿＿＿＿＿

住址＿＿＿＿＿＿＿＿＿＿＿＿＿＿＿＿＿＿＿＿＿＿＿＿＿电话＿＿＿＿＿

询问人＿＿＿＿＿＿＿单位及职务＿＿＿＿＿＿＿＿＿＿＿＿＿＿＿＿＿＿

记录人＿＿＿＿＿＿＿单位及职务＿＿＿＿＿＿＿＿＿＿＿＿＿＿＿＿＿＿

在场人＿＿＿＿＿＿＿＿＿＿＿＿＿＿＿＿＿＿＿＿＿＿＿＿＿＿＿＿＿＿

我们是＿＿＿＿＿＿安全生产监督管理局的执法人员＿＿＿＿＿、＿＿＿＿＿，证件号码为＿＿＿＿＿＿＿＿＿＿＿、＿＿＿＿＿＿＿＿＿＿，这是我们的证件（出示证件）。我们依法就＿＿＿＿＿＿＿＿＿＿＿＿＿＿＿＿＿＿＿＿＿＿＿＿＿＿的有关问题向您了解情况，您有如实回答问题的义务，也有陈述、申辩和申请回避的权利。您听清楚了吗？

询问记录：＿＿＿＿＿＿＿＿＿＿＿＿＿＿＿＿＿＿＿＿＿＿＿＿＿＿＿＿＿＿

询问人（签名）：　　　　　　　　　　　　　　记录人（签名）：

被询问人（签名）：　　　　　　　　　　　　　　年　　月　　日

共　页　第　页

续页

询问人(签名):　　　　　　　　　　　　　　　　　　　　　　记录人(签名):

被询问人(签名):　　　　　　　　　　　　　　　　　　　　　年　月　日

共　页　第　页

勘验笔录

(　　)安监管勘字〔　　〕第(　　)号

勘验时间＿＿年＿＿月＿＿日＿＿时＿＿分至＿＿月＿＿日＿＿时＿＿分

勘验场所＿＿＿＿＿＿＿＿天气情况＿＿＿＿

勘验人＿＿＿＿单位及职务＿＿＿＿

勘验人＿＿＿＿单位及职务＿＿＿＿

当事人＿＿＿＿单位及职务＿＿＿＿

当事人＿＿＿＿单位及职务＿＿＿＿

被邀请人＿＿＿＿单位及职务＿＿＿＿

记录人＿＿＿＿单位及职务＿＿＿＿

我们是＿＿＿＿安全生产监督管理局的执法人员＿＿＿＿、＿＿＿＿，证件号码为＿＿＿＿、＿＿＿＿，这是我们的证件(出示证件)。现依法进行勘验检查，请予以配合。

勘验情况：＿＿＿＿

勘验人(签名)：＿＿＿＿　　勘验人(签名)：＿＿＿＿

当事人(签名)：＿＿＿＿　　联系方式：＿＿＿＿

当事人(签名)：＿＿＿＿　　联系方式：＿＿＿＿

被邀请人(签名)：＿＿＿＿　　记录人(签名)：＿＿＿＿

本页填写不下的内容或需绘制勘验图的，可另附页。　　共　页　第　页

续页

勘验人(签名):______ 勘验人(签名):______

当事人(签名):______ 联系方式:______

当事人(签名):______ 联系方式:______

被邀请人(签名):______ 记录人(签名):______

本页填写不下的内容或需绘制勘验图的,可另附页。 共 页 第 页

抽样取证凭证

(　　)安监管抽字〔　　〕第(　　　)号

被抽样取证单位＿＿＿＿＿＿＿＿＿＿＿＿＿＿＿＿＿＿现场负责人＿＿＿＿＿＿

单位地址＿＿＿＿＿＿＿＿＿＿＿联系电话＿＿＿＿＿＿＿＿＿邮编＿＿＿＿＿＿

抽样取证时间＿＿＿＿年＿＿＿月＿＿＿日＿＿＿时＿＿＿分至＿＿＿月＿＿＿日＿＿＿时＿＿＿分

抽样地点＿＿＿＿＿＿＿＿＿＿＿＿＿＿＿＿＿＿＿＿＿＿＿＿＿＿＿＿＿＿＿＿

依据《中华人民共和国行政处罚法》第三十七条第二款规定,对被抽样取证单位的下列物品进行抽样取证。

序号	证据物品名称	规格及批号	数量

被抽样取证单位现场负责人(签名):＿＿＿＿＿＿＿＿＿＿

安全生产监管执法人员(签名):＿＿＿＿＿＿＿＿证号:＿＿＿＿＿＿＿＿

＿＿＿＿＿＿＿＿证号:＿＿＿＿＿＿＿＿

安全生产监督管理部门(公章)

年　　月　　日

本文书一式两份:一份由安全生产监督管理部门备案,一份交被抽样取证单位。

先行登记保存证据审批表

案件名称：

当事人 及基本情况	
案件基本情况	
证据名称及数量	
提请理由及依据	
保存方式	
承办人意见： 承办人（签名）： 年 月 日	
部门负责人意见： 负责人（签名）： 年 月 日	
机关负责人意见： 负责人（签名）： 年 月 日	

安全生产行政执法文书

先行登记保存证据通知书

(　　)安监管先保通字〔　　〕第(　　　)号

______________________:

你(单位)涉嫌______________________________________行为。为确保调查取证工作,依据《中华人民共和国行政处罚法》第三十七条第二款的规定,本行政机关决定对你(单位)的有关证据(证据名称、数量等详见附后清单)采取先行登记保存措施。

注意事项:

1. 对先行登记保存的证据,本行政机关将在七日内依法作出处理决定。请你(单位)于________年______月______日到____________________接受对先行登记保存证据的处理决定。

2. 对就地先行登记保存的证据,在本行政机关作出处理决定前,你(单位)负有妥善保管的义务,不得有短缺、灭失、损毁或擅自移动等改变证据物品的任何行为。

3. 请核对证据清单后,签字确认。

安全生产监督管理部门(公章)

年　　月　　日

被通知人或被通知单位负责人(签名):____________________

本文书一式两份:一份由安全生产监督管理部门备案,一份交被取证人(单位)。

先行登记保存证据清单

序号	证据名称	规格型号	产地	成色(品级)	单位	价格	数量	备注

上述物品经核无误。

物品所有人(签名):________________

承办人(签名):________________

承办人(签名):________________

年　月　日

安全生产行政执法文书

先行登记保存证据处理审批表

案件名称：____________________

当事人 及基本情况	
案件基本情况	
证据名称及数量	
提请理由及依据	

承办人意见：

承办人(签名)：　　　　　　年　　月　　日

部门负责人意见：

负责人(签名)：　　　　　　年　　月　　日

机关负责人意见：

负责人(签名)：　　　　　　年　　月　　日

安全生产行政执法文书

先行登记保存证据处理决定书

(　　)安监管先保处字〔　　〕第(　　)号

＿＿＿＿＿＿＿＿＿＿＿＿：

本机关于＿＿＿＿年＿＿＿月＿＿＿日对你(单位)的＿＿

等物品进行了先行登记保存[文号:(　　)安监管先保通字〔　　〕第(　　)号]。现依法对上述物品作出如下处理:＿＿＿。

安全生产监督管理部门(公章)

年　月　日

本文书一式两份:一份由安全生产监督管理部门备案,一份交被取证单位。

现场检查记录

被检查单位：____

地　址：____

法定代表人(负责人)：____________职务：____________联系电话：____________

检查场所：____

检查时间：______年______月______日______时______分至______月______日______时______分

我们是________安全生产监督管理局执法人员____________、____________，证件号码为____________、____________，这是我们的证件(出示证件)。现依法对你单位进行现场检查，请予以配合。

检查情况：____

检查人员(签名)：____________、____________

被检查单位现场负责人(签名)：____________

年　　月　　日

共　页　第　页

检查人员(签名):

被检查单位现场负责人(签名):

年　月　日

安全生产行政执法文书

责令改正指令书

(　　)安监管责改字〔　　〕第(　　)号

______________________________：

经查,你单位存在下列问题:

1. ______________________________

____

2. ______________________________

____

3. ______________________________

____

4. ______________________________

______________________________(此栏不够,可另附页)。

现责令你单位对上述第__________项问题立即整改;对第__________项问题于______年_____月_____日前整改完毕。逾期不整改的,依法给予行政处罚;由此造成事故的,依法追究有关人员的责任。

安全生产监管执法人员(签名):__________　证号:__________

__________　证号:__________

被检查单位负责人(签名):__________

安全生产监督管理部门(公章)

年　月　日

本文书一式两份:一份由安全生产监督管理部门备案,一份交被检查单位。　共　页　第　页

安全生产行政执法文书

整改复查意见书

(　　)安监管复查字〔　　〕第(　　)号

_______________________________：

本机关于________年______月______日作出了____的决定[(　　)安监管______字〔　　〕第(　　)号]，经对你单位整改情况进行复查，提出如下意见：

____

____

____

____

____

____

____

____

____。

被复查单位负责人(签名)：________________

安全生产监管执法人员(签名)：________________证号：________________

________________证号：________________

安全生产监督管理部门(公章)

年　　月　　日

本文书一式两份：一份由安全生产监督管理部门备案，一份交被复查单位。

安全生产行政执法文书

强制措施决定书

(　　)安监管强措字〔　　〕第(　　)号

______________________________:

我局在现场检查时,发现你单位(现场)存在下列问题:______________________________
____
____
____
____
____
____

以上存在的问题无法保障安全生产,依据______________________________________
____,
决定采取以下强制措施:____
____
____
____
____
____
____
____

安全生产监督管理部门(公章)

年　　月　　日

本文书一式两份:一份由安全生产监督管理部门备案,一份交被检查单位。

安全生产行政执法文书

鉴定委托书

(　　)安监管鉴字〔　　〕第(　　)号

______________________:

因调查有关安全生产违法案件的需要,本行政机关现委托你单位对下列物品进行鉴定。

物品名称	规格型号	数量	备注

鉴定要求:

____

____

____

____

请于　　年　　月　　日前向本行政机关提交鉴定结果。

安全生产监督管理部门(公章)

年　　月　　日

注:鉴定结果请提出具体鉴定报告书,并由鉴定人员签名或盖章,加盖公章。

安全生产行政执法文书

行政处罚告知书

(　　)安监管罚告字〔　　〕第(　　)号

________________:

经查,你(单位)有____的行为。

以上行为违反了____

的规定,依据____,

拟对你(单位)作出____

的行政处罚。

如对上述处罚有异议,根据《中华人民共和国行政处罚法》第三十一条和第三十二条的规定,你(单位)有权向________________安全生产监督管理部门进行陈述和申辩。

安全生产监督管理部门地址:____

联系人:________________联系电话:________________邮政编码:________________

安全生产监督管理部门(公章)

年　　月　　日

本文书一式两份:一份由安全生产监督管理部门备案,一份交被处罚当事人。

当事人陈述申辩笔录

时间:________年______月______日______时______分至______日______时______分

地点:____

陈述申辩人:______________________性别:________________职务:______________________

工作单位:____电话:______________________

联系地址:____邮编:______________________

承办人:____记录人:____________________

我们是______________安全生产监督管理局的执法人员__________、__________,证件号码为____________________、____________________,这是我们的证件(出示证件)。现对__________________________一案听取你(单位)的陈述申辩。

陈述申辩记录:____

____

____

____

____

____

____

____

____

____

____

____

____

____

____

____

陈述申辩人(签名):____________________

承办人(签名):________________________

记录人(签名):________________________

年　　月　　日

共　页　第　页

续页

陈述申辩人(签名):

承办人(签名):

记录人(签名):

年　月　日

本页不够,可另附页。　　　　共　页　第　页

听证告知书

(　　)安监管听告字〔　　〕第(　　)号

________________:

经查,你(单位)有____
____
____
____
____
____
____行为。
____

以上行为违反了____的规定,依据____,拟对你(单位)作出____的行政处罚。

根据《中华人民共和国行政处罚法》第四十二条的规定,你(单位)有要求举行听证的权利。如你(单位)要求举行听证,请在接到本告知书之日起3日内向__________安全生产监督管理部门提出书面听证申请。逾期不提出申请的,视为放弃听证权利。

特此告知。

安全生产监督管理部门地址:____

联系人:______________联系电话:______________邮政编码:______________

安全生产监督管理部门(公章)

年　　月　　日

本文书一式两份:一份由安全生产监督管理部门备案,一份交被处罚当事人。

听证会通知书

(　　)安监管听通字〔　　〕第(　　)号

____________________:

根据你(单位)申请,关于____一案,现定于________年________月________日________时________分在____________________________(公开、不公开)举行听证会议,请准时出席。

听证主持人姓名____________职务____________________________

听证员姓名____________职务________________________________

听证员姓名____________职务________________________________

书记员姓名____________职务________________________________

根据《中华人民共和国行政处罚法》第四十二条规定,你(单位)可以申请听证主持人回避。

注意事项如下:

1. 请事先准备相关证据,通知证人和委托代理人准时参加。

2. 委托代理人参加听证的,应当在听证会前向本行政机关提交授权委托书等有关证明。

3. 申请延期举行的,应当在举行听证会前向本行政机关提出,由本行政机关决定是否延期。

4. 不按时参加听证会且未事先说明理由的,视为放弃听证权利。

特此通知。

安全生产监督管理部门(公章)

年　　月　　日

安全生产监督管理部门地址:

邮政编码:

联系人:

联系电话:

本文书一式两份:一份由安全生产监督管理部门备案,一份交申请听证人。

听证笔录

案件名称______________________________

主持听证机关__________地点__________

听证时间____年____月____日____时____分至____年____月____日____时____分

主持人__________听证人__________书记员__________

调查人员__________证号__________调查人员__________证号__________

申请听证单位法定代表人姓名__________性别____年龄____

工作单位(职务)______________________________

委托代理人__________性别____年龄____工作单位(职务)__________

委托代理人__________性别____年龄____工作单位(职务)__________

第三人______________________________

其他参与人员______________________________

听证记录:______________________________

____

____

____

____

____

____

____

____

____

____

____

____

____

____

申请听证单位法定代表人或其委托代理人(签名):

主持人(签名):　　　　　　书记员(签名):

年　月　日

共　页　第　页

续页

申请听证单位法定代表人或其委托代理人(签名):

主持人(签名):　　　　　　　　书记员(签名):

年　　月　　日

本页不够,可另附页。　　　　　　　　　　共　页　第　页

安全生产行政执法文书

听证会报告书

(　　)安监管听报字〔　　〕第(　　)号

案件名称________________

<table>
<tr><td>主持人</td><td></td><td>听证员</td><td></td><td>书记员</td><td></td></tr>
<tr><td colspan="6">听证会基本情况摘要:(详见听证会笔录,笔录附后)</td></tr>
<tr><td>主持人
意见</td><td colspan="5">主持人(签名):
年　月　日</td></tr>
<tr><td>负责人
审核
意见</td><td colspan="5">负责人(签名):
年　月　日</td></tr>
</table>

安全生产行政执法文书

案件处理呈批表

(　　)安监管处呈字〔　　〕第(　　)号

案件名称：

<table>
<tr><td rowspan="5">当事人基本情况</td><td>被处罚单位</td><td></td><td>地址</td><td colspan="3"></td></tr>
<tr><td>法定代表人</td><td></td><td>职务</td><td></td><td>邮编</td><td></td></tr>
<tr><td>被处罚人</td><td></td><td>年龄</td><td></td><td>性别</td><td></td></tr>
<tr><td>所在单位</td><td></td><td>单位地址</td><td colspan="3"></td></tr>
<tr><td>家庭住址</td><td></td><td>联系电话</td><td></td><td>邮编</td><td></td></tr>
<tr><td>违法事实及处罚依据</td><td colspan="6"></td></tr>
<tr><td>当事人的申辩意见</td><td colspan="6"></td></tr>
<tr><td>承办人意见</td><td colspan="6">承办人(签名)：______ ______　　年　月　日</td></tr>
<tr><td>审核意见</td><td colspan="2">审核人(签名)：
年　月　日</td><td>审批意见</td><td colspan="3">审批人(签名)：
年　月　日</td></tr>
</table>

安全生产行政执法文书

行政处罚集体讨论记录

案件名称________________________________

讨论时间______年___月___日___时___分至______年___月___日___时___分

地点________________________________

主持人__________________汇报人__________________记录人__________________

出席人员姓名及职务：

____

____

____

____

讨论内容：________________________________

____

____

____

____

____

讨论记录：________________________________

____

____

____

____

____

____

____

____

____

____

____

____

____

结论性意见：________________________________

____

____

____

出席人员签名：________________________________

____

____

____

安全生产行政执法文书

行政(当场)处罚决定书(单位)

(　　)安监管罚当字〔　　〕第(　　)号

被处罚单位:________________

地　址:________________邮政编码:________

法定代表人(负责人):________职务:________联系电话________

违法事实及证据:________________

____

____

____

________________(此栏不够,可另附页)

以上事实违反了________________

的规定,依据________________的规定,决定

给予________________的行政处罚。

罚款的履行方式和期限(见打√处):

☐ 当场缴纳

☐ 自收到本决定书之日起 15 日内缴至________________,

账号________________,到期不缴每日按罚款数额的 3% 加处罚款。

如果不服本处罚决定,可以依法在 60 日内向________人民政府或者________申请行政复议,或者在三个月内依法向________人民法院提起行政诉讼,但本决定不停止执行,法律另有规定的除外。逾期不申请行政复议、不提起行政诉讼又不履行的,本机关将依法申请人民法院强制执行或者依照有关规定强制执行。

安全生产监管执法人员(签名):________、________

当事人或委托代理人(签名):________

安全生产监督管理部门(公章)

年　　月　　日

本文书一式两份:一份由安全生产监督管理部门备案,一份交被处罚单位。

行政(当场)处罚决定书(个人)

(　　)安监管罚当字〔　　〕第(　　)号

被处罚人:________性别:______年龄:______身份证号:____________

家庭住址:________________所在单位:________________

职务:______单位地址:____________联系电话:____________

违法事实及证据:____

____

____

____

____

____(此栏不够,可另附页)

以上事实违反了____

的规定,依据____的规定,决定

给予____的行政处罚。

罚款的履行方式和期限(见打√处):

□ 当场缴纳

□ 自收到本决定书之日起 15 日内缴至________________________,账

号____________________,到期不缴每日按罚款数额的3%加处罚款。

如果不服本处罚决定,可以依法在60 日内向__________人民政府或者__________

______申请行政复议,或者在三个月内依法向__________人民法院提起行政诉讼,但本决定不停止执行,法律另有规定的除外。逾期不申请行政复议、不提起行政诉讼又不履行的,本机关将依法申请人民法院强制执行或者依照有关规定强制执行。

安全生产监管执法人员(签名):__________、__________

当事人或委托代理人(签名):__________

安全生产监督管理部门(公章)

年　　月　　日

本文书一式两份:一份由安全生产监督管理部门备案,一份交被处罚人。

行政处罚决定书(单位)

(　　)安监管罚字〔　　〕第(　　)号

被处罚单位:____

地　址:________________________________ 邮政编码:______________

法定代表人(负责人):______________职务:______________联系电话______________

违法事实及证据:____

____

____

____

____

____

____(此栏不够,可另附页)

以上事实违反了____

的规定,依据____的规定,决定给予

____的行政处罚。

处以罚款的,罚款自收到本决定书之日起15日内缴至______________________________,

账号______________________________,到期不缴每日按罚款数额的3%加处罚款。

如果不服本处罚决定,可以依法在60日内向______________人民政府或者______________

申请行政复议,或者在三个月内依法向______________人民法院提起行政诉讼,但本决定不停止执行,法律另有规定的除外。逾期不申请行政复议、不提起行政诉讼又不履行的,本机关将依法申请人民法院强制执行或者依照有关规定强制执行。

安全生产监督管理部门(公章)

年　　月　　日

本文书一式两份:一份由安全生产监督管理部门备案,一份交被处罚单位。

安全生产行政执法文书

行政处罚决定书(个人)

(　　)安监管罚字〔　　〕第(　　)号

被处罚人:＿＿＿＿＿＿性别:＿＿＿＿年龄:＿＿＿＿联系电话:＿＿＿＿＿＿＿＿

家庭住址:＿＿＿＿＿＿＿＿＿＿＿＿所在单位:＿＿＿＿＿＿＿＿＿＿＿＿

职务:＿＿＿＿＿单位地址:＿＿＿＿＿＿＿＿＿＿＿邮政编码:＿＿＿＿＿

违法事实及证据:＿＿＿＿＿＿＿＿＿＿＿＿＿＿＿＿＿＿＿＿＿＿＿＿＿＿

＿＿＿＿＿＿＿＿＿＿＿＿＿＿＿＿＿＿＿＿＿＿＿＿＿＿＿＿＿＿＿＿＿

＿＿＿＿＿＿＿＿＿＿＿＿＿＿＿＿＿＿＿＿＿＿＿＿＿＿＿＿＿＿＿＿＿

＿＿＿＿＿＿＿＿＿＿＿＿＿＿＿＿＿＿＿＿＿＿＿＿＿＿＿＿＿＿＿＿＿

＿＿＿＿＿＿＿＿＿＿＿＿＿＿＿＿＿＿＿＿＿＿＿＿＿＿＿＿＿＿＿＿＿

＿＿＿＿＿＿＿＿＿＿＿＿＿＿＿＿＿＿＿＿＿＿＿＿＿＿＿＿＿＿＿＿＿

＿＿＿＿＿＿＿＿＿＿＿＿＿＿＿＿＿＿＿＿＿＿＿＿＿＿＿(此栏不够,可另附页)

以上事实违反了＿＿＿＿＿＿＿＿＿＿＿＿＿＿＿＿＿＿＿＿＿＿＿＿＿＿

的规定,依据＿＿＿＿＿＿＿＿＿＿＿＿＿＿＿＿＿＿＿＿＿＿的规定,决定给予

＿＿＿＿＿＿＿＿＿＿＿＿＿＿＿＿＿＿＿＿＿＿＿＿＿＿＿＿的行政处罚。

处以罚款的,罚款自收到本决定书之日起15日内缴至＿＿＿＿＿＿＿＿＿＿＿＿,账号＿＿＿＿＿＿＿＿＿＿＿＿＿＿＿,到期不缴每日按罚款数额的3%加处罚款。

如果不服本处罚决定,可以依法在60日内向＿＿＿＿＿人民政府或者＿＿＿＿＿申请行政复议,或者在三个月内依法向＿＿＿＿＿人民法院提起行政诉讼,但本决定不停止执行,法律另有规定的除外。逾期不申请行政复议、不提起行政诉讼又不履行的,本机关将依法申请人民法院强制执行或者依照有关规定强制执行。

安全生产监督管理部门(公章)

年　　月　　日

本文书一式两份:一份由安全生产监督管理部门备案,一份交被处罚人。

罚款催缴通知书

(　　)安监管催字〔　　〕第(　　　)号

________________________________:

本机关于________年________月________日发出________________________号行政处罚决定书，要求你（单位）于________年________月________日前将罚款缴至________________________________。因你(单位)至今未履行该处罚决定，现要求你(单位)立即缴纳罚款，并根据《中华人民共和国行政处罚法》第五十一条第(一)项的规定，每日按罚款数额的3%加处罚款。加处的罚款由代收机构直接收缴。

安全生产监督管理部门(公章)

年　　月　　日

本文书一式两份：一份由安全生产监督管理部门备案，一份交被通知当事人。

安全生产行政执法文书

延期(分期)缴纳罚款审批表

<table>
<tr><td>案由</td><td colspan="3"></td></tr>
<tr><td>处罚决定书文号</td><td colspan="3"></td></tr>
<tr><td>当事人</td><td></td><td>地址</td><td></td></tr>
<tr><td>违法事实及处罚决定</td><td colspan="3"></td></tr>
<tr><td>当事人申请延期(分期)缴纳罚款的理由</td><td colspan="3"></td></tr>
<tr><td>承办人意见</td><td colspan="3">承办人(签名):________ ________
年 月 日</td></tr>
<tr><td>审核意见</td><td colspan="3">审核人(签名): 年 月 日</td></tr>
<tr><td>审批意见</td><td colspan="3">审批人(签名): 年 月 日</td></tr>
</table>

安全生产行政执法文书

延期(分期)缴纳罚款批准书

(　　)安监管缴批字〔　　〕第(　　　)号

____________________：

______年____月____日，本机关对你(单位)发出______________号《行政处罚决定书》，作出了对你(单位)罚款______________________________(大写)的决定，现根据你(单位)的申请，本机关依据《中华人民共和国行政处罚法》第五十二条的规定，同意你(单位)：

☐ 延期缴纳罚款。延长至______年____月____日(大写)止。

☐ 分期缴纳罚款。第____期至______年____月____日(大写)前，缴纳罚款____________元(大写)(每期均应当单独开具本文书)。此外，尚有未缴纳的罚款____________元(大写)。

代收机构以本批准书为据，办理收款手续。

逾期缴纳罚款的，依据《中华人民共和国行政处罚法》第五十一条第(一)项的规定，每日按罚款数额的3%加处罚款。加处的罚款由代收机构直接收缴。

安全生产监督管理部门(公章)

年　　月　　日

本文书一式两份：一份由安全生产监督管理部门备案，一份交申请人。

安全生产行政执法文书

文书送达回执

(　　)安监管回字〔　　〕第(　　　)号

案件名称：________________________________

受送达单位(个人)					
送达文书名称、文号	收件人签名或者盖章	送达地点	送达日期	送达方式	送达人
安全生产监督管理部门(公章)					
备注：					

注：1、一个案件各类文书的送达，统一使用一份送达回执。

2、各类文书送达参照民事诉讼法有关送达的规定执行。

3、他人代收的，由代收人在收件人栏内签名或者盖章，并在备注栏内注明与被送达人的关系；留置送达的，在备注栏说明情况，并由证明人签字。

强制执行申请书

(　　)安监管强执字〔　　〕第(　　　)号

____________人民法院：

本行政机关关于______年____月____日对被申请执行人____________作出了______________________________的行政处罚决定（文号：　　　　　　　　　　　　　　　），被申请执行人在法定的期限内未履行该行政处罚决定。根据《中华人民共和国行政处罚法》第五十一条的规定，特申请贵院强制执行。

附有关材料：

安全生产监督管理部门（公章）

年　　月　　日

联系人：　　　　　　　　　　联系电话：

结案审批表

(　　)安监管结字〔　　〕第(　　　)号

案件名称：________________________________

<table>
<tr><td rowspan="5">当事人基本情况</td><td>被处罚单位</td><td></td><td>地址</td><td colspan="3"></td></tr>
<tr><td>法定代表人</td><td></td><td>职务</td><td></td><td>邮编</td><td></td></tr>
<tr><td>被处罚人</td><td></td><td>年龄</td><td></td><td>性别</td><td></td></tr>
<tr><td>所在单位</td><td></td><td>单位地址</td><td colspan="3"></td></tr>
<tr><td>家庭住址</td><td></td><td>联系电话</td><td></td><td>邮编</td><td></td></tr>
<tr><td>处理结果</td><td colspan="6"></td></tr>
<tr><td>执行情况</td><td colspan="6">承办人（签名）：__________、__________　　年　月　日</td></tr>
<tr><td>审核意见</td><td colspan="2">审核人（签名）：
年　月　日</td><td>审批意见</td><td colspan="3">审批人（签名）：
年　月　日</td></tr>
</table>

案件移送审批表

案由	
当事人	
地址	
受移送机关	
案情简介	
移送理由	
承办人员 拟办意见	承办人(签名):______ ______ 年 月 日
部门负责人 审核意见	审核人(签名): 年 月 日
机关负责人 审批意见	审批人(签名): 年 月 日

案件移送书

(　　)安监管移字〔　　〕第(　　　)号

__________：

本机关于______年____月____日对______________________________一案立案调查，因在调查中发现____，故此案已超出本行政机关管辖范围，根据____的规定，移送你单位对该案件进一步审理，依法追究责任。审理结案后，请将处理结果函告我单位。

附该案件有关材料：____

共_____份_____页。

安全生产监督管理部门(公章)

年　　月　　日

本文书一式两份：一份由安全生产监督管理部门备案，一份交被移送单位。

______安全生产监督管理局

安全生产违法案件
案卷(首页)

(　　)安监管案字〔　　〕第(　　)号

案件名称:______

案由	
处理结果	

立案:____年__月__日

结案:____年__月__日

承办人:______ ______

归档日期:____年__月__日

归档号:______

保存期限:______

卷内目录

序号	文件名称及编号	日期	页号	备注

国家安全监管总局关于进一步加强中央石油企业安全监管工作的意见

安监总管一〔2009〕22号

各省、自治区、直辖市及新疆生产建设兵团安全生产监督管理局，各中央石油企业，海洋石油作业安全办公室各分部：

为进一步落实中央管理的石油天然气勘探开发企业（以下简称中央石油企业）安全生产主体责任和政府安全监管主体责任，促进中央石油企业安全生产形势持续稳定好转，根据有关法律法规规定和《国务院办公厅关于进一步加强矿山安全生产工作的紧急通知》（国办发明电〔2008〕35号）等有关文件精神，现就进一步加强中央石油企业安全监管工作提出以下意见：

一、要督促引导中央石油企业加强安全管理，进一步落实安全生产主体责任

市（地）级以上各级安全监管部门要认真履行职责，切实加强对中央石油企业的安全监管。要督促引导石油企业：建立以法定代表人负责制为核心的各级安全生产责任制，健全各级安全生产管理机构，配备必要的安全生产专职管理人员；建立健全安全生产的各项规章制度、作业规范和岗位技术操作规程，积极采用先进的安全管理方法和安全生产技术，加强和改进安全管理，推进安全质量标准化工作；探索建立安全生产长效机制，制定安全生产发展规划，把安全生产工作纳入企业发展战略和规划的整体布局之中，同步实施、同步发展；加强基层基础工作，抓好对全体职工的安全生产教育培训，企业主要负责人、安全管理人员必须依法经考核合格后方可任职，特种作业人员必须按照国家有关规定经专门的安全作业培训，取得特种作业操作资格证书后方可上岗作业；加强对企业重大危险源和安全生产薄弱环节的监控，对安全隐患和突出问题进行彻底整治；依法保证和加大安全投入，搞好安全生产技术改造，积极推进安全技术创新与进步，采用安全性能可靠的新技术、新工艺、新设备和新材料，不断改善安全生产条件，新建、改建、扩建石油天然气勘探开采工程项目的安全设施，必须与主体工程同时设计、同时施工、同时投入生产和使用，并依法申请、通过设计审查和竣工验收；加强应急管理工作，完善应急救援队伍、物资、技术等资源的配置和装备，分级、分层编制事故应急预案，并定期演练，一旦发生事故，要有力、有序、有效应对。同时，对每一起生产安全事故，要按照“四不放过”原则和“实事求是、依法依规、注重实效”的基本要求，查明事故性质和原因，严肃追究有关责任，认真吸取事故教训，举一反三，完善安全措施。

二、按照分级、属地管理原则，加强对中央石油企业陆上油气田的安全监管

对中央石油企业陆上油气田安全生产的监督管理工作，按照分级、属地的原则，由国家、省（区、市）、市（地）三级安全监管部门按照职责分工实施安全监管。

各省（区、市）安全监管部门在同级人民政府统一领导下，负责本行政区域内中央石油企业的地区分公司和子公司安全生产监督管理工作。依法监督检查地区分公司、子公司贯彻执行党和国家有关安全生产法律法规、规章、标准规范等情况；指导、协调、监督各市（地）安全监管部门履行石油企业安全监管职责情况；负责地区分公司、子公司及其所属生产单位安全生产许可证颁发管理工作和地区分公司、子公司及其所属生产单位的主要负责人和安全生产管理人员的培训工作，组织、指导、监督特种作业人员的培训工作；按照有关规定要求，负责建设项目安全设施设计审查和竣工验收工作；根据同级人民政府委托或者授权，组织重大生产安全事故的调查处理工作，参与或组织重大生产安全事故的应急救援工作。

各市（地）安全监管部门在同级人民政府统一领导下，负责行政区域内中央石油企业地区分公司、子公司下属生产经营单位的安全监督管理工作。依法监督检查生产经营单位安全生产条件、设备设施安全、劳动防护用品使用、作业场所职业卫生和安全生产教育培训等情况；依法监督检查地区分公司、子公司下属生产经营单位的应急救援预案编制及演练情况，协调行政区域内应急状态下人员疏散、撤离及救护等具体工作；根据同级人民政府委托或者授权，组织一般和较大生产安全事故的调查处理和事故结案工作，参与一般和较大生产安全事故的应急救援工作。

三、落实责任，加强对中央石油企业海上油气田的安全监管

国家安全监管总局负责中国海洋（包括海域、内湖，下同）石油作业安全生产监督管理工作，具体职责由海洋石油作业安全办公室（以下简称海油安办）履行。海油安办在中国海洋石油总公司设立海油分部，在中国石油天然气集团公司设立中油分部，在中国石油化工集团公司设立石化分部，各分部在业务上接受国家安全监管总局海油安办的领导。

海油安办各分部具体负责宣传贯彻海洋石油安全生产方针政策、法律法规、规章和标准规程。按照《海洋石油安全生产规定》（国家安全监管总局令第4号），负责辖区内海洋石油企业的安全监督管理工作，依法监督检查海洋石油企业安全生产条件、设备设施安全、劳动防护用品使用、作业场所职业卫生和安全生产教育培训等情况。负责辖区内海洋石油中介机构的日常监管工作。在海油安办的指导下，组织辖区内海洋石油企业主要负责人、安全管理人员和出海作业人员的安全资格培训和考核工作；组织协调辖区内除海洋石油新建油气田一期之外的建设项目生产设施的安全预评价备案、设计审查与安全竣工验收工作；负责辖区内海洋石油企业安全生产许可证申请材料的审核工作。按事故分级管理的原则，组织协调辖区内海洋石油一般和较大生产安全事故的调查处理工作，参与重大以上事故的调查处理，参与各类事故和险情的应急救援工作。完成海油安办交办的其他各项工作。

国家安全生产监督管理总局

二〇〇九年二月十一日

国家安全监管总局办公厅关于明确煤层气抽采企业安全监管监察职能的通知

安监总厅〔2010〕22 号

各产煤省、自治区、直辖市及新疆生产建设兵团安全生产监督管理局、煤炭行业管理和煤矿安全监管部门，各省级煤矿安全监察机构，司法部直属煤矿管理局，有关中央企业：

为做好煤层气抽采企业安全监管监察工作，经研究，决定明确煤层气抽采企业按煤矿企业实施安全监管监察。现将有关事宜通知如下：

一、各地煤矿安全监管部门负责煤层气抽采企业的安全监管工作；各级煤矿安全监察机构负责煤层气抽采企业的安全监察工作。

二、煤层气抽采企业依法申请领取煤矿企业安全生产许可证，不再申请领取非煤矿矿山企业安全生产许可证。煤层气抽采企业建设项目安全设施设计审查和竣工验收工作，由煤矿安全监察机构负责。

三、煤层气抽采企业一级加压站以外的煤层气输送、储存、使用等安全监管工作，按现有监管职责分工保持不变，继续由安全监管部门负责。

四、请地方各级安全监管部门和煤矿安全监管部门、各级煤矿安全监察机构做好相关职责衔接工作，并切实加强煤层气抽采的安全监管监察工作。

国家安全生产监督管理总局办公厅

二〇一〇年二月二十八日

国家安全监管总局关于废止242件安全生产规范性文件的通知

安监总政法〔2010〕135号

各省、自治区、直辖市及新疆生产建设兵团安全生产监督管理局，各省级煤矿安全监察机构：

为规范安全生产监管监察工作，维护法令统一和政令畅通，进一步推进依法行政，在全面清理的基础上，经国家安全监管总局局长办公会议审议通过，自2010年9月1日起废止《关于进一步加强建设项目（工程）劳动安全卫生预评价工作的通知》（安监管办字〔2001〕39号）等242件涉及安全生产的规范性文件，现予公布。

附件：废止的242件规范性文件目录

国家安全生产监督管理总局

二〇一〇年八月十一日

附件

废止的242件规范性文件目录

规划科技类		
序号	文 件 名	发文字号
1	关于进一步加强建设项目(工程)劳动安全卫生预评价工作的通知	安监管办字〔2001〕39号
2	国家安全生产监督管理局关于进一步加强劳动保护用品监督管理的通知	安监管技装字〔2001〕65号
3	印发《国家安全生产监管局、国家煤矿安全监察局关于加强安全生产科技管理工作的意见》的通知	安监管技装字〔2002〕11号
4	印发《国家安全生产监管局、国家煤矿安全监察局关于开展安全生产科技成果奖励工作的意见》的通知	安监管技装字〔2002〕18号
5	印发《关于加强安全评价机构管理规定》的通知	安监管技装字〔2002〕45号
6	关于印发《安全评价通则》的通知	安监管技装字〔2003〕37号
7	关于印发《安全预评价导则》的通知	安监管技装字〔2003〕77号
8	关于印发《安全验收评价导则》的通知	安监管技装字〔2003〕79号
9	关于印发《安全现状评价导则》的通知	安监管规划字〔2004〕36号
10	关于贯彻实施《安全评价机构管理规定》的通知	安监管司办字〔2004〕139号
11	国家安全监管总局办公厅关于开展劳动防护用品专项监督检查的紧急通知	安监总厅规划〔2007〕115号
12	劳动人事部、商业部、国家标准局关于颁发《劳动防护用品产品质量监督检验暂行管理办法》的通知	劳人护〔1982〕9号
13	劳动人事部等关于改革职工个人劳动防护用品发放标准和管理制度的通知	劳人护〔1984〕27号
14	劳动人事部关于试行《劳动部门参加矿山工程设计审查和竣工验收工作的暂行规定》的通知	劳人矿〔1985〕2号
15	劳动人事部关于颁发《特种劳动防护用品生产许可证实施细则》的通知	劳人护〔1988〕1号
16	特种劳动防护用品生产许可证实施细则补充规定	劳护许字〔1989〕1号
17	劳动防护产品生产许可证审查员管理暂行办法	劳部发〔1995〕261号
18	劳动部关于颁发《劳动防护用品质量监督检验机构管理办法》的通知	劳部发〔1995〕265号
19	劳动防护用品管理规定	劳部发〔1996〕138号
20	劳动部、国家技术监督局关于加强特种劳动防护用品质量管理的通知	劳部发〔1997〕55号
21	矿山安全卫生检测检验机构资格认证管理办法	劳部发〔1997〕317号
22	国家经济贸易委员会关于进一步加强劳动防护用品管理的通知	国经贸安全〔1999〕451号
23	关于对建设项目(工程)劳动安全卫生预评价单位进行资格认可的通知	国经贸安全〔1999〕500号
安全生产培训类		
24	乡镇矿山矿长安全资格审查暂行规定	劳矿字〔1989〕2号
25	厂长经理职业安全卫生管理资格认证规定	劳安字〔1990〕25号
26	劳动部办公厅关于电工作业人员安全技术考核问题的复函	劳办安字〔1991〕11号
27	劳动部关于颁发特种作业人员安全技术培训考核大纲的通知	劳安字〔1991〕33号
28	劳动部办公厅关于印发《乡镇非煤矿山安全技术培训大纲》(试行)的通知	劳办矿字〔1992〕19号
29	煤炭工业部关于印发《煤矿局、矿长安全培训考核发证的规定》的通知	煤办字〔1994〕第55号
30	煤炭工业部关于印发《煤矿职工安全技术培训规定》的通知	煤办字〔1994〕第72号
31	劳动部关于颁布《企业职工劳动安全卫生教育管理规定》的通知	劳部发〔1995〕405号
32	矿山特种作业人员安全操作资格考核规定	劳部发〔1996〕35号

续表

序号	文件名	发文字号
33	关于印发《矿山救护队指战员技术培训和考核发证的规定》的通知	煤安字〔1996〕第68号
34	国家经贸委办公厅关于特种作业人员培训考核发证职能的答复	国经贸厅安全〔2000〕第49号
35	劳动部关于印发《矿山安全监察员管理办法》的通知	劳部发〔1994〕500号
36	关于印发《煤矿安全培训机构及教师资格认证办法》的通知	煤安司人字〔2000〕第5号
37	关于切实加强煤炭企业安全生产技术培训的通知	煤安人字〔2000〕第18号
38	关于进一步做好特种作业人员IC卡操作证换发工作的通知	安监管人字〔2001〕第11号
39	关于印发《国家安全生产监察专员管理暂行办法》的通知	安监管人字〔2001〕33号
40	关于安全生产技术培训工作有关问题的通知	安监管人字〔2001〕第76号
41	关于生产经营单位主要负责人、安全生产管理人员及其他从业人员安全生产培训考核工作的意见	安监管人字〔2002〕123号
42	关于规范特种作业人员IC卡操作证管理工作的通知	安监管人字〔2002〕第12号
43	关于进一步做好安全生产培训机构资格申报及认定工作的通知	安监管人字〔2002〕第88号
44	关于煤炭企业主要经营管理者安全资格培训考核工作的实施意见	煤安监人字〔2002〕第64号
45	关于做好煤炭企业主要经营管理者安全资格证书发放工作的通知	煤安监司办字〔2002〕第19号
46	关于印发《危险化学品经营单位主要负责人和主管人员、安全管理人员培训大纲及考核标准(试行)》(试行)的通知	安监管人字〔2003〕31号
47	关于印发《金属非金属矿山主要负责人、安全生产管理人员培训大纲及考核标准(试行)》的通知	安监管人字〔2003〕85号
48	关于印发《危险化学品生产单位主要负责人、安全生产管理人员培训大纲及考核标准(试行)》的通知	安监管人字〔2003〕139号
49	关于印发生产经营单位主要负责人和安全生产管理人员安全资格证书样式的通知	安监管司办字〔2003〕4号
50	关于印发《烟花爆竹生产经营单位主要负责人、安全管理人员培训大纲及考核标准(试行)》的通知	安监管人字〔2004〕133号
51	关于成立国家安全生产监督管理局(国家煤矿安全监察局)培训工作指导委员会的通知	安监管司办字〔2003〕81号
52	关于印发一二级安全生产培训机构评估标准的通知	安监管司人函字〔2003〕4号
53	关于印发《煤矿主要负责人、安全生产管理人员培训大纲及考核标准》的通知	煤安监人字〔2003〕78号
54	关于进一步规范和加强特种作业操作证(IC卡)管理工作的通知	安监管人字〔2003〕168号
55	关于印发2004年《注册安全工程师执业资格考试大纲》的通知	安监管人字〔2004〕59号
56	关于印发《民用爆破器材生产经营单位主要负责人、安全生产管理人员培训大纲及考核标准(试行)》的通知	安监管人字〔2004〕60号
57	关于印发《安全评价人员考试管理办法(试行)》和《安全评价人员考试要点(试行)》的通知	安监管规划字〔2005〕4号
58	关于印发《安全评价人员资格登记管理规则》的通知	安监总规划字〔2005〕108号
59	关于印发2006年《注册安全工程师执业资格考试大纲》的通知	安监总厅培训〔2006〕60号
60	关于印发《2006年安全评价人员考试大纲》的通知	安监总规划〔2006〕23号
61	关于印发开展安全评价人员继续教育工作的通知	安监总规划〔2006〕76号
62	化学工业部关于加强对新入厂职工进行"三级安全教育"的要求	〔87〕化生字第1065号
	非煤矿山、石油行业安全监管类	
63	关于做好近期非煤矿山安全生产许可工作的紧急通知	安委办〔2006〕4号
64	关于进一步贯彻落实《矿山安全法》的通知	安监管管一字〔2001〕24号

续表

序号	文件名	发文字号
65	关于国家安全生产监督管理局负责备案的石油行业（不含石油化工、成品油管道）建设项目（工程）安全预评价报告审查、备案事项的通知	安监管司办字〔2003〕111 号
66	关于国家安全生产监督管理局负责备案的金属非金属矿山及相关行业建设项目（工程）安全预评价报告审查、备案的通知	安监管司办字〔2004〕4 号
67	关于海洋石油作业安全监督管理有关事项的通知	安监管海油字〔2004〕17 号
68	关于国家安全生产监督管理局负责备案的金属非金属及相关行业尾矿库安全预评价评审、备案的通知	安监管司办字〔2004〕46 号
69	关于中央管理的非煤矿矿山企业安全生产许可证颁发工作的函	安监管司管一函字〔2004〕53 号
70	关于贯彻落实《国务院关于进一步加强海洋管理工作若干问题的通知》有关工作的通知	安监管司海洋函字〔2004〕50 号
71	关于认真做好海洋石油天然气开采单位及生产设施安全生产许可证颁发工作的通知	安监管司海油函字〔2004〕58 号
72	关于《非煤矿矿山企业安全生产许可证实施办法》若干问题说明的通知	安监管管一字〔2004〕100 号
73	关于石油天然气企业安全生产许可证颁发工作的补充通知	安监管司办字〔2004〕150 号
74	关于印发非煤矿矿山企业安全生产许可证申请书等 13 种文书格式的通知	安监管管一字〔2004〕93 号
75	关于加强重大事故隐患安全监管工作的函	安监总司函管一字〔2005〕1 号
76	关于印发《金属非金属矿山安全质量标准化企业考评办法及标准（试行）》的通知	安监总管一字〔2005〕27 号
77	关于做好非煤矿矿山企业安全生产许可证颁发管理工作有关问题的通知	安监总厅字〔2005〕51 号
78	关于印发《海洋石油事故报告和调查处理指导意见》的通知	安监总海油字〔2005〕56 号
79	关于加强非煤矿矿山及石油、冶金、有色、建材等相关行业建设项目安全设施“三同时”工作的通知	安监总管一字〔2005〕67 号
80	关于加强非煤矿山及相关行业安全生产法规和标准宣传贯彻工作的通知	安监总管一字〔2005〕166 号
81	关于非煤矿山企业未申请安全生产许可证有关问题的紧急通知	安监总厅字〔2005〕184 号
82	关于调整石油天然气管道储运单位安全生产许可证颁发管理有关事项的通知	安监总厅字〔2005〕84 号
83	关于海洋石油生产设施设计审查与安全竣工验收有关事项的通知	安监总海油函〔2006〕195 号
84	关于在金属非金属矿山推广相关适用安全生产技术的通知	安监总管一〔2006〕246 号
85	关于做好金属非金属矿山安全标准化企业考评工作的通知	安监总厅管一〔2006〕96 号
86	国家安全监管总局关于全国金属非金属地下矿山机械通风专项治理工作进展情况的通报	安监总管一〔2007〕122 号
87	关于中联煤层气有限责任公司安全生产许可有关问题的函	安监总厅管一函〔2007〕171 号
88	国家安全监管总局关于加强尾矿库汛期安全监管工作的通知	安监总管一〔2007〕145 号
89	国家安全监管总局关于认真组织开展《金属非金属矿山安全标准化规范》实施工作的通知	安监总管一〔2007〕135 号
90	国家安全监管总局办公厅关于做好金属非金属矿山安全标准化考评工作的通知	安监总厅管一〔2008〕30 号
91	海上油（气）田生产设施作业许可办法	〔88〕能源海油字 1 号
92	海洋石油铺管船作业认可办法	〔88〕海油安字 4 号
93	海洋石油物探船作业认可办法	〔88〕海油安字 3 号
94	海洋石油作业放射性及爆炸物质安全管理规则	能源部海洋石油安全办
95	海洋石油作业井控要求	能源部海洋石油安全办
96	海洋石油作业硫化氢防护安全要求	能源部海洋石油安全办

续表

序号	文件名	发文字号
97	海洋石油作业守护船安全管理规则	能源部海洋石油安全办
98	海洋移动式钻井(平台)作业许可办法	〔88〕能源海油字1号
99	矿山建设工程安全监督实施办法	劳部发〔1994〕502号
100	劳动部关于颁布《矿山安全监察规则》的通知	劳部发〔1995〕398号
101	海上移动钻井平台和油(气)生产设施的经理和特种作业人员的资格要求	能源部海洋石油安全办
102	海上移动钻井平台和油(气)生产设施电气安全管理规则	能源部海洋石油安全办
103	劳动部关于颁布《尾矿库设施监督管理办法(试行)》的通知	劳部发〔1995〕186号
	危险化学品、化工、医药、烟花爆竹行业安全监管类	
104	关于国家安全生产监督管理局负责备案的化工建设项目(工程)安全预评价报告审查、备案的通知	安监管司办字〔2004〕58号
105	关于印发《危险化学品包装物、容器定点企业生产条件评价导则(试行)》的通知	安监管危化字〔2004〕122号
106	关于印发《烟花爆竹生产企业安全评价导则(试行)》的通知	安监管危化字〔2004〕71号
107	关于进一步规范危险化学品包装物容器生产企业定点工作的通知	安监总厅危化〔2006〕14号
108	关于开展禁止违规使用氯酸钾生产烟花爆竹专项治理工作的通知	安监总危化〔2006〕154号
109	关于印发《烟花爆竹经营企业安全评价细则(试行)》的通知	安监总危化〔2006〕225号
110	国家安全监管总局关于进一步开展氯酸钾专项治理工作的通知	安监总危化〔2007〕76号
111	关于开展危险化学品登记注册工作的通知	国经贸安全〔1999〕1039号
112	劳动部、国家计委、轻工业部、农业部关于颁布《烟花爆竹安全生产管理暂行办法》的通知	劳安字(1988)2号
113	商业、供销社系统烟花爆竹安全经营管理暂行规定	(92)商土联字第107号
114	搞好安全生产的必须和禁令	〔82〕化生字第842号
115	加强化工企业安全生产的八条规定	〔83〕化生字第0154号
116	关于“易燃”、“易爆”场所禁止穿戴化纤织物的通知	〔84〕化生司字第18号
117	光气及光气化产品生产安全暂行规定	〔86〕化生字第803号
118	关于生产工艺线、置换、吹扫管线、生活用线不准互相串联的通知	〔86〕化生字第369号
119	化工企业高处作业安全管理规定	〔87〕化生字第671号
120	化工企业有关安全生产的基本规程	〔87〕化生字第1064号
121	关于加强化工企业安全工作的通知	〔88〕化生字第220号
122	化机企业安全生产工作暂行规定	〔88〕化装字第140号
123	关于实行化学危险物品经营许可证制度意见的函	〔89〕化供字第785号
124	关于在化工企业开展创建安全合格班组活动的决定	〔96〕化督发726号
	冶金、有色、建材、机械、轻工等行业安全监管类	
125	冶金企业伤亡事故管理办法	冶生字〔1994〕239号
126	冶金标准管理办法	1994.9.9
127	冶金勘察设计资质管理办法	1997.3.14
128	炼铁安全规程	〔84〕冶安字1号
129	炼钢安全规程	〔85〕冶安字565号
130	轧钢安全规程	〔87〕冶安环字805号
131	建材工业劳动保护工作暂行条例	〔86〕建材生字82号
132	建材工业职工伤亡事故管理办法	建材生管字〔1992〕606号
133	乙炔发生器安全管理规程	〔85〕机生字60号

续表

序号	文件名	发文字号
134	安全生产工作规定	机委质〔1987〕178号
135	伤亡事故管理办法	机委质〔1987〕178号
136	机械工厂安全性评价标准(试行)	机委质〔1987〕178号
137	轻工劳动保护条例(试行)	〔80〕轻劳字17号
138	制革、皮鞋、毛皮皮件安全生产管理规定(试行)	〔88〕轻皮文字11号
139	造纸企业安全生产管理规定	〔90〕轻纸字1号
140	纺织工业部关于纺织系统开展“三无”企业活动的通知	纺生〔1992〕41号
141	烟草行业安全管理规定暂行条例	中烟计〔1988〕167号
142	第一机械工业部起重机安全管理规程	〔82〕一机生字40号
143	冲压安全管理规程	机生字〔1985〕60A
144	国家经委、财政部、国家物资总局、纺织部、轻工部关于切实解决轻纺企业安全生产和劳动保护中的问题的通知	〔81〕纺生字第13号
	职业健康类	
145	矿山安全卫生监察技术中心管理办法(试行)	劳矿字〔1990〕3号
146	劳动部关于生产性建设工程项目职业安全卫生监察的暂行规定	劳字〔1988〕48号
147	劳动部关于印发《矿山呼吸性粉尘危害程度分级实施方案》的通知	劳矿字〔1993〕3号
148	冶金工业预防粉尘危害和尘肺健康管理工作实施细则	〔89〕冶安环字605号
149	冶金企业尘肺病人分级与管理规程	冶安环字〔1992〕164号
150	工业卫生管理规定	机电质〔1989〕1127号
151	电子工业工业卫生与职业病管理暂行条例	〔85〕电生字1167号
152	电子工业安全卫生条例	〔86〕电生字270号
153	尘毒监测规范	中色安字〔92〕0625号
154	化工系统健康监护管理办法	〔1988〕化生字第598号
155	化学矿山工业卫生管理规定	〔1991〕化矿字第220号
156	石油工业部有毒有害作业场所监测与统计办法(试行)	〔87〕油劳字第337号
	煤矿安全生产监察类	
157	关于转发《国家安全生产监督管理局、国家煤矿安全监察局关于做好煤矿安全生产专项整治验收工作的意见》的通知	安委办字〔2001〕6号
158	关于印发《小煤矿安全生产基本条件》的通知	安委办字〔2002〕6号
159	关于印发《深化煤矿安全专项整治实施方案》的通知	安委办字〔2002〕3号
160	关于继续深化煤矿安全专项整治工作的意见	安委办字〔2003〕4号
161	关于印发《2004年深化煤矿安全生产专项整治方案》的通知	安委办字〔2004〕13号
162	关于推进乡镇煤矿安全质量标准化建设的意见	安委办字〔2004〕6号
163	关于加强煤矿安全供电工作的通知	安委办字〔2004〕7号
164	关于加强煤矿瓦斯治理督导工作的通知	安委办字〔2005〕4号
165	关于煤矿整顿关闭和安全生产许可证颁发工作有关问题的通知	安委办字〔2005〕55号
166	乡镇煤矿矿井安全生产条件合格证实施办法	劳矿字〔1990〕13号
167	关于发布煤矿矿山救护工作暂行规定的通知	煤安安监字〔2000〕第17号
168	关于印发《国家煤炭工业局重要工业品进口管理工作暂行规定》的通知	煤司办字〔2000〕42号
169	关于印发煤矿安全监察执法文书样式的通知	煤安政法字〔2000〕第46号
170	关于煤矿职工伤亡事故报告和调查处理暂行规定的通知	煤安安监字〔2000〕第10号
171	关于特大事故(含未遂事故)调查处理等有关工作职责分工的通知	安监总厅字〔2005〕82号

续表

序号	文 件 名	发文字号
172	关于发布《煤矿安全监察行政处罚暂行办法》的通知	煤安政法字〔2000〕第50号
173	关于发布《煤矿安全监察员管理暂行办法》的通知	煤安政法字〔2000〕第51号
174	关于发布《煤矿矿用产品安全标志管理暂行办法》的通知	煤安监政法字〔2000〕108号
175	关于发布《煤矿建设工程安全设施设计审查与竣工验收暂行办法》的通知	煤安监政法字〔2001〕第14号
176	关于发布《煤矿安全监察行政复议暂行规定》的通知	煤安监政法字〔2001〕23号
177	关于下发《煤矿安全监察行政执法手册》的通知	煤安司办字〔2001〕31号
178	关于印发《煤矿安全生产整治实施方案》的通知	安监管办字〔2001〕32号
179	关于发布《煤矿安全监察程序暂行规定》的通知	煤安监政法字〔2001〕35号
180	关于印发煤矿安全监察执法文书样式(第二批)的通知	煤安监政法字〔2001〕37号
181	印发《关于建设和完善执法机制,加强煤矿安全监察执法,推动煤矿安全专项整治的意见》的通知	煤安监政法字〔2001〕38号
182	关于发布《煤矿初步设计安全专篇编制内容(试行)》的通知	煤安监监一字〔2001〕52号
183	关于发布《煤矿安全监察罚款管理暂行办法》的通知	煤安监财字〔2001〕57号
184	关于发布《煤矿安全规程》的通知	煤安监政法字〔2001〕80号
185	关于印发煤矿安全监察执法文书样式(第三批)的通知	煤安监政法字〔2002〕29号
186	关于印发《国有大矿"一通三防"专项监察工作方案》的通知	煤安监监一字〔2002〕73号
187	关于实施国有大矿瓦斯防治重点监控的意见	煤安监监一字〔2002〕80号
188	关于颁布《煤矿建设工程安全设施设计审查与竣工验收程序》、《煤矿建设工程安全设施设计审查标准》、《煤矿建设工程安全设施竣工验收标准》的通知	煤安监监一字〔2002〕35号
189	关于办理煤矿安全生产许可证有关问题的通知	安监总煤矿字〔2005〕171号
190	关于印发《煤矿事故调查报告基本内容及格式》(试行)的通知	煤安司办字〔2003〕39号
191	印发《关于开展煤矿安全程度评估工作的指导意见》的通知	煤安监办字〔2003〕24号
192	关于国有重点煤矿建立职业安全健康管理体系试点工作的通知	煤安监监一字〔2003〕61号
193	关于印发《煤矿通风能力核定办法(试行)》的通知	安监总煤矿字〔2005〕42号
194	关于全国煤矿数字化瓦斯远程监控系统推广工作有关情况的通报	安监总煤矿字〔2005〕189号
195	关于督促落实煤矿安全改造和瓦斯治理与利用示范工程项目的通知	安监总厅煤矿〔2006〕147号
196	加强煤矿防尘工作消除粉尘危害	煤炭部安全指令〔1981〕第5号
197	建立安全办公会议制度	煤炭部安全指令〔1981〕第3号
198	煤炭部关于颁发《煤矿安全装备基本要求》(试行)的通知	〔83〕煤技字第1029号
199	地质矿产部实施《矿山安全条例》试行细则	地劳〔1984〕166号
200	劳动部关于采取措施控制瓦斯爆炸措施的通知	劳矿字〔1989〕7号
201	劳动部关于开展控制矿山瓦斯、淹井、塌方特大恶性事故技术检验工作的通知	劳矿字〔1989〕8号
202	关于加强煤炭行业矿山救护工作的决定	煤安字〔1994〕427号
203	煤炭工业部安全监督员管理暂行规定	煤安字〔1994〕591号
204	矿井瓦斯抽放管理规定	煤安字〔1997〕189号
205	煤炭工业部关于加强"一通三防"管理工作的通知	煤安字〔1997〕587号
206	煤炭工业部、国家经贸委、劳动部、地质矿产部、监察部、全国总工会关于依法整顿煤炭生产秩序的通知	煤办字〔1997〕285号
207	关于印发《原煤炭工业部所属档案保存办法》的通知	煤司办字〔1999〕186号
208	煤炭工业安全监察暂行规定	煤安字〔1995〕165号
209	乡镇露天矿安全生产规定	劳人矿〔1988〕2号
210	关于对各级安全生产第一责任者的几项规定	煤炭部安全指令〔1987〕第8号

续表

序号	文件名	发文字号
211	关于矿井区队、班组长安全职责的指令	煤炭部安全指令〔1987〕第10号
212	劳动部、农业部、公安部、国家建材局关于颁发《乡镇露天矿场爆破安全规程》的通知	劳矿字〔1989〕6号
213	劳动部关于颁发《漏电保护器安全监察规定》的通知	劳安字〔1990〕16号
214	劳动部煤炭部等六部门关于加强乡镇煤矿安全工作的通知	劳部发〔1997〕43号
215	重大事故隐患管理规定	劳部发〔1995〕322号
216	劳动部关于印发《＜特别重大事故调查程序暂行规定＞有关条文解释》的通知	劳安字〔1990〕9号
217	劳动部关于《企业职工伤亡事故报告和处理规定》有关问题的解释	劳安字〔1991〕第23号
218	关于特别重大事故调查处理和批复工作有关问题的通知	国经贸安全〔1999〕5号
219	关于贯彻国务院国发〔1993〕2号文件进一步清理整顿小煤矿的通知	1993年9月30日煤办字第252号文
220	国有重点煤矿生产矿井质量标准化安全创水平标准及考核评级办法	1994年5月25日煤生字第231号文发布
221	防治煤与瓦斯突出细则	煤安字〔1995〕第30号
222	关于加强“一通三防”管理工作的通知	煤安字〔1997〕第587号
223	国有重点煤矿事故隐患排查制度(试行)	煤安字〔1995〕第180号
224	矿井通风安全监测装置使用管理规定(简介)	煤安字〔1995〕第562号
225	关于加强煤矿用阻燃输送带管理的通知	煤办字〔1993〕第200号
226	关于严禁非阻燃皮带和电缆下井的通知	煤安字(1996)第45号
227	关于国有重点煤矿高、突矿井必须使用三级煤矿许用含水炸药的通知	煤安字〔1997〕第233号
228	劳动部关于颁发《建设项目(工程)职业安全卫生设施和技术措施验收办法》的通知	劳安字〔1992〕1号
229	关于加强煤矿入井人员检身工作的通知	煤安字〔1994〕89号
230	国务院办公厅关于切实加强安全生产工作有关问题的紧急通知	国办发明电〔2000〕17号
231	关于颁发《矿井水地质规程》(试行)的通知	〔84〕煤生字第550号
232	关于颁发《煤矿防治水工作条例》的通知	〔86〕煤生字第629号
	应急救援类	
233	关于建立国家安全生产应急救援联络员制度的通知	安委办〔2006〕20号
234	关于印发《国家安全生产事故灾难应急救援联络员工作办法》的通知	安委办函〔2006〕58号
235	关于加强安全生产事故应急预案监督管理工作的通知	安委办字〔2005〕48号
236	关于建立和完善矿山救援工作报告制度的通知	安监管救字〔2004〕3号
237	关于做好重特大生产安全事故现场督导工作的通知	安监总协调字〔2005〕201号
238	关于进一步做好安全生产领域防震减灾工作的通知	安监总应急〔2007〕71号
239	关于印发自然灾害预警信息处置工作程序的通知	安监总厅应急〔2007〕156号
240	关于加强安全生产领域危险物品和重要设施安全监管工作的紧急通知	安监总应急〔2008〕96号
241	关于进一步加强自然灾害预警工作的通知	安监总应急〔2008〕115号
	综合监管方面	
242	关于进一步加强爆炸物品运输安全管理的通知	国经贸安全〔1999〕363号

国家安全监管总局关于进一步加强企业安全生产规范化建设严格落实企业安全生产主体责任的指导意见

安监总办〔2010〕139 号

各省、自治区、直辖市及新疆生产建设兵团安全生产监督管理局，各省级煤矿安全监察机构，各中央企业：

近年来，随着企业安全生产保障能力不断增强，生产安全事故逐年减少，全国安全生产状况总体稳定、趋于好转。但是，一些企业安全生产主体责任不落实、管理机构不健全、管理制度不完善、基础工作不扎实、安全管理不到位等问题仍然比较突出，生产安全事故总量仍然很大，重特大事故多发频发，安全生产形势依然十分严峻。为认真贯彻落实《国务院关于进一步加强企业安全生产工作的通知》（国发〔2010〕23 号）精神，进一步加强企业安全生产规范化建设，严格落实企业安全生产主体责任，提高企业安全生产管理水平，实现全国安全生产状况持续稳定好转，提出以下指导意见：

一、总体要求

深入贯彻落实科学发展观，坚持安全发展理念，指导督促企业完善安全生产责任体系，建立健全安全生产管理制度，加大安全基础投入，加强教育培训，推进企业全员、全过程、全方位安全管理，全面实施安全生产标准化，夯实安全生产基层基础工作，提升安全生产管理工作的规范化、科学化水平，有效遏制重特大事故发生，为实现安全生产提供基础保障。

二、健全和完善责任体系

（一）落实企业法定代表人安全生产第一责任人的责任。法定代表人要依法确保安全投入、管理、装备、培训等措施落实到位，确保企业具备安全生产基本条件。

（二）明确企业各级管理人员的安全生产责任。企业分管安全生产的负责人协助主要负责人履行安全生产管理职责，其他负责人对各自分管业务范围内的安全生产负领导责任。企业安全生产管理机构及其人员对本单位安全生产实施综合管理；企业各级管理人员对分管业务范围的安全生产工作负责。

（三）健全企业安全生产责任体系。责任体系应涵盖本单位各部门、各层级和生产各环节，明确有关协作、合作单位责任，并签订安全责任书。要做好相关单位和各个环节安全管理责任的衔接，相互支持、互为保障，做到责任无盲区、管理无死角。

三、健全和完善管理体系

（一）加强企业安全生产工作的组织领导。企业及其下属单位应建立安全生产委员会或安全生产领导小组，负责组织、研究、部署本单位安全生产工作，专题研究重大安全生产事项，制订、实施加强和改进本单位安全生产工作的措施。

（二）依法设立安全管理机构并配齐专（兼）职安全生产管理人员。矿山、建筑施工单位和危险物品的生产、经营、储存单位及从业人员超过 300 人的企业，要设置安全生产管理专职机构或者配备专职安全生产管理人员。其他单位有条件的，应设置安全生产管理机构，或者配备专职或兼职的安全生产管理人员，或者委托注册安全工程师等具有相关专业技术资格的人员提供安全生产管理服务。

（三）提高企业安全生产标准化水平。企业要严格执行安全生产法律法规和行业规程标准，按照《企业安全生产标准化基本规范》（AQ/T 9006—2010）的要求，加大安全生产标准化建设投入，积极组织开展岗位达标、专业达标和企业达标的建设活动，并持续巩固达标成果，实现全面达标、本质达标和动态达标。

四、健全和完善基本制度

（一）安全生产例会制度。建立班组班前会、周安全生产活动日，车间周安全生产调度会，企业月安全生产办公会、季安全生产形势分析会、年度安全生产工作会等例会制度，定期研究、分析、布置安全生产工作。

（二）安全生产例检制度。建立班组班前、班中、班后安全生产检查（即“一班三检”）、重点对象和重点部位安全生产检查（即“点检”）、作业区域安全生产巡查（即“巡检”），车间周安全生产检查、月安全生产大检查，企业月安全生产检查、季安全生产大检查、复工复产前安全生产大检查等例检制度，对各类检查的频次、重点、内容提出要求。

（三）岗位安全生产责任制。以企业负责人为重点，逐级建立企业管理人员、职能部门、车间班组、各工种的岗位安全生产责任制，明确企业各层级、各岗位的安全生产职责，形成涵盖全员、全过程、全方位的责任体系。

（四）领导干部和管理人员现场带班制度。企业主要负责人、领导班子成员和生产经营管理人员要认真执行现场带班的规定，认真制订本企业领导成员带班制度，立足现场安全管理，加强对重点部位、关键环节的检查巡视，及时发现和解决问题，并据实做好交接。

（五）安全技术操作规程。分专业、分工艺制定安全技术操作规程，并当生产条件发生变化时及时重新组织审查或修订。对实施作业许可证管理的动火作业、受限空间作业、爆破作业、临时用电作业、高空作业等危险性作业，要制定专项安全技术措施，并严格审批监督。企业员工应当熟知并严格执行安全技术操作规程。

（六）作业场所职业安全卫生健康管理制度。积极开展职业健康安全管理体系认证。依照国家有关法律法规及规章标准，完善现场职业安全健康设施、设备和手段。为员工配备合格的职业安全卫生健康防护用品，督促员工正确佩戴和使用，并对接触有毒有害物质的作业人员进行定期的健康检查。

（七）隐患排查治理制度。建立安全生产隐患全员排查、登记报告、分级治理、动态分析、整改销号制度。对排查出的隐患实施登记管理，按照分类分级治理原则，逐一落实整改方案、责任人员、整改资金、整改期限和应急预案。建立隐患整改评价制度，定期分析、评估隐患治理情况，不断完善隐患治理工作机制。建立隐患举报奖励制度，鼓励员工发现和举报事故隐患。

（八）安全生产责任考核制度。完善企业绩效工资制度，加大安全生产挂钩比重。建立以岗位安全绩效考核为重点，以落实岗位安全责任为主线，以杜绝岗位安全责任事故为目标的全员安全生产责任考核办法，加大安全生产责任在员工绩效工资、晋级、评先评优等考核中的权重，重大责任事项实行“一票否决”。

（九）高危行业（领域）员工风险抵押金制度。根据各行业（领域）特点，推广企业内部全员安全风险抵押金制度，加大奖惩兑现力度，充分调动全员安全生产的积极性和主动性。

（十）民主管理监督制度。企业安全生产基本条件、安全生产目标、重大隐患治理、安全生产投入、安全生产形势等情况应以适当方式向员工公开，接受员工监督。充分发挥班组安全管理监督作用。保障工会依法组织员工参加本单位安全生产工作的民主管理和民主监督，维护员工安全生产的合法权益。

（十一）安全生产承诺制度。企业就遵守安全生产法律法规、执行安全生产规章制度、保证安全生产投入、持续具备安全生产条件等签订安全生产承诺书，向企业员工及社会作出公开承诺，自觉接受监督。同时，员工就履行岗位安全责任向企业作出承诺。

各类企业均要建立以上基本制度，同时要依照国家有关法律法规及规章标准规定，结合本单位实际，建立健全适合本单位特点的安全生产规章制度。

五、加大安全投入

（一）及时足额提取并切实管好用好安全费用。煤矿、非煤矿山、建筑施工、危险化学品、烟花爆竹、道路交通运输等高危行业（领域）企业必须落实提取安全费用税前列支政策。其他行业（领域）的企业要根据本地区有关政策规定提足用好安全费用。安全费用必须专项用于安全防护设备设施、应急救援器材装备、安全生产检查评价、事故隐患评估整改和监控、安全技能培训和应急演练等与安全生产直接相关的投入。

（二）确保安全设施投入。严格落实企业建设项目安全设施“三同时”制度，新建、改建、扩建工程项目的安全设施投资应纳入项目建设概算，安全设施与建设项目主体工程同时设计、同时施工、同时投入生产和使用。高危行业（领域）建设项目要依法进行安全评价。

（三）加大安全科技投入。坚持“科技兴安”战略。健全安全管理工作技术保障体系，强化企业技术管理机构的安全职能，按规定配备安全技术人员。切实落实企业负责人安全生产技术管理负责制，针对影响和制约本单位安全生产的技术问题开展科研攻关，鼓励员工进行技术革新，积极推广应用先进适用的新技术、新工艺、新装备和新材料，提高企业本质安全水平。

六、加强安全教育培训

（一）强化企业人员素质培训。落实校企合作办学、对口单招、订单式培养等政策，大力培养企业专业技术人才。有条件的高危行业企业可通过兴办职业学校培养技术人才。结合本企业安全生产特点，制订员工教育培训计划和实施方案，针对不同岗位人员落实培训时间、培训内容、培训机构、培训费用，提高员工安全生产素质。

（二）加强安全技能培训。企业安全生产管理人员必须按规定接受培训并取得相应资格证书。加强新进人员岗前培训工作，新员工上岗前、转岗员工换岗前要进行岗位操作技能培训，保证其具有本岗位安全操作、应急处置等知识和技能。特种作业人员必须取得特种作业操作资格证书方可上岗。

（三）强化风险防范教育。企业要推进安全生产法律法规的宣传贯彻，做到安全宣传教育日常化。要及时分析和掌握安全生产工作的规律和特点，定期开展安全生产技术方法、事故案例及安全警示教育，普及安全生产基本知识和风险防范知识，提高员工安全风险辨析与防范能力。

（四）深入开展安全文化建设。注重企业安全文化在安全生产工作中的作用，把先进的安全文化融入到企业管理思想、管理理念、管理模式和管理方法之中，努力建设安全诚信企业。

七、加强重大危险源和重大隐患的监控预警

（一）实行重大隐患挂牌督办。企业应当实行重大隐患挂牌督办制度，并及时将重大隐患现状、可能造成的危害、消除隐患的治理方案报告企业所在地相关政府有关部门。对政府有关部门挂牌督办的重大隐患，企业应按要求报告治理进展、治理结果等情况，切实落实企业重大隐患整改责任。

（二）加强重大危险源监控。企业应建立重大危险源辨识登记、安全评估、报告备案、监控整改、应急救援等工作机制和管理办法。设立重大危险源警示标志，并将本单位重大危险源及有关管理措施、应急预案等信息报告有关部门，并向相关单位、人员和周边群众公告。

（三）利用科学的方法加强预警预报。企业应定期进行安全生产风险分析，积极利用先进的技术和方法建立安全生产监测监控系统，进行有效的实时动态预警。遇重大危险源失控或重大安全隐患出现事故苗头时，应当立即预警预报，组织撤离人员、停止运行、加强监控，防止事故发生和事故损失扩大。

八、加强应急管理，提高事故处置能力

（一）加强应急管理。要针对重大危险源和可能突发的生产安全事故，制定相应的应急组织、应急队伍、应急预案、应急资源、应急培训教育、应急演练、应急救援等方案和应急管理办法，并注重与社会应急组织体系相衔接。加强应急预案演练，及时分析查找应急预案及其执行中存在的问题并有针对性地予以修改完善，防止因撤离不及时或救援不适当造成事故扩大。

（二）提高应急救援保障能力。煤矿、非煤矿山和危险化学品企业，应当依法建立专职或兼职人员组成的应急救援队伍；不具备单独建立专业应急救援队伍的小型企业，除建立兼职应急救援队伍外，还应当与邻近建有专业救援队伍的企业或单位签订救援协议，或者联合建立专业应急救援队伍。根据应急救援需要储备一定数量的应急物资，为应急救援队伍配备必要的应急救援器材、设备和装备。

（三）做好事故报告和处置工作。事故发生后，要按照规定的报告时限、报告内容、报告方式、报告对象等要求，及时、完整、客观地报告事故，不得瞒报、漏报、谎报、迟报。发生事故的企业主要负责人必须坚守岗位，立即启动事故应急救援预案，采取措施组织抢救，防止事故扩大，减少人员伤亡和财产损失。

(四)严肃事故调查处理。企业要认真组织或配合事故调查，妥善处理事故善后工作。对于事故调查报告提出的防范措施和整改意见，要认真吸取教训，按要求及时整改，并把落实情况及时报告有关部门。

各地区要根据本指导意见，结合本地区的实际，制定具体实施办法，进一步强化对企业安全生产规范化建设的指导、督促和检查，严格落实企业安全生产主体责任，促进全国安全生产形势实现根本好转。

国家安全生产监督管理总局

二〇一〇年八月二十日

国家安全监管总局关于进一步深化安全生产行政执法工作的意见

安监总政法〔2012〕157 号

各省、自治区、直辖市及新疆生产建设兵团安全生产监督管理局，各省级煤矿安全监察局：

为进一步深化安全生产行政执法工作，根据安全生产新形势新任务对执法工作提出的新要求以及有关法律法规和国务院规定，现提出如下意见：

一、强化执法意识，明确任务目标

（一）进一步提高对安全生产行政执法工作的认识。安全生产行政执法是指安全监管监察部门及其委托的行政执法机构依法履行安全生产（含职业健康，下同）监督管理职责的活动，既包括日常监督检查，查处非法违法行为，也包括行政许可、行政强制、调查处理事故、核查投诉举报等工作。做好安全生产行政执法工作，关系到安全监管监察部门的形象和公信力，关系到安全生产目标任务的完成，是贯彻落实科学发展观、实施安全发展战略的必然要求。

（二）指导思想和目标。以党的十八大精神为指引，坚持科学发展观和安全发展战略，坚持严格执法、规范执法、公正执法、文明执法，不断提升安全生产行政执法能力。力争到 2017 年，用 5 年左右的时间，建成一支统一、规范、高效的安全生产行政执法队伍，形成权责明确、行为规范、监督有力的行政执法体制机制，确保安全生产法律法规得到有效实施。

（三）基本原则。坚持职权法定、程序正当、依据正确、证据确凿，严格查处违法违规行为，切实维护当事人合法权益。坚持惩戒与教育、执法与服务相结合，实现执法的法律效果和社会效果的统一。坚持多方联动、综合治理，形成强有力的联合执法机制。坚持管理权、执法权相互协调促进，实现业务管理与执法检查相对分离。

二、完善执法机制，创新工作方法

（四）强化年度执法工作计划导向。按照统筹兼顾、突出重点、量力而行、提高效能的原则，科学合理地编制安全生产年度执法工作计划，严格执行执法计划的批准和备案程序，保证执法计划的协调运转。要根据执法计划编制现场检查方案，明确检查的区域、内容、重点及方式。年度执法工作计划及其落实情况，要通过适当方式向社会公开。

（五）落实安全生产分级属地监管职责。进一步明确行政执法级别和地域管辖权限，避免重复执法和监管监察缺位。国家安全监管总局、国家煤矿安监局重点负责工矿商贸行业中央企业总部的安全监管监察。省级安全监管部门要合理制定辖区内分级监管办法，明确省、市、县级安全监管部门的日常监管执法范围。要将生产经营单位划分为不同的安全类别或者风险等级，有针对性地开展执法检查，实施分类监管。

（六）健全部门联合执法和区域执法协作机制。各级安全监管监察部门要进一步强化综合监管职责，指导协调、监督检查有关部门落实安全监管职责，形成安全生产综合监管与行业（专项）监管相结合的执法工作模式。要在政府的统一领导下，健全安全监管部门与有关部门相配合的联合执法机制。逐步建立健全省（区、市）之间、市（地、州）之间的执法协作机制，加强在“打非治违”、事故查处、许可后续监管等方面的协同配合，努力构筑衔接顺畅、严密高效的全国安全生产行政执法网络。

（七）完善行政执法案件移送工作机制。安全监管监察部门在行政执法过程中，发现属于其他部门职责的事项，要及时移送相关部门处理。要按照《行政执法机关移送涉嫌犯罪案件的规定》（国务院令第 310 号），主动商请司法机关进一步明确移送程序和标准，发现违法行为涉嫌构成犯罪的，必须依法向司法机关移送，不得以行政处罚代替刑事处罚。要建立完善案件移送档案资料，跟踪案件查办结果。要健全案件信息通报制度，通过工作简报、典型案例通报、研讨交流等形式实现资源共享。

（八）加强立法后评估和解释工作。安全生产重要法律、行政法规和国家安全监管总局规章施行满5年后，省级安全监管监察部门要结合本地区执行情况，向国家安全监管总局提交评估报告。其他规范性文件每隔2年要进行一次清理，并向社会公布清理结果。要加强立法的解释工作，按照逐级请示的原则，及时答复下一级安全监管监察部门执法中遇到的问题。

三、加强制度建设，规范执法行为

（九）严格现场检查和调查取证。执法检查前，要主动出示证件、告知执法内容。检查过程中，要按照现场检查方案，采取表格检查法等方式，逐项记录检查情况。检查结束后，要依法制作现场检查和处理文书，注明违法行为及认定依据，告知被检查单位整改要求，明确复查单位和期限。严格证据的采集、固定、保存标准，证据形式和取得方式要符合行政处罚法、行政诉讼法和有关司法解释规定。未经调查取证或者证据不足的，不得采取不利于当事人的执法措施。

（十）健全行政执法听证制度。建立健全行政处罚、行政复议和行政许可听证制度。听证事项和申请时限要依法向社会公开，保障当事人、利害关系人申请听证的权利。听证事项涉及公共利益的，要科学合理地遴选一定数量的公众代表。听证代表意见的采纳情况，要以适当形式反馈。听证结束后，要认真形成听证报告，作为行政决策的重要依据。

（十一）完善行政裁量权基准制度。作出行政处罚决定时，要对自由裁量权的行使进行专门审查，并在相关执法文书中记载。当事人对自由裁量结果有疑义的，要予以解释和说明。要按照平等原则、比例原则，建立完善行政裁量基准制度，确保大致相同的违法行为适用法律大体一致。

（十二）强化行政处罚过程控制。要正确适用实体法，不得随意选择行政处罚依据。对重大行政处罚案件，在提请本部门负责人集体讨论前，必须经法制工作机构合法性审核。要严格按照行政处罚程序和种类，正确选择使用执法文书，并依法送达当事人。处罚执行完毕后，要在30日内办理结案并立卷归档。要建立案卷台账，严格档案管理，任何单位和个人不得擅自增加、更改案卷材料及其内容。重大行政处罚上报备案时，要同时提交行政处罚决定书和证据目录，列明证据名称和证明对象。

（十三）完善行政强制实施程序。采取行政强制措施的，要认真听取当事人陈述申辩、制作现场笔录、履行审批手续并制作决定书。采取行政强制措施后，要及时查清事实，在法定期限内作出没收、销毁非法物品或者解除强制措施的决定。将已经查封、扣押的财物拍卖抵缴罚款的，对于超出部分，要返还当事人或者依法予以提存。违法行为涉嫌犯罪移送司法机关的，应当将查封、扣押的财物一并移送，并告知当事人。行政强制措施依法解除的，要及时恢复原状、返还财物。

（十四）严格规范行政许可。要逐步减少行政审批事项，下放行政许可权力，简化审批流程，减轻企业负担。严格遵循行政许可种类、条件和程序法定的原则，禁止以备案方式增设行政许可项目，禁止通过口头告知、现场核查、前置审查等形式增加许可环节。除有法律、法规、规章规定的外，不得擅自委托实施行政许可。要依法公开行政许可的事项、依据、条件、收费标准、办结时限和结果。依法实施委托许可的，不得要求申请人重复提供申请材料。加强对行政许可的后续监管，发现不再具备法定条件的，要依法给予行政处罚，直至吊销相关行政许可证件。

（十五）依法规范生产安全事故调查处理。安全监管监察部门要根据法定授权或者委托，全面细致地做好事故调查的组织工作。要采用包括听证会在内的多种方法征求对事故结论的意见，对于事故调查组成员和其他方面的不同意见，要如实向负责事故查处的有关人民政府或者煤矿安全监察机构反映。事故调查报告批复以后，除依法应当保密的外，要向事故责任单位提供事故调查报告或其节录本。要依照《中华人民共和国政府信息公开条例》（国务院令第492号）、《安全生产监管监察部门信息公开办法》（国家安全监管总局令第56号）等规定，健全完善相关制度，依法公开事故的原因和处理情况。

（十六）加强安全生产举报投诉查处。通过设立举报箱、电子邮箱、网站专栏和公布举报电话等方式，畅通举报投诉渠道。要加强与当地有关部门的联系，尽快开通全国统一的安全生产举报投诉电话“12350”。严格依照《信访条例》（国务院令第431号）的规定，建立健全举报核查处理制度，落实审查登记、受理告知、核查处理、书面答复等基本程序，定期分析举报投诉的来源、类别、趋势、规律。认真落实安全生产举报奖励政策，并对举报人身份及相关信息予以保密。

（十七）加强行政执法统计分析。严格执行《安全生产行政执法统计制度》（安监总统计〔2011〕184 号），健全统计的填报、审核、审批程序，确保数据的及时性、完整性和真实性。强化统计分析工作，定期进行量化对比，注重态势把握，找出阶段性特点和苗头性问题，提出有针对性的对策建议。

四、强化监督考核，提升执法效能

（十八）做好行政复议和行政应诉工作。充分发挥行政复议的层级监督作用，发现被复议机关违法或者需要做好善后工作的，要依法制作行政复议意见书，下级部门要按规定期限报告纠正违法行为和善后工作情况；发现法律法规实施中带有普遍性问题的，要依法制作行政复议建议书，向有关机关提出完善制度和改进执法的建议。建立完善行政应诉工作制度，安全监管监察部门负责人要主动出庭应诉，认真对待人民法院的司法建议，积极履行生效的判决和裁定。

（十九）严格行政执法评议考核。要根据行政执法工作计划、行政处罚、行政强制、行政许可、事故调查处理情况和复议诉讼结果等，对下级安全监管监察部门和本部门执法机构、执法人员开展行政执法评议考核。要建立健全考核指标体系，实现定性和定量、内部和外部、检查和自查相结合，评议考核结果要纳入部门绩效和公务员年度考核内容。

（二十）加强行政执法案卷评查。各级安全监管监察部门每年至少要开展一次行政执法案卷评查活动。要完善评查标准，注重评查实效，促进提升办案能力。评查结果要在一定范围内通报，对于带有普遍性的问题，要提出明确的整改措施和要求，并作为下一次案卷评查的重点内容。

（二十一）科学合理追究行政执法责任。坚持"权责一致、有错必纠"和"依法履职、尽职免责"相结合，严格实行个案审查。对有关部门和执法人员不履行、违法履行或者不当履行职责的行为，要严肃追究行政执法责任。对已经按照年度执法工作计划、现场检查方案和法律、法规、规章规定的方式、程序履行安全监管监察职责的，依法免予追究执法责任。

五、夯实基层基础，推进队伍建设

（二十二）加强组织领导。安全监管监察部门主要负责同志要定期听取汇报，研究部署行政执法工作，带头协调各方面的关系，解决执法难题。要大胆使用勇于开拓、敢于碰硬、善于执法的业务骨干。要通过扎实、深入、有效地开展行政执法工作，推动人员、编制、经费和装备的落实，全方位带动和提升执法队伍建设水平。

（二十三）充实基层执法力量。以安全生产法、职业病防治法等重要法律法规的修订和实施为契机，积极争取有关方面的支持，调整充实市（地）级和县级安全监管部门执法力量，加大各级专门行政执法机构的组建力度。有条件地区的县级安全监管部门可以设置安全监管工作站，也可以与有关乡镇、街道、园区共同组建工作站。

（二十四）实施执法工作条件标准化建设。积极争取地方人民政府及其有关部门的支持，按照国家发展改革委、国家安全监管总局印发的《安全生产监管部门和煤矿安全监察机构监管监察能力建设规划（2011－2015 年）》（发改投资〔2012〕611 号）的要求，加强办公业务用房、交通工具和执法装备等工作条件的标准化建设。执法车辆应喷涂"安全监管监察"或者"安全生产举报电话 12350"等执法标识。大力推进行政执法信息化建设，建立电子政务和移动办公系统，逐步实现执法信息的网上传递和执法文书的电子化操作。

（二十五）提升行政执法人员业务能力。以提高依法履职能力和执法专业技能为核心，组织编写并定期更新执法培训大纲、教材及题库。切实加强执法人员的上岗培训、在岗培训，有计划地组织执法人员参加行政执法能力培训。新录用执法人员的上岗培训时间不得少于 10 天，在岗执法人员的培训时间原则上每年不低于 32 学时。要建立执法辅助人员培训考核和资格管理制度。严禁无行政执法资格的人员从事执法活动。

（二十六）狠抓执法队伍廉政建设。各级安全监管监察部门要创新方法和程序，持续深入地开展思想政治教育和廉洁执法教育，通过正面典型示范和反面典型警示，引导行政执法人员树立正确的价值观和利益观，筑牢反腐倡廉思想防线。

国家安全监管总局

2012 年 12 月 31 日

国家安全监管总局办公厅转发最高人民法院关于进一步加强危害生产安全刑事案件审判工作意见的通知

安监总厅政法〔2012〕10号

各省、自治区、直辖市及新疆生产建设兵团安全生产监督管理局，各省级煤矿安全监察局，总局和煤矿安监局机关各司局、应急指挥中心：

现将《最高人民法院关于进一步加强危害生产安全刑事案件审判工作的意见》（法发〔2011〕20号文件印发，以下简称《意见》）转发给你们，请认真贯彻落实，并就有关事项通知如下：

一、各单位要高度重视《意见》的学习宣传工作，将其纳入本单位今年安全生产培训工作的主要内容之一，组织安全监管监察执法人员和生产经营单位有关人员认真学习领会和贯彻落实《意见》精神及其各项规定。

二、按照《意见》第8项"对于负有安全生产管理、监督职责的工作人员，应根据其岗位职责、履职依据、履职时间等，综合考察工作职责、监管条件、履职能力、履职情况等，合理确定罪责"的规定，地方各级安全监管监察部门要认真做好年度执法工作计划的编制工作，并严格按照国家安全监管总局有关规定报本级人民政府和上级安全生产监督管理部门、煤矿安全监察机构批准及备案。

三、各级安全监管监察部门在生产安全事故的报告和调查处理工作中，要依法做好有关违法事实的证据材料的收集工作，在查明事实的基础上，比照《意见》的有关规定分清事故发生的主要原因和次要原因、直接原因和间接原因，合法合理地确定事故的直接责任人员和主要责任人员。

四、各级安全监管监察部门在贯彻执行《意见》中，要依法协同司法机关做好有关生产安全刑事案件的审判工作。对执行中遇到的分歧，要认真总结，及时沟通解决，并完善有关制度规定；对存在的问题，请及时报告国家安全监管总局。

国家安全生产监督管理总局办公厅

二〇一二年二月二日

最高人民法院
关于进一步加强危害生产安全刑事案件审判工作的意见

法发〔2011〕20号

各省、自治区、直辖市高级人民法院，解放军军事法院，新疆维吾尔自治区高级人民法院生产建设兵团分院：

现将《最高人民法院关于进一步加强危害生产安全刑事案件审判工作的意见》印发给你们，请认真贯彻执行。本意见贯彻执行中遇到的问题，请及时报告最高人民法院。

二〇一一年十二月三十日

为依法惩治危害生产安全犯罪，促进全国安全生产形势持续稳定好转，保护人民群众生命财产安全，现就进一步加强危害生产安全刑事案件审判工作，制定如下意见。

一、高度重视危害生产安全刑事案件审判工作

1. 充分发挥刑事审判职能作用，依法惩治危害生产安全犯罪，是人民法院为大局服务、为人民司法的必然要求。安全生产关系到人民群众生命财产安全，事关改革、发展和稳定的大局。当前，全国安全生产状况呈现总体稳定、持续好转的发展态势，但形势依然严峻，企业安全生产基础依然薄弱；非法、违法生产，忽视生产安全的现象仍然十分突出；重特大生产安全责任事故时有发生，个别地方和行业重特大责任事故上升。一些重特大生产安全责任事故举国关注，相关案件处理不好，不仅起不到应有的警示作用，不利于生产安全责任事故的防范，也损害党和国家形象，影响社会和谐稳定。各级人民法院要从政治和全局的高度，充分认识审理好危害生产安全刑事案件的重要意义，切实增强工作责任感，严格依法、积极稳妥地审理相关案件，进一步发挥刑事审判工作在创造良好安全生产环境、促进经济平稳较快发展方面的积极作用。

2. 采取有力措施解决存在的问题，切实加强危害生产安全刑事案件审判工作。近年来，各级人民法院依法审理危害生产安全刑事案件，一批严重危害生产安全的犯罪分子及相关职务犯罪分子受到法律制裁，对全国安全生产形势持续稳定好转发挥了积极促进作用。2010年，监察部、国家安全生产监督管理总局会同最高人民法院等部门对部分省市重特大生产安全事故责任追究落实情况开展了专项检查。从检查的情况来看，审判工作总体情况是好的，但仍有个别案件在法律适用或者宽严相济刑事政策具体把握上存在问题，需要切实加强指导。各级人民法院要高度重视，确保相关案件审判工作取得良好的法律效果和社会效果。

二、危害生产安全刑事案件审判工作的原则

3. 严格依法，从严惩处。对严重危害生产安全犯罪，尤其是相关职务犯罪，必须始终坚持严格依法、从严惩处。对于人民群众广泛关注、社会反映强烈的案件要及时审结，回应人民群众关切，维护社会和谐稳定。

4. 区分责任，均衡量刑。危害生产安全犯罪，往往涉案人员较多，犯罪主体复杂，既包括直接从事生产、作业的人员，也包括对生产、作业负有组织、指挥或者管理职责的负责人、管理人员、实际控制人、投资人等，有的还涉及国家机关工作人员渎职犯罪。对相关责任人的处理，要根据事故原因、危害后果、主体职责、过错大小等因素，综合考虑全案，正确划分责任，做到罪责刑相适应。

5. 主体平等，确保公正。审理危害生产安全刑事案件，对于所有责任主体，都必须严格落实法律面前人人平等的刑法原则,确保刑罚适用公正,确保裁判效果良好。

三、正确确定责任

6. 审理危害生产安全刑事案件,政府或相关职能部门依法对事故原因、损失大小、责任划分作出的调查认定,经庭审质证后,结合其他证据,可作为责任认定的依据。

7. 认定相关人员是否违反有关安全管理规定,应当根据相关法律、行政法规,参照地方性法规、规章及国家标准、行业标准,必要时可参考公认的惯例和生产经营单位制定的安全生产规章制度、操作规程。

8. 多个原因行为导致生产安全事故发生的,在区分直接原因与间接原因的同时,应当根据原因行为在引发事故中所具作用的大小,分清主要原因与次要原因,确认主要责任和次要责任,合理确定罪责。

一般情况下,对生产、作业负有组织、指挥或者管理职责的负责人、管理人员、实际控制人、投资人,违反有关安全生产管理规定,对重大生产安全事故的发生起决定性、关键性作用的,应当承担主要责任。

对于直接从事生产、作业的人员违反安全管理规定,发生重大生产安全事故的,要综合考虑行为人的从业资格、从业时间、接受安全生产教育培训情况、现场条件、是否受到他人强令作业、生产经营单位执行安全生产规章制度的情况等因素认定责任,不能将直接责任简单等同于主要责任。

对于负有安全生产管理、监督职责的工作人员,应根据其岗位职责、履职依据、履职时间等,综合考察工作职责、监管条件、履职能力、履职情况等,合理确定罪责。

四、准确适用法律

9. 严格把握危害生产安全犯罪与以其他危险方法危害公共安全罪的界限,不应将生产经营中违章违规的故意不加区别地视为对危害后果发生的故意。

10. 以行贿方式逃避安全生产监督管理,或者非法、违法生产、作业,导致发生重大生产安全事故,构成数罪的,依照数罪并罚的规定处罚。

违反安全生产管理规定,非法采矿、破坏性采矿或排放、倾倒、处置有害物质严重污染环境,造成重大伤亡事故或者其他严重后果,同时构成危害生产安全犯罪和破坏环境资源保护犯罪的,依照数罪并罚的规定处罚。

11. 安全事故发生后,负有报告职责的国家工作人员不报或者谎报事故情况,贻误事故抢救,情节严重,构成不报、谎报安全事故罪,同时构成职务犯罪或其他危害生产安全犯罪的,依照数罪并罚的规定处罚。

12. 非矿山生产安全事故中,认定"直接负责的主管人员和其他直接责任人员"、"负有报告职责的人员"的主体资格,认定构成"重大伤亡事故或者其他严重后果"、"情节特别恶劣",不报、谎报事故情况,贻误事故抢救,"情节严重"、"情节特别严重"等,可参照最高人民法院、最高人民检察院《关于办理危害矿山生产安全刑事案件具体应用法律若干问题的解释》的相关规定。

五、准确把握宽严相济刑事政策

13. 审理危害生产安全刑事案件,应综合考虑生产安全事故所造成的伤亡人数、经济损失、环境污染、社会影响、事故原因与被告人职责的关联程度、被告人主观过错大小、事故发生后被告人的施救表现、履行赔偿责任情况等,正确适用刑罚,确保裁判法律效果和社会效果相统一。

14. 造成《关于办理危害矿山生产安全刑事案件具体应用法律若干问题的解释》第四条规定的"重大伤亡事故或者其他严重后果",同时具有下列情形之一的,也可以认定为刑法第一百三十四条、第一百三十五条规定的"情节特别恶劣":

(一)非法、违法生产的;

(二)无基本劳动安全设施或未向生产、作业人员提供必要的劳动防护用品,生产、作业人员劳动安全无保障的;

(三)曾因安全生产设施或者安全生产条件不符合国家规定,被监督管理部门处罚或责令改正,一年内再次违规生产致使发生重大生产安全事故的；

（四）关闭、故意破坏必要安全警示设备的；

（五）已发现事故隐患，未采取有效措施，导致发生重大事故的；

（六）事故发生后不积极抢救人员，或者毁灭、伪造、隐藏影响事故调查的证据，或者转移财产逃避责任的；

（七）其他特别恶劣的情节。

15. 相关犯罪中，具有以下情形之一的，依法从重处罚：

（一）国家工作人员违反规定投资入股生产经营企业，构成危害生产安全犯罪的；

（二）贪污贿赂行为与事故发生存在关联性的；

（三）国家工作人员的职务犯罪与事故存在直接因果关系的；

（四）以行贿方式逃避安全生产监督管理，或者非法、违法生产、作业的；

（五）生产安全事故发生后，负有报告职责的国家工作人员不报或者谎报事故情况，贻误事故抢救，尚未构成不报、谎报安全事故罪的；

（六）事故发生后，采取转移、藏匿、毁灭遇难人员尸体，或者毁灭、伪造、隐藏影响事故调查的证据，或者转移财产，逃避责任的；

（七）曾因安全生产设施或者安全生产条件不符合国家规定，被监督管理部门处罚或责令改正，一年内再次违规生产致使发生重大生产安全事故的。

16. 对于事故发生后，积极施救，努力挽回事故损失，有效避免损失扩大；积极配合调查，赔偿受害人损失的，可依法从宽处罚。

六、依法正确适用缓刑和减刑、假释

17. 对于危害后果较轻，在责任事故中不负主要责任，符合法律有关缓刑适用条件的，可以依法适用缓刑，但应注意根据案件具体情况，区别对待，严格控制，避免适用不当造成的负面影响。

18. 对于具有下列情形的被告人，原则上不适用缓刑：

（一）具有本意见第 14 条、第 15 条所规定的情形的；

（二）数罪并罚的。

19. 宣告缓刑，可以根据犯罪情况，同时禁止犯罪分子在缓刑考验期限内从事与安全生产有关的特定活动。

20. 办理与危害生产安全犯罪相关的减刑、假释案件，要严格执行刑法、刑事诉讼法和有关司法解释规定。是否决定减刑、假释，既要看罪犯服刑期间的悔改表现，还要充分考虑原判认定的犯罪事实、性质、情节、社会危害程度等情况。

七、加强组织领导，注意协调配合

21. 对于重大、敏感案件，合议庭成员要充分做好庭审前期准备工作，全面、客观掌握案情，确保案件开庭审理稳妥顺利、依法公正。

22. 审理危害生产安全刑事案件，涉及专业技术问题的，应有相关权威部门出具的咨询意见或者司法鉴定意见；可以依法邀请具有相关专业知识的人民陪审员参加合议庭。

23. 对于审判工作中发现的安全生产事故背后的渎职、贪污贿赂等违法犯罪线索，应当依法移送有关部门处理。对于情节轻微，免予刑事处罚的被告人，人民法院可建议有关部门依法给予行政处罚或纪律处分。

24. 被告人具有国家工作人员身份的，案件审结后，人民法院应当及时将生效的裁判文书送达行政监察机关和其他相关部门。

25. 对于造成重大伤亡后果的案件，要充分运用财产保全等法定措施，切实维护被害人依法获得赔偿的权利。对于被告人没有赔偿能力的案件，应当依靠地方党委和政府做好善后安抚工作。

26. 积极参与安全生产综合治理工作。对于审判中发现的安全生产管理方面的突出问题，应当发出司法建议，促使有关部门强化安全生产意识和制度建设，完善事故预防机制，杜绝同类事故发生。

27. 重视做好宣传工作。对于社会关注的典型案件,要重视做好审判情况的宣传报道,规范裁判信息发布,及时回应社会的关切,充分发挥重大、典型案件的教育警示作用。

28. 各级人民法院要在依法履行审判职责的同时,及时总结审判经验,深入开展调查研究,推动审判工作水平不断提高。上级法院要以辖区内发生的重大生产安全责任事故案件为重点,加强对下级法院危害生产安全刑事案件审判工作的监督和指导,适时检查此类案件的审判情况,提出有针对性的指导意见。

国家安全监管总局办公厅关于切实做好国家取消和下放投资审批有关建设项目安全监管工作的通知

安监总厅政法〔2013〕120 号

各省、自治区、直辖市及新疆生产建设兵团安全生产监督管理局，各省级煤矿安全监察局：

为认真贯彻落实《国务院关于取消和下放一批行政审批项目等事项的决定》（国发〔2013〕19 号，以下简称《决定》）精神，确保取消和下放投资审批后的有关建设项目安全监管工作有序开展，现就有关事项通知如下：

一、《决定》取消了 13 类、下放了 12 类企业投资建设项目（见附件）的审批，并明确要求安全监管监察部门加强有关建设项目的安全监管工作。各级安全监管监察部门要按照本级人民政府确定的职责和本部门“三定”规定，加强与有关投资主管部门协调配合，切实做好有关建设项目的安全监管工作，确保《决定》的各项要求落到实处。

二、有关建设项目所涉安全生产监管监察部门的行政许可和备案等事项，按照以下规定实施：

（一）海洋石油天然气建设项目、企业投资年产 100 万吨及以上的陆上新油田开发项目、企业投资年产 20 亿立方米及以上的陆上新气田开发项目；设计生产能力 300 万吨/年以上或者设计最大开采深度 1000 米以上的金属非金属地下矿山建设项目、设计生产能力 1000 万吨/年以上或者设计边坡 200 米以上的金属非金属露天矿山建设项目、设计总库容 1 亿立方米或者设计总坝高 200 米以上的尾矿库建设项目，其安全设施设计审查和竣工验收，继续由国家安全监管总局负责实施。

（二）对于企业投资国家规划矿区内新增年生产能力低于 120 万吨的煤矿开发项目（附件第 20 项），省级投资主管部门征求安全核准意见的，由省级煤矿安全监察局负责进行安全核准；其安全设施的设计审查和竣工验收，由省级煤矿安全监察局负责。

（三）其他建设项目的行政许可和备案，下放到省级以下安全监管监察部门实施，具体按照《建设项目安全设施“三同时”监督管理暂行办法》（国家安全监管总局令第 36 号）、《危险化学品建设项目监督管理办法》（国家安全监管总局令第 45 号）、《建设项目职业卫生“三同时”监督管理暂行办法》（国家安全监管总局令第 51 号）等规定执行。

三、各级安全监管部门要进一步加大执法检查力度，发现有关建设项目未落实安全设施、职业病危害防护设施“三同时”的，要依照《安全生产法》、《职业病防治法》等有关法律法规的规定，责令生产经营单位立即停止施工、限期改正违法行为，对有关单位和人员依法给予行政处罚，对相关行政许可一律不予审批，并通知有关部门在职责范围内依法采取措施，予以制止。

附件：国务院决定取消和下放建设项目投资审批事项目录

国家安全监管总局办公厅

2013 年 8 月 9 日

附件

国务院决定取消和下放建设项目投资审批事项目录

（注:合计25项。第1项至13项为取消审批项目,第14项至第25项为下放审批项目）

序号	项目名称	实施机关	设定依据	处理决定	备注
1	企业投资扩建民用机场项目核准	国家发展改革委	《国务院关于投资体制改革的决定》(国发〔2004〕20号)	取消	对取消的投资审批项目,国土资源、环保、安全生产监管等有关部门要切实履行职责,加强监管,投资主管部门通过备案发现不符合国家有关规划和产业政策要求的投资项目,要通知有关部门和机构,在职责范围内依法采取措施,予以制止。
2	企业投资城市轨道交通车辆、信号系统和牵引传动控制系统制造项目核准	国家发展改革委	《国务院关于投资体制改革的决定》(国发〔2004〕20号)	取消	对取消的投资审批项目,国土资源、环保、安全生产监管等有关部门要切实履行职责,加强监管,投资主管部门通过备案发现不符合国家有关规划和产业政策要求的投资项目,要通知有关部门和机构,在职责范围内依法采取措施,予以制止。
3	企业投资纸浆项目核准	国家发展改革委	《国务院关于投资体制改革的决定》(国发〔2004〕20号)	取消	对取消的投资审批项目,国土资源、环保、安全生产监管等有关部门要切实履行职责,加强监管,投资主管部门通过备案发现不符合国家有关规划和产业政策要求的投资项目,要通知有关部门和机构,在职责范围内依法采取措施,予以制止。
4	企业投资日产300吨及以上聚酯项目核准	国家发展改革委	《国务院关于投资体制改革的决定》(国发〔2004〕20号)	取消	对取消的投资审批项目,国土资源、环保、安全生产监管等有关部门要切实履行职责,加强监管,投资主管部门通过备案发现不符合国家有关规划和产业政策要求的投资项目,要通知有关部门和机构,在职责范围内依法采取措施,予以制止。
5	企业投资日处理糖料1500吨及以上项目核准	国家发展改革委	《国务院关于投资体制改革的决定》(国发〔2004〕20号)	取消	对取消的投资审批项目,国土资源、环保、安全生产监管等有关部门要切实履行职责,加强监管,投资主管部门通过备案发现不符合国家有关规划和产业政策要求的投资项目,要通知有关部门和机构,在职责范围内依法采取措施,予以制止。
6	企业投资年产100万吨及以上新油田开发项目核准	国家发展改革委	《国务院关于投资体制改革的决定》(国发〔2004〕20号)	取消	对取消的投资审批项目,国土资源、环保、安全生产监管等有关部门要切实履行职责,加强监管,投资主管部门通过备案发现不符合国家有关规划和产业政策要求的投资项目,要通知有关部门和机构,在职责范围内依法采取措施,予以制止。

续表

序号	项目名称	实施机关	设定依据	处理决定	备注
7	企业投资年产20亿立方米及以上新气田开发项目核准	国家发展改革委	《国务院关于投资体制改革的决定》(国发〔2004〕20号)	取消	对取消的投资审批项目,国土资源、环保、安全生产监管等有关部门要切实履行职责,加强监管,投资主管部门通过备案发现不符合国家有关规划和产业政策要求的投资项目,要通知有关部门和机构,在职责范围内依法采取措施,予以制止。
8	企业投资冷轧项目核准	国家发展改革委	《国务院关于投资体制改革的决定》(国发〔2004〕20号)	取消	对取消的投资审批项目,国土资源、环保、安全生产监管等有关部门要切实履行职责,加强监管,投资主管部门通过备案发现不符合国家有关规划和产业政策要求的投资项目,要通知有关部门和机构,在职责范围内依法采取措施,予以制止。
9	企业投资乙烯改扩建项目核准	国家发展改革委	《国务院关于投资体制改革的决定》(国发〔2004〕20号)	取消	对取消的投资审批项目,国土资源、环保、安全生产监管等有关部门要切实履行职责,加强监管,投资主管部门通过备案发现不符合国家有关规划和产业政策要求的投资项目,要通知有关部门和机构,在职责范围内依法采取措施,予以制止。
10	企业投资医学城、大学城及其他园区性建设项目核准	国家发展改革委	《国务院关于投资体制改革的决定》(国发〔2004〕20号)	取消	对取消的投资审批项目,国土资源、环保、安全生产监管等有关部门要切实履行职责,加强监管,投资主管部门通过备案发现不符合国家有关规划和产业政策要求的投资项目,要通知有关部门和机构,在职责范围内依法采取措施,予以制止。
11	企业投资精对苯二甲酸(PTA)、甲苯二异氰酸酯(TDI)项目及对二甲苯(PX)改扩建项目核准	国家发展改革委	《国务院关于投资体制改革的决定》(国发〔2004〕20号)	取消	对取消的投资审批项目,国土资源、环保、安全生产监管等有关部门要切实履行职责,加强监管,投资主管部门通过备案发现不符合国家有关规划和产业政策要求的投资项目,要通知有关部门和机构,在职责范围内依法采取措施,予以制止。
12	企业投资卫星电视接收机及关键件、国家特殊规定的移动通信系统及终端等生产项目核准	国家发展改革委	《国务院关于投资体制改革的决定》(国发〔2004〕20号)	取消	对取消的投资审批项目,国土资源、环保、安全生产监管等有关部门要切实履行职责,加强监管,投资主管部门通过备案发现不符合国家有关规划和产业政策要求的投资项目,要通知有关部门和机构,在职责范围内依法采取措施,予以制止。
13	企业投资F1赛车场项目核准	国家发展改革委	《国务院关于投资体制改革的决定》(国发〔2004〕20号)	取消	对取消的投资审批项目,国土资源、环保、安全生产监管等有关部门要切实履行职责,加强监管,投资主管部门通过备案发现不符合国家有关规划和产业政策要求的投资项目,要通知有关部门和机构,在职责范围内依法采取措施,予以制止。

续表

序号	项目名称	实施机关	设定依据	处理决定	备注
14	企业投资在非主要河流上建设的水电站项目核准	国家发展改革委	《国务院关于投资体制改革的决定》(国发〔2004〕20号)	下放地方政府投资主管部门	
15	企业投资分布式燃气发电项目核准	国家发展改革委	《国务院关于投资体制改革的决定》(国发〔2004〕20号)	下放省级投资主管部门	
16	企业投资燃煤背压热电项目核准	国家发展改革委	《国务院关于投资体制改革的决定》(国发〔2004〕20号)	下放省级投资主管部门	
17	企业投资风电站项目核准	国家发展改革委	《国务院关于投资体制改革的决定》(国发〔2004〕20号)	下放地方政府投资主管部门	
18	企业投资330千伏及以下电压等级的交流电网工程项目，列入国家规划的非跨境、跨省(区、市)500千伏电压等级的交流电网工程项目核准	国家发展改革委	《国务院关于投资体制改革的决定》(国发〔2004〕20号)	下放地方政府投资主管部门	
19	企业投资钾矿肥、磷矿肥项目核准	国家发展改革委	《国务院关于投资体制改革的决定》(国发〔2004〕20号)	下放省级投资主管部门	
20	企业投资国家规划矿区内新增年生产能力低于120万吨的煤矿开发项目核准	国家发展改革委	《国务院关于投资体制改革的决定》(国发〔2004〕20号)	下放省级投资主管部门	
21	企业投资非跨境、跨省(区、市)的油气输送管网项目核准	国家发展改革委	《国务院关于投资体制改革的决定》(国发〔2004〕20号)	下放省级投资主管部门	
22	企业投资除稀土矿山开发项目和已探明工业储量5000万吨及以上规模的铁矿开发项目外的其他矿山开发项目(不含煤矿、铀矿)核准	国家发展改革委	《国务院关于投资体制改革的决定》(国发〔2004〕20号)	下放省级投资主管部门	
23	企业投资稀土深加工项目核准	国家发展改革委	《国务院关于投资体制改革的决定》(国发〔2004〕20号)	下放省级投资主管部门	

续表

序号	项目名称	实施机关	设定依据	处理决定	备注
24	企业投资城市快速轨道交通项目按照国家批准的规划核准	国家发展改革委	《国务院关于投资体制改革的决定》(国发〔2004〕20 号)	下放省级投资主管部门	
25	企业投资国家重点风景名胜区、国家自然保护区、全国重点文物保护单位区域内总投资 5000 万元以上的旅游开发和资源保护项目,世界自然和文化遗产保护区内总投资 3000 万元及以上的项目核准	国家发展改革委	《国务院关于投资体制改革的决定》(国发〔2004〕20 号)	下放省级投资主管部门	

国家安全监管总局办公厅关于明确非煤矿山建设项目安全监管职责等事项的通知

安监总厅管一〔2013〕143 号

各省、自治区、直辖市及新疆生产建设兵团安全生产监督管理局，有关中央企业：

为贯彻落实《国务院关于取消和下放一批行政审批项目等事项的决定》（国发〔2013〕19 号）和《国家安全监管总局办公厅关于切实做好国家取消和下放投资审批有关建设项目安全监管工作的通知》（安监总厅政法〔2013〕120 号）精神，明确非煤矿山新建、改建和扩建工程项目（以下简称建设项目）安全监管工作职责，现就有关事项通知如下：

一、国家安全监管总局负责下列建设项目安全设施设计审查和竣工验收：

（一）稀土矿山开发项目、铀矿山建设项目、已探明工业储量 5000 万吨及以上规模的铁矿建设项目，以及跨境、跨省（区、市）的油气输送管网项目。

（二）海洋石油天然气建设项目、企业投资年产 100 万吨及以上的陆上新油田开发项目、企业投资年产 20 亿立方米及以上的陆上新气田开发项目。

（三）新建项目一次设计或者经改（扩）建后年产 300 万吨及以上或者最大开采深度 1000 米及以上的金属非金属地下矿山建设项目、年产 1000 万吨及以上或者边坡高度 200 米及以上的金属非金属露天矿山建设项目、总库容 1 亿立方米及以上或者总坝高 200 米及以上的尾矿库建设项目。

其他建设项目安全设施设计审查和竣工验收工作，由省级安全监管部门按照分级、属地监管的原则作出规定。省级投资主管部门核准的建设项目安全设施设计审查和竣工验收工作，原则上由省级安全监管部门负责。

二、自本通知印发之日起，各级安全监管部门要按照上述职责分工受理相应建设项目预评价报告备案、安全设施设计审查和竣工验收申请；已经按照《非煤矿矿山建设项目安全设施设计审查与竣工验收办法》（原国家安全监管局令第 18 号）的规定受理、尚未完成竣工验收的，要按照新的职责分工抓紧做好有关工作移交。

三、海洋石油建设项目生产设施和尾矿库建设项目安全设施试生产（运行），分别按照《海洋石油安全管理细则》（国家安全监管总局令第 25 号）和《尾矿库安全监督管理规定》（国家安全监管总局令第 38 号）进行备案。其他建设项目试生产（运行）不再进行备案。

国家安全监管总局办公厅

2013 年 9 月 29 日

2. 陆上石油

关于石油天然气管道技术检测检验工作的批复

安监管技装字〔2001〕53 号

中国石油化工集团公司、中国石油天然气集团公司：

中国石油化工集团公司《关于中国石化工程质量监督总站继续开展石油管道技术检测检验及管理工作的请示》（中国石化［2001］建字 211 号）、中国石油天然气管道局《关于申请办理管道安全检测资质的报告》（油管道安字［2001］150 号）、石油天然气工程质量监督总站《关于石油天然气工程质量监督总站继续开展石油管道技术检测检验及管理工作的请示》（基建监字［2001］第 25 号）、中国石油天然气集团公司管材研究所《关于继续从事管道检测检验与安全评价工作的申请》（油管研字［2001］70 号）均收悉，经研究，现批复如下：

国务院办公厅国办发［2001］1 号文件明确规定：国家安全生产监督管理局（国家煤矿安全监察局）负责“指导、协调全国安全生产检测检验工作，组织实施对工矿商贸企业安全生产条件和有关设备（由其他有关部门承担的锅炉、压力容器、电梯、防爆电器等特种设备除外）进行检测检验、安全评价、安全培训、安全咨询等社会中介组织的资格认可工作，并负责监督检查。监督工矿商贸企业贯彻执行安全生产法律、法规情况和安全生产条件、有关设备、材料及劳动防护用品的安全管理工作。”根据我局的职能和《石油天然气管道安全监督与管理暂行规定》（国家经贸委令第 17 号），为了加强石油天然气管道安全生产的检测检验工作，我局同意中国石化工程质量监督总站、中国石油天然气管道局管道技术公司、石油天然气工程质量监督总站和中国石油天然气集团公司管材研究所继续开展石油天然气管道检测检验工作，待我局相关管理办法出台后，再对有关检验机构的资质进行认可和业务授权。中国石化工程质量监督总站、中国石油天然气管道局管道技术公司、石油天然气工程质量监督总站和中国石油天然气集团公司管材研究所要严格执行现行的国家有关规定，科学、公正、廉洁、高效地开展检验工作。

国家安全生产监督管理局

二〇〇一年七月三十一日

关于陆上石油天然气建设项目安全设施设计审查与竣工验收有关事项的通知

安监总管一〔2006〕151 号

各省、自治区、直辖市及新疆生产建设兵团安全生产监督管理局，有关中央企业：

根据《安全生产法》、《矿山安全法》及《非煤矿矿山建设项目安全设施设计审查与竣工验收办法》（原国家安全监管局令第 18 号，以下简称《办法》）等国家有关法律、行政法规和规章的规定，为规范工作程序，落实安全责任，紧密结合陆上石油天然气开采的实际情况，现就陆上石油天然气建设项目安全设施设计审查与竣工验收工作的有关事项通知如下：

一、安全设施设计审查与竣工验收范围

下列石油天然气新建、改建和扩建的工程项目（以下简称建设项目）在施工前，安全设施设计应当经安全监管部门审查同意；建设项目竣工投入正式生产或者使用前，安全设施应当经安全监管部门验收合格。其他建设项目由企业按有关要求自行组织安全设施设计审查和竣工验收。

（一）陆上油气田开发项目

1. 新建项目：按照整体开发方案或可行性研究报告，单独进行初步设计，有新投入使用或新开发的油气井，以及新建地面油气处理设施（一级或二级原油站场，三级或四级天然气站场）的建设项目。

2. 扩建项目：依照初步设计已经完成主体工程和主要设施建设，并已正式投入生产的油气田，新建一级或二级原油站场，三级或四级天然气站场，或扩大产能的建设项目。

3. 改建项目：一级或二级原油站场，三级或四级天然气站场，或者地面油气处理工艺、装置进行重大改造的建设项目。

（二）陆上油气长输管道建设项目（不含成品油管道和油气田集输管道）

1. 新建项目：根据可行性研究报告，单独进行初步设计，有新建的油气长输管道、站场（首站、末站、分输站、增压站等）、原油库或地下储气库，形成输油气能力的建设项目。

2. 扩建项目：依照初步设计已经完成主体工程建设，并已正式投入使用的长输管道，新增输送能力的建设项目。

3. 改建项目：管道路由发生重大改变、改变输送介质或站场移位，且项目投资额为三千万元及以上的建设项目。

（三）进口液化天然气接收、储运设施建设项目

1. 新建项目：根据项目可行性研究报告，单独进行初步设计，有新建的码头工艺设施、站场（接收站、末站、分输站、增压站等）、液化天然气储罐、输气干线，实现进口液化天然气接收、储运功能的建设项目。

2. 扩建项目：依照初步设计已经完成主体工程建设，并已正式投入使用的进口液化天然气接收、储运设施，新增接收、储运能力的建设项目。

3. 改建项目：输气干线管道路由发生重大改变、站场移位或站场生产工艺、装置进行重大改造，且项目投资额为三千万元及以上的建设项目。

二、安全设施设计审查与竣工验收分工

（一）国家安全监管总局直接负责以下建设项目的安全设施设计审查和竣工验收：

1. 年产 100 万吨及以上的陆上新油田开发项目；

2. 年产20亿立方米及以上的陆上新气田开发项目；

3. 新建进口液化天然气接收、储运设施项目；

4. 跨省（区、市）的原油长输管道项目；

5. 跨省（区、市）或年输气能力为10亿立方米及以上的输气管道项目；

6. 其他跨省（区、市）和需要国家安全监管总局协调、有特殊要求或特殊影响的项目。

（二）根据《办法》的规定，应由国家安全监管总局负责审查和验收的陆上油气田开发项目、陆上油气管道项目、液化天然气接收储运设施项目，除上述由国家安全监管总局直接负责的以外，由省（区、市）安全监管局负责组织安全设施设计审查和竣工验收。

（三）根据《办法》的规定，应由省（区、市）安全监管局负责的建设项目，有关职责分工不变。

三、有关要求

（一）建设单位应在建设项目试运行6－12个月内提出验收申请。

（二）承担安全设施初步设计审查的专家组和安全设施竣工验收的验收组，应由该建设项目相关专业的专家组成。专家组、验收组一般应有7名或7名以上的专家，其中竣工验收组的组长由组织验收单位的有关负责人担任，副组长由技术专家担任。

（三）专家组、验收组应当提出安全设施设计或现状是否符合国家有关安全生产法律、法规和国家标准、行业标准的审查意见。

（四）上述二、（二）款的设计审查和竣工验收结果，各省（区、市）安全监管局应及时报国家安全监管总局监管一司备案。

国家安全监管总局负责对各省（区、市）安全监管局的安全设施设计审查和竣工验收工作进行指导，并对结果进行抽查。

（五）根据《办法》的规定，由国家安全监管总局负责的建设项目（含由省级安全监管局组织设计审查和竣工验收的建设项目）的预评价报告，继续由石油工业标准化技术委员会和中国安全生产科学研究院组织评审。

二〇〇六年七月二十一日

国家安全监管总局办公厅关于中国石化管道储运分公司册子岛油库二期工程原油储罐工程安全预评价工作涉及有关问题的复函

安监总厅管一函〔2007〕172 号

浙江省安全生产监督管理局：

你局《关于中国石化管道储运分公司册子岛油库二期工程原油储罐工程安全预评价工作涉及有关问题的请示》(浙安监管危化〔2007〕66 号)收悉，经研究，现函复如下：

一、凡以石油、天然气勘探、开采及其辅助储存，石油、天然气长输管道及其辅助储存立项、批准的建设项目，其安全预评价、设计审查和竣工验收工作按照《非煤矿矿山建设项目安全设施设计审查与竣工验收办法》(原国家安全生产监督管理局令第 18 号)等规定执行。

凡以石油、天然气储存设施立项、批准的建设项目，其安全论证、安全预评价、设计审查和竣工验收工作按照《危险化学品建设项目安全许可实施办法》(国家安全生产监督管理总局令第 8 号)等规定执行。

二、建设项目安全设施"三同时"工作及投产以后的日常安全监管工作按照国家现行有关规定执行。

此复。

二〇〇七年六月十三日

国家安全监管总局关于印发陆上石油天然气建设项目安全设施设计专篇编写指导书的通知

安监总管一〔2008〕7号

各省、自治区、直辖市及新疆生产建设兵团安全生产监督管理局，各有关中央企业：

为进一步做好陆上石油天然气建设项目安全设施设计专篇编写工作，根据国家安全监管总局《关于印发非煤矿矿山建设项目初步设计〈安全专篇〉编写提纲和安全设施设计审查与竣工验收有关表格格式的通知》（安监总管一字〔2005〕29号）的执行情况，国家安全监管总局制定了《陆上石油天然气建设项目安全设施设计专篇编写指导书》，现印发你们，请遵照执行。

今后，有关陆上石油天然气建设项目安全设施设计专篇编写事宜以本指导为准。执行中如有问题，请与国家安全监管总局监管一司联系。

附件：

1. 陆上石油天然气建设项目安全设施设计专篇编写指导书（高含硫气田开发钻完井工程部分）
2. 陆上石油天然气建设项目安全设施设计专篇编写指导书（地面工程部分）
3. 陆上石油天然气建设项目安全设施设计专篇编写指导书（天然气处理厂部分）
4. 陆上石油天然气建设项目安全设施设计专篇编写指导书（长输管道部分）

二〇〇八年一月八日

附件1

陆上石油天然气建设项目安全设施设计专篇编写指导书(高含硫气田开发钻完井工程部分)

1 设计依据

1.1 依据的批准文件

列出该建设项目初步设计所依据的批准文件和相关的合法证明文件名称、编制单位、发文单位、日期、文件号等相关内容。包括但不限于下列文件:

建设项目可行性研究报告(或开发方案)及批复文件;

建设项目设计委托书(任务书、合同书);

建设项目安全预评价报告及备案文件等。

1.2 遵循的主要法律法规

列出该建设项目初步设计应遵循的安全生产法律、行政法规、部门规章、地方法规和规范性文件:

《中华人民共和国安全生产法》;

《中华人民共和国消防法》;

《特种设备安全监察条例》;

《建设工程安全生产管理条例》;

《非煤矿矿山建设项目安全设施设计审查与竣工验收办法》(原国家安全监管局令第18号)等。

1.3 执行的主要标准规范

根据工程具体情况,列出该建设项目初步设计执行的国家或行业标准、规程和规范(如有修订以最新修订版本为准)。若文件较多,可分类列出。包括但不限于下列标准、规范:

1.3.1 石油天然气钻井完井井控标准、规范、规定

《钻井井控装置组合、配套、安装、调试与维护》(SY/T 5964—2006);

《节流和压井系统》(SY/T 5323—2004);

《钻具止回阀》(SY/T 5215—2005);

《钻井井控技术规程》(SY/T 6426—2005);

《固井作业规程》(SY/T 5374—2006);

《高压油气井测试工艺技术规程》(SY/T 6581—2003)等。

1.3.2 硫化氢监测及防护标准、规范、规定

《含硫油气井钻井井控装置配套、安装和使用规范》(SY/T 6616—2005)

《含硫油气田硫化氢监测与人身安全防护规程》(SY 6277—2005)

《含硫化氢油气井安全钻井推荐作法》(SY/T 5087—2005)

《含硫化氢油气井井下作业推荐作法》(SY/T 6610—2005)

《含硫化氢的油气生产和天然气处理装置作业的推荐作法》(SY 6137—2005)

1.3.3 其它HSE相关标准

《石油天然气安全规程》(AQ 2012—2007)

《石油天然气钻井健康、安全与环境管理体系指南》(SY/T 6283—1997)

《石油天然气工业健康、安全与环境管理体系》(SY/T 6276—1997)

《石油工业动火作业安全规程》(SY/T 5858—2004)

《石油钻井队安全生产检查规定》(SY 5876—93)

《钻井作业安全规程》(SY 5794—1994)

《钻井井场照明、设备颜色、联络信号安全规范》(SY 6309—1997)

《油气井井喷着火抢险作法》(SY/T 6203—1996)

《石油天然气钻井井控安全技术考核管理规则》(SY 5742—1995)

《石油天然气钻井、开发、储运防火防爆安全生产技术规程》(SY/T 5225—2005)

2 工程概述

2.1 气田概况

2.1.1 区域构造、地理位置及周边环境情况

简述气田所处的地理和构造位置,交通、通讯状况,气象、水文情况,灾害性地质现象等,重点描述井区周围居民住宅、学校、厂矿、铁路、公路、桥涵、通讯设施、高压电气线路等的分布情况。

2.1.2 气田勘探开发简况

概述气田总体勘探开发布局及气田开发单位情况简介,以及已钻探情况(包括钻井复杂情况)。

2.1.3 气藏地质特征

气藏储层埋深、岩性、物性等,气藏压力特征、地层温度梯度情况等。

2.1.4 气田产物分析

天然气、气田水等主要成分。

2.2 开发方案概述

概述气田开发规模、开发井井网部署情况、开发井采用的井型以及气田水的回注层位选择等。

2.3 基本井身结构

2.3.1 已钻探井、评价井井身结构

对已钻探井、评价井采用井身结构的合理性进行简要分析。

2.3.2 开发方案设计的开发井、回注井井身结构

说明开发井、回注井井身结构各层套管的作用。

2.4 承担钻完井的主要设备

2.4.1 钻机

应根据气藏埋藏深度,按相关标准要求,明确钻机型号及主要配套设备相关参数,以及逃生系统配备等。

2.4.2 供电系统

包括生产、生活用电以及应急用电等。

2.4.3 供水系统

说明生产用水和生活用水的供水方式以及应急抢险用水等。

2.5 钻井完井液使用要求

说明开发方案设计的钻井完井液使用要求。

2.6 固井要求

简述开发方案对设计气田固井要求,包括固井方式、套管选用等。

2.7 完井方案

简述开发方案设计的气田完井方案及工艺程序,包括完井管柱、完井测试工艺流程等。

3 危险有害因素分析

3.1 主要危险有害因素描述

可引用安全预评价报告中的内容,主要包括井喷及井喷失控的危害分析、井喷着火的危害分析、硫化氢等有毒有害气体物料的危害分析和自然环境的风险分析等。

3.2 研究课题结论性意见

安全预评价报告有时会提出一些需要进一步研究的课题,这些课题需要在设计阶段进行深入研

究。在此说明研究结论和有关安全设计方案。

3.3 补充风险分析

如工程采用了新工艺、新技术、新材料或新设备,应对其可能产生的危险有害因素进行重点分析。根据工程具体特点,设计单位可对危险有害因素进行补充分析。

4 初步设计中采取的主要防护技术与措施

主要是分类说明在初步设计中采用的主要防护技术措施、选择依据以及与法律法规、标准规范的符合性。

4.1 安全距离

4.1.1 井场离永久性公共设施建筑的距离

明确修建的井场距离铁路、公路、高压线、学校、医院、油库、民居等公共设施、建筑的安全距离,以及确定依据。

4.1.2 丛式井组安全间距

若气田采用丛式井组开发,则应按相关标准对井间距作出相应规定,确保相邻两井不发生窜漏、井眼相碰等复杂事故。

4.1.3 放喷管线出口安全距离

放喷管线出口安全距离应根据行业标准,并结合气田的地理位置情况等综合考虑后确定。

4.2 工程质量要求

4.2.1 井身质量

明确直井和定向井(含水平井,以下相同)直井段井身质量控制要求,明确井斜、方位数据采集间距,并规定测量间距;明确定向井造斜井段和扭方位井段全角变化率。

4.2.2 固井质量

明确固井质量评价标准和水泥封固质量要求,包括表层套管、技术套管、生产套管水泥封固合格率,储层以上生产套管水泥封固质量优的连续井段长度,以及套管柱试压要求。

4.2.3 录取资料

为及时发现气侵、溢流等复杂情况,必须明确资料录取要求,包括岩屑录井、综合录井(包括气测、钻时、钻井参数、气体、钻井液参数等录井),以及荧光录井要求、地层压力监测(dc 指数等方法)等。

4.3 安全设施

4.3.1 钻前工程

要根据钻机型号,按相关标准给出相应基础的要求,明确井场公路的修建要能满足石油钻探的大型车辆进出要求。

4.3.2 井控装置

根据不同的井下情况选用各次开钻防喷器的尺寸系列和组合形式,包括套管头材质、安装,钻井井控装置材质、配套及安装,钻井井控装置控制系统,采气井口装置配套、安装,钻具内防喷器工具,钻井井控装置及其控制系统试压,采气井口装置试压,井控监测设备及钻井液固控装置等。

4.3.3 完井安全设施

说明油层套管材质、强度要求,封隔器完井管柱结构、性能等,采气井口材质,完井测试地面流程,完井安全设施评价等。

4.3.4 硫化氢气体监测防护装置

硫化氢气体监测装置:固定式监测仪数量、监测探头的设置位置、主机安装位置、检查周期;便携式监测仪数量、监测位置、检查周期;硫化氢监测报警值的设置等。

硫化氢等有毒有害气体防护设施:正压式空气呼吸器、空气压缩机数量及配备要求,大功率防爆风扇数量及安装位置,以及设备的检查周期等。

救护器具:说明井场配备的急救箱、担架、氧气袋等救护设备。

4.3.5 防火防爆相关设施

说明安全警示标志设置,关键部位冷却灭火装置的安装,可燃气体监测设备安装、报警值设置,井队消防器材的配备及检查等。

4.4 主要安全技术措施

4.4.1 钻井井控主要安全措施

明确钻开油气层的准备和检查验收,包括油气层钻进钻井液必须具备的性能、高密度钻井液和加重材料的储备、钻井施工人员的技术交底、防喷演习及硫化氢等有毒有害气体的防护演习、各种钻井设备、安全设施等器材的检查,以及油气层钻进必须落实的相应制度等。

说明钻井过程中地层压力预测与监测措施、低泵冲试验与短程起下钻要求、起下钻过程中防止溢流和井喷的技术措施、正常钻进中气侵的处理措施、井漏和溢流的处理措施、测井和中途测试井控措施、取心作业井控措施和剪切闸板防喷器的使用原则等。

4.4.2 完井试油井控主要安全技术措施

说明完井试油作业前的检查和验收,包括完井试油作业前的技术交底、压井液的性能和储备、完井试油作业时的防喷演习及硫化氢等有毒有害气体的防护演习、地面测试流程各种设备、安全设施等器材的检查,以及完井试油作业时必须落实的相应制度等。

说明射孔作业安全技术措施、封隔器管柱完井作业安全技术措施、酸化作业安全技术措施、放喷测试安全技术措施等。

4.4.3 防火防爆措施

说明井场上火源及易燃易爆物品的摆放要求、井场内动火原则。

4.4.4 硫化氢防护措施

井场布置要满足硫化氢防护特殊要求,包括救护室、风向标和硫化氢警示牌设置。

说明井场人员硫化氢防护的培训,以及点火装置的配备情况。

4.4.5 井场作业安全措施

说明进入井场人员安全防护用品的佩戴要求,井口作业人员各岗位安全措施,以及预防高处落物、物体打击、机械伤害、雷击、电气伤害及防山洪、地质滑坡等措施。

4.5 弃井要求

需要做弃井处理的(包括暂时弃井和永久弃井),应有明确的封井质量要求和井口安全防护措施。

4.6 安全预评价报告建议措施采纳情况

分类列出建设项目安全预评价报告中提出的安全对策措施的采纳情况;对未采纳的或部分采纳的措施,说明原因。

5 安全设施设计后的风险状况分析

5.1 安全预评价结论

若初步设计已落实了安全预评价报告中提出的安全措施,可摘录安全预评价报告中的相关结论。若安全措施有重大改变,在下一节论述。

5.2 变更部分重新论证

若初步设计对安全预评价报告中提出的安全措施有重大改变,应在本节对建设项目的风险进行定量分析并重新论证。

推荐对设计后存留的风险进行定量分析。

6 安全管理与应急机构设置

6.1 钻完井作业关键岗位的配置

说明关键岗位人员文化程度、工作年限、持证要求(司钻操作证、井控操作证、HSE 培训合格证、硫化氢防护培训合格证等)。

6.2 安全管理机构设置

说明建设单位、钻井公司(包括测井、测试公司等专业化特殊作业公司)和钻井队(测井、测试队等专业化作业队伍)的安全管理模式和安全管理人员配置(包括驻井监督)。

6.3 应急救援预案要求

明确规定施工作业队伍必须制定切实可行的应急救援预案。

6.3.1 应急救援机构设置

说明必须设置的应急救援机构、应急设备、应急人员的设置和组成情况。

6.3.2 应急救援预案分类

说明钻井作业过程中应制定的应急救援预案,包括井喷及井喷失控应急救援预案、硫化氢中毒应急救援预案、火灾应急救援预案、现场人员伤亡急救预案、重大疫情应急预案、交通事故应急救援预案等。

6.3.3 应急救援预案启动

明确应急预案的启动原则和现场应急救援队伍的工作程序。

6.3.4 应急培训及演练

明确应急培训及演练应达到的要求。

7 单井钻完井安全专用投资概算

给出工程概算总投资,列表说明用于安全的专用投资及其占总投资的比例。用于安全的专用投资包括但不限于以下内容:

7.1 井控装置租用及易损件消耗费用

7.2 监测设备租用及易损件费用

7.3 防护设备租用及易损件费用

7.4 应急培训及演练费用

7.5 安全宣传、教育费用

8 主要结论和建议

8.1 主要结论

归纳设计所采用的安全设施和采取的安全措施,明确安全预评价报告书的安全措施是否得到了落实;说明设计是否满足国家法律法规、标准规范的要求。

8.2 建议

为进一步降低风险,根据同类建设项目的管理情况和发展趋势,说明还需要改进或增加的其他内容和建议,如已运行正常的同类建设项目的经验,需要开展专题攻关研究的内容,在施工过程中需进一步落实的问题等。

附件:

设计单位资质复印件

开发气田区域位置图

开发气田井位部署图

附件2

陆上石油天然气建设项目安全设施设计专篇编写指导书(地面工程部分)

1 设计依据

1.1 依据的批准文件

列出该建设项目初步设计所依据的批准文件和相关的合法证明文件名称、编制单位、发文单位、日期、文件号等相关内容。包括但不限于下列文件:

建设项目可行性研究报告(或开发方案)及批复文件;

建设项目设计委托书(任务书、合同书);

建设项目安全预评价报告及备案文件等。

1.2 遵循的主要法律法规

列出该建设项目初步设计应遵循的安全生产法律、行政法规、部门规章、地方法规和规范性文件:

《中华人民共和国安全生产法》

《中华人民共和国消防法》

《石油天然气管道保护条例》

《特种设备安全监察条例》

《建设工程安全生产管理条例》

《非煤矿矿山建设项目安全设施设计审查与竣工验收办法》等

1.3 执行的主要标准规范

根据工程具体情况,列出该建设项目初步设计执行的国家或行业标准、规程和规范(如有修订以最新修订版本为准)。若文件较多,可分类列出。包括但不限于下列标准规范:

《石油天然气工程设计防火规范》(GB 50183—2004)

《油气集输设计规范》(GB 50350—2005)

《建筑设计防火规范》(GB 50016—2006)

《建筑物防雷设计规范》(GB 50057—1994)

《爆炸和火灾危险环境电力装置设计规范》(GB 50058—1992)

《生产过程安全卫生要求总则》(GB 12801—1991)

《石油与石油设施雷电安全规范》(GB 15599—1995)

《工业企业设计卫生标准》(GB Z1—2001)

《工作场所有害因素职业接触限值》(GB Z2—2002)

《石油天然气安全规程》(AQ 2012—2007)

《陆上油气田油气集输安全规定》(SY/T 6320—1997)

《石油天然气钻井、开发、储运防火防爆安全生产技术规程》(SY/T 5225—2005)

《石油工业用加热炉安全规程》(SY 0031—2004)

《可燃气体检测报警器使用规范》(SY 6503—2000)

《石油设施电气装置场所分类》(SY/T 0025—1995)

1.4 与安全设施设计相关的其他设计依据

2 工程概述

依据建设项目初步设计简述相关内容。

2.1 建设项目概况

2.1.1 开发方案概述

说明油气田地理位置、开发动用的面积和储量。

说明开发方式、开采工艺和生产井、注入井的数量。

对油田开发应说明年产液量、年产油量、年产气量、年注水量、原油含水、平均气油比等开发指标。

对气田开发应说明年产气量、年产油量、年产水量、井口压力等开发指标。

2.1.2 环境概述

说明新建、改建、扩建石油天然气场站的地理位置,以及与周边城镇、居民点、相邻厂矿企业、交通线路等的方位和距离。

说明工程所处区域的自然条件,包括地形地貌、工程地质、气象、地震烈度等。

简要说明工程所处区域交通运输、社会经济状况等。

2.1.3 建设规模和主要工作量

说明原油、天然气的生产能力、处理能力、外输能力等总体建设规模。

主要工作量汇总,说明新建、改建、扩建各类井口装置、生产场站、管线的数量或规模。

2.1.4 物料

说明工程所涉及的原油(凝析油)、天然气、地层水等流体的性质。原油应说明闪点、密度、粘度、凝固点、含硫量、含蜡量等物性。天然气应说明密度、化学组成等物性。

对含有硫化氢、二氧化碳等有毒有害物质的天然气,应特别说明天然气中硫化氢、二氧化碳等有毒有害物质的组分含量。

说明工程所涉及的其他危险物质(如甲醇)或化学药剂的名称和用量。

2.2 主体工艺描述

简述油气集输、油气处理、油气储运系统,含油污水处理系统,注水系统的工艺流程,说明各系统的主要技术参数。

说明工程有无涉及硫化氢、二氧化碳等有毒介质的工艺流程,若有,应进行描述。

2.3 辅助生产系统和公用工程

对生产控制系统、火炬及放空系统、供配电系统、供水和消防系统、采暖通风系统、通信系统、建筑与结构、总图运输等进行简要的描述。

2.4 主要设备和建筑物

列表说明生产场站新建、改建、扩建的主要设备的规格型号、设计参数、数量和材质等。主要设备包括储罐、容器、炉、机泵等(参见附表1)。

列表说明生产场站新建、改建、扩建的建筑物建筑面积和高度、建筑结构、火灾危险性、耐火等级、泄压比值(对有爆炸危险的甲、乙类生产厂房)等(参见附表2)。

3 危险有害因素分析

3.1 主要危险有害因素描述

可引用安全预评价报告中的内容,主要包括物料的危险有害因素分析、工艺过程的危险有害因素分析和自然环境的风险分析等。

3.2 研究课题结论性意见

安全预评价报告有时会提出一些需要进一步研究的课题,这些课题需要在设计阶段进行深入研究。在此说明研究结论和有关安全设计方案。

3.3 补充风险分析

如工程采用了新工艺、新技术、新材料或新设备,应对其可能产生的危险有害因素进行重点分析。

根据工程具体特点,设计单位可对危险有害因素进行补充分析。

4 初步设计中采取的主要防护技术措施

主要是分类说明在初步设计中采用的主要防护技术措施、选择依据以及与法律法规、标准规范的符合性。

4.1 区域布置及总平面布置的安全措施

4.1.1 区域布置

具体说明站场和集输管网与周边城镇、居民点、厂矿企业、交通线的安全布局、防火间距、公共安全防护距离等内容是否满足国家及行业标准的要求。

4.1.2 总平面布置

主要说明总平面中各分区的位置与最小频率风向的关系,消防道路及其入口位置和数量,内部的防火间距等。

4.1.3 集输干线的路由选择

对管径和压力较大的集油和集气干线,应说明其路由选择的安全考虑和采取的安全措施。

4.2 设备、管道、仪表等材质的选择

对含有硫化氢、甲醇及其它有毒化学药剂的建设项目,要重点说明与有毒介质接触的设备、管道、仪表的材质情况和选择依据。

4.2.1 工艺设备的材质选择

说明主要工艺设备的材质选择情况和选择依据。

4.2.2 工艺管道、阀门的材质选择

说明与主要工艺介质接触的工艺管道(工艺管道包括站场管道和集输管道)和阀门的材质选择情况和选择依据。

4.2.3 仪表设备、材料的材质选择

说明与主要工艺介质接触的仪表设备、材料的材质选择情况和选择依据。

4.3 防火、防爆的安全措施

4.3.1 自动控制系统和紧急停车系统

说明场站主要控制系统的控制方案,以及紧急停车系统的设置情况、功能、目标及关断级别。

4.3.2 火气探测系统

说明火气探测系统的安装场所、安装位置、选用型号、数量等。

4.3.3 设备和管道的防腐措施

说明各类管道和设备选用的内、外防腐层种类、结构、等级、厚度,管道的补口方式,以及选择依据。

说明工程采取的阴极保护方案和主要设计内容。

4.3.4 电气设施的防火防爆措施

说明电气设施在防火、防爆方面采取的安全措施,如设备防爆等级、防护标识,电缆的阻燃性能等。

4.3.5 防雷、防静电的措施

说明对工艺设备、工艺管道、建(构)筑物、自控仪表、电气设备等所采取的防雷、防静电措施。

4.3.6 应急电源的设置

说明应急电源(如UPS、EPS、应急发电机等)的设置情况、相关参数及在电源故障时的具体保障措施。

4.3.7 通风措施

说明用于排除易燃易爆气体的通风设备的设置情况,说明通风设备安装型号、数量、通风方式、换气次数等。

4.3.8 安全泄放系统

放空管或放空火炬:说明放空管或放空火炬的设计放空量及确定依据;说明放空管或放空火炬的直径、高度及确定依据。

安全阀:根据工艺管道仪表流程,列出管道和设备上设置的安全阀,并说明其放空量的考虑情况。

4.3.9　消防站和消防系统

说明消防站设置情况、消防给水水量设计、消防泵选择、固定式和移动式消防设施的设置及消防器材的配置情况。

4.3.10　其它防火防爆安全措施

说明工程在建筑防火、电视监控系统、保安系统、管道泄漏检测等方面的安全措施。

4.4　防毒、防化学伤害的安全措施

对含有硫化氢、甲醇及其它有毒有害化学药剂等的建设项目,说明在工艺、设备、设施和装置中采用的防毒安全设施和必要的控制、检测、检验设施。

4.4.1　有毒气体探测系统

说明有毒气体探测系统的安装场所、位置、选用型号、数量等。

4.4.2　通风系统

说明用于排除有毒气体的通风设备的设置情况,说明通风设备安装型号、数量、通风方式、换气次数等。

4.5　防范其他危险、危害因素的安全措施

说明本项目在防机械伤害、物体打击、高处坠落、高温烫伤、噪声、振动、电气伤害、自然灾害等方面采取的安全措施。

4.6　人员逃生和救生

说明一旦发生火灾爆炸事故、有毒气体泄漏和急性中毒事故,人员逃生路线的设计原则和逃生通道、疏散方式和应急措施,主要建筑物的疏散门数量和开启方向,工程所配备的人员逃生和救生设施的类型、数量(如风向标、洗眼器、防毒面具、防化服、正压式空气呼吸器、急救药箱、便携式有毒气体检测器等)。

4.7　安全预评价报告建议措施采纳情况

分类列出建设项目安全预评价报告中提出的安全对策措施的采纳情况;对未采纳的或部分采纳的措施,说明原因。

5　安全设施设计后的风险状况分析

5.1　安全预评价结论

若初步设计已落实了安全预评价报告中提出的安全措施,可摘录安全预评价报告中的相关结论。若安全措施有重大改变,在下一节论述。

5.2　变更部分重新论证

若初步设计对安全预评价报告中提出的安全措施有重大改变,应在本节对建设项目的风险进行定量分析并重新论证。

对高含硫化氢的建设项目,应对设计后存留的风险进行定量分析。

6　安全管理机构和设施

6.1　安全管理机构设置及人员配备

简述建设项目投入生产或者使用后设置安全管理机构情况,附组织机构图;简述安全专职人员的配置情况(有无新增人员均需说明)。

6.2　安全教育设施

6.3　应急机构

说明建设项目投入生产或者使用后应急机构、应急设备、应急人员的设置和组成情况。

说明建设项目投入生产或者使用后所依托的外部应急机构情况。

7 专用投资概算

给出工程概算总投资,列表说明用于安全的专用投资及其占总投资的比例(参见附表3)。用于安全的专用投资包括但不限于以下内容:

7.1 主要生产环节安全专项防范设施费用

7.2 检测设备和设施费用

7.3 安全教育设备和设施费用

7.4 事故应急措施费用

8 主要结论和建议

8.1 主要结论

归纳初步设计所采用的安全设施和采取的安全措施,明确安全预评价报告书的安全措施是否得到了落实;说明设计是否满足国家安全法律法规、标准规范的要求。

8.2 建议

为进一步降低风险,根据同类建设项目的管理情况和发展趋势,说明还需要改进或增加的其他内容和建议,如已运行正常的同类建设项目的经验,需要开展专题攻关研究的内容,在施工图设计中需进一步落实的问题等。

附件:

设计单位资质复印件

区域位置图

总平面布置图

主要工艺原理流程图

危险区域划分图

火气监测系统布置图

逻辑关断图

消防管网图

附表

附表1　主要工艺设备汇总表

序号	设备名称	规格型号	数量	设计参数	主要介质	主体材质
一	＊＊场站					
1						
2						
…						
二	＊＊场站					
1						
2						
…						

附表2　建筑物汇总表

序号	建筑物名称	建筑物高度	建筑面积(m^2)	建筑结构	火灾危险性	耐火等级	层数	泄压比值
1								
2								
…								

附表3　安全专用投资概算表

序号	安全技术措施和设施名称	概算投资(万元)	占概算总投资比例(%)
一	生产环节安全专项防范措施		
1	油井防护栏		
2	ESD紧急停车系统		
3	生产监控超限报警系统		
4	安全泄压和放空系统		
5	防爆电气设备		
6	防雷防静电接地系统		
7	应急电源		
8	防腐和阴极保护系统		
9	通风系统		
10	电视监控系统		
11	安防系统		
…	……		
二	检测设备和设施费用		
1	火灾报警系统		
2	可燃气体检测报警系统		
3	有毒气体检测报警系统		
4	管道泄漏检测系统		
…	……		
三	安全教育装置和设施费用		
1	安全教育室和设施		
…	……		
四	事故应急设施费用		
1	事故油罐和防火堤		
2	消防设施		
3	安全防护、逃生和救生设施		
4	抢维修设备		
…	……		
五	总计		

附件3

陆上石油天然气建设项目安全设施设计专篇编写指导书(天然气处理厂部分)

1 设计依据

1.1 依据的批准文件

列出该建设项目初步设计所依据的批准文件和相关的合法证明文件名称、编制单位、发文单位、日期、文件号等相关内容。包括但不限于下列文件:

建设项目可行性研究报告(或开发方案)及批复文件;

建设项目设计委托书(任务书、合同书);

建设项目安全预评价报告及备案文件等。

1.2 遵循的主要法律法规

列出该建设项目初步设计所遵循的安全生产法律、行政法规、部门规章、地方法规和规范性文件:

《中华人民共和国安全生产法》;

《中华人民共和国消防法》;

《特种设备安全监察条例》;

《建设工程安全生产管理条例》;

《非煤矿矿山建设项目安全设施设计审查与竣工验收办法》等。

1.3 执行的主要标准规范

根据工程具体情况,列出该建设项目初步设计执行的国家或行业标准、规程和规范(如有修订以最新修订版本为准)。若文件较多,可分类列出。包括但不限于下列标准规范:

《石油天然气工程设计防火规范》(GB 50183—2004)

《建筑设计防火规范》(GB 50016—2005)

《建筑物防雷设计规范》(GB 50057—1994)

《爆炸和火灾危险环境电力装置设计规范》(GB 50058—1992)

《生产过程安全卫生要求总则》(GB 12801—1991)

《石油与石油设施雷电安全规范》(GB 15599—1995)

《石油天然气安全规程》(AQ 2012—2007)

《可燃气体检测报警器使用规范》(SY 6503—2000)

《石油设施电气装置场所分类》(SY/T 0025—1995)

1.4 与安全设施设计相关的其他依据

2 工程概述

依据建设项目初步设计简述相关内容。

2.1 建设项目概况

说明建设规模、建设性质、原料气条件、工艺路线及产品方案。

说明地理位置、周边环境、交通运输条件、自然条件等厂址概况。

2.2 主体工艺系统

简述脱硫(碳)装置、脱水(烃)装置、硫磺回收装置、尾气处理装置、轻烃回收装置等工艺装置采用的工艺方法及工艺流程。

2.3 总平面布置

对工厂总平面布置、竖向布置、厂内道路等作简要说明,列出总占地面积。

2.4 自动控制系统

简述 DCS、ESD、F&GS 系统。

2.5　辅助生产设施和公用工程

对火炬及放空系统、供电系统、循环水系统、空气氮气站、污水处理装置、蒸汽和凝结水系统、油品储存设施、硫磺成型装置、消防水系统等进行简要说明。

2.6　主要设备和建筑物

列表说明处理厂的新、改、扩建的主要设备规格型号、设计参数、数量和材质等。主要设备包括储罐、容器、炉、机泵等(参见附表1)。

列表说明处理厂的新、改、扩建的建筑物建筑面积和高度、建筑结构、火灾危险性、耐火等级、泄压比值(对有爆炸危险的甲、乙类生产厂房)等(参见附表2、附表3)。

3　危险有害因素分析

3.1　主要危险有害因素描述

可引用安全预评价报告中的内容,主要包括物料的危险有害因素分析、工艺过程的危险有害因素分析和自然环境的风险分析等。

3.2　研究课题结论性意见

安全预评价报告有时会提出一些需要进一步研究的课题,这些课题需要在设计阶段进行深入研究。在此说明研究结论和有关安全设计方案。

3.3　补充风险分析

如工程采用了新工艺、新技术、新材料或新设备,应对其可能产生的危险有害因素进行重点分析。根据工程具体特点,设计单位可对危险有害因素进行补充分析。

4　初步设计中采取的主要防护技术措施

主要是分类说明在初步设计中采用的主要防护技术措施、选择依据以及与法律法规、标准规范的符合性。

4.1　区域布置及总平面布置的安全措施

4.1.1　区域布置

说明工厂与周边城镇、居民点、厂矿等主要建筑物的安全布局、防火间距和公共安全防护距离是否满足国家及行业标准的要求。

4.1.2　总平面布置

说明总平面中各分区的位置与最小频率风向的关系;消防道路及其入口位置和数量;逃生通道的位置和数量;工厂内部的防火间距及依据等;易燃易爆物堆场的分组、分区、消防通道、防火间距、防火堤及隔堤分离设施。

4.2　设备、管道、仪表等材质的选择

对含有硫化氢、甲醇及其它有毒化学药剂的建设项目,重点说明与有毒介质接触的设备、管道、仪表的材质情况和选择依据。

4.2.1　工艺设备的材质选择

列表说明全厂主要工艺设备的材质选择情况及依据。

4.2.2　工艺管道、阀门的材质选择

说明与主要工艺介质接触的工艺管道和阀门所采用的材质及选择依据。

4.2.3　仪表设备、材料的材质选择

说明与主要工艺介质接触的仪表设备、材料所采用的材质及选择依据。

4.3　紧急停车和自控系统设置

4.3.1　紧急停车系统

说明紧急停车系统的设置情况、功能、目标及关断级别。

4.3.2　自控系统

说明自控系统在防火、防爆方面采取的安全措施,如设备防爆等级、防护标识,电缆的阻燃性能等。

4.4　防火、防爆的安全措施

4.4.1　安全泄放系统

放空火炬:说明高、低压放空火炬的设计放空量及放空量的确定依据;说明放空火炬的直径、高度以及确定高度的依据。

安全阀:根据工艺管道仪表流程,列出管道和设备上设置的安全阀,并说明其放空量的考虑情况。

4.4.2　火灾及可燃气体检测系统

说明火灾及可燃气体检测系统的安装场所、安装位置、选用型号、数量等。

4.4.3　炉类设备设计

说明硫磺回收装置的主燃烧炉、再热炉、灼烧炉等炉类设备的防爆门及设计压力。说明锅炉的防爆门设置情况。

4.4.4　建(构)筑物的防火、防爆设计

建筑物汇总:列表说明建筑物情况。

建筑物防火设计:从建筑物的安全疏散、内部装修材料等方面说明建筑物设计中采取的防火措施。

建筑物的防爆设计:列表说明建筑物防爆设计情况。针对各建筑物的防爆特性分别说明在设计中采取的防爆措施。

构筑物的防火设计:说明构筑物的耐火保护措施,如耐火极限、采用的防火涂料类型、涂料的覆盖范围、涂料的施工要求等。

4.4.5　电气设施的防火、防爆措施

说明电气设施在防火、防爆方面采取的安全措施,如设备防爆等级、防护标识,电缆的阻燃性能等。

4.4.6　防雷、防静电措施

说明对工艺设备、工艺管道、建(构)筑物、自控仪表、电气设备等所采取的防雷、防静电措施。

4.4.7　防尘措施

说明硫磺成型、储存、包装、运输过程中采取的防尘措施。

4.4.8　通风措施

说明对正常或事故情况下有可能发生可燃气体积聚的建(构)筑物采取的通风措施。

4.4.9　其它防火防爆安全措施

建筑防火、通信、工业电视监控系统、保安系统等方面防火防爆的安全措施。

4.4.10　消防设施

说明消防站设置情况、消防给水水量设计、消防泵选择、固定式和移动式消防设施的设置及消防器材物质的配置情况。液硫罐的灭火措施。

4.4.11　氮气系统

说明氮气系统的规模和功能。

4.4.12　应急电源

说明应急电源的设置情况、相关参数及在电源故障时的具体保障措施。

4.5　防毒、防化学伤害的安全措施

对含有硫化氢、甲醇及其它有毒化学药剂的建设项目,说明在工艺、设备、设施和装置中采用的防毒安全设施和必要的控制、检测、检验设施。

4.5.1　有毒气体检测系统

说明有毒气体检测系统的安装场所、安装位置、选用型号、数量等。

4.5.2　通风系统

说明用于排除有毒气体的通风设备的设置情况,说明通风设备安装型号、数量、通风方式、换气次数等。

4.6　防范其他危险、危害因素的安全措施

说明本项目在防范地震、机械伤害、物体打击、高处坠落、高温烫伤、噪声、振动、洪水、电气伤害等方面采取的安全措施。

4.7 人员逃生和救生

说明一旦发生火灾爆炸事故、有毒气体泄漏和急性中毒事故，人员逃生路线的设计原则和逃生通道、疏散方式和应急措施，主要建筑物的疏散门数量和开启方向，工程所配备的人员逃生和救生设施的类型、数量（如风向标、洗眼器、防毒面具、防化服、正压式空气呼吸器、急救药箱、便携式有毒气体检测器等）。

4.8 安全预评价报告建议措施采纳情况

分类列出建设项目安全预评价报告中提出的安全对策措施的采纳情况；对未采纳的意见，说明原因。

5 安全设施设计后的风险状况分析

5.1 安全预评价结论

若初步设计已落实了安全预评价报告中提出的安全措施，可摘录安全预评价报告中的相关结论。若安全措施有重大改变，在下一节论述。

5.2 变更部分重新论证

若初步设计对安全预评价报告中提出的安全措施有重大改变，应在本节对建设项目的风险进行定量分析并重新论证。

对于高含硫化氢的建设项目，应对设计后存留的风险进行定量分析。

6 安全管理机构和设施

6.1 安全管理机构设置及人员配备

简述建设项目投入生产或者使用后设置安全管理机构情况，附组织机构图；简述安全专职人员的配置情况（有无新增人员均需说明）。

6.2 安全教育设施

6.3 应急机构

说明建设项目投入生产或者使用后应急机构、应急设备、应急人员的设置和组成情况。

简要说明建设项目投入生产或者使用后设置所依托的外部应急机构情况。

7 专用投资概算

给出工程概算总投资，列表说明用于安全的专用投资及其占总投资的比例（参见附表4）。用于安全的专用投资包括但不限于以下内容：

7.1 主要生产环节安全专项防范设施费用

7.2 检测设备和设施费用

7.3 安全教育设备和设施费用

7.4 事故应急措施费用

8 主要结论和建议

8.1 主要结论

归纳初步设计所采用的安全设施和采取的安全措施，明确安全预评价报告书的安全措施是否得到了落实；说明设计是否满足国家法律法规、标准规范的要求。

8.2 建议

为进一步降低风险，根据同类建设项目的管理情况和发展趋势，说明还需要改进或增加的其他内容和建议，如已运行正常的同类建设项目的经验，需要开展专题攻关研究的内容，在施工图设计中需进一步落实的问题等。

附件：

厂址区域位置图

总工艺流程图

全厂总平面布置图
各单元工艺流程图
安全联锁系统“因—果”图
工厂防爆区域划分图
气体、火灾监测及报警图
消防系统工艺流程图

附表

附表1　主要工艺设备汇总表

序号	设备名称	规格型号	数量	设计参数	主要介质	主体材质
一	脱硫装置					
1						
2						
…						
二	……					
1						
2						
…						

附表2　建筑物汇总表

序号	建筑物名称	建筑物高度	建筑面积(m^2)	建筑结构	火灾危险性	耐火等级	层数	泄压比例
1								
2								
…								

附表3　建筑物防爆设计汇总表

序号	建筑物名称	易爆介质名称	火灾危险性分类	防爆措施	备注
1					
2					
…					

附表4　安全专用投资概算表

序号	安全技术措施和设施名称	概算投资(万元)	占概算总投资比例(%)
一	生产环节安全专项防范措施		
1	ESD紧急停车系统		
2	生产监控超限报警系统		
3	安全泄压和放空系统		
4	防爆电气设备		
5	防雷防静电接地系统		
6	应急电源		
7	防腐和阴极保护系统		
8	通风系统		
9	电视监控系统		
10	安防系统		
…	……		
二	检测设备和设施费用		
1	火灾报警系统		
2	可燃气体检测报警系统		
3	有毒气体检测报警系统		
4	管道泄漏检测系统		
…	……		

续表

序号	安全技术措施和设施名称	概算投资(万元)	占概算总投资比例(%)
三	安全教育装置和设施费用		
1	安全教育室和设施		
…	……		
四	事故应急设施费用		
1	事故油罐和防火堤		
2	放空火炬系统		
3	消防设施、制氮设施		
4	安全防护、逃生和救生设施		
5	抢维修设备		
…	……		
五	总计		

附件4

陆上石油天然气建设项目安全设施设计专篇编写指导书(长输管道部分)

1 设计依据

1.1 依据的批准文件

列出该建设项目初步设计所依据的批准文件和相关的合法证明文件名称、编制单位、发文单位、日期、文件号等相关内容。包括但不限于下列文件:

建设项目可行性研究报告(或开发方案)及批复文件;

建设项目设计委托书(任务书、合同书);

建设项目安全预评价报告及备案文件等。

1.2 遵循的主要法律法规

列出该建设项目初步设计应遵循的安全生产法律、行政法规、部门规章、地方法规和规范性文件:

《中华人民共和国安全生产法》;

《中华人民共和国消防法》;

《石油天然气管道保护条例》;

《特种设备安全监察条例》;

《建设工程安全生产管理条例》;

《非煤矿矿山建设项目安全设施设计审查与竣工验收办法》等。

1.3 执行的主要标准规范

根据工程具体情况,列出该建设项目初步设计执行的国家或行业标准、规程和规范(如有修订以最新修订版本为准)。若文件较多,可分类列出。包括但不限于下列标准规范:

《石油天然气工业输送钢管交货技术条件》(GB/T 9711.1—1997)

《建筑抗震设计规范》(GB 50011—2001)

《建筑设计防火规范》(GB 50016—2005)

《供配电系统设计规范》(GB 50052—1995)

《建筑物防雷设计规范》(GB 50057—1994)

《爆炸和火灾危险环境电力装置设计规范》(GB 50058—1992)

《火灾自动报警系统设计规范》(GB 50116)

《建筑灭火器配置设计规范》(GB 50140—2005)

《石油天然气工程设计防火规范》(GB 50183—2004)

《输气管道工程设计规范》(GB 50251—2003)

《输油管道工程设计规范》(GB 50253—2003)

《工作场所有害因素职业接触限值》(GBZ 2—2002)

《钢质管道及储罐腐蚀控制工程设计规范》(SY 0007—1999)

《原油和天然气输送管道穿跨越工程设计规范》(SY/T 0015—1998)

《石油设施电气装置场所分类》(SY/T 0025—1995)

《石油天然气工程总图设计规范》(SY/T 0048—2000)

《输油(气)钢质管道抗震设计规范》(SY/T 0450—2004)

《石油工业动火作业安全规程》(SY/T 5858—2004)

《可燃气体检测报警器使用规范》(SY 6503—2000)

《石油天然气安全规程》(AQ 2012—2007)

1.4 与安全设施设计相关的其他设计依据

2 工程概述

2.1 建设项目概况

2.1.1 项目简况

依据建设项目初步设计,简要说明工程建设地点、输送介质、工艺、设计输送能力、设计压力、管道长度、管径以及站场设置、工程难点地段等。

2.1.2 环境概述

1)自然环境:气象条件(见附表1 沿线主要气象资料统计表);水文条件;土壤及腐蚀性;植被;地形地貌(见附表2 沿线地貌区域划分统计表);沿线水文地质、工程地质、抗震设防烈度及地震断裂带分布等。

2)社会条件:沿线交通、人文、经济、规划、建(构)筑物状况等。

2.1.3 物料

按标准列表说明工程所涉及的原油、天然气等流体的性质。

对含有硫化氢、二氧化碳等有毒有害物质的天然气,应特别说明天然气中硫化氢、二氧化碳等有毒有害物质的组分含量。

说明工程所涉及的其他危险物质(如甲醇)或化学药剂的名称和用量。

2.2 线路工程

2.1.1 线路走向

简要说明线路的总体走向,主要包括线路(干、支线)的起点(首站)、中间站(含分输站)、终点(末站)的地理位置及其分段线路长度,并给出沿线行政区划统计表(见附表3 行政区划分及其长度统计表)和走向示意图。

2.1.2 管道敷设

简要说明一般地段埋地管道的敷设方式、埋深、管沟开挖及施工作业带的要求。

2.1.3 管道穿跨越

简要说明管道沿线经过的山体、河流、等级公路、铁路分布,穿(跨)越方式,主要技术参数等。

列表说明管道全线穿跨越的工程量(见附表4、5、6)。

2.3 工艺站场

2.3.1 站场设置(见附表7 各类站场统计表),简要说明各站场的功能、建设规模、位置,重点介绍区域及总平面布置,并提供平面布置图。

2.3.2 工艺流程

简述调压、紧急关断、放空、清管、加热等系统的工艺流程,说明各流程的主要技术参数。

2.4 防腐、保温及阴极保护

2.4.1 外防腐层

简要说明管道外防腐层及防水保温层的材料结构、补口方式。

2.4.2 管道内涂层

简要说明内涂层选择的原则和结构参数。

2.4.3 阴极保护

推荐的阴极保护方案。简要说明,当采用强制电流阴极保护方案时,结合工艺站场的布置确定阴极保护站分布、数量、供电方式、建站类型等;当采用牺牲阳极保护时,简述设计原则、阳极材料的选用和数量。

2.4.4 站场工程防腐及保温

说明管道、设备防腐及保温的原则以及设置方案。

2.5 自动控制与仪表工程

简述管道工程总体控制方案和基本操作原理。

2.6 通信工程

2.6.1 工程采用的通信方式。

2.6.2 说明光、电缆线路路由走向、线路长度、敷设方式。

2.6.3 说明通信设备的供电方式、负荷等级。

2.7 公用工程

2.7.1 供配电工程

1)说明供电方案,包括各站场的负荷特性、负荷等级、供电电源位置、电压等级、送电回路。如有自备电站,应说明其驱动机类型、装机容量、台数、运行方式、并网方式。

2)说明变、配电所的数量、容量、位置、布置形式。

2.7.2 建筑与结构

说明单体和群体建筑的耐火等级、规模、平面形式、结构形式、使用内容、层数、层高等。

2.7.3 给排水及消防

1)给排水

应说明各类站场的用水量、水源、水压、水质(生活用水、生产用水、消防用水)及清污分流的处理方式。

2)消防

说明站场的等级及其配套消防方式、外部协作条件,消防站的等级规模,固定(半固定)消防系统配置,消防器材配置,消防系统在火灾发生时的响应启动方式。

2.7.4 供热

说明加热炉、热媒参数,燃料结构,水处理方式,供热系统防火、防爆措施。

2.7.5 暖通

说明采暖、空调、通风方案及主要消耗指标。

2.8 伴行路

简述伴行路的选线原则、等级、建设标准;当管道在伴行路面敷设时,应给出线路平面及纵断面结构图。

3 危险有害因素分析

3.1 主要危险有害因素描述

可引用安全预评价报告中的内容,主要包括物料的危险有害因素分析、工艺过程的危险有害因素分析和自然环境的风险分析等。

3.2 研究课题结论性意见

安全预评价报告有时会提出一些需要进一步研究的课题,这些课题需要在设计阶段进行深入研究。在此说明研究结论和有关安全设计方案。

3.3 补充风险分析

如工程采用了新工艺、新技术、新材料或新设备,应对其可能产生的危险有害因素进行重点分析。根据工程具体特点,设计单位可对危险有害因素进行补充分析。

4 初步设计中采取的主要防护技术措施

分类说明在初步设计中采用的主要防护技术措施、选择依据以及与法律法规、标准规范的符合性。

4.1 总图及运输

4.1.1 说明选定站址的位置及其与周边的关系,重点说明站场选址合理性,与周边的安全距离是否符合要求。

4.1.2 说明总平面布置的功能分区、站内的平面布置和竖向布置等，明确平面布置的合理性：是否按功能分区、站内装置间的安全距离是否符合要求；油品站场采取竖向布置，是否采取导流措施。

4.1.3 回填站场基础稳定的措施。

4.1.4 站场道路设置。

4.2 线路走向选择

4.2.1 输气线路地区等级的划分及强度设计系数的确定（见附表8沿线地区等级划分统计表）。

4.2.2 说明管材、管型、制管标准的选择，从技术、经济、采购等方面说明理由。

4.2.3 在输油管道存在翻越点时，应说明其后的保护措施。

4.2.4 特殊地形段管道分布及采取的安全措施，包括：

1）丘陵、山区、水网地区的敷设方式。

2）与高压输电线、电气化铁路并行段的杂散电流排流措施，与其它已建地下构筑物交叉处理措施。

3）灾害地质段的敷设方式。

4）特殊地区管段，包括沼泽、地震断裂带、采空区、湿陷性土壤、砂土液化等地段的安全措施。

4.3 站场工艺

4.3.1 输油管道站场

防凝管、防水击、防雷击、防静电、安全排放及罐区防火防爆安全措施。

4.3.2 输气管道站场

1）进出站截断阀、火炬（放空）系统、气质控制仪表、清管放空系统等设置。

2）当输气干（复）线与（原管线）支线、支干线、联络线压力等级不一致时，保证分输站下游低压系统正常运行的安全措施等。

4.4 线路截断阀的设置

简要说明线路截断阀设置原则、阀门类型、数量和位置（见附表9管线截断阀室一览表）。

4.5 穿（跨）越工程

河流、大型冲沟、山岭隧道、铁路、公路、特殊地段穿（跨）越工程等。

4.6 给排水与消防

水源可靠性、消防泵房配置、消防管网设置及污水事故池的设置等。

4.7 供配电工程

4.7.1 说明站场、RTU阀室供电电源的可靠性。

4.7.2 保证特别重要负荷，如消防、通信、控制、仪表等安全供电的措施。

4.7.3 配电设备设置的安全措施。

4.7.4 电气设备的防爆、防火、防腐蚀措施。

4.7.5 防雷、防静电保护措施。

4.8 自动控制与仪表工程

4.8.1 简述自控系统逻辑控制及全线紧急关断、仪表和系统的故障诊断、管线泄漏检测、可燃气体浓度、感温检测报警等功能。

4.8.2 站场的爆炸危险场所等级，选用仪表的防爆级别以及措施。

4.9 通信工程

4.9.1 各站场、阀室的通信方式及可靠性分析。

4.9.2 防雷及接地系统设置。

4.9.3 光（电）缆线路防腐、防洪、防鼠害措施等。

4.10 防腐保温与阴极保护

4.10.1 根据管道走向选择各区域的特点，说明外防腐、保温结构及阴极保护站设置合理性。

4.10.2　说明与高压电线、电气化铁路平行敷设段的分布，杂散电流干扰源的性质、类型及工作状况，排流保护的方法和措施的选择。

4.10.3　穿(跨)越段的防腐及阴保措施。

4.10.4　站场区域保护的设置，重点说明大型储罐罐底外侧防腐措施。

4.10.5　根据输送介质的性质，说明防止管内壁 CO_2、H_2S、H_2O 等腐蚀的措施。

4.10.6　牺牲阳极的设置情况。

4.11　建筑与结构

对重点或大中型建筑应列出抗震、消防措施。

4.12　事故应急措施

应急措施的制定可借用周边已有的社会力量、组织机构、设备设施。根据工程的特点，有针对性地提出应急技术措施，主要包括火灾爆炸事故、重大油气泄漏、事故、打孔盗油事件、自然灾害抢险、应急设备装备等。

4.13　安全预评价报告建议措施采纳情况

分类列出建设项目安全预评价报告中提出的安全对策措施的采纳情况；对未采纳的或部分采纳的措施，说明原因。

5　安全设施设计后的风险状况分析

若初步设计已落实了安全预评价报告中提出的安全措施，可摘录安全预评价报告中的相关结论。若安全措施有重大改变，应对变化部分应重新进行评价、验证。

5.1　站场安全设施设计风险状况分析

5.1.1　区域布置和总平面布置风险状况分析。

5.1.2　站内工艺过程控制系统(PCS)、火气系统(F&GS)、紧急关断系统(ESD)或安全仪表系统(SIS)、单元控制系统(UCS)的风险状况分析。

5.1.3　消防、供配电、防雷、防静电、防腐保温的风险状况分析。

5.2　线路设计安全风险状况分析

5.2.1　路由选择及敷设方式。

5.2.2　管材选择合理性分析。

5.2.3　截断阀选型及设置可靠性分析。

5.2.4　特殊区域管线设计安全技术措施合理性分析。

5.2.5　管道防腐、保温及试压、清管、干燥、置换的合理性分析。

6　安全管理机构、设施

6.1　安全管理机构设置及人员配备情况

简述建设项目投入生产或者使用后设置安全管理机构情况，附组织机构图；简述安全专职人员的配置情况(有无新增人员均需说明)。

6.2　维修、保养、日常检测检验人员

说明机构设置、人员配备、资质要求，以及车辆、设备的配置。

6.3　安全教育设施及人员

说明机构人员配备、资质素质要求、教培设备名称、数量。

7　专用投资概算

给出工程概算总投资，列表说明用于安全的专用投资及其占总投资的比例(参见附表10)。用于安全的专用投资包括但不限于此表内容。

7.1 主要生产环节安全专项防范设施费用

7.2 防洪和水工保护

7.3 安全措施费用

7.4 安全培训和事故应急演练费

8 主要结论和建议

8.1 主要结论

归纳初步设计所采用的安全设施和采取的安全措施,明确安全预评价报告书的安全措施是否得到了落实;说明设计是否满足国家法律法规、标准规范的要求。

8.2 建议

为进一步降低风险,根据同类建设项目的管理情况和发展趋势,说明还需要改进或增加的其他内容和建议,如已运行正常的同类建设项目的经验,需要开展专题攻关研究的内容,在施工图设计中需进一步落实的问题等。

附图:

区域位置图

线路走向图

站场总平面图及竖向布置图

站场工艺及自控流程图(PFD/PID)

烟气、可燃气体检测仪及报警点位置分布图

火灾爆炸危险区域等级划分图

其他相关图纸

附表

附表1　沿线主要气象资料统计表

序号	项目		单位	区县1	区县2	……
1	气温	最高气温	℃			
		最低气温	℃			
2	降水	最大降水	mm			
		最小降水	mm			
3	最大冻土深度		m			
…						

附表2　沿线地貌区域划分统计表

序号	地貌单元	起止区间	线路长度 km	主要植被
1	平原			
2	丘陵			
3	中、低山			
4	黄土梁峁沟壑			
5	沙丘			
6	河谷川台			
7	盐碱地			
8	水网地区			
9	戈壁荒漠			
…				
合计				

附表3　行政区划分及其长度统计表

序号	省(市)名称	市(县)名称	线路长度 km	备注
1				
2				
…				
合计				

附表4　河流(冲沟)穿(跨)越统计表

序号	河流(冲沟)名称	穿(跨)越位置或桩号	穿(跨)越长度 m	穿(跨)越段管径 mm	穿(跨)越方式	备注
1						
2						
…						

附表5　山岭隧道穿越统计表

序号	隧道名称	穿越位置或桩号	隧道长度 m	穿越段管径 mm	山体类别	备注
1						
2						
…						

附表6　公路、铁路穿(跨)越统计表

序号	公路、铁路名称	路面宽度 m	路面结构	敷设方式	备注
1					
2					
…					

附表7　各类站场统计表

序号	站场名称	站址	线路里程 km	站间距

附表8　沿线地区等级划分统计表

序号	站间区划	一级地区 km	二级地区 km	三级地区 km	四级地区 km	合计
1						
2						
…						
总计						

附表9　管线截断阀室一览表

序号	阀室名称及编号	类型	位置描述	间距 km	征地 m^2
1					
2					
3					
…					

附表10　安全专用投资概算表

序号	安全技术设施名称	投资概算(万元)	占管道工程总投资
一　生产环节安全专项防范措施			
1	紧急关断系统(ESD)		
2	火气系统(F&GS)		
3	线路截断阀		
4	泄压防喷系统		
5	管道泄漏检测系统		
6	通风		
7	电视监控		
8	防雷防静电措施		
9	防腐和阴极保护		
二　防洪和水工保护			
1	防洪设施		
2	水工保护		
三　安全措施费			
1	空气呼吸器		
2	便携式检测仪表		
3	急救用品		
四　安全培训和事故应急演练费用			
	合计		

国家安全监管总局办公厅关于中央企业在浙原油储存设施安全监管法规适用问题的复函

安监总厅政法函〔2009〕195 号

浙江省安全生产监督管理局：

你局《关于中央企业在浙原油储存设施安全监管法规适用问题的请示》（浙安监管危化〔2009〕15 号，以下简称《请示》）收悉。经研究，现函复如下：

一、关于《危险化学品安全管理条例》是否适用对原油储存设施安全监管问题

《危险化学品安全管理条例》（国务院令第 344 号）第七条规定：“国家对危险化学品的生产、储存实行统一规划、合理布局和严格控制，并对危险化学品生产、储存实行审批制度。”原油列入《危险化学品名录》（2002 版），但原油的储存形式有多种，一类是专门储存原油，如港口专门储存油库，另一类是附属储存原油，如石油勘探、开采的辅助储存，或者石油长输管道的附属储存。《危险化学品安全管理条例》中危险化学品储存主要是指前一类的专门储存。对石油勘探、开采的辅助储存，或者石油长输管道的附属储存，是作为石油开采、运输的一部分，不属于危险化学品储存建设项目，故《危险化学品建设项目安全许可实施办法》（国家安全监管总局令第 8 号）第二条明确：“危险化学品的勘探、开采及辅助的储存，石油、天然气长输管道及其辅助的储存，城镇燃气辅助的储存等建设项目，不适用本实施办法。”所以，辅助储存和附属储存原油的安全监管应当适用《非煤矿矿山企业安全生产许可证实施办法》（国家安全监管总局令第 20 号）。

二、关于原油储存区域项目是属于危险化学品储存建设项目还是属于非煤矿山建设项目问题

关于原油储存区域项目是划分为危险化学品储存建设项目管理，还是划分为非煤矿矿山建设项目管理，按照国家安全监管总局现行规定进行办理。如果原油储存区域项目属于勘探、开采及辅助的储存，或者属于石油长输管道及其辅助的储存，则根据《危险化学品建设项目安全许可实施办法》第二条规定，不作为危险化学品储存建设项目管理。否则，原油储存区域项目作为危险化学品储存建设项目管理。

2007 年 6 月，国家安全监管总局以安监总厅管一函〔2007〕172 号文件，对你局《关于中国石化管道储运分公司册子岛油库二期工程原油储罐工程安全预评价工作涉及有关问题的请示》（浙安监管危化〔2007〕66 号）进行了答复。明确“凡以石油、天然气勘探、开采及其辅助储存，石油、天然气长输管道及其辅助储存立项、批准的建设项目，其安全预评价、设计审查和竣工验收工作按照《非煤矿矿山建设项目安全设施设计审查与竣工验收办法》（原国家安全生产监督管理局令第 18 号）等规定执行。凡以石油、天然气储存设施立项、批准的建设项目，其安全论证、安全预评价、设计审查和竣工验收工作按照《危险化学品建设项目安全许可实施办法》（国家安全生产监督管理总局令第 8 号）等规定执行。”

《请示》中提到的“白沙湾原油储罐一、二期建设项目”，属于“石油、天然气长输管道及其辅助储存立项、批准的建设项目”等有关问题，国家安全监管总局安监总厅管一函〔2009〕16 号文件已予以明确。

三、关于陆上石油天然气管道储运公司安全生产许可证有关问题

以石油勘探、开采及其辅助储存，石油长输管道及其辅助储存作为非煤矿矿山的一部分，《非煤矿矿山企业安全生产许可证实施办法》（国家安全监管总局令第 20 号）第十八条明确规定：“对中央管理的陆上石油天然气企业，向企业总部及其直接管理的分公司、子公司以及下一级与油气勘探、开发生产、储运直接相关的生产作业单位分别颁发安全生产许可证；对设有分公司、子公司的地方石油天然气企业，向企业总部及其分公司、子公司颁发安全生产许可证；对其他陆上石油天然气企业，向具有法人资格的企业颁发安全生产许可证证。对海洋石油天然气企业，向企业及其直接管理的分公司、子公司以及下一级与油气开发生产直接相关的生产作业单位、独立生产系统分别颁发安全生产许可证；对其他海洋石油天然气企业，向具有法人资格的企业颁发安全生产许可证。"国家安全监管总局办公厅《关于调整石油天然气管道储运单位安全生产许可证颁发管理有关事项的通知》（安监总厅字〔2005〕84 号）明确，"中央管理企业下属的二级石油天然气管道储运单位（如中石油管道分公司、中石化管道储运分公司等）向国家安全生产监督管理总局申请办理安全生产许可证；三级石油天然气管道储运单位（包括跨省和不跨省的分公司、管理处）向其工商注册所在地的省级安全生产监督管理局申请办理安全生产许可证"。安监总厅管一函〔2009〕16 号文件已明确指出，甬沪宁管道工程（一期）安全设施竣工验收后，安全生产许可证已由甬沪宁管道生产经营单位中国石油化工集团管道储运分公司南京管理处所在地的江苏省安全监管局颁发。国家安全监管总局向中国石油化工集团公司储运分公司颁发非煤矿矿山安全生产许可证，许可范围为"储运"。这里讲的"储运"不是许可其储运项目的建设，而是符合安全生产条件，准许其在许可范围内生产运营。中国石油化工集团公司储运分公司建设"以石油、天然气勘探、开采及其辅助储存，石油、天然气长输管道及其辅助储存立项、批准的建设项目"，属于非煤矿矿山安全生产许可证的许可范围，无需变更；若建设"以石油、天然气储存设施立项、批准的建设项目"，待项目竣工验收后必须变更其非煤矿矿山安全生产许可证的许可范围，增加危险化学品相关内容。

四、其他事项

对于中央企业及其设在地方的下属单位，国家安全监管总局在实施行政许可时应当充分听取省级安全监管部门的意见。国家安全监管总局将对中央企业及其设在地方的下属单位的有关行政许可的范围重新进行划分，以有利于行政许可工作的实施。今后，凡对石油开采后输送到炼油、化工企业厂区前和天然气开采后输送到城镇管网、化工企业厂区前的管道线路及其附属设施的安全监管，统一纳入非煤矿矿山安全监管的范围。单独立项的石油天然气储存设施、输送进口液化天然气（LNG）管道及其附属设施以及炼油、化工企业厂区内石油天然气储存设施的安全监管，统一纳入危险化学品安全监管的范围。

国家安全生产监督管理总局办公厅

二〇〇九年七月八日

国家安全监管总局办公厅关于明确石油天然气管道保护等相关职责的复函

安监总厅管一函〔2010〕314 号

广东省安全生产监督管理局：

你局《关于明确石油天然气管道保护职能的请示》（粤安监〔2010〕339 号，以下简称《请示》）收悉。经研究，现函复如下：

一、关于石油天然气管道占压清理职责

依照《石油天然气管道保护法》第五条、第二十九条、第三十条、第三十二条、第三十三条和第五十二条有关规定，县级以上地方人民政府主管管道保护工作的部门负责处理石油天然气管道占压、工程挖掘施工、采矿、修建建（构）筑物、水下作业等危害石油天然气管道安全行为和组织排除管道重大外部安全隐患的工作。

二、关于石油天然气管道工程建设项目安全设施“三同时”工作和事故调查处理职责

依照《石油天然气管道保护法》第七条、第十六条、第十九条、第三十九条规定，《生产安全事故报告和调查处理条例》（国务院令第 493 号）第十条、第二十二条规定和国务院办公厅印发的国家安全监管总局“三定”规定（国办发〔2008〕91 号）、国家能源局“三定”规定（国办发〔2008〕98 号），石油天然气管道工程建设项目（城镇燃气管道除外）安全设施“三同时”工作及其生产安全事故调查处理工作仍由安全生产监督管理部门负责。

三、关于石油天然气管道应急救援工作职责

依照《石油天然气管道保护法》第三十九条规定和《中央机构编制委员会关于印发〈国家安全生产应急救援指挥中心主要职责内设机构和人员编制规定〉的通知》（中编发〔2005〕3 号）要求，石油天然气管道生产安全事故应急救援的综合监督管理工作由安全生产监督管理部门负责。

国家安全监管总局办公厅

2010 年 12 月 31 日

国家安全监管总局关于调整陆上石油天然气长输管道建设项目安全设施设计审查与竣工验收工作职责的通知

安监总管一〔2012〕150号

各省、自治区、直辖市及新疆生产建设兵团安全生产监督管理局，有关中央企业：

为强化省级安全监管部门对陆上石油天然气长输管道建设项目（以下简称管道项目）的安全监管工作，经研究，国家安全监管总局决定对《非煤矿矿山建设项目安全设施设计审查与竣工验收办法》（原国家安全监管局令第18号）和《国家安全监管总局关于陆上石油天然气建设项目安全设施设计审查与竣工验收有关事项的通知》（安监总管一〔2006〕151号）规定的管道项目安全设施设计审查与竣工验收工作职责进行调整。

调整后，国家安全监管总局负责国务院及其有关主管部门审批、核准或者备案的跨省、自治区、直辖市管道项目的安全设施设计审查与竣工验收工作，省级安全监管部门负责国务院和省级人民政府及其有关主管部门审批、核准或者备案的本行政区域内管道项目的安全设施设计审查与竣工验收工作。

特此通知。

国家安全监管总局

2012年12月17日

国家安全监管总局关于印发陆上石油天然气长输管道建设项目初步设计安全专篇编写提纲等文书格式的通知

安监总管一〔2012〕155 号

各省、自治区、直辖市及新疆生产建设兵团安全生产监督管理局，有关中央企业：

为进一步规范陆上石油天然气长输管道建设项目安全设施“三同时”工作，根据《非煤矿矿山建设项目安全设施设计审查与竣工验收办法》（原国家安全监管局令第 18 号）和《建设项目安全设施“三同时”监督管理暂行办法》（国家安全监管总局令第 36 号），国家安全监管总局制定了《陆上石油天然气长输管道建设项目初步设计安全专篇编写提纲》、《陆上石油天然气长输管道建设项目安全验收评价报告编写提纲》及其格式模板等文书格式（请从国家安全监管总局网站下载），现印发给你们，请遵照执行。原国家安全监管总局《关于印发陆上石油天然气建设项目安全设施设计专篇编写指导书的通知》（安监总管一〔2008〕7 号）中规定的《陆上石油天然气建设项目安全设施设计专篇编写指导书（长输管道部分）》同时废止。

附件：

1. 陆上石油天然气长输管道建设项目初步设计安全专篇编写提纲
2. 陆上石油天然气长输管道建设项目初步设计安全专篇编写提纲格式模板
3. 陆上石油天然气长输管道建设项目安全验收评价报告编写提纲
4. 陆上石油天然气长输管道建设项目安全验收评价报告编写提纲格式模板

国家安全监管总局

2012 年 12 月 27 日

附件1

陆上石油天然气长输管道建设项目
初步设计安全专篇编写提纲

1 设计依据

1.1 建设项目合法性证明文件

列出建设项目审批、核准或备案等相关合法性证明文件,并标注发文单位、日期和文号等。

1.2 法律、法规及规章

列出建设项目适用的现行国家有关安全生产法律、行政法规、部门规章,以及地方性法规、规章和规范性文件,宜按法律－法规－规章顺序排列,并标注发布机构、文号和施行日期。包括但不限于:

《中华人民共和国安全生产法》;
《中华人民共和国消防法》;
《中华人民共和国水土保持法》;
《中华人民共和国防洪法》;
《中华人民共和国突发事件应对法》;
《中华人民共和国石油天然气管道保护法》;
《中华人民共和国防震减灾法》;
《特种设备安全监察条例》;
《公路安全保护条例》;
《铁路运输安全保护条例》;
《电力设施保护条例》;
《防雷减灾管理办法》;
《非煤矿矿山建设项目安全设施设计审查与竣工验收办法》;
《建设项目安全设施“三同时”监督管理暂行办法》;
《生产经营单位安全培训规定》;
《特种作业人员安全技术培训考核管理规定》;
《安全生产培训管理办法》。

1.3 标准规范

列出建设项目引用的主要标准规范,名称后应标注标准号和年号,宜按国家标准－行业标准－国外标准－企业标准的顺序排列,并按照专业进行排序。注意引用标准规范的适用范围,其中国外标准和企业标准仅作为参考标准,如需引用,必须说明原因及具体引用条款,且内容不得与国家标准、行业标准冲突。包括但不限于:

《输气管道工程设计规范》(GB 50251);
《输油管道工程设计规范》(GB 50253);
《石油天然气工程设计防火规范》(GB 50183);
《油气输送管道穿越工程设计规范》(GB 50423);
《油气输送管道跨越工程设计规范》(GB 50459);
《建筑设计防火规范》(GB 50016);
《建筑抗震设计规范》(GB 50011);
《建筑工程抗震设防分类标准》(GB 50223);
《油气输送管道线路工程抗震技术规范》(GB 50470);
《工业企业总平面设计规范》(GB 50187);

《建筑地基基础设计规范》(GB 50007)；
《建筑物防雷设计规范》(GB 50057)；
《供配电系统设计规范》(GB 50052)；
《爆炸和火灾危险环境电力装置设计规范》(GB 50058)；
《火灾自动报警系统设计规范》(GB 50116)；
《泡沫灭火系统设计规范》(GB 50151)；
《建筑灭火器配置设计规范》(GB 50140)；
《钢质石油储罐防腐蚀工程技术规范》(GB 50393)；
《储罐区防火堤设计规范》(GB 50351)；
《安全色》(GB 2893)；
《安全标志及其使用导则》(GB 2894)；
《石油天然气工业管线输送系统用钢管》(GB/T 9711)；
《钢质管道外腐蚀控制规范》(GB/T 21447)；
《埋地钢质管道阴极保护技术规范》(GB/T 21448)；
《石油天然气管道安全规程》(SY 6186)；
《原油管道输送安全规程》(SY/T 5737)；
《石油天然气工程总图设计规范》(SY/T 0048)；
《石油设施电气设备安装区域一级、0 区、1 区和 2 区区域划分推荐作法》(SY/T 6671)；
《埋地钢制管道直流排流保护技术标准》(SY/T 0017)；
《埋地钢制管道交流排流保护技术标准》(SY/T 0032)；
《钢制储罐罐底外壁阴极保护技术标准》(SY/T 0088)；
《管道干线标记设置技术规定标准》(SY/T 6064)；
《油气输送管道线路工程水工保护设计规范》(SY/T 6793)；
《石油天然气工程可燃气体检测报警系统安全技术规范》(SY 6503)；
《石油天然气安全规程》(AQ 2012)。

1.4 其他设计依据

列出建设项目安全预评价报告、地质勘察报告、地质灾害危险性评估报告、地震安全性评价报告、压覆矿产资源评估报告、水土保持方案、初步设计以及其他有关安全设施设计的文件，并标注文件名称、编制单位和日期等。

2 概述

2.1 项目概况

说明项目概况，包括但不限于：建设时间及地点、气象条件（见附表 1）、输送介质、建设规模、输送工艺、管道设计压力、管径、管材、长度以及站场设置、防腐保温、阴极保护、大型穿（跨）越、难点地段、总投资等。从安全角度突出工程特点，必要时可用示意图描述。

说明建设单位、运营管理单位的基本情况。

2.2 设计界面

说明工程与已建、在建或规划的油气田处理厂、LNG 接收站、炼厂、城市输配气门站、储气库、储油库、燃气发电厂、其他油气管线等衔接工程的界面，必要时可用示意图描述。

对于分期实施的项目，应说明项目总体情况；对于联络线工程，应说明上下游管道情况；对于改（扩）建项目，应说明原有站场情况。

对于多个设计单位共同设计的项目，应说明各设计单位的分工情况。

3 工程设计及采取的安全防护措施

分类说明工程初步设计内容，针对具体危险有害因素，说明采取的主要安全防护措施。

若工程采用了新工艺、新技术、新材料或新设备，应根据类别分析其危险有害因素及安全可靠性，并提供国家标准、行业标准、企业标准或省部级以上鉴定、验收、评审结论等文件。

对于改(扩)建项目，应分析其与在役站场管线动火连头以及与其他系统、相邻设施衔接的安全可靠性。

3.1 线路工程

3.1.1 线路走向

3.1.1.1 设计原则

说明线路走向选择所遵循的原则及主要关注因素。

3.1.1.2 沿线敏感区域

根据各专项评价(估)报告结论及现场调研踏勘成果，说明管道沿线附近可能有相互影响的主要敏感区域情况，包括城镇规划区、人口密集区、军事区、海(河)港码头、风景名胜区、饮用水源地、保护区、采空区、压矿区等。

3.1.1.3 沿线不良地质分布

根据地质灾害危险性评估报告结论，说明管道沿线不良地质分布情况。

3.1.1.4 与已有设施的相对关系

说明管道与公路、铁路、水利设施、高压电力线、通信光缆、其他油气管线等已有设施的并行或交叉情况。

3.1.1.5 线路选定

根据管道沿线敏感区域、不良地质分布情况以及与已有设施的相对关系，说明管道路由的选定依据。对于无法绕避的城镇规划区等敏感区域，应说明当地政府主管部门的意见和要求。

说明所确定的线路总体走向情况，主要包括线路(干线、支线)的起点(首站)、中间站、终点(末站)的地理位置及线路长度。给出线路走向示意图，列表说明沿线行政区划分情况(见附表2)。

3.1.2 钢管选用

说明管道的输送介质、设计压力、设计温度和管径情况。

列表说明管道沿线地区等级的分类情况(见附表3)，说明天然气管道的设计系数选用情况。对于人口密集区等特殊区域，应说明设计系数选用方面的特殊考虑。

根据工程特点，说明管道材质、壁厚、等级、制管方式、化学成分和力学性能等参数的选用依据。

3.1.3 管道敷设方案及特殊地段采取的措施

说明一般地段管道的敷设方式、管道埋深、管沟开挖、管沟回填和地貌恢复等要求。

针对管道特点和经过的特殊地段，说明所采取的特殊处理措施，包括但不限于：

1)说明管道经过城镇规划区、人口密集区、军事区、海(河)港码头区的情况，说明在设计系数、管道壁厚、管型选择、管道埋深、无损检测、地面标识等方面采取的措施。

2)列表说明管道经过保护区、风景名胜区、饮用水源地等环境敏感区的情况(见附表4)，说明在设计系数、管道壁厚、无损检测、水工保护、线路阀室设置和作业带设置等方面采取的措施。

3)列表说明管道经过采空区和压矿区的情况(见附表5)，根据地质灾害危险性评估报告和压覆矿产资源评估报告，说明按照其提出的要求和建议所采取的措施。

4)列表说明管道经过滑坡、不稳定斜坡、泥石流、危岩和崩塌等地质灾害的情况(见附表6)，根据地质灾害危险性评估报告以及相关地质勘察评价报告，说明采取的措施。

5)列表说明管道经过湿陷性黄土、盐渍岩土、膨胀岩土、多年冻土、季节性冻土、风沙等特殊岩土段的分布情况(见附表7)，说明在管道壁厚、管道敷设和水工保护等方面采取的措施。

6)说明管道经过地震强震区及地震断裂带的情况，根据地震安全性评价报告，提供管道抗拉伸和抗压缩应力计算结果，说明在管材选择、管道壁厚、管型选择、管道埋深、管沟开挖、回填土等方面采取的措施。

7)说明管道经过沟谷地段的情况，重点介绍沟谷的工程地质、水文地质和沟谷岸坡侵蚀情况，说明在管道敷设位置、管道埋深、水工保护等方面采取的措施。

8)说明管道经过复杂山区的情况,重点介绍管道翻越高陡边坡、大段横坡敷设地段的分布和下覆地质情况,说明在敷设方式、管道埋深、水工保护和边坡支护等方面采取的措施。

9)说明管道经过软土、水网地段的情况,重点介绍软土、水网地段的地质情况,以及水网耕作区、水产品养殖区、河道清淤等人为活动情况,说明在管道埋深、稳管、护管、水工保护、管道标识等方面采取的措施。

10)列表说明管道与已建管道并行(同沟)敷设的情况(见附表8),说明在并行间距、敷设要求、管道壁厚、无损检测、防腐、阴极保护、水工保护、管道标识等方面采取的措施。其中阴极保护措施见3.6.2章节。

11)列表说明管道与高压电力线和电气化铁路并行敷设的情况(见附表9、16),说明在管道壁厚、管道敷设、防腐、阴极保护、排流、检测等方面采取的措施。其中阴极保护措施见3.6.2章节。

3.1.4 阀室设置

列表说明阀室设置及地区等级(输气管道)情况(见附表10)。重点说明对阀室设置和选型的特殊考虑,如在全新世活动断裂带和部分敏感区域两端增加阀室设置等措施。

3.1.5 伴行路

列表说明沿线伴行路设置情况(见附表11),根据维(抢)修的需要,说明伴行路的主要技术指标。

3.1.6 管道标志

说明沿线里程桩、转角桩、阴保测试桩、交叉标志桩、警示牌、警示带等管道标志设置情况,根据工程特点,重点说明特殊地段管道标志设置情况。

3.2 穿(跨)越工程

3.2.1 河流大、中型穿(跨)越

列表说明河流大、中型穿(跨)越工程情况(见附表12)。

对于穿越工程,说明工程地质、水文地质情况及穿越方案。针对挖沙、抛锚、通航安全、冲刷、堤防沉降、敏感点保护、施工安全、地震等因素,说明在管材选用、焊接及检测、试压、防腐、抗震等方面采取的措施。

对于跨越工程,说明工程地质、水文地质情况及跨越结构。针对边坡稳定、地质灾害、应力分析及热补偿、强风、冰凌、第三方破坏、施工安全、地震等因素,说明在管材选用、焊接及检测、试压、防腐、抗震等方面采取的措施。

3.2.2 山岭隧道穿越

列表说明山岭隧道穿越工程情况(见附表13)。

说明工程地质、水文地质情况及隧道结构。针对泥石流、洪水、雪崩、崩塌、涌水、涌沙、瓦斯、有毒气体、渣土堆放、施工安全、地震等因素,说明在管材选用、应力分析及热补偿、焊接及检验、试压、防腐、锚固、排水、抗震、通风、有害气体检测等方面采取的措施。

3.2.3 公路、铁路穿(跨)越

列表说明公路(二级以上)和铁路穿(跨)越情况(见附表14)。

针对管道穿越公路、铁路段地表沉降等因素,说明在穿越结构、管材选用、焊接及检测、试压、防腐等方面采取的措施。

3.3 工艺

3.3.1 物料

列表说明原油、天然气等输送介质的组分和性质,特别说明硫化氢、二氧化碳等有毒有害物质的组分含量。并说明工程所涉及的其他危险物质(如甲醇)或化学药剂的名称和用量。当有多种物料时,应分别说明各种物料的组分和性质。

原油管道应说明原油的凝点、反常点和黏温特性,改性输送的原油应说明改性前后的特性。天然气管道应说明天然气是否满足国家二类气标准,设计压力条件下天然气的烃露点和水露点。

3.3.2 设计基础参数

说明管道沿线大气温度、管道埋深处地温等数据。说明管内壁粗糙度、内涂层、保温层厚度和导

热系数及总传热系数等相关数据。

3.3.3 工艺方案

原油管道应说明采用的输送工艺方案,并附典型条件下的水力、热力计算结果表及水力坡降图。说明采取的安全措施,包括但不限于:

1)预防凝管的措施,包括保温加热、加降凝剂等;

2)各种工况下的水击保护措施;

3)防止管道高点拉空(液柱分离)的措施,若翻越点后采用不满流设计方案应说明其安全可靠性;

4)管道泄漏事故工况下的措施。

天然气管道应说明采用的输送工艺方案,并附典型条件下的水力、热力计算结果表。说明采取的安全措施,包括管道泄漏事故工况下的措施等。

3.3.4 工艺与储运设施

列表说明全线站场设置情况(见附表15),说明各站场的功能、工艺流程、主要设备设施和技术参数。

原油管道采取的安全措施,包括但不限于:

1)站场内设计压力分界处采取的措施;

2)站场发生紧急情况时采取的措施,包括截断、泄压等;

3)站场各单元工艺运行参数(压力、流量、温度、液位等)超出限定值时采取的措施;

4)管道内流体停止流动时,防止静压超压的措施;

5)管道内流体停止流动时,加热设施防止超温、超压的措施;

6)离心泵防气蚀的措施;

7)开车、停车时防低温冻结、冻裂的措施;

8)站内其他主要设备的安全措施,包括容器、储罐等。

天然气管道采取的安全措施,包括但不限于:

1)站场内设计压力分界处采取的措施;

2)站场发生紧急情况时采取的措施,包括截断、泄放等;

3)站场各单元工艺运行参数(压力、流量、温度、液位等)超出限定值时采取的措施;

4)站场、阀室放空系统的安全可靠性,包括放空管的可燃气体扩散范围、放空火炬的热辐射影响范围以及火炬设施防止热辐射措施等。高低压放空采用同一系统时,采取的安全措施;

5)站内加热设施防止超温、超压的措施;

6)防止管内积液、冰堵及局部节流引起土壤冻胀的措施;

7)离心式压缩机防喘振措施等;

8)开车、停车时防低温冻结、冻裂的措施;

9)站内其他主要设备的安全措施,包括清管、容器维护时防自燃、爆炸的措施等。

3.4 自动控制与仪表工程

3.4.1 设计原则

说明工程自动控制的整体设计原则,说明安全仪表系统的安全完整性等级。

3.4.2 系统控制方案

说明数据采集与监视控制系统(SCADA系统)、站控制系统(顺序控制系统<SCS>、分散控制系统<DCS>或可编程逻辑控制器<PLC>等)的总体控制方案、构成、配置、功能及各级控制方式。

说明站控制系统各主要控制回路、控制原则及安全可靠性。

3.4.3 安全仪表系统(SIS)

说明安全仪表系统的构成、配置及功能。

1)紧急停车系统(ESD)

说明紧急停车系统各级的功能及触发条件,说明其安全可靠性。

2)联锁保护系统

说明安全联锁保护系统的分类,分别说明超压(温度、液位)、水击保护系统等的功能、设置、回路的安全可靠性。

3)消防控制系统

说明站场消防控制系统构成、配置、功能及触发条件。说明传感器的设置、报警及联锁控制的功能。

4)管道泄漏检测系统

说明管道泄漏检测系统的设置、配置及联锁控制的功能。

5)单元控制系统(UCS)

说明单元控制系统的设置、配置及联锁控制的功能。

3.4.4 仪表的选型及安装

3.4.4.1 安全仪表系统仪表设备

说明安全仪表系统中的检测元件、执行元件设置、选型原则及安全等级。

3.4.4.2 其他系统仪表设备

根据工程性质、站场分类、站场爆炸危险场所分类,说明仪表的防爆、防护等级。

3.4.4.3 防浪涌保护器和接地系统

1)说明防浪涌保护器的设置及要求;

2)说明接地系统的设置及要求。

3.4.4.4 仪表的故障诊断功能

说明所选用仪表的故障诊断功能。

3.4.5 其他安全措施

1)说明控制室内安全措施;

2)说明电缆敷设方式、选型及抗干扰等的安全措施;

3)说明温度、压力、流量、液位等仪表安装要求;

4)测量管路的防护与保温伴热等其他安全措施。

3.5 通信工程

3.5.1 通信方案

说明自动化控制数据主用通信方式和备用通信方式。说明主、备用通信系统的设置方案,自动化数据利用主、备用通信信道的传输方向以及备用数据的环回方式。

3.5.2 防范系统

说明站场安全防范系统设计,包括工业电视系统架构、系统容量,室外摄像机数量、防爆等级、安装位置,摄像机监视范围等。说明周界防范报警系统设计和报警前端的设置位置等。

3.5.3 防雷及接地

说明通信设备的防雷及接地方式,包括机柜间各通信设备、室外摄像机、周界报警前端的防雷措施及接地方式。

3.5.4 光缆防护

说明光缆防强电、防水、防腐等防护措施。

3.6 防腐保温与阴极保护

3.6.1 防腐保温

根据区域环境特点,说明管道外防腐层及保温层的材料结构和补口方式。

说明站内管道及设备防腐、保温和伴热设计,重点说明大型容器和储罐内、外壁的防腐措施。

3.6.2 阴极保护

说明采用的阴极保护方案。采用强制电流阴极保护时,说明阴极保护站分布、数量、供电方式和设置情况;采用牺牲阳极保护时,说明阳极材料的选用、数量和分布情况。说明大、中型穿越段加强阴极防护、管道临时阴极保护情况以及阴极保护系统的防雷措施。列表说明管道沿线干扰源情况及采取的措施(见附表16)。

说明站场、储罐的阴极保护方案,进出站管线绝缘接头设计。说明阀室内设备的阴极保护方案和放空管阴极保护措施。

3.7 供配电工程

3.7.1 供电电源

1)说明站场、阀室的负荷性质、负荷等级、总负荷计算结果。

2)说明供电电源位置、电压等级、线路容量、送电回路、上级变电所系统结构。如有自备电站,说明其驱动机类型、装机容量、台数、运行方式、并网方式等。

3)说明变(配)电所的数量、主变容量、设备位置及布置形式。从站场主变电所的主接线、主变压器容量和台数、配电系统形式及运行方式等方面分析站场供配电系统的安全可靠性。

4)说明对消防、通信、控制、仪表、建(构)筑物应急照明等重要负荷的安全供电措施。

3.7.2 配电设备设置

1)说明变(配)电所内电气设备布置、设置及防火要求。说明对于可能引起误操作的高压电气设备的防护措施。

2)说明可能有 SF_6 气体泄漏空间的防护措施。

3.7.3 电气设备的防爆、防火、防腐措施

1)说明爆炸危险场所区域的划分及设备、材料选型,附爆炸危险区域划分平面图,并说明所采取的防爆措施。

2)说明供配电系统及设备、材料选型的防火措施。

3)说明接地材料的防腐措施及户外电气设备的防护等级和防腐措施等。

3.7.4 防雷、防静电措施

1)说明站内各建(构)筑物防雷等级、类别,并分别说明不同建(构)筑物的防雷措施。说明大型跨越设施的防雷保护措施,包括悬索桥、斜拉索桥、桁架管廊等。

2)说明站内防静电保护措施。

3)说明站内接地系统设计,说明主要建(构)筑物及电气设备的接地电阻要求。

4)说明信息设备的防电涌保护措施。

3.7.5 防电击保护措施

分别说明直接电击和间接电击的保护措施,包括电气防护、设备选择、配电线路保护、等电位连接等。

3.8 给排水系统

3.8.1 给水

根据生产、生活及消防用水量、水压的要求,说明设置消防水系统站场的供水方案,包括水源和加压设施。

3.8.2 排水

根据站场地形地貌、地表水系、气象资料及降雨最大径流量等,说明工业污水、生活污水及雨水排放系统设计。

说明事故状态下总排污量的处理措施。

3.9 站场区域和总平面布置

3.9.1 站场选址区域安全性

说明选定站址与周边的安全距离,列表说明各站场安全距离的合规性(见附表17、18)。

说明选定站址周边的生产、生活社会依托资源情况,包括交通道路、生活设施、水电设施等公共资源。

3.9.2 站场总平面及竖向布置

列表说明站内设施安全距离(见附表19)。说明站场道路设置和边坡稳定设计。

对于可能存在洪水隐患的站场,应说明站场防洪标准、设计标高与当地历史最高洪水位的关系以及防洪措施。

3.9.3 安全通道

说明站场的安全出口、消防通道和逃生通道,以及建筑物的安全出口设置情况。

3.10 建筑与结构

3.10.1 主要建(构)筑物

列表说明建筑物的规模、火灾危险性类别、耐火等级、层数及建筑高度等(见附表20)。重点说明防火、防爆安全防护措施。

列表说明场区各建(构)筑物的结构形式、基础形式、抗震设防烈度、抗震设防分类、抗震等级、基本风压、基本雪压等(见附表21)。重点说明抗震措施。

3.10.2 地基处理

说明液化土、湿陷性黄土、盐渍土、膨胀岩土、厚填土、淤泥、溶洞等不良地质土层的地基处理设计,以及采取的安全措施。

3.11 供热

说明站场供热设施或外接热源情况,说明供热系统自身的防火、防爆措施。

3.12 暖通

说明有爆炸危险性气体和毒性气体散放场所的通风措施以及防爆区域内空调机的选型。

3.13 事故应急

3.13.1 消防

1)消防现状

说明站场附近的消防力量,主要包括其消防能力及到达站场的距离、时间,沿途道路状况等,确定可依托的消防力量。对于改(扩)建项目,应说明已有的消防能力。

2)消防站设置

根据站场等级、消防设施完备情况以及消防依托条件,说明消防站设置规模、人员和设备配备等。

3)站内消防设施

说明站场的消防设施状况,主要包括消防设施类别、设置区域、消防规模、各消防系统组成、运行控制方式及主要消防设施技术参数等。

3.13.2 维(抢)修

说明维(抢)修总体方案及新建或依托的维(抢)修队伍数量、规模和设备配置情况,明确各维(抢)修队伍的管辖范围。

对于特殊地质地段管道,应说明配置的特殊维(抢)修器具及对人员的配置和能力要求。

3.14 试生产准备及试生产

说明试生产准备及试生产期间的安全要求,包括试压、清管、干燥、置换等。

4 安全管理机构

提出建设项目运营单位安全管理机构设置、人员配备的建议,附组织机构图,说明安全专(兼)职管理人员的配置情况。依托原有安全管理机构的项目,说明有无新增安全管理人员。

5 预评价报告对策措施采纳情况

逐条说明安全预评价报告提出对策措施的采纳情况。完全采纳的,说明具体设计内容;未采纳或部分采纳的,说明原因。

6 安全设施投资

说明建设项目安全设施投资总额及占项目建设总投资的比例,列出安全设施明细表(见附表22)。

7 有关问题和建议

提出需进一步落实的问题,并对施工图设计、施工、运营等环节提出相关建议。

8 附件与附图

8.1 附件

包括但不限于：

1)建设项目审批、核准或备案文件；

2)建设项目初步设计委托书或合同书；

3)建设项目安全预评价报告及备案表；

4)新工艺、新技术、新材料或新设备的省部级以上鉴定、验收、评审结论等文件。

8.2 附图

附图应按照设计单位正式图纸格式签署，包括但不限于：

1)线路走向示意图；

2)大型穿(跨)越平面图、纵断面图；

3)工艺系统图；

4)站场工艺及自控流程图(PFD 和 PID)；

5)典型阀室工艺及自控流程图(PFD 和 PID)；

6)站控系统配置图；

7)爆炸危险区域等级划分图；

8)火焰、可燃气体检测仪及报警点位置分布图；

9)通信设备平面布置图(主要包括站内室外的工业电视、周界防范报警等通信设备的布置)；

10)站场区域位置图(标注周边道路、建<构>筑物、电力设施等敏感点)；

11)站场总平面布置图及竖向布置图(包含地形图、风玫瑰、距离尺寸或坐标，标注周边敏感点的坐标或距离尺寸)；

12)典型阀室总平面布置图；

13)消防器材布置图；

14)消防工艺及自控流程图。

附表

附表1　沿线主要气象资料统计表

序号	项目		单位	区域1	区域2	…
1	气温	最高气温	℃			
		最低气温	℃			
2	降水	最大降水	mm			
		最小降水	mm			
3	最大冻土深度		m			
…						

附表2　行政区划分及区内线路长度统计表

序号	省(市)名称	市(县、区)名称	线路长度(km)	备注
1				
2				
…				
合 计				

附表3　输气管道沿线地区等级划分统计表

序号	行政区划	一级地区（km）	二级地区（km）	三级地区（km）	四级地区（km）	合计
1						
2						
总计						

附表4　沿线环境敏感点统计表

序号	敏感点名称	所在区域位置	与管道相互关系	备注
1				
2				
3				
…				

附表5　沿线采空区和矿产资源区统计表

序号	采空区和矿产资源区名称	所在位置	穿越范围	穿越长度(km)	备注
1					
2					
…					

附表6　主要地质灾害段统计表

序号	地质灾害类型	起止桩号	地理位置	线路长度(km)	采取的措施	备注
1	危岩和崩塌					
2	滑 坡					
3	泥石流					
4	不稳定斜坡					
5	岩 溶					
6	采空区					
7	强震区					
8	活动断裂带					
…						
合计						

附表 7　特殊岩土段统计表

序号	特殊岩土类型	起止桩号	地理位置	线路长度(km)	采取的措施	备注
1	湿陷性黄土					
2	盐渍岩土					
3	膨胀岩土					
4	多年冻土					
5	软土(水网地段)					
6	风沙					
…						
合 计						

附表 8　管道并行段统计表

序号	管道并行段	起止位置	并行长度(km)	土石分类	备注
1					
2					
…					

附表 9　与高压电力线和电气化铁路并行段统计表

序号	名 称	所在区域位置	并行范围	并行长度(km)	备注
1	高压电力线				
2	电气化铁路				
…					

附表 10　管线阀室设置统计表

序号	阀室名称及编号	类型	位置描述	间距(km)	主要地区等级(输气管线)
1					
2					
3					
…					

附表 11　沿线伴行路设置统计表

序号	伴行路区段名称	长度(km)	整修或新建	备注
1				
2				
…				

附表 12　河流大、中型穿(跨)越工程统计表

序号	河流名称	位置	方式	管道设计埋深(m)	长度(m)	用管(管径×壁厚)(mm)	穿跨越工程等级	备注
1								
2								
…								

附表 13　山岭隧道穿越工程统计表

序号	隧道名称	位置	用管(管径×壁厚)(mm)	隧道长度（m）	备注
1					
2					
…					

附表 14　公路、铁路穿(跨)越工程统计表

序号	公路、铁路名称	位置	穿(跨)越长度(m)	穿(跨)越方式	备注
1					
2					
…					

附表 15　站场设置统计表

序号	站场名称	站址	线路里程（km）	线路高程(m)	站间距(km)
1					
2					
…					

附表 16　管道沿线干扰源统计和防护措施

序号	区县	里程	电压等级	与干扰源关系(交叉/平行/强电接地)	干扰源描述	防护措施
1						
2						
3						
…						

附表 17　站场与周边设施防火间距合规性一览表

站场名称	类型	100 人以上居住区、村镇、公共福利设施	100 人以下的散居房屋	相邻厂矿企业	铁路线	公路	35kV 及以上独立变电所	架空电力线	架空通信线	爆炸作业场地
××站（×级站）	标准要求									
	实际距离									
	设计距离									
	拆迁情况									
……										

注:标准要求指规范中该等级站场的相关区域布置防火间距值。其中,铁路线、公路、架空电力线路、架空通信线路应按规范在距离后注明其等级;实际距离指从站场起算点到最近的相关设施起算点的水平距离。

附表 18　输气管道站场放空(火炬)与周边设施间距合规性一览表

站场名称	类型	100 人以上居住区、村镇、公共福利设施	100 人以下的散居房屋	相邻厂矿企业	国家铁路线	高速公路	其他公路	架空电力线及国家 I、II 级通信线	其他通信线	爆炸作业场地
××站放空(火炬)	标准要求									
	实际距离									
	设计距离									
	拆迁情况									
……										

附表 19　××站站内主要设施安全距离合规性一览表

序号	设施名称	相邻设施的间距要求和设计距离(m)												备注
		上			下			左			右			
		设施名称	要求	设计	设施名称	要求	设计	设施名称	要求	设计	设施名称	要求	设计	
1														
2														
3														
4														
5														
6														
…														

注:1. 站内有安全距离要求的设施均应列入此表;

2. 表中上、下、左和右指图纸上相邻设施的方位,同一方向有多个相邻设施时,应分行列出;

3. “要求”指法律法规、标准规范所确定的距离,无间距要求的填写“—”号;“设计”指图纸上的设计距离。

附表 20　站场建筑物特征一览表

序号	站场名称	单体名称	建筑面积(m^2)	层数	建筑高度(m)	火灾危险性类别	耐火等级	备注
1								
2								
…								

附表 21　站场建(构)筑物结构设计信息一览表

序号	站场名称	单体名称	结构形式	基础形式	抗震设防烈度	抗震设防分类	抗震等级	基本风压(kN/m^2)	基本雪压(kN/m^2)
1									
2									

附表 22　安全专用投资概算表

序号	安全技术设施名称	投资概算(万元)
一	生产环节安全专项防范措施	
1	紧急关断系统(ESD)及水击保护系统	
2	火灾及可燃气体检测报警系统	
3	安全仪表系统	
4	线路截断阀	
5	泄压保护系统(含泄压罐)	
6	放空设施	
7	排污设施	
8	管道泄漏检测系统	
9	通风设施	
10	安全防范系统(含工业电视、周界报警设备等)	
11	防雷防静电设施	
12	防爆电气设备设施	
13	防腐保温和阴极保护	
14	管道标志	
15	消防设施	
二	防洪和水工保护	
1	防洪设施	
2	水工保护、堤岸加固	
三	安全防护设施	
1	空气呼吸器	
2	便携式检测仪表	
3	急救用品	
四	维(抢)修设施	
	合计	
	安全专用投资占工程总投资比例	

附件2

陆上石油天然气长输管道建设项目初步设计安全专篇编写提纲格式模板

1 格式

1.1 设计单位资质证书影印件

1.2 封面

1.3 封二

1.4 设计人员组成

1.5 资料图纸目录

1.6 正文格式

1.7 附件

1.8 附图

2 纸张、排版

采用A4白色胶版纸(70g以上)。纵向排版,页面左边距28mm、右边距20mm、上边距25mm、下边距20mm。

3 制作

除附图、扫描件等,双面打印文本。

4 封装

正式文本装订后,用设计单位公章进行封页。

（建设项目名称）（宋体小二加粗）

初步设计安全专篇（宋体一号加粗）

共×册：第×册（宋体三号加粗）

项目号：××（宋体三号加粗）

文件号：××（宋体三号加粗）

主编单位名称（宋体三号加粗）

工程设计证书编号 勘察证书号（宋体小四号）

参编单位（1）名称（宋体三号加粗）

工程设计证书编号 勘察证书号（宋体小四号）

参编单位（2）名称（宋体三号加粗）

工程设计证书编号 勘察证书号（宋体小四号）

20××年 ××月（公章）（宋体三号）

（建设项目名称）（宋体小二加粗）

初步设计安全专篇（宋体一号加粗）

共××册：第××册（宋体三号加粗）

项目号：××（宋体三号加粗）

文件号：××（宋体三号加粗）

项目设计经理：（宋体小三加粗）（签字）

项目技术经理：（宋体小三加粗）（签字）

总工程师：（宋体小三加粗）（签字）

公司领导：（宋体小三加粗）（签字）

(建设项目名称)(宋体小二加粗)

初步设计安全专篇(宋体一号加粗)

共××册:第××册(宋体三号加粗)

项目号:××(宋体三号加粗)

文件号:××(宋体三号加粗)

<table>
<tr><td></td><td></td><td></td><td></td><td></td><td></td></tr>
<tr><td></td><td></td><td></td><td></td><td></td><td></td></tr>
<tr><td colspan="6">参编单位(2)各专业签署</td></tr>
<tr><td></td><td></td><td></td><td></td><td></td><td></td></tr>
<tr><td></td><td></td><td></td><td></td><td></td><td></td></tr>
<tr><td colspan="6">参编单位(1)各专业签署</td></tr>
<tr><td></td><td></td><td></td><td></td><td></td><td></td></tr>
<tr><td></td><td></td><td></td><td></td><td></td><td></td></tr>
<tr><td colspan="6">主编单位各专业签署</td></tr>
<tr><td>专业名称</td><td>版 次</td><td>编制(设计)</td><td>校 对</td><td>审 核</td><td>审 定</td></tr>
<tr><td></td><td></td><td></td><td></td><td></td><td></td></tr>
<tr><td></td><td></td><td></td><td></td><td></td><td></td></tr>
</table>

<table>
<tr><td rowspan="6">单位名称(黑体小五)
工程设计证书编号（宋体六号）
勘察证书编号（宋体六号）</td><td>资料图纸 目录</td><td>项目号:(宋体小五)</td></tr>
<tr><td rowspan="5">(项目名称)
(宋体小四)</td><td>文件号:(宋体小五)</td></tr>
<tr><td>版 次:(宋体五号)</td></tr>
<tr><td>阶 段:(宋体五号)</td></tr>
<tr><td>第　页 共　页</td></tr>
<tr><td>日 期:(宋体五号)</td></tr>
</table>

<table>
<tr><td rowspan="2">序号</td><td rowspan="2">文件号</td><td rowspan="2">名称</td><td rowspan="2">文字页数</td><td colspan="2">图纸</td><td rowspan="2">备 注</td></tr>
<tr><td>自然
张数</td><td>折合 1#
图纸</td></tr>
<tr><td></td><td></td><td>（宋体五号）</td><td></td><td></td><td></td><td></td></tr>
<tr><td></td><td></td><td></td><td></td><td></td><td></td><td></td></tr>
<tr><td></td><td></td><td></td><td></td><td></td><td></td><td></td></tr>
<tr><td></td><td></td><td></td><td></td><td></td><td></td><td></td></tr>
<tr><td></td><td></td><td></td><td></td><td></td><td></td><td></td></tr>
<tr><td></td><td></td><td></td><td></td><td></td><td></td><td></td></tr>
<tr><td></td><td></td><td></td><td></td><td></td><td></td><td></td></tr>
<tr><td></td><td></td><td></td><td></td><td></td><td></td><td></td></tr>
<tr><td></td><td></td><td></td><td></td><td></td><td></td><td></td></tr>
<tr><td></td><td></td><td></td><td></td><td></td><td></td><td></td></tr>
<tr><td></td><td></td><td></td><td></td><td></td><td></td><td></td></tr>
<tr><td></td><td></td><td></td><td></td><td></td><td></td><td></td></tr>
<tr><td></td><td></td><td></td><td></td><td></td><td></td><td></td></tr>
<tr><td></td><td></td><td></td><td></td><td></td><td></td><td></td></tr>
<tr><td></td><td></td><td></td><td></td><td></td><td></td><td></td></tr>
<tr><td></td><td></td><td></td><td></td><td></td><td></td><td></td></tr>
<tr><td></td><td></td><td></td><td></td><td></td><td></td><td></td></tr>
<tr><td></td><td></td><td></td><td></td><td></td><td></td><td></td></tr>
<tr><td></td><td></td><td></td><td></td><td></td><td></td><td></td></tr>
<tr><td></td><td></td><td></td><td></td><td></td><td></td><td></td></tr>
<tr><td></td><td></td><td></td><td></td><td></td><td></td><td></td></tr>
<tr><td></td><td></td><td></td><td></td><td></td><td></td><td></td></tr>
</table>

编 制	校 对	审 核			

<table>
<tr><td rowspan="6">**单位名称(黑体小五)**
工程设计证书编号（宋体六号）
勘察证书编号（宋体六号）</td><td rowspan="2">资料图纸 目录</td><td>项目号:(宋体小五)</td></tr>
<tr><td>文件号:(宋体小五)</td></tr>
<tr><td rowspan="4">(项目名称)
(宋体小四)</td><td>版 次:(宋体五号)</td></tr>
<tr><td>阶 段:(宋体五号)</td></tr>
<tr><td>第 页 共 页</td></tr>
<tr><td>日 期:(宋体五号)</td></tr>
</table>

<table>
<tr><td rowspan="2">序号</td><td rowspan="2">文件号</td><td rowspan="2">名称</td><td rowspan="2">文字页数</td><td colspan="2">图纸</td><td rowspan="2">备 注</td></tr>
<tr><td>自然
张数</td><td>折合 1#
图纸</td></tr>
<tr><td></td><td></td><td>（宋体五号）</td><td></td><td></td><td></td><td></td></tr>
</table>

编 制	校 对	审 核			

<table>
<tr><td rowspan="2">单位名称(黑体小五)</td><td rowspan="2">资料图纸 目录</td><td>项目号:(宋体小五)</td></tr>
<tr><td>文件号:(宋体小五)</td></tr>
<tr><td rowspan="4">工程设计证书编号（宋体六号）
勘察证书编号（宋体六号）</td><td rowspan="4">(项目名称)
(宋体小四)</td><td>版 次:(宋体五号)</td></tr>
<tr><td>阶 段:(宋体五号)</td></tr>
<tr><td>第 页共 页</td></tr>
<tr><td>日 期:(宋体五号)</td></tr>
</table>

目 录

编制	校对	审核		

单位名称(黑体小五) 工程设计证书编号(宋体六号) 勘察证书编号(宋体六号)	资料图纸 目录	项目号:(宋体小五)
		文件号:(宋体小五)
	(项目名称) (宋体小四)	版 次:(宋体五号)
		阶 段:(宋体五号)
		第 页 共 页
		日 期:(宋体五号)

1 章名(黑体小三)

1.1 节名(黑体四号)

1.1.1 条名(黑体小四)

说明书正文字体为宋体小四号,行间距为1.5倍。每段文字空两个字符起排,回行时顶格排。

1.1.1.1 条名(黑体小四)

说明书正文字体为宋体小四号,行间距为1.5倍。每段文字空两个字符起排,回行时顶格排。

1.1.1.1.1 条名(黑体小四)

说明书正文字体为宋体小四号,行间距为1.5倍。每段文字空两个字符起排,回行时顶格排。

1)款

(1)项

(2)项

2)款

(1)项

(2)项

1.1.1.1.2 条名(黑体小四)

说明书正文字体为宋体小四号,行间距为1.5倍。每段文字空两个字符起排,回行时顶格排。

1.1.1.2 条名(黑体小四)

说明书正文字体为宋体小四号,行间距为1.5倍。每段文字空两个字符起排,回行时顶格排。

1.1.1.3 条名(黑体小四)

单位名称(黑体小五) 工程设计证书编号(宋体六号) 勘察证书编号(宋体六号)	资料图纸 目录	项目号:(宋体小五)
		文件号:(宋体小五)
	(项目名称) (宋体小四)	版 次:(宋体五号)
		阶 段:(宋体五号)
		第 页 共 页
		日 期:(宋体五号)

说明书正文字体为宋体小四号,行间距为1.5倍。每段文字空两个字符起排,回行时顶格排。

表1.1-1 表的名称(宋体五号)

XXXX(宋体五号)			
XXXX(宋体五号)			
XXXX(宋体五号)			

图1.1-1 图的名称(宋体五号)

1.1.2 条名(黑体小四)

说明书正文字体为宋体小四号,行间距为1.5倍。每段文字空两个字符起排,回行时顶格排。

1.2 节名(黑体四号)

1.2.1 条名(黑体小四)

说明书正文字体为宋体小四号,行间距为1.5倍。每段文字空两个字符起排,回行时顶格排。

表1.2－1 表的名称(宋体五号)

XXXX(宋体五号)			
XXXX(宋体五号)			
XXXX(宋体五号)			

图1.2－1 图的名称(宋体五号)

1.2.2 条名(黑体小四)

说明书正文字体为宋体小四号,行间距为1.5倍。每段文字空两个字符起排,回行时顶格排。

2 章名(黑体小三)

2.1 节名(黑体四号)

2.1.1 条名(黑体小四)

<table>
<tr><td rowspan="6">单位名称(黑体小五)
工程设计证书编号（宋体六号）
勘察证书编号（宋体六号）</td><td rowspan="2">资料图纸 目录</td><td>项目号:(宋体小五)</td></tr>
<tr><td>文件号:(宋体小五)</td></tr>
<tr><td rowspan="4">(项目名称)
(宋体小四)</td><td>版 次:(宋体五号)</td></tr>
<tr><td>阶 段:(宋体五号)</td></tr>
<tr><td>第 页共 页</td></tr>
<tr><td>日 期:(宋体五号)</td></tr>
</table>

说明书正文字体为宋体小四号,行间距为1.5倍。每段文字空两个字符起排,回行时顶格排。

表2.1－1 表的名称(宋体五号)

XXXX(宋体五号)			
XXXX(宋体五号)			
XXXX(宋体五号)			

图2.1－1 图的名称(宋体五号)

2.1.2 条名(黑体小四)

说明书正文字体为宋体小四号,行间距为1.5倍。每段文字空两个字符起排,回行时顶格排。

2.2 节名(黑体四号)

2.2.1 条名(黑体小四)

说明书正文字体为宋体小四号,行间距为1.5倍。每段文字空两个字符起排,回行时顶格排。

2.2.2 条名(黑体小四)

说明书正文字体为宋体小四号,行间距为1.5倍。每段文字空两个字符起排,回行时顶格排。

附件3

陆上石油天然气长输管道建设项目
安全验收评价报告编写提纲

前言

简述建设项目基本情况、项目背景、安全验收评价项目委托方及评价要求、安全验收评价工作过程等。

1 总则

1.1 评价目的

结合建设项目的特点,简述编制安全验收评价报告的目的。

1.2 评价依据

1.2.1 法律、法规及规章

列出建设项目安全验收评价应遵循的安全生产法律、行政法规、部门规章以及地方性法规、规章和规范性文件,宜按法律-法规-规章顺序排列,并标注发布机构、文号和施行日期。包括但不限于:

《中华人民共和国安全生产法》;
《中华人民共和国消防法》;
《中华人民共和国水土保持法》;
《中华人民共和国防洪法》;
《中华人民共和国石油天然气管道保护法》;
《中华人民共和国突发事件应对法》;
《中华人民共和国防震减灾法》;
《安全生产许可证条例》;
《特种设备安全监察条例》;
《公路安全保护条例》;
《铁路运输安全保护条例》;
《电力设施保护条例》
《建设工程消防监督管理规定》;
《生产经营单位安全培训规定》;
《特种作业人员安全技术培训考核管理规定》;
《防雷减灾管理办法》;
《非煤矿矿山建设项目安全设施设计审查与竣工验收办法》;
《建设项目安全设施"三同时"监督管理暂行办法》;
《生产事故应急预案管理办法》;
《安全生产培训管理办法》;
《关于开展重大危险源监督管理工作的指导意见》;
《关于陆上石油天然气建设项目安全设施设计审查与竣工验收有关事项的通知》。

1.2.2 标准规范

列出建设项目安全验收评价应遵循的主要标准规范,名称后应标注标准号和年号,宜按国家标准-行业标准-国外标准-企业标准的顺序排列,并按照专业进行排序。注意引用标准规范的适用范围,其中国外标准和企业标准仅作为参考标准,如需引用,必须说明原因及具体引用条款,且内容不得与国家标准、行业标准冲突。包括但不限于:

《输气管道工程设计规范》(GB 50251);
《输油管道工程设计规范》(GB 50253);
《石油天然气工程设计防火规范》(GB 50183);
《建筑设计防火规范》(GB 50016);
《工业企业总平面设计规范》(GB 50187);
《油气输送管道穿越工程设计规范》(GB 50423);
《油气输送管道跨越工程设计规范》(GB 50459);
《火灾自动报警系统设计规范》(GB 50116);
《供配电系统设计规范》(GB 50052);
《建筑物防雷设计规范》(GB 50057);
《建筑地基基础设计规范》(GB 50007);
《爆炸和火灾危险环境电力装置设计规范》(GB 50058);
《石油与石油设施雷电安全规范》(GB 15599);
《建筑抗震设计规范》(GB 50011);
《建筑工程抗震设防分类标准》(GB 50223);
《油气输送管道线路工程抗震技术规范》(GB 50470);
《立式圆筒形钢制焊接油罐设计规范》(GB 50341);
《储罐区防火堤设计规范》(GB 50351);
《钢制石油穿管防腐蚀工程技术规范》(GB 50393);
《泡沫灭火系统设计规范》(GB 50151);
《建筑灭火器配置设计规范》(GB 50140);
《安全色》(GB 2893);
《安全标志及其使用导则》(GB 2894);
《现场设备、工业管道焊接工程施工及验收规范》(GB 50683);
《立式圆筒形钢制焊接储罐施工及验收规范》(GB 50128);
《油气长输管道工程施工及验收规范》(GB 50369);
《石油天然气站内工艺管道工程施工规范》(GB 50540);
《石油天然气工业管线输送系统用钢管》(GB/T 9711);
《钢制管道外腐蚀控制规范》(GB/T 21447);
《埋地钢制管道阴极保护技术规范》(GB/T 21448);
《石油天然气管道安全规程》(SY 6186);
《石油天然气工程总图设计规范》(SY/T 0048);
《原油管道输送安全规程》(SY/T 5737);
《天然气管道运行规范》(SY/T 5922);
《石油设施电气设备安装区域一级、0 区、1 区和 2 区区域划分推荐作法》(SY/T 6671);
《埋地钢制管道直流排流保护技术标准》(SY/T 0017);
《埋地钢制管道交流排流保护技术标准》(SY/T 0032);
《钢制储罐罐底外壁阴极保护技术标准》(SY/T 0088);
《管道干线标记设置技术规定标准》(SY/T 6064);
《油气输送管道线路工程水工保护设计规范》(SY/T 6793);
《石油天然气工程可燃气体检测报警系统安全技术规范》(SY 6503);
《石油天然气安全规程》(AQ 2012);
《安全评价通则》(AQ 8001);
《安全验收评价导则》(AQ 8003);

《石油行业建设项目安全验收评价报告编写规则》(SY/T 6710);

《生产经营单位生产事故应急预案编制导则》(AQ/T 9002)。

1.2.3　建设项目合法性证明文件

列出建设项目安全验收评价所依据的合法性证明文件,并标注发文单位、日期和文号等。包括但不限于:

1)建设项目审批、核准或备案文件;

2)建设项目安全专篇及重大变更批复文件。

1.2.4　建设项目技术资料

列出建设项目安全验收评价所依据的有关技术资料,并标注文件名称、编制单位和日期等。包括但不限于:

1)安全预评价报告;

2)安全专篇及重大变更资料;

3)施工、检测、监理记录和总结,交工验收报告,竣工图等有关竣工资料;

4)试运行资料;

5)安全生产管理资料。

1.2.5　其他评价依据

列出建设项目安全验收评价所依据的其他有关文件。

1.3　评价范围

明确安全验收评价范围,以及与其他工程的界面关系。

1.4　评价程序

介绍安全验收评价工作的主要步骤和内容。

2　建设项目概况

介绍建设项目建成后的实际情况;若采用新工艺、新技术、新材料或新设备,对其进行介绍。对于改(扩)建项目,介绍依托已建工程情况。

2.1　单位概况

介绍项目建设单位、运营管理单位基本情况。

2.2　项目简介

2.2.1　项目基本情况

介绍建设项目名称、性质(新建、改建或扩建)、输送介质、距离、设计压力、设计输量、管径、管材、站场设置、总投资等。

2.2.2　执行安全设施"三同时"制度情况

介绍建设项目审批、核准或备案,可行性研究报告编制及批复,安全预评价报告编制及备案,安全专篇编制及批复情况。

2.2.3　相关工程概况

对于分期实施的建设项目,应说明项目总体情况;对于联络线工程,应说明上下游管道情况;对于改(扩)建工程,应说明原有工程情况。

2.3　自然及社会环境

2.3.1　自然环境

1)沿线地貌

介绍管道沿线主要地形地貌特征(见附表1)。

2)气象情况

介绍管道沿线主要区域的气象情况(见附表2)。

3)水文地质

介绍站场及管道沿线主要河流、地下水等情况。

4)工程地质

介绍站场及管道沿线区域地质情况、地震及地震断裂带和不良地质情况。

2.3.2　社会环境

介绍管道沿线行政区域划分(见附表3),交通道路、水电设施等公共资源情况。

2.4　输送工艺

1)介绍采用的输送工艺;

2)介绍输送介质来源,以及设计阶段、试运行阶段的物性参数;

3)介绍典型运行工况下输量、温度、压力等运行参数。

2.5　线路工程

2.5.1　线路走向

介绍线路总体走向、起止点位置及通过的主要行政区域,给出线路走向示意图。原油管道应说明是否有翻越点。

2.5.2　线路用管

介绍采用的钢管材质、壁厚、等级、制管方式等。

2.5.3　管道敷设

1)一般地段管道敷设

介绍一般地段管道的敷设方式,管道埋深、管沟开挖、管沟回填等情况。

2)特殊地段管道敷设

介绍管道沿线附近有相互影响的主要敏感区域分布情况及敷设方式(见附表4),包括城镇规划区、人口密集区、军事区、海(河)港码头、风景名胜区、饮用水源地、保护区、采空区、压矿区等。

介绍管道与其他油气管道、公路、铁路、高压电力线、通信光缆、水利设施等的并行(见附表5)或交叉情况及敷设方式。

介绍管道沿线滑坡、崩塌、泥石流、盐渍土、湿陷性黄土、淤泥质软土、多年冻土、季节性冻土等主要不良地质段分布情况及敷设方式(见附表6)。

介绍管道沿线山区、沟谷、沙漠、水网等特殊地段分布情况及敷设方式(见附表7)。

介绍管道经过地震强震区及地震断裂带情况及敷设方式。

3)穿(跨)越工程

介绍管道河流大、中型穿(跨)越,山岭隧道穿越,公路(二级以上)、铁路穿(跨)越情况(见附表8、9、10、11)。

2.5.4　管道附属设施

1)阀室

介绍线路阀室设置、地区等级(输气管道)等情况(见附表12)。

2)管道标志

介绍里程桩、转角桩、阴保测试桩、交叉标志桩、警示牌、警示带等设置情况。

3)水工保护

介绍管道通过土(石)坎、陡坡、冲沟、河流、沟渠等特殊地段时,所采取的保护管道、防止水土流失的措施(如挡水墙、护坡、护岸、堤坝等)。

4)伴行路

介绍管道伴行路的走向、长度、路面形式等情况。

2.6　站场工程

2.6.1　站场设置及等级划分

介绍站场设置及等级划分情况(见附表13)。

2.6.2 站场功能及工艺流程

介绍各站场功能及流程，包括正反输、增压、减压、加热、分输、清管等情况。

2.6.3 站场区域位置

介绍各站场及放空设施区域布置情况，重点说明与居民区、厂矿企业以及公路、铁路、电力等公共设施的距离（见附表14、15）。

2.6.4 总平面布置

介绍各站场总平面布置情况，包括生产区、辅助生产区、综合办公区布置，进出站截断阀位置，储罐区设置，压缩机厂房设置，站内道路分布，逃生门设置等（见附表16）。

2.6.5 主要设备设施

介绍站场进出站截断阀、压缩机系统、储罐、机泵、分离器、热工设备、清管设施、调压装置、放空设施、排污系统、站内管道等主要设备设施设置情况。

2.7 防腐保温与阴极保护

2.7.1 防腐保温

介绍管道线路外防腐层及保温层的材料结构和补口方式。

介绍站内管道及设备防腐、保温和伴热情况，重点说明大型容器和储罐内、外壁的防腐措施。

2.7.2 阴极保护

介绍管道线路采用的阴极保护方式。采用强制电流阴极保护时，说明阴极保护站分布、数量、供电方式、建站类型及投运效果等；采用牺牲阳极保护时，说明阳极材料的选用和数量。说明管道与架空电力线、电气化铁路并行交叉的交（直）流干扰段及采取的排流措施和效果。

介绍站场区域阴极保护的设置情况及投运效果。

2.8 自控及通信

2.8.1 自控系统

介绍数据采集与监视控制系统（SCADA系统）、站控制系统（顺序控制系统<SCS>、分散控制系统<DCS>或可编程逻辑控制器<PLC>等）的总体控制方案、构成、配置、功能及各级控制方式等情况。

介绍安全仪表系统的构成、配置及功能。包括紧急停车系统（ESD）、联锁保护系统、火灾及气体检测报警系统、管道泄漏检测系统等情况。

2.8.2 通信系统

介绍主用、备用通信方式。说明站场周界报警及工业电视系统，通信设备的防雷及接地，光缆防强电、防水、防腐等情况。

2.9 供配电

2.9.1 供电电源

介绍各站场、阀室用电负荷及等级，供电电源、应急电源配置情况。

2.9.2 变（配）电

介绍各站场变（配）电系统设置，包括变（配）电所的数量、主变容量、设备位置及布置情况。

2.9.3 电气防爆

介绍站场爆炸危险场所区域划分、电气设备配置情况。

2.9.4 防雷、防静电与接地

介绍站场防雷、防静电及接地的设置情况。

2.9.5 防电击

介绍直接电击和间接电击的保护，包括电气防护、设备配置、配电线路保护、等电位连接等情况。

2.10 给排水

2.10.1 给水系统

介绍生活用水、生产用水、消防用水的用水量、水源、水压、水质等情况。

2.10.2　排水系统

介绍雨水、生活污水、含油污水的处理情况及排放方式,事故状态下总排污量的处理措施。

2.11　消防

2.11.1　消防系统

介绍各站场消防站等级规模、固定(半固定)消防系统和消防器材配置等情况。

2.11.2　消防依托

介绍管道沿线及站场消防依托情况。

2.12　供热、采暖、通风

介绍站场厂房、生产辅助用房、值班房等供热、采暖、通风设置情况。

2.13　建(构)筑物

介绍建(构)筑物设置、抗震设防烈度、抗震设防分类、抗震等级和耐火等级等情况(见附表17、18)。对特殊地质条件场区,说明建(构)筑物地基处理情况。

2.14　维(抢)修

介绍管道沿线维(抢)修机构设置、机具和人员配备、社会维(抢)修力量依托等情况。

2.15　安全管理

介绍安全管理机构设置、安全管理人员配备、安全管理制度、操作规程、教育培训、现场安全管理等情况。

2.16　安全投入

介绍项目总投资及安全专项投资情况(见附表19),给出安全专项投资所占比例。

2.17　施工概况

介绍建设项目施工、检测、监理单位基本情况,施工组织、工程质量、交工验收等情况。

2.18　试运行概况

介绍建设项目试运行组织、生产安全设施运行等情况。说明试运行期间是否发生生产安全事故,采取的防范措施及整改情况。

3　危险、有害因素辨识及分析

根据输送工艺过程和自然、社会环境特点,辨识和分析建设项目生产运行过程中存在的危险、有害因素及其存在部位。

3.1　主要危险、有害物质

介绍建设项目涉及到的主要危险、有害物质及其易燃性、易爆性、沸溢性、燃烧性、压缩性、流淌性等特性。

3.2　主要危险、有害因素辨识与分析

辨识建设项目运行中存在的危险、有害因素,确定其存在场所或部位,分析其危险、有害性。包括但不限于:

1)输送工艺危险、有害因素辨识与分析;

2)油气管道线路危险、有害因素辨识与分析;

3)油气站场危险、有害因素辨识与分析;

4)若工程采用了新工艺、新技术、新材料或新设备,应辨识与分析其危险有害因素;

5)自然灾害和社会危害因素辨识与分析,包括地质灾害、气象灾害、地震、第三方破坏与管道占压等;

6)其他危险、有害因素辨识与分析。

3.3 危险、有害因素分布

介绍危险、有害因素分布情况。

3.4 重大危险源辨识

对建设项目可能存在的重大危险源进行辨识。

4 评价单元划分及评价方法选择

4.1 评价单元划分

根据建设项目特点，一般划分为建设程序、工艺、线路、站场、防腐保温及阴极保护、自控及通信、供配电、给排水及消防、供热采暖及通风、建（构）筑物、应急救援、安全管理等评价单元。

4.2 评价方法选择

介绍评价方法选择的依据和原则，符合性评价宜选用安全检查法、安全检查表法等方法，预测性评价宜选用管道风险评分法（Kent 法）、定量风险评估等方法。

5 符合性评价

5.1 建设程序

检查建设单位的合法证件，建设项目审批、核准或备案，安全预评价报告备案，安全专篇（包括重大设计变更）批复，设计、施工、检测及监理单位资质等。

对本单元作出小结。

5.2 工艺

检查工艺系统设置、流程，运行参数等是否符合设计要求。天然气管道项目重点检查气质指标是否符合输送要求。原油管道项目重点检查预防原油凝管的措施、各种工况下的水击保护措施、防止高点液柱分离的措施等。

对本单元作出小结。

5.3 线路

检查线路走向、线路用管、管道敷设、穿（跨）越工程、线路阀室、水工保护、伴行路、管道标志等的符合性。

对本单元作出小结。

5.4 站场

检查站场区域布置，工艺流程，总平面布置，进出站截断阀、压缩机系统、储罐、机泵、分离器、热工设备、清管设施、调压装置、放空设施、排污系统、站内管道等主要设备设施的符合性。检查站场安全防护措施、强制检测设备、特种设备检测检验等情况。

对木单元作出小结。

5.5 防腐保温及阴极保护

检查防腐保温及阴极保护的符合性。

对本单元作出小结。

5.6 自控及通信

检查 SCADA 系统、站控系统、安全仪表系统等符合性。

检查通信方式、安防系统、防雷及接地、光缆防护等符合性。

对本单元作出小结。

5.7 供配电

检查供电电源、变（配）电、电气防爆、防雷防静电与接地、防电击等符合性。

对本单元作出小结。

5.8 给排水及消防

检查给水、排水、消防系统、消防依托的符合性。

对本单元作出小结。

5.9 供热采暖及通风

检查站场厂房、生产辅助用房、值班房等供热、采暖、通风设置符合性。

对本单元作出小结。

5.10 建(构)筑物

检查建(构)筑物设置、抗震设防烈度、抗震设防分类、抗震等级和耐火等级、地基处理等符合性。

对本单元作出小结。

5.11 应急救援

检查运营管理单位的应急管理体系、应急通信保障、应急预案内容、应急培训和演练以及维(抢)修能力等情况。

对本单元作出小结。

5.12 安全管理

检查运营管理单位安全组织机构及人员配备,安全管理制度,操作规程,安全教育培训,主要负责人、安全管理人员及特种作业人员取证,安全投入等情况。

对本单元作出小结。

6 预测性评价

对建设项目投产后发生重大事故的可能性及后果进行预测性评价,事故后果预测重点主要包括站场火灾爆炸、管道泄漏引发火灾爆炸以及其他引起人员伤害和财产损失的重大事故等。

7 安全对策措施建议

根据评价结果,针对建设项目特点,结合同类建设项目生产运营经验,对建设项目生产运营提出安全对策措施建议。

8 评价结论

给出结论,明确建设项目是否具备安全验收条件。

9 附件

包括但不限于:

1)安全验收评价委托书;

2)建设项目合法性证明材料,包括但不限于:建设项目审批、核准或备案文件,安全预评价报告备案文件,安全专篇(重大设计变更)批复文件等;

3)各类资质、资格证书,包括但不限于:设计、施工、检测、监理单位资质证书,运营管理单位主要负责人、安全管理人员安全资格证书,电工、焊工、压力容器操作工、锅炉工、起重机械操作工等特种作业人员资格证书样本;

4)主要技术资料、检测报告,包括但不限于:输送介质物性测试报告,新工艺、新技术、新材料或新设备的省部级以上鉴定、验收、评审结论等文件,阴极保护测试记录,防雷设施检测报告,管材、管件、阀门、仪表、电气、消防器材等产品合格证书样本,SCADA 系统单机及整体联运记录,压力表、安全阀、可燃气体检测仪等检测报告样本,特种设备使用登记证及检测合格证等样本;

5)各类记录、报告,包括但不限于:焊接、试压、吹扫记录样本,无损检测记录样本、监理记录样本等,人员培训记录、事故应急预案演练记录样本,交工验收报告。

10 附图

附图应为正式签署的竣工图纸,包括但不限于:

1)系统流程图；

2)线路走向示意图；

3)线路全程纵断面示意图；

4)站场区域、总平面布置图；

5)站场工艺流程图；

6)典型阀室工艺流程图；

7)典型阀室总平面布置图；

8)爆炸危险区域等级划分图；

9)火焰、可燃气体检测仪及报警点位置分布图；

10)消防平面布置图。

附表

附表1　沿线地貌区域划分统计表

序号	地貌单元	线路长度(km)
1	平原	
2	丘陵	
3	山地	
4	河谷	
5	黄土塬	
6	沙漠	
7	盐碱地	
8	水网	
9	戈壁	
…		
合计		

附表2　沿线主要气象资料统计表

序号	项目		单位	区域1	区域2	…
1	气温	最高气温	℃			
		最低气温	℃			
2	降水	最大降水	mm			
		最小降水	mm			
3	最大冻土深度		m			
…						

附表3　行政区划及线路长度统计表

序号	省(市)名称	市(县)名称	线路长度(km)	备注
1				
2				
…				
合计				

附表4　沿线敏感点敷设统计表

序号	敏感点名称	所在区域位置	与管道相互关系	备注
1				
2				
…				

附表5　并行段敷设情况统计表

序号	名称	起止位置	并行长度(km)	并行间距(m)	备注
1					
2					
…					

附表6　不良地质段敷设统计表

序号	地质灾害类型	起止桩号	地理位置	线路长度(km)	敷设方式	备注
1						
2						
…						
合 计						

附表7　特殊地段敷设统计表

序号	特殊岩土类型	起止桩号	地理位置	线路长度(km)	敷设方式	备注
1						
2						
…						
合 计						

附表8　河流穿(跨)越统计表

序号	河流名称	穿(跨)越类型	穿(跨)越位置	穿(跨)越段长度(m)	穿(跨)越段管径(mm)	穿(跨)越方式	设计埋深(m)	实际埋深(m)
1								
2								
…								

附表9　山岭隧道穿越统计表

序号	隧道名称	穿越位置或桩号	隧道长度(m)	穿越段管径(mm)	设计埋深(m)	实际埋深(m)
1						
2						
…						

附表10　公路穿越统计表

序号	公路名称	穿越位置	穿越长度(m)	穿越方式	设计埋深(m)	实际埋深(m)
1						
2						
…						

附表11　铁路穿越统计表

序号	铁路名称	穿越位置	穿越长度(m)	穿越方式	设计埋深(m)	实际埋深(m)	是否是电气化铁路	交直流干扰情况
1								
2								
…								

附表12　线路阀室设置统计表

序号	站场及阀室名称	类型	位置描述	里程(km)	间距(km)	地区等级划分(输气管道)
1	首站					
2	阀室					
…	…					
n	末站					

附表13　站场设置统计表

序号	站场名称	地理位置	高程(m)	里程(m)	站间距(km)	站场等级
1						
…						

附表14　站场区域布置防火间距表

方向 项目	100人以上居住区、村镇、公共福利设施	100人以下的散居房屋	相邻厂矿企业	等级公路	国家铁路线	35kV及以上独立变电所	通信线及35kV以下架空电力线	爆炸作业场地
东侧								
南侧								
西侧								
北侧								

注:括号内列出法律法规、标准规范所要求的间距,括号外为实际间距。

附表15　站场放空设施防火间距表

方向 项目	100人以上居住区、村镇、公共福利设施	100人以下的散居房屋	相邻厂矿企业	等级公路	国家铁路线	35kV及以上独立变电所	通信线及35kV以下架空电力线	爆炸作业场地
火炬/放空立管								

注:括号内列出法律法规、标准规范所要求的间距,括号外为实际间距。

附表16　站场总平面布置防火间距检查表

名称	名称	实际间距(m)	法律法规、标准规范要求间距(m)

注:站内有安全距离要求的设施均应列入此表。

附表17　主要建筑物一览表

序号	单体名称	建筑面积(m^2)	建筑物层高(m)	结构形式	耐火等级	火灾危险性分类
1						
…						

附表18　站场抗震设防烈度一览表

站场名称 项目	站场1	站场2	…	…	…	…
抗震设防烈度						
抗震设防分类						
抗震等级						

附表 19　安全专项投资一览表

序号	安全技术设施名称	投入资金(万元)
一	生产环节安全专项防范措施	
1	紧急关断系统(ESD)及水击保护系统	
2	火灾及可燃气体检测报警系统	
3	安全仪表系统	
4	线路截断阀	
5	泄压保护系统(含泄压罐)	
6	放空设施	
7	排污设施	
8	管道泄漏检测系统	
9	通风设施	
10	安全防范系统(含工业电视、周界报警设备等)	
11	防雷防静电设施	
12	防爆电气设备设施	
13	防腐保温和阴极保护	
14	管道标志	
15	消防设施	
二	防洪和水工保护	
1	防洪设施	
2	水工保护、堤岸加固	
三	安全防护设施	
1	空气呼吸器	
2	便携式检测仪表	
3	急救用品	
四	维(抢)修设施	
五	安全培训和事故应急演练	
1	安全培训	
2	事故应急设施及演练	
	合计	

附件 4

陆上石油天然气长输管道建设项目安全验收评价报告编写提纲格式模板

1 格式

1.1 封面

1.2 安全评价资质证书影印件

1.3 著录项

1.4 前言

1.5 目录

1.6 正文

1.7 附件

1.8 附图

2 规格

采用 A4 幅面，左侧装订。页面左边距 28mm、右边距 20mm、上边距 25mm、下边距 20mm。

3 封面格式

3.1 封面内容

3.1.1 委托单位名称

3.1.2 评价项目名称

3.1.3 标题

3.1.4 安全评价机构名称

3.1.5 安全评价机构资质证书编号

3.1.6 安全验收评价报告完成时间

3.2 封面样张

3.3 著录项格式

3.1.1 布局

“安全评价机构法定代表人、评价项目组成员”等著录项分 2 页布置。首页署名安全评价机构的法定代表人、技术负责人等主要责任者姓名，下方为报告编制完成的日期及安全评价机构公章用章区；次页为评价人员、各类技术专家以及其他有关责任者名单，评价人员和技术专家均应亲笔签名。

3.3.2 样张

4 前言、目录和正文

5 封装

正式文本装订后，用评价机构公章侧封。

委托单位名称(二号宋体加粗)

评价项目名称(二号宋体加粗)

安全验收评价报告(一号黑体加粗)

安全评价机构名称(二号宋体加粗)

安全评价机构资质证书编号:(三号宋体加粗)

评价报告完成日期(三号宋体加粗)

委托单位名称(三号宋体加粗)

评价项目名称(三号宋体加粗)

安全验收评价报告(二号宋体加粗)

法人代表:(四号宋体)

技术负责人:(四号宋体)

评价项目负责人:(四号宋体)

评价报告完成日期(小四号宋体加粗)

(安全评价机构公章)

评价人员(三号宋体加粗)

人员	姓名	资格证书号	从业登记编号	签字
项目负责人				
项目组成员				
报告编制人				
报告审核人				
过程控制负责人				
技术负责人				

(此表根据具体项目实际参与人数编制)

技术专家

姓名　　　　　　　　签字

(列出各技术专家名单)

(以上全部用小四号宋体)

前　　言（居中，小三号宋体加粗）

汉字和标点符号为四号宋体，数字为四号 Times New Roman，标点符号为全角格式。每段文字首行缩进 2 字符，回行时顶格。行间距为固定值，26 磅。

目　　录(三号黑体加粗)

1 章名(一级标题,三号黑体)

1.1　节名(二级标题,四号黑体)

1.1.1　条名(三级标题,四号黑体)

汉字和标点符号为四号宋体,数字为四号 Times New Roman,标点符号为全角格式。每段文字首行缩进 2 字符,回行时顶格。行间距为固定值,26 磅。

1.1.1.1　条名(四级标题,四号黑体)

汉字和标点符号为四号宋体,数字为四号 Times New Roman,标点符号为全角格式。每段文字首行缩进 2 字符,回行时顶格。行间距为固定值,26 磅。

1)款

(1)项

(2)项

2)款

(1)项

(2)项

1.1.1.2　条名(四级标题,四号黑体)

汉字和标点符号为四号宋体,数字为四号 Times New Roman,标点符号为全角格式。每段文字首行缩进 2 字符,回行时顶格。行间距为固定值,26 磅。

1.1.1.3　条名(四级标题,四号黑体)

汉字和标点符号为四号宋体,数字为四号 Times New Roman,标点符号为全角格式。每段文字首行缩进 2 字符,回行时顶格。行间距为固定值,26 磅。

表 1.1 -1　表头(小四号黑体)

表格文字(小四宋体)				

图 1.1 -1　图名(小四号黑体)

1.1.2　条名(三级标题,四号黑体)

汉字和标点符号为四号宋体,数字为四号 Times New Roman,标点符号为全角格式。每段文字首行缩进 2 字符,回行时顶格。行间距为固定值,26 磅。

1.2　节名(二级标题,四号黑体)

1.2.1　条名(三级标题,四号黑体)

汉字和标点符号为四号宋体,数字为四号 Times New Roman,标点符号为全角格式。每段文字首行缩进 2 字符,回行时顶格。行间距为固定值,26 磅。

表 1.2 -1　表头(小四号黑体)

表格文字(小四宋体)				

图 1.2－1　图名（小四号黑体）

1.2.2　条名（三级标题，四号黑体）

汉字和标点符号为四号宋体，数字为四号 Times New Roman，标点符号为全角格式。每段文字首行缩进 2 字符，回行时顶格。行间距为固定值，26 磅。

2　章名（一级标题，小三号黑体）

2.1　节名（二级标题，四号黑体）

2.1.1　条名（三级标题，四号黑体）

汉字和标点符号为四号宋体，数字为四号 Times New Roman，标点符号为全角格式。每段文字首行缩进 2 字符，回行时顶格。行间距为固定值，26 磅。

表 2.1－1　表头（小四号黑体）

表格文字（小四宋体）				

图 2.1－1　图名（小四号黑体）

2.1.2　条名（三级标题，四号黑体）

汉字和标点符号为四号宋体，数字为四号 Times New Roman，标点符号为全角格式。每段文字首行缩进 2 字符，回行时顶格。行间距为固定值，26 磅。

2.2　节名（二级标题，四号黑体）

2.2.1　条名（三级标题，四号黑体）

汉字和标点符号为四号宋体，数字为四号 Times New Roman，标点符号为全角格式。每段文字首行缩进 2 字符，回行时顶格。行间距为固定值，26 磅。

2.2.2　条名（三级标题，四号黑体）

汉字和标点符号为四号宋体，数字为四号 Times New Roman，标点符号为全角格式。每段文字首行缩进 2 字符，回行时顶格。行间距为固定值，26 磅

国家安全监管总局办公厅关于危险化学品安全监管有关问题的复函

安监总厅管三函〔2013〕65号

吉林省安全生产监督管理局:

你局《关于危险化学品安全监管有关问题的请示》(吉安监管审批〔2013〕60号)收悉。经研究,现函复如下:

一、危险化学品建设项目的规划、布局、选址、建设应当符合《危险化学品安全管理条例》(国务院令第591号)第十一条、第十二条的规定,有关安全条件论证报告应当符合《危险化学品建设项目安全监督管理办法》(国家安全监管总局令第45号)第八条的规定。天然气长输管道的分输站或末站建设项目纳入天然气长输管道建设项目安全监管范围,钢铁企业配套建设的氧气生产企业纳入钢铁企业的安全监管范围。

二、依据《危险化学品生产企业安全生产许可证实施办法》(国家安全监管总局令第41号)第四条的规定,危险化学品生产企业所属危险化学品生产装置的日常生产、安全管理等实行委托管理的,应当由危险化学品生产装置的权属企业提出安全生产许可证的申请,具有许可权限的安全生产监督管理部门依法予以审批。

三、《汽车加油加气站设计与施工规范》(GB 50156—2012)自2013年3月1日起实施,适用于新建、扩建和改建的汽车加油站工程的设计和施工。

国家安全监管总局办公厅

2013年5月3日

3. 海洋石油

关于印发海洋石油天然气开采单位主要负责人、安全管理人员安全资格培训大纲及考核标准(试行)的通知

安监总海油字[2005]44号

为加强海洋石油天然气开采单位主要负责人、安全管理人员安全资格培训、考核和发证管理工作,根据有关法律、法规及标准,安全监管总局制订了海洋石油天然气开采单位主要负责人、安全管理人员安全资格培训大纲(试行)及培训考核标准(试行),现予印发,请遵照执行。

各单位在执行过程中如遇到问题,请及时反馈给安全监管总局海洋石油作业安全办公室,以便对大纲和考核标准作进一步的修改和完善。

附件:

1. 海洋石油天然气开采单位主要负责人安全资格培训大纲(试行)
2. 海洋石油天然气开采单位主要负责人安全资格培训考核标准(试行)
3. 海洋石油天然气开采单位安全管理人员安全资格培训大纲(试行)
4. 海洋石油天然气开采单位安全管理人员安全资格培训考核标准(试行)

二〇〇五年五月二十七日

附件 1

海洋石油天然气开采单位主要负责人安全资格培训大纲(试行)

本大纲规定了海洋石油天然气开采单位和生产设施主要负责人安全资格培训的对象、目的、要求和内容。

一、培训对象

海洋石油天然气开采企业的地区分公司、子公司、专业技术服务公司、油田作业机构(含外资、合资和合作机构)和生产设施的主要负责人。

二、培训目的

通过培训,使培训对象了解本企业所涉及的安全生产法律、法规及相关标准;熟悉在安全管理体系和应急预案中所负责岗位的安全职责;了解安全管理知识和安全技术常识;达到《海洋石油天然气开采单位主要负责人安全资格培训考核标准(试行)》的要求。

三、培训要求

(一)培训内容应符合国家有关安全生产法律、法规的要求。

(二)培训应联系安全生产实际。

(三)授课教师能够准确掌握法规要求及安全生产实际情况。

(四)授课方式应灵活、生动、有效,可采用集中脱产培训、分阶段脱产培训的方式,选修课可采用网络培训方式。

四、培训内容

(一)安全生产法律、法规及标准

1. 安全生产法。

2. 其它相关安全生产法律、法规。

3. 海洋石油天然气作业相关安全生产法规、规章、规程和标准。

4. 其他相关法律、法规(选修)。

(二)安全生产管理知识

1. 安全管理基本理论。

2. 安全管理体系的建立与运行。

3. 危害辨识、风险分析和控制。

4. 承包商管理。

5. 安全文化建设。

(三)应急管理

1. 应急预案编制。

2. 在应急预案中的职责。

3. 应急响应程序。

(四)安全生产技术

1. 防火防爆技术。

2. 危险化学品、民用爆破器材和放射源管理。

3. 危险作业安全管理(选修)。

4. 工程建设安全管理(选修)。

（五）安全生产事故案例分析

1. 安全生产事故的原因分析。

2. 国内外典型事故案例分析。

五、再培训内容

（一）新颁布及修订的相关安全生产法律、法规、规章、规程和标准。

（二）海洋石油天然气安全生产新技术、新知识。

（三）海洋石油天然气安全生产管理经验。

（四）国内外海洋石油天然气行业安全生产事故案例分析。

六、学时安排

（一）海洋石油天然气开采单位和生产设施主要负责人安全资格初次培训时间不少于48学时。

（二）海洋石油天然气开采单位和生产设施主要负责人安全资格再培训时间不少于16学时。

附表

海洋石油天然气开采单位主要负责人安全资格培训课时安排

项目	培训内容	学时
一	安全生产法律、法规	8–12
二	安全生产管理知识	16–26
三	应急管理	4–6
四	安全生产技术	4–6
五	安全生产事故案例分析	6–10
六	复习、考试	4
总学时		不少于48
再培训	1. 新颁布及修订的法律、法规、规章、规程和标准。 2. 海洋石油天然气安全生产新技术、新知识。 3. 海洋石油天然气安全生产管理经验。 4. 国内外海洋石油天然气行业安全生产事故案例分析。 5. 复习、考试。	不少于16

附件 2

海洋石油天然气开采单位主要负责人安全资格培训考核标准(试行)

一、范围

本标准规定了海洋石油天然气开采单位和生产设施主要负责人安全资格培训考核的方法和内容。

本标准适用于海洋石油天然气开采单位和生产设施主要负责人安全资格培训考核。

二、考核方法

(一)考核采用笔试,命题范围根据培训大纲和考核要点确定。考试为闭卷,时间 90 分钟,采用百分制,满分 100 分,60 分以上为合格。

(二)考试不及格者,允许补考一次,补考仍不及格者,需要重新培训。

三、安全生产管理理论知识考核要点

(一)了解安全生产法律、法规及标准

1. 安全生产法。
2. 其它相关安全生产法律、法规。
3. 海洋石油天然气作业相关安全生产法规、规章、规程和标准。
4. 其他相关法律法规(选修)。

(二)熟悉安全生产管理知识

1. 安全管理基本理论。
2. 安全管理体系的建立与运行。
3. 危害辨识、风险分析和控制。
4. 承包商管理。
5. 安全文化建设。

(三)熟悉应急管理

1. 应急预案编制。
2. 在应急预案中的职责。
3. 应急响应程序。

(四)了解安全生产技术

1. 防火防爆技术。
2. 危险化学品、民用爆破器材和放射源管理。
3. 危险作业安全管理(选修)。
4. 工程建设安全管理(选修)。

(五)了解安全生产事故案例分析

1. 安全生产事故的原因分析。
2. 国内外典型事故案例分析。

四、实际安全生产管理技能考核要点

(一)能认真贯彻执行国家安全生产方针、政策、法律、法规和标准。

(二)能有效组织海洋石油天然气开采单位和生产设施的安全生产工作。
(三)能组织制定海洋石油天然气开采单位和生产设施安全生产规章制度。
(四)能有效开展安全检查和隐患整改工作。
(五)能正确组织、指挥海洋石油天然气开采单位和生产设施事故应急救援工作。
(六)能按国家有关规定报告、调查和处理事故。

五、再培训考核内容

(一)了解新颁布及修订的相关安全生产法律、法规、规章、规程和标准。
(二)熟悉海洋石油天然气安全生产新技术、新知识。
(三)熟悉海洋石油天然气安全生产管理经验。
(四)了解国内外海洋石油天然气行业安全生产事故典型案例。

附件3

海洋石油天然气开采单位安全管理人员安全资格培训大纲(试行)

本大纲规定了海洋石油天然气开采单位和生产设施安全管理人员安全资格培训的对象、目的、要求和内容。

一、培训对象

海洋石油天然气开采企业的地区分公司、子公司、专业技术服务公司、油田作业机构(含外资、合资和合作机构)和生产设施的安全管理人员。

二、培训目的

通过培训,使培训对象熟悉国家安全生产有关法律、法规的主要内容与要求;掌握从事安全管理工作所需要的基本知识、技术及相关知识;达到《海洋石油天然气开采单位安全管理人员安全资格培训考核标准(试行)》的要求。

三、培训要求

(一)培训内容应符合国家有关安全生产法律、法规的要求。

(二)培训应联系安全生产实际。

(三)授课教师能够准确掌握法规要求及安全生产实际情况。

(四)授课方式应灵活、生动、有效,可采用集中脱产培训、分阶段脱产培训的方式,选修课可采用网络培训的方式。

四、培训内容

(一)安全生产法律、法规及标准

1. 安全生产法。

2. 其它相关安全生产法律、法规。

3. 海洋石油天然气作业相关安全生产法规、规章、规程和标准。

4. 其他相关法律、法规(选修)。

(二)安全生产管理知识

1. 安全管理基础理论

主要包括海洋石油天然气企业安全管理、安全管理体系的建立与运行和安全文化(选修)。

2. 安全生产管理

主要包括海洋石油天然气开采各阶段安全生产管理要求、海上生产设施维修作业安全管理、承包商安全管理和作业人员证书管理。

3. 危害辨识、风险分析和控制

主要包括危险源辨识方法、危险因素控制措施、安全分析与安全评价方法、海上油气田开发不同阶段的安全评价要求。

4. 应急响应与应急预案

主要包括应急预案编制、应急响应程序、海上石油天然气生产设施紧急关断系统、防台风(防冰)应急知识、应急救援。

5. 事故统计与事故调查

主要包括事故统计方法、事故报告程序和事故调查程序。

（三）安全生产技术

1. 防火防爆技术

主要包括海上石油天然气生产设施危险区域划分、热工作业管理、防火技术与措施、消防设施与灭火技术。

2. 危险化学品、民用爆破器材和放射源管理

主要包括海洋石油天然气作业中所涉及的危险化学品、民用爆破器材和放射源的购买、运输、储存、使用和废弃等环节中的安全管理要求。

3. 机械安全生产技术

主要包括机械事故的预防措施。

4. 起重作业安全技术

主要包括海上起重作业安全要求、起重设备安全管理和海上作业钢丝绳、吊具的管理要求。

5. 电气安全技术

主要包括海上石油天然气生产设施电气设备安全要求、海上生产设施电气维修作业管理要求、海上电站与用电设备安全管理（选修）。

6. 典型作业安全技术

主要包括高处与舷外作业、原油洗舱、进入限制空间、原油外输作业（选修）。

7. 作业现场安全技术

主要包括有毒有害气体检测、挂牌锁定、安全标志与安全色。

（四）案例分析与经验交流

1. 国内外海洋石油天然气安全生产案例分析。

2. 安全生产管理经验交流（选修）。

五、再培训内容

（一）新颁布及修订的相关安全生产法律、法规、规章、规程和标准。

（二）海洋石油天然气安全管理新理论、新知识。

（三）海洋石油天然气安全生产新技术、新工艺、新方法。

（四）具有典型意义的案例分析与安全管理经验交流。

六、学时安排

（一）海洋石油天然气开采单位和生产设施安全管理人员安全资格培训初次培训时间不少于48课时。

（二）海洋石油天然气开采单位和生产设施安全管理人员安全资格再培训时间不少于16课时。

附表

海洋石油天然气开采单位安全管理人员安全资格培训课时安排

序号	培训内容	学时
一	安全生产法律法规	2 - 6
二	安全生产管理知识	20 - 28
三	安全生产技术	20 - 28
四	案例分析与经验交流	2 - 6
五	复习、考试	4
总学时		不少于 48
再培训	1. 新颁布及修订的相关安全生产法律、法规、规章、规程和标准。 2. 海洋石油天然气安全管理新理论、新知识。 3. 海洋石油天然气安全生产新技术、新工艺、新方法。 4. 具有典型意义的案例分析与安全管理经验交流。 5. 复习、考试。	不少于 16

附件4

海洋石油天然气开采单位安全管理人员安全资格培训考核标准(试行)

一、范围

本标准规定了海洋石油天然气开采单位和生产设施安全管理人员安全资格培训考核的方法和内容。

本标准适用于海洋石油天然气开采单位和生产设施安全管理人员安全资格培训的考核。

二、考核方法

(一)考核采用笔试,命题范围根据培训大纲和考核要点确定。考试为闭卷,时间90分钟,采用百分制,满分100分,60分以上为合格。

(二)考试不及格者,允许补考一次,补考仍不及格者,需要重新培训。

三、安全生产管理理论知识考核要点

(一)熟悉安全生产法律法规

1. 安全生产法。
2. 其它相关安全生产法律法规。
3. 海洋石油天然气作业相关安全生产法规、规章、规程和标准。
4. 其他相关法律法规(选修)。

(二)熟悉安全生产管理知识

1. 安全管理基础知识。
2. 安全生产管理。
3. 危害辨识、风险分析和控制。
4. 应急响应与应急预案。
5. 事故统计与事故调查。

(三)掌握安全生产技术

1. 防火防爆技术。
2. 危险化学品、民用爆破器材和放射源管理。
3. 机械安全生产技术。
4. 起重作业安全技术。
5. 电气安全技术。
6. 典型作业安全技术。
7. 作业现场安全技术。

(四)了解案例分析与经验交流

1. 国内外海洋石油天然气安全生产安全案例分析。
2. 安全生产管理经验交流(选修)。

四、实际安全管理技能考核要点

(一)认真贯彻执行国家的安全生产方针、政策和相关法律、法规、规章和标准。

(二)能参与制定事故应急救援预案和预防处理计划。

(三)能参与新建、改建、扩建工程设计审查、竣工验收工作。

(四)能组织单位内部安全检查和隐患整改工作。
(五)能及时发现事故隐患并采取措施。
(六)能组织单位各类人员的安全教育和安全培训工作。
(七)能按有关规定参与事故调查处理。

五、再培训内容

(一)了解新颁布及修订的相关安全生产法律、法规、规章、规程和标准。
(二)了解海洋石油天然气安全管理新理论、新知识。
(三)熟悉海洋石油天然气安全生产新技术、新工艺、新方法。
(四)熟悉具有典型意义的事故案例与安全管理经验。

关于印发《海洋石油天然气安全生产监督检查行政执法文书(试行)》的通知

安监总海油字〔2005〕79号

各有关单位:

为规范海洋石油天然气安全监督行政执法活动,根据《行政处罚法》的有关规定,结合目前海洋石油天然气安全监督执法的实际,国家安全生产监督管理总局制定了《海洋石油天然气安全生产监督检查行政执法文书(试行)》,现印发给你们,并就有关事项通知如下:

一、《海洋石油天然气安全生产监督检查行政执法文书(试行)》适用于对各类海洋石油天然气安全生产监督检查执法活动。

二、执法文书由海洋石油作业安全办公室各分部按样式、根据执法需要自行印制。

三、为保证执法的严肃性和有效性,各单位不得自行制作和使用非国家安全生产监督管理总局制定的文书式样。

四、执法文书自2005年8月1日起在海洋石油天然气安全生产监督检查执法中使用。

五、海洋石油作业安全办公室各分部及监督处在使用执法文书中有何问题和建议,请及时向海洋石油作业安全办公室报告,以便在执法实践中逐步规范和完善。

附件:

1.《海洋石油天然气安全生产监督检查行政执法文书(试行)》

2.《海洋石油天然气安全生产监督检查行政执法文书(试行)》制定说明

二〇〇五年七月二十一日

附件1

海洋石油天然气安全生产监督检查行政执法文书（试行）

一、现场检查记录
二、整改指令书
三、强制措施决定书
四、整改情况复查意见书
五、行政（当场）处罚决定书
六、立案审批表
七、调查询问笔录
八、勘验检查笔录
九、抽样取证凭证
十、鉴定意见书
十一、证据登记保存清单
十二、案件调查报告
十三、案件移送书
十四、行政处罚意见告知书
十五、行政处罚听证笔录
十六、听证会报告书
十七、行政处罚决定书
十八、行政处罚送达回执
十九、听证会通知书
二十、强制执行申请书
二十一、结案审批表
二十二、案卷（首页）

1.

海洋石油天然气安全生产监督检查

行政执法文书现场检查记录

被检查单位：____

被检查场所负责人（签名）：________________检查场所：__________

安全生产监察员（签名）：__________________检查时间：__________

检查情况：____

被检查单位意见：

负责人签名：

年　　月　　日

共　页第　页

2.

海洋石油天然气安全生产监督检查
行政执法文书整改指令书

______________令__字〔　　〕第(　　)号

______________________:

经查,你单位存在下列问题:

____

____

____

____

____

____

____

____

____

____

____

____

______________________________(此栏不够,可另附页)

责令你单位对上述问题,于______年____月____日前____。逾期不整改的,依法给予行政处罚;由此造成事故的,依法追究有关人员的责任。[　　]

安全生产监察员(签名):

(公章)

签发日期:　　年　　月　　日

被检查单位负责人(签名):

三联复写:第一联交被检查单位 第二联由安全监察员保存 第三联留存备案。

3.

海洋石油天然气安全生产监督检查

行政执法文书强制措施决定书存根

__________强措___字〔　　〕第(　　)号

被处理单位(人):______________________________

事故隐患情况:______________________________

处理决定:______________________________

____

安全生产监察员(签名):__________被处理单位负责人(签名):__________

时间:______年___月___日

----------------------请骑缝盖章----------------------

海洋石油天然气安全生产监督管理

行政执法文书强制措施决定书

__________强措__字〔　　〕第(　　)号

____________________:

______年___月___日,在现场检查时,发现你单位(现场)存在下列问题:

无法保证安全生产,依据《安全生产法》第五十六条规定,现作出如下决定:

____

____

____

安全生产监察员(签名):______________被处理单位负责人(签名):__________

(公章)

年　月　日

4.

海洋石油天然气安全生产监督检查
行政执法文书整改情况复查意见书

＿＿＿＿＿＿＿＿＿＿复＿字〔　　〕第(　　)号

＿＿＿＿＿＿＿＿＿＿＿＿＿＿＿＿＿＿＿＿：

我处于＿＿＿＿年＿＿＿月＿＿＿日作出了＿＿＿＿＿＿＿＿＿＿＿＿＿＿＿＿＿＿＿＿＿＿＿的决定[＿＿＿＿＿＿＿＿令＿＿字〔　　〕第(　　)号],应你单位申请组织复查。经复查,意见如下:＿＿＿＿＿＿＿＿＿＿＿＿＿＿＿＿＿＿＿＿＿＿＿＿＿＿＿＿＿

被复查单位(人):＿＿＿＿＿＿＿＿(签字)＿＿＿＿＿＿年＿＿＿＿月＿＿＿＿日

安全生产监察员:＿＿＿＿＿＿＿＿(签字)＿＿＿＿＿＿年＿＿＿＿月＿＿＿＿日

(公章)

年　　月　　日

双联复写:第一联交被复查单位,第二联存档。

5.

海洋石油天然气安全生产违法行为
行政执法文书行政(当场)处罚决定书

＿＿＿＿＿＿＿＿当＿字〔　　〕第(　　)号

被处罚单位(人):＿＿＿＿＿＿＿＿＿＿＿＿＿＿＿＿＿＿＿＿法定代表人:＿＿＿＿＿

地址:＿＿＿＿＿＿＿＿＿＿＿＿＿＿＿＿＿＿＿＿时间:＿＿＿＿年＿＿＿＿月＿＿＿＿日

一、主要违法事实

二、处罚依据及处罚决定

三、履行方式和期限(见打√处)

□当场缴纳。

□罚款于收到本决定书之日起15日内,缴至 银行,

地址＿＿＿＿＿＿＿＿＿＿＿＿＿＿＿＿＿＿＿＿＿＿＿＿＿＿＿＿＿＿＿＿

账号＿＿＿＿＿＿＿＿＿＿＿＿＿＿＿＿＿＿＿＿＿＿＿＿＿＿＿＿＿＿＿。

当事人如不服本处罚决定的,可以依法在60日内向＿＿＿＿＿＿＿＿＿＿＿申请行政复议或依法向＿＿＿＿＿＿＿＿＿＿人民法院提起行政诉讼;逾期既不申请行政复议,又不提起行政诉讼的,将依法申请人民法院强制执行或者依照有关法律规定执行。

安全监察员(签名):＿＿＿＿＿＿＿＿证号:＿＿＿＿＿＿＿＿

安全监察员(签名):＿＿＿＿＿＿＿＿证号:＿＿＿＿＿＿＿＿

公章

当事人(现场负责人)(签字):＿＿＿＿＿＿＿＿

年　　月　　日

三联复写式:第一联、第二联留存备案,第三联交被处罚单位。

6.

海洋石油天然气安全生产违法行为
行政执法文书立案审批表

______________案__字〔　　〕第(　　)号

案　　由:______________

案件来源:______________

案件名称:______________

当事人单位地址:______________

电　　话:______________

<table>
<tr><td colspan="2">案件基本情况:

</td></tr>
<tr><td colspan="2">处理意见:

安全生产监察员:　　　　证号:　　　　年　月　日</td></tr>
<tr><td>监督处审批意见:

负责人签名:
年　月　日</td><td>分部审批意见:

负责人签名:
年　月　日</td></tr>
</table>

三联复写:第一、二联备案,第三联交办案安全生产监察员。

7.

海洋石油天然气安全生产违法行为
行政执法文书调查询问笔录

案件名称：____

案号__________________案__字〔　　〕第(　　)号

调查时间____________________________调查地点____________________________

被询问人__________________职务__________________工作单位__________________

身份证号__________________地址__________________电话__________________

询问人____________________________单位及职务____________________________

记录人____________________________单位及职务____________________________

被询问人签名：　　　　　　　　　　　　　　　　　　　　年　　月　　日

共　　页第　　页

续页

被询问人签名：　　　　　　　　　　　　　　　　　　　　年　月　日

共　页第　页

8.

海洋石油天然气安全生产违法行为 行政执法文书勘验检查笔录

案件名称:______________________________

案号__________案__字〔 〕第( )号

勘验时间:______年______月______日______时______分至______月______日______时______分

勘验场所______________天气情况______________

勘验人______________单位及职务______________

勘验人______________单位及职务______________

当事人或者委托代表______________单位及职务______________

被邀请人______________单位及职务______________

记录人______________单位及职务______________

勘验情况及结果______________________________

____

____

____

____

____

____

____

____

____

____

____

____

____

____

____

勘验人(签名):______________记录人(签名):______________

被邀请勘验人(签名):______________当事人委托代表(签名):______________

本页填写不下的内容或需绘制勘验图的,可另附纸。

9.

海洋石油天然气安全生产违法行为
行政执法文书抽样取证凭证

案件名称：____

案号______________案__字〔　　〕第(　　)号

被抽样取证单位负责人：______________联系电话：______________

单位地址：______________________邮编：______________

因____一案，需对你(单位)的下列物品抽样取证。

序 号	证据物品名称	规格	数量

安全生产监察员签名：______________

安全生产监察员签名：______________

被抽样取证单位负责人签名：______________

（公章）

年　　月　　日

三联复写：第一联交被抽样单位，第二、三联备案。

10.

海洋石油天然气安全生产违法行为
行政执法文书鉴定意见书

案件名称：____

案号__________________案__字〔　　〕第(　　)号

<table>
<tr><td colspan="2">鉴定内容及目的</td><td colspan="3"></td></tr>
<tr><td colspan="2">鉴定单位</td><td colspan="3"></td></tr>
<tr><td colspan="2">受委托单位或个人</td><td colspan="3"></td></tr>
<tr><td rowspan="3">鉴定人</td><td>姓名</td><td colspan="3">职务和职称</td></tr>
<tr><td></td><td colspan="3"></td></tr>
<tr><td></td><td colspan="3"></td></tr>
<tr><td>地点</td><td colspan="2"></td><td>时间</td><td></td></tr>
<tr><td colspan="5">鉴定意见：</td></tr>
</table>

鉴定意见：   鉴定人签名：
备注：

本页填写不下的内容，可另附纸，并在备注中说明

二联复写：一份鉴定单位留存，一份交委托鉴定单位。

11.

海洋石油天然气安全生产违法行为
行政执法文书证据登记保存清单

案件名称:________________

案号________案__字〔 〕第( )号

被取证单位:________________法定代表人:________________

单位地址:________________联系电话:________________

因________________案,根据《中华人民共和国行政处罚法》第37条规定,决定对你(单位)下列物品登记保存。在7日内你(单位)不得销毁或转移。

序号	证据物品名称	规格	数量

安全生产监察员签名:________________

安全生产监察员签名:________________

负责人审批意见:________________

签名:________________

被取证人(签名):________________

(公章)

年 月 日

双联复写式:第一联存档,第二联安全生产监察员保存。

12.

海洋石油天然气安全生产违法行为行政执法文书案件调查报告

案件名称：________________

案号____________案__字〔　　〕第（　　）号

<table>
<tr><td rowspan="4">当事人基本情况</td><td>姓 名</td><td></td><td>国籍</td><td></td><td>证件号码</td><td></td></tr>
<tr><td>单位</td><td colspan="3"></td><td>法定代表人（负责人）</td><td></td></tr>
<tr><td>地址</td><td colspan="5"></td></tr>
<tr><td colspan="6"></td></tr>
<tr><td>案件调查经过结论及处理意见</td><td colspan="6">安全生产监察员签名：
年　月　日</td></tr>
<tr><td rowspan="5">所附证据材料清单</td><td>种类</td><td colspan="2">证据名称</td><td colspan="2">规 格</td><td>数 量</td></tr>
<tr><td></td><td colspan="2"></td><td colspan="2"></td><td></td></tr>
<tr><td></td><td colspan="2"></td><td colspan="2"></td><td></td></tr>
<tr><td></td><td colspan="2"></td><td colspan="2"></td><td></td></tr>
<tr><td></td><td colspan="2"></td><td colspan="2"></td><td></td></tr>
<tr><td colspan="3">监督处审核意见：
签名：
年　月　日</td><td colspan="4">海油办分部审批意见：
负责人签名：
年　月　日</td></tr>
</table>

本页填写不下的内容，可另附纸。

三联复写：第一联交安全生产监察员，第二、三联存档。

13.

海洋石油天然气安全生产违法行为
行政执法文书案件移送书

________________移〔　　〕第(　　)号

______________________________:

经审查____
____
____
____
____
____
____
____

一案,因____,根据______________
____________________规定,移送你单位对该案进一步审理,依法追究责任。审理结案后,请将处理结果函告我单位。

附:该案件有关材料　　份　　页

(公章)

年　　月　　日

双联复写:第一联交案件移送单位,第二联存档。

14.

海洋石油安全生产违法行为
行政执法文书行政处罚意见告知书

案件名称：______________________________

案号______________案__字〔　〕第(　)号

______________________________：

经查，你单位(个人)的以下行为______________________________违反了______________规定，依据______________________________，拟对你单位(个人)作出______________________行政处罚。

如对上述处罚有异议，根据《行政处罚法》第三十一条、第三十二条和第四十二条的规定，你单位(个人)可在收到本告知书3日内，向______________________进行陈述或者申辩，符合听证条件的可要求组织听证，逾期视为放弃陈述、申辩和要求听政的权利。

海油办分部监督处地址：______________________________

邮政编码：__________联系人：__________电话：______________

被告知人(签字)：______________________日期：______年______月______日

(公章)

年　　月　　日

双联复写：第一联留存备案，第二联送拟被处罚单位(个人)。

15.

海洋石油天然气安全生产违法行为
行政执法文书行政处罚听证笔录

案件名称：____________________

案号__________案__字〔　　〕第(　　)号

主持听证机关__________时间__________地点__________

主持人__________听证员__________记录人__________

申请听证单位法定代表人__________性别______年龄______

工作单位(职业)____________________

委托人__________性别______年龄______工作单位(职业)__________

委托人__________性别______年龄______工作单位(职业)__________

申请听证单位法定代表人和委托人(签字)：　　　　年　　月　　日

共　页第　页

16.

海洋石油天然气安全生产违法行为行政执法文书听证会报告书

案件名称：____

案号____________________案__字〔　　〕第(　　)号

<table>
<tr><td>听证主持人</td><td></td><td>记录人</td><td></td></tr>
<tr><td colspan="4">听证会基本情况摘要：(详见听证会笔录，笔录附后)</td></tr>
</table>

所附证据材料清单	种类	证据名称	规格	数量

双联复写：第一、二联存档。

17.

海洋石油天然气安全生产违法行为行政执法文书行政处罚决定书

________管罚__字〔　　〕第(　　)号

案件名称:________

案号________案__字〔　　〕第(　　)号

被处罚单位(人):________地址:________

违法事实:________

________。

以上事实违反了________的规定,依据________的规定,决定给予下列行政处罚:________

________。

罚款于________月________日之前缴至________银行,地址________ 账号________。

如对本处罚决定不服,可在接到本决定之日起________日内向________

________申请行政复议或者提起行政诉讼,但不停止执行本决定。逾期不申请行政复议、不提起行政诉讼又不履行的,本机关将申请人民法院强制执行或者依照有关规定依法执行。

(公章)

年　月　日

三联复写:第一联交被处罚单位(人),第二联交银行,第三联留存归档备查。

18.

海洋石油天然气安全生产违法行为行政执法文书

安全生产违法行为行政处罚送达回执存根

编号:____________

送达文书:____

送达地点:____

送达方式:____

受送达人:____

海油办 xx 分部 xx 监督处

------------------------------请骑缝盖章------------------------------

海洋石油天然气安全生产违法行为行政执法文书

安全生产违法行为行政处罚送达回执

编号:____________

送达文书:____________________ 送达地点:____________________

受送达人(签名):____________________ 时间:______年____月____日

送达人(签名):____________________ 时间:______年____月____日

备注:1. 被送达人不在时由其单位或者成年家属代收。

2. 发生拒收情况时,其他人员在场,记明情况,留下送达文书即为送达。

19.

海洋石油天然气安全生产违法行为
行政执法文书听证会通知书

____________________听证通__字〔　　〕第(　　)号

案件名称:____

案号____________________案__字〔　　〕第(　　)号

______________________________________:

你单位关于____

一案,现定于__________年______月______日______时______分,在____________________(公开、不公开)举行听证会议。

听证会主持人姓名______________________________职务____________________

记录人姓名____________________________________职务____________________

你(单位法定代表人)或委托代理人应准时出席,逾期不出席的,视为放弃听证要求。委托代理人单独出席的,应提交当事人签署的授权委托书。

根据《行政处罚法》第四十二条规定,你(单位)申请听证主持人回避的,应在接到本通知书后3日内向我单位提出并说明理由。

特此通知。

听证申请单位(人)(签名):　　　　　　　　　　　　　　(公章)

年　月　日　　　　　　　　　　　　　　　　　　年　月　日

海油办 xx 分部 xx 监督处地址:　　　　　　　　　　联系电话:

联系人:　　　　　　　　　　　　　　　　　　　　联系电话:

双联复写:第一联交申请听证单位,第二联组织听证的海油办 xx 分部 xx 监督处留存。

20.

海洋石油天然气安全生产违法行为
行政执法文书强制执行申请书(存根)

____________________强__字〔　　〕第(　　)号

受理法院:____

被申请人:____

法定代表人:__________职务:________性别:________年龄:________

住址:____

案件名称:____

案号____________________案__字〔　　〕第(　　)号

《行政处罚决定书》[________________________________罚__字[　　]第(　　)号]

申请强制执行项目:____

填写人:__________填写时间:________年________月________日

签发人:__________签发时间:________年________月________日

(海油办 xx 分部 xx 监督处)盖骑缝章

海洋石油天然气安全生产监督管理
行政执法文书强制执行申请书

____________________强__字〔　　〕第(　　)号

申请人:______________________________

法定代表人姓名:________________职务:________________

委托代理人姓名:________________职务:________________

被申请人:____________________

法定代表人姓名:________________性别:________ 年龄:________

住址:____

____________________人民法院。

对被申请人________________________一案,已经我单位审理结案。该案《行政处罚决定书》[________________罚__字[　　]第(　　)号],已于　　年　　月　　日送达被申请人。由于其在法定期限内拒绝履行,根据________________的规定,申请院强制执行下列项目________________。

此致

附:《行政处罚决定书》[________________罚__字[　　]第(　　)号]

(公章)

年　　月　　日

21.

海洋石油天然气安全生产违法行为
行政执法文书结案审批表

案件名称：

案号＿＿＿＿＿＿＿＿＿＿＿案＿字〔　　〕第（　　）号

被处理单位或个人		安全生产监察员	
案情			
处理结果			
执行情况			
审核意见	审核人： 年　月　日	审批意见	部门负责人： 年　月　日

双联复写：海油办 xx 分部 xx 监督处存档。

22.

海洋石油天然气安全生产违法行为行政执法行政处罚案件

案卷(首页)

案件名称:________________________________

案号__________________案__字〔　　〕第(　　)号

案由	
处理结果	

立案:________年______月______日

结案:________年______月______日

本卷共________件________页　　　　归档号:______________

承办人:________________

归档日期:________年______月______　　　　保存期限:______________

附件 2

《海洋石油天然气安全生产监督检查行政执法文书(试行)》制定说明

为规范海洋石油天然气安全生产监督检查执法活动,依据国家现行的有关法律,国家安全生产监督管理总局海洋石油作业安全办公室制定了《海洋石油天然气安全生产监督检查行政执法文书(试行)》(以下简称执法文书)。

一、制定依据

《中华人民共和国安全生产法》、《中华人民共和国行政处罚法》、《中华人民共和国矿山安全法》等有关法律、法规。

二、参照的执法文书

《安全生产监督检查行政执法文书》。

三、执法文书的种类

22 种海洋石油天然气安全生产监督检查行政执法文书,分为五类:

第一类,笔录性文书 4 种。包括:

1.《海洋石油天然气安全生产监督检查行政执法文书现场检查记录》;

2.《海洋石油天然气安全生产监督检查行政执法文书调查询问笔录》;

3.《海洋石油天然气安全生产监督检查行政执法文书勘验检查笔录》;

4.《海洋石油天然气安全生产监督检查行政执法文书行政处罚听证会笔录》。

第二类,决定性文书 7 种。包括:

1.《海洋石油天然气安全生产监督检查行政执法文书整改指令书》;

2.《海洋石油天然气安全生产监督检查行政执法文书强制措施决定书》;

3.《海洋石油天然气安全生产监督检查行政执法文书整改情况复查意见书》;

4.《海洋石油天然气安全生产监督检查行政执法文书行政(当场)处罚决定书》;

5.《海洋石油天然气安全生产监督检查行政执法文书立案审批表》;

6.《海洋石油天然气安全生产监督检查行政执法文书行政处罚决定书》;

7.《海洋石油天然气安全生产监督检查行政执法文书鉴定意见书》。

第三类,通知性文书 3 种。包括:

1.《海洋石油天然气安全生产监督检查行政执法文书行政处罚意见告知书》;

2.《海洋石油天然气安全生产监督检查行政执法文书行政处罚送达回执》;

3.《海洋石油天然气安全生产监督检查行政执法文书听证会通知书》。

第四类,公函性文书 6 种。包括:

1.《海洋石油天然气安全生产监督检查行政执法文书案件移送书》;

2.《海洋石油天然气安全生产监督检查行政执法文书强制执行申请书》;

3.《海洋石油天然气安全生产监督检查行政执法文书案件调查报告》;

4.《海洋石油天然气安全生产监督检查行政执法文书听证会报告书》;

5.《海洋石油天然气安全生产监督检查行政执法文书抽样取证凭证》;

6.《海洋石油天然气安全生产监督检查行政执法文书证据登记保存清单》。

第五类,档案性文书 2 种。包括:

1.《海洋石油天然气安全生产监督检查行政执法文书结案审批表》;

2.《海洋石油天然气安全生产监督检查行政执法文书案卷(首页)》。

四、有关说明

1. 执法文书的使用主要以监督处为主，分部也可根据实际需要使用执法文书进行执法。

2. 执法文书的样例正在制作当中，待完成后印发供参照。

3. 执法文书统一印制成 A4 纸格式。

关于印发《国家安全生产监督管理总局海洋石油作业安全办公室工作规则》(试行)的通知

海油函〔2006〕80 号

各分部:

为规范国家安全生产监督管理总局海洋石油作业安全办公室工作制度、工作程序,明确工作关系,提高工作效率,确保工作质量,根据《国务院办公厅关于印发国家安全生产监督管理总局主要职责内设机构和人员编制规定的通知》(国办发〔2005〕11 号)、《国家安全生产监督管理总局工作规则》(安监总办字〔2005〕197 号)和《海洋石油安全生产规定》(国家安全生产监督管理总局第 4 号令)等有关规定文件的要求,海油安办制定了《国家安全生产监督管理总局海洋石油作业安全办公室工作规则》(试行),于 2007 年 2 月 1 日起试行。

特此通知。

附件:《国家安全生产监督管理总局海洋石油作业安全办公室工作规则》(试行)

二〇〇六年十二月三十一日

附件

国家安全生产监督管理总局海洋石油作业安全办公室工作规则(试行)

第一章 总 则

一、为规范国家安全生产监督管理总局海洋石油作业安全办公室工作制度、工作程序,明确工作关系,提高工作效率,确保工作质量,根据《国务院办公厅关于印发国家安全生产监督管理总局主要职责内设机构和人员编制规定的通知》(国办发〔2005〕11号)、《国家安全生产监督管理总局工作规则》(安监总办字〔2005〕197号)和《海洋石油安全生产规定》(国家安全生产监督管理总局第4号令)等有关文件,制定本规则。

二、国家安全生产监督管理总局(以下简称总局)海洋石油作业安全办公室(以下简称海油安办)是总局海洋石油安全生产综合监督管理的执行机构。

三、海油安办设立海油分部(设在中国海洋石油总公司)、石化分部(设在中国石油化工集团公司)和中油分部(设在中国石油天然气集团公司),实行垂直管理体制,统一领导各分部的业务工作。

各分部依照有关规定实施具体的安全监督管理,并根据监管工作需要,可设立相应的地区监督处。

四、海油安办及其各分部的工作人员要认真履行政府职能,坚持依法行政,不断改进工作方式,形成行为规范、运转协调、公正透明、廉洁高效的行政管理体制;要各司其职,各负其责,忠于职守,相互协调,密切配合,保证政令畅通。

第二章 职 责 划 分

五、海油安办职责:

(一)组织起草和宣贯海洋石油安全生产法规、规章、标准。

(二)综合监督检查海洋石油安全生产条件、设备设施安全、劳动防护用品使用和作业场所职业卫生情况。

(三)综合监督检查海洋石油安全生产教育培训情况。审批各分部提交的年度培训计划;协助组织中央管理的海洋石油企业总部(集团公司、总公司、一级上市公司,下同)主要负责人、安全管理人员安全资格培训及各分部监管人员执法资格培训工作。

(四)综合监督检查海洋石油建设项目生产设施"三同时"情况。负责海洋石油建设项目安全预评价报告的备案、海洋石油新建油气田一期建设项目生产设施设计审查的备案和安全竣工验收工作。

(五)负责中央管理的海洋石油企业总部安全生产许可证申请的受理和审查工作。负责对各分部上报的"海洋石油安全生产许可证材料审查和现场审查意见"进行审核,以及安全生产许可证的发放工作。

(六)负责海洋石油安全中介机构资质申请的受理、材料审查和现场审查工作。

(七)按事故分级管理的原则组织海洋石油生产安全事故的调查处理,协调事故和险情的应急救援工作。

(八)完成总局领导交办的其他工作。

六、各分部职责:

(一)参与起草和宣贯海洋石油安全生产法规、规章、标准。

(二)负责日常监督检查所辖作业区域内的海洋石油安全生产条件、设备设施安全、劳动防护用品使用和作业场所职业卫生情况。

（三）负责监督检查所辖作业区域内的海洋石油安全生产教育培训情况。负责组织除中央管理的海洋石油企业总部之外海洋石油安全生产许可证取证单位主要负责人、安全管理人员的安全资格培训、再教育和考核工作；监督检查出海作业人员的安全培训、考核和发证工作，以及临时出海人员的安全教育。

（四）负责监督检查所辖作业区域内的海洋石油建设项目生产设施“三同时”情况。负责海油安办直接负责之外的海洋石油建设项目生产设施设计审查的备案和安全竣工验收工作。

（五）负责所辖作业区域内除中央管理的海洋石油企业总部之外海洋石油安全生产许可证取证单位的材料审查及现场审核工作。

（六）负责海洋石油安全中介机构的日常监督管理工作。

（七）按事故分级管理的原则，组织所辖作业区域内海洋石油生产安全事故的调查处理，协调事故和险情的应急救援工作。

（八）完成海油安办交办的其他工作。

七、地区监督处的业务工作由分部领导。各分部可根据实际情况，确定各地区监督处的职责。

第三章　分工负责

八、海油安办及其各分部实行主任负责制，主任负责本单位全面工作，副主任按照分工协助主任工作并对主任负责。

各分部主任在海油安办主任、分管副主任领导下负责本分部工作，对海油安办主任、分管副主任负责。

九、主任出访、出差和离职学习、休假期间，按排名次序指定一名副主任主持日常工作。分管副主任出访、出差和离职学习、休假期间，其分管工作由主任或主任指定的其他副主任代管。

十、处长在主任、分管副主任领导下负责本处工作，对主任、分管副主任负责。

十一、各分部在所辖作业区域内履行职责。涉及几个分部的工作，应当由作业区域所在分部会同有关分部研究处理；需要海油安办决策的，应提出拟办意见，按程序报海油安办决定。

第四章　工作决策和部署

十二、海油安办负责起草的海洋石油安全生产法律法规草案、部门规章、标准、重要政策措施和行政许可项目等重大事项，必须经集体讨论研究决定。

十三、海油安办在作出重大决策前，根据需要通过召开座谈会等形式，直接听取各分部等方面的意见与建议。

十四、海油安办及其各分部必须坚决贯彻总局的重大决策，及时跟踪和反馈执行情况。

十五、海油安办及其各分部要加强工作的计划性、系统性和预见性，搞好年度工作安排，并根据形势和任务的变化及时作出调整。

十六、海油安办实行工作报告制度。各分部在年中和年终向海油安办汇报工作进展情况和重点工作计划情况。

第五章　公文处理和请示报告

十七、在职责范围内，各分部可以单独向下或向有关单位发文（函），也可与有关单位联合发文（函）。涉及海洋石油安全监督管理重要事项的发文，应经海油安办审议，必要时以海油安办名义印发。

十八、各分部发出的重要文件，应抄报海油安办。

十九、海油分部、石化分部和中油分部的发文编号，分别为海油分部〔200×〕××号、石化分部〔200×〕××号和中油分部〔200×〕××号。

行文格式按照《国家行政机关公文处理办法》（国发〔2000〕23号）和《国家行政机关公文格式》（GB/T 9704—1999）执行。

二十、凡属下列重大事项，各分部必须向海油安办请示或报告：

（一）年度工作计划和重大工作部署。

（二）领导批示或交办的重要事项的落实情况。

（三）涉及履行政府职能的重要外事活动和其它重要事项。

各分部原则上不直接向总局请示或报告工作。如有需要请示或报告总局的事项，各分部按程序行文，由海油安办向总局呈报。

二十一、各分部呈送海油安办的请示、报告，按下列原则办理：

（一）拟文要求。送海油安办的请示或报告的抬头用"海油安办"。除特殊情况外，请示或报告应一事一报，并由分部主任签发；副主任代签发时，应注明主任"已同意"。

请示、报告内容如与有关分部有关，要事先协商一致，协商不一致时，应将有关分部意见一并上报并作说明。

（二）报送。各分部呈送海油安办领导的请示或报告，应送交海油安办综合处办理公文登记。

（三）办理。凡海油安办领导有明确批示或要求的事项，各分部的请示、报告可直接送交办的领导；如需业务处办理的，应同时抄送业务处一份。

凡海油安办领导没有明确批示或要求的事项，传阅件送海油安办主任阅批，办理件送业务处提出处理建议，然后按程序报分管副主任、主任。

二十二、各分部承办的重大事项，由分部主任检查落实，并要及时向海油安办业务处通报办理进度或完成情况。

二十三、政务信息、重特大事故信息等通过海油安办上报总局。

第六章 会议制度

二十四、海油安办及其各分部实行主任办公会议和主任业务办公会议制度。

二十五、对工作中的重大事项，须经主任办公会议研究决定。主任办公会议由主任召集和主持，各副主任、处长（监督处处长）出席。

二十六、主任业务办公会议由主任、分管副主任按照分工召集和主持。会议主要内容是处理分管业务工作中的有关问题，协调专门事项，研究讨论需要提交主任办公会议决定的重要事项。参加会议人员由主持会议的主任、分管副主任确定。

二十七、主任办公会议的议题由主任确定。提交主任办公会议审议和讨论的事项，要先经分管副主任审定。

主任业务办公会议的议题由主持会议的主任、分管副主任确定。

二十八、副主任、处长（监督处处长）不能出席主任办公会议时，要向主任请假。

第七章 其它工作

二十九、各分部主任、副主任的调离和任命，需征得海油安办的同意。

三十、各分部监管人员如有变更，应在变更后一个月内报告海油安办并交回执法证件。

三十一、各分部应安排好本分部监管人员参加执法人员资格培训和再教育工作。

三十二、各分部在每年的6月底前和12月底前分别向海油安办报告本分部监管人员的基本情况。

三十三、各分部在委托培训机构举办海洋石油安全生产许可证取证单位主要负责人、安全管理人员的安全资格培训班前，应报经海油安办同意。

第八章 工作要求

三十四、海油安办及其各分部的工作人员必须坚决执行海油安办的决定，如有不同意见可在海油安办或各分部内部按程序提出。

三十五、海油安办及其各分部要规范行政行为，增强服务观念，认真履行职责，树立规范服务、从严治政的新风。海油安办及其各分部的工作人员对职权范围内的事项要按程序和时限积极主动地办理，对不符合规定的事项要坚持原则不得办理；对因推诿、拖延等官僚作风造成影响和损失的，要追究责任；对越权办事、以权谋私等违规、违纪、违法行为，要严肃查处。

三十六、海油安办及其各分部的工作人员要强化责任意识，不断提高依法行政的能力和水平，严格按照《行政许可法》的规定和有关海洋石油行政许可的工作程序办理行政许可事项。

三十七、海油安办及其各分部要严格执行《行政复议法》，加强内部监督，提高自律意识，及时发现并纠正违反法律、行政法规的规章和其他规范性文件，以及违法的或者不当的具体行政行为。

第九章 附 则

三十八、本规则未规定事项，按其他有关规定执行。

三十九、本规则自二○○七年二月一日起施行。

国家安全监管总局关于印发《海洋石油建设项目生产设施设计审查与安全竣工验收实施细则》的通知

安监总海油〔2009〕213 号

中国石油天然气集团公司、中国石油化工集团公司、中国海洋石油总公司，海洋石油作业安全办公室各分部：

根据《安全生产法》及《海洋石油安全生产规定》（国家安全监管总局令第 4 号）、《海洋石油安全管理细则》（国家安全监管总局令第 25 号）等有关规定，为规范海洋石油建设项目生产设施设计审查与安全竣工验收工作，国家安全监管总局制定了《海洋石油建设项目生产设施设计审查与安全竣工验收实施细则》。现印发你们，请遵照执行。

国家安全生产监督管理总局
二〇〇九年十月二十九日

海洋石油建设项目生产设施设计审查与安全竣工验收实施细则

第一章　总　　则

第一条　为了规范海洋石油建设项目生产设施设计审查与安全竣工验收工作，根据《安全生产法》及《海洋石油安全生产规定》（国家安全监管总局令第4号）、《海洋石油安全管理细则》（国家安全监管总局令第25号）、《非煤矿矿山建设项目安全设施设计审查与竣工验收办法》（原国家安全监管局令第18号）等有关法律、法规及规章的规定，制定本实施细则。

第二条　本细则适用于海洋石油新建、改建和扩建项目（以下统称建设项目）的生产设施设计审查与安全竣工验收。

第三条　建设项目开工建设前，其生产设施设计必须经国家安全监管总局认可的发证检验机构审查同意，发证检验机构应将审查结果书面报国家安全监管总局海洋石油作业安全办公室（以下简称海油安办）或海油安办海油分部、中油分部、石化分部（以下统称相关分部）备案；正式投入生产前，建设项目生产设施必须经海油安办或相关分部安全竣工验收合格。

第四条　海油安办负责海洋石油新建油气田一期建设项目生产设施设计审查的备案与安全竣工验收。除海油安办负责的建设项目外，其他建设项目由相关分部根据管辖范围，负责生产设施设计审查的备案与安全竣工验收。

第二章　设计审查的备案内容和程序

第五条　发证检验机构向海油安办或相关分部报送设计审查结果的备案文件时，应提交以下材料：

（一）海洋石油建设项目生产设施设计审查申请报告及备案申请表（格式见附件1）；

（二）发证检验机构资质证书副本复印件；

（三）建设项目总体开发方案或可行性研究报告批准文件；

（四）建设项目生产设施设计审查意见及结论。审查意见及结论中，应对建设项目安全预评价报告提出的建议采纳情况和安全专篇的合规性进行描述和分析。

第六条　海油安办或相关分部收到备案材料后，应对备案材料的完整性、设计审查程序的合规性和审查结论的确定性进行审核，并在10个工作日内作出是否同意备案的决定，并出具海洋石油建设项目生产设施设计审查备案意见表（格式见附件2）。

第三章　安全竣工验收程序

第七条　建设项目生产设施试生产前已经相关分部备案、投入试生产且达到正常状态后，作业者和承包者（以下统称作业者）应在投入试生产后6个月内（最长不得超过12个月）向海油安办或相关分部申请安全竣工验收。

建设项目生产设施试生产超过12个月又不提出安全竣工验收申请的，必须立即停止试生产，并向海油安办或相关分部提交书面报告，说明未按规定申请安全竣工验收的原因。

第八条　申请安全竣工验收时，作业者应向海油安办或相关分部提出书面申请，并附以下资料（一式两份）：

（一）海洋石油建设项目生产设施安全竣工验收申请表（格式见附件3）；

（二）发证检验机构出具的生产设施发证检验证书；

（三）发证检验机构编制的生产设施发证检验报告，报告内容应符合本细则第十五条规定；

（四）安全评价机构编制的生产设施验收评价报告，报告内容及格式应符合国家有关安全验收评价的规定和标准；

（五）作业者编制的试生产期间安全生产情况报告，报告内容应符合本细则第十六条规定；

（六）建设项目生产设施单位的主要负责人和安全生产管理人员安全资格证书复印件、特种作业人员资格证书清单、出海作业人员安全培训证书清单。

第九条 海油安办或相关分部受理安全竣工验收申请表和相关材料后，应在10个工作日内完成各项审查工作，出具审查意见，并填写海洋石油建设项目生产设施安全竣工验收资料审查表（格式见附件4）。

第十条 安全竣工验收资料审核合格后，海油安办或相关分部应在15个工作日内组织开展安全竣工现场验收工作。现场验收应成立由相关专家组成的验收专家组（以下简称验收组），并指定一名专家担任组长。其中：海油安办组织的验收组成员不少于7人，相关分部组织的验收组成员不少于5人。聘请的专家应具有海洋石油安全生产相关高级技术职称或相当资格，熟悉海洋石油安全生产相关法规和标准，身体健康，能够适应海上工作环境。

第十一条 验收组按以下步骤开展工作：

（一）召开会议，听取汇报。会议由验收组全体成员、作业者代表、建设项目生产设施单位的代表、发证检验机构代表、安全验收评价机构代表和设计、施工单位代表及相关人员参加。听取作业者有关生产设施基本情况、试生产前安全检查发现问题的整改情况和试生产期间的安全生产情况汇报，听取发证检验机构发证检验情况的汇报；

（二）验收评价报告形式审查。核验验收评价报告的真实性和有效性，如验收评价报告不符合《安全评价机构管理规定》（国家安全监管总局令第22号），将中止验收；

（三）现场检查和试验。验收评价报告经形式审查通过后，按照本细则第十三条和第十四条规定，进行现场检查和试验；

（四）提出验收意见。验收组组长通报验收情况，宣布验收意见，并填写现场验收意见表（格式见附件5）。

第十二条 海油安办或相关分部根据验收组验收情况，作出以下决定：

（一）现场验收合格的，在10个工作日内作出通过竣工验收的批复；

（二）现场验收发现问题、需要整改的，作业者应按照验收组提出的意见进行落实，整改完成后向海油安办或相关分部提交整改情况报告。经复核符合要求的，作出通过竣工验收的批复；

（三）存在重大问题、不能通过安全竣工验收的，海油安办或相关分部应督促作业者停产整顿，整改完成后应重新履行安全竣工验收手续。

第十三条 建设项目生产设施通过安全竣工验收的基本条件：

（一）取得发证检验机构出具的发证检验证书；

（二）发证检验机构提出的遗留问题已经整改；

（三）试生产前安全检查发现的问题已经解决或已落实安全措施；

（四）建设项目生产设施单位的主要负责人、安全管理人员和特种作业人员取得相应的资格证书；

（五）建立并实施安全管理体系；

（六）编制应急预案，并定期组织演练；

（七）现场检查和试验符合要求。

第十四条 现场检查和试验须包括但不限于以下内容：

（一）救逃生设备：救生艇、救生筏、救生衣和救生圈等；

（二）火气探测系统：可燃气体探头、火焰探头、烟雾探头、热探头、硫化氢探头、氢气探头和易熔塞系统等；

（三）消防系统：消防泵、水喷淋系统、泡沫系统、移动式灭火设备、封闭空间的固定式消防系统、火炬/冷放空位置的灭火系统和直升机甲板的消防设备等；

（四）应急设备：应急发电机、应急通讯、应急照明等；

（五）主要设备、流程上的安全装置：压力释放安全阀、紧急关断阀、井口/井下安全阀、吊车及吊索具等；

（六）安全标识：禁止、警告、指令和提示符标识；

（七）证书、记录和资料：相关人员证书、安全管理制度、培训记录、应急预案、安全演练记录、主要设备的检验证书、操作规程、设备检查保养记录和事故报告等；

（八）其他资料：包括应急部署表、防火控制图等。

第十五条 发证检验报告应包括以下基本内容：

（一）概述。包括发证检验依据的法规、标准，作业者概况，建设项目概况和主要生产工艺流程描述；

（二）发证检验情况。对生产设施设计、建造、安装和试运转阶段的检验内容、检验程序、检验过程、检验结果、整改要求和实际整改情况进行描述；

（三）检验结论。发证检验的结论性意见，遗留问题和整改要求，以及其他需要说明的情况。

第十六条 作业者编制的试生产期间安全生产情况报告应包括以下主要内容：

（一）试生产前安全检查查处问题的整改情况；

（二）生产设施安全机构建立和人员配备情况，人员培训和获取各类资质证书的情况；

（三）安全生产责任制、安全生产管理制度、各类安全作业程序的建立和执行情况；

（四）生产设施试运行情况；

（五）试运行期间发生的生产安全事故情况；

（六）应急预案的建立和执行情况；

（七）试生产期间的变更情况，包括：主要安全生产管理人员的变化，主要设备操作程序/参数的重大变化，其他重大变更情况；

（八）生产设施主要危险源清单和对应的控制措施。

第四章 附 则

第十七条 设计审查和安全竣工验收的文件及资料应按以下要求进行管理：

（一）作业者、发证检验机构负责保存全部提交资料的副本，并负责保存补充或更新的内容；

（二）发证检验机构负责保存设计审查、发证检验过程文件；

（三）海油安办或相关分部负责保存相关申请、验收过程文件、备案证明文件、通过安全竣工验收的证明文件；

（四）由相关分部出具的文件应同时抄报海油安办。

第十八条 本细则下列用语的含义：

新建项目，是指按照已批准的油气田整体开发方案或可行性研究报告，设计、建造的海洋石油生产设施。

扩建项目，是指依照油气田整体开发方案或可行性研究报告已经完成主体工程建设，并正式投入生产的油气田，需新增平台、油气处理设施、单点系泊、浮式生产储油装置、海底管线、海上输油码头、滩海陆岸、人工岛和陆岸终端等生产设施的建设项目。

改建项目，是指已经投产的海洋石油生产设施进行重大改造的建设项目，包括平台主要结构发生重大变化，平台工艺流程改造引起载荷的重大变化，生产设施的安全系统、应急系统、救生及逃生、消防系统发生重大变化等。

发证检验报告，是指由发证检验机构出具的海洋石油生产设施建设阶段发证检验情况报告。报告应对发证检验机构在图纸审查、建造、连接、单机调试、系统调试等各阶段中所进行的检验工作进行描述；给出生产设施是否符合相关法规、标准的结论性意见；提出生产设施建设阶段仍然存在的问题和整改建议。

验收评价，是指在发证检验的基础上，对生产设施投入试生产以来的实际运行情况及管理状况进行安全评价，查找生产设施存在的危险、有害因素的种类和程度，提出合理可行的安全对策措施及建议。

第十九条 本细则自印发之日起施行，国家安全监管总局2006年8月7日印发的《关于海洋石油生产设施设计审查与安全竣工验收有关事项的通知》（安监总海油函〔2006〕195号）同时废止。

附件 1

海洋石油建设项目生产设施设计审查备案申请表

生产设施名称			
生产设施位置			
作业者名称			
发证检验机构名称		发证检验机构资质证书编号	
发证检验机构联系人		联系方式	
安全预评价单位		评价单位资质证书编号	
预评价报告备案单位		预评价报告备案编号	
设计单位		设计单位资质证书编号	
建设项目生产能力 (万吨或亿立方米/年)			
建设项目总投资(万元)		其中:安全设施投资(万元)	
安全预评价报告落实情况:			
设计审查情况:			
设计审查发现问题整改情况:			
发证检验机构主要负责人签字: (单位盖章) 年 月 日			

附件 2

海洋石油建设项目生产设施设计审查备案意见表

<table>
<tr><td>生产设施名称</td><td></td></tr>
<tr><td>生产设施位置</td><td></td></tr>
<tr><td>作业者名称</td><td></td></tr>
<tr><td>发证检验机构名称</td><td></td></tr>
<tr><td>设计审查备案意见</td><td></td></tr>
<tr><td colspan="2">备案单位：

（单位盖章）
年　　月　　日</td></tr>
</table>

附件 3

海洋石油建设项目生产设施安全竣工验收申请表

<table>
<tr><td>生产设施名称</td><td colspan="3"></td></tr>
<tr><td>作业者名称</td><td colspan="3"></td></tr>
<tr><td>作业者联系人</td><td></td><td>联系方式</td><td></td></tr>
<tr><td>发证检验机构</td><td></td><td>发证检验机构证书编号</td><td></td></tr>
<tr><td>设计审查备案单位</td><td></td><td>设计审查备案编号</td><td></td></tr>
<tr><td>施工单位</td><td></td><td>施工单位资质证书编号</td><td></td></tr>
<tr><td>试生产安全检查单位</td><td></td><td>准予试生产的证明文件编号</td><td></td></tr>
<tr><td>验收评价单位</td><td></td><td>评价单位资质证书编号</td><td></td></tr>
<tr><td>建设项目生产能力
（万吨或亿立方米/年）</td><td></td><td>投入试生产的时间</td><td></td></tr>
<tr><td>建设项目包含的
主要生产设施</td><td colspan="3"></td></tr>
<tr><td>建设项目总投资（万元）</td><td></td><td>其中：安全设施投资（万元）</td><td></td></tr>
<tr><td colspan="4">试生产前安全检查发现问题的整改落实情况：</td></tr>
<tr><td colspan="4">试生产期间的安全状况：</td></tr>
<tr><td colspan="4">验收评价意见的落实情况：</td></tr>
<tr><td colspan="4">作业者主要负责人签字：

（单位盖章）
年　　月　　日</td></tr>
</table>

附件 4

海洋石油建设项目生产设施安全竣工验收资料审查表

<table>
<tr><td colspan="2">设施名称</td><td colspan="3"></td></tr>
<tr><td colspan="2">设施所在地</td><td></td><td>作业者名称</td><td></td></tr>
<tr><td colspan="2">文件提交时间</td><td></td><td>试生产时间</td><td></td></tr>
<tr><td>No.</td><td colspan="2">提交文件</td><td>审查情况</td><td>审查人/日期</td></tr>
<tr><td>1</td><td colspan="2">安全竣工验收申请报告</td><td></td><td></td></tr>
<tr><td>2</td><td colspan="2">安全竣工验收申请表</td><td></td><td></td></tr>
<tr><td>3</td><td colspan="2">发证检验机构出具的生产设施发证检验证书</td><td></td><td></td></tr>
<tr><td>4</td><td colspan="2">发证检验机构出具的生产设施发证检验报告</td><td></td><td></td></tr>
<tr><td>5</td><td colspan="2">安全评价机构编制的验收评价报告</td><td></td><td></td></tr>
<tr><td>6</td><td colspan="2">作业者对试生产前安全检查发现问题的整改情况报告</td><td></td><td></td></tr>
<tr><td>7</td><td colspan="2">作业者出具的试生产期间安全生产情况报告</td><td></td><td></td></tr>
<tr><td>8</td><td colspan="2">主要负责人和安全生产管理人员资格证书复印件;特种作业人员证书清单;出海作业人员证书清单</td><td></td><td></td></tr>
<tr><td colspan="5">审核意见:

（单位盖章）
年　　月　　日</td></tr>
</table>

附件 5

海洋石油建设项目生产设施安全竣工验收意见表

<table>
<tr><td>生产设施名称</td><td></td></tr>
<tr><td>安全竣工验收时间</td><td></td></tr>
<tr><td>验收组成员</td><td></td></tr>
<tr><td colspan="2">安全竣工验收工作的基本情况：</td></tr>
<tr><td colspan="2">生产设施存在的主要问题和整改建议：</td></tr>
<tr><td colspan="2">验收组组长签字：

年　月　日</td></tr>
</table>

国家安全监管总局办公厅关于印发《海洋石油安全管理细则》文书格式的通知

安监总厅海油〔2010〕8号

中国石油天然气集团公司、中国石油化工集团公司、中国海洋石油总公司，海洋石油作业安全办公室各分部：

为确保《海洋石油安全管理细则》（国家安全监管总局令第25号）的贯彻实施，我局制定了《海洋石油安全管理细则》文书格式。现印发给你们，请遵照执行。

国家安全生产监督管理总局办公厅

二〇一〇年一月二十二日

目　录

附件 1.1

生产设施试生产备案申请书

海洋石油作业安全办公室___________分部：

遵照《海洋石油安全管理细则》（国家安全监管总局令第 25 号）第五条的规定，特为生产设施___________________申请颁发生产设施试生产备案通知书。

一、生产设施位置：地址：____

或东经：___________________北纬：___________________

二、生产设施建造日期：___________________年_______月_______日

三、采油（气）井数：___________________口

四、储油（气）设施类型：___________________

储油（气）能力___________________万立方米

五、滩海陆岸井台高程：___________________米

滩海通井路形式：___________________高程：___________________米

滩海通井路路面宽度：_____________米　错车道间距：___________________米

六、单点系泊类型和转油能力：___________________

七、作业者名称：___________________

八、作业者主要负责人

姓名：___________________

职务：___________________

地址：___________________

电话：___________________

传真：___________________

签字：___________________

（单位盖章）

申请日期：　　　年　　月　　日

附件 1.2

生产设施建设阶段资料登记表

（依据《海洋石油安全管理细则》第五条制定）

生产设施名称：______________________________

序号	名称	内容
1	安全预评价报告备案单位名称	
2	安全预评价报告备案证明文件编号	
3	设计审查备案单位名称	
4	设计审查备案证明文件编号	
5	施工单位名称	
6	施工单位资质证书编号	
7	发证检验单位名称	
8	发证检验单位资质证书编号	
9	建设项目生产能力(原油:万立方米/年，天然气:万立方米/年)	
10	建设项目总投资(万元)	
	其中:安全设施投资(万元)	

填表人:__________填表日期:_______年____月____日　　填表单位(盖章):

附件 1.3

生产设施有关证书和文件登记表

（依据《海洋石油安全管理细则》第五条制定）

生产设施名称：________________________________

序号	证书名称	证书编号	发证单位	发证日期	有效期
1	作业者营业执照				
2	油(气)田开发方案批准书				
3	发证检验证书				
4	浮式生产储油装置证书包括：入级证书、国际船舶载重线证书、吨位证书				
5	固定式生产平台或浮式生产储油装置的国际防止油污证书				
6	生产设施投保单				
7	无线电台执照				
8	其他证书				

填表人：__________填表日期：_______年____月____日　　填表单位(盖章)：

附件 1.4

设施(生产设施、作业设施)所属设备的取证分类表

(依据《海洋石油安全管理细则》第五条、第九条制定)

设备名称	条件	取证要求			取证情况		
		A	B	C	A	B	C
泵类	非标准设计和制造	○					
	高压和高排量泵——往复注入		○				
	潜水泵/深井泵		○				
	消防泵		○				
	原油外输泵		○				
	其他泵			○			
锅炉、压力容器	全部		○				
压缩机	非标设计和制造的压缩机	○					
	其他压缩机		○				
燃气轮机	全部		○				
柴油机	全部		○				
起重机	全部		○				
救生艇	全部		○				
消防设备	全部		○				
探测、报警装置	全部		○				
主电站	全部		○				

设备名称	条件	取证要求			取证情况		
		A	B	C	A	B	C
应急电站	全部		○				
防爆设备	全部		○				
FPSO 锚、锚缆、锚链和锚机	全部		○				
井控设备	全部		○				
测试管汇及其控制盘	全部		○				
固井设备	全部		○				
钻、修井主要专用设备	钻井绞车、泥浆泵、转盘、井架、天车、游动滑车、大钩、水龙头		○				
油(气)生产设备	全部		○				
油(气)集输管线	全部		○				
油(气)处理设备	全部		○				
注水设备	全部		○				
污水处理设备	全部		○				
FPSO 快速解脱装置、系缆张力和距离测量装置	全部		○				

注:“取证要求”列中“○”所对应的具体内容参见“填表说明”。对于满足取证要求的设备,请在“取证情况”列中对应位置填写“√”;不满足的,填写“X”。

填表人:__________ 填表日期:________年____月____日　　填表单位(盖章):

填表说明

表中的设备按 A、B、C 三类进行检验取证，其原则是 A、B 类设备应具有检验机构证书；C 类只需制造厂证书。检验机构应审核 A、B 类设备制造厂的质量保证和质量控制体系。开工前，检验机构应审核制造厂的质量保证计划，根据该计划批准质量控制点和检验活动类别。

3 类设备取证要求如下：

一、A 类设备取证要求

1. 设计图纸应经过检验机构审查批准；
2. 开工前，有关施工文件应经过检验机构审查批准；作业者和检验机构派代表参加开工会；
3. 制造过程中，制造厂应根据质量保证计划报检；
4. 功能试验、压力试验和负荷试验应报检；
5. 检验机构应审查设备制造记录。

二、B 类设备取证要求

1. 与安全有关的设计图纸应经过检验机构审查批准；
2. 功能试验、压力试验和负荷试验应报检；
3. 检验机构应审查制造记录。

三、C 类设备制造厂取证要求

制造厂应按照普遍认可的制造方法和规范、标准进行制造。

附件 1.5

生产设施(海底管线)试生产备案申请书

海洋石油作业安全办公室＿＿＿＿＿＿＿＿＿＿分部:

遵照《海洋石油安全管理细则》(国家安全监管总局令第 25 号)第五条的规定,特为生产设施(海底管线)＿＿＿＿＿＿＿＿＿＿申请颁发生产设施试生产备案通知书。

一、海底管线名称:＿＿＿＿＿＿＿＿＿＿

二、海底管线设计寿命:＿＿＿＿＿＿＿＿＿＿年

三、海底管线所经海域:＿＿＿＿＿＿＿＿＿＿

四、长输油(气)管线总长度:＿＿＿＿＿＿＿＿＿＿千米

五、输油(气)管线地理坐标位置

起点:＿＿＿＿＿＿＿＿＿＿

终点:＿＿＿＿＿＿＿＿＿＿

中间泵站:＿＿＿＿＿＿＿＿＿＿

六、海底管线结构形式

单层管:

管道直径:＿＿＿＿＿＿＿＿＿＿毫米　　壁厚:＿＿＿＿＿＿＿＿＿＿毫米

双层管:

内管直径:＿＿＿＿＿＿＿＿＿＿毫米　　内管壁厚:＿＿＿＿＿＿＿＿＿＿毫米

外管直径:＿＿＿＿＿＿＿＿＿＿毫米　　外管壁厚:＿＿＿＿＿＿＿＿＿＿毫米

保温层厚度:＿＿＿＿＿＿＿＿＿＿毫米

七、海底管线防腐形式

内防腐涂层厚度:＿＿＿＿＿＿＿＿＿＿毫米

外防腐涂层厚度:＿＿＿＿＿＿＿＿＿＿毫米

混凝土加重层厚度:＿＿＿＿＿＿＿＿＿＿毫米

腐蚀裕量:＿＿＿＿＿＿＿＿＿＿毫米

牺牲阳极配置情况:＿＿＿＿＿＿＿＿＿＿

八、海底管线介质输送形式:＿＿＿＿＿＿＿＿＿＿

九、海底管线铺设方法:＿＿＿＿＿＿＿＿＿＿

十、海底管线清管方式:＿＿＿＿＿＿＿＿＿＿

十一、海底管线运行参数:

海底管线设计最大输量:

油:＿＿＿＿＿＿＿＿＿＿万立方米/年

天然气:＿＿＿＿＿＿＿＿＿＿万立方米/年

水:＿＿＿＿＿＿＿＿＿＿万立方米/年

海底管线设计压力：

起点压力：__________ kPa　终点压力：__________ kPa

最大设计压力：__________ kPa

海管设计温度：

入口温度：__________℃　终点温度：__________℃

十二、海底管线设计输送介质性质：

（一）石油

粘度：

20℃时，__________ MPa·s　50℃时，__________ MPa·s

倾点：__________℃

闪点：__________℃

含蜡量：__________（重量）%

含硫量：__________（重量）%

含水量：__________（重量）%

（二）天然气

硫化氢含量：__________（分子）%

二氧化碳含量：__________（分子）%

露点：__________℃

十三、海底管线铺设完工日期：______年______月______日

十四、海底管线预计开始试生产日期：______年______月______日

十五、海底管线作业者名称：__________

十六、作业者主要负责人：

姓名：__________

职务：__________

地址：__________

电话：__________

传真：__________

签字：__________

（单位盖章）

申请日期：______年______月______日

附件 1.6

海底管线试生产备案有关证书和文件登记表

（依据《海洋石油安全管理细则》第五条制定）

管线名称：________________________________

序号	项 目	提交情况
1	发证检验机构颁发的海底管线检验证书	
2	海底管线竣工图并标注： 1. 表示海底管线相对位置的平台、建筑物、航道、港湾及相距管线中心线 150 米范围内的海底通讯电缆、沉船、海上装置、海底井口、暗礁、漂石和其它沉积物、障碍物的位置； 2. 海底管线与立管连接处、水下接头、阀门的位置； 3. 海底管线与其它管线及电缆交叉的位置。	
3	海底管线建造质量控制有关资料，包括： 1. 管子与管件材料出厂合格证书； 2. 海底管线焊接无损探伤检验合格证书； 3. 海底管线主要安全控制装置检验、试验合格的证明文件，包括紧急关闭系统、超压保护系统、报警装置、压力和流量测量装置、泄漏监测装置、腐蚀监测装置、清管球发送接收系统等。	
4	海底管线铺设的有关证件和资料，包括： 1. 为避免海底管线失稳所采取措施的描述及评价； 2. 海底管线竣工位置与原设计走向位置偏差距离及与路线勘察宽度的允许最大偏差距离极限的说明。	
5	作业者应急预案中有关海底管线内容的部分。	
6	海底管线安全操作规程、管理制度。	
7	作业者和有关单位就渔业、电讯、交通等有关影响海底管线安全问题的协议书或备忘录。	
8	有关部门在海底管线沿线安全带实施威胁海底管线安全的施工、航行等活动时，作业者与有关部门联系、解决的有关情况协议书或备忘录。	

填表人：____________ 填表日期：________年____月____日　　填表单位（盖章）：

附件 1.7

生产设施试生产备案通知书

备案通知书编号:____________________

备案时间:__________年______月______日

作业者名称:________________________

生产设施名称:______________________

经国家安全生产监督管理总局海洋石油作业安全办公室____________________分部审查,以上生产设施符合《海洋石油安全管理细则》第六条的规定,予以备案。

请于 12 个月内,向海洋石油作业安全办公室______________________________分部提出安全竣工验收申请。

批准人签字:____________________

(单位盖章)

签发日期:__________年______月______日

附件 2.1

作业设施备案申请书

海洋石油作业安全办公室____________________分部:

遵照《海洋石油安全管理细则》(国家安全监管总局令第 25 号)第九条的规定,特为作业设施____________________申请颁发作业设施备案通知书。

一、作业设施基本数据

1. 主尺度:长__________米、宽__________米、型深__________米

2. 建造日期:__________年______月______日

3. 设计工作水深:____________________米

4. 登记号:____________________

5. 设施呼号:____________________

6. 直升机停机坪规格:__________米 承载能力:____________________吨

移动式钻井平台(船)还应填写:

7. 最大钻井深度:____________________米

8. 最大可变负荷:

作业状态:____________________吨

风暴状态:____________________吨

9. 设计最大抗风能力:____________________级

设计最大波高:____________________米

二、作业合同基本数据(不同合同分别填写)

1. 作业合同签字日期:__________年______月______日

2. 作业海区:____________________

3. 作业合同规定作业的起止时间:

从__________年______月______日至__________年______月______日

4. 作业内容描述:

三、作业者名称：____________________

四、申请单位名称：____________________

申请单位主要负责人：

姓名：____________________

职务：____________________

地址：____________________

电话：____________________

传真：____________________

签字：____________________

（单位盖章）

申请日期：________年______月______日

附件 2.2

作业设施备案申请有关证书登记表

（依据《海洋石油安全管理细则》第九条制定）

作业设施名称：____________________

<table>
<tr><th>证书名称</th><th>证书编号</th><th>发证单位</th><th>发证日期</th><th>有效期</th></tr>
<tr><td>承包者营业执照</td><td></td><td></td><td></td><td></td></tr>
<tr><td>船舶国籍证书</td><td></td><td></td><td></td><td></td></tr>
<tr><td>国际船舶载重线证书</td><td></td><td></td><td></td><td></td></tr>
<tr><td>船级证书</td><td></td><td></td><td></td><td></td></tr>
<tr><td>吨位证书</td><td></td><td></td><td></td><td></td></tr>
<tr><td>国际防止油污证书</td><td></td><td></td><td></td><td></td></tr>
<tr><td>船舶无线电台执照</td><td></td><td></td><td></td><td></td></tr>
<tr><td>船舶起货设备检验簿</td><td></td><td></td><td></td><td></td></tr>
<tr><td rowspan="5">作业设施安全证书或（或货船设备安全证书、货船构造安全证书、货船无线电报安全证书、货船无线电话安全证书）</td><td></td><td></td><td></td><td></td></tr>
<tr><td></td><td></td><td></td><td></td></tr>
<tr><td></td><td></td><td></td><td></td></tr>
<tr><td></td><td></td><td></td><td></td></tr>
<tr><td></td><td></td><td></td><td></td></tr>
<tr><td>作业设施投保单</td><td></td><td></td><td></td><td></td></tr>
<tr><td>其它证书</td><td></td><td></td><td></td><td></td></tr>
</table>

填表人：__________ 填表日期：________年____月____日　　填表单位（盖章）：

附件 2.3

作业设施备案通知书

备案通知书编号：__________________

备案时间：_________年_____月_____日

作业者名称：______________________________________

承包者名称：______________________________________

作业设施名称：_____________________________________

作业海区：______________________________________

作业的主要内容简述：____

____

经国家安全生产监督管理总局海洋石油作业安全办公室__________________分部审查，以上作业设施符合《海洋石油安全管理细则》第十条相关要求，予以备案。

本通知书有效期自_________年_____月_____日至_________年_____月_____日。

请于通知书有效期满前 15 日，向海洋石油作业安全办公室__________________分部提出重新备案的申请。

批准人签字：__________________

（单位盖章）

签发日期：_________年_____月_____日

附件 2.4

作业设施延期备案申请书

海洋石油作业安全办公室____________________分部：

遵照《海洋石油安全管理细则》(国家安全监督总局令第 25 号)第十一条的规定，特为作业设施____________________申请颁发作业设施延期备案通知书。

一、申请延期作业的原因

____

____

____

____

____

____

____

____

____

二、延期作业预计终止日期：________年______月______日

三、申请单位主要负责人

姓名：____________________

职务：____________________

地址：____________________

电话：____________________

传真：____________________

签字：____________________

(单位盖章)

申请日期：________年______月______日

附件 3.1

延长测试设施备案申请书

海洋石油作业安全办公室____________________分部：

遵照《海洋石油安全管理细则》（国家安全监管总局令第 25 号）第十三条的规定，特为延长测试设施____________________申请颁发延长测试设施备案通知书。

一、油田名称：____________________

油井位置：北纬：__________东经：__________

二、预计延长测试作业时间：自__________年______月______日

至__________年______月______日

三、设施（固定平台、作业设施）名称：____________________

建造日期：__________年______月______日

设施类型：____________________

四、储油设施名称：____________________

建造日期：__________年______月______日

设施类型：____________________

储油能力：____________________万立方米

五、管线类型：____________________

尺寸：____________________毫米

长度：____________________米

日设计最大输量：

油：____________________万立方米/日

天然气：____________________万立方米/日

水：____________________万立方米/日

设计最大压力：____________________ kPa

六、系泊类型：____________________

最大拉力：____________________ kN(t)

七、作业者名称：____________________

八、作业者主要负责人：

姓名：____________________

职务：____________________

地址：____________________

电话：____________________

传真：____________________

签字：____________________

（单位盖章）

申请日期：__________年______月______日

附件 3.2

延长测试设施备案有关证书和文件登记表

油田名称：____________

设施	证书名称	证书编号	发证单位	发证日期	有效期
井口平台作业设施	作业（生产）设施备案通知书				
	船舶国籍证书（钻井船）				
	检验证书				
	国际防止油污证书				
	投保单				
储油设施	生产设施备案通知书				
	船舶国籍证书（油轮）				
	船级证书、国际船舶载重线证书、吨位证书				
	国际防污染证书				
	投保单				

填表人：________ 填表日期：______年____月____日　　填表单位（盖章）：

附件3.3

延长测试设施备案通知书

备案通知书编号:________________________

备案时间:________年______月______日

油田名称:________________________

作业者名称:________________________

参与延长测试的主要设施、装置(生产设施、作业设施、储油装置等)名称:________________
____
____
____
____
____
____

经国家安全生产监督管理总局海洋石油作业安全办公室________________分部审查,以上设施、装置符合《海洋石油安全管理细则》相关要求,予以备案。

本通知书有效期自________年______月______日至________年______月______日。

批准人签字:________________

(单位盖章)

签发日期:________年______月______日

附件 4.1

守护船登记申请表

海洋石油作业安全办公室____________________分部：

遵照《海洋石油安全管理细则》（国家安全监管总局令第 25 号）第三十三条的规定，特为守护船____________________申请颁发守护船登记证明。

一、守护船名称：____________________

建造时间：______年______月______日

船级和冰级：____________________

主尺度：长________________m、宽________________m、型深________________m

主机功率：____________________kW（hp） 航速：____________________kts

电台型号：____________________

电台功率：____________________W 电台呼号：____________________

二、消防设备等级：____________________

能力：____________________m^3/h

三、救助艇规格：____________________

数量：____________________航速：____________________kts

可载人数：____________________

四、营救区布置图

五、救生及医疗器具清单

六、船长及按本规则第八条要求的船员培训证书的清单

七、守护船船主公司名称：____________________

船主公司主要负责人：

姓名：____________________

职务：____________________

地址：____________________

电话：____________________

传真：____________________

签字：____________________

（单位盖章）

申请登记日期：__________年______月______日

附件4.2

守护船有关证书登记表

守护船名称：________________________________

证书名称	证书编号	发证单位	发证日期	有效期
国籍证书（或船舶登记证书）				
船级证书				
吨位证书				
载重线证书				
适航证书				
无线电台执照				
防止污染证书				
船舶安全证书				

填表人：__________填表日期：______年____月____日　填表单位（盖章）：

附件 4.3

守护船登记证明

守护船登记证明编号:____

登记时间:__________年______月______日

有效期至:__________年______月______日

守护船船主公司名称:____

守护船名称:____

经国家安全生产监督管理总局海洋石油作业安全办公室____________________分部审查,以上船舶符合《海洋石油安全管理细则》第三十三条的规定,予以登记。

请于有效期满前 15 日,向海洋石油作业安全办公室______________________________分部提出重新登记的申请。

批准人签字:____________________

（单位盖章）

签发日期:_________年______月______日

附件 5.1

弃井作业最终报告表

井　　名：____________________

井　　别：____________________

井位坐标：北纬：__________；东经：__________

（WGS－84）X：__________；Y：__________

地理位置：____________________

构造位置：____________________

井　　型：____________________

完钻井深：____________________米

深度零点：____________________米

补心海拔：____________________米

井位水深：____________________米

水深基准面：__________________米

主要目的层：__________________米

完钻地层：____________________米

试油层位：____________________米

弃井作业性质（永久性、临时性）：__________

泥面以下深度：________________米

泥面以上高度：________________米

海上标志：____________________

弃井作业时间：__________年______月______日至__________年______月______日

施工设施：____________________

作业者名称：__________________

作业者主要负责人：

姓名：____________________

职务：____________________

地址：____________________

电话：____________________

传真：____________________

签字：____________________

（单位盖章）

日期：__________年______月______日

附件 5.2

弃井作业备案通知书

弃井作业备案通知书编号:____________________

备案时间:_________年______月______日

作业者名称:____________________

井名:____________________

井别:____________________

弃井作业性质(永久、临时):____________________

经国家安全生产监督管理总局海洋石油作业安全办公室____________________分部审查,以上弃井作业满足《海洋石油安全管理细则》第八十三条的规定,予以备案。

批准人签字:____________________

(单位盖章)

签发日期:_________年______月______日

附件 6.1

防喷系统安全检查表

（依据《海洋石油安全管理细则》第五十二条制定）

设施名称：______________________________

序号	检查内容	符合情况	备注
一	钻井工程设计		
1	套管程序设计及依据。		
2	泥浆程序设计及依据。		
二	井控设备		
3	在钻井装置上是否张贴防喷系统实况图(包括防喷器组、管线、闸门和管汇),该系统各部分的额定工作压力。流程是否合理。		
4	防喷器组是否可以强行起下钻。		
5	钻台上是否有钻杆、钻铤用的内防喷器,方钻杆旋塞扳手和适用的安全阀。		
6	节流管线固定是否牢固。		
7	水上防喷器组的管线连接是否牢固,是否便于调节。		
8	灌泥浆管线是否与压井管线分开。		
9	司钻台仪表是否定期校正、显示准确、灵敏。		
10	防喷器试压塞是否齐全、完好。		
11	井上是否有备用钢圈和易损件。		
12	防喷器是否按保养程序正常维护,并持有相应试压记录。		
13	防喷器组在以下情况同时具备时是否能关闭:停泵后19秒或更少的时间内,在98kPa(14 00 磅/平方英寸)的压力下,储能器留有容积50%的液压油。		
14	电缆防喷盒是否试压至最大预期压力。		
15	危险区内的照明和电路系统是否防爆,或仪器仪表箱(台)正压防爆。		
16	含硫化氢井的钻井气防设备完好。		

续表

序号	检查内容	符合情况	备注
三	钻井过程控制		
17	浅层气预报、控制措施。		
18	BOP 现场功能试验和试压记录。		
19	固井质量检测结果和地层破裂压力试验数据。		
20	钻入油气层前的全员防喷演习。		
21	井喷警报信息是否能及时上报、发布。		
22	泥浆量增量在线监测系统及报警值设定。		
23	起下钻泥浆计量罐是否投入使用、并正确记录。		
24	正确、定期做低泵冲试验、并保持记录数据有效性。		
25	钻井装置上是否张贴有在用钻具与替换泥浆量的对照表。		
26	钻台上有适用的压井工作图表，副司钻以上岗位人员会使用。		
27	定期进行钻台防喷演习。		
28	最大允许关井井口压力。		
29	下套管配套的循环头，及能否迅速关井。		
30	副司钻以上岗位人员是否能操作压井设备和泥浆除气设备。		
31	井架工是否有逃生的降滑装置。		
32	消防设备是否放在合适的地点。		
33	异常地层压力的监测和预报方法。		
四	人员资质		
34	钻井井架工以上岗位人员持有合格的井控培训证书。		
35	全体人员持有合格的“海上石油作业安全救生”培训证书。		

填表人:__________ 填表日期:________年____月____日　填表单位(盖章):

国家安全监管总局关于
进一步加强海洋石油安全生产工作的通知

安监总海油〔2010〕100 号

中国石油天然气集团公司、中国石油化工集团公司、中国海洋石油总公司，海洋石油作业安全办公室各分部：

为贯彻落实党中央、国务院关于安全生产工作的一系列重要指示精神，深刻吸取美国墨西哥湾深水地平线钻井平台“4·20”井喷、爆炸、原油泄漏事故（以下简称美国墨西哥湾钻井平台事故）教训，有效防范我国海洋石油类似事故的发生，确保我国海洋石油安全生产形势持续稳定好转，现将有关要求通知如下：

一、深刻认识海上石油开采安全生产面临的严峻形势，不断增强抓好海洋石油安全工作的责任感和紧迫感

海洋石油工业是安全风险最大的行业之一。海洋石油作业环境恶劣，活动空间狭小，设备设施布置高度集中，作业场所各种危险、危害因素多，集中有大量的易燃易爆物质；台风、热带气旋、风暴潮、海啸、地震、海冰等自然灾害严重威胁着海洋石油作业的安全；作业地点远离陆地，一旦发生事故，作业人员逃生和施救非常困难。目前，我国海洋石油面临着开发风险逐年增加，生产设施老化严重，应急救援能力薄弱，恶劣气候强度、频度加大等各种不利因素，安全生产形势十分严峻。有关部门、有关单位和各海洋石油企业一定要增强抓好海洋石油安全生产工作的责任感和紧迫感，把安全生产各项措施落到实处。

二、认真落实企业安全生产主体责任，抓好海洋石油安全生产基础建设

（一）加强领导，落实责任。要深入贯彻落实科学发展观，坚持安全发展理念，牢固树立安全生产责任意识。要加强领导、落实责任，把安全生产作为首要工程、战略性工程、生命线工程，常抓不懈、务求实效。要进一步增强风险意识，加强风险评估，尤其要切实加强对承包商的管理，严把资质审核、健康安全环保（HSE）业绩、人员素质、施工管理和现场管理等“五关”，强化安全责任落实、施工方案审查、作业现场监管和 HSE 业绩考核，严格落实施工过程中各项安全防范措施。

（二）建立健全制度，深入持久地开展海洋石油隐患排查治理工作。各海洋石油企业要建立健全隐患排查治理制度，形成有效的工作机制，使隐患排查治理制度化、规范化、常态化；要加大隐患排查治理工作力度，以防井喷失控、防台风、防风暴潮、防火防爆、防中毒为重点，开展经常性的隐患排查治理工作；特别要消除麻痹思想和侥幸心理，日常生产中要做好重要设备设施、关键工艺环节和重点部位、要害岗位的隐患排查治理工作；及时发现和整改存在的隐患和问题，形成检查有总结、问题有整改、整改有落实的闭环管理模式。海油安办各分部、监督处及从事海洋石油勘探开发单位的上级单位要加强对作业现场隐患排查治理情况的监督检查。各海洋石油企业要加强与气象部门沟通、联系，根据气象预报和有关预警通知，合理安排生产任务，必要时应停止生产并及时撤出危险区域作业人员，严禁冒险作业。

（三）加大投入，提高海洋石油开发本质安全水平。各海洋石油企业要加大对在役生产设施特别是接近服务年限、设备陈旧老化生产设施和井控装置的升级改造，淘汰落后的、不安全的工艺、技术、装备、设施，采用先进、安全的工艺、技术、设备；要吸取美国墨西哥湾钻井平台事故教训，开展对 500 米以深海域石油天然气开采安全等海上生产相关技术和装备的专题立项研究，提出深海石油安全生产技术措施、装备的配套需求以及安全生产的长效机制；探索能够使潜水员潜水深度从目前的 800 米增加到 1500—2000 米的可行性，提高深水的作业能力和事故救援能力。重新审验在建的深水钻井平台防喷器控制系统，确保在平台倾覆沉没后，仍能通过备用系统自动关闭水下防喷器组；要推广使用出海人员动态跟踪管理系统和作业设施可视化系统，实现对出海作业人员的作业资质、乘船乘机调度和出海人员状态等情况的实时动态管理。

（四）注重实效，大力加强HSE管理体系建设。各海洋石油企业要从设计、建造到生产运行，对海上新改扩建工程项目、油气生产设施和关键施工环节，全面推广危险与可操作性分析，强化施工作业过程和工艺流程风险识别，进一步识别和评估存在的各类风险，以及各种误操作可能带来的巨大风险，落实有效的风险控制措施。各级海洋石油安全监管机构要指导督促海洋石油企业立足于危险源辨识和风险评价，紧紧围绕现场、工艺、技术、设备、管理等方面，按照"准备与策划、实施与运行、监督与评价、改进与提高"的创建过程，做到全员参与、过程控制、持续改进，不断提高企业的安全管理水平。各海洋石油企业要按照HSE管理体系要求，抓好海上专业设备设施和施工作业的现场管理工作，对关键设备设施的管理和施工要落实作业许可制度和挂牌锁定制度，编制相应的作业计划、作业指导书和安全措施；对作业场所安全设备和报警装置、防护用品、警示标识、放射性同位素使用和维护要落实管理责任，加强现场监督检查；严格执行各项工艺纪律、劳动纪律和岗位安全规程，坚决杜绝"三违"现象；加强对重大危险源的管控，努力做到科学化、制度化、严细化；加强对承包商的管理，确保海洋石油物探、钻井、测井、录井等作业的生产安全。各海洋石油企业要严格按客观规律办事，严禁因抢进度、抢工期、抢效益，不顾安全而突击生产、草率投产，严禁超能力、超强度、超定员组织生产，严禁为降成本而减少安全投入、减少监管力量和减少应急演练次数。

（五）切实加强海洋石油应急救援能力建设，进一步提升应对海上突发事件能力。各海洋石油企业要在抓好应急平台体系建设的同时，逐级掌握应急资源，建立健全应急预案、应急队伍、应急装备物资、应急专家等应急资源数据库和重大危险源数据库，摸清资源现状，为实现资源共享、做好应急管理奠定基础；要进一步完善应急救援预案，加大应急预案的演练力度，提高对设备操作、应急程序、应急职能的熟练程度；尤其要细化各种紧急情况下的各项应急措施和应急预案演练方式，结合实际组织开展多种形式的、有针对性的应急演练，以增强预案的衔接性和救援的协作性；要切实提高演练的针对性、实效性、整体性，并要注意在演练中发现问题，及时对预案进行修改、完善；要针对美国墨西哥湾钻井平台事故教训，组织制定本企业相应的抢险和防污染应急预案，并组织开展有针对性的应急演练，切实提升我国海上突发事件的应对能力；要健全应急救援指挥机构和应急救援队伍，完善国家与地方、部门与部门、地方与企业、地面与海上等的协同应对机制，建立防范应对由自然灾害引发事故灾难的应急协调机制；要做好一切应急准备，确保发生事故时，能够及时启动应急救援预案，做到组织领导到位、技术指导到位、抢险物资到位、救援人员到位；要加强应急装备建设，努力形成立体救援能力，确保人员疏散、伤员救治、物资运输、现场灭火、海上清污等能够及时、有力、有序、有效开展。

三、大力加强海洋石油安全生产法制体制机制建设

（一）进一步完善海洋石油安全生产法规标准。国家安全监管总局将抓紧对原国家经贸委发布的《海上固定平台安全规则》进行修订，以适应海洋石油新技术新装备的发展和推广应用。要针对所辖海域特点，督促各海洋石油企业抓紧对涉及海洋石油作业安全的行业标准和规程进行制修订。

（二）明确职责，加大对海洋石油开发的监管力度。国家安全监管总局会同有关部门努力构建相关工作机制，进一步加强沟通协调，明确职责、相互配合，共同做好海洋石油开发的安全监管工作；海洋石油安全监管部门要坚持不懈地推进海洋石油安全监管机构和队伍建设，切实提高履职能力。海油安办各分部和监督处所在企业要解决好海油安办分部和监督处监管人员不足、力量薄弱的问题；要加强对海洋石油安全监管人员专业技术和法规方面的业务培训，全面提高安全监管人员的业务素质，提升安全监管水平。

（三）探索在海洋石油开发生产中推行安全生产责任保险机制。采取政府推动和市场化运作相结合的方式，探索在海洋石油企业中推行安全生产责任保险，充分利用保险的风险控制和社会管理功能，突出加强事故预防和安全管理，建立安全监管部门、保险机构、海洋石油企业和职工个人多方共赢互动的激励约束机制。

四、高度重视，切实加强海洋石油安全监管工作

（一）切实加强日常监管，坚持从严执法。海油安办各分部、各监督处要完善监管和执法制度，健全监管执法程序，加强对监管执法工作的考核与监督，促进监管执法工作的有效开展。尤其要在执法过程中不断探索总结经验，明晰并落实监管执法责任，经常深入企业、现场开展监督检查和执法工作，督促企业经常深入细致、彻底地排查治理隐患。对重大隐患要挂牌督办，限期整改，一时难以整改到位的，要做到计划、资金、时限、责任、预案五落实，确保万无一失。要坚决做到有法必依、执法必严、违法必究，坚决做到认真执法、从严执法、公正执法、廉洁执法。对监督检查中发现的各类问题，要处理坚决、行为果断，及时予以解决。

（二）严格许可，做好安全生产设施“三同时”审查工作。严格落实建设项目安全设施“三同时”制度，加强对建设项目的全过程管理。认真做好安全预评价评审、备案工作，规范设计审查备案程序，加强对发证检验机构设计审查备案的管理。落实海洋石油生产设施试生产前备案制度，企业在试生产一年内必须提出竣工验收申请。要进一步规范安全竣工验收的审查程序和现场检查内容等，及时做好新、改、扩建建设项目的安全竣工验收工作。开展 HSE 管理体系建设，进一步促进企业法定代表人安全生产负责制的落实，切实加强企业内部的生产、质量、技术、设备、劳动等专业管理，提高风险意识和分析、防范风险的能力。把 HSE 管理体系建设与安全许可结合起来，将 HSE 管理体系作为取得安全生产许可证的基本条件，完善海洋石油企业安全生产的自我约束和激励机制。

（三）加强安全教育培训。各海洋石油企业要针对海洋石油的生产特点，加强经常性的安全教育，搞好企业安全文化建设；制定海洋石油安全监管人员培训计划，力争到明年底，所有海洋石油安全监管人员都至少接受一次专门的业务培训；加强对企业负责人、安全管理人员以及出海作业人员的安全培训和再培训工作，做到持证上岗、持证出海；强化海上应急培训，增强安全防范意识和自我保护、应急处置能力。

（四）加大对海洋石油安全中介技术服务机构的监管力度。国家安全监管总局将重点加强对海洋石油生产设施发证检验、专业设备检测检验、安全培训和安全评价等海洋石油安全中介机构的资质条件、技术服务范围的管理，提高海洋石油安全中介机构的自身水平、服务能力和工作质量。

（五）严肃查处事故，严格责任追究。各级海洋石油安全监管机构和企业，都要从小事抓起，严肃查处每一起事故，深究原因，举一反三、总结教训、着眼改进。与此同时，要严厉追究相关责任人的责任，以事故教训推动安全生产工作。

国家安全生产监督管理总局
二〇一〇年六月二十一日

国家安全监管总局办公厅关于切实加强海洋石油安全监管工作的通知

安监总厅海油〔2012〕38号

海洋石油作业安全办公室各分部，有关中央企业：

为深入贯彻落实《国务院关于进一步加强企业安全生产工作的通知》（国发〔2010〕23号，以下简称《通知》）、《国务院关于坚持科学发展安全发展促进安全生产形势持续稳定好转的意见》（国发〔2011〕40号，以下简称《意见》）和国务院安委会全体会议、全国安全生产电视电话会议、全国安全生产工作会议精神，进一步做好海洋石油安全生产工作，有效防范各类事故发生，促进海洋石油安全生产形势持续稳定好转，现就切实加强海洋石油安全监管工作有关事项通知如下：

一、牢固树立科学发展、安全发展的理念，推动实现安全与发展的有机统一

（一）充分认识当前海洋石油安全生产形势。近年来，我国海洋石油安全生产形势总体趋稳趋好，但人员伤亡、重大事故险情尚未得到有效遏制，安全生产基础尚不牢固，深海油气开发安全防范技术尚处于探索阶段，海洋石油安全监管体制机制尚未根本理顺，台风等恶劣气候对安全生产的压力始终客观存在。因此，必须牢固树立科学发展、安全发展的理念，始终坚持以人为本，始终保持清醒头脑，充分认识海洋石油安全生产的极端重要性，切实增强紧迫感、危机感和责任感。

（二）大力宣传深入贯彻科学发展、安全发展新要求。要利用各种方法途径，在海洋石油企业大力宣传《通知》和《意见》精神，以科学发展、安全发展为主题，组织开展好第11个全国"安全生产月"活动，切实把党中央、国务院坚持科学发展安全发展、促进安全生产形势持续稳定好转的重大决策部署和政策措施深入到基层、深入到岗位。

（三）推动落实安全发展战略。坚持"安全第一、预防为主、综合治理"的方针，更加注重依法行政，更加注重自身能力建设，进一步提高安全监管效能。督促指导海洋石油企业加大《通知》和《意见》贯彻落实力度，正确处理好企业发展与安全生产的关系，完善相关规章制度，推动实现安全与发展的有机统一。

二、强化隐患排查治理，着力防范各类事故

（四）适时开展专项检查工作。2012年上半年，国家安全监管总局将在海洋石油企业组织开展一次专项检查工作，重点检查相关法规、制度贯彻落实情况。海洋石油作业安全办公室各分部（以下简称各分部）要组织专家队伍深入基层、深入现场、深入岗位，排查企业存在的普遍性问题，分析深层次原因，指导企业完善并落实规章制度。

（五）突出隐患排查重点。认真吸取美国"深水地平线"钻井平台井喷事故、俄罗斯"科尔斯卡耶"钻井平台倾覆事故教训，认真分析我国近年来几起典型事故特点，重点加强钻井、作业、测井等作业过程，平台拖航、就位等作业环节，单点系泊等关键装置，接近服务年限、设备陈旧老化生产作业设施，以及应急状态下应对措施的隐患排查。

（六）建立重大隐患逐级挂牌督办制度。各分部对重大隐患要及时下发限期整改通知书，督促企业做到整改措施、责任、资金、时限和预案"五落实"。重大隐患逾期未整改到位的，要依法对企业予以处罚。督促海洋石油企业建立完善隐患排查治理信息平台，并及时将重大隐患报相关分部、监督处备案。

三、强化安全生产责任落实，着力提高安全监管效能

（七）进一步加强监管队伍建设。加强沟通协调，着力完善海洋石油安全监管体制机制。进一步充实基层监管力量，各监督处专职监管人员不得少于3人。

（八）加大行政执法力度。各监督处要制定年度执法计划，重点对人员持证上岗、设施设备检测检验、建设项目安全"三同时"等情况开展执法检查，每年对所辖生产作业设施的监督检查覆盖面要达到50%以上。要逐步推行使用行政执法文书，规范执法行为，海洋石油作业安全办公室将适时对执法文书使用情况进行抽查。

（九）推动落实领导干部现场跟班制度。各分部要督促企业制定和落实领导干部跟班制度，尤其是节假日、台风（风暴潮）季节和平台长距离拖航、大型吊装作业等重要时段和重点作业环节，领导干部必须现场跟班。对发生事故而没有领导干部现场跟班的，要依法严肃处理。

四、推动安全生产标准化建设，着力夯实安全生产基础

（十）建立完善相关标准制度。国家安全监管总局将以安全生产行业标准（AQ）发布《石油行业安全生产标准化规范导则》及《石油行业安全生产标准化规范海上油气生产实施指南》等标准，印发配套评分办法和评审管理办法。各分部要加强组织领导，落实工作责任，积极做好相关工作。

（十一）做好标准宣贯和创建试点工作。各分部要督促评审组织单位和评审单位，采取印发教材、集中培训等方式，在辖区内企业大力宣贯相关标准和评分办法。选树企业进行安全生产标准化创建试点，适时召开现场会，全面推动工作。

（十二）全面组织开展标准化达标工作。按照安全生产标准化工作要求，督促海洋石油企业开展对标自评和整改工作，力争2012年底前60%以上海洋石油生产作业单位达到安全生产标准化三级以上水平。

五、推动法规制度建设，着力规范安全生产秩序

（十三）配套完善相关制度标准。组织开展《海上固定平台安全规则》修订调研。研究起草海底管道、锅炉和压力容器、安全阀等海洋石油专业设备检测检验标准（规则），推动检测检验工作规范化。研究制定海洋石油建设项目职业卫生审查办法，规范职业病危害预评价报告审核（备案）、职业病防护设施设计审查和竣工验收（备案）等工作。研究起草超过设计年限海洋石油生产设施安全管理办法。

（十四）规范事故信息报告和处置工作。各分部及监督处要严格按照《国家安全监管总局办公厅关于进一步加强和改进海洋石油生产安全事故信息报告和处置工作的通知》（安监总厅海油函〔2011〕173号）要求，及时报告和处置各类事故和险情。

（十五）严格事故查处。按照"四不放过"和"科学严谨、依法依规、实事求是、注重实效"的原则，严肃认真做好事故调查处理工作。建立完善事故查处分级挂牌督办制度，一般事故、较大以上事故分别由海洋石油作业安全办公室和国务院安委会办公室挂牌督办。建立完善事故诫勉约谈制度，重大险情和未发生人员死亡的一般事故由相关分部约谈事故单位主要负责人，社会影响较大的事故险情和发生人员死亡的事故由海洋石油作业安全办公室进行约谈。

六、推动保障能力建设，着力提升安全技术水平

（十六）严格海洋石油安全中介机构管理。以海洋石油安全中介机构资质换（发）证为契机，进一步规范审查程序，细化许可条件，适当提高准入门槛。组织对海洋石油安全培训教材进行规范和统一。督促有关机构加大注册安全工程师培养力度，做好安全评价报告等信息网上公开工作。强化日常监管，对违法违规、弄虚作假的机构按照有关规定予以严厉处罚。

（十七）大力开展安全技术研究。组织相关单位继续开展海洋（深海）石油开采安全监管体系课题研究，进一步完善海洋石油安全监管制度和标准。着手开展海洋石油设施完整性管理研究，探索解决海上油气生产设施从设计到弃置全过程、全寿命的安全管理问题。针对深海油气开发薄弱环节，鼓励海洋石油企业积极开展相关安全技术研究。探索建设海洋石油安全监管信息平台和基础资料数据库。

（十八）加强国际交流与合作。通过论坛交流、实地考察、委托培训等途径，学习国外海洋石油尤其是深海油气开发方面的安全管理经验，借鉴国外在法规体系建设、监管机构设置等方面的好做法，力求在我国海洋石油安全监督管理方面有所创新。

七、推动应急能力建设，着力提升应急救援水平

（十九）完善应急指挥机制。建立完善作业现场负责人紧急撤人避险制度，在安全隐患没有排除、不具备安全生产条件或作业现场遇到事故险情时，作业现场负责人有权组织人员撤离，避免事态扩大。监督指导企业进一步优化应急指挥机制，力求层级精简，切实提高应急时效。

（二十）定期组织应急演练。各分部要监督检查企业应急演练情况，督促指导企业不断引进先进装备和技术，加大应急投入，提高应急装备配备水平和实际救援能力。

国家安全监管总局办公厅
二〇一二年四月一日

关于印发 2013 年海洋石油安全监管重点工作安排的通知

海油函〔2013〕10 号

各中央石油企业,海洋石油作业安全办公室各分部:

为深入贯彻落实 2013 年全国安全生产电视电话会议、全国安全生产工作会议精神,进一步做好海洋石油安全生产工作,继续保持海洋石油安全生产形势的良好态势,现将 2013 年海洋石油安全监管重点工作安排通知如下:

一、强化安全发展理念,进一步落实企业安全生产主体责任。一是以科学发展观为指导,正确处理海洋石油安全生产与发展速度、质量和效益的关系,促进同步协调发展。二是以“强化安全基础、推动安全发展”为主题,组织开展好第 12 个全国“安全生产月”活动,营造深化“安全生产年”活动的良好氛围。三是督促企业主要负责人严格遵守安全生产法律法规、规章制度与技术标准,加大安全投入,严格安全生产绩效考核,认真落实“一岗双责”制度,切实把安全责任落实到各级领导、职能部门、岗位员工。四是建立完善事故诫勉约谈和事故查处分级挂牌督办制度。重大险情和未发生人员死亡的一般事故由相关分部约谈事故单位主要负责人,社会影响较大的事故险情和发生人员死亡的事故由海洋石油作业安全办公室进行约谈。一般事故、较大以上事故分别由海洋石油作业安全办公室和国务院安委会办公室挂牌督办。

二、强化安全基础工作,进一步提升企业安全生产水平。一是扎实推进安全生产标准化创建工作,要按照《石油行业安全生产标准化规范 导则》(AQ 2037—2012)和《石油行业安全生产标准化规范 海上油气生产实施规范》(AQ 2044—2012)等标准开展对标自评和整改工作,力争 2013 年底全部达到安全生产标准化三级以上水平,50% 以上单位达到二级以上水平。二是继续推进隐患排查治理工作,要组织海洋石油企业深入开展自查自改工作,在此基础上,各分部要组织专家队伍深入基层、深入现场、深入岗位,排查企业存在的普遍性问题,重点加强钻井、作业过程,平台拖航、就位环节,单点系泊等关键装置,接近服务年限、设备陈旧老化生产作业设施的隐患排查,对重大隐患要及时下发限期整改通知书,督促企业及时消除事故隐患,隐患整改要做到“五落实”。三是认真贯彻落实国务院安委会关于加强安全培训工作的决定,牢固树立“培训不到位是重大安全隐患”的意识,进一步强化和规范海洋石油安全培训工作。各分部培训工作要做到年初有计划、培训前有方案、培训后有总结。继续开展海上石油作业安全救生、油气消防、井控技术和防硫化氢技术安全培训教材的编制和规范工作。

三、强化法规制度建设,进一步规范安全生产秩序。一是组织对《海上固定平台安全规则》进行修订,以适应近年来海洋石油新公约、新标准、新技术、新装备、新工艺的不断发展。二是组织修订完善海洋石油生产设施发证检验、专业设备检测检验、安全评价和安全培训等中介机构的资质许可条件,适当提高准入门槛。三是着手研究制定海洋石油建设项目生产设施设计审查备案管理办法和海洋石油老旧设施安全管理办法。继续推进海洋石油专业设备检测检验标准的编制工作。四是组织对海洋石油安全生产法规文件进行梳理,汇编成册。

四、强化保障能力建设,进一步提高安全监管效能。一是继续完善海洋石油安全监管体制机制,逐步将各分部所属监督处从企业安全管理部门分离,进一步充实基层监管力量。要编制科学合理的年度执法计划,进一步加大现场检查力度,严格执行行政处罚程序,强化对企业的日常监管。二是通过整合信息资源和研发,建立海洋石油生产设施、人员培训取证、安全生产许可证发放信息管理系统,着力提高监管工作信息化水平。三是积极做好海洋(深海)石油开采安全监管体系研究成果的推广应用工作,着力从法规标准建设、监管机构设置、事故调查方法等方面改进工作。鼓励企业开展深海油气开发安全防范技术和海洋石油设施完整性管理研究。四是加强与海洋石油国际监管者论坛等组织的交流与合作，学习借鉴好经验好做法。

国家安全监管总局海油安办
2013 年 2 月 22 日

4. 中介机构

关于海洋石油天然气安全中介机构资质发(换)证工作的通知

安监管海油字〔2005〕16号

各有关单位:

为加强海洋石油天然气安全中介机构的管理,促进海洋石油天然气安全生产,国家安全生产监督管理局决定自2005年2月1日起开展海洋石油天然气安全中介机构资质的发(换)证工作。现将有关事项通知如下:

一、发(换)证对象

已取得原中国海洋石油作业安全办公室批准资质的海洋石油天然气安全中介机构。

海洋石油天然气安全中介机构是指从事与海洋石油天然气勘探、开发、生产作业相关的发证检验、专业设备检测检验、安全评价和安全培训等机构。

二、发(换)证审查条件

具体审查条件详见附件1。

三、受理时间

(一)2005年2月1日至6月30日受理2005年6月30日前有效期已满的海洋石油天然气安全中介机构的延期申请。逾期不办理延期手续的,不得从事海洋石油天然气安全中介活动。

(二)2005年7月1日至12月31日受理由原中国海洋石油作业安全办公室颁发证书、有效期未满的海洋石油天然气安全中介机构的换证申请。逾期不办理换证的,不得从事海洋石油天然气安全中介活动。

四、申请资料

(一)申请单位应按要求填报海洋石油天然气安全中介机构资质申请表一份(见附件2-6),并按规定提交相关文件、资料等材料。

(二)申请单位将申请材料送交国家安全生产监督管理局海洋石油作业安全办公室。

联系人:王立忠

联系电话:010-64463342

010-64463038(传真)

五、其他事项

考虑到工作的延续性,2005年6月30日前有效期已满的海洋石油天然气安全中介机构,资质有效期延至2005年6月30日。

附件:

1. 海洋石油天然气安全中介机构资质审查条件
2. 海洋石油天然气生产设施发证检验机构资质申请表
3. 滩海陆岸石油天然气生产设施发证检验机构资质申请表
4. 海洋石油天然气专业设备检验检测机构资质申请表
5. 海洋石油天然气安全评价机构资质申请表
6. 海洋石油天然气安全培训机构资质申请表

二〇〇五年一月三十一日

附件1

海洋石油天然气安全中介机构资质审查条件

一、海洋石油天然气生产设施发证检验机构应具备以下基本条件：

（一）依法设立，取得法人资格（国外机构的中国代表处应依法设立）；

（二）有与其申请业务相适应的固定场所、办公设施、检测和检验设备、计算和分析手段、独立的设计审查能力；

（三）注册资金或者开办费4000万元及以上；国外机构在国内注册资金不足4000万元人民币的代表处，应由总部出具承担其中国代表处承接发证检验业务所连带的我国相关法律规定的民事责任担保书和注册资金4000万元以上的证明；

（四）有完善的机构章程、管理制度、工作规则和质量管理体系（国外机构应提交中文材料）；

（五）有50名以上专职检验人员，其中至少20名具有高级专业技术职称或者检验师资格，有至少10名以上的设计审查人员；

（六）机构（国外机构中国代表处）的主要负责人通过相关安全生产培训、考核，并且从事海洋石油天然气安全相关工作5年以上；专职技术负责人具有工程类高级专业技术职称和发证检验经历，且从事海洋石油天然气安全工作7年以上；

（七）有本机构制订的或采用的有关油（气）生产设施设计、建造、安装和检验的规范、标准（国外机构应提交相关规范、标准中文目录）；

（八）申请换证或延期的机构应有从事海洋石油天然气发证检验工作的良好业绩；

（九）法律、法规要求的其他条件。

二、滩海陆岸石油天然气生产设施发证检验机构应具备以下基本条件：

（一）依法设立，取得法人资格；

（二）有与其申请业务相适应的固定场所、办公设施、检测和检验设备、计算和分析手段、独立的设计审查能力；

（三）注册资金或者开办费1000万元以上；

（四）有完善的机构章程、管理制度、工作规则和质量管理体系；

（五）有20名以上专职检验人员，其中至少10名具有高级专业技术职称或者检验师资格，有至少5名以上的设计审查人员；

（六）机构的主要负责人通过相关安全生产培训、考核，并且从事海洋石油天然气安全相关工作5年以上；专职技术负责人具有工程类高级专业技术职称和发证检验工作经历，且从事海洋石油天然气安全工作7年以上；

（七）有本机构制订的或采用的有关油（气）生产设施设计、建造、安装和检验的规范、标准；

（八）申请换证或延期的机构应有从事滩海陆岸石油天然气发证检验工作的良好业绩；

（九）法律、法规要求的其他条件。

三、海洋石油天然气专业设备检验检测机构应具备以下基本条件：

（一）依法设立，取得法人资格；

（二）有与其申请业务相适应的固定场所、办公设施、检测和检验设备、计算和分析手段；

（三）注册资金或者开办费300万元以上；

（四）有完善的机构章程、管理制度、工作规则和质量管理体系；

（五）有10名以上专职技术人员，其中至少有5名具有高级专业技术职称或者注册安全工程师资格、并且从事海洋石油天然气安全工作3年以上；

（六）机构的主要负责人应通过相关安全生产培训、考核，并且从事海洋石油天然气安全相关工作3年以上；专职技术负责人应具有工程类高级专业技术职称和专业设备检验检测工作经历，且从事海洋石油天然气安全工作5年以上；

（七）申请换证或延期的机构应有从事海洋石油专业设备检验检测工作的良好业绩；

（八）法律、法规要求的其他条件。

四、海洋石油天然气安全评价机构应具备以下基本条件：

（一）依法设立，取得法人资格；

（二）有与其申请业务相适应的固定工作场所和办公设施；

（三）注册资金或者开办费300万元以上；

（四）有完善的机构章程、管理制度、工作规则和质量管理体系；

（五）有12名以上取得安全评价人员资格的专职安全评价人员，其中至少有5名具有高级专业技术职称或者注册安全工程师资格、并且从事海洋石油天然气安全相关工作3年以上；

（六）机构的主要负责人应通过相关安全生产培训、考核，并且从事海洋石油天然气安全相关工作3年以上；专职技术负责人应具有工程类高级专业技术职称和海洋石油天然气安全评价工作经历，且从事海洋石油天然气安全工作5年以上；

（七）申请换证或延期的机构应有从事海洋石油天然气安全评价工作的良好业绩；

（八）法律、法规要求的其他条件。

五、海洋石油天然气安全培训机构应具备以下基本条件：

（一）注册资金或者开办费80万元以上；

（二）有专职的管理人员；

（三）有完善的机构章程、管理制度、工作规则和质量管理体系；

（四）有与从事培训业务相适应的实操场地设备，包括游泳馆（池），能模拟海上各种火灾险情、面积不低于4000平方米的消防场地，封闭式救生艇训练码头，直升机水下逃生模拟器等；

（五）有10名以上具有本科以上学历的专职或者兼职教师，其中至少有5名具有中级以上职称并且经国家安全生产监督管理局培训考核合格的专职教师；

（六）有固定、独立和相对集中并且能够满足同期80人以上规模培训需要的教学及生活设施，其中专用教室使用面积120平方米以上；

（七）申请换证或延期的机构应有从事海洋石油天然气安全培训工作的良好业绩；

（八）安全培训需要的其他条件。

六、说明

（一）海洋石油天然气专业设备包括海上结构、采油设备、海上锅炉和压力容器、钻井和修井设备、起重和升降设备、火灾和可燃气体探测与安全报警及控制系统、安全阀、救生设备、消防器材、钢丝绳等系物及被系物、电气仪表等。

（二）初次申请审查合格后颁发有效期为1年的临时资质证书。中介机构应在临时资质证书有效期满前3个月提出换证申请，经全面审查合格后可换发正式资质证书。正式资质证书有效期为3年。正式资质证书有效期满需要延期的，应于期满前3个月提出延期申请。

附件2

海洋石油天然气生产设施发证检验机构

资质申请表

申请机构(盖章):______________________

地　　址:______________________

主要负责人:______________________

申请类别:初次申请□　延期申请□　换证申请□

国家安全生产监督管理局

海洋石油作业安全办公室

制

填表日期:　　年　　月　　日

填 表 说 明

一、本表适用于海洋石油天然气生产设施发证检验机构申请资质、申请资质延期和申请换证。

二、申请材料应真实、准确。文书、表格应以国家局公布的样式为准,用计算机打印。打印件、复印件大小为 A4 尺寸,装订整齐。

三、申请书表格中“电子信箱”为选填项。

四、申请机构简况内容应包括机构基本情况和机构业务业绩。

五、申请书中各表可有续表。

基本情况

机构中文名称			
机构英文名称			
中 文 地 址			
主要负责人		联 系 人	
技术负责人		检验人员数	
电　　话		传　　真	
邮政编码		E－Mail	
法人执照(证书)编号		注册资金	
现有中介机构资质证书号、有效期		颁证机关	
员工情况	员工总人数　　人	高级专业技术职称　　人	
	检验师　　人	中级专业技术职称　　人	
	初级专业技术职称　　人	其他　　人	
经营场所面积	m^2	现有检验设备	套(件)
申请业务范围			
申请机构简况：			

检验人员情况

姓名	职务	职称	所学专业	从事本专业时间	资格证书	资格证书编号

检验人员工作简历

（上表所列人员每人一页）

姓名		性别		出生日期
电话			手机	
E－Mail				

简历：

本人签字：

技术装备及资源一览表

序号	设备名称	规格型号	单位	数量	完好状况	备注

注：含所采用的计算机软件。

现场审查表

<table>
<tr><th>审查内容</th><th>审查意见</th><th>审查人</th><th>备注</th></tr>
<tr><td>法人资格</td><td>合　格□
不合格□</td><td></td><td></td></tr>
<tr><td>机构固定工作场所和办公设施</td><td>优　良□
合　格□
不合格□</td><td></td><td></td></tr>
<tr><td>检测和检验设备、计算分析手段、独立的设计审查能力</td><td>优　良□
合　格□
不合格□</td><td></td><td></td></tr>
<tr><td>注册资金或开办费</td><td>合　格□
不合格□</td><td></td><td></td></tr>
<tr><td>内部管理规章制度和质量管理体系</td><td>优　良□
合　格□
不合格□</td><td></td><td></td></tr>
<tr><td>检验人员和设计审查人员</td><td>合　格□
不合格□</td><td></td><td></td></tr>
<tr><td>机构负责人和技术负责人</td><td>合　格□
不合格□</td><td></td><td></td></tr>
<tr><td>油(气)生产设施设计、建造、安装和检验的规范、标准</td><td>合　格□
不合格□</td><td></td><td></td></tr>
<tr><td>检验业绩</td><td>优　良□
合　格□
不合格□</td><td></td><td></td></tr>
<tr><td colspan="4">审查组成员：

审查组组长：

年　月　日</td></tr>
</table>

审 批 表

<table>
<tr><td>承办处意见：

处长：　　　　　　　　　　　　　　　　　　　　年　月　日</td></tr>
<tr><td>审核意见：

海洋石油作业安全办公室副主任：
　　　　　　　　　　　　　　　　　　　　年　月　日
海洋石油作业安全办公室主任：
　　　　　　　　　　　　　　　　　　　　年　月　日</td></tr>
<tr><td>颁证机关：

　　　　　　　　　　　　　　　　　　　　（盖章）
　　　　　　　　　　　　　　　　　　　　年　月　日</td></tr>
<tr><td>发证检验机构资质证书编号：</td></tr>
<tr><td>批准的业务范围：</td></tr>
</table>

附件 3

滩海陆岸石油天然气生产设施发证检验机构

资质申请表

申请机构(盖章):____________________________

地　　址:____________________________________

主要负责人:__________________________________

申请类别:初次申请□　延期申请□　换证申请□

国家安全生产监督管理局
　　　　　　　　　　　　　　　　制
海洋石油作业安全办公室

填表日期:　　年　　月　　日

填 表 说 明

一、本表适用于滩海陆岸石油天然气生产设施发证检验机构申请资质、申请资质延期和申请换证。

二、申请材料应真实、准确。文书、表格应以国家局公布的样式为准,用计算机打印。打印件、复印件大小为 A4 尺寸,装订整齐。

三、申请书表格中“电子信箱”为选填项。

四、申请机构简况内容应包括机构基本情况和机构业务业绩。

五、申请书中各表可有续表。

基本情况

机构中文名称			
机构英文名称			
中文地址			
主要负责人		联系人	
技术负责人		检验人员数	
电话		传真	
邮政编码		E-Mail	
法人执照(证书)编号		注册资金	
现有中介机构资质证书号、有效期		颁证机关	
员工情况	员工总人数　　人	高级专业技术职称　　人	
	检验师　　人	中级专业技术职称　　人	
	初级专业技术职称　　人	其他　　人	
经营场所面积	m^2	现有检验设备	套(件)
申请业务范围			

申请机构简况:

检验人员情况

姓名	职务	职称	所学专业	从事本专业时间	资格证书	资格证书编号

检验人员工作简历

（上表所列人员每人一页）

<table>
<tr><td>姓名</td><td></td><td>性别</td><td></td><td>出生日期</td></tr>
<tr><td colspan="2">电话</td><td></td><td>手机</td><td></td></tr>
<tr><td colspan="2">E - Mail</td><td colspan="3"></td></tr>
<tr><td colspan="5">简历：

本人签字：</td></tr>
</table>

技术装备及资源一览表

序号	设备名称	规格型号	单位	数量	完好状况	备注

注：含所采用的计算机软件。

现场审查表

审查内容	审查意见	审查人	备注
法人资格	合　格□ 不合格□		
机构固定工作场所和办公设施	优　良□ 合　格□ 不合格□		
检测和检验设备、计算分析手段、独立的设计审查能力	优　良□ 合　格□ 不合格□		
注册资金或开办费	合　格□ 不合格□		
内部管理规章制度和质量手册	优　良□ 合　格□ 不合格□		
检验人员和设计审查人员	合　格□ 不合格□		
机构负责人和技术负责人	合　格□ 不合格□		
油(气)生产设施设计、建造、安装和检验的规范、标准	合　格□ 不合格□		
检验业绩	优　良□ 合　格□ 不合格□		
审查组成员： 审查组组长： 年　月　日			

审 批 表

承办处意见：   处长：　　　　　　　　　　　　　　　　　　　　　　　　年　月　日
审核意见： 海洋石油作业安全办公室副主任： 　　　　　　　　　　　　　　　　　　　　　　　　年　月　日 海洋石油作业安全办公室主任： 　　　　　　　　　　　　　　　　　　　　　　　　年　月　日
颁证机关：   　　　　　　　　　　　　　　　　　　　　　　　　（盖章） 　　　　　　　　　　　　　　　　　　　　　　　　年　月　日
发证检验机构资质证书编号：
批准的业务范围：

附件4

海洋石油天然气专业设备检验检测机构

资质申请表

申请机构(盖章):____________________________

地　　址:____________________________________

主要负责人:__________________________________

申请类别:初次申请□　延期申请□　换证申请□

国家安全生产监督管理局
海洋石油作业安全办公室
制

填表日期:　　年　　月　　日

填 表 说 明

一、本表适用于海洋石油天然气专业设备检验检测机构申请资质、申请资质延期和申请换证。

二、申请材料应真实、准确。文书、表格应以国家局公布的样式为准，用计算机打印。打印件、复印件大小为 A4 尺寸，装订整齐。

三、申请书表格中“电子信箱”为选填项。

四、申请机构简况内容应包括机构基本情况和机构业务业绩。

五、申请书中各表可有续表。

基本情况

<table>
<tr><td>机构中文名称</td><td colspan="4"></td></tr>
<tr><td>机构英文名称</td><td colspan="4"></td></tr>
<tr><td>中 文 地 址</td><td colspan="4"></td></tr>
<tr><td>主要负责人</td><td colspan="2"></td><td>联 系 人</td><td></td></tr>
<tr><td>技术负责人</td><td colspan="2"></td><td>检验人员数</td><td></td></tr>
<tr><td>电 话</td><td colspan="2"></td><td>传 真</td><td></td></tr>
<tr><td>邮 政 编 码</td><td colspan="2"></td><td>E - Mail</td><td></td></tr>
<tr><td>法人执照(证书)
编号</td><td colspan="2"></td><td>注册资金</td><td></td></tr>
<tr><td>现有中介机构资质
证书号、有效期</td><td colspan="2"></td><td>颁证机关</td><td></td></tr>
<tr><td rowspan="2">员工情况</td><td colspan="2">员工总人数 人</td><td colspan="2">高级专业技术职称 人</td></tr>
<tr><td colspan="2">检验师 人</td><td colspan="2">中级专业技术职称 人</td></tr>
<tr><td></td><td colspan="2">初级专业技术职称 人</td><td colspan="2">其他 人</td></tr>
<tr><td>经营场所面积</td><td colspan="2">m^2</td><td>现有检验设备</td><td>套(件)</td></tr>
<tr><td colspan="5">申请机构简况：</td></tr>
</table>

检验检测人员情况

姓名	职务	职称	所学专业	从事本专业时间	资格证书	资格证书编号

检验检测人员工作简历

（上表所列人员每人一页）

<table>
<tr><td>姓　名</td><td></td><td>性　别</td><td></td><td>出生日期</td></tr>
<tr><td colspan="2">电　话</td><td></td><td>手　机</td><td></td></tr>
<tr><td colspan="2">E－Mail</td><td colspan="3"></td></tr>
<tr><td colspan="5">简历：

本人签字：</td></tr>
</table>

技术装备及资源一览表

序号	设备名称	规格型号	单位	数量	完好状况	备注

注:含所采用的计算机软件。

现场审查表

审查内容	审查意见	审查人	备注
法人资格	合　格□ 不合格□		
机构固定工作场所和办公设施	优　良□ 合　格□ 不合格□		
注册资金或开办费	合　格□ 不合格□		
检测检验设备和计算分析手段	优　良□ 合　格□ 不合格□		
内部管理规章制度和质量管理体系	优　良□ 合　格□ 不合格□		
专业技术人员	合　格□ 不合格□		
机构负责人和技术负责人	合　格□ 不合格□		
检验业绩	优　良□ 合　格□ 不合格□		
审查组成员： 审查组组长： 年　月　日			

审 批 表

承办处意见：

处长：　　　　　　　　　　　　　　　　　　　　　　　　　　　　　　　年　月　日

审核意见：

海洋石油作业安全办公室副主任：

年　月　日

海洋石油作业安全办公室主任：

年　月　日

颁证机关：

（盖章）

年　月　日

发证检验机构资质证书编号：

批准的业务范围：

附件 5

海洋石油天然气安全评价机构

资质申请表

申请机构(盖章):________________________

地　　址:________________________

主要负责人:________________________

申请类别:初次申请□　延期申请□　换证申请□

国家安全生产监督管理局
　　　　　　　　　　　　　　　　制
海洋石油作业安全办公室

填表日期:　　年　　月　　日

填表说明

一、本表适用于海洋石油天然气安全评价机构申请资质、申请资质延期和申请换证。

二、申请材料应真实、准确。文书、表格应以国家局公布的样式为准，用计算机打印。打印件、复印件大小为 A4 尺寸，装订整齐。

三、申请书表格中“电子信箱”为选填项。

四、申请机构简况内容应包括机构基本情况和机构业务业绩。

五、申请书中各表可有续表。

基本情况

机构中文名称			
机构英文名称			
中 文 地 址			
主 要 负 责 人		联 系 人	
技 术 负 责 人		检验人员数	
电　　话		传　　真	
邮 政 编 码		E - Mail	
法人执照(证书)编号		注 册 资 金	
现有中介机构资质证书号、有效期		颁 证 机 关	
员工情况	员工总人数　　人	高级专业技术职称　　人	
	检验师　　人	中级专业技术职称　　人	
	初级专业技术职称　　人	其他　　人	
经营场所面积	m^2	现有检验设备	套(件)
申请业务范围			

申请机构简况：

安全评价人员情况

姓名	职务	职称	所学专业	从事本专业时间	资格证书	资格证书编号

安全评价人员工作简历

（上表所列人员每人一页）

姓　名		性　别		出生日期
电　话		手　机		
E－Mail				

简历：

本人签字：

技术专家

姓名	性别	年龄	职称	所学专业	从事专业	从事本专业时间

技术装备及资源一览表

序号	设备名称	规格型号	单位	数量	完好状况	备注

注:含所采用的计算机软件。

现场审查表

审查内容	审查意见	审查人	备注
法人资格	合　格□ 不合格□		
机构固定工作场所和办公设施	优　良□ 合　格□ 不合格□		
注册资金或开办费	合　格□ 不合格□		
内部管理规章制度和质量管理体系	优　良□ 合　格□ 不合格□		
安全评价人员	合　格□ 不合格□		
机构负责人和技术负责人	合　格□ 不合格□		
安全评价业绩	优　良□ 合　格□ 不合格□		
审查组成员： 审查组组长： 年　月　日			

审 批 表

<table>
<tr><td>承办处意见：

处长：　　　　　　　　　　　　　　　　　　　　　　　　　　　　年　月　日</td></tr>
<tr><td>审核意见：

海洋石油作业安全办公室副主任：

年　月　日

海洋石油作业安全办公室主任：

年　月　日</td></tr>
<tr><td>颁证机关：

（盖章）
年　月　日</td></tr>
<tr><td>发证检验机构资质证书编号：</td></tr>
<tr><td>批准的业务范围：</td></tr>
</table>

附件6

海洋石油天然气安全培训机构

资质申请表

申请机构(盖章):______________________
地　　址:__________________________
主要负责人:_________________________
申请类别:初次申请□　延期申请□　换证申请□

国家安全生产监督管理局
海洋石油作业安全办公室
制

填表日期:　　年　　月　　日

填 表 说 明

一、本表适用于海洋石油天然气安全培训机构申请资质、申请资质延期和申请换证。

二、申请材料应真实、准确。文书、表格应以国家局公布的样式为准,计算机打印。打印件、复印件大小为 A4 尺寸,装订整齐。

三、申请书表格中“电子信箱”为选填项。

四、申请机构简况内容应包括机构基本情况和机构业务业绩。

五、申请书表格中“隶属企业意见”,应由主要负责人或法定代表人用钢笔、签字笔签字。如果“申请单位”具有法人资格,不需要填写“隶属企业意见”栏;如果“申请单位”不具有法人资格,需由其所在的具有法人资格的企业填写“隶属企业意见”栏。

六、申请书中各表可有续表。

基本情况

机构中文名称			
机构英文名称			
中 文 地 址			
主要负责人		联 系 人	
技术负责人		检验人员数	
电 话		传 真	
邮 政 编 码		E - Mail	
法人执照(证书)编号		注册资金	
现有中介机构资质证书号、有效期		颁证机关	
员工情况	员工总人数 人	高级专业技术职称 人	
	检验师 人	中级专业技术职称 人	
	初级专业技术职称 人	其他 人	
经营场所面积	m^2	现有检验设备	套(件)

申请机构简况:

培训师资基本情况表

姓名	职务	职称	所学专业	从事本专业时间	资格证书	资格证书编号

教师工作简历

（上表所列人员每人一页）

<table>
<tr><td>姓　名</td><td></td><td>性　别</td><td></td><td>出生日期</td></tr>
<tr><td colspan="2">电　话</td><td></td><td>手　机</td><td></td></tr>
<tr><td colspan="2">E – Mail</td><td colspan="3"></td></tr>
<tr><td colspan="5">简历：

本人签字：</td></tr>
</table>

技术装备及资源一览表

序号	设备名称	规格型号	单位	数量	完好状况	备注

注:含所采用的计算机软件。

隶属企业意见

隶属企业意见：   （盖章） 年　月　日

现场审查情况

<table>
<tr><th>审查内容</th><th>审查意见</th><th>审查人</th><th>备注</th></tr>
<tr><td>注册资金或开办费</td><td>合　格□
不合格□</td><td></td><td></td></tr>
<tr><td>专职管理人员</td><td>合　格□
不合格□</td><td></td><td></td></tr>
<tr><td>内部管理规章制度和质量管理体系</td><td>优　良□
合　格□
不合格□</td><td></td><td></td></tr>
<tr><td>培训场地和设备</td><td>优　良□
合　格□
不合格□</td><td></td><td></td></tr>
<tr><td>安全培训教师</td><td>优　良□
合　格□
不合格□</td><td></td><td></td></tr>
<tr><td>教学和生活设施</td><td>合　格□
不合格□</td><td></td><td></td></tr>
<tr><td>培训业绩</td><td>优　良□
合　格□
不合格□</td><td></td><td></td></tr>
<tr><td colspan="4">审查组成员：

审查组组长：

年　月　日</td></tr>
</table>

审 批 表

<table>
<tr><td>承办处意见：

处长：　　　　　　　　　　　　　　　　　　　　　　年　月　日</td></tr>
<tr><td>审核意见：

海洋石油作业安全办公室副主任：
　　　　　　　　　　　　　　　　　　　　　　年　月　日
海洋石油作业安全办公室主任：
　　　　　　　　　　　　　　　　　　　　　　年　月　日</td></tr>
<tr><td>颁证机关：

（盖章）
年　月　日</td></tr>
<tr><td>发证检验机构资质证书编号：</td></tr>
<tr><td>批准的业务范围：</td></tr>
</table>

关于印发《海洋石油天然气安全中介机构资质审查工作程序》的函

安监总司函管一字〔2005〕13号

各有关单位：

为加强海洋石油天然气安全中介机构资质许可工作的管理，规范审查行为，保证其科学性、公正性和严肃性，特制定《海洋石油天然气安全中介机构资质审查工作程序》，现印发给你们，请遵照执行。

附件：《海洋石油天然气安全中介机构资质审查工作程序》

二〇〇五年五月九日

附件

海洋石油天然气安全中介机构资质审查工作程序

本程序适用于海洋石油天然气安全中介机构资质的申请、延期和换证。审查决定程序分为咨询阶段和受理阶段;咨询阶段包括材料核查和现场核查;受理阶段包括受理申请和审查决定。

一、审查工作原则

开展海洋石油天然气安全中介机构资质审查工作时,应坚持公开、公正、公平的原则,严格按照规定的程序和内容开展工作,避免受任何可能对核查结果造成影响的因素的干扰,保守被核查机构的秘密。

二、审查工作流程图

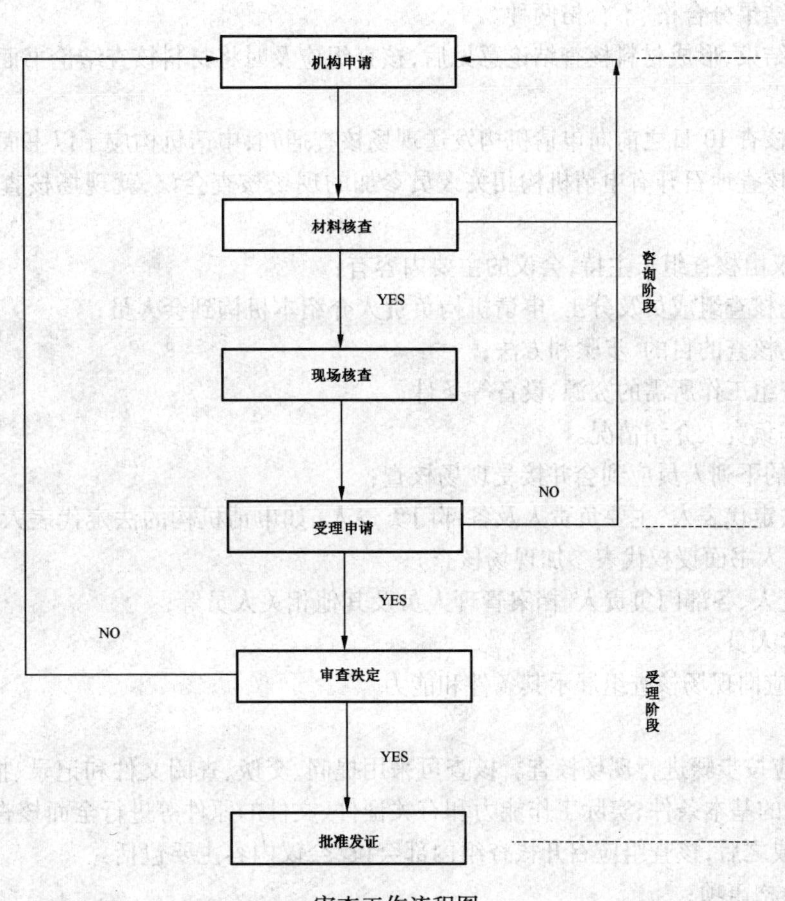

审查工作流程图

三、申请材料目录

(一)海洋石油天然气安全中介机构资质申请表;

(二)机构法人执照副本复印件;注册资金或开办费证明材料;

(三)安全中介服务中介过程控制文件(质量管理体系);

(四)工作设施、设备目录(包括办公设备、检测仪器仪表等);

(五)有关证明材料:

1. 专职技术人员资格证书复印件,有关专业背景材料(学历证书、职称证书等)复印件;
2. 员工劳动关系的法定证明文件复印件;
3. 专家聘用协议复印件;
4. 技术专家简历;

5. 技术负责人简历；

6. 申请机构主要负责人、技术负责人和机构各部门负责人等任命文件；

7. 主要负责人通过规定的培训、考核，取得相应资格的材料复印件；

8. 办公场地证明文件；

9. 申请延期和换证的机构应提供从事安全中介活动业绩的材料。

申请材料应真实、准确。文书、表格应以国家总局公布的样式为准，计算机打印。打印件、复印件大小为 A4 尺寸，装订整齐。

四、材料核查、现场核查程序

材料核查和现场核查是对申请机构所提交申报材料完整性、真实性、符合性进行核查、验证。

（一）材料核查由 1 - 2 名专家完成；现场核查一般由 3 - 5 人完成，核查组由海洋石油作业安全办公室及有关分部选派的专家组成。

（二）材料核查

1. 材料核查结果分合格、不合格两种。

2. 材料核查结束，形成材料核查结论意见后，核查组应及时将材料核查结论书面通知申请机构。

（三）现场核查

1. 应于现场核查 10 日之前向申请机构发送现场核查通知，申请机构应予以书面确认。

2. 核查组在核查地召开有申请机构相关人员参加的现场核查会议，就现场核查的安排等事项进行落实和确认。

现场核查会议由核查组长主持，会议的主要内容有：

（1）介绍现场核查组成员及分工，申请机构负责人介绍本机构到会人员；

（2）说明现场核查的目的、步骤和方法；

（3）确认核查组工作所需的资源、设备等条件；

（4）申请机构负责人介绍情况。

3. 申请机构的下列人员应到会并接受现场核查：

（1）机构的法定代表人、主要负责人及各部门负责人（如申请机构的法定代表人因故不能参加现场核查，应由其本人书面授权代表参加现场核查）；

（2）技术负责人、各部门负责人、档案管理人员及其他相关人员等；

（3）专职技术人员。

4. 申请机构应向现场核查组展示其条件和能力。

5. 核查

现场核查组应按步骤进行现场核查。核查可采用提问、交谈、查阅文件和记录、抽查报告、考核等方式，对申请机构的基本条件、实际工作能力和有关证件、文件的原件等进行全面核查。

核查工作完成之后，核查组应召开核查组内部会议，会议内容主要包括：

（1）确认不合格事项；

（2）整理现场核查记录，确定现场核查结果，填写海洋石油天然气安全中介资质申请表的现场审查意见；

（3）现场核查组完成核查后，应召开有申请机构法定代表人参加的总结会议，通报现场核查情况，会议由现场核查组组长主持。核查组组长应对整个现场核查过程做概括性总结，与申请机构负责人交换意见，并宣布现场核查结果。

五、受理程序

（一）国家总局海洋石油作业安全办公室根据核查结果决定是否受理申请。

（二）国家总局对审查合格的申请机构，予以批准、颁发资质证书并向社会公告；对审查不合格的，不予批准并书面说明理由。

关于印发加强对安全生产中介活动监督管理的若干规定的通知

安监总办字〔2005〕98号

为了加强对安全生产中介活动监督管理，规范安全生产中介服务行为，根据有关法律法规，国家安全生产监督管理总局制定了《关于加强对安全生产中介活动监督管理的若干规定》，现印发给你们，请遵照执行。

二〇〇五年八月二十二日

关于加强对安全生产中介活动监督管理的若干规定

一、为了加强安全生产中介活动管理，规范安全生产中介服务行为，依据《中华人民共和国安全生产法》、《中华人民共和国行政许可法》、《中华人民共和国公务员法》等法律法规，制定本规定。

二、本规定适用于各级安全生产监督管理部门和煤矿安全监察机构（以下简称安全监管部门、煤矿安监机构）及其工作人员和安全生产中介服务机构（以下简称中介机构）及其从业人员。

三、中介机构是指为安全生产提供检测检验、评价、评估、评审、咨询、认证、认可、培训、注册、登记、鉴定、救护救援和事务所等技术服务的机构。中介机构从业人员是指中介机构聘用的各类人员（包括专职、兼职等）。

四、资质、资格证书颁发管理机关（以下简称发证机关）应遵循公开、公平、公正和“政企分开、政事分开、政资分开”的原则，坚持政务公开，制定相应的工作程序和制度，按照“谁发证、谁管理、谁负责”的要求，严格标准、严格程序、严格准入制度，并接受社会监督。

五、发证机关应加强中介服务活动质量过程控制管理，完善技术规范和技术标准，规范中介服务行为，提高中介机构技术水平和服务质量。中介机构应依法履行职责并承担法律责任。

六、安全监管部门、煤矿安监机构及其工作人员要牢固树立依法行政和为社会服务的意识，不准以资质、资格备案为由擅自设立法律法规规定之外的行政许可事项；凡属行政许可的事项一律不准收费；不准在资质、资格审批中以权谋私，随意简化行政许可程序，降低资质、资格标准。

七、安全监管部门、煤矿安监机构及其工作人员不准接受或变相接受中介机构的任何馈赠、报酬、福利待遇；不准以任何形式直接或间接在中介机构入股或参与利益分成；不准在中介机构报销应由单位或个人支付的任何费用；不准以专家或其他名义从事有偿安全生产评价活动；不准利用培训、办班等名义从事有盈利的活动；不准参加由中介机构支付费用的娱乐、健身、旅游等活动。

八、安全监管部门、煤矿安监机构及其工作人员不准以任何借口实行地区和部门保护，不准指定生产经营单位接受特定的中介机构服务，不准干预中介机构的正常服务活动。处级以上领导干部退（离）休后从事安全生产中介活动要严格按国家有关规定执行。

九、中介机构应按照有关规定取得国家规定的资质、资格，严格遵守有关法律法规和规章及技术标准、职业准则，遵照公平竞争、诚实守信的原则，接受生产经营单位委托并为其提供优质可靠的服务。

十、中介机构及其从业人员在申请资质、资格过程中弄虚作假的，发证机关一年内不再受理其资质、资格申请；骗取资质、资格证书的，发证机关应吊销其资质、资格证书。

十一、中介机构从事安全生产服务的收费，应当符合法律、行政法规的规定，法律、行政法规没有规定的，应当按照行业自律标准或者指导性标准收费。

十二、中介机构及其从业人员应严格按照资质、资格管理规定的内容、业务范围及要求开展业务，不得超范围从事安全生产中介服务活动。

十三、发证机关对于存在内部管理混乱、违反财经制度、转让和出借资质、资格证书等问题的中介机构应按规定及时处理，情节严重的应撤销其资质、资格；对于中介机构及其从业人员在服务活动中弄虚作假、提供虚假报告的，应撤销其资质、资格。

十四、中介机构及其从业人员不准冒用安全监管部门、煤矿安监机构及其工作人员名义，以欺骗手段骗取生产经营单位和社会信任，招揽业务。对于违反规定，情节严重并造成恶劣影响的，发证机关应撤销其资质、资格。

十五、凡是被撤销资质、资格的中介机构及其从业人员，发证机关三年内不准受理其资质、资格申请。

十六、安全生产中介机构应对其出具的技术评审意见及核发的安全标志负责。参与安全生产中介活动的技术专家应按有关规定实行回避制度；项目承担单位的有关人员不得参加与本单位或其本人有关的项目的评审专家组。

十七、发证机关应加强对中介机构的考核管理，建立定期或不定期的考核制度，对于与发生事故的企业有关的中介机构应进行重点或专项考核。对违反相应资质管理规定和本规定的中介机构，应根据情节轻重分别给予罚款、没收非法所得、警告、暂停资质、撤销资质等处分，不得姑息迁就、包庇纵容。

十八、中介机构应自觉接受发证机关监督管理，积极配合检查和考核，及时提供所需的有关材料，如实反映情况，不得弄虚作假，不得以任何借口拒绝、阻挠、拖延检查和考核。

十九、国家安全生产监督管理总局应对省级及其以下安全监管部门、煤矿安监机构监督管理的中介机构进行检查和考核，并对违规行为作出处理。

二十、安全监管部门、煤矿安监机构应重点加强对直属的中介机构（包括直属事业单位、各类协会组织或由其所办经济实体）管理，按照市场经济的要求，从体制和机制上保证中介机构有效开展服务活动；对于条件成熟的，应积极促使其与所属单位脱钩，注册独立的工商企业法人，独立承担刑事、民事责任。

二十一、国家另有规定的从其规定。

国家安全监管总局关于印发安全评价和安全生产检测检验机构从业行为规范的通知

安监总规划〔2010〕95号

各省、自治区、直辖市及新疆生产建设兵团安全生产监督管理局，各省级煤矿安全监察机构：

为规范安全评价和安全生产检测检验机构从业行为，提高安全评价和检测检验工作质量，进一步发挥安全评价和检测检验在事故预防中的技术支撑作用，依据有关规定，国家安全监管总局制定了《安全评价和安全生产检测检验机构从业行为规范》（以下简称《行为规范》），现印发给你们，请遵照执行。

各省级安全生产监督管理部门、煤矿安全监察机构要加强对安全评价和检测检验机构的日常监督与管理，对于违反《行为规范》的安全评价和检测检验机构，要按照国家有关规定，严格进行处罚。

国家安全生产监督管理总局

二〇一〇年六月十一日

安全评价和安全生产检测检验机构从业行为规范

一、为规范安全评价和安全生产检测检验机构（以下简称检测检验机构）从业行为，提高安全评价和检测检验工作质量，进一步发挥安全评价和检测检验在事故预防中的技术支撑作用，依据有关法律法规和国家安全监管总局有关规定，制定本规范。

二、本规范适用于国家安全监管总局和省级安全生产监督管理局、煤矿安全监察机构批准的安全评价和检测检验机构从业行为的监督与管理。

三、安全评价和检测检验机构应当依照法律、法规、规章、国家标准或行业标准的规定，遵循客观公正、诚实守信、公平竞争的原则，依法独立开展安全评价和检测检验活动。

四、安全评价和检测检验机构及其从业人员应当遵守执业准则，恪守职业道德，客观、如实地反映所评价和检测检验的安全事项，并对作出的安全评价结论和检测检验结果承担法律责任。

五、安全评价和检测检验机构开展业务活动时，应当遵守下列行为规范要求：

（一）依法与委托方签订技术服务合同，明确评价和检测检验对象、范围，以及双方权利、义务和责任。安全评价和检测检验机构与被评价、检测检验对象存在利害关系的，应当回避；

（二）坚持依法经营，遵守市场竞争规则，不采取欺诈、恶性竞争等不正当手段获取利益；

（三）不得以安全生产监督管理部门、煤矿安全监察机构及其工作人员的名义或以欺骗手段到生产经营单位招揽业务；

（四）做到廉洁自律，坚决杜绝商业贿赂和其他形式的经济犯罪行为，牢固树立社会主义荣辱观，维护社会主义市场经济秩序；

（五）强化从业人员业务培训，不断提高整体素质和业务水平，积极采用科学先进、合理的评价和检测检验方法，坚持技术创新，不断提高装备水平，保证安全评价和检测检验结果的科学性、先进性和准确性，不剽窃、不抄袭他人成果；

（六）技术服务收费符合法律、法规和有关财政收费的规定。法律、法规和有关财政收费没有规定的，按照行业自律标准或指导性收费标准收费；没有行业自律和指导性收费标准的，双方通过合同协商确定；

（七）坚持质量第一，加强内部管理，严格执行安全评价、检测检验质量过程控制制度，精心开展安全评价和检测检验，严格校审，保证安全评价和检测检验报告准确无误；

（八）安全评价和检测检验质量过程控制记录、被评价和检测检验对象现场勘查记录、影像资料及相关证明材料，应及时归档，妥善保管；

（九）认真接受安全生产监督管理部门、煤矿安全监察机构依法监督检查，自觉接受全社会的监督；

（十）落实安全评价和检测检验机构责任，积极服务于基层安全生产工作，帮助企业开展隐患排查和治理，消除事故隐患，为推动企业安全生产标准化和规范化建设积极献计献策。

六、安全评价和检测检验机构及其从业人员在从事安全评价、检测检验活动中，不得有下列行为：

（一）泄露被评价、检测检验对象的技术秘密和商业秘密；

（二）伪造、转让、租借资质、资格证书或冒用签名从事安全评价和检测检验活动；

（三）超出资质证书确认的业务范围从事安全评价、检测检验活动；

（四）出具虚假或者严重失实的安全评价和检测检验报告；

（五）转包安全评价和检测检验项目；

（六）擅自更改、简化安全评价和检测检验程序及内容；

（七）同时在两家以上安全评价或检测检验机构从业；

（八）故意贬低、诋毁其他安全评价和检测检验机构；

（九）应到而不到现场开展安全评价和检测检验活动；

（十）属于被取缔的各种乱收费的行为。

七、对违反上述规范的行为，有关法律法规和国家安全监管总局有关规章有规定的，按其规定处罚；没有明确规定进行处罚的，作为资质考核重大不符合项记录在案，限期整改。

5. 安全评价

关于印发《安全评价机构考核管理规则》的通知

安监总规划字〔2005〕65 号

各省、自治区、直辖市及新疆生产建设兵团安全生产监督管理局，各煤矿安全监察局：

为加强安全评价机构监督管理，规范安全评价行为，根据有关法律法规及《安全评价机构管理规定》，国家安全生产监督管理总局制定了《安全评价机构考核管理规则》，现印发给你们，请遵照执行。

二〇〇五年六月三十日

安全评价机构考核管理规则

一、为了加强安全评价机构监督管理，规范安全评价行为，根据有关法律法规及《安全评价机构管理规定》，制定本规则。

二、本规则适用于对国家安全生产监督管理总局（以下简称总局）和省级安全生产监督管理局、煤矿安全监察机构批准的安全评价机构的考核管理。

三、安全评价机构考核分定期考核和不定期考核，考核结果分为合格和不合格。

定期考核是发证机关对安全评价机构进行的固定周期性考核。

不定期考核是发证机关对安全评价机构进行的随机性考核。

发证机关对于承担并完成安全评价报告后该企业发生了事故的安全评价机构进行重点考核。

四、总局对安全评价机构考核实行统一管理，并负责甲级安全评价机构考核；省级安全生产监督管理局、煤矿安全监察机构参与甲级安全评价机构考核，负责本行政区域内乙级安全评价机构考核，并于每年 1 月 31 日前，将上一年度考核结果报送总局备案。

五、发证机关应建立申诉、投诉、举报制度，完善考核机制，接受社会监督。

六、安全评价机构考核的主要内容：

（一）国家有关法律法规和规章及技术规范执行情况；

（二）安全评价机构资质条件保持情况；

（三）安全评价业绩：

甲级资质安全评价机构每年度应完成不少于 5 项大中型企业的安全评价（其中应完成 2 项以上大中型建设项目的安全预评价或安全验收评价），其安全评价人员每年度应参与完成不少于 3 个大中型企业的安全评价（其中应完成 1 项以上大中型建设项目的安全预评价或安全验收评价）。新批准资质的安全评价机构或新登记资格的安全评价人员业绩考核从第二年开始计算。

乙级资质安全评价机构及其安全评价人员的业绩考核由省级安全生产监督管理局、煤矿安全监察机构根据本地区的实际情况确定。

（四）安全评价过程控制运行情况；

（五）安全评价报告质量；

（六）企业对安全评价服务满意度；

（七）遵纪守法情况；

（八）档案资料管理；

（九）发证机关根据工作需要确定的其他考核内容。

七、安全评价机构应积极配合发证机关的考核，不得以任何理由拒绝或阻挠考核，应按要求及时提供考核材料，不得弄虚作假。

八、考核应建立考核组，考核组由三名以上人员组成，考核人员中应有相关专业（行业）的技术专家。考核人员与被考核机构有利害关系的应回避。考核人员应当对每次考核的内容、问题及处理情况做出记录。

九、参与考核的公务人员应坚持公开、公平、公正的原则，严格遵守党纪国法，严禁向被考核机构索要钱物或为亲友谋取私利，不准参加可能影响考核的宴请及考核对象支付的娱乐、健身、旅游等活动，不准参与被考核机构安排的任何形式的赌博。

十、安全评价机构及安全评价人员违法违规行为行政处罚种类：

（一）警告；

（二）罚款，没收违法所得；

（三）暂停资质、资格，限期改正；

（四）撤销资质、资格；

（五）法律法规规定的其他行政处罚。

十一、安全评价机构有下列行为之一的，给予警告。

（一）未按时、如实上报安全评价机构和安全评价人员业绩的；

（二）对举报人打击报复的；

（三）安全评价人员发生变化，不按规定办理变更登记的；

（四）安全评价机构变更法人名称、地址、法定代表人、技术负责人等，不按规定办理变更手续的；

（五）不讲职业道德，故意贬低、诋毁其他安全评价机构的。

十二、安全评价机构有下列行为之一的，暂停其资质，并限期改正，整改时间不超过60日。

（一）考核中发现的问题，属未造成严重后果的；

（二）未按照过程控制程序编制安全评价报告的；

（三）档案资料管理达不到要求的；

（四）采取不正当的手段，故意降低服务成本，扰乱市场并造成恶劣影响的；

（五）安全评价报告未达到技术规范要求的；

（六）泄露被评价单位的技术和商业秘密的。

十三、安全评价机构有下列情形之一的，除按有关规定进行处罚外，撤销其资质。

（一）定期考核不合格的；

（二）出具虚假安全评价报告的；

（三）资质条件发生变化，不能满足安全评价资质条件的；

（四）暂停资质整改期间继续从事安全评价或整改后仍达不到要求的；

（五）转让或者出借资质证书、转包安全评价项目或者违法分包安全评价项目的；

（六）冒用资质、资格或签名，超出资质证书确定的业务范围从事安全评价活动的；

（七）弄虚作假骗取资质证书、伪造涂改资质证书的；

（八）不接受考核或提供虚假材料的；

（九）一年内连续两次被暂停资质的；

（十）因安全评价失误而造成被评价企业（项目）发生事故的；

（十一）其他违反国家法律、法规行为的。

十四、安全评价人员有下列行为之一的，撤销其资格。

（一）在两个以上（含两个）机构注册登记从事安全评价活动的；

（二）弄虚作假骗取资格证书的；

（三）服务机构发生变动，未办理变更登记的；

（四）泄露被评价单位的技术和商业秘密的；

（五）严重违背职业准则，有失公正的；

（六）弄虚作假，故意降低安全评价标准的；

（七）安全评价不到生产经营单位现场，编造虚假评价报告的；

（八）年度考核未达到要求的；

（九）未通过资格登记审查考核的；

（十）有违法行为的。

十五、发证机关对安全评价机构和安全评价人员做出罚款的行政处罚决定，依据有关规章执行。

十六、发证机关应定期对安全评价机构考核结果进行公告。

发证机关三年内不得受理被撤销资质的机构、资格的人员资质、资格申请。

十七、省级安全生产监督管理局、煤矿安全监察机构对乙级安全评价机构作出的行政处罚决定，应当自决定之日起七日内报总局备案。

十八、甲级安全评价机构考核标准由总局另行制定。

十九、省级安全生产监督管理局、煤矿安全监察机构可依据本规则制定乙级资质考核实施细则和考核标准。

关于印发《海洋石油天然气安全评价机构安全评价人员相关基础专业对照表》的通知

海油函〔2006〕18号

各有关单位：

为加强对海洋石油天然气安全评价机构安全评价人员的资格管理，根据国家安全监管总局的有关规定及《甲级资质安全评价人员相关基础专业对照表》，我办制定了《海洋石油天然气安全评价机构安全评价人员相关基础专业对照表》，现予以发布。自发布之日起，有关单位申请海洋石油天然气安全评价机构资质时，安全评价人员的基础专业，请按此表执行。

附件：《海洋石油天然气安全评价机构安全评价人员相关基础专业对照表》

二〇〇六年五月八日

附件

海洋石油天然气安全评价机构安全评价人员相关基础专业对照表

海洋石油天然气安全评价机构安全评价人员相关基础专业对照表			
行业名称	海洋石油天然气安全评价人员相关基础专业		
	1983 年专业名称	1993 年专业名称	1963 年专业名称
海洋石油天然气开采业、管道运输业	★海洋工程 ★钻井工程、采油工程、油藏工程 ★石油储运 安全工程 流体机械、压缩机、机械设计及制造、矿业机械、起重运输与工程机械、化工设备与工程机械 建筑防火工程、灭火工程 腐蚀与防护 工业与民用建筑工程、土建结构工程、岩土工程 水文地质与工程地质 探矿工程地球化学与勘查、勘查地球物理、矿场地球物理 石油地质勘查 工业设备安装工程 给水排水工程 化学工程、石油加工、工业化学、无机化工、有机化工 电气技术	★海洋工程 ★石油工程 ★石油天然气储运工程 安全工程 机械制造工艺与设备、机械设计及制造、流体机械及流体工程 防火工程、灭火技术 腐蚀与防护 建筑工程 水文地质与工程地质 应用地球化学 勘查工程、石油与天然气地质勘查、应用地球物理 工业设备安装工程 给水排水工程 化学工程、化工工艺 电气技术	★油气井工程、油气田开采 ★石油及天然气储存与运输 工业与民用建筑 水文地质及工程地质 探矿工程 地球物理勘探、石油及天然气地球物理勘探、石油及天然气地质与勘探 机械制造工艺及设备、机械制造工艺石油矿场机械、压缩机 给水排水 化学工程学、石油及天然气工学、人造石油、燃料化学工学 化工自动化 地基基础

注：1. 本表参照教育部（教委）1963 年—1993 年颁发的《普通高等学校本科专业目录》划定，专业名称以目录所列名称为准；

2. 表中安全评价人员为取得《安全评价人员资格证书》的人员；

3. 评价机构的安全评价人员中应有不少于 6 名具有相关基础专业（不同专业）的专职人员；

4. “★”的专业为安全评价机构资质申报应必备的本科专业（有二个以上专业的只可任选其一），其它为备选专业；海洋工程、石油工程、石油天然气储运工程为 3 个必备专业（1963 年发布本科专业目录时未列入海洋工程）；

5. 研究生以上学历的安全评价人员相关基础专业可根据其专业的实际课程设置，对应此表执行；

6. 技术和质量负责人相关基础专业应与所申报的业务范围专业要求相一致，具有安全评价人员资格、高级工程师职称或注册安全工程师资格。

关于加强安全评价机构监督管理工作的通知

安监总规划〔2006〕108 号

各省、自治区、直辖市及新疆生产建设兵团安全生产监督管理局，各省级煤矿安全监察机构：

为切实加强安全评价机构监督管理，规范安全评价行为，提高安全评价工作水平，推进安全评价工作健康有序发展，使其更好地服务于安全生产工作，根据安全监管总局 2006 年第 10 次局长办公会议和全国安全评价工作座谈会议精神，现就有关要求通知如下：

一、安全评价机构等安全生产中介服务机构应是独立依法执业并承担民事责任的实体。各级安全生产监管、煤矿安全监察部门要坚持“政企分开、政事分开、政资分开、政府与中介机构分开”的原则，与包括安全评价机构在内的安全生产中介服务机构脱钩，严格遵守安全监管总局《关于加强对安全生产中介活动监督管理的若干规定》（安监总办字〔2005〕98 号）各项要求。安全监管、监察部门公务人员要坚持原则、遵守纪律，加强学习、增强素质，努力提高安全评价管理水平，做到安全许可公平透明。

二、各级安全生产监管、煤矿安全监察部门及其工作人员必须严格遵守以下规定：

1. 不准干预安全评价机构的正常活动，不得以备案、登记为由，擅自设立法律法规之外的行政许可事项，凡属行政许可的事项一律不准收费。

2. 不准以任何理由实行地区和部门保护，不得指定生产经营单位接受特定的安全评价机构开展评价工作。

3. 不准接受安全评价机构的礼金、有价证券、支付凭证，不得在安全评价机构入股或收受利益分成，不得在安全评价机构报销应由个人支付的各种费用，不得收取或变相收取各种报酬和费用。

4. 不准利用职权向安全评价机构索要钱物或为亲友谋取私利。

5. 不准参加由安全评价机构支付费用的娱乐、健身、旅游等活动，不得以单位或个人名义向安全评价机构摊派或推销书刊、产品等。

三、安全评价机构及其从业人员要加强自律，严格遵守以下规定：

1. 不准以安全生产监管、煤矿安全监察部门及其工作人员的名义或以欺骗手段到生产经营单位招揽业务。

2. 不准伪造安全评价资质、资格证书，不得出具假证件和其他虚假证明资料。

3. 不准在业务活动中进行任何形式的商业贿赂，不得以不正当的方式获取评价项目。

4. 不准在安全评价业务活动中弄虚作假、提供虚假报告，不得超资质规定业务范围从事安全评价活动。

5. 不准转让和出借资质、资格证书，不得在多家机构重复执业。

四、安全评价行政许可工作要立足于服务、服从于安全生产监管、煤矿安全监察工作。安全评价机构发展的数量和规模应从区域经济结构、发展水平和安全生产工作的实际需要出发，科学、合理控制。各地应制定安全评价机构发展规划，做到立足当前、着眼长远、控制总量、适度发展。

当前，各级安全生产监管、煤矿安全监察部门要重点围绕安全生产许可工作，要对安全评价机构提供及时有效的技术支持，保证安全生产许可工作正常开展。

五、安全监管总局和省级安全生产监管、煤矿安全监察部门作为安全评价机构资质证书颁发管理机关（以下简称发证机关）要坚持“公开、公平、公正”原则，依法行政，按照《安全评价机构管理规定》（原国家安全监管局令第 13 号）及实施要求，严把准入关，做到严格条件、严格程序、严格审查，不得擅自降低标准和条件。实行资质许可会审和公示、公告制度，建立评审技术专家库，随机选取确定评审专家。

六、各地应参照甲级资质对安全评价人员专业技术的要求，制定乙级资质专职安全评价人员基础专业的规定。严格执行专职安全评价人员“四险”（即养老、医疗、失业、工伤社会保险）和住房公积金（指事业单位）制度。安全评价机构资质不得重复许可，同一家安全评价机构只能获取一个级别（甲级或乙级）的安全评价资质。各地发证机关应在作出安全评价机构乙级资质许可决定后10日内，将有关机构申报材料及发证机关批准（或取消）材料报送安全监管总局备案。

七、发证机关要加强安全评价机构及其从业人员的管理，对于违反国家相关规定的机构和人员，特别是对于出具虚假证明（证书）和评价报告、评价不到现场、超范围评价、出借资质资格证书、重复登记从业等违规行为要严肃处理。对于考核不合格的安全评价机构及人员，应及时按规定进行处理。实行资质管理“黑名单”制度，淘汰那些管理混乱、质量低劣、信誉差的评价机构。要把安全评价机构和人员的业绩作为考核的重点内容，实行安全评价机构资质年审和人员资格登记、执业信誉档案制度。

二〇〇六年六月七日

国家安全监管总局关于
加强和规范安全评价工作监管的若干意见

安监总规划〔2007〕59号

各省、自治区、直辖市及新疆生产建设兵团安全生产监督管理局，各省级煤矿安全监察机构，各安全评价机构：

为了进一步加强和规范对安全评价工作的监督管理，切实发挥安全评价在安全生产监管、煤矿安全监察工作中的技术支撑作用，根据《中华人民共和国安全生产法》、《中华人民共和国行政许可法》、《安全生产领域违法违纪行为政纪处分暂行规定》等的有关规定，现提出如下意见：

一、安全评价报告是安全生产行政许可的依据之一，要坚持"谁评价、谁负责"，"谁评审、谁负责"，"谁签字、谁负责"的原则，切实做到安全评价报告科学、公正、客观。对于在安全生产行政许可、事故调查及安全监察中发现的安全评价机构和安全评价人员违法违规行为，要依据有关规定严肃查处责任单位和责任人。

二、安全评价机构资质审批要坚持"公开、公平、公正"的原则。按照国家规定的准入条件，严格审批，实行公示和公告制度。各省级安全监管局、煤矿安全监察机构批准的乙级资质机构要及时向国家安全监管总局备案。对在资质审批中把关不严，以及不按规定进行备案的地区，国家安全监管总局将暂停其乙级资质的审批权。

三、严格安全评价机构业务范围的审批，强化法律责任意识。根据《安全评价通则》划分的评价业务范围，按照安全评价人员专业技能与评价业务范围相配套的原则严格把关，进一步促进安全评价机构专业化分工。认真做好安全评价机构的日常监管、年审考核、抽查等工作，加大对违法、违规行为的查处力度，建立执业信誉及有进有出、优胜劣汰的管理机制。

四、建立安全评价机构自我约束机制，完善投诉举报制度。认真贯彻落实安全评价过程控制相关规定，强化安全评价过程控制管理，促进安全评价机构建立自我约束管理机制。接受社会各界对安全评价工作的监督，及时调查核实投诉举报的问题，一经查实，严肃处理。

五、规范安全评价机构申请甲级资质和增加业务范围的申报工作。采取定期受理的方式，新申请甲级资质的受理时间为每年5月份，申请增加业务范围的受理时间为每年9月份。申请增加业务范围须取得甲级资质一年以上，且满足所规定的业绩考核要求；资质证书有效期不满六个月，或受到投诉、举报正在调查核实期间以及受到行政处罚后不满一年者，不予受理。

六、凡在申报过程中存在弄虚作假者，一律不予办理申办资质和增加业务范围申请手续，并且二年内不再受理其资质和增加业务范围申请。

安全评价机构对已取得的业务范围应完成相应的工作业绩，证书有效期内无工作业绩的业务范围项目，在资质期满复审换证时应予以核减。

七、对安全评价机构实行总体规划、合理布局、总量控制。安全评价机构的数量和专业构成应根据区域经济结构、发展水平和安全生产工作的实际需要出发，进行科学规划与控制。各地区要将本地区安全评价甲级及乙级资质机构的控制数量和专业类型上报国家安全监管总局，经综合平衡后下达执行。

八、严格执行"双五条"，贯彻落实国家安全监管总局《关于加强安全评价机构监督管理工作的通知》（安监总规划〔2006〕108号）精神。着力解决当前安全评价工作中存在的一些倾向性问题，有效规范安全评价活动，有效规范安全监管、监察行为，防止违法、违纪、违规问题的发生。要按照利益相关方实施回避原则，在安全评价过程中利益相关方不得直接或间接参与安全评价活动。

九、任何单位和个人不得以任何理由擅自设立法律法规之外的行政许可事项，限制外省（区、市）

甲级评价机构到本地区开展评价活动。对违规违纪行为的责任人员，将依据《安全生产领域违法违纪行为政纪处分暂行规定》，给予政纪处分，并追究当事人及其领导的责任。

十、积极推进安全评价工作法制化建设，加强安全评价科学研究工作。修订和完善安全评价法规和技术标准，使安全评价工作逐步走上法制化、标准化轨道。引进消化吸收国外先进技术、管理经验，研究开发科学、适用、符合我国国情的安全评价技术，进一步提高安全评价科技水平和工作质量。

二〇〇七年三月十六日

国家安全监管总局关于贯彻落实《安全评价机构管理规定》工作的通知

安监总规划〔2009〕181 号

各省、自治区、直辖市及新疆生产建设兵团安全生产监督管理局，各省级煤矿安全监察机构：

新修订的《安全评价机构管理规定》（国家安全监管总局令第 22 号，以下简称《安评规定》）已于 2009 年 7 月 1 日公布，自 2009 年 10 月 1 日起施行。为切实做好《安评规定》的贯彻落实，加强安全评价工作，规范安全评价行为，现就有关工作通知如下：

一、充分认识新修订的《安评规定》的重要意义

加强对安全评价机构的监督管理，是各级安全监管部门和煤矿安全监察机构的一项重要职责。自 2004 年公布施行《安全评价机构管理规定》以来，在加强甲、乙级评价资质分级管理、规范安全评价机构的资质审批程序等方面起到了重要作用。实践证明，安全评价机构通过安全评价技术服务，及时发现生产经营单位存在的事故隐患并提出建议，为生产经营单位改善安全生产条件，消除安全生产事故隐患，发挥了重要的技术支撑作用。

但是，随着安全评价工作的深入开展，安全评价机构的管理工作出现了一些新情况、新问题。一是国家职业资格发生变化，需要对安全评价机构配备的安全评价师数量和履职专业能力要求作出相应的规定。二是原《安评规定》对安全评价机构的资质条件规定较宽，安全评价机构数量较多，存在恶性竞争的不良现象，需要对安全评价机构的设置实行统筹规划、合理布局、总量控制。三是处罚规定不明确，有些违法违规行为的处罚规定不够详细，需要对处罚的情形作出具体规定。新修订的《安评规定》从着重于水平，着重于规范，着重于管理的角度出发，在安全评价师专业能力及其职业资格制度、注册安全工程师配备、固定资产规模、设施设备、固定的工作场所等资质准入条件，以及甲乙级资质业务范围的划分、安全评价机构的审批程序、政务公开、违法违规行为的处罚、加强安全评价机构行业自律和强化安全评价机构定期考核等方面进行了修订。

新修订的《安评规定》公布实施，对进一步规范安全评价机构监督管理，引导和促进现有安全评价机构进行资源整合，加快形成一批技术实力雄厚的安全评价机构，发挥安全评价机构技术支撑作用等都具有重要的意义。各级安全监管部门和煤矿安监机构要把贯彻落实新修订的《安评规定》，完善安全评价机构监督机制，加强综合监督管理，促进生产经营单位安全生产管理、事故预防、隐患排查、风险控制的科学化、规范化，作为安全监管监察工作的一项重要任务，作为推进安全生产“三项行动”、加强安全生产“三项建设”的一项重要内容，摆上重要议事日程，切实抓紧抓好。

二、规范工作程序，严格行政审批

按照《安评规定》有关安全评价机构取得资质程序的规定，甲级、乙级资质审批机关要完善工作制度、规范工作程序，做到依法、严格、有序、高效开展。

（一）甲级资质审批工作程序。

国家安全监管总局负责全国安全评价机构的管理，同时负责甲级资质审批和证书的颁发工作。具体由国家安全监管总局规划科技司（以下简称总局资质审批机关）归口管理，各相关业务司局全程参加，聘请专家参与技术审查。

1. 总局资质审批机关接到省级安全监管部门或煤矿安监机构（以下统称省级资质审批机关）提交的审核报告和安全评价机构申请人提供的有关证明材料后，应当及时登记，手续齐全、材料完备的，即予以受理；否则，不予受理并书面说明理由。予以受理的，应当及时将有关文件资料分送相关业务司局。

2. 总局资质审批机关送相关业务司局进行专业技术能力审查，委托技术支持单位或专家进行形式审查。相关业务司局、委托单位或专家应当在接到文件材料之日起,5 日内完成审查并向总局资质审批机关反馈书面审查意见。

3. 经文件资料审查合格、确需现场审查的,总局资质审批机关应当组织现场审查工作组,成员包括相关业务司局人员、有关专家(已委托审查文件材料的除外),人数不得少于 3 人。现场审查后,形成审核报告。

4. 经审查符合《安评规定》条件的,总局资质审批机关应当召开司务会集体研究,提出予以颁发或不予颁发证书的意见,报国家安全监管总局分管领导审定后上网公示,对无异议的,颁发资质证书,并向社会公告。

(二)乙级资质审批工作程序。

各省级资质审批机关负责本行政区域内安全评价机构的管理,同时负责乙级资质审批和证书的颁发以及甲级资质的审核工作。并根据国家安全监管总局总量控制目标,结合本地区社会经济发展水平、区域经济结构和安全评价工作的需要,定期提出本地区安全评价机构发展规划。

各省级资质审批机关要参照国家安全监管总局工作程序,制定本单位的工作制度,加强本单位内部机构之间的协调配合,努力改进工作方式,提高资质审批质量和效率。

省级资质审批机关颁发乙级资质证书后,要及时填写乙级资质安全评价机构审批备案表,自颁发资质证书之日起 30 日内报送总局资质审批机关备案。

三、坚持公开透明,接受社会监督

各级资质审批机关及其工作人员要坚持公开、公平、公正原则,严格依法依规进行审核、审批和颁发资质证书,除需要保密的事项外,审核、审批工作应当全过程接受社会监督。

(一)坚持政务公开,及时网上公开相关信息。各级资质审批机关要及时将安全评价机构资质申请条件、申报程序、工作要求、申报表、审批结果、管理制度、考核和有关情况处理结果等,在本部门政府网站上予以公开。

(二)推进电子政务建设,逐步实现网上申请审批。利用国家安全生产信息管理系统,建立安全评价资质和安全评价从业人员网上查询系统,逐步完善网上资质申报、审核、审批、日常监管、年度考核、从业人员管理、业绩管理以及信息发布等事项。

(三)加强行业自律,推动诚信建设。一方面,要积极引导安全评价机构和从业人员加强诚信建设,主动加入行业自律公约;另一方面,要积极发挥行业组织监督管理和自律作用,研究制定行业收费指导价格、规范安全评价技术服务合同、开展技术仲裁等,努力建立良性市场竞争机制。

(四)畅通信息渠道,接受社会监督。一是建立现场审查人员工作表现评价制度,对现场审查人员表现情况进行回访、反馈,发现违规违纪行为的,要及时予以纠正并按规定进行处理。二是建立申诉、投诉和举报制度,各级资质审批机关接到举报或投诉后,要认真核查、依法处理。三是实行通报和"黑名单"制度,凡是违反《安评规定》、《关于加强对安全生产中介活动监督管理的若干规定》(安监总办字〔2005〕98 号)等规定以及其他诚信缺失行为,要定期通报、加入"黑名单",通过互联网等新闻媒体向社会公布。

四、加强日常监管,促进健康发展

安全评价机构是安全生产领域提供技术服务的一支重要力量,各级安全监管部门和煤矿安全监察机构要把安全评价工作作为安全生产监管监察的一项基础性工作,把培育发展、规范管理安全评价机构作为安全生产技术支撑体系建设、建立安全生产长效机制的一个重要环节来抓,既要创造条件发挥安全评价机构技术服务和保障作用,又要加强对安全评价机构的监管,确保安全评价质量不断提高。

(一)加强制度建设,规范管理工作。各地区要依照《安评规定》和国家安全监管总局有关规定,结合本地区实际,建立和完善安全评价机构管理、安全评价机构考核、安全评价收费标准和加强廉政建设等各项制度;督促安全评价机构建立和完善内部管理制度和安全评价过程控制体系等,推动安全评价机构管理工作的科学化、制度化、规范化。

(二)加强日常监管,实施动态管理。各级安全监管部门和煤矿安全监察机构在开展安全生产检查、督查和其他行政执法时，要把安全评价机构作出安全评价报告质量情况，作为检查、督查和行政执法一项重要内容；要开展对安全评价机构的定期检查和不定期抽查。凡是不再符合安全评价机构相应资质条件的，要限期整改或暂扣资质证书，经整改仍达不到条件的，要依规吊销资质证书。

（三）严格事故查处，加大责任追究。各级安全监管部门和煤矿安全监察机构在查处事故时，要调阅事故单位安全评价报告，对其内容的真实性、提出的有关预防事故和加强安全管理措施等落实情况进行调查分析。安全评价机构要对作出的安全评价结果承担责任，凡发现安全评价报告存在虚假或者严重失实等严重问题的，要对提交安全评价报告的机构和相关人员开展调查，依法严肃追究责任；属于生产经营单位未按照安全评价报告进行设计、施工、验收、整改和运行的，要追究相关生产经营单位责任人员的责任。

五、明确相关要求，切实落到实处

（一）专职安全评价师必须具有与从业单位依法签定的劳动合同，具有从业单位为本人缴纳的基本养老保险、失业保险、基本医疗保险和工伤保险的有效证明；事业单位可出具住房公积金有效缴存证明。

（二）甲级、乙级资质安全评价机构从业范围划分，建设项目应按照《国务院关于投资体制改革的决定》（国发〔2004〕20 号）精神和现行政府核准的投资项目目录要求执行；大中小型生产企业的划定应按照《中小企业标准暂行规定》（国经贸中小企〔2003〕143 号文件印发）和国家有关统计标准执行。

（三）安全评价机构固定资产的认定，应提供国家认定相应资质单位出具的，具有法律效力的资产评估证明。

（四）民用爆破器材制造业等特殊行业只限甲级资质申报，并须经国家相关行业主管部门推荐。

申请海洋石油天然气开采安全评价机构资质的，参照本通知要求执行。

（五）同一安全评价机构只能获取一个级别安全评价资质，不得重复申报甲级、乙级安全评价机构资质。

（六）安全评价机构和安全评价人员必须对申报材料的真实性负责，一经发现并核实弄虚作假的，根据有关规定进行处罚。

（七）目前已取得资质的安全评价机构，不论资质有效期是否到期，均须在 2010 年 6 月 30 日之前，按照《安评规定》的要求进行复审换证。逾期不按规定复审换证或经审查不合格，继续从事安全评价活动的，按照国家有关规定进行处罚。

附件：1. 安全评价师专业能力对照表
　　　2. 现场审查人员工作表现评价表
　　　3. 安全评价机构资质申请表

国家安全生产监督管理总局

二〇〇九年九月三日

附件 1

安全评价师专业能力对照表

第一类

业务范围	专业技术能力要求	相关基础专业
煤炭采选业	安全	安全工程/矿山通风与安全/矿井通风与安全
	机械	机械制造工艺与设备/机械制造工程/机械设计及制造/矿业机械/冶金机械/起重运输与工程机械/设备工程与管理/机械设计制造及其自动化/矿山机械/机电一体化
	电气	电气技术/高压电技术及设备/电气绝缘与电缆/电机/电机电器及其控制/高电压与绝缘技术/电气工程及其自动化/工业电气自动化/工业自动化/工业企业电气化及自动化/自动控制
	采矿	采矿工程/露天开采/矿山工程物理/采煤/地下采煤/采矿
	通风	矿山通风与安全/安全工程/矿井通风与安全
	矿建	矿井建设/土建结构工程/岩土工程/地下工程与隧道工程/建筑工程/土木工程/矿山建设工程
	地质	水文地质与工程地质/勘察地球物理/矿场地球物理/探矿工程/地质矿产勘查/煤田地质勘查/应用地球物理/勘察工程/勘查技术与工程/资源勘查工程/地质工程/煤田地质及勘探/水文地质
	选矿	选矿工程/矿物加工工程/选矿
金属、非金属矿及其他矿采选业	安全	安全工程/矿山通风与安全/矿井通风与安全
	机械	机械制造工艺与设备/机械制造工程/机械设计及制造/矿业机械/冶金机械/起重运输与工程机械/设备工程与管理/机械设计制造及其自动化/矿山机械/机电一体化
	电气	电气技术/高压电技术及设备/电气绝缘与电缆/电机/电机电器及其控制/高电压与绝缘技术/电气工程及其自动化/工业电气自动化/工业自动化/工业企业电气化及自动化/自动控制/自动化
	采矿	采矿工程/露天开采/矿山工程物理/采矿
	地质	水文地质与工程地质/勘察地球物理/地球物理勘探/矿场地球物理/矿山地质/探矿工程/地质矿产勘查/应用地球物理/勘察工程/勘查技术与工程/资源勘查工程/地质工程/水文地质
石油和天然气开采业	安全	安全工程
	机械	机械制造工艺与设备/机械制造工程/机械设计及制造/高分子材料加工机械/设备工程与管理/化工设备与机械/机械设计制造及其自动化/过程装备与控制工程/矿业机械/化工机械
	电气	电气技术/高压电技术及设备/电气绝缘与电缆/电机/电器/工业自动化/工业电气自动化/生产过程自动化/电力牵引与传动控制/电机电器及其控制/高电压与绝缘技术/电气工程及其自动化/自动化/电力系统及其自动化
	采油	钻井工程/采油工程/油藏工程/石油工程/石油钻井
	储运	石油储运/石油天然气储运工程/油气储运工程
	地质	水文地质与工程地质/勘察地球物理/地球物理勘探/矿场地球物理/矿山地质/探矿工程/地质矿产勘查/应用地球物理/勘察工程/勘查技术与工程/资源勘查工程/地质工程/水文地质

续表

业务范围	专业技术能力要求	相关基础专业
石油加工业，化学原料、化学品及医药制造业，燃气生产及供应业，炼焦业	安全	安全工程
	机械	机械制造工艺与设备/机械制造工程/机械设计及制造/高分子材料加工机械/设备工程与管理/化工设备与机械/机械设计制造及其自动化/过程装备与控制工程/化工机械
	电气	电气技术/高压电技术及设备/电气绝缘与电缆/电机/电器/电力牵引与传动控制/电机电器及其控制/高电压与绝缘技术/机电一体化/电气工程及自动化/电力系统及其自动化/工业电气自动化
	化工工艺	化学工程/化工工艺/石油加工/工业化学/无机化工/有机化工/煤化工/高分子化工/精细化工/生物化工/工业分析/化学制药/制药工程/药物制剂/化学工程与工艺/应用化学
	土木工程	建筑工程/工业与民用建筑/工业设备安装工程/供热通风与空调工程/城市燃气工程/供热空调与燃气工程/土木工程/建筑环境与设备工程/岩土工程/给水排水工程
	仪表自动化	工业自动化/工业电气自动化/生产过程自动化/自动化/计算机及应用/仪器仪表/检测技术及仪器仪表/自动控制/化工自动化/电气工程及自动化
烟花爆竹、民用爆破器材制造业	安全	安全工程
	机械	机械制造工艺与设备/机械制造工程/机械设计及制造/机械自动化及机器人/机械电子工程/设备工程与管理/机械设计制造及其自动化
	电气	电气技术/高压电技术及设备/电气绝缘与电缆/电机/电器/电机电器及其控制/高电压与绝缘技术/工业自动化/工业电气自动化/生产过程自动化/电力牵引与传动控制/电气工程及其自动化/自动化
	火工	炸药及有机化工/固体推进剂/火工与烟火技术/火炸药/特种能源工程与烟火技术
	爆炸	弹药与战斗部/爆炸技术与装药/爆破器材与技术/弹药工程/弹药工程与爆炸技术/爆炸技术及应用

第二类

业务范围	专业技术能力要求	相关基础专业
尾矿库	安全	安全工程
	机械	机械制造工艺与设备/机械制造工程/机械设计及制造/矿业机械/冶金机械/起重运输与工程机械/设备工程与管理/机械设计制造及其自动化
	电气	电气技术/高压电技术及设备/电气绝缘与电缆/电机/电器/电机电器及其控制/高电压与绝缘技术/电气工程及其自动化
	土木工程	土建结构工程/岩土工程/地下工程与隧道工程/建筑工程/土木工程/工业与民用建筑
	地质	水文地质与工程地质/勘察地球物理/矿场地球物理/矿山地质/应用地球物理/勘察工程/地质矿产勘查/勘查技术与工程/资源勘查工程/地质工程/水文地质
	给排水	给水排水工程/环境工程

续表

业务范围	专业技术能力要求	相关基础专业
房屋和土木工程建筑业	安全	安全工程
	机械	机械制造工艺与设备/机械制造工程/机械设计及制造/起重运输与工程机械/设备工程与管理/机械设计制造及其自动化
	电气	电气技术/高压电技术及设备/电气绝缘与电缆/电机/电器/电机电器及其控制/高电压与绝缘技术/工业自动化/工业电气自动化/生产过程自动化/电力牵引与传动控制/电气工程及其自动化/自动化
	土木工程	建筑学/建筑工程/土建结构工程/桥梁工程/工业与民用建筑/公路与城市道路工程/地下工程与隧道工程/城镇建设/土木工程/岩土工程
	给排水	给水排水工程/环境工程
管道运输业	安全	安全工程
	机械	机械制造工艺与设备/机械制造工程/机械设计及制造/设备工程与管理/化工设备与机械/流体传动及控制/流体控制与操纵系统/机械设计制造及其自动化/过程装备与控制工程/矿业机械/焊接工艺与设备
	电气	电气技术/继电保护与自动远动技术/高压电技术及设备/电气绝缘与电缆/高电压与绝缘技术/工业自动化/工业电气自动化/生产过程自动化/电力牵引与传动控制/电气工程及其自动化/自动化
	储运	石油储运/石油天然气储运工程/油气储运工程
	地质	水文地质与工程地质/地质矿产勘查/石油地质勘查/石油与天然气地质勘查/勘查技术与工程/资源勘查工程/地球物理勘探/矿产普查与勘探/矿山地质/地质工程
仓储业	安全	安全工程
	机械	机械制造工艺与设备/机械制造工程/机械设计及制造/起重运输与工程机械/设备工程与管理/机械设计制造及其自动化
	电气	电气技术/电机/电器/电机电器及其控制/工业自动化/工业电气自动化/生产过程自动化/电力牵引与传动控制/电气工程及其自动化/自动化
	土木工程	建筑工程/土建结构工程/工业与民用建筑/岩土工程/地下工程与隧道工程/城镇建设/土木工程
	给排水	给水排水工程/环境工程
水利、水电工程业	安全	安全工程
	机械	机械制造工艺与设备/机械制造工程/机械设计及制造/起重运输与工程机械/流体传动及控制/流体控制与操纵系统/设备工程与管理/流体机械/流体机械及流体工程/机械设计制造及其自动化/压缩机/水力机械
	电气	电力系统及其自动化/继电保护与自动远动技术/高压电技术及设备/电气绝缘与电缆/电气绝缘材料/电气技术/高电压与绝缘技术/电力工程/电气工程及其自动化/电机
	动力	热能工程与动力机械/能源工程/工程热物理/水利水电动力工程/热能与动力工程/热能工程
	水利水电工程	水利水电工程建筑/水利水电工程施工/农田水利工程/水利水电建筑工程
	地质	水文与工程地质/勘察地球物理/矿场地球物理/矿山地质/应用地球物理/勘查技术与工程/地质工程
	给排水	给水排水工程/环境工程

续表

业务范围	专业技术能力要求	相关基础专业
火力发电业，热力生产和供应业	安全	安全工程
	机械	机械制造工艺与设备/机械制造工程/机械设计及制造/起重运输与工程机械/设备工程与管理/机械设计制造及其自动化/化工机械及设备
	电气	电力系统及其自动化/继电保护与自动远动技术/高压电技术及设备/电气绝缘与电缆/电气绝缘材料/高电压与绝缘技术/电力工程/电气工程及其自动化/电气技术/电机
	热能与动力	热能动力机械与装置/内燃机/热力涡轮机/热能工程/电厂热能动力工程/锅炉/热能工程与动力机械/能源工程/工程热物理/热力发动机/热能与动力工程
	给排水	给水排水工程/环境工程
	化工	化学工程/化工工艺/石油加工/工业化学/无机化工/有机化工/煤化工/高分子化工/精细化工/生物化工/工业分析/化学制药/制药工程/药物制剂/化学工程与工艺/应用化学
风力发电、太阳能发电、再生能源发电业	安全	安全工程
	机械	机械制造工艺与设备/机械制造工程/机械设计及制造/设备工程与管理/机械设计制造及其自动化
	电气	电力系统及其自动化/继电保护与自动远动技术/高压电技术及设备/电气绝缘与电缆/电气绝缘材料/高电压与绝缘技术/电力工程/电气技术/电气工程及其自动化/电机
	土木工程	建筑工程/土建结构工程/工业与民用建筑/岩土工程/地下工程与隧道工程/土木工程
	地质	水文地质与工程地质/勘察地球物理/矿场地球物理/矿山地质/应用地球物理/勘查技术与工程/地质矿产勘查
核工业设施	安全	安全工程
	机械	机械制造工艺与设备/机械制造工程/机械设计及制造/设备工程与管理/机械设计制造及其自动化
	电气	电力系统及其自动化/继电保护与自动远动技术/高压电技术及设备/电气绝缘与电缆/电气绝缘材料/电气技术/高电压与绝缘技术/电气工程及其自动化
	核工程与核技术	同位素分离/核材料/核电子学与核技术应用/核反应堆工程/核动力装置/核技术/核工程/核工程与核技术
	工程物理	工程物理
	土木工程	建筑工程/土建结构工程/工业与民用建筑/岩土工程/地下工程与隧道工程/土木工程
	热能与动力工程	热能动力机械与装置/热力涡轮机/热能工程/热能工程与动力机械/热力发动机/能源工程/工程热物理/热能与动力工程
金属制品业，非金属矿物制品业，黑色、有色金属冶炼及压延加工业	安全	安全工程
	机械	机械制造工艺与设备/机械制造工程/机械设计及制造/冶金机械/起重运输与工程机械/机械制造电子控制与检测/机械电子工程/设备工程与管理/机械设计制造及其自动化/化工机械及设备
	电气	电气技术/电机/电器/电机电器及其控制/工业自动化/工业电气自动化/生产过程自动化/生产过程自动化/电力牵引与传动控制/电气工程及其自动化/自动化
	给排水	给水排水工程/环境工程
	冶金	钢铁冶金/有色金属冶金/冶金物理化学/冶金工程/铸造/锻压工艺及设备/热加工工艺及设备/金属压力加工/金属材料与热处理/腐蚀与防护

续表

业务范围	专业技术能力要求	相关基础专业
铁路运输、城市轨道交通及辅助设施	安全	安全工程
	机械	机械制造工艺与设备/机械制造工程/机械设计及制造/起重运输与工程机械/机车/车辆/机车车辆工程/机械制造电子控制与检测/机械电子工程/设备工程与管理/机械设计制造及其自动化/内燃机
	电气	电气技术/电机/电器/电机电器及其控制/工业自动化/工业电气自动化/生产过程自动化/生产过程自动化/电力牵引与传动控制/电气工程及其自动化/自动化/交通信号与控制/多路通信
	土木工程	土建结构工程/岩土工程/地下工程与隧道工程/铁道工程/桥梁工程/建筑工程/工业与民用建筑/交通土建工程/土木工程/工业设备安装工程
	通风	供热通风与空调工程/建筑环境与设备工程/安全工程/矿山通风与安全
	交通	铁道运输/交通运输/交通工程/总图设计与运输/交通设备信息工程
公路	安全	安全工程
	机械	机械制造工艺与设备/机械制造工程/机械设计及制造/起重运输与工程机械/汽车/拖拉机/汽车与拖拉机/机械制造电子控制与检测/机械电子工程/设备工程与管理/机械设计制造及其自动化
	电气	电气技术/电机/电器/电机电器及其控制/工业自动化/工业电气自动化/生产过程自动化/电力牵引与传动控制/电气工程及其自动化/自动化
	土木工程	土建结构工程/岩土工程/地下工程与隧道工程/公路与城市道路工程/桥梁工程/工业与民用建筑/建筑工程/交通土建工程/土木工程/公路工程
	地质	水文地质与工程地质/测量学/工程测量/测量工程/大地测量/地图制图/勘查技术与工程/测绘工程/地质工程
	交通	交通运输管理工程/汽车运用工程/交通工程/交通运输/载运工具运用工程/道路交通管理工程/道路交通事故防治工程/总图设计与运输
港口码头	安全	安全工程
	机械	机械制造工艺与设备/机械制造工程/机械设计及制造/起重运输与工程机械/设备工程与管理/机械设计制造及其自动化/化工机械及设备
	电气	电力系统及其自动化/继电保护与自动远动技术/电气技术/船舶电气管理/电机/电器/电机电器及其控制/工业自动化/工业电气自动化/生产过程自动化/电力牵引与传动控制/电气工程及其自动化/自动化
	建筑	港口及航道工程/河流泥沙及治河工程/海洋工程/港口航道及治河工程/海岸与海洋工程/港口航道与海岸工程/交通土建工程/工业与民用建筑/土木工程
	交通	交通运输管理工程/交通运输/交通工程/总图设计与运输/物流工程/交通设备信息工程/石油储运/石油天然气储运工程/油气储运工程

续表

业务范围	专业技术能力要求	相关基础专业
机械设备电器制造业	安全	安全工程
	机械	机械制造工艺与设备/机械制造工程/精密机械与仪器制造/精密机械工程/机械设计及制造/矿业机械/冶金机械/高分子材料加工机械/设备工程与管理/电子精密机械/机械自动化及机器人/机械制造电子控制与检测/机械电子工程/化工设备与机械/精密仪器/分析仪器/科学仪器工程/检测技术及仪器/工业自动化仪表/仪表及测试系统/机械设计制造及其自动化/工业设计/过程装备与控制工程
	电气	电气技术/高压电技术及设备/电气绝缘与电缆/电机/电器/电机电器及其控制/工业自动化/工业电气自动化/生产过程自动化/电力牵引与传动控制/自动控制/电子工程/无线电技术/电气工程及其自动化/自动化/电子信息工程/计算机科学与技术
	铸造及加工	铸造/金属材料与热处理/金属压力加工/锻压工艺及设备/焊接工艺及设备/冶金物理化学/热加工工艺及设备/材料成型及控制工程
轻工、纺织、烟草加工制造业	安全	安全工程
	机械	机械制造工艺与设备/机械制造工程/机械设计及制造/纺织机械/食品机械/印刷机械/工业设计/工业造型设计/机械电子工程/机械自动化及机器人/机械制造电子控制与检测/化工设备与机械/工业自动化仪表/机械设计制造及其自动化/过程装备与控制工程/测控技术与仪器/农业机械/林业机械
	电气	电气技术/高压电技术及设备/电机/电器/电机电器及其控制/工业自动化/工业电气自动化/生产过程自动化/电力牵引与传动控制/自动控制/电子工程/应用电子技术/电子技术/电气工程及其自动化/自动化
	化工与工艺	化学工程/化工工艺/石油加工/工业化学/无机化工/有机化工/煤化工/高分子化工/精细化工/生物化工/工业分析/食品工程/食品科学/微生物制药/生物化学工程/发酵工程/皮革工程/染整工程/制浆造纸工程/纺织材料/纺织品设计/服装/纺织工程/丝绸工程/针织工程/包装工程/印刷技术/化学工程与工艺/食品科学与工程/生物工程/轻化工程

其他类:可根据安全生产实际工作需要,双方协商确定,开展安全评价活动。

使用说明:

1. 甲、乙级安全评价机构资质业务范围均应严格按照本对照比表认定。

2. 本对照表参考教育部1986年至2004年公布的普通高等院校工科类本科段专业名称汇总编制。

3. 安全评价师和注册安全工程师的专业能力可通过普通高等院校学历证书、中级以上专业技术职称或学术专著、科研论文、科技发明、科技进步奖等从业经历证明材料认定。学术专著指正式出版的原创著作;科研论文应已在国家核心期刊上正式发表;科技发明应已取得国家发明专利;标准应为现行的有效国家标准或专业标准;科技进步奖为国家或省部级科技进步奖获奖证书。

4. 凡具有普通高等院校学历的安全评价师,学历证书上所学专业名称与对照表中所列相关基础专业一致的,其专业能力可根据本对照表直接认定;具有普通高等院校硕士研究生以上学历的安全评价师,其专业能力可根据学历证书上所学专业名称,参照本对照表所同名相关基础专业认定。

5. 对于可申请两种或两种以上专业认定的安全评价师,可自主选择认定何种专业能力,但每人只能根据本对照表认定二种专业能力,且与从事业务范围相适应。

6. 除通用设备外,安全评价机构应根据申请的业务范围,按照评价工作的实际需要自行选配设备,并与相关单位签订技术支撑协议以满足该业务范围安全评价工作要求。

附件2

现场审查人员工作表现评价表

<table>
<tr><td>机构名称</td><td colspan="5"></td></tr>
<tr><td>审查地点</td><td colspan="5"></td></tr>
<tr><td>审查时间</td><td colspan="5">年　月　日至　月　日</td></tr>
<tr><td>审查组组长</td><td></td><td colspan="2">审查组成员</td><td colspan="2"></td></tr>
<tr><td colspan="6">工作表现评价记录</td></tr>
<tr><td colspan="2">内　容</td><td>是</td><td>否</td><td colspan="2">说明</td></tr>
<tr><td colspan="2">审查组在核查过程中是否严格遵守了规定的程序</td><td></td><td></td><td colspan="2"></td></tr>
<tr><td colspan="2">审查组在核查过程中是否严格依据了规定文件的要求</td><td></td><td></td><td colspan="2"></td></tr>
<tr><td colspan="2">核查过程中调阅的文件是否全面</td><td></td><td></td><td colspan="2"></td></tr>
<tr><td colspan="2">审查组是否充分听取了被审查方对不合格事项的申辩和解释</td><td></td><td></td><td colspan="2"></td></tr>
<tr><td colspan="2">审查组成员的行为是否符合现场审查人员工作守则</td><td></td><td></td><td colspan="2"></td></tr>
<tr><td>被审查方
意见和建议</td><td colspan="5">被审查方法定代表人签字：　　　　（机构盖章）
年　月　日</td></tr>
</table>

特别提示：本表在现场审查结束后由被审查单位填写，经被审查机构法定代表人确认签字并加单位公章后由被审查方直接邮寄到安全评价资质审批机关。

附件 3

安全评价机构资质申请表

（甲级□　乙级□　新申请□　延期□）

申请机构：（盖章）

国家安全生产监督管理总局制

填表日期：　　年　月　日

填报要求

1. 内容不应有缺项，数字及时间采用阿拉伯数字、公历填写。
2. 采用计算机打印填表，签字之处应由签字人本人签名，一式五份并附电子版光盘二张。
3. 申请业务范围按“安全评价业务范围分类”编号填写。
4. 安全评价机构基本情况中 Email 地址须填写本单位电子邮箱地址。

安全评价业务范围分类

依据《安全评价机构管理规定》（安全监管总局令第 22 号）附件一划分安全评价业务范围。

第一类：

1. a 煤炭开采业
   b 煤炭洗选业
2. a 金属矿采选业
   b 非金属矿采选业
   c 其他矿采选业
3. 石油和天然气开采业
4. a 石油加工业
   b 化学原料、化学品及医药制造业
   c 燃气生产及供应业
   d 炼焦业
5. a 烟花爆竹制造业
   b 民用爆破器材制造业

第二类：

6. 尾矿库
7. 房屋和土木工程建筑业
8. 管道运输业
9. 仓储业
10. a 水利业
    b 水电工程业
11. a 火力发电业
    b 热力生产和供应业
12. a 风力发电业
    b 太阳能发电业
    c 再生能源发电业
13. 核工业设施
14. a 黑色、有色金属冶炼及压延加工业
    b 金属制品业
    c 非金属矿物制品业
15. a 铁路运输业
    b 城市轨道交通及辅助设施

16. 公路
17. 港口码头
18. a 机械设备制造业
    b 电器制造业
19. a 轻工业
    b 纺织业
    c 烟草加工制造业

安全评价机构承诺声明

本机构自愿申请安全评价甲(乙)级资质,并做如下承诺:

一、认真遵守《安全生产法》、《行政许可法》、《行政处罚法》及《安全评价机构管理规定》等有关法律法规及规章制度,依法从事安全评价活动。

二、本机构及所有安全评价从业人员均符合国家有关规定,并对所提交的申报材料的真实性、准确性负责,承担由此产生的法律责任。

三、本机构按照《安全评价机构管理规定》及国家安全监管总局对于资质申报的相关要求进行了准备,达到了安全评价机构甲(乙)级资质申报条件,愿意接受并积极配合对本机构申报条件的审查。

四、本机构如能获准资质,将严格按照有关的法律、法规、规章和技术规范开展安全评价活动,遵守执业准则和职业道德,自觉接受安全生产监督管理部门、煤矿安全监察机构的监督管理,并对作出的安全评价结果承担法律责任。

法定代表人:(签名)

(机构盖章)

年　　月　　日

安全评价机构基本情况

表一

<table>
<tr><td>名　　称</td><td colspan="3"></td></tr>
<tr><td>注册地址</td><td colspan="3"></td></tr>
<tr><td>办公地址</td><td colspan="3"></td></tr>
<tr><td>法定代表人</td><td></td><td>联系人</td><td></td></tr>
<tr><td>单位电话</td><td></td><td>传　真</td><td></td></tr>
<tr><td>邮政编码</td><td></td><td>E - Mail</td><td></td></tr>
<tr><td>法人执照(证书)编号</td><td colspan="3"></td></tr>
<tr><td>注册资金(或开办费)(万元)</td><td></td><td>固定资产总值(万元)</td><td></td></tr>
<tr><td>原有资质证书编号</td><td></td><td>办公场地面积</td><td></td></tr>
<tr><td>安全评价师人数</td><td></td><td>注册安全工程师人数</td><td></td></tr>
<tr><td>申请的业务</td><td colspan="3">第一类:</td></tr>
<tr><td>范围(编号)</td><td colspan="3">第二类:</td></tr>
<tr><td colspan="4">机构简况:
(可另附页)</td></tr>
</table>

安全评价机构负责人基本情况汇总表

表二

姓名	职务	专业能力	职业资格证书编号	职业资格等级	从业信息识别卡编号

说明：安全评价机构负责人包括各部门负责人、专职技术负责人和专职过程控制负责人等，若机构设有多个专职技术负责人和专职过程控制负责人的，应逐人填写。

专职一级安全评价师基本情况汇总表

表三

姓名	职称	专业能力	职业资格证书编号	从业信息识别卡编号	备注

专职二级安全评价师基本情况汇总表

表四

姓名	职称	专业能力	职业资格证书编号	从业信息识别卡编号	备注

专职三级安全评价师基本情况汇总表

表五

姓名	职称	专业能力	职业资格证书编号	从业信息识别卡编号	备注

其他安全评价师基本情况汇总表

表六

姓名	职务	专业能力	职业资格证书编号	职业资格等级	从业信息识别卡编号

注:其他安全评价师系指持有《安全评价师国家职业资格证书》,在本机构从业人员。

安全评价师简历表

表七

<table>
<tr><td>姓　名</td><td></td><td>性别</td><td></td><td>出生日期</td><td></td></tr>
<tr><td>现 住 址</td><td colspan="2"></td><td>电　话</td><td colspan="2"></td></tr>
<tr><td>E - Mail</td><td colspan="2"></td><td>手　机</td><td colspan="2"></td></tr>
<tr><td>职业资格证书号码</td><td colspan="2"></td><td>职业资格等级</td><td colspan="2"></td></tr>
<tr><td>公民身份号码</td><td colspan="2"></td><td>从业信息识别卡编号</td><td colspan="2"></td></tr>
<tr><td>毕业院校</td><td colspan="2"></td><td>毕业时间</td><td colspan="2"></td></tr>
<tr><td>所学专业</td><td colspan="2"></td><td>最终学历</td><td colspan="2"></td></tr>
<tr><td>专业能力</td><td colspan="2"></td><td>认定方式</td><td colspan="2"></td></tr>
<tr><td>专业能力证明材料</td><td colspan="5"></td></tr>
<tr><td colspan="6">学习及工作简历：

签字：
年　月　日</td></tr>
<tr><td colspan="6">从业机构确认意见

（盖章）
年　月　日</td></tr>
</table>

注：1. 具有《安全评价师国家职业资格证书》人员应全部填写；

2. 专业能力证明材料应根据《安全评价师专业能力对照表》的认定要求填报；

3. 学习简历从大学开始（包括大学毕业后的后续教育），并注明所学主要专业课程；

4. 工作简历主要指所从事安全生产相关工作简历；

5. 学历及工作简历内容较多时可自行附表。

注册安全工程师基本情况汇总表

表八

姓名	执业资格证书编号	执业证编号	注册类别	注册单位

申请业务范围与专职安全评价师对照表

表九

申请的业务范围			
姓名	专业能力	认定方式	安全评价师职业资格证号、注册安全工程师执业资格证

说明：1. 此表请按照所申请的业务范围分别填写，每个业务范围一张；

2. 专职安全评价师的专业能力应根据其大学专科以上所学专业（高学历可任选其一）或《安全评价师专业能力对照表》的认定要求进行认定；

3. 每位专职安全评价师除大学所学专业外，只可根据《安全评价师专业能力对照表》的认定要求再另外认定一种专业能力；

4. 除煤矿、非煤矿山之外，具有安全评价师国家职业资格和注册安全工程师执业资格的人员可认定为具备安全工程专业能力。

与申请业务范围相匹配的装备清单

表十

申请的业务范围			
装备名称	规格型号	生产厂家	计量检定情况

说明：1. 此表请按照所申请的业务范围分别填写，每个业务范围一张；

2. 能支持多个业务范围的大型专用装备在满足开展安全评价业务活动需要的情况下不必重复购置，但需分别在不同业务范围的装备清单中填写；

3. 请将各种数学模型和计算机模拟、分析软件的版本号填写在计量检定情况栏中。

聘用技术专家基本情况汇总表

表十一

姓名	性别	年龄	职称	所学专业	从事专业	从事专业时间

（可另附页）

通用设备清单

表十二

序号	名称	型号	数量	完好程度	备注

（可另附页）

申请安全评价机构资质应提供的材料清单

一、以下材料一式五份(单一业务范围申报材料三份)

1. 申请材料目录
2. 安全评价机构资质申请表
3. 申请机构法人证书正、副本彩色扫描件
4. 原有安全评价资质证书正、副本彩色扫描件
5. 固定资产评估证明材料彩色扫描件
6. 申请机构固定工作场所证明材料彩色扫描件(房产证,租赁协议等)
7. 安全评价师国家职业资格证书、从业信息识别卡彩色扫描件
8. 专职安全评价师法定劳动关系证明材料(劳动合同、“四险”缴费证明材料、住房公积金缴存证明材料等)彩色扫描件
9. 专职安全评价师专业能力证明材料彩色扫描件(学历证书、专业技术职务任职资格证书及其他相关证明材料),注册安全工程师执业资格证书及执业证彩色扫描件
10. 法定代表人、专职技术负责人、专职过程控制负责人、档案管理员及各部门负责人任命文件的彩色扫描件
11. 法定代表人参加相关安全生产和安全评价知识培训的证明材料彩色扫描件
12. 专职技术负责人、专职过程控制负责人简历,专职技术负责人专业能力证明材料彩色扫描件
13. 技术专家聘用协议及其他技术支撑条件证明材料彩色扫描件

二、以下材料一式两份

14. 本机构安全评价过程控制文件及机构内部管理制度(原件、非受控版本)

三、光盘二套

15. 包含以上所有申请材料内容的电子版

注:统一使用 A4 幅面、纵向左侧装订。

国家安全监管总局关于贯彻落实国务院《通知》精神进一步加强和规范安全评价及安全标志等专业服务机构监管工作的通知

安监总规划〔2010〕199 号

各省、自治区、直辖市及新疆生产建设兵团安全生产监督管理局，各省级煤矿安全监察机构，各有关单位：

近年来，各地区、各有关部门依法加强对安全评价及安全标志等专业服务机构的监督管理和指导，通过建立完善机构审批公示公告制度、考核和分级管理制度、从业行为规范承诺制度、违法违规机构“黑名单”制度、业务范围增减核销制度等方式，积极构建政府监管与社会监督有效结合的监管体系，有力地推动了安全评价、安全标志等技术服务质量的提高，为促进全国安全生产形势的持续稳定好转作出了应有贡献。同时，也暴露出个别地区和单位存在一些不容忽视的问题，如技术服务市场秩序不完善，服务行为不规范，从业人员综合素质、服务质量和水平不高，技术服务收费不规范等。

为认真贯彻落实《国务院关于进一步加强企业安全生产工作的通知》(国发〔2010〕23 号)精神，推动安全评价、安全标志等专业服务机构健康规范发展，充分发挥对安全生产的技术支撑作用，现就进一步加强和规范安全评价及安全标志等专业服务机构监管工作通知如下：

一、创新方式，建立和完善安全生产专业服务机构监督管理体系

各地区要深入贯彻落实国发〔2010〕23 号文件精神，以制定完善安全生产专业服务机构管理办法为抓手，总结新经验、研究新情况、谋划新方式，切实加强安全评价、安全标志监督管理工作。要建立和完善机构设立公开透明审批、服务质量定期评估与考核、报告随机抽查、机构分类监管、申诉投诉争议处理、优秀专业服务机构评选等制度。同时，积极争取和配合有关部门研究制定专业技术服务收费管理办法，并通过信息化手段等加大监督管理力度。

要创造性地开展监管工作。通过采取联合检查与专项检查相结合，集中检查与经常性检查相结合，监督检查与调查研究相结合，查找问题与帮助机构整改提高相结合的方式，大力推动安全评价、安全标志等专业服务机构规范化建设，建立完善的监管体系。

二、依法行政，切实规范安全评价等专业服务机构资质审批工作

一是必须坚持依法审批。各级安全监管部门、煤矿安监机构及其工作人员在安全评价等专业服务机构审批工作中，要坚持“政企分开、政事分开、政资分开、政府与中介机构分开”和“公开、公平、公正”的原则，认真执行公示和公告制度，按照国家规定的准入条件，严格审批程序，做到资质审批公开透明，不得降低标准和条件。二是必须坚持依法监管。各级安全监管部门、煤矿安监机构不得向生产经营单位指定专业服务机构开展安全技术服务工作，不得以专业服务机构的技术服务来代替政府安全监管、监察职能，除法律法规和国家安全监管总局有关规定外，行政管理部门不得要求评价机构对企业实施强制性有偿评价和检查。三是必须依靠各方面力量，形成齐抓共管的良好局面。要采取专业管理部门监管与资质管理部门监管相结合、分级管理与属地监管相结合、行政监管与行业自律相结合等方式，进一步加大对安全评价、安全标志等专业服务机构资质的监管力度。要充分发挥专业管理部门在专业服务机构技术能力审查工作中的作用，进一步加强矿用产品安全标志监督管理工作。对于特殊行业或领域的安全生产专业技术服务，要注重依靠该行业或领域的国有大型企业、科研院所、大专院校为依托的专业服务机构开展技术服务工作，切实提高专业技术服务质量和效能。

三、强化责任，依法规范安全评价等专业服务机构及其从业人员行为

安全评价、安全标志等专业服务机构及其从业人员应当依照法律、法规、规章、国家标准以及行业标准的规定,遵循客观公正、诚实守信、公平竞争的原则,遵守执业准则,恪守职业道德,依法独立开展安全评价和安全标志认证等活动,客观、如实地反映所评价和认证事项,并对作出的安全评价结论和安全认证结果承担法律责任。

对于在专业技术服务活动中出具虚假或严重失实的技术服务报告,擅自更改、简化安全评价和检测检验程序及内容,以安全监管部门、煤矿安监机构及其工作人员的名义或其他欺骗手段到生产经营单位招揽业务,在业务活动中进行任何形式的商业贿赂,以及欺诈、刁难服务对象等,引起社会公众和生产经营单位不满意的专业服务机构及其从业人员,一经查实,要依法依规从严、从快处理。

四、强化教育,切实加强安全评价等专业服务机构从业人员职业道德和专业能力建设

各安全评价、安全标志等专业服务机构要紧密结合安全生产法律、法规、规章和规范性文件的出台和实施,安全生产急需解决的热点、难点问题,以及安全生产新技术、新装备的要求等,强化业务培训,加强从业人员专业能力建设,不断提高整体素质和业务水平;要加强从业人员的作风建设和职业道德教育,开展从业人员诚信建设,自觉遵守市场竞争规则,不采取欺诈、恶性竞争等不正当手段获取利益,做到廉洁自律,坚决杜绝商业贿赂和其他形式的经济犯罪行为,自觉贯彻社会主义荣辱观,维护社会主义市场经济秩序。

各地区要采取积极政策措施,吸引各行业优秀专业人才参与到安全评价、安全标志认证等安全生产技术服务工作中来,扩大专业人才队伍,以确保在专业人才和专业技术能力方面达到资质准入要求,努力建设专业化、正规化安全生产专业技术服务队伍。

五、严肃追究,依法依规查处违法违规行为

加强日常监管,实施动态管理。各级安全监管部门和煤矿安监机构在开展安全生产检查、督查和其他行政执法时,要把安全评价报告质量和安全标志管理情况作为一项重要内容。要开展对安全评价等专业服务机构的定期检查和不定期抽查,将机构行为规范、服务质量、发挥支撑作用情况作为检查与考核的重要内容。凡是不再符合安全评价与检测检验机构资质条件的,要限期整改或暂扣资质证书,经整改仍达不到条件的,要依法吊销资质证书。

严格事故查处,加大责任追究。各级安全监管部门和煤矿安监机构在查处事故时,要调阅事故单位安全评价报告,对其内容的真实性、提出的有关预防事故和安全管理措施等落实情况进行调查分析。发现安全评价报告存在虚假或失实等严重问题的,要对提交安全评价报告的机构和相关人员开展调查,依法严肃追究责任。

省级安全监管部门、煤矿安监机构发现甲级安全评价机构存在违法违规行为的,应依照国家有关规定严肃处理,同时将处理情况及时报告国家安全监管总局。

六、畅通渠道,广泛接受社会监督

各级安全监管部门和煤矿安监机构要通过网络、报刊、公告等方式,主动公开办理程序、标准、管理制度等,安全评价、安全标志等专业服务机构要主动公开有关资质许可证照、业务范围、收费标准、权利义务等,主动接受社会监督。

各级安全监管部门和煤矿安监机构要建立和完善对安全评价、安全标志工作的申诉、投诉和举报制度,接受社会各界监督。对群众来信反映、举报的事项,要采取积极态度,认真进行核查,根据调查核实结果,依法依规进行处理。对违法违规的安全生产专业服务机构和从业人员,要列入“黑名单”,及时向社会公告。通过社会的广泛参与和监督,认真查找安全评价、安全标志认证等技术服务工作中存在的不足和问题,抓紧制定、修订相关配套制度,努力推进安全生产技术服务工作健康规范有序发展。

国家安全生产监督管理总局

二〇一〇年十二月一日

6. 安全培训

国家安全监管总局办公厅关于实施《特种作业人员安全技术培训考核管理规定》有关问题的通知

安监总厅培训〔2010〕179 号

各省、自治区、直辖市及新疆生产建设兵团安全生产监督管理局和负责煤矿特种作业人员考核发证工作的部门：

为做好《特种作业人员安全技术培训考核管理规定》（国家安全监管总局令第 30 号，以下简称《规定》）的贯彻和实施工作，现就有关事项通知如下：

一、各级安全监管部门和负责煤矿特种作业人员考核发证工作的部门（以下统称考核发证机关），要加大宣传贯彻力度，加强与地方政府有关部门的沟通协调，严格按照《规定》的要求，做好各项工作的衔接，做到培训工作不间断、培训秩序不混乱、相关工作平稳过渡，确保《规定》的有效实施。

二、各级考核发证机关要按照特种作业目录规定的特种作业名称、适用范围等，对原有特种作业类别和工种进行规范。凡未列入特种作业目录的，不再按照特种作业进行监督管理。未经国家安全监管总局同意，各地不得自行增设特种作业类别和工种，确需新增的，由省级考核发证机关提出申请，经国家安全监管总局批准同意后，方可纳入特种作业管理。

三、《规定》将特种作业操作证复审周期由 2 年调整为 3 年，对于已发放的特种作业操作证（IC 卡），未到有效期的，执行 3 年复审；有效期到期的，给予延期复审，延期复审合格的，换发新版证书。每个操作证（IC 卡）只能对应一个特种作业工种。

四、对于《规定》中新增的特种作业类别和工种，国家安全监管总局正在抓紧研究制定相应的安全技术培训大纲和考核标准。在新的培训大纲和考核标准公布之前，各省级考核发证机关可结合实际，先行确定相关人员培训和考核的基本要求，以保证特种作业人员培训考核工作顺利进行。

五、按照《规定》要求，特种作业人员操作证（IC 卡）实行全国统一式样。国家安全监管总局对 IC 卡的式样作了重新调整（见附件），调整后的证书式样除版面设计外，技术规格和要求与原证（IC 卡）相同。

六、国家安全监管总局继续委托国家安全监管总局培训中心负责特种作业人员操作证（IC 卡）的制作和发放管理等工作。各地现存的旧版证书（IC 卡）可继续使用，待用完后，再按照新的式样制作或向国家安全监管总局培训中心购买特种作业操作证（IC 卡）。煤矿特种作业操作证（IC 卡）直接向国家安全监管总局培训中心申领。

七、各省级考核发证机关要按照《规定》要求，结合实际制定实施细则，进一步完善特种作业人员培训、考核发证、复审和监督管理等制度，推动《规定》的贯彻实施。在《规定》实施过程中遇到的有关问题，请及时向国家安全监管总局人事司（联系电话：010－64463082）或国家安全监管总局培训中心（联系电话：010－64463015）反馈。

附件：《中华人民共和国特种作业操作证》式样

国家安全生产监督管理总局办公厅

二〇一〇年九月二十五日

附件

《中华人民共和国特种作业操作证》样式

正面

背面

国家安全监管总局关于印发安全生产培训机构从业行为规范的通知

安监总政法〔2010〕200 号

各省、自治区、直辖市及新疆生产建设兵团安全生产监督管理局，各省级煤矿安全监察机构：

为规范安全生产培训机构从业行为，提高安全生产培训质量，进一步发挥安全生产培训在预防生产安全事故中的支撑作用，依据有关法律法规、规章和规定，国家安全监管总局制定了《安全生产培训机构从业行为规范》，现印发给你们，请遵照执行。

各省级安全生产监督管理部门、煤矿安全监察机构要加强对安全生产培训机构的日常监督与管理，对于违反《安全生产培训机构从业行为规范》的安全生产培训机构，要按照国家有关规定，严格进行处罚。

国家安全生产监督管理总局

二〇一〇年十二月二日

安全生产培训机构从业行为规范

一、为规范安全生产培训机构（以下简称培训机构）从业行为，提高安全生产培训质量，进一步发挥安全生产培训在预防生产安全事故中的支撑作用，依据有关法律法规、规章和规定，制定本规范。

二、国家安全生产监督管理总局和省级安全生产监督管理部门、省级煤矿安全监察机构批准的培训机构从业行为的规范及监督管理，适用本规范。

三、培训机构应当依照法律、法规、规章、国家标准或者行业标准的规定，遵守客观公正、诚实守信、实事求是的原则，开展安全生产培训工作。

四、培训机构开展安全生产培训时，应当遵守下列行为规范：

1. 依法与委托方签订服务合同或者协议，明确培训的对象、要求以及双方权利、义务和责任。

2. 按照国家安全生产监督管理总局和省级安全生产监督管理部门、省级煤矿安全监察机构统一制定的安全培训大纲进行培训。

3. 按照成人培训特点，开展安全培训需求分析和培训设计，组织实施培训质量评估，强化培训过程管理。

4. 制定严格的培训教育计划，合理设置课程，培训时间安排符合课程设置的要求。企业主要负责人、安全生产管理人员和特殊工种人员的培训教育计划要报有关部门审核同意。

5. 聘请经专门培训合格的专职教师，或者具有丰富安全生产法律法规、安全生产技术管理知识和培训教育经验的兼职教师授课；组织学员对讲课教师进行教育质量评定，淘汰不合格的教师。

6. 加强培训期间对学员的管理和考核，完整记录每名学员的培训情况；加强培训档案管理和信息化建设。

五、培训机构在从事安全生产培训活动中，不得有下列行为：

1. 将资质证书出借、出租给其他机构或者个人；

2. 擅自变更国家规定的安全生产培训大纲进行培训；

3. 聘请不合格的教师进行培训；

4. 提供虚假培训记录；

5. 变更已经确定的培训教育计划，减少培训内容和时间；

6. 超出资质证书确认的业务范围从事培训工作；

7. 故意贬低、诋毁其他培训机构；

8. 转包安全培训项目；

9. 实施被取缔的各种乱收费行为。

六、对违反上述规范的行为，有关法律法规、规章已有规定的，按其规定处罚；没有明确规定进行处罚的，将其作为培训机构资质考核的重要内容记录在案。

国务院安委会关于
进一步加强安全培训工作的决定

安委〔2012〕10号

各省、自治区、直辖市人民政府,新疆生产建设兵团,国务院安委会各成员单位,各中央企业:

为提高企业从业人员安全素质和安全监管监察效能,防止和减少违章指挥、违规作业和违反劳动纪律(以下简称"三违")行为,促进全国安全生产形势持续稳定好转,现就进一步加强安全培训工作作出如下决定:

一、加强安全培训工作的重要意义和总体要求

(一)重要意义。党中央、国务院高度重视安全培训工作,安全培训力度不断加大,企业职工安全素质和安全监管监察人员执法能力明显提高。但一些地区和单位安全培训工作仍然存在着思想认识不到位、责任落实不到位、实效性不强、投入不足、基础工作薄弱、执法偏轻偏软等问题,给安全生产带来较大压力。实践表明,进一步加强安全培训工作,是落实党的十八大精神,深入贯彻科学发展观,实施安全发展战略的内在要求;是强化企业安全生产基础建设,提高企业安全管理水平和从业人员安全素质,提升安全监管监察效能的重要途径;是防止"三违"行为,不断降低事故总量,遏制重特大事故发生的源头性、根本性举措。

(二)总体思路。深入贯彻落实科学发展观,认真落实党中央、国务院关于加强安全生产工作的决策部署,牢固树立"培训不到位是重大安全隐患"的意识,坚持依法培训、按需施教的工作理念,以落实持证上岗和先培训后上岗制度为核心,以落实企业安全培训主体责任、提高企业安全培训质量为着力点,全面加强安全培训基础建设,严格安全培训监察执法和责任追究,扎实推进安全培训内容规范化、方式多样化、管理信息化、方法现代化和监督日常化,努力实施全覆盖、多手段、高质量的安全培训,切实减少"三违"行为,促进全国安全生产形势持续稳定好转。

(三)工作目标。到"十二五"时期末,矿山、建筑施工单位和危险物品生产、经营、储存等高危行业企业(以下简称高危企业)主要负责人、安全管理人员和生产经营单位特种作业人员(以下简称"三项岗位"人员)100%持证上岗,以班组长、新工人、农民工为重点的企业从业人员100%培训合格后上岗,各级安全监管监察人员100%持行政执法证上岗,承担安全培训的教师100%参加知识更新培训,安全培训基础保障能力和安全培训质量得到明显提高。

二、全面落实安全培训工作责任

(四)认真落实企业安全培训主体责任。企业是从业人员安全培训的责任主体,要把安全培训纳入企业发展规划,健全落实以"一把手"负总责、领导班子成员"一岗双责"为主要内容的安全培训责任体系,建立健全机构并配备充足人员,保障经费需求,严格落实"三项岗位"人员持证上岗和从业人员先培训后上岗制度,健全安全培训档案。劳务派遣单位要加强劳务派遣工基本安全知识培训,劳务使用单位要确保劳务派遣工与本企业职工接受同等安全培训。境内投资主体要指导督促境外中资企业依法加强安全培训工作。安全生产技术研发、装备制造单位要与使用单位共同承担新工艺、新技术、新设备、新材料培训责任。

(五)切实履行政府及有关部门安全培训监管和安全监管监察人员培训职责。地方各级政府要统筹指导相关部门加强本地区安全培训工作。有关主管部门要根据有关法律法规,组织实施职责范围内的安全培训工作,完善安全培训法规制度,统一培训大纲、考试标准,加强教材建设,严格管理培训机构,做好证件发放和复审工作,避免多头管理、重复发证;要强化安全培训监督检查,依法严惩不培训就上岗和乱办班、乱收费、乱发证行为;要组织培训安全监管监察人员。要将安全生产知识作为领导干部培训、义务教育、职业教育、职业技能培训等的重要内容。要减少对培训班的直接参与,由办培训向管培训、管考试、监督培训转变。

（六）强化承担安全培训和考试的机构培训质量保障责任。承担安全培训的机构是安全培训施教主体，担负保证安全培训质量的主要责任，要健全落实安全培训质量控制制度，严格按培训大纲培训，严格学员、培训档案和培训收费管理，加强师资队伍建设和资金投入，持续改善培训条件。承担安全培训考试的机构要严格教考分离制度，健全考务管理体系，建立考试档案，切实做到考试不合格不发证。

三、全面落实持证上岗和先培训后上岗制度

（七）实施高危企业从业人员准入制度。有关主管部门要结合实际，制定本行业领域从业人员准入制度。矿山和危险物品生产企业专职安全管理人员要至少具备相关专业中专以上学历或者中级以上专业技术职称、高级工以上技能等级，或者具备注册安全工程师资格。各类特种作业人员要具有初中及以上文化程度，危险化学品特种作业人员要具有高中或者相当于高中及以上文化程度。矿山井下、危险化学品生产单位从业人员要具有初中及以上文化程度。安全生产专业服务机构为企业提供安全技术服务时，要对企业安全培训情况进行审核。高危企业安全生产许可证发放、延期和安全生产标准化考评时，有关主管部门要审核企业安全培训情况。

（八）严格落实“三项岗位”人员持证上岗制度。企业新任用或者招录“三项岗位”人员，要组织其参加安全培训，经考试合格持证后上岗。取得注册安全工程师资格证并经注册的，可以直接申领矿山、危险物品行业主要负责人和安全管理人员安全资格证。对发生人员死亡事故负有责任的企业主要负责人、实际控制人和安全管理人员，要重新参加安全培训考试。要严格证书延期继续教育制度。有关主管部门要按照职责分工，定期开展本行业领域“三项岗位”人员持证上岗情况登记普查，建立信息库。要建立特种作业人员范围修订机制。

（九）严格落实企业职工先培训后上岗制度。矿山、危险物品等高危企业要对新职工进行至少72学时的安全培训，建筑企业要对新职工进行至少32学时的安全培训，每年进行至少20学时的再培训；非高危企业新职工上岗前要经过至少24学时的安全培训，每年进行至少8学时的再培训。企业调整职工岗位或者采用新工艺、新技术、新设备、新材料的，要进行专门的安全培训。矿山和危险物品生产企业逐步实现从职业院校和技工院校相关专业毕业生中录用新职工。政府有关部门要实施“中小企业安全培训援助”工程，推动大型企业和培训机构与中小企业签订培训服务协议；组织讲师团，开展培训下基层进企业活动。

（十）完善和落实师傅带徒弟制度。高危企业新职工安全培训合格后，要在经验丰富的工人师傅带领下，实习至少2个月后方可独立上岗。工人师傅一般应当具备中级工以上技能等级，3年以上相应工作经历，成绩突出，善于“传、帮、带”，没有发生过“三违”行为等条件。要组织签订师徒协议，建立师傅带徒弟激励约束机制。

（十一）严格落实安全监管监察人员持证上岗和继续教育制度。市（地）及以下政府分管安全生产工作的领导同志要在明确分工后半年内参加专题安全培训。各级安全监管监察人员要经执法资格培训考试合格，持有效行政执法证上岗；新上岗人员要在上岗一年内参加执法资格培训考试；执法证有效期满的，要参加延期换证继续教育和考试。鼓励安全监管监察人员报考注册安全工程师等职业资格，在职攻读安全生产相关专业学历和学位。

四、全面加强安全培训基础保障能力建设

（十二）完善安全培训大纲和教材。有关主管部门要定期制定、修订各类人员安全培训大纲和考核标准，根据安全生产工作发展需要和企业安全生产实际，不断规范安全培训内容。鼓励行业组织、企业及培训机构编写针对性、实效性强的实用教材。要分行业组织编写企业职工安全生产应知应会读本、建立生产安全事故案例库和制作警示教育片。

（十三）加强安全培训师资队伍建设。承担安全培训的机构要建立健全安全培训专职教师考核合格后上岗制度，保证专职教师定期参加继续教育，积极组织教师参加国际学术交流。有关主管部门要加强承担安全培训的教师培训，定期开展教师讲课大赛，建立安全培训师资库。企业要建立领导干部上讲台制度，选聘一线安全管理、技术人员担任兼职教师。

（十四）加强安全培训机构建设。要根据实际需要，科学规划安全培训机构建设，控制数量，合理布局。支持大中型企业和欠发达地区建立安全培训机构，重点建设一批具有仿真、体感、实操特色的示范培训机构。要加强安全培训机构管理，定期公布安全培训机构名单和培训范围，接受社会监督。支持高等学校、职业院校、技工院校、工会培训机构等开展安全培训。

（十五）加强远程安全培训。开发国家安全培训网和有关行业网络学习平台，实现优质资源共享。建立安全培训视频课程征集、遴选、审核制度，建设课程"超市"，推行自主选学。实行网络培训学时学分制，将学时和学分结果与继续教育、再培训挂钩，与安全监管监察人员年度考核、提拔使用、评先评优挂钩。利用视频、电视、手机等拓展远程培训形式。

（十六）加强安全培训管理信息化建设。编制安全培训信息管理数据标准。开发安全培训信息管理系统。健全"三项岗位"人员、安全监管监察人员培训持证情况和考试题库、培训机构、考试机构、培训教师等数据库，实现全国安全培训数据共享。

五、全面提高安全培训质量

（十七）强化实际操作培训。制定特种作业人员实训大纲和考试标准。建立安全监管监察人员实训制度。推动科研和装备制造企业在安全培训场所展示新装备新技术。提高3D、4D、虚拟现实等技术在安全培训中的应用，组织开发特种作业各工种仿真实训系统。

（十八）强化现场安全培训。高危企业要严格班前安全培训制度，有针对性地讲述岗位安全生产与应急救援知识、安全隐患和注意事项等，使班前安全培训成为安全生产第一道防线。要大力推广"手指口述"等安全确认法，帮助员工通过心想、眼看、手指、口述，确保按规程作业。要加强班组长培训，提高班组长现场安全管理水平和现场安全风险管控能力。

（十九）建立安全培训示范视频课程体系。分行业建立"三项岗位"人员安全培训示范视频课程体系，上网发布，逐步实现优质培训资源社会共享。将示范课程作为教师培训的重要内容。建立示范课程跟踪评价制度，定期评选优质课程，给予荣誉称号或者适当资助。

（二十）加强安全培训过程管理和质量评估。建立安全培训需求调研、培训策划、培训计划备案、教学管理、培训效果评估等制度，加强安全培训全过程管理。制定安全培训质量评估指标体系，定期向全社会公布评估结果，并将评估结果作为安全培训机构考评的重要依据。

（二十一）完善安全培训考试体系。有关主管部门要按照职责分工，建立健全本行业领域安全培训考试制度，加强考试机构建设，严格教考分离制度。要建立健全安全资格考试题库，完善国家与地方相结合的题库应用机制。建立网络考试平台，加快计算机考试点建设，开发实际操作模拟考试系统。加强考试监督，严格考试纪律，依法严肃处理考试违纪行为。有关主管部门要统一本行业领域一般从业人员安全培训合格证书式样，规范考试发证管理。

六、加强安全培训监督检查

（二十二）加大安全培训执法力度。有关主管部门要把安全培训纳入年度执法计划，作为日常执法的必查内容，定期开展安全培训专项执法。要规范安全培训执法程序和方法，将抽查持证情况、抽考职工安全生产应知应会知识作为日常执法的重要方式。要加强对承担安全培训的机构管理，深入开展专项治理，促进安全培训机构健康发展。企业要建立安全培训自查自考制度，加大"三违"行为处罚力度。

（二十三）严肃追究安全培训责任。对应持证未持证或者未经培训就上岗的人员，一律先离岗、培训持证后再上岗，并依法对企业按规定上限处罚，直至停产整顿和关闭。对存在不按大纲教学、不按题库考试、教考不分、乱办班等行为的安全培训和考试机构，一律依法严肃处罚。对各类生产安全责任事故，一律倒查培训、考试、发证不到位的责任。对因未培训、假培训或者未持证上岗人员的直接责任引发重特大事故的，所在企业主要负责人依法终身不得担任本行业企业矿长（厂长、经理），实际控制人依法承担相应责任。

（二十四）建立安全培训绩效考核制度。制定安全培训工作绩效考核指标体系，做到定性与定量、内部考核与外部评议相结合。安全培训绩效考核结果要纳入安全生产综合考核内容。每年通报安全培训绩效考核结果。

七、切实加强对安全培训工作的组织领导

(二十五)把安全培训摆上更加突出位置。各级政府及有关主管部门、各企业要把安全培训工作纳入实施安全发展战略的总体布局。各级安委会要定期研究解决安全培训突出问题,有关主管部门主要负责同志要亲自抓、负总责,各级安委会办公室要牵头抓总,当好参谋,创新实践,整合资源,示范引领。要经常深入基层、企业开展安全培训调查研究。要支持工会、共青团、妇联、科协以及新闻媒体等参与、监督安全培训工作。

(二十六)保证安全培训投入。建立以企业投入为主、社会资金积极资助的安全培训投入机制。要将政府应当承担的安全培训经费纳入财政保障范围。企业要在职工培训经费和安全费用中足额列支安全培训经费,实施技术改造和项目引进时要专门安排安全培训资金。研究探索由开展安全生产责任险、建筑意外伤害险的保险机构安排一定资金,用于事故预防与安全培训工作。

(二十七)充分运用典型和媒体推动安全培训工作。要总结推广政府有关主管部门加大安全培训监管力度、企业落实安全培训主体责任、培训机构提高安全培训质量的典型经验,以点带面推动工作。要定期公布安全培训问题企业和问题培训机构名单。要广泛宣传安全培训工作的重要地位和作用,宣传安全生产知识和技能,不断提高人民群众安全素质,努力形成全社会更加支持安全生产工作的氛围。

各省级安委会和国务院有关主管部门及各有关中央企业要根据本决定制定实施意见,并及时将实施意见和落实情况报告国务院安委会办公室。

国务院安委会

2012 年 11 月 21 日

国家安全监管总局关于印发
一级安全培训机构认定标准(试行)的通知

安监总培训〔2012〕158 号

各省、自治区、直辖市及新疆生产建设兵团安全生产监督管理局,各省级煤矿安全监察局:

为进一步规范和加强安全培训机构审批、考核和管理工作,促进提高安全培训质量,根据《行政许可法》及《安全培训管理办法》(国家安全监管总局令第 44 号),结合近几年安全培训工作实际,国家安全监管总局对原《一级安全培训机构认定标准(试行)》进行了修订,现印发给你们,请遵照执行。2007 年 11 月 12 日国家安全监管总局印发的《一级安全培训机构认定标准(试行)》同时废止。

各一级安全培训机构要对照标准开展自评工作,发现问题及时整改;资质证书有效期届满需要延期的,要在证书有效期届满 30 个工作日前向国家安全监管总局提出书面申请,逾期未提出的视为放弃资质。

各省级安全监管局、煤矿安全监察局要参照该标准抓紧修订二级、三级安全培训机构认定标准,科学规划安全培训机构建设,严格准入,合理布局;对新认定、复审合格或取消资质的二级、三级安全培训机构,要于作出决定之日起 3 个月内报国家安全监管总局备案。

标准执行中如遇到问题,请及时向国家安全监管总局反馈。

附件:一级安全培训机构认定标准(试行,2012 年 12 月 31 日修订)

国家安全监管总局
2012 年 12 月 31 日

附件

一级安全培训机构认定标准(试行)

(2012 年 12 月 31 日修订)

一、初次认定指标(满分 100 分)

一级指标	二级指标	三级指标	认定方法	是否符合	不符合原因
1 必备条件 (不符合任一指标终止审查)	1.1 机构设置	1.1.1 培训机构能独立或经授权承担法律责任; 1.1.2 有健全的机构章程; 1.1.3 设置承担综合管理、策划、培训教学、教研、档案、财务管理、后勤服务职能的内设机构; 1.1.4 财务收支单列。	1. 查阅培训机构批文、负责人任命书、法人证书等材料,授权承担法律责任的,需查阅正式授权委托书; 2. 查阅机构章程; 3. 查阅机构设置及职责分工有关材料; 4. 查阅财务报表。		
	1.2 注册资金或开办费	1.2.1500 万元以上。	独立法人的查阅营业执照、法人证书,非独立法人的查阅授权委托书以及注册会计师事务所出具的相关证明材料。开办费应符合相关规定。		
	1.3 管理人员及办公场所	1.3.1 专职管理人员不少于 8 人; 1.3.2 有固定、独立、相对集中的办公场所。	1. 查阅人事任命文件、劳动关系证明、保险缴费单据等材料; 2. 现场查看,并查阅产权证明或相关材料。		
	1.4 教师	1.4.1 有 15 名以上具有本科以上学历的专职或者兼职教师,其中至少有 10 名具有高级职称并经国家安全监管总局考核合格的专职教师,专职教师中至少有 5 名取得注册安全工程师执业资格。	查阅学历证书、职称证书、教师岗位证书、注册安全工程师执业资格证、兼职教师聘任协议、人事档案、劳动关系证明、保险缴费单据等材料。		
	1.5 教学及生活设施	1.5.1 有固定、独立和相对集中并能够满足同期 100 人以上规模培训需要的专用教室及住宿、餐饮等生活设施; 1.5.2 有满足同期最大规模教学需要的教学设备、设施; 1.5.3 至少有 1 处使用面积在 150 平方米以上的专用教室; 1.5.4 消防设施按标准配备并经消防部门验收合格。	现场查看,查阅产权证明、消防验收合格证等材料;属划拨或无偿使用的应提供相关证明。		
	1.6 社会责任履行	1.6.1 认真履行安全培训社会责任,包括:制定履行安全培训社会责任制度;主动及时宣传贯彻安全生产新的法律法规和方针政策;自愿积极开展安全培训送教上门;根据国家安全培训工作需要,义务共享自有的优质培训资源等。	查阅相关制度、工作记录等材料。		

续表

<table>
<tr><td colspan="6">一、初次认定指标(满分 100 分)</td></tr>
<tr><td>一级指标</td><td>二级指标</td><td>三级指标</td><td>认定方法</td><td>是否
符合</td><td>不符合
原因</td></tr>
<tr><td rowspan="3">2
培训教室
(20%)</td><td>2.1
面积
(50 分)</td><td>2.1.1 教室数量和面积满足同期最大培训规模需要,每间教室按合理摆放桌椅计算,每学员不少于 1.5 平方米;
2.1.2 与同期最大培训规模相适应的研讨教室不少于 4 个。</td><td>1. 教室数量不足不得分,面积每少 1.5 平方米扣 2 分,扣完为止;
2. 每缺 1 个研讨教室扣 5 分;
3. 培训、研讨教室为危房、简易建筑物或其它不适宜培训教学房屋的不得分。</td><td></td><td></td></tr>
<tr><td>2.2
配套设施
(35 分)</td><td>2.2.1 每个教室中均配备投影仪、投影屏幕、计算机、白板、音响等设备;
2.2.2 桌椅适合成人使用,完好无损。</td><td>1. 每少 1 种设备扣 5 分,扣完为止,设备不能正常使用,按缺少处理;
2. 桌椅不适合成人使用不得分,有坏损酌情扣分。</td><td></td><td></td></tr>
<tr><td>2.3
环境
(15 分)</td><td>2.3.1 教室应满足视听效果的要求;
2.3.2 教室无安全隐患,干净整洁,采光、通风好。</td><td>视听、卫生、采光、通风、安全中每有 1 项不符合要求扣 5 分,扣完为止。</td><td></td><td></td></tr>
<tr><td rowspan="2">3
培训师资
(30%)</td><td>3.1
学历
及职称
(60 分)</td><td>3.1.1 专职教师中具有研究生学历或硕士以上学位的不低于教师总数的 50%;
3.1.2 专职教师中至少有 50% 取得注册安全工程师执业资格。</td><td>每有 1 人达不到要求或每少 1 人扣 10 分,扣完为止。</td><td></td><td></td></tr>
<tr><td>3.2
专业结构
(40 分)</td><td>3.2.1 专职教师专业结构合理,能满足法律法规、安全管理、行业主体专业等方面(每类至少 1 人)的授课需要。</td><td>按申请范围,专职教师每缺 1 类扣 10 分,扣完为止。</td><td></td><td></td></tr>
<tr><td rowspan="3">4
培训管理
(20%)</td><td>4.1
队伍
(30 分)</td><td>4.1.1 培训机构主要负责人及分管教学负责人应具有本科以上学历,副高级以上职称,并有 3 年以上安全培训管理或相关工作经历;
4.1.2 专职管理人员应具有本科以上学历或中级以上职称。</td><td>1. 主要负责人及分管教学负责人学历、职称及工作经历中每有 1 项达不到要求扣 10 分;
2. 每有 1 名专职管理人员达不到要求扣 5 分,扣完为止。</td><td></td><td></td></tr>
<tr><td>4.2
制度
(40 分)</td><td>4.2.1 需求分析、教师管理、学员管理、考核管理、培训评估、档案管理、设备管理、财务管理、后勤保障、自愿履行安全培训社会责任等方面的制度及工作规则健全。</td><td>每缺 1 种制度扣 10 分,制度、工作规则不完善酌情扣分,扣完为止。</td><td></td><td></td></tr>
<tr><td>4.3
信息化
(30 分)</td><td>4.3.1 有专门的安全培训网站或网页;
4.3.2 建有安全培训网络培训平台,能实现网上交互式学习;
4.3.3 建立安全培训信息管理系统。</td><td>1. 没有网站或网页不得分;
2. 未建有安全培训网络培训平台不得分;不能实现网上交互式学习扣 10 分;
3. 未建立培训信息管理系统不得分,不完善或运行不正常酌情扣分。</td><td></td><td></td></tr>
</table>

续表

一、初次认定指标(满分100分)					
一级指标	二级指标	三级指标	认定方法	是否符合	不符合原因
5 辅助设施 (15%)	5.1 实训场所 (30分)	5.1.1 有能满足所申请培训项目需要的重大事故实验演示设备或模拟仿真教室； 5.1.2 有科研和制造企业在现场展示的与培训机构所申请项目相适应的新装备、新技术。	1. 没有重大事故实验演示设备或模拟仿真教室不得分； 2. 没有与培训机构所申请项目相适应的新技术、新装备的展示扣15分。		
	5.2 计算机 (20分)	5.2.1 有独立的计算机室； 5.2.2 每个计算机室配备的计算机不少于50台； 5.2.3 可上互联网。	1. 没有独立的计算机室不得分； 2. 现场查看，对照设备清单，每缺1台计算机扣2分，扣完为止； 3. 不能上网扣15分。		
	5.3 图书资料 (30分)	5.3.1 有独立的、与安全培训规模相适应的安全培训图书室； 5.3.2 安全类的期刊、图书及报纸种类不少于100种，且能及时更新； 5.3.3 有与所申请项目相适应的安全类电子刊物(文献)且具备检索功能； 5.3.4 有与所申请项目相适应的一定数量的安全教育音像资料。	1. 图书室或同安全培训规模不相适应不得分； 2. 期刊、图书、报纸每少1种扣2分，扣完为止，图书资料不及时更新扣10分； 3. 不能检索不得分，功能不全扣10分； 4. 没有安全教育音像资料扣5分。		
	5.4 安全展览展示 (20分)	5.4.1 运用虚拟现实技术或多媒体技术，建设有与所申请项目相适应的安全生产法律法规、安全生产事故、事故预防知识以及新技术、新装备、新工艺等展览展示。	没有展览展示不得分，不运用虚拟现实技术或多媒体技术扣10分，展览展示内容每缺1项扣5分。		
6 后勤服务 (15%)	6.1 住宿 (40分)	6.1.1 有满足同期最大培训规模(不少于100人)住宿需要的标准间； 6.1.2 房间内桌椅、台灯、电视、互联网等生活设施齐全，有卫生间，能洗浴并安全使用。	1. 每少1间扣2分，扣完为止； 2. 房间内生活设施每少1项或1项不能正常使用扣5分，没有卫生间或不能洗浴扣20分，扣完为止。		
	6.2 用餐 (40分)	6.2.1 能满足同期最大培训规模(不少于100人)就餐需要； 6.2.2 有卫生许可证，且清洁、卫生、安全。	1. 查看餐桌餐椅，每少1人扣2分，扣完为止； 2. 没有卫生许可证不得分，不够清洁卫生酌情扣分。		
	6.3 其他 (20分)	6.3.1 教学及生活场所清洁、安全，绿化较好； 6.3.2 能就近就医，交通便利，安全保卫好。	1. 现场查看教学及生活场所，根据情况酌情扣分； 2. 现场查看，根据情况酌情扣分。		

续表

二、复审考核指标（满分 100 分）					
一级指标	二级指标	三级指标	认定方法	是否符合	不符合原因
1 师资 （20%）	1.1 管理 （30 分）	1.1.1 对专兼职教师实行选聘、考核、奖惩及淘汰制度，结合认定标准实行动态管理； 1.1.2 专职教师取得安全培训教师岗位证书； 1.1.3 授课情况登记表、教学质量评估记录、学历及职称证书复印件、劳动关系证明等档案资料齐全。	1. 没有教师选聘、考核、奖惩及淘汰制度或相关实施记录扣 15 分； 2. 每有 1 名专职教师无岗位证书扣 10 分，扣完为止； 3. 对教师档案资料进行抽查，每缺 1 名教师档案资料扣 10 分，不完整或不规范酌情扣分，扣完为止。		
	1.2 能力建设 （30 分）	1.2.1 制定并落实教师的培训计划，切实提高教师教学水平和能力； 1.2.2 专职教师应当每年接受不少于 40 学时的继续教育； 1.2.3 专职教师每年不少于 1 周的现场调研，并撰写调研报告。	1. 查看相关材料，没有或不落实教师培训计划的扣 15 分； 2. 查看继续教育记录，每有 1 位教师没有完成继续教育的扣 10 分； 3. 每有 1 位教师没有开展现场调研并撰写调研报告扣 5 分，扣完为止。		
	1.3 工作量 （40 分）	1.3.1 专职教师年平均授课时间不少于 48 学时； 1.3.2 每期培训班专职教师授课时间不少于总授课时间的 25%； 1.3.3 兼职教师有明确的工作任务和内容，年平均授课时间不少于 16 学时。	1. 对专职教师的授课情况进行抽查，每有 1 位教师年平均授课时间少于 48 学时扣 5 分，不授课扣 10 分，扣完为止； 2. 抽查有关资料，每有 1 期培训班专职教师授课时间少于 25% 扣 10 分，扣完为止； 3. 对兼职教师授课情况进行抽查，每有 1 位教师年平均授课时间少于 16 学时扣 10 分，工作任务和内容不明确扣 5 分，扣完为止。		
2 培训 教学研究 （20%）	2.1 培训教研 （50 分）	2.1.1 建立教研成果评价、奖励机制； 2.1.2 开展安全培训课题研究，每年立项的培训研究项目不少于 1 个； 2.1.3 认真分析不同培训对象的培训需求，并在此基础上制定包括培训内容、培训目标、培训方法等内容的培训方案。	1. 没有建立相关机制扣 15 分； 2. 未开展研究不得分，每缺 1 个研究项目立项扣 15 分； 3. 抽查有关资料，每缺 1 类培训方案扣 5 分，不完整酌情扣分，扣完为止。		
	2.2 成果 （50 分）	2.2.1 为政府机构、企业或社会团体提供安全培训等方面的咨询服务，3 年内相关成果不少于 3 个； 2.2.23 年内发表的安全培训方面的论文不少于 3 篇； 2.2.3 具有培训教材或音像制品的开发能力，3 年内相关产品不少于 3 套； 2.2.4 安全培训研究成果能在一定范围内推广。	1. 咨询服务相关成果每少 1 个扣 15 分； 2. 发表的相关论文每少 1 篇扣 15 分； 3. 开发的相关教材、音像制品每少 1 套扣 15 分； 4. 没有有效推广扣 10 分。		

续表

二、复审考核指标(满分100分)					
一级指标	二级指标	三级指标	认定方法	是否符合	不符合原因
3 培训 组织实施 (30%)	3.1 培训班管理 (30分)	3.1.1 每期培训班配备专职管理人员担任班主任; 3.1.2 严格学员考勤; 3.1.3 实行跟班听课制度。	1. 抽查有关资料,每有1期班没有配备专职班主任扣10分,扣完为止; 2. 抽查学员考勤记录,每有1期班执行不严扣5分,扣完为止; 3. 抽查听课记录,每有1期班缺少1位教师的听课记录扣10分,记录不规范酌情扣分,扣完为止。		
	3.2 教学方法 (10分)	3.2.1 有鼓励教师积极参与教学方法改革的措施; 3.2.2 制定教学计划,合理选用讲授、研讨、角色扮演、案例、模拟等培训方法; 3.2.3 课堂讲授全部采用多媒体。	1. 查阅有关资料,没有相关规定扣10分; 2. 对教学计划进行抽查,每有1期班教学方法少于3种扣5分,扣完为止; 3. 对教学计划进行抽查,每有1期班1门课没有采用多媒体扣5分,扣完为止。		
	3.3 质量控制 (40分)	3.3.1 建立培训质量评估措施,对培训过程进行动态监控。 3.3.2 严格按培训大纲和教学计划要求的时间和内容实施培训; 3.3.3 为学员提供有针对性的教材、讲义和相关资料; 3.3.4 每班培训人数不超过80人; 3.3.5 每位教师每期班连续授课时间不超过1天,担任课程不超过2门; 3.3.6 图书资料室、计算机室向学员开放并有记录; 3.3.7 组织学员参观安全展览展示。	1. 无培训质量评估措施扣10分,落实不好酌情扣分; 2. 抽查教学计划及有关资料,每有1期班没有按要求培训扣20分,扣完为止; 3. 对提供资料情况进行抽查,每有1期班没有提供相关资料扣10分,缺乏针对性扣5分,扣完为止; 4. 对培训班人数进行抽查,每有1期班超过80人扣5分,超过120人扣10分,扣完为止; 5. 抽查教学计划及有关资料,每有1期班1位老师连续授课时间超过1天扣5分,担任课程超过2门扣5分,扣完为止; 6. 查阅相关使用记录,没有向学员开放扣5分; 7. 查阅相关记录,不组织学员参观展览展示扣5分。		
	3.4 效果评估 (20分)	3.4.1 每期培训班对教师、课程设置、教材及后勤服务等进行评估; 3.4.2 每期培训班进行书面总结,查找问题,提出改进措施并认真整改; 3.4.3 每期培训班召开学员座谈会,听取意见和建议; 3.4.4 通过座谈会或调查问卷等方式,每年至少听取1次学员及学员所在单位对培训质量与效果的意见。	1. 对开展评估情况进行抽查,每有1期班1项评估没有开展扣5分,扣完为止; 2. 抽查书面总结,每缺1期班总结扣10分,总结没有认真分析问题、提出整改措施并整改的扣5分,扣完为止; 3. 抽查学员座谈会记录,每有1期班没有召开扣5分,扣完为止; 4. 抽查学员及所在单位意见反馈记录,每缺1次扣10分,扣完为止。		

续表

二、复审考核指标(满分 100 分)					
一级指标	二级指标	三级指标	认定方法	是否符合	不符合原因
4 培训业绩 (15%)	4.1 评价 (50 分)	4.1.1 学员对课程设置、教师、授课内容、组织管理和后勤服务的满意率不低于 85%； 4.1.2 学员经培训，考核合格率不低于 90%； 4.1.3 学员所在单位对培训质量与效果满意度高； 4.1.4 所在地安全培训管理部门评价较高。	1. 对学员满意率进行抽查，每有 1 类班中有 2 期班教师、课程设置、后勤服务中 1 项满意率低于 85% 扣 5 分，扣完为止； 2. 对学员培训考核合格率进行抽查，每有 1 期班合格率低于 90% 扣 5 分，低于 80% 扣 15 分，扣完为止； 3. 查看有关学员单位满意度调查材料，根据评价情况酌情扣分； 4. 听取所在地安全培训管理部门意见，根据评价情况酌情扣分。		
	4.2 培训数量 (50 分)	4.2.1 按要求完成年度培训计划，且 3 年内年平均培训标准人数不少于 2000 人。	每有 1 年完不成年培训计划扣 20 分，年平均培训标准人数每少 50 人扣 10 分，扣完为止。		
5 规章制度执行 (15%)	5.1 制度 (60 分)	5.1.1 严格执行各项制度并有相关记录； 5.1.2 严格按照有关规定收费。	1. 结合教学管理、校容环境、人文气氛等对制度执行情况进行评价，酌情扣分； 2. 没有按规定收费扣 30 分。		
	5.2 档案管理 (40 分)	5.2.1 教学档案一期一档，分类编号，内容包括：办班通知、学员名册、考勤表、课程表、教师讲义、培训评估汇总表、考试成绩表、培训班总结等； 5.2.2 对安全监管监察人员，高危行业企业主要负责人、安全管理人员和特种作业人员，安全培训教师等培训实行一人一档制度； 5.2.3 培训管理档案健全，对教学档案、学员档案等实行电子档案管理； 5.2.4 电子文件应按《档案著录规则》著录，并制成机读目录。	1. 对档案管理情况进行抽查，每有 1 期班档案不齐全、不规范扣 10 分，扣完为止； 2. 相关人员没有实现学员档案一人一档的扣 10 分，缺项酌情扣分； 3. 未实施电子档案管理不得分，不规范酌情扣分。		

国家安全监管总局关于印发安全生产资格考试与证书管理暂行办法的通知

安监总培训〔2013〕104号

各省、自治区、直辖市及新疆生产建设兵团安全生产监督管理局，各省级煤炭行业管理部门、煤矿安全监管部门和煤矿安全监察局：

《安全生产资格考试与证书管理暂行办法》（以下简称《暂行办法》）已经国家安全生产监督管理总局（以下简称总局）局长办公会议研究通过，现印发给你们，请遵照执行，并就有关事项通知如下：

一、加强安全生产资格考试与证书管理工作，是深入贯彻党的十八大精神，落实科学发展、安全发展的重要举措，是加快转变安全培训监管方式，推动提高安全培训质量的重要手段。各省级考核发证部门要高度重视，切实加强工作领导。相关部门和单位的主要领导作为第一责任人，要层层细化责任，扎实推动各项工作落实。

二、各级考核发证部门要按照职责分工，抓紧制定本地区实施细则，完善配套制度措施，严格考试纪律，规范证书管理，创造性地开展工作，不断提高安全生产资格考试和证书管理科学化水平。要加强考试机构和考试点工作监督检查，对违反规定组织考试或参与取证的单位和人员，一律严肃处理，绝不姑息。

三、总局和国家煤矿安监局委托总局培训中心，承担全国安全生产资格考试管理工作。各省级考核发证部门要于2013年12月底前，确定省级考试机构并报总局备案；完成考试点规划布局，并按照《暂行办法》规定和考试点建设标准，启动建成一批考试点，确保2015年全面建成全国统一的安全资格考试和证书管理体系。

四、总局正在组织开发国家级考试题库。各省级考核发证部门要按照《暂行办法》规定和命题规则，扎实推进省级考试题库建设，完善与国家级考试题库结合应用机制，确保安全生产资格考试的严肃性和统一性。

五、总局正在组织建设全国统一考试平台和证书管理系统。全国统一考试平台运行后，各级考试机构要使用统一考试平台进行考试组织和管理。各省级考核发证部门要按照总局要求，严格按照统一业务流程开展工作，推动安全生产资格考试和证书管理工作制度化、规范化、流程化和标准化。

《暂行办法》在执行中如遇问题，请及时向总局人事司反馈（联系电话：010－64463082）。

国家安全监管总局

2013年9月24日

安全生产资格考试与证书管理暂行办法

第一章 总 则

第一条 为规范和加强安全生产资格考试及证书管理工作，切实提高从业人员安全素质，根据《中华人民共和国安全生产法》等法律法规，制定本办法。

第二条 本办法适用于煤矿、非煤矿山、危险化学品、烟花爆竹等高危行业生产经营单位主要负责人、安全生产管理人员安全资格，特种作业人员操作资格以及安全监管监察人员执法资格（以下统称安全生产资格）考试及证书管理工作。

第三条 安全生产资格考试及证书管理工作，坚持教考分离、统一标准、统一题库、统一证书、分级负责原则。

国家安全监管总局组织、指导、监督全国安全生产资格考试与证书管理工作。

国家煤矿安监局组织、指导、监督全国煤矿安全生产资格考试与证书管理工作。

省级安全生产监督管理部门、煤矿安全培训管理部门（以下统称省级考核发证部门）按照职责分工，组织、指导、监督本行政区域内安全生产资格考试与证书管理工作。

第二章 考试机构

第四条 总局考试机构由国家安全监管总局和国家煤矿安监局确定，承担全国安全生产资格考试管理工作。

省级考试机构由省级考核发证部门按照职责分工确定，报国家安全监管总局备案，承担本行政区域内的安全生产资格考试管理工作。

市（地）级考试机构设置及职责，由省级考核发证部门根据实际工作需要确定。

考试机构应当按照高效便民原则，合理设置考试点。

考试机构不得从事与所承担考试任务有关的培训活动。

第五条 总局考试机构职责是：

（一）制定全国安全生产资格考试相关工作制度；

（二）承担考核标准的研究、起草以及国家级题库的开发、管理与维护工作；

（三）承担国家安全生产资格考试网络平台建设和信息管理工作；

（四）指导监督省级考试机构工作；

（五）承担由国家安全监管总局和国家煤矿安监局负责考核的有关人员安全生产资格考试工作；

（六）其他有关工作。

第六条 省级考试机构职责是：

（一）制定本地区安全生产资格考试相关工作制度；

（二）承担省级题库的开发、管理与维护工作；

（三）承担本地区安全生产资格考试网络平台建设和信息管理工作；

（四）指导监督考试点工作；

（五）承担省级考核发证部门负责考核的有关人员安全生产资格考试工作；

（六）其他有关工作。

第七条 考试点职责是：

（一）承担安全生产资格考试具体组织实施工作；

（二）负责计算机网络、考试设施和器材的建设和维护工作；

（三）承担考试机构安排的其他有关工作。

第三章 考试方式

第八条 生产经营单位主要负责人、安全生产管理人员安全资格考试和安全监管监察人员执法资格考试在考试点进行，实行计算机考试，特殊情况经考试机构同意可采用计算机生成的纸质试卷考试。考试时间为120分钟，满分为100分，80分以上为合格。

第九条 特种作业人员操作资格考试分为安全生产知识考试和实际操作考试。安全生产知识考试合格后，方可进行实际操作考试。

安全生产知识考试在考试点进行，实行计算机考试，特殊情况经考试机构同意可采用计算机生成的纸质试卷考试。考试时间为120分钟，满分为100分，80分以上为合格。

实际操作考试应当在具备实际操作考试条件的考试点，采取现场实际操作或者仿真模拟操作等方式进行，满分为100分，80分以上为合格。

第十条 考试不合格的，允许补考一次。考试合格成绩有效期为12个月。

第四章 考务管理

第十一条 考试机构应当按照相关规定制定考试计划，并严格按照考试计划组织实施考试。

第十二条 考试机构应当将报名所需材料目录及示范文本等在办公场所公示，并根据考试计划做好报名组织工作。

第十三条 报考人员报名时，须携带相关材料，并对提交材料的真实性、准确性和完整性负责。

第十四条 考试机构应当对报考人员资格进行审查，确保其考试资格符合有关规定。

第十五条 考试期间，考试机构应当安排监考人员对所负责的安全生产资格考试进行现场监考；实际操作考试还应当安排考评人员进行现场评分。

第十六条 考试结束后，监考人员填写考场记录，交考试机构存档；采用纸质试卷考试的，应当将试卷密封，交考试机构。

第十七条 考试点应当对考试过程进行全程录像，录像资料应当建立档案，妥善保管，保存期限不少于3年。

第五章 考试试题

第十八条 安全生产资格考试应当使用全国统一考试题库。全国统一考试题库分为国家级题库和省级题库，应当按照考核标准的规定要求建设。

省级题库应当结合本地区安全生产实际进行命题，重点突出地方性法规和区域安全生产特点，并由省级考试机构报总局考试机构备案。

第十九条 总局考试机构统一制定安全生产资格考试试题组卷规则。考试试卷应当按照组卷规则，由计算机在考试题库中随机生成。

对参加初次取证考试的，试卷中国家级题库试题比例应当保持在80%以上；对参加复审或者延续复审考试的，试卷中国家级题库试题比例应当保持在50%以上。

第二十条 对国家级题库尚未建立的安全生产资格类别，省级考试机构可使用省级题库组织考试。

第六章 考试违纪处理

第二十一条 考生有违反考试纪律行为的，考试机构根据有关规定，视其情节、后果，分别给予口头警告、责令离开考场并取消本场考试成绩、一年内不得报名参加安全生产资格考试的处理。

第二十二条 监考人员和考评人员有违反考试纪律行为的,应当根据有关规定,视其情节、后果给予相应的处分。

第二十三条 处理违纪行为,应当做到事实清楚、证据确凿、定性准确、程序合法。

第二十四条 考生、监考人员和考评人员对违纪处理决定不服的,可以向作出决定的考试机构申请复核。

第七章 证书管理

第二十五条 生产经营单位主要负责人、安全生产管理人员经考核合格后,颁发安全资格证;特种作业人员经考核合格后,颁发特种作业操作证;安全生产监管人员经考核合格后,颁发安全生产监管执法证;煤矿安全监察人员经考核合格后,颁发煤矿安全监察执法证(以下统称安全生产资格证书)。

生产经营单位主要负责人、安全生产管理人员取得注册安全工程师执业证,并符合安全资格准入学历、专业工作经历等条件的,可以向考核发证部门申领相应类别的安全资格证书。

第二十六条 安全生产资格证书是证书持有人从事相应工作的资格凭证,其式样和编号由国家安全监管总局统一规定。

特种作业操作证和省级以上考核发证部门颁发的生产经营单位主要负责人、安全生产管理人员的安全资格证,在全国范围内有效。

第二十七条 安全生产资格证书应当妥善保管,不得涂改、出借、出租和转让。

安全生产资格证书遗失,应当向原考核发证部门提出补发安全生产资格证书的申请。

安全生产资格证书因损毁影响使用的,可以向原考核发证部门申请换发证书。换发安全生产资格证书的,原证书收回。

补发、换发安全生产资格证书的,其证书编号与原编号一致,并应当备注说明。

第二十八条 安全生产监管执法证、煤矿安全监察执法证、安全资格证的有效期为 3 年。有效期届满需要延续的,应当于有效期届满 30 日前向原考核发证部门申请办理延续手续。

特种作业操作证有效期 6 年,每 3 年复审 1 次。特种作业操作证需要复审或者有效期届满需要延续换证的,应当在期满 60 日前,由申请人或者申请人的用人单位向原考核发证部门或者从业所在地考核发证部门申请办理手续。

第八章 信息管理

第二十九条 国家安全监管总局和国家煤矿安监局建设全国安全生产资格考试网络平台和证书管理系统,在全国范围内实现信息共享,供有关部门和社会公众使用和查询。

第三十条 考试机构应当使用全国安全生产资格考试网络平台,进行考试组织管理。全国安全生产资格考试网络平台投入使用前已建成省级考试平台的,要与全国安全生产资格考试网络平台实现对接。

第三十一条 考试机构和考试点采集的考试信息应当及时、准确、完整。

第三十二条 考核发证部门应当根据本地区实际情况,加大安全生产资格考试的信息化建设资金投入,加快考试点建设。

第九章 附则

第三十三条 考核发证部门按照有关要求,向当地政府或者同级财政、物价部门申请本地区安全生产资格考试工作专项经费或者确定收费标准。

第三十四条 省级考核发证部门可以结合本地区实际,制定实施细则,报国家安全监管总局、国家煤矿安监局备案。

第三十五条 本办法自印发之日起施行。法律、行政法规和国家安全监管总局规章另有规定的，从其规定。

第三十六条 本办法由国家安全监管总局负责解释。

附件:1. 考试实施程序

2. 监考人员、考评人员的职责及要求

3. 考试违纪处理规定

4. 考试题库命题工作规则

5. 考试点建设标准

附件 1

考试实施程序

一、生产经营单位主要负责人、安全生产管理人员安全资格考试，特种作业人员安全生产知识考试和安全监管监察人员执法资格考试的实施程序

（一）考试机构依照相关规定制定考试计划，并于考试 5 个工作日前将考试计划派发到考试点。

（二）负责考试报名工作的机构，根据考试计划组织考试报名，对申请参加考试人员（以下称考生）进行报考资格审查，并编排考场，发放准考证。

（三）考试点应当提前对考场设备设施进行检查，确保设备设施完好。

（四）考试试卷应当从考试题库中随机生成。采用纸质试卷考试的，应当制定严格的保密制度，采取切实的保密措施，确保考试公平公正。

（五）考生凭准考证和有效身份证件，在规定的考试时间内，到指定考试点参加考试。

（六）考试机构安排监考人员执行监考任务。监考人员对考生进行身份核对后，按照考试时间安排，宣布开始考试。

（七）考试结束，监考人员填写考场记录并签名，连同考试成绩一起封入档案袋，交考试机构存档；采用纸质试卷考试的，监考人员将考试试卷密封后，交考试机构组织阅卷。

二、特种作业人员实际操作考试的实施程序

（一）考试机构通知考试点根据考生类别准备相应的考试场所、设备、工具和辅材。

（二）考试机构选派相应的监考人员和考评人员。

（三）考生凭准考证和有效身份证件，在规定的考试时间内，到指定考试点参加考试。

（四）考试试题应从考试题库中随机抽取选定。

（五）监考人员对考生进行身份核对后，按照考试时间安排，宣布开始考试。

（六）考评人员现场评判考生的考试成绩。

（七）考试结束后，考评人员将考试成绩登入考试成绩表，经监考人员核对后，连同考场记录一起封入档案袋，交考试机构存档。

附件 2

监考人员、考评人员的职责及要求

一、监考人员

（一）负责安全生产资格考试监考工作，由考试机构选派；监考时，佩带统一制发的工作证件。

（二）严格执行考试实施程序，严肃考场纪律，发现异常情况要及时处理并报告考试机构。

（三）严格核查考生准考证及规定的其他证件。

（四）对考生进行考风考纪教育，宣读考试注意事项。

（五）监督考生按规定考试，制止考试违纪行为。

（六）严格遵守监考有关纪律和规定。

（七）考试结束，组织核对和整理考试情况。

二、考评人员

（一）负责特种作业人员实际操作考试评分工作，由考试机构选派；考评时，佩戴统一制发的工作证件。

（二）具有专科以上文化程度、中级以上专业技术职务或者技师以上资格，实际从事相应专业和岗位 5 年以上，熟悉相应的专业知识和操作技能。

（三）严格执行考试有关规定，对考试场地、设备、工具和辅材等进行核查和检验。

（四）严格按照有关规定进行评分，填写考评记录，具有独立的考核评分权力。

（五）严格遵守考试有关纪律和规定。

附件 3

考试违纪处理规定

一、考生有下列行为之一的，应当对其提出口头警告并责令改正；经警告仍不改正的，可宣布取消其本次考试资格，责令离开考场

（一）携带禁止带入考场的物品进入考场的；

（二）在考场内吸烟、喧哗或者其他影响考试秩序行为的；

（三）未在规定座位上答题或者在规定不得离开考场的时限内，未经允许离开考场的；

（四）考试期间旁窥、交头接耳、互打暗号或者手势的；

（五）其他一般的考场违纪行为。

二、考生有下列行为之一的，应当宣布取消其本次考试资格，责令离开考场，并由考试机构作出一年内不得报名参加考试的决定，并在一定范围内公告，不得报名参加考试的期限，自作出决定之日起算

（一）以伪造证件、证明及其他相关材料获得考试资格和考试成绩，或者由他人冒名顶替参加考试的；

（二）通过考场内外串通获取或者试图获取试题答案的；

（三）使用具有无线信号接收功能的电子设备，以及具有信息存储、读取功能的电子产品的；

（四）夹带、查看与考试有关资料，或者抄袭他人答案或者同意、默许、帮助他人抄袭的；

（五）其他严重的违纪行为。

三、监考人员、考评人员有下列情形之一的，停止其参与考试工作，并视情节轻重给予或者建议其所在单位给予相应的处分，直至开除或者解聘；构成犯罪的，依法追究刑事责任

（一）擅自改变考试开始时间或者结束时间的；

（二）提示考生答卷，指使或者纵容他人作弊，参与考场内外串通作弊，截留、窃取、遗失考试试卷，泄露考题、答案及其他考务工作秘密的；

（三）未认真履行职责，所负责考场秩序混乱或者出现较大范围作弊的；

（四）利用考试工作之便索贿、受贿或者谋取其他不正当利益的；

（五）其他的违纪行为。

四、考试点有下列情形之一的，视情节轻重给予警告并责令改正，直至取消考试点考试资格的处理；构成犯罪的，依法追究相关人员刑事责任

（一）以不正当手段协助他人取得考试资格的；

（二）未认真履行职责，考场存在安全隐患，考试准备工作不到位的；

（三）协助考生作弊、参与考场内外串通作弊，截留、窃取、遗失考试试卷，泄漏考题、答案及其他考务工作秘密的；

（四）其他的违纪行为。

附件 4

考试题库命题工作规则

一、考试题库构架

按照“统一题库”原则,建立全国安全生产资格考试题库,设立国家级题库和省级题库。

根据安全生产资格考试人员类别,分类建设考试题库。

(一)生产经营单位主要负责人考试题库和安全生产管理人员考试题库:主要是安全生产法律法规、管理、技术方面的基础知识和安全管理能力试题。

(二)安全生产监管和煤矿安全监察人员考试题库:主要是安全生产法律法规、管理、技术方面的基础知识和安全生产执法能力试题。

(三)特种作业人员考试题库分为安全生产知识考试题库和实际操作考试题库。

1. 安全生产知识考试题库:主要是特种作业人员在安全生产法律法规、管理、技术方面的基础知识试题。

2. 实际操作考试题库:主要是特种作业人员实际操作能力的试题,要选择岗位中典型工作任务,以及常用、易错、重点的作业环节进行考核。

二、试题命题要求

(一)命题依据。

按照各类人员安全生产资格培训大纲、考核标准和技术规范性文件编制试题。省级题库要结合本地区安全生产法规和特点进行命题。

(二)命题原则。

遵循依据可靠、题干准确、答案唯一、内容精炼的原则。

(三)题型设置。

1. 生产经营单位主要负责人、安全生产管理人员安全资格考试,特种作业人员安全生产知识考试和安全监管监察人员执法资格考试设置判断题、单选题和多选题等题型。

2. 特种作业人员实际操作考试设置工作任务题、作业环节题。

(四)试题属性。

编写的试题应当具有以下基本属性:

试题属性	说　明
考试对象	分为安全监管人员,煤矿安全监察人员,生产经营单位主要负责人、安全生产管理人员,特种作业人员。
知识点	按照国家统一的考核标准确定,考核要点分布要符合考核标准的要求。
难易程度	分为容易、中等、较难三种难度水平。
题型	依据本规则第二条第三款设定。
题干	试题的题目内容。
答案选项	试题的备选答案。
标准答案	审定后的试题正确答案。
分值	每道试题的考评分数。
参考依据	指明试题的出处或者参考资料。

(五)试题审核。

1. 考试题库的审核,要组织召开题库审定会,每个类别题库的审核专家应当不少于 5 名。

2. 试题内容不超出考核标准范围,不存在观点错误、提法陈旧和过时等问题。考核知识点应当为较重要的、与实际工作密切相关的专业知识和技能,以及通用的安全生产知识。知识点分布要合理,符合考核标准的要求,有适当的难易程度和区分度。

3. 试题题干要做到文字表述简明扼要，数据准确无误，图表格式规范，避免引起歧义和误导。试题答案要做到唯一、准确、规范。

（六）工作程序。

1. 根据各类人员安全生产资格考核标准和技术规范性文件，制定考试题库建设方案，报主管部门审定。

2. 按照题库建设方案的具体要求，分类进行试题编写。

3. 由主管部门组织专家分类审定题库，并公告实施。

附件 5

考试点建设标准

一、人员配备

考试点应当配备不少于 5 名考务工作人员。

二、办公及考试场所

（一）考试点办公场所不少于 40 平方米，考试场所应当分别设置监考人员、考评人员备考场所和待考人员等候休息场所。

（二）考试点应当配备必要的办公设备及辅助设施，包括电脑、打印机、复印机、传真机等。

（三）考试点应当设置不少于 1 个计算机考试考场或者不少于 1 个实际操作考试考场。

（四）考试点应当设置公示板，公布考试点管理规定、考试规则、考试科目时间表、考生注意事项等。

（五）考试点应当设有考生咨询处、考生物品存放处、茶水供应处。考试点醒目位置应当悬挂标明考试点名称的标牌（标牌大小规格为 35.9 厘米 ×22.5 厘米）。

三、计算机考场基本配置

（一）考试计算机房必须按照国家有关标准进行建设，确保无安全隐患，并选择环境安静、便于管理、整洁、通风好的标准教室，考试区域实行封闭式管理；消防设施按标准配备并经消防部门验收合格。

（二）考试点应当设置有关安全指示标志、安全警示标语、考场规则等。

（三）每间计算机考场至少安装两台网络摄像机，用于对考试现场情况进行实时监控，同时接入国家监控平台。考试点机房网络接入应当配备不小于 2 兆的光纤。

（四）在考场入口设置 1－2 台身份证读卡器或者其他身份识别设备。

（五）考试用计算机不少于 30 台，并留有足够的备用电脑，各考位之间设置有效的间隔设施。

四、实际操作考试考场基本配置

（一）必须按照国家安全监管总局和国家煤矿安监局要求，根据不同的作业类别配备相应的设备、仪器、工具、劳动防护用品、安全标志、考试耗材、消防器材等。

（二）必须按照环境保护、劳动保护、安全和消防各项要求设置。

（三）考试点应当设置有关安全指示标志、警示标语、考场规则等。

（四）至少安装两台摄像机，用于现场录像，有条件的考场应当安装网络摄像机，对考试现场情况进行实时监控，同时接入国家监控平台。

（五）在考场入口设置 1－2 台身份证读卡器或者其他身份识别设备，供核对考生身份使用。

（六）设置有待考人员等候休息场所。

7. 检测检验

国家安全监管总局关于印发安全生产检测检验机构资质认定评审通用准则及认定申请书的通知

安监总规划〔2007〕28 号

各省、自治区、直辖市及新疆生产建设兵团安全生产监督管理局,各省级煤矿安全监察机构:

为贯彻实施《安全生产检测检验机构管理规定》(安全监管总局令第 12 号),规范安全生产检测检验机构资质管理工作,提高资质认定的科学性和有效性,现将《安全生产检测检验机构资质认定评审通用准则》和《安全生产检测检验机构资质认定申请书》印发给你们,自 2007 年 4 月 1 日起施行。

安全生产检测检验资质认定技术服务机构设在中国安全生产科学研究院,承担资质认定技术审查和专家评审等工作。

附件:

1. 安全生产检测检验机构资质认定评审通用准则
2. 安全生产检测检验机构资质认定申请书

二〇〇七年二月十二日

附件1

安全生产检测检验机构资质认定评审通用准则

1 总则

1.1 为贯彻实施《安全生产检测检验机构管理规定》，确保科学、规范地实施安全生产检测检验机构资质认定评审，为安全生产检测检验机构资质认定提供可靠依据，根据《中华人民共和国安全生产法》等有关法律、法规，制定本准则。

1.2 本准则适用于对所有从事第三方安全生产检测检验活动的安全生产检测检验机构资质认定的评审，也可为安全生产检测检验机构建立质量、行政和技术运作的管理体系，以及为安全生产检测检验机构的客户等对安全生产检测检验机构的能力进行确认或承认提供指导。

1.3 本准则所称的安全生产检测检验机构资质认定评审，是指国家安全生产监督管理总局或者省级安全生产监督管理部门（以下统称安全监管部门）、煤矿安全监察机构对安全生产检测检验机构的基本条件和能力是否符合法律、行政法规规定以及相关技术规范或者标准实施的评价和承认活动。

2 参考文件

《安全生产检测检验机构管理规定》（国家安全生产监督管理总局令第12号）

ISO/IEC17025:2005《检测和校准实验室能力的通用要求》

GB/T 15481《检测和校准实验室能力的通用要求》

3 术语和定义

《安全生产检测检验机构管理规定》和ISO/IEC17025:2005中确立的以及下列术语和定义适用于本准则。

3.1 安全性能

产品、仪器设备、设施、材料和作业场所等影响从业人员生命安全和健康的基本安全要求。

4 管理要求

4.1 组织

4.1.1 安全生产检测检验机构（以下简称检测检验机构）应具有法人资格，能独立、客观、公正地从事安全生产检测检验（以下简称检测检验）活动。

4.1.2 检测检验机构有责任确保所从事的检测检验工作符合本准则的要求，并能满足客户和安全监管部门、煤矿安全监察机构的需求。

4.1.3 检测检验机构应具备与申请业务相适应的固定工作场所，应具备正确进行检测检验所需要的并且能够独立调配使用的固定、临时和可移动检测设备设施。

4.1.4 检测检验机构的管理体系应覆盖在固定设施内、离开其固定设施的场所，或在相关的临时或移动设施中等所有场所进行的工作。

4.1.5 如果检测检验机构还从事检测检验以外的活动，为识别潜在利益冲突，应规定涉及检测检验、或对检测检验有影响的关键人员的职责。

4.1.6 检测检验机构应具备以下条件：

a）有与其从事检测检验活动相适应的管理人员和专业技术人员，他们应具有所需的权力和资源来履行包括实施、保持和改进管理体系的职责，识别对管理体系或检测检验程序的偏离，以及采取预防或减少这些偏离的措施（见5.2）；

b）有措施确保其管理层和员工不受任何对工作质量有不良影响的、来自内外部的不正当的商业、财务和其他方面的压力和影响，并防止商业贿赂；

c）有保护客户机密信息和所有权的政策和程序，包括保护电子存储和传输结果的程序；

d）有政策和程序以避免卷入任何会降低其在能力、公正性、判断力或运作诚实性方面可信度的活动，避免与其从事的检测检验活动以及出具的数据和结果存在利益关系，避免参与和检测检验项目或者类似的竞争性项目有关系的产品设计、研制、生产、供应、安装、使用或者维护活动。

e)确定检测检验机构的组织和管理结构,以及质量管理、技术运作和支持服务之间的关系;

f)规定对检测检验质量有影响的所有管理、操作和核查人员的职责、权力和相互关系;

g)检测检验机构高层管理者及各部门主管应有任命文件;高层管理者的变更需报资质证书颁发机关备案,授权签字人的变更需报资质证书颁发机关确认;

h)由熟悉各项检测检验的方法、程序、目的和结果评价的人员,对检测检验人员包括在培员工、检测检验的关键环节进行充分监督;

i)在高层管理者中指定一名技术负责人,全面负责技术运作和提供确保检测检验机构运作质量所需的资源;

j)在高层管理者中指定一名质量负责人,赋予其能够保证管理体系有效运行的职责和权力;

k)指定最高管理者、技术负责人、质量负责人等关键管理人员的代理人,并在质量手册中予以规定;

l)确保检测检验机构人员理解他们活动的相互关系和重要性,以及如何为管理体系质量目标的实现做出贡献;

m)有措施确保检测检验活动中人员、仪器设备、设施等的安全;

n)对安全监管部门、煤矿安全监察机构下达的指令性检测检验任务编制计划并保质保量按时完成。

4.1.7 最高管理者应确保在检测检验机构内部建立适宜的沟通机制,并就确保与管理体系有效性的事宜进行沟通。

4.2 管理体系

4.2.1 检测检验机构应按本准则建立、实施和保持能够保证其公正性、独立性并与其检测检验活动范围相适应的管理体系;应将其政策、制度、计划、程序和指导书制订成文件,并达到确保检测检验结果质量所需的程度;管理体系文件应传达至有关人员,并被其理解、获取和执行。

4.2.2 检测检验机构管理体系中与质量有关的政策,包括质量方针声明,应在质量手册中阐明。应制定总体目标并在管理评审时加以评审。质量方针声明应当简明,可包括应始终按照声明的方法和客户的要求来进行检测检验的要求。质量方针声明应在最高管理者的授权下发布,至少包括下列内容:

a)检测检验机构管理者对良好职业行为和为客户提供检测检验服务质量的承诺;

b)管理者关于服务准则的声明;

c)与质量有关的管理体系的目的;

d)要求检测检验机构所有与检测检验活动有关的人员熟悉管理体系文件并在工作中执行这些政策和程序;

e)检测检验机构管理者对遵循本准则及持续改进管理体系有效性的承诺。

4.2.3 最高管理者应提供建立和实施管理体系以及持续改进其有效性承诺的证据。

4.2.4 最高管理者应将满足客户要求和安全监管部门、煤矿安全监察机构要求的重要性传达到组织。

4.2.5 质量手册应包括或指明含技术程序在内的支持性程序,并概述管理体系中所用文件的架构。

4.2.6 质量手册中应规定技术负责人和质量负责人的作用和责任,包括确保遵循本准则的责任。

4.2.7 当策划和实施管理体系的变更时,最高管理者应确保保持管理体系的完整性。

4.3 文件控制

4.3.1 总则

检测检验机构应建立和保持程序来控制构成其管理体系的所有文件(内部或来自外部的),诸如法规、标准、其他规范化文件、检测检验方法,以及图纸、软件、规范、指导书和手册(有关记录的控制在4.13中规定;检测检验数据的控制在5.4.7条中规定)。

4.3.2 文件的批准和发布

4.3.2.1 凡作为管理体系组成部分发给检测检验机构人员的所有文件,在发布之前应由授权人员审查并批准使用。应建立识别管理体系中文件当前的修订状态和分发的控制清单或等效的文件控制程序并使之易于获得,以防止使用无效或作废的文件。

4.3.2.2 所用程序应确保:

a)在对检测检验机构有效运作起重要作用的所有作业场所都能得到相应文件的授权版本;

b)定期审查文件,必要时进行修订,以确保其持续适用;

c)及时地从所有使用或发布处撤除无效或作废文件,或用其他方法保证防止误用;

d)出于法律或知识保存目的而保留的作废文件,应有适当的标记。

4.3.2.3 检测检验机构制定的管理体系文件应有唯一性标识。该标识应包括发布日期和修订标识、页码、总页数或表示文件结束的标记和发布机构。

4.3.3 文件变更

4.3.3.1 除非另有特别指定,文件的变更应由原审查责任人进行审查和批准。被特别指定的人员应获得进行审查和批准所依据的有关背景资料。

4.3.3.2 更改的或新的内容应在文件或适当的附件中标明。

4.3.3.3 如果检测检验机构的文件控制系统允许在文件再版之前对文件进行手写修改,则应确定修改的程序和权限。修改之处应有清晰的标注、签名缩写并注明日期。修订的文件应尽快地正式发布。

4.3.3.4 应制定程序来描述如何更改和控制保存在计算机系统中的文件。

4.4 要求、标书和合同的评审

4.4.1 检测检验机构应建立和保持评审客户要求、标书和合同的程序。这些为签订检测检验合同而进行评审的政策和程序应确保:

a)对包括所用检测检验方法在内的要求应予充分规定,形成文件,并易于理解(见5.4.2);

b)检测检验机构有能力和资源满足这些要求;

c)选择适当的、能满足客户要求的检测检验方法(见5.4.2);

d)客户的要求或标书与合同之间的任何差异,应在工作开始之前得到解决。每项合同应得到检测检验机构和客户双方的接受。

4.4.2 应保存包括任何重大变化在内的评审记录。在执行合同期间,就客户的要求或工作结果与客户进行讨论的有关记录,也应予以保存。

对例行和其他简单任务的评审,由检测检验机构中负责合同工作的人员注明日期并加以标识(如签名缩写)即可。对于重复性的例行工作,如果客户要求不变,仅需在初期调查阶段,或在与客户的总协议下对持续进行的例行工作合同批准时进行评审。对于新的、复杂的检测检验任务,则应当保存更为全面的记录。

4.4.3 评审的内容应包括被检测检验机构分包出去的任何工作。

4.4.4 对合同的任何偏离均应通知客户。

4.4.5 工作开始后如果需要修改合同,应重复进行同样的合同评审过程,并将所有修改内容通知所有受到影响的人员。

4.5 检测检验的分包

4.5.1 检测检验机构由于未预料的原因(如需要更多专业技术或暂时不具备能力)或持续性的原因(如通过长期分包或特殊协议)需将工作分包时,应分包给符合本准则的要求、具有资质的检测机构。分包仅限仪器设备使用频次较低、价格昂贵及特殊项目,不能因工作量大而分包,其中关键安全性能项目不允许分包。

4.5.2 检测检验机构应将分包安排以书面形式通知客户,并得到客户的书面同意。

4.5.3 检测检验机构应就分包方的工作对客户负责,由客户或安全监管部门、煤矿安全监察机构指定的分包方除外。

4.5.4　检测检验机构应保存所有分包方的注册记录，并保存其工作符合本准则的证明记录。客户认为有必要时，可以要求对分包方的资质进行评定，并保存其符合要求的证明和记录。

4.6　服务和供应品的采购

4.6.1　检测检验机构应有选择和购买对检测检验质量有影响的服务和供应品的政策和程序。还应有与检测检验有关的试剂和消耗材料的购买、接收和存储的程序。

4.6.2　检测检验机构应确保所购买的、影响检测检验质量的供应品、试剂和消耗材料，只有在经检查或以其他方式验证了符合有关检测检验方法中规定的标准规范或要求之后才投入使用。所使用的服务和供应品应符合规定的要求。应保存所采取的符合性检查活动的记录。

4.6.3　影响检测检验机构输出质量的物品的采购文件，应包含描述所购服务和供应品的资料。这些采购文件在发出之前，其技术内容应经过审查和批准。

4.6.4　检测检验机构应对影响检测检验质量的重要消耗品、供应品和服务的供应商进行评价，并保存这些评价的记录和获批准的供应商名单。

4.7　服务客户

4.7.1　在确保其他客户机密的前提下，检测检验机构应在明确客户要求、监视检测检验机构中与工作相关操作方面积极与客户或其代表合作。

这种合作可包括：

a）允许客户或其代表合理进入检测检验机构的相关区域直接观察为其进行的检测检验；

b）客户出于验证目的所需的检测检验物品的准备、包装和发送。

检测检验机构在整个工作过程中，应当与客户尤其是大宗客户保持沟通。应当将检测检验过程中的任何延误或主要偏离通知客户。

4.7.2　检测检验机构应向客户征求反馈意见，无论是正面的还是负面的。应使用和分析这些意见，以改进管理体系、检测检验活动及客户服务。反馈类型可包括客户满意度调查、与客户一起评价检测检验报告等。

4.7.3　检测检验机构发现被检设施设备、产品、作业场所等存在重大事故隐患时，要立即告知检测检验委托方，并及时向安全监管部门、煤矿安全监察机构报告。

4.8　投诉

检测检验机构应有政策和程序处理来自客户或其他方面的投诉。应保存所有投诉的记录以及检测检验机构针对投诉所开展的调查和处理记录（见4.11）。

4.9　不符合工作的控制

4.9.1　检测检验机构应有政策和程序，当检测检验工作的任何方面，或该工作的结果不符合其程序或与客户达成一致的要求时，予以实施。对管理体系或检测检验活动的不符合工作或问题的识别，可能发生在客户投诉、质量控制、仪器校准、消耗材料的核查、对员工的考察或监督、检测检验报告的核查、管理评审和内部或外部审核等管理体系和技术运作等的各个环节。该政策和程序应确保：

a）确定对不符合工作进行管理的责任和权力，规定当识别出不符合工作时所采取的措施（包括必要时暂停工作、扣发检测检验报告）；

b）对不符合工作的严重性进行评价；

c）立即进行纠正，同时对不符合工作的可接受性做出决定；

d）必要时，通知客户并取消工作；

e）规定批准恢复工作的职责。

4.9.2　当评价表明不符合工作可能再度发生，或对检测检验机构的运作与其政策和程序的符合性产生怀疑时，应立即执行4.11中规定的纠正措施程序。

4.10　改进

检测检验机构应通过实施质量方针和质量目标，应用审核结果、数据分析、纠正措施和预防措施以及管理评审来持续改进管理体系的有效性。

4.11　纠正措施

4.11.1　总则

检测检验机构应制定政策和程序并规定相应的权力，以便在识别不符合工作、偏离管理体系或技术运作中的政策和程序后实施纠正措施。检测检验机构管理体系或技术运作中的问题可以通过不符合工作的控制、内部或外部审核、管理评审、客户的反馈或员工的观察等各种活动来识别。

4.11.2　原因分析

纠正措施程序应从确定问题根本原因的调查开始。确定问题根本原因应仔细分析产生问题的潜在原因。潜在原因可包括：客户要求、样品、样品规格、方法和程序、员工的技能和培训、消耗品、仪器设备及其校准等。

4.11.3　纠正措施的选择和实施

需要采取纠正措施时，检测检验机构应对潜在的各项纠正措施进行识别，并选择和实施最可能消除问题和防止问题再次发生的措施。

纠正措施应与问题的严重程度和风险大小相适应。

检测检验机构应将纠正措施调查所要求的任何变更制定成文件并加以实施。

4.11.4　纠正措施的监控

检测检验机构应对纠正措施的结果进行监控，以确保所采取的纠正措施有效。

4.11.5　附加审核

当对不符合或偏离的识别引起对检测检验机构符合其政策和程序，或符合本准则产生怀疑时，检测检验机构应尽快依据4.14条的规定对相关活动区域进行附加审核（仅在识别出问题严重或对业务有危害时，才有必要进行附加审核）。附加审核常在纠正措施实施后进行，以确定纠正措施的有效性。

4.12　预防措施

4.12.1　应识别潜在不符合的原因和所需的改进，无论是技术方面还是相关管理体系方面。当识别出改进机会，或需采取预防措施时，应制定、执行和监控这些措施计划，以减少类似不符合情况发生的可能性并借机改进。

4.12.2　预防措施程序应包括措施的启动和控制，以确保其有效性。除对运作程序进行评审之外，预防措施还可能涉及包括趋势和风险分析结果以及能力验证结果在内的数据分析等。

4.13　记录的控制

4.13.1　总则

4.13.1.1　检测检验机构应建立和保持编制、填写、更改、识别、收集、检索、存取、存档、存放、维护和清理质量记录和技术记录的程序。质量记录应包括内部审核报告和管理评审报告以及纠正措施和预防措施的记录。

4.13.1.2　所有记录应清晰明了，并以便于存取的方式存放和保存在具有防止损坏、变质、丢失的适宜环境的设施中。应规定记录的保存期。

4.13.1.3　所有记录应予安全保护和保密，记录更改应按适当程序规范进行。

4.13.1.4　检测检验机构应有程序来保护和备份以电子形式存储的记录，并防止未经授权的侵入或修改。

4.13.2　技术记录

4.13.2.1　检测检验机构应将原始观察、导出资料和建立审核路径的充分信息的记录、校准记录、员工记录以及发出的每份检测检验报告的副本按规定的时间保存。每项检测检验的记录应包含充分的信息，以便在可能时识别不确定度的影响因素，并确保该检测检验活动在尽可能接近原条件的情况下能够重复。记录应包括负责抽样的人员、每项检测检验的操作人员和结果校核人员的标识。

4.13.2.2　观察结果、数据和计算应在产生的当时予以记录，并能按照特定任务分类识别。

4.13.2.3　当记录中出现错误时，每一错误应划改，不可擦涂掉，以免字迹模糊或消失，并将正确值填写在其旁边。对记录的所有改动应有改动人的签名。对电子存储的记录也应采取同等措施，以避免原始数据的丢失或改动。

4.14　内部审核

4.14.1　检测检验机构应根据预定的日程表和程序，定期地对其活动进行内部审核，以验证其运作持续符合管理体系和本准则的要求。内部审核计划应涉及管理体系的全部要素，包括检测检验活动。质量负责人负责按照日程表的要求和管理层的需要策划和组织内部审核。审核应由经过培训和具备资格的人员来执行，审核人员应独立于被审核的活动。内部审核的周期通常为一年。

4.14.2　当审核中发现的问题导致对运作的有效性，或对检测检验结果的正确性或有效性产生怀疑时，检测检验机构应及时采取纠正措施。如果调查表明检测检验机构的结果可能已受影响，应书面通知客户。

4.14.3　审核活动的领域、审核发现的情况和因此采取的纠正措施，应予以记录。

4.14.4　跟踪审核活动应验证和记录纠正措施的实施情况及有效性。

4.15 管理评审

4.15.1　检测检验机构的最高管理者应根据预定的日程表和程序，定期地对检测检验机构的管理体系和检测检验活动进行评审，以确保其持续适用和有效，并进行必要的变更或改进。评审结果应输入检测检验机构策划系统，包括下年度的目的、目标和活动计划。评审应考虑到：

——政策和程序的适用性；

——管理和监督人员的报告；

——近期内部审核的结果；

——纠正措施和预防措施；

——由外部机构进行的评审；

——检测检验机构间比对或能力验证的结果；

——工作量和工作类型的变化；

——客户反馈；

——投诉；

——改进的建议；

——日常管理会议中有关议题的研究；

——其他相关因素，如质量控制活动、资源以及员工培训。

管理评审的典型周期为12个月。

4.15.2　应记录管理评审中的发现和由此采取的措施。管理者应确保这些措施在适当和约定的时限内得到实施。

5　技术要求

5.1　总则

5.1.1　决定检测检验的正确性和可靠性的因素有很多，包括：

——人员(5.2)；

——设施和环境条件(5.3)；

——检测检验方法及方法确认(5.4)；

——仪器设备(5.5)；

——测量溯源性(5.6)；

——抽样(5.7)；

——检测检验物品(样品)的处置(5.8)。

5.1.2　上述因素对总的测量不确定度的影响程度，在(各类)检测检验之间明显不同。检测检验机构在制定检测检验方法和程序、培训和考核人员、选择所用仪器设备时，应考虑到这些因素。

5.2　人员

5.2.1　检测检验机构管理者应确保所有操作专门仪器设备、从事检测检验、评价结果、签署检测检验报告的人员的能力。当使用在培员工时，应对其安排适当的监督。对从事特定工作的人员，应按要求根据相应的教育、培训、经验和可证明的技能进行资格确认。某些技术领域(如无损检测)可能要求从事某些工作的人员持有个人资格证书，检测检验机构有责任满足这些指定人员持证上岗的要求。

甲级机构专业技术人员应不低于在编人员总数的70%，其中中级以上技术职称、注册安全工程师和高级技术职称人员分别不低于在编人员总数的40%、15%和15%；乙级机构专业技术人员应不低于在编人员总数的60%，其中中级以上技术职称人员和注册安全工程师分别不低于在编人员总数的30%和10%。

检测检验人员应当熟悉安全生产法律、法规、规章、标准和有关规定，具备检测检验工作所需要的专业知识和能力，经过专业培训和考核，并应当只在一个检测检验机构中从事检测检验工作。检测检验人员未经培训或者考核不合格的，不得从事检测检验工作。

甲级机构主持工作的负责人、技术负责人、质量负责人具有与申请业务相适应的高级技术职称，技术负责人有5年以上与安全生产相关的检测检验工作经历；乙级机构主持工作的负责人、技术负责人、质量负责人具有与申请业务相适应的中级以上技术职称或者注册安全工程师资格，技术负责人有3年以上与安全生产相关的检测检验工作经历。

授权签署检测检验报告的人员（授权签字人）应具备以下条件：

——具有中级以上技术职称；

——具有相应的职责和权利，能对检测检验结果的完整性和准确性负责；

——与检测检验技术接触紧密，掌握有关的检测检验项目限制范围；

——熟悉有关检测检验标准、方法及规程；

——有能力对相关检测检验结果进行评定，了解测试结果的不确定度；

——了解有关设备维护保养及定期校准的规定，掌握其校准状态；

——十分熟悉记录、报告及其核查程序；

——了解安全监管部门、煤矿安全监察机构对检测检验机构的管理要求。

对检测检验报告所含意见和解释负责的人员，除了具备相应的资格、培训、经验以及所进行的检测检验方面的充分知识外，还需具有：

——制造被检设备、产品、材料等所用的相关技术知识、已使用或拟使用方法的知识，以及在使用过程中可能出现的缺陷或降级等方面的知识；

——法规和标准中阐明的通用要求的知识；

——对设备、产品和材料等正常使用中发现的偏离所产生影响程度的了解。

5.2.2　检测检验机构管理者应制定检测检验机构人员的教育、培训和技能目标。应有确定培训需求和提供人员培训的政策和程序。培训计划应与检测检验机构当前和预期的任务相适应。应评价这些培训活动的有效性。

5.2.3　检测检验机构应使用长期雇佣人员或签约人员。在使用签约人员及其他技术人员及关键支持人员时，检测检验机构应确保这些人员胜任且受到监督，并按照检测检验机构管理体系要求工作。

5.2.4　对与检测检验工作有关的管理人员、技术人员和关键支持人员，检测检验机构应保留其当前工作的描述。工作描述可用多种方式规定。但至少应规定以下内容：

——从事检测检验工作方面的职责；

——检测检验策划和结果评价方面的职责；

——提交意见和解释的职责；

——方法改进、新方法制定和确认方面的职责；

——所需的专业知识和经验；

——资格和培训计划；

——管理职责。

5.2.5　管理层应授权专门人员进行特定类型的抽样、检测检验、签发检测检验报告、提出意见和解释、质量监督、内部审核以及操作特定类型的仪器设备。

5.2.6　检测检验机构应保留所有技术人员（包括签约人员）的相关授权、能力、教育和专业资格、培训、技能和经验的记录，并包含授权和能力确认的日期。这些信息应易于获取。

5.3　设施和环境条件

5.3.1　用于检测检验的设施,包括能源、照明和环境条件,应有利于检测检验的正确实施。

检测检验机构应确保其环境条件不会使结果无效,或对所要求的测量质量产生不良影响。在检测检验机构固定设施以外的场所进行抽样、检测检验时,应予特别注意。对影响检测检验结果的设施和环境条件的技术要求应制定成文件。

5.3.2　相关的规范、方法和程序有要求,或对结果的质量有影响时,检测检验机构应监测、控制和记录环境条件。对诸如生物消毒、灰尘、电磁干扰、辐射、湿度、供电、温度、声级和振级等应予重视,使其适应于相关的技术活动。当环境条件危及到检测检验的结果时,应停止检测检验。

5.3.3　应将不相容活动的相邻区域进行有效隔离。应对影响检测检验质量的区域、涉及安全的区域及设施的进入和使用加以控制。检测检验机构应根据其特定情况确定控制的范围并正确标识。应采取措施确保检测检验机构的良好内务,必要时应制定专门的程序。

5.3.4　应建立并保持安全作业管理程序,确保危险化学品、毒品、有害生物、电离辐射、高温、高电压、撞击、以及水、气、火、电等危及安全的因素和环境得以有效控制,并有相应的应急处理措施,如配置停电、停水、防火等应急的安全设施,进行现场检测检验时,尤应注意。

5.3.5　应建立并保持环境保护程序,具备相应的设施设备,确保检测检验活动所产生的废气、废液、粉尘、噪声、固废物等的处理符合环境和健康的要求,并有相应的应急处理措施。

5.4　检测检验方法及方法的确认

5.4.1　总则

检测检验机构应使用适合的方法和程序进行所有检测检验工作,包括被检物品的抽样、处理、运输、存储和准备,适当时,还应包括测量不确定度的评定和分析检测检验数据的统计技术。

如果缺少指导书可能影响检测检验结果,检测检验机构应具有所有相关仪器设备的使用和操作指导书以及处置、准备检测检验样品的指导书,或者二者兼有。所有与检测检验机构工作有关的指导书、标准、手册和参考资料应保持现行有效并易于员工取阅(见4.3)。

对检测检验方法的偏离,仅应在该偏离已被文件规定、经技术判断、授权和客户接受的情况下才允许发生。

如果国家、行业、地方、国际或区域的标准,或其他公认的规范已包含了如何进行检测检验的简明和充分信息,并且这些标准是以可被检测检验机构操作人员作为公开文件使用的方式书写时,则不需再进行补充或改写为内部程序。对方法中的可选择步骤,可能有必要制定附加细则或补充文件。

5.4.2　方法的选择

检测检验机构应采用满足客户需求并适用于所进行的检测检验的方法,包括抽样的方法。应优先使用以国家、行业、地方、国际或区域标准发布的方法。检测检验机构应确保使用标准的最新有效版本,除非该版本不适宜或不可能使用。必要时,应采用附加细则对标准加以补充,以确保应用的一致性。

当客户未指定所用方法时,检测检验机构应选择以国家、行业、地方、国际或区域标准发布的方法。检测检验机构制定的或采用的方法如能满足预期用途并经过确认,也可使用。所选用的方法应经技术负责人确认并通知客户。在引入检测检验之前,检测检验机构应证实能够正确地运用这些标准方法。如果标准方法发生了变化,应重新进行证实。当认为客户建议的方法不适合或已过期时,检测检验机构应通知客户。

5.4.3　检测检验机构制定的方法

检测检验机构为其应用而自行制定的检测检验方法应是有计划的活动,并应指定具有足够资源的有资格的人员进行。

计划应随方法制定的进度加以更新,并确保所有有关人员之间的有效沟通。

5.4.4　非标准方法和新的检测检验方法

当必须使用标准方法中未包含的方法时,应遵守与客户达成的协议,且应包括对客户要求的清晰说明以及检测检验的目的。所制定的方法在使用前应经适当的确认。

对新的检测检验方法,在进行检测检验之前应当制定程序。程序中至少应该包含下列信息:

a)适当的标识;

b)范围;

c)被检物品类型的描述;

d)被测定的参数或量和范围;

e)仪器和设备,包括技术性能要求;

f)所需的参考标准和标准物质(参考物质);

g)要求的环境条件和所需的稳定周期;

h)程序的描述,包括:

——物品的附加识别标志、处置、运输、存储和准备;

——工作开始前所进行的检查;

——检查仪器设备工作是否正常,需要时,在每次使用之前对仪器设备进行校准和调整;

——观察和结果的记录方法;

——需遵循的安全措施;

i)接受(或拒绝)的标准和(或)要求;

j)需记录的数据以及分析和表达的方法;

k)不确定度或评定不确定度的程序。

5.4.5 方法的确认

5.4.5.1 检测检验机构应对非标准方法、超出其预定范围使用的标准方法、扩充和修改过的标准方法进行确认,以证实该方法适用于预期的用途。确认应尽可能全面,以满足预定用途或应用领域的需要。检测检验机构应记录所获得的结果、使用的确认程序以及该方法是否适合预期用途的声明。确认可包括对抽样、处置和运输程序的确认。

用于确定某方法性能的技术应当是下列之一,或是其组合:

——使用参考标准或标准物质(参考物质)进行校准;

——与其他方法所得的结果进行比较;

——检测机构间比对;

——对影响结果的因素作系统性评审;

——根据对方法的理论原理和实践经验的科学理解,对所得结果不确定度进行的评定。

当对已确认的非标准方法作某些改动时,应当将这些改动的影响制定成文件,适当时应当重新进行确认。

5.4.5.2 按预期用途进行评价所确认的方法得到的值的范围和准确度,应与客户的需求紧密相关。

5.4.5.3 在方法制定过程中,需进行定期的评审,以证实客户的需求仍能得到满足。当需要对方法制定计划进行调整时,应当得到批准和授权。

5.4.6 测量不确定度的评定

5.4.6.1 进行自校准的检测检验机构,对所有的校准和各种校准类型都应具有并应用评定测量不确定度的程序。

5.4.6.2 检测检验机构应具有并应用评定测量不确定度的程序。某些情况下,检测检验方法的性质会妨碍对测量不确定度进行严密的计量学和统计学上的有效计算。这种情况下,检测检验机构至少应努力找出不确定度的所有分量且做出合理评定,并确保结果的报告方式不会对不确定度造成错觉。合理的评定应依据对方法特性的理解和测量范围,并利用诸如过去的经验和确认的数据。

某些情况下,公认的检测检验方法规定了测量不确定度主要来源的值的极限,并规定了计算结果的表示方式,这时,检测检验机构应遵守该检测检验方法和报告的说明(5.10)。

5.4.6.3 不确定度的来源包括所用的参考标准和标准物质(参考物质)、方法和仪器设备、环境条件、被检物品的性能和状态以及操作人员。在评定测量不确定度时,对给定情况下的所有重要不确定度分量,均应采用适当的分析方法加以考虑。

5.4.7 数据控制

5.4.7.1 应对计算和数据转移进行系统和适当的检查。

5.4.7.2 当利用计算机或自动仪器设备对检测检验数据进行采集、处理、记录、报告、存储或检索时,检测检验机构应确保:

a)由使用者开发的计算机软件应被制定成足够详细的文件,并对其适用性进行适当确认;

b)建立并实施数据保护的程序。这些程序应包括:数据输入或采集、数据存储、数据转移和数据处理的完整性和保密性;

c)维护计算机和自动仪器设备以确保其功能正常,并提供保护检测检验数据完整性所必需的环境和运行条件。

通用的商业现成软件(如文字处理、数据库和统计程序),在其设计的应用范围内可认为是经充分确认的,但检测检验机构对软件进行了配置或调整,则应当按5.4.7.2a)进行确认。

5.5 仪器设备

5.5.1 检测检验机构应配备正确进行检测检验(包括抽样、样品制备、数据处理与分析)所要求的所有抽样、测量和检测检验仪器设备(包括软件)及标准物质,并对所有仪器设备进行正常维护。

检测检验机构应有检查在用检测检验仪器设备技术指标的文件化程序。在用仪器设备的完好率应为100%。用于现场检测检验可携带的仪器设备的配备率应大于应携带的95%,其所缺的5%不能是主要参数的检测检验仪器设备。

如果要使用检测检验机构永久控制范围以外的仪器设备(如租用、使用客户的设备),仅限于某些使用频次低、价格昂贵或特定的仪器设备,且应保证符合本准则的相关要求。

5.5.2 用于检测检验和抽样的仪器设备及其软件应达到要求的准确度,并符合检测检验相应的规范要求。对结果有影响的仪器的关键量或值,应制定校准计划。仪器设备(包括用于抽样的仪器设备)在投入服务前应进行校准或核查,以证实其能够满足检测检验机构的规范要求和相应的标准规范。仪器设备在使用前应进行核查(见5.6)。仪器设备的购置、验收、流转应受控。未经定型的专用检测检验仪器设备需提供相关技术专家进行鉴定的验证证明。

5.5.3 仪器设备应由经过授权的人员操作。仪器设备使用和维护的最新版说明书(包括仪器设备制造商提供的有关手册)应便于检测检验机构有关人员取用。

5.5.4 用于检测检验并对结果有影响的每一仪器设备及其软件,如可能,均应加以唯一性标识。

5.5.5 应保存对检测检验具有重要影响的每一仪器设备及其软件的记录。该记录至少应包括:

a)仪器设备及其软件的识别;

b)制造商名称、型式标识、系列号或其他唯一性标识;

c)对仪器设备是否符合规范的核查(见5.5.2);

d)当前的位置(如果适用);

e)制造商的说明书(如果有),或指明其地点;

f)所有校准报告和证书的日期、结果及复印件,仪器设备调整、验收准则和下次校准的预定日期;

g)仪器设备维护计划,以及已进行的维护和使用记录(适当时);

h)仪器设备的任何损坏、故障、改装或修理;

i)仪器设备接收时的状态及验收纪录。

5.5.6 检测检验机构应具有安全处置、运输、存放、使用和有计划维护测量仪器设备的程序,以确保其功能正常并防止污染或性能退化。在检测检验机构固定设施外使用测量仪器设备进行检测检验或抽样时,应制定相应控制程序。

5.5.7 曾经过载或处置不当、给出可疑结果,或已显示出缺陷、超出规定限度的仪器设备,均应停止使用。这些仪器设备应予隔离以防误用,或加贴标签、标记以清晰表明该仪器设备已停用,直至修复并通过校准或测试表明能正常工作为止。检测检验机构应核查这些缺陷或偏离规定极限对先前的检测检验的影响,并执行“不符合工作控制”程序(见4.9)。

5.5.8　检测检验机构控制下的需校准的所有仪器设备（包括标准物质），只要可行，应使用标签、编码或其他标识表明其校准状态，包括上次校准的日期、再校准或失效日期。标识分为“合格”、“准用”、“停用”三种，分别以绿、黄、红三种颜色表示。

5.5.9　无论什么原因，若仪器设备脱离了检测检验机构的直接控制，检测检验机构应确保该仪器设备返回后，在使用前对其功能和校准状态进行核查并能显示满意结果。

5.5.10　当需要利用期间核查以保持仪器设备校准状态的可信度时，应按照规定的程序进行。

5.5.11　当校准产生了一组修正因子时，检测检验机构应有程序确保其所有备份（例如计算机软件中的备份）得到正确更新，并确保其得到正确应用。

5.5.12　检测检验仪器设备包括硬件和软件应得到保护，以避免发生致使检测检验结果失效的调整。

5.6　测量溯源性

5.6.1　总则

用于检测检验的对检测检验和抽样结果的准确性或有效性有显著影响的所有仪器设备，包括辅助测量仪器设备（例如用于测量环境条件的仪器设备），在投入使用前应进行校准。检测检验机构应制定仪器设备校准的计划和程序。该计划应当包含对测量标准、用作测量标准的标准物质（参考物质）以及用于检测检验的测量与检测检验仪器设备进行选择、使用、校准、核查、控制和维护的系统。

5.6.2　溯源

5.6.2.1　仪器设备校准计划的制定和实施应确保检测检验机构所进行的检测检验可溯源到国际单位制（SI）。包括自校准和自检定的仪器设备，应按国家检定系统表的要求，制定能溯源到国家计量基准的量值溯源图。

5.6.2.2　检测检验结果不能溯源到国家计量基准的，检测检验机构应提供设备比对、检测检验机构间比对、能力验证结果的满意证据。

5.6.3　参考标准和标准物质（参考物质）

5.6.3.1　参考标准

检测检验机构应有校准其参考标准的计划和程序。参考标准应由能够提供溯源的机构进行校准。检测检验机构持有的测量参考标准应仅用于校准而不用于其他目的，除非能证明作为参考标准的性能不会失效。参考标准在任何调整之前和之后均应校准。

检测检验机构计量检定用的最高计量标准，应按《中华人民共和国计量法》的有关规定经计量行政部门考核合格。

5.6.3.2　标准物质（参考物质）

可能时，标准物质（参考物质）应溯源到 SI 测量单位或有证标准物质（参考物质）。只要技术和经济条件允许，应对内部标准物质（参考物质）进行核查。

应制定对标准物质的定值检验、均匀性检验、出具标准物质检验证书的文件化程序，保证其技术指标不低于原定级的要求。

5.6.3.3　期间核查

应根据规定的程序和日程对参考标准、基准、传递标准或工作标准以及标准物质（参考物质）进行核查，以保持其校准状态的置信度。

5.6.3.4　运输和储存

检测检验机构应有程序来安全处置、运输、存储和使用参考标准和标准物质（参考物质），以防止污染或损坏，确保其完整性。

当参考标准和标准物质（参考物质）用于检测检验机构固定设施以外的检测检验或抽样时，应制定附加的程序。

5.7　抽样

5.7.1　检测检验机构为后续检测检验而对物质、材料或产品进行抽样时，应有用于抽样的抽样计划和程序。抽样计划和程序在抽样的地点应能够得到。只要合理，抽样计划应根据适当的统计方法制定。抽样过程应注意需要控制的因素,以确保检测检验结果的有效性。

抽样程序应当对取自某个物质、材料或产品的一个或多个样品的选择、抽样计划、提取和制备进行描述,以提供所需的信息。

5.7.2 当客户对文件规定的抽样程序有偏离、添加或删节的要求时,应详细记录这些要求和相关的抽样资料,并记入包含检测检验结果的所有文件中,同时告知相关人员。

5.7.3 当抽样作为检测检验工作的一部分时,检测检验机构应有程序记录与抽样有关的资料和操作。这些记录应包括所用的抽样程序、抽样人的识别、环境条件(如果相关)、必要时有抽样位置的图示或其他等效方法,如果合适,还应包括抽样程序所依据的统计方法。

5.8 检测检验物品(样品)的处置

5.8.1 检测检验机构应有用于检测检验物品的运输、接收、处置、保护、存储、保留或清理的程序,包括为保护检测检验物品的完整性以及检测检验机构与客户利益所需的全部条款。检测检验机构应有专职或兼职人员管理物品。物品无混放、流失或损坏。应有抽(封)样工具和物品存放场所。

5.8.2 检测检验机构应具有检测检验物品的标识系统。物品在检测检验机构的整个期间应保留该标识。标识系统的设计和使用应确保物品不会在实物上或在涉及的记录和其他文件中混淆。如果合适,标识系统应包含物品群组的细分和物品在检测检验机构内外部的传递。

5.8.3 在接收检测检验物品时,应记录异常情况或对检测检验中所述正常(或规定)条件的偏离。当对物品是否适合于检测检验存有疑问,或当物品不符合所提供的描述,或对所要求的检测检验规定得不够详尽时,检测检验机构应在开始工作之前问询客户,以得到进一步的说明,并记录讨论的内容。

5.8.4 检测检验机构应有程序和适当的设施避免检测检验物品在存储、处置和准备过程中发生退化、丢失或损坏。应遵守随物品提供的处理说明。当物品需要被存放或在规定的环境条件下养护时,应保持、监控和记录这些条件。当一个检测检验物品或其一部分需要安全保护时,检测检验机构应对存放和安全作出安排,以保护该物品或其有关部分的状态和完整性。

在检测检验之后要重新投入使用的测试物,需特别注意确保物品的处置、检测检验或存储等待过程中不被破坏或损伤。

应当向负责抽样和运输样品的人员提供抽样程序,及有关样品存储和运输的信息,包括影响检测检验结果的抽样因素的信息。

5.9 检测检验结果质量的保证

5.9.1 检测检验机构应有质量控制程序以监控检测检验结果的有效性。所得数据的记录方式应便于可发现其发展趋势,如可行,应采用统计技术对结果进行审查。这种监控应有计划并加以评审,可包括下列内容:

a)定期使用有证标准物质(参考物质)进行监控和使用次级标准物质(参考物质)开展内部质量控制;

b)参加检测机构间的比对或能力验证计划;

c)使用相同或不同方法进行重复检测检验;

d)对存留物品进行再检测检验;

e)分析一个物品不同特性结果的相关性。

5.9.2 检测检验机构应分析质量控制的数据,当发现质量控制数据将要超出预先确定的判断依据时,应采取有计划的措施来纠正出现的问题,并防止报告错误的结果。

5.10 结果报告

5.10.1 总则

检测检验机构应准确、清晰、明确和客观地报告每一项检测检验、或一系列的检测检验的结果,并符合检测检验方法中规定的要求。

结果通常应以检测检验报告的形式出具,并且应包括客户要求的、说明检测检验结果所必需的和所用方法要求的全部信息。这些信息通常是5.10.2和5.10.3中要求的内容。

在与客户有书面协议的情况下,可用简化的方式报告结果。对于5.10.2至5.10.3中所列却未向客户报告的信息,应能方便地从进行检测检验的检测检验机构中获得。

5.10.2　通用要求

每份检测检验报告应至少包括下列信息:

a)标题(例如"检验报告"、"检测报告");

b)检测检验机构的名称和地址,进行检测检验的地点(如果与检测检验机构的地址不同);

c)检测检验报告的唯一性标识(如系列号)和每一页上的标识,以确保能够识别该页是属于检测检验报告的一部分,以及表明检测检验报告结束的清晰标识;

d)客户的名称和地址(必要时);

e)所用标准或方法的识别;

f)检测检验物品的描述、状态和明确的标识;

g)对结果的有效性和应用至关重要的检测检验物品的接收日期和进行检测检验的日期(必要时);

h)如与结果的有效性或应用相关时,检测检验机构或其他机构所用的抽样计划和程序的说明;

i)检测检验的结果;

j)检测检验人员、审核人员、授权签字人的签名或等效的标识;

k)相关时,结果仅与被检测检验物品有关的声明。

检测检验的结果应采用法定计量单位;检测检验报告的硬拷贝应有页码和总页数。

检测检验机构应做出未经检测检验机构书面批准,不得复制(全文复制除外)检测检验报告的声明。

5.10.3　特殊要求

5.10.3.1　当需对检测检验结果做出解释时,除5.10.2中所列的要求之外,检测检验报告中还应包括下列内容:

a)对检测检验方法的偏离、增添或删节,以及特定检测检验条件的信息,如环境条件;

b)相关时,符合(或不符合)要求和规范的声明;

c)适用时,评定测量不确定度的声明。当不确定度与检测检验结果的有效性或应用有关,或客户有要求,或不确定度影响到对规范限度的符合性时,检测检验报告中还需要包括有关不确定度的信息;

d)适用且需要时,提出意见和解释(见5.10.4);

e)特定方法、客户或客户群体要求的附加信息。

5.10.3.2　当需对检测检验结果作解释时,对含抽样结果在内的检测检验报告,除了5.10.2和5.10.3.1所列的要求之外,还应包括下列内容:

a)抽样日期和抽样人;

b)抽取的物质、材料或产品的清晰标识(适当时,包括制造者的名称、标示的型号或类型和相应的系列号);

c)抽样位置,包括任何简图、草图或照片;

d)列出所用的抽样计划和程序;

e)抽样过程中可能影响检测检验结果解释的环境条件的详细信息;

f)与抽样方法或程序有关的标准或规范,以及对这些规范的偏离、增添或删节。

5.10.4　意见和解释

当含有意见和解释时,检测检验机构应把作出意见和解释的依据制定成文件。意见和解释应像在检测检验报告中的一样被清晰标注。

检测检验报告中包含的意见和解释可以包括下列内容:

——对结果符合(或不符合)要求的声明的意见;

——合同要求的履行;

——如何使用结果的建议；

——用于改进的指导。

许多情况下，通过与客户直接对话来传达意见和解释或许更为恰当，但这些对话应当有文字记录。

5.10.5 从分包方获得的检测检验结果

当检测检验报告包含了由分包方所出具的检测检验结果时，这些结果应予清晰标明。分包方应以书面或电子方式报告结果。

5.10.6 结果的电子传送

当用电话、电传、传真或其他电子或电磁方式传送检测检验结果时，应满足本准则的要求（见5.4.7）。

5.10.7 检测检验报告的格式

检测检验报告的格式应设计为适用于所进行的各种检测检验类型，并尽量减小产生误解或误用的可能性。

同一检测检验机构内检测检验报告格式应尽可能统一；检测检验报告编排应合理，尤其是检测检验数据的表达方式，应易于读者理解。表头应当尽可能地标准化。

5.10.8 检测检验报告的修改

对已发布的检测检验报告的实质性修改，应以追加文件或更换报告的形式实施；并应包括如下声明：

"对检测检验报告的补充，系列号……（或其他标识）"，或其他等效的文字形式。

这种修改应满足本准则的所有要求。

当有必要发布全新的检测检验报告时，应注以唯一性标识，并注明所替代的原件。

附件 2

安全生产检测检验机构资质认定

申 请 书

申请机构：____

申请级别：____

申请日期：____

国家安全生产监督管理总局制

申请须知

1. 本申请书用计算机打印,签名之处由签名人签字。

2. 本申请书有关项目填写页数不够时可用 A4 纸附页,但须连同正页编第　页共　页。

3. 本申请书所选"□"内打"√"。

4. 本申请书须经申请机构法定代表人签名、申请机构盖章有效。

5. 本申请书适用于初次认定、增项认定、变更认定、换证认定的申请。

6. 本申请书一式二份(一份存受理机关,一份存技术服务机构),并提供电子版本。

7. 本申请书中的租用设备是指由申请机构的人员进行操作并对租用的设备进行维护,能控制其校准状态。对于申请机构与设备出租机构是合作关系的情况应属于分包。

8. 技术服务机构:中国安全生产科学研究院

联系地址:北京市朝阳区惠新西街 17 号

邮政编码:100029

电　　话:010 - 64941131、64941327、64941282

　　　　　010 - 64955274、64812560

传　　真:010 - 64955274、64812560

电子信箱:aqjy@ chinasafety. ac. cn

网　　址:www. chinasafety. ac. cn

一、申请机构概况

名　　称			
地　　址			
邮政编码		传真电话	
电子信箱		网　　址	
联系人		职　　务	
固定电话		移动电话	
主持工作负责人		职　　务	
固定电话		移动电话	
法定代表人		职　　务	
固定电话		移动电话	
主管单位名称			
法人执照(证书)编号/组织机构代码		注册资金(万元)	
初次获得安全生产检测检验机构资质证书号及获得日期			

二、申请类型及证书状况

□初次

□增项(原证书号:＿＿＿＿＿＿＿＿有效期至:＿＿＿＿＿＿＿＿)

□变更(原证书号:＿＿＿＿＿＿＿＿有效期至:＿＿＿＿＿＿＿＿)

□换证(原证书号:＿＿＿＿＿＿＿＿有效期至:＿＿＿＿＿＿＿＿)

三、申请机构基本信息

申请机构设备设施特点： □固定　　□离开固定设施的现场　　□临时　　□可移动
申请机构参加能力验证计划情况： 最近3年内参加能力验证计划共＿＿＿＿次，参加检测检验机构间比对共＿＿＿＿次。
申请机构人员及设备设施： 申请机构始建于＿＿＿＿年，现有在编人员＿＿＿＿名，其中专业技术人员＿＿＿＿名（高级职称＿＿＿＿名，中级职称＿＿＿＿名，注册安全工程师＿＿＿＿名）。主要仪器设备＿＿＿＿台（套），王要设施＿＿＿＿台（套），仪器设备设施原值＿＿＿＿万元。
申请机构技术能力： 申请的检测检验领域为： 申请的检测检验能力范围：产品/产品类别　项 申请批准的授权签字人：（名）
申请机构从事与安全生产相关的检测检验工作经历：

四、申请机构特殊信息

对检测检验分包项目的说明（若有请填写）：
对检测检验租用设备的说明（若有请填写）：
申请机构已取得国家重点实验室或其他检测检验资质情况（若有请填写）：
申请机构多场所情况的说明（若有请填写）：

五、申请书附表

附表1:申请的检测检验能力范围	共　页
附表2:申请批准的授权签字人一览表	共　页
附表2.1:授权签字人申请表	共　页
附表3:申请机构在编人员一览表	共　页
附表4:仪器设备设施一览表	共　页
附表5:仪器设备/标准物质配置表	共　页
附表6:参加能力验证/检测检验机构间比对一览表	共　页
附表7:检测检验能力变更申请表(需要时填报)	共　页

六、随申请书提交的有关资料

1. 营业执照(没有变化时,仅在初次申请和换证申请时提供)

2. 组织机构框图

3. 平面图

4. 现行有效的质量手册和程序文件(初次申请时,并提供最近一次内审和管理评审记录)

5. 典型项目的检测检验报告

6. 计量认证合格证书

7. 申请机构从事与安全生产相关的检测检验工作经历证明

8. 在编人员的技术职称、注册安全工程师证明

9. 技术负责人从事与安全生产相关的检测检验工作经历证明

10. 其他资料(如分包单位的资质证明、租用设备协议、已取得国家重点实验室或其他检测检验资质的证明等)(若有请提供)
□有　□无

七、申请单位声明

1. 本机构自愿申请安全生产检测检验机构资质认定;

2. 本机构同意遵守国家相关法律、法规和国家安全生产监督管理总局对安全生产检测检验机构的管理规定;

3. 本机构愿意提供资质认定评审所需的任何信息和资料,并为资质认定评审工作提供方便;

4. 不论资质认定评审结果如何,本机构保证均按规定向国家安全生产监督管理总局指定的资质认定技术服务机构交付有关的技术服务费用;

5. 本机构保证本申请书所填写信息均真实、准确。

申请机构法定代表人(签名):________________________日期:

申请单位(盖章):____________

八、安全生产监管部门、煤矿安全监察机构受理或推荐意见

经办人(签名):____________

负责人(签名):____________

日　　期:____________

安全生产监管部门、煤矿安全监察机构(盖章):

附表 1

申请的检测检验能力范围

序号	产品/产品类别	依据标准(方法)名称及编号(含年号)	项目/参数		限制范围及说明
			序号	名称	

填表说明:

1. "产品/产品类别"泛指被检测对象,不仅限于产品。
2. "项目"指检测检验活动所针对的被检测对象属性,可包含若干参数,填表时可进行概括性的描述,如"防爆性能"、"物理性能"、"化学性能"及"外形尺寸"等。
3. "项目/参数"栏应填写所列依据标准(方法)中所规定的全部项目或参数(安全标志检验除外)。如不能对标准(方法)要求的某个项目/参数进行检测检验,或只能选用其中的部分方法对某个项目/参数进行检测检验时,应在"限制范围或说明"栏内注明"不能检"或"只能用 XXX 方法"。
4. 当方法标准和产品标准同时申报时,应先列方法标准,再列产品标准。
5. 必须在现场检测、租用设备、分包或其它需说明的情况,填写在"限制范围或说明"栏,分包时,应注明分包单位。
6. 换证申请应将增项的检测检验范围在"限制范围及说明"栏用"增项"予以说明。
7. 申请机构申请检测检验范围中涉及其他部门认可或授权的检测检验项目,在"项目/参数"栏以"＊"号标注。
8. 在填制本表时,本"填表说明"应删除。

附表2

申请批准的授权签字人一览表

序号	授权签字人姓名	授权签字领域	备注

填表说明：

1. 请列出所有申请批准的授权签字人；
2. 授权签字领域请按申请批准项目的专业领域描述；
3. 授权签字领域中的内容应与附表2.1中申请签字的领域相同；
4. 请在“备注”栏注明维持、新增或授权领域变化（指增加或减少授权领域）等情况（初次申请除外）；
5. 每个专业领域一般不超过三个授权签字人。

附表 2.1

授权签字人申请表

<table>
<tr><td>

姓　　名：＿＿＿＿＿＿＿＿ 性　　别：＿＿＿＿＿＿＿＿ 出生年月：＿＿＿＿＿＿＿＿

文化程度：＿＿＿＿＿＿＿＿ 职　　称：＿＿＿＿＿＿＿＿ 岗　　位：＿＿＿＿＿＿＿＿

电　　话：＿＿＿＿＿＿＿＿ 传　　真：＿＿＿＿＿＿＿＿ 电子邮件：＿＿＿＿＿＿＿＿

所在部门：＿＿＿＿＿＿＿＿

申请授权签字的领域：＿＿＿＿＿＿＿＿

何年毕业于何院校、何专业：＿＿＿＿＿＿＿＿

受过何种培训：＿＿＿＿＿＿＿＿

工作经历及从事检测检验工作的经历：＿＿＿＿＿＿＿＿

申请人(签名)：＿＿＿＿＿＿

</td></tr>
<tr><td>说明(若申请授权签字的领域有变更,应予以说明)：</td></tr>
</table>

附表 3

申请机构在编人员一览表

序号	姓名	性别	出生年月	技术职称	文化程度	所学专业	毕业时间	所在部门	岗位	本岗位年限	备注

填表说明：

1. “岗位”栏请填写中心主任、经理、质量负责人、室主任、检验员、档案管理员等。
2. 当一人多职时，请在“备注”栏注出该人的其它关键岗位，如技术负责人、内审员、质量监督员、设备管理员、意见和解释人员等。
3. 当该人为注册安全工程师时，请在“备注”栏注出。
4. 在填制本表时，本“填表说明”应删除。

附表 4

仪器设备设施一览表

序号	名称	型号	规格	数量	仪器编号	唯一性编号	购置年份	放置地点	原值(万元)	备注
仪器设备										
累计										
设施										
累计										
合计										

填表说明：

1. 仪器设备和设施分别按原值金额由大到小的顺序填写。
2. 唯一性编号为申请机构的内部编号。
3. “放置地点”应尽可能明确。
4. “累计”及“合计”仅涉及“数量”和“原值”。
5. 在填制本表时，本“填表说明”应删除。

附表 5

仪器设备/标准物质配置表

序号	产品/产品类别	依据标准(方法)名称及编号(含年号)	项目/参数			使用仪器设备/标准物质						检测检验开展日期	近 3 年内检测检验次数	备注
			序号	名称	标准条款	名称	型号规格	唯一性编号	测量范围	扩展不确定度/最大允差/准确度等级	溯源方式			

填表说明:

1. 本表在顺序上应与附表 1 对应。
2. “项目/参数”栏请将每个申请批准的标准中的项目/参数逐个填写。
3. 当产品/产品类别不同而项目/参数、使用仪器设备相同时,只需填写产品/产品类别、依据标准(方法)名称及编号(含年号)及项目/参数栏,并在备注栏内填写“同(产品/产品类别序号)—(项目/参数序号)”字样即可。
4. 唯一性编号为申请机构的内部编号。
5. 溯源方式栏应注明:送校;自校;送检;自检;比对或其他验证方式等。其中送校、送检是指送到申请机构以外的机构进行校准或检定,自校、自检是指在申请机构进行校准或检定。
6. 凡属现场、租用设备、分包检测检验项目,在“备注”栏中分别标注“现场”、“租用设备”、“分包”。
7. 在填制本表时,本“填表说明”应删除。

附表 6

参加能力验证/检测检验机构间比对一览表

序号	参加项目名称	组织方	参加检测检验机构名称	参加日期	结果	备注

填表说明：

1. 只需填写最近 3 年内参加的能力验证/检测检验机构间比对项目。
2. 当参加比对的检测检验机构数量较多时，最多可列出 3 家检测检验机构的名称。
3. “结果”栏请将满意、有问题、不满意的项目分开填写。

附表 7

检测检验能力变更申请表

序号	原批准内容					变更的内容				
	产品/产品类别	依据标准（方法）名称及编号（含年号）	项目/参数		限制范围及说明	产品/产品类别	依据标准（方法）名称及编号（含年号）	项目/参数		限制范围及说明
			序号	名称				序号	名称	

填表说明：

1. 申请机构在获得资质认定证书后，如其批准范围内的检测检验能力发生变更，应及时向资质认定证书颁发机关申请。申请变更时，须同时提交申请书正文和本表。
2. 新旧标准的差异请填写在“限制范围及说明”栏。

国家安全监管总局关于印发海洋石油天然气专业设备检测检验机构资质认定条件程序和认定申请书(样本)的通知

安监总海油〔2007〕222 号

各有关单位:

为贯彻实施《海洋石油安全生产规定》(安全监管总局令第 4 号)和《安全生产检测检验机构管理规定》(安全监管总局令第 12 号),规范海洋石油天然气专业设备检测检验机构资质管理工作,提高资质认定的科学性和有效性,现将海洋石油天然气专业设备检测检验机构资质认定条件、程序和认定申请书(样本)印发给你们,自 2007 年 12 月 1 日起施行。原国家安全监管局《关于海洋石油天然气安全中介机构资质发(换)证工作的通知》(安监管海油字〔2005〕16 号)中确定的海洋石油天然气专业设备检测检验机构审查条件同时废止。已经取得安全监管总局检测检验机构资质的机构在换证时执行本通知规定。

附件:1. 海洋石油天然气专业设备检测检验机构资质认定条件

2. 海洋石油天然气专业设备检测检验机构资质认定程序

3. 海洋石油天然气专业设备检测检验机构资质认定申请书(样本)

二〇〇七年十月三十一日

附件 1

海洋石油天然气专业设备检测检验机构资质认定条件

一、具有法人资格,能够独立、客观、公正地开展海洋石油天然气专业设备检测检验工作。

二、有与申请业务相适应的固定工作场所、检测检验仪器、设备、设施和环境条件,检测检验仪器、设备、设施原值不低于 300 万元。

三、有与申请业务相适应的 8 名以上专职专业技术人员。其中中级以上技术职称、注册安全工程师和高级专业技术职称人员分别不低于专职专业技术人员的 40%、15% 和 25%,并且从事海洋石油天然气安全相关工作 3 年以上。

四、机构主持工作的负责人、技术负责人、质量负责人具有与申请业务相适应的高级技术职称,技术负责人有 5 年以上与海洋石油天然气安全生产相关的检测检验工作经历。

五、有满足资质认定准则要求的管理体系,并已有效运行 3 个月以上。

六、有正常开展业务所需的资金或者经费保障,注册资金不低于 300 万元。

七、法律、行政法规规定的其他条件。

附件2

海洋石油天然气专业设备检测检验机构资质认定程序

一、申请资质的机构向国家安全监管总局海洋石油作业安全办公室（以下简称海油安办）提交申请书及相关资料。

二、海油安办在收到申请资料后5个工作日内完成对申请资料的符合性审查工作，并将审查结果一次性告知申请机构。

三、海油安办自申请资料审查合格之日起20个工作日内安排评审专家对申请机构进行现场评审，评审专家按照资质认定评审准则进行技术评审并向海油安办提交资质评审报告。

四、海油安办在接到资质评审报告之日起20个工作日内，依据资质评审报告完成对申请机构的资质认定工作。予以认定的，颁发资质证书；不予认定的，书面通知申请机构，并说明理由。海油安办作出资质认定决定前，先进行不少于10日的公示。

检测检验资质认定评审准则执行《国家安全监管总局关于印发安全生产检测检验机构资质认定评审通用准则及认定申请书的通知》（安监总规划〔2007〕28号）的相关规定。

附件 3

海洋石油天然气专业设备
检测检验机构资质认定

申　请　书

申请机构:______________________________

申请日期:______________________________

国家安全生产监督管理总局制

申请须知

1. 本申请书用打印机打印，签名之处由签名人签字。

2. 本申请书有关项目填写页数不够时可用A4纸附页，但须连同正页编第　页共　页。

3. 本申请书所选"□"内打"√"。

4. 本申请书须经申请机构法定代表人签名、申请机构盖章有效。

5. 本申请书适用于初次认定、增项认定、变更认定、换证认定的申请。

6. 本申请书一式一份，并提供电子版本。

7. 本申请书中的租用设备是指由申请机构的人员进行操作并对租用的设备进行维护，能控制其校准状态。申请机构与设备出租机构是合作关系的，视为分包关系。

8. 申请受理部门：国家安全监管总局海洋石油作业安全办公室

联系地址：北京市东城区和平里北街21号

邮政编码：100713

一、申请机构概况

名　　称			
地　　址			
邮政编码		传真电话	
电子信箱		网　　址	
联 系 人		职　　务	
固定电话		移动电话	
主持工作负责人		职　　务	
固定电话		移动电话	
法定代表人		职　　务	
固定电话		移动电话	
主管单位名称			
法人执照(证书)编号/组织机构代码		注册资金(万元)	
初次获得安全生产检测检验机构资质证书号及获得日期			

二、申请类型及证书状况

□初次

□增项(原证书号:________________ 有效期至:________________)

□变更(原证书号:________________ 有效期至:________________)

□换证(原证书号:________________ 有效期至:________________)

三、申请机构基本信息

<table>
<tr><td>申请机构设备设施特点：

□固定　　□离开固定设施的现场　　□临时　　□可移动</td></tr>
<tr><td>申请机构参加能力验证计划情况：

最近3年内参加能力验证计划共________次，参加检测检验机构间比对共________次。</td></tr>
<tr><td>申请机构人员及设备设施：

申请机构始建于__________年，现有在编人员__________名，其中专业技术人员__________名（高级职称__________名，中级职称__________名，注册安全工程师__________名）。主要仪器设备__________台（套），主要设施__________台（套），仪器设备设施原值__________万元。</td></tr>
<tr><td>申请机构技术能力：

申请的检测检验领域为：

申请的检测检验能力范围：产品/产品类别　　项

申请批准的授权签字人：　（名）</td></tr>
<tr><td>申请机构从事与安全生产相关的检测检验工作经历：

</td></tr>
</table>

四、申请机构特殊信息

<table>
<tr><td>对检测检验分包项目的说明(若有请填写)：

</td></tr>
<tr><td>对检测检验租用设备的说明(若有请填写)：

</td></tr>
<tr><td>申请机构已取得国家重点实验室或其他检测检验资质情况(若有请填写)：

</td></tr>
<tr><td>申请机构多场所情况的说明(若有请填写)：

</td></tr>
</table>

五、申请书附表

附表1:申请的检测检验能力范围	共　页
附表2:申请批准的授权签字人一览表	共　页
附表2.1:授权签字人申请表	共　页
附表3:申请机构在编人员一览表	共　页
附表4:仪器设备设施一览表	共　页
附表5:仪器设备/标准物质配置表	共　页
附表6:参加能力验证/检测检验机构间比对一览表	共　页
附表7:检测检验能力变更申请表(需要时填报)	共　页

六、随申请书提交的有关资料

1. 营业执照(没有变化时,仅在初次申请和换证申请时提供)

2. 组织机构框图

3. 平面图

4. 现行有效的质量手册和程序文件(初次申请时,并提供最近一次内审和管理评审记录)

5. 典型项目的检测检验报告

6. 计量认证合格证书

7. 申请机构从事与安全生产相关的检测检验工作经历证明

8. 在编人员的技术职称、注册安全工程师证明

9. 技术负责人从事与安全生产相关的检测检验工作经历证明

10. 其他资料(如分包单位的资质证明、租用设备协议、已取得国家重点实验室或其他检测检验资质的证明等)(若有请提供)
□有　　□无

七、申请单位声明

1. 本机构自愿申请安全生产检测检验机构资质认定；

2. 本机构同意遵守国家相关法律、法规和国家安全生产监督管理总局对安全生产检测检验机构的管理规定；

3. 本机构愿意提供资质认定评审所需的任何信息和资料，并为资质认定评审工作提供方便；

4. 不论资质认定评审结果如何，本机构保证均按规定向国家安全生产监督管理总局指定的资质认定技术服务机构交付有关的技术服务费用；

5. 本机构保证本申请书所填写信息均真实、准确。

申请机构法定代表人(签名)：________________________日期：

申请单位(盖章)：____________

八、安全生产监管部门、煤矿安全监察机构受理或推荐意见

经办人(签名)：____________

负责人(签名)：____________

日　　期：____________

安全生产监管部门、煤矿安全监察机构(盖章)：

附表1

申请的检测检验能力范围

序号	产品/产品类别	依据标准(方法)名称及编号(含年号)	项目/参数		限制范围及说明
			序号	名称	

填表说明:

1."产品/产品类别"泛指被检测对象,不仅限于产品。

2."项目"指检测检验活动所针对的被检测对象属性,可包含若干参数,填表时可进行概括性的描述,如"防爆性能"、"物理性能"、"化学性能"及"外形尺寸"等。

3."项目/参数"栏应填写所列依据标准(方法)中所规定的全部项目或参数(安全标志检验除外)。如不能对标准(方法)要求的某个项目/参数进行检测检验,或只能选用其中的部分方法对某个项目/参数进行检测检验时,应在"限制范围或说明"栏内注明"不能检"或"只能用XXX方法"。

4.当方法标准和产品标准同时申报时,应先列方法标准,再列产品标准。

5.必须在现场检测、租用设备、分包或其它需说明的情况,填写在"限制范围或说明"栏,分包时,应注明分包单位。

6.换证申请应将增项的检测检验范围在"限制范围及说明"栏用"增项"予以说明。

7.申请机构申请检测检验范围中涉及其他部门认可或授权的检测检验项目,在"项目/参数"栏以"*"号标注。

8. 在填制本表时,本"填表说明"应删除。

附表 2

申请批准的授权签字人一览表

序号	授权签字人姓名	授权签字领域	备注

填表说明：

1. 请列出所有申请批准的授权签字人；
2. 授权签字领域请按申请批准项目的专业领域描述；
3. 授权签字领域中的内容应与附表 2.1 中申请签字的领域相同；
4. 请在“备注”栏注明维持、新增或授权领域变化(指增加或减少授权领域)等情况(初次申请除外)；
5. 每个专业领域一般不超过三个授权签字人。

附表 2.1

授权签字人申请表

姓　　名：＿＿＿＿＿＿＿＿性　　别：＿＿＿＿＿＿＿＿出生年月：＿＿＿＿＿＿＿＿

文化程度：＿＿＿＿＿＿＿＿职　　称：＿＿＿＿＿＿＿＿岗　　位：＿＿＿＿＿＿＿＿

电　　话：＿＿＿＿＿＿＿＿传　　真：＿＿＿＿＿＿＿＿电子邮件：＿＿＿＿＿＿＿＿

所在部门：＿＿＿＿＿＿＿＿＿＿＿＿＿＿＿＿＿＿＿＿＿＿＿＿

申请授权签字的领域：＿＿＿＿＿＿＿＿＿＿＿＿＿＿＿＿＿＿＿＿

＿＿＿＿＿＿＿＿＿＿＿＿＿＿＿＿＿＿＿＿＿＿＿＿＿＿＿＿＿＿

何年毕业于何院校、何专业：＿＿＿＿＿＿＿＿＿＿＿＿＿＿＿＿＿＿

受过何种培训：＿＿＿＿＿＿＿＿＿＿＿＿＿＿＿＿＿＿＿＿＿＿＿

＿＿＿＿＿＿＿＿＿＿＿＿＿＿＿＿＿＿＿＿＿＿＿＿＿＿＿＿＿＿

＿＿＿＿＿＿＿＿＿＿＿＿＿＿＿＿＿＿＿＿＿＿＿＿＿＿＿＿＿＿

工作经历及从事检测检验工作的经历：＿＿＿＿＿＿＿＿＿＿＿＿＿＿

＿＿＿＿＿＿＿＿＿＿＿＿＿＿＿＿＿＿＿＿＿＿＿＿＿＿＿＿＿＿

＿＿＿＿＿＿＿＿＿＿＿＿＿＿＿＿＿＿＿＿＿＿＿＿＿＿＿＿＿＿

＿＿＿＿＿＿＿＿＿＿＿＿＿＿＿＿＿＿＿＿＿＿＿＿＿＿＿＿＿＿

申请人(签名)：＿＿＿＿＿＿

说明(若申请授权签字的领域有变更,应予以说明)：

附表 3

申请机构在编人员一览表

序号	姓名	性别	出生年月	技术职称	文化程度	所学专业	毕业时间	所在部门	岗位	本岗位年限	备注

填表说明：

1. “岗位”栏请填写中心主任、经理、质量负责人、室主任、检验员、档案管理员等。
2. 当一人多职时，请在“备注”栏注出该人的其它关键岗位，如技术负责人、内审员、质量监督员、设备管理员、意见和解释人员等。
3. 当该人为注册安全工程师时，请在“备注”栏注出。
4. 在填制本表时，本“填表说明”应删除。

附表 4

仪器设备设施一览表

序号	名称	型号	规格	数量	仪器编号	唯一性编号	购置年份	放置地点	原值(万元)	备注
仪器设备										
累计										
设施										
累计										
合计										

填表说明：

1. 仪器设备和设施分别按原值金额由大到小的顺序填写。
2. 唯一性编号为申请机构的内部编号。
3. “放置地点”应尽可能明确。
4. “累计”及“合计”仅涉及“数量”和“原值”。
5. 在填制本表时，本“填表说明”应删除。

附表 5

仪器设备/标准物质配置表

<table>
<tr><th rowspan="2">序号</th><th rowspan="2">产品/产品类别</th><th rowspan="2">依据标准(方法)名称及编号(含年号)</th><th colspan="3">项目/参数</th><th colspan="6">使用仪器设备/标准物质</th><th rowspan="2">检测检验开展日期</th><th rowspan="2">近 3 年内检测检验次数</th><th rowspan="2">备注</th></tr>
<tr><th>序号</th><th>名称</th><th>标准条款</th><th>名称</th><th>型号规格</th><th>唯一性编号</th><th>测量范围</th><th>扩展不确定度/最大允差/准确度等级</th><th>溯源方式</th></tr>
<tr><td rowspan="6"></td><td rowspan="6"></td><td rowspan="2"></td><td></td><td></td><td></td><td></td><td></td><td></td><td></td><td></td><td></td><td></td><td></td><td></td></tr>
<tr><td></td><td></td><td></td><td></td><td></td><td></td><td></td><td></td><td></td><td></td><td></td><td></td></tr>
<tr><td></td><td></td><td></td><td></td><td></td><td></td><td></td><td></td><td></td><td></td><td></td><td></td><td></td></tr>
<tr><td rowspan="3"></td><td></td><td></td><td></td><td></td><td></td><td></td><td></td><td></td><td></td><td></td><td></td><td></td></tr>
<tr><td></td><td></td><td></td><td></td><td></td><td></td><td></td><td></td><td></td><td></td><td></td><td></td></tr>
<tr><td></td><td></td><td></td><td></td><td></td><td></td><td></td><td></td><td></td><td></td><td></td><td></td></tr>
</table>

填表说明:

1. 本表在顺序上应与附表 1 对应。
2. “项目/参数”栏请将每个申请批准的标准中的项目/参数逐个填写。
3. 当产品/产品类别不同而项目/参数、使用仪器设备相同时,只需填写产品/产品类别、依据标准(方法)名称及编号(含年号)及项目/参数栏,并在备注栏内填写“同(产品/产品类别序号)—(项目/参数序号)”字样即可。
4. 唯一性编号为申请机构的内部编号。
5. 溯源方式栏应注明:送校;自校;送检;自检;比对或其他验证方式等。其中送校、送检是指送到申请机构以外的机构进行校准或检定,自校、自检是指在申请机构进行校准或检定。
6. 凡属现场、租用设备、分包检测检验项目,在“备注”栏中分别标注“现场”、“租用设备”、“分包”。
7. 在填制本表时,本“填表说明”应删除。

附表 6

参加能力验证/检测检验机构间比对一览表

序号	参加项目名称	组织方	参加检测检验机构名称	参加日期	结果	备注

填表说明：

1. 只需填写最近 3 年内参加的能力验证/检测检验机构间比对项目。
2. 当参加比对的检测检验机构数量较多时，最多可列出 3 家检测检验机构的名称。
3. “结果”栏请将满意、有问题、不满意的项目分开填写。

附表 7

检测检验能力变更申请表

序号	原批准内容					变更的内容				
	产品/产品类别	依据标准(方法)名称及编号(含年号)	项目/参数		限制范围及说明	产品/产品类别	依据标准(方法)名称及编号(含年号)	项目/参数		限制范围及说明
			序号	名称				序号	名称	

填表说明:

1. 申请机构在获得资质认定证书后,如其批准范围内的检测检验能力发生变更,应及时向资质认定证书颁发机关申请。申请变更时,须同时提交申请书正文和本表。
2. 新旧标准的差异请填写在"限制范围及说明"栏。

国家安全监管总局海洋石油作业安全办公室关于天然气终端压力容器检验有关事宜的复函

海油函〔2007〕105 号

海油分部：

你部《关于深圳分公司珠海天然气终端压力容器检验有关事宜的请示》（海油分部〔2007〕第 14 号）收悉。经研究，函复如下：

《特种设备安全监察条例》（国务院令第 373 号）第三条规定，海上设施使用的特种设备的安全监察不适用该条例。《海洋石油安全生产规定》（国家安全监管总局令第 4 号）明确，以开采海洋石油为目的的陆岸终端属于海洋石油生产设施，压力容器等专业设备由国家安全监管总局认可的海洋石油天然气检测检验机构进行检验，并按海洋石油生产设施锅炉压力容器安全管理规则执行。

请你部会同深圳监督处就有关事宜与当地质量技术监督部门做好解释工作。

二〇〇七年十二月十九日

国家安全监管总局关于印发安全生产检测检验机构资质审批程序和资质评审专家管理规则的通知

安监总规划〔2011〕21号

各省、自治区、直辖市及新疆生产建设兵团安全生产监督管理局,各省级煤矿安全监察机构:

为进一步加强和规范安全生产检测检验机构资质审批工作,按照公开、公正、公平的原则,依据有关法律法规的规定,国家安全监管总局制定了《安全生产检测检验机构资质审批程序》和《安全生产检测检验机构资质评审专家管理规则》,现印发给你们,请遵照执行。

国家安全生产监督管理总局

二〇一一年一月二十九日

安全生产检测检验机构资质审批程序

一、为进一步加强和规范安全生产检测检验机构(以下简称检测检验机构)资质审批工作,按照公开、公正、公平的原则,依据《安全生产法》等法律法规规定,制定本程序。

二、本程序适用于检测检验机构(不包括海洋石油领域)资质申请和资质审批工作。

三、检测检验机构资质审批程序。

(一)甲级机构:国家安全监管总局负责甲级检测检验机构资质审批和监督检查工作,具体由国家安全监管总局规划科技司(以下简称总局资质审批机关)归口管理,各相关业务司局参与专业技术能力审查,委托技术服务机构及聘请专家参与形式审查和现场评审工作。具体程序:

1. 检测检验机构应当于每年6月份或12月份向所在地省级安全生产监督管理部门、省级煤矿安全监察机构(以下统称省级资质审批机关)提出申请,省级资质审批机关应当在5个工作日内对申请机构提供的材料进行预审并决定是否受理。予以受理的,自受理之日起5个工作日内完成符合性审查工作,并出具书面审查意见(见附表1),向总局资质审批机关提交申报材料;不予受理的,应当说明理由并书面通知申请机构。

2. 总局资质审批机关接到申报材料后,应当及时登记。对手续齐全、材料完备的,即予以受理,及时将有关申报材料分送相关业务司局进行专业技术能力审查(见附表2),委托技术服务机构或专家进行形式审查(见附表3)。相关业务司局、技术服务机构或专家应当在接到相关资料之日起10个工作日内,完成审查工作并向总局资质审批机关反馈书面审查意见。不予受理的,应当说明理由并书面通知省级资质审批机关。

3. 申报材料经审查合格的,总局资质审批机关委托技术服务机构组织现场评审工作组,成员应当包括相关省级资质审批机关人员和有关评审专家,人数不得少于3人,现场评审后,形成评审报告。

4. 经综合审查符合规定条件的,总局资质审批机关提出是否颁发检测检验机构资质证书的意见,报国家安全监管总局分管领导同志审定后上网公示,对无异议的,颁发检测检验机构资质证书,并向社会公告检测检验机构及其检测检验业务范围、授权签字人及授权签字领域。

(二)乙级机构:各省级资质审批机关负责本行政区域内乙级检测检验机构的资质审批和证书颁发以及甲级检测检验机构的符合性审查工作。其审批程序由各省级资质审批机关参照国家安全监管总局制定。

乙级检测检验机构申报材料审查合格后,省级资质审批机关组织评审专家进行现场评审,评审专家须从国家安全监管总局检测检验机构资质评审专家库具备相应技术能力的评审专家中选取，组成评审组进行现场评审，现场评审后形成评审报告。省级资质审批机关应当自批准之日起30日内将乙级检测检验机构的批准文件（含电子文本）报总局资质审批机关备案（见附表4）。

四、检测检验机构资质增项、变更与换证按下列规定执行：

（一）在资质有效期内，检测检验机构需要增加检测检验业务范围的，应当于每年6月份或12月份提出增项申请。

（二）检测检验机构资质业务范围内的依据标准、重要试验设备、设施和环境、检测检验方法、授权签字人及授权签字领域等发生变化时，应当及时向资质审批机关提出变更申请。

（三）检测检验机构资质有效期届满需要延续换证的，应当在资质有效期届满6个月前向资质审批机关提出换证申请，在提出换证申请的同时，可以提出增项、变更申请。

检测检验机构资质增项、换证，参照第三条资质审批程序办理。

对于原批准业务范围内相关能力的简单扩充，不涉及新的技术、方法和设备设施等的，在申报材料审查合格后，可以不再进行现场评审。

五、资质日常检查监督。

（一）资质审批机关每年应当对取得资质或换证后的检测检验机构进行定期监督评审。

（二）资质审批机关根据工作需要，可以随时对检测检验机构进行不定期监督评审或检查。

（三）监督评审和检查中发现机构不再具备能力的检测检验项目及授权签字人的，取消其检测检验项目、授权签字人及授权签字领域，并向社会公告。

（四）总局资质审批机关组织开展全国安全生产检测检验机构的检测能力考核工作和不定期的监督抽查活动。

八、本程序由总局资质审批机关负责解释。

七、本程序自发布之日起施行。

附表：1. 安全生产检测检验甲级机构省局符合性审查意见
2. 安全生产检测检验甲级机构专业技术能力审查表
3. 安全生产检测检验甲级机构申报材料形式审查表
4. 安全生产检测检验乙级机构审批备案表

附表 1

安全生产检测检验甲级机构符合性审查意见

国家安全监管总局：

按照《安全生产检测检验机构管理规定》（安全监管总局令第 12 号）等有关规定，对（申请机构名称）提交的申报材料进行了符合性审查，审查结果如下：

序号	审查内容	审查结果	详细说明
1	是否具有法人资格	□是 □否	
2	注册资金是否达到 300 万元	□是 □否	
3	检测检验仪器、设备、设施原值是否达到 300 万元	□是 □否	
4	专业技术人员是否达到在编人员总数的 70%	□是 □否	
5	高级技术职称人员是否达到在编人员总数的 15%	□是 □否	
6	中级以上技术职称人员是否达到在编人员总数的 40%	□是 □否	
7	注册安全工程师是否达到在编人员总数的 15%	□是 □否	
8	主持工作负责人是否具有与申请业务相适应的高级技术职称	□是 □否	
9	技术负责人是否具有与申请业务相适应的高级技术职称	□是 □否	
10	技术负责人是否有 5 年以上与安全生产相关的检测检验工作经历	□是 □否	
11	质量负责人是否具有与申请业务相适应的高级技术职称	□是 □否	
12	是否有满足资质认定准则要求的管理体系文件	□是 □否	
13	是否已取得国家重点实验室或者同等级其他检测检验机构资质	□是 □否	
14	在安全生产监管监察中是否发现有违法违规行为	□是 □否	
审查结论			
审查人（签名）：		审查日期： 年 月 日	
签发人（签名）：		签发日期： 年 月 日	

省级资质审批机关（盖章）

年 月 日

附表 2

安全生产检测检验甲级机构专业技术能力审查表

<table>
<tr><td>申请机构名称</td><td colspan="2"></td></tr>
<tr><td>申请类型</td><td colspan="2">初次□　　增项□　　换证□</td></tr>
<tr><td>申请的检测
检验能力范围</td><td colspan="2"></td></tr>
<tr><td rowspan="6">专业技术能力
审查主要内容</td><td>专业技术人员配备是否能满足所申报能力范围的检测检验工作</td><td>是□　否□</td></tr>
<tr><td>是否配备了与申报检测检验能力范围相适应的设施与设备</td><td>是□　否□</td></tr>
<tr><td>是否有与申报检测检验能力范围相关的工作经验和业绩</td><td>是□　否□</td></tr>
<tr><td>在以往检测检验工作中是否被发现出具过虚假或重大失实的检测检验报告</td><td>是□　否□</td></tr>
<tr><td>在以往检测检验工作中是否被发现存在违法违规行为</td><td>是□　否□</td></tr>
<tr><td></td><td></td></tr>
<tr><td colspan="3">审查结论和建议(如不具备专业技术能力,请说明存在的问题及主要依据):

审查部门(盖章)

年　月　日</td></tr>
</table>

附表3

安全生产检测检验甲级机构申报材料形式审查表

申请机构名称			
序号	材料名称	审查结果	详细说明
1	申请书正文填写是否符合要求	□是 □否	
	申请的检测检验能力范围(附表1)填写是否符合要求	□是 □否	
	仪器设备配置表(附表1.1)填写是否符合要求	□是 □否	
	检测检验标准核查表(附表1.2)填写是否符合要求	□是 □否	
	申请的授权签字人一览表(附表2)填写是否符合要求	□是 □否	
	授权签字人申请表(附表2.1)填写是否符合要求	□是 □否	
	管理体系核查表(包括对应用细则的核查表)(附表3)填写是否符合要求	□是 □否	
	在编人员一览表(附表4)填写是否符合要求	□是 □否	
	仪器设备设施一览表(附表5)填写是否符合要求	□是 □否	
	参加检测能力考核活动表(附表6)填写是否符合要求	□是 □否	
	检测检验能力变更申请表(需要时填报)(附表7)填写是否符合要求	□是 □否	
	授权签字人变更申请表(需要时填报)(附表8)填写是否符合要求	□是 □否	
2	是否具有法人执照(证书)	□是 □否	
3	是否具有组织机构框图	□是 □否	
4	是否具有实验室平面图	□是 □否	
5	是否具有现行有效的管理手册和程序文件(初次申请时,并应提供最近一次内审和管理评审记录)	□是 □否	
6	是否具有典型项目的检测检验报告	□是 □否	
7	是否具有计量认证合格证书(含附表)	□是 □否	
8	是否具有从事与安全生产相关的检测检验工作经历的客观证据	□是 □否	
9	是否具有专业技术人员技术职称、注册安全工程师注册证明	□是 □否	
10	是否具有技术负责人从事与安全生产相关的检测检验工作经历的客观证据	□是 □否	
11	是否具有已取得国家重点实验室或其他检测资质证明	□是 □否	
12	是否具有分包单位资质证明(需要时填报)	□是 □否	
13	是否具有设备等租用协议(需要时填报)	□是 □否	
审查结论			

审查人(签名): 审查日期: 年 月 日

复核人(签名): 复核日期: 年 月 日

附表 4

安全生产检测检验乙级机构审批备案表

<table>
<tr><td>机构名称</td><td colspan="5"></td></tr>
<tr><td>资质证书编号</td><td></td><td>发证日期</td><td colspan="3">年 月 日</td></tr>
<tr><td>批准机关</td><td></td><td>有效日期</td><td colspan="3">年 月 日</td></tr>
<tr><td>批准日期</td><td>年 月 日</td><td>批准文号</td><td colspan="3"></td></tr>
<tr><td>批准的检测
检验能力范围
（文字表述）</td><td colspan="5"></td></tr>
<tr><td>技术负责人</td><td></td><td>质量负责人</td><td></td><td>设备设施
原值</td><td>万元</td></tr>
<tr><td>机构在编人员数</td><td>人</td><td>专业技术人员数</td><td colspan="3">人</td></tr>
<tr><td>专业技术人员
构成</td><td>高级： 人；中级： 人</td><td>注册安全工程师人数</td><td colspan="3">人</td></tr>
<tr><td>法人执照（证书）
编号</td><td></td><td>成立日期</td><td></td><td>注册资金</td><td>万元</td></tr>
<tr><td>颁发机关</td><td></td><td>经营期限</td><td colspan="3"></td></tr>
<tr><td>注册地址</td><td colspan="5"></td></tr>
<tr><td>办公地址</td><td></td><td>邮政编码</td><td colspan="3"></td></tr>
<tr><td>电话</td><td></td><td>传真</td><td></td><td>电子邮箱</td><td></td></tr>
<tr><td>法定代表人</td><td></td><td>电话</td><td></td><td>移动
电话</td><td></td></tr>
<tr><td>主持工作负责人</td><td></td><td>电话</td><td></td><td>移动
电话</td><td></td></tr>
<tr><td>机构联系人</td><td></td><td>电话</td><td></td><td>移动
电话</td><td></td></tr>
<tr><td colspan="6">备注：</td></tr>
</table>

省级资质审批机关（盖章）

年 月 日

安全生产检测检验机构资质评审专家管理规则

一、为加强安全生产检测检验机构(以下简称检测检验机构)资质评审专家管理,规范评审专家的工作行为,保证资质评审工作的公正性、有效性,根据《安全生产检测检验机构管理规定》(国家安全监管总局令第12号)等有关规定,制订本规则。

二、本规则所称的评审专家,是指符合规定条件要求,并纳入国家安全监管总局检测检验机构资质评审专家库,对申请安全生产检测检验机构进行资质评审的专业人员。

三、国家安全监管总局委托的技术服务机构负责评审专家管理工作,具体承担评审专家的选择、培训、考核、监督与管理等工作。

四、评审专家应当具备下列条件:

(一)检测检验机构、科研院所、高等院校、生产经营单位等相关专业技术人员,身体状况良好,能胜任评审工作;

(二)具有国家承认的大学以上(含大学)学历,且具有工程师以上(含工程师)相关专业技术职称;

(三)具有至少3年以上检测检验技术或管理工作经历;

(四)熟悉检测检验机构资质管理有关法律、法规、规章、标准、规范等,掌握相应的评审方法和技巧;

(五)具有与检测检验机构资质评审工作要求相适应的观察、分析和判断能力,能够协助或独立开展对检测检验机构的文件评审和现场评审等工作;

(六)具有良好的职业道德,客观公正,廉洁自律,遵纪守法,没有违法违纪等不良记录;

(七)承担对国外检测检验机构资质评审的专家,应具有相应的外语能力;

(八)国家安全监管总局规定的其他条件。

五、各有关单位和部门推荐评审专家时,应充分考虑安全生产检测检验工作需要,并提交下列资料:

(一)评审专家登记表(见附表);

(二)学历和专业技术职称证明;

(三)检测检验技术或管理工作经历证明;

(四)有关单位和部门的推荐意见;

(五)其他相关资料。

六、受委托的技术服务机构根据有关单位和部门的推荐意见,按本规则第五条的有关规定初步确定评审专家候选人,并对其评审专业知识和能力进行培训与考核,符合规定条件的,与其签订《评审专家聘用合同》,并向其颁发评审专家聘书。评审专家聘书有效期为三年。

七、评审专家应参加技术服务机构组织的定期或不定期业务培训,以提高其评审专业知识和能力水平。

八、评审专家应履行下列职责:

(一)认真贯彻执行国家有关安全生产检测检验的法律、法规、规章、标准和规范;

(二)认真完成对检测检验机构的形式审查和现场评审等工作;

(三)解答资质审批机关、技术服务机构、检测检验机构等对文件评审和现场评审等工作提出的质疑;

(四)提交完整的现场评审报告等资料,并对作出的形式审查和现场评审结果负责;

(五)认真完成安全生产监督管理部门、煤矿安全监察机构或技术服务机构安排的其他任务。

九、评审专家具有下列权利:

(一)对检测检验机构资质评审相关的规范性文件制修订提出意见和建议;

(二)根据公正性与实际工作的需要,对现场评审计划提出合理调整意见;

(三)在现场评审前,有权调阅被评审机构的申报材料;

（四）检测检验机构不能有效配合现场评审或有意妨碍评审工作，以致无法正常进行现场评审时，经与资质审批机关沟通，有权终止本次评审；

（五）为保证评审工作公正性，有权抵制任何单位和个人以任何方式和理由的干扰；

（六）有申请撤销本人评审专家的权利；

（七）有权对投诉与处罚进行申辩。

十、评审专家应履行下列义务：

（一）恪守职业道德，坚持客观公正、科学严谨、实事求是的工作原则，严格按照《安全生产检测检验机构管理规定》和评审标准、准则、细则等规范性文件的规定，实施形式审查和现场评审活动，不出具虚假或者不实的评审报告；

（二）严格遵守公正性与保密声明，在从事形式审查和现场评审时，不得泄露被评审机构的技术和商业秘密；

（三）努力提高评审技能，积极参加技术服务机构组织的评审专家专业知识和能力培训；

（四）评审前主动向资质审批机关公开与被评审机构间的利害关系，不隐瞒任何有可能影响评审公正性的信息，不得对同一检测检验机构既实施有偿咨询又实施评审；

（五）不介入与被评审机构有关的利益冲突或同业竞争，不接受与评审工作有利益关系的单位和人员赠送的礼品和财物，不参加与评审工作无关的活动；

（六）主动接受资质审批机关和技术服务机构的监督管理并积极配合有关人员对违反本规则的行为进行调查；

（七）不以评审专家名义从事有损于资质审批机关和技术服务机构名誉的活动。

十一、技术服务机构对评审专家进行每三年的换证确认和每年的年度确认。评审专家应主动向技术服务机构申请换证确认和年度确认。取得聘书的评审专家需要每年完成不少于 8 小时的相关专业培训和学习，以保证相应的专业能力发展要求。

十二、技术服务机构对评审专家的日常监督管理方式包括观察员的现场观察、评价人员对评审组长的评价、评审组长对评审专家的评价、被评审机构的反馈意见、资质审批机关或技术服务机构的询问及查阅评审记录等。

十三、评审专家违反本规则规定的，暂停或撤销其评审专家资格，连续两次无正当理由不参加评审活动的，可视为自动解聘。对撤销和解聘的评审专家，收回其评审专家聘书，并从国家安全监管总局检测检验机构资质评审专家库中除名。

十四、对评审专家在评审活动中的违法违规行为，任何单位和个人有权向资质审批机关或技术服务机构举报。资质审批机关或技术服务机构应及时调查处理，并为举报人保密。

十五、技术服务机构应做好评审专家的档案管理工作，并及时更新。评审专家档案至少应包括下列材料：

（一）评审专家登记表；

（二）随评审专家登记表所提交的资料；

（三）培训和考核记录；

（四）评审专家聘书（复印件）；

（五）评审专家聘用合同（含公正性与保密声明）；

（六）评审工作评价记录、现场情况反馈记录；

（七）年度确认记录、换证确认记录；

（八）申诉、投诉记录。

十六、对特殊领域需要安排专家库以外的技术专家参加评审时，应填写技术专家备案表，对技术专家的使用情况进行评价，技术服务机构应做好技术专家的档案管理工作。

十七、本规则由国家安全监管总局检测检验机构资质审批机关负责解释。

十八、本规则自发布之日起施行。

附表：安全生产检测检验机构资质评审专家登记表

附表

<table>
<caption>安全生产检测检验机构资质评审专家登记表</caption>
<tr><td>姓　　名</td><td></td><td>性别</td><td></td><td>民族</td><td></td><td>出生年月</td><td></td><td rowspan="6">近期二寸照片</td></tr>
<tr><td>最高学历</td><td></td><td>主要专业</td><td colspan="5"></td></tr>
<tr><td>身份证号</td><td colspan="7"></td></tr>
<tr><td>毕业院校</td><td colspan="7"></td></tr>
<tr><td>工作单位</td><td colspan="7"></td></tr>
<tr><td>通讯地址</td><td colspan="5"></td><td>邮政编码</td><td></td></tr>
<tr><td>技术职称</td><td></td><td>固定电话</td><td colspan="2"></td><td>移动电话</td><td colspan="3"></td></tr>
<tr><td>职务</td><td></td><td>传真电话</td><td colspan="2"></td><td>电子邮箱</td><td colspan="3"></td></tr>
<tr><td>熟悉的行业</td><td colspan="8">□煤矿□金属非金属矿山□陆上油气勘探、开发、储运□危险化学品和化工
□烟花爆竹□职业危害□冶金、机械、有色、纺织等□其他(请说明)：</td></tr>
<tr><td>熟悉的领域</td><td colspan="8">□电气安全□机械安全□化学安全□工业建材与建筑安全□电磁兼容□无损检测
□职业危害□劳动防护□检测检验机构管理□其他(请说明)：</td></tr>
<tr><td>熟悉的专业</td><td colspan="8">□防爆设备□电动机□变压器□电器□仪器仪表□监控系统□通风设备
□提升设备□防坠器□钢丝绳□排水设备□压风设备□运输设备□勘探开发设备
□储运设施□井巷设备□支护设备□采掘设备□金属制品□非金属制品□电缆
□救护器材□煤尘爆炸性□煤自燃倾向性□煤与瓦斯突出危险性□危险品鉴定
□常压储罐□民爆器材□烟花爆竹□粉尘□工作场所物理因素□工作场所化学因素
□特种劳动防护用品□其他(请说明)：</td></tr>
<tr><td>取得其他部门颁发的评审员资质情况</td><td colspan="8"></td></tr>
<tr><td>有关检测检验技术或管理工作和评审工作经历</td><td colspan="8"></td></tr>
<tr><td>推荐单位意见</td><td colspan="5">所在法人单位意见：

盖　章
年　月　日</td><td colspan="3">省级安全生产监管监察部门意见：

盖　章
年　月　日</td></tr>
</table>

填 表 说 明

1. 请登陆 http://zjdj.chinasafety.ac.cn/formsb/index.php?fid=1 进行网上填报。

2. 填表人需按照登记表的各项要求认真、如实填写表格(提交的登记表应为盖章原件)。

3. 登记表中带有"□"的内容为可选项,请将其所熟悉的行业、领域、专业前面的"□"变为"☑",可多选。

4. 填表人需将以下证明资料随本表一同提交:

① 学历证书复印件;

② 工程师以上(含工程师)职称证书复印件;

③ 检测检验技术或管理工作经历证明;

④ 身份证复印件。

⑤ 其他相关材料(如:其他部门颁发的评审员证书复印件等)。

⑥ 近期二寸彩色照片2张。

请将此表及有关资料寄(送)至下列地址,同时提交电子文本:

单位名称:国家安全生产检测技术中心

联系地址:北京市朝阳区惠新西街17号

邮政编码:100029

联系人:许佳期

联系电话:010-64941131

传真电话:010-64812560

电子信箱:aqjy@chinasafety.ac.cn

8. 生产事故

关于石油天然气井喷失控事故备案的通知

安监总厅字〔2005〕77 号

为严肃石油天然气井喷失控事故的调查处理，落实防范措施，加强安全监督管理，根据《国务院办公厅关于加强中央企业安全生产工作的通知》（国办发〔2004〕52 号）有关规定，现对需紧急疏散周围群众的井喷失控事故报告及备案有关要求通知如下：

一、事故发生后，发生事故的单位应按有关规定及时报告当地安全生产监督管理部门；地方安全生产监督管理部门接到事故报告后，应当按规定立即逐级上报。

中央企业接到下属单位发生上述事故的报告后，应立即报告国家安全生产监督管理总局。

二、事故处理结案后，对于由中央企业或其下属单位牵头组织调查的事故，中央企业应在 15 日内将事故调查处理结果报送国家安全生产监督管理总局备案；对于由地方安全生产监督管理部门牵头组织调查的事故（含非中央企业发生的），当地省级安全生产监督管理部门应在 15 日内将事故调查处理结果报送国家安全生产监督管理总局备案。

二〇〇五年七月二十九日

国家安全监管总局、国家档案局关于印发《生产安全事故档案管理办法》的通知

安监总办〔2008〕202号

各省、自治区、直辖市及新疆生产建设兵团安全生产监督管理局、档案局，各省级煤矿安全监察机构，国务院有关部门、全国总工会档案管理部门，有关中央企业：

为加强生产安全事故档案管理工作，根据《中华人民共和国档案法》等有关法律法规，制定《生产安全事故档案管理办法》，现印发给你们，请认真遵照执行。

二〇〇八年十一月十七日

生产安全事故档案管理办法

第一条 为规范和加强生产安全事故档案管理，根据《中华人民共和国安全生产法》、《中华人民共和国档案法》和《生产安全事故报告和调查处理条例》的有关规定，制定本办法。

第二条 本办法所称的生产安全事故档案（以下简称事故档案），是指生产安全事故报告、事故调查和处理过程中形成的具有保存价值的各种文字、图表、声像、电子等不同形式的历史记录。

第三条 事故档案管理工作在国家档案行政管理部门统筹规划、组织协调下，按照《生产安全事故报告和调查处理条例》规定的事故等级处理程序，实行分系统、分级管理。

第四条 国务院安全生产监督管理部门或负有安全生产监督管理职责的有关部门负责本系统内事故档案的管理、监督、指导。

地方人民政府安全生产监督管理部门或负有安全生产监督管理职责的有关部门负责本地区所辖范围内事故档案的管理、监督、指导。

各级安全生产监督管理部门或负有安全生产监督管理职责的有关部门、各事故发生单位及其他有关单位的事故档案管理，同时接受上级主管部门和同级地方档案行政管理部门的监督、指导。

第五条 事故档案管理是参与事故调查处理单位档案工作的组成部分。

事故档案的管理应与事故报告、事故调查和处理同步进行。参加事故调查处理的有关单位及个人都有维护事故档案完整、准确、系统、安全的义务。任何单位和个人都不得将事故档案据为己有或拒绝归档。

第六条 事故文件材料的收集归档是事故报告和调查、处理工作的重要环节。

事故调查组组长或组长单位应指定人员负责收集、整理事故调查和处理期间形成的文件材料。事故调查组成员应在所承担的工作结束后10日内，将工作中形成的事故调查文件材料收集齐全，移交指定人员。

负责事故处理的部门在事故处理结束后30日内向本单位档案部门移交事故档案。

参加事故调查的其他单位可保存与其职能相关的事故调查文件材料的副本或复制件。

事故文件材料的收集归档，有关法律、行政法规或我国参加的国际公约、协定、条约另有规定的，依照其规定办理。

第七条 事故调查及处理工作中应归档的文件材料主要有：

（一）事故报告及领导批示；

（二）事故调查组织工作的有关材料，包括事故调查组成立批准文件、内部分工、调查组成员名单及签字等；

（三）事故抢险救援报告；

（四）现场勘查报告及事故现场勘查材料，包括事故现场图、照片、录像，勘查过程中形成的其他材料等；

（五）事故技术分析、取证、鉴定等材料，包括技术鉴定报告，专家鉴定意见，设备、仪器等现场提取物的技术检测或鉴定报告以及物证材料或物证材料的影像材料，物证材料的事后处理情况报告等；

（六）安全生产管理情况调查报告；

（七）伤亡人员名单，尸检报告或死亡证明，受伤人员伤害程度鉴定或医疗证明；

（八）调查取证、谈话、询问笔录等；

（九）其他有关认定事故原因、管理责任的调查取证材料，包括事故责任单位营业执照及有关资质证书复印件、作业规程及矿井采掘、通风图纸等；

（十）关于事故经济损失的材料；

（十一）事故调查组工作简报；

（十二）与事故调查工作有关的会议记录；

（十三）其他与事故调查有关的文件材料；

（十四）关于事故调查处理意见的请示（附有调查报告）；

（十五）事故处理决定、批复或结案通知；

（十六）关于事故责任认定和对责任人进行处理的相关单位的意见函；

（十七）关于事故责任单位和责任人的责任追究落实情况的文件材料；

（十八）其他与事故处理有关的文件材料。

第八条 事故档案整理应当以事故为单位进行分类组卷，组卷时应保持文件之间的有机联系。

同一事故的非纸质载体文件材料应与纸质文件材料分别整理存放，并标注互见号。

第九条 归档文件质量要求：纸质文件材料应齐全完整，字迹清晰，签认手续完备；数字照片应打印纸质拷贝；录音、录像文件（包括数字文件）、电子文件应按要求确保内容真实可靠、长期可读。

第十条 文件材料向档案部门归档时，交接双方应按照归档文件材料移交目录对全部文件材料进行清点、核对，对需要说明的事项应编写归档说明。移交清册一式二份，双方责任人签字后各保留一份。

第十一条 事故档案的保管期限分为永久、30年两种。

凡是造成人员死亡或重伤，或1000万元以上（含1000万元）直接经济损失的事故档案，列为永久保管。

未造成人员死亡或重伤，且直接经济损失在1000万元以下的事故档案，结案通知或处理决定以及事故责任追究落实情况的材料列为永久保管，其他材料列为30年保管。

第十二条 事故档案保管单位应对保管期限已满的事故档案进行鉴定。仍有保存价值的事故档案，可以延长保管期限。对于需要销毁的事故档案，要严格履行销毁程序。

事故档案在保管一定时期后随同其他档案按时向同级国家档案馆移交。

第十三条 事故档案保管单位应提供必要的保管保护条件，确保事故档案的安全。

第十四条 事故档案保管单位应依据《政府信息公开条例》以及知识产权保护等规定要求，建立健全事故档案借阅制度，明确相应的借阅范围和审批程序。要确保涉密档案的安全，维护涉及事故各方的合法权益。

第十五条 擅自销毁事故文件材料、未及时归档，或违反本办法，造成事故档案损毁、丢失或泄密的，将依照安全生产法律法规、档案法律法规追究直接责任单位或个人的法律责任。

第十六条 本办法由国家安全生产监督管理总局负责解释。

第十七条 本办法自发布之日起施行。

国家安全监管总局关于进一步加强和改进生产安全事故信息报告和处置工作的通知

安监总统计〔2010〕24 号

各省、自治区、直辖市及新疆生产建设兵团安全生产监督管理局，各省级煤矿安全监察机构，总局和煤矿安监局机关各司局、应急指挥中心：

为适应新形势下安全生产工作的需要，进一步加强和改进生产安全事故信息报告和处置工作，建立健全快速反应、运行有序的生产安全事故信息报告和处置工作机制，及时、准确掌握生产安全事故信息，启动应急预案，有效处置生产安全事故，现就有关要求通知如下：

一、加强事故信息报告工作，全面提高生产安全事故信息报告的时效性

（一）严格安全调度值班制度。

各级安全监管部门和煤矿安全监察机构必须设立生产安全事故信息调度值班机构，建立健全安全调度值班制度，严格实行 24 小时不间断岗位值班，确保及时接报和处置生产安全事故信息。

（二）严格生产安全事故信息报告制度。

各级安全监管部门和煤矿安全监察机构接到各类生产安全事故信息报告后，要严格按照事故报告的时限、内容和要求逐级上报：

1. 重大和特别重大事故信息，要在事故发生后 3 小时内逐级上报至国家安全监管总局；

2. 较大事故和较大涉险事故信息、煤矿一般事故信息，要在事故发生后 7 小时内逐级上报至国家安全监管总局。事故具体情况一时难以核实清楚的，可先电话报告事故概况，随后及时报告文字材料；

3. 加强事故跟踪调度，及时续报事故抢救进展情况。重特大事故和社会影响重大的事故要每天早、晚各续报 1 次；较大事故和较大涉险事故要每天续报 1 次。续报工作直至事故抢救工作结束。

必要时，安全监管部门、煤矿安全监察机构可以越级上报事故情况。

（三）建立健全生产安全事故报告情况通报制度。

国务院安委会办公室决定从 2010 年开始，建立每月对各地重特大生产安全事故信息报告情况通报制度，对未按规定及时报告重特大生产安全事故的单位进行通报。各省（区、市）、市（地）安委会办公室也要建立健全生产安全事故信息报告情况的通报制度，每月对各地生产安全事故信息的报告情况进行通报，督促各地进一步加强和改进事故报告工作，全面提高生产安全事故信息报告的时效性。

（四）建立生产安全事故信息报告激励约束机制。

各地要建立生产安全事故信息报告的激励约束机制，将生产安全事故信息报告工作纳入各地安全生产工作绩效考核表彰奖励办法之中，与安全生产工作开展、控制指标实施和行政执法工作等一并进行考核。同时，将生产安全事故信息报告情况纳入安全生产评优评先的条件之一，对有瞒报、谎报、漏报或迟报重特大事故行为的，实行"一票否决"。

二、加强事故现场督导，及时有效地处置生产安全事故

（一）特别重大事故的现场督导。

发生一次死亡 30 人以上的特别重大事故（含被困和下落不明的情形，以下同），国家安全监管总局、国家煤矿安监局（煤矿事故，以下同）主要领导、分管领导和有关业务司局主要负责人、应急指挥中心负责人以及省、市、县级安全监管部门、驻地煤矿安全监察机构（煤矿事故，以下同）（以下简称安全监管监察机构）的主要负责人赶赴事故现场。

（二）重大事故的现场督导。

1. 发生一次死亡 20－29 人的重大事故，国家安全监管总局、国家煤矿安监局分管领导和有关业务司局、应急指挥中心负责人赶赴事故现场。

2. 发生一次死亡 10－19 人的重大事故，或有重大社会影响的事故，国家安全监管总局、国家煤矿安监局有关业务司局、应急指挥中心有关部门负责人赶赴事故现场。

3. 发生重大事故，省、市、县级安全监管监察机构主要负责人和有关业务处（科）室的主要负责人赶赴事故现场。

（三）较大及较大涉险事故的现场督导。

1. 发生一次死亡 6－9 人的较大事故，或受伤 25－50 人，或社会影响较大的事故，省级安全监管监察机构分管负责人和有关处室负责人赶赴事故现场。

2. 发生一次死亡 3－5 人的较大事故，或受伤 10－24 人或较大涉险事故，省级安全监管监察机构有关处室负责人赶赴事故现场。

3. 发生较大事故或较大涉险事故，市、县级安全监管监察机构主要负责人和有关科室主要负责人赶赴事故现场。

4. 下列事故，国家安全监管总局、国家煤矿安监局有关司局、应急指挥中心有关部门派员赶赴事故现场：

（1）煤矿发生一次死亡 6－9 人的典型事故，或一次受伤或涉险 20 人以上的事故。国家煤矿安监局相关司与应急指挥中心的有关处室负责人赶赴事故现场。

（2）金属与非金属矿、地质勘探等行业发生一次死亡 6－9 人，或一次受伤 20 人以上，或涉险 30 人以上的事故；海上石油发生一次死亡 3－9 人，或平台倾覆事故；石油、天然气井（含有毒气体）发生井喷失控事故。国家安全监管总局监管一司、应急指挥中心有关处室负责人赶赴事故现场。

（3）军工（民用）、民爆、建筑、水利、电力、教育、邮政、电信、林业等行业（领域）发生一次死亡 6 人以上，或一次受伤 10 人以上，或涉险 30 人以上的事故；列车、地铁、城铁较大伤亡事故；建筑施工大面积坍塌、大型水利设施、电力设施事故。国家安全监管总局监管二司、应急指挥中心有关处室负责人赶赴事故现场。

（4）危险化学品、化工、医药、烟花爆竹等行业（领域）发生一次死亡 6 人以上，或一次受伤 20 人以上，或涉险 30 人以上的事故；危险化学品大量泄漏、对环境造成严重污染的事故；紧急疏散人员 1000 人以上，或住院观察治疗 50 人以上的危险化学品事故。国家安全监管总局监管三司、应急指挥中心有关处室负责人赶赴事故现场。

（5）冶金、有色、建材、机械、轻工、纺织、烟草、商贸等行业（领域）发生一次死亡 6 人以上，或一次受伤 10 人以上，或涉险 30 人以上的事故。国家安全监管总局监管四司、应急指挥中心有关处室负责人赶赴事故现场。

三、进一步完善事故举报核查和处置制度，加大事故举报核查和瞒报事故的查处力度

（一）事故举报信息的核查。

国家安全监管总局接到事故举报后，有关司局要通知有关地区进行核查。接到重特大事故举报后，有关司局在立即通知有关地区进行核查的同时，要派员会同有关省（区、市）安全监管监察机构，共同组织开展核查工作。

各省级安全监管监察机构接到重特大事故举报后，要立即报告国家安全监管总局统计司，同时由分管负责人带队组织开展调查核实工作。接到较大事故举报后，在立即通知有关地区核查的同时，要派员会同有关市（地）政府及其安全监管部门和区域煤矿安全监察分局共同开展核查工作。

（二）瞒报事故的查处。

对瞒报事故，要按照提高一个事故等级进行调查处理。瞒报重大事故的，由国家安全监管总局派出工作组，会同有关省（区、市）政府及省级安全监管监察机构，共同开展瞒报事故查处工作；瞒报较大事故的，由有关省级安全监管监察机构派出工作组，会同有关市（地）政府及其安全监管部门和区域煤矿安全监察分局共同开展瞒报事故查处工作。

瞒报事故要依照《生产安全事故报告和调查处理条例》（国务院令第 493 号）、《刑法修正案（六）》等有关法律、法规规定进行查处。

四、加强领导，落实责任，切实做好生产安全事故信息报告和处置工作

各级安全监管监察机构要高度重视生产安全事故信息报告和处置工作，主要领导要亲自抓，认真落实领导负责制和部门责任制。要建立健全生产安全事故信息报告和处置制度，进一步改进和完善事故报告制度、报告方式和方法，强化制度落实，从组织、机构、人员、装备等方面为事故信息报告和处置工作提供保障。要建立联动机制，扩展信息渠道，提高事故报告时效性。总之，要采取有力措施，进一步加强和改进生产安全事故信息报告和处置工作，确保及时、有效地报告和处置生产安全事故。

国家安全生产监督管理总局

二〇一〇年二月九日

国务院安委会关于印发《重大事故查处挂牌督办办法》的通知

安委〔2010〕6 号

各省、自治区、直辖市人民政府，新疆生产建设兵团，国务院有关部门：

为认真贯彻落实《国务院关于进一步加强企业安全生产工作的通知》（国发〔2010〕23 号），加强重大生产安全事故的查处，严肃追究事故责任者，有效防范和坚决遏制重特大事故发生，国务院安委会制定了《重大事故查处挂牌督办办法》。现印发给你们，请遵照执行。

国务院安全生产委员会
二〇一〇年九月二日

重大事故查处挂牌督办办法

第一条 为严肃查处重大生产安全事故（以下简称重大事故），保障人民群众生命和财产安全，依据《国务院关于进一步加强企业安全生产工作的通知》（国发〔2010〕23 号）的规定，制定本办法。

第二条 国务院安委会对重大事故调查处理实行挂牌督办，国务院安委会办公室具体承担挂牌督办事项。

各省级人民政府负责落实挂牌督办事项，省级人民政府安委会办公室具体承担本行政区域内重大事故挂牌督办事项的综合工作。

第三条 国务院安委会对重大事故查处挂牌督办，按照以下程序办理：

（一）国务院安委会办公室提出挂牌督办建议，报国务院安委会领导同志审定同意后，以国务院安委会名义向省级人民政府下达挂牌督办通知书；

（二）在中央主流媒体和中央政府网站、中国安全生产报、安全监管总局政府网站上公布挂牌督办信息。

第四条 挂牌督办通知书包括下列内容：

（一）事故名称；

（二）督办事项；

（三）办理期限；

（四）督办解除方式、程序。

第五条 省级人民政府接到挂牌督办通知后，应当依据有关规定，组织和督促有关职能部门按照督办通知要求办理下列事项：

（一）做好事故善后工作；

（二）查清事故原因，认定事故性质；

（三）分清事故责任，提出对责任人的处理意见；

（四）依法实施经济处罚；

（五）形成事故调查报告；

（六）监督落实事故防范和整改措施。

第六条 省级人民政府应当自接到挂牌督办通知之日起 60 日内完成督办事项。

第七条 在重大事故查处督办期间，省级人民政府安委会办公室应当加强与国务院安委会办公室的沟通，及时汇报有关情况。

国务院安委会办公室负责对督办事项的指导、协调和督促。

第八条 重大事故调查报告形成初稿后，省级人民政府安委会应当及时向国务院安委会办公室作出书面报告，经审核同意后，由省级人民政府作出批复决定。

第九条 重大事故查处结案后，省级人民政府安委会和国务院安委会办公室应将重大事故挂牌督办情况和事故查处结案情况，在中央主流媒体和中央政府网站、中国安全生产报、安全监管总局政府网站上予以公告，接受社会监督。

第十条 承担挂牌督办事项的省级人民政府有关职能部门对督办事项无故拖延、敷衍塞责，或者在解除挂牌督办过程中弄虚作假的，依法追究相关人员责任。

第十一条 对依据有关法律、行政法规规定由国务院有关部门或者机构组织调查处理的重大事故的挂牌督办，依照本办法的相关规定执行。

第十二条 对于重大事故以下的事故的挂牌督办，由各省级人民政府安委会参照本办法的规定另行制定。

第十三条 本办法自印发之日起施行。

国务院安委会办公室关于印发《重大事故查处挂牌督办工作程序》的通知

安委办〔2010〕20号

总局和煤矿安监局机关各司局、应急指挥中心,有关在京直属事业单位:

《国务院安委会办公室重大事故查处挂牌督办工作程序》已经总局2010年第22次局长办公会议审议通过。现印发给你们,请遵照执行。

二〇一〇年十月十一日

国务院安委会办公室重大事故查处挂牌督办工作程序

第一条 为认真贯彻落实《国务院关于进一步加强企业安全生产工作的通知》(国发〔2010〕23号)精神,切实做好重大生产安全事故(以下简称重大事故)查处挂牌督办工作,依据《重大事故查处挂牌督办办法》(安委〔2010〕6号)、《国家安全生产监督管理总局内设机构主要职责处室设置和人员编制规定》(安监总办〔2009〕27号)、《国家煤矿安全监察局内设机构主要职责处室设置和人员编制规定》(安监总办〔2009〕28号)的有关规定,制定本工作程序。

第二条 总局(国务院安委会办公室)承担重大事故查处挂牌督办具体事项。总局监管一司、监管二司、监管三司、监管四司、煤矿安监局调查司(以下统称承办单位)等相关单位按照各自职责,分工负责。

(一)监管一司负责承办非煤矿山(含地质勘探)、石油开采(炼化、成品油管道除外)等行业重大事故查处挂牌督办具体工作。

(二)监管二司负责承办公路、水运、铁路、民航、建筑、消防、农业、水利、电力、军工、民爆、特种设备、旅游、教育、邮政、电信、体育、林业、气象等行业(领域)重大事故查处挂牌督办具体工作。

(三)监管三司负责危险化学品、化工(含石油化工)、医药、烟花爆竹等行业(领域)重大事故查处挂牌督办具体工作。

(四)监管四司负责冶金、有色、建材、机械、轻工、纺织、烟草、商贸等行业重大事故查处挂牌督办具体工作。

(五)煤矿安监局调查司负责煤矿重大事故查处挂牌督办具体工作。

(六)办公厅负责挂牌督办的有关综合工作,包括以国务院安委会办公室名义发布公告、汇总督办事项进展情况、组织开展专项检查等。

(七)政法司负责做好有关宣传报道工作。

(八)统计司负责跟踪事故伤亡和损失情况,并及时通报承办单位。

本条第(一)、(二)、(三)、(四)、(五)款中的重大事故查处挂牌督办具体工作是指起草《重大生产安全事故查处挂牌督办通知书》(以下简称《督办通知书》),对督办事项进行指导、协调和督促,初步审核事故处理意见(煤矿事故提出批复意见),对事故处理决定落实情况进行监督检查等。

第三条 《督办通知书》下达到负责组织调查处理重大事故的省级人民政府或国务院有关部门、机构(以下统称被督办单位)。

第四条 《督办通知书》下达程序:

（一）事故发生并确定为重大事故后，由承办单位起草《督办通知书》；

（二）办公厅核稿；

（三）总局分管领导同志（国务院安委会办公室副主任）审核；

（四）总局主要领导同志（国务院安委会副主任、国务院安委会办公室主任）审定签发；

（五）向被督办单位下达《督办通知书》，同时抄送国务院安委会有关成员单位（铁路、特种设备等由国务院有关部门、机构负责调查处理的重大事故，抄送事故发生地省级人民政府），分送办公厅、政法司、统计司；《督办通知书》中的联系人及联系方式由承办单位确定；

（六）办公厅及时起草国务院安委会办公室文件，对挂牌督办的重大事故进行公告；政法司联系中央主流媒体和中央政府网站、中国安全生产报、总局政府网站，及时公布挂牌督办信息。

第五条 重大事故处理意见审核程序：

（一）承办单位对上报的重大事故处理意见进行初步审核，并起草回复意见（煤矿事故为批复意见）；

（二）报经总局分管领导同志（国务院安委会办公室副主任）审核同意后，提交总局局长办公会议（国务院安委会办公室主任会议）审定；

煤矿事故经煤矿安监局局长办公会议审议通过后，提交总局局长办公会议（国务院安委会办公室主任会议）审定；

（三）办公厅核稿、按程序呈批（煤矿事故由煤矿安监局办公室核稿、按程序呈批）；

（四）总局主要领导同志（国务院安委会副主任、国务院安委会办公室主任）签发（煤矿事故由煤矿安监局主要领导同志签发）。

第六条 承办单位要加强与被督办单位的沟通，对督办事项进行指导、协调、督促和检查。

第七条 对未落实督办事项的被督办单位，由承办单位提出通报建议，办公厅起草国务院安委会办公室文件，对被督办单位予以通报，同时抄报国务院安委会主任、副主任，分报总局和煤矿安监局领导同志，分送总局相关单位。政法司联系相关媒体公布通报信息。

第八条 承办单位每月末将挂牌督办事项进展情况和处理意见落实情况提供给办公厅、政法司，办公厅汇总后呈报总局领导同志。

办公厅根据总局领导同志指示或总局工作部署，会同总局有关单位组织对落实挂牌督办有关规定情况开展专项检查。

第九条 本工作程序自印发之日起施行。

国务院安委会办公室关于印发非法违法较大生产安全事故查处跟踪督办暂行办法的通知

安委办〔2011〕12号

各省、自治区、直辖市人民政府安全生产委员会：

为严厉打击非法违法生产经营建设行为，严格非法违法较大事故责任追究，根据《安全生产法》等法律法规和《国务院关于进一步加强企业安全生产工作的通知》（国发〔2010〕23号）等有关规定，国务院安委会办公室制定了《非法违法较大生产安全事故查处跟踪督办暂行办法》，现印发给你们，请遵照执行。

二〇一一年四月十九日

非法违法较大生产安全事故查处跟踪督办暂行办法

第一条 为依法依规严厉打击非法违法生产经营建设导致较大生产安全事故（以下简称非法违法较大事故）的行为，严格事故责任追究，根据《安全生产法》、《生产安全事故报告和调查处理条例》等法律、行政法规和《国务院关于进一步加强企业安全生产工作的通知》（国发〔2010〕23号）、《国务院办公厅关于继续深化“安全生产年”活动的通知》（国办发〔2011〕11号）的规定，制定本办法。

第二条 省（区、市）人民政府安委会对包括非法违法较大事故在内的各类较大事故查处实行挂牌督办，省（区、市）人民政府安委会办公室具体承担挂牌督办事项。

国务院安委会办公室对本办法规定的非法违法较大事故查处实行跟踪督办。

第三条 工矿商贸生产经营单位发生下列非法违法较大事故，应当按照国家有关规定及时报告；省（区、市）人民政府安委会应当对其实行重点挂牌督办，并在10日内将事故简要情况及挂牌督办情况报国务院安委会办公室：

（一）无证、证照不全或者未取得有关安全生产的其他许可，以及超出行政许可范围从事生产经营建设导致的较大事故；

（二）依照国家和地方政府规定应当关闭而未按照标准关闭继续生产经营，或者关闭后又擅自生产经营建设导致的较大事故；

（三）证照过期、停产整顿、整合技改未经验收擅自组织生产，或者违反建设项目安全设施“三同时”规定导致的较大事故；

（四）拒不执行安全监管监察指令或者抗拒安全执法导致的较大事故；

（五）国务院安委会办公室认为需要跟踪督办的其他非法违法较大事故。

第四条 省（区、市）人民政府安委会对较大事故查处实行挂牌督办，应当参照《重大事故查处挂牌督办办法》（安委〔2010〕6号）有关规定，向有关人民政府或者部门（机构）下达挂牌督办通知书，并在省（区、市）主流媒体、省（区、市）人民政府网站或者省（区、市）安全生产监督管理部门网站上公布挂牌督办信息，接受社会监督。

第五条 有关人民政府或者部门（机构）接到挂牌督办通知后，应当依据《生产安全事故报告和调查处理条例》等有关规定，组织、督促有关部门按照“四不放过”（事故原因未查清不放过、责任人员未处理不放过、整改措施未落实不放过、有关人员未受到教育不放过)、"依法依规、实事求是、注重实效"的原则和督办通知的要求做好非法违法较大事故的查处工作。

第六条 国务院安委会办公室对本办法第三条规定的非法违法较大事故查处实行跟踪督办,应当向省(区、市)人民政府安委会下达跟踪督办通知书,并在国家安全生产监督管理总局网站上公布跟踪督办信息。

第七条 跟踪督办通知书包括下列内容:

(一)事故名称、性质;

(二)跟踪督办事项;

(三)跟踪督办责任人;

(四)跟踪督办的解除方式。

前款第(二)项所称的跟踪督办事项,依据《安全生产法》、《国务院关于预防煤矿生产安全事故的特别规定》、《国务院关于进一步加强企业安全生产工作的通知》、《国务院办公厅关于继续深化"安全生产年"活动的通知》等有关规定,结合事故情况确定。重点督办对非法单位是否依法取缔关闭、违法单位是否依法责令停产整顿、事故防范和整改措施是否依法落实、事故发生单位是否依法受到行政处罚、事故相关责任人是否依法依规受到追究等。

第八条 在非法违法较大事故查处跟踪督办期间,省(区、市)人民政府安委会办公室应当加强与国务院安委会办公室的沟通,及时汇报有关情况。

国务院安委会办公室应当加强对跟踪督办事项的指导、协调和监督,及时掌握非法违法较大事故查处的进展情况。必要时,国务院安委会办公室向有关省(区、市)派出工作组进行现场督办,并对非法违法较大事故查处中存在的违法违规等问题责令予以纠正。

第九条 本办法第三条规定的非法违法较大事故调查报告形成初稿后,有关人民政府安委会或者部门(机构)应当及时向省(区、市)人民政府安委会办公室作出书面报告。

省(区、市)人民政府安委会办公室应当对事故调查报告初稿进行审核,并报国务院安委会办公室备案。事故调查报告初稿经审核同意和备案后,由有关人民政府或者部门(机构)依照规定作出批复决定。

第十条 较大事故查处结案后,省(区、市)人民政府安委会办公室应当将事故挂牌督办情况和事故查处情况在省(区、市)主流媒体、省(区、市)人民政府网站或者省(区、市)安全生产监督管理部门网站上予以公告,接受社会监督。

第十一条 本办法第三条规定的非法违法较大事故批复结案后,省(区、市)人民政府安委会办公室应当在15日内将事故调查报告及其批复报国务院安委会办公室。

第十二条 非法违法较大事故批复和跟踪督办通知书中有关整改措施和责任追究等事项全部落实后,国务院安委会办公室解除跟踪督办,并在国家安全生产监督管理总局网站上予以公告,接受社会监督。

第十三条 本办法自印发之日起执行。

国家安全监管总局办公厅关于印发非法违法较大生产安全事故查处跟踪督办工作程序的通知

安监总厅〔2011〕104号

总局和煤矿安监局机关各司局、应急指挥中心：

《非法违法较大生产安全事故查处跟踪督办工作程序》已经安全监管总局局长办公会议审议通过。现印发给你们，请遵照执行。

附件：非法违法较大生产安全事故查处跟踪督办通知书（式样）

二〇一一年五月十三日

非法违法较大生产安全事故查处跟踪督办工作程序

第一条 为依法依规严厉打击非法违法生产经营建设导致较大生产安全事故（以下简称非法违法较大事故）的行为，严格事故责任追究，根据《国务院关于进一步加强企业安全生产工作的通知》（国发〔2010〕23号）、《国务院办公厅关于继续深化"安全生产年"活动的通知》（国办发〔2011〕11号）以及《国务院安委会办公室关于印发非法违法较大生产安全事故查处跟踪督办暂行办法的通知》（安委办〔2011〕12号）等有关规定，制定本工作程序。

第二条 总局对非法违法较大事故查处实行跟踪督办。监管一司、监管二司、监管三司、监管四司和煤矿安监局调查司等相关单位（以下统称承办单位）按照各自职责，具体承办相关行业（领域）非法违法较大事故查处跟踪督办工作。

（一）监管一司负责承办非煤矿山领域（含地质勘探）非法违法较大事故查处跟踪督办具体工作。

（二）监管二司负责承办建筑施工非法违法较大事故查处跟踪督办具体工作。

（三）监管三司负责危险化学品、化工（含石油化工）、医药、烟花爆竹等行业（领域）非法违法较大事故查处跟踪督办具体工作。

（四）监管四司负责冶金、有色、建材、机械、轻工、纺织、烟草、商贸等行业非法违法较大事故查处跟踪督办具体工作。

（五）煤矿安监局调查司负责煤矿非法违法较大事故查处跟踪督办具体工作。

（六）办公厅负责跟踪督办的有关综合工作，包括督促承办单位做好跟踪督办工作、汇总督办跟踪事项进展情况、组织开展专项检查等。

（七）政法司负责及时在政府网站或安全生产报上公布跟踪督办信息，做好有关宣传报道工作。

（八）总值班室负责事故接报、跟踪事故伤亡和损失情况，并及时通报承办单位。

本条第（一）、（二）、（三）、（四）、（五）款中的非法违法较大事故查处跟踪督办具体工作，主要包括：确定跟踪督办事项，起草跟踪督办通知书，并对跟踪督办事项进行指导、协调和监督；根据总局领导同志指示，组织工作组对有关非法违法较大事故查处进行现场督办；对各相关省级安委会办公室上报的事故调查报告进行备案；解除跟踪督办；对非法违法较大事故批复和跟踪督办通知书中有关整改措施、责任追究等事项落实情况进行监督检查等。

第三条 跟踪督办通知书下达到负责对非法违法较大事故进行挂牌督办的省级安委会。

第四条 下达跟踪督办通知书程序：

（一）收到省级有关部门（机构）关于非法违法较大事故简要情况的报告及总局领导同志对事故

批示意见，或省级安委会上报的非法违法较大事故简要情况及挂牌督办情况后，由承办单位研究确定跟踪督办事项，并起草跟踪督办通知书；

（二）办公厅核稿，按程序呈批；

（三）总局分管领导同志审核；

（四）总局主要领导同志签发；

（五）跟踪督办通知书同时抄送国务院安委会有关成员单位，分送办公厅、政法司、统计司；跟踪督办通知书中的联系人员由承办单位确定。

第五条 收到省级安委会办公室报备的事故调查报告后，由承办单位进行审核，按程序呈报总局分管领导同志审示，再由承办单位书面通知相关省级安委会办公室。

第六条 解除跟踪督办程序：

（一）非法违法较大事故批复和跟踪督办通知书中有关整改措施和责任追究等事项全部落实后，由承办单位起草解除跟踪督办通知书；

（二）办公厅核稿，按程序呈报总局分管领导同志审核；

（三）总局主要领导同志签发。

第七条 对督办事项未落实或事故查处中存在违法违规等问题的，由承办单位起草整改意见函，按程序报批后，发省级安委会，督促整改、纠正。

第八条 承办单位每月向局长办公会议汇报跟踪督办进展情况。

办公厅根据总局领导同志指示或总局工作部署，会同总局和煤矿安监局有关单位，组织对落实跟踪督办有关规定情况开展专项检查。

第九条 本工作程序自印发之日起施行。

附件

非法违法较大生产安全事故查处跟踪督办通知（样式）

安办督〔2011〕号

……省（自治区、直辖市、新疆生产建设兵团）安委会：

根据《国务院关于进一步加强企业安全生产工作的通知》（国发〔2010〕23号）、《国务院办公厅关于继续深化“安全生产年”活动的通知》（国办发〔2011〕11号）以及《国务院安委会办公室关于印发非法违法较大生产安全事故查处跟踪督办暂行办法的通知》（安委办〔2011〕12号）的有关规定，经国务院安委会办公室研究决定，对你省（自治区、直辖市、新疆生产建设兵团）……非法违法较大生产安全事故查处，实行跟踪督办。

你省（自治区、直辖市、新疆生产建设兵团）安委会要依照有关法律、法规、规章，督促有关地方人民政府或者部门（机构）组织抓紧开展事故调查，研究提出处理意见。处理意见报国务院安委会办公室审核备案，由你省（区、市）安委会负责督促落实。

请自接到跟踪督办通知书起60日内，按有关规定完成督办事项，并向国务院安委会办公室书面报告。

联系人及电话：

二〇一一年　月　日

国家安全监管总局关于印发生产经营单位瞒报谎报事故行为查处办法的通知

安监总政法〔2011〕91号

各省、自治区、直辖市及新疆生产建设兵团安全生产监督管理局，各省级煤矿安全监察机构：

为严肃查处瞒报谎报生产安全事故的行为，促进生产经营单位及其人员依法依规报告生产安全事故，根据《生产安全事故报告和调查处理条例》（国务院令第493号）和《国务院关于进一步加强企业安全生产工作的通知》（国发〔2010〕23号）等有关规定，国家安全监管总局制定了《生产经营单位瞒报谎报事故行为查处办法》，现印发给你们，请遵照执行。

二〇一一年六月十五日

生产经营单位瞒报谎报事故行为查处办法

第一条 为了促进生产经营单位依法依规报告生产安全事故（以下简称事故），严肃查处瞒报、谎报事故行为，根据《安全生产法》、《生产安全事故报告和调查处理条例》（国务院令第493号）等法律、行政法规和《国务院关于进一步加强企业安全生产工作的通知》（国发〔2010〕23号）等有关规定，制定本办法。

第二条 对生产经营单位及其人员瞒报、谎报事故（包括涉险事故，下同）行为的举报、受理和查处，适用本办法。

国家机关工作人员参与瞒报、谎报事故的，依照有关法律、行政法规和纪律处分规定由监察机关或者任免机关按照干部管理权限给予处理。

第三条 本规定所称的瞒报、谎报事故行为，依照下列情形认定：

（一）隐瞒已经发生的事故，超过规定时限未向安全监管监察部门和有关部门报告，并经查证属实的，属于瞒报；

（二）故意不如实报告事故发生的时间、地点、初步原因、性质、伤亡人数和涉险人数、直接经济损失等有关内容的，属于谎报。

第四条 事故发生单位应当依法依规、报告事故情况，符合《生产安全事故报告和调查处理条例》和《生产安全事故信息报告和处置办法》（国家安全监管总局令第21号）的有关规定。

事故发生后，事故现场有关人员应当立即报告本单位负责人；单位负责人接到报告后，应当在1小时内向事故发生地安全监管监察部门和有关部门报告。情况紧急时，事故现场有关人员可以直接向安全监管监察部门和有关部门报告。

单位主要负责人对事故报告负总责，并对瞒报、谎报事故行为承担法律责任。

第五条 对瞒报、谎报事故的行为，任何单位和个人均有权向县级以上安全监管监察部门举报。

举报人应当实事求是、客观公正地反映有关事故情况，故意捏造或者歪曲事实、诬告或者陷害他人的，应当承担相应的法律责任。

第六条 安全监管监察部门应当向社会公布举报电话、电子信箱、通信地址及邮政编码，设立举报箱，畅通社会公众和职工群众的举报渠道。

严禁将举报人的有关信息和举报事项透露给被举报人或者有可能对举报人产生不利后果的其他人员、单位以及与案件查处无关的人员。

第七条 对已经受理的举报，安全监管监察部门应当按照下列规定处理：

(一)对实名举报的,立即组织查证。查证结束后,及时将查证及处理情况反馈举报人;

(二)对匿名举报的,根据举报具体情况决定是否进行查证。有具体的事故单位和伤亡人员姓名、联系方式等线索的,立即组织查证;

(三)举报事项经查证属实的,依照有关规定对举报有功人员给予奖励;

(四)举报事项经查证不属实的,以适当方式在一定范围内予以澄清,并依法保护被举报人的合法权益。

安全监管监察部门对查证瞒报、谎报事故确有困难的,可以提请本级人民政府组织查证。

第八条 对瞒报、谎报事故的查处,地方各级安全生产委员会应当实行挂牌督办。

第九条 调查瞒报、谎报事故行为,应当重点查明瞒报、谎报事故的原因、过程,是否贻误事故抢救造成人员伤亡扩大和严重社会危害,参与瞒报、谎报事故的单位和有关人员等情况。

瞒报、谎报事故涉嫌犯罪的,负责事故调查的部门应当及时移送司法机关处理。

第十条 事故发生单位主要负责人瞒报或者谎报事故的,处上一年年收入100%的罚款,并由公安机关依照《安全生产法》第九十一条的规定处十五日以下拘留;属于国家工作人员的,并依照法律、行政法规和纪律处分规定由监察机关或者任免机关按照干部管理权限给予处理;构成犯罪的,依法追究刑事责任。

第十一条 事故发生单位直接负责的主管人员和其他直接责任人员瞒报或者谎报事故的,处上一年年收入100%的罚款;属于国家工作人员的,并依照法律、行政法规和纪律处分规定由监察机关或者任免机关按照干部管理权限给予处理;构成犯罪的,依法追究刑事责任。

第十二条 事故发生单位瞒报或者谎报事故的,依照下列规定处以罚款:

(一)没有贻误事故抢救的,处200万元的罚款;

(二)贻误事故抢救或者造成事故扩大或者影响事故调查的,处300万元的罚款;

(三)贻误事故抢救或者造成事故扩大或者影响事故调查的,手段恶劣,情节严重的,处500万元的罚款。

第十三条 事故发生单位对事故发生负有责任且存在瞒报、谎报情形的,依照下列规定处以罚款:

(一)发生一般事故的,处20万元的罚款;

(二)发生较大事故的,处50万元的罚款;

(三)发生重大事故的,处200万元的罚款;

(四)发生特别重大事故的,处500万元的罚款。

第十四条 事故发生单位瞒报、谎报事故的,由有关部门依法暂扣或者吊销有关证照;负有事故责任的事故发生单位有关人员瞒报、谎报事故的,依法暂停或者撤销其与安全生产有关的执业资格、岗位证书。

对重大、特别重大事故负有主要责任的生产经营单位,其主要负责人终身不得担任本行业生产经营单位的矿长、厂长、经理。

第十五条 因瞒报、谎报事故,事故发生单位及其有关责任人员违反不同的法律规定,有两个以上应当给予行政处罚的违法行为的,应当适用不同的法律规定,分别裁量,合并处罚。

第十六条 瞒报、谎报事故行为调查处理结案后,承办事故调查处理的安全监管监察部门应当向上级安全监管监察部门报告事故的查处情况,并将查处结果在当地主要新闻媒体和本级政府网站、安全监管监察部门网站上予以公告,接受社会监督。

第十七条 本办法由国家安全监管总局负责解释。

国家安全监管总局办公厅关于进一步加强和改进海洋石油生产安全事故信息报告和处置工作的通知

安监总厅海油函〔2011〕173号

海洋石油作业安全办公室各分部，有关海洋石油企业：

为适应新形势下海洋石油安全生产工作的需要，进一步加强和改进海洋石油生产安全事故信息报告和处置工作，根据《生产安全事故报告和调查处理条例》（国务院令第493号）、《海洋石油安全管理细则》（国家安全监管总局令第25号）和《国家安全监管总局关于进一步加强和改进生产安全事故信息报告和处置工作的通知》（安监总统计〔2010〕24号）等规定，现将有关事项通知如下：

一、事故信息报告范围

在海洋石油天然气勘探、开发生产、储运及设施废弃等作业过程中，发生下列事故必须报告：

（一）造成人员死亡或3人以上（含3人）重伤（包括急性工业中毒）；

（二）井喷及井喷失控；

（三）火灾与爆炸；

（四）平台失控漂移、翻沉、拖航遇险；

（五）浮式生产储油装置失控、单点系泊损坏；

（六）海底油气管线破损、断裂；

（七）有毒有害物质泄漏或遗散；

（八）船舶海损、直升机事故、溢油事故等其他类型事故或重大险情。

二、事故信息报告程序

（一）事故发生后，现场人员应当立即向本单位负责人报告，单位负责人接到报告后，应当于1小时内向海洋石油作业安全办公室（以下简称海油安办）有关分部的地区监督处报告。

对于船舶海损、直升机事故、溢油事故等，除按照规定报告政府有关主管部门外，还应当同时报告海油安办有关分部的地区监督处。

（二）海油安办有关分部的地区监督处接到报告后，应当在1小时内向海油安办有关分部报告。

（三）海油安办有关分部接到报告后，应当在1小时内书面向国家安全监管总局总值班室报告（电话：010－64463100，64463200，64463220〈传真〉）。

三、事故信息报告内容

（一）事故发生单位概况；

（二）事故发生的时间、地点以及事故现场情况；

（三）事故的简要经过；

（四）事故已经造成的伤亡人数和失踪、下落不明的人数，以及初步估计的直接经济损失；

（五）已经采取的措施；

（六）事故报告单位联系人及联系电话；

（七）其他应当报告的情况。

四、事故现场督导

（一）接到事故报告后，海油安办有关分部的地区监督处或海油安办有关分部应当安排有关人员立即赶赴现场进行督导。

（二）发生人员死亡、井喷失控、平台翻沉等事故，或国家安全监管总局领导对事故或险情作出明确指示的，海油安办应当安排有关人员立即赶赴现场进行督导。

五、其他事项

（一）事故详细情况一时难以核实清楚的，可先通过电话向国家安全监管总局总值班室报告事故概况，随后及时报告文字材料。

（二）事故处置期间，事故单位、海油安办有关分部的地区监督处、海油安办有关分部应每天至少逐级续报一次；如发生新的情况，应随时报告。

（三）必要时，事故单位、海油安办各分部的地区监督处可以越级上报事故信息。

二〇一一年八月十日

国家安全监管总局办公厅关于印发瞒报谎报较大生产安全事故查处跟踪督办工作程序的通知

安监总厅〔2011〕191 号

总局和煤矿安监局机关各司局、应急指挥中心：

《瞒报谎报较大生产安全事故查处跟踪督办工作程序》已经总局局长办公会议审议通过，现印发给你们，请遵照执行。

附件：瞒报谎报较大生产安全事故查处跟踪督办通知书（式样）

国家安全生产监督管理总局办公厅
二〇一一年八月三十一日

瞒报谎报较大生产安全事故查处跟踪督办工作程序

第一条 为贯彻落实《国务院安委会办公室关于印发非法违法较大生产安全事故查处跟踪督办暂行办法的通知》（安委办〔2011〕12 号）、《国家安全监管总局关于印发生产经营单位瞒报谎报事故行为查处办法的通知》（安监总政法〔2011〕91 号）精神，严厉打击瞒报、谎报较大生产安全事故（以下简称瞒报谎报较大事故）行为，促进生产经营单位及其从业人员依法依规报告生产安全事故，制定本工作程序。

第二条 国务院安委会办公室对瞒报谎报较大事故查处实行跟踪督办，适用本工作程序。重大事故、非法违法较大事故中存在瞒报、谎报行为的，分别按照《国务院安委会办公室关于印发重大事故查处挂牌督办工作程序的通知》（安委办〔2010〕20 号）、《国家安全监管总局办公厅关于印发非法违法较大生产安全事故查处跟踪督办工作程序的通知》（安监总厅〔2011〕104 号）有关规定执行。

第三条 各有关司局按照职能分工，具体承办相关行业（领域）瞒报谎报较大事故的跟踪督办工作：

（一）监管一司负责承办非煤矿山领域（含地质勘探）瞒报谎报较大事故查处跟踪督办具体工作；

（二）监管二司负责承办建筑施工瞒报谎报较大事故查处跟踪督办具体工作；

（三）监管三司负责承办危险化学品、化工（含石油化工）、医药、烟花爆竹等行业（领域）瞒报谎报较大事故查处跟踪督办具体工作；

（四）监管四司负责承办冶金、有色、建材、机械、轻工、纺织、烟草、商贸等行业瞒报谎报较大事故查处跟踪督办具体工作；

（五）煤矿安监局事故调查司负责承办煤矿瞒报谎报较大事故查处跟踪督办具体工作；

（六）办公厅负责跟踪督办有关综合工作，包括协调和督促承办单位做好跟踪督办工作、调度跟踪督办进展情况、汇总跟踪督办结果、通报阶段性工作情况等；

（七）政法司负责及时在总局政府网站或有关媒体上建立完善督办专栏，公布跟踪督办信息，做好有关宣传报道工作。

前款第（一）、（二）、（三）、（四）、（五）项中的瞒报谎报较大事故查处跟踪督办具体工作，主要包括：确定跟踪督办事项，起草跟踪督办通知书，并对跟踪督办事项进行指导、协调和监督；根据总局领导同志指示，组织工作组对有关瞒报谎报较大事故查处进行现场督办；对各相关省级安委会办公室上报的事故调查报告（煤矿瞒报谎报较大事故由省级煤矿安监机构上报）进行审核备案；对事故批复和跟踪督办通知书中有关责任追究、整改措施等事项落实情况进行监督检查;解除跟踪督办等。

第四条 跟踪督办通知书下达到负责对瞒报谎报较大事故查处进行挂牌督办的省级安委会,并在总局政府网站上公布。

第五条 下达跟踪督办通知书,按照下列程序办理:

(一)收到省级有关部门(机构)关于瞒报谎报较大事故简要情况的报告及总局领导同志对事故的批示意见,或省级安委会上报的瞒报谎报较大事故挂牌督办情况后,由承办单位研究确定跟踪督办事项,并起草跟踪督办通知书;

(二)报办公厅核稿,按程序呈批;

(三)总局分管领导同志审核;

(四)总局主要领导同志签发;

(五)跟踪督办通知书同时抄送国务院安委会有关成员单位(其中煤矿瞒报谎报较大事故跟踪督办通知书,抄送有关省级煤矿安监机构),分送办公厅、政法司、统计司等有关司局。

第六条 在跟踪督办期间,承办单位应当加强对跟踪督办事项的指导、协调和监督,及时掌握事故查处进展情况。对督办事项未落实或事故查处中存在违法违规等问题的,由承办单位起草整改意见函,按程序报批后印发相关省级安委会,督促整改。

必要时,承办单位可派员进行现场督办,督促、指导做好事故查处工作。

第七条 承办单位收到省级安委会办公室或省级煤矿安监机构报备的事故调查报告后,应当提出审核意见,报经总局分管领导同志批准同意后,书面通知相关省级安委会办公室或省级煤矿安监机构。

第八条 各承办单位应当每月向总局局长办公会议汇报瞒报谎报较大事故跟踪督办工作进展情况,以及对有关事故调查报告的审核意见,并按会议精神落实好相关工作。办公厅每月对瞒报谎报较大以上事故的情况进行通报。

第九条 瞒报谎报较大事故批复结案并向社会公布,以及有关责任追究和行政处罚等事项落实后,由承办单位负责按程序解除对该事故的跟踪督办。同时,承办单位须书面向办公厅报备事故跟踪督办及责任追究情况,并抄送政法司、统计司。

第十条 本工作程序自印发之日起施行。

附件

瞒报谎报较大生产安全事故查处跟踪督办通知书(式样)

安办督〔2011〕 号

…省(自治区、直辖市、新疆生产建设兵团)安全生产委员会:

根据《安全生产法》、《生产安全事故报告和调查处理条例》(国务院令第 493 号)等法律法规和《国务院关于进一步加强企业安全生产工作的通知》(国发〔2010〕23 号)以及《国务院安委会办公室关于印发非法违法较大生产安全事故查处跟踪督办暂行办法的通知》(安委办〔2011〕12 号)等有关规定,经国务院安委会办公室研究决定,对你省(自治区、直辖市、新疆生产建设兵团)……瞒报谎报较大生产安全事故查处实行跟踪督办。

你省(自治区、直辖市、新疆生产建设兵团)安委会要依照有关法律、法规、规章,督促有关地方人民政府或者部门(机构)抓紧组织开展事故调查,并按照《国家安全监管总局关于印发生产经营单位瞒报谎报事故行为查处办法的通知》(安监总政法〔2011〕91 号)要求严肃追究瞒报责任,研究提出处理意见。处理意见报国务院安委会办公室审核备案后,请你省(自治区、直辖市、新疆生产建设兵团)按有关规定批复结案。你省(自治区、直辖市、新疆生产建设兵团)安委会负责督促落实对事故责任单位和责任人员的责任追究及有关整改措施,并及时予以公告,接受社会监督。

请自接到本跟踪督办通知书之日起 60 日内,按有关规定完成督办事项,并向国务院安委会办公室书面报告。

联系人及电话:

二〇一一年　月　日

国家安全监管总局关于印发安全生产非法违法行为查处办法的通知

安监总政法〔2011〕158号

各省、自治区、直辖市及新疆生产建设兵团安全生产监督管理局，各省级煤矿安全监察机构：

为了严厉打击安全生产非法违法行为，维护安全生产法治秩序，根据《中华人民共和国安全生产法》、《国务院关于进一步加强企业安全生产工作的通知》（国发〔2010〕23号）等法律、行政法规和规定，国家安全监管总局制定了《安全生产非法违法行为查处办法》，现印发给你们，请遵照执行。

国家安全监管总局

二〇一一年十月十四日

安全生产非法违法行为查处办法

第一条 为了严厉打击安全生产非法违法行为，维护安全生产法治秩序，根据《中华人民共和国安全生产法》、《国务院关于进一步加强企业安全生产工作的通知》（国发〔2010〕23号）等法律、行政法规和规定，制定本办法。

第二条 安全生产监督管理部门和煤矿安全监察机构（以下统称安全监管监察部门）依法查处安全生产非法违法行为，适用本办法。

本办法所称安全生产非法行为，是指公民、法人或者其他组织未依法取得安全监管监察部门负责的行政许可，擅自从事生产经营建设活动的行为，或者行政许可已经失效，继续从事生产经营建设活动的行为。

本办法所称安全生产违法行为，是指生产经营单位及其从业人员违反安全生产法律、法规、规章、强制性国家标准或者行业标准的规定，从事生产经营建设活动的行为。

第三条 安全监管监察部门依法查处安全生产非法违法行为，实行查处与引导相结合、处罚与教育相结合的原则，督促引导生产经营单位依法办理相应行政许可手续，合法从事生产经营建设活动。

第四条 任何单位和个人从事生产经营活动，不得违反安全生产法律、法规、规章和强制性标准的规定。

生产经营单位主要负责人对本单位安全生产工作全面负责，并对本单位安全生产非法违法行为承担法律责任；公民个人对自已的安全生产非法违法行为承担法律责任。

第五条 安全监管监察部门应当制订并实施年度安全监管监察执法工作计划，依照法律、法规和规章规定的职责、程序和要求，对发现和被举报的安全生产非法违法行为予以查处。

第六条 任何单位和个人均有权向安全监管监察部门举报安全生产非法违法行为。举报人故意捏造或者歪曲事实、诬告或者陷害他人的，应当承担相应的法律责任。

第七条 安全监管监察部门应当建立健全举报制度，对举报人的有关情况予以保密，不得泄露举报人身份或者将举报材料、举报人情况透露给被举报单位、被举报人；对举报有功人员，应当按照有关规定给予奖励。

第八条 安全监管监察部门接到举报后，能够当场答复是否受理的，应当当场答复；不能当场答复的，应当自收到举报之日起15个工作日内书面告知举报人是否受理。但举报人的姓名（名称）、住址或者其他联系方式不清的除外。

对于不属于本部门受理范围的举报,安全监管监察部门应当告知举报人向有处理权的单位反映,或者将举报材料移送有处理权的单位,并书面告知实名举报人。

第九条 对已经受理的举报,安全监管监察部门应当依照下列规定处理:

(一)对实名举报的,立即组织核查。安全监管监察部门认为举报内容不清的,可以请举报人补充情况;

(二)对匿名举报的,根据举报具体情况决定是否进行核查。有具体的单位、安全生产非法违法事实、联系方式等线索的,立即组织核实;

(三)举报事项经核查属实的,依法予以处理;

(四)举报事项经核查不属实的,以适当方式在一定范围内予以澄清,并依法保护被举报人的合法权益。

安全监管监察部门核查安全生产非法违法行为确有困难的,可以提请本级人民政府组织有关部门共同核查。

安全监管监察部门对举报的处理情况,应当在办结的同时书面答复实名举报人,但举报人的姓名(名称)、住址或者其他联系方式不清的除外。

第十条 对安全生产非法违法行为造成的一般、较大、重大生产安全事故,设区的市级以上人民政府安委会应当按照规定对事故查处情况实施挂牌督办,有关人民政府安委会办公室(安全生产监督管理部门)具体承担督办事项。

负责督办的人民政府安委会办公室应当在当地主要新闻媒体或者本单位网站上公开督办信息,接受社会监督。

负责督办的人民政府安委会办公室应当加强对督办事项的指导、协调和监督,及时掌握安全生产非法违法事故查处的进展情况;必要时,应当派出工作组进行现场督办,并对安全生产非法违法行为查处中存在的问题责令有关单位予以纠正。

第十一条 安全监管监察部门查处安全生产非法违法行为,有权依法采取下列行政强制措施:

(一)对有根据认为不符合安全生产的国家标准或者行业标准的在用设施、设备、器材,予以查封或者扣押,并应当在作出查封、扣押决定之日起15日内依法作出处理决定;

(二)查封违法生产、储存、使用、经营危险化学品的场所,扣押违法生产、储存、使用、经营、运输的危险化学品以及用于违法生产、使用、运输危险化学品的原材料、设备;

(三)法律、法规规定的其他行政强制措施。

安全监管监察部门查处安全生产非法违法行为时,可以会同有关部门实施联合执法,必要时可以提请本级人民政府组织有关部门共同查处。

第十二条 安全监管监察部门查处安全生产非法行为,对有关单位和责任人,应当依照相关法律、法规、规章规定的上限予以处罚。

安全监管监察部门查处其他安全生产违法行为,对有关单位和责任人,应当依照《安全生产行政处罚自由裁量适用规则》、《安全生产行政处罚自由裁量标准》或者《煤矿安全监察行政处罚自由裁量实施标准》确定的处罚种类和幅度进行处罚。

第十三条 当事人逾期不履行行政处罚决定的,安全监管监察部门可以采取下列措施:

(一)到期不缴纳罚款的,每日按罚款数额的3%加处罚款;

(二)根据法律规定,将查封、扣押的设施、设备、器材拍卖所得价款抵缴罚款;

(三)申请人民法院强制执行。

第十四条 对跨区域从事生产经营建设活动的生产经营单位及其相关人员的安全生产非法违法行为,应当依法给予重大行政处罚的,安全生产非法违法行为发生地负责查处的安全监管监察部门应当书面邀请生产经营单位注册地有关安全监管监察部门参与查处。

第十五条 对跨区域从事生产经营建设活动的生产经营单位不履行负责查处的安全监管监察部门作出的行政处罚决定的,生产经营单位注册地有关安全监管监察部门应当配合负责查处的安全监管监察部门采取本办法第十三条规定的措施。

对跨区域从事生产经营建设活动的生产经营单位及其相关人员的安全生产非法违法行为，应当给予暂扣或者吊销安全生产许可证、安全资格证处罚的，安全生产非法违法行为发生地负责查处的安全监管监察部门应当提出暂扣或者吊销安全生产许可证、安全资格证的建议，并移送负责安全生产许可证、安全资格证颁发管理的安全监管监察部门调查处理，接受移送的安全监管监察部门应当依法予以处理；接受移送的安全监管监察部门对前述行政处罚建议有异议的，应当报请共同的上级安全监管监察部门作出裁决。

第十六条 安全监管监察部门在安全生产监管监察中，发现不属于职责范围的下列非法违法行为的，应当移送工商行政管理部门、其他负责相关许可证或者批准文件的颁发管理部门处理：

（一）未依法取得营业执照、其他相关许可证或者批准文件，擅自从事生产经营建设活动的行为；

（二）已经办理注销登记或者被吊销营业执照，以及营业执照有效期届满后未按照规定重新办理登记手续，擅自继续从事生产经营建设活动的行为；

（三）其他相关许可证或者批准文件有效期届满后，擅自继续从事生产经营建设活动的行为；

（四）超出核准登记经营范围、其他相关许可证或者批准文件核准范围的违法生产经营建设行为。

第十七条 拒绝、阻碍安全监管监察部门依法查处安全生产非法违法行为，构成违反治安管理行为的，安全监管监察部门应当移送公安机关依照《中华人民共和国治安管理处罚法》的规定予以处罚；涉嫌犯罪的，依法追究刑事责任。

第十八条 安全监管监察部门应当将安全生产非法行为的查处情况，自查处结案之日起15个工作日内在当地有关媒体或者安全监管监察部门网站上予以公开，接受社会监督。

对安全生产非法违法事故查处情况实施挂牌督办的有关人民政府安委会办公室，应当在督办有关措施和处罚事项全部落实后解除督办，并在解除督办之日起10个工作日内在当地主要媒体和本单位网站上予以公告，接受社会监督。

第十九条 安全监管监察部门应当建立完善安全生产非法违法行为记录和查询系统，记载安全生产非法违法行为及其处理结果。

生产经营单位因非法违法行为造成重大、特别重大生产安全事故或者一年内发生2次以上较大生产安全责任事故并负主要责任，以及存在重大隐患整改不力的，省级安全监管监察部门应当会同有关行业主管部门向社会公告，并向投资、国土资源、建设、银行、证券等主管部门通报，作为一年内严格限制其新增的项目核准、用地审批、证券融资、银行贷款等的重要参考依据。

第二十条 安全监管监察部门查处安全生产非法行为，应当在作出行政处罚决定之日起10个工作日内，将行政处罚决定书及相关证据材料报上一级安全监管监察部门备案。

安全生产监管监察部门查处其他安全生产违法行为，应当依照《安全生产违法行为行政处罚办法》第六十二条、第六十三条、第六十四条的规定，将行政处罚决定书报上一级安全监管监察部门备案。

第二十一条 县（市、区）、乡（镇）人民政府对群众举报、上级督办、日常检查发现的所辖区域的非法生产企业（单位）没有采取有效措施予以查处，致使非法生产企业（单位）存在的，对县（市、区）、乡（镇）人民政府主要领导以及相关责任人，依照国家有关规定予以纪律处分；涉嫌犯罪的，依法追究刑事责任。

县（市、区）、乡（镇）人民政府所辖区域存在非法煤矿的，依据《国务院关于预防煤矿生产安全事故的特别规定》的有关规定予以处理。

第二十二条 国家机关工作人员参与安全生产非法违法行为的，依照有关法律、行政法规和纪律处分规定由监察机关或者任免机关按照干部管理权限予以处理；涉嫌犯罪的，依法追究刑事责任。

第二十三条 安全监管监察部门工作人员对发现或者接到举报的安全生产非法违法行为，未依照有关法律、法规、规章和本办法规定予以查处的，由任免机关按照干部管理权限予以处理；涉嫌犯罪的，依法追究刑事责任。

第二十四条 本办法自2011年12月1日起施行。

国家安全监管总局办公厅关于印发安全生产信息报告和统计工作规范的通知

安监总厅统计〔2012〕130号

各省、自治区、直辖市及新疆生产建设兵团安全生产监督管理局，各省级煤矿安全监察局：

《安全生产信息报告和统计工作规范》已经2012年8月23日国家安全监管总局局长办公会议审议通过，现印发给你们，请认真贯彻落实。

国家安全监管总局办公厅

2012年9月18日

安全生产信息报告和统计工作规范

第一章 总 则

第一条 为进一步加强安全生产信息报告和统计工作，推进信息报告和统计工作制度化、规范化、标准化，全面提升工作质量，确保信息报告和统计工作及时、准确、全面、规范，为安全生产监管和煤矿安全监察提供信息支撑和决策依据，根据《中华人民共和国安全生产法》、《中华人民共和国统计法》、《生产安全事故报告和调查处理条例》等法律法规，制定本规范。

第二条 本规范适用于各级安全生产监督管理部门、煤矿安全监察机构的安全生产信息报告和统计工作。

第三条 安全生产信息报告和统计工作是安全监管监察工作的重要基础，是安全生产工作的重要组成部分；安全生产统计信息是制定安全生产政策的重要依据和基础。安全生产信息报告和统计工作实行统一领导、分级负责的管理体制。国家安全监管总局统一管理和组织协调全国安全生产信息报告和统计工作，对省级安全生产信息报告和统计工作实行业务指导、培训、检查、评价等。省级安全生产监督管理部门、煤矿安全监察机构负责管理和组织实施本辖区安全生产信息报告和统计工作。

第四条 安全生产监督管理部门、煤矿安全监察机构应加强对本辖区内安全生产信息报告和统计工作的组织领导，加强安全生产信息报告和统计能力建设，推进安全生产信息报告和统计信息化建设，确保统计数据客观、准确、真实、可靠，为安全监管监察工作提供信息支撑和决策依据。

第二章 主要任务

第五条 安全生产信息报告和统计工作的主要任务是：贯彻执行国家有关安全生产信息报告和统计法律法规，制定安全生产信息报告和统计制度，建立统计指标体系，加强统计调查和统计分析，完善统计资料管理，强化统计监督和统计能力建设，提供统计资料，做好统计服务，为科学决策提供信息支持。

第六条 安全生产信息包括生产安全事故报告信息、安全生产举报统计信息、生产安全事故统计信息、安全生产行政执法统计信息、安全生产事故隐患排查治理统计信息、职业卫生统计信息、安全生产应急管理统计信息、与煤矿安全监察有关的统计信息以及社会管理综合治理考评安全生产考核、文明城市（区）评选安全生产测评信息等涉及安全生产的有关信息。

第七条 加强安全生产信息报告和统计能力建设。应明确安全生产信息报告和统计工作职责，配备人员及装备，加强信息报告和统计人员专业培训、业务指导和工作考评。

第八条 加强安全生产统计科学研究，健全科学的安全生产统计指标体系，不断改进统计调查方法，提高安全生产统计的科学性。

第九条 加快统计标准化和信息化建设。制定、完善和规范安全生产统计标准。充分利用现代信息和网络技术，推进安全生产信息报告和统计信息采集、处理、传输、共享、存储和分析的现代化，建立统一规范的安全生产信息报告、统计和查询数据库，实现资源共享。

第三章 机构、职责和人员

第十条 国家安全监管总局设立专门机构，负责组织、指导和协调全国安全生产信息报告和统计工作，研究制定事故信息报告和统计规章、标准和制度。

第十一条 国家安全监管总局总值班室承担应急值守、事故信息接报处置和事故有关情况跟踪、事故举报信息接报处置等工作，督促指导省级安全生产监督管理部门、煤矿安全监察机构做好应急值守、事故信息报告工作。

第十二条 国家安全监管总局统计司承担全国安全生产控制考核指标体系、生产安全事故统计指标体系、行政执法统计指标体系、隐患排查治理统计指标体系、职业卫生统计指标体系、与煤矿安全监察有关的统计指标体系、社会管理综合治理考评安全生产考核指标体系和文明城市（区）评选安全生产测评指标体系的建设工作；承担安全生产统计工作综合管理，指导、协调和监督有关部门安全生产统计工作；承担生产安全事故统计、行政执法统计、隐患排查治理统计、职业卫生统计、与煤矿安全监察有关的统计和生产安全事故统计认定工作，分析研判全国安全生产形势；承担社会管理综合治理考评安全生产考核、文明城市（区）评选安全生产测评等相关工作；研究提出全国安全生产控制考核指标，监督考核安全生产控制考核指标执行情况。

第十三条 省级安全生产监督管理部门、煤矿安全监察机构负责组织、协调辖区内安全生产信息报告和统计工作，落实职责、人员、经费、装备；市（地）、县级安全生产监督管理部门及煤矿安全监察分局要明确信息报告和统计工作职责，配备信息报告和统计人员，并依照有关规定，客观、准确、真实、可靠地报送信息和统计资料。

第十四条 安全生产信息报告和统计人员应符合下列要求：

（一）具备良好的职业道德，具有必要的信息报告和统计专业基础知识和一定的计算机操作技能。

（二）实行岗位培训，未经培训或培训不合格者不得上岗。

（三）保持信息报告和统计队伍相对稳定，增补的专职信息报告和统计人员原则上应具备大学本科以上学历。

第十五条 安全生产信息报告和统计人员应履行下列职责：

（一）严格执行统计法律、法规、制度，按规定及时、准确、完整地填报统计数据，编制统计报表，不得虚报、瞒报、伪造、篡改统计数据。

（二）认真执行《政府信息公开条例》，严格遵守保密制度。

（三）依法进行事故信息报告、统计调查、统计报告和统计监督工作。

（四）提高信息报告和统计工作质量和水平，提升统计信息的时效性和可靠性、统计分析的前瞻性和预见性，为安全监管监察提供信息支持和决策依据。

第四章 信息报告和统计基本工作制度

第十六条 事故发生后，各级安全生产监督管理部门、煤矿安全监察机构要依照规定及时、准确、全面地报送生产安全事故信息。对未按规定执行的地区和单位，要予以通报。

第十七条 建立和实施安全生产控制指标“月通报、季发布、年考核”的“三项制度”，在主要新闻媒体上定期发布控制指标实施进展情况，并向地方党委、政府主要负责同志通报有关情况，强化动态监督检查，推动安全生产控制指标的实施。

第十八条 建立完善社会管理综合治理考评安全生产考核、文明城市(区)评选安全生产测评工作制度。把安全生产工作纳入社会主义精神文明和党风廉政建设、社会管理综合治理体系之中,建立健全科学的考评指标体系和管理机制,建立联系机制,加强沟通协调,行使好"一票否决"权。

第十九条 建立完善生产安全事故警示通报制度。国家安全监管总局对一周内连续发生3起以上或一个月内发生10起以上较大、重特大生产安全事故的省(区、市)进行警示通报;省级安全生产监督管理部门、煤矿安全监察机构对连续发生较大、重特大生产安全事故的市(地、州、盟)进行警示通报。被通报地区要按时反馈落实情况。涉及相关行业主管部门的,要将警示通报抄送到相关部门。

第二十条 建立完善重大事故结案报备制度。为保证生产安全事故死亡人数的准确性和统计分析的完整性,重大事故结案后,负责事故调查的机构要将事故调查报告抄送统计机构,并抄报国家安全监管总局统计司。

第二十一条 建立完善业务培训制度。根据安全生产信息报告和统计工作的需要,定期组织开展安全生产信息报告和统计人员的业务培训,不断提高安全生产信息报告和统计人员的业务水平。

第二十二条 建立完善监督检查工作制度。实施综合督导检查与专项督导检查相结合,针对信息报告和统计工作中存在的问题,组织开展信息报告和统计工作督导检查,研究提出改进措施。

第二十三条 建立安全生产统计工作考评办法,健全相关工作机制,推进对安全生产信息报告和统计工作的量化考核,不断加强和创新安全生产调度统计工作。

第二十四条 依照国家有关规定建立健全统计信息收集、审核、签署、报送、交接、归档、保密等管理制度,建立健全信息报告和统计资料审批、提供和信息发布制度,规范信息报告和统计信息管理工作程序。

第二十五条 建立完善调查研究和业务交流制度。加强调查研究,了解情况、发现问题、研究规律,推动信息报告和统计工作的创新和发展;加强地区之间的互查互学,组织开展业务交流,总结交流好经验好做法,充分发挥典型的示范、引导作用,带动、促进信息报告和统计工作的深入开展。

第五章 生产安全事故报告

第二十六条 各类生产安全事故由各级安全生产监督管理部门负责逐级报告;煤矿生产安全事故由煤矿安全监察机构负责逐级报告。

第二十七条 事故报告的范围包括:特别重大事故、重大事故、较大事故、煤矿一般事故、重大涉险事故、较大涉险事故、新闻媒体披露和社会影响重大的其它事故。对于事故性质暂时界定不清的,须先按生产安全事故有关规定进行报告。经调查认定为非生产安全事故,再按有关规定和程序办理。

(一)特别重大事故,是指造成30人以上死亡,或者100人以上重伤(包括急性工业中毒,下同),或者1亿元以上直接经济损失的事故。

(二)重大事故,是指造成10人以上30人以下死亡,或者50人以上100人以下重伤,或者5000万元以上1亿元以下直接经济损失的事故。

(三)较大事故,是指造成3人以上10人以下死亡,或者10人以上50人以下重伤,或者1000万元以上5000万元以下直接经济损失的事故。

(四)煤矿一般事故,是指煤矿造成3人以下死亡,或者10人以下重伤,或者100万元以上1000万元以下直接经济损失的事故。

(五)重大涉险事故包括下列内容:

1. 涉险10人以上的事故;

2. 造成10人以上被困或下落不明的事故;

3. 紧急疏散人员5000人以上和住院观察50人以上的事故;

4. 可能升级为重大事故的较大事故(如具有危重伤员有可能抢救无效死亡,以及现场搜救尚未结束、死亡人数可能增加等情形的事故);

5. 有可能造成5000万元以上直接经济损失的事故;

6. 危险化学品严重泄漏（危及人员密集场所等）的事故；

7. 严重危及重要场所和设施（电站、重要水利设施、核设施、危险化学品库、油气站和车站、码头、港口、高铁、机场及其他人员密集场所等）安全的事故；

8. 其它重大涉险事故。

（六）较大涉险事故包括下列内容：

1. 涉险3人以上10人以下的事故；

2. 造成3人以上10人以下被困或下落不明的事故；

3. 紧急疏散人员500人以上5000人以下和住院观察10人以上50人以下的事故；

4. 危险化学品泄漏（危及人员密集场所等）的事故；

5. 危及重要场所和设施（电站、重要水利设施、核设施、危险化学品库、油气站和车站、码头、港口、机场及其他人员密集场所等）安全的事故；

6. 其它较大涉险事故。

本条所称的“以上”包括本数，“以下”不包括本数。

第二十八条 各级安全生产监督管理部门、煤矿安全监察机构接到事故报告后，须按照下列要求报告：

（一）特别重大事故、重大事故、重大涉险事故信息，须在事故发生后3小时内逐级上报至国家安全监管总局总值班室。

（二）较大事故、煤矿一般事故、较大涉险事故信息，新闻媒体披露和社会影响重大的其它事故，须在事故发生后7小时内逐级上报至国家安全监管总局总值班室。

（三）事故具体情况一时难以核实清楚的，须先电话报告事故概况，15分钟内报告文字材料。

（四）必要时，安全生产监督管理部门、煤矿安全监察机构可以越级上报事故情况。

第二十九条 事故报告应包括下列内容：

（一）事故发生的时间（年、月、日、时、分）；

（二）事故发生地（省〈区、市〉、市〈地〉、县〈市、区〉、乡〈镇〉及其他有关情况）；

（三）事故发生单位名称、概况、证照及经济类型（国有和国有控股、集体和集体控股、民营和民营控股以及合资、外资等），事故发生在工程外包单位的，还应附外包单位名称、概况、持证备案情况；

（四）事故类型（按照各行业和领域的事故类型报告）；

（五）生产规模和能力（设计、核定）；

（六）事故发生单位的安全评估等级和持有证件情况，以及领导干部带班下井情况；

（七）发生事故的车辆、船舶、飞行器、容器等牌号、名称及核载、实载情况；

（八）事故的简要情况（事故的简要经过及事故原因初步分析）；

（九）事故现场总人数和伤亡人数（死亡、下落不明、失踪、被困、轻伤、重伤〈危重〉、急性工业中毒、住院、留院观察等）；

（十）初步估计事故造成的直接经济损失；

（十一）事故抢救进展情况和采取的措施。

事故具体情况不清楚的，应先报送事故概况，具体情况及时续报。

第三十条 推广使用国家安全监管总局统一的网络传输系统软件报送事故信息，逐步淘汰传真报告的方式。其中，特别重大事故、重大事故、重大涉险事故、新闻媒体披露和社会影响重大的其它事故信息通过网络（传真）报送后，须电话确认。

第三十一条 接到事故报告后，要及时跟踪并续报事故抢险救援进展情况，直至事故救援工作结束。

（一）特别重大事故、重大事故、重大涉险事故、社会影响重大的事故须及时续报抢救和处理情况；抢救持续时间较长的，须每天早、晚各续报1次。

（二）较大事故、较大涉险事故须每天续报1次。

（三）领导同志对事故信息作出批示的，按照批示及时跟踪续报事故救援进展情况。

第六章　安全生产举报信息统计

第三十二条　安全生产举报信息统计报告。

(一)报告部门。工矿商贸安全生产举报信息由安全生产监督管理部门负责统计报告;煤矿安全生产举报信息由煤矿安全监察机构负责统计报告。

(二)统计范围。通过"12350"等安全生产举报投诉电话、信件、信访等渠道举报安全生产问题的信息,具体包括生产安全事故举报信息、安全生产隐患举报信息、安全生产非法违法生产经营建设行为举报信息和职业卫生举报信息。

(三)报告时限。省级安全生产监督管理部门、煤矿安全监察机构,国家安全监管总局、国家煤矿安监局有关司局应于每月5日前向国家安全监管总局统计司报送安全生产举报信息统计报表。

(四)报告内容。按照安全生产举报信息统计制度有关规定,填报安全生产举报信息统计报表。

(五)报告方式。使用安全生产举报信息统计软件报送安全生产举报信息统计报表;逐步淘汰传真报送的方式。

第三十三条　各级安全生产监督管理部门、煤矿安全监察机构应加强对安全生产举报信息的管理工作,按照安全生产举报信息统计报表制度的要求,认真做好安全生产举报信息受理和统计分析工作,按月编制并上报安全生产举报信息统计报表。

第七章　生产安全事故统计

第三十四条　生产安全事故统计报告。

(一)报告部门。金属与非金属矿、建筑施工、化工与危险化学品、烟花爆竹和工商贸其它行业领域事故由安全生产监督管理部门负责统计并逐级报告;煤矿事故由煤矿安全监察机构负责统计并逐级报告。火灾、道路交通、水上交通、民航飞行、铁路交通、农业机械、渔业船舶等事故由其行业主管部门统计,每月抄送同级安全生产监督管理部门逐级报告。

(二)统计范围。

1. 生产经营活动中发生的造成人身伤亡或者100万元以上直接经济损失的事故;

2. 对性质暂时界定不清的事故,必须先按生产安全事故统计,经事故调查认定为非生产安全事故的,要根据事故统计认定的有关规定和程序及时上报事故核销报告,在没有批复核销之前,必须纳入统计。

(三)报告时限。省级安全生产监督管理部门、煤矿安全监察机构应按照《生产安全事故统计报表制度》等要求,于每月5日前,将上月各类生产安全事故报表报送国家安全监管总局统计司。

(四)报告内容。按照《生产安全事故统计报表制度》的规定逐项填报。各级安全生产监督管理部门、煤矿安全监察机构要认真填写和核对事故卡片,对生产安全事故基本情况(《生产安全事故统计报表制度》工矿A1表,包括事故发生单位的名称、单位地址、事故死亡、事故重伤、直接经济损失、事故原因、事故类别等),要认真准确填报。

(五)报告方式。使用国家安全监管总局统一的生产安全事故统计软件,通过专用网络报送生产安全事故卡片;尚不具备专用网络传输条件的单位,可使用公共网络报送生产安全事故卡片。

(六)事故等级的确定。

1. 事故造成的人员死亡、重伤和直接经济损失如同时符合2个以上事故等级的,先以最高事故等级进行事故统计。

2. 由于事故造成的人员死亡、重伤和直接经济损失发生变动,导致事故等级出现变化的,要按照《生产安全事故报告和调查处理条例》等有关规定重新进行事故等级调整。

(七)中央企业生产安全事故按照属地原则进行统计,在事故统计卡片"主管部门"选项中明确填写"中央所属"。

第三十五条 生产安全事故统计月报。

(一)各级安全生产监督管理部门、煤矿安全监察机构应按月度编制生产安全事故统计月报。

(二)生产安全事故统计月报应包括以下内容:

1. 对各地区、各类事故的综合分析;

2. 各类事故统计汇总表(包括火灾、道路交通、水上交通、铁路交通、民航飞行、农业机械、渔业船舶及其它事故);

3. 工矿商贸事故统计表(包括煤矿、金属与非金属矿、建筑施工、化工和危险化学品、烟花爆竹、冶金机械等事故统计表);

4. 火灾事故统计表;

5. 道路交通事故统计表;

6. 水上交通事故统计表;

7. 铁路交通事故统计表;

8. 农业机械事故统计表;

9. 渔业船舶事故统计表。

第三十六条 安全生产形势综合分析报告。

(一)每月15日前以《安全生产统计简报》的形式逐级上报上月本地区安全生产形势综合分析报告。

(二)综合分析报告应包含以下内容:

1. 各类生产安全事故情况汇总表(工矿商贸、煤矿、金属与非金属矿、建筑施工、化工和危险化学品、烟花爆竹、冶金机械、火灾、道路交通、水上交通、铁路交通、民航飞行、农业机械、渔业船舶、其它等);

2. 本地区安全生产的主要特点分析;

3. 存在的规律性、倾向性和突出性问题及原因分析;

4. 对下一阶段安全生产情况的预测,指出可能出现的新情况、新问题;

5. 对下一步本地区安全生产工作提出意见和建议。

第三十七条 生产安全事故直接经济损失统计。

(一)统计范围。指生产经营活动中因事故造成的人身伤亡、善后处理、事故救援、事故处理所支出的费用和财产损失价值等合计,具体包括以下几项:

1. 人身伤亡后所支出的费用:

(1)医疗费用(含护理费用);

(2)丧葬及抚恤费用;

(3)补助及救济费用;

(4)歇工工资。

2. 善后处理费用:

(1)处理事故的事务性费用;

(2)现场抢救费用;

(3)清理现场费用。

3. 财产损失价值:

(1)固定资产损失价值;

(2)流动资产损失价值。

(二)统计要求。既要填报造成人身伤亡的生产安全事故的直接经济损失,又要填报非伤亡生产安全事故的直接经济损失。当月不能统计的须在下月补报,直接经济损失发生变化的,要及时予以调整。

第三十八条 事故补报。

(一)事故受伤人员自事故发生之日起30日内转为重伤或死亡的(因医疗事故造成重伤或死亡的

除外，但必须得到医疗事故鉴定部门的确认。道路交通、火灾事故为事故发生之日起7日内)，应按重伤事故或死亡事故进行统计；超过当期统计报告时限的，应在下个统计期内补报统计。

(二)事故失踪或下落不明人员超过30日(道路交通、火灾事故自事故发生之日起超过7日)仍未发现的，应按死亡事故进行统计；超过当期统计报告时限的，应在下个统计期内补报统计。

(三)事故调查报告结束后，涉及事故统计的事故单位情况、事故原因、事故经过、直接经济损失、事故伤亡情况等重要指标发生变化的，应在当期统计期内予以调整；超过当期统计报告时限的，应在下个统计期内补报调整。

(四)瞒报、漏报事故或者漏报、谎报事故有关情况，经查证后属实的，应在当期统计期内进行统计或调整；超过当期统计报告时限的，应在下个统计期内补报统计或调整。

第八章　安全生产行政执法统计

第三十九条　安全生产行政执法统计的主要内容包括：现场监督监察、事故隐患与重大危险源监督监察、煤矿监察计划执行、行政处罚、查处事故、重大生产安全事故结案及责任追究、非法违法较大生产安全事故结案及责任追究、听证复议诉讼、新建改建扩建项目安全设施“三同时”、安全生产培训及从业人员持证上岗、安全生产许可持证和使用执法文书等情况。

第四十条　安全生产行政执法统计基础报表由县级以上(含县级)安全生产监督管理部门、煤矿安全监察机构按照《安全生产行政执法统计制度》的规定填报，省级安全生产监督管理部门、煤矿安全监察机构应于每月5日前，使用安全生产行政执法统计报表信息报送管理系统向国家安全监管总局统计司报送《安全生产行政执法统计基础报表》。

第四十一条　安全生产行政执法统计分析报告。

(一)各级安全生产监督管理部门、煤矿安全监察机构应认真开展安全生产行政执法统计分析，建立健全“月统计、季分析”制度，每季度后6日前对安全生产行政执法统计工作进行分析总结，按季编制《安全生产行政执法统计分析报告》，并报送国家安全监管总局统计司。

(二)安全生产行政执法统计分析报告的主要内容：

1. 基本情况。包括安全监管监察主要统计指标情况及对比分析。

2. 执法工作主要内容及特点分析。包括安全生产监督执法或煤矿安全监察执法工作的主要内容、主要特点及分析。要综合运用安全生产行政执法统计数据进行量化效果对比分析。

3. 存在的主要问题及原因分析。综合运用定性和定量的方法进行原因分析。

4. 对下一步安全生产行政执法工作的建议。

第九章　安全生产事故隐患排查治理信息统计

第四十二条　安全生产事故隐患排查治理信息统计是指对煤矿、金属非金属矿山等工矿企业以及交通运输等重点行业领域企业和单位安全生产事故隐患排查治理开展情况的统计工作，主要包括事故隐患排查治理企业单位、一般事故隐患排查及整改、重大事故隐患排查及整改、重大事故隐患列入治理计划及“五落实”、重大事故隐患挂牌督办等情况。

第四十三条　安全生产事故隐患排查治理信息统计报表。

(一)报告部门。由各级安委会办公室组织各地区、各有关部门和单位填报。

(二)报告内容。按照国务院安委会及其办公室有关规定填报《煤矿、金属非金属矿山等工矿企业安全生产事故隐患排查治理情况月报表》、《交通运输等重点行业(领域)企业单位安全生产事故隐患排查治理情况月报表》、《重大事故隐患挂牌督办情况表》。

(三)报告时限。各省级安委会办公室应于每月6日前向国家安全监管总局统计司报送安全生产事故隐患排查治理信息统计报表，省级以下安委会办公室向上一级安委会办公室报告安全生产事故隐患排查治理信息统计报表的次数和时间由省级安委会办公室确定。

(四)报告方式。使用安全生产事故隐患排查治理信息统计报表报送管理系统报送《安全生产事故隐患排查治理信息统计基础报表》;不具备网络传输条件的,可暂时使用传真报送。

第四十四条 安全生产事故隐患排查治理信息统计分析。

(一)各地区、各有关部门和单位应定期对本地区、本行业领域和本单位安全生产事故隐患排查治理工作情况进行总结分析,按照《国务院安委会办公室关于实行安全生产事故隐患排查治理情况月通报的通知》(安委办〔2012〕23号)的有关要求,按时填报统计报表,认真开展安全生产事故隐患排查治理情况月通报工作,扎实做好"月统计"分析,每月对安全生产事故隐患排查治理工作进展情况进行分析,并于每月后6日前向国家安全监管总局统计司报送安全生产事故隐患排查治理工作分析材料。

(二)安全生产事故隐患排查治理分析材料的主要内容:

1. 基本情况。包括安全生产事故隐患排查治理进展情况。

2. 事故隐患排查治理主要工作内容。包括安全生产事故隐患排查治理工作开展的主要内容、工作经验和有效做法。要综合运用安全生产事故隐患排查治理统计数据进行量化效果对比分析。

3. 存在的主要问题及原因分析。

4. 对下一步安全生产事故隐患排查治理工作的建议。

(三)国务院安委会办公室每月对各地区、各行业领域隐患排查治理情况予以通报。

第十章 职业卫生统计

第四十五条 煤矿职业卫生统计。

(一)统计的内容。企业(煤矿)年核定生产能力、从业人员平均数、职业危害申报情况、主要负责人职业卫生培训情况、接触职业危害人数、合同告知职业危害人数、职业危害作业岗位数、设置警示标识岗位数、应职业卫生培训人数、实际职业卫生培训人数、应职业健康体检人数、实际职业健康体检人数、应测点数、实测点数、达标点数、应职业危害预评价项目数、实际职业危害预评价项目数、应职业危害控制效果评价项目数、实际职业危害控制效果评价项目数。

(二)统计报告。

1. 报告部门。煤矿职业卫生统计由煤矿安全监察机构负责统计报告。

2. 报告范围。煤矿职业卫生统计的范围:本地区(辖区)内从事煤炭开采的煤炭企业(指井工开采和露天开采的煤矿)。

3. 报告时限。煤矿职业卫生统计为年度统计,统计期从每年1月1日至12月31日。煤矿每年1月10日前报送上年度《煤矿职业卫生情况表》(基础MKZJA表)。省级煤矿安全监察机构于每年1月20日前报送上年度《煤矿职业卫生统计表》(MKZJB1-MKZJB4表),1月31日前报送上年度《煤矿职业卫生统计分析报告》。

4. 报告方式。煤矿职业卫生统计采用煤矿上报省级煤矿安全监察机构统计汇总后上报的形式。煤矿可通过"煤矿职业卫生信息统计分析系统"网络上报或人工填报《煤矿职业卫生情况表》(基础MKZJA表)两种方式上报至省级煤矿安全监察机构。省级煤矿安全监察机构使用"煤矿职业卫生信息统计分析系统"网络上报至国家安全监管总局。

(三)统计分析。

1.《煤矿职业卫生统计分析报告》由职业卫生总体情况、职业卫生形势分析、存在的主要问题及原因、措施建议等内容组成。分析内容应包含:职业危害前期预防工作情况分析;接触职业危害人群分析;职业危害告知、警示标识设置情况分析;作业点职业危害因素检测与达标情况分析;接害人员职业卫生培训情况分析;接害人员职业健康监护情况分析等。

2. 省级煤矿安全监察机构以《煤矿职业卫生情况表》(基础MKZJA表)为基础进行煤矿职业卫生统计分析,在上报《煤矿职业卫生统计表》(MKZJB1-MKZJB4表)的同时,要及时编写并上报《煤矿职业卫生统计分析报告》。

第四十六条 工矿商贸企业职业卫生统计。

(一)统计的内容。按照《工矿商贸企业职业卫生统计制度》规定,填报《工矿商贸企业职业卫生情况表》(基础 ZJA 表)。

(二)统计报告。

1. 报告部门。工矿商贸企业职业卫生统计由安全生产监督管理部门负责统计报告。

2. 报告范围。工矿商贸企业职业卫生统计的范围:本地区(辖区)内从事生产经营活动的,除煤炭开采企业以外的工矿商贸企业。

3. 报告时限。工矿商贸企业职业卫生统计为年度统计,统计期从每年 1 月 1 日至 12 月 31 日。工矿商贸企业每年 1 月 10 日前报送上年度《工矿商贸企业职业卫生情况表》(基础 ZJA 表)。省级安全生产监督管理部门于每年 1 月 25 日前报送上年度《工矿商贸企业职业卫生统计表》(ZJB1 - ZJB4 表),1 月 31 日前报送上年度《工矿商贸企业职业卫生统计分析报告》。

4. 报告方式。工矿商贸企业职业卫生统计采用工矿商贸企业上报和各级安全生产监督管理部门统计汇总上报的形式。工矿商贸企业可通过"工矿商贸企业职业卫生信息统计分析系统"网络上报或人工填报《工矿商贸企业职业卫生情况表》(基础 ZJA 表)两种方式上报至属地县级以上安全生产监督管理部门,县级以上安全生产监督管理部门逐级汇总至省级安全生产监督管理部门。省级安全生产监督管理部门使用"工矿商贸企业职业卫生信息统计分析系统"网络上报至国家安全监管总局。

(三)统计分析。

1.《工矿商贸企业职业卫生统计分析报告》由职业卫生总体情况、职业卫生形势分析、存在的主要问题及原因、措施建议等内容组成。分析内容应包含:职业危害前期预防工作情况分析;接触职业危害人群分析;职业危害告知、警示标识设置情况分析;作业点职业危害因素检测与达标情况分析;接害人员职业卫生培训情况分析;接害人员职业健康监护情况分析;建设项目职业卫生"三同时"情况分析等。

2. 省级安全生产监督管理部门以《工矿商贸企业职业卫生情况表》(基础 ZJA 表)为基础进行工矿商贸企业职业卫生统计分析,在上报《工矿商贸企业职业卫生统计表》(ZJB1 - ZJB4 表)的同时,要及时编写并上报《工矿商贸企业职业卫生统计分析报告》。

第十一章 附 则

第四十七条 各单位及相关人员违反《中华人民共和国安全生产法》、《中华人民共和国统计法》等安全生产信息报告和事故统计法律法规的,依法追究相关责任。

第四十八条 各级安全生产监督管理部门、煤矿安全监察机构应建立激励约束机制,定期评定安全生产信息报告和统计机构及工作人员的工作表现,对评定为优秀的机构和人员予以通报表扬和奖励,对评定为不合格的机构和人员予以通报批评。

第四十九条 省级安全生产监督管理部门、煤矿安全监察机构可参照本规范制定本地区(辖区)安全生产信息报告和统计工作规范。

第五十条 《安全生产应急管理信息报告和统计工作规范》另行规定。

第五十一条 本规范自印发之日起施行。2005 年 7 月发布的《安全生产调度统计业务规范》(安监总厅字〔2005〕56 号)同时废止。

关于在华作业的陆上石油天然气境外公司安全生产许可证有关事项的通知

安监总厅海油〔2006〕16号

随着对外开放的扩大，在华从事陆上石油天然气合作勘探开发的外国和港澳台石油公司（以下简称“境外石油公司”）逐年增多。针对石油天然气合作勘探开发的特殊情况，经研究，现对境外石油公司安全生产许可证有关事项通知如下：

一、颁证对象

依据国家有关法律、行政法规，境外石油公司在华登记的分支机构是非法人单位，不能取得石油天然气的勘查许可证、采矿许可证，因此不需要办理安全生产许可证，但其与中方石油公司合作勘探开发的陆上油气田（以下简称“合作油气田”）需办理安全生产许可证。

二、颁证机关

（一）不跨省（自治区、直辖市）合作油气田的安全生产许可证，由合作油气田所在省（自治区、直辖市）安全监管局负责受理申请、审查和颁证。

（二）跨省（自治区、直辖市）合作油气田的安全生产许可证，由参与合作的中方石油公司地区分公司或子公司所在地的省（自治区、直辖市）安全监管局负责受理申请、审查和颁证。对于受理的申请，负责发证的安全监管局应征求涉及该合作油气田的其他省（自治区、直辖市）安全监管局意见。

三、申请文件、资料

申请文件、资料由与境外石油公司合作的中方石油公司按照中管企业三级生产单位取证的要求提供，并增加经批准的合作开采陆上石油资源合同、合作油气田的勘查许可证或采矿许可证等内容。

四、监督管理

（一）涉及合作油气田的有关省（自治区、直辖市）安全监管局要严格安全生产许可证审查条件，并加强日常监督管理。

（二）合作油气田的安全生产许可证颁发后，由负责颁发许可证的安全监管局将颁证情况报送国家安全监管总局备案。

（三）参与合作的中方石油公司应加强对合作油气田的管理，督促境外石油公司严格遵守国家有关法律、法规。

二〇〇六年二月五日

关于天然气净化厂等安全生产许可证有关事项的意见

安监总管一函〔2006〕151 号

重庆市、陕西省安全生产监督管理局：

重庆市安全生产监督管理局《关于明确中石油西南油气田分公司重庆天然气净化总厂安全监管职责的请示》（渝安监文〔2006〕54 号）和陕西省安全生产监督管理局《关于危险化学品企业安全生产许可证发证有关问题的请示》（陕安监管字〔2006〕36 号）收悉。经研究，现就天然气净化厂等安全生产许可证有关事项提出如下意见：

一、油（气）集输站（场）、天然气净化厂等作为油（气）开采的一部分，按照《非煤矿矿山企业安全生产许可证实施办法》（原国家安全监管局令第 9 号）的决定，应当统一办理非煤矿山安全生产许可证，不另办理危险化学品安全生产许可证。

二、油（气）集输站（场）、天然气净化厂等涉及危险化学品的生产工艺，其安全生产条件应严格执行有关油（气）开采和危险化学品的法律、法规、标准和规程。

二〇〇六年七月十二日

国家安全监管总局办公厅关于印发非煤矿矿山企业安全生产许可证申请书等10种文书格式的通知

安监总厅管一〔2009〕183号

各省、自治区、直辖市及新疆生产建设兵团安全生产监督管理局：

为进一步规范非煤矿矿山安全生产许可证的颁发管理工作，根据《安全生产许可证条例》（国务院令第397号）和《非煤矿矿山企业安全生产许可证实施办法》（国家安全监管总局令第20号），国家安全监管总局制定了非煤矿矿山企业安全生产许可证申请书、审查书等10种文书格式（见附件）。现印发给你们，请按此格式自行印制。

附件：

1. 非煤矿矿山企业安全生产许可证申请书
2. 非煤矿矿山企业安全生产许可证审查书
3. 非煤矿矿山企业安全生产许可证延期申请书
4. 非煤矿矿山企业安全生产许可证延期审查书
5. 非煤矿矿山企业安全生产许可证变更申请书
6. 非煤矿矿山企业安全生产许可证变更审查书
7. 非煤矿矿山企业安全生产许可证申请材料补正告知书
8. 非煤矿矿山企业安全生产许可证申请受理通知书
9. 非煤矿矿山企业安全生产许可证申请不予受理通知书
10. 不予颁发非煤矿矿山企业安全生产许可证通知书
11. 有关文书填写说明

国家安全生产监督管理总局办公厅

二〇〇九年十二月三日

附件 1

申请编号:______________ 受理编号:______________

申请日期:______________ 受理日期:______________

非煤矿矿山企业

安 全 生 产 许 可 证

申 请 书

申请单位______________________________

取证单位______________________________

联 系 人______________________________

联系电话______________________________

填写日期______________________________

国家安全生产监督管理总局制样

填写说明

一、本申请书适用于非煤矿矿山企业申请安全生产许可证，由申请单位用钢笔、签字笔填写或用计算机打印，要求字迹清楚、工整。

二、申请书封面的“申请编号”、“申请日期”、“受理编号”、“受理日期”由发证机关填写，其余各项由申请单位填写。其中，“联系人”是指申请单位指定的办理申请事宜的人员。

三、申请书表格中申请单位栏的“名称”，应当填写工商登记名称；“地址”应当填写工商登记地址；“经济类型”，应当按照《关于划分企业登记注册类型的规定》填写。

四、申请书表格中取证单位栏加粗框内内容所有取证单位均需填写，取证单位栏“名称”，应当填写全称；“地址”应当填写所在地详细地址；“单位类型”应当按照取证单位业务分别填写金属非金属矿山企业、尾矿库、地质勘探单位、采掘施工企业、石油天然气企业。取证单位栏加粗框外内容按照取证单位类型分别填写。

五、申请书表格中“申请许可范围”栏，应当按照取证单位类型分别填写：

1. 金属非金属矿山企业填写：××（开采矿种，名称应与《采矿许可证》一致）露天开采、××（开采矿种，名称应与《采矿许可证》一致）地下开采；

2. 尾矿库填写：尾矿库运行；

3. 地质勘探单位填写：金属非金属矿产资源地质勘探；

4. 采掘施工企业填写：金属非金属矿山采掘施工作业；

5. 石油天然气企业填写：陆上采油（气）、海上采油（气）、钻井、物探、测井、录井、井下作业、油建、管道储运、海油工程。

六、申请书表格中“取证单位意见”和“申请单位意见”栏内，必须由主要负责人和法定代表人用钢笔或签字笔签字。

<table>
<tr><td rowspan="7">申请单位</td><td>名　　称</td><td colspan="5"></td></tr>
<tr><td>地　　址</td><td colspan="5"></td></tr>
<tr><td>邮 政 编 码</td><td></td><td>从业人数</td><td></td><td>专职安全管理人员数量</td><td></td></tr>
<tr><td>工商注册号</td><td colspan="2"></td><td>登记日期</td><td colspan="2"></td></tr>
<tr><td>登 记 机 关</td><td colspan="2"></td><td>经济类型</td><td colspan="2"></td></tr>
<tr><td>法定代表人</td><td></td><td>办公室电话</td><td></td><td>移动电话</td><td></td></tr>
<tr><td>安全负责人</td><td></td><td>办公室电话</td><td></td><td>移动电话</td><td></td></tr>
<tr><td rowspan="25">取证单位</td><td>名　　称</td><td colspan="5"></td></tr>
<tr><td>地　　址</td><td colspan="5"></td></tr>
<tr><td>邮 政 编 码</td><td colspan="2"></td><td>单位类型</td><td colspan="2"></td></tr>
<tr><td>主要负责人</td><td></td><td>办公室电话</td><td></td><td>移动电话</td><td></td></tr>
<tr><td>安全负责人</td><td></td><td>办公室电话</td><td></td><td>移动电话</td><td></td></tr>
<tr><td>从 业 人 数</td><td colspan="2"></td><td>专职安全管理人员数量</td><td colspan="2"></td></tr>
<tr><td colspan="6">以下由金属非金属矿山企业填写</td></tr>
<tr><td rowspan="3">采矿许可证</td><td>发证机关</td><td colspan="4"></td></tr>
<tr><td>证号</td><td colspan="4"></td></tr>
<tr><td>有效期</td><td colspan="4">年　月　日—　　年　月　日</td></tr>
<tr><td>开采矿种</td><td colspan="2"></td><td>开采方式</td><td colspan="2"></td></tr>
<tr><td>设计服务年限</td><td colspan="2"></td><td>设计生产能力</td><td colspan="2"></td></tr>
<tr><td>安全设施竣工验收单位</td><td colspan="2"></td><td>安全设施竣工验收批复文号</td><td colspan="2"></td></tr>
<tr><td colspan="6">以下由地质勘探单位填写</td></tr>
<tr><td rowspan="4">地质勘查资质证书</td><td>发证机关</td><td colspan="4"></td></tr>
<tr><td>证号</td><td></td><td>资质等级</td><td colspan="2"></td></tr>
<tr><td>资质范围</td><td colspan="4"></td></tr>
<tr><td>有效期</td><td colspan="4">年　月　日—　　年　月　日</td></tr>
<tr><td colspan="6">以下由采掘施工企业填写</td></tr>
<tr><td rowspan="4">矿山工程施工资质证书</td><td>发证机关</td><td colspan="4"></td></tr>
<tr><td>证号</td><td></td><td>资质等级</td><td colspan="2"></td></tr>
<tr><td>资质范围</td><td colspan="4"></td></tr>
<tr><td>有效期</td><td colspan="4">年　月　日—　　年　月　日</td></tr>
</table>

<table>
<tr><td rowspan="16">取证单位</td><td colspan="4">以下由尾矿库单位填写</td></tr>
<tr><td>库类型</td><td colspan="3">□山谷型 □傍山形 □平地型 □截河型</td></tr>
<tr><td>筑坝方式</td><td>□上游式 □下游式 □中线式</td><td>安全度</td><td></td></tr>
<tr><td>设计库容</td><td>万立方米</td><td>设计总坝高</td><td>米</td></tr>
<tr><td>库等别</td><td></td><td>设计服务年限</td><td></td></tr>
<tr><td>排洪方式</td><td></td><td>初期坝高</td><td>米</td></tr>
<tr><td>初期坝长</td><td>米</td><td>初期坝外坡比</td><td></td></tr>
<tr><td>安全设施竣工验收单位</td><td></td><td>安全设施竣工验收批复文号</td><td></td></tr>
<tr><td colspan="4">以下由石油天然气勘探、开发生产和储运单位填写</td></tr>
<tr><td colspan="2" rowspan="3">采矿许可证
（采油、采气单位填写）</td><td>发证机关</td><td></td></tr>
<tr><td>证号</td><td></td></tr>
<tr><td>有效期</td><td>年 月 日— 年 月 日</td></tr>
<tr><td colspan="2" rowspan="2">竣工验收情况
（采油、采气和储运单位填写）</td><td>验收单位</td><td></td></tr>
<tr><td>验收批复文号</td><td></td></tr>
<tr><td colspan="4"></td></tr>
<tr><td colspan="4"></td></tr>
<tr><td>申请许可范围</td><td colspan="4"></td></tr>
<tr><td>取证单位意见</td><td colspan="4">主要负责人（签字盖章）
年 月 日</td></tr>
<tr><td>申请单位意见</td><td colspan="4">法定代表人（签字盖章）
年 月 日</td></tr>
</table>

附件 2

非煤矿矿山企业

安 全 生 产 许 可 证

审 查 书

申请单位______________________________
取证单位______________________________
单位类型______________________________
受理编号______________________________
受理日期______________________________
审查机关______________________________
受 理 人______________________________
审 查 人______________________________

国家安全生产监督管理总局制样

填表说明

一、本审查书适用于非煤矿矿山企业安全生产许可证审查，由安全生产许可证颁发管理机关填写。

二、单位类型按照取证单位业务范围分别填写：金属非金属矿山企业、尾矿库、地质勘探单位、采掘施工企业、石油天然气企业。

三、非煤矿矿山企业总部申请安全生产许可证，需审查第1、3、4、5、6项；金属非金属矿山企业申请安全生产许可证，需审查第1－12项，如果该单位从事爆破作业，还需审查第13项；尾矿库申请安全生产许可证，需审查第1、3、4、5、6、7、8、9、10、11、12项；地质勘探单位和采掘施工企业申请安全生产许可证，需审查第1、2、3、4、5、6、7、9、10、11项，如果该单位从事爆破作业，还需审查第13项；石油天然气勘探、开发生产和储运（陆上采油气、海上采油气、物探、钻井、测井、录井、井下作业、油田建设、海油工程、储运）单位申请安全生产许可证，需审查第1、3、4、5、6、7、8、9、10、11项（其中陆上采油气、海上采油气单位需增加审查第2、12项，储运单位需增加审查第12项）。

四、审查书“综合审查意见”栏由主要审查人根据审查结果填写。

五、审查书“安全生产许可证载明的内容”栏中“发证日期”为发证机关主要负责人或其授权人签字日期；“有效期”为发证日期至三年后同一日期的前一日。

审 查 书

<table>
<tr><td></td><td>审查内容</td><td>审查方法</td><td>审查结果</td><td>审查人签字</td></tr>
<tr><td rowspan="13">审查内容及审查结果</td><td>1. 工商营业执照复印件。</td><td>审查工商营业执照登记名称是否与申请单位名称一致;经营范围是否与申请许可范围相符;是否在有效期并进行年检。</td><td></td><td></td></tr>
<tr><td>2. 采矿许可证(地质勘查资质证书、矿山工程施工相关资质证书)复印件。</td><td>审查证书是否在有效期内。</td><td></td><td></td></tr>
<tr><td>3. 主要负责人、分管负责人、安全生产管理人员、职能部门、岗位安全生产责任制。</td><td>审查各项安全生产责任制是否健全。</td><td></td><td></td></tr>
<tr><td>4. 安全生产规章制度目录清单;作业安全规程和各工种操作规程目录清单。</td><td>审查各项规章制度、作业安全规程、操作规程是否健全。</td><td></td><td></td></tr>
<tr><td>5. 设置安全生产管理机构或者配备专职安全生产管理人员的文件复印件。</td><td>审查文件是否有效。</td><td></td><td></td></tr>
<tr><td>6. 主要负责人和安全生产管理人员安全资格证书复印件。</td><td>审查安全资格证书是否在有效期内。</td><td></td><td></td></tr>
<tr><td>7. 特种作业人员操作资格证书复印件。</td><td>审查特种作业人员操作资格证书是否在有效期内。</td><td></td><td></td></tr>
<tr><td>8. 足额提取安全生产费用、缴纳并存储安全生产风险抵押金的证明材料。</td><td>审查证明材料是否有效。</td><td></td><td></td></tr>
<tr><td>9. 为从业人员缴纳工伤保险费的证明材料;因特殊情况不能办理工伤保险的,可以出具办理安全生产责任保险或者雇主责任保险的证明材料。</td><td>审查证明材料是否有效。</td><td></td><td></td></tr>
<tr><td>10. 危险性较大的设备、设施由具备相应资质的检测检验机构出具合格的检测检验报告。</td><td>审查检测检验报告是否由有资质的单位出具,是否在有效期内。</td><td></td><td></td></tr>
<tr><td>11. 事故应急救援预案,设立事故应急救援组织的文件或者与矿山救护队、其他应急救援组织签订的救护协议。</td><td>审查是否编制应急救援预案,相关文件或者协议是否有效。</td><td></td><td></td></tr>
<tr><td>12. 矿山建设项目安全设施经安全生产监督管理部门验收合格的证明材料。</td><td>审查验收批复文件是否由具备相应审批权限的安全监管部门出具。</td><td></td><td></td></tr>
<tr><td>13. 爆破作业单位许可证复印件。</td><td>审查证件是否有效。</td><td></td><td></td></tr>
<tr><td>综合审查意见</td><td colspan="4">主要审查人(签字):
年 月 日</td></tr>
</table>

<table>
<tr><td>承办部门
意　　见</td><td colspan="3">负责人(签字)：
年　月　日</td></tr>
<tr><td>安全生产许
可证颁发管
理机关决定</td><td colspan="3">负责人(签字)：
发证机关(盖章)
年　月　日</td></tr>
<tr><td colspan="4">安全生产许可证载明的内容</td></tr>
<tr><td>单位名称</td><td></td><td>主要负责人</td><td></td></tr>
<tr><td>单位地址</td><td></td><td>经济类型</td><td></td></tr>
<tr><td>发证日期</td><td></td><td>证书编号</td><td></td></tr>
<tr><td>有效期</td><td colspan="3">年　月　日—　　年　月　日</td></tr>
<tr><td>许可范围</td><td colspan="3"></td></tr>
</table>

附件 3

申请编号:______________ 受理编号:______________

申请日期:______________ 受理日期:______________

非煤矿矿山企业

安全生产许可证

延期申请书

申请单位______________________________

取证单位______________________________

联 系 人______________________________

联系电话______________________________

填写日期______________________________

国家安全生产监督管理总局制样

填写说明

一、本申请书适用于非煤矿矿山企业申请安全生产许可证延期，由申请单位用钢笔、签字笔填写或用计算机打印，要求字迹清楚、工整。

二、申请书封面的“申请编号”、“申请日期”、“受理编号”、“受理日期”由发证机关填写，其余各项由申请单位填写。其中，“联系人”是指申请单位指定办理申请事宜人员。

三、申请书表格中申请单位栏“名称”，应当填写工商登记名称；“地址”应当填写工商登记地址；“经济类型”，应当按照《关于划分企业登记注册类型的规定》填写。

四、申请书表格中取证单位栏加粗框内内容所有取证单位均需填写，取证单位栏“名称”，应当填写全称；“地址”应当填写所在地详细地址；“单位类型”应当按照取证单位业务分别填写金属非金属矿山企业、尾矿库、地质勘探单位、采掘施工企业、石油天然气企业。取证单位栏加粗框外内容按照取证单位类型分别填写。

五、申请书表格中“申请许可范围”栏，应当按照取证单位类型分别填写：

1. 金属非金属矿山企业填写：××（开采矿种，名称应与《采矿许可证》一致）露天开采、××（开采矿种，名称应与《采矿许可证》一致）地下开采；

2. 尾矿库填写：尾矿库运行；

3. 地质勘探单位填写：金属非金属矿产资源地质勘探；

4. 采掘施工企业填写：金属非金属矿山采掘施工作业；

5. 石油天然气企业填写：陆上采油（气）、海上采油（气）、钻井、物探、测井、录井、井下作业、油建、管道储运、海油工程。

六、申请书表格中“取证单位意见”和“申请单位意见”栏内，必须由主要负责人和法定代表人用钢笔或签字笔签字。

<table>
<tr><td rowspan="7">申请单位</td><td>名　　称</td><td colspan="6"></td></tr>
<tr><td>地　　址</td><td colspan="6"></td></tr>
<tr><td>邮政编码</td><td></td><td>从业人数</td><td></td><td colspan="2">专职安全管理人员数量</td><td></td></tr>
<tr><td>工商注册号</td><td colspan="2"></td><td colspan="2">登记日期</td><td colspan="2"></td></tr>
<tr><td>登记机关</td><td colspan="2"></td><td colspan="2">经济类型</td><td colspan="2"></td></tr>
<tr><td>法定代表人</td><td></td><td>办公室电话</td><td></td><td>移动电话</td><td colspan="2"></td></tr>
<tr><td>安全负责人</td><td></td><td>办公室电话</td><td></td><td>移动电话</td><td colspan="2"></td></tr>
<tr><td rowspan="25">取证单位</td><td>名　　称</td><td colspan="6"></td></tr>
<tr><td>地　　址</td><td colspan="6"></td></tr>
<tr><td>邮政编码</td><td colspan="2"></td><td colspan="2">单位类型</td><td colspan="2"></td></tr>
<tr><td>主要负责人</td><td></td><td>办公室电话</td><td></td><td>移动电话</td><td colspan="2"></td></tr>
<tr><td>安全负责人</td><td></td><td>办公室电话</td><td></td><td>移动电话</td><td colspan="2"></td></tr>
<tr><td>从业人数</td><td colspan="2"></td><td colspan="2">专职安全管理人员数</td><td colspan="2"></td></tr>
<tr><td colspan="7">以下由金属非金属矿山企业填写</td></tr>
<tr><td rowspan="2">采矿许可证</td><td>发证机关</td><td colspan="2"></td><td>证号</td><td colspan="2"></td></tr>
<tr><td>有效期</td><td colspan="5">年　月　日—　　年　月　日</td></tr>
<tr><td>开采矿种</td><td colspan="2"></td><td colspan="2">开采方式</td><td colspan="2"></td></tr>
<tr><td>设计服务年限</td><td></td><td>设计生产能力</td><td></td><td>实际生产能力</td><td colspan="2"></td></tr>
<tr><td rowspan="3">独力生产系统安全现状评价/安全标准化</td><td>评价/评定单位</td><td colspan="5"></td></tr>
<tr><td>评价/评定时间</td><td colspan="5"></td></tr>
<tr><td>评价结论/评定等级</td><td colspan="5"></td></tr>
<tr><td rowspan="3">原安全生产许可证</td><td>发证机关</td><td colspan="5"></td></tr>
<tr><td>证　　号</td><td colspan="5"></td></tr>
<tr><td>有效期</td><td colspan="5">年　月　日—　　年　月　日</td></tr>
<tr><td colspan="7">以下由地质勘探单位填写</td></tr>
<tr><td rowspan="4">地质勘查资质证书</td><td>发证机关</td><td colspan="5"></td></tr>
<tr><td>证　　号</td><td colspan="2"></td><td>资质等级</td><td colspan="2"></td></tr>
<tr><td>资质范围</td><td colspan="5"></td></tr>
<tr><td>有效期</td><td colspan="5">年　月　日—　　年　月　日</td></tr>
<tr><td rowspan="3">原安全生产许可证</td><td>发证机关</td><td colspan="5"></td></tr>
<tr><td>证　　号</td><td colspan="5"></td></tr>
<tr><td>有效期</td><td colspan="5">年　月　日—　　年　月　日</td></tr>
</table>

以下由采掘施工企业填写					
矿山工程施工资质证书	发证机关				
	证　　号		资质等级		
	资质范围				
	有 效 期	年　月　日—　　年　月　日			
原安全生产许可证	发证机关				
	证　　号				
	有 效 期	年　月　日—　　年　月　日			
以下由尾矿单位填写					
库　类　型	□山谷型　□傍山形　□平地型　□截河型				
筑 坝 方 式	□上游式　□下游式　□中线式				
设 计 库 容	万 m^3	已堆积尾矿量	万 m^3	实际干滩长度	米
设计总坝高	米	初 期 坝 高	米	堆 积 坝 高	米
初 期 坝 长	米	初期坝外坡比	1：	排 洪 方 式	
堆 积 坝 长	米	堆积坝外坡比	1：	安　全　度	
设计服务年限		库等别			
安全现状评价/安全标准化	评　价/评定单位				
	评　价/评定时间				
	评价结论/评定等级				
原安全生产许可证	发证机关				
	证　　号				
	有 效 期	年　月　日—　　年　月　日			
以下由石油天然气勘探、开发生产和储运单位填写					
采矿许可证（采油、采气单位填写）	发证机关				
	证　　号				
	有 效 期	年　月　日—　　年　月　日			
安全现状评价	评价单位				
	评价时间				
	评价结论				
原安全生产许可证	发证机关				
	证　　号				
	有 效 期	年　月　日—　　年　月　日			
申请许可范　围					
取证单位意　见	主要负责人（签字盖章） 年　月　日				
申请单位意　见	法定代表人（签字盖章） 年　月　日				

附件4

非煤矿矿山企业

安全生产许可证

延期审查书

申请单位______________________________

取证单位______________________________

单位类型______________________________

受理编号______________________________

受理日期______________________________

审查机关______________________________

受 理 人______________________________

审 查 人______________________________

国家安全生产监督管理总局制样

填表说明

一、本审查书适用于非煤矿矿山企业安全生产许可证延期审查，由安全生产许可证颁发管理机关填写。

二、单位类型按照取证单位业务范围分别填写：金属非金属矿山企业、尾矿库、地质勘探单位、采掘施工企业、石油天然气企业。

三、非煤矿矿山企业总部申请安全生产许可证延期，需审查第1、3、4、5、6项；金属非金属矿山企业申请安全生产许可证，需审查第1－12项，如果该单位从事爆破作业，还需审查第13项；尾矿库申请安全生产许可证，需审查第1、3、4、5、6、7、8、9、10、11、12项；地质勘探单位和采掘施工企业申请安全生产许可证，需审查第1、2、3、4、5、6、7、9、10、11项，如果该单位从事爆破作业，还需审查第13项；石油天然气勘探、开发生产和储运（陆上采油气、海上采油气、物探、钻井、测井、录井、井下作业、油田建设、海油工程、储运）单位申请安全生产许可证，需审查第1、3、4、5、6、7、8、9、10、11项（其中陆上采油气、海上采油气单位需增加审查第2、12项，储运单位需增加审查第12项）。

四、审查书"综合审查意见"栏由主要审查人根据审查结果填写。

五、审查书"安全生产许可证载明的内容"栏中"发证日期"为发证机关主要负责人或其授权人签字日期；"有效期"为发证日期至三年后同一日期的前一日。

审 查 书

<table>
<tr><td></td><td>审查内容</td><td>审查
方法</td><td>审查
结果</td><td>审查人
签字</td></tr>
<tr><td rowspan="13">审查内容
及审查结果</td><td>1. 工商营业执照复印件。</td><td>审查工商营业执照登记名称是否与申请单位名称一致;经营范围是否与申请许可范围相符;是否在有效期并进行年检。</td><td></td><td></td></tr>
<tr><td>2. 采矿许可证(地质勘查资质证书、矿山工程施工相关资质证书)复印件。</td><td>审查证书是否在有效期内。</td><td></td><td></td></tr>
<tr><td>3. 主要负责人、分管负责人、安全生产管理人员、职能部门、岗位安全生产责任制。</td><td>审查各项安全生产责任制是否健全。</td><td></td><td></td></tr>
<tr><td>4. 安全生产规章制度目录清单;作业安全规程和各工种操作规程目录清单。</td><td>审查各项规章制度、作业安全规程、操作规程是否健全。</td><td></td><td></td></tr>
<tr><td>5. 设置安全生产管理机构或者配备专职安全生产管理人员的文件复印件。</td><td>审查文件是否有效。</td><td></td><td></td></tr>
<tr><td>6. 主要负责人和安全生产管理人员安全资格证书复印件。</td><td>审查安全资格证书是否在有效期内。</td><td></td><td></td></tr>
<tr><td>7. 特种作业人员操作资格证书复印件。</td><td>审查特种作业人员操作资格证书是否在有效期内。</td><td></td><td></td></tr>
<tr><td>8. 足额提取安全生产费用、缴纳并存储安全生产风险抵押金的证明材料。</td><td>审查证明材料是否有效。</td><td></td><td></td></tr>
<tr><td>9. 为从业人员缴纳工伤保险费的证明材料;因特殊情况不能办理工伤保险的,可以出具办理安全生产责任保险或者雇主责任保险的证明材料。</td><td>审查证明材料是否有效。</td><td></td><td></td></tr>
<tr><td>10. 危险性较大的设备、设施由具备相应资质的检测检验机构出具合格的检测检验报告。</td><td>审查检测检验报告是否由有资质的单位出具,是否在有效期内。</td><td></td><td></td></tr>
<tr><td>11. 事故应急救援预案,设立事故应急救援组织的文件或者与矿山救护队、其他应急救援组织签订的救护协议。</td><td>审查是否编制应急救援预案,相关文件或者协议是否有效。</td><td></td><td></td></tr>
<tr><td>12. 金属非金属矿山独立生产系统、尾矿库安全现状评价报告或安全标准化等级的证明材料;石油天然气独立生产系统和作业单位安全现状评价报告。</td><td>审查安全现状评价报告结论是否明确;安全标准化等级的证明材料是否由相应安全监管部门在企业提出延期申请之前半年内出具。</td><td></td><td></td></tr>
<tr><td>13. 爆破作业单位许可证复印件。</td><td>审查证件是否有效。</td><td></td><td></td></tr>
<tr><td>综合审
查意见</td><td colspan="4">主要审查人(签字):
年 月 日</td></tr>
</table>

<table>
<tr><td>承办部
门意见</td><td colspan="3">负责人(签字):
年 月 日</td></tr>
<tr><td>安全生产许
可证颁发管
理机关决定</td><td colspan="3">负责人(签字):
发证机关(盖章)
年 月 日</td></tr>
<tr><td colspan="4">安全生产许可证载明的内容</td></tr>
<tr><td>单位名称</td><td></td><td>主要负责人</td><td></td></tr>
<tr><td>单位地址</td><td></td><td>经济类型</td><td></td></tr>
<tr><td>发证日期</td><td></td><td>证书编号</td><td></td></tr>
<tr><td>有效期</td><td colspan="3">年 月 日— 年 月 日</td></tr>
<tr><td>许可范围</td><td colspan="3"></td></tr>
</table>

附件5

申请编号：　　　　　　　　　　　　　　　　受理编号：
申请日期：　　　　　　　　　　　　　　　　受理日期：

非煤矿矿山企业

安全生产许可证

变更申请书

申请单位____________________
取证单位____________________
联 系 人____________________
联系电话____________________
填写日期____________________

国家安全生产监督管理总局制样

填写说明

一、本申请书适用于非煤矿矿山企业申请安全生产许可证变更手续。

二、申请书应当用钢笔、签字笔填写或用计算机打印,要求字迹清楚、工整。

三、申请书封面的“申请编号”、“申请日期”、“受理编号”、“受理日期”由发证机关填写,其余各项由申请单位填写。其中,“联系人”是指申请单位指定的办理申请事宜的人员。

四、申请书表格“申请单位”、“取证单位”栏内相关内容填写变更后的信息。

五、申请书表格“变更事项”栏,只填写取证单位变更的事项。

<table>
<tr><td rowspan="7">申请单位</td><td>名　　称</td><td colspan="5"></td></tr>
<tr><td>地　　址</td><td colspan="5"></td></tr>
<tr><td>邮政编码</td><td></td><td>从业人数</td><td></td><td>专职安全管理人员数量</td><td></td></tr>
<tr><td>工商注册号</td><td colspan="2"></td><td>登记日期</td><td colspan="2"></td></tr>
<tr><td>登记机关</td><td colspan="2"></td><td>经济类型</td><td colspan="2"></td></tr>
<tr><td>法定代表人</td><td></td><td>办公室电话</td><td></td><td>移动电话</td><td></td></tr>
<tr><td>安全负责人</td><td></td><td>办公室电话</td><td></td><td>移动电话</td><td></td></tr>
<tr><td rowspan="9">取证单位</td><td>名　　称</td><td colspan="5"></td></tr>
<tr><td>地　　址</td><td colspan="5"></td></tr>
<tr><td>邮政编码</td><td colspan="2"></td><td>单位类型</td><td colspan="2"></td></tr>
<tr><td>主要负责人</td><td></td><td>办公室电话</td><td></td><td>移动电话</td><td></td></tr>
<tr><td>安全负责人</td><td></td><td>办公室电话</td><td></td><td>移动电话</td><td></td></tr>
<tr><td>从业人数</td><td colspan="2"></td><td>专职安全管理人员数量</td><td colspan="2"></td></tr>
<tr><td rowspan="2">原安全生产许可证</td><td>发证机关</td><td colspan="2"></td><td>许可范围</td><td></td></tr>
<tr><td>证　　号</td><td colspan="2"></td><td>有效期</td><td></td></tr>
<tr><td colspan="5"></td></tr>
<tr><td rowspan="6">变更事项</td><td>内容
项目</td><td colspan="2">变更前</td><td colspan="3">变更后</td></tr>
<tr><td>单位名称</td><td colspan="2"></td><td colspan="3"></td></tr>
<tr><td>主要负责人</td><td colspan="2"></td><td colspan="3"></td></tr>
<tr><td>单位地址</td><td colspan="2"></td><td colspan="3"></td></tr>
<tr><td>经济类型</td><td colspan="2"></td><td colspan="3"></td></tr>
<tr><td>许可范围</td><td colspan="2"></td><td colspan="3"></td></tr>
<tr><td>取证单位意见</td><td colspan="6">主要负责人(签字盖章)
年　月　日</td></tr>
<tr><td>申请单位意见</td><td colspan="6">法定代表人(签字盖章)
年　月　日</td></tr>
</table>

附件 6

非煤矿矿山企业

安全生产许可证

变更审查书

申请单位________________________________

取证单位________________________________

单位类型________________________________

受理编号________________________________

受理日期________________________________

审查机关________________________________

受 理 人________________________________

审 查 人________________________________

国家安全生产监督管理总局制样

填 表 说 明

一、本审查书适用于非煤矿矿山企业安全生产许可证变更审查，由安全生产许可证颁发管理机关填写。

二、单位类型按照取证单位业务范围分别填写：金属非金属矿山企业、尾矿库、地质勘探单位、采掘施工企业、石油天然气企业。

三、审查书“综合审查意见”栏由主要审查人根据审查结果填写。

四、审查书“安全生产许可证载明的内容”栏中“发证日期”为发证机关主要负责人或其授权人签字日期；“有效期”为发证日期至三年后同一日期的前一日。

审查书

<table>
<tr><td rowspan="6">审查内容及审查结果</td><td>审查内容</td><td>审查方法</td><td>审查结果</td><td>审查人签字</td></tr>
<tr><td>1. 安全生产许可证正本和副本。</td><td>审查安全生产许可证是否在有效期内。</td><td></td><td></td></tr>
<tr><td>2. 变更说明材料。</td><td>审查申请变更事项及变更理由是否阐述清楚。</td><td></td><td></td></tr>
<tr><td>3. 变更后工商营业执照复印件。</td><td>审查工商营业执照是否有效，并与变更说明材料对照。</td><td></td><td></td></tr>
<tr><td>4. 变更后主要负责人安全资格证书复印件。</td><td>审查安全资格证书是否有效，并与变更说明材料、工商营业执照进行对照。</td><td></td><td></td></tr>
<tr><td>5. 采矿许可证（地质勘查资质证书、矿山工程施工相关资质证书）复印件。</td><td>审查证书是否有效，并与变更说明材料、工商营业执照进行对照。</td><td></td><td></td></tr>
<tr><td>综合审查意见</td><td colspan="4">主要审查人（签字）：
年　月　日</td></tr>
<tr><td>承办部门意见</td><td colspan="4">负责人（签字）：
年　月　日</td></tr>
<tr><td>安全生产许可证颁发管理机关决定</td><td colspan="4">负责人（签字）：
发证机关（盖章）
年　月　日</td></tr>
</table>

<table>
<tr><td colspan="4">安全生产许可证载明的内容</td></tr>
<tr><td>单位名称</td><td></td><td>主要负责人</td><td></td></tr>
<tr><td>单位地址</td><td></td><td>经济类型</td><td></td></tr>
<tr><td>发证日期</td><td></td><td>证书编号</td><td></td></tr>
<tr><td>有 效 期</td><td colspan="3">年　月　日—　　年　月　日</td></tr>
<tr><td>许可范围</td><td colspan="3"></td></tr>
</table>

附件7

非煤矿矿山企业安全生产许可证申请材料补正告知书

（共三联）

A 非煤安许证告字[B]C 号

_______________D_______________：

你单位于_______年_____月_____日提交的_______________E_______________

__________申请非煤矿山安全生产许可证申请书及相关材料收悉。依据《非煤矿矿山企业安全生产许可证实施办法》的规定，经审核，需补正以下材料：

1. ______________________________
2. ______________________________
3. ______________________________
4. ______________________________
5. ______________________________
6. ______________________________

特此告知。

承办人：__________ 联系电话：__________

发证机关（盖章）

年　　月　　日

（第一联　发证机关存档）

非煤矿矿山企业安全生产许可证申请材料补正告知书

(共三联)

A 非煤安许证告字[B]C 号

________________D________________:

你单位于______年_____月_____日提交的________________E________________

________申请非煤矿山安全生产许可证申请书及相关材料收悉。依据《非煤矿矿山企业安全生产许可证实施办法》的规定,经审核,需补正以下材料:

1. ____

2. ____

3. ____

4. ____

5. ____

6. ____

特此告知。

承办人:__________ 联系电话:__________

发证机关(盖章)

年 月 日

(第二联 承办部门留存)

非煤矿矿山企业安全生产许可证申请材料补正告知书

（共三联）

A 非煤安许证告字[B]C 号

＿＿＿＿＿＿＿＿D＿＿＿＿＿＿＿＿：

你单位于＿＿＿＿年＿＿月＿＿日提交的＿＿＿＿＿＿＿＿E＿＿＿＿＿＿＿＿＿＿＿＿申请非煤矿山安全生产许可证申请书及相关材料收悉。依据《非煤矿矿山企业安全生产许可证实施办法》的规定，经审核，需补正以下材料：

1. ＿＿＿＿＿＿＿＿＿＿＿＿＿＿＿＿＿＿＿＿

2. ＿＿＿＿＿＿＿＿＿＿＿＿＿＿＿＿＿＿＿＿

3. ＿＿＿＿＿＿＿＿＿＿＿＿＿＿＿＿＿＿＿＿

4. ＿＿＿＿＿＿＿＿＿＿＿＿＿＿＿＿＿＿＿＿

5. ＿＿＿＿＿＿＿＿＿＿＿＿＿＿＿＿＿＿＿＿

6. ＿＿＿＿＿＿＿＿＿＿＿＿＿＿＿＿＿＿＿＿

特此告知。

承办人：＿＿＿＿＿＿　　　　　　　　联系电话：＿＿＿＿＿＿

发证机关（盖章）

年　　月　　日

（第三联　申请单位存档）

附件 8

非煤矿矿山企业安全生产许可证申请受理通知书

（共三联）

A 非煤安许证受字[B]C 号

__________D__________：

你单位于______年____月____日提交的__________E__________申请非煤矿山安全生产许可证（初次申请、延期申请、变更申请）的申请书及相关材料收悉。经审查，申请材料符合《非煤矿矿山企业安全生产许可证实施办法》的要求，我局于______年____月____日受理你单位提出的申请（受理编号：__________F__________）。自受理之日起，我局将在45日内作出颁发或者不予颁发安全生产许可证的决定。

特此通知。

受理人：__________　　　　联系电话：__________

发证机关（盖章）

年　月　日

（第一联　发证机关存档）

非煤矿矿山企业安全生产许可证申请受理通知书

（共三联）

A 非煤安许证受字[B]C 号

____________D____________：

你单位于______年____月____日提交的________________E____________________________申请非煤矿山安全生产许可证（初次申请、延期申请、变更申请）的申请书及相关材料收悉。经审查，申请材料符合《非煤矿矿山企业安全生产许可证实施办法》的要求，我局于______年____月____日受理你单位提出的申请（受理编号：________F________）。自受理之日起，我局将在45日内作出颁发或者不予颁发安全生产许可证的决定。

特此通知。

受理人：__________ 联系电话：__________

发证机关（盖章）

年 月 日

（第二联 承办部门留存）

非煤矿矿山企业安全生产许可证申请受理通知书

（共三联）

A 非煤安许证受字[B]C 号

________D________：

你单位于______年____月____日提交的__________E__________
________申请非煤矿山安全生产许可证（初次申请、延期申请、变更申请）的申请书及相关材料收悉。经审查，申请材料符合《非煤矿矿山企业安全生产许可证实施办法》的要求，我局于______年____月____日受理你单位提出的申请（受理编号：______F______）。自受理之日起，我局将在45日内作出颁发或者不予颁发安全生产许可证的决定。

特此通知。

受理人：__________ 联系电话：__________

发证机关（盖章）

年　　月　　日

（第三联　申请单位存档）

附件9

非煤矿矿山企业安全生产许可证申请不予受理通知书

（共三联）

A 非煤安许证受字[B]C号

＿＿＿＿＿＿＿＿D＿＿＿＿＿＿＿＿：

你单位于＿＿＿＿年＿＿月＿＿日提交的＿＿＿＿＿＿E＿＿＿＿＿＿＿＿＿＿申请非煤矿山安全生产许可证（初次申请、延期申请、变更申请）的申请书及相关材料（补正）收悉，依据《非煤矿矿山企业安全生产许可证实施办法》的规定，经审核，决定不予受理你单位的此项申请，理由如下：

1. ＿＿＿＿＿＿＿＿＿＿＿＿＿＿＿＿＿＿＿＿＿＿＿＿＿＿＿＿＿＿

2. ＿＿＿＿＿＿＿＿＿＿＿＿＿＿＿＿＿＿＿＿＿＿＿＿＿＿＿＿＿＿

3. ＿＿＿＿＿＿＿＿＿＿＿＿＿＿＿＿＿＿＿＿＿＿＿＿＿＿＿＿＿＿

4. ＿＿＿＿＿＿＿＿＿＿＿＿＿＿＿＿＿＿＿＿＿＿＿＿＿＿＿＿＿＿

5. ＿＿＿＿＿＿＿＿＿＿＿＿＿＿＿＿＿＿＿＿＿＿＿＿＿＿＿＿＿＿

特此通知。

承办人：＿＿＿＿＿＿　　　　　　　　　　　　　　联系电话：＿＿＿＿＿＿

发证机关（盖章）

年　　月　　日

（第一联　发证机关存档）

非煤矿矿山企业安全生产许可证申请不予受理通知书

（共三联）

A非煤安许证受字[B]C号

______________D______________:

你单位于______年____月____日提交的______________E______________申请非煤矿山安全生产许可证(初次申请、延期申请、变更申请)的申请书及相关材料(补正)收悉,依据《非煤矿矿山企业安全生产许可证实施办法》的规定,经审核,决定不予受理你单位的此项申请,理由如下:

1. ______________________________
2. ______________________________
3. ______________________________
4. ______________________________
5. ______________________________

特此通知。

承办人:__________　　　　联系电话:__________

发证机关(盖章)

年　　月　　日

(第二联　承办部门留存)

非煤矿矿山企业安全生产许可证申请不予受理通知书

（共三联）

A 非煤安许证受字[B]C 号

______________D______________：

你单位于______年______月______日提交的______________E______________

______申请非煤矿山安全生产许可证（初次申请、延期申请、变更申请）的申请书及相关材料（补正）收悉，依据《非煤矿矿山企业安全生产许可证实施办法》的规定，经审核，决定不予受理你单位的此项申请，理由如下：

1. ______________________________
2. ______________________________
3. ______________________________
4. ______________________________
5. ______________________________

特此通知。

承办人：______________　　　　联系电话：______________

发证机关（盖章）

年　　月　　日

（第三联　申请单位存档）

附件 10

不予颁发非煤矿矿山企业安全生产许可证通知书

（共三联）

A 非煤安许证颁字[B]C 号

______________D______________：

我局于______年______月______日受理你单位提交的______E______________________申请非煤矿山安全生产许可证的申请书及相关材料（受理编号：__________F__________）。经审核，其安全生产条件不符合《非煤矿矿山企业安全生产许可证实施办法》______———G———————————的规定，决定不予颁发安全生产许可证。

特此通知。

发证机关（盖章）

年　　月　　日

（第一联　发证机关存档）

不予颁发非煤矿矿山企业安全生产许可证通知书

（共三联）

A 非煤安许证颁字[B]C 号

______________D______________：

我局于______年______月______日受理你单位提交的______E______申请非煤矿山安全生产许可证的申请书及相关材料（受理编号：______F______）。经审核，其安全生产条件不符合《非煤矿矿山企业安全生产许可证实施办法》______G______的规定，决定不予颁发安全生产许可证。

特此通知。

发证机关（盖章）

年　　月　　日

（第二联　承办部门留存）

不予颁发非煤矿矿山企业安全生产许可证通知书

（共三联）

A 非煤安许证颁字[B]C 号

______D______：

我局于______年______月______日受理你单位提交的______E______申请非煤矿山安全生产许可证的申请书及相关材料（受理编号：______F______）。经审核，其安全生产条件不符合《非煤矿矿山企业安全生产许可证实施办法》______G______的规定，决定不予颁发安全生产许可证。

特此通知。

发证机关（盖章）

年　　月　　日

（第三联　申请单位存档）

附件 11

有关文书填写说明

附件 1 ~ 6 号均附有填写说明,7 ~ 10 号文书填写说明如下:

1. 文书格式中 A 是指发证机关所在省、自治区、直辖市简称;
2. 文书格式中 B 是指发证机关办理业务年份,如"2009"等;
3. 文书格式中 C 是指发证机关办理业务文书序列号,如"00001"等,由发证机关自行编号;
4. 文书格式中 D 是指非煤矿矿山企业安全生产许可证申请单位;
5. 文书格式中 E 是指非煤矿矿山企业安全生产许可证取证单位;
6. 文书格式中 F 是指发证机关受理许可证申请的编号,与申请书和审查书中的受理编号一致,由发证机关自行编号;
7. 文书格式中 G 是指《非煤矿矿山企业安全生产许可证实施办法》的条款序号,如"第六条第(五)款"等;
8. 文书格式中"(初次申请、延期申请、变更申请)"项,由发证机关根据申请单位申请类别以"√"形式单选标明。

10. 安全标准化

国务院安委会关于深入开展企业安全生产标准化建设的指导意见

安委〔2011〕4号

各省、自治区、直辖市人民政府，新疆生产建设兵团，国务院安全生产委员会各有关成员单位：

为深入贯彻落实《国务院关于进一步加强企业安全生产工作的通知》（国发〔2010〕23号，以下简称《国务院通知》）和《国务院办公厅关于继续深化“安全生产年”活动的通知》（国办发〔2011〕11号，以下简称《国办通知》）精神，全面推进企业安全生产标准化建设，进一步规范企业安全生产行为，改善安全生产条件，强化安全基础管理，有效防范和坚决遏制重特大事故发生，经报国务院领导同志同意，现就深入开展企业安全生产标准化建设提出如下指导意见：

一、充分认识深入开展企业安全生产标准化建设的重要意义

（一）是落实企业安全生产主体责任的必要途径。国家有关安全生产法律法规和规定明确要求，要严格企业安全管理，全面开展安全达标。企业是安全生产的责任主体，也是安全生产标准化建设的主体，要通过加强企业每个岗位和环节的安全生产标准化建设，不断提高安全管理水平，促进企业安全生产主体责任落实到位。

（二）是强化企业安全生产基础工作的长效制度。安全生产标准化建设涵盖了增强人员安全素质、提高装备设施水平、改善作业环境、强化岗位责任落实等各个方面，是一项长期的、基础性的系统工程，有利于全面促进企业提高安全生产保障水平。

（三）是政府实施安全生产分类指导、分级监管的重要依据。实施安全生产标准化建设考评，将企业划分为不同等级，能够客观真实地反映出各地区企业安全生产状况和不同安全生产水平的企业数量，为加强安全监管提供有效的基础数据。

（四）是有效防范事故发生的重要手段。深入开展安全生产标准化建设，能够进一步规范从业人员的安全行为，提高机械化和信息化水平，促进现场各类隐患的排查治理，推进安全生产长效机制建设，有效防范和坚决遏制事故发生，促进全国安全生产状况持续稳定好转。

各地区、各有关部门和企业要把深入开展企业安全生产标准化建设的思想行动统一到《国务院通知》的规定要求上来，充分认识深入开展安全生产标准化建设对加强安全生产工作的重要意义，切实增强推动企业安全生产标准化建设的自觉性和主动性，确保取得实效。

二、总体要求和目标任务

（一）总体要求。深入贯彻落实科学发展观，坚持“安全第一、预防为主、综合治理”的方针，牢固树立以人为本、安全发展理念，全面落实《国务院通知》和《国办通知》精神，按照《企业安全生产标准化基本规范》（AQ/T 9006—2010，以下简称《基本规范》）和相关规定，制定完善安全生产标准和制度规范。严格落实企业安全生产责任制，加强安全科学管理，实现企业安全管理的规范化。加强安全教育培训，强化安全意识、技术操作和防范技能，杜绝“三违”。加大安全投入，提高专业技术装备水平，深化隐患排查治理，改进现场作业条件。通过安全生产标准化建设，实现岗位达标、专业达标和企业达标，各行业（领域）企业的安全生产水平明显提高，安全管理和事故防范能力明显增强。

（二）目标任务。在工矿商贸和交通运输行业（领域）深入开展安全生产标准化建设，重点突出煤矿、非煤矿山、交通运输、建筑施工、危险化学品、烟花爆竹、民用爆炸物品、冶金等行业（领域）。其中，煤矿要在2011年底前，危险化学品、烟花爆竹企业要在2012年底前，非煤矿山和冶金、机械等工贸行业（领域）规模以上企业要在2013年底前，冶金、机械等工贸行业（领域）规模以下企业要在2015年前实现达标。要建立健全各行业(领域)企业安全生产标准化评定标准和考评体系;进一步加强企业安全生产规范化管理,推进全员、全方位、全过程安全管理;加强安全生产科技装备,提高安全保障能力;严格把关,分行业(领域)开展达标考评验收;不断完善工作机制,将安全生产标准化建设纳入企业生产经营全过程,促进安全生产标准化建设的动态化、规范化和制度化,有效提高企业本质安全水平。

三、实施方法

(一)打基础,建章立制。按照《基本规范》要求,将企业安全生产标准化等级规范为一、二、三级。各地区、各有关部门要分行业(领域)制定安全生产标准化建设实施方案,完善达标标准和考评办法,并于2011年5月底以前将本地区、本行业(领域)安全生产标准化建设实施方案报国务院安委会办公室。企业要从组织机构、安全投入、规章制度、教育培训、装备设施、现场管理、隐患排查治理、重大危险源监控、职业健康、应急管理以及事故报告、绩效评定等方面,严格对应评定标准要求,建立完善安全生产标准化建设实施方案。

(二)重建设,严加整改。企业要对照规定要求,深入开展自检自查,建立企业达标建设基础档案,加强动态管理,分类指导,严抓整改。对评为安全生产标准化一级的企业要重点抓巩固、二级企业着力抓提升、三级企业督促抓改进,对不达标的企业要限期抓整顿。各地区和有关部门要加强对安全生产标准化建设工作的指导和督促检查,对问题集中、整改难度大的企业,要组织专业技术人员进行"会诊",提出具体办法和措施,集中力量,重点解决;要督促企业做到隐患排查治理的措施、责任、资金、时限和预案"五到位",对存在重大隐患的企业,要责令停产整顿,并跟踪督办。对发生较大以上生产安全事故、存在非法违法生产经营建设行为、重大隐患限期整顿仍达不到安全要求,以及未按规定要求开展安全生产标准化建设且在规定限期内未及时整改的,取消其安全生产标准化达标参评资格。

(三)抓达标,严格考评。各地区、各有关部门要加强对企业安全生产标准化建设的督促检查,严格组织开展达标考评。对安全生产标准化一级企业的评审、公告、授牌等有关事项,由国家有关部门或授权单位组织实施;二级、三级企业的评审、公告、授牌等具体办法,由省级有关部门制定。各地区、各有关部门在企业安全生产标准化创建中不得收取费用。要严格达标等级考评,明确企业的专业达标最低等级为企业达标等级,有一个专业不达标则该企业不达标。

各地区、各有关部门要结合本地区、本行业(领域)企业的实际情况,对安全生产标准化建设工作作出具体安排,积极推进,成熟一批、考评一批、公告一批、授牌一批。对在规定时间内经整改仍不具备最低安全生产标准化等级的企业,地方政府要依法责令其停产整改直至依法关闭。各地区、各有关部门要将考评结果汇总后报送国务院安委会办公室备案,国务院安委会办公室将适时组织抽检。

四、工作要求

(一)加强领导,落实责任。按照属地管理和"谁主管、谁负责"的原则,企业安全生产标准化建设工作由地方各级人民政府统一领导,明确相关部门负责组织实施。国家有关部门负责指导和推动本行业(领域)企业安全生产标准化建设,制定实施方案和达标细则。企业是安全生产标准化建设工作的责任主体,要坚持高标准、严要求,全面落实安全生产法律法规和标准规范,加大投入,规范管理,加快实现企业高标准达标。

(二)分类指导,重点推进。对于尚未制定企业安全生产标准化评定标准和考评办法的行业(领域),要抓紧制定;已经制定的,要按照《基本规范》和相关规定进行修改完善,规范已达标企业的等级认定。要针对不同行业(领域)的特点,加强工作指导,把影响安全生产的重大隐患排查治理、重大危险源监控、安全生产系统改造、产业技术升级、应急能力提升、消防安全保障等作为重点,在达标建设过程中切实做到"六个结合",即与深入开展执法行动相结合,依法严厉打击各类非法违法生产经营建设行为;与安全专项整治相结合,深化重点行业(领域)隐患排查治理;与推进落实企业安全生产主体责任相结合,强化安全生产基层和基础建设;与促进提高安全生产保障能力相结合,着力提高先进安全技术装备和物联网技术应用等信息化水平;与加强职业安全健康工作相结合,改善从业人员的作业环境和条件;与完善安全生产应急救援体系相结合,加快救援基地和相关专业队伍标准化建设,切实提高实战救援能力。

(三)严抓整改,规范管理。严格安全生产行政许可制度,促进隐患整改。对达标的企业,要深入分析二级与一级、三级与二级之间的差距，找准薄弱点，完善工作措施，推进达标升级；对未达标的企业，要盯住抓紧，督促加强整改，限期达标。通过安全生产标准化建设，实现“四个一批”：对在规定期限内仍达不到最低标准、不具备安全生产条件、不符合国家产业政策、破坏环境、浪费资源，以及发生各类非法违法生产经营建设行为的企业，要依法关闭取缔一批；对在规定时间内未实现达标的，要依法暂扣其生产许可证、安全生产许可证，责令停产整顿一批；对具备基本达标条件，但安全技术装备相对落后的，要促进达标升级，改造提升一批；对在本行业（领域）具有示范带动作用的企业，要加大支持力度，巩固发展一批。

（四）创新机制，注重实效。各地区、各有关部门要加强协调联动，建立推进安全生产标准化建设工作机制，及时发现解决建设过程中出现的突出矛盾和问题，对重大问题要组织相关部门开展联合执法，切实把安全生产标准化建设工作作为促进落实和完善安全生产法规规章、推广应用先进技术装备、强化先进安全理念、提高企业安全管理水平的重要途径，作为落实安全生产企业主体责任、部门监管责任、属地管理责任的重要手段，作为调整产业结构、加快转变经济发展方式的重要方式，扎实推进。要把安全生产标准化建设纳入安全生产“十二五”规划及有关行业（领域）发展规划。要积极研究采取相关激励政策措施，将达标结果向银行、证券、保险、担保等主管部门通报，作为企业绩效考核、信用评级、投融资和评先推优等的重要参考依据，促进提高达标建设的质量和水平。

（五）严格监督，加强宣传。各地区、各有关部门要分行业（领域）、分阶段组织实施，加强对安全生产标准化建设工作的督促检查，严格对有关评审和咨询单位进行规范管理。要深入基层、企业，加强对重点地区和重点企业的专题服务指导。加强安全专题教育，提高企业安全管理人员和从业人员的技能素质。充分利用各类舆论媒体，积极宣传安全生产标准化建设的重要意义和具体标准要求，营造安全生产标准化建设的浓厚社会氛围。国务院安委会办公室以及各地区、各有关部门要建立公告制度，定期发布安全生产标准化建设进展情况和达标企业、关闭取缔企业名单；及时总结推广有关地区、有关部门和企业的经验做法，培育典型，示范引导，推进安全生产标准化建设工作广泛深入、扎实有效开展。

国务院安全生产委员会

二〇一一年五月三日

国家安全监管总局关于进一步加强非煤矿山安全生产标准化建设工作的通知

安监总管一〔2011〕104 号

各省、自治区、直辖市及新疆生产建设兵团安全生产监督管理局，海油安办各分部，有关中央企业：

近年来，按照国家安全监管总局的统一部署，在各级安全监管部门和非煤矿山企业的共同努力下，全国金属非金属矿山（尾矿库）安全生产标准化建设取得初步成效，石油天然气生产单位全面推行健康、安全和环境（HSE）管理体系并持续加以改进。为深入贯彻落实《国务院关于进一步加强企业安全生产工作的通知》（国发〔2010〕23 号，以下简称《国务院通知》）和《国务院安委会关于深入开展企业安全生产标准化建设的指导意见》（安委〔2011〕4 号，以下简称《指导意见》）精神，进一步加强非煤矿山安全生产标准化建设（以下简称标准化建设），不断提高非煤矿山安全管理水平和安全保障能力，促进全国安全生产形势持续稳定好转，现就有关要求通知如下：

一、进一步明确标准化建设的总体思路和工作目标

1. 总体思路。深入贯彻落实科学发展观，坚持“安全第一、预防为主、综合治理”的方针，牢固树立以人为本、安全发展理念，切实落实《国务院通知》和《指导意见》精神，本着规范工作、全面推进的原则，健全完善标准化建设评审标准体系、评审组织体系和奖励约束体系；强化石油天然气生产单位 HSE 管理体系建设，按照标准化建设要求分级达标；促进非煤矿山实现全员参与、过程控制和持续改进，推进本质安全水平和管理水平的提高，有效消除事故隐患，防范生产安全事故发生。

2. 工作目标。2011 年底前，大中型金属非金属矿山和三等以上尾矿库达到三级以上安全生产标准化水平，颁布实施 HSE 管理体系分级及评分办法；2013 年底前，所有非煤矿山和尾矿库达到三级以上安全生产标准化水平；2015 年底前，80% 的大中型非煤矿山达到二级以上安全生产标准化水平。

二、健全完善标准化建设工作体系

1. 健全完善评审标准体系。非煤矿山安全生产标准化评审采用标准化得分和安全绩效两个指标确定等级，分为一级、二级、三级共 3 个等级，其中一级为最高。对金属非金属矿山地下开采系统、露天开采系统、尾矿库、小型露天采石场和石油天然气生产单位分别按照相应的评分办法进行评审、确定达标等级。

2. 健全完善评审组织体系。国家安全监管总局负责非煤矿山一级标准化和海洋石油天然气生产单位标准化评审组织工作；省级安全监管部门负责非煤矿山（不含海洋石油天然气生产单位）二级、三级标准化评审组织工作。

国家安全监管总局确定非煤矿山一级标准化和海洋石油天然气生产单位标准化评审组织单位和评审单位；省级安全监管部门确定非煤矿山（不含海洋石油天然气生产单位）二级、三级标准化评审组织单位和评审单位，并报国家安全监管总局备案。

评审组织单位负责安全生产标准化评审申请受理、组织评审单位进行评审、向安全监管部门提交评审材料、颁发安全生产标准化证书和牌匾等工作。

评审单位按照评审组织单位工作安排和安全生产标准化评分办法，依法独立开展安全生产标准化评审工作。

3. 健全完善激励约束体系。各级安全监管部门（海油安办及分部，下同）要按照《非煤矿矿山企业安全生产许可证实施办法》（国家安全监管总局令第 20 号）的有关要求，将标准化建设与安全生产许可制度相结合；要积极研究采取相关激励政策措施，对于达到标准化等级的非煤矿山，各地可探索在落实相关安全生产经济政策等方面采取优惠措施，鼓励其不断提高标准化等级。同时，将达标结果向银行业、证券业、保险业、担保业等主管部门通报，作为企业绩效考核、信用评级、投融资等的重要参考依据，促进其提高达标建设的质量和水平；对在2013年底前未达到三级以上标准化等级的非煤矿山，要暂扣其安全生产许可证，责令停产整顿，限期达标；对整改逾期未达标的，要提请地方政府依法予以关闭。

三、标准化评审程序

1. 安全生产标准化等级评审定级程序为：非煤矿山自评，评审组织单位组织评审，安全监管部门审核公告。

2. 非煤矿山自评。已取得安全生产许可证（尾矿库为正常库），建立标准化体系并良好运行6个月以上的非煤矿山，可成立自评组织机构，自评确定相应等级，形成安全生产标准化自评报告。

3. 申请评审。非煤矿山根据自评等级，向安全监管部门确定的评审组织单位提出书面评审申请（格式见附件1）。

4. 评审、报告。评审组织单位收到评审申请后，应从安全监管部门确定的评审单位中随机选择评审单位，委托其开展评审工作。评审完成后，评审组织单位应进行审核，认定其符合要求并确定等级后，向负责审核公告的安全监管部门提交评审报告表（格式见附件2）、评审报告等相关材料。

5. 审核、公告。安全监管部门对评审组织单位提交的评审报告材料进行审核，对符合条件的予以公告。

6. 颁发证书、牌匾。经安全监管部门公告后，由评审组织单位颁发非煤矿山安全生产标准化证书（式样见附件3）、牌匾（式样见附件4）。证书、牌匾由国家安全监管总局监制，按照相应等级统一编号。

四、工作要求

1. 统一思想，加强领导。各级安全监管部门和非煤矿山要把思想统一到《国务院通知》和《指导意见》精神上来，充分认识标准化建设对加强安全生产工作的重要意义，加强组织领导，制定和完善工作方案，落实工作责任。要加大工作力度，不断总结经验，推进标准化建设规范、有序开展，并及时报送标准化建设信息。

2. 强化指导，分类推进。各级安全监管部门对已经取得安全生产标准化等级证书的，要抓巩固、抓提升、抓改进，有效期满后按本通知要求重新评审定级；对已经开展标准化创建工作，尚未评定等级的，要抓规范、抓过程、抓实效，按本通知要求评审定级；对尚未开展标准化创建工作的，要抓指导、抓促进、抓达标，按照工作目标限期完成标准化建设工作任务。

3. 统筹规划，分步实施。各级安全监管部门要在认真总结标准化建设工作经验的基础上，根据全国标准化建设的总体目标，研究制定符合本地区实际的工作方案，明确各年度工作具体目标。同时，对辖区内未开展标准化建设的非煤矿山，要按照经济性质、矿山种类、生产规模、开采工艺等进行分类，本着先易后难的原则，有步骤地推进标准化建设工作。

4. 典型示范，务求实效。各级安全监管部门要引导规模大、管理水平高的非煤矿山率先达到相应标准化水平，发挥辐射和示范带动作用；要促进中小矿山开展标准化建设，不断提升本质安全程度，进一步提高安全管理水平和安全保障能力。非煤矿山要把重点放在加强标准化建设的过程中，并持续改进；要注重工作实效，真抓实干，防止走形式、走过场。

5. 加强培训，严格监管。各级安全监管部门要依托评审组织单位或相关机构，对安全监管部门、非煤矿山和评审单位相关人员进行业务能力培训；要制定评审组织单位、评审单位和评审人员管理办法，加大对其工作过程的监督力度，对违反有关规定的依法予以处罚。要本着服务与监管相结合的原则，加强对各类非煤矿山标准化建设工作的指导，对于不按规定开展标准化建设的，要运用法律、经济、行政的手段督促其尽快启动实施；要加强对非煤矿山安全费用提取情况的监督检查，督促其加大对安全生产标准化建设的投入，切实改善安全设施、设备和安全条件，提高安全管理水平。各级安全监管部门不得在标准化创建工作中收取费用。

《国家安全监管总局关于加强金属非金属矿山安全标准化建设的指导意见》（安监总管一〔2009〕80号）同时废止。

附件：1. 非煤矿山安全生产标准化评审申请书
2. 非煤矿山安全生产标准化评审报告表
3. 非煤矿山安全生产标准化证书式样
4. 非煤矿山安全生产标准化牌匾式样

国家安全生产监督管理总局
二〇一一年七月五日

附件1

申请编号：______________　　　　受理编号：______________
申请日期：______________　　　　受理日期：______________

非煤矿山安全生产标准化

评审申请书

申请单位________________________________
联 系 人________________________________
联系电话________________________________
填写日期________________________________

国家安全生产监督管理总局制

填表说明

一、本申请书适用于非煤矿山申请安全生产标准化评审，由申请单位用钢笔、签字笔填写或用计算机打印，要求字迹清楚、工整。

二、申请书封面的“申请编号”、“申请日期”、“受理编号”、“受理日期”由评审组织单位填写，其余各项由申请单位填写。其中，“联系人”是指申请单位指定的办理申请事宜的人员。

三、申请书表格中“申请单位意见”栏内，必须由主要负责人或法定代表人用钢笔或签字笔签字。

四、申请书表格中“上级主管单位意见”栏内，如无上级主管单位，应填写“无”。

五、申请书表格中“安全监管部门意见”栏内，申请安全生产标准化（不含海洋石油天然气生产单位）一级评审的，由省级安全监管部门填写；申请海洋石油天然气生产单位安全生产标准化一级、二级、三级评审的，由海油安办分部填写；申请安全生产标准化（不含海洋石油天然气生产单位）二级、三级评审的，由省级安全监管部门确定。

六、非煤矿山提交申请书时，应附以下文件资料：

1. 安全生产许可证复印件；
2. 安全生产组织机构及安全管理人员名录；
3. 自评报告；
4. 评审需要的其他资料。

<table>
<tr><td rowspan="16">申请单位</td><td>名　称</td><td colspan="5"></td></tr>
<tr><td>地　址</td><td colspan="5"></td></tr>
<tr><td>邮政编码</td><td></td><td>从业人数</td><td></td><td>专职安全管理人员数量</td><td></td></tr>
<tr><td>安全生产许可证号</td><td colspan="2"></td><td>发证日期</td><td colspan="2"></td></tr>
<tr><td>发 证 机 关</td><td colspan="2"></td><td>经济类型</td><td colspan="2"></td></tr>
<tr><td>法定代表人</td><td></td><td>办公电话</td><td></td><td>移动电话</td><td></td></tr>
<tr><td>安全负责人</td><td></td><td>办公电话</td><td></td><td>移动电话</td><td></td></tr>
<tr><td colspan="6">以下由金属非金属矿山填写</td></tr>
<tr><td>开 采 矿 种</td><td colspan="2"></td><td>开 采 方 式</td><td colspan="2"></td></tr>
<tr><td>设计服务年限</td><td colspan="2"></td><td>设计生产能力</td><td colspan="2"></td></tr>
<tr><td colspan="6">以下由尾矿库单位填写</td></tr>
<tr><td>库　类　型</td><td colspan="5">□山谷型　□傍山形　□平地型　□截河型</td></tr>
<tr><td>筑 坝 方 式</td><td colspan="2">□上游式　□下游式　□中线式</td><td>安全度</td><td colspan="2"></td></tr>
<tr><td>设 计 库 容</td><td colspan="2">万立方米</td><td>库等别</td><td colspan="2"></td></tr>
<tr><td colspan="6">以下由石油天然气生产单位填写</td></tr>
<tr><td colspan="6">□采油　□采气　□储运　□油田服务　□其他</td></tr>
<tr><td rowspan="2">本次申请</td><td colspan="6">□初次申请　□延期</td></tr>
<tr><td colspan="6">□一级　□二级　□三级</td></tr>
<tr><td>自评等级</td><td colspan="6">□一级　□二级　□三级</td></tr>
<tr><td>申请单位意见</td><td colspan="6">（申请单位盖章）
年　月　日</td></tr>
<tr><td>上级主管单位意见</td><td colspan="6">（主管单位盖章）
年　月　日</td></tr>
<tr><td>安全监管部门意见</td><td colspan="6">（安全监管部门盖章）
年　月　日</td></tr>
</table>

附件 2

非煤矿山安全生产标准化

评审报告表

评审组织单位______________________

评　审　单　位______________________

申　请　单　位______________________

评　审　日　期______________________

国家安全生产监督管理总局制

填 表 说 明

一、本评审报告表适用于评审组织单位向相应安全监管部门申请非煤矿山安全生产标准化审核、公告，由评审组织单位用钢笔、签字笔填写或用计算机打印，要求字迹清楚、工整。

二、评审报告表中“评审组长签字”和“评审单位负责人签字”栏内，必须由评审组长和评审单位负责人用钢笔或签字笔签字。

三、评审报告表中“评审小组人员”栏可根据评审小组实际人数增减。

四、评审组织单位提交评审报告表时，应附评审报告。

<table>
<tr><td colspan="6">评审单位情况</td></tr>
<tr><td>评审单位</td><td colspan="5"></td></tr>
<tr><td>单位地址</td><td colspan="3"></td><td>邮政编码</td><td></td></tr>
<tr><td>主要负责人</td><td></td><td>电话</td><td></td><td>手　机</td><td></td></tr>
<tr><td rowspan="2">联系人</td><td></td><td>电话</td><td></td><td>传　真</td><td></td></tr>
<tr><td></td><td>手机</td><td></td><td>电子邮箱</td><td></td></tr>
<tr><td rowspan="8">评审小组人员</td><td></td><td>姓名</td><td>单位/职务/职称</td><td>电　话</td><td>备注</td></tr>
<tr><td>组长</td><td></td><td></td><td></td><td></td></tr>
<tr><td>成员</td><td></td><td></td><td></td><td></td></tr>
<tr><td></td><td></td><td></td><td></td><td></td></tr>
<tr><td></td><td></td><td></td><td></td><td></td></tr>
<tr><td></td><td></td><td></td><td></td><td></td></tr>
<tr><td></td><td></td><td></td><td></td><td></td></tr>
<tr><td></td><td></td><td></td><td></td><td></td></tr>
<tr><td colspan="6">申请单位情况</td></tr>
<tr><td>申请单位</td><td colspan="5"></td></tr>
<tr><td>申请类型</td><td colspan="5">□地下矿山　□露天矿山　□小型露天采石场　□尾矿库　□石油天然气生产单位</td></tr>
<tr><td>法定代表人</td><td></td><td>电话</td><td></td><td>手　机</td><td></td></tr>
<tr><td rowspan="2">联　系　人</td><td></td><td>电话</td><td></td><td>传　真</td><td></td></tr>
<tr><td></td><td>手机</td><td></td><td>电子邮箱</td><td></td></tr>
<tr><td colspan="6">评审结果</td></tr>
<tr><td colspan="6">评审等级　□一级　□二级　□三级</td></tr>
<tr><td colspan="6">评审组长签字：

评审单位负责人签字：　　　　（评审单位盖章）
年　月　日</td></tr>
<tr><td colspan="6">评审组织单位意见：

（评审组织单位盖章）
年　月　日</td></tr>
</table>

附件 3

非煤矿山安全生产标准化

Non-Coal Mines Work Safety Standardization

证书

CERTIFICATE

●证书编号：

单 位 名 称

…………………………………………………………

非煤矿山安全生产标准化×级企业

●有效期至：

Expiration date

（评审组织单位盖章）

年 月 日

国家安全生产监督管理总局监制

State Administration of Work Safety

注：一级企业证书编号为（国）AQBK Ⅰ XXXX XXXX；二级企业证书编号为（省、自治区、直辖市简称）AQBK Ⅱ XXXX XXXX；三级企业证书编号为（省、自治区、直辖市简称）AQBK Ⅲ XXXX XXXX。编号前 4 位数为发证年份，后 4 位数为编号。

附件 4

单位名称：

非煤矿山安全生产标准化

×级企业（矿山）

编号（ 同证书编号）

国家安全生产监督管理总局监制

××××年××月（有效期三年）

单位名称：

非煤矿山安全生产标准化

×级企业（尾矿库）

编号（ 同证书编号）

国家安全生产监督管理总局监制

××××年××月（有效期三年）

单位名称：

非煤矿山安全生产标准化

×级企业（采石场）

编号（ 同证书编号）

国家安全生产监督管理总局监制

××××年××月（有效期三年）

单位名称：

非煤矿山安全生产标准化

×级企业（石油天然气）

编号（ 同证书编号）

国家安全生产监督管理总局监制

××××年××月（有效期三年）

说明：1. 牌匾材料为弧面不锈钢镀钛板，长 60cm，高 40cm，四周加亮边（亮边宽度 15mm），文字腐蚀，20mm 立墙。

2. 牌匾上的日期以安全监管部门公告的日期为准。

国家安全监管总局办公厅关于印发非煤矿山安全生产标准化评审工作管理办法的通知

安监总厅管一〔2011〕190 号

各省、自治区、直辖市及新疆生产建设兵团安全生产监督管理局，海油安办各分部，有关中央企业：

为认真贯彻落实《国务院关于进一步加强企业安全生产工作的通知》（国发〔2010〕23 号）和《国务院安委会关于深入开展企业安全生产标准化建设的指导意见》（安委〔2011〕4 号）精神，按照《国家安全监管总局关于进一步加强非煤矿山安全生产标准化建设工作的通知》（安监总管一〔2011〕104 号）要求，国家安全监管总局制定了《非煤矿山安全生产标准化评审工作管理办法》。现印发给你们，请结合实际情况，认真抓好落实。

国家安全监管总局办公厅
二〇一一年八月二十五日

非煤矿山安全生产标准化评审工作管理办法

为进一步做好全国非煤矿山安全生产标准化（以下简称标准化）评审工作，加强对标准化评审组织单位、评审单位和评审人员的管理，根据《国家安全监管总局关于进一步加强非煤矿山安全生产标准化建设工作的通知》（安监总管一〔2011〕104 号）的有关要求，制定本办法。

一、评审组织单位管理

（一）评审组织单位是指由各级安全监管部门确定、负责标准化评审组织工作的单位。

（二）国家安全监管总局确定非煤矿山一级标准化和海洋石油天然气生产单位标准化评审组织单位；省级安全监管部门确定非煤矿山（不含海洋石油天然气生产单位）二级、三级标准化评审组织单位。

（三）评审组织单位应填写《非煤矿山安全生产标准化评审组织单位登记表》（见附表 1）。二级、三级标准化评审组织单位经省级安全监管部门确定后，报国家安全监管总局备案。

（四）评审组织单位应当制定标准化评审组织工作和服务规则，自觉接受安全监管部门的监督，认真做好评审组织工作。

（五）评审组织单位应当具备下列条件：

1. 一级标准化评审组织单位应当为国家安全监管总局管理的社团组织；二级、三级标准化评审组织单位应当为安全监管部门管理的社团组织、直属事业单位或非煤矿山技术支撑机构。

2. 有固定的工作场所和办公设施，具有必要的技术支撑条件。

3. 有健全的内部管理制度、评审组织程序文件、评审单位管理流程、评审档案管理制度等。

4. 设有专职工作人员，具备承担评审组织工作的能力。

（六）评审组织单位职责：

1. 负责标准化评审申请受理、组织评审单位进行评审、向安全监管部门提交评审材料、颁发标准化证书和牌匾等工作。

2. 经安全监管部门授权，做好评审单位的日常管理工作。对评审单位的现场评审工作进行抽查，发现抽查结果不合格的，应向相应安全监管部门书面提出暂停评审单位评审工作的建议；对两次抽查结果不合格的，提出取消评审单位评审资格的建议。

3. 经安全监管部门授权，对取得标准化证书的非煤矿山进行现场抽查，并将抽查情况报告相应安全监管部门。对不符合要求的，向安全监管部门书面提出撤销其标准化等级的建议。

4. 聘请评审专家，指导标准化评审工作。

5. 经安全监管部门授权，组织评审人员的培训和考核，承担评审人员培训、考核与管理等工作。

（七）评审组织单位工作程序：

1. 评审组织单位收到企业申请后，应在10个工作日内完成对申请材料的合规性审查工作。文件、材料符合要求的，由申请企业从安全监管部门确定的评审单位中自主选择评审单位，组织其开展评审工作；不符合要求的，应当函告相关安全监管部门和申请企业，并说明原因。

2. 评审单位完成评审工作后，评审组织单位应当进行审核，认定其符合要求并确定等级后，向负责审核公告的安全监管部门提交评审报告表、评审报告等相关材料。

3. 经安全监管部门审核公告后，颁发标准化证书和牌匾。

二、评审单位管理

（一）评审单位是指由各级安全监管部门确定、具体承担标准化评审工作的单位。

（二）国家安全监管总局确定非煤矿山一级标准化和海洋石油天然气生产单位标准化评审单位；省级安全监管部门确定非煤矿山（不含海洋石油天然气生产单位）二级、三级标准化评审单位。

（三）评审单位应填写《非煤矿山安全生产标准化评审单位登记表》（见附表2）。二级、三级标准化评审单位经省级安全监管部门确定后，报国家安全监管总局备案。

（四）评审单位应当具备下列条件：

1. 一级标准化评审单位应当为国家安全监管总局管理的社团组织、非煤矿山技术支撑机构或具有甲级资质的安全评价机构；二级、三级标准化评审单位应当为安全监管部门管理的社团组织、非煤矿山技术支撑机构或具有乙级（含乙级）以上资质的安全评价机构。评审单位不得为安全监管部门确定的评审组织单位。

2. 有固定的工作场所和办公设施，具有必要的技术支撑条件。

3. 有健全的内部管理制度、评审程序文件、评审档案、质量控制体系、管理制度和评审人员档案等。

4. 有10名以上通过评审组织单位组织的有关标准化专业知识培训，并取得培训合格证书的评审人员。

5. 配备负责标准化相关日常管理工作的专职工作人员。

（五）评审单位工作程序：

1. 评审单位收到申请材料后，应在现场评审前进行资料审核，与申请单位签订技术服务合同，明确评审对象、范围，以及双方的权利、义务和责任。

2. 现场评审时，应当由5名以上相关专业的评审人员组成评审组，推选1名具有二级以上安全评价师资质的评审员担任评审组长，负责现场评审工作。现场评审完成后，应当出具现场评审结论，并对发现的问题提出整改意见，评审组全体成员须在现场评审结论上签字。

3. 申请单位完成整改后，应当向评审单位报送整改情况报告，评审单位应当进行审核，必要时应到现场复核。整改符合相关要求的，评审单位形成评审报告，由评审单位主要负责人审核后，向评审组织单位提交评审报告、评审工作总结、评审结论原件等相关材料。

4. 评审单位应当在收到申请材料之日起3个月（不含整改时间）内完成评审工作。

（六）评审单位开展评审工作时，应当遵守下列行为规范：

1. 评审单位不得自行或以安全监管部门及其工作人员的名义，或以欺骗手段到企业开展评审工作。

2. 与申请企业存在利害关系的,应当回避。

3. 做到自律守约,坚决杜绝商业贿赂和其他形式的违法犯罪行为。

4. 加强评审人员业务培训,不断提高整体素质和业务水平,保证评审结果的科学性、公正性和准确性,不剽窃、不抄袭他人成果。

5. 评审工作资料、现场勘查记录、影像资料及相关证明材料,应及时归档,妥善保管,并遵守保密协议。

6. 接受安全监管部门以及评审组织单位的监督检查,自觉接受社会监督。

(七)评审单位应当建立评审人员档案,并将下列材料汇总后报评审组织单位备案:

1. 评审人员登记表(见附表3)。

2. 学历和专业技术能力证明。

3. 评审员培训合格证书。

4. 其他相关材料。

三、评审人员管理

(一)本办法所称的评审人员,包括评审单位的评审员和评审组织单位聘请的评审专家。

(二)评审员应当具备下列条件:

1. 评审单位的正式职工。

2. 取得安全评价师资质。

3. 熟悉非煤矿山安全生产法律法规和相关标准,熟练掌握非煤矿山标准化规范和评分办法。

4. 通过评审组织单位组织的标准化知识培训,考试合格,取得培训合格证书,并按时接受复训。

(三)评审专家应当具备下列条件:

1. 生产经营单位、科研院所、高等院校、中介机构、社会团体等相关专业技术人员,身体状况良好,能胜任评审工作。

2. 具有至少5年以上相关专业技术或安全管理现场工作经历,并经所在单位推荐确认。

3. 具有国家承认的大学以上(含大学)学历和工程类高级专业技术职务。

4. 具有与评审工作要求相适应的观察、分析和判断能力,能够独立或协助开展对申请单位的资料审核和指导现场评审等工作。

5. 参加评审组织单位组织的有关非煤矿山安全生产法律法规、标准和标准化等知识培训。

6. 取得评审组织单位颁发的聘书。

(四)评审人员应履行下列职责:

1. 认真贯彻执行非煤矿山安全生产法律法规和标准,按照标准化评分办法开展评审工作。

2. 评审前主动向评审单位公开与申请单位的利害关系,不隐瞒任何有可能影响评审公正性的信息。

3. 遵守现场评审工作秩序,认真完成对申请单位的资料审核和现场评审等工作,提交完整的现场评审报告等资料,并对作出的资料审核和现场评审结论负责。

4. 严格遵守公正性与保密承诺,不得泄露申请单位的技术和商业秘密。

5. 认真完成安全监管部门或评审组织单位、评审单位安排的其他任务。

四、附则

1. 本办法适用于非煤矿山安全生产标准化评审工作。

2. 一级标准化评审单位可承担二、三级标准化评审工作。

附表:1. 非煤矿山安全生产标准化评审组织单位登记表

2. 非煤矿山安全生产标准化评审单位登记表

3. 非煤矿山安全生产标准化评审人员登记表

附表 1

非煤矿山安全生产标准化评审组织单位登记表

<table>
<tr><td>单位全称
（盖章）</td><td colspan="2"></td><td>地址</td><td colspan="2"></td></tr>
<tr><td>营业执照注册地或
社团组织登记地</td><td></td><td>营业执照注册号或
社团组织登记号</td><td></td><td>邮编</td><td></td></tr>
<tr><td>法人代表</td><td></td><td>办公电话</td><td></td><td>传真</td><td></td></tr>
<tr><td>标准化工作
主要负责人</td><td colspan="2"></td><td>手机</td><td colspan="2"></td></tr>
<tr><td>办公电话</td><td colspan="2"></td><td>传真</td><td colspan="2"></td></tr>
<tr><td>评审组织
工作范围</td><td colspan="5">一级 □ 二级 □ 三级 □</td></tr>
<tr><td rowspan="6">所管理的
评审单位</td><td>单位名称</td><td>法人代表</td><td>业务范围</td><td colspan="2">评审员数量</td></tr>
<tr><td></td><td></td><td></td><td colspan="2"></td></tr>
<tr><td></td><td></td><td></td><td colspan="2"></td></tr>
<tr><td></td><td></td><td></td><td colspan="2"></td></tr>
<tr><td></td><td></td><td></td><td colspan="2"></td></tr>
<tr><td></td><td></td><td></td><td colspan="2"></td></tr>
<tr><td rowspan="7">专职工作人员</td><td>姓名</td><td>性别</td><td>专业</td><td colspan="2">专业技术职务</td></tr>
<tr><td></td><td></td><td></td><td colspan="2"></td></tr>
<tr><td></td><td></td><td></td><td colspan="2"></td></tr>
<tr><td></td><td></td><td></td><td colspan="2"></td></tr>
<tr><td></td><td></td><td></td><td colspan="2"></td></tr>
<tr><td></td><td></td><td></td><td colspan="2"></td></tr>
<tr><td></td><td></td><td></td><td colspan="2"></td></tr>
<tr><td colspan="6">安全生产监督管理部门意见：

（盖章）
年 月 日</td></tr>
</table>

附表2

非煤矿山安全生产标准化评审单位登记表

<table>
<tr><td>单位全称
（盖章）</td><td colspan="2"></td><td>地址</td><td colspan="2"></td></tr>
<tr><td>营业执照注册地或
社团组织登记地</td><td></td><td>营业执照注册号或
社团组织登记号</td><td></td><td>邮编</td><td></td></tr>
<tr><td>法人代表</td><td></td><td>办公电话</td><td></td><td>传真</td><td></td></tr>
<tr><td>标准化工作
主要负责人</td><td></td><td>手机</td><td></td><td></td><td></td></tr>
<tr><td>办公电话</td><td></td><td>传真</td><td></td><td></td><td></td></tr>
<tr><td>所承担评审
级别</td><td colspan="2">一级 □
二级 □
三级 □</td><td>评审业务范围</td><td colspan="2">地下矿山 □
露天矿山 □
尾矿库 □
小型露天采石场 □
石油天然气生产单位 □</td></tr>
<tr><td rowspan="8">评审员
基本情况</td><td>姓名</td><td colspan="2">评审员培训证书编号</td><td>姓名</td><td>评审员培训证书编号</td></tr>
<tr><td></td><td colspan="2"></td><td></td><td></td></tr>
<tr><td></td><td colspan="2"></td><td></td><td></td></tr>
<tr><td></td><td colspan="2"></td><td></td><td></td></tr>
<tr><td></td><td colspan="2"></td><td></td><td></td></tr>
<tr><td></td><td colspan="2"></td><td></td><td></td></tr>
<tr><td></td><td colspan="2"></td><td></td><td></td></tr>
<tr><td></td><td colspan="2"></td><td></td><td></td></tr>
<tr><td>专职工作人员</td><td colspan="2"></td><td colspan="2">登记日期</td><td></td></tr>
<tr><td colspan="6">评审组织单位意见：

（盖章）
年　月　日</td></tr>
<tr><td colspan="6">安全生产监督管理部门意见：

（盖章）
年　月　日</td></tr>
</table>